ICONOGRAPHIE

DES ESTAMPES A

SUJETS GALANTS

TIRÉ A TROIS CENTS EXEMPLAIRES NUMÉROTÉS

DONT VINGT-CINQ SUR GRAND RAISIN VERGÉ

Exemplaire N° 193.

GENÈVE. — IMPRIMERIE A. BLANCHARD.

ICONOGRAPHIE

DES

ESTAMPES A SUJETS GALANTS

ET DES PORTRAITS DE

FEMMES CÉLÈBRES PAR LEUR BEAUTÉ

INDIQUANT

LES SUJETS, LES PEINTRES, LES GRAVEURS DE CES ESTAMPES, LEUR VALEUR ET LEUR PRIX DANS LES VENTES, LES CONDAMNATIONS ET PROHIBITIONS DONT CERTAINES D'ENTRE ELLES ONT ÉTÉ L'OBJET, ETC.

Par M. le C. d'I***

GENÈVE

CHEZ J. GAY ET FILS, ÉDITEURS, RUE DES PAQUIS, 20

ET A LONDRES, CHEZ B. QUARITCH, PICCADILLY, 15

1868

AVERTISSEMENT

Le travail que nous offrons à un petit nombre de curieux nous a semblé être un complément nécessaire à cette *Bibliographie des livres relatifs à l'amour, aux femmes et au mariage,* dont nous avons publié, en 1864, une seconde édition qui a été accueillie avec une faveur marquée. La figure dessinée et gravée n'est-elle pas la compagne du texte imprimé?

Le catalogue que nous avons entrepris est, nous le croyons du moins, le premier qui ait été tenté en ce genre spécial; il nous a coûté de longues et patientes recherches; nous avons dû lire attentivement, et la plume à la main, un grand nombre d'inventaires de collections d'estampes, en classant avec un soin minutieux les notes multipliées que nous fournissait cet examen.

Les sujets mythologiques, les scènes galantes, les portraits de femmes célèbres, grâce surtout à leur beauté, tels sont les objets que nous avons fait entrer dans notre cadre.

Un essai dans le genre de celui que nous tentons ne saurait prétendre à atteindre du premier coup une perfection véritable. Ne sera-t-on pas fondé à nous reprocher des omissions, à nous imputer peut-être quelques erreurs, malgré tout le soin que nous avons mis à les éviter? Les connaisseurs qui auront pu apprécier ce qu'exigent de labeur et de recherches un volume comme celui que nous publions, nous jugeront sans doute avec quelque indulgence.

Nous avons eu sous les yeux un grand nombre des pièces que nous signalons, et nous avons ainsi été à même de donner parfois à leur égard quelques détails, mais il a fallu se montrer sobre, car il y avait des limites qu'il ne convenait pas de dépasser.

Les œuvres des artistes de tous les temps, de tous les pays, ont été mis à contribution pour former cet inventaire; les vieux maîtres de la fin du quinzième siècle coudoient les dessinateurs contemporains, les graveurs vivant en 1868, le tout suivant les caprices de l'alphabet.

Le parti que nous avons pris pour le classement de toutes ces estampes ne satisfera pas tout le monde. Les uns auraient voulu un classement par sujets, séparant l'histoire sainte de la mythologie et de l'histoire profane; les mœurs, bergeries, etc., des portraits; les sujets érotiques, baigneuses, etc., des caricatures. C'est pour ce parti nous-mêmes que nous aurions penché, ayant déjà adopté l'ordre méthodique pour la bibliographie; mais, il nous aurait fallu un grand index alphabétique des sujets et des noms propres d'artistes, etc., et cela eut doublé le volume sans grand profit. D'autres eussent préféré que l'ouvrage fut classé par écoles et par ordre alphabétique de graveurs, la plupart des ouvrages concernant les estampes étant déjà disposée ainsi. Cependant, le graveur ne travaille que d'après la composition du peintre et c'est ce dernier qui est le véritable auteur d'une composition quelconque. Tel est le motif qui nous a fait rapporter au nom du peintre toutes les gravures qui ont été faites d'après ses compositions.

D'ailleurs, depuis la magique découverte de la photographie, la plus parfaite gravure d'un tableau est faite par le soleil lui-même. Nous avons donc admis aussi les noms des principaux photographes comme producteurs de nombreux portraits de contemporains principalement.

Ainsi, pour trouver l'œuvre d'un peintre, il suffira de chercher à son nom; les estampes faites d'après ses dessins ou ses tableaux, y sont toutes réunies, en commençant par celles gravées ou lithographiées par lui-même, puis celles faites par des anonymes et par divers graveurs ou lithographes distribués dans l'ordre alphabétique, enfin les photographies faites d'après ses compositions.

Pour trouver l'œuvre d'un graveur, il suffit de voir, à son nom, l'indication, en italique, des divers artiste d'après qui il a gravé et de se reporter à leurs noms.

Il en est de même pour les portraits de femmes et pour les principaux sujets galants; le renvoi en italique fait connaître les noms d'artistes où il faut les rechercher.

Errata

ANNE D'AUTRICHE. — Ajoutez : Voir *Jacquand.*

AVRIL (J.-J.). — Ajoutez : Voir Ph. *Mercier.*

BAILLIE (W.). — Ajoutez : Voir le *Poussin.*

BARGUE. — Retranchez : Voir *Lecurieux.*

BARRY, lith. — Voir Ant. *Serres.*

BARTSCH. — Ajoutez : Voir Timoteo delle *Vite.*

BASAN. — Ajoutez : Voir H. *Golzius*, G. *Netscher*, Van der *Werff*, *Rembrandt*, Gabr.-Jacques *Saint-Aubin*, *Schalken*, le *Titien*, *Trevisani*, Cl.-Jos. *Vernet*, Van der *Werf.* — Retranchez : Voir *Brekelenkam.*

BAUDOIN. — Retranchez : Voir *Challe.*

BAUSE (J.-Frédéric). — Ajoutez : Voir *Graff* (Ant.).

BERGHE (I.-J. van den). — Voir *Dietrich*, *Giordano*, W. van *Mieris.*

BLANCHARD (Aug.-J.-Bapt.-Marie). — Voir *Rubens.*

CHARPENTIER. — Retranchez : Voir *Lecurieux.*

CORNILLIET (Alfred). — Ajoutez : Voir *Jacquand*, *Liès*, *Wachsmuth.*

DAW. — Lisez : *Dawe.*

DEROY, lith. contemp. — Voir *Skelfoot.*

DESENNE. — Retranchez : Voir *Devéria.*

DIANE. — Ajoutez : Voir Giov.-Bat. del *Porto.*

DIANE ET ENDYMION. — *Prudhon.* Lisez : *Girodet.*

DIEU de St-Jean. — Ajoutez : Voir *Prudhon.*

DUNKARTON. — Ajoutez : Voir J. *Reynolds.*

ESTHER ET ASSUÉRUS. — Ajoutez : Voir *Schopin.*

EUGÉNIE, impératrice des Français. — Ajoutez : Voir *Lafosse*, *Pinçon*, *Neuredein*, *Metzmacher.*

FOKKE (Simon). — Ajoutez : Voir *Schouman.*

GEOFFROY (Ch.). — Ajoutez : Voir Ch. *Moreau.*

JACKSON. — Georges XIV. Lisez : Georges II.

JULES ROMAIN. — Col. 393. *Saturne et la nymphe Phyllare.* — Lisez : *Philyre.*

Abréviations

acad. — académie.
allem. — allemand.
angl. — anglais.
apr. l. l. — après la lettre.
archit. — architecte.
attrib. — attribué.
av. l. l. — avant la lettre.
B. — Bartsch.
bur. — *burin*.
c. ou cent. — centimètres, ou centimes.
cat. ou catal. — catalogue.
ch. — chaque.
Cl. — Claussin.
col. — colorié.
contemp. — contemporain.
coul. — couleur.
dess. ou dessin. — dessiné, ou dessinateur.
diam. — diamètre.
édit. — éditeur.
épr. av. l. l. — épreuve avant la lettre.
épr. apr. l. l. — épreuve après la lettre.
ff. — feuillets.
fl. — florin (environ 2 fr. 15).
fr. — francs.
franç. — français.
gr. ou grav. — gravé, graveur, ou gravure.
H. — hauteur.
holl. — hollandais.
impr. — imprimé, ou imprimerie.
ital. — italien.
J. — Joubert.
kr. — kreutzer (environ 3 cent. $^1/_2$).
L. — largeur.
l. — ligne.
lith. — lithographe, lithographie, ou lithographié.
liv. — *livre tournois*.
liv. st. — livre sterling (environ 25 fr.).
man. n. — manière noire.
mill. — millimètres.
p. — pouce.
p. ou peint. — peintre.
Pass. — Passavant.
peint. — peintre, ou peinture.
pet. — petit.
phot. — photographe, photographie, photographié.
pl. — planche.
plus. — plusieurs.
portr. — portrait.
prélim. — préliminaire.
R. D. — Robert Dumesnil.
sculpt. — sculpteur.
sh. — *shelling* (environ 1 fr. 25).
th. — thaler.
trav. — travaille, travaillait, ou travailla.

Catalogues et auteurs cités

Ackermann.
Aliamet.
Alibert.
Alvin. *Les Wierix* (en 1866).
Arch*** (comte), de Milan.
Arndt.
Arozarena (D. G. de A.).
Bance, 1809-1811.
Bartsch (*le Peintre-graveur*).
Basan.
Baudicour (*le Peintre-grav. franç.*).
Becker.
Bellenger.
Benard.
Bertin (Armand), en 1854.
Bervic (en 1822).
Blondel d'Azincourt (en avril 1770).
Blücher.
Bolle.
Bourlamaque (en mai 1770).
Brandes.
Brochart.
Brulliot.
Bulla, frères.
Busche.
C. L.
C*** M*** (*en 1855*).
C. R***, de Milan (en 1856).
Cabinet de l'amateur.
Camberlyn, 1re et 2e ventes.
Chaudé (en 1867).
Clairon.
Claussin.
Cochu (en 1798).
Comte ***, de Vienne, 1867.
Corneillan (P. de).
Crozat.
Danlos. (P.)
David (Alphonse).
Debois (en 1843-1844).
Delarue.
Delbecq.
Delessert.
Delorme.
Derschau.
Dinaux (Arthur).
Dionis Muilman, à Amsterdam (en mars 1773).
Duchesne, aîné.
Duplessis.
Duprat (an XI).
Durand.
Duriez.
Dusacq et Cie.
Einsiedel.
Fangeroux.
Férol (Ch. de), en 1860.
Ficquet (Et.).
Filippi.
Frauenholz.

Funck (David).
G*** (juin 1856).
Galitzin (le prince de), en 1825.
Gazette des Beaux-Arts.
Georg, de Genève (en 1867).
Gorlay.
Goupil.
Grassot.
H. de L*** (en avril 1856).
Hillig.
Hoesel.
Hogarth (en 1763).
Hohwiesener.
Hubert (an VI).
Huin.
Imhoff.
J. G. (en 1844).
Jombert.
Josse (en 1771).
Joubert (*Manuel de l'amateur d'estampes*).
Journal de la librairie.
Jouy.
L*** (en nov. 1856).
L. M. (26 mai 1865).
L.-R. de L. (en 1860).
Lallemand de Betz (en 1774).
Laterrade.
La Vallière.
Lebarbier (en 1826).
Lebas (Jacques-Philippe), en 1783.
Leber.
Le Blanc (Ch.).
Lemarié (en 1776).
Lex....
Lippert.
Logette (en 1817).
M** (en février 1859, en avril 1859).
M.... (en 1860).
M*** (en mai 1861).
M. Nat. L.
Mac Carthy.
Mappes.
Mariette (en 1775).
Martelli (avril 1858, février 1859).
Martial Pelletier, 1867.
Martin, père (en 1816).
Meaume.
Menars (le marquis de), en 1782.
Michel Huber.
Moitte (P.-Et.), en 1780.
Montfirmin Cancel (en 1798).
Morel-Vindé.
Morier.
Mourlan.
Nagler.
Nau.
Nauman.
Nebe.
Nodier (en 1844).
Nogaret (en 1779).
Paignon-Dijonval.
Pallière.
Passavant.
Peton.
Pixérécourt.
Poggi (en 1836).
Potier.
Praun.
Prévost.
Rapilly (1859, 1867).
Rattier (en 1859).
Renouard.
Revil (en 1845).
Revue universelle des Arts.
Rigal (en 1818).
Robert Dumesnil (*le Peintre-graveur français*).
Rumohr.
S., en déc. 1856.
Saint-Aubin (Aug. de), en 1808.
Saint-Mauris.
Saint-Yves.
Sampayo (en 1842).
Sandras (en 1771).
Scheible.
Schneider.
Schwarzenberg.
Servat (en 1778).
Sikes.
Simon (en 1862).
Solar.
Soleinne.
Soleirol (en 1861).
Spekter.
Stengel.
Sternberg.
Sudre (en 1867).
Surugue.
Sylvestre.
Techener.
Thibaudeau (1857-1858).
Thierry.
Thiers (le baron), en 1772.
Thorel (en 1853).
Thun (le baron de), le 2 mars 1768.
Tilliard (en 1858).
Torré (en 1782).
Townley.
Tripier.
Turgis.
V***, d'Anvers (en 1856).
Valois (Ch. de), en 1801.
Van den Zande.
Van der Helle (en 1868).
Van Hulthem.
Van Putten (en 1820).
Vassal de Saint-Hubert (en 1779).
Vèze (de).
Vignières.
Vischer (P.), en 1852.
Weigel.
Wille.
Winckler.

ICONOGRAPHIE

DES ESTAMPES A SUJETS GALANTS

ET DES PORTRAITS DE

FEMMES CÉLÈBRES PAR LEUR BEAUTÉ

ABAILARD. — Voir *Héloïse et Abailard.*

ABBEMA (W.-V.), artiste allemand.
Vieillard embrassant une jeune femme.

ABINGTON (Mlle), actrice. — Voir *Constantin*, R. *Cosway*, *Mayer*, *Petit et Trinquart.*

ABISAG ET DAVID. — Voir *Werf* (Adr. van der).

ACHEN (J. van), peintre, né à Cologne, en 1556; mort à Prague, en 1621.

Le Jugement de Pâris, pièce en largeur, gravée par Raph. Sadeler, en 1579. Dans la marge inférieure, quatre vers latins: *Pastoris phrygii*, etc. (Catal. van Hulthem, N° 2587; Comte ***, de Vienne, en 1867, N° 2460).

ACQUA (Cesare dell'), peintre contemp.

Curiosité. — *Jalousie*; deux pièces lithogr. par Bourgerie-Villette. Paris, 1867.

ADAM (Victor), peintre français, contemporain. — Voir *Devéria.*

Un an de la vie d'un jeune homme, en dix-sept chapitres; suite de lithographies. Paris, chez Langlumé, 1824.

Amazones historiques, suite de six planches lithographiées, représentant des femmes nues à cheval: Camille, reine des Amazones. — Combat à l'arc. — Chasse au javelot. — Chasse au tigre. — Victoire de l'Amazone. — Défaite de l'Amazone. L. 0.41; H. 0.31. Paris, Dusacq; chaque planche, en couleur, 3 francs.

Passe-temps. Julie à son observatoire, album de douze lithogr. portant chacune le nom d'un pays, plus la couverture. — *Passe-temps. La Somnambule*, autre album de douze lith. et couverture. Planches de 0.34 de haut. sur 0.26 de largeur. Ces deux albums sont attribués à Victor Adam.

ADAM ET EVE. — Voir *Aldegraver*, B. *Béham*, H.-S. *Béham*, Abr. *Bloemaert*, J. *Bonasone*, *Brosamer*, *Cantarini*, Polydore *Caravage*, Aug. *Carrache*, C. *Cignani*, *Cipriani*, Al. *Claas*, C. *Cornelis*, le *Corrége*, Ant. *Coypel*, Luc. *Cranach*, le *Dominiquin*, Alb. *Durer*, Ad. *Elsheimer*, Ph. *Galle*, H. *Goltzius*, H.-B. *Grün*, Martin van veen *Heemskerch*, G. de *Lairesse*, H. *Lazerges*, *Lebarbier*, *Lemoine*, *Lucas de Leyde*, le *Maître au monogramme CLC*, le *Maître au monogramme S*, le *Maître au monogramme SG*, J. van *Mecken*,

J.-B. *Paggi*, Crispin de *Pas* (le vieux), Fr. *Pellegrini*, Lucas *Penni*, *Raphaël*, *Rembrandt*, *Rubens*, V. *Solis*, B. *Spranger*, A. *Tempesta*, Ant. de *Worms*.

ADÈLE, la Vénitienne, maîtresse du Titien. — Voir *Debucourt* et le *Tintoret*.

ADRIENNE LECOUVREUR. — Voir *Lecouvreur* (Adrienne).

ADRIENNE-SOPHIE, marquise de *** — Voir Aug. de *Saint-Aubin*.

AGAR ET ABRAHAM. — Voir Abr. *Bloemaert*, C.-W.-E. *Dietrich*, Van *Dyck*, G. de *Lairesse*, *Lucas de Leyde*, G. *Pencz*, Moïse van *Uytenbrouck*, *Vanloo*, Adr. van der *Werf*.

AGLAURE ET MERCURE. — Voir La *Hyre*, Bened. *Montagna*.

AGNÈS SOREL. — Voir *Sorel* (Agnès).

AGRICOLA (Christ.-Louis), peintre et graveur, né à Ratisbonne, en 1667; mort en 1709. — Voir *Elsheimer* et le *Titien*.

Diane et Actéon. L. 0,117 mill.; H. 0,076.

L'Amour et Psyché, pièce in-folio, gravée par J.-J. Neidl.

AGUILLON (Mlle), du théâtre de la Gaîté; rôle de César Farnèse, dans les *Aventuriers*. — Voir *Morin*.

AIFFRE, ou RAIFFRE (Raymond-Réné), peintre et grav. contemporain, né à Rodez.

Il n'y a pas de rose sans épines. Militaire montant à la fenêtre d'une jeune fille; un villageois le pique par derrière avec une fourche (*Galerie pour rire*, N° 37). Lithogr. par Jacot.

Tu n'auras pas ma rose. Un paysan veut prendre une rose sur la gorge d'une paysanne étendue sur de la paille (*Gal. pour rire*, N° 38). Lith. par Lafosse. Chaque planche a 0.46 c de haut. et 0.38 de larg. Paris, Bulla, en rehaut, 6 francs chaque.

AIGUILLON (Marie de Vignerod, duchesse d'). — Voir *Moncornet*.

AKERSLOOT (Willem, ou Guillaume), peint. et grav. au bur., né à Harlem, vers 1600.

Amélie, princesse d'Orange, avec ses deux filles. Pièce en haut. (Camberlyn, 1re vente, N° 7).

ALBANI (Francesco), peint. ital., de l'école bolonaise; né le 17 mars 1578, à Bologne; mort même ville, le 4 octobre 1660.

Salmacis et Hermaphrodite, pièce gravée dans les Musées Filhol et Landon.

Adonis conduit près de Vénus par les Amours, grav. par B. Audran.

Les Amours désarmés, gr. par le même.

L'Histoire d'Adonis, ou les Eléments, 4 pièces pet. in-fol., grav. par le même (Martial Pelletier, 1867, N° 5).

Le Repos de Vénus et de Vulcain, gr. par le même.

La Toilette de Vénus, par le même.

Diane change Actéon en cerf; gr. par J.-J. Avril, 1780. L. 0.495; H. 0.428 (L.-M., 26 mai 1865, N° 279).

Les Baigneuses surprises, gr. par le même, 1781. Pendant de la pièce précédente, et de même dimension (J., I, 200).

Adonis profitant du sommeil de Vénus pour aller à la chasse, pièce en larg., grav. par Fr. Basan (Van Hulthem, N° 3953).

Les Nymphes de Diane trouvant les Amours endormis dérobent leurs armes; pièce en larg., par le même (Van Hulthem, N° 3953).

Vénus couchée près de Vulcain, faisant exercer les amours à tirer au but. — *Vénus habillée par les Grâces et les Amours*; deux estampes en larg., grav. par le même (Van Hulthem, N° 3952).

Les Amours de Vénus et d'Adonis, grav. par E. Baudet, 1672 (Potier, 48 livres; Nau, 48 liv.; Surugue, 21 liv.).

La Toilette de Vénus, et trois autres compositions formant pendants, grav. en larg., par le même (J., I, 227).

Apollon et Daphné, dessiné par Chataigner, gravé par Bourdon, et terminé par Niquet.

Salmacis et Hermaphrodite, pièce in-folio en larg., gr. par Colinet.

La Toilette de Vénus, gr. au burin par Delegorgue. Paris, Gavet, 1821.

Jupiter et Léda sur un lit; gr. par Dennel.

Salmacis et Hermaphrodite; deux pièces ovales, in-folio en larg., gr. par Nicolas Dorigny (J., I, 433).

L'Enlèvement d'Europe, grand in-fol. en larg., gr. par J.-J. Frey.

Acis et Galathée poursuivis par le géant Polyphème qui leur lance une énorme roche. Pièce en larg., gr. par Jean-Jérome Frezza, à Rome, en 1704 (Winckler, 85; Van Hulthem, 3555).

Triomphe de Galathée. Elle est assise dans une conque et traverse la mer, conduite par l'Amour. Pièce in-fol. en haut., grav., par G. Longhi, 1813 (Van Hulthem, N° 3586; 1er état, Sternberg, 3 5/8 th.; Ackermann, 13 th.; Hillig, 9 1/2 th.; Mappes, 11 fl. 15 kr.).

Cupidon dans un char conduit par des Amours; gr. par J.-B. Mola. L. 0.190 mill.; H. 0.148 (B. 6).

Triomphe de l'Amour, gravé par le même (Rigal, N° 958).

L'Enlèvement de Proserpine, gr. par V. Pillement (J., II, 355).

Vénus dormant, lith. par Piloty.

Diane changeant Actéon en cerf, gr. par Franco Rainaldi (11 novembre 1861, environ 2 fr. 50).

Adonis contemplant Vénus endormie, gr. par Paul Toschi (J., III., 139; 11 nov. 1861, épr. sans marges, 5 fr.).

Vénus et Adonis, gr. au burin, par le même. Paris, 1826, 36 fr., 72 fr. et 96 fr. (Debois, épr. avant l. l., 50 fr.).

Toilette de Vénus. Paris, photogr. Dusacq, format carte de visite, 1 fr.

Danse des Amours, photogr. par Gueuvin. Paris, 1867.

ALBERT (Mme), actrice du théâtre des Nouveautés.— Voir *Grevedon*, Paul *Legrand*, Léon *Noël*, *Vigneron*.

ALBERT, dess. et grav. contemporain.

Avait pris femme le sire de Francboisy. — Partit en guerre pour tuer les ennemis! — Corbleu! madame, que faites-vous ici? — Puis il l'entraîne au château d'Franc-Boisy. — Lui tranche la tête d'une balle de son fusil. Quatre planches. Paris, Noël et Fourmage, 1857.

Comment l'amour vient aux filles. — Comment l'amour vient aux garçons. Deux pièces. Paris, Codoni, 1858.

ALBERTI (Cherubino), nommé aussi *Borghegiano*, peint. et grav., né à Borgo san Sepolcro, en 1552; mort à Rome en 1615. On le croit élève d'Aug. Carrache. — Voir le *Caravage*, *Raphaël*, *Tempesta*.

L'Amour volant, armé de son arc et de son carquois; pièce anonyme. L. 0.177 mill.; H. 0.133 (B. 96).

Diane, 1580. H. 0.276; L. 0.193 (B. 105).

Diana Ghisi, portrait. Pièce anonyme; H. 0.238; L. 0.164.

Un Satyre avec une femme, pièce libre et rare. H. 0.205; L. 0.130.

Un Satyre debout, caressant une femme qui est assise sur un quartier de roche. H. 6 pouces 9 lignes; L. 4 p. 10 l. (B. 89).

Vénus et Cupidon; H. 0.220; L. 0.144.

Vénus sortant de la mer. Elle est debout sur une conque et tient de ses deux mains un voile qui est enflé par le vent. H. 0.210; L. 0.144 (B. 97; Van Hulthem, 3348).

ALBONI (Mariette). — Voir Léon *Noël*.

ALBRIER (Jos.), peint. contemporain.

Daphnis et Chloé, ou la Leçon de flûte; gr. par A.-J.-B. Blanchard, 1825. H. 0.458; L. 0.356. (Van Hulthem, 3985).

ALDEGRAVER ou ALDEGRAEF (Heinrich), peint. et gr., né à Soest, en Westphalie, en 1502; mort en 1558. — Voir H.-S. *Béham*, G. *Pencz*.

Adam et Ève, douze planches séparées, gravées de 1529 à 1551 (B. 1-12; J., I. p. 150).

Bethsabée, 1532. David apercevant d'une galerie de son palais Bethsabée au bain. Celle-ci, assise, parle à une femme nue qui est debout devant elle. H. 0.147; L. 0.100 (B. 37; Comte ***, de Vienne, N° 11).

Dalila coupant les cheveux à Samson qui dort sur les genoux de sa maîtresse; 1528. Pièce de forme ronde de 0.052 mill. de diamètre. Rare. — Il y a deux épreuves traitant le même sujet, mais différemment. Toutes deux sont rondes et de même dimension (B. 35 et 36; Comte ***, de Vienne, 1867, Nos 9 et 10).

Les Danseurs de noce, 1538. Suite de huit estampes, rare à trouver complète. H. 2 p.; L. 1 p. 4 l. (B. 144-151; Comte ***, de Vienne, N° 38).

Le même sujet, 1551. Suite de huit estampes. H. 2 p. 1 l.; L. 1 p. 6 l. (B. 152-159; Comte ***, de Vienne, 39).

Le même sujet, 1538. Suite de douze

estampes, rares. H. 4 p. 4 l.; L. 2 p. 11 l. (B. 160-171; Comte ***, de Vienne, 40).

Dessin de gaine, dont la partie supérieure représente un homme nu, mettant le bras droit sur les épaules d'une femme qui a le cadenas de chasteté. Pièce datée de 1532. H. 5 p. 10 l.; L. du haut 1 p. 3 l.; L. du bas 9 l. (B. 248).

Autre dessin de gaine, dont la partie supérieure représente un soldat qui fait des caresses à une femme toute nue. 1532. H. 6 p.; L. du haut 1 p. 4 l.; L. du bas 11 l. (B. 249).

Les Deux amants, 1529. Une jeune femme assise sur un banc et présentant une pomme à un homme qui lui fait des caresses. Pièce de forme ronde; diam. 0.052 mill. (B. 173; Comte ***, de Vienne, 41).

Diane; H. 0.083; L. 0.052 (B. 81, Comte ***, de Vienne, 30).

L'Enlèvement, 1530. Un silvain à cheval enlevant une femme malgré ses cris et ceux que pousse un homme qui la suit. H. 5 p. 6 l.; L. 3 p. 10 l. (B. 67; Comte ***, de Vienne, 25).

L'Histoire d'Ammon et de Thamar, suite de sept estampes dont les unes portent la date de 1530 et les autres de 1540. H. 4 p. 5 à 6 l.; L. 2 p. 11 l. (B. 22-28; Van Hulthem, 364; Comte ***, de Vienne, 5).

L'Histoire de Joseph, 1528 et 1532. Suite de quatre estampes. H. 4 p. 5 l.; L. 2 p. 10 l. (B. 18-21; Comte ***, de Vienne, 4).

L'Histoire de Loth, 1555. Suite de quatre estampes: Loth reçoit chez lui les anges. — Il empêche les habitants de Sodome de leur faire violence. — Il sort de Sodome avec sa famille. — Il se laisse enivrer par ses filles. H. 4 p. 3 l.; L. 3 p. (B. 14-17; Van Hulthem, 363; Comte ***, de Vienne, 4).

L'Histoire de Suzanne, 1555. Suite de quatre estampes: Suzanne surprise au bain par les deux vieillards. — Les vieillards accusant Suzanne d'adultère. — Les vieillards convaincus de faux témoignage par le jeune David. — Les vieillards lapidés par le peuple. H. 4 p. 3 l.; L. 3 p. (B. 30-33; J., I, 150; Comte ***, de Vienne, 7).

Le Joueur de luth amoureux, 1537. Un jeune homme tenant un luth d'une main, et passant le bras droit autour du cou d'une jeune femme qu'il baise et qui est assise à côté de lui, ayant un petit chien entre ses bras. Pièce ronde; diam. 2 p. 5 l. (B. 172).

Le Jugement de Pâris, 1538. H. 0.095 mill.; L. 0.064 (B. 98; Van Hulthem, 376).

Loth et ses filles, 1530. Une d'elles, assise à terre, présente à boire à son père. H. 0.095 mill.; L. 0.070 (B. 13; Comte ***, de Vienne, 2).

Le Moine et la Religieuse, 1530. Pièce libre et extrêmement rare. H. 0.092; L. 0.070. — La nonnain est renversée de façon, comme dirait Rabelais, à regarder la feuille à l'envers; le moine, dont les intentions ne sont point douteuses, retourne la tête avec colère vers un reître qui s'avance à pas pesants l'espadon à la main. La scène se passe au coin d'un bois. — Le même artiste a également traité le même sujet; mais d'une manière différente, et cette seconde estampe, de 0.117 de haut. et 0.075 de larg., n'a ni monogramme, ni date (B. 178-179; Comte ***, de Vienne, 45).

Pâris, Vénus et l'Amour, 1551. On lit dans la marge du bas: *Dubium amorem Paris deæ hôc foedere firmat,* etc. H. 0.071; L. 0.051 (B. 99).

Rinceau d'ornement. Un centaure, dont le priape se dresse, enlève deux jeunes filles. L. 3 p.; H. 2 p. 1 l. (B. 201).

Les Travaux d'Hercule, 1550. Suite de treize estampes; H. de 0.091 à 0.093; L. 0.068. Deux vers latins dans la marge de chacune (J., I, 150; B. 83-95; Rapilly, en 1859, 70 fr.).

Une Jeune femme, ayant un livre de musique sur ses genoux, et appuyant sa tête sur l'épaule de son amant, qui est assis à son côté et qui accorde son luth. 1540. Pièce gravée d'après Aldegraver par un inconnu. H. 7 p. 7 l.; L. 4 p. 11 l. (B. 6 des pièces faussement attribuées à Aldegraver).

Vignette, représentant un triton portant deux néréïdes, l'une sur son épaule, l'autre sur sa queue. Pièce libre, gravée par A. Claas. L. 3 p.; H. 2 p. 1 l. (B. 145).

Salle de bain dans laquelle des hommes et des femmes nus se livrent à toutes sortes de contorsions; grav. par Virgile Solis. Pièce très-bien gravée, connue sous le nom de la *Société des anabaptistes.* C'est la pièce capitale de Solis. H. 12 p. 3 l.; L. 10 p. 4 l. (B. 265;

11 novembre 1861, 31 fr.; comte ***, de Vienne, 2622).

ALÈS (Aug.-Fr.), dessinat. et grav. français, contemporain.

Les Baigneuses, eau-forte, 1851.

Mlle *Mars;* H. 0.130; L. 0.100 (Soleinne, No 284).

Un Jeune homme lutinant une jeune fille, dans un paysage. Paris, impr. Gitquin, 1855.

ALIAMET (Jacques), grav. au burin et à l'eau-forte, né à Abbeville, en 1727; mort à Paris, en 1788.— Voir Fr. *Boucher*, J.-B. *Greuze*, *Jeaurat*, Fr. *Lemoine*, André *Sacchi*.

ALIX (P.-M.-J.), grav. à l'eau-forte, travaillait à Paris de 1800 à 1820. — Voir *Bergeret*, *Challe*, H. *Fragonard*, *Garneray*, *Greuze*.

Mlle *Maillard,* du théâtre des Arts; joli portrait in-4°, en couleur. Rare (15 décembre 1866, No 215).

Marie-Antoinette, in-4° en coul. (7 nov. 1861, No 182).

ALLAERDT ou ALLERT (Hugo), dessin. grav. et éditeur, travaillait à Amsterdam, de 1660 à 1737.

Christine, reine de Suède; H. 0.449; L. 0,371.

ALLAIS (L.-J.), grav., né à Paris en 1762. — Voir *Berré*.

ALLAIS (J.-Alex.), dessin et grav. au burin, né à Paris en 1792.— Voir *Dubufe*, *Franquelin*, *Papety*, *Rioult*, *Schopin*, Léon. de *Vinci*.

ALLAIS (C.), grav. contemp. — Voir A. *Riedel*.

Mme *Favart,* dans Vénus pèlerine; gravée par Beaumont. H. 0.318; L. 0.207 (Soleinne, No 133).

ALLARD (Karel, ou Charles), grav.— Voir *Lély*.

La Mort tirant un vieillard qui a un pied au bord de la tombe et qui courtise une jeune femme (26 nov. 1863, No 1).

ALLEGRI (Ant.). — Voir le *Corrége*.

ALLORI (Christofano), peintre, né à Florence, en 1577; mort en 1621.

Suzanne au bain, gravée par Dequevauviller.

ALLOU (Gille), peintre contemporain.

Amusement espagnol; grav. par P.-F. Basan. H. 0.250; L. 0.200.

L'Optique, grav. par Dossier (mai 1864, 3 fr.)

ALOPHE (Marie-Alexandre), peintre, dessin. et lith. contemp., né à Paris; élève de Camille Roqueplan et de Paul Delaroche. — Voir *Dartiguenave* et *Guérard*.

La Dame aux camélias, lith. de 0.53 sur 0.48. Goupil, de 3 à 15 fr.

Les Femmes rêvées : 1° La Présentation. — 2° Le Billet doux. — 3° Les Fleurs des champs. — 4° La Passion des roses. — 5° Contemplation. — 6° Au bord de la mer. — 7° Une amazone. — 8° La Prière.— 9° Premières amours. — 10° Une voisine. — 11° La Passion des chiffres. — 12° Près du torrent. Suite de 12 lithogr. de 0.41 de haut. et 0.30 de larg. Paris, Goupil. Chaque planche, 6 francs.

Mlle *Caroline,* dans Marco Spada. Portrait lithogr. (*Journal de la Librairie,* 1861, No 176).

Un Nid dans les bois. — *Un Nid sous les toits;* deux planches lithogr. H. 0.35; L. 0.25. Paris, Goupil, 1856; chaque pièce en noir, 4 fr.; en coul. 8 francs.

Mlle *Cassegrain,* dans Marco Spada; portr. lith. (*Journal de la Librairie,* 1861, No 178).

Mme *Doche,* lithogr. petit in-fol. en haut. (Goupil, 6 fr.)

Mlle *Emarot* (dans Guillaume Tell). Mme *Ferrari* (dans le ballet des Elfes). — Mlle *Fiocre* (dans l'Amour de Pierre de Médicis). — Mlle *Lefèvre* (dans Orfa) — Mlle *Emma Livry* (dans Herculanum). — Mlle *Marquet* (dans Marco Spada).— *La même* (dans le ballet du Dieu et la Bayadère). — Mlle *Plunkett* (dans la Manola de la Favorite). — Mme *Rosati* (ballet du Corsaire). — Mlle *Taglioni* (dans la Sylphide). — Mlle *Vibon* (dans Vert-Vert). Mlle *Zina Richard* (dans Marco Spada). Douze portraits d'actrices, lithogr. (*Journal de la Librairie,* 1861).

Mlle *Fanny Elssler* (dans la Chatte métamorphosée en femme). Lith. de Lemercier; H. 0.162; L. 0.122 (Soleinne, 119).

Mlle *Rachel;* lith. de Petit et Bertauts. H. 0.240; L. 0.180.

Mlle *Taglioni* (dans la Fille du Danube) H. 0.122; L. 0.108 (Soleinne, 117).

ALPHÉE ET ARÉTHUSE.— Voir A. *Bloemaert*, Bernard *Lens* (le jeune), Nic. *Loir*, Joh. van *Nek*, Pierre-Ch. *Trémollière*, Ant. *Waterloo*.

ALPHONSINE (Mlle), rôle de Pomponetta (théâtre de la Porte St-Martin). Portr. lith. Paris, Martinet, 1854.

ALRAM (Johann), grav., travaillait à Vienne au commencement du XIXe siècle. Il mourut jeune. — Voir G.-B. *Lampi*.

ALTDORFER (Albert), surnommé le *Petit Albert*, peintre et grav. sur bois, au burin, et à l'eau-forte; né à Altorff, en 1488; mort à Ratisbonne en 1538. — Voir *Marc-Antoine*.

Dalila coupant les cheveux à Samson qui dort, la tête posée sur les genoux de sa maîtresse. H. 1 p. 7 l.; L. 1. p. 4 l. (B. 3; Comte ***, de Vienne, 122).

Les Deux amants dans un paysage, 1511. Un jeune homme de condition assis auprès d'une jeune femme, sur le dos de laquelle il a passé son bras. H. 5 p.; L 3 p. 8 l. (B. 63).

Deux anachorètes tentés par le démon, 1506. Assis à terre et tenant une petite croix dans la main, ils refusent l'offre du démon qui, sous la forme d'une femme toute nue, leur présente un grand plat rempli de fruits, de pain et d'autres vivres. H. 4 p. 1 l.; L. 4 p. (B. 25).

Deux Satyres se battant pour une nymphe. Un de ces satyres cherche à frapper d'un bâton l'autre satyre, qui pare le coup et défend une nymphe à genoux devant lui, et qui semble être évanouie de frayeur. H. 2 p. 3 l.; L. 1 p. 6 l. (B. 38).

Femme au bain. Une femme nue, vue de profil, est assise sur le bord du bassin d'une fontaine dans laquelle elle baigne ses pieds. H. 0.038; L. 0.029 (B. 56; Comte ***, de Vienne, 163).

La Femme auprès de laquelle on venait chercher le feu éteint à Rome par Virgile. Elle est assise sur un piédestal; plusieurs hommes arrivent pour allumer leurs chandelles entre ses jambes. H. 2 p. 10 l.; L. 1 p. 8 l. (B. 43). — Voir, pour le sujet de cette fable, la *Marguerite poétique* d'Albert d'Eyb, et les *Faictz merveilleux de Virgille*.

Le Jugement de Pâris. Il écoute ce que lui dit Priam. Vénus est accompagnée de l'Amour. Pièce en cuivre; H. 2 p. 3 l.; L. 1 p. 6 l. (B. 36).

Le Jugement de Pâris, 1511. L'Amour en l'air décoche une flèche sur Pâris qui dort étendu à terre. Gravure en bois. H. 7 p. 4 l.; L. 6 p. (B. 60; Comte ***, de Vienne, 151).

Neptune enlevant une nymphe dans un char tiré par deux chevaux marins, conduits par des tritons. L. 3 p.; H. 1 p. 9 l. (B. 31).

Le Triomphe d'Amphitrite; L. 3 p.; H. 1 p. 9 l. (J., I, 157).

Un Triton et une Néréide. Ils nagent sur les ondes de la mer, assis sur des dauphins. H. 0.061; L. 0.040 (B. 39; Comte ***, de Vienne, 153).

Vénus couchée sur le gazon, accompagnée de deux Amours; L. 0.068; H. 0.028 (B. 35, Comte ***, de Vienne, 150).

Vénus et deux Amours. Elle tient une corne d'abondance d'une main, et de l'autre un cœur enflammé. H. 0.059; L. 0.036 (B. 32; Comte ***, de Vienne, No 147).

AMAEGUI (la marquise d'). — Voir J. *Félon*.

AMEDOUCHE, grav. contemporain. — Voir *Zuber-Buhler*.

AMELOT.

Un Mari qui n'entend pas la plaisanterie. Paris, photogr. Vigé (J. de la Librairie, 1865, No 52).

AMERIGHI (Michel-Ange), dit le *Caravage*, p. et gr., né à Caravaggio, près de Milan, en 1569; mort à Porto Ercole, en 1609.

La Joueuse de luth, gr. par F. John.

AMICONI (Jacopo), peint. et grav., né à Venise, en 1676; mort à Madrid, en 1758.

Flore et Zéphire. Flore assise présente des fleurs à Zéphire, qui voltige devant elle. On lit au bas : *A Zeffiro, da cui regno*, etc. L. 0.356; H. 0.283 (B. 3; Spekter, 1 1/8 thal.; Stengel, 2 fl.; Weigel, 1 thal.).

Jupiter et Calisto. Jupiter, sous la forme de Diane, fait l'amour à la nymphe Calisto. On lit en bas: *Giove di Cintia i can prende*, etc. L. 0.356 mil.; H. 0.283. (B. 2; Weigel, 1 thal.).

Euphrosine, fille nue dansant près de la statue de Pan; gr. par Bartolozzi.

Jupiter et Calisto, pièce in-fol., en larg., gr. par P. Peiroleri.

Zéphire et Flore, pièce in-fol., en haut., gr. par P. Peiroleri.

Diane au bain, pièce en haut., gr. par V.-M. Picot (van Hulthem, N° 4668).

Anne, impératrice de Russie, en pied, gr. par J. Wagner, (J., III, 198).

Elisabeth Petrowna, vue jusqu'aux genoux, avec des accesssoires, gr. par le même. (J., III, 198).

AMMON ET THAMAR.— Voir H. *Aldegraver,* Al. *Claas,* le *Maître au monogramme I. B.*

AMOUR (l').— Voir l'*Albane,* Z. *Andréa,* l'*Antique,* Joseph *Arpinas, Bartolozzi,* B. *Beham,* H.-S. *Beham, Bellefonds,* Miss *Beuwell, Bloemaert,* C. de *Boisfremont,* J. *Bonasone, Bonnefoy* (veuve), Fr. *Boucher,* W. *Bouguereau, Bourdon, Campion de Tersan,* P.-J. *Cazes, Cipriani,* le *Corrége,* J. *Couché,* Ant. et Ch.-Ant. *Coypel,* G. *David,* Mme *Delorme, Desenne, De Vaux, Diaz,* le *Dominiquin,* Van *Dyck,* Nic.-R. de la *Fage, Farinati,* J. *Félon, Fragonard* père et fils, Ph. *Galle,* J.-Bapt. *Ghisi,* J. *Grandhomme* (le vieux), *Greuze,* le *Guide,* Fr.-Dés. *Hillemacher, Huet,* Et. *Jeaurat,* Jules *Romain,* Angelica *Kauffman, Klöber,* Heinrich *Lautensack,* Ch. *Le Brun,* J. *Leeb, Lepan,* P.-P. *Leroy, Lesourd de Beauregard,* Eust. *Lesueur,* L. *Lolli,* le *Maître au monogramme CC.* le *Maître au monogramme JG, Mallet,* Pierre *Marchant,* Jacques *Matham, Mécou,* le comte de *Meleun,* Raph. *Mengs, Meynier,* G. *Mola,* Paul *Morelse,* Friedrich *Muller,* Ph.-L. *Parizeau,* le *Parmesan,* G. *Pencz,* R. *Picou,* Corn. *Poelenbourg,* P.-P. *Prudhon, Queverdo,* J. *Rabel, Raphaël,* J.-B. *Renaud, Saint-Tofanelli,* Ant. *Sallaert,* J.-J. *Sandrart, Sannuti, Scalberge, Schenau,* Bart. *Schidone,* Fr. *Solimena,* le *Titien,* J.-B. *Vanloo,* C. *Vanloo, Watteau,* B. *West, Wolff.*

AMOUR (l') ET BACCHUS.— Voir *Chaperon,* Ant. *Coypel.*

AMOUR (l') ET LE TEMPS. — Voir Van *Dyck,* le comte de *Meleun,* Mathias *Œsterreich,* F. *Perrier,* S. *Vouet.*

AMOUR (l') ET MERCURE. — Voir Bart. *Spranger* et le *Titien.*

AMOUR (l') ET PAN. — Voir Aug. *Carrache,* Ann. *Carrache,* Ant. *Coypel,* Ch.-Ant. *Coypel.*

AMPHITRITE.— Voir *Altdorfer, Baudry, Bouchardon, Brebiette,* les *Carraches,* N.-N. *Coypel, Detroy,* Cl. *Duflos,* L. *Giordano,* Pierre *Lélu,* L. *Leroux,* Ch. *Natoire,* Pierre *Parrocel,* Simon *Vouet.*

AMYMONE (l'enlèvement d'). — Voir H.-S. *Beham,* Alb. *Durer.*

ANASTASI (Auguste), p. et gr. contemp., né à Paris, élève de Paul Delaroche et de M. Corot. — Voir *Diaz.*

ANCELOT, grav. contemporain. — Voir *Watteau.*

ANDRÉ (Jules), peint. contemp., né à Paris, élève de Watelet.

Ame de quinze ans (pendant au *Cœur de jeune fille,* d'après Court); gr. par Garnier; H. 0.38; L. 0.30.

Appel au plaisir. — *Pensée d'amour;* deux pièces grav. à la manière noire, par Garnier; H. 0.47; L. 0.36. Paris, Bulla, 1846. — Jouy, 1860, chaque planche, 10 et 20 fr.

Clarisse Harlowe et sir Lovelace (pendant de *Mina Troil et sir Ed. Cleveland,* d'apr. Guimard); gr. à l'aquatinta, par H. Garnier; 47 c. sur 37. — Bulla fr., 1852, chaque pl., 15 fr., et en coul., 30 fr.

La Dame de cœur. — *L'Etoile du berger,* deux pièces gr. à la man. noire, par H. Garnier; H. 0.40; L. 0.30. Paris, Bulla fr., 1852, chaque pl., 10 fr., et en coul., 20 fr.

Fleurette, grav. à la man. noire, par H. Garnier; H. 0.46; L. 0.31. — Goupil, 1861, de 12 à 24 fr.

Il m'aime. — *A ce soir,* deux pièces, grav. à la man. noire, par le même. H. 0.43; L. 0.32. — Goupil, 10 à 20 fr. chaque.

Jenny. — *Fanny.* — *La Prima dona;* trois pièces, man. noire, par le même. H. 0.37; L. 0.27. — Goupil, 8 à 16 fr. chaque.

Mina. — *Brenda;* deux charmantes têtes tirées du roman de Walter Scott; gr. man. noire, par le même. H. 0.42; L. 0.34. — Bulla, chaque pièce, en noir, 10 fr., en couleur, 20 fr.

Nerilha. — *Olivia;* deux pièces à la man. noire; par le même; H. 0.37; L. 0.29. — Bulla, 6 et 12 fr. chaque.

Le Nouveau seigneur. — *Le Marquis d'autrefois,* deux pièces à la man. noire, gr. par le même; H. 0.53; L. 0.39. —

Paris, Bulla, 1846. — Jouy, 1860, chaque pl., 16 et 32 fr.

La Reine des bois (pendant à *la Reine des fleurs*, d'après Court); à la man. noire, par le même; H. 0.42; L. 0.34. — Bulla, 10 et 20 fr. chaque.

Rose du Bengale. — *Rêve au bonheur.* — *Rose d'amour*, trois pièces à la man. noire, gr. par le même; H. 0.42; L. 0.34. — Bulla, 10 et 20 fr. chaque.

Séduction. — *Abandon*, 2 pl., man. n., par le même. Paris, Delarue, 1852.

Tendre aveu (pendant à *Douce confidence*, d'après Mlle Guimard). — *Premier rendez-vous.* — *Serment d'amour*; trois pièces, lithogr. par Gilbert; H. 0.56 c.; L. 0.38. — Jouy, 1862, chaque pl., en coul., 6 fr.

La Fille mal gardée; lithogr. à deux teintes, par Lafosse.

Signal, lith. par le même; H. 0.49; L. 0.38. Cette pièce forme le pendant de l'*Attente*, d'après Brochart. — Jouy, 1860; rehaut, 10 fr.

Le Confident de madame (jeune homme prenant une dame par la taille et lui donnant une lettre). — *Le Droit du seigneur* (seigneur prenant une jeune fille par la taille); deux pl., lithogr. par Llanta. Paris, Lemercier, 1846.

Une Servante trop chère (vieux galant courtisant sa bonne); lithogr. par Pirodon; H. 0.47; L. 0.37. Paris, Dusacq et Cie, 6 fr., en rehaut.

Douce espérance. — *Dernier adieu*; deux pièces, lithogr. par Regnier; H. 0.50; L. 0.42. — Paris, Jouy, 1860; rehaut, 10 fr. chaque.

Comme l'esprit vient aux filles. — *Comme l'amour vient aux garçons*; deux pièces, lithogr. par Regnier et Bettannier. — Paris, 1846.

Coquetterie. — *Imprudence* (une femme dans un paysage); deux pièces, lithogr. par Regnier et Bettannier. — Paris, Lemercier, 1846.

Pensée d'amour. — *Le Nouveau seigneur*; deux pièces photogr. par Bisson frères; H. 0.16; L. 0.20.— Paris, Jouy, 1860, 6 fr. chaque.

Rêve au bonheur, H. 0.20; L. 0.16. Paris, photogr. Bulla, 5 fr.

Rose d'amour. — *Rose du Bengale*, deux photogr., en haut. Paris, chez Bulla.

Rêve au bonheur, photogr., en haut., par Chardon jeune. — Paris, Bulla, 1861.

La Servante trop chère. Paris, phot. Dusacq et Cie, format carte de visite, 1 fr.

Fleurette, photogr. de 7 c. sur 12. — Paris, Goupil, 1 fr. 50.

ANDRÉA (Zoan), grav. au bur., travaillait en Italie au comm. du XVIe siècle. — Voir Alb. *Durer* et And. *Mantegna.*

L'Amour monté sur un bouc. L'Amour est assis de côté sur un bouc aux cornes duquel il se tient de ses deux mains. Ce bouc est mené par sa barbe par la femme d'un satyre, qui tient un fouet fait d'une jambe de bouc. Un satyre jouant du flageolet, suit le bouc, en le tenant par la queue. Pièce sans marque; H. 5 p. 6 l.; L. 5 p. 4 l. (B. 11).

Le Couple amoureux. Un jeune homme caressant une femme dont la tête s'appuie sur son épaule.

Hercule et Déjanire; H. 0.235; L. 0.125 (B. 9).

ANDREANI (André), peint., habile grav. en camaïeu, et éditeur, né à Mantoue, en 1560; mort en 1623. — Voir *Beccafumi*, Jean de *Bologne*, *Malpicci*, le *Parmesan* et *Salviati.*

ANDROMÈDE. — Voir *Persée et Andromède.*

ANDROUET DU CERCEAU (Jacques), archit. et grav., né à Orléans, vers 1530; mort à Turin, vers 1600. — Voir *Raphaël.*

ANGÉLIQUE ET MÉDOR. — Voir *Berton*, *Cipriani*, Od. *Fialetti*, Th. *Ghisi*, le *Guerchin*, *Guérin*, *Jules Romain*, J.-Ph. *Lebas*, B. *Lutti*, Fr. *Marot*, *Matteini*, *Raoux*, P. *Rotari*, L. de *Sylvestre*, Al. *Tiarini*, B. *West.*

ANGELL (Samuel), grav. à la man. noire; trav. à Paris de 1835 à 1843. — Voir *Rioult* et *Sigalon.*

ANGERER (Louis), photographe à Vienne.

La Comtesse Clam-Salm, joli portr. phot. Exposition de 1861.

ANGOLO (Giovanni-Battista), ou *Angeli*, surnommé *Torbido del Moro*; p. et grav. à l'eau-forte et au bur., né à Vérone, 1516. — Voir *Jules Romain*, le *Parmesan* et le *Titien.*

Persée et Andromède. Cepheus, roi d'Ethiopie, joint la main de sa fille

Andromède à celle de Persée. L'un et l'autre des époux est accompagné d'un Hymen. Sans marque; L. 0.252; H. 0.158 (B. 18; H. de L***, avril 1856, 6 fr. 50).

ANGOLO (Marco del Moro), p. et gr. à l'eau-forte, fils du précéd., né à Vérone, 1530; mort à Rome.

Le Jardin de l'Amour. Plusieurs jeunes gens des deux sexes assemblés dans le jardin de l'Amour, où ils s'amusent à la musique, et d'où Vénus, avec son fils, chasse à coups de poing un vieillard qui s'enfuit. Dans la marge d'en bas, huit vers italiens commençant ainsi : *Quest' è il Giardin del vago Dio d'amore,* etc. H. 0.311; L. 0.243 (B. 8). Cette pièce est quelquefois attribuée au Titien; mais on peut, avec plus de vraisemblance, la donner à Marc d'Angeli del Moro.

Jupiter et une Nymphe. 1565. Jupiter, assis sur une butte, embrassant une nymphe qui est assise auprès de lui, et vue de dos. Jupiter montre Cupidon planant en l'air et qui décoche une flèche. On lit sur une pierre carrée, à droite : *Tal fû la mia beltà, che Giove stesso lasciò Giunone in cielo e in terra, per godersi di lei standomi appresso.* H. 0.237; L. 0.160 (B. 4).

Mars et Vénus. Mars, assis dans une grotte, embrasse Vénus qui est debout auprès de lui et tenant un voile. A côté de Mars est l'Amour qui réfléchit. H. 0.315; L. 0.189 (B. 5).

ANKER (Albert), p. et gr. contemp., né à Anet (Suisse), élève de M. Gleyre.

Les Petites baigneuses, photogr. par Goupil. Paris, 1866, 6 fr. (*Journal de la Librairie*, 1866, N° 19).

ANNE, reine d'Angleterre. — Voir *Faber* et G. *Kneller*.

ANNE D'ANGLETERRE, femme de Guillaume IV. — Voir J. *Houbraken*.

ANNE D'AUTRICHE, reine de France. — Voir *Bonvoisin*, *Bureau*, Ph. de *Champagne*, Jean *Ganière*, Michel *Lasne*, *Matham*, Cl. *Mellan*, *Mignard*, *Pelerin*, *Rubens*, *Schmidt*, *Visscher*, Simon *Vouet*.

ANNE DE DANEMARK, épouse de Jacques Ier, roi d'Angleterre. — Voir C. *Johnson*.

ANNE DE DANEMARK (la princesse). — Voir G. *Kneller*.

ANNE-MARIE D'AUTRICHE, reine d'Espagne. — Voir W. *Hollar*.

ANSELIN (Jean-Louis), gr. au burin, né à Paris, 1754-1823. — Voir *Borel*, *Caresme*, *Mouchet*, Gasp. *Netscher*, *Saint-Quentin* et C. *Vanloo*.

La Belle jardinière (portrait de Madame de Pompadour), rare (M***, en mai 1861, N° 8).

ANSIAUX (J.-Jo.-Eléon.-Ant.), p. d'histoire. Liége, 1764-1840.

Renaud et Armide, gr. au pointillé, par Gudin. — Paris, Lamoureux, 1826 et 1858.

Le Départ du messager d'amour. — *Le Retour du messager d'amour*, deux pièces, gr. par L.-F. Mariage.

ANTHEAUME (B.), gr. et éditeur. — Voir *Watteau*.

ANTIOPE. — Voir *Jupiter et Antiope*.

ANTIQUE (d'après l').

Vénus d'Arles, gr. par Jean Audran, pour *Versailles immortalisé*, par J.-B. de Monicart. Paris, 1720.

Vénus d'Alexandrie, gr. par J.-J. Avril, le jeune; H. 0.325; L. 0.122.

Psyché, par le même; H. 0.261; L. 0.160.

Nymphe, par le même; H. 0.365; L. 0.261.

Jupiter avec deux déesses, gr. par le même. L. 0.532; H. 0.263. Paris, 1771.

Livie et Cérès, par le même; H. 0.373; L. 0.268.

Diane, gr. par P. Baquoy; H. 0.352; L. 0.260.

Les Noces aldobrandines, gr. par P.-S. Bartoli.

La Marchande d'amours, gr. par J.-F. Beauvarlet, d'après Vien Marie, sur une peinture antique d'Herculanum (J., I p. 232; Basan, 30 fr.)

Hermaphrodite Borghèse, statue en marbre de Luni; gr. par Bourgeois. — Cette figure couchée, un des ornements du musée du Louvre, est la plus belle de toutes les statues représentant le même personnage, homme et femme à la fois, comme on sait. L'Hermaphrodite original, ou vrage célèbre de Polyclès, était en bronze; celui du musée, trouvé au commencement du XVIIe siècle, près des Thermes de Dioclétien, est gravé dans les *Statues de Maffei*, dans le *Musée français* (Bourgeois, graveur), et dans le 1er vol. du *Musée Bouillon.*

La Jouissance de l'Amour, allégorie, gr. par Ant. Capellan.

L'Amour et Pysché, antique du musée, dess. par Bourgeois, gr. par Cazenave. — Paris, Basset, 1812.

Vénus pudique, gr. par A.-A.-J. Carron, d'après une statue antique.

Bacchus et Ariane. Pièce ovale en larg., gr. par Mlle Elis.-Sophie Chéron, en 1710, d'après une cornaline du cabinet de M. Lauthier de Provence. Dans la marge : *Bacchus épouse Ariane dans l'isle de Naxe, où Thésée l'avoit abandonnée.*L. 7 p. 3 l.; H. 6 p. 10 l., y compris 1 p. de marge (R. D. 7).

Mars et Vénus, composition ovale en haut., gr. par Mlle Elis.-Sophie Chéron, d'après une cornaline antique du cabinet de M. Bourdaloue. H. 4 p. 7 l. y compris 3 l. de marge; L. 3 p. 5 l. (R. D. 6).

Les Six célèbres incestueuses : Pasiphaé. — Scylla. — Phèdre. — Myrrha. — Canace, etc.; gr. par Gius. Craffouara, d'après des peintures antiques.

Les Noces aldobrandines, gr. par le même, d'apr. une peinture antique.

Il Famoso satyro colla capra. Gruppo di bronzo trovato nelle rovine d'Herculano, che si conserva nel museo reale di Portici; gr. à Naples, par Cuglia Cazzi, 1761.

Venere, trovata nella tenuta di Salone; gr. par A. Cunego; pièce in-fol.

Mars et Vénus, gr. par Louis Dennel.

La Vénus de Médicis, in-fol., gr. par Pietro Fontana, 1819.

L'Enlèvement de Déjanire, gr. à l'eau-forte et au burin, par Batista Franco, d'après un bas-relief antique. L. 14 p. 4 l.; H. 9 p. 2 l. (B. 4; H. de L***, avril 1856, 9 fr.)

La Vénus du Capitole, statue antique, in-fol., gr. par J.-J. Frey, 1745.

Pallas, pièce en larg., gr. par J.-Jér. Frezza. Cabinet Crozat.

Vénus couchée, in-fol. en larg., gr. par le même, d'après une peinture antique au palais Barberini, à Rome. Cabinet Crozat (Catal. Bance).

Bacchanale, où sont représentés trois faunes et deux bacchantes. L'un d'eux tient une outre remplie de vin, et avance près d'un autre qui lève le bas du vêtement d'une femme vue par le dos; gr. par Adamo Ghisi, dit Adam Mantouan, d'après un bas-relief antique. L. 0.183; H. 0.178 (B. 24).

L'Amour. — L'Amour et Psyché. — Antinoüs. — Hermaphrodite. — La Vénus de Médicis, 1781; cinq pièces, gr. par Gioseffo Gregori.

La Vénus de Médicis, gr. par P.-G Langlois, dit l'aîné (J., II, 185).

Plusieurs planches au trait représentant des antiques obscènes, gr. par Larée.

Les Trois Grâces, copie en contre-partie de l'estampe de Marc-Antoine, gr. par Ch.-Et. de Laune. Pièce cintrée du haut. H. 0.124; L. 0.080 (R. D. 296).

La Vénus de Médicis; gr. par Antoine-Robert Lefebvre.

Bacchanale, gr. par Marc-Antoine; L. 19 p.; H. 5 p. 4 l. Offrande à Priape, où l'on voit Silène appuyé sur des bacchantes. A gauche, on remarque un satyre derrière une satyresse qui est à genoux et penchée vers le terme de Silvain, sur lequel elle s'appuye en poussant des cris. A droite, une autre satyresse est dans une attitude lascive devant le terme de Priape, aux cornes duquel elle s'attache de la main gauche. Estampe extrêmement rare. — Le même sujet a été gravé en contre-partie aussi par Marc-Antoine. Cette pièce est encore plus rare que la précédente. Elle est gravée d'un burin plus ferme et plus libre. Du temps de Mariette (vers 1725), une épreuve s'est vendue 100 livres, ce qui, à cette époque, était un prix très-élevé. — « Mais il faut citer encore, parmi tant de raretés la fameuse *Bacchanale,* offrande à Priape, où Silène est « représenté vêtu d'une longue robe, « couronné de lierre, appuyé sur les « épaules de deux bacchantes, et marchant avec un cortége de satyres avinés et de satyresses lascives. Ce superbe morceau, gravé d'après un bas-relief antique qui est à Rome, près « de l'église Saint-Marc, est à la fois si « beau, si bien senti et si célèbre, que « nous avons vu, il y a deux ans, une « épreuve de la *Bacchanale* poussée, à « la vente Van den Zande, jusqu'au prix « de 1800 fr. » (8 avril 1861). Bartsch, Nos 248-249; Debois 801 fr.; Durand, 750 fr.; Martelli, avril 1858, 138 fr..

Les Trois Grâces. Elles sont debout, se tenant embrassées; gr. par Marc-Antoine, d'après un bas-relief antique attribué à Polyclète, statuaire d'Argos. H. 10 p. 10 l.; L. 8 p. 2 l. — L'épr. très-belle et très-bien conservée de la Bibliothèque Impériale, a été acquise, en 1811, pour 300 fr. (B. 340; Debois, 201 fr.; Comte***, de Vienne, N° 1923).

Un Satyre découvrant une nymphe endormie, couchée sous une tente. A gauche est la statue de Priape. Pièce sans marque, en larg., attribuée à Marc-Antoine (B. 223).

Galathée s'éloignant de Polyphème qui est amoureux d'elle. Ce cyclope est assis sur un rocher, tenant un chalumeau et un bâton. Il regarde Galathée qui est sur la mer, sur une conque attelée de deux dauphins. L'Amour plane en l'air au-dessus d'elle. Pièce sans marque, en larg., attribuée à Marc de Ravenne (B. 224).

Les Trois Grâces. Elles sont debout et se tiennent embrassées. Celle du milieu, vue par le dos, s'appuye sur la seconde et tend la main droite vers des fruits que tient la troisième. Grav. par Marc de Ravenne, d'après l'estampe de Marc-Antoine. H. 10 p. 10 l.; L. 8 p. 2 l. (J. II, 251; B. 341; Martial Pelletier, 1867, N° 250).

Un Homme nu, dont le dos est couvert d'un petit manteau flottant, poursuivant une nayade qui s'est jetée dans la mer, et qui est suivie d'un petit Amour. L'homme tend les bras pour saisir la nymphe qui s'enfuit en nageant. Pièce en larg., gr. par Marc de Ravenne (B. 226).

Vulcain, Vénus et trois Amours. Vulcain forge des flèches sur une enclume devant laquelle il est assis. Vénus est debout recevant les caresses de l'Amour. Deux autres Amours sont occupés auprès de Vulcain. Pièce en larg., sans marque, gr. par le même (B. 227).

L'Enlèvement d'Hélène (Galerie de Florence); gr. par Louis-Joseph Masquelier (J., II, 259).

Cybèle et Atys, bas-relief antique. — *Deux Satyres*; deux pièces (Galerie de Florence), gr. par Nic.-Fr.-J. Masquelier, le jeune.

La Vénus de Médicis, gr. par J.-B.-R.-U. Massard, le jeune.

Bacchante, statue antique du Musée français; grand in-fol., gr. par A.-A. Morel.

Vénus sortant du bain, petite pièce gr. par R. Morghen, d'après un camée antique (*Cabinet de l'amateur*, I, 113).

La Vénus d'Arles, représentée en pied, gravée par Christian-Friedrich Muller (Rigal, N° 579).

L'Amour et Psyché. — *La Vénus de Médicis*, stat. ant.; deux pièces gr. par Cl. Niquet.

La Bacchante, du Capitole, gr. par François Perrier; H. 0.216; L. 0.123 (R. D. 114).

Le Centaure et l'Amour, du jardin Borghèse, gr. par le même; H. 0.206; L. 0.143 (R. D. 48).

La Cléopâtre, du Vatican, par le même; L. 0.222; H. 0.117 (R. D. 129).

L'Enlèvement de Théophane par Neptune, gr. par le même, d'après le bas-relief du musée Angeloni. Dans la marge: *Théophane Bijsaltidis filia formosissima Virgo...* L. 0.305; H. 0.159 (R. D. 156).

L'Hermaphrodite, de la villa Borghèse, par le même; L. 0.226; H. 0.113 (R. D. 131).

Mars et l'Amour, de la vigne Ludovisi; par le même. H. 0.220; L. 0.140 (R. D. 89).

Matrone interrogeant un jeune homme, par le même; 0.221; L. 0.154 (R. D. 82).

Pan et Syrinx, par le même; H. 0.216; L. 0.138 (R. D. 85).

La Sabine, des jardins Ludovisi, par le même; H. 0.232; L. 0.106 (R. D. 116).

La Vénus aphrodite, dite de Médicis, tournée à droite; par le même; H. 0.231; L. 0.100 (R. D. 122).

La même, tournée à gauche et vue de face; gr. par le même; H. 0.227; L. 0.111 (R. D. 123).

La même, tournée à gauche et vue de profil; par le même; H. 0.221; L. 0.125 (R. D. 124).

La Vénus au bain, du Vatican; par le même; H. 0.222; L. 0.134 (R. D. 126).

La Vénus céleste, du Vatican; par le même; H. 0.231; L. 0.134 (R. D. 127).

Vénus jouant sur le rivage de la mer, de la villa Borghèse; gr. par le même; L. 0.204; H. 0.144 (R. D. 130).

La Vénus sortant du bain, des jardins Borghèse; par le même. H. 0.230; L. 0.134 (R. D. 107).

Vénus sur les eaux, de la villa Borghèse; par le même. H. 0.219; L. 0.129 (R. D. 125).

Enlèvement d'Europe, gr. par Prudhon, d'après un bas-relief ant. (*Cab. de l'amat.*, III, 487).

Vénus accroupie, gr. par Richomme (A. David, N° 715).

Vénus callypige, gr. par Saint-Aubin. Tout le monde connaît l'anecdote que raconte Athénée au sujet de deux jeunes Siciliennes. Une dispute semblable, entre les courtisanes Myrrhine et Thryallis, est racontée dans les *Lettres* d'Alciphron, écrivain grec du troisième siècle; mais l'abbé Richard, qui, en 1785, a donné une traduction française de cet auteur, a laissé en blanc ce passage. La célèbre statue en marbre, trouvée à à Rome et placée dans le palais Farnèse, est devenue la propriété du roi de Naples. Elle a été gravée plusieurs fois, notamment dans le *Musée royal de Naples. Peintures, bronzes et statues érotiques*, etc., par C. Famin (planche 3); et dans l'ouvrage de Rossi, pl. 55, dont M. de Clara, dans son *Musée de sculpture*, pl. 611, nous en a reproduit le dessin. Une autre statue est au Musée de Syracuse (C. de Nerve, *Un tour en Sicile*, t. II, p. 102).

Dans le supplément au *Dictionnaire de la conversation*, on a pensé que le mot *callypige* méritait bien un article, et c'est M. Denne-Baron qui s'est chargé de l'écrire. Voici en quels termes il décrit la pose de la déesse: « Sa gracieuse tête, qu'elle tourne en arrière, s'ajustant à son col délicieux, se penche vers son dos cambré et plein de souplesse, et les paupières un peu baissées, elle regarde avec une secrète satisfaction l'orbe admirable de ses hanches amples et insensiblement arrondies, auxquelles s'agencent et s'harmonisent des jambes et des cuisses non moins parfaites. »

Transcrivons aussi quelques lignes qu'un docte orientaliste, M. de Chezy, a placées dans les notes qui accompagnent sa traduction d'un drame sanscrit (*Sakountala*):

« Il existe une Vénus, si ce n'est en chair, du moins en marbre, douée de certains attraits que, grâce au beau nom grec qu'ils lui ont mérité, nos jeunes filles peuvent prononcer sans rougir. Les Hindous désignent par la douce épithète de *Nélamboisi*, une femme ainsi douée par les Grâces. »

Une épigramme grecque sur les callypiges fait partie de l'*Anthologie grecque*. Reiske en a donné le texte dans les *Miscellanea lipsiensia nova*, t. IX. Une autre traduction, insérée dans la traduction du roman grec de Chéréas et Callirhoé, faite par Larcher, a été reproduite dans l'ouvrage de Chaussard, *Fêtes et courtisanes de la Grèce*, tome IV, p. 69 (une des gravures qui accompagnent cette publication, représente la scène racontée par Athénée, sujet qu'a également traité un peintre distingué, Robert Lefebvre).

Octavie, tête antique de la collection de M. Louis Fould, gr. par Amédée Varin. — Exposition 1859.

L'offrande à Priape: une Romaine lui fait hommage de son fils porté par une suivante; gr. par Aug. Vénitien. H. 9 p. 8 l.; L. 6 p. 4 l. (J., I, 194; B. 336).

Bacchanale, copie de l'estampe de Marc-Antoine, d'après un bas-relief antique, gr. par E. Vico. L. 18 p. 8 l.; H. 5 p. 4 l. (B. 33).

Les Trois Grâces se tenant par la main; grav. par E. Vico, en 1542, d'après l'estampe de Marc-Antoine. H. 8 p. 10 l.; L. 6 p. 6 l. (B. 20).

Vénus debout, ayant auprès d'elle l'Amour, 1561; gr. par le même. H. 15 p. 6 l.; L. 10 p. 6 l. (B. 24).

Vénus, vue de face et le buste nu; grav. en haut., par P. Wociriot. Dans la marge: *Venus cypria e marmore ibidem* (R. D. 155).

Vénus, assise, ayant à ses côtés deux Amours debout; gr. par le même. Au bas: *Anteros. Venus. Heros* (R. D. 159).

APOLLON ET CLYTIE. — Voir *Hyre* (Laurent de la).

APOLLON ET CORONIS. — Voir H. *Goltzius*, Laurent de la *Hyre*.

APOLLON ET LEUCOTHOÉ. — Voir H. *Goltzius*.

APOLLON ET LES MUSES. — Voir *Jules Romain*.

APPIANI (André), peintre italien. Bosizio, 1763-1817.

Vénus et l'Amour, gr. au burin, par Michele Bisi. Pièce en haut. Paris, 1826 (Van Hulthem, N° 3423).

L'Enlèvement d'Europe, pièce in-fol., gr. par Paolo Caronni, 1828.

AQUILA (François-Faraonius), p. et gr. de Palerme; florissait à Rome vers 1700. — Voir Aloïsio *Garzi*, Paolo de *Mattheis*, Nic. *Poussin*.

AQUILA (Pierre), p. et gr. Palerme, 1724-

1795. — Voir P. de *Cortone* et *Jules Romain.*

Diane et Actéon; L. 0.186; H. 0.132.

Vénus tenant une pomme.

ARABELLA STUART SEYMOUR. — Voir J. *Bazire.*

ARDELL (James-Mac), dess. et gr. à la man. noire, né en Irlande, vers 1710; mort à Londres, 1765. — Voir Van *Dyck*, P. *Lely*, J. *Reynolds*, G. *Schalken.*

ARED, peintre.

Catherine de Seine, femme Dufresne, actrice; gr. par Lépicié; H. 400 mill.; L. 290 (Soleinne, N° 266).

AREMBERG (Marie, comtesse d'), princesse de Barbançon. — Voir Van *Dyck.*

ARIANE, OU ARIANE ET BACCHUS. — Voir *Aveline*, *Bertin*, *Boulogne*, *Bryer*, les *Carraches*, *Charlier*, *Cipriani*, A. *Corradini*, Ant. *Coypel*, *Devéria*, Raymond de la *Fage*, *Füger*, *Giordano*, *Girodet*, *Grassi*, le *Guide*, A. *Houbraken*, *Huet*, Luc. *Jordans*, *Jules Romain*, Angel. *Kauffman*, F. *Lagrenée*, G. de *Lairesse*, J.-Ph. *Lebas*, L. *Leroux*, Nicolas *Loir*, Benoit *Luti*, *Marc-Antoine*, Al. *Marchesini*, Ch. *Natoire*, *Netscher*, G. *Pencz*, *Pierre*, J.-B. de *Poilly*, le *Poussin*, P. *Schenck*, *Sherwin*, *Subleyras*, le *Titien*, *Uytenbrouck*, Perino del *Vaga*, E. *Vico.*

ARMIDE ET RENAUD. — Voir *Ansiaux*, L.-M. *Bonnet*, Ann. *Carrache*, *Chasselot*, *Cochin* (le jeune), R. *Cosway*, Ant. *Coypel*, G. *David*, Al.-Ch. *Dies*, le *Dominiquin*, Ant. Van *Dyck*, Angel. *Kauffman*, Lod. *Leoni*, *Monnet*, B. *Picart*, *N. Poussin*, *Reinagle*, J. *Restout*, L. *Silvestre* (le jeune), L. *Tiepolo*, Van der *Vaart.*

ARNDT (W.), grav.; trav. à Berlin, à Worlitz et à Leipzig, de 1794 à 1810. — Voir Van *Dyck.*

ARNOLD, peintre.

Les Offres d'amour: un vieillard embrassant une jeune femme qui prend de l'argent dans le sac; pièce en haut., gr. par G. Fennitzer.

ARNOULT (Nicolas), dess. et grav.; trav. à Paris, de 1680 à 1700.

Agrément aux dames; H. 0.282; L. 0.198. Quatre vers :

Fréquentez bal ou comédie,
Mais avant de sortir, prenez un lavement;
Cela s'appelle un agrément
En terme de gallanterie.

Belle au frais; H. 273 mill.; L. 197.

Belle barbière; H. 287 mill.; L. 198.

Belle organiste; H. 281; L. 200.

Bonne couturière; H. 286; L. 200.

Caquet des femmes; H. 268; L. 206.

Charmante tabagie; H. 276; L. 197.

Chausseur français aux dames; H. 272; L. 192.

ARNOULD (Sophie), actrice de l'Opéra. — Voir *Bourgeois de la Richardière*, *Carmontelle*, *Lanté* et *Latour.*

ARPINAS (G.-C.), peintre.

L'Amour domptant le dieu Pan, gr. par J. Matham. Dans la marge : *Naturam quoque vincit*, etc. L. 14 p. 9 l.; H. 9 p. 10 l. (B. 91; Van Hulthem, 1198; Frauenholz, 12 fl. 6 kr.).

ARSÈNE.

Le Souvenir, gr. par J.-J. Mougeot.

ARUNDEL (la comtesse d'). — Voir Van *Dyck*, *Holbein.*

ASHBY (W.), gr. au bur. et à l'eau-forte; né en Angleterre; trav. à Paris, de 1820 à 1826. — Voir *Westall.*

ASIOLI (G.), grav., né à Correggio; trav. en Italie de 1819 à 1836. — Voir C. *Cignani* et *Pellegrini.*

ASPASIE. — Voir *Jules Romain* et *Regnault.*

ASSORI (Amélie, comtesse d'). — Voir P. *Lely.*

ATALA. — Voir Al. *Fragonard.*

ATALANTE et MÉLÉAGRE. — Voir *Hyre* (L. de la), *Jules Romain* et R. *Wilson.*

AUBERT (Michel), grav., né à Paris, en 1700; mort en 1757. — Voir Fr. *Boucher*, Ann. *Carrache*, J. *Courtin*, *Jeaurat*, *Leclerc*, *Watteau.*

La Marquise de Montespan, dans le recueil d'Odieuvre (Michel), marchand d'estampes à Paris, mort en 1756, et qui a fait graver 600 portr. pour les 6 vol. in-4 de l'*Europe illustrée*, de Dreux du Radier.

AUBERT (A.), sourd-muet, trav. à Paris, de 1808 à 1812. — Voir *Hollier*.

AUBERT (L.).

Le Billet doux, charmant intérieur Louis XV. Jeune fille sur un sopha, lisant un billet qu'un jeune homme vient de lui remettre; pièce in-fol. en haut., gr. par Cl. Duflos; huit vers au bas (Martial Pelletier, 1867, N° 494).

La Revendeuse à la toilette, composition de trois jolies fig. et quelques vers; en haut., gr. par Cl. Duflos (11 nov. 1861, 3 fr.; en mai 1864, avec le *Billet doux*, 13 fr.).

AUBERT (Ernest-Jean), lithogr. contemp.; né à Paris. — Voir *Courtin*, *Gleyre* et *Hamon*.

AUBERTIER.

Les Saisons, suite de quatre pl., style Louis XV, imprimées en couleur: le *Printemps*, la promenade. — l'*Eté*, causerie sur l'herbe. — L'*Automne*, sur le lac. — L'*Hiver*, patinage; lithogr. par Gilbert; H. 46 c.; L. 35. Dusacq et Cie, 6 fr. chaque.

AUBRY (Et.), peintre, membre de l'Académie de peinture. Versailles, 1745-1781.

L'Oiseau perdu, gr. par Jourdheuil.

L'Abus de la crédulité, jolie pièce in-fol., ovale; gr. par Rob. de Launay (18 mai 1864, N° 582; 31 mars 1862, N° 32).

Les Adieux de la nourrice, joli costume de dame; gr. in-fol. en larg., gr. par le même (18 mai 1864, N° 587).

Le Mariage conclu. — *Le Mariage rompu*; deux pièces in-fol., en larg., gr. par le même (31 mars 1862, N° 32; 18 mai 1864, Nos 583-584).

Les Amants curieux, gr. par J.-Ch. Levasseur (catal. Van Hulthem, 12).

La Bergère des Alpes, pièce en larg., gr. par J.-J. Leveau (Paignon-Dijonval, N° 9443; Van Hulthem, 4841).

AUBRY-LECOMTE (H.-L.-V.-J.-B.), peintre et lithogr., né en 1797. — Voir *Gérard*, *Girodet*, *Lancrenon*, *Prudhon*, *Raphaël* et Léonard de *Vinci*.

Mlle Darcier, actrice; portr. lithogr., très-beau et rare, n'étant pas dans le commerce (De Vèze, N° 198).

AUDEBERT, grav. du XVIIIe siècle. — Voir H. *Fragonard*.

AUDENAERDE (Robert van), p. et gr., né à Gand, en 1663; il alla à Rome et entra dans l'école de C. Maratti. Plus tard, il revint dans sa patrie, se fixa à Gand, où il mourut en 1743. — Voir C. *Maratti*.

AUDOUIN (Pierre), grav., né à Paris, en 1768; mort en 1822. — Voir *Bouillon*, le *Corrége*, *Lebrun* (Mme Vigée); *Raphaël*, J. *Riesener*, George *Rouget* et *Terburg*.

Mme Duret de Saint-Aubin; H. 270 mill.; L. 200 (Soleinne, 320).

Vénus arrachant une épine de son pied, gr. d'après un tableau dit de l'école de Raphaël (Rigal, épr. avant la l., 40 fr.; Durand, épr. sur pap. de Chine, 60 fr.

AUDRAN (Girard, ou Gérard), dess. et grav., membre de l'Académie; né à Lyon, le 2 août 1640; mort à Paris, le 26 juillet 1703. — Voir Ant. *Coypel*, le *Dominiquin*, *Girardon*, *Jules Romain*, Ch. *Lebrun*, Nic. *Poussin*, *Raphaël*.

AUDRAN (Benoist Ier), neveu du précédent, dess., grav. et édit. Lyon, 1661-1721. — Voir Ant. *Coypel*, *Lancret*, Fr. *Marot*, Ph., duc d'*Orléans*.

Les Nymphes de Diane trouvant des Amours endormis.

Vénus à sa toilette.

Vénus couchée près de Vulcain.

AUDRAN (Jean), grav., frère du précédent, membre de l'Académie; né à Lyon, 1667; mort à Paris, 1756. — Voir l'*Antique*, Ant. *Coypel*, *Dieu*, le *Guide*, *Jules Romain*, C. *Maratti*, F. *Marot*, J. *Nattier*, le *Poussin*, Louis *Silvestre* (le jeune), Van der *Werff*.

Une Bergère dansant au son du chalumeau.

AUDRAN (Benoist II), fils de Jean Audran, dess. et gr., né à Paris, 1700-1772. — Voir l'*Albane*, Ant. *Coypel*, Nic. *Poussin*, Paul *Véronèse*, *Watteau*.

AUFRAY, dess. contemp.

Un Gros chagrin. — *Une Fille mal gardée*, deux lith. par Schultz. Paris, Goupil, 1867.

AURORE (l'). — Voir *Chaplin*, J. *Félon*, le *Guide*.

AURORE ET CÉPHALE. — Voir les *Carraches*, *Delorme*, *Guérin*, Fr. *Lemoine* et Simon *Vouet*.

AUTENRIETH, grav., trav. à Stuttgard au commencement du XIXe siècle. — Voir Van der *Werff*.

AUVRAY (Pierre-Laurent), gr. au bur. et à l'eau-forte; né à Paris, 1736. — Voir H. *Fragonard*.

AVELINE (Fr.), dess. et gr. Paris, 1660-1712.

Fille de qualité en écharpe, allant par la ville, 1689; H. 0.280; L. 0.180.

Femme de qualité en grisette; H. 0.282; L. 0.181.

AVELINE (Pierre), dess. et grav., membre de l'Académie de peint.; né à Paris, en 1710; mort en 1760. — Voir *Bouchardon*, *Boucher*, van *Falens*, *Francisque*, André *Schiavone*, *Watteau*.

Vénus à sa toilette. — *Bacchus et Ariadne*, deux pièces (18 mai 1864, N° 589).

AVENANT (Mme d'). — Voir *Kneller*.

AVONT (Pierre van den), p. et gr. à l'eau-forte, né à Anvers, vers 1619, et établi dans cette ville, où il faisait le commerce d'estampes.

Une Femme nue, assise sous un arbre, entourée de chiens; pièce en haut., grav. par W. Hollar et Paul Pontius (Van Hulthem, N° 2378).

AVRIL (Jean-Jacques), dess. et gr. au bur., né à Paris, 1744-1832. — Voir l'*Albane*, l'*Antique*, *Borel*, J.-L. *David*, J.-F. *Detroy*, le *Poussin*, Van der *Werff*.

Pygmalion et Galathée.

AVRIL, fils, dessinat. et graveur contemporain.

Nymphe, grav. Paris, impr. Chardon aîné; chez Danlos, 1867.

AYRER, peintre, trav. à Nuremberg, en 1665 et 1667.

Tentation de saint Antoine; H. 117 mill.; L. 88 mill.

B

BAADER (Amélie), de Munich, élève de George Dillis, a gravé à l'eau-forte et au pointillé. — Voir le *Corrége*.

BACKER (Jacques de), peint., né à Harlingen, en 1608; mort à Amsterdam, en 1641; il a gravé à l'eau-forte quelques pièces de sa composition.

Des Nymphes couchées dans un paysage (Sternberg, 3 th.; Weigel, 2 th.).

Vénus nue se mirant, eau-forte, très-rare (Ch. Le Blanc, N° 31).

Jeune fille à mi-corps, le sein nu, tenant une pièce de monnaie; in-4 en haut., gr. par C. Moor, le fils.

Ariane abandonnée, in-fol., en larg., gr. par M. Mosyn.

Vénus couchée, in-fol., par le même.

Vénus sur les eaux, accompagnée de l'Amour, in-fol., par le même.

BADALOCCHIO, ou ROSA-SISTO, p. et gr., élève d'Annibal Carrache et de Lanfranc; né à Parme, en 1561; mort à Rome, en 1647; a gravé d'après Raphaël et le Corrége. — Voir Aug. *Carrache*.

Polyphème poursuivant Acis et Galathée, 1704; in-fol. en larg., gr. par J.-J. Frezza (J., II, p. 58).

BADENS (François), peint., né à Amsterdam, en 1571. A son retour d'Italie, il reçut dans sa ville natale le surnom de *Peintre italien*.

Bacchus, Vénus et Cérès, in-fol., gr. par B. Lens, le vieux.

BAESE.

La Belle Albanaise, in-fol., gr. par J.-H.-F.-C. Knolle.

BAILLIE (William), amateur, grav. à la pointe, au burin, au lavis, au crayon et en man. noire; né en Irlande, en 1736. — Voir le *Corrége*.

BAILLIU (Pierre de), habile grav., florissait à Anvers, vers 1640. Il a gravé la plupart des portraits de Van Dyck. — Voir Van *Dyck*, Martin *Pépyn* et *Rubens*.

BALDINI (Baccio, ou Bartholomée), orfèvre et grav., né à Florence, vers 1436.

Le Jugement de Pâris; H. 205 mill.; L. 147.

La Nymphe endormie, (J., I, 207; Durand, 1re épr., 400 fr.)

BALDUNG (Hans), peint. et grav. en bois, né à Gemunde, en Souabe, vers 1476; trav. jusqu'en 1534.

Socrate marchant à quatre pieds et portant Xantippe.— *Socrate ivre*, couché près d'un tonneau; un enfant lui pisse sur la tête. Deux pièces gravées (J., I, 207).

BALECHOU (Jean-Joseph), gr. au burin, né à Arles, 1715; trouvé mort à Avignon, le 18 août 1764.— Voir *Jeaurat*, *Nattier*, Carle *Vanloo* et Jos. *Vernet*.

BALESTRA (Antoine), peintre distingué et grav., né à Vérone, en 1666; mort à Venise, en 1740. Il remporta le prix de l'Académie de Saint-Luc, sur un dessin de la *Défaite des Géants*.

Vénus allant à la rencontre d'Enée et d'Achate, ovale en haut. (Rigal, N° 688).

Vénus et l'Amour, in-fol., gr. par Ch.-Ph. Lindemann.

BALIA (la), favorite de Van Dyck.— Voir Van *Dyck*.

BALLIN (John), grav. contemp., né à Veile (Danemarck); élève de l'Académie des Beaux-Arts de Copenhague et de l'École des Beaux-Arts de Paris. — Voir *Bida*, *Brion*.

BALVAY (Jean-Guillaume). — Voir *Bervic*.

BALZER, graveur. — Voir *Michel-Ange*.

BAMPHYLDE (Lady). — Voir J. *Reynolds*.

BANDINELLI (Baccio), peintre et sculpt. Florence, 1487-1559.

Pièce allégorique sur l'amour. Composition bizarre d'un grand nombre de figures, parmi lesquelles on remarque Vénus jouant aux dés avec Cupidon les cœurs et la liberté des humains, et au devant, quelques Amours attisant le feu au-dessous d'un chaudron dans lequel ils bouillent un de leurs camarades. En bas sont trois cartouches, dont chacun offre huit vers italiens. Ceux du cartouche de gauche commencent ainsi : *Sio porto in man d'Amor l'alto uessillo*, etc. Estampe grav. par un anonyme de l'école de Marc-Antoine, d'après un dessin que l'on attribue à Bandinelli. L. 17 p. 4 l.; H. 14 p. 6 l. (B. XV, p. 54).

L'Enlèvement des Sabines. Composition d'un grand nombre de figures qui sont nues par la plupart. Pièce gravée par J. Caraglio qui ne l'a pas terminée, et qui a été finie par un autre graveur médiocre. L. 18 p. 7 l.; H. 13 p. Florent le Comte, et d'après lui tous les auteurs français, attribuent cette pièce à Marc-Antoine, d'après Bandinelli. Vasari la donne à Caraglio d'après maître Roux. Bartsch (N° 63) donne des raisons qui nous font croire qu'elle est plutôt d'après Bandinelli, par Caraglio.

Les Noces de Vertumne et de Pomone. Vertumne est assis sur un tronc entouré d'Amours dont un lui met une couronne de fleurs sur la tête. Pomone lui montre un vase de fruits qu'une nymphe vient de placer sur un autel. Plusieurs autres nymphes des jardins apportent des fruits et des fleurs. Dans la marge d'en bas, huit vers italiens qui commencent ainsi : *Fuggi gra'la casta Pomono — inquel vasi condutti*. Pièce gr. d'après un dessin attribué à Bandinelli, par J.-F. Fioretin, 1542. L. 14 p. 7 l.; H. 8 p. 10 l. (B., XV, p. 502).

Apollon et Daphné, 1515. Apollon retient par les cheveux Daphné, dont les jambes sont déjà métamorphosées en racines et les mains en branches d'arbre; gr. par Agostino Veneziano. H. 0.228; L. 0,169; — Dans le 2e état, la date est convertie en 1518 (B. 317).

Cléopâtre debout, se faisant piquer par un aspic; gr. par le même, 1515; H. 0.220; L. 0.136 (B. XIV, p. 158).

BAQUOY (Jean), fils de Maurice, grav., avait le même talent que son père pour les vignettes; il grava celles des *Métamorphoses d'Ovide*, et beaucoup d'autres très-jolies; mort à Paris, en 1778. —. Voir J.-B. *Bénard*.

Vignettes pour les contes de La Fontaine.

BAQUOY (Pierre), grav., fils du précédent, né à Paris, en 1759; mort en 1829. — Voir l'*Antique*, *Borel* et *Moreau*, jeune.

BARATHIER, dess. lith. moderne.

Une Sylphide. — *La Fée des songes*, deux pièces lithogr. Paris, Villain, 1828.

BARBARELLI (Giorgio), dit le *Giorgione*, peint., né à Castel-Franco, en 1477; mort en 1511.

Un Homme et une femme nus, dans un paysage; gr. par C. Borel.

Amusements de la vie pastorale, in-fol., gr. par N.-G. Dupuis (Cabinet Crozat).

Le Concert, in-fol., gr. par Jérémie Falck (Veigel, $^2/_3$ th.)

Tête de femme (une note au bas de l'épreuve conservée au cabinet impérial de Vienne, indique Laure de Noves, la maîtresse de Pétrarque), portr. ovale, gravé par W. Hollar (*Revue universelle des arts*, tome XXII, p. 125).

BARBARY (Jacques de), dit le *Maître au caducée*, peint. et grav., né en Allemagne; trav. en Italie dans la 2e moitié du XVe siècle.

La Baigneuse; H. 180 mill.; L. 117 (Delbecq, 93 fr.). — Ottley (II, 593), donne à cette planche le nom de *Cléopâtre*.

La Femme au miroir. Une femme toute nue, vue jusqu'aux genoux; elle est de face et tient un petit miroir rond dans lequel elle regarde; H. 0.083; L. 0.060 (B. 12).

Mars et Vénus. Mars accompagnant Vénus qui porte l'Amour sur son bras. H. 0.298; L. 0.180 (B. 20; Delbecq, 120 fr.)

Sacrifice à Priape. Une dame romaine, à la droite de l'estampe, présente un enfant à Priape; une autre à gauche, qui a auprès d'elle une corne d'abondance remplie d'épis de blé, fait brûler des parfums au-devant de sa statue. Le caducée et une tablette sont suspendus à un arbre au haut de la gauche. — Passavant fait observer que cette pièce n'est point, comme le dit Bartsch, une copie, avec quelques changements, d'après Augustin Vénitien; c'est, au contraire, un original de Jacques de Barbary qui était déjà mort, lorsqu'Augustin ne faisait que commencer sa carrière artistique. — H. 0.228; L. 0.168 (B. 19; Delbecq, 171 fr.; Van Hulthem, No 3604). Une autre épreuve, H. 0.095; L. 0.110 (Delbecq, 54 fr.)

Le Triton et la Sirène; cette dernière, vue par le dos, fait l'amour à un vieux triton qui est devant elle; L. 0.190; H. 0.132 (B. 24).

Triomphe d'hommes nus contre des satyres; grande estampe grav. sur bois, en trois planches, fort rare (Pass. 32; Comte ***, de Vienne, No 211).

Amours d'un triton et d'une sirène, gr. par Jér. Hopfer. L. 0.135; H. 0.081 (B. 30).

Sacrifice au dieu Priape, gr. avec quelques changements par le Maître au monogramme N. NW. H. 5 p. 6 l.; L. 3 p. 11 l. (B. 3).

Le Triton et la Sirène, gr. par le même, en contre-partie, avec quelques changements pour la rendre plus décente. L. 6 p. 9 l.; H. 4 p. 9 l.

BARBERY (L.), graveur, travaillait à Paris de 1770 à 1790.— Voir P. *Mignard*.

BARBIERE ou BARBIERI (Dominique del), connu sous le nom de *Domenico Fiorentino;* peint. et grav. né à Florence, trav. vers 1500. — Voir *Rosso de Rossi*.

BARBIERI. — Voir le *Guerchin*.

BARGAS (A.-F.), p. et gr. à l'eau-forte; né à Bruxelles, vers la fin du XVIIe siècle; imitateur de P. Bout.

La Danse au son de la musette; H. 5 p. 6 l.; L. 6 p. 6 à 9 l. (Camberlyn, 1re vente, No 90; Rigal, No 28).

BARGUE (C.), dessin. lithogr. contemporain. — Voir *Bouguereau*, *Lecurieux* et de *Montaut*.

Belles de nuit, suite de neuf lithogr. Paris, Sinnett, 1852.

Prise et surprise, lith. color., en haut. (*Musée pour rire*). Un mari surpris par sa femme au moment où il prend un baiser passionné sur le cou d'une grosse cuisinière.

Les Sylphides. — *Les Petits secrets.* — *L'Oracle des bois;* trois pl. lithogr. (Catal. Van den Zande).

BARON (Bernard), gr. à l'eau-forte et au burin, né à Paris, vers 1700; mort à Londres, en 1766. — Voir *Chéron*, le *Titien* et *Watteau*.

BARON (Henri-Charles-Antoine), peint. et dessin. lithogr. contemporain, né à Besançon, élève de J. Gigoux.

Coquetterie, lithogr. Paris, Bertauts, 1854.

La Soubrette, lithogr. Paris, Bertauts, 1856.

Une Odalisque, lithog., par J. Laurens, 1866.

Fleurette, lithog. par Regnier. Paris, Delarue, 1857.

Le Madrigal, photogr., en haut., par Chardon. Paris, Bulla.

BARON (Stéphane), peintre contemp.

Susanne, phot. par Goupil. Paris, 1867.

BARRA (Jean), peint. et gr. au bur. Hollandais, né vers 1570; mort à Londres, en 1634. — Voir H. *Goltzius*.

Susanne entre les deux vieillards, 1627; pièce en larg. (Van Hulthem, N° 5166).

BARRAS (Sébastien), peint. et gr., né à Aix, vers 1665; mort vers 1695. — Voir le *Caravage*, *Duval*, Jean *Miele*, Nic. *Poussin*, *Rubens*.

BARRIAS (Félix-Joseph), p. contemp., né à Paris, élève de Léon Cogniet.

Sapho, lith. par E. Lassalle; L. 60 c.; H. 34. Goupil, 10, 15 et 20 fr.

Le même sujet, photogr. de 7 cent. sur 12. Paris, Goupil, 1 fr. 50; format carte de visite, 1 fr. — La vente de cette pièce n'est autorisée qu'à la condition de ne pas l'exposer aux vitrines des marchands d'estampes.

BARRY (James), peint. célèbre, né à Cork, en Irlande, en 1741; mort en 1806. Il fut membre de l'Académie royale.

The Birth of Venus (La Naissance de Vénus), pièce ovale, gr. par J.-G. et G.-S. Facius; H. 312 mill.; L. 258 (Van Hulthem, N° 5011).

Vénus anadyomène, in-fol. en haut., gr. par V. Green (Paignon-Dijonval, N° 10591; Van Hulthem, 5017; P. de Corneillan, 47).

La Naissance de Vénus, 1776, in-fol. en larg., gr. par A. Macduff.

Le même sujet, in-fol., gr. par Cl. Niquet.

BARRY, lithogr. contemporain. — Voir de la *Foulhouse*, *Linder*, *Zuberbuhler*.

BARTOLI (Pietro-Santo), dit le *Pérugin*, p. et gr. à l'eau-forte, né à Pérouse, en 1637; mort à Rome, en 1700. — Voir l'*Antique* et *Jules Romain*.

BARTOLINI, peintre du XVIIIe siècle.

Hébé, in-fol., gr. par A.-A. Morel.

BARTOLOMEO (Soster).

Bethsabée au bain (29 mai 1865, N° 319).

BARTOLOTTI, graveur. — Voir *Singleton*.

BARTOLOZZI (Francesco, ou François), dess. et gr. à l'eau-forte, au bur. et au pointillé, né à Florence, le 25 septembre 1728; mort à Lisbonne, en 1813. Il fut élève de Feretti et de Wagner. En 1764, il se rendit à Londres, où il grava la plus grande partie de ses estampes. — Voir *Amiconi*, D. *Beauclerc*, *Benvell*, *Bunbury*, Ann. *Carrache*, *Cipriani*, le *Corrége*, R. *Cosway*, *Coypel*, le *Guerchin*, Angel. *Kauffman*, B. *Lutti*, J.-Hamilton *Mortimer*, Laur. *Pecheux*, *Reynolds*, *Roslin* et Fréd. *Zuccheri*.

La Duchesse de Devonshire, in-8 (7 décembre 1866, N° 108).

Marie-Christine de Suède.

Jane Shore, 1790.

Dutchess of Kingston. Iphigenie. A celebrated duchess in this character as she appeared at a masqued ball, 1749.

Marie-Thérèse Brancas, *duchesse de Nivernois*; H. 151 mill.; L. 138.

Marianna Borghi, cantatrice.

Elisabeth Billington, actrice.

Mme Robinson, actrice, amie du prince régent, in-8°.

Les Noces de Cupidon et Psyché, pièce in-4, rare, gr. pour la collect. du duc de Marlborough. — (Voir cat. Renouard, N° 952.)

Cléopâtre, peinture antique, gr. par A. Capellan.

Vénus montée sur un dauphin et accompagnée de deux Amours et d'une nymphe, in-fol., gr. par J. Clarke.

Vénus toute nue sur une conque et accompagnée de deux nymphes; in-fol., gr. par le même.

Hébé, 1778; ovale in-fol., gr. par R.-S. Marcuard.

L'Amour avec la lyre, monté sur un lion, petit ovale, gr. par le comte de Paroy.

BARTSCH (Adam von), dess. et gr. à l'eau-forte, né à Vienne, 1757; mort en 1820. Il est auteur du *Peintre-graveur*. — Voir Albert *Durer*, G. *Flinck* et *Raphaël*.

BARY (Henry), grav. flamand, né en Hollande, en 1626.

La Duchesse de La Vallière, à mi-corps; petit in-fol. C'est un des plus beaux portraits du personnage (Nauman, N° 39).

BASAN (Pierre-François), gr. et édit. célèbre, né à Paris, 1723; mort le 12 janvier 1797. — Voir l'*Albane,* C. *Béga,* Nic. *Berghem,* Mat. *Berkmans,* Fr. *Boucher,* Van *Brekelenkam,* le *Corrége,* *Dalen,* Ch. *Eisen* (fils), *Giordano,* Luc *Jordans,* Ch. de *Lafosse,* Vigée *Lebrun,* le *Poussin,* *Quéverdo,* *Raoux* et P. *Véronèse.*

Ballet dansé à l'Opéra dans le carnaval de Parnasse; L. 355 mill.; H. 282.

Bisaltis, nymphe des eaux; pièce en larg. (Van Hulthem, N° 3950).

Léda et Jupiter en cygne, pièce en larg. (Van Hulthem, N° 3950).

BASSAGET, peint., dessin. et lith. contemporain.

Les Cinq sens: la Vue — l'Odorat — l'Ouïe — le Toucher — le Goût; cinq lithogr. H. 18 c.; L. 25. Jouy, 1860, chaque pièce en noir, 1 fr. 50; en coul., 3 fr.

L'Entrée au bain. — Les Loisirs du bain. — La Sortie du bain. — Les Peureuses. — La Toilette. — Une Visite trop matinale; six pièces lithogr. par Bettannier. Paris, Bulla fr., 1852.

Amantes, favorites et héroïnes célèbres: Gabrielle d'Estrées. — Estelle. — Madame de Warens. — Gabrielle de Vergy. — Ninon de Lenclos. — Mlle de La Vallière. — Atala. — Rebecca (*Walter Scott*). — Laurence (*Lamartine*). — Cora (*Marmontel*), dix pièces, lithogr. par Regnier; H. 28 c.; L. 22. Paris, Jouy, 1860, chaque pièce, en rehaut, 2 fr.

BASSAN (Jacopo da Ponte, dit le), peintre, né à Bassano (Etat de Venise), en 1510; mort à Venise, en 1592.

Diane et Actéon changé en cerf, pièce en larg., gr. par Ét. Fessard (Cabinet Crozat).

Vénus apparaissant à Énée, in-fol. ovale, gr. par P. Fontana.

BASSANINO (V.), peintre du XVIIe siècle.

L'Enlèvement des Sabines, in-fol. en larg., gr. par Ant. Lorenzini.

BASSE (Willem), dess. et gr. à l'eau-forte, florissait en Hollande, au milieu du XVIIe siècle.

Danses de satyres et de nymphes, deux pièces en larg., rares (Camberlyn, N° 118).

Enlèvement de la fille d'Inachus (Camberlyn, N° 117).

BASSET (T.), éditeur de la fin du XVIIIe siècle et du commencement du XIXe; trav. à Londres, en 1790 et 1791.

Elisabeth Beuley, portrait mis en tête de ses poëmes, 1791.

Les Habillements modernes et galants, de 1785 à 1792, par cahiers de six estampes.

BATEMAN (J.), peintre de la 2e moitié du XVIIIe siècle.

Mistress Siddons, actrice célèbre, gr. par Th. Burke.

BATTONI (Pompeo), peint., né à Lucques, en 1708; mort à Rome, en 1787.

Vénus et Adonis, in-fol. en larg., gr. par Georges Michault.

Vénus caressant l'Amour, gr. en haut. par Porporati. (60 fr., épr. av. l. l., vente Charles de Valois, en 1801; 15 fr., vente Aug. de St-Aubin, en 1808; Basan, 50 fr.; en avril 1864, 10 fr. 50).

Le même sujet, photogr. Paris, Goupil, format carte de visite, 1 fr.

BAUDET (Etienne), célèbre grav., né à Blois, en 1643; mort en 1716. Son chef-d'œuvre est l'estampe d'*Adam et d'Ève,* d'après le Dominiquin. — Voir l'*Albane,* S. *Bourdon,* le *Dominiquin* et le *Poussin.*

Agnès Sorel, aquarelle d'après le dessin de la Bibliothèque (6 mars 1865, N° 99).

Deux Nymphes hespérides, groupe.

Cléopâtre, jeune, en buste.

Dona Julia, femme de Septime Sévère, buste.

Livia, femme de Drusus.

Marcella, femme d'Agrippa.

Hélène Gween, maîtresse de Charles II.

Polyphème et Galatée.

La Duchesse de Portsmouth.

BAUDOUIN (Pierre-Ant), peint., mort en 1770. — Voir *Challe.*

Catéchisme des jeunes filles. — L'Instruction troublée par des jeunes gens; deux pièces, d'apr. Baudouin.

Le Fruit de l'amour secret, gr. par un anonyme.

Jeune femme à sa toilette : un curieux entr'ouvre une porte à droite et regarde (11 novembre 1861, eau-forte, 5 fr.).

Jusques dans la moindre chose, par un anonyme (11 novembre 1861).

Marton la bouquetière. — Perrette la laitière, deux pièces, par un anonyme.

Roxelane, d'après Baudouin.

Le Rendez-vous, gr. en coul., par Bonnet.

Les Plaisirs réunis, gr. par Briceau (11 nov. 1861, 3 fr.).

Le Léger vêtement, gr. par A. Chevillet (vente du 11 nov. 1861).

Les Amants surpris, gr. par Choffard (vente de février 1859).

Les Amours champêtres, gr. par le même (15 mai 1865, N° 558).

La Fille grondée, gr. par le même (vente de février 1859).

La Fille surprise, par le même (15 mai 1865, N° 558).

La Leçon d'amour, par le même.

Le Rendez-vous villageois, 1782, gr. par le même (P. de Corneillan, N° 502).

Les Quatre parties du jour : le Matin — le Midi— le Soir— la Nuit; quatre pièces in-fol. en haut., gr. par de Ghendt (en décembre 1856, 51 fr.; *Gazette des Beaux-Arts,* 1er mars 1861, épr. avant l. l., 52 fr.; 11 nov. 1861, épr. non terminée, 56 fr. — *Le Soir* (fille nue allant se coucher), avant la draperie, s'est vendu, en février 1859, 90 fr. — *Le Matin* est aussi recherché avant la draperie (en mai 1864, 21 fr.).

Perrette la petite laitière, gr. par Guttemberg (en mai 1864, 4 fr.).

Les Amants surpris. — Les Amours champêtres, deux pièces, gr. par Harleston (16 janvier 1862, N° 157).

Le Jardinier galant, 1778, eau-forte pure, gr. par Helmann (11 nov. 1861, 3 fr. 75; 15 mai 1865, N° 559).

L'Agréable négligé, pièce en haut., gr. en coul., par Janinet. Buste très-gracieux, pendant de l'*Aimable paysanne,* de St-Quentin (Van Hulthem, N° 4348; vendu en décembre 1856, avec l'*Aimable paysanne,* 50 fr.)

Le Carquois épuisé, élégant intérieur Louis XV : jeune seigneur assis sur un lit de repos, causant avec une jeune personne qui s'occupe de sa toilette. C'est une des meilleures compositions du maître. Pièce en haut., gr. en coul. par N. de Launay (vendu en décemb. 1866, avec les *Soins tardifs,* 70 fr.; 11 nov. 1861, eau-forte, 16 fr.; même vente, épr. av. l. l., 18 fr.; avec la l., 8 fr.; en 1862, épr. av. l. l., 41 fr.). *Le Carquois épuisé* se trouve aussi en noir.

L'Épouse indiscrète, in-fol., gr. par N. de Launay, 1771 (P. de Corneillan, N° 508). — La composition originale appartient à MM. de Goncourt; elle a été exposée, en avril 1860, à la salle du boulevard des Italiens. Elle diffère un peu de la gravure dans l'attitude de la femme qui surprend son mari. Adjugée 404 livres à la vente Nogaret, en 1779.

La Sentinelle en défaut, in-fol. en haut., gr. en coul. ; par le même (11 nov. 1861, épr. av. l. l., 12 fr.; après l. l., 3 fr. 50).

Les Soins tardifs, pièce en haut., gr. en coul., par le même (P. de Corneillan, N° 503; vendu, en décembre 1856, avec le *Carquois épuisé,* 70 fr.)

Sa taille est ravissante : jeune dame ajustant son corset, in-4°, gr. par Lebeau (26 mai 1862, N° 234; 7 décembre 1866, N° 307).

La Rencontre dangereuse, gr. par Leveau (16 janv. 1862, N° 158).

Le Curieux, joli intérieur Louis XVI, gr. par Malœuvre; 12 pouces sur 8 1/2 (Cat. A. David).

Jeune fille effeuillant une rose, gr. par L.-J. Masquelier.

Le Lever, 1771 (joli intérieur); in-fol. en haut., gr. par Massard. Charmante pièce formant pendant à la *Toilette,* de Ponce (11 nov. 1861, 6 fr. 50; 15 mai 1865, N° 561 ; 7 décembre 1866, N° 311).

Le Désir amoureux (Rêveries amoureuses d'une jeune fille); ovale, en coul., gr. par J. Mixelle. Rare. Dans l'épr. av. l. l., deux Amours s'embrassent; apr. l. l., ce sont deux tourterelles (11 nov. 1861; les deux épr., 6 fr. 50).

Le Modèle honnête, in-fol., gr. par F.-A. Moitte. Le tableau original a figuré, en 1860, à l'exposition du boulevard des Italiens. Voici en quels termes en parle Théoph. Gautier, dans le *Moniteur* du 16 nov. : « Nous aimons beaucoup le *Début du modèle ;* une jeune grisette, accompagnée de son amie, vient se proposer à un peintre pour poser; elle s'est défaite à moitié, et elle cache ce qu'elle devrait montrer par une pudeur feinte ou peut-être réelle. L'amie, plus expérimentée et plus hardie, lui découvre les épaules et la naissance du sein, qui promettent pour la perfection du reste. L'artiste, jeune, fringant, attend devant son chevalet que la belle se décide, et du bout de son appuie-main, il relève un peu le bord de la jupe pour voir le pied et la jambe. »

Le Pouvoir de l'Amour, gr. par J.-M. Moreau.

Le Coucher de la mariée (chambre à coucher d'une grande richesse de décorations), gr. par Moreau, jeune, et J.-B. Simonet, 1768. La jeune épouse fait mine de pleurer ; mais elle ne pleure que d'un œil; elle n'est déjà plus qu'à moitié vierge, si même elle l'est encore; car, en vérité, on se croirait plutôt dans un harem parisien que dans une honnête famille. Diderot écrivait : « M. Baudoin, faites-moi le plaisir de me dire en quel lieu du monde une telle scène s'est passée ? Certes, ce n'est pas en France. Jamais on n'y a vu une jeune fille, bien née, bien élevée, à moitié nue, un genou sur le lit, sollicitée par son époux, en présence de ses femmes qui la travaillent. » — En 1782, à la vente du marquis de Menars, la gouache originale, de 15 pouces sur 11, et qui provenait de chez Mme de Pompadour, fut adjugée à 853 fr.— Il faut, tout en blâmant le choix des sujets de Baudoin, rendre justice au talent du peintre; et comme dit fort bien M. Charles Blanc, reconnaître l'esprit qui pétille dans sa gouache, ces reflets qu'il obtient par la transparence des fonds. Reconnaissons que s'il a un goût un peu leste, il a une main légère ; si la gouache est croustilleuse par le sujet, elle est chaleureuse et fine d'exécution, adroitement chiffonnée dans les draperies, arrangée avec un rare bonheur et toute frissonnante de lumière et de plaisir. Si Baudouin manque souvent aux convenances morales, en revanche, il n'oublie jamais les convenances pittoresques. (Vendu, en décembre 1856, épr. av. l. l., 53 fr.; en 1862, 83 fr.; en avril 1864, 17 fr.)

Le Modèle honnête, gr. par Moreau et J.-B. Simonet (vendu, en 1862, 29 fr. ; en mai 1864, 19 fr. 315).

Les Cerises, gr. par N. Ponce (26 novembre 1866, N° 253).

L'Enlèvement nocturne, gr. par le même (vendu, en mai 1864, 21 fr. 50).

La Toilette (joli intérieur), in-fol. en haut., gr. par le même, 1771. Rare av. l. l. (11 nov. 1861, av. l. l., 12 fr.; en mai 1864, 19 fr. 50).

Marton la bouquetière, in-4, gr. par le même (26 mai 1862, N° 234; 15 mai 1865, N° 560; 7 déc. 1866, N° 307).

Le Bain. — *Femme sortie du bain*, deux jolies pièces en haut. et en coul., très-finement grav., par N.-F. Regnault (11 nov. 1861, 29 fr.).

Le Danger du tête-à-tête, très-joli intérieur Louis XV ; pet. in-fol. en haut., gr. par Simonet (11 nov. 1861, 6 fr.; en 1862, 29 fr.; en mai 1864, 41 fr.; P. de Corneillan, N° 509).

Rose et Colas. Il met un bouquet à sa quenouille; gr. par Simonet (7 déc. 1866, N° 309).

La Soirée des Tuileries, pièce curieuse, gr. par le même (11 nov. 1861, épr. av. l. l., 9 fr. 50; apr. l. l., 2 fr. 75; en avril 1864, 8 fr., avec l'*Escalade*; P. de Corneillan, N° 510).

Le Chemin de la fortune, dédié aux amateurs; gr. par Voyez l'aîné. — Dans un salon qui semble être celui du directeur de l'Opéra, une jeune danseuse est présentée par sa mère. Au bas cette devise : *Terpsichore affectus Cytharis movet imperat auget* (P. de Corneillan, N° 513).

La Répétition d'un ballet, gr. par Voyez major ; H. 338 mill.; L. 250 (Soleinne, N° 208).

Le Fruit de l'amour secret, gr. par Voyez junior (21 février 1862, N° 151 ; L.-M., 26 mai 1865, N° 284; 26 nov. 1866, N° 255).

Les Amants surpris, photog. (probablement d'après la grav. de Choffart). Paris, impr. Duchesne, 1858.

BAUDRY (Paul-Jacques-Aimé), peint. contemp., né à Napoléon-Vendée, en 1828.

La Perle de la vague, jeune fille nue couchée au bord de la mer; gr. à l'eau-forte, par Carey.

Léda, lithogr. par Em. Lassalle; 45 c. sur 29. Exposit. de 1859 (Goupil, 8 et 16 fr.)

Le même sujet, gr. par Pierre Metzmacher. Exp. 1859.

Vénus et l'Amour, gr. par le même (L. M., 26 mai 1865, N° 151).

Amphitrite. — *Cybèle*, deux pièces lith., par Stadler; L. 31 c.; H. 20 (Goupil, 3 et 6 fr. chaque).

Amphitrite. — *Cybèle.* — *Léda*, trois pièces photogr. 17 c. sur 14, Goupil, 2 fr. chaque ; 7 c. sur 12, Goupil, 1 fr. 50 ; et format carte de visite, 1 fr. — La vente de ces trois pièces est autorisée, mais avec défense d'exposition publique.

La Toilete de Vénus, phot. ; mêmes dimension et prix que les précédentes.

Mlle Madeleine Brohan, phot., par Richebourg, 1861.

Léda, phot. par Voland (Goupil, 1 fr. 50).

BAUGNIET (Charles), dess. et lith. contemp., né à Bruxelles.

Mme Marie Cabel, lith. ; H. 45 c. ; L. 32 (Goupil, 6 et 12 fr.).

Premier trouble du cœur, phot. Paris, Goupil, 1867.

La Toilette de la mariée, phot. Paris, Goupil, 1867.

BAUR (Jean-Guillaume), p. et grav., né à Strasbourg, en 1610 ; mort à Vienne, en 1640.

Les Métamorphoses d'Ovide, suite de 146 pl. in-4, obl. Chaque planche a dans la marge inférieure 4 vers latins d'Ovide. Cette collection est fort estimée (Tilliard, 1858).

BAUR, dessin. lith., contemporain.

Mlle Rachel ; H. 220 mill. ; L. 160. Paris, lith. de Lemercier (Soleinne, N° 297).

BAUSE (Jean-Frédéric), habile grav., né à Halle, en 1738 ; mort à Leipzig, en 1808. — Voir C. *Cignani, Greuze, Lemoine*, Raph. *Mengs, Möglich, Reynolds* et *Schultze*.

Dorothée Lange, poëte, 1765 ; H. 177 mill. ; L. 99.

BAZIN (Nic.), gr. né à Troyes, en 1636 ; mort en 1705. — Voir *Dieu de St-Jean*.

Femme de qualité deshabillée pour le bain.

Marie-Thérèse d'Autriche, reine de France, à cheval, ombrée d'un parasol, 1682 ; in-fol., rare (17 janvier 1862).

BAZIN (Charles), p. et sculpt. contemp., né à Paris.

La Reine du sérail, lithogr. ; 53 c. sur 48 (Goupil, de 3 à 15 fr.).

Aveu (pendant au *Secret*, par Léon Noël), lith. par Lafosse ; H. 49 c. ; L. 38 (Bulla, en rehaut, 10 fr.)

Secret, lith. par Léon Noël ; même dimens. et même prix.

A bon chat, bon rat (un militaire entre deux femmes). — *Qui trop embrasse mal étreint* (un homme entre deux femmes) ; deux pièces lith., par Regnier et Bettannier. Paris, 1847.

Amour (une femme étendue sur le gazon, regarde des fleurs que lui présente un homme couvert d'une peau de tigre), lith. par Soulange-Tessier. Paris, Lemercier, 1846.

Ariel, lith. par le même ; H. 51 c. ; L. 35 (Bulla, 8 et 16 fr.).

Confidences. — *Regrets*, deux pl. lith. par le même ; H. 40 c. ; L. 31 (Jouy, 1860, rehaut, 6 fr. chaque).

Susanne au bain (parodie : deux paysans regardant une jeune paysanne qui se baigne). — *Jeune Italienne* ; deux pièces lith. par le même ; 49 c. sur 38 (Bulla, rehaut, 10 fr. chaque).

Ariel. — *Ondine* ; deux pièces phot. H. 20 c. ; L. 16 (Bulla, chaque, 5 fr.).

BAZIRE (J), grav., né à Londres, vers 1740.

Arabella Stuart Seymours, portrait mis en tête de *Lodge's illustrations of english history*. Londres, 1791.

BEACHI (W.), peintre du XVIIIe siècle.

Lubin et Rosalie, 1784 ; in-fol., gr. par R.-S. Marcuard.

Clarisse Harlowe et Solmes, gr. au pointillé par J.-Raph. Schmidt (J., III, p. 83).

BEAUBRUN (Henri), p. de portr., membre de l'Acad. royale de peint., en 1648, peintre du roi ; né vers 1603, mort en 1677.

BEAUBRUN (Charles), cousin du précédent, p. de portr., membre de l'Acad. roy. de peint., peintre du roi ; né en 1604 ; mort le 16 janvier 1692.

Anne-Marie d'Orléans Longueville, femme de Henry de Savoie, duc de Nemours ; grav. par Robert Nanteuil, d'après Beaubrun ; H. 162 mill. ; L. 109.

Marie-Thérèse, reine de France, femme de Louis XIV ; buste fort comme nature, gr. par François de Poilly, d'après Beaubrun. Rare (Comte ***, de Vienne, N° 1834).

BEAUCLERC (Dian.), du XVIIIe siècle.

Les Deux filles de lady Beauclerc, assises sur un canapé; gr. par Bartolozzi (J. I, 216).

BEAUFORT, peintre de la 2e moitié du XVIIIe siècle.

Diane au bain. — Vénus au bain, deux pièces gr. en coul., par Bonnet (Catal. A. David).

BEAUHARNAIS (Fanny de). — Voir *Gaucher*.

BEAULIER, peintre de la seconde moitié du XVIIIe siècle.

Toilette du matin. — Toilette du soir, deux jolies pièces gr. en coul., par Bonnet (11 nov. 1861, 6 fr. 50).

BEAUME (Joseph), p. contemp., né à Marseille, élève de Gros.

Lis dans la vallée, gr. à la man. noire, par H. Garnier; H. 42 c.; L. 34 (Bulla, 10 et 20 fr.).

Une Fille d'Ève. — Une Fille de l'air, deux pièces, gr. à l'aqua-tinta, par le même; 46 c. sur 37 (Bulla, 1852, 15 fr. chaque, et en coul. 30 fr.).

Mon petit chat, gr. par J. Huerlimann.

Le Gué, par le même.

L'Amour séduit l'innocence (Amour donnant une rose à une jeune fille), lith., par Léon Noël, 1847.

Paul et Virginie : le Torrent. — L'Averse; deux pièces gr. man. noire, par Pichard; H. 30 c.; L. 23 (Goupil, 6 à 12 fr. chaque).

Une Fille d'Ève. — Une Fille de l'air, deux pièces phot. par Chardon jeune; H. 20 c.; L. 16 (Bulla, 5 fr. chaque).

Paul et Virginie : le Torrent. — Le Gué; deux pièces phot. 17 cent. sur 14 (Paris, Goupil, 2 fr. chaque).

BEAUMONT (P.-Fr.), grav., né à Paris, 1719-1769. — Voir N.-Nic. *Coypel*.

BEAUMONT (Charles-Edouard de), peint. et lith. contemp., né à Lannion (Côtes-du-Nord), élève de Boisselier. — Voir *Allais*.

Les Bals, neuf lithogr. Paris, Chartrain, 1849.

Ces petites parisiennes. Paris, Martinet, 1853.

Croquis de carnaval. Paris, Martinet, 1852.

Croquis parisiens : Comment, Mademoiselle, qui vous a appris à fumer comme ça? — Papa, c'est le zouave qui est le cousin de ma bonne ce mois-ci, etc.; lith. par E. de Beaumont et H. Daumier. Paris, Aubert (puis Martinet), 1847-53. Sujets très-mêlés.

Fariboles (caricatures et scènes de mœurs) : Si je pouvais trouver un prétexte honnête pour lier conversation avec cette jeune modiste?... — Taisez-vous, Mademoiselle pense à se marier... — Charmant débardeur, veux-tu souper avec moi? — Madame, vous m'aviez dit que vous aviez du vide dans le cœur!...; lith. par E. de Beaumont et Kerven. Paris, Aubert, 1848; Martinet, 1852-53-54-55-56.

Nos jolies parisiennes; album de 30 lithogr. Paris, au bureau du *Charivari*, 1859, 5 fr.

L'Opéra, son personnel, ses machines et ses ficelles. Paris, Aubert, 1848.

Le Quart du monde : Je vais quitter Théodore... Tu ne l'aimes donc plus?... Au contraire, je crains de commencer à l'aimer. Faut être prudente! — Que je serais heureux, si vous vouliez bien me confier vos secrets!... J'ai bien besoin de 500 francs. — Villégiature (femmes assises dans l'herbe et fumant). — Ce que ces dames appellent un divertissement champêtre. — Est-il venu quelqu'un?... Oui, mam'zelle. — Tu crois qu'il m'aime?... Parbleu! tu aurais bien du malheur; il aime tout le monde. — Il a le cauchemar... Bien sûr, il rêve de moi. — Permettez-moi de déposer un baiser sur cette main de rose... Rose, non, Monsieur, je m'appelle Amanda. — Edouard, mets-moi dans mes meubles... Non, chère amie, tu étoufferais. — Finissant par demander pardon de l'infidélité qui lui a été faite. — Une rencontre à la porte de M. Arthur; lith. par E. de Beaumont. Paris, Martinet, 1856.

Quartier de la Boule rouge, collect. lith. Paris, Aubert, 1847.

Train de plaisir, lith. in-fol. en haut. (*Musée des rieurs* et *Musée omnibus*).

Les Feuilles de la marguerite : on s'aime — un peu — beaucoup — passionnément — plus du tout; six jol. lith. par Christophe, d'apr. Beaumont; L. 22 c.; H. 18. (Goupil, en rehaut, 9 fr.).

Un Jour d'orage, lith. par Durand;

H. 45 c.; L. 29 (Goupil, 1864, de 8 à 16 fr.). La vente de cette planche n'a été autorisée par le directeur de l'imprimerie et de la librairie, qu'à la condition expresse qu'elle ne sera pas exposée aux vitrines des marchands d'estampes.

Une chanson vaut un baiser. — *Un baiser vaut un soufflet;* deux pièces, lith. par Eusebio; L. 34 c.; H. 30 (Goupil, 2 fr. chaque).

Enfantillages, ou le Monde en miniature : 1° le Droit du seigneur. — 2° La Cruche cassée. — 3° Déjà trompeuse! 4° Le Fanfaron. — 5° Le Baiser par escalade. — 6° L'Habit ne fait pas le moine. — 7° Qui trop embrasse mal étreint. — 8° L'Occasion fait le larron. — 9° La Leçon dont on profite. — 10° Le Sultan. — 11° Une Fille d'Ève. — 12° L'Ombre et la Réalité. — 13° Le Colin-Maillard. — 14° L'Oracle du cœur. — 15° Un Nid dans les blés. — 16° La Bonne fille. — 17° La Victoire facile. — 18° Le Flatteur vit aux dépens de celui qui l'écoute! — 19° L'Amour n'est rien, l'argent c'est tout! — 20° Les Apprêts de la défaite! — 21° Ruses d'amour. — 22° Larmes de fille, larmes de crocodile! — 23° Un Accident. — 24° L'Amour s'en va. — 25° Gratis est mort... plus d'amour sans payer. — 26° Craignez les chaînes... de fleurs. — 27° Baiser donné ne vaut pas baiser volé. — 28° Un Baiser en amène un autre. — 29° La Parabole du fruit défendu. — 30° L'École du sourire; 30 pl. lith., par Jaime; L. 24 c.; H. 18 (Goupil, imitation de pastel, chaque pièce, 1 fr. 50; en coul., 3 fr.).

Avant le bain. — *Après le bain;* deux pl. lith. par Massart. Paris 1849.

Dame de pique et Dame de cœur (bataille). — *Valet de cœur, Dame et Roi* (le roi emporte la dame). — *La Sculpture.* — *La Peinture.* — *La Musique.* — *La Poésie;* six pl. lith. par Regnier; L. 47 c.; H. 37 *(Galerie pour rire,* N°s 19-24). Bulla, chaque pl., en rehaut, 6 fr.

Tous les dimanches à vingt ans (pendant de *Tous les dimanches en famille,* d'apr. Guérard); lith. par Regnier; L. 45 c.; H. 32 (Bulla, en rehaut, 6 fr.).

Comme on déjeune au printemps, lith. par Regnier et Bettannier *(Musée de mœurs en actions,* N° 12); L. 50 c.; H. 38 (Bulla, en rehaut, 8 fr.).

Le Bal d'enfants : 1° Entrée d'un page et d'une Chinoise. — 2° Le Seigneur et la rosière. — 3° La Tulipe et Fanchon. — 4° Daphnis et Chloé. — 5° Figaro et Susanne. — 6° Incroyable et fermière. — 7° Paillasse et Colombine. — 8° Estelle et Némorin. — 9° Titine et le docteur. — 10° Bouffon et folie. — 11° Madeleine et Chapelou. — 12° La Noce villageoise; collection de 12 pl. lith. par Thielley; L. 22 c.; H. 18 (Goupil, chaque pièce, en rehaut, 1 fr. 50).

Andromède, phot. par Goupil. Paris, 1867.

Un Jour d'orage, photogr. Paris, Goupil, format carte de visite, 1 fr. — Ne peut pas être mis en étalage.

BEAUVAIS (Nic.-Dauphin de), dess., gr. à l'eau-forte et au burin, né à Paris, 1687-1753. — Voir *Boucher,* Ch.-Ant. *Coypel, Lesueur, Nattier,* le *Poussin.*

BEAUVARLET (Jacques-Firmin), dess. et gr. au burin, né à Abbeville, en 1731; mort à Paris, en 1797. — Voir l'*Antique,* Fr. *Boucher, Detroy,* Gér. *Dow, Drouais,* H. *Fragonard,* Louis *Galloche, Giordano,* le *Guide,* Luc *Jordans, Nattier, Raoux, Rottenhamer, Vanloo,* P. *Véronèse, Vien.*

Les Chevaliers danois séduits par les nymphes d'Armide; L. 553 mill.; H. 398.

Cléopâtre, grav. très-rare.

L'Enlèvement d'Europe (P. de Corneillan, N° 515).

L'Enlèvement des Sabines (31 mars 1862, N° 14).

Le Jugement de Pâris (P. de Corneillan, N° 515; 31 mars 1862, N° 14).

La Marchande d'amours (catal. A. David).

L'Offrande à Priape (Arthur Dinaux, N° 129).

La Toilette d'Esther (18 mai 1864, N° 599).

Le Triomphe de Galatée (31 mars 1862, N° 14).

BEAUVARLET (Catherine), femme *Deschamps,* grav., née à Paris, vers 1740. — Voir *Detroy* et *Saint-Quentin.*

BECCAFUMI (Domin.), dit *Mecherino,* peint., né à Sienne, 1484-1549.

Ève à genoux, se couvrant avec des feuilles, après son péché. Partie du pavé du dôme de Sienne, mosaïque, 1586. Clair-obscur de trois pl., gr. par A. Andréani; H. 17 p.; L. 11 p. 8 l. (J., I, 164).

Le Parnasse profané, pièce allégorique où l'on voit un homme et une femme couronnée de lauriers, qui quittent le Parnasse, indignés du scandale que leur causent plusieurs hommes faisant violence à quelques Muses. Pièce libre, gr. par le Maître aux initiales H. E. (N° 20 des monogr.), d'après une peinture que l'on attribue à Beccafumi. L. 18 p. 7 l.; H. 13 p. (B. 4). — Dans les premières épreuves, qui sont très-rares, les parties génitales des six figures qui se métamorphosent en arbres, sont exprimées distinctement. Dans les secondes, ces parties sont couvertes d'ombre.

BECKER (Ph.-Ja.), peint. allem., 1759-1829.

Calypso, in-fol., gr. par Carl. Kuntz.

BECKETT (Isaac), dess. et gr. à la man. noire, né dans le pays de Kent, en 1633; mort vers 1715. — Voir Ann. *Carrache* et *Lely*.

Femme cherchant ses puces à la lueur d'une chandelle.

Une Femme se chauffant au feu d'une cheminée.

Vénus bandant les yeux de l'Amour.

Louise de la Baume-le-Blanc, duchesse de La Vallière.

Nelly Gwynn.

BEDFORD (Anne, comtesse de). — Voir Van *Dyck*.

BEECK (David), p. de portr., hollandais. Delft, 1621-1656.

Christine, reine de Suède, 1653; in-fol., gr. par J. Falck.

BEEGER, ou BERGER, dessin. lithogr. contemporain.

Les Amours rêvées: En Europe, sur les bords du Rhin. — *En Asie*, sur les bords du Gange. — *En Amérique*, sur les bords du Niagara. — *En Afrique*, sur les bords du Nil; quatre pièces lith.; L. 47 c.; H. 33 (Bulla, 1856, 6 et 10 fr. chaque).

Le Songe d'une nuit d'été. — *L'Aurore d'un beau jour.* — *Les Rêveries nocturnes.* — *Le Réveil de la nature*; quatre pièces lith. par Charpentier et Beeger; L. 58 c.; H. 40 (Jouy, 1860, chaque pl., en coul., 16 fr.).

BÉGA (Corneille), peint. et gr., né à Harlem, vers 1620; mort de la peste, le 27 août 1664; élève d'Adrien Van Ostade.

Les Caresses mal reçues. Un paysan, assis sur un banc, faisant des caresses à une femme qui semble s'en défendre; H. 0.077; L. 0.060. Rare (B. 24; J., I, 235; Van Hulthem, N° 967).

La Danse au cabaret, composition de 5 figures. L'intérieur d'un cabaret; sur le devant, à gauche, on voit un paysan assis sur un banc et vu par le dos; un autre embrasse une femme; dans le fond, un homme qui danse avec une jeune villageoise. H. 3 p. 2 l.; L. 2 p. 10 l. (B. 26; Van Hulthem, 968; Camberlyn, 1re vente, 145; Rigal, 40; J., I, 235).

Les Deux amoureux. Un paysan assis à côté d'une femme à qui il fait des caresses, que celle-ci lui rend par des regards tendres. Il met une main autour du cou de la femme, et porte l'autre sur son sein. La femme tient un petit verre de genièvre. H. 3 p.; L. 2 p. 8 l. (B. 25; Camberlyn, 145; Rigal, 40; J., I, 235).

La Jeune cabaretière caressée, composition de trois fig. Au milieu, un vieux paysan, assis sur une chaise, fait des caresses à une fille qui est debout devant lui; sur le devant, vers la gauche, un autre paysan, vu par le dos, est assis sur un banc. H. 0.198; L. 0.166. (B. 34; Rigal, 41; Camberlyn, 1re vente, N° 143; Van Hulthem, N° 973; J., I, 236).

La Femme rusée, gr. par P.-F. Basan; H. 378 mill.; L. 326.

Le Curieux, gr. par Keyl.

Le Fumeur interrompu, in-fol., gr. par J. Pelletier.

BÉHAM (Barthélemy), peint. et gr. au bur., né à Nuremberg, en 1496 ou 1502; mort à Rome, vers 1540.

Adam et Ève. L'arbre de vie est représenté par la mort, entortillée du serpent. Adam tient, d'une main, un glaive flamboyant, et de l'autre reçoit la pomme qui lui est présentée par Ève, qui la prend d'entre la bouche du serpent. H. 2 p. 11 l.; L. 2 p. 11. — Le Maître B. I. (N° 37 des monogr.) en a fait une copie; H. 3 p. 2 l.; L. 2 p. (B. 1; Van den Zande).

L'Amour, habillé d'une chemise, monté sur un dauphin. H. 1 p. 5 l.; L. 8 l. (B. 19).

Apollon et Daphné. Apollon, vu par le dos, exprime par ses gestes son étonnement de la métamorphose de Daphné qui commence à se changer en laurier. H. 0.081 ; L. 0.050 (B. 25).

Cléopâtre, piquée par un aspic, 1524; H. 0.057; L. 0.039 (B. 12; Camberlyn, 1re vente, N° 147; J., I, 237).

La Déesse Flore. Elle est debout, nue, n'ayant qu'une légère draperie qui lui couvre une partie de sa cuisse droite. H. 2 p. 3 l.; L. 1 p. 5 l. (B. 21).

L'Enlèvement d'Hélène. Pièce en forme de frise, d'une composition de treize figures. Au haut: *Raptus Helenæ*; L. 0.115; H. 0.021 (B. 13).

La Femme couchée à terre; elle est nue, vue de dos; dans le lointain, un homme sauvage marchant à quatre pattes. L. 0.078; H. 0.055. Il existe une copie anonyme de même dimension, si trompeuse, qu'on la prend souvent pour l'original. (J., I, 238 ; B. 43).

La Femme se baignant les pieds. Une femme nue, assise sur un banc, regardant dans un miroir suspendu, et ayant le pied droit dans un seau. Pièce libre. H. 2 p. 6 l.; L. 1 p. 7 l. (B. 36).

La Femme surprise par la mort, eau-forte. La femme est nue, endormie et couchée sur un lit. Pièce libre. L. 2 p. 11 l.; H. 2 p. (B. 41).

Le Fou et la Femme. Il est debout, couvert d'une marotte, et relève la jupe de la femme. Pièce libre, parfaitement bien gravée. H. 0.058; L. 0.038. (J., I, 238 ; B. 48).

Le Jugement de Pâris. Il est assis sur un bloc carré, et présente la pomme à Vénus en présence des deux autres déesses; Mercure est à côté de Pâris. Belle pièce ronde de 2 pouces de diam. (B. 26; J., I, 238; Camberlyn, 1re vente, N° 148).

Lucrèce se plongeant un poignard dans le sein. H. 2 p. 3 l.; L. 1 p. 8 l. (B. 14). — Une autre pièce traitant le même sujet: H. 2 p. 4 l.; L. 1 p. 6 l. (B. 15).

Le Triton et la Néréide. Il tient une mâchoire de la main gauche, de la droite un bouclier, et la Néréide en croupe. L. 0.044; H. 0.018. (J., I, 238).

Les Trois femmes au bain, pièce libre. Trois femmes dans une étuve, en différentes attitudes. H. 0.077; L. 0.053 (B. 37).

Adam et Ève, 1543 ; gr. par Hans-Sébald Béham. H. 3 p.; L. 2 p. 1 l. (B. 6; J., I, 240; Van Hulthem, 399; comte ***, de Vienne, N° 239).

L'Enlèvement d'Hélène, gr. par H.-S. Béham ; L. 4 p. 3 l.; H. 11 l. (B. 70; comte ***, de Vienne, N° 265).

La Femme couchée, vue par le dos, gr. par le même. L. 2 p. 10 l.; H. 2 p. (B. 215; comte ***, de Vienne, en 1867, N° 320; Van Hulthem, N° 436).

La Femme se baignant les pieds, pièce libre, gr. par le même. Un enfant debout tient une verge de feuilles d'arbre, avec laquelle il semble frapper la baigneuse. H. 2 p. 11 l.; L. 1 p. 11 l. (B. 207). Le Maître aux initiales R. K. F. (N° 284 des monogr.) en a fait une copie en contre-partie. H. 2 p. 11 l.; L. 1 p. 11 l.

Le Jugement de Pâris, 1546; grav. par le même. H. 2 p. 7 l. ; L. 1 p. 9 l. — Dans cette copie, Hans-Sébald a ajouté l'Amour en l'air. (B. 89; comte ***, de Vienne, N° 278).

La Mort surprenant une femme endormie, 1548. La femme est nue, couchée sur un lit, dans une attitude indécente. Au bas, à droite : *O die Stund ist aus*. Pièce gr. en contre-partie, par le même. L. 3 p.; H. 2 p. 2 l. (B. 146).

Les Trois femmes au bain, 1543. Pièce libre, gr. par le même. H. 3 p.; L. 2 p. 1 l. (B. 208).

L'Amour habillé d'une chemise, monté sur un dauphin, gr. par J. Binck. H. 1 p. 5 l.; L. 1 p. (B. 46).

Diane et Actéon, in-4, en haut., gr. par Crispin de Pas, le vieux.

Diane découvrant la grossesse de Calisto, in-4, gr. par le même.

BÉHAM (Hans-Sébald), neveu du précédent, peint. et gr. au bur. et en bois, né à Nuremberg, en 1500 ; mort à Francfort, en 1550. — Voir B. *Béham*.

Adam et Ève, 1529, pièce en haut.; attrib. faussement à Béham. Adam et Ève près de l'arbre de vie, entortillé du serpent; à gauche de l'estampe, on voit Adam qui présente la pomme à Ève, qui se trouve à droite et qui présente à son tour une autre pomme à Adam. H. 2 p. 11 l.; L. 1 p. 11 l. (B. 1; Van Hulthem, N° 446).

Adam et Ève, assis, 1536. Adam est assis sur une pierre, près d'Ève à qui il donne un baiser. H. 3 p.; L. 2 p. Il existe une copie en contre-partie, de même dimension (B. 5; comte ***, de Vienne, N° 238).

Adam et Ève chassés du paradis,

1543; H. 3 p.; L. 2 p. 1 l. (B. 7; comte ***, de Vienne, N° 240).

Adam et Ève, accompagnés chacun de deux enfants; gr. sur bois (B. 74; comte ***, de Vienne, N° 351).

L'Amour, monté sur un dauphin, 1521. H. 1 p. 5 l.; L. 1 p. 1 l. (B. 93; comte ***, de Vienne, N° 280). Un anonyme en a fait une copie, en contre-partie, de même dimension.

Le même sujet, traité différemment, 1521. H. 1 p. 6 l.; L. 1 p. 1 l. (B. 93).

Le Baiser, 1526; jeune homme assis à terre, près d'une treille, à côté d'une jeune femme qu'il embrasse. H. 0.083; L. 0.063 (B. 209).— Cette pièce a aussi été gravée sur bois (B. 161).

Le Bouffon et les baigneuses, 1541. Un bouffon entraîné par deux femmes impudiques dans un bain. Une de ces femmes est dans une grande cuve et attire le bouffon par sa chemise et sa marotte; l'autre le pousse par derrière. L. 0.068; H. 0.054 (B. 214; J., I, p. 244).

Le Bouffon et les deux couples d'amoureux, 1535; ils sont amusés par les plaisanteries du premier. L. 0.052; H. 0.030 (B. 212; J., I, 244; Delbecq, 8 fr.; Camberlyn, 1re vente, N° 193; Comte ***, de Vienne, N° 318). Il en existe trois copies, dont l'une, anonyme, en contre-sens, est si belle, qu'elle est souvent prise pour l'original, et qu'on hésite sur la préférence. Elle est de même proportion.

Cléopâtre; 1529. Cléopâtre, assise sur une pierre, applique de la main gauche un aspic à son sein; H. 0.082; L. 0.048 (B. 76; comte ***, de Vienne, N° 268; Van Hulthem, 409).

Cléopâtre, nue, debout, se faisant piquer par un aspic, 1529. H. 3 p. 1 l.; L. 1 p. 9 l. (J., I, 243 B.; 76).

Le même sujet. Elle est assise. H. 0.111; L. 0.071 (B. 77; comte ***, de Vienne, N° 269; Camberlyn, 1re vente, N° 168).

Le Couple amoureux. Près d'une porte à ogive est assis un homme qu'une femme, placée à son côté, embrasse. Pièce sans signature, attrib. à H.-Sébald Béham; elle est d'une taille fine et spirituelle (Passavant).

Les Deux impudiques et la Mort, 1529. La Mort surprenant un homme et une femme nus, qui sont debout l'un à côté de l'autre, dans une attitude indécente. Au haut, sur une tablette à gauche : *Ho mors ultima linea rerum.* H. 3 p.; L. 1 p. 10 l. (B. 152).

L'Enfant prodigue (scène où il se livre à la débauche; il est à table avec des femmes et de joyeux compagnons). En haut, cette légende : *Dissipavit substanciam suam vivendo luxuriose.* Pièce datée de 1540; costumes du XVIe siècle. L. 3 p. 7 l.; H. 2 p. 2 l. (J., I, p. 241; B. 32). Il y en a une copie extrêmement trompeuse; mais le couteau, posé sur la table, est courbé comme un sabre, et dans l'original il est droit et comme un poignard.

L'Enlèvement d'Amymone.

Ève, vue de profil. Elle est assise sur une souche et tient une pomme d'une main; 1519. H. 2 p. 5 l.; L. 1 p. 11 l. (B. 2).

Ève, debout, vue de face; elle tient une pomme, et de l'autre main un serpent; un lion est à ses pieds. 1523. H. 3 p.; L. 2 p. Cette pièce a pour pendant *Adam,* vu de trois quarts, avec la date 1524 (J., I, 240; B. 4).

La Fontaine de Jouvence, dans laquelle se baignent différentes personnes de tout âge et de tout sexe; grande composition gravée en bois, formée de quatre feuilles jointes en larg., formant une frise de 40 pouces de long (Bartsch, VIII, p. 244-45; J., I, p. 245; Van Hulthem, N° 5168).

L'Histoire de l'enfant prodigue. Une salle où plusieurs hommes et femmes se divertissent de différentes manières. Dans le fond, à droite et à gauche, on voit l'enfant prodigue prenant congé de son père, la scène où il garde les pourceaux et son retour à la maison paternelle. Grande pièce en bois de huit morceaux collés ensemble. L. 35 pouces; H. 24 p. 3 l. (B. 128).

Joseph et la femme de Putiphar; H. 0.076; L. 0.052.

Le même sujet, 1544. La femme de Putiphar est couchée sur un lit, et veut retenir Joseph. En bas : *Joseph fidelis servus et domitor libidinis.* Pièce libre. H. 0.082; L. 0.056 (J., I, 241; B. 14).

Le même sujet, mais en contre-partie. H. 3 p. 2 l.; L. 2 p. Pièce libre et rare (J., I, 242; B. 15).

Le même sujet : sur un des rideaux du lit est écrit: *Ioseph,* 1526; pièce ronde, obscène et rare; diam. 0.053 (B. 13; février 1866, N° 5). Il y en a une copie en contre-partie, par un anonyme, de même dimension.

Le Joueur de cornemuse, 1520. Il embrasse une jeune villageoise. Eau-forte. H. 4 p. 3 l.; L. 2 p. 8 l. (B. 195).

Le Jugement de Pâris. Pâris est assis sur une butte et regarde les trois déesses qui se tiennent debout devant lui. Mercure est à côté de Pâris. Pièce ronde de 2 pouces de diam. (B. 88).

Léda, 1548, Jupiter, en cygne, faisant l'amour à Léda. Celle-ci est assise à terre, à droite, et tournée vers la gauche. Au bas de ce côté on lit : *Léda à Jove in cygnum verso compresse.* H. 0.058; L. 0.044 (B. 112; Van Hulthem, N° 417; comte ***, de Vienne, N° 284).

Loth et ses filles. Loth assis, tient un vase d'une main et a l'autre posée sur un grand pot placé à ses pieds. L'une de ses filles est debout, et l'autre assise près de son père. Pièce ronde. Diamètre 1 p. 1 l. (B. 79; Camberlyn, 1er vente, N° 153; comte ***, de Vienne, N° 242).

Lucrèce. 1519. Elle est assise, et se donne la mort avec un poignard (B. 78; comte ***, de Vienne, N° 270).

La même, debout, se perçant le sein; H. 2 p. 9 l.; L. 1 p. 9 l. Au bas, à droite, sur un pilier : *Lucretia lux Romanæ pudicitiæ, coacta stuprum pati, ferro se, quod veste tactum attulerat, interemit.* (B. 79; J., I, p. 243. Camberlyn, 1er vente, N° 169; comte ***, de Vienne, N° 271).

Marche des nouveaux mariés de village, suite de huit pieces; H. 1 p. 9 à 10 l.; L. 1 p. 3 à 4 l. (B. 178-185; comte ***, de Vienne, N° 303).

Nessus et Déjanire. Une nymphe assise sur les genoux d'un satyre qui lui fait l'amour. H. 2 p. 8 l.; L. 1 p. 11 l. Il y a une copie très-bien gravée par un anonyme, en contre-partie, et de même dimension (B. 108).

Les Noces de village, 1546; suite de de six estampes, fort rare à trouver complète; H. 2 p. 8 l.; L. 1 p. 10 l. (B. 154-163; Van Hulthem, 430; comte ***, de Vienne, N° 299; Rapilly, en 1859, 50 fr.).

Noces de village, 1537, suite de douze estampes; H. 1 p. 9 à 10 l.; L. 1 p. 3 à 4 l. (B. 166-177; comte ***, de Vienne, N° 302; Van Hulthem, 432).— Ces douze estampes, dont dix reproduisent les précédentes, sont toutes décrites par Bartsch. Quelques pièces ont rapport à notre sujet. Par exemple, le N° 175 de Bartsch représente une paysanne donnant des coups de bâton à son mari qu'elle vient de surprendre avec une jeune femme derrière une haie. Au haut : *Vin ich dich do.* — Dans le N° 176, un paysan, assis à terre, derrière une haie, prend des licences avec une femme. Au-delà de la haie est un homme qui les regarde, et au-dessus duquel on lit : *Ich wil auch mit.* — Le numéro suivant représente un homme qui fait ses nécessités et qui vomit en même temps; etc.

La Nuit, 1548. Une femme nue endormie sur un lit, dans une attitude libre. Au haut du lit : *Nox et amor vinumque nihil moderabile suadent.* Sur le drap du lit, au bas : *Die Nacht.* H. 4 p.; L. 2 p. 11 l. (B. 153).

Le Paysan dansant avec une nouvelle mariée, 1522. H. 2 p. 11 l.; L. 1 p. 10 l. B. 194; comte ***, de Vienne, N° 308).

Six femmes au bain, grav. sur bois. A gauche est assise une femme très-grasse; à droite, une autre se lave les cheveux; elle est vue presque de dos, ayant à ses côtés deux enfants assis par terre. Au-dessus d'elle, un homme regarde par la fenêtre. Pièce ronde, mal exécutée, sans signature, attribuée à Sébald Béham. Diam. 11 pouces (B. 167; Passavant; comte ***, de Vienne, N° 357).

Le Soldat amoureux, 1521. Un soldat, ayant une longue épée, assis sur un banc auprès d'une jeune femme qu'il tient embrassée; H. 0.079; L. 0.053 (B. 202; comte ***, de Vienne, N° 312).

Les Travaux d'Hercule, suite de douze estampes. L. 2 p. 11 l.; H. 1 p. 11 l. (B. 96-107; comte ***, de Vienne, N° 281; Rapilly, en 1859, 48 fr.).

Un Triton et une Néréide, qu'il porte sur son dos, 1523; L. 1 p. 11 l.; H. 1p. 4 l. (B. 86; comte ***, de Vienne, N° 277). — Le même sujet, gr. en contre-partie, même date. L. 1 p. 11 l.; H. 1 p. 5 l. (B. 87).

Vénus et l'Amour. Vénus est représentée toute nue, ayant deux grandes ailes au dos. Elle est debout sur un nuage, et accompagnée de l'Amour qui se voit au bas de la gauche. De l'autre côté est un cartouche, où on lit : *Audaces Venus ipsa juvat.* H. 0.078; L. 0.052 (B. 90; Van Hulthem, N° 413; comte ***, de Vienne, N° 279). L'un des Wierix en a fait une copie de même dimension.

Le même sujet. Vénus debout, tenant un javelot de la main droite. L'Amour est assis à ses pieds, à la gauche de l'estampe. H. 2 p. 1 l.; L. 1 p. 3 l. (B. 91; Van Hulthem, N° 414).

La Nuit, 1553. Pièce libre, gr. par Aldegraver. On lit au haut du lit : *Nox et Amor vinumque nihil moderabile suadent*. Très-rare; H. 4 p. 2 l.; L. 2 p. 10 l. (B. 180).

L'Amour monté sur un dauphin qu'il frappe d'un bâton; grav. par J. Binck. H. 1 p. 6 l.; L. 1 p. 1 l. (B. 47).

Ève, vue de face, tenant une pomme d'une main et de l'autre un rameau qui couvre sa nudité. Grav. par le même. H. 2 p. 11 l.; L. 1 p. 11 l. (B. 2).

Loth et ses filles. Pièce ronde, gr. par le même. Diam. 1 p. 11 l. (B. 4).

Le Paysan dansant avec une nouvelle mariée, gr. par le même. H. 2 p. 11 l.; L. 2 p. (B. 75).

La Fontaine de Jouvence, pièce en larg., gr. par J.-Théod. de Bry, fils (Winckler, N° 459; Van Hulthem, 1230; Camberlyn, 492).— On voit dans cette pièce une immense quantité de de figures nues, qui se baignent et se divertissent.

Joseph et la femme de Putiphar, gr. par Al. Claas. Pièce en forme de losange. H. d'un angle à l'autre : 3 p. 1 l.; L. 2 p. 4 l. (B. 6).

Le Jugement de Pâris, gr. par le même. Pièce ronde de 2 p. de diam. (B. 25; comte ***, de Vienne, en 1867, N° 540).

Le Bouffon et les deux couples d'amants, gr. par le Maître aux initiales B.I. On lit en haut : *Ecce res procedet. Lug auff, es wirt sich machenn*, c'est-à-dire: Courage, cela ira. Pièce en bois. L. 10 p. 10 l.; H. 8 p. 4 l. (B., IX, p. 543).

Le même sujet, gr. par le Maître au monogramme F. G. — L. 1 p. 11 l.; H. 1 p. 1 l. (B. 5).

Le Baiser, 1571, gr. par le Maître aux initiales B. H. P. (N° 32 des monogr.) H. 2 p. 10 l.; L. 2 p. (B., IX, p. 545).

Le Jugement de Pâris, 1570, gr. par le Maître aux initiales B. S. B. (N° 39 des monogr.). H. 2 p. 7 l.; L. 2 p. (B., IX, 545).

BEIN (Jean), dess. et gr., né à Goxweiler (Bas-Rhin), en 1789. — Voir *Girodet*, *Lancrenon* et *Raphaël*.

Gil-Blas aux pieds d'Aurore.

BÉLIN, dessinateur contemporain.

Un Ballet à l'Opéra (Le Songe), lith. par Charpentier (*Musée de mœurs en actions*, N° 2); L. 50 c.; H. 38. Bulla et Jouy, 1860, en rehaut, 8 fr.

Le Vin de champagne (L'Orgie), lith. par Regnier (*Musée de mœurs en actions*, N° 3); L. 50 c.; H. 38. Bulla, rehaut, 8 fr.

BELJAMBE (P.-G.-A.), dess. et gr., né à Rouen, 1752. — Voir Pierre *Danloux*, *Leroy*, *Mallet* et Paul *Véronèse*.

BELLA (Étienne della), dit *La Belle*, peint. et gr., né à Florence, en 1610, où il mourut, en 1664.

Charges calotines, suite de quatre pièces.

Diversi capricci, suite de vingt-quatre pièces.

Facétieuses inventions d'amour et de guerre pour le divertissement des beaux esprits (10 mars 1862).

Les mêmes, suite de treize pièces, gr. par François Collignon, 1630; L. 0.108; H. 0.095. Rares.

BELLANGÉ (Jacques), peint. et gr. à l'eau-forte, naquit à Nancy, en 1594, où il mourut en 1638.

Diane et Orion; H. 467 mill.; L. 218.

BELLANGÉ (Eugène), peint. contemporain, né à Rouen; élève de H. Bellangé, son père, et de M. Picot; m. en 1866.

Les Maris s'insurgent. — *Une Halte en Bourgogne*, deux pl. lith. par Bettannier (*Musée de mœurs en actions*); L. 50 c.; H. 38. Paris, Jouy, 1860, rehaut, 8 fr. chaque.

Le Tourlourou piqué au vif, lith. par Bettannier; H. 46 c.; L. 38 (Bulla fr., rehaut, 6 fr.).

Le même sujet, lith. par Duriez. Paris, Jouy, 1865.

Une Halte en Bourgogne. — *La Fête au sérail*. — *Le Mariage du coq du village*. — *Les Maris s'insurgent*; quatre pièces lith. par Duriez. Paris, E. Jouy, 1863.

Galanterie française, in-fol., gr. par Joubert (31 mars 1862, N° 144).

Le Tourlourou piqué au vif. — *La Cheminée de campagne*, deux pl. lith. par Julien; 20 c. sur 15. Paris, Jouy, 1860, 1 et 3 fr. chaque.

Allez, bonhomme! vos beaux jours

sont passés, lith. par Regnier et Bettannier *(Musée de mœurs en actions,* N° 9); H. 38 c.; L. 50 (Bulla, rehaut, 8 fr.).

BELLEFONDS (O. de), dess. et grav.

L'Amour; il gouverne le monde; H. et L. 0.350.

BELLE-ISLE (Mlle de). — Voir *Gigoux.*

BELLIARD, dessin. lith. du XIXe siècle. — Voir *Dubufe, Girodet-Trioson.*

Éléonore Rabut, lith. d'Aubert; H. 360 mill.; L. 280 (Soleinne, N° 264).

Mlle Mars, lith. de Delpech; H. 310 mill.; L. 240 (Soleinne, N° 285).

Mme de Pompadour, lith. insérée dans *l'Iconographie* de Delpech, exécutée d'apr. un tableau du cabinet du chevalier Lenoir. Ce portrait montre sous une fanchon le type connu de la marquise. *(Revue univers. des arts,* tom. XXII, p. 133.)

BELLIN ou BELLINI (Jean-Gentile), peint. ital. Venise, 1426-1516.

Une Nymphe couchée dans un paysage, pet. in-fol., en larg., gr. par P. van Lisebetten.

Jeune fille nue se tressant les cheveux devant un miroir, gr. par J. Prenner.

BELLOC, photographe.

Deux Nymphes. — Le Baiser à la fontaine, deux phot. pour stéréoscope (*Journal de la librairie,* 1861, N° 1145).

BELLOGUET, dessin.-lithogr. contemporain.

Types des bals de Paris : Château-Rouge. — Barthélemy. — Château-des-Fleurs. — Closerie-des-Lilas; quatre pièces lithogr. Paris, Ledot jeune, 1857.

BELLUCCI (Ant.), peint. ital. 1654-1726.

Actéon et Calisto, gr. par G. Eckert.

L'Amour et Psyché, 1784, gr. in-fol., par V. Green.

Vénus sur les eaux, in-fol., gr. par le même.

BELLY (Jacques), peint. et gr. à l'eau-forte, né à Chartres, vers 1603. — Voir les *Carraches.*

BÉMINDT, dessin.-lith. contemporain. — Voir *Inès et Bémindt.*

Bon gendarme. — Scélérat de pompier, deux pièces lith., par Regnier *(Galerie pour rire)*; H. 47 c; L. 37. Paris, E. Jouy, 1863, rehaut, 6 fr. chaque.

BÉNARD (J.-B.), peint. du XVIIIe siècle.

Le Repos du lendemain.— Le Pensez-y bien, deux pièces gr. par J.-Ch. Baquoy, à l'occasion du mariage de Louis XV; H. 479 mill.; L. 304.

La Reconnaissance du berger, gr. par J. Danzel.

Repos de chasse: Mme Du Barry, en homme, servie par son nègre et sa camériste; gr. par Moitte (26 nov. 1866, N° 257).

BENJAMIN, dessinat. du commencement du XIXe siècle.

Le Grand chemin de la postérité, lith. d'Aubert; L. 812 mill.; H. 650; en couleur (Soleinne, N° 197).

BENNEVAULT, peint. du XVIIIe siècle. *Antiope, reine des Amazones,* gr. par P. Malœuvre.

BENOIST, peintre du XVIIe siècle.

Mme de Montespan, gr. par Gérard Edelinck; H. 175 mill.; L. 128.

BENOIST (Stephane), graveur de la 2e moitié du XVIIIe siècle. — Voir *Lawreince.*

BENOIST (Guillaume-Philippe), dess. et grav. au bur., né près de Coutances, 1725; mort à Paris, en 1800. — Voir Michel-Honoré *Bounieu, Mignard,* J. de *Parme, Perronet.*

Le Berger indiscret, pièce en larg. (Van Hulthem, N° 3977).

Le Danger d'aimer, pièce en larg. (Van Hulthem, N° 3977).

Le Coin du feu. — L'Heure du berger, deux pièces, gr. au pointillé; L. 10 c.; H. 8 (Bance, 1 fr. 50 chaque).

Mlle Clairon, gr. par Benoist, d'après la cire de Laingberger; H. 160 mill.; L. 110 (Soleinne, N° 268).

Marie-Antoinette, petit rond en coul. (26 nov. 1863, N° 386).

BENVELL (J.-H.), peintre du XVIIIe siècle.

Beautés de Saint-James et de Saint-Gilles. — Marie Moulines et Jenney, deux pièces gr. au crayon par Bartolozzi (J., I, 216).

BERA, dessin.-lithogr. du XIXe siècle.

Mlle Mars et *Mlle Leverd* (dans *Valérie*); H. 271 mill.; L. 217 (Soleinne, No 104).

BERAIN (Jean), peint., dess., grav., né à Paris, vers 1636; mort en 1711.

Boutique de galanteries.

BÉRANGER (Jean-Baptiste-Antoine-Emile), peintre contemp., né à Sèvres (Seine-et-Oise), élève de Paul Delaroche.

La Petite coquette, photogr.; H. 18 c.; L. 15. Paris, Goupil, 6 fr.

Soubrette. — Curiosité. — Le Nœud; trois pièces photogr. Paris, Goupil, 1866, 6 fr. chaque.

BERCY (P.-J. de), peintre, trav. à Paris, vers le milieu du XVIIe siècle.

Danseuse de l'Opéra, en habit de Flore; H. 275 mill.; L. 202.

Danseuse de l'Opéra jouant du tambour de basque; H. 268 mill.; L. 188.

Espagnolette dansant et jouant des castagnettes; H. 270 mill.; L. 192.

La Femme coquette et le vieux jaloux; H. 265 mill.; L. 188.

BERGER (Daniel), dess. et gr. à l'eau-forte; né à Berlin, 1744-1824. — Voir Mme *Lebrun.*

Mlle Doebbelin, en Ariadne.

Christine, reine de Suède.

Mlle Clairon, actrice.

Langerhans, actrice. — *Romano Koch*, actrice; deux pièces.

La Marquise de Sabran.

Sophia Niklas, tragédienne, 1779; H. 146 mill.; L. 92.

BERGERET, peintre contemporain.

Vénus entrant au bain. — Vénus partant pour Cythère; deux pièces gr. par J. Alix; H. 329 mill.; L. 254.

BERGHEM (Nic. van Harlem, dit), peintre et gr. hollandais, né à Harlem, 1624; mort le 18 février 1683.

La Piqûre la moins dangereuse, gr. par P.-F. Basan; L. 276 mill.; H. 256.

Le Rendez-vous à la colonne, gr. par P. Clowet.

La Bohémienne consultée, in-fol. en larg., gr. par Pierre Laurent.

L'Occupation de la bergère, pièce en larg., gr. par le même.

Le Matin. — Le Midi. — L'Après-dîner.— Le Soir; quatre pièces en larg., gr. par J.-Ph. Lebas.

Le Retour à la ferme, gr. par le même.

The Golden age, in-fol. en larg., gr. par B. Lens, le vieux.

Le Satyre et les Dryades, in-fol., gr. par P.-Ant. Martini et Ph. Lebas.

Shepherd's amusement (Amusement de bergers), 1798, in-fol. en larg., gr. par S. Middiman (Rigal, avant la lettre, 52 fr.; Mappes, 3e état, 9 fl. 30 kr.; Einsiedel, 2 19/24 th.; Weigel, 5 th.).

La Diseuse de bonne aventure, in-fol. gr. par C.-D. Melini.

L'Age d'or, in-fol., gr. par P. Nolpe.

Le Bal, gr. par Jean Visscher (Rigal, en 1818, No 828, 204 fr.; 103 livres, Vassal de Saint-Hubert, en 1779; 180 livres, Cochu, en 1798, épreuve avant la lettre; épreuves avant et avec la lettre, 162 livres, vente Mariette, en 1775; Duchesne aîné, No 191).

Le Berger sans malice. — Le Bain de la bergère, deux pièces in-fol. en haut., par Ant. Saint-Hill.

BERGHEM (Peter van den), peint. et gr., trav. à Hambourg et à Amsterdam, dans la 2e moitié du XVIIe siècle. — Voir Ant. *Coypel* et Gérard de *Lairesse.*

BERGMAN (J.), dess. et gr. à Berlin, au XVIIIe siècle.

Barbarini, la danseuse.

BERGMULLER (Joh.-Georg.), peint. et gr. à l'eau-forte, né à Dirkham (Bavière), 1687-1762.

L'Enlèvement d'Europe.

BERKMANS (Mat.), peintre du XVIIIe siècle.

L'Antidote des embarras du ménage, gr. par P.-F. Basan; H. 460 mill.; L. 378.

BERLIER (J.), peintre.

Marie d'Orléans, duchesse de Berry; H. 118 mill.; L. 97.

Marie Stuart; H. 118 mil.; L. 97.

BERNARD (Th.), peintre du XVIe siècle.

Diane au bain, surprise par Actéon, grav. par Jacques de Gheyn (comte ***, de Vienne, N° 973).

BERNARD, gr. de la fin du XVIIIe siècle. — Voir *Lemire.*

BERNARD (Charles), grav. au pointillé, trav. à Paris, de 1810 à 1830. — Voir *Ruotte.*

BERNARDI (Jacopo), peintre et grav., vers 1700. — Voir *Girardet* et *Thorwaldsen.*

Diane de Poitiers, d'après un ancien tableau.

Valentine de Milan, d'après un buste.

BERNINGROTH (Jean-Martin), grav. né à Leipzig, 1713; mort en 1767.

Élisabeth d'Angleterre. — *La Marquise du Châtelet.* — *Louise d'Orléans,* abbesse de Chelles. — *Mme de Sévigné;* quatre portraits.

BERNINI (J.-Laur.), dit le cavalier *Bernin,* peint., statuaire et archit. Naples, 1598-1680.

L'Enlèvement d'Europe. — *L'Enlèvement de Proserpine.* — *Apollon et Daphné;* trois pièces in-fol., gr. par Nicolas Dorigny.

BERNY (C.), dessin. moderne.

Mlle Emilie Leverd, gr. par J. Drouet; H. 96 mill.; L. 70 (Soleinne, N° 288).

BERR, dessin. lithogr. contemp.

L'Amour à Paris, lithogr. Paris, Aubert, 1847, in-4.

BERRÉ, peint., trav. fin du XVIIIe et commencement du XIXe siècle.

Vénus hottentote, gr. par L.-J. Allais; H. 360 mill.; L. 292. Paris, 1815.

BERRETTINI (Pietro). — Voir P. de *Cortone.*

BERRY (Marie d'Orléans, duchesse de). — Voir J. *Berlier.*

BERTAUTS, imprimeur lith., contemporain.

Ostende: Les Baigneuses séchant leur chevelure après le bain. — Pardon, Madame, je me trompe de voiture. — Jeune femme apprenant à se faire enlever. — Avant, pendant, après; etc. Paris, impr. Bertauts, 1858.

BERTAUX (Duplessis), dess. et gr., né à Paris, mort en 1815.

Mlle Contat, de la Comédie-française; in-8, gr. par F. Janinet.

BERTELLI (Ch.), peint. ital. de la 2e moitié du XVIe siècle.

Les Ages de la femme (Eccoti saggio et discreto lectore et tu speculator di donne il grado che nuovamente indizzo al vostro honore); L. 510 mill.; H. 385.

Un Faune et une Nymphe: Cosi L'Cieco. — *Tuccie, vestale:* Ecco quanto. — *Daphné et Apollon:* Dafné fuggendo. — *Une Nymphe et un Satyre:* Se quanto il can....; quatre pièces.

BERTHAULT, peint. et gr., élève de Bertin; mort en 1850.

Les Amoureux, à droite, maison à gauche; pièce en haut. (De Vèze, 81).

BERTHIER (Paul), photogr. contemp. — Voir *Ingres.*

BERTHON (Nicolas), peint. contemp., né à Paris, élève de Léon Cogniet.

Léontine Fay (Mme Volnys), lith. de Villain; H. 0.370; L. 0.280 (Soleinne, N° 295; Filippi, N° 443).

Mlle Duchesnois, gr. par Grévedon; H. 0 340; L. 0.250 (Soleinne, N° 286; Sudre, 1867, N° 175).

Angélique et Médor, gr. par Gudin. Paris, 1813.

BERTIN (Jean-Victor), peintre, né à Paris, en 1775; mort en 1842.

Amour ce n'est qu'un jeu. — *Je te cache tes charmes;* deux pièces grav. au pointillé, par Mariage; H. 13 c., L. 10 (Bance, 1 fr. chaque).

Bacchus et Ariane, gr. par Mariage; L. 25 c.; H. 19 (Bance, 8 fr.).

BERTINOT (Gustave-Nicolas), grav. contemp., né à Louviers (Eure), élève de Drolling et de A. Martinet. — Voir *Jalabert.*

BERTONNIER (P.-F.), gr. au bur., né à Paris, 1791. — Voir *Devéria, Rouget, Siccardi* et *Winterhalter.*

Mme Boulanger, in-4 (1er février 1864, N° 237).

Catherine de Médicis.

Mme Damoreau-Cinti (Laure Montalant); H. 0.150; L. 0.100 (Soleinne, N° 321).

Mme Du Barry, 1827.

Joséphine, impératrice, 1827.

Mlle Mars, 1826; H. 0.160; L. 0.110 (Soleinne, N° 284).

BERTONY, grav., trav. à Paris à la fin du XVIIIe siècle. — Voir H. *Fragonard*.

BERTRAND (Pierre), grav. au bur., trav. à Paris au milieu du XVIIe siècle.

L'Académie des folz; L. 0.390; H. 0.385.

Le Divertissement des fous.

L'Effronté pisseux. — *La Harengère en colère*; deux pièces.

La Laitière renversée découvre son pot au lait.

Le Temps misérable qui ne peut attraper l'argent; L. 0.450; H. 0.300.

Les Enfarinez. — *Les Mouchez* (caricatures sur la poudre et les mouches), P. Bertrand excudit; L. 0.520; H. 0.332.

La Fin du monde; L. 0.400; H. 0.262.

BERTRAND (Ph.) sculpt., membre de l'Académie. Paris, 1664-1724.

Enlèvement d'Hélène, groupe de bronze, gr. par Desplaces (C. L., N° 1257, 1 fr.)

BERTRAND (N.-F.), grav., né à Soissy-sous-Etioles, en 1784. — Voir Cl.-Ant. *Fleury* et J.-Ant. *Vauthier*.

Marie-Antoinette d'Autriche, reine de France; H. 0.105; L. 0.084.

L'Anglaise coquette; H. 0.285; L. 0.186.

Mlle Mars (rôle de Betty); H. 0.350; L. 0.265.

BERVIC (Jean-Guillaume Balvay, connu sous le nom de), grav. au bur., né à Paris, le 23 mai 1756; mort le 23 mars 1822. — Voir H. *Fragonard* et le *Guide*.

BÈS, dess. lithogr. contemp.

Ni jamais. — *Ni toujours*, deux pl. lith. par Bès et Dubreuil, 1854.

BESSON, peintre du XVIIIe siècle.

Marie-Antoinette au Petit-Trianon, grav. par E. Jazet. Paris, Bulla frères, 1867.

BETHON (J.), peintre de la 2e moitié de XVIIIe siècle.

Vénus et Adonis, gr. par J. Danzel.

BETHSABÉE. — Voir *Aldegraver*, Soster *Bartolomeo*, J. *Binck*, Mich.-Hon. *Bounieu*, Sal. de *Bray*, Hans *Brosamer*, *Burgkmair*, *Buytenwech*, Alaert *Claas*, J.-B. *Corneille*, *Detroy*, H. *Devéria*, le *Dominiquin*, C.-M. *Dubufe*, Peter *Flötner*, Noël *Garnier*, H. *Goltzius*, B. *Graat*, La *Hyre*, J. van *Londerseel*, Fr. *Lucas*, *Maître au monogramme* S. (vers 1520), Ch. *Maratti*, Cornélius *Matsys*, G. *Pencz*, *Raoux*, *Raphaël*, *Rembrandt*, Séb. *Ricci*, Fr. *Rossi*, *Schopin*, *Simon*, Fr. *Solimena*, Moïse van *Uytenbrouck*, Carle *Vanloo*.

BETOU (Alexandre), dessin. et grav. à l'eau-forte, né à Fontainebleau; florissait en 1647. — Betou a gravé plusieurs sujets de mythologie d'après les tableaux de la galerie de Henri II, du palais de Fontainebleau; mais nous avons cru ne pas devoir les mettre ici, attendu que plusieurs sont des pendentifs, et les autres des sujets d'embrasures de croisées. Du reste, toutes ces pièces sont décrites dans le *Peintre-graveur* de Robert-Dumesnil, tome VIII, p. 227-241.

BETTANIER, dessin. lithogr. contemp., à Paris. — Voir *Bassaget*, *Bellanger*, *Charpentier*, *Compte-Calix*, *Correard*, *Cottin*, *Derancourt*, *Desandré*, *Destouches*, *Doré*, *Dubouloz*, *Estienne*, *Faivre*, *Félon*, *Gabé*, *Garin*, *Guérard*, *Guillemin*, *Hyacinthe*, *Janet-Lange*, *Lenglet*, *Linder*, *Marohn*, *Mès*, *Morlon*, *Numa*, *Pigal*, *Regnier*, *Roehn*, *Roussel*, *Sewrin*, *Teichel*, C. *Tordeux*, *Vallon de Villeneuve*, *Verheyden* et Ch. *Vernier*.

Le Champagne et l'amour : 1re bouteille. — 2e bouteille, etc.; quatre pièces lith. Bulla, frères, 1853.

Eaux et forêts, femmes nues : La Cascade. — Le Ruisseau. — Le Bosquet. — Les Champs. — Au frais du matin. — Légèreté; six pièces lithogr. Paris, Sinnett, 1855.

BETTELINI (Pietro), dess. et grav. à l'eau-forte, au burin et au pointillé, né à Lugano, 1763-1823. — Voir P. *Cagliari* et G.-B. *Cipriani*.

BEULEY (Elisabeth). — Voir *Basset*.

BEURLIER, graveur. — Voir *Desrais*.

BEUTELY (L.). Angleterre et France, vers 1780-1800.

Le Plaisir du Sultan, éventail; L. 0.430; H. 0.215.

BEUWELL (Miss), peint. angl., fin du XVIIIe siècle.

L'Amour vengé. — L'Amour désarmé; deux pièces gr. par Ch. Knight, 1786.

BEWER, peintre contemporain.

Ah! quel plaisir d'être soldat! — Les Avantages de la victoire; deux pièces lith. par Weber; L. 40 c.; H. 32. Compositions gracieuses (Jouy, 1860, 5 et 10 fr. chaque).

BIANCHI (G.-P.), dess. et gr. Milan, vers 1600.

Marie Stuart, petit in-12, avec ornements.

BIARD (Pierre), le fils, stat. et grav., né à Paris, à la fin du XVIe siècle; mort vers 1653. — Voir *Jules Romain.*

BICKAM (George), père, grav., né à Londres, vers 1684; mort à Richemont, 1758.

Miss Howard. — Marie-Anne Cupide Camargo, célèbre danseuse; deux portr.

Le Billet doux. — La Fille fringante. — Le Mari négligent. — La Femme diligente; quatre pièces.

BIDA (Alexandre), peintre et dess. contemp., né à Toulouse; élève de E. Delacroix.

On ne badine pas avec l'amour. — Les Secrets de Javotte, deux pl. gr. par John Ballin, pour les *Œuvres d'Alfred de Musset* (Exposition de 1866).

Carmosine. — Louison. Deux pièces gravées par Adrien Nargeot (Exposit. de Paris, 1867).

Simone, gr. par Jean-Denis Nargeot, pour les *Œuvres d'Alfred de Musset* (Exposit. de Paris. 1867).

BIENNOURY, peintre contemp.

Erigone, lith. par E. Lassalle; L. 60 c.; H. 34 (Goupil, 10, 15 et 20 fr.).

Le même sujet, photogr. Paris, Goupil, 1863, 7 cent. sur 12, 1 fr. 50; 17 cent. sur 14, 2 fr.; format carte de visite, 1 fr. La vente en est autorisée, mais avec défense d'exposition.

BILCOQ, peintre du XVIIIe siècle.

La Consultation appréhendée. — Le Retour de la consultation, deux pl., gr. par J.-J. Leveau.

BILIVERT (J.), ou Giovanni *Billiverti,* peintre italien.

La Chasteté de Joseph (Galerie de Florence), gr. par Dupréel.

BILLAULT, photogr. — Voir *Girodet.*

BILLÉ (H.), grav. en coul. et au lavis, trav. à Paris vers la fin du XVIIIe siècle.— Voir *Léveillé.*

BILLINGTON (Élisabeth), actrice. — Voir *Bartolozzi.*

BILLWILLER (J.-J.-L.), peintre et grav., né à Saint-Galles, trav. à Vienne et à Schaffhouse, de 1782 à 1803.

Les Baigneuses; H. 235 mill.; L. 173.

BILLY (Mlle F. de), dess. et grav., trav. à Paris, en 1751.

Vénus déshabillée par l'Amour.

BILORDEAU, photogr. — Voir *Boucher.*

BINCK (Jacques), peintre et gr., né à Cologne, vers 1490; mort à Königsberg, vers 1560. Parmi ses ouvrages, on recherche une estampe allégorique représentant des *Femmes qui forgent un cœur.*

Bethsabée au bain. Elle est assise sur le bord du bassin d'une fontaine où elle se baigne les pieds. Elle tend la main pour recevoir une lettre qu'une servante lui remet. Une autre servante sortant d'une porte, tient un plat avec des confitures. Vers le fond, David regarde par la fenêtre. L. 5 p. 11 l.; H. 3 p. 9 l. (B. 6.)

La Courtisane. Un cavalier porte la main sur l'épaule d'une fille, tandis que celle-ci prend de l'argent sur une table, et que de la main gauche, elle donne une bourse à une vieille femme derrière elle (Passavant).

Ève, debout au pied de l'arbre de vie. Elle tient d'une main un petit rameau dont les feuilles cachent sa nudité, et de l'autre main, quelques pommes. Le serpent lui en offre encore une qu'il tient dans sa bouche. H. 2 p. 3 l.; B. 1 p. 3 l. (L. 3.)

Homme caressant une femme. Ils sont tous deux assis sur un tertre, au-dessous d'un arbre; la barrette et l'épée de l'homme gisent à terre (Passavant).

La Jeune fille et le fou. Il est assis à

droite, et passe la main sous les jupes de la fille qui se défend (Passavant).

Le Panier d'œufs. Un paysan, assis à terre, vis-à-vis d'une femme qu'il va embrasser, tandis qu'elle lui dérobe un panier d'œufs. On voit au fond la femme du paysan qui surprend son mari, et dont l'étonnement et la jalousie se traduisent par ses bras étendus. H. 2 p. 10 l.; L. 2 p. 5 l. (B. 73).

Le Soldat et sa maîtresse. Un soldat allemand assis sur une pierre carrée; il a sur ses genoux une jeune femme à qui il offre un verre de vin, mais que celle-ci semble refuser. H. 1 p. 8 l.; L. 1 p. 3 l. (B. 63).

Les Soldats et leurs maîtresses. Un soldat allemand est debout à côté d'une jeune femme qui a le bras droit passé sur les épaules de son amant. Elle a un petit sabre sous le bras, et baise un médaillon suspendu au cou du soldat. Au fond, à gauche, dans un paysage, on voit un autre soldat avec une fille, dans une attitude libre. H. 2 p. 10 l.; L. 2 p. (B. 72).

La Vanité, représentée par une femme nue, ayant sur la tête un grand chapeau orné de plumes. Pièce en bois. H. 10 p.; L. 7 p. 6 l. (B., VIII, p. 298.)

Vénus. Dessin d'une gaine où est représentée Vénus traversant la mer. Elle est debout dans une conque, tenant une voile de ses deux mains. L'Amour est à ses pieds. H. 2 p. 11 l.; L. du haut, 1 p. 3 l.; L. du bas, 1 p. (B. 48).

BINET (Louis), dess. et gr. au bur., né à Paris, 1744; mort à la fin du XVIIIe siècle. — Voir *Greuze.*

BINGHAM, photogr. contemp. — Voir *Cabanel, Compte-Calix,* J. *Court,* Armand *Duval, Pommayrac,* Ant. *Serres, Toulmouche.*

Eugénie, impératrice des Français. Paris, 1867.

Mlle Georges, phot. d'apr. nature, 1861.

Mme Marie Cabel. Paris, 1867.

BIRCH (W.), grav. Londres, 2e moitié du XVIIIe siècle. — Voir J. *Reynolds.*

BISCAINO (Bartolomeo), peint. et excellent grav., né à Gênes, en 1632; mort de la peste en cette ville, 1657.

La Bacchanale. Un vieux satyre, assis sur une pierre, verse du vin à une femme qui est assise à terre près de lui, et accompagnée de deux enfants, dont l'un est couché à son côté, et l'autre suce à une de ses mamelles; H. 0.225; L. 0.162 (B. 39).

La Chaste Susanne surprise au bain, ovale; H. 0.138; L. 0.108. (J., I, 262; B. 4).

Galatée, menée en triomphe sur la mer par les tritons. H. 0.245; L. 0.205 (B. 40).

BISI (Michele), grav. contemp., né à Lugano; trav. en 1812. — Voir *Appiani* et le *Guerchin.*

BISSEL (A.), ou BIESSEL, dess. et grav., trav. à Mannheim, en 1799 et 1800. — Voir *Rubens.*

Des Nymphes au bain.

BISSON, frères, photogr. — Voir *André, Dubufe, Gavarni, Giordano,* Mlle de *Guimard,* Mme de *Guizard, Merle.*

Mlle Arenne (de l'Odéon). — *Armande Morel.* — *Mlle Delahaye* (de l'Odéon). — *Mme Hortense Cavalié.* — *Mlle Victoria;* photogr. d'après nature.

BITTHEUSER (J. Pleikard), grav., vivait en 1774. — Voir le *Dominiquin.*

BIZEMONT-PRUNELÉ (André-Gaspard-Parfait, comte de), dess. et grav. Paris, 1752-1820. — Voir *Raphaël.*

Triomphe de Vénus, très-petite pièce en travers (De Vèze, N° 82).

Vase à l'enlèvement d'Europe, vers la droite; pièce en larg. (De Vèze, 82).

BLAKE (Lady Arabella). — Voir J. *Reynolds.*

BLANCHARD (Jacques), peint., né à Paris, le 1er octobre 1600; mort en 1638.

La Chasteté de Joseph, petite pièce en haut., gr. par Corneille Bloemaert. (J., I, 267).

Susanne et les deux vieillards, in-fol. en larg., gr. par P. Daret.

Jupiter et Danaé, gr. par Antoine Garnier; L. 0.287; H. 0.210. Danaé, étendue sur un lit, presse contre son sein l'Amour assis à ses côtés, qui lui aide à tendre un pan de draperie pour recevoir les largesses de Jupiter au haut de l'estampe, répandant une pluie d'or. — Dans une autre composition du même sujet, par les mêmes artistes, l'Amour ne figure pas; une servante tend son tablier pour recevoir les largesses du dieu. L. 0.371; H. 0.284 (R. D. 49-50).

BLANCHARD, père, grav., né à Paris, 1766. — Voir A. *Colin*, le *Corrége*, *Desrais*, le *Dominiquin* et *Prudhon*.

Le Sérail parisien, ou le Bon ton en 1802, pièce en bistre, curieuse pour les costumes et mœurs de l'époque (21 février 1862, N° 158).

BLANCHARD (Aug.-J.-Bapt.-Marie), grav. au burin, né à Paris, en 1792. — Voir *Albrier*, le *Corrége*, *Prudhon*, *Scheffer*, *Steuben* et *Zampieri*.

BLEKER (G.), peint. et gr. à l'eau-forte, né à Harlem; florissait vers 1638.

Jacob donnant un baiser à Rachel, morceau sans nom de maître; H. 19 p. 7 l.; L. 14 p. 9 l.; très-rare (B. 2; J., I, 264. Rigal, 98; comte ***, de Vienne, N° 390).

Jacob s'entretenant avec Rachel, 1638; H. 16 p. 3 l.; L. 10 p. 7 l. (B. 3; J., I, 264; Rigal, 98; comte ***, de Vienne, N° 391).

BLOCKLAND (Ant.), peintre du XVI° siècle.

L'Histoire d'Adonis. — *Loth et ses filles*, pièces en larg., gr. par Philippe Galle (Winckler, N°s 445-450; Van Hulthem, N° 1514).

BLOEMAERT (Abraham), peint. et gr. à l'eau-forte et en clair-obscur; né à Gorcum, en 1569; mort à Utrecht, en 1647.

Junon (Camberlyn, 1re vente, N° 255).

L'Age d'or, pièce en rond, gr. par J.-Théodore de Bry, fils (Winckler, N° 407; Van Hulthem, N° 1231; Camberlyn, 1re vente, N° 491).

La Continence de Scipion, pièce en rond, gr. par Zacharie Dolendo (Van Hulthem, N° 1398).

Agar répudiée, gr. par J. Matham, 1603; H. 15 p. 10 l.; L. 13 p. 1 l. (J., II, 267).

Cupidon venant trouver Psyché au lit, 1607; pièce en haut., gr. par J. Matham, 1607. Au bas, seize vers latins. Titre: *Phœbi potentis pulchra*, etc. H. 15 p. 7 l.; L. 11 p. (B. 76; Van Hulthem, N° 1994; comte ***, de Vienne, N° 1460).

Danaé couchée sur un lit, et recevant Jupiter changé en pluie d'or; gr. par le même, 1610. L. 9 p. 2 l.; H. 6 p. 9 l. (B. 77).

Thamar empruntant la figure d'une courtisane, pour se prostituer à son beau-père Judas, dont elle reçoit pour gages un anneau et un bâton. *Dum sedet in bivio*, etc. Grav. par le même; H. 9 p. 6 l.; L. 7 p. 1 l. (B. 64).

Flore. Cette déesse est représentée assise, une corbeille de fleurs sur le bras droit. Pièce ronde, gr. par Herman Muller (Camberlyn, 1re vente, N° 2264).

L'Histoire d'Adam, six pièces en larg., gr. par Jean Saenredam, 1604. — 1° Adam donnant des noms à tous les animaux. — 2° Adam et Eve se promenant dans le paradis terrestre. — 3° Eve se laissant séduire par le démon et présentant à son mari le fruit défendu. — 4° Adam et Eve chassés du paradis terrestre après leur désobéissance. — 5° Adam assujetti au travail. — 6° Adam et Eve pleurant la mort d'Abel. Chaque pièce est numérotée et porte quatre vers latins dans la marge inférieure. H. 9 p. 6 à 7 l.; L. 7 p. 1 à 2 l. (B. 13-18; Van Hulthem, N° 2630; Camberlyn, 2e vente, N° 3198).

Vénus faisant alliance avec Bacchus et Cérès, gr. par J. Saenredam. Dans la marge : *Sine Cerere et Baccho*, etc. H. 8 p. 5 l.; L. 7 p. 4 l. (B. 28; Van Hulthem, N° 2633; Camberlyn, 2e vente, N° 3201).

Vertumne empruntant la figure d'une vieille, pour inspirer de l'amour à Pomone, gr. par le même, 1605; H. 10 p. 4 l; L. 13 p. 1 l. Dans la marge : *Inter Hamadryadas cultrix*, etc. (B. 27; Camberlyn, 2e vente, N° 3200).

BLOEMAERT (Corneille), fils du précédent, grav. au bur., né à Utrecht, en 1603; mort à Rome, en 1680. — Voir Jacques *Blanchard*.

BLOEMAERT (Adrien), frère du précédent, peintre et gr. au bur., né vers 1605, travaillait encore en 1665.

Salmacis et Hermaphrodite, gravure destinée à l'ouvrage publiée par l'abbé de Marolles, sous le titre : *Tableaux du Temple des Muses* (Paris, 1655, in-fol.). Cette pièce, regardée comme peu décente, fut remplacée par une autre estampe grav. par Poilly. — M. M*** possédait également, dans le premier état, deux des estampes faisant partie de ces *Tableaux* : *Jupiter et Sémélé*, avant la draperie ajoutée par Poilly, et *Alphée et Aréthuse*, avant la touffe de roseaux qui cache, par le bas, la figure du fleuve. — Au sujet des travaux de

Bloemaert pour cet ouvrage, et quant aux graveurs qui l'aidèrent, on peut consulter l'*Abecedario* de Mariette, publié par les rédacteurs des *Archives de l'art français* (page 137).

Saturno sub Rege actas fuit aurea mundi omnia tunc tellus absque labore tulit. Grand in-fol. gravé par C. Fischer, avec quatre quatrains hollandais dans la marge.

BLOIS (Abraham de), grav. d'Amsterdam, vers 1710. — Voir *Lely*.

BLONDEL (Marie-Joseph) peint., né à Paris, en 1781; mort en 1853.

La Circassienne au bain, gr. par Tavernier. Paris, Tavernier, 1819.

BLOOTELING (Abraham), dess. et gr. à l'eau-forte, en man. noire et au burin, né à Amsterdam, en 1634; il gravait encore en 1687. — Voir Joh. van *Nek* et C. *Procaccini*.

La Duchesse de Portsmouth, maîtresse de Charles II; portr. in-4.

Psyché et l'Amour, pièce en larg., gr. en manière noire (J., I, 269).

BLOT (Maurice), dess. et gr. à l'eau-forte, né à Paris, 1754-1818.— Voir Hon. *Fragonard*, Louis *Gauffier*, *Morelse*, le *Poussin*, J.-B. *Regnault*, Van der *Werff*.

BLYTH (Robert), dess. et grav. Angleterre, 1750-1783. — Voir *Mortimer*.

BOCHOLT (François von), grav. allemand, que l'on suppose être le Maître anonyme qui signait F.V.B.

Le Moine et la fileuse. Un moine faisant violence à une jeune femme qui se défend avec une quenouille. H. 5 p. 10 l.; L. 4 p. 4 l. (B. 36).

BOCQUET (Nicolas), grav. à l'eau-forte et au burin, né dans la seconde moitié du XVIIe siècle; trav. à Rome et à Paris. — Voir *Raphaël*.

BOCQUIN, lithogr. contemporain.— Voir *Seignac*.

BODMER (Karl), peint. contemp., né à Zurich (Suisse), élève de S. Cornu.

Mlle Alexandrine Noblet, gr. par Grévedon; H. 0.410; L. 0.300 (Soleinne, N° 294).

BOECKLIA (J.-C.), peint. et grav., né à Augsbourg; trav. à Leipzig, de 1680 à 1704.

Anne de Boulen, reine d'Angleterre.

BOEL (Coryn), grav. à l'eau-forte et au burin, né à Anvers, vers 1622; trav. jusqu'en 1664. — Voir G. *Barbarelli*, G.-B. *Cipriani*, le *Corrége*, *Palma* (le vieux), P. *Rubens*, le *Titien*, Paul *Véronèse*.

BOETIUS (Christian-Frédéric), gr. à la pointe, au burin, au lavis et au pointillé; né à Leipzig, vers 1715; mort à Dresde, en 1778.— Voir L. *Bramer*.

BOETTGER ou BOETTIGER (J.-G), grav., né en 1763, trav. à Dresde et Leipzig; mort en 1825. — Voir *Schenau*.

BOILLY (Louis-Léopold), peint., né à La Bassée, près Lille, en 1761; mort à Paris, vers 1830. — Voir *Greuze*.

Ah! comme il y viendra, pièce anonyme (18 mai 1864, N° 609).

Ah! qu'il est sot! pièce anonyme (vente du 11 nov. 1861).

L'Amant favorisé. — Le Sommeil de l'innocence, deux pièces d'apr. Boilly; (A. David, N° 1533).

L'Amour couronné; pièce anonyme (18 mai 1864, N° 610).

Le Cadeau délicat. — On la tire aujourd'hui, deux pièces anonymes (en avril 1864, 7 fr.; la 2e, en avril 1864, avec la *Douce résistance*, 16 fr.).

Défends-moi. — La Leçon d'union conjugale. — Le Bouquet chéri, trois pl. en travers, anonymes (18 mai 1864, N° 611).

La Douce résistance. — L'Evanouissement, deux pièces anonymes (18 mai 1864, N° 607).

Il dort. — Que n'y est-il encore, deux pièces, gr. par un anonyme (18 mai 1864, N° 606, 6 fr.).

Nous étions deux, nous serons trois, grav. anonyme (18 mai 1864, N° 610).

On nous voit. — La Tourterelle chérie.— Tu sauras ma pensée; trois pièces d'après Boilly (vente du 11 nov. 1861).

S'il vous plait, pièce anonyme (18 1864, N° 609).

La Rose mal défendue, réduction in-4, en coul., de cette jolie composition (7 déc. 1866, N° 447).

Mlle Mars, lith. de C. Constant; H. 0.290; L. 0.200 (Soleinne, N° 285).

Le Cadeau. — Qu'elle est gentille! Deux pièces en coul., gr. par Bonnefoy (11 nov. 1861, 14 fr. 50).

Honny soit qui mal y pense, gr. par le même (15 mai 1865, N° 567; 7 déc. 1866, N° 316).

L'Optique, gr. en coul., par Cazenave (9 déc. 1861, N° 412).

La Rose prise, gr. par le même (vente du 11 nov. 1861).

L'Amant favorisé. — Comparaison des petits pieds. — Prélude de Nina, trois pièces grav. par Alex. Chaponnier (A. David, N° 1533; 7 déc. 1866, N° 316).

La Rose défendue, gr. par J. Eymar (en avril 1864, 7 fr.)

Ça ira, gr. par Mathias. — Un jeune homme, costume de l'époque du Directoire, est aux genoux d'une jeune femme assise (on sait que trop souvent cette posture respectueuse conduit à manquer de respect). Les voiles qui couvrent le buste de la femme sont fort en désordre; l'audacieux amant applique, avec une douce énergie, un doigt téméraire sur une partie fort sensible du sein; la tête de la femme tombe en arrière avec un sentiment très-prononcé, qui n'est nullement celui de la souffrance. On peut croire qu'en effet, les choses iront beaucoup plus loin que le peintre ne l'a indiqué. H. 44 c.; L. 36 (vendu, en mai 1864, avec *Ça a été*, 9 fr.).

La Séparation douloureuse (pendant de *l'Entrevue consolante,* d'apr. Vangorp), gr. par Noël; H. 23 c.; L. 18 (Bance, 6 fr.).

La Douce résistance, gr. en coul., par Schroler (7 déc. 1866, N° 316).

Ça a été, gr. par Texier (vente de mai 1864). In-folio, mêmes dimensions que *Ça ira,* dont cette gravure forme le pendant. Cependant, le travail de Texier, qui est mélangé d'aqua-tinta, est beaucoup plus agréable que celui de Mathias.

Les Conseils maternels. — L'Évanouissement; deux pièces, gr. en coul., par Tresca (11 nov. 1861, 5 fr. 50).

La Douce résistance, gr. par le même (vente de février 1859).

Le Sommeil trompeur. — Le Réveil prémédité; deux pièces gr. en coul., par Wolff (catal. A. David).

BOILLY (Alphonse), grav. contemp., fils de Louis-Léopold; trav. à Paris. — Voir J.-J. *Bourdet.*

BOILLY (Jules), peint. et lith., fils de Louis-Léopold. — Voir *Prudhon.*

BOISFREMONT (C. de), peint. de portr., mort en 1838.

Psyché et l'Amour, gr. par Mécou. Paris, Lamoureux, 1858.

Vénus et l'Amour, pièce en larg., gr. par le même (Van Hulthem, N° 4503).

Vénus et le jeune Ascagne, pièce en larg., gr. par le même. Paris, Lamoureux, 1858 (Van Hulthem, N° 4505).

BOISSARD (Robert), dess. et gr., né à Valence, vers 1590.

Le Bain nymphœum, gr. par Leclerc; H. 0.220; L. 0.172.

BOISSEAU (Jacques-Messidor), peintre et graveur à Paris, à la fin du XVIIIe siècle et au commencement du XIXe.

La Jeunesse se défendant contre les charmes de l'amour, 1819; L. 0.440; H. 0.340.

BOISSERIN (Louis), gr. au bur. Paris, au milieu du XVIIe siècle.

La Duchesse de Longueville.

BOISSIER (André), peint. et gr. à l'eau-forte; trav. à Paris, fin du XVIIIe siècle.

Les Amants électrisés par l'amour. — Dernière bombance des goulus, deux pièces.

BOITOUZET, photographe.

Académies de femmes, dix pl. phot. Paris, 1855.

BOIZOT (Louis-Simon), sculpt., né à Paris, en 1743.

Marie-Antoinette, 1775, profil, in-4, gr. par Marie-Louise-Ad. Boizot (11 nov. 1861, 5 fr. 50; L. M., 26 mai 1865, N° 208).

Vénus et Enée, gr. par J. Danzel.

BOIZOT (Marie-Louise-Adélaïde), dess. et gr., née à Paris, en 1748. — Voir L.-S. *Boizot* et *Greuze.*

BOLDRINI (Nicolas), peint. et gr., né à Vicence, au commencement du XVIe siècle; trav. à Venise jusqu'en 1569. — Voir le *Titien.*

BOLGIUS (A.), peintre du XVIIIe siècle.

Vénus marine, par Ch.-Ph. Lindemann.

BOLOGNE (Jean de), sculpt. franç., né à Douai, 1524; m. à Bologne, en 1608.

L'Enlèvement d'une Sabine, clair-obscur de trois pièces, gr. par André Andreani, 1584, d'après le groupe de Jean de Bologne, qui est sur la place publique de Florence. H. 16 p. 4 l.; L. 7 p. 6 l. (B. 1-2; Van Hulthem, N° 3357).

Le même sujet, gr. par L. Desplaces (Van Hulthem, 4204).

L'Enlèvement des Sabines, in-fol., gr. par Ferd. Gregori.

BOLOGNÈSE (le). — Voir *Bonasone* et *Grimaldi.*

BOLOGNINI (Carlo), peint., mort en 1729.

Une Jeune fille, en chemise, cherchant ses puces, gr. par Joh. Feigel, 1775.

Une Blanchisseuse les deux mains appuyées sur un grand vase, in-fol., gr. par le même, 1775.

BOLSWERT (Boëce-Adam de), célèbre grav., né à Bolswert, en 1580; mort à Anvers, en 1634. — Voir *Rubens.*

Vieillard caressant une jeune fille, pièce anonyme.

Vertumne et Pomone, in-fol. en haut., gr. par J. Saenredam, 1605 (J., III, 42; 11 nov. 1861, 2 fr.).

BOLSWERT (Schelte de), frère du précédent, habile grav. au bur., né en Frise, en 1586; mort à Anvers, dans un âge avancé. — Voir Van *Dyck* et Van den *Laemen.*

Combat du gras et du maigre.

BOLT (J.-F.), grav., trav. à Berlin, de 1794 à 1830. — Voir *Maratti* et le *Titien.*

Manon Lescaut, 1792, ovale; H. 0.078; L. 0.062.

BONACINA (G.-B.), peint., né à Milan, vers 1620.

L'Amour et deux femmes, allégorie; H. 0.262; L. 0.220.

BONAMI (Gustave). gr. au burin, contemp., trav. en Italie. — Voir *Raphaël.*

BONASONE (Jules), dit le *Bolognèse,* peint. et gr. à l'eau-forte et au burin, né à Bologne, vers 1510; mort à Rome, vers 1580. — Voir *Jules Romain* et *Raphaël.*

Adam et Eve séduits par le serpent, gr. en partie à l'eau-forte, en partie au burin; H. 0.158; L. 0.109. (B. 2; H. de L***, en 1856, 33 fr.).

Amori, sdegni et gielosie di Giunone, (Histoire de Junon, ses emportements et ses jalousies), vingt-deux pièces de 5 p. de haut. et 3 p. 10 l. de larg., dess. et gr. par J. Bonasone, dont le nom se lit en toutes lettres à la plupart des planches. Chaque pièce a quatre vers italiens dans la marge qui en expliquent le sujet. Cette suite se classe parmi les pièces licencieuses dues au Bolognèse. — Voir le *Man. de l'amateur d'estampes,* de Leblanc; le *Dict. des Artistes,* de Heinecken, et Bartsch, N°s 113-134.

Amorosi deletti degli dei (les Amours des dieux), suite de vingt pièces, y compris le titre. Toutes ont, dans la marge, des vers italiens dont nous donnons le 1er avec la désignation des sujets:

Ixion embrassant une nuée au lieu de Junon. *Non bianca nube ma Giunon mi sembre,* etc.

Bacchus présentant du raisin à deux femmes nues, et dont l'une est accompagnée d'un petit Amour qui s'accroche à sa jambe. *Chiamarmi posso ben Bacho diuino,* etc.

Léda debout, vue par le dos, embrassant le cygne. *Perche Joue mel fe come uedete,* etc.

La Naissance de Bacchus. *Gioue si posi in corpo quel bambino,* etc.

Un homme jetant par force une jeune femme sur un lit, en présence d'un enfant qui relève un rideau. *Figlia mia cara io ti uogli,* etc.

Un homme et une femme assis sur un lit, se donnant des baisers, en présence d'un enfant qui tient une flèche. *Deh corcateui qui matre mia bella,* etc.

Junon dans les airs, regardant Jupiter qui caresse Io sous la forme d'une vache. *Io ti ueggio Marito mi ribaldo,* etc.

Danaé recevant la pluie d'or. *Ogni alto muro ascende.* Pièce très-libre.

Adonis assis à côté de Vénus qui se baigne les pieds. *Aspetta done mio che io esca de l'acque,* etc.

Un homme embrassant une femme à côté de laquelle il est assis sur un lit, où l'on voit un enfant qui se gratte la tête. *Tu mi fai male a stringer cosi stettro*, etc.

Sémélé assise sur un lit, du haut duquel on voit tomber la foudre sur elle. *L'inganno di Giunone e cagio che io*, etc.

L'Amour montrant à Apollon Daphné qui est assise sur un lit. *Ascolta quei d'Amor et i mei preghi*, etc.

Pluton embrassant Proserpine. Auprès d'eux Cupidon tient le cerbère. *Se uuoi che entri nel letto pluto mio*, etc.

Les Amours de Mélanthe et de Neptune, sous la forme d'un cheval. *Muta pur questa forma se tu uuoi*, etc. (H. de L***, en 1856, 37 fr.).

Un homme assis sur un lit, attirant à lui une femme qui ôte sa chemise. *Lasciateui cader pur la camisa*, etc.

Apollon debout auprès d'une femme qui commence à peindre un tableau. *Voglio far questo bracio a modo mio*, etc.

Les Amours de Vénus et de Mars découverts par Apollon. *Tu m'hai scoperto al uechio mi Vulcano*, etc.

Vénus sur un nuage, accompagnée de deux Amours. *Correte amanti vo che amour*, etc.

Mars embrassant Vénus. *Finiami insieme hormai queste basciare*, etc.

Les premières épreuves n'ont pas les vers italiens. Elles sont très-rares. (Ch. Leblanc, t. I, 44; Bartsch, Nos 146-164).

L'Amour dans les Champs-Elysées, 1563, pièce belle et rare. L'Amour surpris dans les Champs-Elysées par les âmes des amants qui ont éprouvé son pouvoir, et qui, pour se venger, l'attachent à un arbre et le fouettent avec des fleurs; sur le devant, à gauche, deux stances de huit vers: *Volò nè campi*, etc. L. 0.355; H. 0.225 (B. 101; H. de L***, en 1856, 50 fr.; Camberlyn, 1re vente, No 386).

Calypso voulant, par des caresses, retenir Ulysse dans son île. Pièce dans la manière du Titien, une des plus rares du maître. H. 11 p.; L. 8 p. (J., I, 286; B. 171).

Cupidon assis près de sa mère dans un char chargé des attributs de tous les dieux qui ont éprouvé le pouvoir de l'Amour; L. 0.405; H. 0.270. Morceau gravé avec beaucoup de goût (J., I, 205; B. 105).

Le Dieu Pan, l'Amour et une Nymphe, belle pièce gr. avec beaucoup de soin, peut-être d'apr. Jules Romain. Pan est assis près de la nymphe, et l'Amour joue des castagnettes; H. 0.270; L. 0.222 (B. 170; J., I, 266; H. de L***, en 1856, 165 fr.).

Hommes et femmes se baignant ensemble dans une grande cuve; L. 0.353; H. 0.240 (B. 177; H. de L***, en 1856, 61 fr.).

Le Jugement de Pâris. Vénus détermine Pâris, par les promesses qu'elle lui fait, à lui adjuger le prix de la beauté. Dans le fond, les trois déesses s'en retournent au ciel. L. 0.454; H. 0.297 (B. 112; H. de L***, en 1856, 45 fr.; Rapilly, en 1859, 12 fr.).

Jupiter amoureux de Junon, parée de la ceinture de Vénus, 1546; L. 9 p. 4 l.; H. 6 p. 10 l. (B. 92).

Léda, ayant auprès d'elle Jupiter changé en cygne, statue placée dans une niche. H. 6 p.; L. 3 p. 2 l. (B. 140).

Mercure surprenant les filles d'Aglaure qui se réjouissent en pleine campagne; gr. partie à l'eau-forte, partie au burin. L. 13 p. 4 l.; H. 10 p. (B. 102).

Le Triomphe de l'Amour, dans les cieux, sur la terre, dans les eaux et jusque dans les enfers. Il est sur un char traîné par des licornes, et sur la terre plusieurs hommes et femmes s'entretenant de leurs amours. Morceau très-bien dessiné et soigneusement gravé; daté de 1545. L. 0.405; H. 0.285 (B. 106; J., I, 286; H. de L***, en 1856, 36 fr.).

Trois Nymphes et deux Satyres se baignant à l'entrée d'une grotte; L. 0.284; H. 0.203 (B. 97; H. de L***, en 1856, 55 fr.).

Un jeune héros descendu de cheval, tenant par la main une femme nue, près de plusieurs autres femmes qui sont accompagnées d'Amours; on suppose que ce sujet représente les amours d'Alexandre et de Roxane; L. 0.345; H. 0.232 (B. 100; H. de L***, en 1856, 30 fr.).

Persée délivrant Andromède. Celle-ci, toute nue et debout, est attachée à un arbre. Persée enfonce son épée dans la gueule du dragon. Dans le fond, le même foule aux pieds le corps de Méduse, dont il vient de couper la tête. Vers le milieu de l'estampe, au bas d'un rocher, on lit: *Andromedæ liberatio*. Pièce sans marque, gravée par un anonyme, dans le goût de Bonasone. L. 6 p. 10 l.; H. 5 p. 3 l. (B. XV, 175, No 4).

L'Amour planant au-dessus de Junon et de Vénus dans leur char. — *Les Chars d'Apollon et de Vénus*, copie trompeuse du Maître au Dé, deux pièces attribuées à Bonasone (vente du 26 nov. 1866).

Pan, l'Amour et une Nymphe, gr. par le Maître au nom de Jésus, 1561. H. 9 p. 7 l.; L. 8 p. 2 l. (B. 4).

BONATO (Pietro), grav. vénitien, né à Bassano, vers 1765; établi à Rome au commencement de ce siècle. — Voir Ant. *Canova*, le *Guide* et G. *Honthorts*.

BONCZA, peintre.

Dame romaine au bain, photogr. Paris, Goupil, 1865; H, 0.024; L. 0.018, 6 fr.

BONINGTON (R.-P.), p. angl., m. en 1828.

Le Billet doux, gr. par S.-W. Reynolds (1er février 1864, N° 112).

BONNACHON (L.-Henry), dessin. et gr. du XIXe siècle.

Quelques scènes du bal masqué, pièces color.; L. 0.338; H. 0.232 (Soleinne, N° 199).

BONNARD (J.-B.), trav. à Paris au milieu du XVII siècle.

Le Fendeur de bois : Autrefois j'ai fendu du bois pour Cupidon.... — *La Vendeuse de mottes :* C'est à bon droit que l'on méprise...; deux pièces.

BONNARD (Nicolas), le fils, peint. et gr. né à Paris, vers 1646, y trav. en 1677.

Aminthe en son cabinet.

Arlequin au ventre de sa mère la Tonne.

La Belle plaideuse. — *La Belle quêteuse :* Quand on donne dans un saint lieu...; deux pièces.

Berger de Gonesse : Bergère, voulez-vous entendre...— *Bergère de Gonesse :* Ton chalumeau me plaît, berger... ; deux pièces.

La Bohémienne : Elle danse bien la gaillarde...

Castelane dansant à l'opéra d'Amadis de Grèce.

La Chanoinesse de Mons : Je n'ai point l'humeur dédaigneuse...

Chanoinesse novice de Mons.

Cléante en habit cavalier : En guerre, en amour il se porte...

Cléopâtre.

Cordelière de Mons : Je veux d'une sainte manière...

Courtisane vénitienne masquée.

Crieuse de fraizes : Que cette païsane...

Crieuse de poires cuites : Cette dame Alizon vient vendre à juste prix...

Dame à la mode : On va me marier...

Dame à la promenade: Je me plais à la promenade...

La Dame à sa toilette : Pour rendre l'effet de ses charmes...

Dame de qualité en habit d'été : Ce page reçoit dans sa main...

Dame de qualité en habit d'hiver : L'air plein de feu de cette dame...

Dame de qualité vestue à la sultane : La Grecque vante en vain...

La Dame du grand air : Elle est riche, leste et fourrée...

Dame en déshabillé sur un lit de gazon.

Dame qui va entrer au bain.

Deshabillé de chambre : A voir cette jeune merveille...

Deshabillé de ville : Ce leste et pompeux équipage...

Fille de barquerole : Dansant la furlana à l'Opéra...

Fille de village : A ce petit air suffisant...

La Folie des hommes, ou le Monde au rebours ; L. 0.492 ; H. 0.360.

La Grande Sultane.

Habit de ville : Il ne semble pas qu'elle y touche...

Habit d'épée : Une amoureuse inquiétude...

Isabelle vénitienne : Amante de Léandre de l'Opéra...

Italienne chantant et récitant à l'Opéra...

Laitière de Bagnolet : Cette laitière est si jolie...

Maistre à danser : A bon droit...

Maistre à danser : Ce danseur a l'air si charmant...

Marchande de maquereaux frais : Tandis que je suis...

La Nourrice : A voir promener par la ville...

Philis se jouant d'un oiseau.

Première novice chanoinesse de Mons.

La Questeuse : Galant qui courez voir cette jeune questeuse...

La Sage-femme : Cette femme entend le tracas...

La Signora Spinette, en arlequin de l'Opéra.

Tableau de l'industrie, ou le Moyen d'avoir de l'argent sans rien faire; L. 0.495; H. 0.360.

Les Trois Grâces.

Veuve en petit deuil : On connait bien à son visage...

Villageoise grecque.

Iris et son amant, in-4 en larg., gr. par Edme Jeaurat.

Dame chantant : O que l'amour est agréable..., in-8, en larg., gr. par le même.

Une Dame donnant des cerises à une perruche, in-8, en haut., gr. par le même.

Une Dame faisant de la tapisserie, par le même.

BONNARD (Henri), grav. Paris, fin du XVIIe siècle et commencement du XVIIIe.

Mme la princesse de Conti.

Mme la duchesse Du Lude.

Mme la comtesse Du Roure.

Mme de Maintenon.

Mme de Montespan.

L'Angloise : Bien qu'elle soit jeune et galante...

Briguelle : Briguelle fourbe fait la figue...

La Comédienne : En faveur de son favori...

Concert : Sur les accords de ces deux instruments...

Crieur d'eau-de-vie : Messieurs, à la bonne eau-de-vie...

Crieur de mort-aux-rats : Bourgeois qui craignez...

Crieur de peaux de connins : Ce drôle crie...

Crieur de peaux de connins : Femme, de vos profits...

Crieuse de raves : Le caquet de Liennarde...

Dame : Belles, dont l'unique dessein...

Dame à sa toilette : Vous prenez soin...

Dame chinoise dans sa chambre : Chaque pays a sa beauté...

Bourgeoise de la Chine : Si l'air faisoit la dignité...

Dame sollicitant son rapporteur.

Dame tartare : Quoique je sois femme tartare...

Damoiselle chinoise : Son air, son habit et sa mine...

Damoiselle turque, en chambre... Le pied en l'air et l'œil au guet...

Diamantine : On n'a jamais vu de soubrette...

L'Escaillère : Margot tient toujours l'huitre...

Fille de joie turque : Au bouquet de fleurs printanières...

Fille de l'isle de Paras en l'Archipel.

Fille de qualité : Si tu es à couvert...

Le Galant peintre.

Le Matin : Vous vous levez, Iris...

Monsieur l'abbé vient de troter...

Point de femelle dans sa cage...

Porteur de lettres de Raguse : Il est adroit, prompt et secret...

Tous les oiseaux ont bon ramage.....

Trivelin : Trivelin, d'amour courretier...

Villageois grec : Exempt d'amour et de haine...

BONNEFOY (J.), grav., né à Arles, trav. à Paris au commencement du XIXe siècle. — Voir *Boilly, Challe,* Van *Dyck* et *Lebarbier.*

BONNEFOY (veuve), grav. au pointillé, trav. à Paris, au commencement du XIXe siècle.— Voir *Mme Lebrun.*

L'Amour désarmé.

BONNEIONNE (E.), dess. et gr. à l'eau-forte, vivait en Italie, en 1700. — Voir le *Primatice.*

BONNET (Louis-Marin), peint. et gr., né à Paris, en 1735. — Voir *Baudoin, Beaufort, Beaulier, Boucher, Carême, Challe, Chevaux, Drouais,* H. *Fragonard, Huet, Jollain, Kauffman, Klanzinget, Lagrenée, Leclerc, Leprince, Natoire* et *Peronneau.*

L'Abbé galant.

L'Accord heureux.

L'Agréable exemple.

L'Agréable résistance.

L'Agréable surprise.

L'Aimable sollicitation.

Alcibiade.

Les Amants heureux.

L'Amant couronné.

L'Amant écouté, jolie pièce en coul. (Martial Pelletier, 1867, N° 680).

L'Amant pressant.

L'Amour à la toilette.

L'Amour enchaînant les Grâces avec une guirlande de roses, ovale en coul. (L. M., 26 mai 1865, N° 297).

L'Amour enchaîné par les Grâces.

L'Amour fait l'offrande de son cœur à Vénus.

L'Amour lance ses traits.

L'Amour veut corriger Vénus.

L'Amour volage.

Les Amours grivois.

Annette et Lubin.

Les Apprêts du bain.

L'Après-midi.

L'Auteur favorisé.

Le Baiser de main.

Le Baiser donné.

Le Baiser refusé.

Bazile et Laurette, en coul.

Bazile et Lucy.

Le Beau miroir.

La Belle bergère.

La Belle cachette.

La Belle jardinière.

La Belle nourrice.

Les Belles vendanges.

Le Berger chéri.

Le Berger dangereux.

La Bergère accomplie.

La Bergère bienfaisante.

La Bergère des Alpes.

La Bergère surprise.

La Bien-aimée chèvre.

Les Billets réciproques.

La Blanchisseuse.

Les Blanchisseuses.

Le Bon accord.

La Bonne augure.

La Bonne chienne.

La Bonne maman.

La Bonne nourrice.

La Bonne ruse.

La Bonne tête.

La Bouillie aux chats.

Le Bouquet accepté.

Le Bouquet refusé.

Le Bourgeois maltraité.

La Bourgeoise économe.

La Brodeuse au tambour.

Les Bulles de savon.

La Cage ouverte, gr. en coul. (vente de déc. 1856, N° 37).

Les Capucins.

Cécile.

Chacun son goût.

Le Charbonnier.

The Charms of the morning.

La Chasse de l'amour.

Les Chasseurs.

Le Chat au guet.

La Chemise enlevée, très-petite pièce imprimée en rouge, avec fond d'or et encadrement en noir; très-rare (31 mars 1862, N° 267).

La Chûte inattendue.

A Circassian lady.

Cléopâtre.

La Clochette.

Le Cocu battu.

Le Coiffeur.

Le Colin-Maillard.

La Colombe bien-aimée.

La Composition.

Le Concert des trois Grâces.

La Confidence.

La Conjugal peace.

La Conversation flamande.

Le Cordonnier.

La Cuisinière rusée.

La Culbute imprévue.

Cupid carressing his mother.

Cupid dancing with his mother.

Cupid taking dawn the smock of Venus.

Damon et Musidora.

The Danger of sleep.

La Déclaration d'amour.

Le Dénicheur.

Les Deux sœurs.

Didon et Enée.

Le Dîner.

La Dormeuse.

La Double surprise.

La Douce illusion.

Les Douces promesses.

La Douceur.

Le Doux baiser.

Le Doux entretien.

Mme Dugazon, actrice.

Eloïsa.

Les Engagements réciproques.

Enlèvement d'Europe.

L'Enlèvement des Sabines.

Les Epoux heureux.

Erigone, debout, vue de dos, et l'Amour, gr. en coul. (L.M., 26 mars 1865, No 297).

L'Espoir d'un heureux jour.

L'Espoir heureux.

L'Eventail cassé, jolie pièce en coul. (Martial Pelletier, 1867, No 680).

La Femme prudente.

La Femme trompée.

La Femme vengée.

La Fidélité.

Le Flambeau de l'Amour.

La Flèche de l'amour.

Le Galant batelier.

Le Goûter champêtre.

La Gouvernante discrète.

Les Grâces cherchant la frivolité.

L'Heureuse rencontre.

L'Heureux berger.

L'Heureux divorce.

L'Insomnie de Vénus.

L'Ivresse d'Hébé.

Jamais d'accord.

La Jardinière-fleuriste.

Joconde.

La Joueuse de mandoline.

Jupiter descend avec toute sa majesté dans le palais de Sémélé.

Jupiter et Antiope.

Jupiter et Io, pièce libre, ovale en travers, à la sanguine (18 mai 1864, No 884).

Jupiter et Léda.

Le Lapin chéri.

Léonora.

Leucothoée.

Le Lever.

La Main chaude.

Le Maître de musique.

La Marchande de bouquets.

Le Mari à la mode.

Le Mari galant.

Le Mari indiscret.

Marie-Antoinette, dauphine; très-joli portr., grav. en coul., à la manière du crayon. Rare (vente de février 1859, 195 fr.).

Mars et Vénus.

Le Matin.

Le Midi.

The Milk Women.

Le Nid d'amour.

La Nonchalance.

La Nymphe corrigée.

Nymphe de Flore.

La Nymphe Hespérie.

Nymphe sortant du bain.

Offrande à l'Amour.

Offrande à Vénus.

Offrande au dieu Pan.

L'Oiseau chéri.

L'Oubli de soi-même.

Palémon et Savinia.

Pan et Syrinx.

Le Pas de menuet.

La Peinture aimée des Grâces.

Persée délivre Andromède.

La Petite boudeuse.

La Petite fermière.

La Petite sultane.

Philis.

Les Plaisirs bachiques.

Les Plaisirs de la campagne.

Les Plaisirs des bacchantes.

The Pleasures of education.

Mme de Pompadour, buste grandeur naturelle, fac-simile de pastel, par l'impression en coul. (vente du 17 janvier 1862).

Le Portrait chéri.

Le Premier pas à la fortune.

Le Pressant moment.

La Promenade.

La Promesse de fidélité.

La Protestation d'amour d'Abeilard à Héloïse.

Pygmalion amoureux de sa statue.

La Raccommodeuse de dentelles.

Mme Ragot et Jeannot.

Mme Ragot et le savetier.

Rebecca.

La Recherche des appas.

Les Regrets inutiles.

Renaud et Armide.

Le Repas champêtre.

Le Repas des vendangeuses.

Le Repentir inutile.

La Réunion de l'amour.

Roméo et Juliette.

La Rose choisie.

Le Satyre dompté.

Le Secours urgent.

Le Sergent chéri.

Le Serment de fidélité d'Héloïse à Abeilard.

La Servante justifiée.

Simon à la fenêtre de Suzon.

Sirinx poursuivie par Pan et changée en roseau.

Le Soir.

Le Sommeil de l'Amour.

Le Sommeil de Vénus.

Le Sommeil interrompu.

Le Souper.

La Souricière.

Suzon à sa fenêtre.

Le Tartare et sa chambrière.

Le Tendre engagement.

Thétis et Protée.

The Three Grâces.

La Toilette : dame sortant du bain; en coul. (15 déc. 1866, No 58).

La Toilette de pieds.

La Toilette en désordre.

La Toilette musquée.

Le Traître découvert.

Les Trois Grâces, très-petite pièce imprimée en rouge, avec fond d'or et encadrement en noir; très-rare (31 mars 1862, No 267).

Une Bacchante.

A Venetian lady.

Vénus aiguisant ses traits.

Vénus au bain.

Vénus découvre l'Amour.

Vénus et l'Amour sur un lit, très-petite pièce impr. en rouge, avec fond d'or et encadrement en noir; très-rare (31 mars 1862, No 267).

Vénus nue, couchée, faisant voltiger une colombe, superbe sanguine (en mai 1864, 13 fr. 50).

Vénus sortie du bain.

Vénus sur les eaux.

Vénus tenant le symbole de l'Amour.

La Villageoise.

The Woman taking coffee.

BONVOISIN (H.), peintre, trav. à Paris, au commencement du XIXe siècle. — Voir *Devéria*.

Anne d'Autriche, reine de France; H. 0.140; L. 0.090.

Marie - Antoinette; H. 0.142; L. 0.090.

Marie Stuart; H. 0.140; L. 0.090.

BOON (Daniel van), d'origine hollandaise, paraît avoir travaillé en Angleterre, sous le règne de Charles II; il est mort en 1698.

Un paysage dans lequel on voit un homme et une femme qui se caressent; dans le lointain, on voit la Mort armée d'un arc. En marge, quatre vers hollandais et latins. Pièce en larg. (Van Hulthem, No 1126).

BOONEN (Arnold), peint. hollandais, né à Dordrecht, 1669-1729.

La Toilette de nuit, pièce en haut., gr. par M.-G. Dupuis.

BORCHT (Henri van der), peint. et gr. à la pointe sèche, né à Bruxelles, en 1583; il parcourut l'Italie, de là il se rendit en Angleterre, où il mourut en 1660. — Voir J.-A. *Sirani*, Perino del *Vaga*, et G. *Vasari*.

BORDONE (Pâris), peint. ital., né à Trévise, en 1500; mort à Venise, le 19 janvier 1570.

Mars et Vénus, gr. par Chataignier.

Vénus et l'Amour (de la Galerie de l'Architecture), in-8 en larg., grav. par Th. van Kessel.

La Nymphe et le Berger (de la Galerie de l'Architecture) in-8 en larg., gr. par le même.

L'Amour présentant un fruit à Vénus, in-8, gr. par P. van Lisebetten.

Le Berger et la Nymphe, in-8, gr. par le même.

Vénus et Adonis couronnés par l'Amour, in-8, par le même.

BORÉE ET ORITHYE. — Voir les *Carraches*, *Diamantini*, Ch. de *Lafosse*, *Moreau*, *Rubens*, *Schut*, Franç. *Verdier*.

BOREL (Antoine), peint., dess. et gr., né à Paris, en 1743.

L'Indiscret, grav. à l'eau-forte. C'est probablement cette grav. qui a été condamnée comme obscène, par un arrêt du 14 janvier 1822 (A. David, N° 1537).

Diane et Actéon. — *Le Maréchal des logis*, deux pièces gr. d'après Borel (catal. A. David).

Deux beautés sont assises dans un jardin, adossées à un piédestal surmonté d'un satyre; un financier, appuyé sur une canne, arrive de la droite et se dirige vers elles. L'une, assise à gauche, mettant sa main sur une chaise vide, a l'air de le provoquer à venir s'y asseoir. Costumes Louis XVI. Jolie pièce, in-fol. en haut., manière de Borel (11 nov. 1861, épr. av. l. l., 25 fr.).

Mlle *Kenebel*, rôle de la Sylphide, lith. de Bénard et Frey; L. 0.162; H. 0.108 (Soleinne, N° 41).

Vous avez la clef, mais il a trouvé la serrure, gr. par J.-L. Anselin. Les exemplaires avant la dédicace sont de premières épreuves. Destruction ordonnée comme outrageant les bonnes mœurs, par arrêté du 14 sept. 1821 (15 mai 1865, N° 570; 7 déc. 1866, N° 317).

La faute est faite, permettez qu'il la répare, gr. par J.-L. Anselin (en avril 1864, 7 fr. 50, avec *Vous avez la clef;* en mai, la même année, 9 fr.).

L'Amour puni, gr. par Avril (en avril 1864, 3 fr.).

La Ruse d'amour, gr. par P.-C. Baquoy; L. 0.300; H. 0.240.

L'Abandon voluptueux, gr. par Dennel (16 janvier 1862, N° 161; 5 nov. 1864, N° 14).

L'Indiscret, in-fol., gr. par Dequevauviller (en avril 1864, 10 fr. 50; 7 déc. 1866; N° 319).

Il était temps, composition plaisante et gracieuse, gr. par Hemery (11 nov. 1861, 3 fr. 50; 15 mai 1865, N° 571).

L'Innocence en danger, 1792; première estampe de la Paysanne pervertie, in-fol., gr. par Huot (Grassot, N° 132 bis; en avril 1864, 2 fr.).

Le voilà fait, scène de mœurs dans le jardin du Palais-Égalité (11 nov. 1861, 8 fr.).

Le Retour à la vertu (un homme presse une femme), jolie pièce en coul. in-4, en haut., grav. par Jubier (11 nov. 1861, 8 fr. 50).

Les Dons imprudents, très-jolie pièce dans la manière du lavis, in-4, presque carrée, gr. par Jubier (11 nov. 1861, épr. av. l. l., 6 fr. 50).

J'y passerai ! in-fol. en larg., gr. par R. de Launay (7 déc. 1866, N° 318).

Le Mariage conclu, in-fol. en larg., gr. par le même.

La Bascule, pièce grivoise représentant une fête de village; gr. en coul., par Léveillé (15 mai 1865, N° 873; vente de déc. 1856, N° 43).

La Circassienne à l'encan, scène turque; gr. en coul., par le même (déc. 1856, N° 41).

Le Don intéressé, gr. par Voysard (vente du 7 nov. 1861).

BORGET (Aug.), dess. contemporain.

La Chine et les Chinois, suite de trente-un dessins exécutés d'après nature, et lithogr. à deux teintes par Eug. Cicéri. Paris, Goupil, 1842, in-fol.

BORGHEGIANO. — Voir *Alberti*.

BORGHI (Mariana), cantatrice. — Voir *Bartolozzi*.

BORGIANI (Horace), peintre et grav. à Rome, vers 1615. — Voir *Raphaël*.

BOROWIKOWSKI, peintre russe du XVIIIe siècle.

Catherine II, impératrice, 1828, in-fol., gr. par N. Outkin.

BOS ou BOSCH (Jérôme), peint. et grav., né à Bois-le-Duc, vers 1450; mort en 1500.

Bateau rempli de musiciens, de moines et de religieuses qui s'entr'embrassent, pièce en larg., grav. par H. Cock, 1562 (Van Hulthem, N° 1146).

La Tentation de saint Antoine avec son cochon, pièce en larg., gr. par H. Cock, 1556 (Winckler, N° 552; Van Hulthem, N° 1142; 21 février 1862, N° 9).

La Tentation de saint Antoine dans le désert, pièce en larg., gr. par le même, 1561 (Winckler, N° 552; Van Hulthem, N° 1141).

BOS (Corneille), dess. et grav., né à Bois-le-Duc; il trav. à Rome, vers le milieu du XVIe siècle. Ses estampes sont datées de 1530 et 1550. — Voir Martin *Heemskerk*, *Jules Romain*, *Michel-Ange* et le *Titien*.

Le Jugement de Pâris. Pâris donnant la pomme à Vénus, en présence des dieux de l'Olympe; grande pièce en larg., portant la date de 1533 (13 février 1865, N° 14).

BOSCHI (Francesco), peintre, né en 1619; mort en 1675 (École florentine).

Vénus et l'Amour dans un paysage, in-fol., gr. par Carlo Gregori.

BOSELLI (T.), dess., et grav. italien, trav. au commencement du XVIIe siècle. — Voir le *Dominiquin*.

BOSIO, grav., né à Parme à la fin du XVIIe siècle.

Leonora (Lucretia), musicienne (vente du 9 déc. 1861).

Le Lever des ouvrières en linge. — *Le Coucher des ouvrières en linge*, deux pièces color.

BOSIO (J.), peint., élève de David; mort en 1827.

Bal de société (en avril 1864, 23 fr.).

La Bouillotte, scène curieuse des costumes et mœurs de l'époque, in-fol. color. (Martial Pelletier, 1867, N° 682).

La Promenade au jardin des Tuileries, 1815. Grande lithogr. Scènes de mœurs et costumes de l'époque. Très-rare (15 déc. 1866, N° 102).

BOSSCHER (Joos de), dess. et graveur flamand.

Des femmes en combat d'un boudin (Priape), gravure flamande à l'eau-forte, très-rare.

Ghy Jonghe gesellen houdt vint vrym cloeck
Want ghy siet hier seuen vrouwen vechtenom cens
[mans broeck.

BOSSE (Abraham), dessin. et grav., né à Tours, vers 1610; mort à Paris, en 1678.—Voir *Freudenberg* et Cl. *Vignon*.

L'Adolescence: un jeune homme près de sa maîtresse (Ch. Le Blanc, N° 55; de Vèze, 217).

Les Amours d'Anaxandre et d'Orasie.

Des Amours portant un tableau où est représentée une rose qui n'est pas encore épanouie, et qui sert de corps à une devise animée de ces paroles: *Quanto si nostra men, tanto è più bella*.

Le Branle, où la mariée est menée par le seigneur du village (mai 1864, 5 fr. 50; de Vèze, 217).

Christine, reine de Suède, pièce octogone; H. 0.230; L. 0.162.

L'Enfant prodigue chez les courtisanes; rare (1er février 1864, N° 11).

La Femme qui bat son mari. L'artiste en a fait une femme cruelle, car elle le bat avec un paquet de clefs; pendant ce temps, un galant l'attend dans la ruelle du lit; L. 0.332; H. 0.258; seize vers français au bas (Paignon-Dijonval, N° 6370; Van Hultem, N° 4010).

La Galerie du palais à Paris, où des gentilshommes et des demoiselles font emplette de diverses galanteries; L. 0.318; H. 0.252. Au bas, 16 vers français (en mai 1864, 67 fr.; Van Hulthem, N° 4009).

Les Cinq sens: Le Goût (un homme et une femme assis à table), pièce en larg. (Paignon-Dijonval, N° 6366; Van Hulthem, N° 4005; de Vèze, p. 217). — *L'Odorat*: un jeune homme conduisant une dame dans un jardin (de Vèze, p. 217; 18 mai 1864, N° 26). — *Le même*, représenté par une femme flairant des œillets (de Vèze, p. 217). — *La Vue*: une femme se regardant dans un miroir (de Vèze, p. 217; 18 mai 1864, N° 26). — *Le Toucher*: pièce portant le N° 1075 dans l'excellent catalogue raisonné de l'œuvre d'Abraham Bosse, publié par M. Georges Duplessis dans la *Revue universelle des Arts*, tome V à VIII. A gauche, devant une cheminée, une femme est assise sur un homme qui la caresse; à droite, la servante arrange les draps du lit; aux deux côtés, quatre vers latins, dont nous transcrivons les deux premiers :

Solus ego fratrum complector dona meorum
Summa voluptatum maxima solus ego...

(de Vèze, p. 217; 18 mai 1864, N° 26).

Le Garçon de la noce portant le chaudeau aux nouveaux mariés (de Vèze, p. 217; 18 mai 1864, N° 23).

L'Hiver; on fait des beignets. Jolie pièce avec texte amusant (Martial Pelletier, 1867, N° 48).

La Nouvelle mariée se déshabillant le soir de ses noces; H. 0.264; L. 0.138 (de Vèze, p. 217; en mai 1864, 3 fr. 25).

Le Jugement de Pâris, (modèle d'éventail.

Junon, Vénus et Pallas, représentées chacune dans un rond; suite de trois pièces (de Vèze, p. 217).

La Naissance d'Adonis, ses amours avec Vénus, et sa mort (modèle d'éventail).

La Nouvelle mariée recevant des présents le lendemain de ses noces (en mai 1864, 5 fr. 50; de Vèze, p. 217).

Le Printemps : un cavalier qui est en entretien avec sa maîtresse (de Vèze, p. 217).

Le Siège du camp des Troyens et leurs vaisseaux changés en nymphes.

Un Amant exprimant sa passion à sa maîtresse, pendant que les parents sont occupés à dresser le contrat de mariage, 1633. Au bas, seize vers français: C'est une maxime....; L. 0.338; H. 0.265 (Paignon-Dijonval, N° 6370; Van Hulthem, N° 4010).

Un Apothicaire apportant un clystère à une dame, pièce appelée quelquefois *le Remède:* L. 0.338; H. 0.270. Au bas, 16 vers français (Paignon-Dijonval, N° 6373; de Vèze, p. 217; Van Hulthem, N° 4013).

Un Chirurgien s'apprêtant à saigner une dame; jolie pl. avec texte amusant; L. 0.338; H. 0.264. (Paignon-Dijonval, N° 6373; de Vèze, p. 217; Van Hulthem, N° 4013).

Un Cordonnier essayant une paire de souliers à une dame; L. 0.332; H. 0.258. Au bas, 16 vers français, (de Vèze, p. 217; Van Hulthem, N° 4009).

Une Assemblée de dames et de cavaliers, dans un bal; L. 0.338; H. 0.264. Au bas, 16 vers français: Qui ne désirerait.... (Paignon-Dijonval, N° 6377; de Vèze, p. 219; Van Hulthem, N° 4014).

Une Assemblée de dames mangeant en l'absence de leurs maris; L. 0.338; H. 0.262; 16 vers français au bas: Tandis que nos maris.... (Paignon-Dijonval, N° 6376; de Vèze, p. 217; Van Hulthem, N° 4014).

Une Bergère dansant avec un chien au son de la musette; L. 0.338; H. 0.264 (de Vèze, p. 217).

Une Dame vestue suivant le nouvel édit; H. 0.290; L. 0.186. Vers au bas: Quoy que j'aye.... (de Vèze, 217).

Un Mari battant sa femme; L. 0.332; H. 0.258. Au bas, seize vers français (de Vèze, p. 217; Van Hulthem, N° 4010).

Une Femme de chambre serrant les hardes de sa maîtresse; H. 0.288; L. 0.198. Vers au bas: Il faut serrer....

Une Femme en travail d'enfant; L. 0.338; H. 0.264; 16 vers français: Hélas, je n'en puis plus.... (Paignon-Dijonval, N° 6371; de Vèze, 217; Van Hulthem, 4011).

Un Homme rêveur vis-à-vis d'un manteau de malice, c'est-à-dire d'une doublure sur laquelle sont représentées des têtes de femmes; H. 0.285; L. 0.195. Vers au bas: Je ne vois point.... Rare (de Vèze, p. 217).

Vénus apportant des armes à Enée.

Vénus et Cupidon, 1737.

Les Vierges folles, pièce en larg., rare; 16 vers français au bas (Paignon-Dijonval, N° 6349; Van Hulthem, 4000).

La Séduction, pièce en haut., gr, par Ecman.

La Dentelière. — La Laitière. — La Marchande d'oublies. — Peintre dans son atelier, occupé à peindre l'Amour, quatre pièces en haut., gr. par M. Lasne (de Vèze, 217).

BOSSE (L.), grav. au burin. Paris, 1777. — Voir *Freudenberg.*

BOSSELMAN, dess. et gr. au pointillé ; trav. à Paris, de 1825 à 1841. — Voir *Duvivier.*

BOSSU (Honorine de Grimberghe, comtesse de). — Voir Van *Dyck.*

BOSVILLE (Miss). — Voir J. *Reynolds.*

BOTET (F.), grav. au burin du XVIIIe siècle. — Voir Ch.-Ant. *Coypel.*

BOTH (André), peint. et grav., né à Utrecht, vers 1610; mort à Venise, en 1650.

Les Buveurs (on remarque un homme qui pisse contre un arbre); L. 0.092; H. 0.065 (B. 6; Rigal, N° 158).

Les Débauchés et la Fille de joie; dans le fond, à droite, on voit une vieille. L. 0.215; H. 0.135 (J., I, 291; Rigal, 158).

BOTTICELLI (Alexandro Filipepi, dit Sandro), peint. et grav., né à Florence, en 1447; mort en 1515.

La Maîtresse de Julien de Médicis, gr. par Louis Calamata.

BOUCHARDON (Edme), peint. et grav., mourut vers la fin du XVIIIe siècle.

Les Fêtes de Pales et Lupercales, gr. d'apr. Bouchardon (La Vallière, N° 1983).

Naïade, gr. par Aveline (7 déc. 1866, N° 320).

Fête de Vénus, gr. par le comte de Caylus (de Vèze, 98).

L'Amant et sa maîtresse (pour une églogue de Fontenelle), gr. par le même.

Vénus fouettant l'Amour. — *Vénus retenant l'Amour,* deux pièces, gr. par le comte de Caylus.

Vénus sur les eaux, in-fol. en larg., gr. par Mme Louise Le Daulceur (de Vèze, 149).

Galatée sur les eaux, in-fol., en larg., gr. par la même.

Vénus retenant l'Amour, in-fol. en haut., gr. par E. Fessard.

Vénus fouettant l'Amour, in-fol. en haut., gr. par le même.

Le Triomphe d'Amphitrite, in-fol. en larg., gr. par le même (Paignon-Dijonval, N° 4277).

Le Char de Galatée, pièce ovale, en coul., gr. par Fr. Janinet (Van Hulthem, N° 4352).

BOUCHARDY, peintre de la fin du XVIIIe siècle et du commencement du XIXe.

Mlle Duchesnois, gr. par Pointeau; H. 0.340; L. 0.230 (Soleinne, N° 4352).

BOUCHER (François), peint. et grav. à l'eau-forte, élève de Lemoine, né à Paris, en 1704; mort le 30 mai 1770. — Voir *Watteau.*

La volupté, c'est tout l'idéal de Boucher. Comme il s'entend aux poses indiscrètes, aux coquetteries des molles attitudes! Qui mieux que lui a déshabillé la femme? Dans sa notice sur Boucher (dans l'*Histoire des peintres),* M. Ch. Blanc dit : « Cet artiste était « arrivé à surprendre des scènes que « nous oserions à peine indiquer, mais « qu'il osait parfaitement peindre. « Dans les plus folles postures et sur un « lit défait, une femme s'abandonne à « mille caprices, se joue, par exemple, « avec sa cornette qu'elle tient suspen- « due en l'air au bout de son pied; par- « fois elle laisse répéter dans les glaces « de son boudoir, des secrets et des « formes qu'elle nous livre deux fois « pour une. »

L'Aimable villageoise.

L'Amour moissonneur.

Les Amours en gaîté.

Andromède enchaînée sur un rocher au milieu de la mer, regardant avec effroi le monstre près de la dévorer. Dans le haut, on voit Persée arrivant en toute hâte pour la délivrer; gr. à l'eau-forte par Boucher, et terminée par Aveline. H. 0.344; L. 0.225 (de Vèze, 218; Baudicour, 42).

Statue de Vénus, prenant une colombe dans un casque que tient l'Amour (de Vèze, 218).

Vénus et Cupidon; elle est appuyée sur le côté gauche et tient de la main droite une couronne que Cupidon cherche à attraper (de Vèze, 218).

Deux bergères lisant une lettre; un berger les écoute derrière la charmille; gr. en coul., par un anonyme (vente de déc. 1856, N° 53).

L'Amour enchaîné par les Grâces, par un anonyme (vente du 11 nov. 1861).

Danaé, fac-simile de dessin aux 3 crayons, par un anonyme (Lex..., N° 566).

Flore, sous la figure d'une jeune fille, tenant un bouquet de roses. — *Jeune femme tenant un éventail,* deux pièces in-4, en haut., d'après Boucher (11 nov. 1861, 3 fr. 50).

Les Grâces au bain, gr. par un anonyme (de Vèze, 218).

Mme de Pompadour, portr. en buste, grav. à l'aquatinte, par un anonyme (*Gazette des Beaux-Arts,* tom. XIII, 301). Le même portr. de Boucher a été gravé au burin aussi par un anonyme.

Vénus, à laquelle un petit Amour présente une pomme; jolie composit., in-fol. en haut. (11 nov. 1861, 17 fr.).

Vénus, entourée de fleurs et tenant

une colombe; beau fac-simile aux trois crayons; par un anonyme (16 janv. 1862, N° 226).

La Bergère prévoyante, gr. par J. Aliamet; H. 0.387; L. 0.314 (15 mai 1865, N° 584).

Vénus et l'Amour sommeillant : Ne cessons pas de craindre une belle..., grav. par Aubert; L. 0.264; H. 0.210.

La Belle cuisinière (pendant de la *Belle villageoise*, par Soubeyran), gr. par Pierre Aveline; quatre vers au bas (de Vèze, 213; 7 déc. 1866, N° 324).

La Bonne aventure, gr. par le même; H. 0.355; L. 0.281.

L'Enlèvement d'Europe (grav. du cab. Basan, 1759); six nymphes nues parent de fleurs leur compagne assise sur le taureau divin; gr. par le même (C'est la même composition attribuée à Lemoine, gr. par Cars).

La Fontaine de l'Amour, gr. par le même.

Moissonneuse nue et endormie, gr. par le même. Dans la marge, un quatrain : L'Amour est un Dieu sans conduite.... Ses feux ne durent pas longtemps (Camberlyn, 1re vente, N° 54).

Petits Amours, suite de quatre pièces gr. par le même (Paignon-Dijonval, N° 8568; Van Hulthem, N° 3918).

Le Trébuchet, par le même.

Vénus montrant des fleurs à l'Amour, gr. par le même. Dans la marge, un quatrain : Quand on a le corps si parfait... Qui puisse autant plaire à la vue (Camberlyn, 1re vente, N° 54; 26 nov. 1866, N° 264).

L'Amour instruit par Mercure, gr. par P.-F. Basan; L. 0.376; H. 0.227.

Vénus donnant du nectar à l'Amour, gr. par le même.

Le Sommeil interrompu, gr. par N.-D. de Beauvais.

L'Amour à l'épreuve, pièce libre, gr. à l'eau-forte, par J.-F. Beauvarlet. Paris, Marel, 1834 (7 déc. 1866, N° 321).

L'Amour enchaîné par les Grâces, gr. par le même; H. 0.448; L. 0.348.

L'Amour et l'Hymen, par le même.

L'Amour frivole, eau-forte; gr. par le même. Paris, Marel, 1834.

Les Baigneuses, gr. par le même.

La Bascule, par le même.

Le Colin-maillard, gr. par le même (en mai 1864, 10 fr.).

Le Mariage de Psyché et de l'Amour, in-fol. en haut., gravé par Beauvarlet (11 nov. 1861, av. l. l., 23 fr.; après l. l., 3 fr. 50; 7 déc. 1866, N° 326). Le même sujet a été photographié.

La Rêveuse, gr. par le même.

L'Amour prie Vénus de lui rendre les armes, par L.-M. Bonnet.

Jupiter et Danaé, par le même.

Le Repos de Vénus, jolie pièce à plusieurs crayons, par L.-M. Bonnet (11 nov. 1861, 12 fr.).

Le Réveil de Vénus, par le même.

Vénus à sa toilette, in-fol. en larg., gr. en coul., par le même. Vénus est nue et sans draperie (11 nov. 1861, 2 fr. 75).

Vénus aux colombes, gr. par le même.

Vénus caressée par l'Amour, par le même.

Vénus surprise par l'Amour, gr. par le même.

La Bouquetière. Debout dans une campagne, une jeune fille, vêtue d'une robe à falbalas, relevée et laissant voir sa jupe, porte une corbeille de fleurs, et tient des bouquets de roses qu'elle semble proposer à quelqu'un. Charmante petite pièce, gr. par L.-C. de Carmontelle. H. 0.127; L. 0.100 (Baudicour, 6).

Les Grâces, gr. au bistre, par Charpentier; rare (15 mai 1865, N° 875).

Les Serments du berger, lithogr. par Colette. Paris, Leclercq, 1854.

Vénus et l'Amour, gr. par Mlle Contad (de Vèze, 108).

Vulcain remettant à Vénus les armes d'Enée, in-fol., gr. par J. Danzel.

Les Amusements de l'hiver, gr. par J. Daullé (7 déc. 1866, N° 325).

La Baigneuse surprise, dédiée à Mme de Pompadour (le tableau original lui appartenait); gr. par le même, 1760; 11 p. 1/2 sur 18 1/2 (11 nov. 1861; 2 fr. 75; L.-M., 26 mai 1865, N° 298).

La Bergère endormie surprise par le berger, gr. par le même (15 mai 1865, N° 580).

Les Charmes de la vie champêtre, in-fol., gr. par le même (26 nov. 1866, N° 267).

Les Charmes du printemps, par le même (catal. A. David).

Les Délices de l'automne, par le même.

La Marchande d'œufs, in-fol., gr. par le même.

Le Marchand d'oiseaux, in-fol., par le même.

Naissance de Vénus, joie pièce ovale, gr. par Daullé (11 nov. 1861, 3 fr. 75; Paignon-Dijonval, N° 8447; Van Hulthem, 4167).

La Nymphe surprise, gr. par le même (en mai 1864, 46 fr.).

Les Plaisirs de l'été, gr. par le même (7 déc. 1866, N° 325).

La Souffleuse de savon, in-fol., du même.

Le Triomphe de Vénus, ovale in-fol., en haut., gr. par le même (J., I, 391).

La Vendangeuse, in-fol., gr. par le même.

Vénus et l'Amour, gr. par le même. Vénus nue est vue de dos. Rare (catal. A. David).

Le Triomphe de Vénus, très-belle pièce, gr. par Delatre.

Les Amants épiés, gr. par G. Demarteau.

L'Amour et Erigone, ovale à la sanguine, gr. par le même (15 mai 1865, N° 897).

Le Berger entreprenant, par le même.

Bergère appuyée sur un disque avec un cœur percé d'une flèche, superbe sanguine, gr. par le même (15 mai 1865, N° 898).

Le Chat emmailloté, gr. par le même.

La Danse allemande, par le même.

Le Dénicheur de merles, gr. par le même.

L'Éducation de l'Amour, ovale à la sanguine, gr. par le même (15 mai 1865, N° 897).

Les Grâces et l'Amour, gr. par le même.

La Jardinière, par le même.

Jupiter et Antiope, jolie pièce à plusieurs crayons, par le même (11 nov. 1861, environ 9 fr.).

Léda, jolie pièce à plus. crayons, par le même.

Mme de Pompadour, portr. buste, grandeur naturelle, le bras passé dans l'anse d'un panier, un ruban rose au cou; grav. en man. de pastel, par le même *(Revue univers. des Arts*, tome XXII, 132).

Nymphes couchées, deux belles sanguines, par Demarteau et Petit (Lex..., N° 567).

Le Petit ménage, gr. par G. Demarteau.

Le Sommeil d'Annette, gravé par le même.

Têtes de jeunes filles, deux jolies pièces à plus. crayons, par le même (11 nov. 1861, N° 494, 12 fr. 50).

Trois Bacchantes ivres, 1759, fort jolie pièce en haut., à la sanguine, gr. par le même. Rare (11 nov. 1861, 25 fr.; en mai 1864, 23 fr.).

Un Petit Amour, pièce en haut., gr. en clair-obscur, par le même (Van Hulthem, N° 4191).

Une Femme couchée sur un sopha, gr. par le même. Le tableau original était chez Mme de Pompadour.

Vénus couchée, vue de dos, gr. par le même (en mai 1864, 16 fr.; 15 mai 1865, N° 896).

Vénus couchée sur un lit, l'Amour dort auprès d'elle, dédié à M. Bergeret; gr. à la sanguine, par le même (31 mars 1862, N° 272).

Vénus couronnée par les Amours, gr. par le même (M***, mai 1861, N° 84).

Vénus désarmée par les Amours, par le même.

Vénus et les Amours, gr. à la sanguine, par le même. (Lex..., N° 570).

Vénus sur les eaux, gr. par le même.

L'Attention dangereuse : jeune fille regardant deux tourtereaux; gr. par L. Dennel (catal. A. David).

La Vertu irrésolue, gr. par le même.

Hermaphrodite, gr. par L. Desplaces.

Mme de Pompadour (du salon de 1857), portrait en buste, in-8 (placé en tête des *Mém. de Mme de Pompadour*, publ. par René Perrin), gr. en man. noire, par Dien, 1808. — *L'Histoire des Peintres*, publiée par M. Ch. Blanc, a donné, dans la notice consacrée à Boucher, la gravure d'un très-beau portrait de Mme de Pompadour, appartenant à un amateur de Paris. « C'est une œuvre capitale par « ses dimensions, par la richesse et « l'élégance des ajustements, par le « choix et le bon goût des accessoires,

« on peut même ajouter par les défauts « du maître (s'il est permis de parler « ainsi), qui y brillent par tout leur « éclat. Nonchalamment assise sur les « coussins de son boudoir, la favorite « tient à la main un livre qu'elle ne lit « plus. Sa robe, en damas de soie bleue, « est parsemée de roses, festonnée de « rubans et de falbalas. A ses pieds est « un soyeux épagneul; derrière elle une « glace où l'on voit tout son ajuste-« ment, sa pendule à Cupidon, sa bi-« bliothèque, et qui réfléchit les cheveux « relevés de sa nuque charmante. C'est « à la fois la dignité d'une souveraine, « la grâce et l'abandon d'une courti-« sane. » — Boucher a fait plusieurs répétitions de ce portrait (*Gaz. des Beaux-Arts*, tome VIII, 298).

Télémaque arrivant chez Calypso, in-4°, en larg., gr. par A.-J. Duclos.

Le Berger avec son oiseau, gr. par Cl. Duflos.

L'Enlèvement d'Europe, gr. par le même (21 février 1862, N° 170).

Léda, gr. par le même (en mai 1864, 24 fr.).

Les Amours pastorales, suite de quatre pièces en larg., contenant des scènes amoureuses de bergers et bergères; grav. par Cl. et Cl.-A. Duflos (21 février 1862, N° 168).

Diane au retour de la chasse, pièce en larg., gr. par les mêmes.

Erigone vaincue, pièce en larg., gr. par les mêmes.

La Naissance de Vénus, pièce en larg., gr. par les mêmes (9 nov. 1863, N° 65).

Le Petit berger. — Le Petit pasteur, — La Petite fermière. — Le Poëte. — Le Souffleur, cinq pièces en haut., gr. par les mêmes.

La Toilette de Vénus, in-fol. en haut., gr. par les mêmes (9 nov. 1863, N° 65).

La Toilette pastorale, pièce en larg., gr. par les mêmes.

Vénus tranquille, pièce en larg., gr. par les mêmes (en mai 1864, 5 fr.).

Vénus faisant prendre un bain à l'Amour, pièce en larg., bien gravée, par Dugy. Rare (11 nov. 1861, 2 fr.).

Vénus enivrant l'Amour, in-fol. en larg., gr. par Mme Dupont.

L'Aimable ménagère. — L'Infortunée pourvoyeuse, deux pl., grav. par Duverbret (7 nov. 1861, N° 125).

Ismène et Daphnis, in-4° en larg., gr. par J.-H. Eberts.

Jeannette, in-4°, en haut., gr. par le même (de Vèze, 126).

Les Bacchantes endormies, gr. par Enzensberger.

L'Amour désarmé, dédié à Mme de Pompadour; gr. par Fessard (26 nov. 1866, N° 265).

Les Bergers à la fontaine, in-fol. en haut., gr. par le même, 1756 (catal. A. David).

Femme nue, couchée sur des nuages, gr. par le même (vente du 14 février 1863).

Fille nue allant au bain, gr. par le même.

La Colombe chérie, gr. par J.-Jacques Flippart.

L'Oiseau privé, gr. par le même.

Apollon et Daphné, 1762, in-fol., gr. par P. Floding.

Les Nymphes au bain, lithogr. par Forget. Paris, 1856.

La Danse, in-fol., gr. par J.-Ch. François.

L'Agréable leçon de flûte, pastorale; in-fol. en haut., gr. par Rob. Gaillard (Paignon-Dijonval, N° 8498; Van Hulthem, 4293).

Les Amants surpris, pastorale; in-fol. en haut., gr. par le même (Paignon-Dijonval, N° 8498; Van Hulthem, 4293).

Les Bacchantes endormies, in-fol. en haut., gr. par le même.

Le Berger récompensé, in-fol. en haut., gr. par le même (Lex..., N° 484).

La Fécondité, gr. par le même (Lex.., N° 478; 15 mai 1865, N° 585).

Le Goûter d'automne: un couple d'amants dans un paysage; in-fol. en haut., gr. par le même (11 nov. 1861, épr. av. l. l., 8 fr.; 15 mars 1865, N° 586).

Jupiter et Calisto, gr. par le même (à la vente du 11 nov. 1861, avec *Léda*, par Ryland, 5 fr. 50; L. M., 26 mai 1865, N° 298).

La Marchande de modes, joli intérieur: jeune modiste montrant des rubans à une jolie dame; in-fol. en haut., gr. par le même (en déc. 1856, N° 86, 8 fr. 50).

Le Messager discret, in-fol. en haut., gr. par le même (15 mai 1865, N° 586).

Le Moineau apprivoisé, in-fol. en larg., par le même (déc. 1856, N° 90).

L'Obéissance récompensée, in-fol. en haut., gr. par le même (vente du 11 nov. 1861).

Le Panier mystérieux, in-fol. en haut., gr. par le même (Paignon-Dijonval, N° 8498; Van Hulthem, 4294).

Les Sabots, in-fol. en haut., par le même (26 mai 1865, N° 585).

Sylvie délivrée par Aminte, in-fol. en larg., gr. par le même (26 mai 1862, N° 245).

Vénus et les Amours, par le même (11 nov. 1861, 2 fr.; L. M., 26 mai 1865, N° 300).

Diane sortant du bain, gr. à l'eau-forte, par Hédouin.

Les Grâces naturelles, petite pièce en larg., par B.-L. Henriquez.

Baigneuses, quatres pièces, gr. par Huquier, le fils.

La Balançoire (deux jeunes couples se balançant sur un tronc d'arbre). — *La Main chaude* (un berger jouant avec deux bergères); deux jolies compositions grand in-fol., encadrées chacune dans un cartouche d'ornements; grav. par Huquier, le fils (11 nov. 1861, 26 fr. 50).

Le Réveil : jeune femme nue couchée, avec guirlandes de fleurs ; gr. par le même. Rare (vendu, en déc. 1856, épr. sans marge, 23 fr.).

Le Sommeil, jolie pièce in-fol. en larg., rare, gr. par le même (vente du 11 nov. 1861).

L'Amusement de la bergère, gr. par M.-M. Igonet.

La Bouquetière Fanchonnette, gr. par Ingram (catal. A. David).

La Crêmière, gr. par le même (cat. A. David).

L'École domestique, par le même (A. David).

La Jardinière, par le même (A. David).

Le Jeune ménage, par le même (A. David).

La Marchande d'œufs, par le même (A. David).

La Quêteuse de grand chemin, par le même (A. David).

Sujets chinois, suite de sept pl., gr. par le même.

La Vendeuse de céleri, par le même (A. David).

La Jeune Barcelonette, buste de charmante jeune fille, avec quatre vers; in-fol. en haut., gr. par Iwanof (vente de déc. 1865, N° 98).

L'Amour rendant hommage à sa mère, gracieuse pièce ovale, grav. en coul. fine, mais un peu violacée, par Janinet (vendu en déc. 1856, 80 fr.).

Amour, tu fais des jaloux, jolie grav. ovale en coul., par le même (Van Hulthem, N° 4352).

La Balançoire russe, gr. en coul., par le même.

Jeune berger faisant sa déclaration, en coul., par le même.

Les Nourrices, gr. par le même.

La Toilette de Vénus, jolie grav. en coul., par le même (cat. A. David).

Tu blesses, et souvent ne guéris pas, jolie grav. ovale, en coul., par le même (Van Hulthem, N° 4352).

Vénus assise, ayant près d'elle deux Amours dont l'un cueille des roses. Jolie femme; pièce de forme ronde, impr. en coul., gr. par Janinet (11 nov. 1861, épr. sans marge, 10 fr. 50).

Pensent-ils à leurs moutons ? Pièce en haut., gr. par Mme Jourdan (Paignon-Dijonval, 8469; Van Hulthem, 4363).

Le Repos, lithogr. par Lafosse; H. 0.46 ; L. 0.34 (Bulla, 2 fr. 50 à 8 fr.).

Le Calendrier des vieillards, pièce en larg., gr. par de Larmessin, le jeune.

La Courtisane amoureuse, in-fol. en larg., gr. par le même (15 mai 1865, N° 594; 26 mai 1866, N° 241).

Le Fleuve Scamandre, jolie grav. in-fol. en larg., par de Larmessin (vendu le 11 nov. 1861, 10 fr. 50; Camberlyn, 1re vente, N° 1650).

Le Magnifique, gr. par N. de Larmessin (Camberlyn, 1re vente, N° 1649; 15 mai 1865, N° 593).

Le Pasteur complaisant, in-fol. en larg., gr. par André Laurent.

Le Pasteur galant, in-fol. en larg., gr. par le même.

Ninette (Mme de Favart, rôle de Ninette à la Cour), gr. par Lebas (de Vèze, 218).

Pensent-ils aux raisins ? gr. par le même (P. Danlos, 1 fr. 50; 15 mai 1865, N° 587).

La Bouquetière, in-fol. en haut., gr. par Mme Le Daulceur (Louise de Montigny).

L'Amour ranime Aminte, gr. par L. Lempereur.

Les Présents du berger, in-fol. en larg., gr. par le même (en mai 1864, 12 fr.; V***, d'Anvers, N° 148).

Sylvie fuit le loup qu'elle a blessé, ovale en haut., gr. par le même (11 nov. 1861, 2 fr. 50; 15 mai 1865, N° 589).

L'Amour moissonneur, in-fol. en haut., gr. par B. Lépicié.

L'Amour oiseleur, in-fol. en haut., par le même.

Le Déjeuner, jolie dame prenant le le café, entourée de ses enfants; in-fol., gr. par le même (en mai 1864, 26 fr.; 15 mai 1865, N° 592).

L'Amour moissonneur. — *L'Amour oiseleur*, deux pièces gr. par Mme R.-M.-E. Lépicié.

La Vie champêtre, gr. par la même.

Pastorales : Le Délassement. — Les Charmes du printemps. — La Jeune bergère. — Le Berger indiscret. — Les Délices de l'automne. — Les Amusements de l'hiver.— Le Berger constant. — Les Plaisirs de l'été, etc.; douze litogr. par Lesourd de Beauregard. Paris, Boivin, 1854.

La Naissance de Vénus, pièce en larg., gr. par J.-C. Levasseur (Van Hulthem, N° 4835).

Vénus sur les eaux, gr. par le même.

Léda. Elle est vue de face, et une partie du corps, ordinairement dissimulée, est ici très-bien marquée. Pièce ovale en haut., impr. en coul. à plusieurs tons; jolie composit., gr. par J.-A. Léveillé (vendu 41 fr., le 11 nov. 1861).

Le Réveil, gr. par P.-Ch. Levesque (en mai 1864, 80 fr.).

Le Sommeil, gr. par le même.

La Bergère laborieuse, in-fol., gr. par J.-M. Liotard (11 nov. 1861, 1 fr.).

Le Château de cartes, in-fol., gr. par le même.

La Correzzione, in-fol. en larg., gr. par A.-L. de la Live de Jully.

Les Caresses dangereuses, in-fol., gr. par J. de Longueil (vente de février 1859).

Vénus se préparant pour le jugement de Pâris, pièce en haut., gr. par J.-B. de Lorraine, en 1764 (Van Hulthem, N° 4454).

Le Bon berger, gr. par J.-C. Maillet.

Le Mauvais joueur, gr. par le même.

Pan et Syrinx, in-fol. en larg.; gr. par P.-F. Martenasie (en mai 1864, 39 fr.).

Vénus et Adonis, jolie vignette, par Massard (catal. A. David).

L'Amour modeste : l'Amour cherche à cacher le sein de sa mère; jolie pièce, gr. par J.-B. Michel (vente de déc. 1856, N° 113).

La Dormeuse, gr. par le même (en mai 1864, avec *la Voluptueuse*, 60 fr.).

Jeune baigneuse regardant deux tourterelles, gr. par le même (déc. 1856, N° 114).

*Mademoiselle de ***, en habit d'été*, in-fol. en larg., gr. par le même.

Le Repos de la volupté, gr. in-fol. en larg., par le même.

Vénus entrant au bain, gr. in-fol., par le même.

Vénus sortant du bain, in-fol., par le même.

Le Billet doux, gr. par Miger (vente du 16 janvier 1863).

La Blessure sans danger, gr. par le même (Lex..., N° 481).

La Confidence (deux bustes de femmes), jolie grav. in-4 en haut., par S. Miger (11 nov. 1861, épr. av. l. l., 9 fr.).

Les Douceurs de l'été (baigneuse), gr. par P.-E. Moitte.

Vénus sortant de la mer (ou *Vénus sur les eaux*), gr. par le même (épr. av. l. l., à l'eau-forte, 18 livres, vente P.-Et. Moitte, en 1780; 11 nov. 1861, 2 fr.).

Vénus couchée, très-petite pièce, gr. par Moreau (catal. A. David).

Les Confidences : jeune fille attachant une lettre au cou d'un pigeon; gr. par J. Ouvrier (vente du 16 janvier 1863).

Les Grâces au bain, gr. par le même.

Les Nymphes au bain, par le même (11 nov. 1861, avec les *Grâces au bain*, 3 fr.).

Jupiter et Antiope, fac-simile à la sanguine, gr. par Parizeau (catal. A. David).

Psyché refusant les honneurs divins, in-fol. en haut., gr. par Ph.-L. Parizeau (Paignon-Dijonval, N° 8455; Van Hulthem, 4618).

La Vendange, in-fol. en larg., gr. par le même.

De trois choses en ferez-vous une? Jolie scène de deux amants, gr. en coul, par Pasquier (en mai 1854, 5 fr.).

Elle mord à la grappe, gr. par le même. Exposition au boulevard des Italiens, en 1860, deux pendants : les *Raisins* et *la Musette,* signées et datées 1749; 6 pieds sur 8. Assise près d'une fontaine, une jeune bergère mord à la grappe que lui présente un gentil berger, mi-couché derrière elle. Autour d'eux, un troupeau de moutons, gardé par un épagneul. Dans le pendant, un berger exerce, avec son chalumeau, sa séduction sur deux jeunes filles, l'une debout, l'autre assise (catal. A. David; en mai 1864, 5 fr.).

Arrivée de Télémaque dans l'île de Calypso, in-fol. en larg., gr. par J.-B. Patas.

L'Enlèvement d'Europe, in-fol. en larg., gr. par J. Pelletier.

La Fontaine, in-fol. en larg., par le même.

Le Repos de Diane, in-fol., gr. par le même.

Femmes couchées, gr. par Péquégnot. Paris, impr. Pierron, 1855.

Un Groupe d'amoureux, gr. par le même. Paris, impr. Pierron, 1857.

L'Amour soutient la fidélité :

Époux qui vainement cherchez le grand secret
D'avoir femme fidèle,
Point n'est besoin de fers, duègnes ou valet...
Faites-vous aimer d'elle.

Lithogr. par Pingot. Paris, impr. Jacomme, 1856.

Le Flambeau de l'hymen (pendant de la pièce précédente) :

Amants qui naviguez aux rives de Cythère,
Craignez le lendemain.
L'Amour n'a qu'un lien qui l'attache à la terre :
C'est celui de l'hymen.

Lithogr. par Pingot. Paris, impr. Jacomme, 1856.

Le Matin: la dame à sa toilette. — *Le Soir:* la dame allant au bal; deux pièces gr. par Petit (vente du 16 janv. 1863).

Le Trait dangereux: Vénus prête à lancer un trait qu'elle vient de prendre du carquois de l'Amour; pièce gracieuse, gr. par de Polienith (déc. 1856, N° 121; 9 déc. 1861, N° 353).

La Voluptueuse, buste de jolie femme, rare, gr. par le même (cat. A. David; en mai 1864, avec la *Dormeuse,* 60 fr.).

La Belle dormeuse, gr. par W. Ryland (déc. 1856, N° 124).

Les Grâces au bain, gr. par le même (Joubert, III, p. 33; 26 mai 1862, N° 240).

Léda, gr. par le même (cat. A. David; 11 nov. 1861, avec *Jupiter et Calisto,* par Gaillard, 5 fr. 50).

Le Repos champêtre, gr. par le même (A. David).

Triomphe de Vénus. — *Vertumne et Pomone,* deux pièces gr. par Saint-Aubin (en mai 1864, 69 fr.).

Bacchantes dans un paysage, charmante composition, gr. à la man. du lavis, par l'abbé de Saint-Non (11 nov. 1861, 9 fr. 50).

Nymphes et Faunes nus, couchés dans une grotte; gr. par le même (J., III, 54).

Satyre poursuivant une nymphe qui se réfugie dans les bras d'un fleuve, jolie composit., gr. à la man. du lavis, par le même (11 nov. 1861, 3 fr. 50).

Tritons et Néréides, à la manière du lavis, par le même (11 nov. 1861, 1 fr. 50).

Le Triomphe des Grâces, gr. en haut., par J. Simonet (Van Hulthem, 4771).

Diane et ses nymphes surprises par Actéon, gr. par J.-Raph. Smith.

La Belle villageoise (pendant de la *Belle Cuisinière,* par Aveline), eau-forte, gr. par Soubeyran; six vers (11 nov. 1861, avec la *Belle Cuisinière,* 5 fr.; de Vèze, p. 218).

Diane et Actéon, gr. par Pierre-Alexandre Tardieu (cat. A. David; 9 nov. 1863, N° 57).

L'Amour montrant à lire à une jeune fille, gr. en haut., par le baron de Thiers (de Vèze, 183).

Vénus sur les eaux, petit in-4°, gr. par Vidal; rare (vente du 10 mai 1861).

La Jeune bergère, gr. par Voyez l'aîné (déc. 1856, N° 129).

Mme de Pompadour, in-4° en haut., gr. à la man. noire, par James Watson. C'est le portr. qui précède l'œuvre gravé de Mme de Pompadour (11 nov. 1861, 4 fr.; Van Hulthem, N° 5137). La marquise est à mi-corps, vue de trois-quarts, tournée de gauche à droite. « Les cheveux relevés au-dessus du front, paraissent retomber en arrière; ils sont ornés d'un nœud de perles fines; la physionomie n'est pas très-régulière; les yeux sont vifs, grands et bien fendus, le nez un peu gros à la Roxelane; la bouche, relevée aux deux extrémités, annonce la finesse. La favorite est en négligé du matin; une agrafe camée, représentant Louis XV, attache et retient sa robe, et laisse à découvert le col et le commencement de la gorge. Tout ce portrait respire l'intelligence et en même temps la grâce et la bonté. La gravure est fine et bien fondue. » (*Histoire des plus célèbres amateurs français*, par J. Dumesnil 1856, p. 288).

L'Amour baigneur. — *L'Amour moissonneur.* — *L'Amour oiseleur.* — *L'Amour vendangeur;* quatre lithogr. par Wattier. Paris, Troude, 1858.

Le Duo champêtre, lith. par le même. Paris, Troude, 1860.

La Fontaine d'amour, lith. par le même. Paris, Troude, 1860.

Le Réveil d'Annette. — *Le Sommeil d'Annette*, deux lith. par le même. Paris, Troude, 1868.

Baigneuses, photogr. par Bilordeau. Paris, 1856.

L'Attention dangereuse, phot. par Collin. Paris, 1864.

Le Bouquet bien reçu. Paris, photogr. Duchesne, 1858.

Diane sortant du bain. — *Vénus commande à Vulcain des armes pour Enée;* deux photogr. Paris, Durand, 1864.

L'Enlèvement d'Europe, phot. Paris, Duriaux, 1858.

La Naissance de Vénus, phot. Paris, Duriaux, 1858.

Mme *de Pompadour*, phot. Paris, Goupil, 1864; H. 23 c.; L. 18, 6 fr.; format carte de visite, 1 fr.

Vénus entourée d'Amours, phot. par Richebourg. Paris, 1861.

BOUCHER (Jules-Arm.-Guill.), peint. et grav. à l'eau-forte, né à Aix; trav. de 1786 à 1792. — Voir *Roos*.

BOUCHET, grav. au burin, trav. à Lyon, au commencement du XVIIIe siècle.

La Poule d'Inde en falbalas. — *Le Bichon poudré;* deux pièces.

BOUCHOT, dessin. lithogr. du XIXe siècle.

Amourettes du jour, suite de six lithogr. : Pas mal du tout! — Auguste, c'est bien gênant, des lumières! etc. Paris, Chéyère, 1828.

Mlle *Julie Grisi*, lith. par Léon Noël; H. 0.370; L. 0.290 (Soleinne, N° 349; Filippi, N° 262).

BOUCLIER (M.-A.), grav. du commencement du XIXe siècle. — Voir *Lawreince*.

BOUDAU (Alexandre), grav., impr. et édit., vivait à Paris, au milieu du XVIIe siècle.

Le Pouvoir de l'Amour, suite de seize pièces numérotées; L. 0.165; H. 0.110.

BOUDHIQUES (peintures).

Barthélemy St-Hilaire, *Journal des Savants*, mars 1863, p. 179, parle de tableaux boudhistes thibetains donnés à l'Institut par M. Hodgson. Un d'eux est d'une lubricité révoltante qui défie toute description un peu honnête; c'est une suite de scènes lascives auxquelles se mêlent le culte et la personne du Boudha. Des fidèles de diverses classes contemplent et paraissent vénérer ces actes impudiques qui se répètent presque sans aucune variante à 15 ou 20 reprises. Des animaux horribles circulent au milieu de ces groupes. Cette dépravation n'est pas une fantaisie personnelle; c'est une portion intégrante du culte, et les mêmes scènes d'impudicité se retrouvent sur une foule d'autres documents. Ce qui prouve qu'elles entrent bien essentiellement dans le culte et qu'elles sont recommandées à la contemplation et au respect des fidèles, c'est que la représentation pittoresque en est soumise à des règles expresses et soigneusement observées. Les acteurs sont toujours placés dans les mêmes attitudes, et ils portent des emblêmes qui sont de véritables insignes qu'il est interdit de leur ôter.

BOUFFLERS (Louise-Emilie, baronne de) — Voir A. de *Saint-Aubin*.

BOUGUEREAU (William-Adolphe), peint. contemp., né à La Rochelle, en 1825; élève de M. Picot.

Amour :

> **Tu veux le retenir, il fuit à tire-d'alles,**
> **Malgré tes pleurs :**
> **Comme le papillon, il vole à d'autres belles,**
> **A d'autres fleurs.**

Lithogr. par Bargue. Paris, Dardoize, 1856.

Faune et Bacchante, photogr. par Bingham. Paris, Goupil, 1861, 18 c. sur 22, 6 fr.

L'Oiseau chéri. — *Yvonnette*, deux phot. Paris, Goupil, 1867.

Bacchante. — *Baigneuse.* — *Le Sommeil*, trois phot. Paris, Collin.

BOUILLARD (Jacques), peint., dess. et grav., 1744-1806. — Voir Ann. *Carrache*, G. *Cesari*, *Challe*, *Lagrenée*, *Lesueur*, le *Parmesan*, le *Titien*, C. *Vanloo* et *Vincent*.

Vénus qui se peigne.

BOUILLON (Pierre), peint. et grav., né à Thiviers (Dordogne), en 1776; mort à Paris, en octobre 1831.

Il n'est plus temps : jeune fille percée des flèches de l'Amour, à genoux dans l'attitude d'un profond recueillement; cette pièce forme pendant avec *Garde à vous*, gr. par Porporati, d'après Ang. Kauffman; ovale, grav. par Audouin (Van Hulthem, 3679).

BOULANGER (Mme), actrice. — Voir *Bertonnier* et George *Rouget*.

BOULANGER (Louis) peint. contemp., né à Verceil (Italie), de parents français, en 1806; élève de Guillon-Lethière.

Diana Vernon and F. Albadiston, (tiré de Walter Scott), in-fol., gr. par J. Huerlimann.

BOULANGER (Gustave - Rodolphe - Clarence), peint. contemp., né à Paris, en 1824; élève de P. Delaroche et de M. Jollivet.

Il ne faut pas jouer avec l'Amour. — *On s'en repent;* deux pièces photogr. par R.-J. Bingham; 20 c. sur 16. Paris, Goupil, 6 fr. chaque (Exposition de 1861).

Lesbie, phot., 20 c. sur 16. Paris, Goupil, 6 fr.

La Marchande de couronnes (jolie femme en déshabillé qui laisse voir toute sa gorge en choisissant des couronnes), photogr. Paris, Goupil; H. 22 c.; L. 16, 6 fr.

BOULEN (Anne de). — Voir *Boecklia*, *Holbein*, *Lanté* et Adr. van der *Werff*.

BOULLAY, peint., trav. à Paris, à la fin du XVIIIe siècle.

Le Marchand d'esclaves, 1788; L. 0.493; H. 0.410.

BOULOGNE (Louis de), le père, peint. et grav. à l'eau-forte, né à Paris, 1609-1674. — Voir le *Guide* et le *Titien*.

Bacchus et Ariane, in-fol., gr. par J. Moyreau.

Actéon métamorphosé en cerf, jolie pièce gracieuse, gr. par Sornique (21 février 1862, N° 174; 9 nov. 1863, N° 70).

BOUNIEU (Michel-Honoré), peint. et grav. en manière noire, né à Marseille, en 1740; mort en 1814.

L'Odalisque. Vêtue seulement d'une robe de mousseline, elle danse au son d'un tambour de basque, devant un jeune sultan assis sur un canapé et la regardant. Pièce sans titre ni nom. L. 0.485; H. 0.354 (Baudicour, 12).

Bethsabée au bain, gr. par G.-P. Benoît. Ce tableau, de 5 pouces sur 4, envoyé à l'Exposition de 1779, fut repoussé comme étant une figure trop nue. M. Chaplin et Madame ** ont pu, dans ce précédent, puiser en 1859 une consolation. D'ailleurs, l'Académie rendit en cette circonstance, sans le vouloir, un véritable service à l'artiste; son tableau obtint un grand succès; le public se porta en foule dans l'atelier du peintre pour l'examiner, et le duc de Chartres en fit l'acquisition (Van Hulthem, 3976; Paignon-Dijonval, 9431).

Bethsabée au bain, in-fol. en haut., gr. par Ed. Gautier d'Agoty.

BOUNIEU (Nicolas-Honoré), peint. et grav., né à Marseille, en 1774.

La Confidence, gr. par Jubier.

La Nymphe au bain, gr. par Letellier.

BOURDET, dessin. lithogr. contemporain.

C'est une forme haute qu'il faut à Monsieur, je vois ça, lithogr. Paris, Aubert, 1833.

Mlle Déjazet (dans la Fiole de Cagliostro), lith. de Junca; L. 0.189; H. 0.162 (Soleinne, N° 147).

Mlle Malibran-Garcia, d'après le buste de Dantan, lith. de Delarue; H. 0. 220; L. 0.140, N° 348).

BOURDON (Sébastien), peint. et grav., né à Montpellier, 1616; mort à Paris, en 1671. — Voir l'*Albane*.

Vénus et l'Amour. — *L'Enlèvement des Sabines*, deux pièces gr. par Et. Baudet (J., I, 228).

Halte de Bohémiens (du Musée français), grav. par P.-L.-H. Laurent.

Christine, reine de Suède, 1654; gr. par Rob. Nanteuil. Au bas, quatre vers:

> Christine peut donner des loix
> Aux cœurs des vainqueurs les plus braves;
> Mais la terre a-t-elle des rois
> Qui soient dignes d'en estre esclaves?
> De SCUDÉRI.

H. 0.261; L. 0.196 (R. D. 67; comte***, de Vienne, N° 1645; Rapilly, en 1859, 1er état, 12 fr.).

L'Amour tendant son arc, gr. en haut., par Queverdo et Pillement, terminé par Niquet l'aîné (Van Hulthem, N° 4613).

Christine de Suède, in-4°, gr. par Tanjé (1er févr. 1864, N° 409).

BOURGAREL, dessinateur contemporain.

Mlle Taglioni, lith. de Gzell; H. 0.250; L. 0.190 (Soleinne, N° 308).

BOURGEOIS DE LA RICHARDIÈRE (Ant.-Achile), dess. et grav. au burin, né à Polla, 1777; trav. à Paris. — Voir l'*Antique*, J.-B. *Greuze*, *Latour*, *Meynier* et *Roanne*.

Sophie Arnould, rôle de Zyrphé, in-8 en couleur (18 déc. 1863, N° 75).

BOURGERIE-VILLETTE, lithogr. contemp. — Voir Cesare dell' *Acqua*.

BOURGOIN (A.), peintre.

Bacchanale, phot. par Goupil. Paris, 1867.

BOURGOIN (Mlle Thérèse), du Théâtre-Français. — Voir *Devéria*, J.-Fréd. *Dubois*, *Grévedon* et *Siccardi*.

BOURLIER (A.), grav. du commencement de ce siècle. — Voir *Lawreince*.

BOUSSETON, photogr.

Mlle Lagier, phot., 1861.

BOUTELOUP (Louis-Alexandre), grav. sourd-muet, né à Paris, en 1761. — Voir *Kauffman*.

BOUTIBONNE (Charles-Edouard), peint. contemp., né à Pesth (Hongrie), de parents français; trav. à Paris.

L'Entrée au bain. — *La Sortie du bain*, deux pièces gr. à la man. noire par Pichard; H. 0.47; L. 0.30 (Goupil, 12 à 24 fr. chaque).

Les mêmes sujets, photogr. Paris, Goupil, 1864; 9 c. sur 12, 1 fr. 50 chaque; carte de visite, 1 fr. chaque. La vente n'en est autorisée qu'à condition de ne pas les exposer aux vitrines des marchands d'estampes.

BOUTROIS (Philibert), dess. et grav., trav. à Paris au commencement du XIXe siècle. — Voir Van *Dyck*, *Jules Romain* et Alex. *Turchi*.

Les Femmes d'aujourd'hui et les femmes d'autrefois, 1802.

Vénus genitrix.

BOUTTATS (P.), grav., né à Anvers, en 1656; mort en 1731. — Voir Van der *Plaats*.

Advis des médecins sur la grande maladie du grand sultan et le remède de le guérir bientôt.

Vacarme au Trianon, ou le Nouvel hôtel des filles et fils naturels de Louis le Soleiller, pour le consoler à l'égard de son Mars infortuné en Europe.

BOUVIER (Laurent), peint. et grav. contemp., né à Vinay (Isère); élève de M. Capelle.

Mlle Taglioni (dans la Gitana), deux pl. color. et gouachées, lithogr. de W. Kohler; H. 0.406; L. 0.325 (Soleinne, N° 117).

Scènes d'odalisques : La Sultane. — Les Poissons d'or. — Le Récit. — Le Langage des fleurs. — La Danse. — L'Ecrin; suite de six lithogr. par Regnier et Bettannier. Paris, Lemercier, 1846.

BOVINET (Edme), grav. au burin, né à Chaumont, en 1767; trav. à Paris en 1815. — Voir Corn. *Poelenbourg* et le *Poussin*.

Jeanne-Gomart de Vaubernier, comtesse Dubarry, in-8, rare (18 déc. 1863, N° 105).

Mme Deshoulières.

Marie-Antoinette.

BOYER D'AGUILLES (Jean-Baptiste), dess. et grav. amateur, né à Aix, vers 1650; mort en 1709. — Voir *Véronèse*.

BOYSIEU, dess. contemp.

Fin contre fin, lithogr. par Soulange-Teissier (*Galerie pour rire*, N° 25); L. 0.47.; H.; 0.37 (Bulla, rehaut, 6 fr.).

BOYVIN (René), dess. et grav. à l'eau-forte et au bur., né à Angers, vers 1530; mort à Rome, en 1598. — Voir L. *Dirick*, Lucas *Penni*, *Rosso*, *de Rossi*.

Une Nymphe de fontaine; L. 0.128; H. 0.068.

BOZE (Joseph), peint., né en 1746; mort en 1826.

Marie-Antoinette, reine de France, 1785; in-fol. gr. en 1814, par Sim.-Ch. Miger. Ce portrait, gravé par un octogénaire, est un des plus beaux de Marie-Antoinette (Renouard, N° 697; de Vèze, p. 188).

BRACELLI (Giambattista), peint. et grav. né à Gênes, en 1584.

Marche de Silène avec des satyres et des nymphes, petit in-fol., rare (Weigel, 4 $^2/_3$ thal.).

BRAKENBURG (Reinier), peint. célèbre, né à Harlem, en 1649; mort en Frise, à la fin du XVIIe siècle.

L'Hôtesse en bonne humeur, gr. en haut., par Jean Galle (Weigel, 2 thal.).

Les Plaisirs de la danse, 1773, petite pièce en larg., gr. par J.-Ph. Lebas.

La Curiosité ou la Lanterne magique, in-fol. en larg., gr. par Noël Lemire.

BRAMER (L.)

Les Baigneuses, grav. par C.-F. Boëtius, 1767.

BRANCAS (Duchesse de). — Voir *Bartolozzi*.

BRANDT (P.), photographe.

Le Lion amoureux. — *Vénus au bain*, deux phot. Paris, 1867.

BRAQUEMONT (Félix), peint. et grav. contemp., né à Paris, élève de M.-J. Guichard. — Voir *Guichard*.

BRAUN (Augustin), peintre du XVIIe siècle.

Histoire de l'homme dissipé, suite de quatre pièces : le N° 1 gravé par Abrah. Hogenberg; les N°s 2, 3 et 4, grav. par Jean Gelée.

L'Avare amoureux, gr. par G. Marck, (J.. II, 253).

BRAUWER (Adrian), peint. célèbre, né à Audenaerde, en 1608; mort à Anvers, en 1640.

Un Intérieur de cabaret, charmante composition; on voit un groupe de cinq fumeurs et buveurs assis autour d'une table; l'un semble prendre quelques libertés avec une femme.

Le Bon mari, gr. par J.-Ph. Lebas.

Les Sept péchés capitaux, suite de sept estampes anonymes, gr. par Sébastien Vouillemont. H. 0.245 à 0.255; L. 0.174 à 0.190 (R.-D. 71-77). Chaque pièce a six vers dans la marge. Nous citons ceux de l'Orgueil et de la Luxure. — L'Orgueil est représenté par une femme assise à sa toilette où elle se mire et se pare. On lit au bas :

Orgueilleuze et vieille laide,
Tu t'imagine estre encor belle
T'amusant à te tant mirer ;
Songe plustost à ta conscience
Et n'aye plus esperance
De pouuoir longtemps durer.

La Luxure est représentée par une femme toute nue, vue de face, et sortant de son lit :

Ne veux-tu pas, luxurieuse carogne,
Courir ta puante charongne
Sans estre ainsi à l'abandon ?
Ne sçay-tu pas que dans la terre,
Ton corps sera mangé des vers
Et n'y aura point de pardon?

Les Sept péchés capitaux, répétition de la suite qui précède, gr. par le même. H. 0.182 à 0.187; L. 0.134 à 0.138 (R.-D. 78-84). Chaque pièce a huit vers dans la marge, et ne porte pas de nom. Nous citons ceux des vers qui sont les plus gaillards :

L'Orgueil. Une femme assise à sa toilette, occupée à ajuster son fichu :

Ce n'est pas grande nouueauté
De voir qu'en la fleur de mon aage
Nature a mis tant de beauté
Et tant d'appas sur mon visage.
Les princes me feroient la cour
Si j'estois un peu mieux parée,
Et je donnerois plus d'amour
Que n'en eut jamais Cythérée.

La Paresse. Femme tournée de profil, la tête dans sa main, et accoudée nonchalamment sur une table :

J'aime à dormir plus qu'à veiller;
Mon humeur est de ne rien faire,
Et me parler de travailler
Est le moyen de me deplaire.
Ma maistresse a beau me tancer;
J'aime le nom de paresseuse,
Et m'en dois bien moins offencer
Que si l'on m'appelloit coureuse.

La Gourmandise. Homme vu de face, regardant le spectateur en riant. Il tient un broc de vin posé sur la table, et devant lui sont les débris d'un repas :

Tel qu'vn guerrier adroit et fin
Qui previent tousiours la bataille,
Je noye au fonds d'un broc de vin
Le malheur auant qu'il m'assaille.
Tout ce qu'ont de grâce et d'appas
L'amour, la beauté, l'accortise,
Au prix d'un excellent repas
Ne me semblent qu'une sottise.

La Luxure. Même composition que dans la suite précédente :

Je me ris de tous les thresors,
Et croirois en vain estre belle,
Si je refusois à mon corps
Les plaisirs où l'Amour m'appelle.
J'offre doncques à ce veincœur
Tout ce qu'il m'a donné de charmes,
Et pourueu qu'il blesse mon cœur
Je baiseray tousiours ses armes.

L'Avarice. Vieillard tourné à droite et riant. Il tient dans ses bras un sac d'écus et s'accoude sur une table où l'on voit des pièces de monnaie :

Ceste femme met tout son bien
A faire la belle et la vaine ;
Et moi j'estime n'auoir rien,
Si ma bourse n'est tousiours pleine.
Par elle je me dis heureux ;
Je l'embrasse, je la caresse,
Et l'aime autant qu'un amoureux
Sçauroit aimer une maistresse.

BRAY (Salomon de), peintre, né à Harlem, en 1579; mort dans le XVIIe siècle.

Bethsabée au bain ; David est à gauche, 1615; pièce attribuée à de Bray; H. 6 p. 3 l.; L. 6 p. 8 l. (Rigal 169).

BRÉA, peint. et grav., trav. à Messine, vers la fin du XVIIIe siècle. — Voir *Greuze.*

Mlle Renaud, l'aînée, de la Comédie-française, grav. in-4° (catal. A. David).

BREBIETTE (Pierre), peint. et grav. à l'eau-forte, né à Mantes, 1598-1650.

Bon temps!

Danse de nymphes et de satyres (V***, d'Anvers, N° 155).

Des Centaures troublant les cérémonies d'un festin offert par des satyres.

L'Enlèvement de Déjanire.

Le Jugement de Pâris (Van Hulthem, N° 4036).

Sacrifice à Vénus (26 nov. 1866).

La Toilette de Thétis, sujet de frise (J., I, 303).

Le Triomphe de Galatée.

Triomphe de Vénus (L.-M., 26 mai 1865, N° 7).

Les Trois Grâces (V ***, d'Anvers, en 1856, N° 155).

Une Femme coquette se faisant demander pardon par son mari : Le pauvre badin...; in-fol. en larg.

Une Femme fouettant son mari.

Une Femme se faisant dire la bonne aventure.

Une Satyresse mettant au monde des petits satyres.

Vénus cherchant à retenir Adonis.

Vénus et ses nymphes conduites dans un char, par les Amours.

Vénus pleurant la mort d'Adonis.

Vénus sortant de la mer.

Triomphe d'Amphitrite, gr. par Fréd.-Désiré Hillemacher (de Vèze, 170).

BREEN (C. van), grav. au burin, florissait dans les Pays-Bas, au XVIe siècle. — Voir K. van *Mander,* J. *Matham,* van de *Velde.*

La Vie de jeunes libertins, suite de six pièces.

BREENBERG (Bartholomée), peint. et grav., né à Utrecht, en 1620; mort en 1660.

Le Satyre maltraitant sa femme (le Satyre et Corisca, sujet tiré du *Pastor fido,* de Guarini). Une femme à genoux se défend contre un satyre qui la traîne par les cheveux. H. 0.095; L. 0.066 (B. 19; comte ***, de Vienne, N° 460).

Une Jeune femme devant trois satyres, 1640. Une jeune femme est assise à terre vis-à-vis de trois satyres, au bord d'un torrent. L. 4 p. 5 l.; H. 3 p. (B. 20).

BRESCIA (Giov.-Antonio dei), peint. et grav., né à Brescia, au commencement du XVIe siècle. — Voir Andrea *Mantegna.*

BREUGHEL (Peter van), dit le Vieux, ou le Drôle, peint. et grav., né à Breughel, 1510; mort à Bruxelles, en 1570.

Les Fiançailles, jeune femme conduite par deux rustres, avec l'inscription : *Mopso nisa datur, quid non speremus amantes ;* gr. par Jérôme Cock, 1570 (Winckler, 656; Van Hulthem, 1176 et 1195).

Deux Figures sous le masque de la

folie (un homme tourne le derrière à une femme qui tient des verges), 1642; pet. in-fol. en larg., gr. par Henri Hondius.

Les Sept péchés capitaux, suite de sept pièces in-fol. en larg., gr. par P.-A. Martini. Suite curieuse et amusante.

BRICEAU (Claude), grav., trav. à Paris, au milieu du XVIIIe siècle. — Voir *Baudoin* et *Carême*.

L'Agréable repos : femme nue, vue de dos et dormant; gr. en coul. (L.-M., 26 mai 1865, N° 302).

Portrait d'une actrice russe, ovale en haut.

BRICHET, graveur de la 2e moitié du XVIIIe siècle. — Voir de *Goz*.

BRIDOUX (A.), dess. et grav., né vers 1815; trav. à Paris. — Voir Léonard de *Vinci*.

BRIEDELER (J.), dess. et grav., né en Hollande, en 1722.

Un Homme embrassant une jeune fille.

BRIEU (F.), vers 1640.

Les Culottes disputées.

BRION (E.), grav. au burin, né à Reims, 1729; trav. à Paris. — Voir *Watteau*.

BRION (Gustave), peintre contemp., né à Rothau (Vosges), élève de Gabriel Guérin.

La Noce, gr. à la manière mixte, par J. Ballin (exposit. de Paris, 1867).

La Noce, gr. à la man. noire, par P. Girardet; L. 83 c.; H. 53 c. Paris, Goupil, de 60 à 240 fr.

BRION-DELATOUR, peint. et grav., fin du XVIIIe siècle et commencement du XIXe. — Voir *Monsiau*.

BROCHARD (Constant-Joseph), peint. contemp., né à Lille; élève de l'École de peinture de Lille.

La Fleur du désert. — *La Perle du harem.* — *Athénienne.* — *La Favorite.* — *Le Printemps.* — *L'Eté.* — *L'Automne.* — *L'Hiver.* — *Georgienne.* — *Persane.* — *Le Retour de la moisson.* — *Le Jour.* — *La Nuit;* suite de treize lithogr. de 58 c. sur 48. Paris, Goupil, 3 à 15 fr. chaque.

Hébé. — *Pandore.* — *Fatma.* — *Aïnouka.* — *Les Adieux aux pays.* — *Les Filles de marbre;* six lithogr. de 58 c. sur 48. Paris, Goupil, de 3 à 15 fr. chaque.

Le Papillon. — *Algérienne.* — *Le narguilé.* — *La Demoiselle.* — *L'Aurore.* — *Madeleine;* six lithogr. de 58 c. sur 45. Paris, Goupil, de 3 à 12 fr. chaque.

L'Attente. — *Il est trop tard;* deux pièces, genre Louis XV, lithogr. par Charpentier. Bulla, en noir, 8 fr. chaque, et en coul. 16 fr.

Gentille fermière. — *Galant fermier;* deux lithog., par Charpentier; H. 0.39; L. 0.31. Paris, Gache, 1856; Dusacq, 6 et 12 fr. chaque.

L'Attente, lithogr. par Lafosse (forme le pendant au *Signal*, d'après André); H. 0.49; L. 0.38. Paris, Jouy, 1860, rehaut, 10 fr.

Les Cerises, lith. par le même; H. 0.46; L. 0.34. Bulla, 2 fr. 50 à 8 fr.

Le Coq du village. — *Le Petit prisonnier.* — *La Promenade.* — *Le Rendez-vous.* — *Le Messager d'amour.* — *Le Retour du messager.* — *Rose et Blanche* (pendant de *Brune et Blonde*, d'après Jouy); sept lithogr. par Lafosse; H. 0.80; L. 0.56. Bulla, 5 à 15 fr. chaque. — H. 0.60. L. 0.50, Bulla, 3 à 12 fr. chaque.

Amours champêtres : Daphnis et Chloé. — Estelle et Némorin, deux pet. in-fol., lithogr. par Em. Lassalle. Paris, Goupil, 1856, 8 fr. chaque.

Le Piége. — *Le Rayon*, deux pièces représentant une femme nue, lithogr. par A.-Ch. Lemoine; L. 0.52; H. 0.33. Paris, Bulla, 8 et 16 fr. chaque.

Ondine. — *Rosine*, deux lithogr. par Massard. Paris, Massard, 1855.

Saïdah, lith. par Regnier. Paris, Delarue, 1855.

Roses et Boutons : 1° Le Nom de celle qu'on aime. — 2° Que faut-il lui répondre? — 3° Le Fruit défendu. — 4° Les Indiscrètes. — 5° L'Aveu surpris. — 6° Le Devin de village. — 7° La Cueille des roses. — 8° La Promenade au bois; huit pièces ovales, lithogr. par Schultz; H. 0.45; L. 0.35. Paris, Goupil, imitation de pastel, 10 fr.; en coul., 20 fr. chaque.

Frisette, in-4° en haut., gr. en man.

noire, par Sittel. Paris, Goupil, 1854, 6 et 12 fr.

Gentille fermière. — *La Petite dénicheuse*, deux photogr., par Voland. Paris, Dusacq.

BROECK (Crispin van den), peint., archit. et grav. d'Anvers, né en 1530; mort en Hollande, âgé de 71 ans.

Vénus et Adonis, in-fol. en larg., gr. par Barbara van den Broeck.

Le Jugement de Pâris, in-fol. en larg., gr. par Crispin de Pas, le vieux.

BROECK (Barbara van den), grav. né à Anvers, vers 1560. — Voir Crispin van den *Broeck*.

BROHAN (Mlle Madeleine). — Voir *Baudry*, *Desmaisons* et Léon *Noël*.

BRONKORST (Jean-George van), peint. et grav., né à Utrecht, en 1603; mort en 1680. — Voir Corn. *Poelenburg*.

BROSAMER (Hans), dess. et grav. au bur., né à Fulde, vers 1506; mort vers 1560.

Le Baiser, 1549. Un homme âgé joue du luth, assis à côté d'une jeune dame qui tient un gobelet. Un bouffon montre un jeune homme assis près d'une demoiselle qu'il embrasse. Pièce ronde. Diam. 0.080 (B. 16; Vischer, 9 fr. 50).

Bethsabée, aperçue au bain par David, 1545; deux grav., l'une sur cuivre, de 0.078 de haut. sur 0.097 de larg.; l'autre sur bois, de 0.128 de larg. et haut. (B. 3; comte ***, de Vienne, N° 474; Ackhermann, 1 $^{15}/_{24}$ th.; Weigel, 1 $^{1}/_{6}$ th.). Dans l'une de ces pièces, Bethsabée se fait laver les pieds par sa servante; une autre, derrière elle, indique David qui regarde. Un fou veut boire à une source; mais il est arrêté par un jeune homme qui le tire par la manche.

La Création d'Eve, 1550. Pièce en bois. H. 0.228; L. 0.150.

Dalila et Samson, 1545. Dalila coupe les cheveux à Samson qui dort appuyé sur les genoux de sa maîtresse. L. 0.097; H. 0.078 (B. 1; Vischer, 20 fr.).

L'Enlèvement d'Hélène, 1549. L. 0.108; H. 0.035 (B. 10).

Eve persuadant à Adam de manger du fruit de l'arbre de vie, gr. en bois. L. 0.145; H. 0.103 (B. 2).

Le Jugement de Pâris. Pâris, assis, tenant un bâton d'une main et de l'autre la pomme d'or, écoute Mercure qui lui enjoint de donner la pomme à la plus belle des trois déesses qui sont debout. En haut, l'Amour décoche une flèche sur Pâris. Pièce ronde, de 4 p. 3 l. de diam. (B. 11; comte ***, de Vienne, N° 477; Vischer, 15 fr.).

Le même sujet, traité comme le précédent, sauf quelques changements dans les attitudes. Pâris n'a point de bâton. Diam. 3 p. 5 l. (B. 12; comte ***, de Vienne, N° 478).

Lucrèce, 1537; H. 3 p. 8 l.; L. 2 p. 6 l. (B. 9; Ch. Le Blanc, 174; comte ***, de Vienne, 476).

Le Mari subjugué par sa femme. Une jeune femme assise de côté sur le dos de son vieux mari qui marche à quatre pattes. La femme tient la bride d'une main, et un fouet de l'autre. L. 0.097; H. 0.077 (B. 18).

La Reine de Saba devant le trône de Salomon; gr. en bois. H. et L. 0.128 (B. 4).

Une Femme nue assise sur un banc.

Vénus et l'Amour, 1541. Vénus, ayant de grandes ailes au dos, est debout. Elle tient une pique d'une main, et tend l'autre pour recevoir un gâteau de miel que l'Amour lui présente. Dans la marge du bas: *Pungit apis puerum — dulcia mixta malis*. H. 3 p. 3 l.; L. 2 p. 1 l. (B. 13).

BROWNE (John), dess. et gr. à l'eau-forte et au bur., né à Oxford, en 1719; mort en 1790. — Voir le *Lorrain* et *Swanevelt*.

BRUGGEN (Jean van der), excellent grav. en man. noire, né à Bruxelles, en 1649. Il fit à Paris le commerce d'estampes. — Voir Van *Dyck*.

Femme à la mode (publiée ensuite par Mariette, sous le titre: *Femme qui se fait saigner par précaution*).

Femme de qualité s'habillant pour le bal; L. 0.400; H. 0.354.

Femme de qualité sollicitant un juge; L. 0.398; H. 0.356.

Psyché et Cupidon endormis sur un lit.

Un Buveur courtisant une jeune servante.

Un Hollandais courtisant une femme qui est à sa toilette.

Vénus et l'Amour.

BRUKMANN (A.), peintre contemporain.

Roméo et Juliette, grand in-fol., gr. par A. Duttenhofer, jeune (Weigel, 6 thal.).

BRUN (Frantz), trav. en Allemagne, dans la 2e moitié du XVIe siècle. On le suppose le Maître aux initiales FB (No 84 des monogrammes. — Bartsch, IX, 443).

Les Culottes disputées, 1560. Sept femmes qui se battent entre elles pour les culottes d'un homme. On en voit une qui prend une autre femme par les cheveux et lui donne un coup avec des ciseaux. L. 0.120; H. 0.073 (B. 87).

Les Noces de village, douze estampes. L. 4 p. 2 à 3 l.; H. 1 p. 10 l. (B. 63-74; Camberlyn, 1re vente, No 1823).

BRUN, trav. à Paris, en 1808.

La Danse n'est pas ce que j'aime, in-fol. en larg.

BRUN (Charles), peint. contemp., né à Montpellier; élève de MM. Matet, Picot et Cabarel.

Baigneuse, lithogr. par Labeville. Paris, impr. Lemercier, 1854.

BRUNEL-ROCQUE, lithogr. contemp. — Voir *Burthe*.

BRUNET (John), peintre.

La Leçon de guimbarde. — Le Petit oiseau, deux pièces in-fol. en haut., gr. par A. Moreau.

BRUNN (Isaac), dess. et grav., né à Presbourg, vers 1590.

Diane découvrant la grossesse de Calisto.

BRUNSWICK (Caroline de). — Voir *Delpech*, de *Lorieux*, *Mauzaisse* et *Motte*.

BRUYN (Nicolas de), peint. et grav., né à Anvers, vers 1570; mort vers 1635. — Voir *Coninxloo* et Martin de *Vos*.

Les Amours, 1617; suite de six pièces. L. 0.085; H. 0.048.

Les Israëlites se livrant aux plaisirs avec les femmes Madianites, 1617; L. 0.718; H. 0.488.

Le Jardin d'amour, in-fol. en larg.

Osée s'alliant par l'ordre de Dieu avec une prostituée, paysage.

Un Fou se laissant entraîner dans le bain par deux femmes impudiques; L. 0.198; H. 0.176.

Un Homme sensuel se livrant entièrement aux plaisirs (représenté par Vénus qui est accompagnée de Bacchus et de Cérès); L. 0.230; H. 0.222.

BRY (Jean-Théodore de), le fils, dess. et grav., né à Liège, en 1561; mort à Francfort, en 1623. — Voir (Hans-Sébald *Béham*, Abraham *Bloemart*, Jos. *Heintz*, *Jules Romain*, *Spranger* et Martin de *Vos*.

Le Bain des anabaptistes, pièce en rond, entourée d'ornements (Van Hulthem, 1232).

Deux Femmes prenant un bain et voulant faire violence à un homme.

BRYER (Henry), grav. édit., vivait à la fin du XVIIIe siècle. — Voir Angel. *Kauffman*.

Bacchus et Ariadne, grav. en haut.

Mars et Vénus découverts par Vulcain, pièce en larg.

The Tuileries macaronies; H. 0.332; L. 0.253. On donnait en Angleterre, à cette époque, le nom de *macaronies* à ce qu'on a appelé depuis : *muscadins*, *incroyables*, *mirliflors*, *dandys*, *lions*, etc.

BUCCLEUGH (Duchesse de). — Voir J. *Reynolds*.

BUCHHORN (C.-L.-B.-C.), grav. édit., né à Halberstadt, en 1777; trav. à Berlin, en 1806. — Voir Angel. *Kauffman*.

BUCQUET, photographe. — Voir *Giacomotti*.

BULLA, frères, photographes. — Voir *André*, *Bazin*, *Beaume*, *Cottin*, *Court*, *Dubufe*, *Roqueplan*.

BUNBURY (Henry-William), peintre, né vers 1742, trav. à la fin du XVIIIe siècle.

Adélaïde déguisée au couvent de la Trappe, 1782; in-fol. à l'aqua-tinta.

Adélaïde dans le jardin de Bagnères, pièce de forme ronde, gr. au crayon, par Bartolozzi.

Le Chant. — La Danse; deux pièces de forme ronde, figurées par trois jeunes filles; gr. au crayon par le même (J., I, 216).

Charlotte au milieu de sa famille. — Anne Bothwel, chantant ses doléances; deux pièces de forme ronde, gr. au crayon, par le même.

Fête donnée par le prince de Galles,

BURNET (John), peint. et grav. au burin, né vers 1785; trav. à Londres. — Voir *Rembrandt*.

BURTHE (Léopold), peint. contemp., né à la Nouvelle-Orléans.

Angélique, lith. par Brunel-Rocque. Paris, impr. Thierry, 1852.

BUSH (G.-P.), peint. et grav., trav. à Berlin, dans la 1re moitié du XVIIIe siècle.

Catherine Ie, impératrice de Russie.

BUSINCK (Louis), peint. et grav. en bois et en camaïeu, né à Paris, à ce qu'on croit, en 1590. — Voir G. *Lallemant*.

BUTTURA (Eugène), peint. contemp., né à Paris.

Daphnis et Chloé (dans un paysage), lith. par Français. Paris, impr. Bertauts, 1854.

BUYTENWECH (Guillaume), peint. et grav., né à Rotterdam, 1600.

Bethsabée, gr. en haut., par Visscher, 1618 (Camberlyn, 1re vente, No 498).

C

CABANEL (Alexandre), peint. contemp., né à Montpellier, en 1823; élève de Picot.

La Naissance de Vénus, gr. pour la *Gazette des Beaux-Arts*, par Léopold Flameng (Exposition de Paris, 1867).

Marie Madeleine, photogr. par Bingham, 1860.

Nymphe enlevée par un faune, phot. par le même, 1862.

Naissance de Vénus, phot. par Goupil. Paris, 1864.

CABEL (Adrien van der), peint. et grav. à l'eau-forte, né à Ryswick, en 1631; mort à Lyon, en 1695.

La Baigneuse. Une jeune femme assise sur une butte, semble adresser la parole à une autre qui est au bord de l'eau, dans laquelle elle se baigne les pieds; H. 0.215; L. 0.168 (B. 2).

La Belle bergère (Weigel, 67; Camberlyn, 1re vente, No 521).

Le Berger amoureux. Un berger semble déclarer son amour à une bergère assise à côté de lui, sur le bord d'un ruisseau; H. 0.215; L. 0.173 (B. 5).

Les Bergères endormies. Un berger s'avance pour surprendre trois bergères qui dorment, couchées au bas d'un piédestal; L. 9 p.; H. 5 p. 7 l. (B. 8).

Les Deux amants à l'ombre d'un buisson. L. 0.270; H. 0.215 (B. 34; Camberlyn, 1re vente, No 517).

La Femme au bain. Une femme déshabillée semble être sur le point d'entrer dans l'eau. Assise à terre, elle montre de sa main étendue le ruisseau à une autre femme qui est debout, adossée contre un arbre. L. 0.330; H. 0.215 (B. 16).

La Fille poursuivie par un jeune homme; L. 0.380; H. 0.215 (B. 32).

CABEL (Mlle Marie). — Voir *Baugniet*.

CADART, photographe.

Etudes de femmes, d'après nature, 1861.

CAGLIARI (Paolo). — Voir *Véronèse*.

CALAMATTA (Louis), dess. et grav. au bur., né à Civita-Vecchia, 1802; trav. à Paris. — Voir *Boticelli*, *Devéria*, Ary *Scheffer*, Léon. de *Vinci*.

Georges Sand, 1836, grand in-8o (L. M., 26 mai 1865, No 211).

La même, 1840; H. 0.470; L. 0.340 (Soleinne, 246).

CALDORA (Polydore). — Voir *Caravage*.

CALDWALL (James), dess. et grav., né à Londres, 1739-1780.

à Charleton, en 1784; grande pièce en larg., gr. au pointillé par le même.

Thomas et la belle Annette, ballade.— *Histoire du vieux Robin Gray*, ballade; deux pièces rondes, gr. au crayon par le même (J., I, 216-217).

L'Amour et l'Espérance, gr. par Ch. Knight.

L'Amour et la Jalousie, gr. par le même.

Les Oies du frère Philippe, gr. par Th. Watson (J., III, 210).

BUNBURY (Lady Sara). — Voir J. *Reynolds.*

BUNEL (Michel), graveur.

Aurore. — *Vénus.* — *Diane.* — *Proserpine*, quatre beaux costumes de femmes, in-4°.

Les Sens : La Vue.— L'Ouïe. — L'Odorat. — Le Goût. — Le Toucher. Suite de cinq jolies grav. en taille-douce, in-4° (Van der Helle, N° 777).

BUONACCORSI. — Voir Perino del *Vaga.*

BUONAROTTI. — Voir *Michel-Ange.*

BURCH (Gerter), peintre hollandais.

La Soucieuse hollandaise, gr. en haut., par Robert Gaillard.

BURDE (J.-C.), peint. et grav. Prague, 1779.

Une Femme avec un jeune satyre, 1793.

Mlle Marie Taglioni, rôle de Satanella; lithogr. par Eusebio. H. 0.42; L. 0.33. Goupil, 4 et 8 fr.

BURDET, grav. contemp., trav. à Paris.— Voir *Picot.*

BUREAU (A.), dessinateur contemporain.

Les Reines de France : Marie de Médicis. — Isabeau de Bavière. — Berthe au grand pied.— Catherine de Médicis. — Blanche de Castille. — Sainte Clothilde. — Anne d'Autriche. — Marie-Antoinette. — Anne de Bretagne. — Marie Stuart; dix portr. gr. par Towents. Paris, Lemercier, 1863.

BUREAU, photographe.

Mlle Baretti. — *Mlle Cico ;* deux portr. d'après nature.

BURG (Franz van der), grav. au burin, trav. en Hollande, au milieu du XVIIe siècle. — Voir *Janssen.*

BURGDORFER (J.), peintre suisse du XIXe siècle.

Vieillesse ne préserve pas toujours de folie, petit in-4° pour les *Roses des Alpes* (album), gr. par J.-Ch. Erhard, 1821.

BURGER (Jean), graveur contemporain, de la Bavière. — Voir *Genelli.*

BURGH (H.), dess. et grav. à l'eau-forte, trav. à Londres, dans la 2e moitié du XVIIIe siècle. — Voir *Lely.*

BURGKMAIR (Jean), peint. et grav. en bois, né à Augsbourg, en 1473; mort vers 1559.

Vénus et Mercure. Vénus debout, tenant une flèche, semble éveiller Mercure qui dort assis près d'une fontaine, au pied d'un palmier. L'Amour est dans les airs. Pièce belle et rare, gr. à l'eau-forte, sur une planche de fer, la seule du maître, dit le catal. Busche. H. 0.185; L. 0.132 (Stengel, 1 fl. 44 kr.; Dersehau, 2 fl. 45 kr.; B., VII, 199).

Dalila coupant les cheveux à Samson, gr. en bois; H. 0.123; L. 0.097 (B. 6; V***, d'Anvers, N° 175).

Bethsabée au bain, 1519; gr. en bois H. 0.123; L. 0.097 (B. 5).

Une Femme montée sur le dos d'un homme qui marche à quatre pattes, gr. en bois. H. 4 p. 4 l.; L. 3 p. 6 l. (B. 73; comte ***, de Vienne, N° 497).

BURIN (L.).

La Maquerelle punie, avec la vue de l'Hôtel de ville de Paris et de la place de Grêve, 1756; pièce rare et curieuse (1er février 1864, N° 500).— Ce nom de Burin ne serait-il pas un anonyme?

BURKE (Thomas), dess. et grav., né en Angleterre, vers 1746; mort à Londres, au commencement du XIXe siècle. — Voir *Bateman*, *Cipriani*, *Huquier* et Ang. *Kauffman.*

Cupidon et Ganymède, grav. en bistre (21 mars 1862, N° 268).

Jupiter et Calisto, en bistre (31 mars 1862, N° 268).

Orphée et Eurydice, en bistre (même vente).

Abélard offrant l'hymen à Héloïse, en bistre, gr. par Osborne (31 mars 1862, N° 268).

The Cotillon dance, gr. par W. Hamilton.

Mistress Siddons, dans le rôle d'Isabella, gr. par le même.

CALETTI (Giuseppe), dit *il Cremonèse*, peint. et grav. à l'eau-forte et au bur., né à Ferrare, 1600-1660.

L'Amoureux: un jeune homme offrant de l'argent à une jeune fille pour en obtenir des faveurs. Vers le fond, à droite, l'Amour est assis sur un lit à rideaux; L. 0.150; H. 0.140 (B. 9).

Femme nue, vue par le dos. Jeune femme supposée sortant du bain; H. 0.130; L. 0.083 (B. 8).

Samson et Dalila. Dalila se préparant à couper les cheveux de Samson qui dort sur ses genoux. Belle pièce; L. 0.148; H. 0.130 (B. 4).

CALISTO. — Voir *Jupiter et Calisto.*

CALLET (Ant.-Fr.), peintre, né à Paris, en 1741; mort en 1823.

Le Piége tendu par l'Amour, gr. en larg., par V. Pillement; morceau qui lui obtint le premier prix en 1801 (J., II, 356).

CALLOT (Jacques), dess. et grav. à l'eau-forte et au bur., né à Nancy, en 1593; mort dans la même ville, en 1635.

La Tentation de saint Antoine, 1635, dédiée à M. de la Vrillière, avec des vers latins. Pièce en larg. (Paignon-Dijonval, 5869; Meaume, 139; Duchesne aîné, 105; Dubois, en 1844, 190 fr.; Brochart, 89 fr.; épr. avant les rosettes, c'est-à-dire avec dix rosettes au lieu de vingt-et-une, 77 fr., Logette, en 1817; Durand, avec dix rosettes seulement, 100 fr.).

La Belle jardinière, très-belle pièce (Meaume, 432; Camberlyn, 1re vente, No 541).

CALLVART (Dion.), peintre du XVIe siècle.

L'Enlèvement des Sabines (titre : *Roma novis stabat jam mœnibus*, etc.), pièce en haut., gr. par G. Sadeler (Winckler, 889; Van Hulthem, 2606).

CALYPSO. — Voir Ph.-J. *Becker*, *Demonchy*, A. de *Dreux*, J. de *Favannes*, Angel. *Kauffman*.

CALYPSO ET ULYSSE. — Voir A. *Zucchi*.

CALZE, peintre du XVIIIe siècle.

Mistress Clarck, née Hunster. — *Lady Motineux*, comtesse de Seston; deux portr. de jeunes et jolies femmes, gr. à la man. noire, par Valentin Green (J., II, 111; 11 nov. 1861, 6 fr.).

CAMARGO (Mlle), célèbre danseuse. — Voir G. *Bickham*, *Lancret* et *Lanté*.

CAMBON (Armand), peintre contemp., né à Montauban.

La Femme jalouse, gr. par Ch.-Eug. Thibault (Exposition de 1861).

CAMERATA (Joseph), peintre en miniat. et grav., né à Venise, en 1728; mort à 93 ans. — Voir G. *Crespy*.

Mlle Albuzzi, chanteuse.

Mlle Zamelli (Thérèse), danseuse habillée en turque.

CAMPAGNOLA (Domenico), peintre et grav., né à Venise, 1482-1550.

Vénus, nue, assise dans un paysage, 1517; L. 5 p. 3 l.; H. 3 p. 7 l. (B. 7; J. I, 332; H. de L., avril 1856).

Vénus, assise, semble présider aux divertissements auxquels se livrent des hommes et des femmes animant la campagne; l'Amour lui présente une couronne, tandis que les Grâces se baignent. Pièce en larg., grav. par Michel-Ange Corneille (R. D. 42).

CAMPAGNOLA (Giulio), peint. et grav., né à Venise, fin du XVe siècle, frère du précédent.

Une Femme nue couchée dans un bois, la tête appuyée sur un tronc d'arbre.

CAMPASPE, maîtresse d'Alexandre, puis d'Apelles. — Voir *Girodet*, Angel. *Kauffman*, *Lagrenée*.

CAMPION DE TERSAN (Charles), abbé, né à Marseille, en 1734; mort à Paris, en 1819, à l'Abbaye-aux-Bois, dont il était aumônier.

L'Amour brûlant ses flèches (de Vèze, 93).

Ruth et Booz (de Vèze, 93).

CANALE (Giuseppe), dessin. et grav., né à Rome, 1725 ou 1728; mort en 1802.

Marie-Antoinette, princesse de Pologne, in-fol., gr. d'après la princesse elle-même (P. de Corneillan, No 288).

CANARNAEN (Anne-Sophie, comtesse de). — Voir Van *Dyck*.

CANGIASI, peintre de la fin du XVIIIe siècle et commencement du XIXe.

Vénus et Adonis, gr. par G. Folo.

« Qui tramontando il sol vener si solse
« D'Adon più volse il bel possesso in tutto. »
MARINO, can. VII.

CANOT (Pierre-Charles), dessin. et grav. à la pointe et au burin, né en France, vers 1710; mort à Kentish-Town, en 1777.

Le Gâteau des rois, gr. en haut., par J.-Ph. Lebas.

Le Maître de danse, pièce en haut., gr. par le même.

CANOVA (Ant.), peint. et sculpt., vénitien, né à Possagno, 1747-1822.

Les Trois Grâces, gr. par P. Bonato.

Les Trois Grâces, lithogr. en haut., par Crétien (Van Hulthem, N° 5285).

L'Amour donnant un baiser à Psyché, in-fol. en larg., gr. par P. Fontana.

La Danseuse, gr. par le même.

Les Trois Grâces, gr. par le même.

Une Danseuse, lith. in-fol. en haut., par Jourdy (Van Hulthem, 5284).

Vénus couchée sur un lit de repos et épiée par des satyres, 1804; in-fol., gr. par S. Lovison.

L'Amour et Psyché, in-fol., gr. par Marchetti.

Mars embrassant Vénus, in-fol., gr. par le même.

Les Trois Grâces, in-fol., gr. par le même.

Une Danseuse, gr. par le même.

Une Naïade couchée, à ses pieds un amour; in-fol. en larg., gr. par le même.

Vénus, in-fol., gr. par le même.

Vénus victrix, in-fol., par le même.

Les Trois Grâces, photogr. Paris, Dusacq, 8 c. sur 12, 1 fr. 50; carte de visite, 1 fr. Ne peut pas être mis en étalage.

Les Trois Grâces, phot. par H. Voland, 1861.

CANTARINI (Simon), dit le *Pésarèse*, peint. et grav., né à Oropezza, en 1612; mort à Vérone, en 1648. — Voir le *Guide* et Paul *Véronèse*.

Adam et Ève mangeant le fruit défendu, morceau carré. H. 7 p. 3 l.; L. 6 p. 3 l. (B. 1; J., I, 334).

Vénus, Adonis et l'Amour reposant dans un paysage; L. 0.175; H. 0.115 (J., I, 335; B. 33; Rigal, 199).

L'Enlèvement d'Europe, gr. par L. Lolli (Weigel, 1 th.).

Chasteté de Joseph (Musée de Dresde), phot. par Gueuvin. Paris, 1867.

CANTECROY (Béatrix Cosantia, princesse de). — Voir Van *Dyck*.

CANU (J.-D.-E.), peintre, né à Paris, en 1768.

Mme Abel, rôle de Dolorida.

Mlle Despreaux, rôle de Fifine.

Marie-Antoinette.

CANZI, dessinateur contemporain.

Mlle Taglioni, artiste de l'Académie royale de musique, lithogr. par Mayer.

CAPELLAN (Antoine), dessin. et grav., né à Vérone, vers 1740; trav. à Rome, en 1775, sous la direction d'Hamilton. — Voir l'*Antique*, *Bartolozzi* et D. *Marietto*.

CAPITELLI (Bernardin), peint. et grav., de Sienne, trav. à Rome, de 1622 à 1637. — Voir R. *Manetti*.

CAQUÉ, graveur. — Voir Ch. *Eisen*.

CAQUET ou CUGNET, dess. et grav., né à Paris, 1749-1802. — Voir *Lawreince*.

CARAFFE (Armand-Charles), peint. et grav. à l'eau-forte, né en 1761; mort à Paris, en 1814.

L'Amour et Psyché, grav. par L.-A.-B. Desnoyers (A. David, N° 508).

CARAGLIO (Giovanni-Jacopo), dit *Parmensis*, dessin. et grav. au burin, né à Parme, vers 1500; mort en 1570. — Voir B. *Bandinelli*, *Raphaël*, *Rosso de Rossi*, Perino del *Vaga*.

Joseph et la femme de Putiphar, pièce anonyme, grav. dans le goût de Caraglio, par un maître anonyme italien du XVIe siècle (13 février 1865, N° 130).

CARAUD (Joseph), peint. contemp., né à Cluny (Saône-et-Loire), élève d'Abel de Pujol et de C.-L. Muller.

La Galanterie au XVIIIe siècle, lith. par Ch. Hue. Paris, impr. Jacome, 1857.

Psyché, lith. par E. Lassalle; L. 0.60; H. 0.34. Paris, Goupil, 1852, de 10 à 20 fr.

Le Contrat de mariage, gr. en man. noire, par Ledoux; L. 0.58; H. 0.47. Paris, Goupil, 1865, 25 à 50 fr.

Le Bain. — *Le Déjeuner*, deux lith. par Schultz; L. 0.44; H. 0.35. Paris, Goupil, 1865, 8 et 16 fr. chaque. La vente de ces deux pièces n'est autorisée qu'à la condition expresse de ne pas les exposer aux vitrines des marchands.

Psyché, phot. Paris, Goupil, 1863, 17 c. sur 14, 2 fr.; 7 c. sur 12, 1 fr. 50; carte de visite, 1 fr. — Vente autorisée, mais avec défense d'exposition.

CARAVAGE (Polydore Caldora, dit), peintre, élève de Raphaël, né dans le Milanais, 1495; assassiné en 1543.

L'Enlèvement des Sabines par les compagnons de Romulus, grav. par Cher. Alberti. Au bas, sur un cartouche, un distique latin : *Romulidæ spreti ludi*, etc. L. 8 p. 1 l.; H. 5 p. 4 l. (B. 112). Le même sujet a été gravé par le même, sur trois planches qui se joignent. L. 50 p. 4 l.; H. 6 p. (B. 159).

Sujets de mythologie, suite de dix estampes numérotées, non compris le frontispice, grav. par Cher. Alberti. Pièces dans des formes rondes. H. 5 p. 9 l.; L. 5 p. 6 l.

1° Jupiter embrassant Cupidon;
2° Jupiter embrassant Ganymède;
3° Neptune sortant du sein des eaux;
4° Pluton enlevant Proserpine;
5° Jupiter, sous la forme d'un satyre, surprenant la nymphe Antiope endormie (Van Hulthem, 3347);
6° Vénus victorieuse, précédée de l'Amour;
7° Mercure tenant la tête d'Argus qu'il vient de couper;
8° Une Bacchanale où des satyres foulent la vendange et caressent le jeune Bacchus;
9° Apollon poursuivant Daphné changée en laurier;
10° Mars et Vénus surpris par Vulcain. Pièce libre et rare, la seule qui ne porte pas de numéro (B. 78-88).

Vénus, debout, vue par le dos, ayant près d'elle son fils Cupidon; gr. par le même. H. 6 p. 6 l.; L. 4 p. 6 l. (B. 93).

Entrevue de Jacob et de Rachel, gr. par Séb. Barras. Laban présente Rachel à Jacob qui l'embrasse. Dans la marge : *Rachel survint avec les brebis de son père, car elle estoit bergère et quand Jacob l'eut veuë et connuë sa cousine, et les brebis de Laban frère de sa mère, il la baisa*, etc. L. 14 p. 4 l.; H. 11 p. 3 l., y compris 6 l. de marge (R. D. 14).

Les Noces de Rachel et de Jacob, gr. par le même. La nappe est mise, et Laban, Rachel et Jacob sont assis autour, environnés des amis de Laban. Dans la marge : *Jacob dit à Laban, donne moy Rachel, car le temps est accomply, lors Laban ayant assemblé plusieurs de ses amis fit les nopces*. L. 14 p. 6 l.; H. 10 p. 10 l., y compris 9 l. de marge (R. D. 15).

Céphale et Procris, grav. par J. Ossenbeeck (Rigal, N° 605).

CARDON (Antoine), grav., vivait en 1766. — Voir *Cosway* et *Watteau*.

Vénus et Cupidon (Van Hulthem, 1262).

CARDON (P.), grav. contemp., trav. à Bruxelles. — Voir *Chasselot* et *Kepfer*.

Hébé. — *Léda*; deux pièces in-fol. en coul. (vente du 27 avril 1863).

CARESME (Phil.), peintre du XVIIIe siècle.

Bacchanales : Deux bacchantes luttant avec un satyre. — Satyre pressant du raisin dans la coupe d'une bacchante; deux compositions gracieuses, en larg., grav. au trait, d'après Caresme, et ordinairement lavées avec rehaut en coul. (déc. 1856, N° 138).

Jupiter et Antiope, gr. en coul., par un anonyme (cat. A. David).

Satyre et Nymphe, gr. en coul. (cat. A. David, N° 2238).

La Nymphe surprise, gr, par J.-L. Anselin (P. Danlos, 2 fr.).

Le Satyre impatient, 1780, pièce en larg., gr. par le même (Paignon-Dijonval, 9450; A. David, 1613; Van Hulthem, 3885).

La Douce illusion, gr. par Bonnet.

La Jeune veuve, par le même.

Jupiter et Antiope, gr. par Cl. Briceau.

Erigone, grav. par Châtelain.

La Petite Thérèse surprise cueillant

du raisin, gr. par Couché (déc. 1856, N° 134).

Jupiter et Antiope, pièce en larg., gr. en coul. par Gilles Demarteau (Van Hulthem, 4191).

Le Satyre amoureux. — Le Satyre refusé; deux pièces gr. par le même. C'est peut-être les deux pièces marquées *Satyres et Bacchantes* dans le catal. du 11 nov. 1861 (N° 498), et vendues 7 fr.

Le Baiser napolitain. — Le Baiser rendu; deux jolies fig. en buste, faisant pendant, gr. par J.-J. Flippart (déc. 1856, N° 132).

L'Espagnolette. — La Colombe chérie; deux grav. par J.-J. Flippart (déc. 1856, N° 132).

Le Refus inutile, ovale dans une bordure, gr. par le même.

La Joyeuse orgie, in-fol. en larg., gr. par Ant.-F. Hemery (21 févr. 1862, N° 183; 26 mai 1862, N° 248).

Honni soit qui mal y pense. — Honni soit qui mal y voit; deux pièces formant pendant, gr. par Hubert (15 mai 1865, N° 596).

La Bacchante enivrée, pièce en larg., gr. en coul., par Janinet (11 nov. 1861, 4 fr. 50).

Le Berger couronné. — La Bergère couronnée; deux pièces gr. par le même.

Les Plaisirs des bacchantes. — Les Plaisirs bachiques; deux pièces en coul., gr. par Jubier (11 nov. 1861, 10 fr.).

Les Plaisirs du bain. — Les Délices du bain; deux pièces en coul., gr. par le même (11 nov. 1861, la dernière, 3 fr.; 15 mai 1865, N° 877).

L'Amant effrayé, 1786, pièce en larg., gr. en coul., par Phelippeaux (15 mai 1865, N° 598).

Les Amants satisfaits, 1786, en larg., en coul., gr. par le même (11 nov. 1861, 4 fr. 50).

L'Aveugle trompé, gr. en coul., par Wossenick.

Les Plaisirs champêtres, pièce en larg., gr. en coul., par le même (déc. 1856, N° 137).

Le Satyre impatient, photogr, par E. Meslin, 1860.

CARESSE, graveur contemporain. — Voir *Watteau*.

CAREY (Charles-Philippe - Auguste), gr. contemp., né à Paris; élève de Johannot et de Monvoisin.— Voir *Baudry*.

CAREY, photographe. — Voir *Debucourt*, Mme *Lebrun*, *Leloir*.

CARLISLE (Lucie Percy, comtesse de). — Voir Van *Dyck*, *Reynolds*.

CARLISLE (Marguerite, comtesse de). — Voir Van *Dyck*.

CARMONA (Emmanuel-Salvador), grav. né à Madrid, 1730-1807.— Voir Ch.-Ant. *Coypel*, Fr. *Eisen*.

CARMONTELLE (L.-C. de), dess. et grav. amateur, né à Paris, le 25 août 1717; mort le 26 décembre 1806. — Voir Fr. *Boucher*.

Sophie Arnould (dans Pyrame et Thisbé), dessinée par Lanté, d'après Carmontelle, gr. par Gatine; pl. coloriée; H. 0.244; L. 0.189 (Soleinne, 113).

CARNAC (Mistress). — Voir J. *Reynolds*, J.-Raph. *Smith*.

CAROLINE (Mlle), amazone du Cirque. — Voir *Alophe*, Ach. *Giroux*, *Mayer*, *Pesme*, *Petit et Trinquard*.

CAROLINE DE GALLES (la princesse), épouse du roi d'Angleterre. — Voir G. *Kneller* et *Ruotte*.

CARON (Adolphe-Alexandre-Joseph), grav. contemp., né à Lille, en 1797; élève de Bervic. — Voir l'*Antique*, A. *Devéria* et *Scheffer*.

M.-A de Savoie, duchesse de Bourgogne.

CARONNI (Paolo), grav., né à Monza, vers 1779. — Voir *Appiani*, le *Parmesan* et Cam. *Procaccini*.

CARPENTER (Lady Almiria). — Voir J. *Reynolds*.

CARPI (Hugues de), peint. et grav. en clair-obscur, né à Rome, vers 1486. — Voir *Raphaël*.

CARPIONI (Giulio), peint et grav. de Venise, né en 1611; mort à Vérone, en 1674.

Vénus entourée d'Amours. Pièce rare, sans nom. H. 0.305; L. 0.143 (B. 14).

Jeux d'Amours, gr. par J. de Leonardis.

Bacchanale, composition de 13 fig. dans un ovale, 1770; in-fol. en larg., gr. par J.-W. Mechau.

CARRACHE (Louis), fils d'un boucher, peint. et grav. à l'eau-forte et au burin, né à Bologne, en 1555; mort en 1619.

L'Eau. Galatée voguant sur la mer; elle tient d'une main les rênes des dauphins qui traînent son char; grav. par Oliv. Dofin. Dimension du 1er état : L. 0.235; H. 0.196. Dans le 2e état la planche a été réduite à l'ovale; L., 0.227; H. 0.190 (R. D. 4).

Nymphe et satyre, phot. Paris, Goupil, 1863.

St-Benoît fuyant des femmes impudiques, gr. par J.-M. Giovannini. H. 13 p. 9 l.; L. 7 p. 10 l. (B. 27).

CARRACHE (Augustin), fils d'un tailleur, peint. et grav. au burin et à la pointe, né à Bologne, en 1557; mort à Parme, en 1602; frère d'Annibal et cousin de Louis Carrache. — Voir le *Tintoret*.

LE LASCIVIE, suite de 17 petites pièces libres, savoir :

1° *Un Satyre assis à gauche et considérant une nymphe endormie sous une tente*; libre et rare; H. 0.152; L. 0.120 (B. 131).

2° *Galatée sur les eaux*, dans un char traîné par des dauphins. H. 0.155; L. 0.111 (B. 129; Van Hulthem, 3498).

3° *Un Satyre surprenant une nymphe endormie à l'ombre d'un arbre*; libre et rare; H. 0.155; L. 0.104 (B. 128; Van Hulthem, 3498).

4° *Nymphe dormant les bras sur la tête.*

5° *Vénus fouettant Cupidon*, étendu sur le dos d'un Amour; un autre Amour, assis à gauche, pleure; libre et rare; H. 0.157; L. 0.110 (B. 135; Van Hulthem, 3498).

6° *Nymphe assise dans un paysage avec un petit satyre.*

7° *Autre sujet semblable.*

8° *Andromède attachée à un rocher et exposée à un monstre marin*; libre et rare. H. 0.155; L. 0.111 (B. 125; Van Hulthem, 3498).

9° *La même composition*, traitée différemment; H. 0.143; L. 0.102 (B. 126; Camberlyn, 1re vente, N° 587).

10° *Hésione couchée au pied d'un rocher.*

11° *Susanne surprise au bain*, libre et rare; H. 0.152; L. 0.100 (B. 124).

12° *Les Trois Grâces debout et se tenant embrassées*. L'une est vue par le dos, et les deux autres de face; H. 1.056; L. 0.111 (B. 130; Rigal, 203).

13° *Loth commettant un inceste avec ses filles*; H. 5 p. 8 l.; L. 4 p. (B. 127; vente du 11 mars 1861).

14° *Un Satyre jouissant des embrassements d'une nymphe qui est adossée contre le tronc d'un arbre*. Pièce libre et rare, datée de 1559 (fausse date). H. 0.155; L. 0.104 (cat. Leblanc; B. 134). — Mariette, qui avait eu des épreuves de cette pièce, dit dans l'*Abecedario*, I, 316, que cette date à laquelle le Carrache n'avait qu'un an, avait été mise par lui, sans doute pour donner le change sur l'auteur de la pièce, car on ne peut rien voir de plus lascif.

15° *Un Satyre fouettant une nymphe qu'il a attachée à un arbre*. Dans le fond, un autre satyre sort d'un bois; H. 0.157; L. 0.111 (B. 133).

16° *Eurydice tirée des enfers par Orphée*. On lit au bas de la droite : *Venetiis donati rascicotti formis*. H. 0.152; L. 0.106. Pièce libre et rare (cat. Leblanc; B. 123).

17° *Nymphe assise à gauche et posant une jambe sur les épaules d'un petit satyre qui badine avec elle, pendant qu'un autre enfant lui coupe les ongles des pieds*. Pièce libre et rare; H. 0.154; L. 0.105 (B. 132; cat. Leblanc).

Cette suite est très-rare, surtout les pièces les plus libres. Bartsch n'en cite que 13 (Nos 123 à 135) et dit que le N° 134 est presque introuvable (J., I, 345; H. de L., en avril 1856, 13 pièces, 200 fr.; Rigal, 7 p., N° 203, 113 fr.).

Les cuivres de ces planches étaient sans doute ceux que, d'après Chevillier (*Origine de l'Imprimerie à Paris*, Paris, 1694, in-4°, p. 224), le graveur Jollain acheta et détruisit, croyant, bien à tort, anéantir l'œuvre de Marc-Antoine, d'après les dessins de Jules Romain. Ce passage nous paraît mériter d'être reproduit : « Nous ne devons « point taire la belle action d'un gra- « veur de Paris. Il sçut où il y avoit de « ces planches infâmes qui représen- « toient ces dessins abominables de Ju- « les et ces sonnets impurs de l'Arétin. « Il y alla en offrir une somme considé- « rable et les acheta cent écus, dans le « dessein de les détruire entièrement « et d'empêcher, par ce moyen, qu'on « n'en tire plus aucune estampe. Ce

« qu'il exécuta, persuadé que c'étoit « bien employer son argent que de le « faire servir à ôter de devant les yeux « des objets qui sont des piéges que « l'enfer dresse aux âmes. C'étoit M. « Jollain, marchand de la rue Saint- « Jacques, homme d'une probité dis- « tinguée, comme il parut par cette « action. Il a toujours cru que c'étoient « les planches originales gravées par « Marc-Antoine qu'il avoit détruites. »

La rareté extrême, ou plutôt la disparition entière des estampes de Marc-Antoine, d'après Jules Romain, amena Augustin Carrache à dessiner, à Naples, à la fin du XVIe siècle, ces sujets inspirés par les sonnets de l'Arétin. Ces dessins passèrent en Hollande et ils y furent gravés.

Adam et Eve, 1581. Eve, debout, donne du fruit à Adam qui est assis sur une butte. On lit dans la marge : *In Adam omnes moriuntur.* I, Cor. 15. Pièce rare, attrib. à Aug. Carrache. H. 17 p. 10 l.; L. 13 p. (B. 1).

L'Amour réciproque. Des hommes et des femmes se faisant l'amour. On lit en bas deux distiques italiens qui commencent ainsi : *Del reciproco Amor che nasce e uiene,* etc. L. 0.306; H. 0.106. — *Les Fruits de l'Amour.* Sujet semblable au précédent. Sur le devant sont deux enfants à genoux l'un derrière l'autre. Les deux distiques qui sont en bas sont la continuation de ceux de l'estampe qui précède. Ils commencent ainsi : *Come la palma incidio è di uittoria,* etc. L. 0.300 ; H. 0. 212 (B. 119-120; cat. Leblanc).

Des Nymphes dansant ensemble au son de la guitare que joue une de leurs compagnes, et qui métamorphosent en olivier sauvage un berger qui s'était moqué d'elles. Dans la marge, 8 vers italiens: *Mai non dourebbe l'ignorante,* etc. H. 0.225; L. 0.153. Rare (B. 113; catal. Leblanc).

Deux intérieurs de forêts, où des hommes et des femmes se livrent aux plaisirs; sujets libres, connus sous le titre du *Siècle d'or* (Rigal, 203; J., I, 346).

Eve donnant la pomme à Adam, 1581. Petite pièce (J., I, 345).

Jeune fille nue attirant un vieillard près d'un lit. L'Amour brise son arc. (J., I, 346).

Pan dompté par l'Amour, 1599; jolie pièce bien dessinée et bien exécutée. L'Amour lutte avec le dieu Pan en présence de deux nymphes; on lit sur le ciel : *Omnia vincit amor.* L. 0.188; H. 0.130 (B. 116; Rigal, 203; Van den Zande, 43 fr.; Prévost, 40 fr.; H. de L., avril 1856, 65 fr.).

Le Sondeur. Une femme nue est couchée sur un lit, près d'un satyre habillé en maçon, qui, debout à droite, lui fait tomber son plomb sur le bas-ventre; pièce libre, extrêmement rare; H. 0.210; L. 0.132 (cat. Leblanc; J., I, 346; B. 136).

Un Satyre regardant une femme endormie; le 1er état est avant l'adresse : *Andrea vaccaria, 1604, in Roma;* H. 0.182; L. 0.127 (B. 112; cat. Leblanc).

Vénus et l'Amour dans un paysage. L'Amour est endormi, et Vénus tient des raisins et des épis. Dans la marge : *Sine Cerere e Baccho friget Venus;* H. 0.221; L. 0.153 (B. 115; cat. Leblanc).

Le Vieillard et la Courtisane. Un vieillard fouillant dans son escarcelle pour payer les faveurs d'une courtisane qui se défend de ses caresses. On voit, debout sur un lit, l'Amour rompant son arc. Dans la marge d'en haut, un rébus signifiant que l'or vient à bout de tout; très-rare; H. 0.220; L. 0.166 (B. 114).

Pan dompté par l'Amour, gr. par Badalocchio. H. 7 p.; L. 6 p. (B. 34).

Galatée, pl. pour *Schola picturæ,* etc., gr. par D. Cunégo.

Vénus et l'Amour , gr. en haut., par P. Dupin (Van Hultem, 4259).

L'Amour, ayant attaché Vénus à un arbre, est battu par Minerve, gr. en larg., par Corn. Galle, le vieux (J., II, 66).

Vénus et l'Amour. Vénus assise au pied d'un arbre, tenant des raisins d'une main et recevant de l'autre des épis de blé, que l'Amour lui présente. Dans l'original de Carrache, l'Amour est représenté endormi et dans une autre attitude. Petite pièce de forme ronde, gr. par Henri Goltzius; diam. 3 p. (B. 257; comte ***, de Vienne, en février 1867, 19 fr.).

Vénus et l'Amour, 1785; in-fol., gr. par V. Green.

L'Enlèvement d'Europe, gr. par M. Oddi. L. 8 p. 9 l.; H. 6 p. 6 l. (Weigel, 2/3 th.).

Vénus couchée sur un lit, dans la forge de Vulcain, gr. par Pierre del Po ; L. 10 p. 6 l.; H. 6 p. 9 l. (B. 32; Van Hulthem, N° 3670).

L'Amour frappant avec une épée de feu un homme et une femme attachés à son char, gr. par Gilles Sadeler (Rigal, 203).

Pan et l'Amour. Le petit dieu s'efforce de renverser Pan qui cherche à se défendre. Eau-forte, par Torri. H. 10 p. 6 l.; L. 7 p. 9 l. (B. 7; Rigal, 958).

CARRACHE (Annibal), peint. et grav. à l'eau-forte, né à Bologne, en 1560; mort à Rome, en 1609; frère d'Augustin et cousin de Louis Carrache.

Acis et Galatée dans un beau paysage. Ils sont épiés par un satyre (J., I, 350).

L'Amour allaité par Vénus. Ils sont observés par un satyre (J., I, 349).

L'Amour instruisant le dieu Pan à jouer du chalumeau, admirable compositition à la plume.

Jupiter et Antiope, 1592. Antiope endormie sur un lit, épiée par Jupiter changé en satyre. Près de la tête d'Antiope est l'Amour faisant signe au satyre de ne pas éveiller la belle dormeuse (sujet quelquefois désigné *Vénus endormie, surprise par un satyre)*; grav. à l'eau-forte d'une grande beauté; L. 0.235; H. 0.157 (B. 17; Rigal, 210; H. de L***, avril 1856, 19 fr.; Van den Zande, 19 fr.).

Susanne surprise au bain par les deux vieillards, pièce capitale du maître, rare, av. la lettre. En marge, une dédicace et deux distiques latins : *Ariminæ Gentis decus*, etc. L. 0.333; H. 0.318 (B. 1; Rigal, 20 fr.; Frauenholz, 1er état, av. l. l., 18 flor.; Prévost, 72 fr.; Logette, 24 fr.; Weigel, 4 th.; H. de L***, avril 1856, 300 fr.).

Vénus et l'Amour, pièce en haut. (Van Hulthem, 3506).

Hercule et Omphale. — Diane et Endymion. — Jupiter et Junon. — Mars et Vénus. — Triomphe de Galatée. — Flore. — Triomphe de Bacchus; sept pièces gr. d'après Ann. Carrache (Martial Pelletier, 1867, N° 69).

Renaud et Armide, gr. par un anonyme. Paris, Bance, 1813.

Satyre terrassé par l'Amour, très-jolie eau-forte, par un maître anonyme italien.

Pan instruit par l'Amour, gr. par Mich. Aubert.

Clytie et l'Amour, gr. par Bartolozzi; forme ronde; H. et L. 0.430 (1er état, Durand, 100 fr.; Logette, 105 fr.; 2e état, Benard, 66 fr.; St-Yves, 39 fr.; Basan, 27 fr.).

A Naked Venus asleep, gr. par le même.

Vénus endormie, pièce ovale en travers, gr. en couleur, par le même.

Le Satyre et la Nymphe; gr. par Is. Beckett. L. 0.225; H. 0.178.

Vénus et l'Amour, gr. par J. Bouillard.

Deux Hommes saluant une compagnie de sept femmes, gr. par le comte de Caylus.

Un Homme présentant un bouquet à des dames qui s'avancent vers une maison que l'on aperçoit dans le fond; gr. par le même.

Les Baigneuses. Deux femmes prennent un bain. Une troisième, debout sur le rivage, semble achever de se déshabiller pour se baigner aussi. Grav. par Michel-Ange Masson. L. 0.274; H. 0.214, dont 16 de marge (R. D. 66).

Deux Bergers châtiant un satyre pour avoir enchaîné une nymphe, gr. en larg., par le même (R. D. 98).

Jupiter, Neptune et Mercure chez le vieux Iris. Le maître des dieux est dans une attitude indécente. Pièce en larg., gr. par le même (R. D. 94).

Paysage, dans lequel on remarque une femme qui se baigne; deux enfants l'accompagnent. Le plus âgé, retroussé jusqu'à la ceinture, se baigne aussi. Pièce en larg., gr. par le même (R. D. 65).

La Chaste Susanne. Elle est surprise au bain par deux vieillards. L'Amour, planant en haut, s'arrête épouvanté; gr., par J.-Bapt. Corneille; H. 0.398, dont 48 de marge; L. 0.273 (R. D. 5).

Une Nymphe nue, vue par le dos, sommeille étendue à droite, tandis que le dieu Pan en enlève une autre à la gauche du fond. Gravée par le même. L. 0.280; H. 0.214, dont 13 de marge (R. D. 75).

Loth et ses filles, 1780; in-fol. en larg., par A. Cunego.

Vénus dans les forges de Vulcain, in-4°, gr. par F. Curti.

L'Air. Vénus assise sur les nuages, près de l'Amour tenant son arc d'une main, et s'appuyant de l'autre sur l'épaule de sa mère en regardant le spectateur. Elle est nue, couronnée de feuilles et de fleurs, et tient le prix de la beauté dans sa main gauche élevée. Gravé par Oliv. Dofin. Dimension du 1er état : L. 0.235; H. 0.196. Le 2e état, forme ovale : L. 0.227; H. 0.190 (R. D. 6). Cette pièce fait partie des quatre éléments, gravés par Dofin, d'après Louis Carrache *(l'Eau)*, Annibal *(la Terre, l'Air)* et Augustin Carrache *(le Feu)*.

Vénus et l'Amour accompagnés d'un faune, in-fol. en larg., gr. par A. Geiger.

Susanne et les vieillards, gr. par Edme Jeaurat.

Chasteté de Susanne, gr. par Marg. Larche.

L'Attente du plaisir, vignette, par Ant.-Robert Lefebvre. Paris, Janet, 1821.

L'Attente voluptueuse, gravure. Arrêts du 7 mars 1823 et du 9 août 1842, en ordonnant la destruction comme obscène. C'est sans doute l'*Attente du plaisir* de Lefebvre, d'après le Carrache.

L'Attente du plaisir, 1781, in-fol. en larg., gr. par L.-S. Lempereur (A. David, No 1965).

Jupiter et Danaé, in-fol., gr. par Noël Lemire (J., II, 207).

Susanne et les vieillards, in-fol. en larg., gr. par J. Maennl (Weigel, 2 1/2 th.).

Deux Nymphes cueillant des fleurs, sont surprises par un jeune homme; grav., en larg., par Ch. Massé (R. D. 65).

Jupiter enlevant une nymphe, gr. en larg., par le même (R. D. 56).

Un Satyre, au-delà d'une souche, contemple avec ravissement deux nymphes assises, et dont l'une est couronnée de fleurs; pièce en larg., gr. par le même (R. D. 46).

Clytie, in-4o, gr. par J.-B. Michel.

Hercule entre le vice et la vertu, 1637, grav. par Nic. Mignard. « Hercule, étant « devenu grand, sortit, dit Xénophon, « en un lieu à l'écart pour penser à « quel genre de vie il s'adonnerait; « alors lui apparurent deux femmes de « grande stature, dont l'une fort belle, « qui était la vertu, avait un visage « majestueux et plein de dignité; la « pudeur dans les yeux, la modestie « dans tous les gestes et la robe blan- « che. L'autre, qu'on appelle la mol- « lesse ou la volupté, était dans un « grand embonpoint et d'une couleur « plus relevée; ses regards libres et ses « habits magnifiques la faisaient con- « naître pour ce quelle était. Chacune « des deux tâcha de le gagner par ses « promesses; il se détermina enfin à « suivre le parti de la vertu, qui se « prend ici pour la valeur. » Annibal avait peint son tableau en 1608. L. 0.336; H. 0.298 (R. D. 3; Van Hulthem, 4542).

Ulysse bravant le chant des syrènes, 1637, gr. par le même; L. 0.449; H. 0.261 (R. D. 6; Van Hulthem, 4546).

Ulysse chez Circé, gr. par le même, 1637. Dans la marge : *Saga potens Circé*, etc.; L. 0.449; H. 0.261 (R. D. 5; Van Hulthem, 4545).

Susanne surprise au bain, gr. par J.-B. Mola. Susanne est assise au milieu, regardant d'un air d'indignation les deux vieillards dont l'un met des lunettes pour la considérer. Cupidon plane en l'air. H. 0.365; L. 0.316 (B. 3; Van Hulthem, 3647).

Susanne au bain, in-fol., gr. par P. Monaco.

Renaud et Armide, in-fol. en larg., gr. par Ern. Morace.

Vénus et Adonis, gr. par J. Œxmann.

Triomphe de Galatée, gr. par Péquégnot. Paris, impr. Pierron, 1857.

Le Triomphe de Galatée, gr. par B. Picart.

Vénus et Adonis, 1655. Adonis rencontrant Vénus et se laissant séduire par ses charmes. L'amour est auprès de sa mère; gr. par Louis Scaramuccia. L. 10 p. 9 l.; H. 9 p. (B. 4).

Vénus, phot. de la grav. de L. Lempereur. Paris, Bisson fr., 1857. — Ne serait-ce pas *l'Attente du plaisir?*

CARRACHES (d'après les).

LA GALERIE FARNÈSE, gr. en 1641, par J. Belly. Parmi les sujets, on peut citer :

— *Les Amours d'Anchise et de Vénus*. H. 7 p. 9 l., y compris 3 l. de marge; L. 8 p. 1 l. (R. D. 15).

— *Andromède attachée à un rocher*, pour y être dévorée par un monstre marin; L. 16 p.; H. 8 p. 4 l. (R. D. 6).

— *Aurore enlevant Céphale*; L. 15 p. 10 l.; H. 8 p. 3 l., y compris 2 l. de marge (R. D. 5).

— *Bacchus et Ariane conduits en triomphe* par les faunes et les bacchantes. L. 22 p.; H. 10 p. 6 l., y compris 2 l. de marge (R. D. 3).

— *Diane embrassant le berger Endymion pendant son sommeil*; H. 7 p. 11 l., y compris 2 l. de marge; L. 7 p. 11 l. (R. D. 13).

— *Diane s'apercevant de la grossesse de Calisto*; L. 9 p. 11 l.; H. 5 p. 9 l. (R. D. 24).

— *Hercule jouant du tambour de basque* près de sa maîtresse Iole. H. 7 p. 11 l., y compris 2 l. de marge; L. 7 p. 11 l. (R. D. 14).

— *Jeune Fille caressant une licorne.* L. 11 p. 9 l.; H. 8 p. 8 l. (R. D. 16).

— *Junon montrant à Diane Calisto transformée en ours.* L. 9 p. 11 l.; H. 5 p. 9 l. (R. D. 25).

— *Jupiter rallumant son amour pour Junon,* qui vient le trouver parée de la ceinture de Vénus. H. 7 p. 11 l.; L. 8 p. 1 l. (R. D. 12).

— *Pan offrant à Diane la toison d'une chèvre blanche,* gr. dans un octogone. H. 11 p. 7 l., y compris 3 l. de marge; L. 8 p. 4 l. (R. D. 8).

— *Polyphème, amoureux de la nymphe Galatée,* lui exprime son amour sur une flûte champêtre. H. 10 p. 6 l., y compris 2 l. de marge; L. 8 p. 6 l. (R. D. 10).

— *Polyphème lançant un quartier de rocher pour écraser Acis son rival.* H. 10 p. 8 l., y compris 2 l. de marge; L. 8 p. 1 l. (R. D. 11).

— *Le Triomphe de Galatée.* L. 15 p. 5 l.; H. 8 p. 5 l., y compris 2 l. de marge (R. D. 4).

— *Vénus portée par un triton ayant l'Amour en croupe.* L. 9 p. 11 l.; H. 5 p. 9 l. (R. D. 27).

La galerie Farnèse, dessinée et gravée à l'eau-forte, par Charles Cesio. Suite de quarante-quatre estampes de différentes dimensions. Les pièces sont numérotées de 1 à 30; quelques-unes portent un N° répété; d'autres n'en ont point. Ce recueil est précédé du titre suivant: *Galeria nel palazzo Farnese in Roma, del Sereniss. Duca di Parma, etc. dipinta da Annibale Caracci. intagliata da Carlo Cesio.* — Parmi les sujets qui ne sont pas dans la suite gravée par Belly, on peut citer: *Les Amours de Salmacis et Hermaphrodite,* et l'*Amour domptant le dieu Pan.* Deux sujets sur la même planche, dans des médaillons entourés de termes et de figures d'hommes. L. 20 p.; H. 9 p. 7 l. — *Borée enlevant la nymphe Orithie,* et *Apollon écorchant Marsias,* sur la même planche, également dans des médaillons, et de même dimension. — *Orphée perdant Eurydice par sa curiosité indiscrète,* et *Europe enlevée par Jupiter changé en taureau.* Comme les précédents. — *Pan poursuivant Syrinx,* changée en roseaux, et *Léandre passant à la nage le détroit de l'Hellespont,* pour aller visiter Héro. Dans des médaillons, comme les pièces précédentes, et de même dimension; etc. (Voir Bartsch, XXI, p. 108-114).

La Galerie Farnèse, en six pièces, gr. en 1777, par Jean Volpato : La voûte, contenant trois tableaux, savoir : à l'un des bouts, Pan offrant à Diane une toison blanche; au milieu, le Triomphe de Bacchus et d'Ariadne; à l'autre bout, Mercure apportant à Pâris la pomme. — La face du midi, trois tableaux, savoir : Hercule vaincu par Iole; L'Aurore et Céphale; Vénus et Enée. — La face du nord, trois tableaux : Jupiter et Junon; Triomphe d'Amphitrite; Diane et Endymion. — La face du levant, deux tableaux : Polyphème et Galatée; Persée venant délivrer Andromède. — La face du couchant, deux tableaux : Polyphème lançant une roche; etc. (Duchesne aîné, 317-321).

CARRÉE, graveur du XVIIIe siècle. — Voir *Freudenberger.*

CARROT, dessin. et grav. contemporain. — Voir *Pezous.*

Une Courtisane romaine, gr. en taille-douce. Paris, Lecoutre, 1854.

CARS (Laurent), grav. célèbre, né à Lyon, en 1703; mort en 1771; fils de Jean-François Cars, également grav. — Voir *Boucher, Detroy, Greuze, Lancret, Lemoine, le Poussin,* C. *Vanloo, Watteau.*

Hercule et Omphale, gr. par J. Fisher.

CARTON (E), peintre du XVIIe siècle.

Pygmalion et sa statue, 1680, in-fol., gr. par N. Pecoult.

CARTON, peintre contemporain.

Comme on entre. — *Comme on sort*; deux lithogr. par Regnier; H. 0.46; L. 0.29 (Bulla, rehaut, 5 fr. chaque).

CASANOVA (J.-François), peint. et grav. à l'eau-forte; né à Londres, en 1730; mort à Brühl, près de Vienne, en 1805.

Vénus et l'Amour montés sur un dauphin, in-fol., gr. par Ferd. Grégori.

L'Escorte de l'équipage, in-fol., par J. Moyreau.

CASES. — Voir *Romain-Cases.*

CASEY, dessin. lith. moderne.

Les Sirènes: la Coiffure. — Le Corset. — La Chemise; trois lithogr. gracieuses, color. (vente de mai 1866, N° 198).

CASPAR (Joseph), peint. et grav. contemp., trav. à Berlin. — Voir le *Titien.*

CASSEGRAIN (Mlle). — Voir *Alophe.*

CASTAN (P.-J.-Edmond), peint. et grav. à l'eau-forte, au burin et à la man. noire, contemporain, né à Toulouse; élève de Drolling et de Girard; trav. à Paris. — Voir *Schlesinger.*

CASTEL (Henry), peint. et grav., né à Grasse, 1783. — Voir Alexandre *Fragonard.*

CASTIGLIONE (la comtesse de). Son portr. lithogr. par Alophe, d'après une photogr. de Mayer et Pierson. Paris, Lemercier, 1857.

CASTLEHAVEN (Elisabeth, comtesse de). — Voir Van *Dyck.*

CASTRO (L.), peintre de la fin du XVIIe siècle.

Une Femme vue par le dos et découverte; un singe l'essuie; une autre femme est couchée dans le fond de l'appartement; au bas, dix vers anglais.

Jupiter et Calisto, in-fol. en larg., gr. par Henry Lutterel; très-rare (Weigel, 3 $^{2}/_{3}$ th.).

Un Moine caressant une jeune fille et lui présentant un verre de liqueur; par John Smith.

CATALINI (Angelica), cantatrice. — Voir *Fleischmann.*

CATHELIN (Louis-Jacques), gr. à l'eau-forte, né à Paris, 1739-1804. — Voir *Fredou, Nattier* et *Monsiau.*

CATHERINE, infante de Portugal. — Voir *Hollar.*

CATHERINE Ire, impératrice de Russie. — Voir G.-P. *Bush*, J. *Houbraken.*

CATHERINE II, impératrice de Russie. — Voir *Borowikowski*, Paolo *Caronni, Dickinson, Lampi*, A. de *Saint-Aubin, Schreger, Schultze, Staal*, Caroline *Watson.*

CATHERINE D'ARAGON. — Voir *Holbein*, A. Van der *Werff.*

CATHERINE DE BOURBON. — Voir P.-F. *Bertonnier*, C. *Cort, Duval*, J. *Rabel.* — Malpé indique de la manière suivante un portrait de cette princesse: « Catherine de Médicis, femme de Henri IV, gravé en 1601. » Erreur évidente qui a été la cause des autres erreurs commises ensuite; c'est Marie de Médicis qu'il faut dire (Alvin, 1866, N° 1975).

CATIBERT, peintre de la fin du XVIIe siècle.

La Fille à Simonette, gr. par J.-C. Maillet.

L'Heureuse Jeannette, grav. par le même.

CAUMONT (Marquis Seytres de), né à Avignon, 1688-1745. — Voir le *Poussin.*

CAVALLERUS (Jean-Baptiste), grav., né à Lagherino, en 1525; établi à Rome, entre les années 1550 et 1590. — Voir le *Titien.*

CAYLA (Mme la comtesse du), née Talon. — Voir *Gérard.*

CAYLUS (Marguerite de Valois, comtesse de). — Voir *Rigaud.*

CAYLUS (Anne-Claude-Philippe de Thubières, de Grimoard, de Pestel, de Lévy, comte de), dess. et grav., né à Paris, 1692-1765. — Voir E. *Bouchardon*, Ann. *Carrache, Coypel*, Ch.-Ant. *Coypel, Raphaël*, le *Titien*, Léonard de *Vinci, Watteau.*

CAZALI (André), peintre du XVIIIe siècle.

Le Retour de Mars, in-fol. en larg., gr. par Ch. Grignion.

CAZENAVE, grav. contemp. — Voir l'*Antique, Boilly, Regnault.*

CAZES (Pierre-Jacques), peintre, né à Paris, en 1676; mort le 25 juin 1754.

Léda, gr. par un anonyme (11 nov. 1861, av. l. l., 3 fr.).

Léda caressée par Jupiter en cygne, in-fol. en larg., gr. par L. Desplaces.

Le Repos de Galatée, in-fol. en larg., gr. par le même.

Les Surprises de l'Amour : Achille et Deidamie. — Hercule et Omphale; deux pièces in-fol. en larg., gr. par Desplaces.

L'Amour aiguisant une flèche, 1770; in-fol. en haut., gr. par P.-Ch. Levesque.

Salmacis et Hermaphrodite, gr. par J.-C. Maillet.

Vénus et Adonis, gr. par le même.

CELLIER (Mlle). — Voir Ed. *Morin.*

CENCI (Filippo), grav. au burin. — Voir *Raphaël.*

CÉPHALE ET PROCRIS. — Voir Polydore de *Caravage*, *Cipriani*, Jérôme *Cock*, Ad. *Elsheimer*, *Francisque*, le *Guerchin*, *Huet*, L. de la *Hyre*, le *Lorrain*, Joh. *Lys*, *Morelse*, G. *Pencz*, *Rosso de Rossi*, *Théodore.*

CÉRÈS. — Voir *Elsheimer*, *Fragonard*, H. *Goltzius*, J.-J. *Huber*, Eust. *Lesueur*, C. van *Mander*, *Nahl*, Corn. *Schut*, *Watteau.*

CÉRÈS ET BACCHUS. — Voir B. *Spranger.*

CÉRÈS ET NEPTUNE. — Voir *Rosso de Rossi.*

CÉRÈS ET PLUTON. — Voir B. *Spranger.*

CÉRÈS ET VULCAIN. — Voir le *Titien*, Perino del *Vaga.*

CERRITO (Fanny). — Voir J. *Laure*, *Lejeune.*

CESARI (Giuseppe), peint. italien, né en 1568; mort le 3 juillet 1640.

Susanne au bain, gr. par J. Bouillard; H. 0.205; L. 0.170.

CESIO ou CESI (Charles), peint. et grav., né à Androco (Etats du pape), en 1626; mort à Rieti, en 1686. — Voir les *Carraches.*

CHAAT (J.-J.), grav. contemp. — Voir *Corbould.*

CHABERT (Mlle). — Voir Ed. *Morin.*

CHAILLOU, peintre du XVIIIe siècle.

Diane et Endymion. — *Mars et Vénus ;* deux pièces gr. au pointillé, par Michel; H. 18 c.; L. 13 (Bance, 3 fr. chaque).

CHALLE (Charles-Michel-Ange), peint. et grav. à l'eau-forte, né à Paris, le 18 mars 1718; mort en 1778.

La Baigneuse, vue par devant. — *La Baigneuse*, vue par derrière, 1741 (jeunes filles au bord d'une rivière entourée d'arbres); deux pièces formant pendant (vente du 27 mai 1861).

Diane au bain, 1744. La déesse sort de l'eau et se hâte de se couvrir en regardant à droite, où elle parait entendre quelqu'un. Eau-forte ovale, très-rare. H. 0.153; L. 0.132 (Baudicour, 1; mai 1866, N° 328).

Nymphe de Diane sortant du bain. Elle est assise sur un grand linge, au bord de l'eau, essuyant son pied droit. Son carquois est suspendu à la branche d'un arbre. Pièce semblable à la précédente, de même dimension et portant la même date (Baudicour, 2; de Vèze, p. 233).

Femme nue, vue de profil, à gauche, essuyant ses pieds, assise sur ses vêtements, près de l'eau; pièce ovale (de Vèze, 233).

La Baigneuse, gr. par un anonyme (M***, mai 1861, N° 75).

Le Bichon, gr. par un anonyme (vente de févr. 1859).

Lanterne magique d'amour. — *Télégraphe d'amour ;* deux pièces, gr. par J. Alix; L. 0.343; H. 0.266.

Le Bât. — *Le Gascon puni.* — *Le Poirier enchanté.* — *La Servante justifiée ;* quatre sujets tirés des Contes de La Fontaine, gr. par J. Bonnefoy.

Le Matin. — *L'Après-midi ;* deux pièces gracieuses, en coul., gr. en haut., par Bonnet. Costumes Louis XVI; le *Matin* est une jolie femme fort décolletée (en déc. 1856, 22 fr.; le 11 nov. 1861, envir. 7 fr.).

La Comparaison, gr. par Bouillard et Dupréel (vente de févr. 1859). — On pourrait substituer à ce titre trop vague, celui-ci plus expressif: *Les Trois Callypiges.* Une réunion nombreuse de femmes se livre aux plaisirs du bain, sous des bosquets épais. Leur costume est celui qu'exige la circonstance. Un débat s'est sans doute engagé entre trois d'entre elles, sur la question de savoir chez laquelle la nature s'est plue à élever la chute des reins au degré le plus accompli de la beauté plastique: il faut statuer sur ce débat; un aréopage s'installe; les trois prétendantes, toutes jeunes et charmantes, mais de tailles différentes et plus ou moins développées sous le rapport des formes, se placent sous les yeux des juges; les pièces du procès sont étalées au grand jour.

Le même sujet, gr. par Chaponnier (cat. A. David).

Chu-u-u, jolie petite pièce ovale, gr. au bistre, par le même. (M..., en 1860.)

Le Modèle disposé, gr. par le même (P. de Corneillan, 540).

L'Officieuse femme de chambre (ou *the Officious waiting woman)*, gr. par le même. Pièce rare, désignée quelquefois la *Chambrière complaisante*, ou la *Soubrette officieuse* (P. de Corneillan, 542).

Psyché regardant dormir l'Amour, gr. en coul., par Demonchy (vente du 17 janv. 1862).

Les Appas multipliés, gr. par L. Dennel (11 nov. 1861, av. l. l., 12 fr.).

L'Amant surpris, belle pièce, gr. en coul., par Descourtis (de Vèze, p. 158; J., I, 421).

Le Départ et *l'Orgie de l'enfant prodigue* ; deux belles pièces, gr. en coul., par le même (de Vèze, p. 159).

Les Espiègles, belle pièce, gr. en coul. par le même (de Vèze, p. 158; J., I, p. 421).

Les Désirs de l'amour, gr. au bistre, par Aug. Legrand (P. de Corneillan, 539).

Les Plaisirs de l'hymen, gr. au bistre, par le même (P. de Corneillan, 539).

Le Premier baiser de l'amour, gr. par le même; jolis costumes (vente du 16 janvier 1862).

La Saison des amours, gr. en coul., par le même (15 mai 1865, N° 603).

Sommeil de Vénus, pièce en larg., gr. par G.-R. Levillain (Van Hulthem, 4847).

La Ruelle, gr. par Malapeau (déc. 1865, N° 150).

Finissez, gr. par G. Marchand (A. Dinaux, N° 476).

Quand l'hymen dort, l'amour veille, gr. en coul., par Mauclerc (11 nov. 1861, 1 fr., en avril 1864, 8 fr.; A. David, N° 1618).

Jupiter et Léda, gr. par J.-B. Tilliard (15 mai 1865, N° 599).

Zéphire et Flore, gr. par le même (11 nov. 1861, 2 fr.).

Le Repos interrompu par le chat et le chien, sujet gracieux, ovale en trav., gr. par Vidal (15 mai 1865, N° 599).

Le Souvenir agréable, gr. par le même (cat. A. David).

L'Adroite confidente, gr. par Vionet (en mai 1854, 22 fr.)

Les Amants trahis par leur ombre, gr. par Wogls (15 mai 1865, N° 602).

La Comparaison, phot. par Duchesne. Paris, 1858.

CHALLIOU (à Paris, chez).

L'amant pressant. — L'Instant passé. — La Fille engageante. — Le Billet rendu. — La Curieuse aperçue. — Le Moment dangereux; six jolies pièces en coul.; intérieurs et costumes Louis XVI; sujets ronds formant une seule suite (11 nov. 1861, les deux premiers, 5 fr.; les deux suivants, 9 fr., et les deux derniers, 14 fr.).

La Douce Julie (pendant de la *Surprise agréable*, chez Civil), pièce en coul. (11 nov. 1861, les deux pièces, 3 fr. 25).

CHALON (Jean), dessin. et grav., né à Amsterdam, en 1738; mort en 1795.

Les Précieuses ridicules, scène d'une comédie de Molière, gr. par Gaucy; H. 0. 379; L. 0.325 (Soleinne, N° 13).

CHALON (A.-E.), dessinat. lith. contemporain.

Costume de Mlle Plessy (dans la Fille d'honneur); H. 0.541; L. 0.406 (Soleinne, 107).

Mlle Julie Grisi, actrice de l'Opéra-Buffa (dans Norma); H. 0.352; L. 0.217 (Filippi, N° 262; Soleinne, 161).

Mme Malibran-Garcia, lith. de R.-J. Lane; H. 0.220; L. 0.160. Un autre portr.; L. 0.390; H. 0.290 (Soleinne, 348).

Mlle Taglioni, huit portr. : deux dans la Sylphide; H. 0.577; L. 0.356, et H. 0.370; L. 0.237. — En Flore; en Tyrolienne; en Nayade; en Bayadère; en Napolitaine; en costume de de ville. Ces six derniers, H. 0.217; L.

0.144; lithogr. de R.-J. Lane (Soleinne, 117-118).

CHAM, lithogr. contemp. — Voir *Stop et Cham.*

Actualités : Un monsieur qui suit les femmes au bois de Boulogne. — Comment, mamzelle Françoise, ça vous fait pleurer qu'on ait mis des brandebourgs sur nos tuniques? — C'est une ruine, ces nouveaux chapeaux! Je suis obligée d'en mettre trois à la fois... — Il veut voir l'*Africaine*; mais où est son billet?... Depuis quand que les troupiers ont besoin de billets pour voir leur payse? — Prix Dupin accordé dans les pensionnats de jeunes demoiselles, à la jeune personne qui aura le plus négligé sa toilette durant l'année. — Je vous demande un peu ce que nous y avons fait, à ce M. Dupin, pour qu'il nous attaque comme ça?— Qu'est-ce que ça peut nous faire, la brochure? Elle attaque les femmes et nous nous habillons en hommes. — Les vieilles filles à marier se déguisent en Espagnoles afin de se faire enlever par des corsaires chiliens, etc.; suite très-variée de lithogr. Paris, Martinet.

Ces Petites dames et ces jolis messieurs, album lithogr. Paris, Michel Lévy, 1867.

Les Madeleines : Une ruse de guerre. — Pour qui me prenez-vous? — Oh, c'te tête! — Le Gage d'amour (la queue de Bichon); quatre lithogr. Paris, Aubert, 1847.

CHAM ET DARJOU.

Actualités : Modes de 1865. La mode fournissant aux maris l'occasion de mener leurs femmes. Paris, impr. Destouches, 1865.

CHAM ET H. D. (Daumier).

Actualités : Ma fille! malheureuse! tu as un enfant? — Mais, maman, depuis la nouvelle pièce du Gymnase, il n'y a plus moyen de se marier sans ça, je n'ai pas envie de rester demoiselle; lith. Paris, impr. Destouches; A. de Vresse, 1867.

CHAMBARS (Thomas), peint. et grav. du XVIIIe siècle. — Voir Van *Dyck.*

Jupiter et Antiope, gr. par J.-E. Haid.

CHAMPAGNE (Phil. de), peintre, né à Bruxelles, 1602; mort à Port-Royal, 1674.

La Comtesse d'Olonne, 1714, in-4°, par François (L. R. de L., 1860).

Anne d'Autriche, reine de France, gr. par Michel Lasne (cat. Van den Zande).

Anne d'Austriche, royne régente de France et de Navarre, etc., vue à mi-corps, tournée à gauche; portr. in-fol. dans une bordure octogone, gr. par Jean Morin. H. 10 p. 11 l.; L. 8 p. 8 l. (R. D. 41; Rigal, 554; comte ***, de Vienne, N° 1543; Rapilly, en 1867, 30 fr.).

Anne d'Austriche, tournée à droite, bordure octogone, gr. in-fol., par le même. H. 10 p. 10 l.; L. 8 p. 7 l. (R. D. 40; Rigal, 554; comte ***, de Vienne, 1542).

CHAMPAGNE (J.), dessin. lithogr. contemporain.

Daughters of Eve, lith. Paris, Lemercier, 1854.

Désir d'apprendre.— Désir de plaire; deux lith., 1861.

Les Femmes rêvées, quatre sujets lith. par Champagne et par Alophe. Paris, 1852-53, chez Goupil.

Les Filles d'Eve, six sujets lith. Paris, impr. Lemercier, 1857; chez Rixens.

Ondine. — Sylphide; deux lith. Paris, impr. Lemercier, 1858.

Ondines, quatre sujets lith. Paris, impr. Lemercier, 1855.

La Toilette de Vénus, lith. Paris, Desmaisons-Cabasson, 1849.

Lisette. — Manette. — La Mariée. — L'Espagnole; quatre lith. par Pingot. Paris, Massard, 1855.

CHANTERAU (J.), peintre et grav. à l'eau-forte, né vers 1710.

L'Ile de Cythère. Sur une terrasse, en avant d'un bosquet, s'élève un piédestal sur lequel est placée la statue de Vénus. Plusieurs couples de jeunes amants se voient autour; et en avant, un jeune homme, habillé en berger, s'avance en dansant et jouant de la vielle, avec une jeune fille qui relève légèrement sa robe. Derrière, à droite, on voit une gondole sur laquelle sont deux autres couples qui vont aborder dans l'île. Des Amours folâtrent au-dessus de la barque. Pièce ovale, grav. dans le goût de Watteau. L. 0.246; H. 0.172 (Baudicour, I, 13).

CHAPLIN (Charles), peintre contemp., né aux Andelys (Eure), élève de Drolling.

L'Oiseau envolé. — Les Souliers de

bal; deux lith. en haut., par Bargue. Paris, 1862.

L'Oiseau envolé. — Les Souliers de bal. — Le Boudoir. — Les Colombes; quatre pièces gracieuses, lith. par Durand; H. 0.45; L. 0.29 (Goupil, 8 à 16 fr. chaque).

L'Aurore, gr. par Lassalle; 0.49 sur 0.31; Goupil, 8 et 16 fr.

Le Bain. — La Lettre; deux lith. par Alfred Lemoine. Paris, Dusacq et Ce 1867.

Jeune Femme sortant de l'eau, lith. par Alfred-François Lemoine (Exposition de 1866).

Le Repos de Diane. — La Nymphe Salmacis; deux lith. par A.-Ch. Lemoine; H. 0.28; L. 0.24. Paris, Goupil, 1865, 8 et 16 fr. chaque. La vente de ces deux planches n'a été autorisée qu'à la condition expresse que les épreuves ne seront pas exposées aux vitrines des marchands.

L'Amour vaincu. — L'Amour vainqueur; deux pièces lith. par Aug. Lemoine. Paris, Goupil, 1867.

Les Filles d'Eve : L'Ingénue. — Le Premier baiser; deux pièces grav. à la man. noire, par Masson ; H. 0.29 ; L. 0.19 (Goupil, 5 à 10 fr. chaque).

Laurette, gr. en man. noire, par le même; 0.45 sur 0.28. Paris, Goupil, 1861, 6 et 12 fr.

Les Premières roses, lith. par Cél. Nanteuil. Paris, impr. Bertauts, 1858.

Aux aguets, phot. Paris, Goupil, 1867.

Le Boudoir. — Les Colombes; deux photogr. Paris, Goupil, 1864, 7 cent. sur 12, 1 fr. 50 chaque; cartes de visite, 1 fr. Le *Boudoir* ne peut pas être exposé aux vitrines des marchands d'estampes.

L'Oiseau envolé. — Les Souliers de bal; deux phot. Paris, Goupil, 1864, 7 cent. sur 12, 1 fr. 50 chaque; cartes de visite, 1 fr. chaque.

Le Premier baiser. — L'Ingénue; deux phot. Paris, Goupil, 1864, 1 fr. et 1 fr. 50 chaque. — L'exposition publique est défendue pour *l'Ingénue.*

Laurette, phot. Paris, Goupil, 17 cent. sur 14, 2 fr.; carte de visite, 1 fr.

Les Premières roses. — Une Femme endormie; deux pièces photogr. par Richebourg, 1860.

CHAPONNIER (Alexandre), grav. au pointillé, né à Genève, en 1753; trav. à Paris. — Voir *Boilly, Challe, Opie, Pierre.*

CHAPRON (Nicolas), peint. et grav., élève de Simon Vouet, né à Châteaudun, en 1596; mort à Paris, en 1647. — Voir *Raphaël.*

L'Alliance de Bacchus et de Vénus, grav. en 1639. Dans la marge, ce distique :

Conformis patet amborum natura deorum
Nudus uterque; et amat Bacchus, Amorq. bibit

L. 0,385; H. 0.310, dont 18 de marge (R. D. 58; J., I, 358).

Bacchus et l'Amour entourés de satyres, 1639; pièce en larg. (Van Hulthem, 4095).

CHAPUY (J.-Bapt.), dess. et grav., né à Paris, vers 1760; mort en 1802. — Voir *Lawreince, Rottenhamer.*

Les Plaisirs de l'été (Diane et sept nymphes qui se baignent).

CHARDIN (J.-Bapt.-Siméon), cél. peintre, né à Paris, le 2 nov. 1699, où il mourut le 6 déc. 1779.

La Blanchisseuse. — La Fontaine; deux pièces en larg., gr. par Ch.-N. Cochin (de Vèze, 234).

Le Jeu de passe, gr. par le même.

La Jeune fille aux cerises: Simple dans mes plaisirs....; gr. par le même (7 déc. 1866, N° 333).

Le Négligé, ou la Toilette du matin, 1741, gr. par J.-Ph. Lebas (de Vèze, 234).

Les Amusements de la vie privée, charmante pièce, très-recherchée, gr. par Surugue, 1747 (26 nov. 1866, N° 373).

CHARDON, grav. contemporain. — Voir *Compte-Calix, Watteau.*

CHARDON, père, photographe.

Portraits d'après des gravures : Mme Deshoulières. — Mme Dubarry. — Marie-Antoinette. — Mme de Montespan. — Mme de Parabère. — Mme de Pompadour. — Mme de la Vallière, etc.

La Princesse Mathilde, phot.

CHARDON (Alfred), jeune, photogr. — Voir *Dubufe, H. Fragonard, Ingres.*

Mlle *Amélia*, amazone de l'Hippodrome. — *M*[lle] *Caroline*, amazone du Cirque. — *La Grande Félicité*, idem. — *M*[lle] *Geoffroy*, idem. — *M*[lle] *Hélène*, idem. — *M*[lle] *Hester Moïse*, idem; six portr. phot. d'après nature.

Faut-il bassiner votre lit? photogr., carte de visite. Chez Bulla.

CHARLES (Ch.), dessin. et grav., trav. à Paris, de 1830 à 1845. — Voir *Diaz.*

CHARLET (Nicolas-Toussaint), peint. et grav., né à Paris, 1792; mort en 1845.

Je ne m'ai pas assez méfié de la payse, caricature. Paris, Villain, 1824.

CHARLET ET JACOTIN, photogr.

Portraits d'après nature: Mlles Adelina Patti, Emma Livry, Carlotta Patti, Lina, Garnier, Alexandre, Simon, Cellier, Brunetti, Frasey, Marie Sax, Gardès, Trébelli, Gervais, Jaquetti, Lovely, Urban, etc. Paris, 1864.

CHARLIER, peintre, trav. vers 1780.

Un Tendre engagement va plus loin qu'on ne pense, grav. par Elluin (en mai 1864, 3 fr. 25).

Erigone endormie (elle est nue), pièce ovale en haut., presque ronde et en coul., gr. par Janinet (11 nov. 1861, épr. sans marge, 6 fr.).

Le Sommeil d'Ariane, gr. en haut. et en coul., par le même (Van Hulthem, 4347).

Vénus à demi-couchée, ayant sur elle une guirlande de roses; pièce de forme ronde, en coul., gr. par le même (11 nov. 1861, 12 fr. 50).

Vénus désarmant l'Amour, gr. par le même.

Vénus en réflexion, gr. en haut. et en coul., par le même (Van Hulthem, 4347).

CHARLOTTE (la princesse), palatine. — Voir *Horthemels.*

CHARPENTIER (Pierre-François), dessin. et grav. en man. du lavis, né à Blois, en 1730; établi à Paris. — Voir *Boucher*, H. *Fragonard*, C. *Vanloo.*

Erigone. — *Ganymède;* deux pièces gr. au pointillé, par Mariage; H. 0.16; L. 0.12 (Bance, 3 fr. chaque).

CHARPENTIER (Amédée), dessin. lithogr. contemporain. — Voir *Beeger*, *Bélin*, *Brochart*, *Comple-Calix*, *Lecurieux*, *Leloir*, *Toudouze.*

Georges Sand, in-4°, à mi-corps, gr. par Desmadryl (15 déc. 1866, N° 233).

La Reine des champs (pendant à la *Reine des salons*, d'apr. Court), à la man. noire, par Garnier; H. 0.42; L. 0.34. Paris, Jouy, 1860, 10 et 20 fr.

Célébrités contemporaines: *M*[lle] *Rachel*, de la Comédie-Française. — *Georges Sand;* deux portr. lith. par Lassalle; H. 0.40; L. 0.30 (Goupil, en noir, 5 fr. chaque; en coul., 10 fr.).

Haydée. — *Mercédès;* deux pièces lithogr. par Numa. Paris, impr. Jacomme 1854.

Le Matin (le Bain). — *Le Midi* (la Sieste). — *Le Soir* (le Concert). — *La Nuit* (les Amours); quatre pièces lith. par Regnier et Bettannier; L. 0.46; H. 0.37 (Bulla, 7 50 et 15 fr. chaque).

Mlle *Rachel*, sociétaire de la Comédie-Française, gr. en man. noire, par Sixdeniers; H. 0.53; L. 0.40 (Soleinne, 296); H. 0.42; L. 0.33 (Goupil, en noir, 8 fr.; en coul., 16 fr.).

CHASSELOT, peint. contemp., trav. en 1819.

Mlle *Pauline* (dans les Cris de Paris), lith. de Motte; H. 0.162; L. 0.135 (Soleinne, 142).

Mlle *Léontine Fay* (dans la Petite lampe merveilleuse), lith. de Motte; H. 0.203; L. 0.162 (Soleinne, 145).

Renaud et Armide, gr. par Cardon. Paris, Basset, 1819.

Histoire de Diane de Poitiers, quatre pl. lith. par Forget. Paris, chez Ledoyen, rue Saint-Jacques, 1828.

Léda, gr. au pointillé, par Prot. Paris, Noël, 1819.

CHASSERIAU (Théodore), peintre et grav. contemp., né à Samana (Amérique espagnole), en 1819; mort à Paris, en 1856.

Apollon et Daphné (Martial Pelletier, 1867, N° 773).

Vénus sortant de l'onde, délicieuse composition et ravissante figure, lith. par lui-même (*Cabinet de l'amateur*, I, 336).

CHASSEVENT, peintre contemp., né à Paris.

Les Baigneuses, deux pl. photogr. par Jouan, 1860.

CHASTEAU (Guillaume), grav. au burin,

né à Orléans, 1631 ou 1633; mort en 1683 ou 1685. — Voir le *Poussin, Santerre,* L. *Silvestre.*

CHASTEAU (Nicolas), dessin. et grav., trav. à Paris, au commencement du XIXe siècle. — Voir L. *Silvestre,* le jeune.

CHATAIGNER (Alexis), dessin. et grav., né à Nantes, 1772-1817. — Voir *Albane, Bordone,* L. de la *Hyre,* E. *Lesueur, Poelenburg,* le *Poussin, Terburg,* Van der *Werff.*

Le Triomphe de l'Amour, gr. par S. Leroy, terminé par Dambrun.

Vénus présentant l'Amour à Jupiter, pièce terminée par Villerey.

CHATEAUBRIANT (la comtesse de). — Voir *Devéria, Niel.*

CHATEAUROUX (la duchesse de). — Voir *Dulin, Nattier.*

CHATELAIN (Jean-Bapt.-Claude), dessin. et grav., né à Londres, 1710; mort en 1771. — Voir *Caresme, Queverdo.*

CHATELET (la marquise du). — Voir *Berningroth,* Mlle *Loir, Monnet.*

CHATILLON (Louis), peint. et grav. Sainte-Menehould, 1639-1734. — Voir le *Poussin.*

CHATILLON (Henri-Guillaume), peint. et grav. au burin, né à Paris, 1780. — Voir *Girodet, Guérin.*

Jeune Fille sortant du bain, lithogr. Paris, chez Engelmann, 1827, 1 fr. 50.

CHAULET, graveur. — Voir *Mignard.*

CHAUMONT, peintre du commencement du XIXe siècle.

Mlle *Maillard,* rôle d'Armide, gr. par J.-L. Benoist; H. 0.198; L. 0.147.

CHAUVEAU (Franç.), peint. et grav. Paris, 1613-1676. — Voir L. de la *Hyre,* le *Poussin.*

Andromède délivrée par Persée, pièce en haut. (Van Hulthem, 4106).

Flore et les Amours jouant avec des fleurs.

Le Jugement de Pâris.

Paris burlesque.

Susanne au bain.

Un Cartouche où l'on voit Dibutade traçant le portrait de son amant.

Vénus et Adonis, pièce en rond (Paignon-Dijonval, 6559; Van Hulthem, 4100).

La Duchesse de Longueville, médaillon ovale, soutenu par deux Amours; au bas, cinq vers commençant ainsi:

Moins d'esclat avoit dans les yeux....

Gr. par N. Regnesson (*Gaz. des Beaux-Arts,* 1er mars 1861, 100 fr.).

CHAVET (Victor), peintre contemp., né à Aix (Bouches-du-Rhône), élève de P. Revoil et de C. Roqueplan.

La Lune de miel, lith. par Dufourmantelle. Paris, Bulla, 1855.

CHEDEL (Quentin-Pierre), dessin. et grav., né à Châlon, en 1705; mort à Paris, en 1762. — Voir *Cochin, Watteau.*

L'Enlèvement d'Europe, gr. d'apr. un bas-relief.

CHEESMANN (Thomas), graveur. — Voir le *Titien.*

CHENAY (Paul), grav. contemp., trav. à Paris. — Voir Léon. de *Vinci.*

CHENU (Pierre), grav., né à Paris, 1730; mort à la fin du XVIIIe siècle. — Voir *Garaud,* Van der *Werff.*

CHÉRADAME (Mme), peint. du commencement du XIXe siècle.

Mme de Genlis, in-4° en haut., gr. par Lignon (vente du 9 nov. 1861).

CHEREAU (François), excel. grav. au burin, né à Blois, 1680; mort à Paris, en 1729. — Voir Fr. *Marot,* Bern. *Picart.*

Christine, reine de Suède.

CHEREAU (Jacques), le jeune, dessin. et grav., né à Blois, en 1694; mort à Paris, 1776. — Voir L. *Chéron, Raoux,* Nic. *Vleughels,* Michel *Wanloo.*

Mme de Sévigné, portr. d'une grande finesse, in-8 (16 janv. 1862, N° 103; 26 nov. 1863, N° 261).

CHÉRON (Elisabeth-Sophie), excel. peint., grav., musicienne, poëte, etc.; née à Paris, en 1648, où elle mourut le 3 septembre 1711. — Voir l'*Antique.*

Jupiter cède Thétis à Pelée, 1713, pièce cintrée du haut., gr. par J. Haussard.

Antoinette de la Garde, dame de

Deshoulières, gr. par P. Savart, 1778; H. 0.135; L. 0.084.

La même, in-8, gr. par Schmidt.

La même, gr. par Pierre van Schuppen (Camberlyn, 2e vente, No 3318).

CHÉRON (Louis), frère de la précédente, peint. et grav., né à Paris, en 1660; mort à Londres, en 1723.

Le Bain de Diane, pièce en larg., gr. par Bernard Baron (Van Hulthem, 3936).

L'Amour et Psyché, gr. en larg., par Jacq. Chereau, le jeune, (Van Hulthem, 4115).

Une Nymphe surprise par deux satyres, gr. par le même.

CHESTER (Miss), célèbre actrice, amie de Georges IV. — Voir *Jackson*.

CHESTERFIELD (Anne, comtesse de). — Voir Van *Dyck*.

CHESTERFIELD (Elisabeth, comtesse de). — Voir *Lely*.

CHEVALIER (Nicolas), dessin. et grav., trav. à Paris, au commencement du XVIIIe siècle.

Le Diable à quatre, in-fol., gr. par J.-B. Michel (18 mai 1864, No 669).

Le Peintre amoureux de son modèle, gr. par le même (18 mai 1864, No 669).

CHEVALIER, lithogr. contemporain. — Voir *Lichtenberger*.

CHEVAUX, peintre du XVIIIe siècle.

L'Entreprenant. — *Le Joli nid*; deux pièces ovales, gr. par Bonnet (vente du 7 nov. 1861).

Disgrâce de Gabrielle d'Estrées. — *Retour de Henri IV vers Gabrielle*; deux pièces gr. par Pinault (décembre 1856, No 192).

CHEVERY (Mme), grav., trav. à Paris, au milieu du XVIIIe siècle. — Voir *Marillier*, *Monnet*.

CHEVIGNARD, dessinateur contemporain.

Vénus de Milo, dessin. par Chevignard, grav. par Hurel, dans la *Gazette des Beaux-Arts*, No du 1er oct. 1864; voir même cahier, p. 312, les observations de Ch. Blanc sur les différences de beauté des diverses Vénus. « Combien la Vénus, qu'on est convenu d'appeler de Milo, avec la hauteur et la force de son col rond, ses larges épaules, ses hanches serrées et son pied solide, paraît grave, imposante et fière à côté de la Vénus de Médicis avec ses épaules étroites, son col souple, ses hanches très-développées, dont la ligne sinueuse s'étend jusqu'à ses pieds élégants et délicats ! »

CHEVILLET (Juste), dessin. et grav. au burin, né à Francfort-sur-l'Oder, en 1729.— Voir *Baudouin*, Ch. *Eisen*, *Legendre*, *Raoux*, *Santerre*, *Schenau* et *Terburg*.

CHIARI (Fabrizio), peint. et grav. à l'eau-forte, né à Rome, 1621-1695.— Voir le *Poussin*.

Vénus et l'Amour, in-12.

CHINOISES (peintures).

Cent tableaux ou dessins chinois, représentant tous les jeux, inventions, postures et jouissances amoureuses. In-fol. — Rouleau chinois d'env. 12 pieds de longueur sur un 1 pied de haut., représentant 12 *tableaux de postures amoureuses*. — Rouleau cont. 12 tabl. représentant les *Actes d'amour des Chinois*. Articles contenus au cat. Chardin, p. 144. On n'ignore pas que les peintures libres s'étalent en Chine sans qu'on s'en scandalise; les chambres destinées aux femmes sont ornées de beaucoup de dessins licencieux. — On montra à M. Yvan de magnifiques peintures sur satin blanc, auprès desquelles le tableau célèbre de Parrhasius légué à Tibère, selon Suétone, par un sénateur romain, eût été une image presque décente. Quelques-uns de ces rouleaux coûtaient plus de 3,000 fr. (*Canton, un Coin du Céleste empire*, par le docteur Yvan, Paris, 1857).

CHOFFARD (Pierre-Philippe), dessin. et grav. au burin, né à Paris, en 1730; mort en 1809.— Voir *Baudouin*, H. *Fragonard*, *Monnet*.

La Fuite à dessein, gr. par Ch.-F. Macret.

CHOISEAU (P.-L.), peintre en miniature, et grav., trav. à Paris à la fin du XVIIIe siècle.

Ah! je crains la prudence.

Le Triomphe de la force.

Allégories sur l'amour, deux pièces rondes.

CHOLLET (S.), grav. contemporain, trav. à Paris. — Voir *Compte-Calix*, A. *Devéria*, *Dubufe*, *Geirnaert*.

Léontine Fait (Fay), sous le titre de *Malvina*.

CHOQUET DE LINDU (M.), dessin. et grav., né à Brest, 1713-1790.

Voyez comme le fripon vous mène tout l'équipage galant! Grande vignette à la pointe sèche. Mme Lepetit, 1820.

CHRIST (J.-F.), dessin. et grav., né à Cobourg, 1701-1756.

Vénus, petite pièce en clair-obscur.

CHRISTINE, fille de France, duchesse de Savoie. — Voir N. *Pitau*.

CHRISTINE DE SUÈDE. — Voir *Allaerdt*; *Bartolozzi*, *Beeck*, D. *Berger*, Abr. *Bosse*, Séb. *Bourdon*, Fr. *Chereau*, *Faithorne*, J. *Falck*, J. *Houbraken*, *Mendouze*, *Mignard*, Et. *Picart*, Paul *Pontius*, *Roslin*.

CHRISTOPHE, lithographe. — Voir de *Beaumont*, *Ingres*.

CICOGNARA (Léopold, comte de), archéologue italien, né à Ferrare, en 1767; mort président de l'Académie des Beaux-Arts, à Venise, en 1834.— Voir C.-W.-E. *Dietrich*.

CIGNANI (Carlo), peint., né à Bologne, 1628-1719.

Vénus et Cupidon, gr. par G. Asioli.

Venus and Amor, 1775, gr. par J.-F. Bause; H. 0.319; L. 0.252.

La Naissance d'Adonis, in-fol., gr. par L. Desplaces.

La Chasteté de Joseph, 1798, in-fol., gr. par J.-J. Freidhoff (1er état, Weigel, 3 th.; Ackermann, 1 $^{7}/_{8}$ th.; 2e état, Einsiedel, 1 $^{1}/_{4}$ th.).

Joseph et la femme de Putiphar, gr. en haut., par J. Frey (J., II, 59).

Le Repos du plaisir, gr. en larg., par A.-F. Hemery.

Chasteté de Joseph, gr. par Marg. Larche.

Vénus couchée sous une tente dans un jardin; deux Amours avec des colombes; in-fol, gr. par Ant. Lorenzini.

Adam et Eve, gr. en haut., par J.-B. Massard, père (J., II, 261; Van Hulthem 4483).

A Nymph and schepherd, in-fol., gr. par J.-B. Michel.

Joseph et la femme de Putiphar, gr. par James Moor.

Le même sujet, gr. par P. Tanzi.

Adam et Eve, phot. par Colli, 1864.

CIGOLI (L. Cardi de), peintre italien, né à Cigoli (Toscane), en 1559; mort en 1613.

Psyché dans l'Olympe. Psyché, conduite par l'Amour et escortée de Mercure, paraît devant Jupiter assis sur son aigle. Gravé par P. Scalberge, en 1637. L. 14 p. 8 l.; H. 8 p. 3 l. (R. D. 40).

CIPRIANI (Giov.-Batt.), peint. et grav., né à Florence, 1732; mort en 1785 ou 1790.

Vénus au bain (ou Nymphe au bain).

Adam et Eve dans le paradis, gr. par Bartolozzi (P. de Corneillan, N° 6).

L'Amour caressé, gr. par le même.

L'Amour repoussé, gr. par le même.

Ariadne, gr. par le même.

La Beauté (fille nue dans un nuage), gr. par le même.

Billet de bal: The ball at the mansion house, 1775; gr. par le même; L. 0.210; H. 0.200.

Billet d'entrée pour la mascarade du Savoir-vivre, en 1775 (un Amour avec un bandeau sur la bouche), gr. par le même.

Deux Filles sortant du bain, gr. par le même.

L'Enlèvement d'Europe, pièce en larg., impr. en rouge, gr. par le même (Van Hulthem, 3394).

L'Enlèvement d'une néréide, gr. par le même; L. 0.212; H. 0.072.

Fille nue étant sur le point de mettre sa chemise, gr. par le même.

Friendship (fille nue avec une corbeille de fleurs, gr. par le même.

Les Grâces se présentant à Pâris, gr. par le même.

Hermaphrodite, très-belle grav., par le même. Londres, 1787.

Innocence taught by love and friendship, gr. par le même.

The Jugement of Pâris, gr. par le même (vendu en 1799, 1er état, 32 fr.; 2e état, 18 fr. 30).

Jupiter et Junon sur le mont Ida, gr. par le même.

Neptune and Amphitrite, gr. par le même 1777 ; L. 0.455 ; H. 0.103 (Winckler, 1076 ; Van Hulthem, 3404).

Niobé, pièce ronde, gr. par le même; diamètre 0.225.

Nymphe au bain, gr. en coul., par le même (vente de février 1859).

Une Nymphe endormie, gr. en larg. et en coul., par le même (Van Hulthem, 3397).

Une Nymphe nue, prêtant l'oreille aux conseils de l'Amour, gr. en larg., en rouge, par le même (Van Hulthem, 3393).

Des Nymphes au bain, pièce en larg., impr. en rouge, gr. par le même (Van Hulthem, 3393).

Nymphes bathing, gr. par le même; L. 0.460 ; H. 0.338.

Pallas et Mercure présentant un bouclier à un guerrier, gr. en larg., en rouge, par le même (Van Hulthem, 3393).

Le Pouvoir de l'Amour, gr. par le même.

Le Premier baiser de l'Amour, gr. par le même.

Psyché going to bathe, 1786, gr. par le même. Ovale en couleur.

Psyché going to dress, 1786, gr. par le même. Ovale en couleur.

Sapho embracing Love, gr. par le même.

Triomphe de l'Amour et de la Beauté, gr. en larg., en rouge, par le même (Van Hulthem, 3394).

Le Triomphe de Vénus, gr. par le même ; L. 0.211 ; H. 0.073.

Vénus au bain. — Vénus sortant du bain; deux pièces gr. au pointillé, par le même ; H. 0.18; L. 0.10 (Bance, 3 fr. chaque).

Vénus présentant le ceste à Junon, gr. par le même.

Vulcan and Venus, gr. par le même, 1777; L. 0.455; H. 0.105 (Winckler, 1076 ; Van Hulthem, 3404).

Une Nymphe endormie, gr. par P. Bettelini.

L'Enlèvement de Déjanire, gr. par C. Boel.

Angélique et Médor, ovale in-4°, gr. par Th. Burke (Van Hulthem, 4983).

Céphale et Procris, 1783, ovale in-4°, gr. par le même (Van Hulthem, 4983).

Vénus désarmant l'Amour, gr. en haut., par John Clarke.

Les Bergers d'Arcadie, gr. par Thomas Kirk.

Céphale et Procris, gr. par R.-S. Marcuard.

Comme il vous plaira (acte IV, Shakespeare), gr. par Samuel Middeman.

Triomphe de Galatée, petite pièce in-8°, très-rare, gr. par Richomme (L. M., 26 mai 1865, N° 184).

CIRCÉ ET ULYSSE. — Voir Ann. *Carrache*, Ant. de *Giorgi*, Robert van *Hoecke*, le *Parmesan*.

CIVEILKIN (Miss). — Voir J. *Reynolds*.

CIVIL (à Paris, chez).

La Surprise agréable (pendant de la *Douce Julie*, chez Challiou), pièce en coul. (11 nov. 1861, les deux pièces, 3 fr. 25).

La Vertu irrésolue. — La Comparaison ; deux pièces in-4°, en coul. (15 mai 1865, N° 884).

CLAAS ou CLAESSEN (Alaert), peint. et grav., né en Hollande, vers 1498; trav. à Utrecht, de 1520 à 1562 ; mort en 1564. On suppose que c'est le Maître aux initiales AC (N° 8 des monogr. — Bartsch, IX, 117). — Voir *Aldegraver*, H.-S. *Béham*, *Lucas de Leyde*.

Adam et Eve. Eve présente la pomme à Adam, qui est auprès d'elle, et qui lui fait des caresses. Ils sont debout dans une niche surmontée d'un rinceau d'ornements. H. 2 p. 9 l.; L. par en haut, 14 l.; par en bas, 11 l.

Ammon faisant violence à sa sœur Thamar. Pièce en forme de losange. H. d'un angle à l'autre : 3 p. 3 l.; L. 2 p. 4 l. (B. 3).

Bethsabée. Au milieu, Bethsabée assise baigne ses pieds dans un bassin de pierre de forme carrée. A gauche est assise une de ses femmes qui tient un plat avec des fruits; une autre, vers le fond, à droite, joue de la harpe. Vers le haut de la gauche, David regarde par une fenêtre. Pièce ronde de 2 p. 7 l. de diam. (B. 9).

Bethsabée au bain, pièce ronde; diam. 0.072. Bethsabée est debout dans l'eau, à droite, s'appuyant à une fontaine. David regarde d'une fenêtre du palais.

Cette gravure, inconnue à Bartsch, est décrite dans Passavant: le *Peintre graveur*, tome III, p. 36 (Vischer, 13 fr. 50; comte ***, de Vienne, N° 538).

Les Deux hommes et la Femme endormie, 1554. Un homme se levant d'auprès d'une femme endormie, et de laquelle s'approche un satyre portant un pot à la main. H. 0.200; L. 0.140 (B. 41; comte ***, de Vienne, N° 543).

Femme nue, avec un dragon, 1555. Une reine nue, assise sur un trône et tenant un sceptre, semble être effrayée par un dragon qui s'avance vers elle. Le fond, à gauche, présente la cour de son palais, dans laquelle les femmes de sa suite expriment leur frayeur, en voyant leur maîtresse enlevée en l'air par ce dragon. Pièce ronde de 8 p. 6 l. de diam. (B. 34).

Hercule et Déjanire. Hercule, assis sur une butte, serrant du bras droit Déjamin qui se tient debout près de lui; pièce ronde; diam. 0.058 (Vischer, 8 fr.; comte ***, de Vienne, N° 538).

Loth et ses filles. Loth fait des caresses à l'une de ses filles qui est assise à côté de lui; l'autre fille est assise sur le devant, tenant une coupe d'une main et montrant son père de l'autre. Dans le lointain, la femme de Loth regarde derrière elle Sodôme qui est en flammes. H. 3 p.; L. 2 p. 3 l. (B. 4).

Mars, Vénus et l'Amour assis, pièce ronde; diam. 0.068 (B. 27; Vischer, 13 fr.).

Vénus debout sur un globe, portant la main sur son sein; à ses pieds est l'Amour; pièce ronde; diam. 0.048 (B. 28).

Vénus représentée assise dans une conque, voguant vers la gauche; dans le ciel, à droite, on remarque l'Amour décochant une flèche; rare (B. 11; Camberlyn, 1re vente, N° 618).

CLAESSENS (Lambert-Antoine), grav., né à Anvers, en 1764. — Voir le *Guerchin*.

CLAIRON (Claire-Josèphe Legris de la Tude, dite Mlle), actrice de la Comédie-Française. — Voir G.-Ph. *Benoist*, D. *Berger*, *Cochin* (le jeune), *Devéria*, *Gravelot*, *Lemire*, C.-A. *Littret*, *Schenau*, Carle *Vanloo*.

CLAM-SALM (la comtesse de). — Voir Louis *Angerer*.

CLARKE (John), dessin. et grav., né en Ecosse, vers 1650; mort à Londres, en 1721. — Voir *Bartolozzi*, G.-B. *Cipriani*, Ang. *Kauffman*.

Les Amours de Colombine, Arlequin, Mezetin et Pantalon, suite de dix pièces gravées.

CLARY (Mlle), du Vaudeville; portrait en pied, daguerréotype colorié (18 déc. 1863, N° 204).

CLAUSSIN, aqua-forti, 1794.

Marie-Antoinette, buste petit in-4°, dans un rond; très-rare (vente de mars 1866, N° 64).

CLÉOPATRE. — Voir l'*Antique*, *Bartolozzi*, Et. *Baudet*, J.-F. *Beauvarlet*, H.-S. *Béham*, B. *Béham*, N. *Bonnard*, L.-M. *Bonnet*, *Coignet*, Michel *Corneille*, *Croix*, J. *Gigoux*, le *Guerchin*, le *Guide*, *Lagrenée*, G. de *Lairesse*, le *Maître aux initiales I. F.*, Cornelius *Matsys*, Raph. *Mengs*, Mat. *Merian*, Jean *Muller*, *Netscher*, le *Primatice*, *Raphaël*, *Rubens*, Ad. de *Vries*.

CLÉOPATRE ET ANTOINE. — Voir *Rode*, P. *Véronèse*.

CLÉOPATRE ET AUGUSTE. — Voir *Tiepolo*.

CLERCK (J.-F.). — Voir *Giordano*.

CLERGÉ, grav. au bur., contemporain. — Voir *Lancret*.

CLERMONT (Gustave), peint. et grav., trav. à Londres et à Paris, au milieu du XVIIIe siècle.

Groupe de quatre Amours jouant avec des raisins (de Vèze, 238).

Le Baiser pris de force. — *L'École de l'amour*; deux pièces gr. par J.-J. Leveau (21 février 1862, N° 194).

CLEVE (Corn. van), sculpteur, né à Paris, en 1645; mort en 1732.

Léda, statue, in-fol., gr. par L. Desplaces.

CLEVELAND (la duchesse de). — Voir *Kneller*, *Lely*.

CLÈVES (Anne de). — Voir *Holbein*, Van der *Werff*.

CLOCK (Nicolas), grav. vers la fin du XVIe siècle. — Voir H. *Goltzius*.

CLOWES (B.), peint. et grav., trav. à Londres, au milieu du XVIIIe siècle.

Le Mari gouverné.

CLOWET ou CLOUET (Pierre), grav. au burin, né à Anvers, 1606; mort en 1677. — Voir N. *Berghem*, *Rubens*.

CLYTIE ET L'AMOUR. — Voir Ann. *Carrache*.

COCHIN (Charles-Nicolas), le père, grav. né à Paris, 1688-1754. — Voir J.-S. *Chardin*, *Detroy*, *Lancret*, *Lemoine*, *Raphaël*, J. *Restout*, Carle *Vanloo*, *Watteau*.

Accident de voyage.

Le Camouflet.

La Charmante Catin (P. de Corncillan, 546).

L'Enlèvement des Sabines.

Le Tailleur pour femmes.

La Tentation de saint Antoine.

Les Nymphes de Diane, gr. par Chedel (vente de déc. 1856, N° 196).

La Charmante Catin, gr. par Mme Cochin.

Mme Favart, joli portr. profil, dess. par Cochin, en 1753, gr. par J.-J. Flippart, en 1762; H. 0.160; L. 0.100; vers au bas (Soleinne, N° 312).

Sylvie délivrée par Aminthe, vignette en haut., gr. par J.-Ph. Lebas.

L'Enlèvement des Sabines, in-fol. en larg., gr. par Mme Th.-El.-H. Lingée (J., II, 220).

La Fontaine enchantée de la vérité d'amour, gr. par Ch.-F. Macret avec Saint-Aubin.

Sylvie délivrée par Aminthe, vignette, gr. par P.-Ant. Martini.

COCHIN (Mme Marie-Madeleine Hortemels), femme du précédent, née à Utrecht, en 1687; morte en 1774. — Voir *Cochin*, le père.

COCHIN (Charles-Nicolas), le fils, dess. et grav., né à Paris, en 1715; mort en 1790, secrétaire de l'Académie de peinture.

Renaud et Armide, gr. par un anonyme du XVIIIe siècle.

Marina et autres femmes données à Cortès, gr. par J.-Ch. Baquoy; L. 0.280; H. 0.190.

Marie-Antoinette. Hommage des arts; composit. avec un grand nombre d'Amours voltigeant et soutenant un médaillon entouré de roses; in-fol. en haut., grav. par B.-L. Prévost, 1776 (Laterrade, 31 fr.).

Mme de Pompadour, 1764, portr. de profil, dans un médaillon surmonté d'un nœud de ruban; grav. par Aug. de Saint-Aubin. La marquise est en costume du matin, chignon lâche et cheveux crêpés; expression très-spirituelle, charmant sourire. Un quatrain au bas:

> Avec des traits si doux, l'Amour, en la formant,
> Lui fit un cœur si vrai, si tendre et si fidèle,
> Que l'amitié crut bonnement
> Qu'il la faisait pour elle.
>
> MARMONTEL.

(*Gazette des Beaux Arts*, VIII, 301; *Revue univers. des Arts*, tom. XXII, 132).

La Petite Charrière en couches, charmante pièce in-4°, gr. par l'abbé de Saint-Non, 1758 (en février 1859, 9 fr.; Martial Pelletier, 1867, N° 633).

Vénus et Apollon, gr. en haut., par J.-B. Simonet (Van Hulthem, 4771).

Mlle Clairon, actrice de la Comédie-Française, 1757, in-4°, gr. par G. Schmidt (Michel Huber, 140; Rigal, 736).

COCK (Jérôme), peint. et grav., né à Anvers, en 1509; mort en 1570. — Voir Jérôme *Bos*, *Breughel* (le vieux), Luc. *Penni*.

Trois paysages représentant des sujets mythologiques:

1° Céphale perçant Procris d'un trait: *Cephalus Procrim sagitta transfigit*, 1558;

2° Daphné changée en arbre: *Daphne in arborem transformatur*;

3° Vénus pleurant Adonis: *Deflet amasium suum Adonidem Venus*. Pièces en larg., grav. à l'eau-forte (Van Hulthem, 1275).

Ut Venus enervat vires sic copia Bacchi, 1556; 8 pouces angl. sur 11 $^3/_4$.

CŒDES (Louis-Eugène), peint. et grav. contemp., né à Paris; élève de Léon Cogniet.

Mlle Devienne, soubrette au Théâtre-Français, lith. in-fol. Portr. inédit, extrêmement rare (18 déc. 1863, N° 207).

CŒLEMANS (Jac.), grav., né à Anvers, vers 1670; mort en 1735. — Voir *Duval*, le *Poussin*, *Rubens*, Al. *Turchi* Otto van *Veen*.

COESSIN DE LA FOSSE (Charles), peint. et grav. contemp., né à Lisieux (Calvados).

Chloé, lith. par J. Laurens ; L. 0.45 ; H. 0.29. Paris, Goupil, 1866, 8 et 16 fr. L'exposition publique en est défendue.

COGNIET (Léon), peint. contemp., né à Paris, en 1794.

Rébecca enlevée par le templier, gr. par A.-F. Girard.

La Fille du Tintoret, gr. par Ach.-Louis Martinet (Exposition de 1855).

COIGNET (Gilles), peintre, né à Anvers, 1530-1600.

Cléopâtre se faisant mordre le sein par un aspic, gr. en haut. par Raph. Sadeler. En marge, six vers latins : *Cum fugeres tumidi*, etc. (Van Hulthem, N° 2587).

COINDRE, dessin. lithogr. contemporain.

Mlle Lemercier, rôle de Lilla, dans le Roman d'Elvire ; lith. Paris, Martinet, 1860.

Mme Ugalde, rôle de Gil-Blas, lith. Paris, Martinet, 1860.

COLÉ.

Femme nue regardant son derrière dans un miroir à la clarté d'une lumière, gr. par R. Robinson ou J. Gole, d'après Colé ?

COLIN (Alexandre-Marie), peint. contemp., né à Paris ; élève de Girodet.

Andromède, gr. par Blanchard (cat. A. David).

Le Harem : 1° Dolorida, l'algérienne. — 2° Daja, l'indienne. — 3° Yanki, la chinoise.— 4° Scheherazade, la turque. — 5° Fatmé, persane.— 6° Cerito, napolitaine. — 7° Inès, espagnole. — 8° Vasiliki, albanaise ; huit pièces, odalisques de tous les pays, lithogr. par Desmaisons, entourages ovales, filets et titres impr. en or ; H. 0.34 ; L. 0.27. Bulla, en noir, 2 fr. chaque ; en coul., 4 fr. — Réduction de 28 cent. sur 21, rehaut, 2 fr. 50 chaque.

Scènes intimes : le Bal masqué. — Confidences.— Heureux songe. — Premier bonheur, etc. ; douze lith. par le même ; 27 cent. sur 20 (Bulla, 3 et 6 fr. chaque).

Le Petit Jehan de Saintré, lith. Paris, Noël, 1825.

Le Printemps (les fleurs). — *L'Eté* (la moisson). — *L'Automne* (les fruits). — *L'Hiver* (les frimas) ; quatre pièces lith. par Regnier ; L. 0.46 ; H. 0.37 (Bulla, 7 fr. 50 et 15 fr. chaque).

Tendre amitié. — Douce harmonie.— Sollicitude maternelle. — Doux souvenirs ; quatre pièces lith., par le même ; H. 0.40 ; L. 0.30 (Bulla, rehaut, 6 fr. chaque).

Attention dangereuse.— Tendre abandon ; deux lith., par Regnier, Bettannier et Morlon. Paris, Turgis, 1860.

Les Belles de jour. — Les Belles de nuit (groupes de jeunes femmes) ; deux lith., par Regnier, Bettannier et Morlon ; H. 0.42 ; L. 0.33. Paris, Morier, 1860, 4 et 6 fr. chaque.

Don Juan et Haydée : Don Juan et Haydée surpris par Lambro. — Don Juan au sérail ; deux lith., par Sixdeniers ; L. 0.37 ; H. 0.29 (Turgis, en noir 75 cent. chaque ; en coul., 2 fr.)

Le Harem, suite de huit photogr. (Bulla fr.).

COLIN (Mme), dessin. contemporain.

Musée de l'amateur : Le Messager d'amour, lith. par Prat ; 20 cent. sur 15. Paris, Jouy, 1860, 1 et 3 fr.

COLINET, grav., trav. à Paris, dans la 2e moitié du XVIIIe siècle.— Voir l'*Albane*, Van *Dyck*.

Dame assise au pied d'un arbre, où est écrit *Caroline*. Dédié à Mme la comtesse Amélie de Boufflers (on dit son portrait) ; in-fol., gr. en coul. (vente du 27 avril 1863).

Mlle Saint-Huberti.

COLLAERT (Jean), dessin. et grav. au burin, né à Anvers, en 1545 ; il vivait encore en 1612. — Voir Ph. *Galle*, Martin de *Vos* et Nic. de *Vos*.

Vénus et l'Amour, pièce en haut. Au bas est écrit : *Venus et Cupido* (Brulliot, 2e part., N° 1366 ; Van Hulthem, 5184).

Vénus, Junon et *Pallas*, chacune avec ses attributs ; trois pièces.

COLLARD, photogr. — Voir le *Corrége*, *Faure*, le *Guerchin*, *Raphaël* et le *Titien*.

COLLET (John), peint. et grav. anglais, mort en 1780

Des Antiquaires flairant le pot de chambre de la reine Boudicea.

La Femme rusée, in-fol., gr. par Thomas Morris.

COLLETTE, lithogr. contemporain.— Voir *Boucher*, *Lempranier* et *Sigalon*.

COLLIAU ET COSTET (chez).

La Paresseuse, phot. Paris, 1861.

COLLIÈRE, dessin. lithogr. contemporain.

Cupidon et Psyché, lith. Paris, Engelmann, 1822.

COLLIGNON (François), dessin. et grav., né à Nancy, vers 1621. — Voir Et. della *Bella*.

COLLIN, dessin. lith. contemporain.

Collection de portraits (en pied et costumes) *des artistes des théâtres de Paris*, dessin. et lith. d'après nature. Paris, Francisque Noël, in-fol. Cette collection se compose de 70 portr. (dont 33 de femmes), sur papier de chine, en 14 livraisons (Soleinne, 83).

COLLIN, photogr. — Voir *Boucher*, *Bouguereau*, *Cignani*, *Courbet*, *Fragonard*, *Grunewald*, *Simon*.

COLOMBE (Mlle), l'aînée; portrait de profil, in-8, grav. en coul. par un anonyme (vente du 7 nov. 1861).

COLONNA (Victoria de), marquise de Pescaire. — Voir Sébast. del *Piombo*.

COLSON (J.-B. Gille), peint. au pastel, né à Verdun, 1680-1762.

Le Sultan.— La Sultane; deux pièces en haut., gr. par L.-M. Halbou.

Angélique Drouin, femme Préville, gr. par J.-B. Michel; H. 0.370; L. 0.260 (Soleinne, 262).

COMMARIEUX, grav., trav. à Paris, au commencement du XIXe siècle. — Voir *Vincent*.

COMPAGNIE (J.-Bapt.), grav., trav. à Paris, au commencement du XIXe siècle. — Voir *Lawreince*.

COMPTE-CALIX (François-Claudius), peint. contemp., né à Lyon.

La Lune de miel. — La Lune rousse; deux pièces lith. par Bettannier. Paris, Morier, 1856.

L'Horoscope. — Mélodie. — Promenade. — L'Intrigue; suite de quatre lithogr. par H. Charpentier; H. 0.29; L. 0.23 (Bulla, rehaut, 4 fr. chaque).

La Leçon de polka, lith. par le même. Paris, Lauglumé, 1855.

Mariez-vous, vous ferez bien. — Ne vous mariez pas, vous ferez mieux; deux lith. par le même (Exposit. de 1859).

Bons conseils. — Mauvais conseils; deux pièces grav. par S. Chollet.

Amour et coquetterie (jeune homme suppliant une dame). — *Fidélité et chagrin*; deux pièces lith. par Al. David; H. 0.38; L. 0.24. Paris, Bulla fr., 1847, rehaut, 4 fr. chaque.

Bavardage et fatuité. — Bonne foi et innocence; deux pièces lith. par Deshays; H. 0.38; L. 0.24 (Bulla et Jouy, 1860, rehaut, 4 fr. chaque).

Serez-vous fidèle? — S'il pouvait m'aimer! deux pièces lith. par le même; H. 0.37; L. 0.20 (Bulla, rehaut, 4 fr. chaque).

Bergerette. — Mignonnette; deux pièces lith. par Desmaisons. Paris, Morier, 1854.

Roman qu'on lit. — Roman qu'on rêve; deux pièces lith. par le même; H. 0.41; L. 0.28 (Bulla et Jouy, 1860, rehaut, 5 fr. chaque).

Amour et coquetterie, lith. par Mlle Ducollet; 24 cent. sur 16 (Bulla frères, 2 fr. 50).

Jamais. — Toujours; deux pièces lith. par la même; 24 cent. sur 16 (Bulla frères, 2 fr. 50 chaque).

Les Orientales (femmes couchées), deux pl. lith. par la même; L. 0.31; H. 0.19. Paris, Lemercier, 1846 (Bulla frères, rehaut, 3 fr. chaque).

Rien encore. — Ce sont eux; deux pièces lith. par la même; 24 cent. sur 16 (Bulla frères, 2 fr. 50 chaque).

La Dernière rose, gr. par Hermann Eichen. Paris, Goupil et Ce, 1867.

Diane et Actéon.— Jugement de Pâris; deux pièces grav. par Forget. Paris, Desmaisons-Cabasson, 1865.

La Lune de miel. — La Lune rousse; deux pièces lith. par Fuhr. Paris, Morier, 1852.

Rira bien qui rira le dernier (une jeune fille nargue une statue de l'Amour), gr. à la man. noire, par E. Jazet. Paris, 1854.

Le Messager d'amour, gr. par Jouanin. Paris, Goupil et Ce, 1867.

Pour un soupir! — Pas pour un empire! deux pièces lith. par Llanta; H.

0.37; L. 0.20 (Bulla, rehaut, 4 fr. chaque).

Impériale de dames : Argine. — Judith. — Pallas. — Rachel; quatre pièces gr. à la man. noire, par Pichard; H. 0.34; L. 0.20 (Goupil, 8 à 40 fr. chaque).

Album des désirs : Si je pouvais y aller! — Si j'étais comme elle! — Que ne puis-je le suivre! — Si je pouvais l'avoir! — Qu'il m'irait bien ! — Que je serais heureuse! Six pièces lith. par Regnier; H. 0.25; L. 0.19. Paris, E. Morier, 1859, rehaut, 1 fr. 50 chaque.

C'est de lui. — Pour lui; deux pièces lith. par le même. Paris. E. Morier, 1859; H. 0.42; L. 0.30, en rehaut, 5 fr. chaque; H. 0.28; L. 0.21, 2 fr. chaque.

Chemin faisant (la demande). — *A travers champs* (la réponse) ; deux pièces lith. par Regnier; L. 0.49; H. 0.30 (Goupil, en noir, 6 fr. chaque; en coul., 12 fr.).

Entrées de faveur suspendues. — Entrées de l'auteur; deux lith., par Regnier. Paris, Desmaisons-Cabasson, 1853.

Fleur d'amour, lith. par le même. Paris, Delarue, 1855.

Jamais! — Toujours! deux pièces lith. par le même; 0.41 sur 0.28 (Jouy, 1860, en coul., 6 fr. chaque).

Le Jugement de Pâris (un jeune rustre et trois jolies filles coquettes). — *Diane et Actéon;* deux pièces lith. par le même; L. 0.40; H. 0.33. Paris, Desmaisons, 1853 (Bulla, en rehaut, 8 fr. chaque).

Lune de miel. — Lune rousse; deux pièces lith. par le même. Paris, E. Morier, 1851; H. 0.42; L. 0.30, en rehaut, 5 fr. chaque; 0.28 sur 0.21, 2 fr. chaque.

Ma foi! tant pis! — Ma foi! tant mieux! deux pièces lith. par le même (*Gal. pour rire,* Nos 33 et 34); H. 0.46; L. 0.38 (Bulla, rehaut, 6 fr. chaque).

La Mare aux biches. — Les Biches au bois; deux lith. par le même (Goupil, 6 et 12 fr. chaque).

Matinée de printemps. — Soirée d'automne; deux lith. par le même. Paris, E. Morier, 1859; H. 0.42; L. 0.30, en rehaut, 5 fr. chaque; 0.28 sur 0.21, 2 fr. chaque.

Parti à prendre. — Parti pris. — Fleurs malades. — Fleurs artificielles; quatre lith. par le même; H. 0.54; L. 0.41 (Goupil, en rehaut, 10 fr. chaque).

La Peinture. — La Musique. — La Sculpture. — La Poésie; quatre jolis sujets de femmes, lith. par le même; H. 0.42; L. 0.32 (Bulla, en rehaut, 6 et 10 fr. chaque); 0.27 sur 0.21 (Bulla, 2 fr. 50 chaque).

Petite Fleur des bois! — Fleur d'Amour. — Fleur de serre. — Fleur des champs; quatre gracieux sujets de femmes, avec fond de paysage, forme ovale, lith. par le même; H. 0.38; L. 0.28 (Bulla, en rehaut, 6 fr. chaque).

La Portière du couvent. — La Pendule. — Le Dessous du chandelier. — Si j'étais petit papier. — Il pleut, il pleut, bergère! — Ah! vous dirai-je, maman! — Ma commère, quand je danse.—Je l'ai planté, je l'ai vu naître; huit pl. lith. par le même; les quatre premières, H. 0.44; L. 0.31; les quatre dernières, H. 0.41; L. 0.28 (Bulla, rehaut, 6 fr. chaque; Jouy, 1860, idem).

Rien encore. — Ce sont eux; deux lith., par le même; H. 0. 41; L. 0.28. Paris, Lemercier, 1847 (Bulla, en rehaut, 5 fr. chaque; Jouy, 1860, idem).

Si j'étais riche! — Si j'allais à Paris! — Si j'étais grande dame! — Si j'étais pauvre fille! quatre lithogr., par le même; H. 0.41; L. 0.28. Paris, Jouy, 1860, en rehaut, 6 fr. chaque.

Saison des roses. — Saison des moissons. — Saison des raisins. — Saison des glaces; quatre lith. par le même. Paris, E. Morier, 1859; H. 0.42; L. 0.30, en rehaut, 5 fr. chaque; 0.28 sur 0.21, 2 fr. chaque.

Les Gages: Les Aunes de rubans. — Le Dessous du chandelier. — La Pendule. — La Portière du couvent. — Si j'étais petit papier. — Le Voyage à Cythère; six lith. par Regnier et Bettannier; H. 0.44 ; L. 0.31. Paris, Lemercier, 1846 (Jouy, en 1860, rehaut, 6 fr. chaque).

Amour, amour! — Drôle d'amour. — Coquin d'amour. — Pauvre amour; quatre lith. par Regnier et Forget. Paris, Desmaisons-Cabasson, 1855-1857.

Elles pêchent. — Elles ont péché; deux lith. par Saint-Aulaire. Paris, Desmaisons, 1853.

Petites entrées. — Grandes entrées; deux lith. par Thielley. Paris, Desmaisons-Cabasson, 1851.

Comment on apprend à pêcher, phot. par Bingham; 0.17 sur 0.24. Goupil, 6 fr. (Exposit. de 1861).

La Cueillette des fraises, phot. par le même (Exposit. de 1861).

La Forêt de Bondy, phot. par le même; 0.24 sur 0.16. Goupil, 6 fr.

Il n'y a pas de fumée sans feu, phot. par le même; 0.23 sur 0.18. Goupil, 6 fr.

Les Quatre coins, phot. par le même. Paris, Goupil, 1858 (Exposit. de 1861).

Elles pêchent. — Elles ont péché; deux phot. par Chardon jeune, 1861.

Ma foi, tant pis! — Ma foi, tant mieux; deux phot. par Chardon jeune, (chez Bulla).

Bonheur passe richesse. — Le Messager d'amour, deux phot. Paris. Goupil, 1867.

Chemin faisant (la demande). — *A travers champs* (la réponse); deux phot. Paris, Goupil, cartes de visite, 1 fr. ch.

Séduction, phot. par Goupil. Paris, 1867.

Il pleut, bergère, phot. par Goupil; L. 0.22; H. 0.14, 6 fr.

La Mare aux biches. — Les Biches au bois; deux phot. Paris, Goupil, 1864, 0.09 sur 0.12, 1 fr. 50 ch.; cartes de visite, 1 fr. ch.

Les Quatre coins, phot. par Goupil; L. 0.24; H. 0.14, 6 fr.

CONCA (Sébastien), peintre, né à Gaëte, en 1679; mort à Naples, en 1764.

L'Enlèvement d'Europe, gr. par Jacopo da Leonardis.

Neptune et Thétis, gr. par le même.

Diane et Endymion (cabinet Crozat), gr. en haut., par N. Lesueur (Paignon-Dijonval, 1618; Van Hulthem, 4792).

CONCHON, dessin. lithogr. contemporain.

Bal masqué: Mon bichon... — L'Amour, le champ... — Tenue de cour... — Si tu voulais m'aimer... — Avec l'autorisation... — Suivant l'usage... — L'article 354... — Mais en courant la nuit...; suite de lith., par Conchon. Impr. de Brugheat, à Riom, 1853.

CONDÉ (Jean), dessin. et grav., trav. à Londres, à la fin du XVIIIe siècle. — Voir *Cosway*.

Mme Rose Didelot, rôle de Calypso, portrait in-fol.

CONINXLOO (Gille), peintre de la fin du XVIe siècle et du commencement du XVIIe.

Le Jugement de Pâris, 1600, grav. par N. de Bruyn; L. 0.650; H. 0.406.

CONQUY (E.), dess. et grav., trav. à Paris.

La Duchesse de Montbazon.

CONSTANS (C.), dessin. lithogr. contemporain.

Le Dépit amoureux (scène d'une comédie de Molière), lith. color.; L. 0.237; H. 0.189 (Soleinne, 13).

Les Folies amoureuses. — Marie Stuart; deux pl. par F.-C., lith. color.; L. 0.311; H. 0.230 (Soleinne, 12).

CONSTANTIN, photographe.

Portraits d'après nature: Mlle Abingdon. — Mlle Faure-Lefebvre. — Mlle Lemercier. — Mlle Taffanel. — Mme Ugalde (en 9 ou 10 costumes). — Mlle Wertheimber (en 6 costumes). Paris, 1861.

CONTAD (Mlle), grav. — Voir *Boucher*.

CONTAT (Mlle Louise), de la Comédie-Française. — Voir *Bertaux, Coutelier, Desrais, Devéria, Maurin.*

CONTI (Louise de Lorraine, princesse de). — Voir H. *Bonnard*, Th. de *Leu*, *Trouvain.*

COOK (Thomas), grav., né en Angleterre, en 1734. — Voir Benj. *West.*

Jupiter et Sémélé, in-fol. (Einsiedel, 1 $^2/_3$ th.).

COOK (J.-W.), dessin. et graveur.

La Princesse de Lamballe, in-8° (Vignières, 0.50 cent.).

COOMANS (Joseph), peintre contemp., né à Bruxelles.

Dame pompéienne à sa toilette, phot. par Goupil. Paris 1867.

Naissance d'une néréide, phot. Paris, Goupil, 9 cent. sur 12, 1 fr. 50; carte de visite, 1 fr. Ce sujet ne peut pas être mis en étalage.

COOPER (Richard), dessin. et grav., né en Angleterre, vers 1730; vivait encore en 1814. — Voir *Rembrandt*, F. *Walaeck.*

COORNHERT (Dirck-Volkart), grav. au burin, né à Amsterdam, en 1552; mort à Gouda, en 1590. — Voir Fr. *Floris*, Tomasso *Vincidor.*

COOTWYCK (Jurian), orfèvre et grav., né à Amsterdam, en 1714. — Voir *Vinkeles.*

COPIA, grav. au burin, trav. à Paris, fin du XVIIIe siècle et commencement du XIXe. — Voir *Devosge, Fragonard* (père et fils), *Mallet, Prudhon, Vincent.*

Le Cruel rit des pleurs qu'il fait couler.

COPLEY (Elinor). — Voir G. *Kneller.*

COQUELET (P.), peintre du XVIIIe siècle.

Le Galant boulanger, gr. en haut., par L.-M. Halbou (vente de déc. 1865, N° 202).

La Jeune aubergiste, gr. en haut., par le même.

COQUERET (Ch.-P.), grav., né à Paris, en 1761. — Voir *Raphaël.*

CORBOULD (H.), dessin. et grav., trav. à Londres, au commencement du XIXe siècle.

Lady Godiva (femme nue, dans un site fantastique), gr. en man. noire, par J.-J. Chaat.

CORBUTT (Charles), grav. à la man. noire, trav. à Londres, vers 1760. — Voir *Vien.*

Servante enceinte, avec une cruche cassée, devant son maître.

CORDON (Jane, duchesse de). — Voir J. *Reynolds.*

CORDOVA (Juan de), peint. espagnol du XVIIIe siècle.

Une Femme caressant un vieillard, in-fol., gr. par J.-E. Haid.

CORIOLANO (G.-Barthélemy), peint. et grav. au burin et en bois, né à Bologne, vers 1596; mort vers le milieu du XVIIe siècle. — Voir le *Guide.*

CORNEILLAN (P. de), dessin. et graveur moderne.

Vénus allaitant l'Amour (P. de Corneillan, 16).

CORNEILLE (Michel-Ange), peint. et grav., né à Paris, en 1642, où il mourut en 1708. — Voir Dom. *Campagnola.*

Cléopâtre se faisant apporter un aspic dans un panier de fruits, d'après Michel Corneille, le père. L. 0.238; H. 0.180 (R. D. 27).

Dalila. Samson dort appuyé sur les genoux de Dalila, qui fait signe aux Philistins d'accourir en silence, tandis qu'elle lui fait couper les cheveux. Pièce anonyme, très-belle. L. 0.398; H. 0.280, dont 9 de marge (R. D. 7).

CORNEILLE (J.-B.), frère du précédent, peint et grav., né à Paris, 1646-1695. — Voir Ann. *Carrache.*

Apollon méprisant l'Amour, grav. en médaillon.

Daphné changée en laurier, médaillon.

Diane découvrant la grossesse de Calisto.

Histoire de Bethsabée, suite de quatre grav. en haut. (R. D. 1-4).

CORNEILLE (Claude), de Lyon. — Voir le *Maître au Monogramme CC.*

CORNELIS (Corneille), peintre, né à Harlem, 1562-1638.

Les Nymphes de Diane s'apercevant de la grossesse de Calisto. *Montinagas inter Triuiæ*, etc.; gr. par J. Matham. H. 8 p. 10 l.; L. 7 p. 1 l. (B. 94; Van Hulthem, 1999).

Susanne au bain surprise par les vieillards, grav. par le même. Dans la marge : *Illecebris tentata senum*, etc. H. 7 p. 7. l.; L. 6 p. 2 l. (B. 92).

Eve persuadant à Adam de manger du fruit de l'arbre de vie, gr. par Jean Saenredam. *Edicti immemores, vetitos*, etc. H. 11 p. 6 l.; L. 8 p. 2 l. (B. 35; Camberlyn, 2e vente, N° 3202).

Pâris assis près d'Enone, dont il a gravé le nom sur l'écorce d'un arbre. *Medus ad Œnonen*, etc.; gr. par le même. L. 12 p. 4 l.; H. 9 p. 4 l. (B. 37; comte ***, de Vienne, 2467).

Susanne surprise au bain par les deux vieillards, gr. par le même. *Aestus erat, mediusque*, etc. (B. 36; comte ***, de Vienne, 2469).

Vertumne parlant de son amour à Pomone, près de laquelle il est assis. *Hortorum Pomona potens.* H. 9 p.; L. 7 p. 11 l. (B. 30; comte ***, de Vienne, 2468).

CORNILLIET (Alfred), grav. contemp., né à Versailles, trav. à Paris. — Voir Rom. *Cazes*, Brune *Pagès*, *Rubio.*

CORONA (J.-L.), peintre et grav., né à Kronstadt; trav. vers 1540.

Joseph et la femme de Putiphar, 1557.

COROT, grav., trav. à Paris, au commencement du XIXe siècle.— Voir Al. *Turchi.*

CORRADINI (A.), peintre du XVIIIe siècle.

Bacchus et Ariane, gr. par Ch.-P. Lindemann.

Endymion, in-fol., gr. par le même.

Flore et Zéphire, gr. par le même.

Nessus et Déjanire, gr. par le même.

CORRÉARD (Louis-Fréd.), peint. contemporain, né à Paris.

Le Mariage du coq du village. — La Nuit des noces. — Le Péché mortel. — Père capucin! confessez ma femme! Quatre pièces lith. par Bettannier (*Galerie pour rire*); H. 0.46; L. 0.38 (Bulla, en rehaut, 6 fr. chaque; Jouy, en 1860, idem).

La Bonne prise. — Le Fruit défendu; deux pièces lith. par Lafosse (*Gal. pour rire,* N°s 26 et 27); H. 0.46; L. 0.38. Bulla, en rehaut, 6 fr. chaque.

CORRÉGE (Ant. Allegri, dit le), peintre, né dans le duché de Modène, en 1494; mort en 1534.

Galatée; elle est assise dans une conque, entourée de naïades et de tritons; ses jambes sont dirigées à droite. Pièce rare et jolie, grav. par un anonyme; L. 0.169; H. 0.145 (H. de L ***, avril 1856).

Jupiter et Antiope, vignette, d'après le Corrége. Paris, Janet, 1821.

L'Amour tenant une lettre, pièce ovale, gr. par A. B; H. 0.185; L. 0.152.

Vénus surprise par un satyre, gr. par P. Audouin. Sous ce titre, le graveur a reproduit le célèbre tableau du Musée : *Jupiter et Antiope.* Pièce très-agréable. Une épr. av. l. l. est exposée à la Bibiothèque Impériale, N° 364 (11 nov. 1861, av. l. l., 20 fr.; Huin, 2e état, 31 fr.; Durand, épr. sur pap. de Chine, 30 fr.).

L'Amour, gr. par Amélie Baader (Rigal, 21).

Psyché et les Amours, gr. par W. Baillie, 1er août 1777.

Io et Jupiter, gr. par Bartolozzi (catal. A. David).

Jupiter et Antiope, gr. par Fr. Basan; H. 0.387; L. 0.286 (Van Hlthem, 3951).

Jupiter et Antiope (de la Galerie du Louvre), gr. par Aug. Blanchard ; 0.41 sur 0.28. Goupil, de 30 à 160 fr. (Exposition des Beaux-Arts, à Bruxelles, en 1866).

Une Magicienne évoquant l'Amour, gr. par C. Boel.

Danaé, in-fol. en larg., gr. par A. Cunégo. Paris, Lamoureux, 1858.

Danaé, pièce gracieuse, pet. in-fol., gr. par Desrochers (A. David, N° 67).

Io et Jupiter, gr. par le même (7 déc. 1866, N° 342).

Léda, composition gracieuse, entière, pet. in-fol., grav. par le même (A. David, N° 67; Martial Pelletier, 1867, N° 539).

Jupiter et Danaé, in-fol. en larg., gr. par G. Duchange (1er état, avant la draperie et le nom de Sornique, Winckler, 1 $^5/_8$ th.; Einsiendel, 2 $^5/_8$ th.).

Jupiter et Io, in-fol. en haut., gr. par le même, 1705, Winkler, 2 $^5/_8$ th.).

Jupiter et Léda, in-fol. en larg., gr. par le même, 1771 (1er état, avant la draperie qui couvre les nudités et le nom de Sornique, Brandes, 1 $^7/_{24}$ th.; Sternberg, 4 th.).

Les épreuves recherchées de ces trois pièces sont avant le nom de Sornique et avant les draperies sur le nud; on sait d'ailleurs que ce sont trois chefs-d'œuvre. Au rapport d'André Bardon, Duchange aurait biffé lui-même ces trois planches à coup de burin, en expiation de les avoir faites (J., I, 441; Mariette, 65 fr.; Sylvestre, 30 fr.).

Quatre Amours aiguisant leurs flèches sur une pierre, pièce octogone, gr. par J. Fisher.

L'Amour faisant un arc, in-fol. en haut., gr. par Ed. Gautier d'Agoty.

Jupiter et Io, in-fol. en haut., gr. par le même.

Jupiter et Antiope, gr. par Jean Godefroy (Musée français).

L'Amour désarmé (ou *Vénus désarmant l'Amour*), gr. par C. Guérin (11 nov. 1861, 19 fr.; P. Danlos, 8 fr.).

L'Amour bandant son arc, gr. par N. van Hoy.

L'Education de l'Amour, gr. par Arnold de Jode.

Vénus et l'Amour, gr. par F. John.

La Zingara, gr. par le même.

Jupiter et Io, gr. par James Johnson.

La Sorcière ; au-dessus d'elle un Amour (de la Galerie de l'Architecture), pl. pet. in-fol., gr. par Th. van Kessel, avec C. Boel.

Io, gr. par Hermann Kramer.

Susanne au bain, gr. par A.-L. Krueger.

Jupiter et Antiope, gr. par Achille Lefèvre (Exposit. de 1861 ; comte ***, de Vienne, N° 1139).

Léda, gr. par le même. Paris, Janet, 1822.

Jupiter et Antiope, gr. par S. Leroi, terminé par Urbain Massard.

La Madeleine, gr. par Longhi (vendue à Londres, juin 1857, épr. av. l. l., 600 fr.).

Jupiter et Antiope, in-4°, gr. par J.-B. R.-Urbain Massard, le fils ; H. 5 p. 11 l.; L. 4 p. (Rigal, 483 ; Van Hulthem, 4486).

Antiope, gr. par Alph. Masson. Paris, impr. Drouart, 1857.

Danaé, lith. par Maurin. Paris, Feillet, 1824.

Léda, gr. par H.-Ch. Muller (Musée Filhol).

L'Amour et Psyché, gr. par A.-Fr. Œser.

L'Homme sensuel. — *La Vertu victorieuse des vices* ; deux pièces gr. par Et. Picart (vente du 26 nov. 1866).

Vénus désarmant l'Amour, gr. par J. Pichler (P. de Corneillan, 149).

L'Amour tendant son arc, gr. en haut., par Thomas Piroli (Van Hulthem, 3666).

Le Bain de Léda, gr. en haut., par Porporati (épr. av. l. l., Debois, 31 fr.; Simon (N° 383), 60 fr.; Rigal, 30 fr.).

Io and Jupiter, lith. par Schultz. Paris, Lemercier, 1855.

Jupiter et Antiope, pièce réduite au diagraphe, grav. à l'eau-forte, par Sellier. Paris, 1849, 2 fr. 50.

La Vénus dite *à la coquille*, gr. par John Smith (J., III, 86).

L'Amour se faisant un arc avec la massue d'Hercule. — *L'Aigle de Jupiter et Ganymède*. — *Jupiter et Io*, dans une nue; trois pièces grav. par Van der Steen, d'après les tableaux du Corrége qui sont à Vienne (premières épr., 250 fr., vente Mariette ; 99 fr., Saint-Yves ; 101 fr., vente Logette, en 1817).

Susanne au bain, gr. par J.-Charles Thevenin. Paris, Dusacq, 1861.

Jupiter et Antiope, lith. par Weber. Paris, Constant, 1824.

Le même sujet, phot. par Bingham; 0.24 sur 15. Paris, Goupil, 1860, 8 fr.

Le même sujet, phot. par Collard, Paris, 1863.

La Madeleine, phot. par Furne fils et Cie. Paris, 1858.

Antiope, phot. par Gilmer. Paris, *Dusacq*, 1861.

Jupiter et Antiope, phot. par Goupil; H. 0.24; L. 0.15. Paris, 1865, 8 fr.

Adam et Eve, phot. par Richebourg. Paris, 1865.

Antiope, phot. par Georges Spingler. Paris, 1862.

CORT (Corneille), peintre et grav., né à Horn, en Hollande, en 1530; mort à Rome, en 1578. — Voir Fr. *Floris*, *Rosso de Rossi*, le *Titien*.

Catharina de Medicis, regina franç. (J., I, 381).

CORTONE (P. Berretti, dit P. de), peint. et archit. italien, né à Cortone, le 1er novembre 1596 ; mort à Rome, le 16 mai 1669.

L'Enlèvement des Sabines, pièce en larg., gr. par Pierre Aquila (Winckler, 1336 ; Van Hulthem, 3367).

Le même sujet, copie d'après Aquila ; in-fol. en larg., gr. par Leonhard Heckenauer.

L'Age d'or, in-fol. en larg., gr. par C. Lasinio, le père.

La Chasteté de Joseph (de la Galerie de Florence), in-fol., gr. par Nic.-Fr.-J. Masquelier, le jeune. Cet artiste travaillait à ce sujet, lorsque la mort l'a frappé ; la planche en était presque terminée et répond à ce qu'il a fait de mieux (*Revue univers. des Arts*, tome XXII, 106).

Diane sur son char, entourée d'étoiles, gr. en haut., par C. Mellan (Paignon-Dijonval, 6231 ; Van Hulthem, 4525).

COSSMANN, dessinat. contemporain.

Les Femmes cosmopolites, 4 pl. lith. par Duriez. Paris, E. Jouy, 1867.

COSWAY (Richard), peintre et grav. du XVIIIe siècle.

Mme Recamier.

Marie Stuart.

Mistress Abington, actrice, gr. par Fr. Bartolozzi ; H. 0.235 ; L. 0.180.

Mme Récamier, debout, gr. par Ant. Cardon ; rare (comte ***, de Vienne, N° 520).

Mme la comtesse Du Barry, portr. gr. par J. Condé, à Londres, daté de février 1794 ; courte pèlerine à grands plis, fichu noué d'un nœud lâche. (*Revue univ. des Arts*, t. XXII, 133).

Renaud et Armide, grand in-fol. en larg., gr. par Ph. Dawe, 1780.

Jeune femme debout, jolie grav. en coul., in-4° en haut., par W. Dickinson (11 nov. 1861, 7 fr.).

Lady Hume, assise et tenant un livre. — *Giorgiana, duchesse de Devonshire*, en Cynthie dans les nues ; deux pièces gr. par V. Green (J., II, 110).

Vénus entrant au bain. — *Vénus au bain* ; deux pièces en coul., gr. par Levachez, fils (11 nov. 1861, 8 fr. 50).

La Duchesse de Cumberland et Strathern, portr. en pied, gr. par J.-K. Sherwin (J., III, 82 ; comte ***, de Vienne, 2610).

Abeilard et Héloïse, gr. par J.-Raph. Smith (21 février, 1852, N° 203).

César remplaçant Pompeïa sa première femme, et prenant Calpurnie en sa place, gr. par R. Strange (J., III, p. 101).

COTELLE (Jean), le père, peint. et grav., né à Meaux, vers 1610 ; mort à Paris, en 1676.

Le Jeu de la balançoire. — *Le Jeu de la jarretière.* — *Le Jeu de Colin-maillard.* — *Le Jeu de cache-cache mitoulas.* — *Le Jeu du pied de bœuf.* — *Le Jeu de trois* ; six pièces grav. par P. Filleul.

COTELLE (Jean), le fils, peint. et grav., né à Paris, en 1650 ; mort en 1708.

L'Histoire de Vénus, suite de sept estampes ; H. 0.303, dont 13 de marge ; L. 0.209. Ces pièces sont décrites dans le *Peintre graveur français*, de Robert Dumesnil, t. V, 318-320.

La Naissance de Cupidon, pièce anonyme. Vénus se reposant sur sa couche, au pied d'un obélisque, reçoit les félicitations des Grâces, dont l'une tient dans ses bras le nouveau-né qu'elle va mettre au bain. H. 0.268 ; L. 0.208 (R. D. 2).

COTES (Francis), peintre du XVIIIe siècle.

Georg., — *Ann. Bellamy*, actrice, 1785, gr. par Fr. Bartolozzi.

COTTIN (J.), dessin. contemporain.

Coquetterie. — *Sentiment.* Deux pièces gr. par Manigaud. Paris, Dusacq et Cie, 1867.

COTTIN (Pierre), peint. et grav. contemp., né à La Chapelle St-Denis. — Voir *Merle, Schopin, Sieurac.*

La Fille mal gardée, deux pl. Paris, Lemaître, 1851.

Les Passions rafraîchies, lithogr. par Bettannier (*Gal. pour rire*) ; H. 0.46 ; L. 0.38. Bulla, rehaut, 6 fr.

Le même sujet, lith. par Duriez. Paris, Jouy, 1865.

La Chute des feuilles, lith. par Regnier (*Gal. pour rire*, N° 16) ; L. 0.47 ; H. 0.37. Bulla, rehaut, 6 fr.

La Jeunesse du lion. — *Le Lion devenu vieux* ; deux pl. lith. par le même (*Gal. pour rire*) ; H. 0.46 ; L. 0.38. Bulla fr., en rehaut, 6 fr. chaque ; Jouy, 1860, idem.

Une partie d'ânes à Montretout. — *Retour de la fête à Noisy-le-Sec.* — *Une pleine eau à Charenton* ; trois pièces lith. par Regnier et Bettannier (*Musée de mœurs en action*, Nos 7, 8 et 9) ; L. 0.50 ; H. 0.38. Bulla, en rehaut, 8 fr. chaque.

Le Vin de Champagne (l'Orgie), lith. par les mêmes ; L. 0.50 ; H. 0.38. Bulla, fr., en rehaut, 8 fr.

Une Chatte (la Mariée). — *Un Chat* (le Marié) ; deux phot. de 0.20 sur 0.16. Paris, Bulla, 5 fr. chaque.

COUCHÉ (Jacques), grav. au bur., né à Gournay, en 1769 ; trav. à Paris. — Voir *Caresme*, H. *Fragonard, Morete, Watteau.*

L'Amour quêteur. — *L'Amour volage.* — *Les Baigneuses* ; trois pièces.

COUCHOT, dessin. lithogr. contemporain.

La Grisette abandonnée, suite de 12 lith. : Tuez-vous donc à aimer ces messieurs. — Toi qui connais les hussards de la garde. — L'on est jeune, Mlle Justine, etc. Paris, Cheyère, 1828.

COUDENNIER, dessin. et grav.

La Jeune beauté.

COUDER (Alexandre), peintre contemp., né à Paris, élève de Gros.

Roméo et Juliette, dess. par Loyer, lith. de Ligny, color.; L. 0.135; H. 0.122 (Soleinne, 55).

COUDRAY ET HURTRUEEL, peintres collaborateurs du XVIIIe siècle.

Léda et l'Amour, in fol., gr. par Ch.-Ph. Lindemann.

Les Saisons, quatre pièces in-fol., gr. par le même.

Zéphyre et Flore, in-fol., gr. par le même.

COUDRETTE, photographe.

Mlle Legras, portr. d'apr. nature. Paris, 1821.

COUET, peintre contemporain.

Je vous y prends, Monsieur, à lire mes billets doux. — *Je vous y prends, Mamzelle, à flûter mon champagne;* deux pièces lith. par Victor. Paris, Osterwald, 1834.

COURBET (Gustave), peintre contemp., né à Ornans (Doubs), en 1819.

La Marchesa d'Amaëgui, lith. d'apr. Courbet; 0.58 sur 0.48. Goupil, de 3 à 15 fr.

Baigneuse. — *La Femme au perroquet;* deux pièces phot. par Collin, format carte de visite. Paris, 1867.

Baigneuse, phot. par Ledot aîné, 1867.

COURT (Joseph-Désiré), peint., né à Rouen, en 1797; mort à Paris, en 1865. — Voir J. *Félon.*

Astre du jour. — *La Belle des belles;* deux pièces grav. à la man. noire, par H. Garnier; H. 0.44; L. 0.32. Goupil, de 10 à 20 fr. ch.; Jouy, 1860, idem.

Cœur de jeune fille (pendant à l'*Ame de quinze ans*, d'après André), man. noire, gr. par le même; H. 0.38; L. 0.30 (Bulla, 6 et 12 fr.).

Fleur de noblesse, gr. en man. noire, par le même; H. 0.40; L. 0.30 (Bulla, 10 et 20 fr.).

Fleur du rivage, man. noire, par le même; H. 0.43; L. 0.32 (Goupil, 10 à 20 fr.).

Les Mystères de Paris: Fleur de Marie. — Mlle de Cardoville. — Mme d'Harville. — Rigolette en famille; quatre pièces in-fol. en haut., grav. en man. noire, par le même (Goupil, de 10 à 20 fr. ch.).

Reine des belles (Queen of beauties). — *Etoile d'amour;* deux pièces grav. man. noire, par le même; H. 0.47; L. 0.36. Paris, Bulla fr., 1850, 10 et 20 fr. chaque.

La Reine des fleurs (pendant à la *Reine des bois*, d'après André), man. noire, par le même, H. 0.42; L. 0.34 (Bulla, 10 et 20 fr.).

La Reine des salons (pendant à la *Reine des champs*, d'après Charpentier), man. noire, gr. par le même; H. 0.42; L. 0.34. Paris. Jouy, 1860, 10 et 20 fr.

Souvenir de bal, man. noire, gr. par le même; H. 0.45; L. 0.35 (Bulla, 10 et 20 fr.).

Fleur du jeune âge, gr. en man. noire, par A.-Ch. Lemoine; H. 0.43; L. 0.32 (Goupil, 10 à 20 fr.).

Le Rendez-vous (jolie femme), in-fol., gr. en man. noire, par Maile (Martial Pelletier, 1867, N° 950).

Belle de jour (une femme assise). — *Belle de nuit* (une fille travestie); deux pièces grav. par Martinet; H. 0.50; L. 0.37 (Goupil, de 12 à 24 fr. chaque).

Le Messager du sérail, gr. en man. noire, par le même; H. 0,57; L. 0.43 (Goupil, de 20 à 40 fr.).

La Baigneuse, phot. par Bingham; 0.22 sur 0.16. Goupil, 6 fr. (Exposit. de 1861).

Etoile d'amour, phot. par Bingham; 0.20 sur 0.16, 5 fr.

Reine des fleurs, phot. en haut. Bulla fr.

Le Messager du sérail, phot. de 0.07 sur 0.12. Paris, Goupil, 1 fr. 50.

COURTET (Augustin), sculpt. contemp., né à Lyon.

Les Danseuses d'Herculanum, phot. par Richebourg. Paris, 1858.

COURTIN (Jacques), peintre du XVIIe siècle.

L'Amant complaisant. — *L'Amant magnifique;* deux pièces grav. par Michel Aubert (déc. 1856, N° 205).

La Belle danseuse, gr. par le même (11 nov. 1861, avec l'*Amant complaisant*, 6 fr. 50).

Les Jeux naïfs, gr. par le même (déc. 1856, N° 204).

Le Bain de pieds: Ne vous y trompez

pas, Lisette...; in-fol. en haut., gr. par J. Haussart.

Les Deux galants, in-fol. en larg., par le même.

La Musique: Iris accorde sa voix... — *La Pêche:* Par vos amusemens....; deux pièces gr. par le même.

La Prêtresse de Vénus, gr. par J.-Fr. Kauke.

L'Amour médecin, gr. en haut., par Mathey (26 mai 1862, N° 256).

Arthémise, in-fol. en haut., gr. par le même.

La Belle danseuse. — Jeune fille assise devant une table, tenant une plume de la main gauche. — La Jeune fille et le page. — Jeune Fille jouant avec un écureuil. — Jeune Fille jouant du tambourin. — Jeune Fille tenant un collier de perles. — Les Jeux innocents. — Une Femme instruisant son chien. — Une Jeune Fille en chemise, se montrant à la fenêtre. — Le Vieux mari et la jeune femme; dix pièces en haut., grav. par J.-B. de Poilly (Van Hulthem, 4684).

La Curiosité (jeune fille dérobant une lettre sur laquelle est couchée une autre jeune fille endormie), gr. en haut., par Franç. de Poilly (Van Hulthem, 4681).

La Fileuse. — Jeune Femme regardant dans une glace. — Jeune Femme repoussant les galanteries d'un vieux. — Jeune Fille regardant deux oiseaux se becqueter. — Jeune Fille se laissant enlever par un jeune homme; cinq pièces en haut., grav. par le même (Van Hulthem, 4681).

COURTIN (F.), dessin. lithogr. contemporain.

Mlle Julie Grisi, lith. de Gihaut, frères; H. 0.450; L. 0.320 (Soleinne, 349).

Mlle Taglioni (dans la Sylphide), lith. de Gihaut; H. 0.433; L. 0.325 (Soleinne, 117).

COURTOIS, grav. et lithogr. contemp. — Voir *Lecurieux*, Aug. de *Saint-Aubin*.

COUSINS (Samuel), graveur anglais, contemporain. — Voir *Landseer*.

COUSSIN (Hardouin), amateur, né à Aix, en Provence, en 1709. — Voir La *Fage*.

COUTELIER, dessin. et grav., trav. à Paris, dans la 2e moitié du XVIIIe siècle.

Mlle Contat, rôle de Suzanne, gr. en coul.; H. 0.240; L. 0.180 (vendu en février 1859, 30 fr.; Soleinne, N° 277).

Mlle Olivier, actrice; H. 0. 240; L. 0.170 (Soleinne, 276).

COUTURE (Thomas), peintre contemp., né à Senlis, en 1815; élève de Gros et de P. Delaroche.

Un Trouvère :

No, no, mòòn ange...
Jamé le quieur ne change!
L'amour d'un jour
Ce n'est pas de l'amour.

Caricature lith., d'après le tableau de Couture. Paris, chez Pannier, 1843.

George Sand, portr. gr. à la man. noire, par Manceau; H. 0.55; L. 0.41 (Goupil, 6 fr.).

COUVAY (Jean), dessin. et grav., né à Arles, en 1642; trav. à Paris.

Le Cornard content.

Marie Stuart.

Un Cavalier assis sur son lit près d'une dame debout.

COVENTRY (Barbara, comtesse de). — Voir J. *Reynolds*.

COYPEL (Noël), père, peint. et grav., né à Paris, le 25 décembre 1638; mort le 24 décembre 1707.

Loth et ses filles, gr. par Charles Simonneau (vente du 11 nov. 1861).

COYPEL (Antoine), fils aîné de Noël, peint. et grav., né à Paris, le 11 avril 1661; mort le 7 janvier 1722.

Apollon et Daphné sur la terrasse. Apollon, appuyé d'une main sur sa lyre, et de l'autre sur son arc, est assis, ayant à ses côtés Mercure et deux Amours, l'un pinçant les cordes de la lyre, et l'autre couronnant une nymphe. Il regarde amoureusement Daphné, assise en avant du fleuve Pénée, sur l'urne duquel elle s'appuie en caressant la tête de son père, tandis que l'Amour, debout au fond, décoche une flèche à Apollon. L. 0.315; H. 0.205 (R. D. 7).

Bacchus et Ariane. Bacchus descendu de son char, s'approche d'Ariane assise en avant d'un rocher, et cherche à la consoler. Des Amours, des satyres et des bacchantes animent la composition. Peint et gr. à l'eau-forte par Coypel, et terminé au burin par Gérard Audran, 1693. On lit, à gauche d'une dédicace à Monsieur, frère du roi, qui possédait le tableau original dans son cabinet de Saint-Cloud : *Bachus ayant trouué Ariane abandonnée dans une isle, en deuient amoureux et l'espouse.* L. 0.570. H. 0.450 (R. D., IX, p. 271).

Pan vaincu par les Amours, 1692, joli morceau; L. 0.222; H. 0.170. Les 1res épr. ne portent pas la marque de l'année (R. D. 10; de Vèze, 242).

Renaud et Armide : Quelle force...; grav. rare, avant toute lettre (cat. A. David).

Le Triomphe de Galatée, terminé au burin par Simonneau l'aîné, 1695. La néréide est assise voluptueusement sur une embarcation que deux dauphins font voguer et qu'entourent des Amours; elle s'appuie sur une de ses nymphes, et plusieurs divinités marines nagent au bas de la droite. L'Amour, penché sur l'épaule de Galatée, lui montre l'Hymen qu'environnent les Zéphirs. Polyphème, assis sur le revers de l'Etna, au fond, semble prendre plaisir à ce qui se passe. L. 0.570; H. 0.422 (R. D. 8).

L'Alliance de Bacchus et de l'Amour, gr. en larg., par J. Audran (Paignon-Dijonval, 7704; Van Hulthem, 3914).

Cupidon vient au secours de Psyché et l'éveille, gr, par J. Audran; H. 0.360; L. 0.282 (Camberlyn, 1re vente, N° 50).

Evanouissement d'Esther, grand in-fol. gr. par le même (26 fr., vente Valois; Martial Pelletier, 1867, N° 12).

Pan élève de l'Amour, gr. par le même; H. 0.128; L. 0.081.

Bacchus et Ariane, 1693, gr. par Gér. Audran; L. 0.570; H. 0.370 (R. D. 9).

Renaud et Armide, gr. par Gér. Audran (en mai 1864, 7 fr. 50; Camberlyn, 1re vente, N° 40).

Zéphire et Flore, gr. par le même; H. 0.293; L. 0.222 (Camberlyn, 1re vente, N° 42).

Le Triomphe de Galatée, gr. par P. van den Berghem (en mai 1864, 3 fr. 50).

L'Amour désarmé par une belle nymphe, grand in-fol. ovale, gr. par L. Desplaces.

L'Amour réfugié chez Anacréon, in-fol. gr. par le même.

L'Education douce et insinuante. — L'Education sèche et rebutante; deux pièces in-fol., par le même.

Le Triomphe de Galatée sur les eaux, in-fol., gr. par le même.

Vénus et l'Amour, gr. par le même (M. N. L., 1 fr. 25).

Adam et Eve après leur péché, gr. par Drevet (P. de Corneillan, N° 23; Mariette, 16 fr.; Alibert, 40 fr., avec la *Rebecca*).

Diane au bain avec ses nymphes, in-fol. en larg., gr. par G. Duchange (J., I, 442; Camberlyn, 1er vente, N° 753).

Femme endormie dans la campagne et surprise par un satyre, gr. par le même.

Junon ayant emprunté la ceinture de Vénus, in-fol. en larg., rare; gr. par le même (J., I, 442).

Jupiter et Antiope, in-fol. en larg., gr. par le même.

Jupiter et Junon, in-fol. en larg., gr. par le même (Brandes, 3 $^1/_6$ th.; Camberlyn, 1re vente, N° 752).

Vénus endormie, accompagnée d'un satyre et trois Amours, in-fol. en larg., gr. par le même (J., I, 442).

L'Hymen de Bacchus et d'Ariane, gr. par Duflos (cat. A. David).

Le Triomphe de Galatée, gr. par le même (A. David).

L'Amour piqué par une abeille, vient se plaindre à sa mère, in-fol. en haut., gr. par Cl. et Cl.-A. Duflos.

Les Noces de Bacchus et d'Ariane, in-fol. en larg., gr. par les mêmes.

Susanne surprise au bain par les vieillards, gr. par les mêmes.

Armide, prête à poignarder Renaud, est désarmée par l'Amour; gr. en haut., par C. Dupin. Rare (Camberlyn, 1re vente, N° 773).

Bacchus et Ariane, gr. en haut., par Jean Gole.

Galatée sur les eaux, gr. en haut., par le même.

Pan vaincu par les Amours, gr. par Michel Heylbrouck (Camberlyn, 1re vente, N° 1361).

Renaud abandonnant Armide, gr. par F. Joullain.

Renaud et Armide, gr. par John King.

La Matrone d'Ephèse, gr. par Ed. Kirkall.

Zéphyre et Flore, gr. par B. Picart (P. de Corneillan, 548).

Susanne au bain, gr. par L. Simonneau.

Apollon et Daphné, gr. par Nic.-Henri Tardieu (J., III, 15).

Enée chez Didon, gr. en larg., par Simon Thomassin, 1721 (Van Hulthem, 1821).

COYPEL (Noël-Nicolas), frère d'Antoine, peint. et grav., né à Paris, en 1692; mort en 1735.

L'Alliance de Vénus et de Bacchus.

Femme caressant un pigeon ; H. 0.170; L. 0.140.

Le Triomphe d'Amphitrite.

Une Femme dormant sous un pavillon et surprise par un satyre. L'Amour est auprès d'elle.

La Pudeur : Vite, cachez ces appas...; gr. par P.-F. Beaumont; H. 0.169; L. 0.138.

L'Alliance de Bacchus et de Vénus, gr. par Lebas (J., II, 194).

Le Bain de Diane, gr. par le même (C.-L., N° 616, 2 fr.).

Galatée, gr. par Tronchon (vente du 11 nov. 1861).

COYPEL (Charles-Antoine), fils d'Antoine, peint. et grav. à l'eau-forte, né à Paris, en 1694; mort en 1752.

L'Amour précepteur. Une jeune fille est assise à une table; elle paraît écrire une lettre sous la dictée de l'Amour qui se penche à son oreille. Pièce sans marque. H. 0.142; L. 0.095 (R. D. 2).

L'Amuor ramoneur ; H. 0.210; L. 0.155. Pièce sans marque (R. D. 1).

Vous qui faites cas de l'honneur,
Fillettes dont l'âme est bien née,
De ce dangereux ramoneur
Gardez bien votre cheminée.

La Diseuse de bonne aventure ; L. 0.168; H. 0.140.

Vieille coquette ; H. 4 p.; L. 2 p. 9 l. (R. D. 19).

Vénus arrêtant l'Amour, pièce sans marque; L. 0.088; H. 0.080 (R. D. 3).

Don Quichotte protége Bazile, qui épouse Quicherie par une ruse d'amour; gr. par N.-D. Beauvais; L. 0.290; H. 0.278.

Le Berger jouant de la vielle (ou *le Galant joueur de vielle. — La Coquette guitariste :* Qui pourrait à Philis ne pas rendre les armes?... Deux pièces grav. par F. Botet (11 nov. 1861, N° 202).

Le Négligé galant (jeune dame lisant une lettre avec une chandelle), 1760, in-fol., gr. par D.-Salvador Carmona (1er février 1864, N° 512).

L'Amour précepteur, gr. en haut., par le comte de Caylus (de Vèze, 98).

Une Déesse sur les nuages, accompagnée de deux zéphirs ; pièce burlesque, gr. par le même.

L'Amour, fig. en pied, in-fol., gr. par J. Daullé.

L'Amour réfugié chez Anacréon, gr. par L. Desplaces (J., I, 425).

Vénus sur les eaux, pièce gracieuse, en haut., grav. par Desplaces (Ch. Le Blanc, N° 1877; J., I, 424).

Adrienne Lecouvreur, rôle de Cornélia, dans *Pompeia*, gr. par P.-J. Drevet, 1730. Rare; H. 0.410; L. 0.290 (épr. av. l. l., 200 livres, vente Cochu, en 1798; 180 fr., Logette, en 1817; en 1820, 400 fr.; Debois, av. l. l., 355 fr.; apr. l. l., 42 fr.; Valois, 30 fr.; Bénard, 49 fr.; Basan, 40 fr.; Rigal, 1er état, avec le mot *model* pour *modèle*, 40 fr.; Durand, épr. av. l. l., 350 fr.; en avril 1864, 8 fr. 50; Rapilly, en 1867, 8 fr.).

L'Amour vainqueur de Pan, in-fol., gr. par Ch. Dupuis.

La Toilette de nuit, gr. par Nicolas Dupuis (vente de déc. 1856, N° 216).

Adrienne Lecouvreur, représentée en buste, dans le rôle de Cornélie (la Mort de Pompée), portr. ovale, gr. par J.-B. de Grateloup; H. 0.126; L. 0.091 (6 mars 1865, N° 73).

La Jeune veuve à sa toilette, gr. par J.-J. Haid (Camberlyn, 1re vente, N° 1331).

L'Ecole des femmes, gr. par Joullain (déc. 1856, N° 219).

Adrienne Lecouvreur, par Leguay. Paris, impr. Chardon aîné, 1864.

L'Amour de village, ou l'Amour naïf, gr. en haut., par B. Lépicié, 1731 (26 mai 1862, N° 257).

L'Amour de ville, ou l'Amour coquet, gr. en haut., par le même, 1731 (26 mai 1862, N° 257).

L'Amour maître d'école (ou *précepteur)*, gr. en haut., par le même, 1730. L'Amour en magister fait lire des jeunes filles dans l'Art d'aimer (18 mai 1864, N° 679).

Jeu d'enfants (mascarade enfantine sur les ridicules de la mode de cette époque), gr. par le même, avec quatre vers :

De la mode et de ses boutades
Ce jeu d'enfants rend les excès;
Ces atours, malgré leur succès,
Sont bien souvent des mascarades.

Le Dépit de l'absence : Ce dépit n'est point redoutable... (jolie femme donnant des pichenettes au portrait de son amant), gr. en haut., par B. Lépicié avec Surugue (18 mai 1864, N° 677).

La Veuve coquette, gr. en haut., par les mêmes.

*Madame de *** (Mouchy)*, en habit de bal, in-fol. en haut., gr. par L. Surugue. Costume élégant et coquet, un des plus jolis portr. de femmes de l'époque (11 nov. 1861, 11 fr.).

Persée délivre Andromède, pièce gracieuse, gr. en larg., par le même, 1732 (Paignon-Dijonval, 8228; Van Hulthem, 4797).

COYPEL (d'après), sans autres indications.

Vertumne et Pomone, gr. par Bartolozzi.

Une Femme au bain, petite pièce, gr. par le comte de Caylus.

Le Jeune faune amoureux, in-fol. en haut., gr. par Marie-Anne Croisier.

Alexandre présentant la couronne à Roxane, in-fol., gr. par F. Morellon de la Cave.

Thémire, gr. par Surugue (cat. A. David).

CRAFFOUARA (Giuseppe), p. et gr., né dans le Tyrol, en 1791. Voir l'*Antique*.

CRANACH (Lucas, dit Luc de), peint. et grav. allem., né à Kronach, en Franconie, en 1470; mort à Weimar, le 16 octobre 1553. Son véritable nom était *Sunder*.

Adam et Eve, 1509; gr. en bois. H. 12 p. 4 l.; L. 8 p. 6 l. (B. 1; Van Hulthem, 467).

La Femme se baignant.

Le Jugement de Pâris, 1508, grav. sur bois; H. 13 p. 5 l.; L. 9 p. 5 l. (B. 114; Van Hulthem, 489). — D'après Passavant (*Peintre graveur*, t. IV, p. 7), il faut plutôt voir dans ce sujet la légende d'après laquelle le chevalier Guillaume d'Albonach présenta à Alfred le Grand, roi d'Angleterre, ses trois filles nues, afin qu'il choisisse une d'elles pour épouse. — Ce sujet a été traité une seconde fois, mais différemment par le même artiste. Le roi est endormi près d'un arbre; le vieux chevalier le réveille avec une baguette pour lui faire choisir une de ses trois filles. En haut, plane un petit Amour qui décoche une flèche contre Alfred (Passavant, t. IV, 23). — Ajoutons que cette anecdote apocryphe a inspiré à un célèbre peintre anglais, B. West, un tableau qui a été gravé par Mitchel, et dont une reproduction au trait figure dans la *Galerie anglaise*, comprise dans le Musée Revil.

Un Cavalier à cheval avec une dame en croupe, 1506, gr. en haut. (B. 117; Van Hulthem, 493).

Vénus nue accompagnée de l'Amour, essayant son arc, 1506, grav. en bois; H. 10 p. 4 l.; L. 7 p. 3 l. (B. 113; J., I, 383; Van Hulthem, 487).

Le Jugement de Pâris, gr. par Jér. Hopfer. H. 0.289; L. 0.219 (B. 34; David Funck, 36).

CRAUK (J.).

Satyre et Bacchante (groupe en marbre), phot. par Martens. Paris, 1868.

CRAYER (Gaspard de), peintre, né à Anvers, en 1585; mort à Gand, en 1669.

Hercule entre la Volupté et la Vertu, gr. par Frière. Paris, Danlos, 1865.

La Danse des nymphes (six jeunes filles dansant), grav. au bur., par Ch.-Estienne Gaucher. Jolie composition, gravée avec goût et tirée, dit-on, à 150 ex. seulement, pour les fermiers généraux.

CREMIÈRE ET HANFSTAENGL, photographes.

Portraits d'après nature : Mlles Emma Livry, Marquet, Taglioni, Victoria.

CREMONÈSE (le). — Voir G. *Caletti*.

CRÉPY (Louis), le fils, dessin. et grav. au burin, vivait à Paris, dans la 1re moitié du XIXe siècle. — Voir Nic. *Lancret*, *Watteau*.

Laquelle des deux aura la pomme? jolie pièce in-fol. en haut., costume Louis XVI. A Paris, chez L. Crépy (11 nov. 1861, 9 fr.).

CRESPY (Giuseppe-Maria), dit le *Spagnuolo*, peint. et grav., né à Bologne, en 1665; mort en 1747. — Voir Van *Dyck*.

Diane attachée à un arbre et fouettée par un satyre. On voit à gauche, vers le fond, Actéon avec des bois de cerf à la tête, qui s'avance en lui faisant des reproches. Pièce bien gravée. H. 4 p. 8 l.; L. 3 p. 3 l. Un anonyme en a fait une copie de même dimension (B. 14).

Une Jeune fille chatouillant avec un brin d'herbe un berger endormi; H. 0.228; L. 0.169 (B. 15).

La Bergère endormie, gr. par Gius. Camerata.

CRÉTIEN, lithogr. contemporain. — Voir *Canova.*

CRÉVILLON (Léon), dessin. et lith. contemporain.

Mythologie moderne (en allemand), 4 feuilles chromolith., in-fol. Lyon, 1858: *Vénus et l'Amour*, mit portrait von Jenny Lind. — *Léda et le cygne*, mit portrait von Maria Marra. — *Danaé*, mit portrait von Lola Montez. — *Io et Jupiter*, mit portrait von Pepita de Oliva. Les deux dernières sont tout à fait nues (Scheible, 1861, p. 910, 4 fl. 48 kr.).

CREWE (Miss). — Voir J. *Reynolds.*

CRISPIN DE PAS. — Voir *Pas.*

CRIVELLARI (Bartoloméo), sculpt. et grav. à l'eau-forte et au burin, né à Venise, vers 1725; mort en 1777. — Voir *Jules Romain.*

CROISIER (Marie-Anne), grav., née à Paris, en 1765. Voir *Coypel, Rubens.*

CROIX (Madeleine-Ursule de la), dessin. et grav. — CROIX (Jeanne de la), grav., travaillaient ensemble, au milieu du XVIIIe siècle.

Cléopâtre. — *Sacrifice à l'Amour.* — *Sacrifice au dieu Pan*; trois pièces dess. par Ursule et grav. par Jeanne.

CROS (P.), grav. édit., trav. à Londres, dans la 2e moitié du XVIIIe siècle.

Nelly Gwyn, maîtresse de Charles II, rôle de Vénus; in-4°, gr. par R. Thompson (Sikes, 3 liv. 17 sh.).

CROSBIE (Diana, vicomtesse). — Voir J. *Reynolds.*

CROUTELLE (L.), grav., trav. à Paris, au commencement du XIXe siècle. — Voir le *Dominiquin.*

CROZIER, peintre du XVIIIe siècle.

Acis et Galatée, gr. par Nic. Heideloff.

CRUGER (Thédore), grav. au burin, né à Munich, en 1576; s'établit à Rome, où il mourut en 1650.

Vénus couchée, in-fol. en larg.

CRUVELLI (Sophie). — Voir *Lemprunnier*, K. *Muller*, Ch. *Vogt.*

CUGLIACAZZI, grav.— Voir l'*Antique.*

CUISINIER, lithogr. contemporain. — Voir *Lazerges.*

CUMBERLAND (duchesse de). — Voir R. *Cosway*, V. *Green*, J. *Reynolds.*

CUNÉGO (Domenico), le vieux, dessin. et grav., né à Vérone, 1727; mort en 1794. — Voir Aug. *Carrache*, le *Guerchin*, le *Guide*, Gavin *Hamilton.*

CUNÉGO (Aloïsio), grav., né à Vérone, 1750 ou 1757. — Voir l'*Antique*, Ann. *Carrache*, le *Corrége*, *Raphaël.*

CUPIDON ET GANYMÈDE. — Voir Th. *Burke*, Angel. *Kauffman.*

CURTI (Francesco), peint. et grav., né à Bologne, vers 1603; mort en 1670. — Voir Ann. *Carrache*, *Dufroé.*

D

DADDI (Béatricius), dit le *Maître au dé*, peint. et grav. au burin, né probablement à Venise, vers 1512; trav. à Rome de 1532 à 1550. — Voir *Jules Romain*, *Raphaël.*

DAGUE (Victor), grav. au burin, trav. à Paris au commencement du XIXe siècle. — Voir le *Titien*, Léon. de *Vinci.*

DALEN (Corneille van), dessin. et grav.,

né à Harlem, en 1615. — Voir *Flinck*; *Rubens*.

Un Satyre avec un âne; de l'autre côté une femme couchée auprès d'un enfant et d'un coq; pièce allégorique, in-4°.

DALILA ET SAMSON. — Voir *Aldegraver*, Alb. *Altdorfer*, *Brosamer*, *Burgkmair*, *Caletti*, M. *Corneille*, *Garin*, Cl. *Mellan*, Jacq. *Palma* (le jeune), G. *Pencz*, *Rembrandt*, *le Maître de 1466*, *Rubens*, Van der *Werff*, Ant. de *Worms*.

DALLIGNY, photographe.

Portraits phot. d'après nature : Mlle Agar. — Alice, la provençale. — Anita. — Mme Ema Delille. — Finette. — Mme Joséphine Nord. — Mélida. — Victorine.

DAMBRUN (Jean), grav. au burin, né à Paris, 1741.— Voir H. *Fragonard*, *Lebrun*, *Moitte*, *Queverdo*.

Le Bouquet galant, jolie grav. (cat. A. David).

La Servante commode (A. David).

Marie-Antoinette, reine de France, in-8° (vente du 17 janv. 1862).

DAMERY (J.), dessin. et grav. à l'eau-forte, Français, florissait à Rome, en 1657.

Vase, dont la partie supérieure est ornée d'une nymphe couchée, surprise par trois satyres (R. D. 6).

Vase, dont la panse est ornée de satyres et de bacchantes (R. D. 8).

Vase, dont la panse est ornée d'un triton enlevant une nymphe (R. D. 9).

Vase, dont la panse est ornée d'une danse de nymphes (R. D. 10).

DAMMERY, graveur. — Voir *Raoux*.

DAMMESZ (Lucas). — Voir *Lucas de Leyde*.

DAMOREAU-CINTI (Laure Montalant, dame). — Voir *Bertonnier*, *Fauconnier*, *Julien*, *Lacauchie*, *Maurin*, J. *Vernet*, *Vigneron*.

DAMOURETTE (Aristide), peintre, dessin. et lith. contemp., né à Tours; élève de Drolling. — Voir *Talin*. — Voir aussi aux *Polyonymes* : les *Actrices*.

Un peu de tout : Le blond annoncé par les cartes. — La petite Pavillon, c'est gentil comme les amours, mais ça prend de l'absinthe! — En v'la un mossieu qu'est comme y faut... pour être laid; trois lith. Paris, impr. Lemercier, 1860.

DAN-LEYLO.

Les Deux baisers, deux pendants, lith. par Auguste-Ch. Lemoine (Librairie des auteurs, en 1867, 5 fr.).

DANAÉ. — Voir *Jupiter et Danaé*.

DANCKERTS (Cornélis), grav., né à Amsterdam, dans la 2e moitiè du XVe siècle. — Voir Van *Dyck*.

DANCKERTS (Danker), fils de Corneille, dessin. et grav., né à Anvers, vers 1600. — Voir C. *Holstein*.

DANCKERTS (Justus), dessin. et grav., vivait à Amsterdam, dans la 1re moitié du XVIIe siècle.

Vénus et Cupidon endormis, épiés par un satyre.

DANCKERTS (Henri), dessin. et grav. au burin, né, selon les uns, en Flandre, selon les autres, en Hollande, dans le XVIIe siècle. — Voir le *Titien*.

DANGEVILLE (Mlle), la jeune, actrice. — Voir *Pater*.

DANGUIN (Jean), grav. contemp., né à Lyon. — Voir Mme *Lebrun*.

DANLOUX (Pierre), peintre, né à Paris, en 1745; mort en 1809.

Ah! si je te tenais! (vieillard menaçant une jeune fille qui se moque de lui). — *Je t'en ratisse* (réplique de la jeune fille), deux pièces grav. par P.-G.-A. Beljambe (Exposit. de 1793).

La Surprise agréable, jolie composition, gr. par P.-H. Jonxis. Rare (vente de déc. 1856, N° 224).

DANZEL (Jérôme), grav., né à Abbeville, en 1775; mort en 1810. — Voir J. *Bénard*, J. *Bethon*, *Boizot*, Fr. *Boucher*, *Dumont*, *Lagrenée*, J. *Vien*, *Villebois*.

DAPHNÉ ET APOLLON. — Voir l'*Albane*, B. *Bandinelli*, B. *Béham*, *Bernini*, J. *Bonasone*, Fr. *Boucher*, Polydore de *Caravage*, *Chasseriau*, Jér. *Cock*, J.-B. *Corneille*, Ant. *Coypel*, *Detroy*, Sal. *Gessner*, L. *Giordano*, R. *Houasse*, Luc. *Jordans*, Simon *Julien*, Edward *Kirkall*, Nic. *Loir*, Carlo *Ma-*

ratti, D. *Marietto*, N. *Poussin*, *Rubens*, J. *Savry*, L. *Silvestre* (le jeune), le *Titien*, Perino del *Vaga*, *Vanloo*, Ant. *Waterloo*.

DAPHNÉ ET L'AMOUR. — Voir Aug. *Nahl*.

DAPHNIS ET CHLOÉ. — Voir *Albrier*, *Brochart*, *Buttura*, *Devéria*, Armand *Duval*, *Edwarenay*, *Gendron*, *Gérard*, *Gleyre*, *Greuze*, *Hersent*, J.-Ch. *Klengel*, *Leloir*, *Prudhon*.

DARCIER (Mlle), actrice. — Voir *Aubry-Lecomte*.

DARCIS (Louis), cél. grav., trav. à Paris à la fin du XVIIIe siècle; mort en 1801. — Voir *Lawreince*, *Mouchet*, C. *Vernet*.

Une Jeune femme au lit, sortant les jambes comme pour se lever, jolie pièce ovale en haut. (11 nov. 1861, 3 fr. 25).

DARDOIZE (Em.), peint. et lith. contemp., né à Paris.

L'Elève docile. — *L'Escarpolette*; deux lith. Paris, Sinnett, 1850.

DARET (Pierre), dessin. et grav., né à Paris, en 1610. — Voir Jacques *Blanchard*, Eust. *Lesueur*, le *Titien*, Simon *Vouet*.

Jupiter et Sémélé (vente du 16 janvier 1862, No 175).

DARJOU (Alfred), peint. et grav. contemp., né à Paris; élève de MM. Léon Cogniet et V. Darjou. — Voir *Cham et Darjou*.

Actualités : Je vous envoie me chercher des primeurs, et vous me ramenez un militaire!... — Tiens, la particulière du lieutenant qui se met z'un poignard au chapeau! Heureusement que les bonnes n'en portent pas, qu'il me faudrait subrepticement confier mon coupe-choux à Françoise, etc.; lith. Paris, impr. Destouches; chez Martinet, 1865.

Les Bals costumés, lith. Paris, impr. Destouches; A. de Vresse, 1867.

Paris l'hiver : Le lac des biches au au bois de Boulogne : Je vous accompagnerais bien, chère belle...., lith. Paris, impr. Destouches, 1865.

DARODES (Louis-Auguste), graveur contemp., né à Paris; élève de Ruhierre et de Richomme.

L'Amour et Psyché. — *Vénus*; deux pièces gravées pour l'œuvre du sculpteur suédois Fogelberg (Exposition de Paris, 1867).

DARTIGUENAVE, peintre du XIXe siècle.

Lola Montès, en costume de ville; portr. lith. par Alophe; H. 0.41; L. 0.30. Paris, Cattier, 1847 (Goupil, imitation de pastel, 6 fr.; en coul., 10 fr.).

La Leçon de flûte. — *Prendra-t-il sa rose?* Deux pièces lith. par Regnier; H. 0.40; L. 0.30 (Goupil, 5 fr. chaque).

DARTY (Mlle), actrice. — Voir E. *Morin*.

DARVSON (Lady Ann.). — Voir J. *Reynolds*.

DASSONVILLE (Jacques), peint. et grav., né à Port-Saint-Ouen, près de Rouen, en 1619; trav. de 1653 à 1666.

Les Caresses; L. 0.130; H. 0.090 (R. D. 31; Van Hulthem, 4162).

DASSY (Jos.), lithogr. contemporain. — Voir *Girodet-Trioson*.

DAUBIGNY (Ch.-Fr.), peint. et grav. contemp., né à Paris; élève de son père et de P. Delaroche.

Les Baigneuses (dans une forêt), eau-forte. Paris, Vignères, 1846.

DAULLÉ (Jean), grav., né à Abbeville, en 1703; mort à Paris, en 1763. — Voir Fr. *Boucher*, Ch.-Ant. *Coypel*, *Detroy*, *Drouais*, *Jouvenet*, J.-E. *Liotard*, P. de *Mattheis*, P. *Mignard*, le *Poussin*, J. *Raoux*, *Rigaud*, *Tocqué*, C. *Vanloo*, J. *Vernet*.

Climène essayant les flèches de l'Amour (vente du 16 janv. 1863).

DAUMIER (H.), dessin. lithogr. contemporain.

Au bal masqué : Me reconnais-tu maintenant, épouse coupable? Lith. Paris, Martinet, 1858.

Au salon : Partons, madame... ces nudités sont révoltantes... (à part) Je reviendrai tout seul! Lith. Paris, impr. Destouches; chez A. De Vresse.

Les Divorceuses, lith. Paris, Aubert, 1848.

Grand bal masqué de l'Opéra; L. 0.596; H. 0.406 (Soleinne, 199).

DAUTEL (Mlle Paméla), grav. contemp. — Voir *Devéria*.

DAVÈNE, peintre du XVIIIe siècle.

Marie-Antoinette, représentée comme dauphine, pièce ovale, gr. par François Hubert.

L'Amant regretté, gravé par Voyez, jeune (18 mai 1864, N° 683).

DAVEN (Léon), peint. et grav. de l'École de Fontainebleau, vivait de 1540 à 1565. — Voir Luc. *Penni*, le *Primatice* et *Raphaël*.

Les Amours de Pluton et de Proserphine, suite de 12 estampes qu'on attribue à Léon Daven. Bartsch ne les a pas connues.

Une Femme nue portée malgré elle par deux autres femmes vers un satyre lascif qui est assis sur un lit. Pièce libre, dessin. et grav. par L. Daven, 1547. L. 15 p. 6 l.; H. 8 p. 6 l. (B. 66).

Deux Faunes portant un satyre lascif vers une femme qui est assise, prête à lui accorder ses faveurs. Pièce libre, pendant de la précédente. L. 14 p. 8 l.; H. 8 p. (B. 67; en 1860, 41 fr.).

DAVID (Giovanni), dessin. et grav., trav. à Gênes et à Venise, 1re moitié du XVIIIe siècle. — Voir Fr. *Miéris*.

L'Amour désarmé, gr. en larg. (Winckler, 1407; Van Hulthem, 3538).

L'Enlèvement d'Europe par Jupiter en taureau, gr. en larg. (Winckler, 1408; Van Hulthem, 3538).

Persée délivrant Andromède, gr. en haut. (Winckler, 1407; Van Hulthem, 3537).

Renaud et Armide, gr. en haut. (Winckler, 1407; Van Hulthem, 3537).

Vénus endormie, couchée à terre, gr. en haut. (Winckler, 1407; Van Hulthem, 3537).

DAVID (Jacques-Louis), peint., né à Paris, le 31 août 1748; mort à Bruxelles, le 29 décembre 1825.

Mars désarmé par Vénus, gr. au trait par un anonyme. Paris, Feillet, 1824.

Pâris et Hélène, gr. par J.-J. Avril, le jeune.

Le même sujet, in-fol. en larg., gr. par Andreas Geiger (Weigel, 1er état, 3 $^{1}/_{3}$ th.).

Le Galant jardinier, lith. par Lafosse (*Musée de l'amateur*); 0.20 sur 0.15. Paris, Jouy, 1860, 1 et 3 fr.

L'Amour et Psyché, gr. en haut., par Potrelle. Paris, Chaillon-Potrelle, 1821 (Van Hulthem, 4688).

Les Amours de Pâris et d'Hélène, gr. par G. Vidal (P. de Corneillan, 19).

DAVID (Jules), dessin. et grav. contemp.

Les Amants célèbres : Charles VII et Agnès Sorel. — Estelle et Némorin. — Henri VIII et Anne de Bouleyn. — Héloïse et Abeilard. — Henri IV et Fleurette. — Laure et Pétrarque. — François 1er et la belle Feronnière. — Raphaël et la Fornarina. — Faublas et la marquise de B***. — Faust et Marguerite. — Phœbus et la Esméralda. — Gérard de Nevers et la belle Eurian. Suite de douze lith. de 0.21 de H. sur 0.16 de L. Bulla, en noir, 1 fr. chaque; en coul., 2 fr.; Jouy, 1860, idem.

Les Bons amis. — Le Chasseur et la laitière. — Au désert. — Concert italien; quatre lith. de 0.20 sur 0.15 (*Musée de l'amateur*). Paris, Jouy, 1860, 1 et 3 fr. chaque.

DAVID (Al.), dessin. lithogr. contemporain. — Voir *Compte-Calix*.

Ah! Monseigneur. — Ah! Madame; deux pl., sujets Louis XV, en ovale; H. 0. 39; L. 0.28 (Dusacq et Cie, en rehaut, 3 fr. chaque).

DAVID, photographe. — Voir David *Lenglet*.

DAW (Philips), peint. et grav. anglais du XVIIIe siècle. — Voir R. *Cosway*, J. *Foldson*, G.-H. *Morland*.

DEANE (John), dessin. et grav. anglais, né vers 1750; mort à Londres, 1798. — Voir *Gainsborough*, J. *Reynolds*, *Romney*.

Cupidon en jeune garçon, portant un flambeau pour éclairer les paysans, gr. in-fol.

DEBAIGNE (L.-A.), dessin. et grav., trav. à Paris, dans la 2e moitié du XVIIIe siècle. — Voir Otto van *Veen*.

DEBAR (Bonaventure), peintre, né en 1700; mort le 1er septembre 1729.

Route du monde, in-fol. en larg., gr. par André Laurent.

DEBRIDGES, dessin. moderne.

Mlle *Georges Weimer*, actrice de l'Odéon, gr. par Valquin; H. 0.290; L. 0.180 (Soleinne, 324).

DEBUCOURT (Philippe-Louis), peint. et grav., né à Paris, 1757-1830. — Voir Van *Dyck, Lecamus, Prudhon, Raphaël, Rubens,* le *Tintoret.*

Annette et Lubin, 1789 (en avril 1864, 16 fr.).

Le Baiser à propos de bottes.

La Bénédiction paternelle, ou le Départ de la mariée (26 mai 1862, N° 262).

Le Carnaval; L. 0.17; H. 0.12 (Bance, en 1811, 3 fr.).

Le Colin-maillard (même dimension, même prix).

La Coquette et ses filles, ou Une mère à la mode, 1803; L. 0 17; H. 0.12 (11 nov. 1861, avec une autre pièce, 11 fr.).

Les Deux baisers, jolie grav. en larg., en coul. (A. David, 50 fr.; Van Hulthem, N° 4245).

L'Escalade, ou les Adieux du matin; grav. en coul. Gracieuse composition où l'on voit la manière de rendre discret le plus fidèle gardien (en déc. 1856, 72 fr.).

La Femme et le Mari, 1803. Ce dernier est chargé du parapluie, du sac et du chien de madame; L. 0.17; H. 0.12.

Frascati, dessiné d'après un croquis pris sur le lieu; gravure charmante, en noir, très-rare et curieuse pour les costumes et les mœurs du temps (1er février 1864, N° 516).

Les Galants surannés, ou les Petits papas à la mode, 1805; pièce curieuse pour les mœurs et costumes; L. 0.17; H. 0.12 (15 mai 1865, N° 635).

La Galerie du Palais-Royal.

Heur et Malheur, ou la Cruche cassée, jolie pièce en coul. (en déc. 1856, 51 fr.).

Il est pris (pendant qu'un pêcheur prend un poisson, un jeune homme prend un baiser à une jeune femme). — *Elle est prise* (un oiseleur prend une perdrix et un galant prend une jeune femme par la taille); deux pièces ovales, en larg., et impr. en coul. (11 nov. 1861, 7 fr.).

Il va l'apaiser: jeune fille écrivant sur le piédestal de l'Amour: *Je ne veux plus aimer;* pièce coloriée, rare (vente du 8 avril 1863).

L'Innocente du jour, 1810; gr. au lavis; L. 0.17; H. 0.12 (Bance, en 1811, 3 fr.).

La Jeune femme, 1807; gr. au lavis; L. 0.17; H. 0.12 (Bance, en 1811, 3 fr.).

Lanciers polonais en cantonnement.

La Manie de la danse, gr. au lavis; L. 0.17; H. 0.12 (Bance, en 1811, 3 fr.).

Le Menuet de la mariée, 1786, gr. en coul.; H. 0.307; L. 0.234 (en déc. 1856, avec la *Noce au château,* 100 fr.).

Minet aux aguets, gr. en noir et en coul., ovale en travers (en avril 1864, avec *Il est pris,* 10 fr.).

La Noce au château, 1789, gr. en coul., (31 mars 1862, N° 271).

L'Orange, ou le Moderne jugement de Paris. Un jeune homme assis tient une orange à la main; trois jeunes femmes s'avancent vers lui. Costumes du Directoire. Composition de 10 figures d'un comique douteux (dit la *Gazette des Beaux-Arts*); pièce en larg., grav. et impr. en noir et en coul., à la man. du lavis (en nov 1860, 51 fr.; 11 nov. 1861, 12 fr.).

Le Printemps, ou les Amours. — L'Hiver, ou le Mari; deux pièces grav. au lavis (Bance, en 1811, 6 fr. ch.).

La Promenade au jardin public; coloris vigoureux. C'est une pièce des plus complètes pour la réunion des costumes de l'époque (A. David, 100 fr.; Martial Pelletier, 1867, N° 688).

La Rose mal défendue. Une jeune femme, assise sur le bord d'un lit, tient d'une main une rose qu'elle cherche à éloigner des atteintes d'un jeune galant. Pièce in-fol. en haut., en noir, en coul., et réduction en petit avec changement. Les épr. en coul. sont quelquefois très-agréables (en déc. 1856, 11 fr.; 11 nov. 1861, épr. en coul., 19 fr.; la même, en noir, 6 fr.; en avril 1864, 7 fr.).

Le Songe réalisé, jolie petite pièce d'amants, en coul.; rare (en avril 1864, 21 fr.).

Vent devant. — Vent derrière; deux jolies pièces (18 déc. 1863, N° 17).

Le Juge, ou la Cruche cassée, gr. par J.-J. Leveau.

Le Menuet de la mariée, phot. par Carey. Paris, 1864.

DECACHÉ (P.-A.-Fr.), dess. et grav., trav. à Paris, vers 1770 à 1780.

La Belle rêveuse : vieillard faisant rêver une jeune fille en lui mettant une bourse dans la main (déc. 1856, N° 236).

Mme la Ressource.

DECAISNE (Henri), peintre contemp., né à Bruxelles.

Marie Stuart, in-4°, gr. par A.-F. Girard.

Mme Malibran-Garcia, gr. par Turner; H. 0.420; L. 0.320 (Soleinne, 348).

DECAMPS (Alex.-Gabriel), peintre, né à Paris, en 1803; mort à Fontainebleau, d'une chute de cheval, en 1860.

Baigneuses, lith. par François, 1847.

DECOENE, dessinat. contemporain.

Elle n'a jamais servi (une femme présentant une jeune fille à un monsieur), lith. en haut., par Lafosse. Paris, Lemercier, 1846.

Les Deux séducteurs (deux hommes et deux femmes dans un salon), lith. par le même. Paris, Bès et Dubreuil, 1847.

Le Bouton de rose.— La Rose flétrie; deux pièces lith. par Regnier; H. 0.40; L. 0.30 (Bulla, en rehaut, 5 fr. chaque). — H. 0.46; L. 0.29 (Jouy, en 1860, rehaut, 6 fr. chaque).

Elle n'a jamais servi ! lith. par le même (*Galerie pour rire*, N° 35); H. 0.46; L. 0.38. Bulla, en rehaut, 6 fr.

Un bon Tiens vaut mieux que deux Tu l'auras, lith. par le même (*Galerie pour rire*, N° 4); H. 0.37; L. 0.47. Bulla, en rehaut, 6 fr.

Elle n'a jamais servi, phot. Paris, Bulla.

DEFONDS, photographe.

Portraits phot. d'après nature : Mlle Clémentine. — Defodon. — Mendez.

DEFRESNE, graveur à Paris, dans la 2e moitié du XVIIIe siècle. — voir *Joullain*.

DEGOUY, dessin. et grav.

La Curieuse, pet. grav. ovale en travers (1er févr. 1864, N° 647).

DÉJANIRE (l'Enlèvement de). — Voir l'*Antique*, P. *Brebiette*, A. *Corradini*, A.-D. *Gabbiani*, L. *Giordano*, le *Guide*, Luc *Jordans*, *Jules Romain*, Bernard *Lens* (le jeune), Laurent *Pecheux*, Salvator *Rosa*, *Rubens*, *Schiavone*. — Voir aussi *Hercule et Déjanire*.

DÉJAZET (Mlle), actrice du Palais-Royal. — Voir *Bourdet*; *Delaruelle*, *Fontebasso*, Em. *Forest*, *Gavarni*, H. *Monnier*, Léon *Noël*, *Vigneron*.

DEJONGHE (G.), peintre contemporain.

Apprêts pour le bal. — L'Eventail; deux phot. Paris, Goupil, 1866, 6 fr. chaque.

Causerie intime, phot.; L. 0.23; H. 0.18. Paris Goupil, 6 fr.

L'Heure du rendez-vous, phot. Paris, Goupil, 1865.

La Petite paresseuse.— Regrets; deux pièces phot. Paris, Goupil, 1867.

DELACOUR (Marie), dessin. lithogr. contemporain.

Les Trois Grâces, lith. Paris, impr. Jacomme, 1854.

DELACOURT, artiste du XVIIe siècle. — Voir L. de la *Hyre*.

Jupiter et Danaé, gr. avec beaucoup de goût et d'effet.

DELACROIX (Ferd.-Victor-Eugène), célèbre peintre, né à Charenton, près Paris, en 1798; mort à Paris, en 1863.

Odette et Charles VI, lith. par Maurin. Paris, Villain, 1826.

DE LAPIERRE. — Voir *Lapierre*.

DELAPLANTE, lith. contemporain. — Voir *Frappar*.

DELAROCHE (Paul), célèbre peintre, né à Paris, en 1797; mort en 1857.

Marie-Antoinette, gr. par Alphonse François; 0.52 sur 0.38 (Goupil, de 40 à 200 fr.).

Mme Dorval, de l'Odéon, dess. par Gigoux, lith. de Lemercier; H. 0.320; L. 0.260 (Soleinne, 325).

Mlle Sontag, de l'Opéra-Buffa; gr. à la man. noire, par Girard; H. 0.390; L. 0.290 (Soleinne, 347).

La même, rôle de donna Anna (*Don Juan*), gr. à la man. noire, par le même; H. 0.33; L. 0.26 (Goupil, en noir, 8 fr.; en coul., 16 fr.).

Philippo Lippi amoureux de son modèle, gr. en aquatinte, par Mayle.

Jane Gray, gr. par Paolo Mercuri (29 mai 1865, N° 380).

La Balançoire, phot.; H. 0.17; L. 0.13. Paris, Goupil, 6 fr.

Lady Jane Gray, phot. Goupil, carte de visite, 1 fr.

Marie-Antoinette, phot. Paris, Goupil, 1863; H. 0.34; L. 0.22, 12 fr.; 0.17 sur 0.14, 2 fr.; 0.07 sur 0.12, 1 fr. 50; carte de visite, 1 fr.

DELARUELLE (Camille), peintre et lith. contemp., né à Montdidier (Somme); élève de MM. Ch. Hue et Gérôme. — Voir *Greuze*.

Mlle Déjazet, du Palais-Royal, lith. de Ligny; H.0.240; L. 0.200 (Soleinne, 330).

DELATRE (Jean-Marie), grav. au burin, né à Abbeville, 1746. — Voir *Boucher*, Angel. *Kauffman*, *Tersonnier*, *Wheatly*.

DELEGORGUE (Cordier John), grav. — Voir *l'Albane*.

Mlle Desoras: Oui, c'en est fait, je me marie. ..

DELFOS (A.), graveur en manière noire. — Voir Corn. *Troost*.

DELFT (Guillaume van), peint. et grav au burin, né à Delft, en 1580; mort à l'âge de 58 ans.

Louise-Julienne, princesse d'Orange, portr. en haut. (Winckler, 3213; Van Hulthem, 1392).

DELIGNON (Jean-Louis), grav., trav. à Paris, dans la 2e moitié du XVIIIe siècle. — Voir *Lawreince*, Lod. *Leoni*, Eust. *Lesueur*.

DELORME-RONCERAY (Pierre-Claude-François), peint. et grav., né à Paris, en 1783; mort le 7 novembre 1859.

Héro et Léandre. — Mort de Léandre; deux pièces in-fol. en haut., gr. par Laugier, 1816 (P. Daulos, 30 fr.; Van Hulthem, No 4379).

Céphale et Aurore, in-fol., gr. par H.-Ch. Muller.

Nécessité n'a point de loi, gr. par Mlle Julie Papavoine (Lex..., No 497).

DELORME-RONCERAY (Mme Marguerite-Louise-Amélie), dessin. et graveur amateur, née à Paris, en 1730. — Voir B. *Picart*.

L'Amour décochant une flèche sur le spectateur.

Léda avec le cygne.

Une Femme nue avec un bouc.

DELPECH, dessin. lithogr. contemporain.

Caroline de Brunswick, reine d'Angleterre. — *Bart. Bergami*; deux lith. formant pendant. Paris, Engelmann, 1820.

Mlle Luzy, rôle de l'Amour, dans *Eglé*, opéra, 1765. Lith. 1824.

DELPECH (chez Mme).

Les Grisettes, (env. 60) lith., par J.-S. Paris, chez Mme Delpech, 1824-28. — Elle est pour l'amour platonique. — Es-tu encore fâché? — Jolie personne!... L'air fille. — Tu t'ennuies avec moi! — C'est un ange de fidélité... Prends garde de le perdre.... Ah bah! un de perdu, deux de retrouvés. — Si j'étais bien sûre.... — C'est un grand brun... Et moi, un petit blond sentimental. — Et deux voies de bois avant rien, c'est çà des procédés. — Un moment, je suis sauvage jusqu'à une heure. — Tu ne me donnes plus tant d'agrément. — Les étudiants, c'est ma bête noire. — Le temps des amours devrait durer toujours. — Ça me fait un vide, je ne peux plus exister sans... — Jamais. — Toujours. — Ni jamais ni toujours, etc.

DELTON, photographe. — Voir *Hue*.

DEMANNEZ, grav. contemp. — Voir Ch. *Jalabert*, Léon. de *Vinci*.

DEMARNE (Jean-Louis), peintre et grav., né à Bruxelles, en 1744; mort en 1829.

Jeune femme refusant les caresses d'un vieux (de Vèze, 249).

DEMARTEAU (Gilles), dessin. et habile grav., né à Liège, en 1732; mort à Paris, en 1786. — Voir *Boucher*, *Caresme*, H. *Fragonard*, *Fredou*, *Huet*, *Lebarbier*.

Bacchante dansant et jouant du tambour de basque, accompagnée d'un petit enfant; gr. en noir (vente du 27 avril 1863).

Bergère assise, tenant un but avec un cœur percé d'une flèche (en mai 1864, 17 fr.).

Bergère dormant, surprise, sanguine (vente du 27 avril 1863).

Buste de l'Amour, au crayon noir sur pap. brun, rehaussé de blanc (vente du 27 avril 1863).

La Fidélité, sanguine.

Jeune fille relevant son voile, très-belle pièce aux trois crayons.

Léda, gr. à la sanguine et aux trois crayons (cat. A. David).

Nymphe vue de dos avec des tritons, sanguine (en mai 1864, 16 fr.).

Les Trois bacchantes ivres, jolie pièce à la sanguine (Alph. David, 42 fr.).

Vénus couronnée par les Amours, jolie pièce aux trois crayons.

Vénus et l'Amour, sur son char, entourés de trois Amours, sanguine (vente du 27 avril 1863).

Vénus parée par l'Amour, demi-nue, assise sur un lit richement sculpté; facsimile aux trois crayons (vente du 17 janv. 1862).

DEMARTEAU (Gilles-Ant.), le jeune, dessin. et grav.; mort à Paris, en 1806. — Voir *Huet*.

DEMONCHY (N.-Martin), grav. au burin, né à Paris, 1746-1815. — Voir *Challe*, *Grangeret*, *Hoin*, B. *Lang*, *Leclerc*, *Lepeintre*, *Monnet*.

Evanouissement de Calypso, in-fol.

DENNEL (Louis), grav., né à Abbeville, en 1741; mort en 1806. — Voir *l'Albane*, l'*Antique*, *Borel*, *Boucher*, *Challe*, H. *Fragonard*, *Greuze*, *Lagrenée* (l'aîné), G.-J. de *Saint-Aubin*, *Wille*, fils.

DENON (Dominique *Vivant*, baron), archéologue, littérateur, dessin. et grav., né à Châlon-sur-Saône, 1747; mort à Paris, en 1825. — Voir *Rembrandt*.

Filles nues au bain, grav.

La Maquerelle et le couple d'amants en embrassements, grav. libre.

Des Nymphes surprenant l'Amour endormi dans un bois, eau-forte (11 janv. 1864, N° 291).

OEUVRE PRIAPIQUE. Paris, 1793, 23 pl. in-fol., grav. à l'eau-forte, rares. (Le *Manuel du Libraire* dit que cet ouvrage a été adjugé, à la vente Delorme, pour 98 fr.; Scheible, 30 fr.). Il en est dit quelque chose dans le roman de Lemercier, intitulé : *Alminti, ou le Mariage sacrilége*. Nous en avons vu un exemplaire comprenant 20 planches dont voici l'indication sommaire :

— *Adam et Eve chassés du paradis terrestre;* l'ange lance un coup de pied au bas des reins d'Adam.

— *Groupe de deux femmes et de deux hommes*, d'après un dessin chinois.

— *Nymphe qu'un hideux satyre soulève dans ses bras sans qu'elle résiste;* elle le tire par la barbe.

— *Deux Groupes d'hommes et de femmes s'embrassant*. Petite dimension, d'après un peintre antique.

— *Une Femme et deux hommes*, autre groupe, également d'après une peinture antique.

— *Jeune fille sacrifiant sa virginité à une idole de Priape;* un grand prêtre en conduit une autre ; deux hommes en apportent une troisième.

— *Une Femme assise sur les genoux d'un homme*. Figures vues jusqu'aux genoux. Coiffures de l'époque de Louis XVI.

— *Le Satyre et la chèvre*, d'après l'antique.

— *Deux planches* représentant des scènes d'orgie où figurent des hommes d'une obésité remarquable.

— *Un Phallus énorme étendu par terre;* à côté, deux femmes, des hommes à pied, d'autres à cheval; d'autres qui montent dessus au moyen d'une échelle.

— *Un Phallus sur un trône*. A droite, six hommes; à gauche, six autres, lui rendent hommage.

— *Un Jeune homme et une femme qui s'embrassent sur un lit;* à côté, une vieille femme compte de l'argent à la clarté d'une chandelle.

— *Un Enfant pisse dans un pot de chambre que tient un autre enfant.*

— *Une Femme enlevée au milieu des airs par un homme ailé;* des enfants, des figures monstrueuses qu'on distingue à peine dans l'ombre, volent à l'entour.

— *Hercule et le treizième de ses travaux;* sa massue est par terre; il enlève une femme et la tient suspendue ; à gauche, plusieurs assises ou à demi couchées sur le sol; à droite, d'autres se tiennent debout à la foule.

— *Une Jeune femme vue de dos jusqu'au-dessus des reins.*

— *La même, vue par devant jusqu'à la ceinture.* (Ce sont les pièces dont il est question dans l'ouvrage de M. Renouvier.)

— *Un Moine et une femme*, petite pièce genre de Rembrandt.

— *Une grande pièce en travers*, représentant cinq groupes de femmes et d'hommes vêtus ; les deux premiers groupes à gauche sont debout; les deux autres s'embrassent; le dernier, à droite, se tient auprès d'un lit sur lequel est étendu un mourant. C'est sans doute une allégorie relative à l'origine , à la marche, à la fin d'une passion amoureuse.

Deux des planches comprises dans l'*Œuvre priapique* de Denon, ont été photographiées à Bruxelles, en 1867, à fort petit nombre; ce sont celles qui représentent: 1° Un Phallus gigantesque échoué sur le rivage et entouré d'hommes, dont la taille paraît bien petite en comparaison. 2° Ce même Phallus placé sur un trône et recevant de respectueux hommages.

DENTE (Marco).— Voir Marc de *Ravenne*.

DENY (Martial), grav. au burin, trav. à Paris, de 1770 à 1815. — Voir *Leclerc*, *Moitte*.

DEPEUILLE (chez).

Le Sérail, ou le Turc à Paris. Costumes de femmes du Directoire (15 mai 1865, N° 638).

DEQUEVAUVILLER (François), né à Abbeville, en 1745; mort à Paris, en 1807. — Voir Christ. *Allori*, *Borel*, Van *Dyck*, *Lawreince*, Corn. *Poelenburg*.

DERANCOURT, peint. et lithogr. contemporain.

L'Amour à la chaumière. — *L'Amour au château*; deux lith. Paris, Martinet, 1857.

Beau idéal (jeunes filles groupées par deux), quatre lith. de deux à la feuille.

Comme on fait un cours de médecine : A la campagne. — Dans une chambre d'étudiants (étudiants et jeunes filles se divertissant); deux lith. Paris, Lemercier, 1847.

L'Epicurien Roger-Bontemps :

Faute de vin d'élite,
Sabler ceux du canton,
Préférer Marguerite
Aux dames de grand ton,
De joie et de tendresse
Remplir tous ses instants,
Eh gai ! c'est la sagesse
Du gros Roger-Bontemps.

(BÉR.)

Lith. Paris, impr. Becriaux, 1856.

La Jolie servante. — *Le Départ*; deux lith. Paris, impr. Becriaux, 1854.

Les Trois Grâces, lith. Paris, Masson, 1849.

Un Coquin d'oncle. — *Un Gredin de neveu*; deux lith. par Regnier et Bettannier. Paris, Boivin, 1848-51-55.

DERBY (Lady Elisabeth). — Voir J. *Reynolds*, *Romney*.

DERVILLE (Mlle). — Voir E. *Morin*.

DÉSANDRÉ, peintre contemporain.

La Belle Andalouse. — *Une Fiancée d'Avellino*; deux lith. par Bettannier. Paris, Sinnett, 1854.

La voilà prise, lith. par Fuhr. Paris, Massard et Combette, 1852.

Les Femmes en miniature : Le Corset. — La Jarretière. — La Chatte blanche. — Le Petit épagneul. — Le Matin. — Le Soir. — Avant le bain. — Après le bain; huit lith. par Regnier. Paris, E. Morier, 1855.

Dans mon beau château. — *Entrez dans la danse*; deux pièces lith. par Regnier, Bettannier et Morlon. Paris, impr. F. Delarue, 1867.

Tu n'auras pas ma rose ! — *Qui s'y frotte s'y pique !* deux lith. par Regnier, Bettannier et Morlon. Paris, Turgis, 1862.

DESAULX, grav. contemp. — Voir le *Poussin*.

DESCAMPS (J.-Bapt.), peintre, né à Dunkerque, en 1711; mort à Rouen, le 14 août 1791.

La Cauchoise, gr. par J. Feigel.

La Pupille, gr. en haut., par J.-Ph. Lebas.

La même, gr. en haut., par Noël Lemire.

DESCOURTIS (Charles-Melchior), grav., né à Paris, 1753-1820. — Voir *Challe*, *Taunay*.

DESENNE (Al.-J.), peint. et dessin. Paris, 1783-1827. — Voir A. *Devéria*.

L'Amour, gr. par Arnold Jehotte.

Gil-Blas à genoux aux pieds d'Antonine, gr. par Ch. Johannot, pour l'édition Lefèvre, 1820; H. 0.105; L. 0.078.

Le Lever, gr. par Kœnig. Paris, Janet, 1821.

Agnès Sorel, gr. au pointillé, par Lecomte. Paris, Blaisot, 1820.

DESHAYES (Jean-Baptiste), peintre, dess. et grav., gendre de Boucher, élève de Vanloo, né à Rouen, en 1729; mort à Paris, en 1765. — Voir *Dubois*.

La Fidélité surveillante, grav. par A.-F. Hemery.

Erigone vaincue, in-fol. en haut., gr.

par P.-Ch. Levesque (Paignon-Dijonval, 9118; Van Hulthem, 4424).

Le Pouvoir de l'Amour, 1771, gr. par Moreau, le jeune.

Résistance (Susanne et les vieillards), pet. in-fol., gr. par B.-A. Nicollet (25 mars 1865, N° 27).

DESHAYS (Célestin), peintre, dessin. et lith. contemp., né à St-Mâlo (Ile-et-Vilaine). — Voir *Compte-Calix, Greuze, Guérard.*

La Marquise. — Le Champagne. — La Curieuse. — Lisette et Frontin; suite de 4 pl., sujets Louis XV (*La Morale en action*); H. 0.37 ; L. 0.29. Dusacq et Cie., en rehaut, 3 fr. chaque.

Partie carrée. — Partie contre-carrée. — Abricots de Jeannette (pendant aux *Prunes de Monsieur*, d'apr. Greuze); trois lith., sujets Louis XV. Les deux premières, H. 0.39; L. 0.32; la dernière, H. 0.36; L. 0.29. Paris, Gache, 1850 (Dusacq et Cie, rehaut, filet or, 3 fr. chaque).

Les Pierrettes : Pierrette. — Gamin coquet.— Sans-Souci. — Vésuvienne.— Sans-Gêne. — Au revoir. — A la Maison-Dorée. — A l'Opéra; suite de huit sujets de femmes travesties, en pied; H. 0.37 ; L. 0.24. Paris, Desmaisons-Cabasson, 1850, 51 et suiv. (Dusacq, en coul., 3 fr. chaque).

Quatorze de dames : Dame de cœur. — Dame de trèfle. — Dame de carreau. — Dame de pique ; quatre lith.; H. 0.37; L. 0.26 (Dusacq, en coul., 3 fr. ch.).

Tout pour toi. — Je n'en crois rien; deux pl., sujets Louis XV, en ovale ; H. 0.39; L. 0.28 (Dusacq et Cie, en rehaut, 3 fr. ch).

Une Marquise et son page. — Un Marquis assis près de sa maîtresse. — Valet prenant la taille d'une femme de chambre, etc.; suite de 10 pl., grav. in-4°, puis lith. (*La Morale en actions*). Paris, Lemercier, 1847.

Abricots de Jeannette, phot. Paris, Dusacq, carte de visite, 1 fr.

DESHOULIÈRES (Mme). — Voir Ed. *Bovinet*, *Chardon* (père), Sophie *Chéron*, G.-F. *Schmidt*, Van *Schuppen*.

DÉSIRÉE (Mlle), actrice. — Voir Ed. *Lorsay*.

DESJARDINS (Isnard), grav. contemp., trav. à Paris. — Voir *Guillemin*.

DESMADRYL (N.), grav. contemp., trav. à Paris. — Voir *Charpentier, Guet, Roqueplan.*

DESMAISONS (Pierre-Emile), dessin lith. contemp., né à Paris; élève de Grangé et de Guillon-Lethière. — Voir *Colin*, *Compte-Calix*, H. *Fourau* , *Giraud* , *Gudin*, *Leloir*, *Moynier* , *Toudouze* , *Vidal.*

Madeleine Brohan, rôle de Marguerite de Valois, dans les Contes de la reine de Navarre, lith. 1851.

La Marquise de Pompadour. Paris, phot. Desmaisons, 1861.

DESMARES (Mlle). — Voir *Watteau.*

DESMARETS (M.), peintre du XVIIe siècle.

L'Enlèvement d'Europe, in-fol. en larg., gr. par F. Landry.

DESNOS (Mme Louise), peintre.

Mme la princesse de Lamballe, phot. par Chardon, 1861 (Bulla, fr.).

DESNOYERS (Louis-Aug.-Gaspard Boucher, baron), dessin. et grav. au bur., né à Paris, 1779; mort en 1857. — Voir *Caraffe*, P. *Guerin*, *Ingres*, *Jules Romain*, Hilaire *Ledru*, Robert *Lefebvre*, *Lepeintre*, *Lethière*, le *Poussin*, *Raphaël*, *Richard*, Van der *Werff*.

L'Amour et Psyché. Paris, Danlos, 1867.

C'est sans malice : une femme dont les vêtements sont relevés par un coup de vent.

DESON (N.), dess. et graveur.

Trois groupes d'amants dans un parc; à gauche une fontaine de Neptune; grav. très-rare (Ch. Le Blanc, 330).

DESORMEAUX, peintre du commencement du XVIIIe siècle, unique élève de Mich. Corneille, des Gobelins.

Cette villageoise beauté..., gr. par Desplaces (vente du 16 janv. 1863).

Diane désarmant l'Amour, 1718, in-fol., gr. par G. Duchange (J., I, 442).

DESPLACES (Louis), dessin. et grav., né à Paris, 1682-1739. — Voir Ph. *Bertrand*, J. de *Bologne*, *Boucher*, P.-J. *Cazes*, C. *Cignani*, Corn. van *Clève*, Ant. *Coypel*, Ch.-Ant. *Coypel*, *Desormeaux*, Nic. *Fouché*, le *Guide*, J. *Jouvenet*, *Largillière*, Eust. *Lesueur*, C.

Maratti, Natoire, J.-B. *Nattier, Rubens,* le *Titien*, C. *Vanloo*, P. *Véronèse.*

DESPLACES, dessin. lith. contemporain.

Mlle Mars, lith. de Moitte; H. 0.220; L. 0.180 (Soleinne, 285).

DESRAIS (C.-S.), peint. et grav. du XVIIIe siècle.

Le Bouquet dangereux (vente du 27 avril 1863).

Jeune Fille consolée par deux amants, vignette (déc. 1856, N° 245).

Empire de la beauté, gr. par Beurlier (Lex..., N° 498).

Le Poisson des jeunes filles, gr. par Blanchard, père; L. 0.415; H. 0.262.

Mlle Louise Contat ; au bas, scène du Mariage de Figaro et le médaillon de Beaumarchais; portr. gr. par Dupin, fils; H. 0.190; L. 0.120. Rare (Soleinne N° 277).

Mlle Olivier, gr. par Lebeau; H. 0.190; L. 0.120 (Soleinne, 276).

La Femme trompée. — La Femme vengée; deux pièces in-4° en larg., gr. en bistre, par Mixelle (déc. 1856, N° 246).

DESROCHERS (Etienne-Johandier), grav., né à Lyon, 1693; mort à Paris, 1741. — Voir le *Corrége,* Van der *Werff.*

La Belle Feronnière, in-8°.

La Duchesse de La Vallière.

Ninon de Lenclos, in-8 (1er févr. 1864, N° 441).

DESTOUCHES (P.-E.), peintre contemp.

Le Gage d'amour. — Le Messager d'amour; deux pièces, gr. d'après Destouches (vente du 27 avril 1863).

La Fille bien gardée, lith. par Bettannier *(Galerie pour rire);* H. 0.46; L. 0.38. Paris, Jouy, 1860, en rehaut, 6 fr. Bulla fr., idem.

Le même sujet, lith. par Duriez. Paris, Eug. Jouy, 1865.

Petite friponne! (fille riante au lit) gr. par C. Geiger.

La Correspondance. — Le Gage d'amour; deux pièces in-fol. en haut., gr. par Girard (Simon, N° 289).

La Lettre d'abandon, gr. à la man. noire, par Jazet; L. 0.76; H. 0.57 (Goupil, en noir, 36 fr.; en coul., 72 fr.).

Le Soldat complaisant, gr. par le même.

L'Amour médecin, lith. par Lafosse; L. 0.41; H. 0.30 (Goupil, en noir, 6 fr.; en coul., 12 fr.).

L'Amour médecin, aqua-tinta, gr. par G. Maile; L. 0.76; H. 0.57 (Goupil, en noir, 50 fr.; en coul., 85 fr.).

Le Contrat rompu, aqua-tinta, gr. par Sixdeniers; L. 0.76; H. 0.57 (Goupil, en noir, 50 fr.; en coul., 80 fr.).

Le même sujet, lith. par Soulange-Tessier; L. 0.41; H. 0.30 (Goupil, 6 et 12 fr.).

L'Amour médecin. — Le Contrat rompu; deux phot. Paris, Goupil, 0.07 sur 0.12, 1 fr. 50 chaque.

DETROY (Jean-Baptiste-François), peintre né à Paris, en 1679; mort à Rome, le 26 janvier 1752.

Bethsabée au bain, grav. anonyme.

Iris à la fontaine. — Le Jeu du pied de bœuf; deux pièces gr. en man. noire, impr. en bleu. Augsbourg, chez Haffner.

Joseph et la femme de Putiphar, grav. anonyme (catal. A. David).

Le Triomphe d'Amphitrite, charmante composition, gr. par un anonyme (11 nov. 1861, av. l. l., 2 fr.)

La Chaste Susanne, gr. par J.-J. Avril; H. 0.241; L. 0.184.

Le Péché de David, gr. par le même; H. 0.241; L. 0.184.

Vénus se venge de Psyché, 1779, gr. par le même; L. 0.505; H. 0.350 (15 mai 1865, N° 555).

Les Baigneuses surprises, gr. par Catherine Beauvarlet.

Diane et ses nymphes surprises au bain, gr. par J.-F. Beauvarlet (7 déc. 1866, N° 344).

Esther couronnée par Assuérus. — Evanouissement d'Esther. — Toilette d'Esther; trois pièces grand in-fol., gr. par le même (J., I, 232; P. de Corneillan, 325).

Retour du bal.— Toilette pour le bal; deux charmantes compositions, in-fol. en haut., gr. par le même (26 mai 1862, N° 264; Martial Pelletier, 1867, N° 543).

Bethsabée surprise au bain par David, gr. par L. Cars (C. L., N° 619; Martial Pelletier, N° 542).

Susanne et les vieillards, gr. par le même (C. L., N° 620, 2 fr. 50; Martial Pelletier, N° 542).

Le Jeu du pied de bœuf : Deux jeunes femmes assises à gauche, adossées au mur d'un parc, jouent avec un jeune homme placé devant elles; charmante pièce, gr. par Ch.-N. Cochin (*Gaz. des des Beaux-Arts*, 1er juin 1861, épr. av. toute lettre, 74 fr.; de Vèze, av. l. l., 150 fr.; 11 avril 1859, av. l. l., 190 fr).

Le Prix de la beauté (jugement de Pâris), gr. par J. Daullé (11 nov. 1861, envir. 2 fr.).

Salmacis et Hermaphrodite, jolie pièce, gr. par le même (11 nov. 1861, 2 fr. 50).

Jupiter en pluie d'or, gr. par J. Daullé et Levesque (déc. 1856, N° 252).

Mme de Miramion, dans une bordure ovale, gr. par Gérard Edelinck; H. 0.210; L. 0.150. — La même, H. 0.131; L. 0.080 (R. D. 275-276).

Jupiter et Calisto, gr. par Fessard (11 nov. 1861, envir. 2 fr.).

Léda, jolie composition, grav. par le même (11 nov. 1861, 2 fr. 50).

La Naissance de Vénus, in-fol. gr., par le même (C. L., N° 622, 2 fr. 50; 11 nov. 1861, 3 fr. 50).

Mme de Miramion, gr. par E. Ficquet.

La Chasteté de Joseph, 1744, in-fol., gr. par Cl. Gallimard.

La Reine de Saba à la cour de Salomon, in-fol., gr. par le même.

Jeune Femme entrant au bain, gr. par J.-W. Grunewald.

Pan et Syrinx, grand in-fol., gr. par Henriquez (de Vèze, 170).

Apollon et Daphné. Daphné s'enfuit dans les bras du fleuve Pénée, son père, qui la change en laurier, pour éviter la poursuite d'Apollon qui en est éperdûment amoureux. Grav. par Fr. Hutin. L. 0.208; H. 0.189 (Baudicour, 10).

Pan et Syrinx. Pan poursuivant Syrinx qui se réfugie dans les bras du fleuve Ladon qui la change en roseau. Gr. par le même. L. 0.211; H. 0.194 (Baudicour, 11).

Loth et ses filles, gr. par Louis-Simon Lempereur (de Vèze, 183).

Diane changeant Actéon en cerf, in-fol., gr. par J.-Ch. Levasseur (11 nov. 1861, envir. 2 fr.).

L'Enlèvement de Proserpine, in-fol. en larg., gr. par le même (11 nov. 1861, env. 2 fr.; Brandes, 1er état, avant l. l., 5 1/6 th.).

Le Triomphe de Galatée, in-fol. en larg., gr. par le même.

L'Aimable accord, gr. par Elis.-Cath. de Tournay (déc. 1856, N° 250).

Dame en Vénus, et son fils en Amour, gr. par Vallée (Nauman, 905).

Loth et ses filles, 1748. Loth, assis sur des ballots, au milieu d'une caverne, regarde sa fille aînée à moitié couchée sur sa jambe et cherchant à le séduire. Il tient une coupe que vient de remplir son autre fille couchée derrière lui. En bas, le texte de la Genèse : *Dixit major.... patre nostro*. Grav. par J.-M. Vien. L. 0.375; H. 0.311 (Baudicour, 1).

La Toilette d'Esther, phot. Paris, Durand, 1864.

La Vengeance de Vénus, phot. Paris, Dusacq, carte de visite, 1 fr.

DEVAUX (Jacques-Martial), dessin. et grav. contemp., né à Paris; élève de A. Martinet.

L'Amour présentant un papier à une jeune fille dormant (15 mai 1865, N° 643).

DEVÉRIA (Jacq.-J.-Marie-Achille), peintre, dessin. et lithogr., né à Paris, en 1800; mort en 1857. — Voir Van *Dyck*.

Abailard et Héloïse : 1° Héloïse et Abailard. — 2° Enlèvement d'Héloïse. — 3° Héloïse devenue mère. — 4° Sacrifice d'Héloïse. — 5° Héloïse au Paraclet. — 6° Mort d'Abailard; suite de 6 pl. lith. Paris, Bès et Dubreuil, 1855. Jouy; 1860, L. 0.40; H. 0.29, 5 et 10 fr. chaque.

Actrices des principaux théâtres de Paris : Mme Paradol; Mlle Falcoz; Mlle Mars; Mlle Malibran; Mme Grévedon; Mme Damoreau-Cinti; Mlle Dépréaux; Mlle Léontine Fay (Mme Volnis); Mlle Javureck; Mlle Noblet (de l'Opéra); Mlle Dupont et Mlle Prévost. — Paris, Aumont, deux cahiers conten. 16 portraits; H. 0.210; L. 0.130 (Soleinne, 258).

Amour et suite : Amour. — Inconstance. — Jalousie. — Désespoir; quatre lith. en travers, 0.22 sur 0.28. Paris, Turgis, 1849, en noir, 0.50 cent. ch., en coul., 1 fr. ch.

Les Amours cosmopolites, 30 lith. décrivant les mœurs de tous les pays; H. 0.35; L. 0.25 (Turgis, 0.30 cent. et 0.75 cent. chaque).

Amours de Vénus et d'Adonis: Naissance d'Adonis. — Rencontre de Vénus et d'Adonis. — Adonis quitte Vénus. — Vénus blessée au pied. — Mort d'Adonis. — Jugement de Calliope; suite de 6 lith. L. 0.32; H. 0.24 (Goupil, 2 fr. 50 et 5 fr. ch.).

Amours des dieux païens, suite de lith.: Vénus conduisant Hélène à Pâris. — Anchise et Vénus. — Actéon et Diane. — Jupiter et Junon allaitant Hercule. — Jupiter et Sémélé, etc. Paris, Wild, 1846-51, in-fol.

Amours historiques: Roméo et Juliette. — Diane de Poitiers et Henri II. — Walter Scott et son petit-fils. — La reine Christine et Monaldeschi. — Elisabeth d'Angleterre et Leicester. — Henri V d'Angleterre et Betty. — Hamlet et Ophélia. — Henri IV et Fleurette. — Le Dante et Béatrix Fortinari. — Françoise de Rimini et Paolo; suite de 10 lith. L. 0.33; H. 0.25. Paris, Jouy, 1860, en noir, 2 fr. 50 ch.; en coul., 5 fr. ch.

Amours mythologiques: Bacchus et Ariadne à Naxos. — Désespoir de Psyché. — Daphnis et Chloé. — Colère de Vénus. — Psyché enlevée par Zéphire. — Le Triomphe de Galatée. — Junon allaitant Hercule. — Enlèvement d'Europe. — Amours de Jupiter et de Danaé. — Antiope séduite par Jupiter. — Jupiter et Sémélé. — Flore et Zéphire. — Mars et Vénus. — Anchise et Vénus. — Bacchus et Erigone. — Actéon et Diane. — Neptune et Amymone. — Jupiter et Io. — Offrandes à Psyché. — Andromède exposée sur un rocher. — Jupiter et Léda. — Vénus et Adonis. — Hylas enlevé par les nymphes. — Hercule filant aux pieds d'Omphale. — Persée et Andromède. — Mercure et Vénus. — Curiosité de Psyché. — Psyché reçue dans l'Olympe. — Mars et Rhéa Sylvia. — Hélène et Pâris; suite de 30 lith. L. 0.33; H. 0.25. Paris, Jouy, 1860, en noir, 2 fr. 50 ch.; en coul., 5 fr. ch. Les mêmes sujets photogr. chez Bulla.

Beautés mythologiques: Danaé. — Erigone. — Proserpine. — Cyanée. — Ariane. — Vénus. — Apollon et Clymène. — Bacchus et Ariane. — Psyché et Cupidon. — Vénus et Mercure. — Léda. — Aurore et Céphale; suite de lith. H. 0.33; L. 0.23. Paris, Savary, 1851 (Goupil, 3 à 6 fr. ch.).

La Contemporaine, en 1833: Comme nous passons et comme je suis... passée! Portr. avec fac-simile. Paris, Mme Vergne, 1833.

David et Bethsabée, lith. Paris, Lemercier, 1845; Wild, 1849.

Elle attend, lith.; L. 9 p.; H. 7 p. 1/2. Paris, 1828, 6 fr.

Les Filles d'Adam, femmes nues, en différentes positions, et groupes de divinités et de femmes de la Bible: Une Dame sans gêne. — Le Petit négligé. — Une Fille d'Eve. — Une Fille d'Adam. — Rêve d'amour. — Rêve au plaisir. — Tentation de saint Antoine. — Jupiter et Antiope. — Le Roi Candaule. — Joseph et la femme de Putiphar. — David et Bethsabée (la belle juive, nue et vue par le dos, est à demi couchée sur un lit et retourne la tête à gauche; une de ses mains enlève un léger voile. Au loin, David, sur une terrasse, fait un geste de surprise et porte la main à son front, au-dessus de ses yeux, pour mieux voir la scène qui s'offre à ses regards peu chastes). — Léda. — Phryné. — Susanne. — Le Premier péché. — Anacréon. — Psyché. — Vénus. — Une Andalouse (femme nue, debout, vue de face; une draperie légère partant du bras gauche lui couvre le haut des cuisses. Des deux bras relevés au-dessus de sa tête, elle tient un tambour de basque au-dessus de l'épaule gauche. Ses cheveux très-noirs sont ornés de feuilles de vigne.) — Les Vertus. — Les Modèles (trois femmes nues sur un sopha; celle à gauche, blonde, a un bras relevé au-dessus de sa tête; la femme placée au milieu a les cheveux très-noirs; ses mains touchent ses deux compagnes; celle à droite pose une main sur l'épaule de celle qui est au milieu, et de l'autre main, elle range ses cheveux; son bras est orné d'un bracelet d'or au-dessus du coude.) — Les Trois Grâces. — Sympathie. — Accord. — Amazilie. — Une Nouvelle polka. — Vénus blessée. — Réconciliation. — Liberté. — République. — Inspiration. — Naïveté. — Attente. — Réflexion. — Coquetterie. — Bacchante. — Y entrant. — S'y préparant. — Le Grenier. — La Sentinelle en défaut. — L'Etudiant à Paris. — Dieu! c'est ma tante. — Une bonne fortune. — Julie, j'attends mon boa; suite de 44 lith. Paris, Wild, 1854, chaque feuille color., 2 fr. 50.

Galerie historique des femmes. Portraits des célébrités de tous les genres et de toutes les époques. Paris, 1833, 18 feuilles.

Histoire de François Ier: François Ier et la belle Feronnière. — François Ier et Marie d'Angleterre. — *idem*, et la comtesse de Foix. — *id.* et la duchesse de Valentinois. — *id.* et la comtesse de Châteaubriand. — *id.* et Diane de Poitiers. — *id.* et la duchesse d'Etampes. — *id.* et la belle Orléanaise ; suite de huit lith. Paris, impr. Lemercier, 1845; Bès et Dubreuil, 1857 (Jouy, en 1860, 5 et 10 fr. chaque).

Histoire de Psyché, suite de 24 lith. Paris, Delarue, 1845-51.

Joseph et la femme de Putiphar, lith. Paris, Wild, 1849.

Judith et Julia Grisi, 1833, lith. de Lemercier ; H. 0.480; L. 0.390 (Soleinne, 349). — H. 0.43 ; L. 0.40. Goupil, en noir, 4 fr.; en coul., 8 fr.

Le Lever. — *On n'entre pas* (jeunes femmes en chemise), deux lith. Paris, Bès et Dubreuil, 1854.

Mlle Alexandrine Noblet, lith. de Lemercier; H. 0.240 ; L. 0.200 (Soleinne, 294).

Mlle Céline Montaland, portr. en pied, lith. Paris, impr. Thierry fr., 1850.

Mlle Fanny Elssler (dans le Diable boiteux), deux pl. color. et gouachées, lith. de Lemercier ; H. 0.379; L. 0.271 (Soleinne, 119).

Mlle de Lavallière, suite de plusieurs sujets lith. Paris, Lemercier, 1846.

Mlle Plessy (dans la Marquise de Senneterre), lith. de Motte, color. et gouachée ; H. 0.379; L. 0.271 (Soleinne, 107).

Mlle Rachel (dans Bajazet), lith. de Cattier, color. et gouachée ; H. 0.406; L. 0.325 (Soleinne, 106).

Mlle Taglioni (dans la Sylphide), lith. de Motte, color. et gouachée ; L. 0.271 ; H. 0.099 (Soleinne, 117).

Les Premières amours d'Henri IV, suite de 4 pl. au pointillé. Paris, Osterwald, 1822.

Roméo et Juliette, lith. de Castille. H. 0.122 ; L. 0.135.— Lith. de Lemercier, color. H. 0.286; L. 0.235 (Soleinne, 55).

Tentation de saint Antoine, lith. Paris, Wild, 1853, color., 10 fr.

Le Titien et sa maîtresse, lith. Paris, Turgis, 1854.

Mlle Bourgoin, grand in-8 carré, gr. par Adam (Vignères, 0.50 cent.).

Mme Cottin, gr. par Bertonnier.

Mlle Duchesnois, gr. par le même ; H. 0.160 ; L. 0.110 (Soleinne, 286).

Mlle Clairon, grand in-8 carré, gr. par Bonvoisin (Vignères, 0.50 cent.).

Mlle Leverd, 1827, in-8 carré, gr. par L. Calamatta (Vignères, 0.50 cent.).

Mme de Sévigné, gr. par A.-A.-J. Caron.

Mme de Warens, gr. par S. Chollet.

Chloé, gr. au pointillé, par Mlle Paméla Dautel. Paris, Blaisot, 1819.

Louise la chanteuse et le duc de Rothsay, tiré de la Jolie fille de Perth, in-fol., gr. par J. Huerlimann.

L'Extase, lith. par Lafosse ; H. 0.46; L. 0.34 (Bulla, 2 fr. 50 à 8 fr.).

Noureddin et la belle Persanne. — *Aboul Hassem et la belle Balkis.* — *Les Bayadères.* — *Les Houris;* quatre groupes lith. aux deux crayons, par Lafosse ; H. 0.65 ; L. 0.53 (Dusacq, 3 fr., 5 fr. et 12 fr. chaque).

Les Propos galants. — *La Sortie du bal;* deux pièces lith. par le même *(Musée de l'amateur)*; 0.20 sur 0.15. Paris, Jouy, 1860, 1 et 3 fr. chaque.

Mlle Duchesnois, in-8° carré, gr. par Achille Lefebvre (Vignères 50 cent.).

Le Billet doux (jolie femme), in-fol., gr. en man. noire, par Maile (Martial Pelletier, 950).

Mlle Raucourt, in-8° carré, gr. par Mauduit (Vignières, 50 cent.).

Mlle Lecouvreur, in-8° carré, gr. par Migneret (Vignères, 50 cent.).

Mlle Mars, gr. par Niquet; H. 0.390; L. 0.270 (Soleinne, 284).

L'Indiscrétion, lith. par Léon Noël *(Musée de l'amateur)*; 0.20 sur 0.15. Paris, Jouy, 1860, 1 et 3 fr.

Mlle Georges Weimer, de l'Odéon, gr. par Sisco ; H. 0.210; L. 0.150 (Soleinne, 324).

Mlle Contat, in-8° carré, gr. par Tavernier (Vignères, 50 cent.).

DEVIENNE (Mlle), du Théâtre-Français. — Voir *Cœdes.*

DEVONSHIRE (Elisabeth, duchesse de).— Voir *Bartolozzi, Cosway,* Van *Dyck, Lawreince.*

DEVONSHIRE (Georgiana, duchesse de). — Voir *J. Reynolds.*

DEVOSGES (François), peintre, de la fin du XVIIIe siècle.

L'Innocence en danger. — *Sapho ins-*

pirée par l'Amour; deux pièces gr. au pointillé, par Copia; H. 0.19; L. 0.14 (Bance, en 1811, 5 fr. chaque).

Cérès et l'Amour, gr. color., par Perée.

DEVRITZ (C.), graveur contemporain.

Théroigne de Méricourt, portr. gr. d'après l'original existant à la Bibliothèque Impériale. Paris, Vignères, 1845.

DEYSTER (Louis de), peintre et grav. à l'eau-forte, né à Bruges, vers 1656; mort dans la même ville.

Les Deux Amours, 1698; l'un tient un arc, l'autre une flèche; à droite, un vestige d'architecture; gr. au burin; H. 5 p. 10 l.; L. 4 p. 8 l. (B. 6; Rigal, 234).

Deux Jeunes garçons, l'un à genoux devant une petite statue de Vénus, que l'autre lui montre; au fond, à gauche, un palais; sur le devant, un vase rempli de feu; H. 5 p. 11 l.; L. 4 p. 7 l. (Rigal, 234).

DIACRE, peintre et grav. du XVIIIe siècle.

Conversation amoureuse. — *Flore.* — *Psyché;* trois estampes très-pet. (vente du 27 avril 1863).

DIAMANTINI (Giuseppe), peint. et grav., né à Fossombrune, 1660; mort à Venise, 1722.

Bacchus, Cérès et Vénus. Bacchus assis tient une grappe de raisin, à laquelle Cérès, assise devant lui, joint une petite gerbe de blé. A droite est Vénus accompagnée de l'Amour. H. et L. 0.176 (B. 27).

Borée et Orithie. Borée enlevant en l'air Orithye qui pousse des cris d'alarme. De trois Amours qui voltigent autour d'eux, l'un répand des fleurs, les deux autres portent une guirlande de fleurs. Grav. octogone; H. 0.259; L. 0.198 (B. 33).

Danaé, couchée sur un lit, recevant la pluie d'or que Jupiter verse d'une cuve sur elle. Ce dieu est assis sur des nuées et entouré de petits Amours. Danaé est accompagnée de deux Amours, dont l'un lui dresse les cheveux et l'autre ramasse dans un vase les largesses de Jupiter. Grav. ovale; L. 0.343; H. 0.311 (B. 40).

Diane et Endymion. Diane descendant du ciel pour embrasser Endymion qui dort assis sur une butte. H. 0.216; L. 0.156 (B. 20).

Hercule et Omphale. Hercule, assis par terre, est occupé à filer en présence d'Omphale, debout devant lui, vêtue d'une peau de lion et tenant la massue d'Hercule. A gauche, l'Amour retire le rideau d'un lit. Dans le fond, à droite, on voit une des femmes d'Omphale. H. 0.212; L. 0.149 (B. 19).

Mercure enlevant une jeune femme. La femme, qu'il tient sur ses bras, semble pousser des cris. Deux petits Amours en l'air répandent des fleurs. Pièce octogone, sans nom. H. 0.224; L. 0.194 (B. 29).

Saturne, Vénus et l'Amour. Saturne debout près de Vénus assise, et à qui l'Amour met une couronne de fleurs sur la tête. En l'air plane Psyché qui répand des fleurs sur les trois personnages. H. 0.280; L. 0.207 (B. 37).

Vénus assise par terre, tenant des fleurs que répandent sur elle plusieurs petits Amours sur des nues. H. 0.248; L. 0.192 (B. 28).

Vénus assise sur un groupe de dauphins et traversant la mer; H. 0.216; L. 0.163 (B. 21).

Vénus et Adonis. Vénus faisant des caresses à Adonis assis près d'un piédestal. H. 0.201; L. 0.158 (B. 17).

Vénus et l'Amour. Vénus, assise sur un nuage, donnant un baiser à l'Amour pendant qu'elle lui dérobe une flèche de son carquois. Six petits Amours planent dans les airs. H. 0. 217; L. 0.178 (B. 23).

Zéphire transportant dans les airs une jeune femme, peut-être Psyché. On voit, en haut, sur des nuées, à gauche Junon, au milieu, l'Amour, et à droite Mercure. Grav. ovale, anonyme, qu'on croit du commencement de l'artiste. H. 9 p. 6 l.; L. 7 p. (B. 31).

DIANE. — Voir Ch. *Alberti, Aldegraver, Amiconi,* l'*Antique, Beaufort,* Fr. *Boucher, Bunel, Challe, Chaplin,* L. *Chéron,* P. de *Cortone,* Ant. *Coypel,* N.-N. *Coypel, Desormeaux, Detroy,* le *Dominiquin,* La *Fage,* J. *Falck,* P. *Farinati;* J. *Félon,* Ant. *Garnier,* A. *Garzi,* Cl. *Gelée,* H. *Goltzius,* C. *Holsteins, Huet,* L. de la *Hyre, Igonet,* Edme *Jeaurat,* J. *Jordaens,* Ang. *Kauffman, Lebarbier, Le Juge,* E. *Lesueur,* P. *Liberi,* Nic. *Loir,* C. *Maratti, Mettay,* J. van *Nek, Nocchi,* Jac. *Palma* (le vieux), *Pariset,* le *Parmesan,* G. *Pencz,* L. *Penni,*

H. *Picou*, le *Primatice*, *Rubens*, N. de *Ruyter*, Pierre *Rysbraeck*, Ant. *Tempesta*, le *Titien*, *Trémolières*, Simon *Vouet*, *Watteau*, A. *Willeborts*.

DIANE, ADONIS ET L'AMOUR. — Voir *Langlois*.

DIANE D'ANGOULÊME, fille naturelle d'Henri III. — Voir *Niel*.

DIANE DE POITIERS. Trois portraits de cette femme célèbre se trouvent dans un volume publié par M. George Guiffrey (Paris, veuve Renouard, 1866, in-8°), sous le titre de : *Lettres inédites de Diane de Poytiers, publiées d'après les manuscrits de la Bibliothèque Impériale*. Notons en passant que M. Guiffrey, loin de tomber dans l'indulgence et dans l'engouement habituels chez les éditeurs, est sévère à l'égard de Diane ; il la montre telle qu'elle était en réalité, et non telle que l'a faite la poésie. Il va jusqu'à mettre en doute la beauté de Diane, et cependant, les portraits qu'il reproduit nous font concevoir (plutôt, il est vrai, qu'ils ne la représentent) une tête véritablement belle. — Voir J. *Bernardi*, *Chasselot*, *Grévedon*, *Lanté*, Hél. *Leloir*, *Niel*, le *Primatice*, F. *Souchon*.

DIANE ET ACTÉON. — Voir Ch.-L. *Agricola*, l'*Albane*, P. *Aquila*, Jacques *Bassan*, B. *Béham*, Th. *Bernard*, A. *Borel*, Fr. *Boucher*, *Boulogne*, *Brunn*, *Compte-Calix*, *Devéria*, *Detroy*, le *Dominiquin*, C. et Cl.-A. *Duflos*, M.-A. *Franceschini*, Paul *Fransischi*, le *Guerchin*, Michel *Hartwagne*, Jos. *Heintz*, A. *Hirschvogel*, Ch.-Et. de *Laune*, Ph. *Lauri*, Andr.-Corn. *Lens*, *Levasseur*, Nic. *Loir*, Jac. *Lois*, le *Maître à l'oiseau*, le *Maître aux initiales MZ*, C. *Maratti*, P. *Morelse*, Ch. *Natoire*, L. *Penni*, *Poelenburg*, Gasp. *Poussin*, *Rottenhamer*, A. *Tempesta*, le *Titien*, Van der *Vaart*, Otto van *Veen*, F. de *Vriendt*.

DIANE ET CALISTO. — Voir B. *Béham*, Abr. *Bloemaert*, les *Carraches*, J.-B. *Corneille*, H. *Goltzius*, *Greuze*, G. de *Lairesse*, Ch.-Et. de *Laune*, Fr. *Lemoine*, Paul *Morelse*, Jacq. *Palma* (le vieux), B. *Picart*, Raphaël *Sadeler*, le *Titien*, M. van *Uytenbrouck*.

DIANE ET ENDYMION. — Voir Ann. *Carrache*, les *Carraches*, *Chaillou*, Séb. *Conca*, *Diamantini*, le *Dominiquin*, Daniel van den *Dyck*, R. de la *Fage*, Nic. *Fouché*, *Franceschini*, *Huet*, *Hutin*, G. de *Lairesse*, *Langlois*, Nic. *Loir*, *Mantegna*, D. *Marietto*, *Mietsch*, *Netscher*, Fr. de *Neue*, *Prudhon*, J.-B. *Vanloo*, *Watteau*.

DIANE ET PAN. — Voir les *Carraches*, le *Dominiquin*, Perino del *Vaga*.

DIAZ DE LA PENA (Narcisse-Virgile), peintre, né à Bordeaux, en 1809.

Les Nymphes, lith. par Anastasi, 1847.

L'Amour désarmé. — *L'Amour et Psyché*. — *L'Amour puni*. — *Les Apprêts de la toilette*. — *Les Caresses de l'Amour*. — *L'Education de l'Amour*. — *Le Harem*. — *Le Jardin d'amour*. — *Persée et Andromède*. — *Les Présents d'amour*. — *La Rivale*. — *La Surprise*. — *Les Trois sœurs*. — *Vénus et Adonis* ; 14 pièces grav. à l'eau-forte, par Charles, pour servir à l'illustration d'un catalogue des tableaux de l'auteur. Paris, 1857-58, in-4°. Quelques-unes de ces pièces offrent des compositions gracieuses, notamment le Jardin d'amour (tableau vendu 2450 fr.), l'Amour puni (4750 fr.), les Présents d'amour (2750 fr.), Galatée (6480 fr.), et surtout Vénus et Adonis (2500 fr.).

Les Baigneuses, lith. par Français, 1851.

Intérieur d'un harem, gr. par Geoffroy (L. M., 26 mai 1865, N° 113).

L'Innocence en danger. — *Les Présents de l'Amour*. — *La Vénus à la rose*. — *Une Vénus et deux Amours*. — *Vénus endormie*. — *Vénus pleurant l'Amour mort* ; six pièces lith. par J. Laurens (*La Foule*, 6 janv. 1866, les 5 premières, 1 fr. 25 ch., la dernière, 5 fr.).

L'Amour découvre Vénus, lith. par Loutrel. Paris, Bulla, 1854.

Une Femme nue, vue de dos, sur un fond de paysage, lith. par Nanteuil. Paris, Bertauts, 1854.

Baigneuses, lith. par E. Vernier. Paris, Susse, 1855.

DICKINSON (Williams), grav., né à Londres, vers 1746. — Voir R. *Cosway*, C. *Knight*, J. *Reynolds*.

Catherine II, de Russie, grav. in-fol. (J., I, 425).

Elisabeth Hamilton, comtesse de Derby (J., I, 426).

Jeanne, duchesse de Gordon (J., I, 426).

Lady Charlotte Spencer, en amazone, caressant son cheval (J., I, 426).

Mistress Shéridan, en sainte Cécile (J., I, 426).

Mistress Yates, dans le rôle de Médée (J., I, 426).

DIDIER (Jules), peint. et lithog. comtemp., né à Paris; élève de Léon Cogniet et Jules Laurens. — Voir *Tassaert*.

DIDON ET ÉNÉE. — Voir *Altdorfer*, H.-S. *Béham*, L.-M. *Bonnet*, Ant. *Coypel*, *Guérin*, *Mortimer*, Fr. *Perrier*.

DIEFFENBACH (Henri-Antoine), peintre contemp., né à Wiesbaden (duché de Nassau), élève de M. R. Jordan.

La Veille des noces, mezzo-tinte, gr. par Varin; L. 0.81; H. 0.53. Paris, Goupil, 1865, de 60 à 120 fr.

Le même sujet, phot. Paris, Goupil, 1866, 10 fr.

DIELMAN, peintre du XIXe siècle.

Hébé, lith. d'après son tableau exposé au concours de Gand, en 1826 (Van Hulthem, 5286).

DIEN (C.-M.-F.), dessin, et grav., né vers 1782; trav. à Paris. — Voir *Boucher*, *Prudhon*.

Le Tourment du monde (l'Amour). Paris, impr. Chardon, 1860.

DIEPENBEEK (Abraham van), peintre, né à Bois-le-Duc 1607-1675; élève de Rubens.

Loth enivré par ses deux filles, in-fol., gr. par P.-Ch. Levesque.

DIES (Al.-Ch.), peintre et grav., né en 1755; mort en 1822.

Renaud et Armide, 1784; L. 0.250; H. 0.184.

DIETRICH (Christian-William-Ernest), peintre et grav. à l'eau-forte et en man. noire, né à Weimar, en 1712; mort à Dresde, 1774.

Les Baigneuses, eau-forte, 1774.

Le Concert, 1734, gr. dans le goût de Watteau (Weigel, 7 th. 12 gr.).

Deux Nymphes près d'un satyre, 1763; L. 4 p. 8 l.; H. 3 p. 4 l. (Rigal, 238).

La Jardinière, gr. dans le goût de Watteau, en haut., très-rare (Sternberg, 8 $^{1}/_{4}$ th.).

Jupiter et Antiope; on voit une femme à terre, découverte par un satyre. Pièce capitale, très-rare, dans le goût de Lairesse (J., I, 428; Weigel, 8 $^{1}/_{5}$ th.).

Loth et ses filles, 1731, très-rare; H. 5 p.; L. 3 p. 5 l. (Brandes, 5 $^{1}/_{24}$ th.; Weigel, 6 th.; Rigal, N° 237).

La Marchande de modes, 1731, composition de quatre figures; une femme y compte des pièces de monnaie. Très-rare; H. 4 p. 10 l.; L. 3 p. 4 l. (Brandes, 3 $^{2}/_{5}$ th.; Schwarzemberg, 4 $^{2}/_{24}$ th.; Weigel, 4 $^{1}/_{2}$ th.; Rigal, N° 238).

Nymphes se baignant dans une grotte.

Vénus assise sur des rochers; près d'elle deux Amours; à gauche, une rivière et des animaux, 1742; morceau à l'imitation de Poelenburg; L. 9 p. 7 l.; H. 6 p. 10 l. (Rigal, 238).

Vénus mettant un masque à l'Amour, 1735 (Sternberg, 6 $^{1}/_{6}$ th.).

Baigneuses dans un paysage, in-fol., gr. par J.-J. van den Berghe.

Bergères nues près de leurs troupeaux, in-fol., gr. par le même.

Nymphes au bain, gr. par Cicognara

Vénus et Pâris sur le mont Ida, gr. par N.-G. Dupuis.

La Surprise de l'Amour (l'Amour portant une torche, fait découvrir deux amants endormis), in-fol., gr. par J. Glairon-Mondet (vente du 11 nov. 1861).

Agar répudiée, gr. en larg., par J.-J. Leveau (Van Hulthem, 4841).

Le Prendra-t-elle? gr. par Julie Papavoine.

Sara donne sa servante Agar pour femme à Abraham, gr. en larg., par G.-F. Schmidt, 1773 (Winckler, 4384; Van Hulthem, 5243).

Agar présentée à Abraham, gr. en larg., par J.-Georges Wille, 1778 (24 livres, 7 s., vente Fangeroux, en 1780; Winckler, 4966; Debois, av. l. l., 75 fr.; Rigal, id., 26 fr.).

Les Offres réciproques, gr. par le même (Debois, avec les *Musiciens ambulants*, des mêmes, tous deux av. l. l., 1500 fr.; Valois, 55 fr.; Saint-Yves, 102 fr.).

DIEU de Saint-Jean (Ant.), peintre, né à Paris, 1662.

L'Escarpolette, gr. par Jean Audran.

Un Abbé entrant dans la chambre d'une dame de qualité en deshabillé de bain, pièce rare, gr. par Nic. Bazin. Dans le 2e état, l'abbé est remplacé par un homme d'épée.

DIRICK (Léonard), ou DIETRICK, ou THIERI, peintre du XVIe siècle.

Junon, nue et debout sur des nuages, sous une espèce de baldaquin, tenant sur le bras gauche sa draperie, et touchant de la main droite l'oiseau qui lui est consacré. Dans la marge : *Quæ soror et coniunx Iouis est, quam Iuno superba est.* Pièce en haut., grav. par René Boyvin (R. D. 122).

Vénus, debout avec l'Amour dans un encadrement, au-dessus duquel on remarque, dans une couronne ovale, un sujet libre. Dans la marge : *Et Veneri, et Veneris nato occubuere potentes.* Gr. en haut., par le même (R. D. 128).

DISDERI, photographe.

Portraits phot. d'après nature : Mme Bressant, Mlles Beaugrand, Baratte, Félicie, Crétin, Marquet, Mmes Dorval, Saint-Urbain, Nathan, Lamy, Maupérin, Hugon, Delphine Fix, etc.

DIXON (John), dessin. et grav., né en Angleterre, vers 1740-1780. — Voir J. *Reynolds.*

DOCAIGNE, peintre et graveur de la 2e moitié du XVIIIe siècle.

L'Enlèvement, eau-forte, 1760 (Ch. Le Blanc, 1884).

DOCHE (Mme), actrice. — Voir *Alophe, Swinton.*

DOFIN ou DAUPHIN (Olivier), peintre et grav., né en Lorraine, au commencement du XVIIe siècle; trav. en Italie et mourut en 1679. — Voir Louis *Carrache*, Annibal *Carrache.*

DOLENDO (Zacharie), dessin. et grav., né à Leyde, vers 1560. — Voir A. *Bloemaert*, B. *Spranger.*

DOLLET, lithogr. contemporain. — Voir *Guérard.*

DOMINIQUIN (Domenico Zampieri, dit le), peintre, né le 21 octobre 1581; mort à Naples, le 15 avril 1641.

David et Bethsabée, deux pièces in-fol., ovales, gr. par Gér. Audran (B. 17 et 19 ; Martial Pelletier, 1867, No 6).

Esther devant Assuérus, gr. par le même. On lit au bas : *Sicut diuisiones aquarum*, etc. H. 0.480; L. 0.356 (Paignon-Dijonval, 1171 ; Van Hulthem, 3894).

Le Reine de Saba visitant Salomon. gr. en haut., par le même (Paignon-Dijonval, 1171; Van Hulthem, 3894).

Adam et Eve après leur péché, grande pièce en haut., gr. par Et. Baudet (J., I, 223).

Une Baigneuse, in-fol., gr. par J. Pleikard Bittheuser.

Le Triomphe de Galatée, in-fol., gr. par Blanchard (G***, juin 1856, No 225).

Paese con Venere et satiri, gr. par T. Boselli ; L. 0.176; H. 0.144.

Renaud et Armide (du Musée français), in-fol., gr. par L. Croutelle. Paris, Danlos, 1867.

Le Concert, in-fol. en larg., gr. par Cl. et Cl.-A. Duflos.

Hercule et Omphale, gravé par C. Faucci.

Les Trois Grâces soutenant une corbeille de fleurs, gr. par Barth. Folin (21 févr. 1862, No 24).

Loth et ses filles, pet. in-fol. en larg., gr. par J.-J. Frey.

Le Triomphe de l'Amour, gr. par E.-F. Lignon.

L'Amour sur un aigle triomphe des trois divinités dont il tient les attributs, in-fol., gr. par J.-C. de Meulemeester.

Le Triomphe de l'Amour, gr. par J. Merz.

Le Concert, in-fol., gr. par A.-A. Morel.

Loth et ses filles, gr. par Raphaël Morghen (comte ***, de Vienne, No 1534).

Nymphes de Diane, armées d'arcs et de flèches, s'exerçant à tirer à l'oiseau en présence de cette déesse, qui leur propose des récompenses; gr. en larg., par le même, d'après le tableau de la Galerie Borghèse, à Rome. Pièce nommée le *Prix de Diane* (Debois, envir. 80 fr.; Van Hulthem, 3651 ; Rigal, 535).

Le Triomphe de l'Amour, gr. par Potrelle. Paris, Danlos, aîné, 1867.

L'Orcade se baignant, gr. par C. Rahl.

Les Nymphes de Diane disputant le prix de l'arc, gr. par P. Scalberge. L. 15 p. 9 l.; H. 10 p. 10 l. (R. D. 41).

Diane et Endymion. Assis à côté de son chien et dormant, au milieu de l'estampe, sur le revers du mont Latmos, le berger Endymion est visité par Diane, qui s'en approche amoureusement. Gravé par R. Vuibert. Dans la marge, six vers : *Quæ totie in tacta Deos....* H. 9 p. 6 l., y compris 9 l. de marge; L. 7 p. 2 l. (R. D. 21).

Diane au bain, gr. par le même. Sous la vasque d'une fontaine, à droite, Diane est au bain, entourée de nymphes. Surprise en cet état par Actéon, elle l'en punit en le métamorphosant en cerf. Dans la marge, six vers : *Acteon oculis....* L. 11 p. 6 l.; H. 8 p. 4 l., y compris 9 l. de marge (R. D. 24).

Pan et Diane, gr. par le même. Pan est debout, à gauche, à l'entrée d'un bois, ayant un bélier couché à ses pieds, dont il offre la blanche toison à Diane, qu'on voit au ciel, à droite, et qui se penche pour la recevoir. Dans la marge, six vers : *Hic satyrus castæ correptus amore Dianæ....* H. 9 p. 10 l., y compris 8 l. de marge; L. 7 p. 2 l. (R. D. 22).

DORÉ (Gustave), peint. et dessin. contemp., né en 1832, à Strasbourg. — Voir aux *Polyonymes : les Actrices.*

Un Anglais à Mabille, lith. par Regnier, Bettannier et Morlon (*Gal. pour rire,* N° 42); H. 0.46; L. 0.38. Paris, Bulla, 1861, rehaut, 6 fr.

Au fond des bois. — Andromède; deux pièces phot. Paris, Goupil, cartes de visite, 1 fr. ch. La 1re de ces deux pièces ne peut pas être mise en étalage.

DORIGNY (Michel), peint. et grav., né à St.-Quentin, vers 1617; disciple et gendre de S. Vouet, il mourut profess. à l'Académie, en 1663.— Voir E. *Lesueur,* le *Poussin,* Jac. *Sarrazin,* Sim. *Vouet.*

Bacchanales, suite de six pièces; L. 9 p. 4 à 7 l.; H. 7 p. 1 à 4 l. Elles sont décrites dans le *Peintre graveur français,* de Robert Dumesnil, Nos 6 à 11.

Michel Dorigny a fait en outre d'autres Bacchanales faisant partie d'une suite dont le frontispice, gravé par Nic. Cochin, l'ancien, contient ce titre : *Recueil de diverses baccanalles de Poussin, Chapperon, D'origny et autres,* etc. Celles de Dorigny sont aussi décrites par Robert Dumesnil, Nos 12 à 17. — Voir aussi les Nos 21 à 38 pour les frises qu'il a gravées d'après Edouard Fialetti, Zacharie, Heince et François Bignon.

Pan et Syrinx, 1666. Le fleuve Ladon protége Syrinx poursuivie par le dieu Pan. L. 17 p. 1 l.; H. 12 p. 10 l., y compris 2 p. de marge (R. D. 4).

Vénus, Cérès et Bacchus, composition pour plafond, de forme presque carrée.

DORIGNY (Nicolas), fils du précédent, peint. et grav., né à Paris, 1657-1746. — Voir *l'Albane, Bernini, Raphaël.*

DORMONBOY (P.) dess. et graveur.

Les Amants, à gauche, assis au bas de l'escalier.

Les Amants, au milieu, avec deux arbres à droite.

Les Amants, à droite, au pied de la statue; trois grav. (de Vèze, 122).

DORVAL (Mme), actrice de l'Odéon. — Voir P. *Delaroche,* Léon *Noël, Vigneron.*

DORVILLIER, dessin. et grav. amateur, vivait à Paris, au milieu du XVIIIe siècle. — Voir de *Favannes.*

DOSSIER (Michel), grav. au bur., né à Paris, 1684. — Voir *Allou, Rigaud.*

DOUBLET (Louis), dessin. et grav. amateur, vivait à Paris, dans la 2e moitié du XVIIIe siècle.

Le Baiser de l'amour (deux jolies têtes; on ne voit pas le bas des personnages). — *Le Baiser de l'amitié*; deux pièces ovales en haut., impr. en coul., gr. par Fr. Janinet (A. David, 26 fr.; 11 nov. 1861, la 1re seulement, 3 fr.).

DOW (Gérard), peintre hollandais, né à Leyde, 1613-1680.

La Double surprise, gr. par Beauvarlet (La Vallière, N° 1923).

DREBBEL (Cornelis), grav., né à Alkmaër (Hollande), en 1572; mort à Londres, en 1634. — Voir H. *Goltzius.*

DREUILLE, dessin. lithogr. contemporain.

La Chemise de la courtisane. — La Chemise de la grisette; deux lith. Paris, Ligny et Dupaix. Condamnées pour outrage aux bonnes mœurs, par la cour d'assises de la Seine, en 1832.

DREUX (A. de), dessin. contemporain.

Seule au rendez-vous. — Retour au château; deux pièces gr. par A. Martinet; L. 0.81; H. 0.62 (Goupil, 30 fr. chaque).

Calypso, phot. de 0.07 sur 0.12. Paris, Goupil, 1 fr. 50.

Mille tonnerres. — Le Passage du gué. — Seule au rendez-vous. — Le Retour au château; quatre phot. de 0.07 sur 0.12. Paris, Goupil, 1 fr. 50 ch.

DREVET (Pierre), le père, grav. au burin, né à Lyon, en 1664; mort à Paris, en 1729. — Voir P. *Rigaud*.

Marie, duchesse de Nemours, in-fol. en haut. (Martial Pelletier, 1867, N° 349).

DREVET (Pierre-Imbert), le fils, grav., né à Paris, 1697-1739. — Voir Ant. *Coypel*, Ch.-Ant. *Coypel, Gobert, Rigaud*.

Louise-Adélaïde d'Orléans, abbesse de Chelles (Rigal, 4 fr. 55).

DROLLING (Mart.), peintre, né à Oberbergheim (Alsace), 1752-1817.

Orphée et Eurydice, 1823, in-fol. en larg., gr. par Fr. Garnier (Van Hulthem, 4299).

Le Chapeau :

Profite du moment, ma cage étant ouverte.
Tu attends trop longtemps, cela me déconcerte.

Gr. par Perdriau (vente de déc. 1856, N° 265).

DROUAIS (François-Hubert), cél. peintre de portr., né à Paris, le 14 déc. 1727, où il mourut le 21 octobre 1775.

Mme *la comtesse Du Barry*, portr. dans un médaillon équarri; grav. in-4° anonyme. La comtesse est représentée sous les traits de Flore, avec une tunique, une guirlande de roses en écharpe, un fil de perles au bras *(Revue univers. des Arts*, tome XXII, p. 133; 11 avril 1854, 43 fr.).

Mlle *Lange* (Mme Du Barry), pet. profil au physionotrace, très-rare (vente du 9 nov. 1861).

Mme *la comtesse Du Barry*, gr. par Beauvarlet; portr. pet. in-fol., le plus important de cette favorite. Rare. H. 0.282; L. 0.203 (A. David, épr. av. l. l., 100 fr.; Leber, IV, p. 157).

Mme *la comtesse Du Barry*, sanguine, grandeur naturelle, gr. par Bonnet (en mai 1864, 17 fr.).

Mlle *Pelissier*, actrice de l'Opéra, en Flore; portr. à mi-corps, gr. par Jean Daullé. Elle a une belle gorge, mais paraît avoir de 35 à 40 ans; H. 0.410; L. 0.290 (Soleinne, 302; J., I, 391; 11 nov. 1861, 9 fr.).

Mme *de Pompadour*, gr. au burin, par Mlle Fournier. Ce portrait (qui a été aussi lith. pour la coll. Delpech) est en buste : robe de soie blanche à bouquets, fanchon de dentelle nouée sous le menton, ce qui donne du piquant à la physionomie. Reproduit plusieurs fois par Drouais. On voit deux très-beaux portraits de la marquise, l'un au Musée d'Orléans, l'autre chez M. le comte de Laborde *(Gazette des Beaux-Arts*, VIII, 299).

Mme *la comtesse Du Barry*, charmant portr. in-8, dans un médaillon entouré de roses, daté de 1770; tiré aussi sur in-4°; gr. par Gaucher, et peu digne du burin de cet artiste, dit la *Revue universelle des Arts*, tome XXII, p. 133 (en février 1859, 17 fr.).

Mme *Du Barry*, costume Louis XV, gr. par Pauquet. Paris, Pauquet frères, 1864.

La même, in-fol., gr. en man. noire, par Wattson : frisure haute, habit d'homme, chignon déroulé sur une épaule; mauvaise copie anglaise du portrait de Drouais, datée de 1771 *(Revue universelle des Arts*, tome XXII, p. 133).

DROUET (J.), lith. contemporain. — Voir C. *Berny*.

DRUMMONT, peintre contemporain.

Hésitation, in-fol., gr. par Henri Meyer.

Maman dort. — Je crois que je suis dedans; deux phot., chez Bulla.

DU BARRY (Marie-Jeanne Bécu, comtesse), maîtresse de Louis XV. — Voir *Benard, Bertonnier, Bovinet, Cosway, Drouais, Gautier d'Agoty, Lebeau, Marsilly, Trémont* (le baron de). — Outre ces artistes qui ont fait le portr. de la comtesse, il faut encore signaler une gravure anonyme grossière, représentant Mme Du Barry en bacchante, et plusieurs autres portraits par Legrand et divers pour des *Vies* de madame Du Barry, tous sans valeur et copiés les uns sur les autres (*Revue univ. des Arts*, tome XXII, p. 133).

DU BOCQ, grav. du XVIIIe siècle. — Voir *Jouvenet*.

DUBOIS (B.), peintre et grav., né vers 1620; trav. au milieu du XVIIe siècle.

L'Amour et Psyché, gr. par Jean Deshayes. La trop crédule Psyché, dans l'état de nudité et vue par derrière, tenant d'une main une lampe et s'appuyant de l'autre sur un glaive, regarde l'Amour sommeillant sur un lit, à gauche. Au fond, du côté opposé, on la voit faisant des efforts pour rappeler l'Amour qui s'envole. Au bas: *Psiche sororum monitis*, etc.; H. 0.352; L. 0.270 (R. D. 7).

Le même sujet, gr. par Ant. Garnier; H. 0.350; L. 0.207. Dans la marge: *Psiche sororum monitis Amorem noctu detegit, sed ille effusa é lampade guttula, exitatus fugit.* Ce titre est suivi de quatre vers latins (R. D. 54).

DUBOIS (J.-Fréd.), dessin. contemporain.

Mlle Georges Weimer, de l'Odéon. — *Mlle Bourgouin;* deux portr. gr. par François Vendramini; H. 0.430; L. 0.340 (Solcinne, 324).

DUBOS (Mme), peintre du XVIIIe siècle.

Marie-Antoinette, reine des Français, pet. in-8°, ovale en haut., en coul., gr. par Phelippeaux (11 nov. 1861, 2 fr.).

DUBOSC, graveur moderne. — Voir *Watteau.*

DUBOUCHET (Mlle), actrice. — Voir E. *Morin.*

DUBOUCHET, dessin. lithogr. contemporain.

La Maîtresse du Padouan, lith. en haut., pour la Société des amis des Arts de Lyon, 1857.

DUBOULOZ (Jean-Auguste), peintre contemp., né à Paris, élève de Gros.

Le Curé de Pontoise: « Je vais, dit-il, jeter mon bonnet à celle qui a le plus trompé son mari. » — *Baissez les yeux! vous perdriez la vue!* « Ma foi, tant pis, j'en risque un! » Deux jolies pièces lith. par Regnier, Bettannier et Morlon (*Musée de mœurs en actions*, Nos 25 et 26); L. 0.50; H. 0.38. Paris, Bulla, en rehaut, 8 fr. ch.

Six mois de mariage: Un bonheur trop précoce (pendant au *Baptême du petit ébéniste*, par Thielley); lith. par les mêmes (*Musée de mœurs en actions*, No 33); L. 0.50; H. 0.38. Paris, Bulla, 1865, rehaut, 8 fr.

Trahison de la lune! (Un monsieur en robe de chambre et en bonnet de nuit, tenant à la main une chandelle dont il cache la flamme, et apercevant avec ébahissement, deux ombres projetées par la lune, et s'embrassant amoureusement. A l'espèce d'hébétement dont il est saisi, on peut croire que c'est ou sa femme ou sa fille, qu'il surprend ainsi). — *Trahison de la glace!* (Une jeune et jolie dame à sa toilette, surprenant, dans une glace, son mari derrière elle, prenant la taille et un baiser à sa domestique, très-flattée de le recevoir, ce qu'elle montre par son regard tendre qui semble demander à son maître un peu plus d'audace); deux pièces en haut., lith. en coul., par les mêmes. Paris, chez Morier.

DUBOURG (L.-F.), dessin. et grav.

Susanne au bain surprise par les vieillards, grav.

DUBUFE (Claude-Marie), peintre contemp., né à Paris, vers 1795. Elève de David.

Le Réveil. — *Le Sommeil;* deux lith. d'après Dubufe. Paris, Ducarme, 1828.

Don Juan et Haïdée, gr. par J. Allais; L. 0.714; H. 0.528.

La Duchesse de Montmorency, gr. par le même. H. 0.388; L. 0.300.

Mlle Pasta, de l'Opéra-Buffa, dessin. par Belliard, lith. de Villain; H. 0.330; L. 0.270 (Solcinne, 345).

Léontine Fay (Mme Volnis), gr. à la man. noire, par Chollet; H. 0.430; L. 0.340 (Soleinne, 295).

Les Souvenirs. — *Les Regrets;* deux jolies pièces formant pendant, gr. à la man. noire, par Jazet.

Le Sommeil, lith. aux deux crayons, par Lafosse; H. 0.65; L. 0.53 (Dusacq, 3, 5 et 12 fr.).

L'Abandon. — *L'Attente.* — *Coquetterie.* — *Innocence.* — *La Demande.* — *La Réponse.* — *Discrétion.* — *Réflexion. Le Nid* (baigneuse). — *La Mésange* (baigneuse). — *Le Roman.* — *Smiling.* — *La Toilette.* — *Une Comédienne.* — *Une Tragédienne;* 15 pièces, gr. à l'aquatinte, par G. Maile; L. 0.48; H. 0.36 (Goupil, en noir, 10 fr. ch.; en coul., 20 fr. ch.).

Les Sens, cinq jolies femmes, gr. par S.-W. Reynolds (vente du 5 nov. 1864).

Bethsabée au bain, sujet très-gracieux, lith. par Vogt; H. 0.51; L. 0.35 (Bulla, 8 et 16 fr.).

Bethsabée, phot. par Chardon jeune; H. 0.20; L. 0.16 (Bulla, 5 fr.).

Le Sommeil (sujet nu), phot. Paris, Dusacq, carte de visite, 1 fr. Cette pièce ne peut pas être mise en étalage.

Le Nid. — *La Mésange;* deux phot. Paris, Goupil, cartes de visite, 1 fr. ch.

Femme grecque sortant du bain. — *Vénus sortant des ondes;* deux phot. par Michelez. Paris, 1863.

La Toitette, phot. par Voland; 0.08 sur 0.12. Paris, Dusacq, 1 fr. 50.

DUBUFE (Edouard), fils, peintre contemp., né à Paris; élève de son père et de Paul Delaroche.

Sarah la créole (pendant à *Jeanne d'Arc,* d'après de Guizard), gr. par H. Garnier; H. 0.40; L. 0.30. Paris, Bulla, 1852; Jouy, 1860, 10 et 20 fr.

Jeune Vénitienne à sa toilette (groupe), gr. en man. noire, par Rom. Girard; H. 0.49; L. 0.39. Paris, Dusacq, 8 et 16 fr.

Fiammetta, lith. par Aug. Lemoine; L. 0.45; H. 0.29. Paris, Goupil, 1866, 8 et 16 fr. L'exposition aux vitrines en est défendue.

Sarah la créole, phot. par Bisson frères; L. 0.20; H. 0.16. Paris, Jouy, 1860, 6 fr.

DUCHANGE (Gaspard), grav., né à Paris, en 1662; mort en 1757. — Voir le *Corrége,* Ant. *Coypel, Desormeaux.*

DUCHEMIN, dessin. lithogr. contemporain.

Le Coucher. — *Le Lever;* deux lith. Paris, Michel, 1851.

DUCHESNE, photogr. — Voir Fr. *Boucher, Challe.*

DUCHESNOIS (Mlle). — Voir *Berthon, Bouchardy, Devéria, Hollier,* R. de *Launay, Mécou.*

DUCIS (J.-L.), peintre du commencement du XIXe siècle.

Le Tasse et Eléonore, in-fol. en larg., gr. par J.-P.-M. Jazet.

Mme de La Vallière en religieuse. — *Louis XIV et Mlle de La Vallière.* — *Marie Stuart.* — *Le Tasse et la princesse Eléonore.* — *Le Tasse et sa sœur;* cinq pièces en haut., gr. par P.-L. Pauquet (Van Hulthem, 4624-28).

DUCLOS (Mlle Anne). — Voir *Largillière.*

DUCLOS (Antoine-Jean), grav. au bur., né à Paris, en 1742. — Voir Fr. *Boucher, Freudenberg.*

Le Délire, in-4°, gr. par Martinet, avec 6 vers (déc. 1856, N° 269).

DUCOLLET (Mlle), lithogr. contemporain. — Voir *Compte-Calix, Guérin.*

DUCROT (Antoine), peintre contemp., né à Précy-le-Sec (Yonne).

La Curiosité punie, lith. (*Musée des rieurs*).

DUEZ, photographe.

Femmes nues, en diverses positions; huit académies phot., 1854.

DUFAYEL, dessin. lithogr. contemporain.

Psyché et l'Amour, lith. Paris, Lasteyrie, 1821.

DUFLOS (Claude et Claude-Augustin), peint. et grav.; le premier, né à Courcy, en 1665; mort en 1737; le second, né en 1701; mort en 1784; travaillaient ensemble. — Voir L. *Aubert,* Fr. *Boucher,* Ant. *Coypel,* le *Dominiquin,* E. *Jeaurat,* J.-B. *Lebarbier,* E. *Lesueur, Natoire, Pater,* J. *Raoux, Santerre, Watteau.*

Les Amours d'Ismène et d'Isménie, suite de sept grav. in-12.

Le Badinage innocent (vente du 27 avril 1863).

Cet amant vous paraît... (vente du 27 avril 1863).

Colin jouant avec Lisette... (vente du 27 avril 1863).

Diane et Actéon, gr. pour la galerie du président Lambert.

Jupiter et Io (vente du 27 avril 1863).

Louise-Françoise de la Baume Le Blanc, duchesse de La Vallière, en habit de religieuse, gr. in-12, en haut., rare (1er févr. 1864, N° 271).

Les Pèlerins de l'isle de Cythère (vente du 12 déc. 1864).

Profane Amour, fuis loin de moi... (vente du 27 avril 1863).

Le Triomphe d'Amphitrite (21 févr. 1862, N° 217).

Le Triomphe de Galatée, pièce gracieuse (5 nov. 1864, N° 28).

Vénus tranquille, pièce gracieuse (5 nov. 1864, N° 28).

DUFLOS (Simon), grav., dans la 2e moitié du XVIIIe siècle. — Voir *Jeaurat.*

DUFOUR (Charles-Nicolas), grav. français, travaillait au milieu du XVIIIe siècle. — Voir *Jeaurat.*

DUFOURMANTEL (Félix), peint. et lith., né à Amiens; mort à Paris, en 1859, pour avoir avalé, par distraction, une boulette de mastique qu'il roulait dans ses doigts. — Voir *Chavet*.

DUFRESNE (Michel Nitot), 1792.

Femme nue, debout, vue de dos; gravure sans nom (de Vèze, 123).

DUFROÉ, peintre du XVIIIe siècle.

Marie-Antoinette, beau portr. in-fol., en coul., gr. par Curtis (L.-M., 26 mai 1865, N° 307).

DUGHET (Gaspard). — Voir Gaspard *Poussin*.

DUGOURE (J.-D.), dessin. et grav., trav. à Paris, vers 1760.

Achève ton ouvrage, n'oublie pas la dernière, gr. par Elluin.

Offrande à l'Amour, gr. par le même.

Roxelane, gr. par Lebeau (11 nov. 1861, 2 fr.).

Le Lever de la mariée, in-fol. en haut., gr. par Ph. Trière. Très-riche intérieur de chambre à coucher, avec 6 fig., dont 4 de jolies femmes (11 nov. 1861, av. l. l., 7 fr. 50; Martial Pelletier, 1867, N° 544).

DUGY, graveur. — Voir *Boucher*.

DUJARDIN (Carle), peint. et grav. à l'eau-forte, né à Amsterdam, en 1635; mort à Venise, le 20 nov. 1678.

La Belle après-dînée. — *La Fraîche matinée*; deux pièces gr. par J.-Ph. Lebas.

DULIN (P.), peintre, membre de l'Académie. Paris, 1670-1748.

Vertumne et Pomone (c'est le portrait de Mme de Châteauroux), gr. par Petit.

DUMARESQ (Armand-Charles-Edouard), peintre contemp., né à Paris; élève de T. Couture.

La Courtisane amoureuse, lith. par Pirodon. Paris, Bulla, 1856.

DUMONCHEL (P.), peintre du XVIIIe siècle.

Le Bain (jeunes filles se baignant), gr. en larg., par P. Dupin (7 déc. 1866, N° 348).

DUMONT (Jacques), dit le *Romain*, peint. et gr., né à Paris, en 1701; mort directeur de l'Académie, en 1781.

Glaucus et Scilla, 1721. Le dieu marin, appuyé sur un rocher, paraît déclarer son amour à Scilla, assise sur le haut d'un autre rocher. L'Amour, en l'air, décoche une flèche à Glaucus. Dans le fond, entre les rochers, on voit Vénus sur une conque entourée de tritons et de naïades. Dans la marge, quatre vers en deux colonnes :

Scilla n'a pour Glaucus que de la cruauté :
Mais elle en va porter une peine éternelle,
Toy qui possède, Iris, sa grâce et sa beauté,
Crains son sort si tu reste insensible comme elle.
MONTBRUN.

H. 0.294, dont 0.028 de marge; L. 0.202 (Baudicour, 4). Ce premier état est d'eau-forte pure; il est très-rare. Le 2e état a été terminé au burin par Louis Surugue, qui a fait quelques changements dans les inscriptions. Les quatre vers, également sur deux colonnes, ont aussi été retouchés :

A l'amour de Glaucus, Scilla toujours rebelle
Porta la peine enfin de tant de cruauté;
Toy qui possède, Iris, sa grâce et sa beauté
Crains son sort, si tu reste insensible comme elle.
MONTBRUN.

Hercule et Omphale, gr. par Miger, 1728 (C. L., N° 624, 3 fr.).

Marie-Antoinette, reine de France, portr. in-fol., en pied, en costume de vestale; gr. par Pierre-Alex. Tardieu, en 1792, et terminé en 1815 (J., III, 117; C. L., N° 1792, 3 fr.).

DUMONT (Ph.), de Valenciennes, dessin. moderne.

Mlle Rosalie Levasseur, de l'Opéra, gr. par N. Pruneau; H. 0.200; L. 0.140 (Soleinne, 300).

DUMONT (Louis), dessinat. et grav. contemp., né à Paris, élève de l'école des Gobelins.

Le Lever de la grisette, lith. par Vogt (*Musée de l'amat.*); 0.20 sur 0.15. Paris, Jouy, 1860, 1 et 3 fr.

DUMOUSTIER (Geoffroy), peint. et grav. à l'eau-forte, né à la fin du XVe siècle.

Gabrielle d'Estrées. Elle est coiffée en cheveux roulés; elle a une collerette et un collier de perles à deux rangs; portr. gr. par E. Ficquet; H. 0.140; L. 0.098 (N° 53 de l'œuvre de Ficquet).

La même, lith. par Sorrieu. Paris, impr. Lemercier, 1857.

DUNKARTOU (Robert), peint. et grav.,

né à Londres, vers 1744. — Voir Arnold de *Gueldres*.

DUPÉRAC (Etienne), peint. et grav., né à Paris, dans la 1re moitié du XVIe siècle; mort en 1601. — Voir *Raphaël*.

Jupiter et Io, assis sur un tertre, d'où ils découvrent Junon dans son char; déjà Io commence sa transformation. Le fond représente un paysage. L. 0.157; H. 0.119 (R. D. 59).

Narcisse devenant amoureux de lui-même en se regardant dans une fontaine. L. 0.275; H. 0.160 (R. D. 63).

DUPERLY, dessinat. moderne.

Mlle Georges Weimer, de l'Odéon, lith. de Langlumé; H. 0.240; L. 0.190 (Soleinne, 324).

DUPIN (C.), grav. à l'eau-forte et au burin. — Voir Ant. *Coypel*.

DUPIN (Pierre), grav. au burin, né en 1718; trav. à Paris. — Voir Aug. *Carrache, Desrais, Dumonchel, Lancret, Watteau*.

Marie-Antoinette, dans un médaillon orné de guirlandes de fleurs et armoiries; joli portr. in-8o.

DUPLAN (Mlle Rosalie), actrice. — Voir Ch. *Eisen*, Séb. *Leclerc*, le fils.

DUPONCHEL (Charles-Eugène), grav. au burin, né à Abbeville, en 1748. — Voir *Nattier, Toimet*.

DUPONT (Mlle), actrice. — Voir *Engelmann*, Léon *Noël*.

DUPONT (Mme), grav. en coul., trav. à Paris, dans la 2e moitié du XVIIIe siècle. — Voir Fr. *Boucher*.

DUPRÉEL, grav., trav. à Paris, au commencement du XIXe siècle. — Voir *Bilivert, Challe*.

Histoire de Joseph, 12 vign. (C** M**, en 1855, No 348).

DUPREZ (Mlle Caroline). — Voir Léon *Noël*.

DUPUIS (Charles), dessin. et grav., né à Paris, 1685-1742. — Voir Ch.-Ant. *Coypel, Watteau*.

DUPUIS (Nicolas-Gabriel), dessin. et grav., né à Paris, 1696-1771. — Voir G. *Barbarelli*, Ant. *Boonen*, Ch.-Ant. *Coypel, Dietrich*, Fr. *Eisen*, N. *Lancret*.

DURAND (A.-B.), peintre et grav. contemp., né à New-York. — Voir E. de *Beaumont, Chaplin*, H. *Picou*.

Musidora, charmante baigneuse, gravé à New-York, en 1825 (7 déc. 1866, No 462).

DURAND, photogr. — Voir *Boucher, Detroy*.

DURAND D'OBERVAL, peintre du XVIIIe siècle.

Marie-Antoinette, phot. par Piallat. Paris, 1861.

DURER (Albert), peint. et grav. à l'eau-forte et au burin, né à Nuremberg, le 20 mai 1471; mort le 6 avril 1528.

Adam et Eve, 1504. H. 9 p. 2 l.; L. 7 p. 1 l. (B., VII, 1; J., I, 134). L'épreuve de la collection de Marolles est exposée à la Bibliothèque Impériale sous le No 36. Vendu, épr. av. l. l., 372 fr., Logette, en 1817; 599 fr., N. Revil, en 1845; Thorel, en 1853, 481 fr.; Debois, 380 fr ; D. G. de A. (d'Arozarena), 1220 fr., de la collect. de Férol, où elle avait été adjugée au prix de 1505 fr. (Voir *Gaz. des Beaux-Arts*, 1er avril 1861). Une vente en 1844 (voir le *Cab. de l'amat.*), 280 fr.

Adam et Eve, très-belle pièce d'un camaïeu rare, attrib. à A. Durer. Eve donne une pomme à Adam de la main gauche, et de la droite en prend une du serpent; ils sont de chaque côté de l'arbre de vie qui est surmonté d'une tête de mort (61 livres, vente Mariette, en 1775; comte ***, de Vienne, 1867, No 813).

Apollon et Diane. Apollon debout tire une flèche près de Diane qui est assise sur une butte, et caressant un cerf. H. 4 p. 3 l.; L. 2 p. 8 l. (B. 68; Simon, 192).

L'Effet de la jalousie. Une femme nue est assise sur les genoux d'un satyre ; elle retourne la tête vers une autre femme qui vient de la surprendre; celle-ci, vêtue d'une large draperie, veut la frapper d'un gros bâton dont les coups sont parés par un homme vu par le dos; un enfant s'enfuit tenant un oiseau. Durer a peut-être voulu représenter un défenseur du cocuage dans ce dernier personnage, car il lui a donné une coiffure composée d'un coq couché sur le dos, entre des cornes qui sortent du front de l'homme. H. 0.320; L. 0.221 (B. 73; J., I, 143; Debois, 154 fr.; Praun, 18 fl.; Sternberg, 12 th.).

Le Groupe des quatre femmes nues, 1497. Quatre femmes nues dont l'une, couronnée de laurier, est vue par le dos, ainsi qu'une seconde qui est coiffée à l'allemande. Les deux autres sont vues par devant. Elles sont debout dans une chambre, où l'on voit au fond le démon qui paraît sortir de l'enfer. H. 0.189; L. 0.133 (B. 75; Delessert, 133 fr.; comte***, de Vienne, en février 1867, 100 fr.).

Le Jugement de Pâris. Pâris, armé de toutes pièces et étendu à terre, semble dormir. Les trois déesses, dont une est toute nue, les deux autres seulement couvertes d'une petite ceinture, sont debout auprès de lui. Un vieillard à grande barbe, qui remplace Mercure, s'approche de Pâris, tenant la pomme d'or d'une main, et portant l'autre vers la tête du dormeur comme pour l'éveiller. Estampe rare, gr. au burin, en bois et en cuivre, attribuée à Durer, et dont le Maître au monogramme S a fait une copie de forme carrée et ornée de rinceaux dans la partie supérieure; pièce ronde; diam. 0.34; une autre 0.58 (B. 65 et 134).

Les Offres d'amour : vieillard prêt à donner de l'argent, pour obtenir ses faveurs, à une jeune femme assise auprès de lui et qui tend la main gauche, tandis qu'elle tient sa bourse ouverte de l'autre. H. 0.149; L. 0.135. Dans le 2° état, retouche faite par une main peu habile, les montagnes du fond ont entièrement disparu, et des tâches d'oxidation se remarquent sur la fig. de l'homme. Ce sujet est quelquefois désigné sous le titre de *Judas et Thamar* (B. 93; Debois, 83 fr.; Vischer, 20 fr. 50; 11 avril 1859, 80 fr.).

L'Oisiveté, ou le songe, pièce rare. Vénus et le démon de l'impureté inspirant des désirs criminels à un homme plongé dans l'oisiveté qui dort tranquillement étendu sur des coussins. Sur le devant, un Amour est monté sur des échasses H. 7p.; L. 4 p. 5 l. (J., I, 143; B. 76).

Ravissement d'une jeune femme, gr. à l'eau-forte, 1516. Un homme entièrement nu, à cheval sur une licorne, tient dans son bras droit une jeune femme également nue et qui paraît vouloir s'échapper. H. 0.311; L. 0.203. Une épr. est exposée à la Bibliothèque Impériale, N° 43 (B. 72; Frauenholz, 10 fl.; Sternberg, 8 th.; Debois, 21 fr.).

Triton ravissant Amymone, par ordre de Neptune. Amymone est étendue sur le dos de ce dieu marin qui nage dans l'eau. Près du bord de la mer trois des sœurs d'Amymone, qui se baignent, s'empressent de gagner le bord, où l'on voit accourir leur père, exprimant ses alarmes par ses bras élevés au-dessus de sa tête. Une autre sœur est évanouie près du vieillard. H. 0.243; L. 0.185. Cette pièce a été copiée par G. Pencz qui a mis son monogramme dans la tablette (B. 71; Debois, 130 fr.; P. Danlos, 150 fr.; Delessert, 151 fr. 50; Praun, 11 fl.; Arndt, 9 $^1/_2$ th.).

Un Homme et une jeune femme qui s'embrassent, assis au pied d'un arbre. Un autre homme debout verse du vin. Pièce ronde, sans marque. Diam. 2 p. 2 l. (B. 135).

Un Vieillard caressant une jeune fille (elle prend de l'argent dans la bourse du vieillard).— *Une Vielle femme caressant un homme* (elle met la main dans un sac plein d'argent); deux gravures fort rares, faisant pendant (Passavant).

Une Jeune femme nue avec une serrure à la ceinture; elle prend de l'argent de deux hommes vêtus, debout près d'elle. Pièce rare, attrib. à A. Durer (voir Passavant, *Peintre graveur*, tome III, 211).

Le Violent. Un vieillard sec et décharné, assis sur un siége de gazon, faisant violence à une femme assise auprès de lui. Elle se défend d'une main, tandis qu'elle saisit de l'autre le tronc d'un jeune arbre. Pièce au burin, sans nom. H. 4 p. 3 l.; L. 3 p. 9 l. (B. 92). — Il existe une copie anonyme fort trompeuse de cette pièce.

Enlèvement d'Amymone, gr. par Z. Andrea, en 1516; H. 0.240; L. 0.184 (J., I, 162; B. 10).

Adam et Eve, 1510, gr. en haut., par Adam Bartsch (Van Hulthem, 391).

Un Homme monté sur une licorne, enlevant de force une jeune femme, gr. par H.-Jér. Hopfer.

Adam et Eve mangeant du fruit défendu, gr. par Lambert Hopfer; H. 6 p. 3 l.; L. 5 p. (B. 17; Van Hulthem, N° 672).

Les Offres d'amour, gr. par Marc-Antoine; H 5. p. 8 l.; L. 5 p. 2 l. (B. 650; J., II, 412).

L'Oisiveté, pièce attribuée à Marc-Antoine; H. 7 p.; L. 4 p. 5 l. (B. 651).

Vénus sortant du bain, gr. par Marc-

Antoine ; H. 7 p. 3 l.; L. 5 p. 7 l. (J., I, 405).

Le Groupe des quatre femmes nues, gr. par Israël van Mecken. H. 6 p. 11 l.; L. 4 p. 9 l. (B. 185).

Le Groupe des quatre femmes nues, gr. par Nicoletto de Modène, 1500. Dans cette copie en contre-partie, le graveur a fait plusieurs changements. Il donna un petit miroir à l'une des femmes, une pique à l'autre, une torche allumée à la troisième. Nicoletto a voulu représenter par là les trois Grâces assujetties au jugement de Pâris. H. 6 p. 2 l.; L. 4 p. 5 l. (B., VII, p. 90).

L'Effet de la jalousie, gr. par Ollmutz; H. 0.320; L. 0.223 (B. 53; Frauenholz, 36 fl. 12 kr.).

L'Enlèvement d'Amymone, gr. par le même; H. 0.255; L. 0.173 (B. 52; Frauenholz, 14 fl.; le même, 8 fl. 4 kr.; Derschau, 3 fl. 24 kr.; Einsiedel, 3 th.).

Le Groupe des quatre femmes nues, dites les *Sorcières*, gr. par le même, 1497. H. 0.189; L. 0.133 (B. 51; Frauenholz, de 2 à 11 fl.; Winckler, 1 $^{19}/_{24}$ th.).

L'Oisiveté, gr. par le même; H. 0.191; L. 0.117 (Frauenholz, 5 fl. 36 kr.; le même, 6 fl. 30 kr.; le même, 8 fl. 8 kr.; Derschau, 3 fl. 12 kr.; Winckler, 2 $^{1}/_{2}$ th.).

Le Jugement de Pâris, petite pièce ronde, extrêmement rare, gr. par A. Petrak (B. 65; Simon, 189).

Triton enlevant Amymone, gr. par G. Pencz. L. 4 p.; H. 2 p. 10 l. (B. 93; comte ***, de Vienne, 1867, N° 1806; Martial Pelletier, 1867, N° 207, épr. du cab. Vischer).

Le Groupe des quatre femmes nues, gr. par Hans Schaufelein, 1498. H. 7 p.; L. 4 p. 11 l. (B. 5).

Adam et Eve, gr. par Jean Wierix, 1566 (J., I, 134; B. 1).

DURET (J.-J.), grav., né à Paris, en 1729. — Voir S. *Lantara*.

DURIEZ, lithogr. contemp. — Voir *Bellangé*, *Cossmann*, *Cottin*, *Deslouches*, *Grenier*, *Inès et Bemindt*.

DURMER (F.-V.), grav. au pointillé, né à Vienne, en 1766. — Voir *Grassi*, le *Guide*, *Nahl*, *Raphaël*, Van der *Werff*.

DURONI ET MURER, photographes. *Pochini*, danseuse, phot.

DU ROURE (la comtesse).— Voir H. *Bonnard*, *Trouvain*.

DUSACQ, photogr. — Voir l'*Albane*, *André*, *Canova*, *Deshays*, *Delroy*, *Dubufe*, J. *Félon*, *Fragonard*, *Greuze*, *Josquin*, *Lafosse*, H. *Lazerges*, *Linder*, *Lionet*, *Litschauer*, *Moreau*, G. *Morin*, *Morlon*, *Nargeot*, H.-P. *Picou*, *Steinbrück*, le *Titien*, P. *Véronèse*, *Yvon*.

DUSART (Corneille), peintre et grav., né à Harlem, 1665-1704.

Le Baiser : vieux paysan embrassant une vieille. Ils se tiennent par la main, et l'homme passe son bras droit autour du cou de la femme, 1685. H. 5 p. 9 l.; L. 4 p. 5 l. (J., II, 13; B. 9).

Le Cocu, 1685. Une jeune paysanne sort accompagnée de son amant. Elle dit avec un air tendre, mais affecté, adieu à son vieux mari qui, d'une main, prend la main droite de sa femme, et de l'autre serre la main gauche de son rival. Pendant du *Baiser*, même dimension (J., II, 13; B. 10).

Femme assise à une table ronde. Elle tient un verre et une pipe. Un homme lui serre la main; 1685. Morceau regardé comme un des plus rares de l'œuvre (J., II, 18).

Femme debout, tête nue, la gorge découverte; elle cherche une puce sur le bord de sa chemise; devant elle, une table où est son mouchoir de cou et une chaufferette; à la droite, une lampe allumée. Sujet dit la *Chercheuse de puce*; pièce ovale. H. 7 p. 1 l., y compris 14 l. de marge; L. 5 p. 2 l. Morceau regardé en Hollande comme un des plus rares de l'œuvre de Dusart (J., II, 18; Rigal, 264).

L'Homme faisant la figue, pièce ovale, très-rare. Dans la marge : *Quam meminisse juvat*. H. 3 p. 8 l. ; L. 2 p. 11 l. (J., II, 12 ; B. 2).

Homme coiffé d'un chapeau pointu, et assis près d'un tonneau ; il attire à lui une jeune femme que l'on voit à gauche; gr. par Jean Gole (Camberlyn, 1er vente, N° 1250).

La Jeunesse : un jeune homme cajolant une jeune fille; la scène se passe sous une treille, devant un cabaret; plus loin, à droite, un paysan embrasse une paysanne; 2 vers dans la marge : *La jeunesse assouvit....*; grav. en man. noire, par J. Gole. H. 8 p. 11 l.; L. 6 p. 9 l. (J. II, 17; Rigal, 264).

DUTHÉ (Mlle). — Voir *Lainé*, *Lebeau*, *Lemoine*.

DUTTENHOFER (C.-F.), grav., né à Gronau, en 1778. — Voir le *Lorrain*.

DUTTENHOFER (A.), jeune, grav. contemp., trav. en Allemagne. — Voir *Brukman.*

DUVAL (Marc), peint. et grav., né au Mans; mort à Paris, le 13 sept. 1581.

Catherine de Médicis. H. 0.145 ; L. 0.120, On lit dans l'ouvrage de Niel : « Marc Duval est l'auteur du plus beau et du plus rare des portraits gravés de Catherine de Médicis. Assise à une table, dans une chambre de son palais, d'où l'on aperçoit la campagne, la reine pose les mains sur un livre. Dans la marge : *Katharina regina Henrici II uxor, Francisci, Caroli et Henrici regum mater,* 1579. L'un des Wierix a fait une copie de ce petit ouvrage.» —Au tome V, p. 56, du *Peintre grav.*, de Robert Dumesnil, on lit aussi : « Le portrait de Catherine de Médicis, reine de France, a été copié par Jérome Wierix, qui n'y a pas mis son monogramme. Il a dissimulé le larcin qu'il faisait en ne citant pas Duval. » (Alvin, 1866, N° 1975).

DUVAL (Armand), peintre.

Enlèvement d'Europe. Cette princesse saisit d'une main une des cornes du taureau, qui, content de sa proie, fend les flots avec rapidité ; de l'autre, elle retient une draperie que les vents agitent dans les airs. Des Amours nagent et volent autour d'elle. Gr. par Séb. Barras. H. 8 p. 2 l.; L. 5 p. 9 l. (R. D. 26).

Léda, couchée négligemment sur le bord d'une rivière, à l'entrée d'un bocage agréable. Elle tend les bras à l'heureux cygne, objet de ses amours, qui s'agite au bas de la droite. Gr. par le même; H. 7 p. 11 l.; L. 5 p. 10 l. (R. D. 27).

Léda. — *L'Enlèvement d'Europe ;* deux pièces gr. par Cœlemans.

Daphnis et Chloé, phot. par Bingham. Paris 1865.

DUVAL LE CAMUS (Pierre), père, peintre, né à Lisieux (Calvados); trav. au commencement du XIXe siècle.

La Mariée, gr. par Ph.-L. Debucourt.

DUVAUX (Antoine-Jules), peint. et gr. contemp., né à Bordeaux ; élève de Charlet.

Le Désir (Journal des artistes, 2me série, 1844).

DUVEAUX (Louis-Noël), peint. et grav., né à St.-Malo, en 1818.

Deux Baigneuses, 1850 ; H. 0.122 ; L. 0.092.

DUVERBRET, graveur. — Voir *Boucher, Lemoine.*

DUVET (Jean), dit le *Maître à la licorne*, né à Langres, en 1485; peintre, orfèvre et grav. à l'eau-forte. C'est le plus ancien graveur français.

L'Amour, un homme et une femme, 1528. L'Amour en l'air montre de sa main un jeune homme debout qui s'entretient avec une femme assise. Pièce anonyme; H. 0.189; L. 0.110 (B. 38 ; R. D. 53).

Pièces emblématiques faisant allusion aux amours de Henri II et de Diane de Poitiers, six pièces anonymes ; L. 390 à 397 mill.; H. 225 à 235 mill. Ces pièces sont décrites par Robert Dumesnil, N°s 54 à 59.

DUVIVIER (Guillaume), dessin. et grav. à l'eau-forte, flamand, florissait dans la 2e moitié du XVIIe siècle. — Voir Ant. van *Heuvel.*

DUVIVIER (Ignace), peint. et grav., né à Marseille ; mort en 1806.

La Jeune Hébé, gr. au pointillé, par Bosselmann. Paris, Bulla, 1826.

DYCK (Antoine van), peint. et grav. flamand, élève de Rubens, né à Anvers, le 22 mars 1599; mort à Londres, en 1641. — Voir le *Titien.*

Bacchus avec des nymphes et des faunes.

Groupes d'Amours.

Jupiter et Antiope ; L. 0.170 ; H. 0.125.

Maria Ruthven.

Lady Rachel, comtesse de Southampton, gr. en man. noire, par J. Mac Ardell (catal. Busche).

Le Temps coupant les ailes à l'Amour, gr. par le même (vente du 12 avril 1864).

L'Amour, gr. par W. Arndt.

Danaé, gr. par le même.

Lucie Percye, comtesse de Carlisle, gr. en haut., par Pierre de Bailliu (Winckler, 1385 ; Van Hulthem, 937).

Renaud et Armide ; il est lié de guirlandes. Grande pièce, gr. par le même, en haut. (J., I, 205).

Lady Mary Ruthven, femme de Van Dyck, gr. par Schelte de Bolswert. Rare (de Vèze, 37 [75]; Camberlyn, 1re vente, 868).

Marguerite de Lorraine, femme de Gaston de France, duc d'Orléans; gr. par le même (de Vèze, 37 [78]; Camberlyn, 1re vente, 862).

Le Vieux Silène, conduit par une bacchante et un homme, accompagné d'un buveur et d'un nègre lascif; gr. en haut., par le même (J., I, 280; Winckler, 1588; Van Hulthem, 1099).

Henriette, reine d'Angleterre, et ses enfants, gr. par Bonnefoy (de Vèze, 37 [82]).

Isabelle d'Autriche, gr. par Philibert Boutrois (de Vèze, 37 [85]).

Madame la duchesse de Richmont, in-fol., gr. par J. van der Bruggen, 1682 (de Vèze, 37 [91]).

Helena Formans, seconde femme de Rubens, in-fol., gr. par Thomas Chambars, 1767 (de Vèze, 37 [99]; comte***, de Vienne, 1867, 531).

Henriette-Marie de France, reine d'Angleterre, in-fol., gr. par le même (de Vèze, 37 [97]).

Susanne et les vieillards, in-fol., gr. par Colinet.

La Balia, favorita di Van Dyck, pièce rare, gr. par G.-M. Crespy; H. 0.265; L. 0.206.

Marie de Médicis, ovale in-4°, gr. par Cornelis Danckerts (de Vèze, 37 [120]).

L'Enfant qui joue avec l'Amour, gr. par Daullé.

Mlle Van Maelder, maîtresse de Van Dyck, gr. à l'aqua-tinte, par Debucourt.

Marie de Médicis, in-4°, gr. par Franc.-Jacques Dequevauvillers (de Vèze, 37 [129]).

Maria Ruthven, 2e femme de Van Dyck, in-fol., gr. par Ach. Devéria (de Vèze, 37 [131]).

Calisto dans sa retraite, in-fol. en larg., gr. par R. Earlom (J., II, 22).

Françoise Bridges, comtesse d'Exeter, gr. par Guill. Faithorne. Rare. Vendue à Londres, en 1797, près de 500 fr.; en 1824, 22 liv. st. C'est une des plus belles pièces du maître (Collect. Marolles, aujourd'hui à la Biblioth. Impér., No 158; J., II, 39).

Marie, princesse d'Orange, gr. par le même; rare (Camberlyn, 1re vente, No 880).

Marie Ruthven, in-fol., gr. par le même (Camberlyn, 882).

Anne Carre, countess of Bedford, in-4°, gr. par S. Freeman, 1824 (de Vèze, 37 [151]).

Henriette de Lorraine, princesse de Phalsbourg, gr. par Corneille Galle (Camberlyn, 1re vente, No 888).

Elisabeth Harvey, in-fol., gr. par Robert Gaywood; rare (de Vèze, 37 [162]).

Marguerite Lemon, in-fol., gr. par le même; rare (de Vèze, 37 [163]).

Maria Ruthven, in-fol., gr. par le même (de Vèze, 37 [161]).

Marie Stuart, comtesse de Portland, couverte d'un manteau doublé de fourrures; gr. en haut., par le même.

Jupiter en satyre surprenant Antiope, gr. par V. Green (J., II, 114).

Le Temps coupant les ailes à l'Amour, 1778, in-fol., gr. par V. Green.

Anne, countess of Chesterfield, très-grand in-fol., gr. par Peter van der Gunst (de Vèze, 37 [173]).

Henrietta-Maria, queen of Great Britain, très-grand in-fol., gr. par le même (de Vèze, 37 [176]).

Lucy, countess of Carlisle, très-grand in-fol., gr. par le même (de Vèze, 37 [169]).

Alathée Thalbot, femme du comte d'Arundel, gr. par W. Hollar (comte***, de Vienne, 1867, No 1088).

Elisabetha Harvey, in-fol., gr. par le même, 1646 (de Vèze, 37 [191]).

Elisabeth Sherley, gr. par le même. Portr. extrêmement rare; il s'en est trouvé à la vente Townley deux épreuves qui ont chacune été payées 43 liv. st., 1 sh. (*Revue univers. des Arts*, tome XXII, p. 125).

Elisabetha Villiers, ducessa de Lennox et Richmond, petit in-fol., gr. par le même (de Vèze, 37 [197]).

Henriette-Marie, reine d'Angleterre, gr. par le même (Camberlyn, 1re vente, No 1434).

Madame Killegry, gr. par W. Hollar. Vendue 1 liv. st., 15 sh., vente Townley (*Revue univers. des Arts*, tome XXII, p. 124).

Marguerite Lemon, gr. par le même (*Revue univ. des Arts*, XXII, 124).

Marie Stuart, comtesse de Portland, in-fol., gr. par le même, 1650 (de Vèze, 37 [196]).

Isabella-Clara-Eugenia, archidux d'Autriche, in-fol., gr. par Guill. Hondius (de Vèze, 37 [201]; comte ***, de Vienne, 1867, N° 1090; Rapilly, en 1867, 4 fr.).

Beatrix Cosantia, princesse de Cantecroy, in-fol. en haut., gr. par P. de Jode (Winckler, 1359; Van Hulthem, 1846).

Elisabetha Borbonia, Hispaniarum, in-4°, gr. par le même (de Vèze, 37 [230]).

Emelia, comtesse de Nassau, in-4°, gr. par le même, 1638 (de Vèze, 37 [242]).

Henriette-Marie de France, reine d'Angleterre, in-4° et très-grand in-fol. en haut., gr. par le même (de Vèze, 37 [213, 215]; Van Hulthem, 1842-1846).

Isabelle-Claire-Eugénie d'Autriche, in-fol., gr. par le même (de Vèze, 37 [219]).

Jeanne de Blois, gr. par le même (Camberlyn, 1re vente, N° 906).

Marie de Médicis, reine de France, in-4°, gr. par le même (de Vèze, 37 [231]).

Renaud et Armide: Renaud, éveillé, témoignant sa surprise à la vue des charmes d'Armide. — Renaud, couché par terre, la tête sur les genoux d'Armide qui lui présente un miroir tenu par un Amour. D'autres Amours jouent. Ubalde et son compagnon sont cachés derrière un buisson. L'original est au Musée. Deux pièces grand in-fol. en haut. et en larg., grav. en 1644, par P. de Jode, dit le jeune, et P. de Bailliu (Winckler, 1841-42; Van Hulthem, 1814-1816; Mariette, N° 397, 110 fr.; Frauenholz, 9 fl.; Brandes, 6 3/4 th.; Sternberg, 5 th.).

La Madeleine, en buste, dans un rond, grav. en haut., par Arn. de Jode (Winckler, 1574; Van Hulthem, 1848).

Catherine Howard, duchesse de Lennox, in-fol., gr. par le même; rare (de Vèze, 37 [211]; Camberlyn, 1re vente, 914).

Vénus aux forges de Vulcain, pet. in-4°, gr. par V.-M. Langlois.

Henriette-Marie, reine d'Angleterre, grand in-fol., gr. par Fr. Langlois (de Vèze, 37 [260]).

Maria Ruthven, gr. par Nic. de Larmessin, le père (de Vèze, 37 [262]).

Isabelle-Claire-Eugénie, infante d'Espagne, in-8, gr. par Johann van der Leeuw (de Vèze, 37 [267]).

L'Amour et Psyché, gr. par B. Lens, le vieux.

L'Amour tenant des flèches, in-fol., gr. par Gérard-René Le villain (de Vèze, 37 [273]).

Maria Ruthven, femme de Van Dyck, in-fol., gr. par Soliman Lieutaud (de Vèze, 37 [274]).

Anne, comtesse de Bedfort. — Anne, comtesse de Morton. — Anne-Sophie, comtesse de Canarnaen. — Dorothée, comtesse de Sunderland. — Elisabeth, comtesse de Castlehaven. — Elisabeth, comtesse de Devonshire. — Lucie Percye, comtesse de Carlile. — Pénélope Herbert. — Marguerite, comtesse de Carlile. — Rachel, comtesse de Middlesex. Dix portr. in-fol. en haut., gr. par P. Lombart (Paignon-Dijonval, 3536; Van Hulthem, 4440-49).

Catherine Howard, in-fol., gr. par Adr. Lommelin (de Vèze, 37 [285]).

Marguerite Lemon, in-fol., gr. par le même (de Vèze, 37 [286]).

Marie, comtesse d'Aremberg, princesse de Barbançon, in-fol., gr. par le même (Camberlyn, 1re vente, 917; de Vèze, 37 [278]).

Mlle Van Maelder, maîtresse de Van Dyck, gr. par G. Maile.

Agar présentée à Abraham par Sara, gr. en haut., par Jean-Bapt. Massard, père (Paignon-Dijonval, 5561; Van Hulthem, 4477).

Jeune femme avec une guitare, in-4°, gr. par le même.

Henriette-Marie de France, reine d'Angleterre, eau-forte, gr. par Jean Meyssens (Camberlyn, 1re vente, N° 930).

Maria Ruthven, eau-forte, in-fol., gr. par le même (Camberlyn, 1re vente, 933; de Vèze, 37 [310]).

Honorine de Grimberghe, comtesse de Bossu, in-fol., gr. par Jean Morin; H. 10 p. 10 l.; L. 8 p. 7. l. (de Vèze, 37 [318]; Rapilly, en 1859, 25 fr.).

Marguerite Lemon, maîtresse de Van Dyck, gr. par le même; H. 10 p. 10 l.; L. 8 p. 8 l. (R. D. 62; Rigal, 554).

Ernestine, princesse de Ligne, comtesse de Nassau, vue jusqu'aux genoux, in-fol. en haut., gr. par M. Natalis (Winckler, 1360; de Vèze, 37 [323]).

Marie-Marguerite de Bairlemont,

comtesse d'Egmond, in-fol. en haut., gr. par Jacques Neffs (Winckler, 1354; (de Vèze, 37 [324]).

Le Titien et sa maîtresse, copie réduite en sens inverse, gr. in-4°, par Andreas de Paulis (de Vèze, 37 [332]).

Marie, comtesse d'Aremberg, princesse de Barbançon, in-fol., gr. par Paul Pontius, 1645 (de Vèze, 37 [343]; Camberlyn, 1re vente, 941).

Marie de Médicis, reine de France, in-fol., gr. par le même (de Vèze, 37 [354]; Camberlyn, 949).

Agar renvoyée par Abraham, gr. en haut., par Ch. Porporati (épr. av. l. l., 32 livres, vente Torré, en 1782; la même, où la lettre R manque au mot *gravée*, 19 livres; Van Hulthem, 3675).

Marie, fille de Charles Ier, épouse de Philippe de Nassau, fils du prince d'Orange, gr. par Crispin van Queboorc (Camberlyn, 1re vente, 970).

Le Titien et sa maîtresse, charmante copie en contre-partie, gr. par Raulz (comte ***, de Vienne, 1867, N° 820).

Helena Formans, in-fol. en haut., gr. par L. Sailliar (11 nov. 1861, 4 fr.; Van Hulthem, 4739).

Isabelle-Claire-Eugénie, infante d'Espagne, souveraine des Pays-Bas, en habit de l'ordre de saint François; portr. gr. par Pierre van Sompel (Camberlyn, 2e vente, N° 3479).

Marie de Médicis, reine de France, épouse de Henri IV, gr. par le même (Debois, 13 fr.; Camberlyn, 2e vente, N° 3480).

Jupiter, changé en satyre, amoureux d'Antiope, pièce en larg., gr. par P. Soutman (Winckler, 1582; Van Hulthem, 2788).

Henrietta Maria... regina, in-fol., gr. par Robert Strange, 1784 (de Vèze, 37 [426]; Alibert, 35 fr.).

Henriette d'Angleterre, femme de Charles Ier et ses enfants, gr. en haut., par le même (Debois, 1128; Van Hulthem, 5123).

L'Enlèvement d'Hippodamie, gr. en haut., par Gilles Verelst (Rigal, 819).

Isabella-Clara-Eugenia, Hispaniarum infans, in-4° ovale, gr. par Alex. Voët (de Vèze, 37 [447]).

Isabelle-Claire-Eugénie, infante d'Espagne, souveraine des Pays-Bas, en habit de l'ordre de saint François, in-fol., gr. par Lucas Vorsterman; rare (de Vèze, 37 [467]; Camberlyn, 1re vente, 988).

Emilie de Solms, princesse d'Orange, joli portr. et jolie femme, in-fol. en haut., gr. par Waumans (Winckler, 1558; Van Hulthem, 3218; 11 nov. 1861, 2 fr. 25).

Marie-Claire de Croy, duchesse d'Havré, in-fol., gr. par le même (de Vèze, 37 [493]; Camberlyn, 1re vente, 1014).

Mars et Vénus, gr. par le même (vente du 7 nov. 1861).

Elizabeth Cecil, countess of Devonshire, in-4, gr. par Thomas Wright, 1829 (de Vèze, 37 [507]).

Lady Anna Ruthven, phot. Paris, Richebourg, 1865.

DYCK (Daniel van den), peintre d'hist. et grav. du XVIIe siècle, né à Venise, selon Basan; en France, selon Fuesslin, et en Hollande, selon Huber.

La Chaste Susanne. Susanne, surprise au bain par deux vieillards placés derrière elle et dans des attitudes qui décèlent leurs dessins. Elle regarde effrayée l'un des vieillards, vu à gauche. Ses jambes sont placées dans le bassin d'une fontaine alimentée par l'outre d'un enfant. H. 0.259; L. 0.180 (Le Blanc, 386; Sternberg, 1 th.; Veigel, 2 1/2 th.).

La Déification d'Enée. Vénus, assise, soulève une draperie qui cachait Enée, assis et dans l'état de nudité. Le héros se retourne vers la déesse et s'abandonne aux soins que prennent de sa toilette un faune, une nymphe et des Amours. Dans la marge, quatre vers latins et une dédicace. L. 15 p. 4 l.; H. 11 p. 7 l., y compris 10 l. de marge.

Diane et Endymion, sujet de demi-figures, mentionné dans le catal. Rigal, N° 935, sous le titre : *Bergère près d'un berger*.

E

EARLOM (Richard), cél. grav. en mezzotinte, né dans le comté de Sommerset, en 1728; mort à Londres, en 1794. — Voir Van *Dyck*, Luc. *Giordano*, le *Guide*, Raph. *Mengs*, le *Poussin*, *Rembrandt*, *Romney*, *Rubens*, G. *Schalken*, Van der *Werff*, B. *West*, R. *Wilson*.

Abisag présentée à David (Camberlyn, 1re vente, 1019).

EBERTS (J.-Henry), dessin. et grav. amat., trav. à Paris, dans la 2e moitié du XVIIIe siècle. — Voir *Boucher*, P.-A. *Wille*.

ECKERT (G.), peint. et grav., trav. à Berlin, à la fin du XVIIIe siècle, et mourut en 1817. — Voir A. *Bellucci*.

ECMAN ou ECKMAN, dessin. et grav. sur bois et en camaïeu, né à Malines, en 1638; trav. à Paris. — Voir A. *Bosse*.

ECOLE DE FONTAINEBLEAU. — Voir *Fontainebleau*.

ECOLE FRANÇAISE. — Voir *Française*.

EDELINCK (Jean), dessin. et grav. au bur., né à Anvers, en 1630; mort à Paris. — Voir *Marsy*, B. *Tubi*.

Apollon chez Thétis, suite de 5 pièces in-fol. en larg., gr. pour la grotte de Versailles.

EDELINCK (Gérard), frère du précédent, dessin. et grav. au burin, né à Anvers, en 1640; mort à Paris, aux Gobelins, le 2 avril 1707. — Voir *Benoist*, *Detroy*, *Lebrun*, *Rubens*, de *Sève*.

Duchesse de la Vallière, en habits de cour et à demi-corps, dans une bordure octogone; H. 0.218; L. 0.155 (R. D. 237).

EDELINCK (Nicolas), fils de Gérard, dessin. et grav. au burin, né à Paris, vers 1680, et y vivait encore en 1766. — Voir *Nanteuil*.

Mme de Sévigné, in-fol.

EDWARENAY, dessin. lithogr. contemporain.

Daphnis et Chloé, lith.; H. 0.47; L. 0.37 *(Musée des rieurs)*. Paris, Goupil, 1851, 6 et 12 fr.

EECKHOUT (Gerbrant van den), peintre. Amsterdam, 1621-1674.

Jupiter et Io, gr. par B.-L. Henriquez.

EGMOND (Marie-Marguerite de Bairlemont, comtesse d'). — Voir Van *Dyck*.

EICHEN (Hermann), grav. contemp. — Voir *Compte-Calix*.

EICHENS (Philippe-Armand), graveur prussien, contemporain; élève de l'Académie des Arts, à Berlin. — Voir *Winterhalter*.

EICHLER (M.-Gottfried), dessin. et grav., né à Erlangen, en 1748.

Paysage avec une rivière où se baignent des nymphes.

EISEN (François), dit le père, peintre et grav. à l'eau-forte, né à Bruxelles, en 1700; mort à Paris, en 1777.

Les Quatre parties du jour : Le Matin. — Le Midi. — L'Après-midi. — Le Soir; 4 pièces d'intérieurs (21 févr. 1859, 32 fr.).

Amusements de la jeunesse, deux pièces en haut., gr. par N.-G. Dupuis avec S. Carmona.

L'Amour en ribotte, gr. en haut., par L.-M. Halbou (7 nov. 1861, No 141).

L'Appât trompeur, gr. en haut., par le même.

L'Attente du moment, gr. en haut., par le même.

Le Beau commissaire, gr. en haut., par le même.

Les Dragons de Vénus, gr. en haut., par le même (7 nov. 1861, No 141).

L'Ingratitude, gr. en haut., par le même.

La Jolie charlatane, en haut., par le même.

Le Plaisir malin, en haut., gr. par le même.

La Sultane reconnaissante, in-fol., gr. par Ch.-F. Macret.

EISEN (Charles), le fils, peintre, dessin. et grav. à l'eau-forte, né à Paris, 1721-1780.

L'Amour ramoneur. Sortant d'une ouverture ronde qui s'ouvre sur une cheminée et fermée par un rideau qu'il soulève, l'Amour, tenant sa racloire, vient se poser sur un chambranle de cheminée, et regarde s'il trouvera une proie. On lit ces quatre vers dans le fond de la cheminée:

Vous qui faites cas de l'honneur,
Fillettes dont l'âme est bien née,
Quand vous verrez ce ramoneur
Gardez bien votre cheminée.

H. 0.205; L. 0.137 (Baudicour, 5).

Hercule et Omphale. Hercule, assis sur un fauteuil, s'amuse à filer au fuseau, tout en regardant Omphale debout, tenant sa massue et posant son bras autour de la tête du héros, auquel un Amour lance une flèche. H. 0.192; L. 0.140 (Baudicour, 6).

Hercule et Omphale. — Mars et Vénus; deux sujets gracieux, à l'eau-forte, ovales en travers, sur la même planche; rares (26 nov. 1866, N° 292).

Mlle Duplan, actrice, gr. par un anonyme (déc. 1856, N° 283).

Le Modèle enchanteur, gr. anonyme (déc. 1856, N° 284).

Les Premiers aveux, grav. anonyme (déc. 1856, N° 284).

Rosette endormie, grav. anonyme (déc. 1856, N° 283).

L'Amour asiatique, gr. par Basan; H. 0.341; L. 0.272 (25 mars 1865, N° 33).

L'Amour européen, gr. par le même; H. 0.345; L. 0.273.

Pygmalion épris de sa statue, gr. par Caqué.

La Cuisinière charitable, gr. par Juste Chevillet.

La Vieille de bonne humeur, gr. par le même.

L'Accord du mariage, gr. par R. Gaillard (11 nov. 1861, 8 fr.).

Le Bouquet bien reçu, gr. en haut., par le même.

L'Amour asiatique, gr. par Emm. de Ghendt.

Tarquin et Lucrèce, gr. par F. Janinet.

La Ramasseuse de cerises, pièce curieuse et rare, gr. par Juillet (déc. 1856, N° 284).

Une Femme nue devant une glace, gr. par L.-J.-Fr. Lagrenée.

La Vertu sous la garde de la fidélité, gr. par Lebeau (déc. 1856, N° 290).

Promettre est un, et tenir est un autre, gr. en larg., par A.-C.-S. Legrand.

Les Amusements champêtres, gr. par de Longueil.

Le Bal champêtre, gr. par le même.

La Belle nourrice, charmante pièce, gr. par le même (cat. A. David).

Le Concert champêtre, gr. par le même.

La Jolie fermière, charmante grav. par le même (Van Hulthem, 4451).

Les Plaisirs champêtres, gr. par le même (déc. 1855, N° 289).

Les Quatre heures du jour, jolies scènes familières; quatre pièces gr. en larg., par le même (26 nov. 1866, N° 294).

Les Quatre saisons, quatre pièces gr. par le même (déc. 1856, N° 288).

Les Désirs satisfaits, gr. par Patas (A. David, 1725; 7 déc. 1866, N° 351).

Le Jour. — La Nuit; deux jolies scènes d'un jour de mariage, gr. par le même (7 déc. 1866, N° 350).

La Vertu sous la garde de la fidélité, gr. par le même.

Le Cas de conscience, gr. par Pierre-Alex. Tardieu.

La Gageure des trois commères, gr. par le même.

Le Gascon, gr. par le même.

EISENHOUT (Antonin), peintre et grav., trav. à Rome, à la fin du XVIe siècle.

Cinq Amours, dont un tient un papier de musique: *Amor docet musicam*, 1590.

EISSNER (Joseph), grav. au burin, né à Vienne, 1788. — Voir *Fisher*.

Zeuxis choisissant ses modèles parmi les plus belles filles de la Grèce.

Le Jugement de Pâris.

ELISABETH (la princesse), 2e fille de Charles 1er, roi d'Angleterre. — Voir W. *Hollar*.

ELISABETH DE BOURBON, femme de Philippe IV. — Voir Van *Dyck*, *Rubens*.

ELISABETH D'YORCK. — Voir Ad. van der *Werff*.

ELISABETH, impératrice de Russie. — Voir *Tocqué*.

ELISABETH, reine d'Angleterre. — Voir *Berningroth*, H. *Hondius*, J. *Houbraken*, Crispin de *Pas*, *Odieuvre*, J. *Rabel*, J. *Reynolds*, Christ. van *Sichen*, *Thomas*, Van der *Werff*, Jérôme *Wierix*, Ant. *Wierix*.

ELISABETH, reine de Bohême. — Voir A. van der *Werff*.

ELLIOT (Mistress). — Voir *Gainsborough*.

ELLIOT (Williams), dess. et grav., né à Hamptoncourt, en 1717; mort à Londres, en 1766. — Voir *Rubens*.

ELLUIN ou ELVIN (B.), grav., né à Abbeville, trav. à Paris, fin du XVIIIe siècle, et commencement du XIXe. — Voir *Charlier*, *Dugoure*, *Leclerc*, *Subleyras*.

Recueil de figures libres, contenant: Jeanne d'Arc. — Pots-pourris — Félicia. — La F..... manie. — L'Arétin. — Aloïsia. — Fanny. — Thérèse. — Saturnin; 2 vol. in-8°, collection précieuse et unique, rel. avec le plus grand soin par Bozerian; premières épreuves, Duprat, an XI, 77 fr. 50. Cette collect. est la réunion des fig. des ouvrages Cazin, mentionnés.

ELSHEIMER (Adam), peint. et grav., né à Francfort-sur-le Mein, en 1574; mort à Rome, en 1620.

Adam et Eve au pied de l'arbre de vie; Eve donne à Adam la pomme qu'elle vient de cueillir; gr. en haut. (Van Hulthem, 527).

La Nymphe et le Satyre, pièce anonyme, très-rare; L. 0.100; H. 0.060.

Satyres et Nymphes dans un paysage, pièce anonyme, extrêmement rare; L. 0.102; H. 0.062.

Paysage avec Vénus et satyres dansant, gr. par Agricola.

Cérès, en cherchant sa fille, se désaltère chez une vieille, et punit la moquerie d'un petit garçon en le changeant en lézard, estampe connue sous le nom de la *Sorcière*, gr. par Henri Goudt, 1610 (Winckler, 1588; Van Hulthem, 1665). Le petit garçon lui faisait ce qu'on appelle *la figue*.

Cérès changeant Stellion en lézard, in fol., gr. par W. Hollar.

Cinq satyres et deux nymphes, gr. par le même.

Vénus et l'Amour dans un paysage, in-8, gr. par le même.

Céphale et Procris, fond de paysage, in-fol., gr. par Madeleine de Pas (Derschau, 2 fl. 6 kr.; Frauenholz, 2 fl. 10 kr.).

Les Vierges sages et les vierges folles, in-fol. en larg., gr. par la même.

ELSSLER (Mlle Fanny), actrice de l'Opéra. — Voir *Alophe*, A. *Devéria*, *Grévedon*, L. *Lassalle*, *Lejeune*, *Regnier*, *Salabert*, Ch. *Vogt*.

ELSTRAKE (Reynolds), dessin. et grav., trav. à Londres, à la fin du XVIe siècle.

Marie, reine d'Ecosse, gr. in-4°.

EMAROT (Mlle), danseuse. — Voir *Alophe*.

EMILIE, actrice. — Voir *Martinet*, F. *Noël*.

ENGELMANN (E.), grav. édit. contemp., trav. à Berlin. — Voir *David*, *Delpech*, *Raphaël*.

Mlle Dupont, actrice, lith. H. et L. 0.180 (Soleinne, 263).

Mlle Jenny Vertpré, actrice des Variétés, lith. 1812.

Mlle Léontine Fay (dans Frosine), lith. color.; H. 0.162; L. 0.081 (Soleinne, 145).

Mlle Sontag, de l'Opéra-Buffa; H. 0.270; L. 0.200 (Soleinne, 346).

ENDYMION. — Voir A. *Corradini*, *Girodet*, le *Guerchin*, *Sixdeniers*, Ant. *Verio*. — Voir aussi *Diane et Endymion*.

ENTRAGUES (Henriette de Balzac d'). — Voir *Verneuil*.

ENZENSBERGER (J.-B.), peint. et grav., né à Sonthofen, 1733; mort à Augsbourg, 1771 ou 1773. — Voir *Boucher*, *Téniers*.

EPISCOPIUS (Jean), ou *Bisschop*, dess. et habile grav. à l'eau-forte, né à La Haye, en 1616; mort à Amsterdam, en 1686.

Jupiter et Léda, très-belle gravure.

EREDI (Benedetto), grav. édit., né à Florence, en 1750; trav. jusqu'à la fin du XVIIIe siècle. — Voir L. *Giordano.*

ERHARD (Johann-Christophe), peintre et grav. au burin, né à Nuremberg, 1795-1832. — Voir J. *Burgdorfer.*

ERIGONE.—Voir *Biennoury,* L.-M. *Bonnet,* Fr. *Boucher, Caresme, Charlier,* P.-Fr. *Charpentier,* J. *Deshayes, Girodet,* le *Guide,* N.-R. *Jollain, Lebour,* Séb. *Leclerc* (fils), *Mieris, Monsiau,* J.-B.-M. *Pierre, Poyet,* C. *Vanloo.*

ERIGONE ET BACCHUS. — Voir *Devéria,* le *Guide, Théolon.*

ERLINGER (Georges), grav. sur bois et édit., trav. à Bamberg, dans la 1re moitié du XVIe siècle.

Jeune Femme vue par le dos et suivie par un vieillard, 1519. Au-dessus de la femme, on lit : *Was ich nit sich das frewet mich* (ce que je ne vois pas me fait plaisir); au-dessus du vieillard, on lit : *Was ich nit mag, sich ich all tag* (ce que je n'aime pas, je le vois tous les jours); H. 0.196; L. 0.135 (B., VII, p. 471).

ERMELS (Johann-Frantz), peint. et grav., né près de Cologne, en 1621.

Paysage, où l'on voit un faune femelle et une bacchante, gr. in-4°.

ERMINI (P.), peintre italien.

Laura, maîtresse de Pétrarque, in-fol., gr. par N. Palmerini.

ERTINGER (François), dessin. et grav. à l'eau-forte et au burin, né à Colmar, en 1640; vivait encore en 1700. Il trav. à Rome, à Paris et à Anvers. — Voir *Fage* (R. de la).

ERTINGER (F.), graveur. — Voir Cl.-J. *Vernet.*

ESTAMPES (la duchesse d'), maîtresse de François Ier. — Voir *Devéria.*

ESTE (Marie-Eléonore d'). — Voir A. van der *Werff.*

ESTHER ET ASSUÉRUS. — Voir Ant. *Coypel, Detroy,* le *Dominiquin, Lucas de Leyde, Pencz,* le *Poussin, Rubens.*

ESTIENNE (Auguste), peint. contemp., né à Paris.

Un Coquin de neveu. — Un Scélérat d'oncle; deux pièces lith. par Regnier et Bettannier. Paris, Boivin, 1848, 1854; Morier, 1859; H. 0.47; L. 0.38, en rehaut, 6 fr. ch.; H. 0.28; L. 0.22, rehaut, 2 fr. ch.

ESTRÉES (Gabrielle d'). —Voir *Gabrielle d'Estrées.*

ETEX (Ant.), sculpteur, peint. et architecte, né à Paris, en 1808.

Eugénie Garcia, lith. par Gsell; H. 0.36; L. 0.29 (Goupil, en noir, 4 fr.; en coul., 8 fr.).

EUPHROSINE ET CUPIDON. — Voir Ang. *Kauffman.*

EUPHROSINE ET MELIDOR. — Voir P.-P. *Prudhon.*

EUROPE. — Voir *Jupiter et Europe.*

EURYDICE. — Voir *Huet, Jules Romain.*

EUSEBIO, lithogr. contemporain. — Voir de *Beaumont, Burde.*

EVERDINGEN (Allart van), peint. et grav. à l'eau-forte, né à Alcmaër, 1621-1675.

Vénus et l'Amour. Vénus, couverte d'un vêtement, est assise sur un nuage et semble écouter l'Amour, qui est devant elle. Pièce anonyme; H. 0.162; L. 0.127 (B. 104).

EVE. — Voir *Aldegraver, Beccafumi, Brosamer, Raphaël,* J.-P. *Simon.*—Voir aussi *Adam et Eve.*

EXETER (Françoise-Bridges, comtesse d'). — Voir Van *Dyck, Lawreince.*

EXSHAW (Carl), peintre, né en Hollande, en 1730. — Voir *Rembrandt.*

EYCKEN (Van).

L'Attente. — Ne m'oubliez pas; deux pl. gr. par Lelli. Paris, impr. Chardon, aîné, 1853.

EYMAR (J.), grav. contemporain. — Voir *Boilly.*

EYNHOUEDTS (Rombaut, ou Remoldus), peint. et grav. à l'eau-forte, né à Anvers, en 1605. — Voir *Rubens,* Corn. *Schut.*

F

F*** (de).

Le Galant jardinier (déc. 1856, N° 664).

FABER (John), le vieux, dessin et grav., né dans les Pays-Bas, en 1650; trav. en Angleterre.

Anne, reine d'Angleterre, pet. in-fol., en man. noire (1er févr. 1864, N° 288).

FABER (John), le jeune, dess. et grav. en man. noire, né en Hollande, vers 1684; mort à Londres, 1756.— Voir *Knapton*, *Kneller*, *Mercier*.

FACIUS (Jean-Gottlieb et Georges-Sigismond), frères, grav. au burin, nés à Ratisbonne, en 1748 et 1750; morts vers la fin du XVIIIe siècle. — Voir J. *Barry*, A. *Kauffman*, le *Titien*, B. *West*.

FAES (P. van der). — Voir *Lely*.

FAGE (Nicolas-Raymond de la), peint. et grav. à l'eau-forte, né à l'Ile, en Albigeois, 1654; mort à Rome, 1684.

L'Amour dansant avec deux enfants; L. 0.270; h. 0.108 (R. D. 15).

La Bacchanale. Sur une place, Pan est entouré de bacchantes qui le tiennent debout en le tourmentant. D'autres bacchantes sont groupées à droite et à gauche, et se livrent aux embrassements des satyres. L. 9 p.; H. 5 p. 8 l. (R.D.7).

Le Concert sur les eaux. Sur un riche bateau, Apollon joue de la lyre et Pan de la syrinx, en accompagnant deux nymphes qui chantent. Une autre nymphe nue est assise sur la poupe du bâtiment; Vénus, qui apparaît vers le milieu du haut, semble présider à cette fête; elle est environnée de divinités subalternes; un Amour répand des fleurs, et d'autres Amours décochent des flèches. L. 9 p. 3 l.; H. 6 p. 3 l. (R. D. 9; Van Hulthem, 4272).

La Danse en rond. Au centre du cercle étant au milieu du sujet, se voit un faune jouant de la flûte de Pan; à gauche, un spectateur est debout, appuyé sur l'autel de Priape, dont le buste semble retracer les traits mêmes de l'artiste. L. 10 p.; H. 3 p. 9 l. (R. D. 19).

Diane et Endymion. La déesse, assise sur son char, contemple le berger Endymion sommeillant sur le revers du Latmos. Deux Amours veillent le berger et recommandent le silence à deux autres Amours qui semblent vouloir s'en approcher. Un bouvier, gardant son troupeau, paraît saisi d'étonnement. Sur le premier plan, deux nymphes nues qui sommeillent. Au bas de la droite, un médaillon sur lequel l'Amour vient de tracer les traits de l'artiste. Ce médaillon est soutenu par une femme nue, un génie et un satyre qui semblent poser un voile dessus, pour dérober l'image de l'artiste à la calomnie, qu'on aperçoit dans le coin. L. 0.298; H. 0.184 (R. D. 10).

L'Embrassade. Un homme paraît faire violence à une femme agenouillée à côté d'un bouc, sur lequel ells s'appuie. Un satyre joue du cornet à gauche, et un faune s'avance en riant, du côté opposé, vers le groupe du milieu, que semblent observer deux hommes vus dans le lointain, et dont le plus rapproché porte les traits de La Fage. L. 10 p.; H. 3 p. 9 l. (R. D. 18).

La Femme de Candaule. La reine de Lydie, entourée de ses femmes, est assise au bord d'un bassin, dans une salle de bain. Gygès, conduit par Candaule, entr'ouvre un rideau à droite, et contemple la reine. H. 3 p. 3 l.; L. 2 p. 3 l. (R. D. 4).

Fête de Bacchus. Des satyres et des bacchantes animent cette composition, au milieu de laquelle on voit une fontaine surmontée de la statue de Bacchus. Une bacchante dirige le robinet de cette fontaine sur un faune qui se voit dans une attitude indécente, en avant d'une tente, à l'entrée de laquelle sont trois bacchantes. L. 7 p. 8 l.; H. 5 p. 9 l., y compris 7 l. de marge (R. D. 11).

Junon et Eole. Eole est assis à côté de sa caverne, déférant au désir de Junon, qui, accompagnée d'Iris, semble lui donner ordre de déchaîner les vents qui doivent disperser la flotte d'Enée. Vénus, entourée d'Amours, apparaît en haut, et fait ses efforts pour charmer la tempête. L. 0.282; H. 0.108 (R. D. 13; Van Hulthem, 4272).

Jupiter et Sémélé. La fille de Cadmus reposait mollement sur son lit, quand à sa demande Jupiter se présenta à elle dans toute sa majesté; la foudre du dieu éclate et va consumer Sémélé, dont l'attitude contraste avec un sort aussi funeste. Un Amour, à gauche, a jeté son arc; un autre, à droite, s'enfuit effrayé; L. 10 p. 5 l.; H. 3 p. 10 l., y compris 2 l. de marge (R. D. 14; Van Hulthem, 4272).

Nymphes et Satyres au bain; L. 9 p. 3 l.; H. 6. 10 l., y compris 7 l. de marge (R. D. 12).

Le Satyre maître de trompette. Un satyre, un genou à terre, au milieu de l'estampe, soutient une longue trompette dont semble jouer une bacchante debout à sa droite. En face d'eux, se voit une femme jouant du tambour de basque, et, à la gauche du devant, un homme s'apprête à sauter au cheval fondu sur un satyre. Pièce sans marque. L. 10 p.; H. 3 p. 9 l. (R. D. 17).

Le Satyre châtié. Un faune debout, en avant d'une femme assise au pied d'un arbre, semble présider au châtiment que deux enfants, armés de bâtons, font éprouver à un faune prosterné au milieu de la composition. Une bacchante et un faune jouent des cymbales et de la trompe, à côté du terme de Priape. L. 10 p. 4 l.; H. 3 p. 9 l. (R. D. 20).

Le Triomphe de Bacchus. Il est sur son char que des éléphants traînent à droite. Le terme de Priape occupe le milieu du fond. Des hommes, des femmes et des enfants en grand nombre, la plupart dans des attitudes plus qu'équivoques, forment le cortége du dieu du vin. L. 9 p.; H. 6 p. 7 l. (R. D. 8).

Triomphe de Vénus (de Vèze, p. 175).

L'Enlèvement d'Europe, gr. par Hardouin Coussin (Van Hulthem, 4148).

Danse de satyres et de bacchantes, gr. par F. Ertinger.

Le Triomphe de Bacchus et d'Ariane, suite de huit frises en larg., numérotées, gr. par le même: Marche de Silène. — Bacchanales et orgies de Bacchus. — Alliance de Bacchus et de Vénus, etc. (Van Hulthem, 531).

Le Triomphe de Priape, suite de six frises en larg., gr. par le même (Van Hulthem, 533).

Salmacis et Hermaphrodite, petite pièce en larg., gr. par Ch. de la Haye.

Une Femme nue, vue de dos, gr. par Péquégnot. Paris, impr. Pierron, 1856.

FAITHORNE (Williams), le vieux, peintre et grav., né à Londres, 1620-1691. — Voir Van *Dyck*.

Henriette-Marie, avec un voile et les armes d'Ecosse. Pièce gravée dans le goût de Mellan (J., II, 39).

FAITHORNE (Williams), le jeune, dessin. et grav., né à Londres, 1656-1686. — Voir *Hanneman*, Van der *Vaart*.

Christine de Suède, pet. in-fol., rare (1er févr. 1864, No 289).

Lady Catherine Hyde (J., II, 49).

Mistress Plowden, avec une robe rayée et une guirlande; sans nom (J., II, 40).

FAIVRE, dessinat. contemporain.

Tu vas donc te marier? lith. par Bettannier (*Galerie pour rire*, No 31); H. 0.46; L. 0.38 (Bulla, rehaut, 6 fr.).

FALCK (Jérémie), grav. à la pointe et au burin, né à Dantzig, 1629-1709. — Voir *Barbarelli*, D. *Beeck*, le *Guerchin*, *Leduc*, *Lely*, J. *Lys*, *Rubens*.

Christine de Suède, buste casqué, in-4° (1er févr. 1864, No 290).

Diane: le Soir, gr. in-fol.

Vénus, in-fol.

FALCONE (Ange), peintre et grav., né à Naples, en 1600; mort en 1665. Il fut surnommé l'*Oracle des batailles*.

La Jeune mère endormie. Jeune femme dormant, couchée dans un lit, ayant le bras droit posé sur sa cuisse. Auprès d'elle, un petit enfant nu suce à une de ses mamelles; vers la gauche du fond, un satyre épie la dormeuse. Pièce cintrée en haut, d'un dessin gracieux. L. 6 p. 8 l.; H. 4 p. 6 l. (B. 14).

FALCONNET, peintre du XVIIIe siècle.

Lady Nuncham, en pied. — *Elisabeth, comtesse d'Ancram*. — *Mistress Brusby*, tenant un lapin. — *Mistress Green*, jouant avec son enfant; quatre portr. gr. par Val. Green (J., II, 110).

FALDONI (Jean-Antoine), peintre et grav., né à Ascolo, dans la Marche Trévisane, vers 1690.

Ganymède, gr. en haut. (Van Hulthem, 3544).

FALENS (C. van), peintre, né à Anvers, 1682; mort à Paris, en 1733.

L'Utile accident, gr. par F. Aveline.

Le Retour de la campagne, gr. par P. Filleul.

Le Chasseur fortuné, in-fol. en haut. gr. par J.-Ph. Lebas, 1740.

FAMARS (de), graveur. — Voir *Watteau*.

FANIER (Alexandrine), actrice. — Voir *Moreau*, le jeune.

FANOLI, lithogr. contemporain. — Voir *Gendron*, *Gobert*.

FANTETTI (Cesare), dessin. et grav., né à Florence, en 1659; mort à Rome. — Voir Ciro *Ferri*.

FANTUZZI (Antonio), dit Ant. de *Trente*, peint. et grav. à l'eau-forte, né à Trente ou à Viterbe, vers 1508-1550. — Voir *Jules Romain*, le *Parmesan*, le *Primatice*.

Jupiter assis sur son trône, envoyant les trois déesses Junon, Vénus et Pallas pour s'assujettir au jugement de Pâris. 1543. L. 18 p. 9 l.; H. 13 p. (B. 21).

FARINATI (Paolo), peint. et grav. à l'eau-forte, né à Vérone, 1525-1606.

L'Amour à califourchon sur un dauphin; il tient une flèche et son arc, 1568. L. 4 p. 3 l.; H. 2 p. 9 l. (J., II, 35; B. 7).

L'Amour dormant étendu dans un paysage, son carquois entre les jambes et la main sur son arc. L. 7 p. 3 l.; H. 5 p. (J., II, 36; B. 8).

Vénus assise sur un nuage; elle soutient d'une main son fils qui la caresse. 1566. H. 10 p.; L. 9 p. 6 l. (B. 6; J., II, p. 36).

L'Enlèvement d'Europe, in-fol. en haut., clair-obscur de 3 pl., grav. par Nic. Lesueur (V***, d'Anvers, en 1856, N° 471).

Diane partant pour la chasse, gr. par G. Rousselet (J. III, 25).

FARJAT (Benoît), grav., né à Lyon, en 1646. — Voir C. *Maratti*, *Nasini*.

FARREU (Elisabeth). — Voir *Lawreince*.

FAUCCI (C.), grav., né à Florence, 1729-1784. — Voir le *Dominiquin*, le *Guide*.

FAUCHERY (Augustin), peint. et grav., né à Paris, 1800-1843. — Voir *Ingres*, *Richard*, Léon. de *Vinci*.

FAUCHEUR, photogr. — Voir *Hamon*, P. *Véronèse*.

FAUCONNIER, dessinat. lithogr. contemporain.

Mme Damoreau-Cinti (Laure Montalant), lith. de Engelmann; H. 0.230; L. 0.150 (Soleinne, 321).

Mlle Georges Weimer, de l'Odéon, lith. de C. Motte; H. 0.200; L. 0.160 (Soleinne, 324).

Mlle Louis Pierson, de la Porte-St-Martin, lith. de Engelmann; H. 0.240; L. 0.170 (Soleinne, 331).

FAURE (Eugène), peint. contemp., né à Grenoble.

Vénus, lith. par Aug.-Ch. Lemoine; H. 0.45; L. 0.29. Paris, Goupil, 1865, 8 et 16 fr. Cette pièce ne peut pas être exposée publiquement.

Vénus et l'Amour, phot. par Collard. Paris 1863.

L'Education de l'Amour, phot. par Tourtin. Paris, 1862.

FAVANNES (Jacques de), peint. et grav. au burin et à l'eau-forte, né en 1716; mort en 1770. — Voir *Lancret*, *Watteau*.

Calypso ressent elle-même la passion qu'elle voulait inspirer à Télémaque.

La Jeune fille dessinant: Vous n'y pensez guères, etc. — *La Jeune fille lisant*: Quittez ce livre, etc.; deux charmantes pièces, in-8 en haut., gr. par Dorvillier.

FAVART (Mme). — Voir *Allais*, Fr. *Boucher*, *Chenu*, Ch.-Nic. *Cochin*, *Garaud*, *Lebas*, *Simonet*, C. *Vanloo*.

FECHNER, dessin. lithogr. contemporain.

La Belle Fortunata, lith. Paris, Veith, 1835.

FEDDER (Peter), peint. et grav., né à Herlingen; trav. au commencement du XVIIe siècle.

Pygmalion et sa statue, 1615, in-fol. en haut.

FEEDERLE, lithogr. — Voir *Schvoerer*.

FEHRT, graveur. — Voir *Pierre*.

FEIGEL (Johann), grav., trav. à Vienne jusqu'en 1777. — Voir *Bolognini*, J.-B. *Descamps*.

FELLNER (P.-K.), dessin. et grav., né à

Francfort, en 1800. — Voir G.-Fréd. *Schmidt.*

FÉLON (Joseph), peint., sculpt. et lith. contemp., né à Bordeaux. — Voir G.-X. de *Montaut.*

Alarme. — *Hésitation*; deux pièces lithogr.

Amour. — *Jalousie*; deux lith. Paris, Sinnett, 1850.

L'Aurore, lith. Paris, Bertauts, 1855.

Diane au bain, lith.; H. 0.33; L. 0.26 (Exposition de 1855; Goupil, 3 et 6 fr.).

Esquisses autographiques: L'Amour quittant Psyché endormie. — Une Femme au bain. — Une Sylphide. — Zéphire caressant une femme; quatre lith. impr. au crayon rouge. Paris, Maggi, 1856.

Grisettes de Bordeaux, suite de lith. Bordeaux, Bisserie Pascal, 1850, et Paris, Maggi, en 1854.

Les Lavandières nues, lith. Paris, impr. Bertauts, 1855.

Les Mystères de l'été, suite de compositions de femmes nues, groupées dans un paysage: Fraîcheur matinale. — Les Feux du jour. — Sous les ombrages. — L'Orage. — Le Dernier rayon. — Le Clair de lune. Lith.; L. 0.32; H. 0.23 (Dusacq et Cie, en noir, 3 fr. ch.; en coul., 6 fr. ch.). Cette suite se continue.

Nymphe dormant dans un bois.

Les Nymphes de la Seine, suite de six lith. Paris, Lebrasseur, 1853-54.

Les Nymphes des bois: Le Brin d'herbe. — Les Cerises. — L'Epine. — L'Entrée au bain. — Les Guêpes. — Le Hamac; six lith.; L. 0.36; H. 0.23. Paris, Goupil et Vibert, 1849, 3 et 6 fr. chaque.

L'Odalisque. — *La Bayadère.* — *Les Esclaves.* — *Le Harem.* — *La Toilette.* — *Le Bain*; six lith. Paris, 1851.

La Rencontre (scène d'amour, dans les Landes), lith. Paris, impr. Bertauts, 1856.

La Rosée, lith. pour le journal l'*Artiste.* Paris, impr. Bertauts, 1856.

La Rosée du matin. — *La Rosée du soir*; deux lith. Lemaître, 1852.

Sara la baigneuse, lith. Paris, Delarue, 1852.

Vénus dormant sur les eaux, lith.

Vénus sortant de l'onde, lith.; H. 0.33; L. 0.23 (Exposit. de 1855; Goupil, 3 et 6 fr.).

Curieuse. — *Indiscrète.* — *La Parure.* — *La Marguerite*; quatre pl. lith. par Lafosse; H. 0.46; L. 0.34 (Bulla, 2 fr. 50 à 8 fr. chaque).

L'Andalouse. — *La Marquise d'Amaëgui*; deux lith. par Regnier et Bettannier; L. 0.45; H. 0.34 (Bulla fr., 1847; Jouy, 1860, en rehaut, 8 fr. chaque).

Aujourd'hui, to day. — *Demain*, to morrow. — *Simplicité.* — *Richesse*; quatre pièces lith. par Regnier et Bettannier (femmes étendues sur des lits); L. 0.36; H. 0.26. Paris, Lemercier, 1846; Jouy, 1860, rehaut, 6 fr. chaque.

Curiosité. — *Indiscrétion.* — *Jeune fille.* — *Jeune femme*; quatre lith., par les mêmes; H. 0.50; L. 0.42. Paris, 1846; Jouy, 1860, en rehaut, 10 fr. ch

Désir de jeune fille. — *Désir de jeune homme* (jeune homme regardant deux. jeunes filles). — *Désir de jeune femme* (jeune femme avec deux enfants). — *Désir accompli*; quatre pièces lith. par les mêmes; L. 0.50; H. 0.38. Paris, Bulla, 1847-48, en rehaut, 10 fr. chaque.

Ida. — *Léa* (jeunes femmes dans des paysages); deux lith. par Ch. Vogt. Paris, Lemercier, 1847.

Le Cygne. — *La Surprise.* — *Le Nid d'oiseau.* — *Le Repos.* — *Espièglerie.* — *Le Serpent.* — *L'Odalisque.* — *La Toilette.* — *Les Esclaves.* — *Le Harem.* — *La Bayadère.* — *Au bord du Nil.* — *Le Soir.* — *Entrée au bain.* — *Sous le bananier.* — *Le Midi.* — *Sarah la baigneuse.* — *La Colombe favorite.* Dix-huit pièces phot. Paris, chez Bulla frères.

Le Clair de lune. — *L'Orage.* — *Les Feux du jour.* — *Sous les ombrages.* — *Fraîcheur matinale.* — *Le Dernier rayon*; six pièces phot. (baigneuses) Paris, Dusacq, 0.08 sur 0.12, 1 fr. 50 chaque; cartes de visite, 1 fr. La vente de ces photographies est autorisée; mais il est défendu de les exposer publiquement.

Diane chasseresse. — *Vénus sortant des eaux.* — *L'Entrée au bain.* — *L'Epine.* — *Le Hamac.* — *Le Brin d'herbe.* — *Les Cerises.* — *Les Guêpes*; huit phot. Paris, Goupil, 1864; H. 0.19; L. 0.11, 6 fr. ch.; 0.07 sur 0.12, 1 fr. 50 chaque; cartes de visite, 1 fr. Ne peuvent pas être mises en étalage.

FELSING (J.), graveur contemporain, à Darmstadt. — Voir *Stilke.*

FENNITZER (Georges), grav., trav. à Nuremberg, en 1690. — Voir C. *Arnold.*

FENOUIL, peintre du XVIIIe siècle.

Mlle Sallé, l'après-dînée, coiffée d'un chapeau; gr. par Petit; H. 0.310 et 0.320; L. 0.220 et 0.230 (Soleinne, 307; en mai 1864, 30 fr.).

FERDINAND (Louis), peintre et grav. à l'eau-forte, né en 1612; trav. à Paris; mort en 1689.

Hortense Mancini, duchesse de Mazarin, in-8°, gr. par E. Fessard (Recueil d'Odieuvre).

Ninon de Lenclos, in-8°, gr. par G. Schmidt (Rigal, 729).

Mme de Sévigné, gr. par le même (R. D. 28).

FÉROGIO, dessin. lithogr. contemporain. — Voir *Prudhon.*

Baigneurs. — Baigneuses; deux lith. Paris, Fr. Delarue, 1850.

La Guerre de l'amour, suite de 4 lith. en coul. Première reconnaissance. — Intelligence dans la place. — Surprise nocturne. — Préliminaires de paix; H. 0.53; L. 0.32 (Dusacq et Cie, 8 fr. chaque).

Le Jardin d'Armide, lith. Paris, Delarue, 1854.

Susanne au bain, lith. Paris Delarue, 1854.

FERONNIÈRE (la belle), maîtresse de François Ier. — Voir *Desrochers, Devéria, Grévedon,* F. *Souchon,* Léon. de *Vinci.*

FERRARI (Mme), danseuse. — Voir *Alophe.*

FERRI (Ciro), peint. et archit., né à Rome, 1634-1689.

Flore assise sur des nuages, et entourée d'Amours, grand in-fol. ovale, gr. par Cesare Fantetti.

FERRONI (Jérôme), peint. et gr. milanais, né en 1687. — Voir Ch. *Maratti.*

FESSARD (Etienne), grav., né à Paris, 1714; mort en 1774. — Voir Jacques *Bassan, Bouchardon,* Fr. *Boucher, Detroy,* L. *Ferdinand, Jeaurat, Lepeintre, Pierre, Trémolière,* C. *Vanloo,* L. *Watteau.*

FETI (Dominique), peintre, né à Rome, 1580-1624.

La Vie champêtre, pet. in-fol., gr. par J.-B. Patas.

FEUQUIÈRE (Catherine Mignard, comtesse de). — Voir P. *Mignard.*

FEYEN, photographe.

Portraits d'après nature: Mlles Antoine, Blanche, Buceret, Carré, Chabert, Defodon, Deschamps et Véron, Ducellier, Elmire d'Aurelle (ou Paurelle), Favre, Fournier, Hermance, Léona, Maria Paurelle, Marie Delaistre, Méat, Meley, Pellion, Protat, Rose Deschamps, Tautin, Véron, Delahaye, Eydens, Auclair, Agar, Legris, etc.

FHITH (W.), peintre anglais.

Did you ring, sir?— Your lunch, sir? (jeune servante d'hôtel entrant dans une chambre de voyageur); deux pièces formant pendant, lith. par Fr. Holl. Londres, Lloyd fr., 1856.

Sherry, sir? (jeune fille portant un plateau), in-fol. ovale en haut., gr. par le même.

FIALETTI (Odoardo), peint., dess. et grav. à l'eau-forte, né à Bologne, 1573; mort à Venise, en 1638.— Voir P. *Giancarli, Pordenone.*

Angélique et Médor. Angélique assise sur les genoux de Médor qu'elle embrasse, et qui tient le couteau avec lequel il vient de graver les noms de *Médor Angelic* sur l'écorce d'un arbre. Le nom d'*Angelica* est tracé sur un autre arbre. H. 6 p. 6 l.; L. 3 p. 4 l. (B. 33; H. de L***, en avril 1856, 50 fr.).

Scherzi d'Amore (Les Jeux de l'Amour). Venetia, 1617, suite de 15 pièces représentant l'Amour et sa mère en différentes attitudes. La marge contient trois vers italiens. H. 6 p. 6 l.; L. 3 p. 5 l. Voir Bartsch, qui donne la description de toutes ces pièces (J., II, 41; H. de L***, en avril 1856, 26 fr.).

Les Tritons et les Néréides, suite de six estampes numérotées: 1° Plusieurs tritons sonnant de conques marines. Sur le devant, une néréide, vue par le dos, tient une voile enflée sur laquelle est une dédicace à Nicolo Crasso. — 2° Une néréide et un centaure se disputant un enfant. — 3° Un triton au milieu de deux néréides dont il tient une de chaque bras. — 4° Un triton faisant des caresses à une néréide. Au milieu, un second triton ayant une néréide en croupe, et à droite un troisième triton portant une tortue. — 5°

Un triton tirant après lui une néréide par une corde attachée à une de ses mains. A droite, une néréide assise sur un dauphin et prenant des fruits qu'un triton porte dans un panier. — 6° Un satyre portant sur ses bras une néréide qu'il a ravie.— Ces six pièces, jointes en largeur, ne forment qu'une seule frise. L. 17 p.; H. 4 p. 6 l. (B. 24-29).

Vénus recevant les caresses de l'Amour, 1598. Vénus, debout et appuyée contre une butte, se penchant d'un air de complaisance vers l'Amour qui est debout, levant les bras pour embrasser sa mère. H. 6 p. 2 l.; L. 4 p. 4 l. (B. 30).

Scherzi d'Amore, suite de 12 pl., gr. par M. Mérian le père.

FIQUET (Etienne), dess. et grav. à l'eau-forte et au bur., né à Paris, le 13 septembre 1719; mort le 11 déc. 1794. — Cet habile artiste, dont on possède une cinquantaine de portraits très-bien exécutés, avait la manie de retoucher ses œuvres sans relâche afin de les porter au plus haut degré de la perfection. Il creva la planche de son portrait de Bossuet à force de refaire et d'effacer. Celui de Fénélon fut mis hors de service d'une façon encore plus brusque. Réparant cette planche déjà fatiguée, et s'impatientant de ne point réussir à son gré, Ficquet prit un clou et fit un grand trou au milieu du cuivre. — Voir *Detroy*, *Dumoustier*, P. *Mignard*.

Gabrielle d'Estrées.

Mme la duchesse de Fontanges; elle est coiffée en cheveux roulés, la gorge découverte, ornée d'un collier de perles à un rang; gr. d'après M. G.; H. 0.144; L. 0.102 (Et. Fiquet, N° 63).

FIESINGER (J.-Gabriel), grav. au bur., né à Offenbach; mort au commencement du XIXe siècle. — Voir le *Guide*.

FILIPEPI (Alessandro). — Voir *Boticelli*.

FILLEUL (Pierre), grav. au bur., trav. à Paris, au milieu du XVIIIe siècle. — Voir J. *Cotelle* (le père), Van *Falens*, *Lemesle*, *Pater*, *Watteau*.

FINDEN (Williams), peint. et grav. au bur. contemporain.

Finden's Gallery of beauty, or Court of queen Victoria. London, Palmore, 1844, in-fol., avec 17 portr. (ou davantage).

Finden's Gallery of the Graces: a series of portraits illustrative of British poets. London, Ch. Tilt, 1837, in-4°, avec 36 magnifiques portraits.

Galerie des dames de Byron. Paris, Rittner et Goupil, 1836, gr. in-8 de 39 pl. et texte indicatif (Mourlan, 291).

FINIGUERRA (Maso, ou Thomas), dessin. et grav., né probablement à Florence, de 1420 à 1425; mort vers 1460.

Allégorie sur l'amour; H. 0.67; L. 0.53 (Cabinet Malaspina).

FINLAYSON (John), dessin. et grav. anglais, né en 1730; mort vers 1776. — Voir *Reynolds*.

Le Roi Candaule fait voir à Gygès sa femme sortant du bain, 1765, gr. in-fol. (J., II, 47).

FIOCRE (Mlle). — Voir *Alophe*.

FIORENTINO (Domenico). — Voir *Barbiere*.

FIORETIN (J.-F.). dessin. et grav. italien du XVIe siècle. — Voir *Bandinelli*.

FISCHER (Etienne), grav., né en Angleterre, en 1730. — Voir *Reynolds*.

FISCHER (C.), graveur. — Voir *Bloemaert*.

FISCHLEIN (H.), dessin. et graveur.

Les Baigneuses.

FISHER (Joseph), peint. et grav., né à Vienne, en 1769. — Voir L. *Cars*, le *Corrége*.

Vénus apparaissant à Enée, grav. pour l'*Enéide* de Voltaire.

Enée reconnaissant Vénus, sa mère, gr. par J. Eissner.

FITE (Pierre), grav., trav. à Paris, à la fin du XVIIIe siècle. — Voir *Greuze*.

FITTLER (James), grav. à la pointe et au bur., né en Angleterre, vers 1750.

Mme de Sévigné, in-8 (18 déc. 1863, N° 188).

FLAMEN (Albert), peintre et grav. à l'eau-forte, né à Bruges, vers 1620.

Devises et Emblêmes d'amour moralisez, gravés à Paris, par Albert Flamen. 1651, in-12. Imprimé chez Estienne Loyson, 1672, in-12, 50 gravures sur bois.

FLAMENG (Léopold), grav. contemp., né à Bruxelles, de parents français. — Voir

Cabanel, Gérôme, Greuze, Ingres, Latour, Metzu, Mignard, Petitot, Prudhon.

FLAXMAN (J.), célèbre sculpt. et dessin. anglais, né à Yorck, 1755-1826.

Edwin et Angéline, 1785, in-fol., gr. par R.-S. Marcuard.

FLÉCHELLE, photographe.

L'Impératrice des Français, portr. phot. Paris, 1867.

FLEISCHMANN (Friedrich), peint. et grav. au bur., né à Nuremberg, en 1791; mort à Munich, en 1834.

Angelica Catalini, cantatrice.

FLEURY (Cl.-Ant.), peintre du XVIIIe siècle.

L'Enlèvement d'Hélène, gr. par N.-F. Bertrand; L. 0.590; H. 0.410.

FLINCK (Govaert), peintre, né à Clèves, en 1616; mort à Amsterdam, en 1690.

Vénus et Cupidon, gr. par Bartsch.

Vénus allaitant l'Amour, in-fol. en haut., gr. par Cornelis van Dalen; très-belle pièce (J., I, 385; V***, d'Anvers, en 1856, No 281).

FLIPPART (Jean-Charles), grav., né à Paris, vers la fin du XVIIe siècle. — Voir H. *Fragonard, Houasse.*

Un Concert.

FLIPPART (Jean-Jacques), grav., né à Paris, 1723-1782. — Voir Fr. *Boucher, Caresme, Cochin* (le père), *Greuze, Natoire, Vien.*

FLODING (Pierre), dessin. et grav., né à Stockolm, 1721-1791. — Voir *Boucher.*

FLORE (Mlle). — Voir Ed. *Morin.*

FLORE. — Voir B. *Béham,* Abr. *Bloemaert,* Fr. *Boucher,* Ann. *Carrache,* Fr. *Chauveau, Diacre, Ferri, Jules Romain,* Bernard *Lens* (le jeune), J.-M. *Nattier, Prudhon.*

FLORE ET ZÉPHIRE. — Voir *Amiconi,* A. *Corradini, Coudray et Hurtrueel,* Ant. *Coypel, Galloche,* Simon *Julien, Moitte,* S. de *Perger.*

FLORIS (François), dit *Frank-Flore,* peintre, né à Anvers, 1520-1590.

Entrée de Bacchus et de Vénus, in-fol., gr. par Corn. Cort, 1566.

Histoire de Pluton et de Proserpine, quatre pièces in-fol., gr. par le même.

La Reine de Saba visitant le roi Salomon, gr. en larg., par Dirck-Volkart Coornhert, 1557 (Winckler, 1836; Van Hulthem, 1308).

Loth enivré caresse une de ses filles. Titre : *Loth ex uno periculo,* etc., grav. en larg., par Ph. Galle, 1558 (Winckler, 1835; Van Hulthem, 1521).

FLORIS (Cornélius), vers 1545.

Vénus et l'Amour. La déesse endormie, la tête appuyée sur la main droite, est couchée sur un lit et vue jusqu'aux genoux. A gauche est étendu l'Amour sous les traits d'un enfant tenant une flèche à la main. Eau-forte.

FLOTNER (Peter), de Nuremberg.

Bethsabée. Elle est près d'une rivière traversée par un pont. Gravure inconnue à Bartsch.

FOKKE (Simon), dessin. et gr., né à Amsterdam, 1712-1767. — Voir *Troost.*

FOLDSON (J.), peintre anglais du XVIIIe siècle.

Female incubation, in-fol., gr. par Ph. Dawe, 1772.

FOLIN (Barth.), graveur. — Voir le *Dominiquin.*

FOLO (Giovanni), grav., né à Bassano, 1764-1836. — Voir *Cangiasi, Gagnereaux, Matteini,* B. *Nocchi,* le *Titien,* S. *Tofanelli.*

FONTAINE (Alex.-Victor), peint. et grav. contemp., né à Paris. — Voir G.-F. *Schmidt.*

Les Amours champêtres (Musée moderne). Paris, Cuisinier, 1856.

FONTAINEBLEAU (Ecole de). — Voir *Jules Romain,* Lucas *Penni,* le *Primatice, Rosso de Rossi.*

L'Amour debout et vu par le dos, décochant ses flèches sur un grand nombre de jeunes hommes et femmes nus qui s'abandonnent aux jouissances de la volupté. Dans une forme ovale bordée d'ornements. L. 10 p. 5 l.; H. 8 p. 2 l. (B. 125).

Mars et Vénus assis sur un lit. L'Amour, à leurs pieds, les éclaire avec un flambeau. Dans le fond, à gauche, Vulcain épie les amants. Pièce ovale, gr.

par un anonyme. L. 10 p.; H. 5 p. 8 l. (B. 53).

Pluton enlevant Proserpine. L. 13 p.; H. 11 p. 8 l. (B. 66 des anonymes).

Vénus au bain servie par les nymphes de sa suite. H. 11 p. 9 l.; L. 9 p. (B. 60 des anonymes).

FONTANA (Jean-Bapt.), peint. et grav. de Vérone, trav. de 1559 à 1579. — Voir le *Titien*.

Andromède, enchaînée à un rocher, pour être dévorée par un monstre marin, est délivrée par Persée. 1560. H. 13 p.; L. 9 p. 8 l. (B. 57).

FONTANA (Pietro), grav. au burin., né à Bassano, en 1755. — Voir l'*Antique*, *Bassan*, Ant. *Canova*, *Raphaël*, *Romanelli*.

FONTANGES (Mme de), maîtresse de Louis XIV. — Voir *Fiquet*, *Larmessin*, *Llanta*, *Petitot*, *Wattier*.

FONTEBASSO.

Enlèvement de Déjanire. — *Neptune enlevant Proserpine*; deux charmantes eaux-fortes, gr. par Gandolfi (Martial Pelletier, 1867, N° 111).

FORETS (Em.), dessin. lith. contemporain.

Mlle Déjazet (dans les Premières armes de Richelieu), lith. de Petit et Bertauts; H. 0.217; L. 0.149 (Soleinne, 147).

FORGET (Charles-Gabriel), peintre et lithogr. contemp., né à Paris; élève de E. Isabey et Th. Rousseau. Voir *Boucher*, *Chasselot*, *Compte-Calix*, H. *Leloir*.

Papillons (baigneuses), lith.

FORMANS (Hélène), seconde femme de Rubens. — Voir Van *Dyck*, *Rubens*.

FORSTER (François), grav. au burin, né au Locle (Suisse), en 1790; membre de l'académie des Beaux arts en 1844. — Voir *Girodet-Trioson*, *Guérin*, *Ingres*, *Raphaël*, *Richomme*, le *Titien*.

L'Amour délivre une nymphe, gr. d'après un tableau de l'Ecole vénitienne, 1814 (Camberlyn, 1re vente, 1114).

Nymphe attachée par un satyre, sujet à mi-corps (Ch. Le Blanc, 2046).

FORTESCUE (Lady). — Voir *Reynolds*.

FORTIER (Claude), grav. au burin, né à Paris, 1775.

Joconde, claire-voie au pointillé. Paris, Osterwald aîné, 1820.

FOSSOYEUX (Jean-Baptiste), grav., né à Paris, en 1752. — Voir *Moreau*, le jeune.

FOSTER (Elisabeth). — Voir J. *Reynolds*.

FOUCHÉ (Nicolas), peint. et grav., né à Paris, vers 1650; mort au commencement du XVIIIe siècle; élève de Mignard.

Pâris jouant de la flûte pour enchanter une nymphe (25 mars 1865, N° 35).

Vénus prête à entrer au bain, grav. citée sous le nom de *Nymphe au bain*.

Diane et Endymion, in-fol., gr. par L. Desplaces.

Les Nymphes surprises par un satyre, gr. en haut., par le même (Paignon-Dijonval, 7769; Van Hulthem, 4205).

L'Education de l'Amour, gr. par J. Johnson.

FOULHOUSE (de la), dessin. contemporain.

La Cocotte, lith. par Barry. Paris, Bulla frères, 1867.

FOURAU (Hugues), peintre contemp., né à Paris.

Innocence, lith. par Desmaisons. Paris, Morrier, 1853.

FOURNIER (Mlle), grav. au burin. — Voir *Drouais*.

FRADELLE, peintre de la fin du XVIIIe siècle.

Leicester et Ann Robsart, in-fol. en larg., gr. par J.-P.-M. Jazet.

Marie Stuart et son confident, in-fol. en larg., gr. par le même.

Abeilard's first whisper of love to Heloïse, gr. en larg., par Th. Lupton, 1833.

Oliva and Viola, gr. par le même.

Petrarch avowing his passion to Laure, gr. par le même, 1833 (Weigel, 13 1/3 th.).

Rebecca and Ivanhoe, gr. par le même.

FRAGONARD (Jean-Honoré), peint. et grav., élève de Boucher; né à Grasse, en 1732; mort à Paris, en 1806. Cet artiste signait souvent *Frago*. — Voir *Greuze*, P. *Liberi*, *Raphaël*, *Tiepolo*, P. *Véronèse*. — Le Cabinet des estampes (Bibl. Imp.) ne possède de son œuvre que 38 pièces en épreuves détestables. M. Walferdin a réuni nombre de tableaux, de dessins et d'esquisses.

L'Armoire, pièce capitale du maître. Un homme, armé d'un bâton, et sa femme, le poing sur la hanche, s'avancent furieux vers une armoire dans laquelle ils viennent de découvrir le séducteur de leur fille. L'amant, l'air piteux, cherche à en sortir; mais il paraît redouter la bastonnade. La jeune fille pleurant est placée à gauche. Des enfants regardent cette scène avec curiosité. Très-belle pièce, en larg., gravée en 1778; L. 0.465; H. 0.393 (Sternberg, 2 th.; Paignon-Dijonval, 9186; Van Hulthem, 4289).

Satyres, quatre sujets gr. à l'eau-forte : Deux Satyres font sauter une jeune fille nue par dessus leurs bras croisés. — Un Satyre porte une jeune femme sur son dos et s'appuie sur un jeune homme. — Un Satyre accroupi présente une petite fille nue à un petit satyre qui tient sur son genou une jeune femme nue. — Famille de satyres dansant. Ces sujets ont environ 0.20 de L. sur 0.135 de H. (Baudicour, 6-9; 11 nov. 1861, 8 fr.; de Vèze, p. 162).

Une Femme assise ayant auprès d'elle deux Amours, in-8° en haut.

Bergère couronnant un de ses soupirants qui a mis deux flèches dans le but, gr. d'après Frago (déc. 1856, N° 326).

Buste de jeune fille, en désordre de toilette, gr. en coul. (déc. 1856, N° 321).

La Fuite à dessein. — *La Culbute*; deux pièces gr. d'après Fragonard (vente du 17 janv. 1862).

L'Amour sacrifiant ses ailes à l'Amitié, gr. en coul., par Alix (11 nov. 1861, 1 fr. 50).

Fontaine d'amour. — *Serment d'amour*; deux pièces en coul., gr. par Audebert (11 nov. 1861, 1 fr. 50).

Les Jets d'eau. — *Les Pétards*; deux pièces, gr. par Auvray. (Il y a des épr. sans nom de graveur, plus libres que les autres.) Paris, chez Alibert; rares, avant les changements. L. 10 p.; H. 7 p. 1/4; au bas, 4 vers. Pour les *Jets d'eau* :

Cessez, jeunes beautés, d'opposer un rideau
A cette invention gentille;
Pour éteindre le feu qui dans vos yeux pétille,
Il faudrait bien d'autres jets d'eau.

Pour les *Pétards* :

De ces feux innocens ne craignez point les flammes
Et pardonnez à l'indiscret,
Car les feux que vos yeux allument dans nos âmes
Font moins d'éclat, mais plus d'effet.

(Vente S., en déc. 1856, 40 fr., avant les changements; en mai 1864, les *Pétards* seuls, 7 fr.).

La Bascule. Une jeune fille est sur l'un des bouts, deux enfants sur l'autre; un jeune garçon appuye du côté des enfants. Pièce in-fol. en haut., gr. par Beauvarlet, 1760 (en mai 1864, 32 fr.; 15 mai 1865, N° 658).

Le Colin-maillard, gr. par le même (J., I, 232; déc. 1856, N° 328).

La Gimblette, pièce en larg., gr. par Bertony. Il y a eu deux compositions sur le même sujet; une des deux était en haut.; elle n'a pas été gravée. Ces deux compositions ont, du reste, la plus grande analogie. Cette pièce était aussi connue sous le nom de *la Caroline*, par allusion à des femmes auxquelles certain vice était attribué, et au carlin qui joue un rôle important dans le tableau (cat. A. David).

La Déclaration, in-fol., gr. par Bervic (A. David).

Le Contrat, gr. en larg., par Maurice Blot (Rigal, N° 105; P. de Corneillan, 562).

Le Verrou, gr. par le même; L. 0.453; H. 0.355 (Aliamet, 1er état, av. l. l., 83 livres; Rigal, N° 105; P. de Corneillan, 562).

L'Amour découvre Vénus couchée, charmante grav. aux trois crayons, par Bonnet (A. David).

La Culbute, fac-simile en bistre d'un charmant dessin, gr. en larg., dans le goût du lavis, par Charpentier; rare (Paignon-Dijonval, 9204; Van Hulthem, 4097; Martial Pelletier, 549).

L'Enlèvement de Proserpine. — *Cérès cherchant sa fille*; deux pièces gr. par Choffard (cat. A. David).

L'Amour enseignant à danser à une jeune fille, pièce en haut., commencée par Copia et terminée par B. Roger (Van Hulthem, 4721).

La Coquette fixée, gr. par Couché et Dambrun (P. de Corneillan, 560).

Le Pensez-y-bien, gr. par Gilles Demarteau.

Jeune Femme sur un lit; son chien est devant elle sur une chaise, avec l'inscription : *S'il m'était aussi fidèle !* Grand in-fol., gr. par Dennel (11 nov. 1861, av. l. l., 3 fr.).

Le Baiser dangereux, groupe en buste, ovale équarri, gr. par J.-Ch. Flippart (cat. A. David).

L'Instant désiré, gr. par le même (cat. Arthur Dinaux).

L'Oiseau privé, gr. par le même (A. Dinaux).

Le Refus inutile, gr. par le même.

Sacrifice de la rose, gr. par Gérard (7 déc. 1866, N° 356). Le tableau original a figuré en 1860 à l'exposition du boulevard des Italiens : une jeune fille en défaillance devant l'autel de l'Amour, sur lequel brûle.... sa rose.

Garde-à-moi, gr. au pointillé, par Girard ; H. 0.18; L. 0.13 (Bance, en 1809, 2 fr. 50).

Annette à l'âge de 15 *ans*. — *Annette à l'âge de* 20 *ans*; deux pièces gr. par Godefroy (cat. A. David).

La Chemise enlevée, gr. par Guersand (en mai 1864, 24 fr.; 7 déc. 1866, N° 354). Le tableau original, appartenant à M. Lacaze, a figuré à l'exposition ouverte au boulevard des Italiens, à la fin de 1860. Puisque la chemise est enlevée, la femme est nue, couchée sur un drap blanc et vue presque de dos. En l'air se dessine, sur les courtines roses du lit, l'Amour qui s'envole avec la dépouille qu'il a ravie et en retournant la tête pour admirer encore une des femmes les plus attrayantes du sérail de Fragonard (Murger, *Gaz. des Beaux-Arts*, tome VII, p. 349). — Voici en quels termes Théophile Gauthier en a parlé dans le feuilleton du *Moniteur* (16 nov. 1860) : « Comment désigner, sans choquer le *cant* anglo-américain qui nous envahit quelque peu, cette délicieuse esquisse, vrai bouquet de palette, à laquelle le livret donne résolument le nom que nos grand'mères ne rougissaient pas de lire : *la Chemise enlevée*. Dans une mystérieuse alcôve, une jeune femme dispute son dernier voile à l'Amour. L'enfant ailé est vainqueur, et il emporte le léger tissu qui floconne autour de lui comme un nuage mythologique. Toute confuse, la marquise, ou la nymphe d'opéra, dérobe à demi sa figure dans les dentelles de l'oreiller; mais on ne peut pas tout cacher, et ce mouvement trahit un dos satiné, des hanches aux lignes serpentines, tout un poëme de formes jeunes et charmantes. Cette blancheur laiteuse et nacrée qu'on pourrait comparer à une coupe de lait où seraient tombées deux feuilles de rose, se détache de la blancheur plus mate des draps, sans opposition, sans contours ombrés, par la seule différence des valeurs. »

L'Inspiration favorable : l'Amour inspirant une jeune fille prête à écrire une lettre; gr. par Halbou (9 nov. 1863, N° 85).

L'Amour. — *La Folie*; deux charmantes petites pièces en coul., ovales en haut., gr. par Janinet, 1777 (11 nov. 1861, 5 fr.; A. David, déc. 1859, 50 fr.).

Les Beignets, gr. par Nic. de Launay.

La Cachette découverte, réduction et contre-partie de l'*Armoire*, gr. par le même. Paris, impr. Lamoureux, 1858.

Le Chiffre d'amour, gr. par le même; rare av. l. l. (P. Danlos, 1 fr. 50; P. de Corneillan, N° 561).

Dites donc, s'il vous plait. — *L'Education fait tout*; deux pl. in-fol., gr. par le même (en déc. 1856, 32 fr.).

Les Hasards heureux de l'escarpolette, grande gravure, par de Launay. 1er état : eau-forte, avec le cadre carré; 2e état : terminé, avec le cadre ovale (A. David, 20 fr.; en mai 1864, 110 fr.; en déc. 1856, 62 fr.). — La femme, en robe rose, se balance en l'air, au milieu d'un bocage ombreux; le vieux mari, tapi dans l'ombre, tire la ficelle en arrière; le jeune amant vêtu de gris-perle, se trouvant par hasard sous la balançoire, ne regarde pas le gazon. — L'original, appartenant à M. de Morny, a été exposé en 1860 au boulevard des Italiens. Dans le *Moniteur* du 16 nov., Théoph. Gautier en parle en ces termes : « Une jeune fille qui ressemble à un papillon rose se balance au vol de l'escarpolette. Le vent fait ballonner sa jupe de taffetas; une de ses mules a quitté son pied, et lancée par la force de projection, elle va se perdre dans un arbre. Fragonard n'a pas laissé échapper cette occasion de trahir une jambe fine luisant sous un bas de soie bien tiré, un genou poli et peut-être un bout de jarretière.» — « La jeune femme se balance entre deux grands arbres. Elle renverse en arrière sa petite tête mutine, et pendant que l'escarpolette va toucher la plus haute branche, l'espiègle lance sa mule coquette à la face épanouie du chérubin qui la berce ; sa jupe tourbillonne, son corsage bat la campagne. A travers les massifs du parc ombragé, pointe la figure soucieuse du mari aux aguets. L'imagination la métamorphose; vous croiriez voir un cerf allongeant entre les branchages sa tête coiffée de sombres ramures. » Ainsi s'exprime M. Paul de Saint-Victor, en rendant compte, dans la *Presse*, de la *Balançoire*, comédie en un acte de MM. Dumanoir et Lafargue, représentée en 1858, mais qui n'a pas de rapport avec la Balançoire de Fragonard, qui jette les bonnets par dessus les moulins et les jarretières au nez des jouvenceaux.

L'Heureuse découverte, in-fol. en larg., gr. par le même (P. de Corneillan, 559).

L'Heureuse fécondité, très-belle pl. in-fol., gr. par le même (31 mars 1862, N° 33).

Le Serment d'amour, ovale en haut., gr. par le même (J., I, 417).

La Gimblette, gr. par A.-C.-S. Legrand.

Ma chemise brûle, jolie scène gracieuse, en larg., gr. par le même (11 nov. 1861, 7 fr. 50; 7 déc. 1866, N° 353).

La Fuite à dessein, gr. par Macret et Couché (11 nov. 1861, 3 fr. 75; 15 mai 1865, N° 656).

Les Baisers, deux jolies pièces, médaillons entourés de fleurs, gr. par Marchand (11 nov. 1861, 5 fr. 50).

Le Serment d'amour, in-fol. en larg., gr. par Mathieu (en mai 1864, 10 fr. 50; P. de Corneillan, 565).

L'Amour en sentinelle, in-fol., gr. par S.-Ch. Miger (vendu, en mai 1861, 2 fr.).

Sapho, in-fol. ovale, gr. par Angélique Papavoine.

Le Sacrifice à l'Amour. — *Le Songe de l'amour*; deux pièces in-4° en larg., gr. par le comte de Paroy.

Le Pot au lait. — *Le Verre d'eau*; deux pièces, gr. par Ponce (en déc. 1856, 28 fr.; P. de Corneillan, N° 558).

Le Baiser à la dérobée, gr. par N.-F. Regnault (A. David, 5 fr.; P. de Corneillan, 563; Martial Pelletier, 1867, 552).

La Fontaine d'amour. — *Le Songe d'amour*; deux pièces grand in-fol., gr. par le même (P. de Corneillan, 566; Camberlyn, 2e vente, 2816; 11 nov. 1861, la 1re seulement, av. l. l., 4 fr.; en mai 1864, la *Fontaine* seule, 31 fr.).

La Résistance inutile, gr. par le même (15 mai 1865, N° 655).

Jeune fille enlevée par l'Amour, gr. en haut., par B. Roger (Van Hulthem, 4721).

Les Jeunes sœurs, gr. par G. Vidal (vente du 16 janv. 1863).

L'Escarpolette, reproduction phot. de la grav. de de Launay, d'après Fragonard. Paris, phot. Bisson, frères, 1857.

La Toilette, phot. Paris, Bulla, frères.

La Chemise enlevée, phot. en haut., par Chardon jeune. Paris, Bulla, 1861.

Le Verrou, phot. par Chardon, jeune. Paris, Bulla, frères.

La Fontaine d'amour. — *Le Serment d'amour*; deux phot. Paris, Duriaux, 1858.

La Fontaine d'amour, phot. par Lorinet. Paris, Tuchemann, 1861.

L'Amour médecin, phot. Paris, Richebourg, 1862.

Le Mari. — *L'Amant*; deux phot. Paris, Richebourg, 1865.

FRAGONARD (Alexandre-Evariste), peintre, fils du précédent, né à Grasse, en 1783; mort à Paris, en 1850.

Atala. — *Par eux l'Amour l'éclaire*; deux pièces gr. par Castel (déc. 1856, N° 323).

L'Amour vengé. — *L'Amour triomphant de la raison*; deux pièces gr. au pointillé, par Copia; L. 0.15; H. 0.13 (Bance, en 1811, 5 fr. chaque).

L'Amour vengé : Ah! qu'il est content! grav. au pointillé, en larg., par Mariage. Paris, chez Bance.

Aphrodite, lith. par Mlle Négelen. Paris, Villain, 1828.

Amours de Psyché, 12 sujets grand in-fol., représentant l'histoire de l'Amour et de Psyché, lith. par Zwinger et par Mlle Négelen. Sèvres, chez Constant, 1823 et 1824.

Psyché, phot. Paris, Collin, 1864.

FRAGONARD (Théophile), peintre contemporain; fils d'Alexandre.

Le Rideau, ou la fin du roman, gr. en taille-douce, par Marckl. Paris, impr. Chardon aîné, 1860; H. 0.24; L. 0.19. Une jeune femme se cache derrière les rideaux de son alcôve, et on ne voit que sa tête (Dusacq et Cie, 6 et 9 fr.).

Rendu à discrétion (homme à genoux devant une jeune fille), lith. par Mouilleron, 1847. Cette pièce forme le pendant au *Rideau*, qui devait être intitulé *Attaque d'une place forte.*

Le Rideau, phot. Paris, Dusacq; carte de visite, 1 fr.

FRANÇAIS (Louis-François), peint. et lith. contemp., né à Plombières (Vosges), en 1811; élève de MM. Gigoux et Corot. — Voir *Diaz.*

FRANÇAISE (Ecole), XVIIIe siècle.

L'Amour à l'espagnole. — L'Amour frivole. — L'Amour à l'épreuve; trois pièces gracieuses (7 déc. 1866, N° 442).

Le Satyre impatient. — Le Verre d'eau. — Nécessité n'a point de loi. — Ecueil de la sagesse. — Familiarité dangereuse; cinq pièces gracieuses (7 déc. 1866, N° 443).

FRANCESCHINI (Ma.-Ant.), peintre, né à Bologne, en 1648; mort en 1729.

Vénus nue sur un lit, grav. par Q. Marck.

Diane et Endymion. Diane, planant sur un nuage, donnant un baiser à Endymion endormi. A gauche, l'Amour fait signe de silence. On lit dans la marge d'en bas: *Numinis Endimion tacito capit oscula labro.* Pièce gravée par Fr.-Ant. Meloni. L. 14 p. 4 l.; H. 12 p. 3 l. (B. 7).

La Fileuse et l'Amour. Jeune femme assise, laissant tomber son fuseau, effrayée par l'Amour qui lui apporte une touffe de cheveux ou de lin. On lit en bas: *Guidotti e Mellini sotto il seminario forma.* Pièce sans nom, gr. par le même. L. 17 p.; H. 6 p. (B. 12).

Les Petites filles au bain. Deux petits satyres cachés derrière des broussailles regardent trois petites filles qui se baignent dans une fontaine. On lit en bas: *Exemplum heu potis, et pueros lasciva docere. — Guidotti e Mellini forma sotto il seminario.* Grav. par le même. L. 17 p.; H. 6 p. (B. 14).

Vénus et l'Amour. Vénus, assise par terre sous une tente, fait un signe à l'Amour qui voltige en l'air. Pièce sans nom, gr. par le même. L. 17 p.; H. 6 p. (B. 11).

Diane et Actéon, grand in-fol. en haut., gr. par J. Pichler (P. de Corneillan, 151).

Naissance d'Adonis, grand in-fol. en haut., gr. par le même (P. de Corneillan, 151).

Un Amour debout tendant son arc, sujet sur un fond de paysage. Très-grande pièce, gr. en 1787, par Fr. Rosaspina (J., III, 17).

FRANCIA (F. *Raibolini*, dit le), peintre et grav., né à Bologne, 1460-1533).

La Femme aux deux éponges. Une femme à demi-nue, debout, tenant une éponge de chaque main, la gauche baissée, la droite levée. Elle est auprès d'un jeune homme qui verse de l'eau dans un vase placé par terre. Pièce sans marque, gr. par Marc-Antoine, probablement d'après Francia. H. 4 p. 1 l.; L. 2 p. 11 l. Il y a deux copies en contre-partie, par des anonymes (B. 373).

Un Satyre se défendant pour une nymphe. Un satyre embrassant du bras gauche une nymphe qui est couchée par terre et appuyée sur ses genoux. Il pare avec un bâton les coups que lui porte un jeune homme. Très-belle pièce, gr. par Marc-Antoine. H. 4 p. 4 l.; L. 3 p. (B. 279; 13 févr. 1865, N° 159).

Vénus accroupie contre une espèce de piédestal sur lequel on voit l'Amour se penchant comme pour embrasser sa mère; gr. par Marc-Antoine. H. 8 p. 2 l.; L. 5 p. 4 l. (B. 313).

FRANCIS, dessin. lithogr. du XIXe siècle.

Esquisses parisiennes: O Jules, es-tu drôle comme ça! — Il disait que c'était pour le bon motif, etc.; suite de lith. Paris, Ducarme, 1827, 0.75 c. chaque.

Mme Paradol, 1819, lith. de Motte; H. 0.240; L. 0.200 (Soleinne, 263).

Roméo et Juliette, 1827; H. 0.347; L. 0.223 (Soleinne, 55).

Fidèle. — Minet (petites Vénus); lith. par Léon Noël. L. 0.25; H. 0.18 (Bulla, 1 fr. 50 et 3 fr. chaque).

Les mêmes sujets, phot. en larg. Paris, Bulla fr.

FRANCISQUE (Jean-François *Millet*, connu en France sous le nom de), peintre et grav., né à Anvers, en 1644; mort à Paris, en 1680.

Céphale et Procris. Céphale, accompagné de son chien, est représenté au moment où il lance son javelot sur Procris qui est cachée derrière des buissons. L. 10 p. 8 l.; H. 7 p. 5 l. (B. 16; Rigal, 512).

Les Deux amoureux au pied d'un gros arbre; L. 0.163; H. 0.137. Grav. atttribuée à Francisque (R. D. 1; B., V, p. 348; Simon, 308).

La Jarretière, gr. par Aveline.

La Puce, gr. par le même.

Vénus et l'Amour dormant, gr. par Marck. Vienne, 1783 (cat. A. David).

Le Conteur de fleurettes, in-fol., gr. par J. Pelletier.

FRANCK (H.-N.), peintre et grav., né à Kaufbeuern, 1603-1680.

David et Abigaïl, in-fol. en larg., rare.

FRANCK.

The Impending mate (jeune seigneur du règne de Louis XV, jouant aux échecs avec une jeune dame, sa maîtresse. — *Mated* (la partie est perdue et le jeune seigneur déclare son amour à la dame). Deux planches en trav., gr. par W.-H. Simmons; publiées à Londres, chez Gambart et Cie. Elles ont été photographiées.

FRANCK, grav. contemporain. — Voir Van *Lérius*.

FRANCK, photographe.

Portraits phot. d'après nature: Mlle Adèle (de l'Ambigu); Mme Alboni (des Italiens); Mlle Alexandrine; Mme Aline Duval (du Palais-Royal); Mlle Antonine (Gymnase); Mlle Auguste Bremart (Cirque); Augustine Brohan (Théâtre-Français); Mlle Bérangère (Vaudeville); Mlle Bloch (Gymnase); Mlle Blonda Baron (Bouffes); Mlle Botalli; Mlle Brindeau; Mlle Brunetti (Italiens); Mlle Cico (Pal.-Roy.); Mlle Conte (Folies-dramat.); Mlle Daudoir (Variétés); Mlle Dinah Félix; Mlle Doche (Vaudeville); Mlle Dolcy (Variétés); Mlle Dubouchet; Mlle Ducellier (Pal.-Roy.); Mlle Elisa (Th. de Belleville); Mlle Esther (Porte-St-Martin); Mlle A. Faure (Th. Lyrique); Mlle Favart; Mlle Félicie (Porte-St-Martin); Mlle Ferney (Th. Déjazet); Mlle Fix (Th.-Français); Mlle Fleury (id.); Mlle Fontenelle (Gaîté); Mlle Georgette (Vaudeville); Mlle Geraldine (Déjazet); Mlle Gervais (Variétés); Mlle Girard; Mme Griff (Châlet des îles); Mlle Guichard (Porte-St-Martin); Mme Guyon (Français); Hélène Roux (Délass.-com.); Mlle Hugan; Mlle Ida Gilliers; Mlle Jeanne Essler (Vaudeville); Jenny Dutertre (Variétés); Mlle Julien (Déjazet); Mlle Karoli (Odéon); Mlle Kunzé (Bouffes); Mme Lagrange (Th. de St-Pétersbourg), Mlle Léonide; Léonie Chereau (Variétés); Mlle Lloyd (Conservatoire); Lucie (Pal.-Roy.); Mlle Lucie Chevalier (Porte-St-Martin); Madeleine (Pal.-Roy.); Mlle Marie Lambert (Gymnase); Mlle Marie Royer; Martine (Pal.-Roy.); Mme Meillet (Th. Lyrique); Mélanie (Gymnase); Mlle Milla (Pal.-Roy.); Mlle Moïse (Variétés); Mlle Moreau; la princesse Caroline Murat; Nathalie (Th.-Français); Mlle d'Orléans (Variétés); Mlle Pauline (id.); Pauline Viardot; Mme Penco (Italiens); Mlle Picart (Odéon); Mlle Ponsin (Français); Mlle Prost (Opéra-comique); Mme Protat (Pal.-Roy.); Mme Récamier; Mlle Rey (Déjazet); Mlle Riquier (Français); Mlle Rose Deschamps; Rose Janin (Pal.-Roy.); Mlle Thèze (Cirque); Mme Thibault (Déjazet); Mlle Trebelli (Italiens); Mme Ugalde (Opér.-com.); Mlle Vadé (Th.-Lyrique); Mme la comtesse Walewska; la Reine de Naples; la Reine des Belges, etc.

FRANCO (Jean-Baptiste), dit *Semoleo*, p. et gr., naquit à Udine, suivant les uns, en 1498; suivant d'autres, en 1510 ; il mourut en 1561 ou 1580. — Voir l'*Antique, Jules Romain*.

FRANÇOIS (Jacq.-Charles), gr., né à Nancy, 1717 ; mort à Paris, 1769. — Voir Fr. *Boucher*, Ph. de *Champagne*, *Scheffer*.

FRANÇOIS (Jules), graveur contemporain. — Voir *Terburg*.

FRANÇOIS (Alphonse), grav. contemp., né à Paris. — Voir *Battura*, *Decamps*, P. *Delaroche*, *Diaz*.

FRANQUELIN, peintre du XIXe siècle.

Imprudence et malice. — *Séduction et jalousie*; deux pièces gr. par J.-Alex. Allais; H. 0.376; L. 0.321.

L'Horoscope. — *L'Hospitalité*; deux pièces lith. par Geoffroy (*Musée de l'amateur*); 0.20 sur 0.15. Paris, Jouy, 1860, 1 et 3 fr. chaque.

Le Lever. — *Le Coucher*; deux lith. par Lavigne; H. 0.45 ; L. 0.37 (Goupil, en noir, 10 fr. chaque; en coul., 20 fr.).

Le Rendez-vous à la fontaine, lith. par Marigny (*Musée de l'amat.*); 0.20 sur 0.15. Paris, Jouy, 1860, 1 et 3 francs.

Le Lever. — *Le Coucher*; deux pièces phot. Paris, Goupil, cartes de visite, 1 fr. chaque.

FRANSISCHI (Paul), peintre du XVIe siècle.

Diane surprise au bain par Actéon,

gr. en larg., par Gilles Sadeler. Six vers latins dans la marge inférieure: *Quæ quamquam comitum turba est*, etc. (Van Hulthem, 2611).

FRAPPAR, dess. contemporain.

Il m'aime: un peu, — beaucoup, — passionnément, — pas du tout; quatre pièces lith. par Delaplante; H. 0.39; L. 0.32. Paris, Jouy, 1860, en rehaut, 5 fr. chaque; Bulla, id.

FRASCATANE (la belle), maîtresse de Raphaël. — Voir *Raphaël*.

FREDOU (Jean-Martial), peintre, né à Fontenay-le-Père (Seine-et-Oise), 1711; mort à Versailles, 1795.

Marie-Antoinette, encore jeune, avec une rose au corsage; beau portr. in-fol., rare, gr. par L.-J. Cathelin (Laterrade, 18 fr.; comte***, de Vienne, N° 527).

Jeune Dormeuse, jolie pièce à plusieurs crayons, gr. par Demarteau (11 nov. 1861, 6 fr. 50).

FREEMAN (S.), graveur du commencement du XIXe siècle. — Voir Van *Dyck*.

FREIDHOFF (J.-J.), grav., né à Heggen, 1768-1818. — Voir C. *Cignani*, *Langenhœsel*, P. *Liberi*, P. *Rotari*.

FREUDENBERGER ou FREUDEBERG (Sigismond), peint. et gr. à l'eau-forte, né à Berne, 1745-1801.

La Balanceuse, in-4°.

Le Déjeuner. — *La Toilette*; deux petites pièces ravissantes, gr. à l'eau-forte (vente du 16 janv. 1863).

Intérieur d'appartement. Une jeune femme, assise à droite, sur un canapé, s'est endormie en lisant; un galant regarde par une porte-fenêtre placée à gauche et prend la taille d'une jeune femme de chambre. 81 fr.

Intérieur de chambre à coucher, éclairée par une girandole à trois branches. Une jeune servante passe une bassinoire dans le lit, et une autre achève la toilette de nuit de sa maîtresse. 200 fr.

Intérieur d'appartement, élégamment décoré; une jeune femme et un jeune homme, assis à sa droite, s'occupent de broderies. 131 fr.

Intérieur: deux amants sont debout près d'un canapé; une dame sort; un petit chien aboie près de la porte. 100 fr. (*Gaz. des Beaux-Arts*, 1er juin 1861).

La Toilette champêtre, in-4°.

Suite d'estampes, gravées d'après Freudeberg, 1774, pour servir à l'histoire des mœurs et du costume des Français dans le XVIIIe siècle, 12 pièces: *Le Lever*, gr. par A. Romanet. — *Le Bain*, gr. par le même, — *La Toilette*, gr. par Voyez l'aîné. — *L'Occupation*, gr. par Lingée. — *La Visite inattendue*, gr. par Voyez l'aîné. — *La Promenade du matin*, gr. par Lingée. — *Le Boudoir*, gr. par P. Malœuvre. — *Les Confidences*, par Lingée. — *La Promenade du soir*, par Ingouf. — *La Soirée d'hiver*, par le même. — *L'Evénement au bal*, par Duclos et Ingouf. — *Le Coucher*, par Duclos et Bosse. Cette suite est accompagnée d'un texte in-12. Le discours préliminaire s'exprime ainsi: « Dans ces estampes, les modes de notre nation sont exactement observées, tant par les ameublements et les sites des scènes que par les habillements des personnages. » Vendue, en déc. 1856, 250 fr.; le 11 nov. 1861, 390 fr., et 405 fr. (*Gaz. des Beaux-Arts*, 15 févr. 1861).

L'Heureuse union, gr. par Bosse (15 mai 1865, N° 669).

La Balanceuse, pièce en coul., gr. par Carrée (15 mai, 1865, N° 880).

Les Mœurs du temps: on épouse une femme, on vit avec une autre, et l'on n'aime que soi; in-fol. en haut., gr. par Ingouf aîné (en déc. 1856, 31 fr.).

La Gaîté conjugale, in-fol. ovale, gr. par le même (31 mars 1862, N° 34).

Le Petit jour, charmante composition d'intérieur, gr. par Nic. de Launay (en déc. 1856, 35 fr.; Martial Pelletier, 1867, N° 554).

Mlle Raucourt, dans le rôle de Monine, avec scène au bas; in-fol., gr. par Ch.-L. Lingée (vente du 27 mai 1861).

Le Danger du tête-à-tête, gr. par Simonet (A. Dinaux, N° 547).

Lison dormait, gr. par Trière (P. de Corneillan, N° 567).

L'Instant favorable, gr. par Voyez minor (déc. 1856, N° 339).

Le Gage de la fidélité, gr. par Voyez le jeune et Mercier (11 nov. 1861, 2 fr.).

FREY (Johan-Jakob), dess. et gr., né à Lucerne, 1681; mort à Rome, 1752. — Voir l'*Albane*, *Cignani*, le *Dominiquin*, le *Guide*, C. *Maratti*.

FREY (Michaël), grav., trav. à Rome, en 1743. — Voir *Michel-Ange*.

FREY (de) graveur moderne.

Mme Montessu (dans la Belle au bois dormant), lith. de Frey; L. 0.212; H. 0.162 (Soleinne, 114).

FREZZA (Jean-Jérôme), grav., né à Ostie, en 1659; vivait encore en 1728.— Voir l'*Antique, Badolocchio*, C. *Maratti*.

FRIÈRE, graveur contemporain. — Voir G. *Crayer*.

FROELICH (L.), dessinat. et graveur contemporain, du Danemark.

L'Amour et Psyché, eau-forte (Exposit. de Paris, 1867).

FROSNE (J.) graveur. — Voir *Rubens*.

FROST (Williams-Edward), peint. anglais, contemp., travaille à Londres.

Galatea, jolie pièce, gr. par F. Holl (vente du 28 janv. 1865).

FRYBERG, peintre.

La Chute inévitable (buveurs lutinant une jeune femme), pièce ovale en larg., gr par de Launay; 7 pouces sur 8 1/4.

FUGER (Heinrich-Frederic), peintre et grav., né à Heilbronn, le 18 déc. 1751; mort en 1818.

Jupiter et Hébé, in-fol.

Sémiramis, in-fol.

Ariane, figure entière, in-fol. en larg., gr. par J. Jacobé, 1792 (Schwarzemberg, 1er état, 1 17/12 th.; Einsiedel, 3 12/24 th.).

L'Attente, gr. par G.-V. Kininger.

Sémiramis, à mi-corps, ovale in-fol., gr. par J.-E. Mansfeld.

FUHR, lithogr. contemporain. — Voir *Compte-Calix, Désandré*.

FUMIANI, peintre italien.

Susanne et les vieillards devant David, in-fol., gr. par P. Monaco.

FURINI, peintre italien.

Le Jugement de Pâris, in-fol. en larg., gr. par Ferd. Gregori.

Andromède (de la Galerie de Florence), pièce gracieuse, gr. par J.-B. Marais.

FURNE, fils et Cie, photogr. — Voir le *Corrége*.

La Bande joyeuse. — L'Enlèvement. — Les Amants surpris. — La Douce leçon. — Le Duo champêtre.— L'Oiseau d'Alain. — La Ronde champêtre. — Le Tir à l'arc. — Scapin don Juan. — Le Sommeil interrompu; dix pièces phot. Paris, 1861.

G

GABBIANI (Antoine-Dominique), peintre et grav., né à Florence, 1652; se tua en tombant d'un échaffaud où il travaillait en 1726.

L'Enlèvement de Déjanire (de l'Etruria pittrice), in-fol., gr. par Carle Lasinio, le père.

GABÉ, dess. contemporain.

Les Cigales. — Les Fourmis; deux pièces gracieuses, lith. par Regnier, Bettannier et Morlon; H. 0.40; L. 0.29. Paris, E. Morier, 1859, 3 et 5 fr. ch.

GABRIEL (C.), grav. amateur, vivait vers 1760.

Frère Luce (une mère et sa fille viennent le consulter), gr. à l'eau-forte, pour les Contes de La Fontaine, par Saint-Aubin, 1767. Cette pl. n'a jamais été terminée. Rare (A. David, 6 fr. 50).

GABRIELLE, peintre.

La Princesse de Lamballe, portr. en bistre, gr. par J. Porreau. Paris, Vignères, 1845, de 1 à 2 fr.

GABRIELLE D'ESTRÉES, maîtresse d'Henri IV. — Voir *Bassaget, Chevaux, Dumoustier, Ficquet, Lanté*, Th. de *Leu, Moreau* (le jeune), *Niel, Rapilly*.

GADBOIS, peintre du XVIIIe siècle.

Le Bonheur interrompu. — *L'Appât du bonheur;* deux pièces gr. au pointillé, par Gauthier; H. 0.14; L. 0.10. Paris, Bance, en 1811, 2 fr. chaque.

GAGNEREAUX, peintre.

Jupiter et Antiope, gr. par G. Folo.

L'Amour et Psyché, in-fol., gr. par Ernest Moracc.

GAILLARD (Louise), grav. au burin, trav. à Paris, dans la 2e moitié du XVIIIe siècle. — Voir *Schenau*, *Wille*, fils.

GAILLARD (Robert), grav. au burin, né à Paris, 1722-1785. — Voir Fr. *Boucher*, Gerter *Burch*, Ch. *Eisen*, *Luc. Giordano*, *Greuze*, *Jeaurat*, *Leprince*, J.-B. *Vanloo*.

GAINSBOROUGH (Thomas), peintre et grav. à l'eau-forte, né à Sudbury, 1727; mort à Londres, 1788.

Mistress Elliot, gr. par J. Deane, 1779.

GALANINO (Balthasar), dit *Balthasar Aloin de Bologne*, peintre et grav., né à Bologne, en 1578; mort en 1638. — Voir *Raphaël*.

GALATÉE OU LE TRIOMPHE DE GALATÉE. — Voir l'*Albane*, l'*Antique*, *Badalocchio*, E. *Baudet*, *Beauvarlet*, *Biscaino*, *Bouchardon*, P. *Brebiette*, Aug. *Carrache*, Ann. *Carrache*, P.-J. *Cazes*, *Cipriani*, le *Corrége*, Ant. *Coypel*, N.-Nic. *Coypel*, *Crozier*, *Detroy*, *Devéria*, *Dofin*, le *Dominiquin*, Cl. *Duflos*, *Frost*, Luc. *Giordano*, *Girodet*, Corn. de *Harlem*, *Huet*, *Jalabert*, *Jeaurat*, Ch. de *Lafosse*, L. *Leroux*, le *Lorrain*, le *Maître au monogramme C. L. C.*, *Maratti*, Fr. *Marot*, le *Poussin*, *Raphaël*, *Rubens*, *Tassaert*, B. *Tuby*, Simon *Vouet*, *Watteau*, J. *Zucca*.

GALBRAND, lithogr. contemporain. — Voir *Lazerges*.

GALBRUND (Alphonse-Louis), peintre et dessin. contemp., né à Paris; élève de Richomme et de Regnault.

Le Consigné. — *Le Verrou;* deux pièces lith. par Schultz. Paris, Wild, 1850. Voir *Album mystérieux*, aux *Polyonymes*.

Le Verrou, lith. par Valette, Paris, Wild, 1854.

GALIMARD (Nic.-Aug.), peintre contemp., né à Paris, en 1813. Elève de Ingres et de Foyatier.

La Séduction de Léda, phot. par Richebourg. Paris 1858, grand format, 12 fr.; petit format, 6 fr.

GALITZIN (la princesse de). — Voir Val. *Lefébvre*.

GALLAYS (à Paris, chez).

Les Crêpes du Mardi-Gras, pièce facétieuse.

L'Aveugle, le boiteux, le greffier, le bossu, le châtré; pièce drolatique (15 mai 1865, Nos 143-44).

GALLE (Philippe), dess., grav. et march. d'estampes, naquit à Harlem, en 1537, et mourut à Anvers, en 1612. Son chiffre se compose d'un P et d'un G enlacés. — Voir A. *Blockland*, François *Floris*, H. *Goltzius*, *Heemskerck*.

Adam et Eve chassés du paradis.

Histoire de l'enfant prodigue, quatre pièces (Winckler, 3433; Van Hulthem, 1513).

Icones illustrium feminarum Novi Testamenti, 27 pl. in-4o (Lacour, 39).

Icones illustrium feminarum Veteris Testamenti, à Philippo Gallæo collectæ atque expressæ, a C. Kiliano Duflæo, versibus breviter explanatæ. S. l. n. d., 15 fig. in-4o. Corneille Kilian-Duflaens (né à Dufle, près Malines), mort en 1607, correcteur de l'imprimerie de Plantin, était un auteur estimé (C. R***, de Milan, 1856, No 32).

Loth et ses filles.

Le Triomphe de l'Amour.

Les Trois Grâces.

Vénus et l'Amour.

Le Soin chasse la Paresse du lit d'un homme (la Paresse est représentée sous la forme d'une prostituée nue), gr. d'après un maître inconnu.

Les Amours de Mars et de Vénus, suite de quatre pl., gr. par J. Collaert.

GALLE (Théodore), fils aîné de Philippe, dess., grav. et marchand d'estampes, naquit à Anvers, vers 1562.

Illustrium imagines. Anvers, Plantin, 1588, in-4o (La Vallière, No 5596).

GALLE (Corneille), père et fils, tous deux dess., grav. au burin et marchands d'estampes. Corneille le vieux, fils de Philippe et frère puiné de Théodore, naquit à Anvers, vers 1570; Corneille le jeune naquit dans la même ville, vers 1600. — Voir Aug. *Carrache*, Van *Dyck Paggi*, *Rubens*, Ch. *Wautier*.

Le Triomphe de la princesse Isabelle (elle est traînée dans un char attelé de deux Amours), gr. en larg., par Corneille le jeune.

GALLE (Jean), grav. de la famille de Philippe Galle, trav. en 1660. — Voir R. *Brakemburg*.

GALIMARD (Claude), grav. parisien, de la 1re moitié du XVIIIe siècle. — Voir *Detroy*.

GALLINARI (Jacques), peintre et grav., trav. à Bologne, vers 1676, et à Padoue, en 1685.

Vénus et l'Amour. Vénus, à mi-corps et assise, porte l'index sur la pointe d'une flèche que lui présente l'Amour agenouillé sur un coussin. La déesse prend une touffe de cheveux de son fils qui s'en défend. L. 0.295; H. 0.252 (B. 2; Derschau, 1 fl.).

GALLOCHE (Louis), peintre, né à Paris, 1670; mort en 1761.

Zéphire et Flore, gr. par J.-F. Beauvarlet.

GANDOLFI (Mauro), dessin. et grav. au burin, né à Bologne, 1771-1834. — Voir *Fontebasso*, P. *Palagio*, *Santerre*.

Un Amour endormi sous une tente, in-fol. en larg. (Weigel, 1er état, 12 th.; Sternberg, 2e état, 3 $^1/_{24}$ th.).

GANIÈRE (Jean), grav. édit., trav. à Paris, au milieu du XVIIe siècle; mort vers 1698.

Anne d'Autriche, reine de France, gr. in-fol., avec cette inscription : *Cédez, trop jalouses déesses*, etc.

GARAND ou GARAUD (J.-B.), dessin. et grav. à l'eau-forte, trav. à Paris, de 1750 à 1770.

Mme *Favart*, entourée de roses, dans une bordure ovale, gr. par Chenu; H. 0.170; L. 0.110 (Filippi, 256; Soleinne, 312).

GARAVAGLIA (Giovita), né à Paris, en 1789 ou 1790; mort en 1835. — Voir le *Guide*.

GARBANETI, dessin. et grav. de la fin du XVIIIe siècle et du commencement du XIXe.

Luxury!!! Jeune fille qui se chauffe. London, 1801 (7 déc. 1866, No 359).

GARCIA (Mlle Eugénie). — Voir *Etex*.

GARCIA (Mlle Pauline). — Voir *Julien*, L. *Loire*, F. *Salabert*, *Vigneron*.

GARDNER (J.), peintre du XVIIIe siècle.

Héloïse. — *Abailard*; deux pendants, gr. par Th. Watson (J. III, 210).

GARIN, dessinateur contemporain.

La Nouvelle Dalila. — *La Nouvelle Rebecca*; deux lith. par Bettannier. Paris, Massard, 1854.

GARNERAY (Hippolyte-J.-Bapt.), peintre et grav., né à Paris, 1787.

Mlle *Maillard*, portr. gr. en coul., par Alix (vente de déc. 1856, No 862).

Mme *Saint-Aubin*, gr. en coul., par le même (déc. 1856, No 864).

Jeune Dame mettant sa jarretière, pièce gracieuse, gr. par Michaut et Legrand (déc. 1856, No 342).

GARNIER (Noël), vers la fin du XVe siècle.

Le Grand alphabet gothique. Quelques-unes des lettres représentent des sujets qui peuvent trouver place dans notre iconographie. Par exemple, la lettre C représente Bethsabée dans une cuve, soignant sa chevelure. David est sur une tour au pied de laquelle est un homme qui le salue du bonnet. — Dans la lettre D, on remarque une femme nue, à laquelle un fou adresse la parole. — La lettre G est formée d'un soldat qui en conte à une femme. — Dans la lettre L, deux soldats se battent pour une femme assise, dont le corps forme la traverse de la lettre. — Dans l'M, le jambage de gauche est formé par Adam cachant sa nudité, et celui de droite par Eve. — Robert-Dumesnil (le *Peintre-graveur français*, tome VII, p. 2-8) décrit cet alphabet, dont la hauteur est de 0.136 à 0.171 et la largeur de 0.122 à 0.147.

GARNIER (Antoine), peintre et graveur, trav. à Paris et à Fontainebleau, de 1637 à 1646. — Voir Jacques *Blanchard*, *Dubois*, Fr. *Perrier*, Nic. *Poussin*.

Apollon et Diane, morceau sans nom; L. 0.196; H. 0.157.

Vénus, Cupidon et l'Amour. Cupidon sommeille sur le dos de sa mère demi-nue, qui semble sommeiller aussi. L'Amour, grand enfant accroupi en face de la déesse, dort également. Morceau sans nom. L. 0.223; H. 0.150.

Vénus, l'Amour et Psyché. Vénus, demi-nue, est assise et tournée du côté opposé où est Psyché, également demi-nue, qui, comme la déesse, paraît sommeiller. L'Amour souriant se montre de face entre sa mère et Psyché, la tête appuyée sur ses deux mains, qui portent sur le genou de Vénus. Pièce sans nom. L. 0.223; H. 0.150. — Ces trois pièces octogones sont d'après les peintures du plafond de la Galerie d'Ulysse, à Fontainebleau (R. D. 51-53).

GARNIER (François), grav. contemporain, né à Brest. — Voir *Drolling, Picot.*

GARNIER (Hippolyte), grav. contemporain, né à Paris.— Voir *André, Beaume, Charpentier, Court, Dubufe* (fils), *Graeflé, Greuze, Guet, Guimard, Guizard, Laure, Merle,* C.-L. *Muller, Pigal, Schlesinger, Schopin.*

GARZI (A.), peintre italien.

Diane au bain, gr. par F.-F. Aquila.

GATINE (G.-J.), né vers 1773, trav. à Paris, en 1824. — Voir *Carmontelle, Lanté.*

GAUCHER (Charles-Etienne), dessin. et grav. au burin, né à Paris, 1740-1804. — Voir Gaspard de *Crayer, Drouais, Nattier,* Van der *Werff.*

Fanny de Beauharnais, pet. portr., rare.

GAUCY, graveur. — Voir A.-E. *Chalon.*

GAUFFIER (Louis), peintre, né à La Rochelle, 1761; mort à Florence, 1808.

Vénus et Diane, gr. par M. Blot; L. 0.340; H. 0.248.

GAUGAIN (Thomas), grav., né à Abbeville, en 1748; mort à Londres, au commencement du XIXe siècle. — Voir W. *Hamilton,* J. *Milbourn,* W. *Taverner.*

La Bergère des Alpes, 1781.

GAULTIER (Léonard), dessin. et grav. au burin, né à Mayence, en 1552; mort à Paris, en 1641. — Voir *Rubens.*

Jeanne d'Albret, reine de Navarre (Camberlyn, 1re vente, N° 1174).

Catherine de Bourbon (Lex..., N° 257).

Marguerite de Valois, reine de Navarre, in-4°; 4 vers: Si le pinceau pouvait animer....

Du coqu qui porte la clef et sa femme la serur, image satirique très-rare, dans le genre de Léonard Gaultier. On y voit une allusion aux amours de Henri IV et de la marquise de Verneuil (Niel, *Portraits du XVIe siècle,* 12e livraison). Une femme, assise sur un lit, présente à un homme, debout devant elle, la clé du cadenas fermant la ceinture de chasteté qui lui entoure le corps. Derrière les rideaux du lit, l'amant tient une bourse pour payer l'autre clé que lui montre une servante. Un fou cherche à retenir des abeilles dans un panier, et un chat guette une souris.

GAULTIER (P.-Jacques), grav. français, trav. en Italie, au milieu du XVIIIe siècle. — Voir F. *Solimena.*

GAUTHIER, grav. du commencement du XIXe siècle. — Voir *Gadbois.*

GAUTIER D'AGOTY (Edouard), grav. en coul., né à Marseille, en 1745; mort à Florence, en 1783. — Voir Mich.-Hon. *Bounieu,* le *Corrége,* le *Guide,* Fr. *Lemoine,* le *Titien,* Al. *Turchi,* P. *Véronèse.*

Joseph et la femme de Putiphar, gr. en coul (11 nov. 1861, 3 fr.).

Marie-Jeanne Gomart de Vaubernier, comtesse Du Barry.

Marie-Thérèse, portr. en haut. (Van Hulthem, 4152).

GAVARNI (Sulpice-Paul *Chevalier,* dit), dessinateur, né à Paris, en 1801; y mourut, en 1866.

Les Actrices, suite de 14 pl. lith. Paris, Aubert, 1839. Chaste auteur de mes mots, vous me faites donc un nouveau rôle?... Oui.... Et quel costume?... Oh, un costume indécent est de rigueur. — Dans cinq minutes, je vais être jetée les quatre fers en l'air du haut de cette tour, et tout cela, mes seigneurs, par suite de ma vertu, etc.

Affiches illustrées, suite de lith.

Amours, 6 sujets: La Bonne aventure. — L'Intrigue à domicile. — Paul et Virginie. — Un petit frère. — Le Petit interprête. — La Promenade. Paris, 1833, publ. par Jeannin.

Les Artistes, suite de lith.

Au Bal masqué: J'ai fait tout à l'heure la connaissance d'un Anglais... — Voyons... pourquoi bouder comme ça?...

— Ma chère amie, je suis avec mon époux, je ne sais comment m'en débarrasser.... Jette-le dans le parterre! — Ohé! Fanny, déguisée en honnête femme, t'es bien sûre que c'soir personne ne t'reconnaîtra! — Caroline s'est endormie sous la table, que vais-je en faire?... Laisse-là pour boire au garçon! — Voilà Georgina encore avec un nouvel Anglais! je trouve qu'elle abuse un peu du libre échange. — Si tu veux, charmant petit cuisinier, je te prends à mon service... Oui, à condition que nous irons dîner tous les jours chez Véfour. — Que fais-tu de tous les bâtons de sucre de pomme que tu te fais donner?... Je les mets de côté pour payer mon terme. — Comment, Laure, vous ici! et votre grippe?... Le médecin m'a ordonné d'avoir bien chaud, et je suis venue au bal de l'Opéra. — Comment, Mademoiselle, vous fumez des cigares?... Oui, en dansant, j'ai cassé ma pipe qui était dans ma poche. — Charmant débardeur, permets-moi de t'emmener dans une île déserte... C'est çà, farceur, tu ne te ruineras pas pour ma toilette. — Paméla, tu as demandé de l'argent à mon Alfred... Vingt francs, oui, mais c'est pour un acte de charité; etc. Lith. Paris, Martinet, 1859-61.

Balivernes parisiennes, suite de lith.

Les Bals masqués, costumes et scènes de carnaval, 54 pl. lith. Paris, au Charivari, 1839-1859; chez Martinet, 1860-61. Charmant petit débardeur, veux-tu souper avec moi?... Apprenez que je ne soupe pas avec quelqu'un que je ne connais pas. Pourriez-vous me dire qui vous êtes?.. Un Turc... Maintenant que vous vous êtes fait connaître, j'accepte votre proposition. — Le Bébé: ma première dent vient de percer, faut q'je fasse un cadeau à ma nourrice; prête-moi dix louis. — Odette. — Rigolboche, etc.

Les Suites du Bal masqué, suite de lith. Paris, 1839.

Belles actrices, recueil, avec des portraits.

Le Carnaval: Dachu! Dachu! tu m'ennuies!... Non, Norine, c'est toi qui t'ennuies! — Dieu, que voilà donc un m'sieu comme il faut!... Plaît-il?... Non. — Dieu! mes amours! comme mon seigneur et maître est une chose dont je me fiche pas mal ce soir! — Comment, mosieu, à l'heure qu'il est, vos galanteries ne sont pas encore couchées! — Si, j'aime bien le homard, mais je n'aime pas le pierrot. — Qu'est-ce que tu peux venir chercher par ici, philosophe? (demandent deux dominos à Diogène, en chiffonnier).... Je ramasse toutes vos vieilles blagues d'amour, mes colombes; on en refait du neuf. — Je ne suis pas mal sauvage, et vous, madame? — T'as eu tort, Emile, de t'être défait, pour des bêtises, d'une personne qui t'était bien attachée au fond. — N'y aurait pas de société possible, si une dame ne pouvait pas accepter un verre de quelque chose, sans qu'on y fiche une giffe après, parce qu'elle aura dansé avec un autre. Pas vrai, Polyte? — Y en a-t-i, des femmes! y en a-t-i! Et quand on pense que tout çà mange tous les jours que Dieu fait! C'est çà qui donne une crâne idée de l'homme! — Encore une nuit blanche que tu me fais passer, Phémie... Eh bien! et moi donc?... Toi, Phémie, c'est pour ton plaisir.... Eh bien! et toi aussi, c'est pour mon plaisir. — Bah! quand tu me donnerais un peu de sentiment pour ce soir.... Çà l'userait, mon petit. — O jeunesse, faut pas accorder toute ta confiance au premier venu! le second serait fumé. — Monter à cheval sur le cou d'un homme qu'on ne connaît pas, t'appelles ça plaisanter, toi! — Moi, j'ai pas de chance; je n'ai jamais fait qu'une fois une femme au bal masqué, ...et c'était la mienne. — Qui est plus à plaindre qu'un homme uni à un débardeur?... C'est une femme en puissance de pierrot. — Madame, une honnête femme a ses amants et ne prend pas ceux des autres!... Madame!... si je ne me respectais pas, je vous ficherais une drôle de trempée, comme il n'y a qu'un Dieu, etc. Paris, 1838-39-40, 27 sujets lith. Paris, 1847-48, 49 sujets.

Les Coulisses, 31 sujets lith.; H. 0.162; L. 0.135. Paris, au Charivari, 1838 (Soleinne, 180).

Les Débardeurs, suite de 66 sujets lith. Paris, Charivari, 1840-41.

Mlle Déjazet (dans Périchole), 1835; H. 0.162; L. 0.108 (Filippi, 396; Soleinne, 147).

Deux Femmes: Ton Alfred te trahit, me dis-tu? Heureusement que ton Henri te reste. Lith.

L'Ecole des pierrots, suite de 10 lith. Paris. Lemercier, 1852.

L'Eloquence de la chair, 21 sujets lith. Paris, Charivari, 1843.

Les Enfants terribles, suite de lith. Le monsieur: « Petit amour, comment s'appelle madame votre maman? » — La petite fille, jouant avec la canne du monsieur : « Maman n'est pas une dame, monsieur ; c'est une demoiselle. » etc.

Les Etudiants de Paris, suite de lith. Paris, 1839.

Faits et gestes du propriétaire, suite de lith.

La Foire aux amours : Moi, mon pierrot, il n'y a pas de danger... Il est attaché à l'ambassade... Il est bien attaché ? etc.; suite de 10 lith. Paris, 1853.

Fourberies de femmes, suite de lith. Paris, Charivari, 1re série, 1837, 12 sujets; 2e série, 1840-41, 52 sujets. Nouvelle série, 1852, 34 sujets : Comment, c'est avec moi, une amie intime, que tu agis ainsi ? Tu as Gustave, Anatole Barbeseau, le pantalon garance, le grand blond, le petit marquis, ce gros imbécile de Marjolet, Victor, le cousin de l'autre, Labriche et Théobald, et le chasseur d'Afrique ; qui encore ? Celui de Belleville; ah ! et le petit d'en face ; tout ça, sans compter M. Chose, et tu viens porter le trouble dans mon ménage ! Ah ! Félicité ! — Vois-tu, ma petite, quand un amoureux commence à devenir dangereux, faut se dépêcher d'en avoir un autre ; après on ne pourrait plus, et on ferait des bêtises. — Allez au bal de l'Opéra avec Mme de Coquardeau, j'y consens, madame Prudhomme. Songez-y, il y a toujours dans la confiance, quelque aveugle qu'elle soit, une noblesse qui manquerait à la ruse ! — Il me semble qu'on a pipé ici !... Ah, c'est moi qui ai voulu voir pour ma dent du fond. Ma foi, c'est bien des bêtises; ça ne fait rien. — Comment, tu me vois avec un monsieur que tu ne connais pas, et tu n'ôtes pas seulement ton chapeau ! O Hippolyte, vous ne serez donc toute votre vie qu'un homme sans aucune espèce de formes ? — Vous reverrai-je ?... Allons ! oui... Où ?... Ici... Quand ?.... Demain, mais partez vite !... Ange ! Un mot encore : Vous êtes mariée ?... Parbleu ! — Mais si Paul et Henri s'entendent, il faudra que tu choisisses, lequel garderas-tu ?... Celui qui me quittera. — Mon ami, je vous sacrifie tout ce que je dois au meilleur des époux. Si jamais vous me trompiez, Maurice, oh ! ce serait bien mal ! — Ah ! par exemple, voilà qui est bizarre ! Ce matin j'ai fait un nœud à ce lacet là, et ce soir, il y a une rosette ! — J'ai rendez-vous ici, mon cher, avec une petite femme charmante !... Et moi aussi !... Une blonde, au yeux bleus !... Et moi aussi !... Alphonsine !.. Et moi aussi !... Ah ! je suis floué !... Et moi aussi ! — L'ami de l'amant est à l'amant ce que l'amant est au mari. — Quoi, vous ajouteriez foi aux propos de cette créature ! Ernest, vous me faites vraiment de la peine. — Charles ! Charles ! ne lorgnez donc pas ainsi toutes les femmes... C'est indécent ! — Les maris sont bien laids quand on revient du bal, mais où serait le *Mérite des femmes*, si le devoir était aussi charmant que le plaisir ? etc.

Gentilshommes bourgeois, suite de lith.

Impressions de ménage. Paris, 1re série, 1843, 36 sujets ; 2e série, 1847, 39 sujets.

Les Invalides du sentiment, 30 lith. Paris, 1853. Les femmes, un tas de serpents ! — J'ai voulu connaître les femmes, ça m'a coûté une jolie fortune et cinquante belles années. Et qu'est-ce que les femmes ? Ma parole d'honneur, je n'en sais rien ! — Je n'ai plus ma terre de Chénerailles, ni mes bois et moulin d'Orcy. J'ai la goutte. Fichue bête ! etc.

Les Lorettes. Paris, 1841-43, 79 sujets lith.

Les Maris me font toujours rire, suite de 38 lith. Paris, 1852. Toi, Beauminet, au milieu de tous tes défauts, je ne te vois qu'une qualité : tu es hypocrite. — Ça ira godelurer, on ne sait où, pour vous faire en rentrant un mensonge mal fait... et mosieur se fichera dans le toupet que tout est dit ! — Tu as beau dire que c'est pour un bal de charité, je trouve que tu as là une petite tenue bien charitable ! — Voyons, mon Rabatjoie, tais ton bec, et qu'on vienne baiser son vainqueur !... Comme tu me fais mal ! — Parc'que ? Parc'que ça n'me va pas, parc'que ça n'me plaît pas, parc'que je n'le veux pas !... Dieu, mon ami, que je te trouve beau dans ce rôle là ! — Cette sainte Ursule là, c'est une étude d'un objet que (jadis !) je tenais sous ma serre puissante... Serre tempérée, ma poule. — Ninie, il me vient une idée, une crâne idée, un moyen excessivement simple de.... de manger ce qui te reste. — Quand votre femme vous conseille de ne pas faire une chose, Beauminet, il ne faut pas la faire, parce qu'elle a quelque raison pour que vous la fassiez ; etc.

Les Maris vengés, suite de 18 lith. Paris, 1837-38.

Masques et visages d'après nature, suite de lith.

Nuances du sentiment, suite de 30 pl. lith. Paris, Aubert, 1839-40.

Les Nuits de Paris : Le Souper. — Le Lansquenet. — Le Bal masqué. — Les Coulisses de l'Opéra. — Le Galop. — Une Présentation. — Le Foyer. — La Chanson de table; suite de 8 lith. de 0.40 sur 0.51. Paris, Bulla, 10 fr. ch., et en coul., 20 fr.

Paris le soir et le matin, suite de lith.

Les Partageuses : J'ai pourtant chez nous gardé les dindons!... A présent, ce sont eux qui te gardent. — Vous connaissez cette charmante personne?... Parfaitement; c'est la femme de deux de mes amis. — L'amour platonique! En voilà une pose.— Madame de Saint-Aiglemont, madame, s'il vous plaît!... C'est ici, mosieu,... M'ame Chiffet!... On te demande. — Ah! je te prie de croire que l'homme qui me rendra rêveuse pourra se vanter d'être un rude lapin! — Combien as-tu fait de passions malheureuses? ô Hélène!... Combien as-tu cassé de pipes? ô Hector! — Les lorettes, c'est gentil comme tout, ce sont des petites femmes.... qui gagnent à être connues. — C'est une femme invisible à l'œil nu.... A l'œil?... Enveloppe ta tendresse dans un billet de 500 fr.— Ma chère, c'est il y à trois semaines, c'était le jour de la Saint-Médart, il m'a plu tout de suite... Ah! ben, t'en as pas fini avec cet Henri là, s'il a plu le jour de Saint-Médard, t'en as pour quarante jours. — Le mien est blond, j'aime pas les blonds, t'aime pas les bruns, changeons... T'es pas gênée. La robe de chambre du mien est doublée de satin partout, je veux du retour.—Ma chère, les hommes, c'est farce! toujours la même chanson : une femme à soi seul... Toqués, toqués!— A ta place, moi je lui reprocherais tous mes torts, et ça serait fini. — As-tu jamais vu! Elodie qui ne regarde plus les camarades, depuis qu'elle a trouvé un serin pour se marier! Ça fait des manières... une porte-maillot comme ça!... Et qui en avait vu des cavalcades! — Enfin, mon cher, au carnaval suivant, je lui donnai un fils, à cet animal... Eh bien?... Eh bien, il n'en a pas voulu! — Moi, au moins, je ne suis pas numérotée, comme un fiacre... Ah, parce que c'est sous remise et que ça roule au mois!— Et vous, garnement (dit Coralie à Camusot, en lui grattant le front), si on vous redemandait toutes les illusions qu'on vous a données, etc.; suite de 40 lith. Paris, Lemercier, 1852.

Petit album sentimental, suite de lith.

Petites scènes diaboliques, suite de lith.

Politique des femmes, 20 pl. lith. Paris, Aubert, 1839.

Souvenirs du bal chicard, costumes burlesques de carnaval, 20 pl. lith. Paris, Aubert, 1839.

Souvenirs du carnaval, 9 pl. lith. Paris, 1839.

Travestissements grotesques, suite de lith.

La Vie de jeune homme : Rien n'est plus embarrassant que le premier tête-à-tête quand on à tout à se dire... si ce n'est le dernier quand tout est dit. — Belle dame, vous êtes joliment jolie ce soir! je souperais fièrement avec vous... Tu n'es fichtre pas dégoûté! — Ça me coûte de quitter Paméla!... Pas si cher que de la garder, etc., 23 pl. lith. Paris, 1853.

Œuvres choisies de Gavarni, rev. corr. et nouv. classées par l'auteur, avec des notices en tête de chaque série, par Stahl. Paris, 1848, in-8°, le vol. 10 fr.— Paris, au bureau du Figaro, 1857, 520 dess. gravés sur bois, 30 fr.

Œuvres nouvelles.

Allons-y gaiement, lith, par Regnier (*Musée de mœurs en actions,* N° 11); L. 0.50; H. 0.38. Bulla, en rehaut, 8 fr.

Les Coulisses de l'Opéra (corps des Ingénues), lith. par le même (*Musée de mœurs en actions,* N° 1); L. 0.50; H. 0.38. Bulla, en rehaut, 8 fr.

Le Foyer de l'Opéra, phot. par Bisson frères; H. 0.20; L. 0.16. Paris, Jouy, 1860, 6 fr.

GAYWOOD (Robert), graveur anglais, né vers 1650. — Voir Van *Dyck,* le *Titien.*

GEBHARD (F.-X.), grav., né à Munich, en 1775. — Voir *Willebort.*

GEIGER (Andreas), grav., né à Vienne, en 1765; trav. jusqu'en 1855.— Voir Ann. *Carrache,* Louis *David,* P.-E. *Destouches,* A. *Kauffman, Linder,* le *Parmesan,* B. *Schidone.*

Fille nue dormant, à côté d'elle un garçon qui lâche son eau.

GEIRNAERT, peintre moderne.

La Demande en mariage, gr. à l'aquatinta, par Chollet; L. 0.76; H. 0.57 (Goupil, en noir, 50 fr.; en coul., 75 fr.).

GELÉE (Claude). — Voir le *Lorrain.*

GELÉE (Jean), grav., né au commencement du XVIIe siècle.— Voir A. *Braun.*

GELÉE (F.-A.), grav., né à Paris, en 1796. — Voir *Hersent, Lambert.*

GENLIS (Mme de). — Voir *Chéradame, Green.*

GENDRON (Auguste,) peintre contemp., né à Paris; élève de Paul Delaroche.

Hylas guetté par les nymphes, lith. par Beaumont; 0.31 sur 0.20. Paris, Goupil, 1857, 3 et 5 fr.

Les Willis, lith. par Fanoli; H. 0.60; L. 0.48 (Goupil, 20 et 40 fr.).

Daphnis et Chloé, gr. par Pirodon. Paris, Ledot, 1858.

Les Willis, phot. par Bingham. Paris. 1856.

GENELLI (Bonaventure), peintre contemp., professeur à l'école des Beaux-Arts, à Weimar.

L'Enlèvement d'Europe, gravé par Jean Burger (Exposition de Paris, 1867).

GENTILESCHI (H.), peintre du XVIe siècle.

Loth énivré par ses filles, gr. en travers, par Vorsterman. Assez rare. (72 livres, vente Mariette, en 1775).

GENTY (chez), rue St. Jacques, 1826.

Souvenirs d'amourette, : Tu vas te faire piquer. — Sois donc raisonnable. — Je retiens la loge; suite de 3 pièces.

GEOFFROY, graveur contemporain. — Voir *Diaz, Franquelin.*

GEOFFROY (Mlle), amazone du Cirque. —Voir *Chardon* (jeune), *Pesme, Petit et Trinquard.*

GEORGES SAND (Marie-Aurore Dupin, marquise Dudevant). — Voir L. *Calamatta,* A. *Charpentier, Couture,* A. *Legrand.*

GERAERTS, peintre.

Les Suites de l'orgie, grav. par un anonyme, Amsterdam, 1634; L. 0.392; H. 0.308.

GÉRARD (Mlle Marguerite), peintre, belle-sœur de Fragonard et son élève de prédilection; née à Grasse, en 1761.

L'Art d'aimer, gr. par H. Gérard (15 mai 1865, N° 671).

Le Bouquet inattendu, gr. par le même (15 mai 1865, N° 671).

Le Judas, grand in-fol., gr. par le même (P. de Corneillan, 569).

L'Espoir du retour, in-fol., gr. par le même (P. de Corneillan, 569).

Les Premières caresses du jour, in-fol., gr. par le même (P. de Corneillan, 569).

Les Regrets mérités, in-fol. ovale, gr. par Rob. de Launay (P. de Corneillan, 569).

GÉRARD (H.), graveur. — Voir *Gérard* (Mlle).

GÉRARD (François-Pasc.-Sim., baron), peintre, né à Rome, 1770; mort à Paris, 1837.

Corinne, in-fol.

Mme Tallien, la poitrine entièrement découverte, indice curieux des mœurs du temps.

L'Amour et Psyché, lith. par Aubry-Lecomte (cat. Van den Zande).

Mme Pasta, de l'Opéra-Buffa, lith. par le même; H. 0.400; L. 0.330 (Soleinne, 345).

Mme de Sévigné, gr. par P.-F. Bertonnier, 1833.

Mlle Mars, gr. par le même, 1826.

Marie-Antoinette, gr. par le même, 1826.

Psyché et l'Amour, gr. par J. Godefroy. Paris, 1812. Une épr. av. l. l. est exposée à la Biblioth. Impériale (N° 369).

Mlle Mars, gr. par Grévedon; H. 0.330; L. 0.230 (Soleinne, 285).

Piége tendu par l'Amour, gr. par J.-I. Huber.

Daphnis et Chloé, vignette, par Kœnig. Paris, Janet, 1822.

Psyché et l'Amour, gr. par le même. Paris, Janet, 1821.

Mlle Mars, gr. par Et.-Fr. Lignon; H. 0.340; L. 0.260 (Soleinne, 283; P. de Corneillan, 369).

Mme la comtesse du Cayla, née Talon, gr. à l'eau-forte, par L. Massard. Paris, Vignères, 1850, 1 fr.

Mlle Georges Weimer, de l'Odéon, lith. par Maurin; H. 0.360; L. 0.260 (Soleinne, 324).

Psyché et l'Amour, pièce en haut., gr. par Pradier, 1814 (Van Hulthem, 4696).

La Reine Hortense, gr. par le même. Paris, Rolland, 1813.

Daphnis et Chloé, gr. par Richomme.

Psyché et l'Amour, gr. par Roter. Paris, 1824.

Psyché abandonnée, in-4°, gr. par Alex.-P. Tardieu (J., III, 117).

GÉRARD DE LAIRESSE. — Voir *Lairesse*.

GÉRARDIN, peintre.

La correction conjugale, gr. par Valpergs (P. Danlos, 4 fr.).

GÉRAUDON (Mlle), actrice. — Voir *Morin*.

GERMAIN (Théodule), peintre et grav. contemp., né à Paris; élève de T. Ribot. — Voir *Moreau* (l'aîné), *Schenau*.

GÉROME (Jean-Léon), peintre contemp., né à Vesoul, en 1824; élève de Paul Delaroche.

Phryné devant le tribunal, gr. à l'eau-forte, par L. Flameng. Composition gracieuse et originale qui a beaucoup attiré l'attention à l'Exposition de 1861 (*Gaz des Beaux-Arts*, 1er juin 1861).

Rachel, en pied, en rôle, gr. par le même (L. M., 26 mai 1865, N° 235).

Le Roi Candaule, gr. par A. François; L. 0.46; H. 0.29 (Goupil, de 20 à 100 francs).

Phryné devant le tribunal, phot. par Bingham; 0.21 sur 0.34 (Goupil, 10 francs).

Rachel, phot. par le même; 0.46 sur 0.29 (Goupil, 20 fr.).

Alcibiade chez Aspasie, phot. par Goupil. Paris, 1867.

L'Almée, phot. par le même. Paris, Goupil, 1864, 0.20 sur 0.34, 10 fr.; 0.09 sur 0.12, 1 fr. 50; carte de visite, 1 fr.

Phryné devant le tribunal. — *Cléopâtre et César*; deux pièces phot. par le même. Paris, 1867.

Le Roi Candaule, phot. par le même. Paris, 1864; 0.21 sur 0. 32, 10 fr.; 0.09 sur 0.12, 1 fr. 50; carte de visite, 1 fr. La vente de cette pièce n'est autorisée qu'à la condition qu'elle ne sera pas exposée aux vitrines des marchands d'estampes.

Un Marché d'esclaves, phot. par le même. Paris, 1867.

GESSNER (Salomon), poëte, imprimeur, peintre, dessin. et grav. à l'eau-forte, né à Zurich, en 1730; mort dans la même ville, en 1788.

Paysage avec figures mythologiques, eau-forte, 1769.

Paysage avec quatre femmes nues, eau-forte, 1770.

Apollon et Daphné, gr. en haut., par Kolbe, 1811 (Rigal, 435).

Le Bain grec. Paysage idylle avec une fille nue allant au bain, gr. en hauteur, par le même.

La Conversation au bain, gr. en haut., par le même, 1811 (Rigal, 435).

Sacrifice au dieu Pan, gr. en haut., par le même, 1811.

GEYSER (Chrétien-Théoph.), grav., né à Gorlitz, en 1742; mort à Kiel, en 1803. — Voir Fr. *Moucheron*, Adam Fr. *Œser*.

L'Enlèvement de Proserpine, petite pièce.

GHENDT (Emmanuel de), grav. au burin, né en Flandre; mort à Paris, 1815. — Voir *Baudoin*, Ch. *Eisen*.

GHEYN (Jacques de), dit le vieux, peint. et grav., né à Anvers, 1565; mort en 1615. Il fut élève d'Henri Goltzius. — Voir Th. *Bernard*, Corn. de *Harlem*, C. van *Mander*.

Concert entre un homme et deux femmes, dont la plus vieille joue de la flûte.

La Coquette, pièce curieuse pour le costume (vente du 27 mai 1861).

Une Bohémienne disant la bonne aventure à une femme grosse (J., I, 413).

Une Femme à sa toilette et se mirant; on lit sur une banderolle : *Vanitas! vanitas!* (26 mai 1862, N° 40).

Une Femme en colère contre son mary.

Vénus et Mars, petit médaillon.

GHEYN (Guillaume de), fils, ou neveu de Jacques; dessin. et grav. au burin, né à Anvers, en 1610.

Le Galant et la villageoise. Dans la marge du bas, 12 vers français : *Cupidon qui se plaist... aussi bien que la cour* (Camberlyn, 1re vente, N° 1221).

L'Amant passionné, sujet de trois figures, en haut. On lit dans la marge du bas : *La Damoiselle. Le Gentilhomme.*

Le Page; au dessous, 12 vers français; très-rare (Camberlyn, 1re vente, 1220).

GHISI (J.-B.-Bertano), dit le *Mantouan*, peintre, sculpt., archit. et grav., né à Mantoue, en 1503; mort en 1575. — Voir *Jules Romain.*

L'Amour endormi, couché sur un canapé, 1538; L. 0.146; H. 0.110 (B. 8).

Les Amours de Mars et Vénus, 1539. Ils sont assis ensemble sur un lit. H. 0.282; L. 0.203 (B. 13).

Jupiter transformé en serpent et jouissant de Déoïde, 1538. Pièce rare et fort libre. L. 8 p.; H. 6 p. (B. 9).

Vénus assise sur un lit entre les bras de Mars, pièce ronde; diam. 0.128 (B. 7).

Le Jugement de Pâris, 1555, grav. par Georges Ghisi, d'après un dessin de J.-B. Bertano; L. 0.528; H. 0.397 (B. 60). Belle et riche composition. La scène se passe le matin d'un beau jour. Derrière Pâris, quelques satyres sont cachés dans les broussailles. Dans l'épreuve de la Bibliothèque Impériale (N° 87), achetée en 1821, au prix de 100 fr., leur exaltation est indiquée d'une manière non équivoque. Ce témoignage de leur plaisir a disparu dans les épreuves postérieures. On trouve des épreuves où il y a en bas cette inscription, gravée sur une planche séparée de six lignes de hauteur : *Quantvm forma fugax, quantum Venus improba possit exemplo est stolidi ivdicium paridis* (Simon, en 1862, 43 fr.; Spekter, 8 5/8 th.; Sternberg, 5 th.; Ackerman, 5 5/12 th; Weigel, 4 th.).

Les Amours de Mars et de Vénus, gr. par Enée Vico.

GHISI (Georges), dit *Georges Mantouan*, dessin. et grav., né à Mantoue, 1524-1582. — Voir J.-B. Bertano *Ghisi*, Théod. *Ghisi*, *Jules Romain*, Luca *Penni*, le *Primatice*, Perino del *Vaga.*

GHISI (Théodore), frère de Georges, peint. et grav., né à Mantoue, 1re moitié du XVIe siècle.

Angélique et Médor. Angélique est assise sur les genoux de Médor, au pied d'un arbre, sur lequel il écrit son nom et celui de sa maîtresse; gr. par Georges Ghisi. H. 0.297; L. 0.205 (B. 62; L***, en nov. 1858, 9 fr. 50; Spekter, 2 5/4 th.). — Un anonyme en a fait une copie de même sens, mais plus petite, sans marque.

Vénus embrassant Adonis au retour de la chasse, gr. par le même; L. 0.228; H. 0.225 (B. 42; Debois, 33 fr.).

GHISI (Diane), dite *Diana Mantuana*, fille de J.-B. Bertano, peintre et grav., née à Mantoue, vers 1530; morte à Rome, vers 1590. — Voir *Jules Romain*, pour ses ouvrages, et Ch. *Alberti*, pour son portrait.

GHISI (Adam), frère de Georges, peintre et grav., né à Mantoue; mort à Rome, en 1574. — Voir l'*Antique, Jules Romain.*

Une Femme nue, debout, peignant ses cheveux, gr. d'après un anonyme; H. 0.114; L. 0.094 (B. 101; Van Hulthem, 3572).

GIACOMOTTI (Félix-Henri), peintre et grav. contemp., né à Quingey (Doubs); élève de M. Picot.

L'Enlèvement d'Amymone (Musée du Luxembourg), lith.; H. 0.45; L. 0.29. Paris, Goupil, 1866, 8 et 16 fr. L'exposition publique en est défendue.

Nymphe et satyre. — *Susanne.* — *Le Bain;* 3 pièces phot. par Alb. Bucquet. Paris, 1862.

Enlèvement d'Amymone, phot. par Goupil. Paris, 1867.

GIANCARLI (Poliphile), peintre italien.

Un Satyre embrassant avec violence une nymphe qui le tient par les oreilles, gr. par Odoardo Fialetti. L. 16 p. 4 l.; H. 4 p. 6 l. (B. 57).

Un Satyre ravissant une nymphe, gr. par le même. Même dimension (B. 54).

Un Triton embrassant une néréide assise sur un monstre marin qui a la tête d'un aigle et des cornes; gr. par le même. H. 8 p. 8 l.; L. 5 p. 4 l. (B. 52).

GIANNI (Fél.), peintre du XVIIIe siècle.

L'Amour et Philis. — *L'Amour et Daphné;* deux sujets tirés des Idylles de Gessner; gr. par Volpato (J., III, 189).

GIBELIN (Esprit-Antoine), peintre et grav. né à Aix, le 17 août 1739; mort le 23 décembre 1814.

L'Accouchement. Une femme presque nue en proie aux douleurs de l'enfantement. Tandis que l'accoucheur reçoit l'enfant, le mari et trois femmes lui tiennent les membres; une quatrième indique une commission à faire à une jeune fille qui sort. Tous les personnages sont vêtus à l'antique. Très-belle pièce. L. 0.460; H. 0.290 (Baudicour, 18).

L'Amour transpercé. Une jeune fille, légèrement vêtue à l'antique, et dont la raison semble égarée, vient de transpercer d'une épée l'Amour à genoux devant elle, ayant un bandeau sur les yeux. Une femme qui soutient cette jeune fille regarde avec effroi ce qu'elle vient de faire. Pièce sans nom ni titre. H. 0.207; L. 0.148 (Baudicour, 5).

La Fidélité récompensée. Au milieu d'une forêt, une jeune fille vêtue à l'antique, pose une couronne de fleurs sur la tête de son fidèle amant auquel elle tend la main. Celui-ci, un genou en terre, la prend dans les siennes et la baise avec transport. Un petit chien s'élance sur la jeune fille pour la caresser. Eau-forte ovale. H. 0.196; L. 0.146 (Baudicour, 4; de Vèze, p. 165).

Le Trait inévitable. Une jeune fille, revêtue seulement d'une légère draperie et assise sur un tertre, tient devant elle un Amour qui la regarde et dont elle dirige la main en lui indiquant le cœur qu'il doit percer de sa flèche. Jolie pièce en rond, en manière de crayon rouge sur un fond blanc, gr. d'après Maria Gibelin, née Campana. Diamètre 0.085 (Baudicour, 12).

GIÈRE (J.), dessin. lith. contemporain.

Mlle Kénebel, écuyère du Cirque Olympique; lith. de Lemercier; H. 0.410; L. 0.320 (Soleinne, 334).

GIGOUX (Jean-Fr.). peintre et lith., né à Besançon, en 1806. — Voir P. *Delaroche, Prudhon.*

La Belle anglaise, lith., 0.53 sur 0.48 (Goupil de 3 à 15 fr.).

Mlle de Belle-Isle, lith.; H. 0.149; L. 0.122 (Soleinne, 21).

Marie Taglioni, rôle de la Sylphide, lith.; H. 0.370; L. 0.310 (Filippi, 473; Soleinne, 308).

Cléopâtre, lith. par Em. Lassalle; L. 0.60; H. 0.34 (Exposit. de 1855; Goupil, de 10 à 20 fr.).

Pygmalion et Galatée, lith. par le même; H. 0.48; L. 0.39 (Goupil, 10 et 20 fr.).

Pygmalion, lith. gr. par C. Nanteuil. Paris, Bertauts, 1854.

Cléopâtre, phot. Paris, Goupil, 0.07 sur 0.12, 1 fr. 50; carte de visite, 1 fr. La vente de cette pièce est autorisée, mais avec défense d'exposition.

Pygmalion et Galatée, phot. Paris, Goupil, 1864, 0.17 sur 0.14, 2 fr.; 0.09 sur 0.12, 1 fr. 50; carte de visite, 1 fr. L'exposition publique en est défendue.

GILBERT (Achille), lithogr. contemp., né à Paris; élève de Belloc.— Voir *André, Aubertier,* Mlle *Guimard, Parelle.*

GILLOT (Claude), peintre et grav., né à Langres, 1673; mort à Paris, 1722.

Fête de Bacchus, célébrée par des satyres et des bacchantes (J. II, 85).

Fête de Diane troublée par des satyres (J., II, 85; 26 nov. 1866, N° 312).

Pan et Syrinx, composition d'un grand nombre de figures, gr. par J. Sarrabat.

Pan voulant composer une fête bachique,
Et séduire Syrinx par un charme nouveau,
Forme de ses sylvains une troupe comique,
Et lui, monté sur sa bourique,
Se change en arlequin pour paraître plus beau.

L. 14 p. 10 l.; H. 9 p. 6 l., y compris 6 l. de marge (R. D. 14; 11 nov. 1861, 1 fr. 50).

GILMER, photographe. — Voir le *Corrége.*

GILPIN, peintre du XVIIIe siècle.

The Happy meeting, gr. par Th. Morris 1780, in-fol.

GIMIGNANI (Hyacinthe), peintre et grav., né à Pistoie, 1611; mort en 1682.

Cléopâtre, pour faire connaître à Antoine sa magnificence et son amour, fait dissoudre en sa présence une perle d'un prix inestimable. 1647. H. 10 p. 6 l.; L. 5 p. 9 l.— Dans les secondes épreuves, la date est supprimée, et on lit dans la marge du bas : *Cleopatra Poculum Amoris libat Antonio, ut praetiose biberet unionem Regni Pretium impendit* (B. 23).

L'Enlèvement des Sabines, 1649. On remarque, à droite, deux mères à genoux qui se lamentent en voyant enlever leurs filles. Frise de deux pièces jointes en travers L. 37 p.; H. 5 p. 6 l. (B. 20; Van Hulthem, 3577).

La Vendange, 1647. On voit Vénus assise sur une espèce de lit, à l'ombre d'un drap que soutiennent trois Amours. Un quatrième Amour lui présente une grappe de raisin. Devant elle un bacchant, à genoux, presse une grappe dans un vase. Un grand nombre de petits Amours sont occupés à la vendange, dans le fond. L. 16 p.; H. 11 p. 6 l.

GIORDANO (Luca), peintre et grav. à l'eau-forte, né à Naples, 1632-1705.

Ariane abandonnée dans l'île de Naxos, gr. par P.-F. Basan; L. 0.413; H. 0.288.

Acis et Galatée, gr. par J.-F. Beauvarlet; L. 0.543; H. 0.388 (J., I, 231; 26 nov. 1866, N° 256).

La Chaste Susanne, gr. par le même (29 mai 1865, N° 20).

Enlèvement d'Europe, gr. par le même; L. 0.542; H. 0.388 (J., I, 231; Van Hulthem, 3961).

L'Enlèvement des Sabines, gr. par le même; L. 0.542; H. 0.388 (J., I, 231).

Le Jugement de Pâris, gr. par le même; L. 0.542; H. 0.392 (J., I, 231).

Le Triomphe de Vénus, gr. par le même, en larg. (Van Hulthem, 3962).

Vénus et Cupidon, gr. par J.-J. van den Berghe; L. 0.395; H. 0.308.

Le Jugement de Pâris, in-fol., gr. à l'eau-forte, par J. Bernard.

Nymphe dormant surprise par un satyre, gr. à l'eau-forte, par J.-F. Clerck.

Le Jugement de Pâris, belle pièce, gr. à la man. noire, par Rich. Earlom (11 nov. 1861, 5 fr.).

Venus, Cupid and satyr, gr. par le même; L. 0.473; H. 0.336.

Galatée, in-fol. en larg., gr. par B. Eredi.

L'Enlèvement des Sabines, gr. pour le recueil de la Galerie de Dresde, par Rob. Gaillard.

Vénus et l'Amour, gr. par P.-H. Jonxis, 1783 (Van Hulthem, 5201).

Apollon et Daphné, gr. par Levasseur (vente du 11 nov. 1861).

Amphitrite sur les eaux (de la Galerie de Florence), gr. par J.-B. Marais.

L'Enlèvement de Déjanire (de la Galerie de Florence), gr. par L.-J. Masquelier.

Enlèvement d'Io, pièce en larg., dess. par Wicar, gr. par Masquelier (Van Hulthem, 4476).

Galatée sur les eaux, in-fol. en larg., gr. par Fr. del Pedro.

Le Jugement de Pâris, in-fol. en larg., gr. par le même.

Mars et Vénus, gr. par Pierron (Musée Royal).

Vénus nue sur un lit, caressant l'Amour, gr. en larg., par Jean Smith (Van Hulthem, 5066; Camberlyn, 2e vente, 3462).

Tarquin violant Lucrèce (du Musée de Dresde), gr. en larg., par P. Tanjé, 1752 (Van Hulthem, 2864).

Entrevue de Jacob et de Rachel. — Rebecca recevant les présents d'Eliézer; deux grandes pièces en travers, gr. par J. Wagner (J. III, 198).

L'Enlèvement des Sabines.— Lucrèce et Tarquin. — Susanne; trois pièces de la Galerie de Dresde, phot. par Bisson frères. Paris, A. Despierres, 1861.

Loth avec ses filles. — Susanne. — L'Enlèvement des Sabines; trois pièces (du Musée de Dresde), phot. par Gueuvin. Paris, 1867.

Persée et Andromède, phot. par Richebourg. Paris, 1865.

GIORGI (Ant. de), peintre du XVIIIe siècle.

Circé et Ulysse, gr. par J.-Ch. Levasseur.

GIORGIONE (le). — Voir Giorgio *Barbarelli*.

GIOVANNINI (Jacques-Marie), p. et gr., né à Bologne, en 1667; mort à Parme, en 1717. — Voir Louis *Carrache*.

GIRARD (Alexis-Francois), gr. au burin, né à Vincennes, 1789. — Voir Léon *Cogniet*, *Decaisne*, P. *Delaroche*, *Destouches*, *Fragonard*, F. *Gérard*, *Winterhalter*.

Rébecca enlevée par le templier, in-fol. (31 mars 1862, N° 144).

Mlle Sontag, gr. en coul. (Filippi, N° 288).

GIRARD (Romain), graveur contemporain. — Voir E. *Dubufe*, *Lawreince*.

GIRARD (Firmin), peintre contemp., né à Poncin (Ain); élève de M. Gleyre.

Le Jugement de Pâris, phot. par Goupil. Paris, 1867.

Le Sommeil de Vénus, phot. Paris, Goupil 1865, 0.10 sur 0.26, 6 fr.

GIRARD (Ernest), dessinat. contemporain.

Carmen, lith. par Schultz. Paris, 1865.

GIRARDET (Abraham), gr. au bur. et à l'eau-forte, né au Locle, dans le comté de Neufchâtel, en 1764; mort en 1823. — Voir le *Poussin.*

Vénus tenant sa ceinture.

Mme de Pompadour, gr. par J. Bernardi.

La Princesse des Ursins, gr. par le même.

GIRARDET (Paul), gr. contemp. de Neufchâtel. — Voir G. *Brion, Knaus.*

J'te vois venir (*Galerie pour rire*, N° 1), lith. par Regnier ; L. 0.47 ; H. 0.37 (Bulla, en rehaut, 6 fr.).

GIRARDON (F.), sculpt., né à Troyes, 1630; mort à Paris, 1715.

Ravissement de Proserpine, groupe à Versailles, gr. par G. Audran, en 1680; H. 0.425; L. 0.300 (R. D. 171; C. L., 1 fr. 50).

GIRAUD (Pierre-François-Eugène), peintre contemp., né à Paris, en 1806 ; élève de Hersent et de Richomme.

Amour. — *Félicité*; deux pièces lith. par Desmaisons. Paris, Bès et Dubreuil, 1855.

Permission de dix heures: Le Départ. — Le Retour ; deux pièces lith. par le même; H. 0.22; L. 0.18 (Bulla, 2 et 4 fr. chaque).

Fanchette. — *Toilette du bal*; deux pièces lith. par Lafosse ; H. 0.46; L. 0.34 (Bulla, 2. 50 à 8 fr. chaque).

La Princesse Mathilde, portr. lith. par E. Lassalle (*Gaz. des Beaux-Arts*, tome VIII).

Les Crêpes. — *Le Colin-maillard*, scènes sous Louis XV; deux pièces lith. par Marin Lavigne (*Galerie pour rire*) ; L. 0.47; H. 0.37. Paris, Jouy, 1860, 10 et 20 fr. chaque. — L. 0.56; H. 0.36. Paris, Jouy, 1863, en rehaut, 6 fr. chaque.

Le Gibier du seigneur (deux chasseurs accompagnés d'un chien et une jeune villageoise endormie), lith. par Léon Noël (*Musée des rieurs*) ; L. 0.46; H. 0.36. Paris, Lemercier, 1846 (Goupil, en noir, 6 fr.; en coul., 10 fr.).

Manon Lescaut et le chevalier Desgrieux : L'Enlèvement. — Le Parloir de St.-Sulpice; deux pièces lith. par le même; H. 0.39; L. 0.32 (Goupil, 6 et 12 fr. chaque).

Permission de dix heures : Départ. — Retour; deux pièces lith. par le même (*Gal. pour rire*, N°s 63 et 64) ; H. 0.46; L. 0.38. Paris, Bulla, en rehaut, 6 fr. chaque ; H. 0.39 ; L. 0.31, 6 et 12 fr. chaque.

La Précieuse découverte, lith. par Prévost (*Gal. pour rire*); H. 0.46; L. 0.38. Paris, Jouy, 1860, en rehaut, 6 fr.

La Permission de dix heures, deux pièces en haut., phot. par Chardon jeune. Paris, Bulla, 1861.

Manon Lescaut: L'Enlèvement. — Le Parloir; deux pièces phot. Paris, Goupil, 0.17 sur 0.14, 2 fr. chaque ; cartes de visite, 1 fr. ch.

Le Gibier du seigneur, phot. Paris, Goupil, 0.17 sur 0.14, 2 fr.; carte de visite, 1 fr.

GIRIN, grav. contemp. — Voir *Talin.* — Voir aussi aux *Polyonymes : les Actrices.*

Le Mérite des hommes, 17 pl. Paris, De Vresse, 1856.

GIRODET-TRIOSON (Anne-Louis), peintre, né à Montargis, le 5 janvier 1767; mort à Paris, le 9 décembre 1824.

Les Amours des dieux, 16 pl. lith. par ses élèves (Lex...., N° 62).

Jupiter et Io. — *Jupiter et Léda.* — *Mars et Vénus.* — *Pan poursuivant Syrinx*; quatre jolies lith. en haut., color., d'après Girodet (Van Hulthem, 5276).

Ariane, lith. par Aubry-Lecomte. Paris, Langlumé, 1821. Belle étude de femme. Une épr. est exposée à la Biblioth. Impér., N° 380 (A. David, 548).

Bacchante endormie, lith. par le même. Paris, Engelmann, 1822.

Danaé, in-fol. en haut., lith. par le même. Paris, chez Constans, 1824, et chez l'auteur, en 1849. Charmante fig. d'une grande pureté de dessin et d'une pose très-gracieuse. Une épr. est exposée à la Biblioth. Impér. (N° 382).

Endymion, lith. par le même. Il y a des épreuves avant et après le nuage (A. David, 548).

Erigone endormie, lith. par le même. Pendant de l'*Ariane*, des mêmes artistes. Une épr. est exposée à la Biblioth. Impér. (N° 381).

Odalisque, lith. par le même. Paris, Engelmann, 1823.

La Toilette de Vénus, in-fol., lith. par le même (Martial Pelletier, N° 734).

Apelles et Campaspe, gr. par Jean Bein (cat. Busche).

Galatée, lith. par Belliard. Paris, Mlle Formentin, 1824.

Le Sommeil d'Endymion (au Musée), gr. par Chatillon, en 1810. 20 pouces sur 19. Les 1res épreuves sont avant la dédicace et la lettre grise; les 2e épreuves avant la lettre noire; les troisièmes épreuves ont un nuage pour couvrir la nudité d'Endymion (J., I, 361; 13 février 1865, N° 332; vente Durand, épr. av. l. l., 45 fr.).

Histoire de Héro et Léandre, trois belles lith. en haut., dess. par Jos. Dassy (Van Hulthem, 5270).

Le Sommeil d'Endymion, in-fol., gr. par Fr. Forster.

Ariane. — *Erigone*; deux pièces in-fol. en larg., gr. par Kœnig.

Pygmalion amoureux de sa statue, peint en 1820, gr. par Laugier, en 1824; in-fol. en haut., rare, la planche ayant été détruite après le tirage (Van Hulthem, 4380).

La Reine Hortense, grand in-4°, gr. le même (Durand, av. l. l., 20 fr.; Camberlyn, 1re vente, N° 1662; Martial Pelletier, N° 393).

Vénus, lith. gracieuse, par Loche (15 déc. 1866, N° 141).

Elzelina, lith. par Mlle Négelen. Paris Villain, 1828.

La Circassienne, lith. par Léon Noël. Paris, 1825.

Ariane abandonnée, vignette, gr. par Roger (A. David, 543).

L'Amour et Psyché, phot. par Bilault. Paris 1864.

Ariane abandonnée. — *Erigone endormie*; deux pièces phot. par Gallé. Paris, Gaudin, 1861.

GIROUX (Ach.) ET CH. DE LUNA, dessin., lith. contemporains.

Mlle Caroline, montant Mahmoud. — *Mlle Lejars*, manœuvre des Dames colonelles; deux pl. lith., color. et gouachées; H. 0.541; L. 0.487 (Soleinne, 155).

GLAIRON-MONDET (C.-J.), grav., trav. à Paris, et mourut en 1806. — Voir *Dietrich*, *Leducq*, J. *Robusti*, *Vien*.

GLAIZE (Pierre-Paul-Léon), peintre contemp., né à Paris; élève d'Aug.-Barth. Glaize, son père, et de Gérome.

Julie, lith. d'après Glaize; 0.53 sur 0.45 (Goupil, de 3 à 12 fr.).

GLAUBER (Jean-Gottlieb), surnommé *Myrtil*, peintre et grav., né en Hollande, en 1638; mort à Breslau, en 1703.

Le Berger et la Bergère. Pays montueux, richement garni d'arbres; on remarque au second plan, à gauche, une jeune femme assise à terre, à qui un berger à genoux présente quelque chose de ses deux bras étendus. H. 0.190; L. 0.149 (B. 1; Van Hulthem, 1587).

GLAUBER (Jean), dit *Polydore*, frère du précédent, peintre et grav. à l'eau-forte, né à Utrecht, en 1646; mort à Amsterdam, en 1726. — Voir G. de *Lairesse*, Gaspard *Poussin*.

Beau paysage avec un ruisseau dans lequel des femmes se baignent. L. 13 p. 1 l.; H. 8 p. 5 l. (B. 16; Van Hulthem, 2584).

Nymphes et bergers dans une campagne d'Arcadie; L. 18 p. 9 l.; H. 14 p. 8 l. (J., II, 88).

GLEDISH (Paul), grav., né à Vienne, en 1793. — Voir le *Parmesan*.

GLEYRE (Gabriel-Ch.), peintre contemp., né à Chevilly (Suisse), en 1807.

Vénus, lith. par J. Aubert. Paris, Peyrol, 1856.

Daphnis et Chloé, phot. H. 0.22; L. 0.17. Paris, Goupil, 6 fr.

Hercule aux pieds d'Omphale, phot. H. 0.24; L. 0.19. Paris, Goupil, 1865, 6 fr.

Les Illusions perdues, phot. par le même. Paris, 1867.

Un Rêve, phot. par le même. Paris, 1867.

GLUCK.

Les Plaisirs du Printemps. — *Les Plaisirs de l'Eté*. — *Les Plaisirs de l'Automne*. — *Les Plaisirs de l'Hiver*; quatre pièces lith. par Muller. L. 0.54; H. 0.39. Paris, Jouy, 1863, 6 et 10 fr. chaque.

GMELIN (Guillaume-Fréderic), dessin. et grav. à l'eau-forte et au burin, né à Badenweiler, en Brisgau, en 1745; mort à Rome, en 1820. — Voir le *Lorrain*.

GOBERT, peintre.

Louise-Adélaïde d'Orléans, abbesse de Chelles, in-4°, gr. par Pierre-Imbert Drevet; rare (A. Bertin, 184; Camberlyn, 1re vente, 744).

L'Etoile du matin. — L'Etoile du soir (femmes nues); deux pièces lith. par M. Fanoli; H.0.39; L. 0.32 (Goupil, 6 à 12 fr. chaque).

Les mêmes, phot. Paris, Goupil, 0.07 sur 0.12, 1 fr. 50 ch.; cartes de visite, 1 fr. ch.

GODEFROY (Jean), peintre et grav. au burin, né à Londres, 1771; trav. à Paris. — Voir le *Corrége*, H. *Fragonard*, *Gérard*, L. de la *Hyre*.

GODIVA (Lady). — Voir *Corbould*.

GOLE (Jean), dess. et grav. au burin et en man. noire, né à Amsterdam, en 1660; mort en 1737. — Voir *Brakenburg*, *Colé*, Ant. *Coypel*, C. *Dusart*, G. *Keller*, Jean *Steen*.

La Duchesse de la Vallière, portr. au burin, en haut., très-estimé (Van Hulthem, 1592).

Tabagies flamandes : on y voit des hommes caressant des femmes; deux pièces en haut.

GOLTZ, ou GOLTZIUS (Henri), peintre et grav. au burin, né à Mulbrecht, dans le duché du Juliers, en 1558; mort à Harlem, en 1617. — Voir Aug. *Carrache*, *Raphaël*, *Spranger*.

Andromède attachée, à un rocher pour y être dévorée par un monstre marin. Au bas : *Soluitur Andromede scopulo*, etc. 1583. H. 6 p. 9 l.; L. 5 p. 4 l. (B. 156). — Il a été fait une copie anonyme de cette pièce, ayant 7 p. 7 l. de haut. et 5 p. 9 l. de larg. (B. 30 des pièces douteuses).

Bacchus présentant du vin à Vénus, 1595. L'Amour attise le feu; Cérès apporte une corne d'abondance. Une inscription latine: *Cum Bacchi et Cereris*, etc. Pièce ronde des plus belles et des plus rares; diam. 0.148 (J., II, 98).

L'Histoire de Lucrèce, suite de 4 estampes : 1° Le jeune Tarquin donnant un repas, dans lequel Collatin exalte la vertu de sa femme. — 2° Lucrèce s'occupant à travailler avec ses femmes. — 3° Tarquin violant Lucrèce. — 4° Lucrèce s'enfonçant un poignard dans le sein en présence de son mari. L. 9 p. 2 l.; H. 7 p. (B. 104-107).

Mars et Vénus surpris en adultère, 1585; L. 11 p. 3 l.; H. 15 p. (B. 139; J., II, 97).

Pygmalion devenant amoureux d'une statue de jeune fille, 1593. *Sculpsit ebur niueum*, etc.; H. 11 p. 7 l.; L. 8 p. (B. 138; Van Hulthem, 1606; Camberlyn, 1re vente, 1268).

Saint Antoine ayant recours à la lecture de l'écriture sainte, pour se garantir des attaques du démon, qui emprunte la forme d'une femme pour le tenter. Pièce dans le goût de Lucas de Leyde; H. 7 p. 7 l.; L. 5 p. 3 l. (B. 59).

Susanne, à mi-corps, 1583. *Attentant forma celebremque*, etc. Planche de forme ovale. H. 6 p. 4 l.; L. 4 p. 10 l. (B. 12; Van Hulthem, 1594).

Thamar sous l'apparence d'une courtisane. Au bas: *Judas et Thamar. Gene.* 38. Pièce ronde; diam. 205 mill. (B. 1).

Une Jeune femme qui chante, faisant des caresses à son amant qui l'accompagne de la guitare. Dans le fond, la Mort joue du violon. *Est huius vitæ fallax*, etc. H. 5 p. 6 l.; L. 4 p. 6 l. (B., t. III).

Vénus regardant l'Amour et lui posant la main sur la tête, pièce ovale; H. 0.54; L. 0.40 (J., II, 98).

Neptune surprenant Cénis, qui obtient ensuite d'être métamorphosée en homme invulnérable. Dans la marge: *Aequorei vim passa Dei*, etc. Pièce sans nom, mais gr. d'après Goltzius, par un anonyme. H. 6 p. 7 l.; L. 5 p. 9 l. (B. 27, des pièces douteuses).

Un Satyre épiant Vénus couchée sur un lit, et ayant dans ses bras l'Amour qui lui fait des caresses. Pièce grav. par un anonyme, 1588. H. 13 p.; L. 9 p. 6 l. (B., tome III).

Vénus assise sur des nues et caressée par l'Amour. Pièce ronde, grav. par un anonyme. Dans la marge : *Quam perfecta Venus*, etc. Diam. 7 pouces (B. 26 des sujets douteux).

Les Métamorphoses d'Ovide, en cinquante-deux estampes inventées par Goltzius, en 1589 et 1590, et gravées par ses élèves sous sa direction. Voici quelques-unes de ces pièces:

Jupiter jouissant, à la faveur des ténèbres, de la nymphe Io. — Pan poursuivant Syrinx changée en roseau. — Jupiter empruntant la forme de Diane pour se faire aimer de Calisto. — Diane et ses nymphes s'apercevant de la grossesse de Calisto. — Apollon jouissant des embrassements de la nymphe Coronis. — Mercure devenant amoureux d'Hersé, fille de Cécrops. — Europe enlevée par Jupiter transformé en taureau. — Dispute entre Jupiter et Junon, sur la question, lequel des deux sexes trouve le plus de volupté dans la jouissance physique de l'amour. — Phébus exposant aux ris de tout l'Olympe Mars surpris avec Vénus. — Apollon abusant de Leucothoé sous la forme d'Eurynome sa mère. — La nymphe Salmacis et Hermaphrodite métamorphosés en une seule personne. — Ces 52 pièces sont décrites par Bartsch, tome III, p. 104-110. Elles ont 9 p. 3 à 5 l. de larg. et 6 p. 2 l. de haut.

Bethsabée au bain, gr. par Johanne Barra.

Susanne entre les deux vieillards, in fol. en haut., gr. par le même, 1598. H. 8 p. 6 l.; L. 6 p. 1 l. (V***, d'Anvers, en 1856, N° 56).

L'Ouvrage de la nature, gr. par P.-F. Basan; H. 0.357; L. 0.280.

La Vue, gr. par Nicolas Clock, 1596. Dans la marge: *Viderat Actæon non,* etc. H. 8 p. 10 l.; L. 6 p. 4 l. Cette pièce fait partie de la suite des *Cinq sens* (B. III, p. 116).

Le Toucher, gr. par Corn. Drebbel. Dans la marge: *Illicito Cypriæ sensu,* etc. H. 8 p. 10 l.; L. 6 p. 4 l. Pièce faisant partie de la suite des *Cinq sens,* dont les quatre premières ont été gravées par Nic. Clock (B. III, p. 116).

Histoire de Lucrèce, quatre grandes planches in-fol. en travers, gr. par Philippe Galle (Van der Helle, 1868, N° 756).

Un Jeune homme refusant de l'argent qu'une vieille lui offre pour l'engager à l'aimer; gr. par Jacques Goltzius. Dans la marge: *Erigida cedat anus,* etc. H. 6 p. 5 l.; L. 5 p. 1 l. (B. III, p. 122).

Une Jeune femme occupée à coudre, se défendant contre les caresses d'un vieil importun qui lui offre de l'argent; gr. par Jules Goltzius. Pendant du précédent et de même dimension (Bartsch, tome III, p. 123, N° 3; Van Hulthem, 1661).

L'Alliance de Pallas et de Mercure, gr. par J. Matham. Titre: *Hæc patris e cerebro,* etc. H. 10 p. 8 l.; L. 7 p. 8 l. (B. 281; Van Hulthem, 2023).

L'Alliance de Vénus avec Bacchus et Cérès, pièce de même dimension, gr. par le même. Titre : *Alma Ceres, Vénus alma,* etc. (B. 280; Van Hulthem, 2023).

Les Amours des dieux, suite de 4 estampes, gr. par le même: 1° Jupiter et Europe: *Juppiter Europam vectam.* — 2° Apollon et Leucothoé: *Phœbus Leucothoen blandis,* etc. — 3° Mars et Vénus : *Armipotentis amor, nitidæ,* etc. — 4° Hercule et Déjanire : *Post luctam Alcidæ,* etc. H. 9 p. 10 l.; L. 7 p. 1 l. (B. 156-159; J., II, 267 ; Van Hulthem, 2004).

Andromède attachée à un rocher, où elle doit être dévorée par un monstre marin, en présence de son père et de tout le peuple. Titre : *Andromede ceto misere,* etc. ; gr. en larg., par le même, 1597. L. 13 p. 9 l. ; H. 9 p. 5 l. (B. 162; J., II, 267 ; Van Hulthem, 2007).

Diane, déesse de la lune, favorisant les amours d'un jeune homme qui va jouer de la guitare sous les fenêtres de sa maîtresse. *Sic Juvenes Lunæ per,* etc. Pièce gr. par le même, 1615; L. 10 p. 10 l. ; H. 7 p. 4 l. (B. 148; Van Hulthem, 2002; Camberlyn, 1re vente, N° 2077).

Hercule et Omphale, gr. par le même; H. 6 p. 6 l.; L. 4 p. 2 l. (B. 287).

Persée délivrant Andromède, gr. par le même (vente du 11 nov. 1861).

Les Trois Grâces, gr. par le même. Titre: *Cum nudæ charites,* etc. H. 10 p. 8 l.; L. 7 p. 8 l. (B. 285; Van Hulthem, 2023).

Une Jeune femme préférant l'amour d'un homme de son âge, aux richesses qu'un vieillard amoureux d'elle lui offre. *Ne contemne senem,* etc. — *Un Jeune homme* qui s'attache à une jeune femme, en refusant l'argent qu'une vieille lui offre pour prix de son amour. *Me cum magnifica,* etc. Deux pièces gr. par le même. L. 10 p.; H. 7 p. 5 l. (B. 302-303).

Vénus debout sur des nuages, une main sur la tête de l'Amour qui est auprès d'elle. Pièce ovale, gr. par le même. H. 12 p. 10 l.; L. 9 p. 9 l. (B. 299).

Vénus emportant le prix de la beauté, étant accompagnée de l'Amour, à mi-corps. Titre: *Aligero magnus armata,* etc.; pièce en larg., gr. par le même, 1612. H. 8 p. 7 l.; L. 6 p. 8 l. (B. 161; Van Hulthem, 2006). Il y a des épr. où l'on ne trouve ni le *Jugement de Pâris,* ni le nom du graveur.

Vénus ordonnant à l'Amour de percer de ses flèches le cœur de Pluton; en haut., gr. par le même, 1590. Titre: *Flamiferis feriat stygium,* etc. H. 7 p.; L. 5 p. 1 l. (B. 160; Van Hulthem, 2005).

Vertumne et Pomone, gr. par le même.

H. 6 p. 6 l.; L. 4 p. 2 l. (Winckler, 2148; Van Hulthem, 1654).

L'Age d'or, composition riche en figures, gr. par Adrien Matham, 1620. Dans la marge: *Felix illa ætas,* etc. L. 15 p. 8 l.; H. 10 p. 9 l. (B. III, p. 124).

Un Jeune homme embrassant une fille qui est assise sur ses genoux, grav. par le même. Dans la marge: *Des weymans lust,* etc. H. 11 p. 3 l.; L. 8 p. 8 l. (B. III, p.124).

Le Vieillard amoureux. Un homme avancé en âge, donnant un baiser à une jeune femme, à qui il présente en même temps une bourse d'argent. Grav. par le même. *Rustica simplicitas decepta,* etc. — *Dees slechte sleur,* etc. H. 13 p. 6 l.; L. 10 p. 10 l. (B., III, p. 124).

Bacchanale, ovale in-fol., gr. par P.-W. van Megen, 1778.

La Chaste Susanne, in-fol., gr. par Crispin de Pas, le vieux (comte ***, de Vienne, 1774; Camberlyn, 2e vente, 2703).

Adam et Eve dans le Paradis terrestre, gr. par Jean Saenredam, 1597 (B. 35; J., III, 41; Debois, 2 fr.).

Andromède attachée à un rocher, pour être dévorée par un monstre marin. Titre: *Andromeden Perseus magno,* etc. Pièce gr. par le même, 1601. H. 8 p. 10 l.; L. 6 p. 6 l. (B. 80; Van Hulthem, 2653).

Les Cinq sens, représentés par des femmes à mi-corps, chacune accompagnée d'un homme. Suite de 5 estampes: 1° La Vue. *Dum male lascivi,* etc. — 2° L'Ouïe. *Ne patulas blandis,* etc. — 3° L'Odorat. *Quamvis floriferus sit,* etc. — 4° Le Goût. *Dulcia sæpe nocent,* etc. — 5° L'Attouchement. *Quæ conspecta nocent,* etc. Grav. par le même. H. 5 p. 11 l.; L. 4 p. 6 l. (B. 95-99). Dominique Custos a copié ces 5 pièces en contre-partie.

Cérès, ovale en haut., grav. par le même (B. 67; Camberlyn, 2e vente, 3207).

Diane ordonnant à ses nymphes de dépouiller Calisto, qui tâche en vain de cacher sa grossesse. Titre: *Dum detrectanti tegæa,* etc.; gr. par le même. L. 10 p. 10 l.; H. 7 p. 4 l. (B. 52; Van Hulthem, 2645; Martial Pelletier, 1867, N° 263).

Eve persuadant à Adam de manger du fruit de l'arbre de vie, après s'être laissée elle-même séduire par le démon. Titre: *In mortem primi,* etc.; gr. par le même, 1597. H. 7 p. 4 l.; L. 5 p. (B. 40; Van Hulthem, 2641).

Femme nue peinte par un artiste, gr. par le même.

Junon, représentée à mi-corps, avec les attributs qui la caractérisent. *Et Soror et coniunx,* etc.; gr. par le même. H. 7 p. 2 l.; L. 5 p. 2 l. (B. 58; Van Hulthem, 2646).

Junon tenant un sceptre, assise sur des nues. *Ex me larga fluit,* etc.; pièce ovale, gr. par le même. H. 11 p. 9 l.; L. 9 p. 2 l. (B. 64; Van Hulthem, 2649; Camberlyn, 2e vente, 3206).

Jupiter assis sur des nues, près de la déesse Jnon, gr. par le même. *Læta Jouis thalamos,* etc. H. 11 p. 6 l.; L. 7 p. 11 l. (B. 53; Camberlyn, 2e vente, 3204).

Loth enivré par ses filles, gr. par le même, 1597. *Deflagrasse omnem cum,* etc. L. 9 p. 7 l.; H. 7 p. 1 l. (B. 41; J., III, 41).

Neptune et Amphitrite, assis sur leur char conduit par des dauphins; gr. par le même. *Glauca Amphitrite dum,* etc. H. 11 p. 6 l.; L. 7 p. 11 l. (B. 54; Camberlyn, 2e vente, 3204).

Pallas, représentée à mi-corps, avec ses attributs. *Arte valens,* etc.; gr. par le même. H. 7 p. 2 l.; L. 5 p. 2 l. (B. 56; Van Hulthem, 2646).

Pallas appuyée sur son égide, assise sur des nues. *Quæcumpe in terris florent,* etc. Pièce ovale, gr. par le même, 1596. H. 11 p. 9 l.; L. 9 p. 2 l. (B. 62; Van Hulthem, 2649; Camberlyn, 2e vente, 3206).

Pluton recevant les caresses de Proserpine, gr. par le même. *Persephone vmbrarum domino,* etc. H. 11 p. 6 l.; L. 7 p. 11 l. (B. 55; Camberlyn, 2e vente, 3204).

Le Printemps, représenté par un amant qui accompagne de sa guitare la voix de sa maîtresse, auprès de laquelle il est assis dans un jardin. *Humanas recreo mentes,* etc. Gravé par le même. H. 7 p. 1 l.; L. 5 p. 4 l. (B. 119).

Six Nymphes de la suite de Diane, représentées deux à deux dans des paysages; suite de 3 pièces, gr. par le même: 1° Deux nymphes, l'une placée à gauche est vue par le dos, l'autre tient un arc. *Felices sylvæ nymphas,* etc. 1616. — 2° Deux autres qui se promènent de compagnie, portent chacune un vase à la main. *Queis ritu licuit,* etc. — Deux autres qui s'approchent d'un ruisseau. *Atque genu, collo,* etc. H. 7 p. 8 l.; L. 5 p. 9 l. (B. 59-61; Van Hulthem, 2648; Camberlyn, 2e vente, 3205).

Susanne au bain, surprise par deux vieillards. *Cistu pudicitiæ cui,* etc.; gr. par le même. H. 8 p. 6 l.; L. 6 p. 1 l. (B. 42; Van Hulthem, 2642).

Les Trois sortes de mariage: celui formé par l'amour et dans la vue des plaisirs; celui déterminé par le démon des richesses; celui contracté par un principe d'amour pur et religieux; suite de 3 estampes, gr. par le même. H. 8 p.; L. 5 p. 10 à 11 l. (J., III, 42; B. 84-86).

Un Peintre peignant d'après nature une femme nue, qui se regarde dans un miroir que soutient l'Amour. *Hæc memini nocuisse atque oblectasse videntes.* Gr. par le même, 1616. H. 8 p. 6 l.; L. 6 p. 7 l. (B. 100).

Vénus, représentée à mi-corps, avec ses attributs. *Sum Venus, orta,* etc.; gr. par le même, 1599. H. 7 p. 2 l.; L. 5 p. 2 l. (B, 57; Van Hulthem, 2646, J., III, 41).

Vénus, ovale, gr. par le même. *Cum Cerere et Baccho,* etc. H. 8 p. 8 l.; L. 6 p. 6 l. (B. 66; Camberlyn, 2e vente, 3207).

Vénus accompagnée de l'Amour, assise sur des nues. *Immenso nostrum spectatur,* etc.; pièce ovale, gr. par le même. H. 11 p. 9 l.; L. 9 p. 2 l. (B. 63; Van Hulthem, 2649; Camberlyn, 2e vente, 3206).

Vénus assise sur un lit entre Bacchus et Cérès, allégorie signifiant que l'Amour n'a aucun pouvoir s'il n'est accompagné de ces deux divinités. *Bacche mea vires,* etc.; gr. par le même, 1600. H. 15 p. 6 l.; L. 11 p. 6 l. (B. 69; J., III, 41).

Vénus implorée par des couples d'amants, belle pièce, gr. par le même, 1596. *O Citherea tuos,* etc. H. 15 p. 7 l.; L. 11 p. 8 l. (J., III, 42; B. 71; comte***, de Vienne, 2473).

Vénus présidant à l'amour et aux plaisirs. *Accendo iuvenum curas,* etc. Grav. par le même. H. 8 p. 8 l.; L. 6 p. 6 l. (B. 77).

Vénus recevant les caresses de l'Amour, gr. par le même. *Aligero magnos armata,* etc. H. 7 p. 3 l.; L. 5 p. 9 l. (B. 68; Van Hulthem, 2652).

Vénus se reposant sur un lit, tandis que l'Amour remplit de flèches son carquois. Pièce dans un cartouche ovale; grav. par le même. L. 10 p. 4 l.; H. 7 p. 6 l. (B. 51).

Le Jugement de Pâris, petite pièce en travers, gr. par P.-L. Surugue (J., III, 105).

Un Vieillard exprimant sa passion à une fille qui est près de lui, et qui pose la main sur un vase. Gravé probablement par Jean van de Velde, 1622. Dans la marge: *Decrepitus juvenem lepidamque,* etc. H. 6 p. 1 l.; L. 4 p. 5 l. (B. 92).

GOLTZIUS (Jules), fils d'Henri, grav., a travaillé d'après son père et d'après d'autres maîtres.

GOLTZIUS (Jacques), grav. — Voir H. *Goltzius.*

GORP (Van), peintre du XVIIIe siècle.

La Ruse. — *La Surprise;* deux spirituelles compositions, en coul., gr. par Honoré; L. 0.13; H. 0.11 (Bance, en 1809, 2 fr. ch.; 11 nov. 1861, les deux, 7 fr. 50).

GOSSE (Nicolas-Louis-François), peintre contemp., né à Paris, en 1787; élève de Vincent.

Giralda, lith. par Regnier. Paris, Desmaisons-Cabasson, 1855.

Mlle Sontag, de l'Opéra-Buffa, gr. à la man. noire, par S.-W. Reynolds; H. 0.400; L. 0.260 (Soleinne, 347).

GOUDT (Henri), comte Palatin; peintre et grav. au burin, né à Utrecht, en 1558; mort dans la même ville, en 1630. — Voir *Elsheimer.*

Cérès change Stellion en lézard. Rome 1610, pièce en haut. Hollar en a fait une copie (J., I, 415).

GOUPIL (Jules), peintre contemp., né à Paris; élève de Henry Scheffer.

L'Heure du rendez-vous. — *L'Essai de la robe;* deux pièces gr. par d'Harlingue. Paris, impr. Naissant, 1865.

GOUPIL, photogr. — Voir *André, Anker,* Steph. *Baron, Barrias, Battoni, Baudry, Baugniet, Beaume,* E. de *Beaumont,* E. *Béranger, Biennoury, Boucher, Boucza,* G.-R. *Boulanger,* A. *Bourgouin, Boutibonne, Cabanel, Caraud,* Louis *Carrache, Chaplin, Compte-Calix, Coomans,* le *Corrége, Court, Dejonghe,* P. *Delaroche, Destouches, Dieffenbach,* G. *Doré, Dubufe, Félon, Franquelin,* J.-L. *Gérome, Giacomotti, Gignoux,* F. *Girard, Giraud, Gleyre, Gobert, Graeflé, Greuze, Grunewald, Guérard, Hamon,*

Ingres, Jalabert, Jourdan, Knaus, Landelle, L. *Lassalle,* Jules *Laure, Lépaulle, Lepoittevin, Liotard, Lobrichon, Marohn, Mazerolles, Merle,* L. de *Moulignon,* C.-L. *Muller,* Dom. *Papety,* H. *Picou, Raphaël, Roehn, Saint-Pierre, Salentin, Santerre,* Ary *Scheffer, Schlesinger, Schloesser,* Ant. *Serres, Sigalon, Terburg, Tissot,* le *Titien, Toulmouche, Vallet,* Karle *Vanloo,* Horace *Vernet.*

GOUPY (Joseph), peintre et grav. anglais, né en 1729; mort en 1780. — Voir *Rubens,* Fr. *Solimena.*

GOURMONT (Jean de), trav. à la fin du XVIe siècle.

Vénus et l'Amour, pièce en haut.

GOYA Y LUCIENTES (Francisco), peintre et grav. espagnol, né à Fuente-Todos (Aragon), en 1746; mort à Bordeaux, en 1828.

Les Caprices de Fr. Goya, 80 pièces, la plupart caricaturales, dont nous ne citerons que les suivantes, afin d'en donner une idée. La plupart, toutefois, flagellent la stupidité du peuple et des grands et les vices des moines (Sampayo, en 1842, 150 fr.).

Bello consejos (Bons conseils) : jeune et jolie femme écoutant les conseils d'une affreuse vieille. On croit, dans cette jeune beauté, reconnaître la Tudo, fille d'un chirurgien, mariée secrète-au fameux don Manuel Godoï.

Bien tirada esta (Bien tiré) : une vieille parlant à une jeune femme qui attache sa jarretière. Les paroles espagnoles prêtent à une allusion licencieuse.

Dios la perdone : y era su madre (Dieu vous assiste — et c'était sa mère !) Jeune élégante refusant l'aumône à une pauvre vieille.

No gristes, touta! Jeune femme surprise par deux moines; elle crie et ils lui disent : « Ne crie pas, bête! »

No hay quien no desate? (Ne peut-on nous délier?) Satire contre le mariage. Un homme et une femme sont attachés dos à dos.

GOYEN (Jean van), peintre, né à Leyde, 1596; mort à la Haye, 1656.

Paysage avec une femme faisant ses nécessités, gr. à l'eau-forte.

GOYRAND (Claude), graveur. — Voir *Swanevelt.*

GOZ (de), dessinat. du XVIIIe siècle.

Ha! c'est là où gît le lièvre. — Ah! le beau jupon court; deux pl. gr. par Brichet, 1784 (15 mai 1865, N° 674).

GRAAT (Barent), peintre et grav. à l'eau-forte, né à Amsterdam, 1628-1709.

Abimelech voyant de sa fenêtre Isaac caresser Rebecca (comte ***, de Vienne, 1055).

Les Amours de Vénus et Adonis, pièce en larg., gr. par Mathieu Pool. Titre : *Veneris et Adonidis amores* (Van Hulthem, 2380).

Bethsabée, gr. par Georges Valck.

GRACES (les Trois). — Voir les *Trois Grâces.* — Voir aussi *Vénus et les Grâces.*

GRACES (les) ET L'AMOUR. — Voir L.-M. *Bonnet,* Fr *Boucher,* Ang. *Kauffman, Lagrenée,* J.-M. *Moreau, Raphaël, Rubens, Thouvenin.*

GRAEFLÉ, peintre contemporain.

Souvenir du cœur, gr. en man. noire, par Garnier; H. 0.37; L. 0.27 (Goupil, 8 et 16 fr.).

Sirène, gr. en man. noire, par Joubert; H. 0.46; L. 0.31 (Goupil, de 12 à 24 fr.).

Le même sujet, phot. par Goupil; 0.07 sur 0.12, 1 fr. 50.

GRAFF (Ant.), peintre du XVIIIe siècle.

Henriette Koch, comédienne, 1770; gr. par J.-Fr. Bause. H. 0.2 5; L. 0.207.

GRAFTON (la duchesse de). — Voir *Kneller.*

GRAHN (Lucile). — Voir *Grévedon.*

GRAMMONT (Lady). — Voir *Lely.*

GRANDHOMME (Jacques), le vieux, dess. et grav.; trav. à Lyon, à la fin du XVIe siècle et au commencement du XVIIe. — Voir *Raphaël.*

L'Amour, pièce ronde ; diam. 81 mill.

Les Danseuses ; L. 105 mill.; H. 77.

GRANDHOMME (Jacques), le jeune, dess. et grav., né à Heidelberg, vers 1560.

Les Dieux de la fable, suite de 22 pièces in-4°, en larg., numérotées.

Marie de Médicis, étant jeune, portr. in 4°, rare (18 mai 1864, N° 396).

GRANGERET, peintre.

La Chute de Nanette. — *L'Essai du bain* ; deux pièces ovales, gr. par Martin (21 février 1862, N° 252).

Le Réveil tardif (nymphes surprises par des satyres), gr. par Demonchy (21 février 1862, N° 253).

GRANVILLE (J.-Ignace-Isidor *Gérard* de), dessinat., né à Nancy, en 1803 ; mort à Paris, en 1847.

Ma femme est sortie, ma petite chatte. — *Oh ! le monstre d'homme, y nous suit toujours.* — *Ah ! elle te plaît, monstre, eh bien ! je la chasse.* — *Le Lièvre au gîte*, etc.; phot. par S. Braun, d'après les *Métamorphoses du jour*, de Granville, 1860.

GRASSI (A.), peintre du XVIIIe siècle.

Triomphe de la beauté : fille nue ; in-fol., gr. en coul., par F.-V. Durmer.

Vénus et l'Amour, in-fol. en larg., gr. par le même, 1796 (Van Hulthem, 5191 ; Schwarzenberg, 1er état, 1 $^{15}/_{24}$ thal.)

Ariane, gr. par G.-V. Kininger.

GRASSINI (Mme). — Voir Mme *Lebrun*.

GRATELOUP (Jean-Baptiste de), grav., né à Dax, le 25 février 1735 ; mort dans la même ville, le 18 février 1817. — Voir Ch.-Ant. *Coypel*.

GRAVELLE (Louis de), conseiller au Parlement.

Un Sacrifice à Priape.

GRAVELOT (Hubert-Fr. *Bourguignon*, dit), célèbre dessin., né à Paris, en 1699, où il mourut en 1773.

Mlle Clairon, in-fol., gr. par Noël Lemire. L'actrice, vue jusqu'aux genoux, est couronnée par Melpomène (J., II, 207).

The Judicious lover, gr. par J.-L. Marchand.

GRAY (Jeanne). — Voir P. *Delaroche*, A. van der *Werff*.

GRÉARD, dessin. lith. contemporain.

Qui veut mordre à la grappe ? — *Ma rose vous plaît-elle ?* Deux pièces lith. Paris, Wild, 1855.

GREBBER (Pierre de), p. et gr. à l'eau-forte et au burin, né à Harlem, au commencement du XVIIe siècle.

Susanne au bain surprise par les vieillards, gr. rare (Camberlyn, 1re vente, 1299).

GREEN (Valentin), dess. et gr. en man. noire et à l'aqua-tinta, né à Londres, 1737-1800. — Voir James *Barry*, Ant. *Bellucci*, *Calze*, Aug. *Carrache*, *Cosway*, Van *Dyck*, *Falconnet*, Ang. *Kauffman*, *Reynolds*, B. *West*.

La Duchesse de Cumberland (J., II, 110).

Mme de Genlis, portr. in-fol. (catal. A. David).

Marie de Sévis, vicomtesse de Sarsfield (J., II, 110).

GREENVOOD (John), peintre et grav., né à Boston, en 1729 ; trav. à Amsterdam jusqu'en 1760.

Les Filles curieuses, 1768, gr. en hauteur.

Vénus et l'Amour, in-fol.

GRÉGORI (Charles), dessin. et grav., né à Florence, 1719-1759. — Voir F. *Boschi*.

GRÉGORI (Ferdinand), fils du précédent, dess. et grav., né à Florence, 1743-1804. — Voir Jean de *Bologne*, J.-F. *Casanova*, Fr. *Furini*, le *Guide*.

GRÉGORI (Gioseffo), graveur. — Voir l'*Antique*.

GRENIER, dessin. lith. contemporain.

Délassements : Le Fumeur en jouissance. — Le Veuf. — L'Abus de confiance. — Le Vieux célibataire. — La Descente du ravin. — L'Aura-t-il ? Six pièces lith. ; H. 0.21 ; L. 0.16 (Bulla, 1 fr. 50 et 3 fr. chaque).

Le Reverrai-je ? — *L'Heure du dîner.* — *Les Intimes*, trois pièces lith. (*Mus. de l'amat.*) ; 0.20 sur 0.15. Paris, Jouy, 1860, 1 et 3 fr. chaque.

A ce soir, lith. par Duriez (*Galerie-omnibus*). Paris, E. Jouy, 1865.

La Demande en mariage, gr. à la man. noire, par Jazet ; L. 0.76 ; H. 0.57 (Goupil, en noir, 36 fr. ; en coul., 72 francs).

La Réponse, in-fol. en haut., gr. par le même.

Une Conquête (premier jour de garnison). — *Une Victime* (dernier jour de garnison) ; deux pièces lith. par Léon Noël (*Gal. pour rire*, N°s 65 et 66) ; H.

0.46; L. 0.38. Bulla, en rehaut, 6 fr. chaque. H. 0.39; L. 0.31. Bulla, 6 et 12 fr. ch.

A ce soir! lith. par Regnier (*Gal. pour rire*); H. 0.46; L. 0.38. Paris, Jouy, 1860, en rehaut, 6 fr.

Une Conquête. — *Une Victime*; deux pièces lith. par le même; H. 0.22; L. 0.18 (Bulla, 2 et 4 fr. chaque).

Le Galant conscrit, lith. par Vogt (*Mus. de l'amat.*); 0.20 sur 0.15. Paris, Jouy, 1860, 1 et 3 fr.

Descente du ravin. — *L'aura-t-il?* Deux pièces en haut., phot. chez Bulla.

GREUTER (Mathias), peintre, dess. et grav., né à Strasbourg, en 1564 ou 1566; mort en 1638. — Voir Raph. *Matta.*

Vénus debout sur un globe, 1587, pet. in-fol. en larg.

Vénus et l'Amour, in-4°.

GREUZE (Jean-Baptiste), peintre et grav. à l'eau-forte, né à Tournus (Saône-et-Loire), en 1726; mort à Paris, en 1805.

La Vertu chancelante, gr. d'après Greuze. Chez Feillet, 1824.

L'Accordée de village, gr. en coul., par Alix (déc. 1856, N° 356).

Serena (jolie fille riante, en buste), petite pièce ovale en haut., impr. d'un ton rougeâtre, gr. par J.-Fr. Bause. Leipzig, 1785 (11 nov. 1861, 4 fr.).

Annette. — *Lubin*; deux pièces gr. par L. Binet (18 mai 1864. N° 727 bis).

La Vertu chancelante. — *La Vertu raffermie*; deux pl. gr. à la man. noire par A. Boilly. Paris, Fatout, 1857.

La Petite liseuse, charmante pièce, gr. par Marie-L.-A. Boizot, 1766; rare (en déc. 1856, 28 fr.; 11 nov. 1861, av. l. l., 17 fr.).

Bacchante, gr. par Bourgeois de la Richardière (11 avril 1859, avec la *Cruche cassée*, de Massard, 110 fr.).

Daphnis et Chloé, gr. par Bréa.

Le Tendre désir, gr. par C... (en déc. 1856, 71 fr.).

Le Père aveugle tenant la main de sa fille, pendant que le galant remonte à boire de la cave; jolie composit. in-fol. en haut., gr. par Laurent Cars (en mai 1864, 2 fr. 50).

La Cruche cassée, lith. par Delaruelle. Paris, 1846.

Le Doux regard de Collette (et son pendant); deux pièces gr. par A.-F. Dennel (déc. 1856, N° 385).

Prunes de Monsieur (pendant aux *Abricots de Jeannette*, par Deshays), lith. par Cél Deshays; H. 0.36; L. 0.29 (Dusacq et Cie, en rehaut, 3 fr.).

La Rosière de Salenci, in-4°, gr. par P. Fite.

Danaé, gr. à l'eau-forte, par L. Flameng (*Gazette des Beaux-Arts*, tome VIII p. 236). — L'Aigle (Jupiter) soulève la draperie pour la voir; une vieille femme penchée au chevet du lit, l'aide dans cette action. Les deux figures de femmes un peu vulgaires, ont l'air d'être dessinées sur nature. La composition n'en est pas moins très-remarquable. Le tableau, appartenant à M. Bonnet, a été exposé en 1860, au boulevard des Italiens.

L'Accordée de village, gr. par J.-J. Flippart, en 1770. L'accordée a, comme on sait, une séduisante tête de jeune fille (Simon, N° 273; vente Valois, sans lettre, 49 fr.; Ménars, 77 fr.; en mai 1864, 19 fr.).

La Philosophie endormie, charmante pièce représentant Mme Greuze endormie; gr. à l'eau-forte, par Fragonard, et terminée par Aliamet; H. 0.410; L. 0.310 (en déc. 1856, 52 fr.; le 21 février 1859, 41 fr.; 11 nov. 1861, 23 fr.; en avril 1864, 12 fr.).

Calisto et Diane, deux bustes avec bordures, in-fol. en larg., gr. par Gaillard.

La Voluptueuse, gr. en haut., par le même (Lex..., N° 512; en déc. 1856, 28 fr.).

L'Innocence, gr. en man. noire, par Garnier; H. 0.39; L. 0.32 (Goupil, 8 à 16 fr.).

La Petite Jeannette, gr. par C. Guérin; rare (cat. A. David).

La Douce espérance, jeune femme à demi-couchée sur un lit; pièce ovale, gr. par Guyot.

L'Amour, dédié au beau sexe, gr. par Blaise-Louis Henriquez; rare (Camberlyn, 1re vente, 1342).

L'Amour, ovale in-fol., gr. par Henriquez et Molès.

La Prière à l'amour, in-fol. ovale, gr. par les mêmes.

La Fille confuse, gr. par Ingouf (15 mai 1865, N° 682).

La Paix du ménage, gr. par le même.

La Rêveuse, pet. ovale en haut., gr. par le même.

Les Sevreuses, 1769, gr. par le même.

La Tricoteuse endormie (jeune fille qui s'est endormie en tricotant), gr. par Cl. Donat Jardinier (11 nov. 1861, av. l. l., 25 fr.; apr. l. l., 7 fr. 50; en mai 1864, 53 fr.).

L'Innocence, gr. par Ferd. Joubert (Exposit. de 1859).

Le Malheur imprévu, in-fol., gr. par R. de Launay (vendu, en déc. 1856, 34 fr.).

L'Aveugle trompé, gr. en haut., par J.-Ph. Lebas.

La Fille grondée, gr. par Letellier (en mai 1864, 11 fr.).

La Laitière, jolie pièce gr. par J.-Ch. Levasseur (21 février 1859, 41 fr.). Une jolie laitière ayant la tête couverte d'une coiffe de batiste, un fichu de gaze un peu en désordre sur son sein, et un tablier blanc devant elle, s'appuie du bras gauche sur le cou d'un cheval qui est chargé de ses cruches, et tient de la main droite le vase dont elle se sert pour mesurer son lait.— Le tableau est aujourd'hui chez M. de Rothschild, à Paris. Citons l'appréciation de M. Charles Blanc, dans l'*Histoire des peintres* : .... « La *Laitière* de Greuze, morceau vraiment admirable et dont rien n'approche, si ce n'est la *Cruche cassée* du Louvre. Quelle adorable créature ! Nous sommes sans doute à l'époque où la reine de Trianon s'en allait par les avenues, déguisée en chapeau de paille, cotillon simple et souliers plats. Mais n'est-ce pas là mademoiselle Babuti, qui, avant d'épouser Greuze, fut aimée par ce fou de Diderot? La naïade ingénue du quai Conti est maintenant une laitière accorte, venue à la vie, l'œil plein de tendresse, la bouche remplie d'amour ; au lieu de cette cruche qui, à force d'aller à l'eau, se cassa, elle tient dans sa main fine et légèrement potelée une boîte en ferblanc, tandis qu'un de ses bras s'appuie sur le cou du cheval breton qui a ramené sans encombre à la ville la jolie Perrette à la peau blanche comme ses jattes de crême, Perrette avec ses pensées de jeune fille et ses rêves de fermière, bâtissant sa rustique fortune et imaginant dans sa tête tout le bonheur que promettent ses beaux yeux et ses épaules négligemment découvertes. Oui, la grâce de ce morceau est incomparable. »

Le Petit polisson, gr. par le même (Lex..., N° 519).

Thaïs, ou la Belle pénitente, grav. par le même.

L'Innocence, gr. par Aristide Louis (vente du 28 janv. 1865).

Offrande à l'Amour, gr. par Macret, 1778, rare (P. de Corneillan, 571 ; en avril 1864, 1 fr. 75).

La Cruche cassée, in-fol., gr. par J. Massard, 1773, et réimpr. à Paris, Lamoureux, 1858 (en déc. 1856, 100 fr.; le 11 avril 1859, avec la *Bacchante*, par Bourgeois, 110 fr.; en 1860, 17 fr.).

La Vertu chancelante (jeune fille tenant une montre), gr. par le même, et réimpr. à Paris, chez Lamoureux, en 1858 (J., II, 261; V***, d'Anvers, en 1856, N° 351 ; en mai 1864, 8 fr.).

L'Accordée de village, gr. en larg., par Mirel (Van Hulthem, 4553).

Les Œufs cassés, in-fol., gr. par P.-Et. Moitte.

La Paresseuse, in-fol., gr. par le même (15 mai 1865, N° 680).

La Prière à l'Amour, in-fol., gr. par P.-P. Molès (J., II, 290).

Ah! madame, vous la voyez, gr. par Moreau, le jeune.

La Cruche cassée, gr. au burin, par Revel (Gache, 1850, 6 fr.).

L'Accordée de village, gr. à l'aquatinta, par Sixdeniers ; L. 0.76 ; H. 0.57 (Goupil, en noir, 50 fr.; en coul., 85 fr.).

Les Premières leçons de l'amour (jeune fille regardant des tourterelles), gr. par Voyez l'aîné (en avril 1864, 32 fr.).

Femme surprenant par la fenêtre son mari qui offre sa bourse à une autre femme, gr. par C.-H. Watelet; rare.

L'Accordée de village, phot. chez Bulla.

La Cruche cassée, phot. par Chardon jeune. Paris, Bulla, 1861.

Prunes de monsieur. — *La Cruche cassée*. — *L'Innocence*. — *Le Souvenir* ; quatre pièces phot. par Dusacq ; format carte de visite, 1 fr. chaque.

L'Accordée de village, phot. par Goupil ; 0.07 sur 0.12, 1 fr. 50.

Calisto, phot. par Meslin. Paris, 1864.

Le Mari jaloux, phot. par Richebourg. Paris, 1865.

La Cruche cassée, phot. par T. Vatinelle. Paris, 1867.

GRÉVEDON (Henri), dess. et lith. contemp. — Voir *Berthon, Bodmer, Devéria, Gérard, Mallet, Prudhon, Sicardi.*

Abailard. — *Héloïse* ; deux pièces. Paris, Lemercier, 1845.

Alphabet de dames, ou Recueil de 25 portraits de fantaisie : Zaïde. — Théodora. — Gabrielle. — Hélène. — Juliette. — Ursule. — Pauline. — Fædora. — Beatrix. — Marie. — Rosine. — Quintilia. — Valérie. — Xima. — Ketty, etc., et frontispice avec vignette. Paris, Lemercier, 1828, in-fol., 60 fr.

Anaïs Aubert, actrice, portr. lith.; H. 0.460; L. 0.360 (Soleinne, 264).

Femmes cosmopolites : la Séduisante Odalisque. — Elégante Polonaise. — Tendre Espagnole. — Noble Allemande; quatre pièces lith.; H. 0.35; L. 0.28 (Bulla, 2 fr. 50 et 5 fr. chaque).

Les Héroïnes célèbres: Rebecca. — Marguerite. — La belle Feronnière. — Diane de Poitiers. — Haïdée. — Esméralda. — Mlle de la Vallière. — Agnès Sorel; huit pièces lith. H. 0.39; L. 0.32. Paris, Jouy, 1860, 3 et 6 fr. chaque; Bulla, idem.

Ida St.-Elme, portr. lith. Paris, 1828.

Il est gentil. — *Venez-vous?* — *Je pars.* — *Perfidie.* — *A bientôt.* — *Ce n'est pas ma faute*; six pièces lith. Paris, Rittner, 1834.

Lucile Grahn, portr. lith.; H. 0.39; L. 0.30 (Goupil, en noir, 4 fr.; en coul., 8 fr.).

Mme Albert, du théâtre des Nouveautés, portr. lith.; H. 0.400; L. 0.290 (Soleinne, 329).

Mme Malibran-Garcia, 1829, portr. lith.; H. 0.380; L. 0.290 (Soleinne, 348).

Mme Volnys (Léontine Fay), lith.; H. 0.510; L. 0.450 (Filippi, 443; Soleinne, 328).

Mlle Bourgoin, actrice, lith. in-4° (Vignères, 1 fr.).

Mlle Emilie Grévedon, 1829, lith. H. 0.410; L. 0.330 (Soleinne, 288).

Mlle Fanny Elssler, lith.; H. 0.400; L. 0.300 (Soleinne, 309).

Mlle Jawureck, lith. (Filippi, 262).

Mlle Jenny Verpré, portr. lith.; H. 0.510; L. 0.450 (Filippi, 442; Soleinne, 328).

Mlle Mars, lith. (Filippi, 425).

Mlle Noblet, lith. (Filippi, 470).

Mlle Plessy, portr. en pied (Filippi, 433).

Mlle Rachel, 1838, portr. lith.; H. 0.491; L. 0.360 (Soleinne, 297).

Mlle Sontag, portr. lith.; H. 0.390; L. 0.280 (Filippi, 288; Soleinne, 346).

Mlle Taglioni, portr. lith.; H. 0.410; L. 0.310 (Soleinne, 308).

Le Miroir des dames, ou Nouvel alphabet français, collection de portraits lith. d'après nature. Paris, Aumont, 1834.

Recueil de quelques portraits d'actrices des principaux théâtres de Paris, lith. d'après nature. 1re et 2e livraisons. Paris, Chaillou-Potrelle, 1829, 8 pièces gr. in-fol. : Mlles Dupont, Jawureck, Léontine Fay, Falcoz, Despréaux, Grévedon, Prévost et Noblet, de l'Opéra (Soleinne, 259).

Portraits des femmes célèbres, d'après Grévedon: Marie de Médicis. — Diane de Poitiers. — Blanche de Castille. — Anne de Boulen. — Odette. — Mathilde; six sujets sur la même feuille. Paris, chez Fourmage, 1839.

GREVIN (A.), dess. et lith. contemp.

Ces petites dames : Je suis jeune, vous êtes vieux; je suis jolie, vous êtes laid ; on me trouve quelquefois spirituelle, vous êtes ordinairement peu drôle; de plus, vous m'aimez et je ne vous aime pas.... Voyons, mon bon, osez donc dire encore que je vous coûte cher! — Il me parlait toujours de ceci par ci, de cela par là, etc.; bref, j'ai fini par comprendre qu'il était un peu gêné; tu sais, ça m'a fait de la peine, et, ma foi, je l'ai planté là.... Et tu as bien fait, car où il y a de la gêne, il n'y a pas de plaisir ; etc. Paris, lith. Destouches

En Carnaval : Ah! vous voulez contempler mes traits! Eh bien! regarde et meurs!.... Ma femme!! Paris, lith. Martinet, 1865.

Les Filles d'Eve, grand album in-4° de 24 gravures rehaussées de coul. Paris, 1867, 8 fr.

GRIGNION (Charles), dit le jeune, dess. et grav., français d'origine, né à Londres, en 1712 ; trav. jusqu'en 1774. — Voir André *Cazali,* Salvator *Rosa.*

GRIMALDI (Jean-François), dit le *Bolognèse,* p. et gr., né à Bologne, en 1606; mort à Rome, en 1680.

Femmes sortant du bain (de la Galerie de Florence), gr. par Chr. Haldenwang. Paris, Danlos aîné, 1867.

GRIMOUX, peintre de la 1re moitié du XVIIIe siècle.

L'Espagnolette, in-fol. en haut., gr. par B. Lépicié, 1740 (Lex...., N° 524).

GRISI (Mlle Julie). — Voir *Bouchot*, A.-E. *Chalon*, *Courtin*, *Devéria*, *Maurin*, *Negelen*, Léon *Noël*.

GROB (Ulric), photogr.

Portraits, phot. d'après nature : Mlles Anita, Félicie, Garnier, Louise Leblanc, Lucie, Malonia, Maria Boulay, Mignone, Moyse (du Th. Déjazet), Paula, Victoria, Ferté (6 poses), Léonie (Bouffes-Parisiens, 3 poses), Victorine (6 poses), Julia (2 poses), Gabrielle (4 poses), Adeline (3 poses), Mayer (2 poses), Guercy (2 poses), Louise Moreau (des Variétés), Anna Roger, Valpini, Lovely, Demerson, Silly, Oberthal, Suran, etc.

GROS (le baron Ant.-J.), peintre, né à Paris, en 1771 ; se donna la mort en 1835, à Meudon.

Mlle Raucourt, 1796, gr. par Ruotte ; H. 0.380 ; L. 0.290. C'est le plus beau portrait du personnage (Soleinne, 274 ; Sudre, 1867, N° 208).

GRUN (Hans-Baldung), p. et gr. né à Gemunde, en 1474 ; mort en 1552. Son monogramme est HB, liés ensemble, avec un G dans l'intérieur de l'H.

Adam et Eve, gr. en bois. Le serpent, entortillé autour du tronc de l'arbre de vie, semble parler à Adam qui est debout, faisant un geste de la main droite, et de l'autre tenant une pomme qu'il cache. Eve, à droite, cueille un fruit. H. 8 p. 2 l. ; L. 5 p. 8 l. (Van Hulthem, 556 ; B., VII, 301, N° 1).

Adam et Eve, 1519. Celle-ci, vue de face, est debout, tenant du fruit dans chaque main. Elle retourne sa tête vers Adam qui est debout derrière elle. Gravure en bois. H. 9 p. 3 l. ; L. 3 p. 6 l. (B. 2).

Adam et Eve, 1511. Clair-obscur de deux planches. Eve présente du fruit défendu à Adam, qui lui fait des caresses d'une main, tandis qu'il tend l'autre pour cueillir un fruit de l'arbre de vie sur une branche duquel est suspendue une tablette, où on lit : *Lapsus humani generis*. Le serpent, entortillé autour d'un arbre, semble leur parler. Gravure en bois. H. 13 p. 10 l. ; L. 9 p. 4 l. (B. 3).

Xantippe montée sur Socrate qu'elle fait marcher à quatre pattes. Elle tient la bride d'une main, et un fouet de l'autre, 1515. H. 0.333 ; L. 0.239 (B. 48).

GRUNEWALD (J.-W.), peintre et graveur bavarois contemp. — Voir *Detroy*.

Les Amoureux, phot. par Collin. Paris, 1862.

Le même sujet, phot. par Goupil. H. 0.22 ; L. 0.17, 6 fr.

GSELL, lithogr. contemporain. — Voir *Etex*.

GUDIN (J.-Ant.-Théodore), peintre et gr. contemp., né à Paris, en 1802. Elève de Girodet-Trioson. — Voir *Ansiaux*, *Berthon*.

La Brise du soir. — *Un Rêve de bonheur* ; deux pièces lith. par Sabatier et Desmaisons ; L. 0.58 ; H. 0.40. Paris, Jouy, 1860, en coul., 16 fr. chaque.

Nuit à Naples. — *Soirée à Venise* ; deux pièces lith. par les mêmes ; L. 0.62 ; H. 0.43. Paris, Jouy, 1860, en rehaut, 10 fr. chaque.

GUÉ (Nicolas), peintre russe contemp.

Les Quatre saisons, quatre pièces lith. par Soulange-Teissier ; H. 0.37 ; L. 0.30. Paris, Jouy, 1860, 5 et 10 fr. chaque.

GUÉLARD (J.), graveur. — Voir *Huet*.

GUELDRES (Arnold de), peintre.

Loth et ses filles, in-fol., gr. par R. Dunkartou (J., I, 447).

GUENDTER (F.-I.), grav., né à Altmanastein, en Bavière, en 1705.

Pygmalion amoureux d'une statue de Vénus. Pièce très-rare.

GUÉRARD, peintre et lithogr. contemp.

C'est pour savoir si le printemps s'avance. — *Mais qu'il fait donc bon, qu'il fait donc bon cueillir la fraise !* — *Qui m'aime me suive*. — *La double chasse* ; quatre pièces lith. (Goupil, 6 et 12 fr. chaque).

La Semaine des amours, illustr. du couplet de Scribe.

Le lundi on voit une femme,
On fait l'aimable le mardi,
Le mercredi on peint sa flamme,
Elle vous répond le jeudi,

On est heureux le vendredi,
On se quitte le samedi,
Et dimanche tout est fini,
Pour recommencer le lundi.

8 pl. lith.; H. 0.30; L. 0.24. Paris, Goupil, 1852, 30 fr.

Singeries amoureuses, deux pièces très-curieuses (15 mai 1895, N° 150).

Ah! qu'il fait donc bon cueillir la fraise. — C'est pour savoir si le printemps s'avance; deux pièces lith. d'après Guérard. Paris, Goupi, 1859.

L'Amour et le tabac. — Sauve qui peut. — Tout est perdu, fors l'honneur. — Un Domestique pour tout faire. — Un Jour de carnaval; cinq pièces lith. d'après Guérard. Paris, Goupil, 1859.

Le Petit souper. — Couloir de l'Opéra; deux pièces lith. d'après Guérard (*Musée des rieurs*); H. 0.47; L. 0.37 (Goupil, 6 et 12 fr. chaque).

Si Jeunesse savait. — Si Vieillesse pouvait; deux pièces lith. d'après Guérard (*Mus. des rieurs*, N°s 25 et 26); H. 0.47; L. 0.37 (Goupil, 6 et 12 fr. chaque).

Les Lionnes: N° 1. Le Matin. — N° 8. La Toilette. — N° 9. Au Bal. — N° 10. Aux Italiens. — N° 11. Le Livre du destin. — N° 12. On prépare la victoire; six pièces lith. par Alophe; L. 0.32; H. 0.24 (Goupil, imitation de pastel, 6 fr. chaque; en coul., 10 fr. ch.).

L'Ordre de la jarretière, lith. par C. Deshayes (*Musée des rieurs*, N° 2); H. 0.47; L. 0.37. Paris, Lemercier, 1846 (Goupil, imitation de pastel, 6 fr.; en coul., 12 fr.).

Sauve qui peut! — Tout est perdu, fors l'honneur; deux pièces lith. par Dollet (*Mus. des rieurs;* N°s 19 et 20); L. 0.47; H. 0.37 (Goupil, imit. de pastel, 6 fr. chaque; en coul., 12 fr.).

Un Domestique pour tout faire! lith. par Leroux (*Mus. des rieurs*, N° 1); H. 0.47; L. 0.37 (Goupil, imit. de pastel, 6 fr.; en coul., 12 fr.).

Honni soit qui mal y pense (accident par un temps de neige). — *Honni soit qni mal y voit* (les effets d'un coup de vent); deux pièces lith. par Regnier et Bettannier; L. 0.47; H. 0.37 (*Musée des rieurs*, N°s 11 et 12, et *Musée omnibus*). Paris, Lemercier, 1846; Goupil, imit. de pastel, 6 fr. chaque, et en coul., 12 fr.

Les Lionnes. N° 1. Le Matin. — N° 2. Le Soir; deux pièces lith. par les mêmes; L. 0.32; H. 0.24. Paris, 1845 (Goupil, en rehaut, 6 fr. chaque).

Un Jour de carnaval. — L'Amour, le vin et le tabac; deux pièces lith. par les mêmes (*Musée des rieurs*, N°s 23 et 24); L. 0.47; H. 0.37 (Goupil, imit. de pastel, 6 fr., et en coul., 12 fr. chaque).

La Vie au sérail : 1° Le Chibouck. — 2° Le Narguilé. — 3° La Danse. — 4° Le Hatchich. — 5° L'Almée. — 6° La Sultane. — 7° Le Repos. — 8° Le Pacha; huit pièces lith. par les mêmes; L. 0.40; H. 0.32 (Goupil, 5 et 10 chaque).

La Vie parisienne : 1° La Mazurka (au cours de Laborde). — 2° La Mazurka (au bal costumé, chez Mabille). — 3° Bal du Château-Rouge (jardin). — 4° Bal du Château-Rouge (salle de danse) quatre pièces lith. par les mêmes; L. 0.49; H. 0.40. Paris, Goupil, 1867, imit. de pastel, 6 fr., en coul., 12 fr. chaque.

Les Lionnes : N° 3. Un Lendemain de victoire. — N° 4. Le Camarade de lit. — M° 5. A la chasse. — N° 6. Aux Bains de mer. — N° 7. Le Petit souper; cinq pièces lith. par Schultz. L. 0.32; H. 0.24 (Goupil, imit. de pastel, 6 fr. chaque; en coul., 12 fr.). — Cette suite se continue.

La Vie parisienne : N° 5. Les Bains de l'hôtel Lambert. — N° 6. Les Bains d'Asnières; deux pièces lith. par Thielley; L. 0.40; H. 28 (Goupil, 6 fr. chaque).

Le Matin. — Le Soir. — Aux bains de mer. — On prépare la victoire. — Honni soit qui mal y pense. — Honni soit qui mal y voit; six pièces phot. par Goupil, format carte de visite, 1 fr. chaque.

Si Jeunesse savait. — Si Vieillesse pouvait; deux pièces phot. par Goupil. Paris, 1863, 0.17 sur 0.14, 2 fr., chaque.

La Vie au sérail, suite de huit pièces phot. par le même. 0.17 sur 14, 2 fr. chaque; 0.07 sur 0.12, 1 fr. chaque; cartes de visite, 1 fr. chaque. L'exposition publique de ces photographies est défendue.

GUERCHIN (J.-François *Barbieri*, dit le) ainsi nommé parce qu'il était louche; peintre, né à Cento, près de Bologne, 1590; mort à Bologne, en 1666.

Cléopâtre, s'apprêtant à boire dans la coupe où elle a fait fondre la perle gr. par Fr. Bartolozzi, 1764; H. 0.286; L. 0.232.

Vénus et Adonis, gr. par le même; L. 0.407; H. 0.275 (J., I, 217).

Andromède et Persée, gr. par M. Bisi.

Mars, Vénus et l'Amour, gr. par L.-A. Claessens (Martial Pelletier, 1867, N° 776).

Renaud endormi sur le char d'Armide, in-fol., gr. par D. Cunego, 1776.

La Reine Sémiramis, gr. par J. Falck (Winckler, 2e état, 1 5/8 th.).

La Magicienne Circé, in-fol., gr. par Gandolfi.

Céphale et Procris (de la Galerie de Dresde), gr. par Keyl.

Le même sujet, in-fol. en larg., gr. par L.-S. Lempereur.

Clorinde blessée (de la Galerie de Dresde), in-fol. en larg., gr. par le même.

Vénus retrouvant Adonis blessé (de la Galerie de Dresde), in-fol. en larg., gr. par le même.

Le Sommeil d'Endymion, in-fol., gr. par J.-B. Massard, le père.

Loth et ses filles, in-fol. en larg., gr. par R. Morghen. Sujet dont la composition est entourée d'une bordure gravée. Les deux filles sont jolies femmes; la plus raprochée de Loth est déjà un peu deshabillée (Rigal, 1er état, 18 fr.; Debois, 90 fr.; Einsiedel, 7 17/24 th.).

Cléopâtre, figure vue jusqu'aux genoux, in-4°, gr. par G.-F. Mucci.

Angélique et Médor, in-fol. en larg., gr. par G. Ottaviani.

Diane et Actéon, in-fol. en larg., gr. par le même.

Mars et Vénus, in-fol., gr. par le même.

Trois jeunes filles, surprises au bain par un jeune homme; gr. par le même.

Jupiter et Sémélé, gr. par G. Pasqualini (Rigal, 621).

Mars contemplant Vénus, est blessé par l'Amour, in-fol. en larg., gr. par le même.

Susanne au bain, gr. le même (Rigal, 621).

Le Temps et Mars voyant l'Amour pris dans les filets de Vénus, gr. par Pool (26 nov. 1866, N° 51).

Loth et ses filles, 1651, gr. par Fr. Providoni; L. 17 p.; H. 14 p. (B. XIX, p. 196).

Abraham renvoyant Agar. — L'Evanouissement d'Esther devant Assuérus; deux pièces en larg., gr. par R. Strange (Debois, 1112; Van Hulthem, 5112; comte ***, de Vienne, 2640).

Vénus et Adonis (Galerie royale de Dresde), phot. par Bisson fr. Paris, A. Despierres, 1861.

Loth et ses filles, phot. par Collard. Paris, 1863.

Céphale et Procris. — Vénus et Adonis; deux pièces phot. par Gueuvin (Musée de Dresde). Paris, 1867.

GUERERIUS.

Enlèvement d'Europe, eau-forte (Le Blanc, N° 483).

GUÉRIN (Christophe), grav. au burin, né en 1751, à Strasbourg, où il mourut.— Voir le *Corrége, Greuze*.

GUÉRIN (P.-Narcisse), peintre, né à Paris, 1774; mort à Rome, 1833.

Angélique et Médor, gr. par H.-G. Châtillon.

Phèdre et Hippolyte, in-fol. en larg., gr. par Boucher Desnoyers.

Vénus désarmant l'Amour, gr. en larg., par le même (Rigal, 1er état, 69 fr.).

Psyché, lith. par J. Ducollet. Paris, Monrocq, 1862.

L'Aurore et Céphale, gr. en haut., par Forster, en 1821, d'après le tableau peint par Guérin, en 1810 (P. Danlos, 15 fr.; Van Hulthem, 4286).

Didon, grand in-fol., gr. par le même (Martial Pelletier, 1867, N° 907).

GUERSANT, graveur. — Voir H. *Fragonard*.

GUET (Edmond-Georges), peintre contemp., né à Saint-Mesmes.

Jehan de Saintré et la dame des belles cousines, gr. par N. Desmadryl.

Phébus et la Esméralda, gr. par le même.

Angela. — Bianca; deux pièces gr. à la man. noire, par H. Garnier; H. 0.42; L. 0.32. Paris, Avanzo, 1853 (Bulla, 10 et 20 fr. chaque).

La Fiancée d'Abydos (lord Byron), gr. à la man. noire, par le même; H. 0.42; L. 0.31 (Goupil, en noir, 10 fr.; en coul., 20 fr.).

Confession de dona Violetta, lith. par Léon Noël. Paris, impr. Turgis, 1853.

La Baigneuse, phot. par Bingham (Exposit. de 1861).

Jeune Fille mettant son bas, phot. par le même, Paris, 1860,

GUEUVIN, photogr. — Voir l'*Albane,* Luc. *Giordano,* le *Guerchin,* le *Guide,* Al. *Tiarini,* A. *Turchi.*

GUGGISBERG, ou GOUGUISBERG, peintre.

Les Trois Grâces, pet. in-fol., gr. par N. Locher.

GUIBAL (Nic.), peintre, archit. et sculpt., né à Lunéville, 1725-1784.

Adonis se séparant de Vénus pour aller à la chasse, in-fol. en larg., gr. par L.-G. Necker.

GUIBERT.

Vénus charmée par l'Amour, petite pièce ovale (5 nov. 1863, N° 125).

GUICHARD, peintre.

Vénus armant l'Amour, lith. par Braquemont (*La Foule,* 6 janv. 1866, 1 fr. 25).

GUIDE (H. *Guido Reni,* dit le), peintre, né à Bologne, 1575-1642.

L'Amour rompant son arc. H. 3 p. 4 l.; L. 1 p. 4 l. (B. 17).

Vénus, debout sur une coquille, voguant sur la mer. Elle tient une draperie flottante dont une partie couvre son bas-ventre. Belle estampe, grav. sur une planche ovale, par un anonyme. H. 7 p. 3 l.; L. 5 p. 1 l. (B. 32).

Vénus sortant de la mer. Vénus, vue de face, est représentée debout au bord de la mer. Elle tient le bout d'une draperie qui flotte au-dessus de sa tête, descend derrière son dos, et vient couvrir ses hanches. A droite, l'Amour monté sur un Dauphin, offre à sa mère des perles dans une coquille. Un autre Amour, à gauche, présente à Vénus une corbeille remplie de fruits. Pièce bien dessinée et grav. par un anonyme. H. 8 p. 2 l.; L. 6 p. (B. 33).

L'Enlèvement de Déjanire, gr. par J. Audran (P. Danlos, 1 fr. 50; Martial Pelletier, 1867, N° 10).

Femme à mi-corps, tenant son index devant sa bouche, gr. par W. Baillie; H. 213 mill.; L. 159.

Jupiter and Europa, gr. par Fr. Bartolozzi; H. 0.343; L. 0.276.

La Couseuse, gr. par Beauvarlet (La Vallière, 1923; Debois, 57 fr.).

Enlèvement de Déjanire, gr. par Bervic; H. 0.458; L. 0.360. Hercule revenant avec Déjanire qu'il venait d'épouser, la confie au centaure Nessus pour lui faire traverser un fleuve. Le centaure, ivre d'amour, veut enlever Déjanire; mais Hercule, outré de cette perfidie, lui décoche une flèche mortelle. Le tableau est au Musée du Louvre. Une épr. av. l. l. est exposée à la Biblioth. Impér., N° 343 (Debois, 410 fr.; une autre vente, en 1844, av. l. l., 200 fr.; Rigal, avec l'*Education d'Achille,* d'après Regnault, 240 fr.; Logette, en 1817, les mêmes pièces, av. l. l., 237 fr.).

La Beauté repoussant le Temps, gr. en larg., par Pietro Bonato, 1809 (Van Hulthem, 3429).

L'Enlèvement d'Hélène, gr. par L. de Boulogne, 1637. L. 10 p. 7 l.; H. 10 p. 5 l., y compris 4 l. de marge (R. D. 11).

Bacchus enfant, qui boit en même temps qu'il pisse; gr. en haut., par Joseph Camerata (Van Hulthem, 3434).

L'Enlèvement d'Europe. Jupiter, transformé en taureau, nage vers la droite de l'estampe, portant sur son dos Europe qui se tient de la main gauche à une des cornes. Plusieurs Amours précèdent et suivent le taureau; d'autres supportent en l'air le manteau d'Europe. Aimable et gracieuse composition, gr. par Cantarini; L. 0.326; H. 0.238 (B. 30; J., I, 334; Van Hulthem, 3458; Rigal, 199).

Loth, planche pour *Schola picturæ...,* gr. par D. Cunégo.

Cupidon endormi, clair-obscur de deux planches qui se joignent, gr. par G.-B. Coriolano; rare. L. 14 p.; H. 11 p. (B., XII, p. 107).

L'Enlèvement d'Hélène, in-fol. en larg., gr. par Desplaces (M. M. L., N° 121, 2 fr.).

Les Saisons, représentées par des filles nues, in-fol. en larg., gr. par F.-V. Durmer, à Vienne, en 1793.

L'Amour captif, in-fol., gr. par R. Earlom (J., I, 21).

L'Amour à l'île de Chypre, in-fol. en larg., gr. par C. Faucci.

L'Amour menaçant, gr. par J.-G. Fiesinger.

L'Aurore, pièce en larg., très-rare, gr. par J.-J. Frey, 1722 (Brandes, 1 2/3

th.; Winckler, 3 $^{2}/_{8}$ th.; Becker, 2 $^{19}/_{24}$ th.; Schneider, 5 $^{1}/_{6}$ th.).

Bacchus et Ariadne, gr. en larg., par le même (Brandes, 3 $^{2}/_{5}$ th.; Winckler, 2 $^{5}/_{8}$ th.; Schneider, 2 $^{2}/_{5}$ th.; Spekter, 1 $^{1}/_{12}$ th.).

Cléopâtre, in-fol., gr. par le même, 1720.

Béatrice Cenci, in-fol., gr. par G. Garavaglia (Debois, 1er état, 63 fr.; Weigel, 2e état, 8 th.; Sternberg, 3e état, 2 $^{2}/_{5}$ th.; Hillig, 3 th.).

L'Amour et Psyché, in-fol., gr. par E. Gautier d'Agoty.

Vénus endormie, in-fol. en larg., gr. par Ferd. Grégori (J., II, 116).

Tancrède et Clorinde, in-fol. en larg., gr. par J.-E. Haid, 1785 (Sternberg, 1 th.).

Erigone (de la Galerie du Palais-Royal), gr. par J.-J. Huber.

L'Amour, gr. par F. John.

Susanne au bain, gr. par Th. van Kessel.

L'Amour brisant son arc, in-4°, gr. par J.-P. von Langer.

L'Amour endormi, belle pièce ovale, gr. par L. Lolli; L. 0.189; H. 0.128 (B. 18).

La Reine Cléopâtre, in-fol., gr. par G. Lorenzini.

Vénus blessée, gr. par Joseph Mécou.

Vénus et Adonis, gr. en larg., au pointillé, par le même. Paris, 1827, 20 fr. (Van Hulthem, 4502).

The Shepherd's offering, in-fol., gr. par J.-B. Michel.

L'Aurore, ou Apollon suivi par les Heures, gr. en larg., par R. Morghen (vente Logette, épr. av. l. l., 550 fr.; Rigal, idem, 495 fr.; à Londres, juin 1857, épr. av. la l., 750 fr.; Debois, épr. av. l. l., 1100 fr., achetée par M. Holloway; Georg, de Genève, en 1867, 100 fr.). Une épr. est à la Biblioth. Impér. (N° 355).

Le Bain de Léda, gr. par Porporati (Lebarbier, 1826, N° 401).

David et Abigaïl, gr. par J.-M. Preisler (J., II, 385).

Enlèvement de Déjanire par le centaure Nessus, gr. par Rousselet (M. Nat. L., N° 127, 3 fr.).

Diane. — *Calisto*; deux têtes gr. au pointillé, par Ruotte; H. 0.16; L. 0.11 (Bance, en 1809, 1 fr. 50 chaque).

L'Amour couché (ou *dormant*), gr. par R. Strange; très-rare (Debois, av. l. l., 300 fr.; Camberlyn, 2e vente, N° 3519; P. de Corneillan, N° 220).

Cléopâtre, représentée debout, se faisant piquer le sein par un aspic; in-fol. en haut., gr. par le même, en 1777 (Debois, av. l. l., 320 fr.; 11 nov. 1861, 16 fr.; Van Hulthem, 5120).

Joseph et la femme de Putiphar, gr. par le même (vente Mariette, 24 fr.; 11 nov. 1861, 3 fr.).

Ste Madeleine arrachant des perles de ses cheveux, gr. par le même (comte***, de Vienne, en 1867, N° 2647).

Vénus parée par les Grâces, gr. en haut., par le même, en 1759 (Paignon-Dijonval, 1142; Van Hulthem, 5118; vente du 11 nov. 1861, 8 fr. 50).

Bacchus, amoureux d'Erigone, se transforme en grappe de raisin, et sous cette forme plaît à la princesse; pièce en larg., gr. au burin, par Corneille Vermeulen. Au bas, 6 vers français (Saint-Yves, 29 fr.; Winckler, N° 2209; Van Hulthem, 2984).

Susanne au bain, gr. par le même (29 mai 1865, N° 284).

Susanne au bain surprise par les vieillards (cabinet de Rheynts), gr. par Corn. Visscher (J., III, 177).

Vénus caressant l'Amour, gr. par Vitali (P. Danlos, 2 fr.).

Vénus et Adonis. Adonis laisse la chasse pour plaire à Vénus; gr. par le même (P. Danlos, 2 fr.).

Lucrèce, à demi-agenouillée, prête à se poignarder. Gr. par Séb. Vouillemont, 1638. H. 0.283; L. 0.214 (R. D. 44).

Ninus et Sémiramis (Musée de Dresde), phot. par Gueuvin. Paris, 1867.

GUILLEMIN (Alexandre-Marie), peintre contemp., né à Paris; élève de Gros.

Le Billet de logement. — *La Déclaration soufflée*; deux pièces gr. par Isnard Desjardins (Lex..., N° 51).

Bouillon coupé! lith. par Regnier et Bettannier (*Musée des rieurs*, N° 5); L. 0.47; H. 0.37. Goupil, imit. de pastel, 6 fr.; en coul., 12 fr.

GUILLON (E.), lith. contemporain. — Voir *Tassaert*.

GUIMARD (Mlle de), peintre contemporain.

Mina Troïl et sir Ed. Cleveland (pendant de *Clarisse Harlowe et sir Lovelace*, d'après André), gr. à l'aqua-tinta, par Garnier; H. 0.47; L. 0.37 (Bulla, 15 fr., et en coul., 30 fr.).

Douce confidence (pendant du *Tendre aveu*, d'après André), lith. par Gilbert; H. 0.56; L. 0.38. Paris, Jouy, 1863, en coul., 6 fr.

Mina Troïl, phot. par Bisson frères. Paris, Jouy, 1860; H. 0.31; L. 0.24, 12 fr. — H. 0.16; L. 0.20, 6 fr.

GUIZARD (Mme de), peintre.

Jeanne d'Arc (pendant de *Sarah la créole*, d'apr. Dubufe), gr. par H. Garnier; H. 0.40; L. 0.30. Paris, Jouy, 1860, 10 et 20 fr.

Jeanne d'Arc, phot. par Bisson fr. Paris, Jouy, 1860. H. 0.31; L. 0.24, 12 fr.; H. 0.16; L. 0.20, 6 fr.

GUNDTER (Ch.-Aug.), graveur. — Voir *Vogel*.

GUNST (Pierre van der), grav. hollandais, né en 1724, à Amsterdam. — Voir Van *Dyck*, Ph. *Tiedeman*, le *Titien*, A. Van der *Werff*.

GUTTENBERG (Charles), grav., né à Nuremberg, 1744; mort à Paris, 1790. — Voir *Baudouin*.

GUYARD, dess. lith. contemp.

Les Belles actrices de Paris: Marie Laurent. — Patti. — Déjazet. — Théresa. — Susanne Lagier. — Pierson. — Schneider. — Menken. Huit lith. Paris, impr. Baillet, 1868.

GUYOT, graveur. — Voir *Greuze*.

GWYNN (Nelly, ou Ellen), maîtresse de Charles II. — Voir *Baudet*, *Beckett*, *Cros*, *Lely*, A. *Masson*, Jean *Smith*.

H

HADOL, dessin. lith. contemp.

Bains pour femmes à fond de bois, lith. Paris, impr. Destouches; A. de Vresse, 1867.

Le Budget officiel d'une jolie femme, Paris, idem.

Le Nouveau jugement de Pâris, lith. Paris, impr. Destouches; chez A. de Vresse.

Nos jolies amazones (scène de haute école), lith. Paris, impr. Destouches; chez A. de Vresse, 1867.

HAEFTEN (Nicolas Walraven van), p. et gr. à l'eau-forte, au burin et en man. noire, né à Gorcum; florissait de 1677 à 1709. Ses estampes sont rares.

La Déclaration d'amour, 1702. Une cuisinière tenant un poireau à la main; près d'elle un homme, un genou en terre, lui fait une déclaration. On lit dans la marge: *Jean, il est bien doux de faire l'amour dans la cuisine*, etc. Pièce non décrite par Bartsch; H. 0.311; L. 0.250 (Weigel, 18; Camberlyn, 1re vente, 1326; Rigal, 354; Ramohr, 10 th.).

La Femme amoureuse, 1701. Homme en bonnet de mezzetin, et femme en grande cornette plate, appuyés sur la demi-porte de leur maison qui est fermée; l'un tient un verre de genièvre, l'autre un flacon; à droite, dans l'embrasure, un oiseau perché sur un petit bâton fiché entre un joint des pierres du pied droit de la porte. Grav. à l'eau-forte, et terminée au burin; H. 0.173; L. 0.128 (B. 6; Camberlyn, 1re vente, 1324; Rigal, 355; Schwarzemberg, 3 $^{15}/_{24}$ th.).

Le Repas des trois commères, 1694; eau-forte. Trois femmes à table et une vieille debout; à gauche, un tonneau sur lequel sont un pot et un verre. Dans la marge, au bas, on lit: *Rien ne peut réveiller nos sens comme l'argent et l'abondance*, et au-dessous: A Paris, chez Langlois, sur le petit pont, à la coupe d'or. H. 0.167; L. 0.122 (Weigel, 4 $^{1}/_{3}$ th.; Schwarzemberg, 4 $^{5}/_{8}$ th.; Camberlyn, 1re vente, N° 1528).

Une Fille buvant à même une bouteille. Dans la marge : *Je ne sçay pas encore*, etc.; H. 0.241; L. 0.176.

HAELWEGH (Albert), dessin. et grav., né dans les Pays-Bas, vers 1610; mort vers 1675. — Voir *Rubens*.

Loth et ses filles, in-fol. en haut.

HAID (Jean-Jacques), peintre en man. noire, né à Klein-Aislingen, dans le duché de Wurtemberg, en 1703; mort à Augsbourg, en 1767.— Voir Ch.-Ant. *Coypel*.

HAID (Jean-Godefroy), grav. en man. noire, né à Augsbourg, en 1710; mort à Vienne, en 1776. — Voir *Rembrandt*.

HAID (Jean-Elie), fils de Jean-Jacques, dess. et grav. en man. noire, né à Augsbourg, 1739-1809. — Voir Th. *Chambars*, J. de *Cordova*, le *Guide*, J. *Rottenhamer*, G. *Schalken*.

HALBOU (Louis-Michel), grav., né en 1730; trav. à Paris; mort au commencement du XIXe siècle. — Voir F.-G. *Colson*, P. *Coquelet*, Fr. *Eisen*, H. *Fragonard*, *Jeaurat*, *Moreau* (le jeune), *Schenau*, *Wille* (fils).

La Cuisinière amoureuse, gr. en haut.

HALDENWANG (Christian), dess. et grav. à l'eau-forte, né à Durlach, en 1770; mort en 1831. — Voir *Grimaldi*, *Klengel*.

HALLÉ (Noël), peint. et grav. à l'eau-forte, né à Paris, le 2 sept. 1711; mort le 5 juin 1781.

Allégorie pour un plafond: l'Amour, une jeune femme accroupie et une autre figure couchée à droite, les bras derrière le dos (de Vèze, 169).

Le Voleur adroit: berger volant l'oiseau d'une bergère endormie; gr. d'après Hallé (15 mai 1865, N° 693).

Jupiter et Calisto, pièce en rond, gr. par B.-L. Henriquez (Van Hulthem, N° 4328).

L'Enlèvement d'Europe, in-fol. en haut., gr. par S.-M. Miger.

Le Doux repos, gr. par J.-Aug. Patour.

Hercule et Omphale, in-fol., gr. par le même.

HAMER (Stéphane), dess. et grav.; trav. à Nuremberg, en 1538.

Jonas sortant de la baleine, 1538. Ce sujet est à gauche. Tout le reste de l'estampe, qui est très-large, est rempli d'un griffonnage en apparence sans signification, mais qui, regardé obliquement, de façon que l'œil soit presque de niveau avec le dessin, montre un homme qui satisfait à ses besoins, et cette inscription : *Was sichst dv* (Qu'est-ce que tu vois?) L. 31 pouces 9 lignes; H. 7 p. 9 l. (B. 1).

Autre morceau semblable, où l'on voit, à gauche, une femme dévergondée donnant clandestinement à son amant l'argent qu'elle vole de la bourse d'un vieillard qui lui fait des caresses. Tout le reste de la pièce est rempli de griffonnage, qui, vu en raccourci, offre un sujet très-lubrique, et ces mots : *Avs dv altfr tor* (Va-t-en, vieux sot). Pièce sans nom. L. 27 p. 9 l.; H. 5 p. 9 l. (B. 2).

HAMILTON (W.), peintre et grav. anglais, du XVIIIe siècle. — Voir *Caldwall*.

Sylvie et son faon, pièce ovale en larg., gr. par T. Gaugain.

Psyché et Zéphire, gr. par Fr. Haward.

Psyché endormie est transportée par Zéphire au palais de l'Amour, pet. in-fol ovale, gr. par R.-S. Marcuard.

HAMILTON (Gavin), peintre, mort à Rome, en 1797.

Briséis enlevée par Achille, gr. par D. Cunégo.

Hébé présentant la coupe à Jupiter, in-fol., gr. par le même.

Junon se parant de la ceinture de Vénus, gr. par le même.

La Mort de Lucrèce. — *L'Innocence*. — *Junon*. — *Hébé*. — *La Mélancolie*.— *La Gaîté*; six sujets grav. par Volpato (J., III, 189).

HAMILTON (Lady). — Voir *Dickinson*, *Kauffman*, Raph. *Morghen*.

HAMON (Jean-Louis), peintre contemp., né à Plouha (Côtes-du-Nord), en 1821. Elève de P. Delaroche et de Gleyre.

Les Orphelines, lith. par J.-Ern. Aubert (Exposit. de 1855).

Ma Sœur n'y est pas, gr. par Levasseur; L. 0.42; H. 0.29 (Goupil, de 20 à 100 fr.).

Le même sujet, lith. par Planas. Paris, Goupil, 1854.

L'Amour aux bains de mer, phot. par Faucheur. Paris, 1862.

Ma Sœur n'y est pas, phot. par Goupil. Paris, 1866, 0.07 sur 0.12, 1 fr. 50; carte de visite, 1 fr.

HANNEMAN, peintre du XVIe siècle.

Marie Stuart, princesse d'Orange, gr. par Faithorn, le jeune (J., II, 39).

HARDING (S.), peintre anglais du XVIIIe siècle.

La Vénus de Tolerdownhill, in-fol. ovale, gr. par J. Ogborne, 1783.

The Merry wives of Windsor, pièce ronde, in-fol., gr. par J. Parker, 1784.

Deux première et deuxième leçons d'amour, gr. par P.-W. Tomkins (J., III, 136).

Miranda voit Ferdinand, gr. par le même (J., III, 136).

HARLEM (Cornelis van), peintre hollandais, né en 1562; mort en 1638.

Polyphème et Galatée, gr. par J. de Gheyn, le vieux.

Susanne au bain, gr. par Matham.

HARLEM (Nic. van). — Voir *Berghem*.

HARLESTON, graveur. — Voir *Baudouin*.

HARLINGUE (d'), graveur contemporain. — Voir Jules *Goupil*.

HARMANT, lithogr. contemporain. — Voir *Montaut*.

HARREWYN (François), dessin. et grav., né à Bruxelles, en 1680.

Marguerite de Valois, reine, petit in-4°.

La Marquise de Verneuil, maîtresse d'Henri IV, portr. in-8°.

HARTWAGNER (Michel), peintre et grav., né à Deggendorf; trav. à Munich, et mourut en 1775.

Diane et Actéon.

Persée et Andromède.

HARVEY (Elisabeth). — Voir Van *Dyck*.

HARY (Miss Stornick).—Voir J. *Reynolds*.

HAUBER (Joseph), peintre et grav., né à Géradsried, en 1766; mort en 1834.— Voir le *Titien*.

Vénus et l'Amour, eau-forte (Rigal, 365).

HAUER ou HAVER (Hans), graveur sur cuivre, né à Altembourg, 1586-1660.

Un Satyre et une Nymphe dans un paysage, 1619, gr. en larg. (Sternberg, 1 $^{1}/_{5}$ th).

HAUSSART (Jean), grav., né à Paris, vers 1696; trav. dans la 1re moitié du XVIIIe siècle.— Voir El.-Sophie *Chéron*, *Courtin*, L. de la *Hyre*, *Jules Romain*, Nic. *Vleughels*.

HAUTECŒUR (à Paris, chez).

Canotiers et Canotières, suite publiée en 1861.

Les Chasseresses, suite publiée en 1861.

HAVRÉ (Marie-Claire de Croy, duchesse d'). — Voir Van *Dyck*.

HAWARD (Francis), grav., trav. à Londres, dans la 2e moitié du XVIIIe siècle. — Voir Will. *Hamilton*.

HAYE (Charles de la), grav., né à Fontainebleau, en 1641; trav. en Italie. — Voir R. de la *Fage*.

HAYNES (John), peintre et grav., né à Londres, vers 1750.

Marie-Antoinette, portrait.

HAYTER, dessin. et grav. anglais, contemporain.

The Court Album, 14 portraits of the female aristocracy. London, 1851, gr. in-4°.

Mme Malibran-Garcia, portr.; H. 0.280; L. 0.190 (Soleinne, 348).

HEAT (Charles), grav. anglais, né vers 1790. — Voir *Newton*, R. *Westall*.

La Galerie des Grâces, 1835.

HÉBÉ. — Voir *Bartolini*, *Bartolozzi*, L.-M. *Bonnet*, P. *Cardon*, *Dielman*, Ign. *Duvivier*, *Füger*, Gavin *Hamilton*, Jos.-Ign. *Huber*, Ang. *Kauffman*, le *Poussin*, Ary *Scheffer*, J. *Unterberger*.

HECKENAER (Léonard), grav., trav. à Augsbourg et en Italie; il mourut à Munich, en 1704. — Voir Pietro *Berrettini*.

HECQUET (Robert), grav., né à Abbeville, en 1674, où il mourut en 1776. — Voir le *Poussin*.

HÉDOUIN, graveur. — Voir Fr. *Boucher*.

HEEMSKERCK (Martin van *Ween*, dit), p. et gr. à l'eau-forte, né à Heemskerck, en Hollande, en 1498; mort à Harlem, en 1574. Il se servait d'un chiffre composé des lettres M et H enlacées; ses eaux-fortes sont très-rares.

Adam et Eve, eau-forte, en haut. Adam est assis au pied de l'arbre de vie. Eve debout lui donne la pomme (Van Hulthem, 1687).

Allégorie: les passions tourmentent un jeune homme assis sur un lit, près d'une jeune fille nue.

L'Enfant prodigue chez les courtisanes, in-fol.

La Femme adultère, pièce rare; H. 0. 235; L. 0.188 (Van Hulthem, 1691).

Juda et Thamar, suite de 3 pièces en larg. (Van Hultbem, 1688).

Les Vierges sages et les vierges folles.

Un Concert, dans lequel un jeune homme qui chante est assis sur un lit au milieu de plusieurs femmes; gr. par Corn. Bos, 1543; L. 0.338; H. 0.250.

Histoire de Juda et de Thamar, deux pièces gr. en larg., par Herman Muller (Van Hulthem, 2100).

HEERSCHOP (Hendrick), peintre et grav., né en 1627.

Vénus endormie sous une tente; auprès d'elle, l'Amour, 1652; in-fol. en larg.; très-rare.

HEIDELOFF (Nicolas), peintre et grav., trav. à Paris, chez Bervic, à la fin du XVIIIe siècle. — Voir *Crozier*.

Les Baigneuses.

Gallery of fashion, 1793-1805.

HEIL (Léon van), peint. et grav. à l'eau-forte, né à Bruxelles, en 1605. — Voir *Rubens*.

HEINECKEN (C.-F.), dess. et grav. amateur, vivait dans la 2e moitié du XVIIIe siècle.

Les Amours chasseurs, pièce anonyme, in-8 en larg.

HEINTZ (Jos.), peintre suisse du XVIe siècle.

Diane changeant Actéon en cerf, petite pièce pour agrafe, très-belle, gr. par J.-Th. de Bry, fils, (J., I, 407; Camberlyn, 1re vente, N° 490).

L'Enlèvement de Proserpine par Pluton. Grande composition in-fol. en larg., sur un beau fond de paysage, grav. en 1608, par Lucas Kilian, d'apr. le tableau de Heintz, peint à Prague pour l'empereur Rodolphe, actuellement dans la galerie de Dresde. Huit vers latins (Winckler, 1986; Van Hulthem, 690). C'est l'estampe de Kilian qui a fait découvrir le véritable auteur de ce tableau, qui a passé longtemps pour être l'ouvrage de Jules Romain.

Pan et la nymphe, in-fol., gr. par le même.

Vénus sur les genoux d'un satyre, gr. en haut., par le même (J., II, 162).

Actéon surprenant Diane et ses nymphes au bain, belle pièce en larg., gr. par G. Sadeler. Dans la marge du bas, 8 vers latins: *Hic lector vana gernis sub imagine uerum*, etc. (Van Hulthem, 2610).

HÉLÈNE. — Voir *Paris et Hélène*.

HÉLÈNE (Mlle), amazone du Cirque. — Voir *Chardon* jeune.

HELMANN (Isidore-Stanislas), grav. au bur., né à Lille, 1743-1806. — Voir *Baudouin*, *Lagrenée*, *Lawreince*, *Leprince*, *Moreau*.

HÉLOISE ET ABAILARD. — Voir L.-M. *Bonnet*, Th. *Burke*, *Cosway*, *Devéria*, *Fradelle*, J. *Gardner*, *Grévedon*, Ang. *Kauffman*, *Lecarpentier*, *Moreau*, jeune.

HEMERY (Ant.-François), gr. impr., né à Paris, 1751. — Voir *Borel*, *Caresme*, *Cignani*, *Deshayes*, *Lagrenée*, *Lebel*, *Lépicié*, *Touzé*.

HEMERY (Françoise-Eléonore), grav. au bur., trav. à Paris, 2e moitié du XVIIIe siècle. — Voir Carle *Vanloo*.

HÉNIN (N.), dess. et grav. à l'eau-forte, amateur, vivait vers 1750.

Deux Femmes enchaînées par l'Amour, in-4° en larg.

HENNER, dess. contemp.

Biblis changée en source, lith. par J. Laurens; L. 0.45; H. 0.29. Paris, Goupil, 1867, en noir, 8 fr.; en coul., 16 fr. — Cette pièce ne peut pas être exposée publiquement.

HENRIETTE (Mlle), actrice. — Voir Ed. *Morin*.

HENRIETTE d'ANGLETERRE. — Voir Ad. Van der *Werff*.

HENRIETTE de LORRAINE, princesse de Phalsbourg. — Voir Van *Dyck*.

HENRIETTE-MARIE de FRANCE, reine d'Angleterre. — Voir Van *Dyck*, W. *Hollar*, A. Van der *Werff*.

HENRIETTE STUART, duchesse d'Orléans. — Voir Nic. de *Larmessin*, le père.

HENRIQUEL-DUPONT (Louis-Pierre), dess. et grav. contemp., né à Paris, en 1797; élève de P. Guérin et de Bervic. — Voir *Lehmann*, A. *Scheffer*.

Mlle Pasta, de l'Opéra-Buffa, portr.; H. 0.460; L. 0.340 (Soleinne, 345).

HENRIQUEZ (Blaise-Louis), dess. et grav. à l'eau-forte et au burin, né à Paris, 1732-1806. — Voir Fr. *Boucher*, *Detroy*, Van den *Eeckhout*, *Greuze*, *Hallé*, E. *Lesueur*, *Nattier*, Ch.-A. *Vanloo*, Ad. Van der *Werff*.

HENRY (Mlle), actrice. — Voir E. *Morin*.

HERBERT (Pénélope). — Voir Van *Dyck*.

HERBSTHOFFER (attribué à).

24 scènes libres d'intérieur, connues sous le nom de *Collection de Victor-Emmannuel*, et désignées par d'autres personnes sous le titre : *Les Heures*. — Collection phot. en plusieurs grandeurs. — On a fait imprimer pour cette suite, les deux titres suivants : *Les Heures galantes de S. M. Victor-Emmanuel*. Reproduction photographique de 24 dessins d'Herbsthoffer, exécutés par ordre et pour le passe-temps du roi galant homme. Nouvelle Babylone, chez l'éditeur des classiques érotiques, 1859-1862; et : *Les Heures galantes*, *rêve priapique*. Reproduction photographique de 24 dessins, etc.

HERCULE et DÉJANIRE. — Voir Zoan *Andréa*, Alaert *Claas*, *Fontebasso*, H. *Goltzius*, *Roëhn*, P. *Schenk*, le *Titien*, Perino del *Vaga*, J. *Vien*. — Voir aussi l'Enlèvement de *Déjanire*.

HERCULE et IOLE. — Voir les *Carraches*.

HERCULE et OMPHALE. — Voir Ann. *Carrache*, *Cars*, *Cazes*, *Devéria*, le *Dominiquin*, H. *Goltzius*, Ch. *Eisen*, *Hallé*, J.-B. *Huet*, *le Maître au monogramme I M S*, Girolamo *Impériale*, *Jeaurat*, F. *Lemoine*, le *Primatice*, *Roëhn*, Giov. *Romanelli*, B. *Spranger*, *Tischebein*, Simon *Vouet*.

HERMAPHRODITE. — Voir l'*Antique*, Fr. *Boucher*, *Cipriani*, J.-B. *Marais*. — Voir aussi *Salmacis et Hermaphrodite*.

HÉRO et LÉANDRE. — Voir les *Carraches*, *Delorme*.

HERRENS, ou HERREYNS (Jacques), fils de Daniel Herrens, p. et gr. à l'eau forte, né à Anvers, en 1643; mort dans la même ville, en 1732.

Junon, Mars et l'Amour; rare (Camberlyn, 1re vente, N° 1355).

HERSENT (Louis), lith., né à Paris, en 1777; mort en 1860.

Choix de sujets tirés des contes de la Fontaine : La Courtisane amoureuse. — La Fiancée. — Le Remède, etc.; lith. Paris, Delpech, 1819.

Daphnis et Chloé, in-fol., gr, par F.-A. Gelée, 1822.

Daphnis retirant une épine du pied de Chloé, in-fol., gr. par J.-N. Laugier, 1816. La scène se passe dans un réduit solitaire, appelé la Grotte des Nymphes; Chloé, en s'y baignant, a marché sur sur une épine qui lui est entrée dans le pied; le tendre berger l'a conduite aussitôt sur la rive, et là, assis près d'elle, il est occupé à la soulager, en lui ôtant l'aiguillon qui la fait souffrir; le pied de Chloé repose sur un des genoux de son amant, qui la soutient de son bras gauche, en le lui passant autour du corps (Durand, épr. avant l. l., 140 fr.; P. Danlos, 15 fr.; Rapilly, en 1859, épr. av. l. l., 20 fr.).

Ruth et Booz, in fol. en larg., gr. au bur., par Pierre-Alex. Tardieu. Paris, 1826, 40 et 80 fr. La femme est jolie.

HERTEL (Jean-Georges), grav. d'Augsbourg, trav. vers la fin du XVIIIe siècle.

Arrestation des filles publiques dans les rues de Paris, grav. curieuse pour les costumes.

HERZINGER (Ant.), peintre et grav., trav. à Prague, à Dresde et à Vienne, dans la 2e moitié du XVIIIe siècle. — Voir *Rubens*.

HESSE (Niccol.-Aug.), peintre et lith.

contemp., né à Paris, en 1795. Elève de Gros. — Voir *Michel-Ange.*

HEUSCH (Guillaume de), peintre et grav., né à Utrecht, en 1638.

Pan et Syrinx. Pan est représenté les bras ouverts, courant après Syrinx qu'il poursuit, et qui s'enfuit dans les joncs d'un marais. L. 5 p. 10 l.; H. 4 p. 8 l. (B. 9).

HEUVEL (Antoine van), peintre.

La Tentation de saint Antoine. Il est prosterné devant son prie-dieu, et rejette les sollicitations d'une appareilleuse, aux ailes de chauve-souris, qui lui montre une courtisane richement vêtue, dont les ergots décèlent l'origine infernale. Belle composition amplement ornée de démons sous toutes sortes de formes; grav. par G. Duvivier. H. 11 p. 7 l.; L. 9 p. 3 l. (R. D. 3).

HEYLBROUCK (Michel), p. et gr. à l'eau-forte et au burin, né à Gand, vers 1640; mort en 1733. — Voir Ant. *Coypel.*

HICKEL, peintre.

La Princesse de Lamballe, gr. par Fleischmann. Paris, Chardon aîné, 1861.

HILAIR (J.-B.), peintre du XVIIIe siècle.

L'Esclave heureux, gr. par J. Mathieu (15 mai 1865, N° 694).

HILDEBRANDT (Ferd.-Théod.), peintre contemp., né à Stettin (Allemagne), en 1804.

Tancrède et Clorinde, in-fol. en haut., gr. par F. Oldermann (Weigel, 1er état, 7 th.; 2e état, 4 th.).

HILLEMACHER (Frédéric-Désiré), peintre et grav., né en 1811. — Voir *Brebiette.*

L'Amour pèlerin, très-petite grav. (de Vèze, p. 171).

HINDER, dessin. lith. contemporain.

C'est bien fait! fallait pas qu'y aille, lith. color. Paris, impr. Lemercier; chez Bulla, 1864.

HIPPODAMIE (l'Enlèvement d'). — Voir Van *Dyck*, *Rosso de Rossi*, *Rubens.*

HIRSCHVOGEL (Augustin), peintre sur verre et sur émail, grav. à l'eau-forte, né à Nuremberg, en 1506; mort en 1560. (N° 109 des monogr.)

Actéon métamorphosé, 1545; H. 0.178; L. 0.110 (B. 6).

Un Satyre, une femme nue et un enfant sous une tente, 1548, pièce anonyme; L. 0.189; H. 0.162 (B. 7).

Une Bacchante luttant contre un satyre qu'elle a saisi par les cornes, 1545; H. 0.205; L. 0.176 (B. 8).

HIVONNAIT (A.), aîné, dessin. lith. contemporain.

Léontine Fay (Mme Volnis), 1840, portr. lith. H. 0.290; L. 0.250 (Soleinne, 295).

HODGES (Williams), peintre anglais, mort en 1797.

Comme il vous plaira (Shakespeare, acte II), gr. par S. Middiman.

HODGES (Ch.-How.), peintre et grav. anglais, né vers 1750; trav. à Amsterdam et à La Haye, à la fin du XVIIIe siècle et au commencement du XIXe. — Voir J. *Reynolds*, F. *Wheatly.*

HOECKE (Robert van), p. et gr. à l'eau-forte, né à Anvers, en 1609; mort dans la même ville, en 1654.

Ulysse abandonnant Circé, pièce en haut. On voit, au bas, un cartouche, dans lequel on lit: *Ulysse all' Isola di Circe.* Ce morceau, qui a été fait pour mettre en tête d'un ouvrage publié à l'occasion du mariage de Philippe IV, roi d'Espagne, et de Marie-Anne d'Autriche, est extrêmement rare (Camberlyn, 1re vente, 1391; Weigel, 22).

HOEFEL (Blasius), peintre et grav. sur bois, né à Vienne, en 1792.— Voir Ch. *Lebrun.*

HOET (Gerhard), p. et gr. à l'eau-forte, né à Bommel, en 1648; mort à La Haye, en 1733.

Aminte renouvelant à Thestyte l'assurance de son amour, in-4° en haut. (Camberlyn, 1re vente, 1393; Weigel, 1 ½ th.).

Pâris jurant fidélité éternelle à Œnone, gr. en haut., extrêmement rare (Sternberg, 3 th.; Stengel, 5 fl. 24 kr.).

HOFFMANN (A.), gr. contemporain. — Voir C.-F. *Lessing.*

HOGARTH (Williams), p. et gr. à l'eau-forte et au burin, né à Londres, 1698; mort à Leicesterfields, 1764.

A Midnight modern conversation, 1733, grand in-fol. en larg.

Before. — *After*; deux pièces faisant pendant, gravées à part, ou comprises dans quelques éditions de l'œuvre de Hogarth. Dans la 1re planche, on voit un homme d'un certain âge pressant très-vivement une femme dans un salon; une table chargée indique que c'est le moment du déjeuner ou du souper. Dans la seconde, l'homme, d'un air stupide ou fatigué, rattache sa bretelle; la femme pleure. Il n'y a point de nudités dans ces images, c'est l'idée qui en est à la fois grossière et très-vraie (en mai 1864, *After*, seul, 5 fr.).

The Harlot's progress, being the life of the noted moll hackabouts (Les Progrès du libertinage d'une fille), 8 pl. in-fol. en larg., grav. pour une collection intitulée : *Romans muets*. La première est l'Innocence trahie : *Innocence betrayed*; la dernière, l'enterrement de la fille. Londres, 1733, 1734, 1740 (Rigal, avec la *Vie d'un libertin*, 8 pl., 26 fr.).

Les Mariages à la mode, suite de 6 pl. in-fol. en larg., grav. à l'eau-forte par Hogarth, et terminées au bur. par C. Scotin, G.-F. et S. Ravenet, et B. Baron, 1745 (Brandes, 12 th.; Hillig, 7 5/8 th.; Rigal, avec les *Quatre points du jour*, 23 fr.).

La Toilette des actrices de campagne dans une grange, 1738 ; pièce rare et recherchée; L. 0.487 ; H. 0.379 (1er état, Weigel, 4 th.; Brandes, 8 th. ; Hillig, 5 5/8 th.; Nebe, 6 fl. 5 kr. ; Soleinne, N° 184).

La Vie d'un libertin, the Rake's progress, 1735, suite de 8 pl. in-fol. en larg. Dans la première, le jeune héritier prend possession des effets de son père : *Taking possession of his father's effects* (1er état, avant les retouches faites par Hogarth, en 1763, Brandes, 20 7/8 th. ; Schneider, 10 17/24 th. ; Sternberg, 3 5/8 th. ; Hillig, 4 7/8 th.).

HOGENBERG (Hans), peintre et grav., né à Munich, vers 1550.

Marie Stuart, reine d'Angleterre.

HOGENBERG (Franz), dess. et grav., né en Angleterre, vers 1555-1590. — Voir *Raphaël*.

HOGENBERG (Abraham), grav., trav. à Cologne, au milieu du XVIIe siècle. — Voir Aug. *Braun*.

HOGG (James), grav. anglais, trav. dans la 2e moitié du XVIIIe siècle. — Voir Angel. *Kauffman*.

HOHE (F.) dessin. lith.

Jeunes Romaines se baignant, lith.

HOIN (Cl.-J.-Bapt.), p. et gr. au lavis, né à Lyon, 1750; trav. à Paris, de 1776 à 1791.

L'Ecueil de la sagesse. — *Le Prélude amoureux*; deux pièces en haut., avec bordure, par Martin Demonchy, vers 1788.

Nina ou la folle par amour, pièce en haut., gr. en coul., par F. Janinet ; rare (J., II, 149 ; en avril 1864, 16 fr.).

HOLBEIN (Hans), le jeune, p. et gr. sur bois, né à Bâle, en 1498; mort à Londres, 1554.

La Cour de Henry VIII, 80 portraits finement gravés et tirés à l'aqua-tinta; 2 vol. pet. in-fol. (Gorlay, 235 fr.).

Anne de Boulen, gr. par W. Hollar, 1649 (V***, d'Anvers, en 1856, N° 398).

Anne de Clèves, 4e femme d'Henry VIII, gr. par le même (Townley, 7 liv. st., 6 sh.)

La Comtesse d'Arundel, gr. par le même, 1646 (H. de L***, en avril 1856).

Jane Seymour, reine d'Angleterre, 3e femme d'Henry VIII, portr. in-4°, en rond, gr. par le même, 1648 (Winckler, 2117; Van Hulthem, 590).

Juda et Thamar, gr. par le même (Camberlyn, 1re vente, N° 1397).

Marie, reine d'Angleterre, gr. par le le même (*Rev. univers. des Arts*, tome XXII, p. 124).

La Reine de Saba allant visiter Salomon, pet. pièce en haut., gr. par le même (J., II, 132; Camberlyn, 1re vente, N° 1399).

Anne de Boulen, reine. Au bas, l'Amour montre une hache et la tête de cette reine ; ovale en haut., gr. par J. Houbraken.

Anne de Clèves, femme de Henry VIII, in-fol., gr. par le même (comte***, de Vienne, 1100).

Catherine d'Aragon, femme de Henry VIII, gr. par le même (comte***, de Vienne, 1098).

Catherine Howard, reine, gr. par le même (comte***, de Vienne, 1097).

Vénus et l'Amour, in-fol., gr. par Ch. von Mechel.

Laïs Corinthiaca, gr. par Fr. Weber (Georg, de Genève, en 1867, 20 fr.). Le tableau se trouve au Musée de Bâle.

HOLFELD, peintre contemporain.

L'Amour. — *Le Hasard* ; deux pièces gr. en man. noire, par Jouanin; L. 0.37; H. 0.31 (Goupil, 6 à 12 fr. ch.).

HOLL (Francis), gr. lith. contemp., à Londres. — Voir W. *Fhith*, W. *Frost*.

HOLLAR (Wenzel), dess. et grav. à l'eau-forte et au bur., né à Prague, en 1607; mort à Londres, en 1677. — Voir P. van den *Avont*, *Barbarelli*, Van *Dyck*, Ad. *Elsheimer*, *Holbein*, *Jules Romain*, *Palma*, le *Parmesan*, *Rembrandt*, le *Titien*, P. *Véronèse*.

Anne-Marie d'Autriche, reine d'Espagne; portr. gr. (Camberlyn, 1re vente, 1436).

Aula Veneris, sive varietas fœminini sexus diversarum Europæ nationum differentiaque habituum, ut in quælibet Provincia sunt apud illas nunc usitati; suite de 60 pl. en haut., gr. à l'eau-forte de 1644 à 1649, extrêmement curieuses pour connaître le costume pendant le XVIIe siècle (A. David, N° 1406; Winckler, 2238; Van Hulthem, 599).

Catherine de Portugal, femme de Charles II; pièce signée et datée de 1661; mais le visage et les épaules ne semblent pas dus au burin de Hollar; une très-belle épreuve de cette pièce rare s'est vendue 26 liv. st., 5 sh., à la vente Townley. On en connaît trois copies: une de Loggan, les deux autres annonymes (*Rev. univers. des Arts*, tome XXII, p. 124).

Marie, princesse d'Orange, fille de Charles 1er, portr. gravé (*Rev. univers. des Arts*, tome XXII, p. 124).

La Princesse Elisabeth, seconde fille de Charles 1er, roi d'Angleterre (Camberlyn, 1re vente, 1453).

La Princesse Marie, fille de Charles 1er, portr. ovale (vente Townley, 6 liv. st., 10 sh.).

La Reine Henriette-Marie, portr. ovale (*Rev. univers. des Arts*, tome XXII, p. 122).

Un Anglais debout à l'entrée d'un salon; l'Amour lui indique du doigt une dame. On aperçoit dans le fond une nombreuse compagnie de dames et de cavaliers. On lit au bas : *Qui antea non cavet, post dolebit*; grav. en larg.

Un Homme tenant de la main un miroir, dans lequel il regarde une femme qui s'enfonce une petite fourchette dans le derrière; petite pièce ronde. Au bas, 6 lignes en flamand.

Une Femme nue, couchée au pied d'un arbre; gr. en larg. (Van Hulthem, 2378).

Vénus couchée dans un paysage, gr. en larg. (Van Hulthem, 608).

Buste, trois-quarts, tourné à droite; une rose dans la main gauche. Regardé comme le portrait de la comtesse Marie de Warwick; très-rare. Une épreuve est à Windsor (vente Townley, 6 liv. st., 12 sh.; *Rev. univers. des Arts*, tome XXII, p. 127).

Femme vue jusqu'aux genoux, debout, le bras gauche appuyé sur une table. Très-rare; regardé en Angleterre comme le portrait de lady Catherine Howard (vente Townley, 17 liv. st.; *Rev. univers. des Arts*, XXII, p. 127).

Portrait de femme, trois-quarts, tourné à gauche; cheveux bouclés, collier de perles; sur la poitrine un bijoux d'où pendent trois perles. Très-rare; on croit que c'est la duchesse de Lennox, dont Van Dyck a retracé les traits. Une épreuve au Musée de Berlin (*Rev. univ. des Arts*. XXII, p. 126).

Portrait de femme, vue jusqu'aux genoux, un bijou sur la poitrine, les mains croisées l'une sur l'autre. Une note au crayon, sur l'épreuve conservée au Musée britannique, donne le nom de lady Catherine Howard. Grav. ovale (*Rev. univ. des Arts*, XXII, p. 125).

Tête de femme, avec des pendants d'oreilles et un collier de perles; grav. ovale. On prétend que c'est la maîtresse du poëte Lovelace, qu'il a chantée sous le nom de Lucasta (vente Townley, 4 liv. st.; *Rev. univers. des Arts*, XXII, p. 127).

Tête de femme, tournée à droite, cheveux bruns retenus sous une sorte de de coiffe dont les deux ailes tombent sur les épaules; collier de perles. On croit qu'il s'agit de Marie Stuart (vente Tovnley, 3 liv. st. 17 sh.; *Rev. univ. des Arts*, XXII, p. 127).

Vénus couchée dans un paysage, copie, grand in-8, gr. par J.-S. Kuesel.

HOLLIER, dessin. lith. contemporain.

Mlle Rachel, phot.; H. 0.140; L. 0.100 (Soleinne, N° 297)

Mlle Duchesnois, portr. gr. par Aubert; H. 0.390; L. 0.160 (Soleinne, 286); un autre, H. 0.263; L. 0.207.

Famille de satyres dans une forêt, gr. in-fol. en larg., rare.

Groupes de satyres et de bacchantes, pet. in-fol. (Sternberg, 1 1/6 th.).

HOLSTEIN (Cornelius), peint. et grav. à la pointe et au bur., né à Harlem, vers 1620; florissait à Amsterdam, en 1650.

Diane sortant de l'eau, gr. en haut., par Dancker Danckerts. Titre : *Quid dea sylvarum*, etc. (Van Hulthem, 1385).

Syrinx jouant du tambourin, au son duquel de petits enfants ailés s'amusent à danser, est surprise par le dieu Pan. *Dum Syringa aptis concentibus*, etc. gr. en haut. par le même (Van Hulthem, 1384).

Une Bacchanale, où on voit un homme caressé par une femme. Toutes les figures sont nues. Titre : *Bacche neum decus*, etc., gr. en larg. par le même (Winckler, 2506; Van Hulthem, 1384).

Une Bacchanale. Pan et Syrinx, accompagnés de divers satyres et nymphes; gr. en larg., par Michel Mosyn (Winckler, 2507 ; Van Hulthem, 2061).

HOME (B.), peintre du XVIIIe siècle.

Astarté et Zadig, du conte de Voltaire, gr. par J.-R. Smith (J., III, 84).

HONDIUS (Henri), dit le jeune, dess. et grav., né à Londres, en 1580; florissait en Hollande, en 1640. — Voir *Breughel*.

Elisabeth, reine d'Angleterre; grande tête, gr. à La Haye (J., II, 134).

Marie de Médicis, reine de France et de Navarre.

Paysannes ivres conduites par leurs maris, 1642, 3 pl. in-8.

HONDIUS (Wilhelm), fils du précédent, dess. et grav. au bur., né à La Haye, vers 1600. — Voir Van *Dyck*.

HONE (Nathaniel), peintre de portraits et de miniatures, peignait aussi des sujets libres. Un a été gravé par lui-même en clair-obscur (*Gaz. des Beaux Arts*).

HONORÉ, graveur, travaillait au commencement du XIXe siècle. — Voir Van *Gorp*.

HONTHORST, ou HONDHORST (Gérard de), peint. et grav. à l'eau-forte, né à Francfort, 1592; mort à La Haye, 1660.

Susanne surprise par les vieillards, gr. par P. Bonato.

Amélie, comtesse de Solms, épouse de Frédéric-Henri, prince d'Orange; gr. par J. Houbraken (Camberlyn, 1re vente, 1555).

Loth et ses filles, gr. en larg., par Jean-Gothard von Muller, 1782 (Winckler, 2532; Van Hulthem, 755; Rigal, 566 ; Debois, av. l. l., 15 fr.).

HOPFER (David, ou Daniel), grav. à l'eau-forte et au bur., né vers 1490; florissait à Augsbourg, de 1520 à 1549. Il marquait DH surmontés d'un petit signe en forme d'un bourgeon de houblon, que quelques auteurs ont pris pour un chandelier, et qui lui est commun avec les deux Hopfer, ce qui les a fait appeler les *Maîtres au chandelier*.

La Femme, entre les jambes de laquelle le peuple romain venait chercher du feu, tout celui de la ville de Rome ayant été éteint par la magie de Virgile. Pièce libre; H. 3 p. 6 l.; L. 2 p. 5 l. (B. 51). — Voir, pour l'explication du sujet de cette estampe, *la Marguerite poétique* d'Alb. d'Eyb, et les *Faictz merveilleux de Virgille*.

Six Bossus dansant devant une femme tenant un pot de vin; L. 0.336; H. 0.218 (B. 73 ; Weigel, 2 1/3 th.).

Un Homme embrassant une femme au pied d'un arbre; H. 0.255; L. 0.155 (B. 70; David Funck, 96).

Un Homme et une femme des plus contrefaits dansant ensemble; H. 0.243; L. 0.222. En haut : *Bolicana Markolfus* (B. 72).

Vénus accompagnée de l'Amour qui joue du luth; H. 0.233; L. 0.152 (B. 46; Van Hulthem, 644; David Funck, 102).

HOPFER (Jérôme), frère du précédent, peint. et grav. à l'eau-forte et au bur.; trav. à Augsbourg, de 1520 à 1530. Il marquait IH avec le petit signe de D. Hopfer. — Voir *Barbary*, L. *Cranach*, Alb. *Durer*, *Raphaël*.

La Puissance de l'Amour, pièce allégorique, où l'on voit ce dieu sous la figure d'un jeune homme qui tient un flambeau, et qui est élevé sur un piédestal environné d'un grand nombre d'hommes, de femmes et d'enfants, qui viennent lui rendre hommage. L. 0.284; H. 0.216. Copie d'une ancienne estampe marquée de deux PP (B. 35; Van Hulthem, 660; David Funck, 16).

HOPFER (Lambert), frère des précédents, dess. et grav. à l'eau-forte, florissait à Augsbourg dans la 1re moitié du XVIe siècle. Il marquait LH et le signe commun aux deux autres Hopfer. — Voir Albert *Durer*.

Un Homme embrassant une femme. — *Le Jugement de Pâris.* — *Saint Jérôme dans le désert*; trois sujets dans des formes rondes, gravés sur la même planche (B. 23; Camberlyn, 1re vente, 1526).

HORTEMELS (Frédéric), grav. au bur., né à Paris, en 1688. — Voir *Lancret*, et C. *Vanloo*.

La Princesse Charlotte, Palatine, portr. (Imhoff, No 174).

HOUASSE (Antoine-René), peintre, né à Paris, en 1645; mort en 1710.

Apollon poursuivant Daphné, in-4o, gr. par J.-Charles Flippart.

HOUBRAKEN (Arnold), peint. et grav. à l'eau-forte, né à Dordrecht, 1660; mort à Amsterdam, 1719. — Voir G. de *Lairesse*.

Bacchus et Ariadne, pet. in-fol. en larg. (V***, d'Anvers, en 1856, No 421).

Jupiter et Antiope (Rigal, 938).

Mars, Vénus et l'Amour, in-fol. en larg. (Weigel, 1/3 th.).

Satyre épiant une femme nue endormie.

Un Berger jouant de la flûte devant une nymphe qui donne à boire à un enfant, in-fol. en larg.

Vénus surprise par un satyre, grav.; 10 pouces anglais sur 8.

Vertumne et Pomone, 1699, pet. in-fol. en larg. (V***, d'Anvers, en 1856, No 421; Rigal, 938).

HOUBRAKEN (Jacques), dess. et grav. à l'eau-forte et au bur., né à Dordrecht, en 1698; mort à Amsterdam, en 1780. — Voir Hans *Holbein*, G. de *Honthorst*, C. *Johnson*, G. *Netscher*, C. *Troost*.

Anne d'Angleterre, femme de Guillaume IV, portr. rare (Camberlyn, 1re vente, No 1530).

Catherine, impératrice, 1745, portr.

Elisabeth, reine, 1745. Au bas, un Amour tenant deux flèches.

Isabelle, infante d'Espagne, portr. en haut. (Van Hulthem, 1742).

Jeanne Seymour, 1745. Au bas, l'Amour pleurant près d'une faulx.

Marguerite d'Autriche, portr. en haut. (Van Hulthem, 1750).

Marie-Anne, archiduchesse d'Autriche, à mi-corps, pet. in-fol. (15 déc. 1866, No 230).

Marie-Christine, archiduchesse d'Autriche, portr. en haut. (Van Hulthem, 1743).

Marie-Christine de Suède, 1745, portr.

Marie-Elisabeth, archiduchesse d'Autriche, portr. en haut. (Van Hulthem, 1743).

Marie Stuart, épouse de Guillaume III, portr. en haut. (Van Hulthem, 1751).

HOUSMAN (R.), graveur. — Voir *Reynolds*.

HOUSTON (Richard), grav. en man. noire, né en Angleterre, en 1728; mort à Londres, en 1775. — Voir D. *Téniers*.

HOW (Rachel). — Voir *Kneller*.

HOWARD (Catherine), duchesse de Lennox, 5e femme de Henri VIII. — Voir G. *Bickham*, Van *Dick*, *Holbein*, W. *Hollar*, *Kneller*, Ad. van der *Werff*.

HOY (Nicolas van), peint. et grav., né à Anvers, en 1626. — Voir le *Corrége*.

HUBER (Wolfgang), peint. et grav. sur bois, trav. de 1430 à 1440, ou de 1530 à 1540.

Le Jugement de Pâris; H. 0.119; L. 0.092.

HUBER (Joseph-Ignace), dess. et grav., né à Augsbourg, en 1759. — Voir Fr. *Gérard*, le *Guide*, C. *Vanloo*.

Hébé caressant l'aigle, pièce en larg.

HUBERT (François), grav., né à Abbeville, 1740. — Voir *Caresme*, *Davène*, *Lefebvre*, *Nattier*, *Vanloo*.

Honni soit qui mal y pense. — *Honni soit qui mal y voit*; deux pièces gr. (7 déc. 1866, No 375).

Marie-Antoinette, comme Dauphine,

profil ; médaillon entouré de fleurs, in-8, rare (15 mai 1865, N° 350).

Le Pouvoir de l'Amour : Il fixe le plus léger, il entraîne le plus rebelle ; gr. par Ch. Bernard ; H. 0.190 ; L. 0.155.

HUE (Ch.), dessin. lithogr. contemporain. — Voir *Caraud.*

Manon Lescaut, lith. par Victor J.-B. Loutrel (Exposit. de 1866).

La même, phot. par Delton. Paris, 1862.

HUERLIMANN (J.), grav. suisse contemp. — Voir *Beaume*, L. *Boulanger*, A. *Devéria.*

HUET (J.-Bapt.), peint. et grav. à l'eau-forte, né en 1745 ; mort en 1811.

L'Amour offrant des présents à Ariane, gr. en coul. (vente du 27 janvier 1863).

Céphale et Procris, fac-simile d'aquarelle (vente du 27 avril 1863).

La Désolation des filles de joie (arrestation et coupe de cheveux), deux pièces in-fol. en larg., gr. à l'eau-forte, 1778, très-curieuses. Dans la seconde, le lieutenant de police fait raser les filles de joie ; deux garçons coiffeurs ont rempli une brouette de leurs cheveux (18 déc. 1863, N° 29 ; 11 nov. 1861, la dernière seule, 16 fr.).

Diane au bain, gr. en coul. (9 nov. 1863, N° 156).

La Feinte résistance (vente du 17 janv. 1862).

Fille de joie qui se sauve, poursuivie par des chiens, 1778. Vers au bas : S'enfuir en demi-chevelure, etc. (1er février 1864, N° 546).

Le Vice forcé dans ses retranchements, 1778, eau-forte. Pièce curieuse, anonyme, mais certainement de Huet. Scène où le commissaire et la force armée pénètrent chez des filles de joie (18 déc. 1863, N° 29 ; en mai 1864, 2 fr.).

L'Innocence reçoit de l'Amour deux colombes, jolie pièce en coul., gr. d'apr. Huet.

Jeune nymphe sauvant son agneau des atteintes d'un petit Amour, très-jolie pièce imitant l'aquarelle, gr. par un anonyme.

La Main chaude, pièce en coul., à plusieurs teintes, gr. par un anonyme.

L'Amant écouté. — L'Eventail cassé ; deux jolies scènes d'intérieur, costumes Louis XVI, gr. en coul., par L.-M. Bonnet (en déc. 1856, 79 fr. ; en 1859, 84 fr.).

L'Amour corrigé par Vénus, gr. par le même.

L'Amour curieux, gr. par le même.

L'Amour dictant, gr. par le même.

L'Amour offrant des présents à Ariane, gr. en coul., par le même (L. M., 26 mai 1865, N° 296).

Les Amours rendant hommage à Vénus, gr. par le même.

Apollon et Leucothoé, gr. en coul., par le même (15 mai 1865, 869).

L'Arrivée de la fermière, gr. par le même.

La Belle dormeuse, gr. par le même (déc. 1856, N° 38).

La Belle toilette, gr. en coul., par le même.

La Bergère satisfaite, jolie pièce, gr. en coul., par le même (A. David).

La Brouette, jolie scène dans un jardin où une demoiselle est brouettée ; gr. en coul., par le même (Martial Pelletier, 1867, N° 681).

Chemise à la reine, jolie dame, gr. à la sanguine, par le même.

La Conversation. — Le Colin-maillard ; deux pièces gr. en coul., par le même (Martial Pelletier, 681).

Le Déjeuner, par le même.

Diane au bain, gr. en larg., en coul., par le même.

Diane et Endymion, gr. par le même.

Eurydice, gr. en coul., par le même (A. David, 1871).

L'Heureux chat, jolie pièce en coul., gr. par le même. Femme nue et debout, sa femme de chambre lui passe sa chemise. Entre les deux femmes, un chat se repose sur un siége (11 nov. 1861, 4 fr. 50).

La Jarretière, gr. en coul., par le même. Une femme vient de se lever ; elle est à peine vêtue, et sur une de ses jambes nues, elle croise l'autre jambe afin d'attacher sa jarretière très-au-dessus du genou. Debout, près d'elle, un jeune valet, encore dans l'âge de l'adolescence, lui présente une tasse de thé. Il est impossible que le pauvre enfant ne soit pas terriblement troublé à l'aspect des charmes qui sont prodigués à ses regards avec la plus parfaite insouciance (11 nov. 1861, 8 fr.).

Jupiter et Calisto, gr. en larg., en

coul., par le même (11 nov. 1861, avec *Diane au bain*, 6 fr. 50).

Jupiter et Danaé, gr. par le même.

Jupiter et Sémélé, ovale en travers, gr. en coul., par le même (15 mai 1865, N° 869).

Le Maître de dessin, jolie pièce en larg., gr. en coul., par le même. Le maître est jeune et l'écolière est assez décolletée (11 nov. 1861, 5 fr. 50).

Le Miroir de Vénus, gr. par le même.

Offrande de l'Amour à la Fidélité, gr. en coul., par le même (15 déc. 1866, N° 59).

L'Oiseau privé, jolie dame, costume Louis XVI, jouant avec son serin et son chat; gr. en coul., par le même.

Le Silence de Vénus, gr. en coul., par le même (15 mai 1865, N° 870).

Le Triomphe d'Ariane, gr. en coul., par le même.

Triomphe de Galatée, ovale en travers, gr. en coul., par le même (A. David, N° 1871; 11 nov. 1861, 5 fr. 50).

Vénus donnant ses ordres à l'Amour, en coul., par le même (15 mai 1865, N° 866).

Vénus et Adonis, gr. par le même.

Ce qui est bon à prendre est bon à garder: jolie courtisane tenant la bourse et écoutant les propos d'un galant; composition très-gracieuse, gr. par A. Chaponnier (15 mai 1865, N° 695).

Les Bergères se baignant, quatre jolies pièces en coul., gr. par Gilles Demarteau (vente du 27 avril 1863).

Hercule et Omphale, gr. par le même.

Jupiter et Danaé, gr. par le même.

Jeune Femme, à mi-corps, vue de face, jouant de la guitare. — *Jeune Femme*, de profil et lisant; deux jolies pièces ovales en haut., à plus. crayons, gr. par le même (11 nov. 1861, 30 fr.).

Jeune Fille assise, ayant des roses à son corsage; jolie pièce à plus. crayons, par le même (11 nov. 1861, environ 5 fr.).

L'Amour couché pleurant, in-fol. en larg., gr. aux crayons noir et rouge, par G.-A. Demarteau, le jeune.

Le Mouton chéri. — *Le Plaisir innocent*; deux pièces, in-fol. en larg., à plus. crayons, gr. par le même (11 nov. 1861, 7 fr.).

Le Bidet. — *Le Chaudronnier*. — *La Lanterne magique*; trois pièces comiques avec singes, gr. par J. Guélard; rares (déc. 1856, N° 457).

L'Amour embrassant une bergère. — *Le Goûter champêtre*; deux jolies pièces, gr. en coul., par Jubier (26 mai 1862, N° 357).

La Bergère récompensée, gr. par le même.

Le Départ de la campagne, gr. par le même.

Les Laveuses, gr. par le même.

Jupiter et Io, pièce curieuse, en coul., à plus. tons, gr. par le même (11 nov. 1861, 16 fr.).

Offrande à l'Amour. — *Offrande à l'Amitié*. — *Offrande à l'Espérance*. — *Offrande au dieu Pan*; quatre pièces gr. par le même.

Le Berger chéri. — *L'Amour corrigé*; deux pièces gr. par Léger.

L'Amant pressant. — *L'Amant écouté*; deux pièces gr. en. coul., par A. Legrand (la 1re a été condamnée par la Cour d'assises de la Seine, en 1822; la 2e vendue en avril 1864, 10 fr.).

La Déclaration, in-4° en haut., gr. en coul., par le même (11 nov. 1861, avec une autre grav., 12 fr.).

L'Amour curieux. — *La Bergère surprise*; deux pièces, gr. avec rehaut de coul., par J.-A. Léveillé.

Diane visitant Endymion pendant son sommeil, ovale, gr. en coul., par le même.

Les Grâces et les Amours, gr. en coul., par le même (en avril 1864, 15 francs).

Trois Bergères après le bain, ovale, gr. en coul., par le même.

La Feinte résistance, gr. par J.-B. Patas.

HUMPHREYS (W.), le vieux, dess., grav. et éditeur, né vers 1740.

Beauty and time.

Cupid and Psyche.

HUMPHREYS (William), le jeune, dess. et grav. contemp., trav. à Londres. — Voir *Leslie*, J. *Reynolds*, *Wilson*.

HUOT (François), grav., trav. à Paris, dans la 2e moitié du XVIIIe siècle. — Voir *Borel*.

HUQUIER (Jacques-Gabriel), le père, dess.

et grav., né à Orléans, 1695; mort à Paris, en 1772. — Voir *Watteau*.

Mme de Beaumont d'Eon, gr. par T. Burke.

HUQUIER (Gabriel), le fils, peint. et grav., né à Paris, 1725; mort en 1792. — Voir *Boucher*.

HUREL, graveur contemporain. — Voir *Chevignard*.

HURET (Grégoire), dessin. et grav., né à Lyon, en 1610; trav. à Paris, et mourut en 1670.

Marie Stuart, reine d'Ecosse.

Le Parnasse profané. Dans le 1er état, on voit les parties génitales des 6 figures; dans le 2e état, elles sont ombrées.

HURETTI (Mlle). — Voir *Scotin*.

HURLSTONE (F.-Y.), peintre contemp., à Londres.

Mme Malibran-Garcia; H. 0.310; L. 0.210 (Soleinne, 348).

HURTRUEEL. — Voir *Coudray et Hurtrueel*.

HUTIN (Charles), peintre, sculpteur et graveur à l'eau-forte, né à Paris, en 1715; mort à Dresde, en 1776.

Lucrèce et Tarquin. Lucrèce, à demi-nue, est étendue sur son lit, prête à recevoir le poignard que Tarquin, debout derrière le lit, va lui enfoncer dans le sein. Pièce ovale. L. 0.164; H. 0.119 (Baudicour, 16).

HUTIN (François), frère de Charles, peintre et grav. à l'eau-forte, florissait en 1760. — Voir *Detroy*.

La Maladie d'Antiochus. Le médecin Erasistrate ayant découvert que la maladie d'Antiochus avait pour cause son amour violent pour Stratonice, on se hâta d'envoyer chercher cette jeune fille. On la voit qui paraît à droite, devant Antiochus, qui, à sa vue, se lève sur son lit, soutenu par son père. H. 0.226; L. 0.155 (Baudicour, 8).

HUTIN (Pierre), frère des précédents, sculpt. et gr. à l'eau-forte, né vers 1720; mort en Saxe, en 1763.

Amateurs admirant le tableau d'une Léda dans un atelier d'artiste, qui pourrait être Marguerite Lecomte, laquelle semble écouter les observations. 1754. Charmante eau-forte in-8, très-rare (Martial Pelletier, N° 568).

Diane et Endymion, gr. par C.-C. Leuchsenring.

HUYSUM (J. van), peintre. Amsterdam, 1682-1749.

Les Baigneuses, in-4°, gr. par J.-B. Liénard.

HYACINTHE, peintre contemp.

Paris au bal: Le Salon de Mars. — Le Jardin d'hiver. — L'Opéra. — Le Ranelagh; quatre pièces lith. par Bettannier. Paris, d'Amerval, 1857.

HYDE (Anne), épouse de Jacques II. — Voir A. Van der *Werff*.

HYRE (Laurent de la), peint. et grav., né à Paris, le 27 février 1606; mort le 28 décembre 1656.

Apollon et Clytie. Clytie, le sein percé d'une flèche, est étendue morte, au milieu du bas, à l'entrée d'une forêt. Accouru du fond, Apollon s'empresse à la relever pour la métamorphoser. L. 0.239; H. 0.162 (R. D. 24; Van Hulthem, 4338).

Apollon et Coronis. La mère d'Esculape est couchée et sommeille à l'entrée d'une forêt, à droite, tandis qu'Apollon, assis au-dessus d'elle, paraît écouter le corbeau délateur qui vole à gauche. L. 0.239; H. 0.162 (R. D. 23).

Céphale et Procris, eau-forte (Rigal, 950).

Diane. Elle est mollement et voluptueusement étendue en travers de la planche, à l'ombre des arbres d'une forêt. Un chien est à ses pieds. Son carquois est au bas de la droite, près de l'oreiller sur lequel repose la déesse. — *Narcisse*. Pendant de la précédente. A l'entrée d'un bois, Narcisse, chaussé du cothurne, ayant une pique à la main, et son chien couché à ses pieds, à gauche, est assis, la tête penchée à droite, au bord d'une fontaine dans laquelle il se mire. L. 4 p. 2 l.; H. 2 p. 8 l. (R. D. 21-22).

Méléagre et Atalante, eau-forte (Rigal, 950).

Vénus et Adonis. Ils sont assis, à gauche, à l'ombre d'un chêne. Vénus a les deux bras jetés voluptueusement autour du cou d'Adonis, qui, de la main, presse amoureusement la taille de la déesse. L'Amour est aux aguets derrière le chêne, et regarde les deux amans. L. 0.246; H. 0.176; eau-forte (R. D. 25; Van Hulthem, 4338; Rigal, 950).

Des Baigneuses dans un paysage, gr. par A. Chataigner.

Le Jugement de Pâris, gr. en haut., par F. Chauveau (Brulliot, 2e partie, N° 787; Van Hulthem, 4108).

Les Trois Grâces, gr. en haut., par le même (Brulliot, 787; Van Hulthem, 4108).

Bethsabée au bain servie par ses femmes, gr. par Delacourt (15 mai 1865, N° 63 bis).

Les Georgiennes au bain, gr. par Godefroy.

Amusements champêtres, deux pl. gr. par J. Haussart; quatre vers au bas.

Mercure et Aglaure, gr. par Lagrenée.

L'Occasion favorable, gr. par le même.

Les Baigneuses, in-fol., gr. par Schweder.

I

IGONET (M.-M.), grav., né à Paris, vers 1748. — Voir *Boucher*.

Diane au bain; L. 0.401; H. 0.302. Dans la marge, quatre distiques italiens.

IMBERT (F.), graveur du XVIIIe siècle.

La Curieuse, jolie pièce gracieuse, in-fol., gr. par Ch.-F. Letellier (en mai 1864, 28 fr.).

IMPERIALE (Girolamo), peint. et grav. à l'eau-forte, génois, mourut vers 1660.

Hercule et Omphale, gr. sur bois; H. 0.257; L. 0.169.

INÈS ET BEMINDT, dessinat. contemporains.

Le Trouble noce. — Scélérat de pompier; deux pièces, gr. par Jacot et Duriez (*Galerie Omnibus*). Paris, Jouy, 1865.

INGOUF (Pierre-Charles), dess. et grav. au bur., né à Paris, 1746-1800. — Voir *Freudenberger*, *Greuze*, Ad. Van der *Werff*.

INGRAM (John), grav., né à Londres, en 1721; trav. à Paris. — Voir *Boucher*, D. *Téniers*.

INGRES (J.-Aug.-Dom.), célèbre peintre et grav., né à Montauban, en 1781; mort à Paris, en 1867.

Odalisque, couchée sur les coussins d'un divan et tenant de la main gauche un chasse-mouches; elle est vue de dos et retourne sa tête vers le spectateur; lith. par Ingres, 1825, d'après son célèbre tableau. Elle parut dans un album de l'impr. Delpech. Ce croquis, délicatement tracé, est, en épreuve sur chine, rare et recherché; L. 0.210; H. 0.132 (*Gaz. des Beaux-Arts*, 15 février et 15 mai 1861, 40 fr.).

Odalisque, gr. en taille-douce, par Alès. Paris, 1857.

Raphaël et la Fornarina, lith. par Christophe. Paris, Ed. Mangeon, 1857.

L'Amour et Psyché, gr. par Boucher Desnoyers.

La Femme adorée par tous les peuples, gr. par Fauchery (A. David, 561).

Angélique attachée au rocher, gr. par L. Flameng (Salon de 1863).

La Source, fille nue dans une grotte, gr. par le même (Salon de 1863). Le tableau original appartient à M. le cómte Duchâtel.

L'Aurore et Psyché, groupe antique, gr. par F. Forster (Martial Pelletier, 1867, N° 864).

Odalisque, gr. par Metzmacher (15 déc. 1866, N° 41).

Raphaël et la Fornarina, gr. en haut., par Pradier, d'après le tableau d'Ingres, peint à Rome, en 1814 (11 nov. 1861, 2 fr. 50; Van Hulthem, 4697; Sudre, 1867, N° 71).

Odalisque, lith. par Sudre. Paris, 1826, 18, 24 et 37 fr.; 1827, 6 et 12 fr. (Exposition de 1866; St-Mauris, av.

l. l., 21 fr.). Cette gravure de Sudre a été photogr. ; 0.19 sur 0.11.

Angélique enchaînée sur un rocher, lith. par le même (Sudre, N° 77).

Roger et Angélique, lith. par le même, 1839 (Goupil, 1852 ; Sudre, 1867, N°s 75 et 76).

La Source, phot. par Paul Berthier. Paris, 1867.

Odalisque, phot. par Bingham. Paris, Goupil, 1858, 0.14 sur 0.24, 8 fr.

La même, phot. par Cadart, 1861.

La Source, phot. par le même, 1861.

Angélique, phot. par Alfred Chardon. Paris, 1867.

Le Harem, phot. par Goupil, 1863. H. 0.23; L. 0.32, 10 fr.; carte de visite, 1 fr.

L'Odalisque, phot. par le même ; H. 0.14; L. 0.24, 8 fr.; 0.07 sur 0.12, 1 fr. 50; carte de visite, 1 fr.

Roger délivrant Angélique, phot. par le même; 6 fr.

ISAAC (Pierre), peintre du XVIe siècle.

Vénus couchée sur un lit, entre les bras de Mars, à qui elle présente une coupe remplie de vin. *Quod Veneris prisci*, etc. Gr. par Jean Saenredam, 1604. L. 7 p. 7 l. ; H. 5 p. 2 l. (B. 104; comte ***, de Vienne, 2475).

ISABELLE-CLAIRE-EUGÉNIE, archiduchesse d'Autriche, fille de Philippe II, roi d'Espagne, souveraine des Pays-Bas. — Voir Van *Dyck*, J. *Houbraken*, *Rubens*, Ant. *Wierix*.

ISABEY (J.-Bapt.), peint., né à Nancy, en 1767 ; mort à Paris, en 1855.

Adrienne Lecouvreur, portr. lith. par un anonyme; H. 0.22 ; L. 0.16 (Soleinne, 267).

La Moisson des roses, lith. par un anonyme; H. 0.33; L. 0.26 (Goupil, 3 et 6 fr.).

Mlle Emilie Leverd, gr. par Mécou ; H. 0.230 ; L. 0.160 (Soleinne, 288).

Marie-Louise, grand in-8, en coul., gr. par Monsaldi (11 avril 1859, 61 fr.).

La Reine Hortense, gr. en coul., par le même (11 avril 1859, épr. retouchée au pinceau, 190 fr.).

L'Impératrice Josephine, grand in-8 ovale, color., gr. par le même (Martial Pelletier, 1867, N° 411).

ISAC (Jaspar), gr. au bur., trav. à Paris, dans la 1re moitié du XVIIe siècle.

Description des anciens bains romains. Belle composition in-fol. oblong, animée d'un grand nombre de figures nues se livrant à toutes sortes de contorsions. Pièce libre. Dans la marge, on lit cette légende en vers sur six colonnes :

Voicy le tableau ueritable
Des sottises du genre humain,
Dont le bien le plus delectable
Passe du soir au lendemain.

Ils font leurs plus cheres delices
Des bains, des festins et des ieux,
Mais l'excez de ces exercices
Ne leur est point aduantageux.

Leur corps qui n'est que pourriture
Quitte les solides plaisirs,
Pour obeir à la nature
Par l'effet de ses uains desirs.

Les uns cherchent à se distraire
Des soings dont ils sont agitez
Et les autres n'aiment à plaire
Qu'à l'obiet de leurs voluptez.

Amour entretient la jeunesse
Dont l'humeur n'a rien de constant,
Et qui se rit de de la vieillesse
Lors qu'elle croit d'en faire autant.

Mais tandis qu'une mesme enuie
Les porte aux plaisirs d'icy bas,
La mort uient attaquer leur uie,
Et met fin à tous leurs esbas.

ISSELBURG (Pierre), né à Cologne, en 1568. — Voir *Weger*.

IWANOF, ou IWANOW (G.), grav. à Paris dans la 2e moitié du XVIIIe siècle. — Voir *Boucher*.

J

JACKSON (John-Baptiste), peint. et grav. sur bois, anglais, 1701-1754.

Miss Chester, célèbre actrice et amie de Georges XIV, portr. in-4°, gr. par Reynolds.

JACOB (J.), dessinateur et graveur moderne.

Le Bât, conte de La Fontaine, in-8, très-rare (Lex..., N° 525).

Mlle Mars, portr. lith.; H. 0.200; L. 0.140 (Soleinne, 285).

La Mère aveugle : Lise, vous ne filez pas. — Colin est ici, qu'il sorte ! deux pièces lith., par Soulange-Teissier. Paris, Turgis, 1848 ; H. 0.48 ; L. 0. 35 ; chaque pl. en coul., 1 fr. 50.

JACOB (Louis), grav., né en 1712; mort à Paris, en 1802. — Voir *Maratti*, P. *Véronèse*.

Naissance de Vénus, gr. en larg. (Van Hulthem, 4342).

Vénus découverte par l'Amour, gr. en larg. (Van Hulthem, 4342).

Vénus sortant du bain, gardée par l'Amour, gr. en larg. (Van Hulthem, 4342).

JACOBÉ (Johann), peint. et grav., né à Vienne, 1733-1797. — Voir H. *Füger*, J. *Reynolds*.

JACOPSEN (H.), grav. — Voir *Rubens*.

JACOT, lith. contemp. — Voir *Aiffre*, *Inès et Bémindt*.

JACOTT, dessin. lith. contemporain. — Voir *Mès*.

Houri de Mahomet, lith. Paris, impr. Lemercier, 1854.

JACQUAND, dessin. contemp.

Dernier bijou de Grillandata, gr. en man. noire, par Cornillet ; H. 0.47 ; L. 0.37 (Bulla, en noir, 15 fr. ; en coul., 30 fr.).

Anne d'Autriche. « Se retirait souvent au Val-de-Grâce, Louis XIII, dévoré de jalousie, envoya un jour le chancelier Séguier faire une perquisition dans ses papiers, et lui ordonna de chercher jusque sur la personne de la reine. » — *Marie de Médicis*. La reine se parait pour assister le soir à un bal, lorsque Bassompierre vint lui annoncer la mort du roi. Deux pièces, gr. en man. noire, par Rollet. L. 0.62 ; H. 0.45 (Bulla, en noir, 15 fr. chaque ; en coul., 30 fr.).

JACQUARD.

Ganymède. — *Enlèvement d'Hélène* ; deux petites pièces, entourées de figures et d'ornements (14 déc. 1866, N° 38).

JACQUEL, dessin. lith. contemporain. — Voir *Pingot*.

Les Apprêts du bal. — *L'Heure du berger*. — *A l'Opéra*. — *Doux souvenirs*. — *Saison des roses*. — *Au rendez-vous* ; six pièces lith. Paris, impr. de Villain, 1853 ; Massard, 1854.

JACQUEMARD (Jules-Ferdinand), graveur contemporain, né à Paris. — Voir Van der *Meer*.

JACQUES (Charles-Emile), dessinat. lith. contemp., né à Paris.

Mlle Mars, portr. lith. ; H. 0.250 ; L. 0.170 (Soleinne, 285).

JACQUOTOT (Mme Marie-Victoire), peintre sur porcelaine, née à Paris, en 1778 ; morte à Florence, en 1855.

Mme Scarron, portr. en rond, in-8, gr. par Laugier (Ch. Le Blanc, 1354).

JAIME, lithogr. contemporain. — Voir E. de *Beaumont*.

JALABERT (Charles-François), peintre contemp., né à Nîmes ; élève de P. Delaroche.

Galatée, lith. par un anonyme ; 0.31 sur 0.20 (Goupil, 3 et 5 fr.).

Le Réveil, gr. par G. Bertinot; 0.31 sur 0.20 (Goupil, de 8 à 50 fr.).

Roméo et Juliette, gr. au bur., par Demannez; H. 0.34 ; L. 0.25. Paris, Goupil, 1867, de 20 à 100 fr.

Galatée. — *Le Réveil* ; deux pièces phot. par Goupil ; 0.17 sur 0.14, 2 fr. ch. ; cartes de visite, 1 fr. ch.

La Toilette, phot. par le même. Paris, 1863 ; H. 0.14 ; L. 0.10, 6 fr.

Roméo et Juliette, phot. Paris, Goupil, 1867.

JAMESON.

The Beauties of the court of king Charles the second. London, 1833, in-fol., rare. Les portraits de femmes sont les plus beaux qu'on connaisse (J. G., en 1844, 55 fr.; Gorlay, 140 fr. ; Tripier, 120 fr.).

JAMNITZER (Christophe), grav. au bur., né à Nuremberg, 1563-1610.

New Grottesken-Buch, etc. Nouveau livre de grotesques inventés et exéc. par Christophe Jamnitzer. (Nuremberg) 1610, in-4° obl. de 52 pl. (Bolle, 89 fr.). Ces compositions sont si bizarres et si étranges, que l'imagination la plus folle oserait à peine les concevoir.

JANET LANGE (Ange-L. *Janet*, dit), peintre, dess. et grav. contemp., né à Paris, en 1818.

Vie d'une Parisienne, 3 parties de chacune 25 pet. caricatures, gr. sur bois avec couverture illustrée, par Janet et Emy (*Petits albums pour rire*, N° 12). Paris, Marcsq, 1854.

Baiser pris. — *Baiser rendu* ; deux pièces lith. par Bettannier (*Gal. pour rire*, N°s 13 et 14) ; L. 0.47 ; H. 0.37. Paris, Bulla fr., 1850, en rehaut, 6 fr. chaque.

JANINET (François), dessin. et grav. en couleur, né à Paris, 1752-1813. — Voir *Baudouin*, E. *Bouchardon*, Fr. *Boucher*, *Bertaux*, *Caresme*, *Charlier*, *Doublet*, Ch. *Eisen*, H. *Fragonard*, *Hoin*, *Lawreince*, *Lebarbier*, *Lemoine*, *Mignard*, *Pellegrini*, *St.-Quentin*, *Watteau*.

La Comparaison, gr. en coul. (11 avril 1859, 60 fr.).

Mme Saint-Huberti, cantatrice, gr. en coul.

Marie-Antoinette, en grand costume, en buste, grande coiffure poudrée, à plumes, 1777. Ovale in-fol., gr. en coul.

Tarquin et Lucrèce, gr. en coul. (A. David).

JANNIN (H.), dessin. lithogr. contemp.

Les Amants surpris. — *Partie ronde* ; deux pièces lith. Paris, Codoni, 1855.

Les Femmes faisaient toujours rigoler moa ! ! ! — *Hein! comme ça vous refait une femme, la viande de cheval.* — *Très-léger, près des dames ! ! !* — *Tiens! un prince indien qui nous suit.... Méfie-toi, c'est peut-être un Thug.* — *Un Daim pris au piége ! ! !* — *Une Biche apprivoisée.* — *Une Femme de chambre du sérail.* Lithogr. Paris, Dupendant, 1867.

JANSSEN (Abraham), peintre, né à Anvers, vers 1560; mort en 1631.

Vertumne et Pomone, belle pièce in-fol. en haut., gr. par Franz van der Burg (V***, d'Anvers, en 1856, N° 173).

JANSZOON (chez W.).

Emblêmes d'amour. Amsterdam, 1618, in-4° oblong. Charmant frontispice et 20 fig. en taille-douce (Van der Helle, 1868, N° 1680).

JARDINIER (Claude-Donat), grav. au bur., né à Paris, 1725-1774. — Voir *Greuze*, *Jeaurat*.

JAUVELLE, grav., trav. à Paris, dans la 2e moitié du XVIIIe siècle. — Voir P. *Vleughels*.

JAWURECK (Mlle). — Voir *Grévedon*, Léon *Noël*.

JAZET (Jean-Pierre-Marie), grav. à l'aqua-tinta, né à Paris, en 1788. — Voir *Destouches*, C.-M. *Dubufe*, *Fradelle*, *Grenier*, Horace *Vernet*.

Belinde à sa toilette, aqua-tinte. Paris, 1827, 6 fr.

JAZET (Eugène), grav. en man. noire contemp. — Voir *Besson*, *Compte-Calix*, *Papety*, *Schopin*, *Steuben*.

JEAN-ANTOINE, grav. au bur., né à Brescia, en 1461.

Statue de Vénus. Vénus debout, cherchant à soutenir une draperie qui tourne en partie autour de son corps. Cette pièce est gravée d'après un marbre antique qui venait d'être découvert à Rome, ainsi que l'indique l'inscription qu'on voit en bas, à gauche. Au milieu se trouvent les lettre IO. AN. BRIXıA9, qui indique le nom du graveur (Duchesne aîné, 31).

JEANNE (la papesse). — Voir Jacob *Kerver*.

JEANNE D'ALBRET, reine de Navarre. — Voir Léon. *Gaultier*.

JEANNE D'ARC. — Voir *Desenne*, Mme de *Guizard*, N. *Lemire*, Ant. de *Marcenay de Ghuy*, B. *Moncornet*.

JEANNE D'ARRAGON. — Voir *Raphaël*.

JEANNE D'AUTRICHE, grande duchesse de Toscane. — Voir *Rubens*.

JEANNE DE BLOIS. — Voir Van *Dyck*.

JEANRON (Philippe-Aug.), peint. contemp., né à Boulogne-sur-mer, en 1809.

Une Femme couchée, eau-forte. Paris, impr. Delatre, 1854.

Nymphe couchée dans un bosquet; elle observe deux colombes. Lithogr. par Eugène Le Roux.

JEAURAT (Edme), grav. à la pointe et au bur., né à Paris, en 1672; mort dans la même ville, en 1738. — Voir *Bonnard* (fils), Ann. *Carrache*, Etienne *Jeaurat*, Ch. de *Lafosse*, Séb. *Leclerc* (le fils), J.-B. *Pater*, B. *Picard*, Nic. *Poussin*, *Tournière*, P. *Véronèse*, Nic. *Vleughels*, *Watteau*.

Dame jouant du tambour de basque, 1710; in-4° en larg.

Dame tenant des fleurs, in-4° en larg.

Dame tenant un petit verre à liqueur, in-8 en larg.

L'Enlèvement d'Europe (22 mars 1864, N° 86).

JEAURAT (Etienne), peintre, né à Paris, le 8 février 1699; mort à Versailles, le 14 décembre 1789.

Diane au bain. — *Repos de Diane*; deux pièces, gr. d'après Jeaurat (A. David, N° 1893).

Hercule et Omphale, gr. par un anonyme.

La Petite jalouse. — *La Belle rêveuse*. — *Les Caresses réciproques*; trois belles pièces gr. par un anonyme (15 mai 1865, N° 699).

Le Remède, gr. par Aliamet (7 déc. 1866, N° 376).

Naissance de Vénus, gr. par M. Aubert (A. David, N° 1893).

La Dévote. — *La Coquette*. — *L'Econome*. — *La Savante*; jolies femmes à mi-corps, gr. par le même (en déc. 1856, 34 fr.).

Diane au bain, gr. par le même.

La Couturière, gr. par Balechou (P. de Corneillan, N° 580).

Le Mari jaloux, gr. par le même (P. de Corneillan, 580).

Le Matin. — *Le Midi*. — *L'Après-dîner*. — *Le Soir*; quatre jolies petites pièces en travers, avec vers gracieux, gr. par le même (Van Hulthem, 3932).

La Servante congédiée, gr. par le même; H. 0.309; L. 0.243.

Le Déménagement du peintre, gr. en larg., par Cl. et Cl.-A. Duflos.

L'Enlèvement de police, gr. en larg., par les mêmes (en mai 1864, 1 fr. 50).

L'Accouchée. — *La Relevée*; deux pièces in-fol., gr. par Simon Duflos.

Le Fiacre, gr. par le même; pièce curieuse pour les vers (vendu, en mai 1864, avec la *Coiffeuse*, 26 fr.).

Le Berger constant. — *Le Garçon jardinier*; deux pièces, gr. par N. Dufour (en mai 1864, la 1re seulement, 4 fr.).

Acis et Galatée, gr. par Fessard.

La Belle rêveuse, gr. en haut., par Gaillard.

La Petite jalouse, in-fol. en haut., gr. par le même.

Vénus et Adonis, gr. en haut., par le même (11 nov. 1861, 3 fr. 25).

Le Sultan galant. — *La Sultane favorite*; deux pièces, gr. par Louis Halbou, 1768.

Les Caresses réciproques, in-fol. en haut., gr. par Jardinier (en mai 1864, 16 fr.).

L'Amour coquet. — *L'Amour petit-maître*; charmantes compositions in-fol. en haut., gr. d'après Ét. Jeaurat, par son frère, en 1732 (15 mai 1865, N° 701).

L'Amour et la folie, in-fol. en haut., gr. par le même, 1732.

Colin et Isabelle, in 4° en larg., gr. par le même.

Vénus et l'Amour, gr. par Jonxis (L. M., 26 mai 1865, N° 335).

L'Accouchée, in-fol. en haut., gr. par B. Lépicié, 1744.

La Jeunesse, in-fol. en haut., gr. par le même, 1745.

La Relevée, pr. par le même.

Le Carnaval des rues de Paris, gr. par J.-Ch. Levasseur.

Les Citrons de Javotte, histoire de carnaval, par Vadé, gr. par J.-Ch Levasseur.

Le Transport des filles de joie à l'hôpital, gr. par le même (11 nov. 1861, avec le *Carnaval*, des mêmes, 8 fr.).

Le Fiacre, in-fol., gr. par J.-J. Pasquier (Lex..., N° 526).

La Coiffeuse, gr. par Sornique.

L'Agréable repos, gr. par E.-C. Tournay.

Le Doux sommeil, gr. par le même.

JEGHER (Christophe), gr. en bois, Allemand, né vers 1578; mort vers 1660. — Voir *Rubens*.

JEHOTTE (Arnold), grav., trav. à Paris, depuis 1822. — Voir *Desenne*.

JENET (Johann), trav. à Munich, au commencement du XVIIe siècle. — Voir J. *Palma* (le jeune).

JENKINS (J.), gr. au burin contemporain, trav. à Londres. — Voir Pietro-Fr. *Mola*.

JOCONDE (Monna Lisa, dite la). — Voir Léon. de *Vinci*.

JODE (Pierre de), le vieux, grav., né à Anvers, en 1570; mort en 1634. — Voir Van *Dyck*, Van *Mander*, *Spranger*.

Les Trois Grâces, in-fol. en haut. (V***, d'Anvers, en 1856, N° 437).

Un Homme tenant une bourse pleine d'argent, est introduit par une vieille femme auprès d'une jeune fille; l'Amour irrité brise son arc.

JODE (Pierre), le jeune, dessin. et grav., né à Anvers, en 1606. — Voir Van *Dyck*, *Rubens*.

JODE (Arnold de), grav. au burin, né à Anvers, en 1636. — Voir le *Corrége*, Van *Dyck*.

JOHANNOT (Ch.-H.-Alfred), peint. et grav. à l'eau-forte, né à Offenbach sur le Mein (Hesse), en 1800; mort à Paris, en 1837. — Voir *Desenne*, *Petitot*, Van der *Werff*.

JOHANNOT (Tony), peintre et dessinat., frère du précédent; né à Offenbach, en 1803; mort à Paris, en 1852.

Léontine Fay (Mme Volnis), gr. par Johannot, frères; H. 0.190; L. 0.140 (Soleinne, 295).

JOHN (Friedrich), grav., né à Marienbourg, en 1770. — Voir Michel-Ange *Amerighi*, le *Corrége*, le *Guide*.

JOHNSON (James), gr. en mezzotinte, Anglais; trav. au milieu du XVIIIe siècle. — Voir le *Corrége*, N. *Fouché*, Ch. *Lebrun*, F. *Lemoine*.

JOHNSON (John), grav. sur bois, contemp.

The Beauties of Cambria. London, 1819, 10 pl. in-4° en larg.

JOHNSON (C.), peintre du XVIe siècle.

La Reine Anne de Danemark, épouse de Jacques Ier, roi d'Angleterre, gr. par J. Houbraken.

JOHNSON (Thomas), grav. en man. noire, né en Angleterre, dans la 1re moitié du XVIIIe siècle. — Voir J. *Reynolds*.

JOLLAIN (N.-R.), peintre.

Le Bain. — *La Sortie du bain*; deux jolies pièces en haut., représentant des femmes nues, vues de face; gr. en coul., par Bonnet (11 nov. 1861, 16 fr.).

La Nymphe Erigone, 1773, in-fol. en haut., gr. par Jean-Gothard Muller (Rigal, 566).

JONCKHEER (P.-V. H. et J.), dessinateurs, et graveurs à l'eau-forte, vers la moitié du XVIe siècle.

Chien couvrant une chienne que flaire un autre chien, gr. en larg. (Rigal, 348; J., II, 155).

JONXIS (Pierre-Henri), grav., né à La Haye, en 1759; trav. à Utrecht. — Voir P. *Danloux*, Luca *Giordano*, Et. *Jeaurat*.

JORDAENS (Jacques), peint. et grav. à l'eau-forte, né à Anvers, le 19 mai 1594; mort le 18 octobre 1678.

Le Berger amoureux, in-fol. en haut. (de Vèze, 44 [40]).

Jupiter et Io, 1652. Junon dans les nues dissipe le brouillard au moment où Jupiter arrête Io, qui veut s'échapper. L. 13 pouces 2 lignes; H. 9 p. 7 l. (Basan, 17; Van Hulthem, 1852; Weigel,

1er état, 1 th.; Brandes, 2 th.; Blücher, 1 1/12 th.).

Pan poursuivant Syrinx, gr. en haut., très-rare (Camberlyn, 1re vente, No 1598).

Diane et ses Nymphes, in-4o en larg., gr. par un anonyme (de Vèze, 44 [24]).

Une Femme à sa toilette; la Folie lui tient le miroir ; un vieillard lui montre une tête de mort et lui rappelle ce qu'elle deviendra un jour. Quatre vers latins : *Stulta, quid ad speculum*. Pièce en larg., sans nom de grav. (Basan, 27; Van Hulthem, 1853).

Silène entouré de nymphes, gr. par André Lens (Van Hulthem, 1893).

Le même sujet, in-4o, gr. par Ch.-Fr. Macret.

Le Berger amoureux, in-fol. en haut., gr. par le même (Weigel, 1er état, 1 1/2 th.; Brandes, 2e état, 1 1/8 th.; de Vèze, p. 70).

Le Satyre et le paysan, in-fol. en larg., gr. par le même.

La Vanité, représentée par une femme à sa toilette; près d'elle un bouffon et un vieillard ; in-fol. en larg., gr. par J. Neefs.

JORDANS (Luc), peintre, né à Naples, 1632-1705.

Bacchus et Ariane (Galerie de Dresde), gr. en larg., par Basan (J., I, 226).

L'Enlèvement des Sabines, gr. en larg. par J.-F. Beauvarlet (Van Hulthem, 3964).

Le Jugement de Pâris, gr. en larg., par le même (Van Hulthem, 3964).

Apollon et Daphné, gr. en larg., par J.-C. Levasseur (Paignon-Dijonval, 1604; Van Hulthem, 4835).

L'Enlèvement de Déjanire, gr. par L.-J. Masquelier (J., II, 259).

JOREL (A.), graveur contemporain. — Voir *Wattier*.

JOSEPH et la femme de PUTIPHAR. — Voir *Aldegraver*, H.-S. *Béham*, *Bilivert*, J. *Blanchard*, *Cantarini*, *Cignani*, J.-L. *Corona*, P. de *Cortone*, *Detroy*, *Devéria*, *Dupréel*, *Gautier d'Agoty*, le *Guide*, John *King*, *Lagrenée*, *Lucas de Leyde*, Ch. *Maratte*. *Nattier*, Jacq. *Palma*, (le jeune), le *Parmesan*, Georges *Pencz*, *Philippeaux*, *Prudhon*, *Raphaël*, *Rembrandt*, Hans *Speckairs*, *Steuben*, Aless. *Turchi*, Ad. Van der *Werff*.

JOSEPHINE, impératrice. — Voir P.-F. *Bertonnier*, *Isabey*, *Prudhon*.

JOSQUIN, peintre contemporain.

Susanne au bain, phot. par Dusacq ; carte de visite, 1 fr. — Cette phot. ne peut pas être mise en étalage.

JOUAN, photogr. — Voir *Chassevent*.

JOUANIN (Aug.-Adrien), grav. en man. noire contemp. — Voir *Compte-Calix*, *Holfeld*, *Riedel*, *Schlesinger*, *Winterhalter*.

JOUBERT (F.-E.), père, grav. au bur., contemp. — Voir *Bellanger*, *Graéflé*, *Greuze*.

JOULLAIN (François), grav., né à Paris, 1700-1790. — Voir Ant. *Coypel*, Ch.-Ant. *Coypel*, *Lancret*, *Watteau*.

Baigneuse sortie de l'eau, gr. à la sanguine, par Defrenne (catal. A. David).

Vénus assise. — *Vénus couchée*; deux pièces à la sanguine, gr. par le même (18 nov. 1864, No 14).

Vénus et nymphes assises, gr. à la sanguine, par le même (15 mars 1865, No 892).

JOURDAN (Mme), dess. et grav. à Paris, dans la 2e moitié du XVIIIe siècle. — Voir Fr. *Boucher*.

Brune et Blonde, lith. par un anonyme ; 0.53 sur 0.45 (Goupil, de 3 à 12 fr.).

Jupiter et Léda, lith. par Durand ; H. 0.45 ; L. 0.29. Paris, Goupil, 1864, 8 à 16 fr.

Baigneuse, lith. par E. Lassalle ; 0.45 sur 0.29 (Goupil, de 8 à 16 fr.).

Baigneuse, phot. par Goupil. Paris, 1865 ; H. 0.24 ; L. 0.15, 6 fr. ; carte de visite, 1 fr.

Jupiter et Léda, phot. par le même. Paris, 1865 ; H. 0.26 ; L. 0.15, 6 fr. ; carte de visite 1 fr. Cette dernière ne peut pas être mise en étalage.

JOURDHEUIL, grav., né à Poitiers, 1759-1781. — Voir *Aubry*.

JOURDY, lithogr. moderne. — Voir *Canova*.

JOUVENET (Jean), peintre, né à Rouen, en 1647 ; mort à Paris, en 1717.

La Vengeance de Latone, in-fol., gr. par J. Daullé, 1762.

Vénus faisant forger des armes pour Enée, in-fol. en haut., gr. par L. Desplaces (J., I, 424).

Latone, gr. en haut., par Dubocq, 1714 (Van Hulthem, 4244).

JOUY, peintre contemporain.

Brune et Blonde (pendant à *Rose et Blanche*, d'après Brochart), lith. par Lafosse; H. 0.80; L. 0.56, Bulla, 5 à 15 fr.; H. 0.60; L. 0.50, Bulla, 3 à 12 fr.

JUBIER, grav. à la man. du crayon, trav. vers 1760. — Voir *Borel*, Nic. *Bounieu*, *Caresme*, J.-B. *Huet*, J. *Sarrazin*.

JUDAS ET THAMAR. — Voir Abr. *Bloemaert*, Alb. *Durer*, M. van veen *Heemskerck*, H. *Holbein*, Pieter *Lastman*, H. *Vernet*.

JUILLET, grav. au burin, né à Paris, 1739. — Voir Ch. *Eisen*.

JUKES (Françis), peint. et grav. anglais, à l'aqua-tinta, né vers 1750. — Voir *Williams*.

JULES ROMAIN (Giulio *Pippi*, connu sous le nom de), peint. et archit., né à Rome, en 1492; mort à Mantoue, en 1546.

Mythologie amusante, ou les Amours priapiques des dieux, deux feuilles érotiques, in 4°, imitées de Jules Romain (Scheible, 8 fl. 45 kr.).

Les Nymphes et les autres divinités champêtres pleurant avec Céphale la mort de Procris qu'il vient de tuer par mégarde; gr. par un anonyme de l'école de Fontainebleau. L. 20 p. 6 l.; H. 13 p. 3 l. (B. 78).

Un Jeune chasseur assis sur le bord d'une rivière dans laquelle trois nymphes veulent l'attirer à elles, en le prenant par les cheveux. L'Amour les y excite en les enflammant de son flambeau. Sur le devant, à droite, sont assises trois nymphes dont l'une se presse les mamelles. 1543. Gr. par un anonyme de l'école de Fontainebleau. L. 19 p. 9 l.; H. 12 p. 4 l. (B. 76 des anonymes).

Vénus pleurant Adonis qui se meurt entre les mains de trois nymphes. Gr. par un anonyme de l'école de Fontainebleau. L. 20 p. 6 l.; H. 13 p. 6 l. (B. 77).

La Poursuite. Un jeune homme nu, se saisissant d'une jeune femme également nue et qui fait des efforts pour s'enfuir. La figure du jeune homme exprime une passion violente. Pièce grav. par un anonyme de l'école de Marc-Antoine, d'après un dessin que l'on croit de Jules Romain. H. 5 p. 11 l.; L. 4. p. 5 l. (B. XV, p. 48, N° 4).

Le Triomphe de Bacchus, gr. en larg., par Pierre Aquila (Van Hulthem, 3369).

Déjanire enlevée par Nessus, gr. par Gérard Audran; H. 0.225; L. 0.184 (R. D. 173).

Un Satyre près d'une nymphe, gr. par Jean Audran.

La Continence de Scipion, gr. par P.-S. Bartoli (Martial Pelletier, 1867, N° 15).

Hylas enlevé par les nymphes, gr. par le même.

Sophonisbe présentée à Massinissa, gr. par le même.

Bacchus et Ariane, gr. par Adam Bartsch, 1803; L. 0.355; H. 0.260.

Jeune femme, peut-être la maîtresse de Raphaël, gr. par le même, 1788; H. 0.315; L. 0.220.

Une Nymphe passe son bras au cou d'un satyre en s'appuyant sur un vase, gr. par B. Biard, le fils; L. 0.124; H. 8.087 (R. D. 12).

Un Satyre accroupi caresse une nymphe assise devant lui, gr. par le même; L. 0.125; H. 0.090 (R. D. 13).

Un Satyre découvre une nymphe assise, gr. par le même; L. 0.122; H. 0.088 (R. D. 14).

Un Satyre enlève la draperie qui couvre une nymphe accroupie, gr. par le même; L. 0.126; H. 0.090 (R. D. 15).

Un Berger assis auprès d'une nymphe semble lui faire violence, gr. par le même; L. 0.171; H. 0.105 (R. D. 18).

Vénus, jalouse de Psyché, excitant l'Amour à venger son injure, et du haut de son char lui indiquant sa rivale; gr. par le même; H. 0.226, dont 33 de marge; L. 0.169 (R. D. 20).

Vénus servie par l'Amour et par les Grâces qui lui apportent des fleurs et des fruits; gr. par le même. H. 0.193; L. 0.187 (R. D. 21).

La Déesse Flore assise dans un jardin au milieu des nymphes qui font des couronnes de fleurs, pendant qu'une autre couronne de lauriers le dieu de l'amour; gr. par J. Bonasone; L. 0.432; H. 330 (B. 111; Rapilly, en 1859, 4 fr.).

Quatre nymphes assises avec deux dieux marins autour d'un rocher qui leur sert de table, gr. par le même; H.

13 p.; L. 9 p. 9 l. (B. 173; Rapilly, en 1859, 25 fr.).

Saturne et la nymphe Phyllare (ou Jupiter sous la forme d'un cheval jouissant de la nymphe Phyllare), gr. par le même; L. 15 p. 10 l.; H. 11 p. 9 l. (B. 108; L***, en nov. 1856, 20 fr.).

Le Triomphe de Bacchus, gr. en larg., par C. Bos, 1543; rare (Winckler, 4220; Van Hulthem, 1147).

Vénus et Vulcain, gr. par Ph. Boutrois.

Le Bal vénitien, petite pièce en rond, gr. par J. Théod. de Bry, fils (J. I, 406).

Le Triomphe de Bacchus, frise, gr. par le même (Winkler, 4221; Van Hulthem, 1227).

Un Jeune homme couché sur un lit avec une femme, tous deux en grand négligé; une vieille femme les regarde par une porte entr'ouverte; gr. par B. Crivellari.

Histoire d'Apollon et de Daphné, suite de 4 pièces numérotées, gr. par B. Daddi, dit le Maître au dé; H. 0.215; L. 0.175. Chacune de ces pièces a huit vers italiens dans la marge d'en bas (B. 19-22).

Sacrifice à Priape. Des faunes, des satyres et des bacchantes offrant un sacrifice à Priape et ornant sa statue de guirlandes de fleurs. On remarque à gauche Silène, conduit par un satyre et suivi d'un homme qui sonne de deux cors. Gr. en larg., par B. Daddi. Dans la marge, des vers italiens :

Quanto honorato sei benigno bacco
Il becco el satir quil' dimostra e quelli
Ch'an del tuo brion liquore ampito l'sacco
Sostegni di Silen tutti e' fratelli ;
Comuni in allegrezza, è quel ch'è stracco
Di ber, satio non e' doue con belli :
Modi è con atti alla tua statua intorno
Festegia ognum dele tue fronde adorno.

L. 10 p. 6 l.; H. 4 p. 6 l. (B. 27; Van Hulthem, 3608).

Portraits de femmes ayant servi de modèles à Raphaël. Ces portraits, au nombre de huit, sont gravés dans le bel ouvrage dû au burin de M. Boucher-Desnoyers: *Recueil de gravures d'après des peintures antiques*. Paris, 1822, in-fol. — Ils ont été peints par Jules Romain dans la salle de bains (*stufa*) d'un *palazzino* de Rome, appartenant à un ami de Raphaël. Les femmes qu'il représente, toutes jeunes et charmantes, sont représentées en buste, et nul voile jaloux ne dérobe, pour la plupart d'entre elles, la vue de leur gorge admirable. C'est là que se trouve l'image de cette *Fornarina*, coiffée d'une sorte de toque et ramenant une draperie sur son sein, image souvent reproduite depuis.

Le Satyre et la nymphe, gr. par Ant. Fantuzzi, dit Antoine de Trente; L. 0.273; H. 0.175. La nymphe est assise à droite; le satyre, à genoux devant elle, écarte sa jambe. Le monogramme de l'artiste est placé au bas, à gauche (L***, en novembre 1856, 14 fr.).

Scipion l'Africain faisant rendre à son mari une femme d'une grande beauté qu'on lui avait amenée, 1543. Grav. par le même. Pièce ovale. L. 9 p. 6 l.; H. 6 p. 3 l. (B. 3).

L'Appareil pour les noces de Psyché et de l'Amour. Ils sont debout au bain dans une grande cuve et servis par un grand nombre d'amours. Grande pièce, sans nom, de deux morceaux qui se joignent, grav. par J.-B. Franco. L. 41 p.; H. 15 p. (B. 47).

L'Amour et Psyché, composit. gracieuse, gr. par Georges Ghisi, 1574. Le dieu et Psyché sont couchés sur un lit, et couronnés par une des heures qui est debout sur le lit, à la gauche de l'estampe; un chien, emblême de la fidélité, est sur le devant. H. 0.363; L. 0.230 (B. 45; Debois, avant la draperie, 60 fr.; Van den Zande, 31 fr.; H. de L***, avril 1856, 6 fr.). Une épr. est à la Biblioth. Impér. (N° 86).

Bacchus et Ariane qu'il trouve abandonnée dans l'île de Naxos. Pièce ovale, sans marque, gr. par le même. L. 9 p. 9 l.; H. 7 p. 4 l. (B. 46).

Les Nymphes et d'autres divinités champêtres pleurant avec Céphale la mort de Procris. On voit ce malheureux époux vers la droite de l'estampe, ayant sur ses genoux Procris expirante; gr. par le même. L. 20 p. 9 l.; H. 14 p. 4 l. (B. 61; Van Hulthem, 3569). Les secondes épreuves sont retouchées en quelques endroits par Georges Ghisi même. Les 3e, qui sont retouchées par Th. Thomassin, portent au milieu d'en haut, cette inscription: *Procrin eritrei regis atheniensium filia et Cephali uxor ab eodem viro inscio occisa. Ovidii, VII transformationum.*

Tarquin violant Lucrèce, gr. par le même; L. 0.325; H. 0.226 (B. 27).

Un Soldat emmenant une femme, 1539, gr. par J.-B. Ghisi. H. 6 p.; L. 3 p. 7 l. (B. 14).

L'Appareil pour les noces de Psyché, 3 pl. se réunissant, gr. par Diana Ghisi. Dans la planche à droite, on voit Cupidon entrant dans le bain avec sa nouvelle épouse que des amours s'empressent de servir. L. 1 mètre 110 mill.; H. 382 mill. (Debois, 71 fr.; Winckler, 2 th.; Spekter, 4 $^5/_4$ th.; Einsiedel, 13 $^5/_6$ th.; Sternberg, 8 th.).

Aspasie discourant à table avec Socrate et un autre philosophe, gr. par la même; L. 0.176; H. 0.135.

Scipion l'Africain faisant rendre à son mari une femme d'une grande beauté qu'on lui avait amenée; gr. par la même. On lit en bas, à gauche : *Liberalitatis et continentiæ exemplum*. L. 9 p. 2 l.; H. 7 p. 6 l. (B. 33).

Hercule et Déjanire, qui tient sur sa tête un voile enflé, gr. par Adamo Ghisi; ovale; H. 0.182; L. 0.128 (B. 10; Van Hulthem, 3572).

Hercule entre la vertu et la volupté et ne sachant laquelle il doit suivre, grav. par le même. On lit dans la marge : *Deliberatio omnium difficillima*. L. 10 p. 4 l.; H. 7 p. 2 l. (B. 26).

Mars assis près d'un Amour, gr. par le même; L. 0.198; H. 0.179 (B. 35).

Une Faune jouant du chalumeau près d'une nymphe accompagnée de l'Amour, pièce ovale, gr. par le même; H. 0.200; L. 0.130 (B. 11).

Jupiter et Sémélé, gr. en larg., par Jean Haussart.

L'Amour monté sur un lion, in-8, gr. par W. Hollar, 1654.

Mort d'Adonis. Dans une campagne, Adonis, étendu à terre, est recueilli par les Grâces qui le soignent. L'Amour lui tient la main et déplore sa perte, tandis que Vénus, en avant de deux cygnes, adresse des reproches au sanglier qu'une troupe d'amours essayent de tuer avec leurs flèches. Grande eau-forte, gr. par Pierre Lélu, en 1784. L. 0.610; H. 0.320 (Baudicour, 64).

Jupiter embrassant Junon, in-fol. en haut., gr. par B. Lépicié (J., II, 211).

Jupiter et Io, in-fol. en haut., gr. par le même (J., II, 211; Van Hulthem, 4414).

Méléagre et Atalante, in-fol, en larg., gr. par F. Lonsing.

Vénus dans un char conduit par deux cygnes, et accompagnée d'amours, gr. par le Maître au monograme IQV. L. 17 p.; H. 11 p. (B. 3; en avril 1862, 21 fr.).

Danse d'Apollon et des neuf Muses, gr. en larg., par Marais (Van Hulthem, 4463).

Estampes pour l'Arétin, 16 pl. érotiques, gr. par Marc-Antoine Raimondi. Vasari, qui se trompe en portant le nombre de ces estampes à vingt, leur donne le titre : *les Amours des dieux*, ou *les Postures*. Les Italiens les appellent, avec plus de raison, *I Modi*. Elles sont si rares que le célèbre amateur Mariette, quoique ayant tourmenté longtemps ses amis d'Italie d'en faire la recherche, ne put que se procurer des fragments de pièces qui avaient passé par des mains scrupuleuses. Bartsch n'en a connu qu'une qu'il décrit tome XIV, p. 186. Elle a 7 pouces de larg. et 5 p. de haut.— On assure que la suite de Marc-Antoine a été payée 80,000 fr. — On dit qu'un graveur de Paris, M. Jollain, crut mettre la main sur les planches de l'œuvre de Marc-Antoine, planches qui blessaient à un haut point sa moralité. Il les acheta 100 écus, et les détruisit pour que personne n'en puisse plus tirer aucune épreuve; mais il n'avait acquis que celles d'Augustin Carrache, dessinées également d'après l'inspiration des sonnets de l'Arétin, et qui passent quelquefois pour celles de Marc-Antoine. — Il ne faut pas confondre ce Jollain avec un nommé Joullain, marchand de tableaux, qui, un siècle plus tard, acheta à la vente Mariette, le troisième volume de l'œuvre de Marc-Antoine, qu'il paya 4600 fr; mais non pour le détruire. Diderot a écrit qu'il ne restait presque plus rien des infâmes et belles estampes que Jules Romain avait composées d'après l'impur Arétin. L'honnêteté, le scrupule font tôt ou tard main basse sur les objets deshonnêtes. Ceci provoque de la part de M. Charles Blanc, *Histoire des peintres*, article Baudouin, quelques reflexions qui offrent des hardiesses du grand artiste italien une apologie digne de passer sous les yeux de nos lecteurs : « Ne confondons pas les fières audaces de Jules Romain et les libertés de l'antique avec les polissonneries de M. Baudouin. Jules est un payen de haute lignée; Baudouin n'est auprès de lui qu'un débauché sans passions et sans race. En généralisant les formes, en faisant resplendir la beauté, le style couvre tous les écarts de l'artiste et devient incompatible avec ce qu'on appelle l'indécence. Les figures peuvent êtres indécentes quand elles sont individuelles et petites, quand l'intention les particularise par des accents trop intimes, lorsqu'en un mot elles portent un nom propre; mais une fois que le grand style les a idéalisées, elles s'élèvent dans une sphère où la convoitise du libertinage ne saurait les atteindre. Entre les gravelures de Baudouin et les grandes infamies de Jules, il y a autant de distance que de l'alcôve impure d'une fille à la couche héroïque où Vénus attend les dieux.» — On trouve dans le *Journal zur Kunstgeschichte* (Journal pour l'histoire de l'art), par Murr, tome XIV, p. 1 à 72, des détails étendus sur les figures pour les sonnets de l'Arétin. — Voir aussi la *Bibliographie des ouvrages relatifs à l'amour*, col. 195, et la *Notice sur les estampes gravées par Marc-Antoine, d'après les dessins de Jules Romain*, par C.-G. de Murr, trad. et annotée par un bibliophile. Bruxelles, 1865.

La Mort de Zambri et de Cozbi. Phinéès, fils d'Eléazar, enfonçant sa lance dans le derrière de Zambri surpris avec la madianite Cozbi, qui est couchée sous une tente et sur un lit. Un autre Israélite, au milieu de l'estampe, relève le drap de la tente. Pièce libre, très-rare. Elle est gravée par un anonyme dans un goût très-approchant de celui de Marc-Antoine, d'après un dessin qui semble être de Jules Romain. H. 10 p. 4 l.; L. 8 p. (B. 14). — Un anonyme, qui pourrait bien être C. Bos, en a fait une copie de même dimension, en contre-sens et très-bien faite.

Angélique et Médor. Médor, assis à terre, faisant des caresses à Angélique qui est couchée sur les genoux de son amant. Médor porte sa main gauche sur le sein d'Angélique et passe l'autre sous son menton. Pièce sans marque, gr. par Marc-Antoine, probablement d'après Jules Romain. H. 9 p. 8 l.; L. 6 p. 6 l. Un anonyme en a fait une très-mauvaise copie dans le même sens (B. 484; comte***, de Vienne, 1952).

Les Amours de Jupiter et de Sémélé; le dieu fait des caresses à Sémélé assise sur l'aigle et devant lui. Au fond se voit l'Amour qui tient le foudre de Jupiter; la mer est dans l'éloignement. Gr. par Marc de Ravenne; H. 10 p. 6 l.; L. 7 p. 6 l. (B. 338; J., II, 250; comte ***, de Vienne, 1922).

Léda, assise sur une pierre, tenant d'une main le cou du cygne. Pièce libre, très-rare, gr. par le même, probablement d'après Jules Romain; H. 5 p. 6 l.; L. 3 p. 9 l. (B. 283; 13 février 1865, N° 148).

Satyre portant une nymphe, in-4°, gr. par le même.

Apollon et les Muses, gr. en larg., par J.-B.-Raph.-Urb. Massard (Van Hulthem, 4485; P. Danlos, 20 fr.).

Vulcain donnant des traits à Vénus; la déesse en remplit le carquois de l'Amour; in-fol. en haut., gr. par Ernest Morace (Rigal, N° 516; Hillig, 1er état, 3 1/2 th.).

Danaé et le jeune Persée, gr. par Bat. del Moro; L. 0.245; H. 0.177 (H. de L***, avril 1856, 17 fr.).

Vénus et Vulcain (Musée Filhol), gr. par Fr. Pigeot (J., II, 353).

Neptune et Psyché. Neptune sortant du sein des eaux pendant que Psyché est enlevée par les Zéphirs, gr. par Pietro del Po. Pièce ronde de 10 p. 3 l. de diam. (B. 31).

Le Bain des nymphes. — *Jupiter et Danaé*; deux pièces en larg., gr. la 1re par Fr. de Poilly, et la 2e par J.-B. de Poilly, son neveu.

Neptune et Amphitrite, gr. pour la Société des Amis des Arts, par J.-Th. Richomme, en 1818; H. 14 p. 6 l.; L. 12 p. (Van Hulthem, 4713; Duchesne aîné, 390; Durand, avant l. l., 110 fr.).

Vénus et l'Amour caressant sa mère (Galerie de Dresde), gr. par Chr.-G. Schultze (J., III, 76).

L'Enlèvement des Sabines, gr. en larg., par Ph. Simonneau (Bance, en 1809, 4 fr.).

Les Trois déesses se préparant pour le jugement de Pâris, gr. en haut., par le même.

La Continence de Scipion, gr. en larg. par Nic.-Henri Tardieu (J., III, 115; Bance, en 1809, 4 fr.).

L'Enlèvement des Sabines (cabinet Crozat), gr. par le même (J., III, 115).

Jupiter et Alcmène (cab. Crozat), gr. en haut., par le même (J., III, 115).

Jupiter et Io (cabinet Crozat), gr. par le même (J., III, 115).

Angélique et Médor, gr. en contre-partie de la pièce de Marc Antoine, par Aug. Vénitien. H. 9 p. 6 l.; L. 7 p. (B. 485).

Léda. Elle est étendue sur un banc orné de rinceaux scupltés à jour, contre lequel elle s'appuye du bras gauche, portant la main droite sur le cou du cygne. Pièce libre, très-bien gravée, dans le goût d'Aug. Vénitien, d'après un dessin qui pourrait être de Jules Romain. Sans marque. L. 7 p.; H. 5 p. (B. 232).

Léda. Elle est vue presque de profil, et assise adossée contre une souche. Elle reçoit les amours de Jupiter changé en cygne. Le fond représente une ville traversée par une rivière dans laquelle se jettent deux figures nues pour la traverser à la nage. Pièce sans marque, qui paraît être gravée par Aug. Vénitien, peut-être d'après un dessin de Jules Romain. L. 7 p. 4 l.; H. 6 p. 3 l. (B. 233).

Vénus et l'Amour, gr. par A. Vénitien. Vénus couché sur une butte, fait des caresses à l'Amour qui s'approche d'elle, tenant un flambeau des deux mains. H. 8 p. 10 l.; L. 6 p. 3 l. (B. 318; comte ***, de Vienne, 1916).

JULIEN (Jean-Antoine), peintre, né à Cavigliano, sur les bords du lac Majeur, en 1736; mort de misère à Paris, le 28 juillet 1799.

Jupiter endormi dans les bras de Junon, sur le mont Ida, gr. par un anonyme (18 mai 1864, N° 756).

JULIEN (Simon), peint. et grav., né à Toulon, en 1737; mort le 23 février 1800.

Apollon et Daphné, 1773. Apollon, nu et tenant sa lyre, court dirigé par l'Amour, après Daphné fuyant, et qui commence à se métamorphoser sous une grotte; deux nymphes regardent la scène. L. 0.458; H. 0.295 (Baudicour, 5).

Flore et Zéphire, 1773. Flore, soutenue par Zéphire, qui lui envoie un léger souffle, répand des fleurs qu'elle vient de prendre dans sa ceinture. Elle est toute nue ainsi que Zéphire. L. 0.234; H. 0.184 (Baudicour, 6).

Loth et ses filles. Loth assis sur un tertre, enivré par ses filles, reçoit les caresses de l'aînée, à moitié couchée sur lui, tandis que l'autre, vue de dos, vient de verser une nouvelle tasse de vin. L. 0.130; H. 0.121 (Baudicour, 1).

La Rose défendue, gr. par Laurent Julien.

JULIEN (Laurent), grav., neveu de Simon. — Voir Simon *Julien*.

JULIEN, dess. et lith. contemporain. — Voir Philippe *Bellangé*, *Poyet*.

Mme Damoreau-Cinti (Laure-Montalant), lith. H. 0.230; L. 0.140 (Soleinne, 321).

Mlle Pauline Garcia, lith.; H. 0.220; L. 0.140 (Soleinne, 350).

Mlle Rachel; H. 0.200; L. 0.130 (Soleinne, 297).

Mlle Taglioni; H. 0.280; L. 0.240 (Soleinne, 308).

JULIETTE ET ROMÉO. — Voir L.-M. *Bonnet*, *Brukman*, *Couder*, *Devéria*, *Francis*, *Jalabert*, *Leloir*, J.-Hamilton *Mortimer*, C. *Sohn*.

JUNON. — Voir Abr. *Bloemaert*, J. *Bonasone*, Abr. *Bosse*, J. *Collaert*, *Devéria*, *Dirick*, la *Fage*, Gavin *Hamilton*, J. *Jordaens*, Gér. de *Lairesse*, H. *Goltzius*, *Mierevelt*, J. *Rabel*.

JUNON, CÉRÈS ET PSYCHÉ. — Voir *Raphaël*.

JUNON, IO ET ARGUS. — Voir Moïse van *Uytenbrouck*.

JUNON, MARS ET L'AMOUR. — Voir Jacques *Herrens*.

JUPITER ET ANTIOPE. — Voir L.-M. *Bonnel*, Polydore de *Caravage*, *Caresme*, Ann. *Carrache*, Th. *Chambars*, le *Corrége*, Ant. *Coypel*, *Devéria*, *Dietrich*, Ant. van *Dyck*, Od. *Fialetti*, *Gagnereaux*, *Houbraken*, Ang. *Kauffman*, Ch. de *Lafosse*, Gér. de *Lairesse*, J.-B. *Lebarbier*, Nic. *Loir*, *Monnet*, *Nahl*, J.-B. *Nattier*, J.-Fr.-L. *Œser*, Luca *Penni*, B. *Picart*, *Pierre*, le *Poussin*, le *Primatice*, *Rembrandt*, *Rubens*, Robert de *Seri*, V. *Solis*, le *Titien*, Perino del *Vaga*, *Vanloo*.

JUPITER ET CALISTO. — Voir *Amiconi*, Fr. *Boucher*, Th. *Burke*, L. *Castro*, *Detroy*, Van *Dyck*, H. *Goltzius*, *Greuze*, *Hall*, *Huet*, Ang. *Kauffman*, C. *Kohl*, G. de *Lairesse*, Bernard *Lens* (le jeune), E. *Lesueur*, Ch. *Natoire*, *Netscher*, le *Primatice*, J.-B. *Regnault*, *Rosso de Rossi*.

JUPITER ET DANAÉ. — Voir Jacques *Blanchard*, Abr. *Bloemaert*, *Bonasone*, Fr. *Boucher*, Ann. *Carrache*, le *Corrége*, *Delacourt*, *Detroy*, *Devéria*, G. *Diamantini*, Van *Dyck*, *Girodet*, *Greuze*, J.-B. *Huet*, *Jules Romain*, Rob. de *Launay*, A. *Lepère*, C. *Maratti*, L.-A. de la *Marne*, B. *Picart*, *Pierre*, le *Primatice*, *Rottenhammer*, *Rubens*, le *Titien*, *Verheyden*, Jérôme *Wierix*.

JUPITER ET EUROPE, ou l'ENLÈVEMENT d'EUROPE. — Voir l'*Albane*, l'*Antique*, *Appiani*, J.-F. *Beauvarlet*, *Bergmuller*, *Bernini*, *Bizemont-Prunelé*, L.-M. *Bonnet*, Fr. *Boucher*, *Cantarini*, Aug. *Carrache*, les *Carraches*, *Chedel*, *Cipriani*, Séb. *Conca*, Giov. *David*

Desmarets, Devéria, A. *Duval*, R. de la *Fage*, P. *Farinati, Genelli, Giordano*, H. *Goltzius*, le *Guide, Hallé, Jeaurat*, Gér. de *Lairesse*, Séb. *Leclerc* (fils), F. *Lemoine, Lepautre*, Nic. *Loir*, Cl. le *Lorrain*, le *Maître aux initiales HS.*, *le Maître à l'oiseau*, Van *Mander*, Paolo de *Mattheis*, Bened. *Montagna*, Laur. *Pécheux, Pierre*, le *Primatice, Prudhon, Raphaël, Rosso de Rossi, Rubens*, P. *Schenk*, Corn. *Schut, Sirani*, A. *Tempesta*, le *Titien*, P. *Véronèse, Vien*, N. *Vleughels*, Sim. *Vouet, Watteau*, B. *West*.

JUPITER ET FLORE. — Voir *Challe*.

JUPITER ET IO. — Voir W. *Basse, Bonasone, Bonnet*, le *Corrége, Devéria*, Cl. *Duflos*, E. *Dupérac*, Van den *Eeckhout*, Luc. *Giordano, Girodet-Trioson*, H. *Goltzius, Huet*, J. *Jordaens, Jules Romain*, Gér. de *Lairesse*, Hyac. *Legrand, Monnet*, J.-B. *Regnault*, Ant. *Renou, Schenau*, André *Schiavone*, le *Titien*, Perino del *Vaga*, Ad. van der *Werff*.

JUPITER ET JUNON. — Voir J. *Bonasone*, Ann. *Carrache*, les *Carraches, Cipriani*, Ant. *Coypel*, H. *Goltzius, Jules Romain*, J.-A. *Julien*, J. de *Parme, Rubens*, le *Titien*.

JUPITER ET LÉDA. — Voir l'*Albane*, Fr. *Basan*, Paul *Baudry*, H.-S. *Béham*, J. *Bonasone*, L.-M. *Bonnet*, Fr. *Boucher*, P. *Cardon*, P.-J. *Cazes, Challe, Chasselot*, Corn. van *Clève*, le *Corrége*, Mme *Delorme*, Gilles *Demarteau, Detroy, Devéria*, A. *Duval*, J. *Episcopius*, Aug. *Galimard, Girodet-Trioson*, le *Guide, Jourdan, Jules Romain*, Rob. de *Launay*, Ch.-Et. de *Laune, Lebarbier, Maître anonyme* allemand du XVIe siècle, HS., *Maître au monogramme CC., Maître italien* du XVIe siècle, signant X. P., C. *Maratti, Meslin, Michel-Ange, Mieris*, Cosmo *Mogalli, Picot, Pierre*, le *Poussin, Prudhon, Raphaël, Reverdino, Riesener, Saint-Pierre, Théolon*, le *Tintoret*, le *Titien*, Aless. *Turchi*, Perino del *Vaga*, P. *Véronèse*, Enée *Vico*, Fr. *Vieira*, Léon. de *Vinci*.

JUPITER ET SÉMÉLÉ. — Voir Adr. *Bloemaert*, J. *Bonasone*, L.-M. *Bonnet*, Th. *Cook, Daret, Devéria*, R. de la *Fage*, le *Guerchin, Huet, Jules Romain*, P. de *Mattheis*, le *Primatice, Rosso de Rossi*, V. *Solis*, Perino del *Vaga*.

JUPITER ET VÉNUS. — Voir J. *Rottenhammer, Villerey*.

K

KAUFFMAN (Marie-Anne-Angélique-Catherine), peint. et grav. à l'eau-forte, née à Coire, dans le pays des Grisons, en 1742; morte à Rome, en 1807. — Voir *Zucchi*, et pour son portrait voir *Moeglich, Reynolds, Schultze*.

L'Allegra. — *La Penserosa*; deux pièces ovales, en haut., gr. en 1779.

Angélica Kauffman, 1770, portr. en haut., gr. par elle-même et d'après elle. Elle est appuyée sur un livre; très-rare (Van Hulthem, 42).

Hébé versant le nectar à Jupiter, caractérisé par un aigle, pièce en haut., gr. en 1770, et le 2e état en 1780 (Rigal, 399; Van Hulthem, 678).

Renaud couronné de fleurs par Armide (Rigal, 399).

Susanne surprise par les vieillards (Rigal, 399).

Vénus et l'Amour pleurant Adonis, pièce en haut., gr. à Londres, en 1780 (Rigal, 399; Van Hulthem, 678).

Susanne au bain, gr. par un anonyme.

L'Allegra, ovale en coul., gr. par Fr. Bartolozzi (Van Hulthem, 3401).

Antiope, gr. par le même.

The Beautifol Rhodope in love with Æsop, gr. par le même.

Diane se préparant pour la chasse, pièce ovale, au crayon, par le même, (J., I, 218).

Le Jugement de Pâris, ovale, gr. par le même (Van Hulthem, 3399).

Pâris et Œnone gravant leur chiffre sur un hêtre, gr. par le même (J., I, 218).

Psammeticus amoureux de Rhodope,

gr. en larg. et en coul., par le même (Van Hulthem, 3397).

Renaud et Armide, ovale, en coul., gr. par le même (Van Hulthem, 3401).

Tancrède et Clorinde, gr. par le même.

Veillez, amans, si l'Amour dort, ovale, en coul., par le même (Van Hulthem, 3396).

Vénus attired by the Grâces, ovale, gr. par le même, 1784 ; L. 0.435 ; H. 0.342.

L'Image de la beauté, gr. par L.-M. Bonnet.

L'Amour désarmé, pièce ronde, gr. au pointillé, par Louis-Alex. Bouteloup (J., I, 299).

Aglaé enchaînée par l'Amour, gr. par Henri Bryer.

Psyché et l'Amour, in-fol., gr. par C.-L.-B.-C. Buchhorn, 1801.

L'Amour sèche les larmes de Psyché, grande pièce in-fol., gr. par le même, en 1804.

Alexandre cédant sa maîtresse Campaspe à Apelles, gr. par T. Burke.

L'Amour enchaînant Aglaé avec une guirlande de fleurs, ovale, en coul., gr. par le même (Paignon-Dijonval, 2522 ; Van Hulthem, 4984 ; Sternberg, 1 1/6 th.).

Angelica Kauffman, portr. gr. par le même.

Céphise coupant les ailes de l'Amour endormi, gr. par le même.

Conjugal Peace, ovale, gr. par le même (Van Hulthem, 4983).

Cupidon désarmé par Euphrosine, ovale in-fol., en coul., gr. par le même (Van Hulthem, 4984).

Cupidon et Ganymède, gr. par le même, 1784.

Jupiter et Calisto assis sous un arbre. Grande pièce, in-fol. en rond, gr. par le même, 1782.

Orphée et Eurydice, gr. par le même.

Sacrifice fait par Messaline, ovale in-fol., gr. par le même, 1783.

Vénus désarmant l'Amour, gr. par John Clarke.

Ariane abandonnée, in-fol., gr. par J.-M. Delâtre, 1785.

Le même sujet, ovale in-fol., gr. par G.-S. et J.-G. Facius.

Cupid's pastime, ovale in-fol. en larg., gr. par les mêmes.

Phenissa amie de Sophonisbé, ovale in-fol. en larg., gr. par les mêmes.

Sapho inspirée par l'Amour, ovale in-fol., gr. par les mêmes.

Sophonisbé, reine de Carthage, ovale in-fol. en larg., gr. par les mêmes, 1778.

Vénus, ovale, gr. par les mêmes.

Vénus et Adonis, gr. en man. noire, par Geyger (11 nov. 1861, 1 fr. 75).

Les Amours de Pâris et d'Hélène, gr. en haut., par V. Green, 1774.

Renaud empêchant Armide de se donner la mort, gr. en haut., par le même.

Renaud et Herminie, gr. par J. Hogg.

Damon et Musidor, gr. par Ch. Knight.

Palémon et Savinia, gr. par le même.

Ariane à l'île de Naxos (de la Galerie de Dresde), gr. par E.-G. Krueger.

Diane et les Nymphes au bain. — Serment d'Ulysse et de Calypso; deux pièces en haut., gr. par R. Lauwrie, 1776.

L'Amour enchaînant la beauté, gr. par R.-S. Marcuard.

L'Amour et Psyché, pet. in-fol., gr. par le même, 1784.

Diane et ses Nymphes, pièce ronde, gr. par le même.

Vénus et l'Amour, in-fol., gr. par le même.

Lady Hamilton, portr. sous le titre de la Muse comique, gr. par R. Morghen (*Cabinet de l'Amat.*, I, 111).

Abailard et Héloïse, in-fol. en rond, gr. par J. Ogborne, 1785.

L'Allegra. — La Penserosa ; deux pièces ovales in-fol., gr. par B. Pastorini.

Garde à vous, très-joli sujet en ovale, représenté par un Amour se reposant sur son carquois, et mettant le doigt devant sa bouche, gr. par C. Porporati (Van Hulthem, 3679). Cette pièce forme pendant avec *Il n'est plus temps*, gr. par Audouin d'apr. Bouillon.

Cupidon lié par des nymphes irritées, et qui lui vont briser ses armes. — *Cupidon endormi*, réveillé par des nymphes; deux pièces formant pendant, gravées pas W. Ryland (J., III, 34).

La Duchesse de Richemond. — Dame vêtue à la Turque ; deux pièces ovales, formant pendant, gr. par le même (J., III, 34).

Fuite de Pâris et d'Hélène de la cour de Ménélas, roi de Sparte. — *Vénus présentant Hélène à Pâris,* après son combat avec Ménélas ; deux pièces faisant pendant, gr. par le même (J., III, 33).

Junon empruntant le ceste de Vénus, pour plaire à Jupiter. — *Sacrifice au dieu Pan par des nymphes;* pendant. Deux pièces gr. par le même (J., III, 34).

Pâris et les trois déesses, dont il doit juger la beauté. *Porrigit hic Veneri.* — *Vénus sur son char;* pendant. *O Venus regina Cnidi Paphique.* Deux pièces gr. par le même (J., III, 33).

Aiglée enchaînée par l'Amour, pièce ronde et en coul., gr. par G. Scorodoomoff (Paignon-Dijonval, 2519; Van Hulthem, 5063).

L'Amour demandant ses armes aux Grâces, en rond et en coul., gr. par le même, 1777 (Paignon-Dijonval, 2520; Van Hulthem, 5063).

Les Grâces formant une danse, pièce ronde, gr. par le même (J., III, 74).

Les Grâces enlevant à l'Amour endormi son carquois et ses flèches, en rond et en coul., gr. au pointillé par le même, 1777 (Paignon-Dijonval, 2520; Van Hulthem, 5063; Bance, en 1809, 5 fr.).

Héloïse et Abailard, surpris par Fulbert. — *Adieux d'Héloïse et d'Abeilard;* deux sujets ronds, gr. le premier en 1778, le second en 1780, par le même (J., III, 74).

Jeune personne qui contemple le portrait de son amant, ovale, gr. par le même, 1777 (J., III, 73).

L'Offrande à l'Amour, en rond et en coul., gr. par le même, 1778 (Paignon-Dijonval, 2551; Van Hulthem, 5063).

Le Sacrifice à Cérès, gr. par le même, 1778; L. 0.28; H. 0.21 (Bance, en 1809, 5 fr.).

Le Triomphe de l'Amour, grande pièce in-fol. en rond et en coul., gr. par le même, 1778 (Paignon-Dijonval, 2518; Van Hulthem, 5063).

La Vengeance de l'Amour, en rond et en coul., gr. par le même, 1779 (Van Hulthem, 5063).

Herminie gravant le nom de Tancrède sur un arbre, gr. par Sherwin (J., III, 81).

Cléopâtre et Méleagre. — *Le Colin-Maillard.* — *La Belle honnête.* — *Psammétique amoureux de Rhodope.* — *Rhodope amoureuse d'Esope.* — *Pomone.* Six pièces gr. par P.-W. Tomkins (J., III, 136).

KAUKE (J.-F.), dessin. et grav., né à Berlin ; mort en 1777. — Voir J. *Courtin, Rode.*

KAULBACH (Guillaume de), peintre contemp., né à Arolsen (Waldeck), en 1805; directeur de l'Académie des Beaux-Arts de Munich.

Claire et Egmond, in-fol. en haut., gr. par C.-H. Merz; pour la Société des amis des Arts de Munich, 1835.

Vénus, gr. par G. Seidel (Georg, de Genève, en 1867, 13 fr. 25).

Léda et le cygne en accouplement, phot. d'apr. un dessin de Kaulbach.

La Marchande d'amours (d'apr. le tableau antique trouvé à Starbie), phot. d'apr. un dessin spirituel et lascif de Kaulbach.

L'Origine de la vapeur, phot. érotique d'apr. un dessin de Kaulbach.

Les Femmes de Goethe, phot. par J. Albert, de Munich. Francfort, G. Hamacher, 1861, livraisons 1, 2 et 3 (9 pl.).

KAUPERTZ (J.-Veit), peint. et grav., né à Gratz, 1741-1816. — Voir *Weisskircher.*

KEDD, peintre anglais.

The Stolen kiss, in-fol., gr. par H. Meyer (Mappes, 6 fl. 30 kr.).

KELERTALER (Johann), le jeune, trav. à Dresde, vers 1558.

Mars et Vénus.

KEN, photographe.

Portraits phot. d'apr. nature : Mlle Berengère, Céline, Mme la comtesse de Chabrillant, Clémentine, Mme Doche, Mlle Ferraris, Finette, Mlle Fleury, Mlle Flore (des Variétés), Joséphine, Louise Gérard, Mlle Marie Sax, Marguerite, Martine, Mélanie, Rachel, Mlle Savolta, Mlle Thostée, Mme Ugalde, etc.

KENDY (Miss). — Voir J. *Reynolds.*

KENEBEL (Mlle), écuyère du Cirque olympique. — Voir *Borel,* J. *Gière.*

KEPFER, peintre.

Le Coucher. — *Le Lever.* — *La Toilette ;* trois pièces gr. par Cardon. Paris, Codoni, 1839.

KEPPEL (Elisabeth). — Voir J. *Reynolds.*

KERN (Ant.), peintre.

La Belle bouquetière, gr. par E. Theresia Rousselet.

KERNOSCKI, peintre polonais du XVIIIe siècle.

Profil de Marie-Antoinette, gr. par Lebert, d'après l'original peint à Vienne, rare (15 mai 1865, N° 361).

KERVER (Jacob), dessin. et grav. sur bois, et imprimeur, trav. à Paris, dès 1520. — On le croit le Maître aux initiales IK (N° 179 des monogr.).

La Papesse Jeanne accouchant pendant une procession solennelle. Pièce marquée IK. L. 5 p. 3 l.; H. 2 p. 10 l. (B. IX, p. 157).

KESSEL (Théodore van), grav. à la pointe et au bur., né en Hollande, vers 1620. — Voir Pâris *Bordone,* le *Corrége,* le *Guide, Rubens,* le *Titien,* P. *Véronèse.*

KESSLER (Aloys), dess. et grav. contemporain.

Leucothoé, grav. Paris, impr. Chardon, aîné ; chez Danlos aîné.

KEYL (Michaël), grav., né à Nuremberg, 1722-1795. — Voir Corn. *Béga,* le *Guerchin,* Ant. *Watteau.*

KILDARE (Emilie, comtesse de). — Voir J. *Reynolds.*

KILIAN (Lucas), dessin. et grav. en cuivre et en argent, né à Augsbourg, en 1579 ; mort en 1637. — Voir J. *Heintz,* B. *Spranger.*

Un Homme caressant une femme.

Vénus et Adonis, in-fol.

KILIAN (Wolfgang), frère du précédent, grav., né à Augsbourg, en 1581 ; mort en 1662. — Voir J. *Palma,* le jeune.

KILIAN (Georges-Christ.), peint. et grav., né à Augsbourg, en 1709; mort en 1785. — Voir Dom. *Tiepolo.*

KILLEGRY (Mme). — Voir Van *Dyck.*

KILLIGREW (M.-Anne), peintre, née à Londres, et morte en 1685, à 25 ans.

Vénus et Adonis, gr. par B. Lens, le vieux.

KIMLI, peintre du XVIIIe siècle.

L'Espoir du retour (on dit Marie-Antoinette ?), gr. par Pierre-Alex. Tardieu (27 mai 1865, N° 729).

KING (John), grav. anglais, trav. dans le XVIIe siècle. — Voir Ant. *Coypel, Nattier.*

La Chasteté de Joseph.

KINGSTON (Elisabeth Chudleigh, duchesse de). — Voir *Bartolozzi.*

KININGER (G.-Vincent), dessin. et grav. à l'aqua-tinta, né à Ratisbonne, en 1767. — Voir H. *Füger, Grassi.*

KIRK (Thomas), grav., trav. à Londres, au commencement du XIXe siècle. — Voir G.-B. *Cipriani.*

KIRKALL (Edward), grav., né à Sheffields, en 1692 ; mort en 1750. — Voir Ant. *Coypel, Watteau.*

Apollon et Daphné, grav. sans nom de peintre.

KLANZINGET, peintre du XVIIIe siècle.

Marie-Antoinette, sœur de l'empereur, archiduchesse, née à Vienne, le 2 novembre 1755, dauphine de France, le 16 mai 1770; petit portrait en coul., extrêmement rare, gr. par Louis Bonnet. Une épr. av. l. l. a été vendue 195 fr., en 1859 (31 mars 1862, N° 266).

KLAUBER (Ignace-Sébastien), grav. au burin, né à Augsbourg, en 1754; mort en 1820. — Voir C. *Vanloo.*

KLENGEL (J.-Christian), peint. et grav., né à Kesselsdorf (Saxe), en 1751; mort en 1824.

Daphnis et Chloé, in-fol. en larg.

Paysage avec des femmes se baignant, gr. à l'eau-forte, par Haldenwang.

KLIMKOVICZ, photographe.

Le Marchand d'esclaves, phot. d'après un tableau destiné à l'exposition. Paris, 1858.

KLINGSTET, ou KLINCHTETT, ou CLINCHTEL (Charles-Gustave), peintre en miniatures obscènes (dites *Tabatières*) du duc d'Orléans, régent; né à Riga, en Livonie, en 1657 ; mort à Paris, en 1734. Ses ouvrages sont, pour l'ordinaire, à l'encre de Chine. Gentil Bernard, dans son *Art d'aimer*, parle de cet artiste. — A la vente du gén. Rébillot (Potier, 1856), un dessin de lui, sur vélin, s'est vendu 99 fr. (Nº 49). — Voir à son sujet la Not. litt. à la suite du tome VII, de la *Nouvelle Bibliothèque des romans*, article sur le *Poëte*, de Desforges; un article de Paul Mantz, dans l'*Artiste* du 21 février 1858, et la *Biographie universelle*.

KLOBER, professeur.

L'Amour, in-fol., gr. par G. Luederitz, 1841.

L'Amour et Psyché, gravé en taille-douce, par Gust. Seidel (Exposition de Paris, 1867).

KNAPTON (Charles), dessin. et grav. au burin, à Londres, 1700-1760.

Lisabetta Duparc, detta la Francesina, in-fol., en man. noire, gr. par Faber, le jeune, 1737 (11 nov. 1861, 2 fr.).

KNAUS (Louis), peintre contemp., né à Wiesbaden.

La Cinquantaine, gr. à la man. noire, par P. Girardet; L. 0.81; H. 0.53 (Goupil, de 60 à 240 fr.).

Le même sujet, phot. par Goupil; L. 0.23; H. 0.22, 10 fr.

KNELLER (Godfried), peintre de portr., élève de Rembrandt, né à Lubeck, en 1648; mort à Londres, en 1725.

La Duchesse de Cléveland, gr. d'après Kneller.

Louise Renée, duchesse de Portsmouth, gr. par Isaac Beckett.

The Beauties of Hamptoncourt, 12 portraits gr. par John Faber le jeune: la comtesse de Ranelagh; la duchesse de Saint-Albans; la duchesse de Grafton; lady Middleton, etc.

Mlle Knight, favorite du roi Charles II, pièce en haut., gr. par le même.

La Duchesse de Portsmouth, gr. en haut., par J. Gole.

Caroline, reine de la Grande-Bretagne, gr. en haut., par John Smith (Van Hulthem, 5107).

La Comtesse de Ranelagh, gr. en haut., par le même (Van Hulthem, 5102; Nauman, 853).

La Comtesse de Rutland, gr. en haut. par le même (Van Hulthem, 5099).

La Comtesse de Salisbury, gr. en haut., par le même (Van Hulthem, 5106; Nauman, 856).

La Duchesse de Saint-Albans, gr. en haut., par le même (Van Hulthem, 5102).

Elinor Copley, gr. en haut., par le même (Van Hulthem, 5105).

Lady Howard, en pied, debout et appuyée contre un rocher, gr. en haut., par le même (Van Hulthem, 5098).

Mme d'Avenant, gr. en haut., par le même (Van Hulthem, 5099).

Marie, duchesse d'Ormonde, fille de Cromwel, et Thomas, comte d'Ossory, son fils; gr. en haut., par le même (J., III, 86; Van Hulthem, 5104).

Mistress Cross, ou *la Petite veuve*, beau portr. gr. par le même (J., III, 86)

La Princesse Anne de Danemark, gr. en haut., par le même, 1720 (Van Hulthem, 5104).

Rachel How, gr. en haut., par le même (Van Hulthem, 5108).

La Reine Anne d'Angleterre, ovale, gr. par le même (Van Hulthem, 5103).

Mistress Sara Chicheley, gr. par le même (J., III, 86).

KNIGHT (Mlle), favorite de Charles II. — Voir G. *Kneller*.

KNIGHT (Charles), dessin. et grav. au pointillé, trav. à Londres, dans la 2e moitié du XVIIIe siècle. — Voir Miss *Beuwel*, W. *Bunbury*, Ang. *Kauffman*; J. *Northcote*, Th. *Stothard*, *Wheatly*.

Cupid desarmed. — *Cupid revenged*; deux pièces ovales (vente du 27 avril 1863).

Le Billet doux, gr. par W. Dickinson.

Une Dame et un gentilhomme du XVIe siècle dansant un menuet, petit in-fol. ovale, gr. par le même (J., I, 426).

KNOLLE (J.-H.-F.-C.), grav., né en 1807. — Voir *Baëse*.

KOCH (Henriette), comédienne. — Voir Ant. *Graff*.

KOCH, dess. et lithogr. contemp.

Premier quartier de la lune de miel. — *Dernier quartier de la lune rousse*; deux pièces lith. Paris, Joly, 1854.

KŒNIG, dessin. et lithogr., travaillait au commencement du XIXe siècle. — Voir *Desenne, Gérard, Girodet*, Ad. Van der *Werff*.

KOHL (C.), dessinat. et graveur de la 2e moitié du XVIIIe siècle.

Calisto et Jupiter métamorphosé en satyre, gr. à l'eau-forte, 1773.

KOLBE (Ch.-Guillaume), peint. et grav. à l'eau-forte, né à Berlin, 1757-1835. — Voir Sal. *Gessner*.

La Bacchanale, gr. in-fol. en larg. (Weigel, 1 th.).

Le Centaure et la jeune fille nue, in-fol.

La Danse des nymphes, gr. in-fol. en larg., à l'eau-forte (Rigal, 430).

Femme nue assise.

Grand paysage, où l'on voit une nymphe et des joueurs de guitare; gr. in-fol. en larg. (Weigel, 2 th.).

Homme et Femme nus, à cheval, eau-forte.

Le Jeune berger, in-4°.

Paysage : Deux nymphes observant un homme couché à terre ; gr. in-fol.

Paysage : Un satyre, sa femme et son petit, qui est monté sur un bouc ; gr. in-fol. en larg.

Paysage : Une nymphe poursuivie par un satyre, eau-forte, gr. in-fol.

Quatre hommes et deux femmes nues, in-fol. en larg.

Le Satyre couché au pied d'un arbre, gr. in-fol.

Satyre portant une nymphe dans l'eau, eau-forte.

Un Centaure portant une femme en croupe, in-4°.

Un Satyre et une femme à cheval, eau-forte, pet. in-4°.

Une Jeune fille nue donnant à manger à un agneau, in-4°.

KONIGL, dessin. et lithogr. contemporain.

Mlle Sontag, de l'Opéra-Buffa; H. 0.340; L. 0.230 (Soleinne, 346).

KRAFFT (Jean-Louis), dessin. et grav., né à Bruxelles, 1705-1770. — Voir P. *Rubens*.

KRAFFT (Peter), peint. et grav., né à Hanau, en 1780.

Sapho.

KRAMER (Hermann), peint. et grav. contemporain. — Voir le *Corrége*.

KRAUS (Jean-Ulrich), peint. et grav., né à Augsbourg, en 1645 ; mort en 1719.

Bacchanale, pièce en haut., dans le goût du Poussin (Weigel, 1 th.).

La Gaîté sans embarras, gr. par J.-Ch. Levasseur.

KRAUS (Georges-Melchior), peint. et grav., né à Francfort, en 1727; mort en 1806.

Le Savetier caressant une jeune fille.

KREPP (Ignace), grav., né à Vienne, en 1801. — Voir le *Parmesan*.

KRETHLOW (J.-F.), grav. contemp., trav. à Berlin. — Voir *Stothard*.

KREUTZER (J.), trav. dans la 1re moitié du XVIIIe siècle.

Vénus bandant les yeux à l'Amour. — *Vénus coiffant l'Amour*; deux pièces in-fol.

KRUEGER (Théodore), grav., né en Allemagne, en 1646; vivait encore en 1715. — Voir C. *Maratti*.

KRUEGER (Andréas-Ludwig), peint. et grav., né à Potsdam, en 1743 ; mort à Berlin, en 1805. — Voir le *Corrége*, le *Lorrain*.

Loth et ses filles, eau-forte (Ch. Leblanc, 533).

KRUEGER (Johann-Conrad), peint. et gr., né à Stettin, 1755-1791. — Voir *Raphaël*.

KRUEGER (Ephraïm-G.), dessin. et grav., né à Dresde, 1756-1834. — Voir Ang. *Kauffman*.

KRUG (Louis), orfèvre, peint. et grav., né à Nuremberg, vers 1489 ; mort vers 1535. Il avait pour marque une cruche entre un L et un K.

La Baigneuse. Une femme nue qui semble être sortie du bain. Elle est debout, vue par le dos, et s'essuye avec un drap qui traîne à ses pieds. Le fond offre un paysage. H. 6 p. 5 l. ; L. 4 p. 1 l. (B. 12).

Les Deux femmes nues. Elles sont vues par le dos et ont les bras entrelacés. L'une d'elles tient une tête de mort surmontée d'un sablier. H. 4 p. 8 l.; L. 3 p. (B. 11).

L'Embrassement. Un paysan embrassant une jeune femme, en la tenant d'une main par la tête et de l'autre par l'épaule. H. 4 p. 1 l.; L. 2 p. 11 l. (B. 10). — Il y a une copie de ce morceau, gravée en 1517, en contre-partie. H. 2 p. 6 l.; L. 1 p. 9 l.

KUESEL (Johanna-Sibylla), peint. et grav., née à Augsbourg, 1646-1717. — Voir *Hollar*.

KUNTZ (Carl), peint. et grav., né à Manheim, 1770-1830. — Voir *Becker*.

Le Temple de Vénus, pet. in-fol.

KUSELL (Melchior), dessin. et grav. à la pointe et au burin, né à Augsbourg, en 1683; mort à l'âge de 61 ans. — Voir Simon *Vouet*.

L

LABBÉ (Louise), dite la *Belle Cordière*. — Voir *Woeriot*.

LA BELLE (Etienne). — Voir *Bella*.

LACOUR, peint. et grav. Bordeaux, 1746-1814.

La Bergère surprise, 1780, jolie eau-forte; rare (26 mai 1862, N° 151).

LADENSPELDER (Johann), peint. et grav. au burin, né à Essen, 1511.

Le Bonheur de l'amour, in-8° en haut. (Stengel, 3 fl. 12 kr.).

LADREYS, dessin. contemporain.

Au fond du corridor. — *Au fond de la cour*; deux pièces lith. par Regnier (*Galerie pour rire*, N°s 75 et 76); H. 0.46; L. 0.38 (Bulla, en rehaut, 6 fr. ch.).

LAEMEN (Van den), peintre du XVIe siècle.

Deux jeunes gens expriment leur passion à leur maîtresse, gr. par Schelte de Bolswert.

LAEMLEIN (Alexandre), peintre et grav. contemp., né à Hohenfeld (Bavière), naturalisé Français; élève de M. Picot.

Mlle Larcéna, du théatre des Variétés. Portrait en buste, lithogr. Paris, impr. Lemercier, 1854.

LAFARGUE (P.-C.), peint. et grav. à la pointe et au burin, trav. à La Haye, vers 1760.

Jardinière (Mme Favart ?): Hé, mon p'tit frère Janot, si mon père m'appelle, dis que j'vas travailler. Petite pièce rare.

LA FAYETTE (Mlle de), maîtresse de Louis XIII. — Voir *Lanté*.

LAFITTE (Louis), peintre et graveur du XVIIIe siècle.

L'Amour repentant, gr. par J.-P. Simon (Van Hulthem, 4765).

LAFONT (Mlle Sophie-Louise-Wilhelmine de). — Voir de *Lapierre*.

LAFOSSE (Charles de), peintre et grav., né à Paris, 1640; mort en 1716.

Borée enlevant Orythie, gr. en haut. (Van Hulthem, 4186).

Antiope, gr. par Fr. Basan. L. 0.219; H. 0.165.

Acis et Galatée, gr. par E. Jeaurat, 1722. Pièce en haut. (Van Hulthem, 4360).

L'Enlèvement de Proserpine, peint par Lafosse, en 1673 (au Musée), et gr. par Lempereur, en 1778 (J., II, 208; M. N. L., 3 fr.).

Acis et Galatée (Galerie du Palais-Royal), gr. par G. Michault.

Vénus apportant le dictame pour guérir Enée, grande pièce en travers, gr. par Ch. Simonneau (J., III, 79).

LAFOSSE (Ernest), peint. et lith. contemporain, né à Bruxelles; élève de C. Roqueplan. — Voir *Aiffre*, *Bazin*, *Boucher*, *Brochart*, *Corréard*, L. *David*, *Decoëne*, *Destouches*, *Devéria*, C.-M. *Dubufe*, *Félon*, *Giraud*, *Jouy*, *Lejeune*, *Lionnet*, *Roehn*, *Schlesinger*, *Sewrin*, *Winterhalter*, *Zuber-Buhler*.

Eugénie, impératrice des Français. *La Reine Isabelle II*. — *Marie-Antoi-*

nette et ses enfants; trois portr. lith. H. 0.71; L. 0.56 (Bulla, en noir, 5 fr. chaque; en rehaut, 7 fr. 50; en coul., 15 fr.).

Les Femmes cosmopolites (Voir aux Polyonymes).

Le Rêve, lith. aux deux crayons. H. 0.65; L. 0.53. Paris, Dusacq, 3 fr., 5 fr. et 12 fr.

Le Rêve (sujet nu), phot. par Dusacq. Format carte de visite, 1 fr.

LAGIER (Mme Susanne), actrice. — Voir *Guyard*.

LAGNIET (Jacques), grav. au burin et éditeur du XVIIe siècle.

Le Débat de la culotte. — Les Ménages à la diable. — Le Triomphe de la noce de Jeanne. — Histoire d'un boulanger et d'une meunière. Sept pièces très-curieuses, gr. par Lagniet et autres (Leber, 34 des estampes).

LAGRENÉE (Louis-Jean-François de), dit l'aîné, peint. et grav. à l'eau-forte, né à Paris, le 30 décembre 1724; mort au Louvre, le 19 juin 1805. — Voir Ch. *Eisen*, fils.

Les Chevaliers danois séduits par les nymphes d'Armide (21 février 1862, No 154).

Une Bacchanale, gr. in-fol. en larg.

Bacchus et Ariane, gr. par J.-F. Beauvarlet.

Tancrède secouru par Herminie, gr. par le même. L. 0.410; H. 0.285.

Académies de femmes, quatre planches, gr. à la sanguine, par Bonnet (cat. A. David).

Alexandre cédant Campaspe à Apelles, gr. par J. Danzel.

Pygmalion amoureux de sa statue, gr. par Louis Dennel.

Joseph et la femme de Putiphar, 1780, gr. par I.-S. Helmann.

La Mort de Cléopâtre, in-fol. en larg., gr. par le même.

Susanne et les vieillards, in-fol. en larg., gr. par le même.

Jeune nymphe repoussant les caresses de Pan, gr. en haut., par Ant.-Fr. Hemery.

Les Amours lutinant les Grâces. — Les Grâces lutinant les Amours; deux planches in-fol. en larg., gr. par L.-S. Lempereur.

LAGRENÉE (Jean-Jacques de), dit le jeune, dessin. et grav., né à Paris, en 1740, où il mourut le 22 février 1821.

L'Amour corrigé, 1799.

L'Amour désarmé. Vénus, assise à terre, tenant le bout d'une draperie qui l'entoure à moitié, tient en l'air l'arc qu'elle vient de prendre à l'Amour, à genoux sur sa cuisse et qui la prie de le lui rendre. Pièce sans nom, gr. en man. de lavis, à l'encre de Chine. L. 0.122; H. 0.120 (Baudicour, 43).

Anacréon. Une courtisane ayant un enfant sur ses genoux et au-dessus d'elle un Amour qui la couronne de fleurs, présente à Anacréon, étendu presque nu, une coupe de nectar que soutient une autre femme sur laquelle il est appuyé et qui l'excite à boire. Estampe gr. en man. de lavis. L. 0.152; H. 0.098 (Baudicour, 44).

Loth et ses filles, 1763. Dans une caverne, Loth, coiffé d'un turban et assis à terre, s'appuie sur l'épaule de sa fille aînée, couchée et tenant une tasse vide à la main, ayant la tête appuyée sur le genou de son père. La seconde fille, à genoux, verse du vin dans une tasse. L. 0.168; H. 0.103 (Baudicour, 2).

Sacrifice au dieu Pan. Au pied d'un arbre s'élève la statue du dieu Pan, auquel un grand prêtre offre un sacrifice sur un trépied que soutient un satyre dont on voit la femme et les deux enfants sur le devant. Une bacchante montre à une autre couchée un satyre grimpé sur l'arbre et tenant un tambour de basque. Derrière elle s'avance un centaure faisant un signe à une femme nue coiffée d'un casque et assise sur son dos. Belle pièce. L. 0.312; H. 0.225 (Baudicour, 23).

La Toilette de Vénus. Une suivante à genoux vient de déchausser Vénus assise sur un siège antique, et tient une de ses sandales. Une autre, derrière, porte une aiguière et une troisième une bouilloire; à droite, trois autres femmes préparent un bain de pieds. L. 0.455; H. 0.210 (Baudicour, 52).

Tritons et Néréides. Un vieux fleuve ayant devant lui trois néréides, dont une sur un dauphin. Deux autres néréides, montées aussi sur des dauphins, sont poursuivies par des tritons. Petite pièce en frise, en griffonnement. L. 0.115; H. 0.038 (Baudicour, 21).

Education de l'Amour. — Premier âge de l'Amour. — Punition de l'Amour; trois belles pièces, gr. par J. Bouillard (25 mars 1865, No 53).

L'Education de l'Amour, gr. par Carl. Dom. Melini.

LA HYRE (Laurent de). — Voir *Hyre* (Laurent de la).

LAIGNEL (Nicolas), grav. au burin, trav. à Rome, vers 1680.

La Duchesse de La Vallière, en carmélite. Rare (cat. A. David).

LAINÉ, peintre du XVIIIe siècle

Mlle Duthé, actrice. Portrait gr. in-8°, dans un médaillon ovale, de cette courtisane fameuse pendant quelques années, vers le commencement du règne de Louis XVI; il est gravé par Lebeau, d'après une miniature de Lainé. Voici en quels termes il est apprécié par l'auteur d'une notice sur les *Miniaturistes du dix-huitième siècle*, insérée dans l'*Artiste*, février 1858: « Le peintre a « représenté la courtisane dans ses plus « pompeux atours, dans le costume qui « l'habille le moins. Elle montre à qui « veut la voir cette gorge triomphante « où tant de mélancolies se consolè- « rent. »

LAINÉ (Mlle Colombe), actrice de la Comédie-Italienne. — Voir *Patas*.

LAIRESSE (Gérard de), peintre et grav. à l'eau-forte et au burin, né à Liége, en 1640; mort à Amsterdam, en 1711.

Bacchus et Ariane, in-fol. en haut.

Danse ronde de filles nues, eau-forte.

Diane dans les nues, contemplant Endymion dans son sommeil. Pièce en haut. (J., II, 184; Rigal, 441).

Diane et Calisto, petite pièce en larg.

La Grande Bacchanale, où se voient Silène, Bacchus et des nymphes. Riche composition (J., II, 184).

Histoire d'Io, suite de cinq pièces (Rigal, 441).

Jupiter enlevant Europe, pièce de forme ronde.

Jupiter et Antiope, jolie pièce très-gracieuse (Ch. Le Blanc, 567; 5 nov. 1863, N° 16).

Jupiter et Calisto (Rigal, 441).

Marc-Antoine et Cléopâtre, grande et riche pièce en larg. (J., II, 184; Brandes, 2 $^1/_{24}$ th.).

Nymphes épiées par des satyres, in-fol.

Les Nymphes et le satyre attaché à l'arbre (Rigal, 441).

Le Péché d'Adam et Eve, sujet en travers (J., II, 183).

Persée délivrant Andromède.

La Reine de Saba venant visiter le roi Salomon et lui offrir des présents; petite pièce en larg.

Le Repos des nymphes de Diane (Rigal, 441).

Le Satyre près de la nymphe endormie, eau-forte.

Le Triomphe d'Amphitrite, en haut.

Ulysse et Calypso, in-fol. en larg. (Rigal, 441).

Une Jeune fille empêchant un satyre d'approcher d'une femme endormie, petit sujet en larg.

Vénus dans l'atelier de Vulcain.

Vénus donnant des armes à Enée, en larg. (Rigal, 441).

Vénus et l'Amour, ovale.

Vénus et l'Amour dans les airs.

Vénus et l'Amour sur les eaux.

Vénus pleurant Adonis (J., II, 184).

Vénus remplissant de flèches le carquois de l'Amour.

Vénus se reposant au pied d'un arbre, près de l'Amour endormi.

Vénus sur un char traîné par des colombes.

Mars et Vénus, gr. par P. van den Berghem.

Une Nayade nue et couchée, gr. par le même.

Vénus et Adonis, par le même.

Agar présentée à Abraham, gr. en larg., par Jean Glauber (J., II, 88).

Ulysse ne voulant pas céder aux Syrènes, se fait attacher au mât de son navire; gr. par le même (Camberlyn, 1re vente, N° 1245).

Un Satyre embrassant une nymphe endormie, gr. par A. Houbraken.

Vénus endormie, petit in-fol., gr. par Chr.-G. Schultze.

LALLEMANT (Georges), peintre et grav., trav. à Paris, dans la 1re moitié du XVIIe siècle.

La Séduction, gr. par L. Businck. L. 0.340; H. 0.218.

Le Bain troublé, in-fol., gr. par Mme de Maugain.

Sacrifice au dieu Pan, in-fol., gr. par le même.

LAMBALLE (Mme la princesse de). — Voir J.-W. *Cook*, L. *Desnos*, *Gabrielle*, *Hickel*, *Malgo*.

LAMBERT (F.), peintre du XVIIIe siècle.

Vénus aux colombes, gr. par F.-A. Gelée.

Le Larcin toléré. — *L'Age agréable* ; deux pièces gr. par J.-Ch. Levasseur (en décembre 1856, 60 fr.)

LAMBORN (P.-S.), dess. et grav., né en 1722; trav. à Rome, et mourut en 1780.

Paysage, avec des nymphes qui se baignent; in-fol. en larg., gr. par C. Poelenburg.

LAMI (Eugène-Louis), peint. et graveur contemp., né à Paris, en 1800; élève de Gros et de H. Vernet.

Mlle Anaïs (dans la Reine d'Espagne), portrait lith. H. 0.176 ; L. 0.149 (Soleinne, 104).

LAMOIGNON (Magdeleine de). — Voir de *Sève*.

LAMPI (G.-B. de), peintre du XVIIIe siècle.

Susanne au bain, gr. par Johann Alram, 1803 (Sternberg, 15 th.).

Catherine II, impératrice de Russie, en pied ; gr. par Sixdeniers (11 nov. 1861, 2 fr. 50).

La même, gr. en haut., par James Walker (Van Hulthem, 5130).

LAMY (Aug.), lithogr. contemporain. — Voir *Tassaert*.

LANCRENON, peintre contemp.

Le Fleuve Scamandre, lith. par Aubry-Lecomte.

La Nymphe surprise au bain, gr. par J. Bein, pour la Société des Amis des Arts. H. 0.420 ; L. 0.310 (Debois, 63; Van Hulthem, 3972).

Vénus de Milo, gr. par Prévost. Paris, Danlos, 1865.

LANCRET (Nicolas), peintre dans le genre de Watteau, né à Paris, le 22 janvier 1690 ; mort dans la même ville, le 14 septembre 1743.

Mlle Camargo, dansant. Réduction petit in-4o, d'après Lancret qui, ayant obtenu jugement, fit détruire la planche. Très-rare (1er février 1864, No 432).

Mlle Silvia et Thomassin (arlequin de la Comédie-Italienne), gr. par un anonyme. Au bas, quatre vers : *Lorgnant cette jeune bergère*, etc. (de Vèze, p. 176).

Le Feu, jolie pièce gr. par B. Audran (26 nov. 1866, No 324).

Le Printemps, gr. par le même (Martial Pelletier, No 574).

Mlle Camargo, dansant, eau-forte, gr. par Cars. H. 0.415 ; L. 0.559 (Soleinne, 33 ; Filippi, 455).

Mlle Silvia et Thomassin, très-jolie petite pièce, gr. par le même. Au bas, quatre vers : *Ces aimables acteurs*, etc. Très-rare (de Vèze, p. 176).

Les Amours du bocage, gr. par Clergé. Paris, Hourlier, 1860.

Conversation dans un jardin, gr. par Ch.-Nic. Cochin.

Le Jeu du Colin-Maillard, in-fol. en larg., gr. par le même. Au bas, quatre vers français (en avril 1864, 22 fr.; P. de Corneillan, No 589).

Dans cette aimable solitude... Jolie dame assise, écoutant le galant appuyé sur un piedestal, à gauche; la suivante est debout. Gr. par le même (de Vèze, p. 177 ; Martial Pelletier, No 573)

Par une tendre chansonnette... Jeune homme debout jouant de la flûte, dirigé vers trois figures, à droite. Grav. par le même (de Vèze, p. 177).

La Terre, jolie pièce, gr. par le mêms (26 nov. 1866, No 324).

La Joye du théâtre, jolie pièce in-fol. en larg., gr. par Louis Crépy, le fils (de Vèze, p. 176 ; Martial Pelletier, No 575).

La Femme commode, in-fol., gr. par P. Dupin. Rare (26 mai 1862, No 280).

Le Glorieux. — *Le Philosophe marié* ; deux sujets gr. par N.-G. Dupuis. L. 0.447 ; H. 0.332 (de Vèze, 176; Soleinne, 11).

Le Réveil maladroit, gr. par le même.

L'Amusement du petit-maître. — *La Belle complaisante* ; deux pièces en larg., gr. par de Favannes. Quatre vers au bas (de Vèze, 180).

Lise s'en va changer d'humeur... Petit in-4o, gr. par Horthemels (de Vèze, 177).

Près de vous, belle Iris... Petit in-4°, par le même (de Vèze, 177).

Quand vous voulez toucher quelque cœur... Petit in-4°, par le même.

Quoi! n'avoir pour vous trois qu'une seule bouteille... Petit in-4°, gr. par le même (de Vèze, 177).

Les Agréments de la campagne, in-fol. en larg., gr. par Joullain. Huit vers au bas (V***, d'Anvers, en 1856, N° 458; de Vèze, p. 180). Il y en a une copie en contre-partie, sans nom.

Le Concert pastoral, petit in-fol. en larg., gr. par le même (V***, d'Anvers, N° 460; de Vèze, p. 180; Martial Pelletier, N° 578).

Récréation champêtre, petit in-fol. en larg., gr. par le même; huit vers au bas (V***, d'Anvers; N° 464; de Vèze, p. 180).

L'Adolescence, gr. par Nic. de Larmessin, le jeune (P. de Corneillan, 583).

Les Amours du bocage, petit in-fol. en larg., gr. par le même. Quatre vers au bas:

Que cet heureux oiseau que votre main caresse
Est bien récompensé de sa captivité!
Le berger qui vous sert avec tant de tendresse
Est moins libre et moins bien traité!

(11 nov. 1861, 2 fr. 75; V***, d'Anvers, N° 459; de Vèze, p. 180).

La Coquette de village, gr. par le même (de Vèze, p. 179; 26 mai 1862, N° 282).

La Courtisane amoureuse, gr. par le même.

Le Jeu du pied de bœuf, gr. par le même. Quatre vers au bas (de Vèze, p. 180; Camberlyn, 1re vente, N° 1641).

Mlle Sallé, portrait grav. par le même. H. 0.555; L. 0.415 (Soleinne, N° 23; Filippi, 472; de Vèze, p. 177; en décembre 1856, 41 fr.).

Les Quatre âges de la vie, quatre pièces en larg., gr. par le même (de Vèze, p. 180; Camberlyn, 1re vente, N° 1644).

Les Quatre parties du jour, quatre sujets en larg., gr. par le même (de Vèze, p. 179; en décembre 1856, 33 fr.).

A femme avare, galant escroc, in-fol. en larg., gr. par de Larmessin et Schmidt (de Vèze, p. 179; P. de Corneillan, N° 588; Camberlyn, 1re vente, 1648).

Nicaise, in-fol. en larg., gr. par les mêmes (de Vèze, p. 179; 15 mai 1865, N° 711).

Les Rémois, in-fol. en larg., gr. par les mêmes (de Vèze, p. 179; P. de Corneillan, N° 584).

La Servante justifiée, in-fol. en larg., gr. par les mêmes (de Vèze, p. 179; 15 mai 1865, N° 710).

Les Troqueurs, in-fol. en larg., gr. par les mêmes (de Vèze, p. 179; Lex..., N° 528).

Le Printemps. — L'Eté. — L'Automne. — L'Hyver; quatre pièces en larg., gr. par Larmessin, Scotin, N. Tardieu et Lebas (de Vèze, p. 179; 21 février 1859, 67 fr.; 11 nov. 1861, 20 fr.).

Conversation galante, grande pièce en travers, gr. par J.-P. Lebas (J., II, 194; de Vèze, p. 178; en mai 1864, 5 fr. 50).

Le Jeu de Colin-maillard, in-fol. en travers, gr. par le même.

Le Maître galant, in-fol. en larg., gr. par le même (de Vèze, p. 180; P. Danlos, 1 fr. 50).

Le Repos italien, grand in-fol. en larg., gr. par le même. Six vers au bas (de Vèze, p. 180; en décembre 1856, 40 fr.).

Les Amans d'accord. — La Danse champêtre. — Le Joueur de guitare. — Le Joueur de musette; quatre pièces en haut., gr. par E.-B. femme Lemoine.

Mlle Sylvia et Thomassin, contre-partie de la pièce de Cars, gr. par Marvic (de Vèze, 176).

La Gentille baigneuse, gr. en larg., par Moitte. Huit vers au bas: *Je vous hais, vains habillemens*, etc. (de Vèze, 178).

Partie de plaisir, pièce connue sous le nom de la *Société des bonnets de coton*, petit in-fol. en haut., gr. par le même (de Vèze, p. 178; V***, d'Anvers, N° 462). Il y a une réduction sous le titre : *Le Troque de la coiffure.*

Les Charmes de la conversation, très-jolie pièce en larg., avec huit vers au bas, grav. par Petit (de Vèze, 179).

La Belle grecque, gr. en haut., par G.-F. Schmidt. Rare (de Vèze, p. 177; Rigal, N° 719; P. de Corneillan, 582).

Le Théâtre italien, gr. par le même. H. 0.277; L. 0.217. Quatre vers au bas: *Ici les yeux badins... — Font rire les vicieux* (de Vèze, p. 176; Rigal, N° 719; Soleinne, 29).

Le Turc amoureux, gr. en haut., par le même. Rare (de Vèze, p. 177; Rigal, N° 719; Winckler, 4335; Van Hulthem, 5234).

Les Deux amis, in-fol. en larg., gr. par Schmidt, quoique portant le nom de M. Larmessin, ainsi que les pièces qui suivent (de Vèze, p. 179; Lex..., N° 528).

Le Faucon, in-fol. en larg., gr. par le même (de Vèze, p. 179; Rigal, N° 719; P. de Corneillan, 588).

Le Gascon puni, in-fol. en larg., gr. par le même (de Vèze, p. 179 ; en mai 1864, 4 fr. 25).

Le Jeu de cache-cache mitoulas. — Le Jeu des quatre coins ; deux estampes en travers, gr. par le même (de Vèze, p. 179; en décembre 1856, 50 fr.; en avril 1864, la première seulement, 3 fr. 25).

Les Oyes du frère Philippe, in-fol. en larg., gr. par le même (de Vèze, 179; P. de Corneillan, N° 587; Martial Pelletier, 577).

On ne s'avise jamais de tout, in-fol. en larg., gr. par le même (de Vèze, 179; en mai 1864, 4 fr. 25).

Le Pâté d'anguilles, gr. par le même (de Vèze, p. 179 ; P. de Corneillan, N° 585).

Le Petit chien qui secoue de l'argent et des pierreries, in-fol., par le même (de Vèze, p. 179; Camberlyn, 1re vente, N° 1646).

L'Occasion fortunée, eau-forte, gr. par G. Scotin. Huit vers dans la marge (de Vèze, p. 179; Martial Pelletier, N° 576).

D'un Baiser que Tircis couché dans ces beaux lieux..., gr. par S. Silvestre (26 novembre 1866, N° 325).

Que le cœur d'un amant est sujet à changer..., gr. par le même. Huit vers dans la marge (de Vèze, 178).

Trop indolent Tircis, laisse la symphonie..., gr. par le même. Huit vers au bas (de Vèze, 177).

Veux-tu d'une inhumaine emporter la tendresse?... Gr. par le même, avec huit vers dans la marge (de Vèze, 177).

LANDELLE (Charles), peintre contemporain, né à Laval; élève de P. Delaroche.

Femme Arménienne. — Femme Fellah (Asie-Mineure); deux pièces photogr. Paris, Goupil, 1867.

Un peu, beaucoup, passionnément! Paris. phothogr. Goupil, 1865.

LANDERER (Ferdinand), peintre et grav., né à Stein (Autriche), en 1743 ; mort à la fin du XVIIIe siècle. — Voir *Rembrandt*.

LANDON (Ch.-Paul), peintre, grav. et littérateur, né à Nouant (Orne), en 1760; mort à Paris, en 1826. — Voir P. *Véronèse*.

Les Amours de Psyché, trente-deux planches in-fol.

LANDRY (François), grav., travaillait dans le XVIIe siècle. — Voir *Desmarets*.

LANDRY (chez Gabriel).

Au plaisant chasseur : A la chasse au c., je vais faisant le borgne. Grande pièce rare et curieuse (catal. A. Dinaux.

LANDSEER (Sir Edwin), peintre anglais, né à Londres, en 1803.

Beauty's bath, gr. par Cousins (Georg, de Genève, en 1867, 40 fr.).

LANE (Richard.-J.), lith. contemp. à Londres. — Voir *Chalon, Swinton*.

Mlle Plessy, portr. en couleur (Filippi, 433).

LANFRANC (Jean), peintre et grav., élève des Carraches, né à Parme, en 1581 ; mort à Rome, en 1647.

Mars et Vénus, gr. par Massard, le fils. Le tableau original se trouve au Musée français.

Mars et Vénus, in-fol., gr. par J.-B. Patas, 1803.

LANG (B.), peintre du XVIIIe siècle.

La Bergère couronnée. — L'Heureux tête-à-tête. — Le Pouvoir de l'amour ; trois pièces en haut., avec bordure ronde, gr. par Demonchy.

LANG (Georges), grav. et éditeur, trav. à Nuremberg, dans la 2e moitié du XVIe siècle.

Les Quatre effets du vin, in-fol. en travers ; très-rare.

LANGENHOFFEL (J.-J.), professeur à l'Académie des Beaux-Arts à Dusseldorf.

Die Schlaffen den Bacchantinnen (Les Bacchantes endormies, surprises par des satyres), grand in-fol. en larg., à la manière du crayon (Van Hulthem, 712).

La Danse des Bacchantes, 1798, gr. en haut., par Freidhoff.

LANGER (J.-P. von), peintre et grav., né à Calcum, en 1756; mort en 1824. — Voir le *Guide*.

LANGLOIS (François), dit *Ciartres*, grav. édit., trav. à Paris, dans la 1re moitié du XVIIe siècle, et mourut vers 1646. — Voir Van *Dyck*, *Raphaël*.

LANGLOIS (Pierre-Gabriel), dit l'aîné, grav., né à Paris, en 1754; mort en 1810. — Voir l'*Antique*, G. *Schalken*.

Marie-Elisabeth Joly, actrice du Théâtre-Français, gr. d'après un inconnu (J., II, 185).

LANGLOIS (Vincent-Marie), frère du précédent, grav., né à Paris, en 1756. — Voir Van *Dyck*, *Lawreince*.

LANGLOIS (Eustache-Hyacinthe), dessin. et grav., né à Pont-de-l'Arche (Normandie), 1777; mort à Rouen, en 1837.

L'Amour découvre Adonis endormi et le montre à Diane, gr. par H.-C. Muller (11 nov. 1861, épreuve avant l. l., 35 fr.).

Diane et Endymion (au Musée), grand in-fol., gr. par le même (Weigel, 13 5/4 th.; Sudre, 1867, No 202).

LANIÈRE (Nicolas), peintre, grav. et musicien italien, né en 1568; mort en 1646. — Voir le *Parmesan*.

LANTARA (Simon-Mathurin), peintre et grav., né à Oncy, canton de Milly (Seine-et-Oise), en 1729; mort à Paris, à l'hôpital de la Charité, le 22 décembre 1778.

Le Berger amoureux. — *L'Heureux baigneur.* — *Le Pêcheur amoureux.* — *La Rencontre fâcheuse*; quatre pièces en larg., gr. par P.-J. Duret.

LANTÉ, dessin. contemp. — Voir *Carmontelle*.

Anne de Boulen. — *La Belle Paule.* — *La Camargo*, danseuse de l'Opéra. — *Diane de Poitiers.* — *Gabrielle d'Estrées.* — *Laure de Noves*, dite la belle Laure. — *Mlle de Lafayette*, maîtresse de Louis XIII. — *Mlle de Limeuil*, fille d'honneur de Catherine de Médicis. — *Marguerite de Valois*, sœur de François Ier. — *Sophie Arnould.* Dix portraits en pied, faisant partie de la *Galerie française de femmes célèbres*, suite de 70 portraits dessinés par Lanté, la plupart d'après des originaux inédits, gravés par Gatine, et coloriés. Paris, 1835, in-4o, avec 18 feuilles in-4o de texte, par de la Mésangère. Chaque planche se vendait 2 fr. séparément.

LAPI (Pompeo), graveur italien du siècle passé; il a travaillé à Livourne. — Voir le *Titien*.

LAPIERRE (de).

Mlle Sophie-Louise-Wilhelmine de Lafont, 1769; jolie pièce in-fol. en haut., gr. par Jacques-Nic. Tardieu (11 nov. 1861, 15 fr.).

LARCÉNA (Mlle), actrice du théâtre des Variétés. — Voir *Laemlein*.

LARCHE (Marg.), graveur. — Voir Ann. *Carrache*, C. *Cignani*.

LARGILLIÈRE (Nicolas de), célèbre peint. de portraits, naquit à Paris, en 1656, et mourut en 1746.

Mlle Anne Duclos, célèbre actrice tragique, dans le rôle d'Ariane; gr. par L. Desplaces, 1714. H. 0.510; L. 0.390 (J., I, 424; Soleinne, 269).

La même, gr. par Pinsio. H. 0.160; L. 0.100 (Soleinne, 269).

LARIVIÈRE (Charles-Philippe de), peintre et lithogr., né à Paris, en 1798; élève de Girodet et Gros.

Les Adieux. Jeune dame reconduisant celui qu'elle aime jusqu'à la gondole qui va l'éloigner d'elle (Duchesne, 408).

LARMESSIN (Nicolas de), le père, dessin. et grav. au burin, né à Paris, vers 1640. Il n'a gravé que des portraits. — Voir Van *Dyck*.

La Duchesse de La Vallière, en religieuse, portrait in-4o (J., II, 186; en mai 1864, 3 fr.).

Henriette Stuart, duchesse d'Orléans, in-4o.

Marie-Angélique d'Escorailles, duchesse de Fontanges, 1681, in-4o (vente du 1er février 1864, No 316).

LARMESSIN (Nicolas de), le jeune, dessinat. et grav. à l'eau-forte et au burin, né à Paris, 1684-1756. — Voir *Boucher*, *Lancret*, *Leclerc*, *Pater*, *Rosalba*, C. *Vanloo*, *Vleughels*, *Watteau*.

LA RONCIÈRE (Portraits relatifs à l'affaire).

Julie Grenier. — *Samuel Gillieron.* — *Emile de la Roncière.* — *M. d'Estouilly.* — *Mlle Marie de Morell.* — *Le général baron de Morell.* — *Mme la baronne de Morell.* — *M. le président Ferey.*

Huit portraits lithogr. par D. V. Paris, impr. Houbloup, 1835.

LASINIO (Carlo-Xav., comte), le père, dessinat. et grav. à l'eau-forte et au bur., né à Trévise, en 1757. — Voir P. *Berettini*, Ant.-Dom. *Gabbiani*.

LASNE (Michel), dessin. et grav. au burin, né à Caen, en 1596; mort à Paris, en 1667. — Voir *Bosse*, Ph. de *Champagne*, *Rubens*.

Anne d'Autriche, régente de France, d'après le dessin fait en 1650, in-fol. en haut., rare (J., II, 187; Camberlyn, 1re vente, N° 1656).

Marie Stuart, reine d'Ecosse.

LASSALLE (E.), lithogr. contemp. — Voir *Barrias*, *Baudry*, *Brochard*, *Caraud*, *Chaplin*, A. *Charpentier*, *Gigoux*, *Giraud*, *Jourdan*, Edm. *Sewrin*, le *Titien*.

LASSALLE (Louis), dessin. lithogr. contemporain.

Mlle Noblet (dans le Lac des Fées), portr. color. H. 0.217; L. 0.162. Paris, lith. d'Aubert (Soleinne, 114).

La même et Mme A. Dupont (dans El Jaleo de Jerès). H. 0.274; L. 0.162. Paris, lith. de Lemercier (Soleinne, 114).

Mlle Taglioni (dans la Sylphide). H. 0.135; L. 0.095. Paris, lith. de Thierry, frères (Soleinne, 117).

Mlle Fanny Elssler (dans le Diable boiteux). H. 0.135; L. 0.095 (Soleinne, 119).

Le Petit Chaperon rouge, phot. Paris, Goupil, 1867.

LASTMAN (Pierre), peintre et grav. à l'eau-forte, né à Harlem, en 1562; mort en 1649. On le croit le maître de Rembrandt.

Judas et Thamar dans le carrefour, sur le chemin de Thamnath. La veuve, le visage à moitié couvert d'un voile, est assise à gauche, au bas d'un arbre, à côté de Judas qui porte la main sur son sein en la serrant du bras droit. Pièce en haut., très-rare (J., II, 188; Van Hulthem, 1878; Camberlyn, 1re vente, N° 1658).

LATOUR (Maurice-Quentin de), célèbre portraitiste au pastel, né à St-Quentin, en 1704; mort en 1788.

Sophie Arnould, actrice de l'Opéra, gr. par Bourgeois de la Richardière. Paris, Gérard, 1813, 1 fr.

Mme de Pompadour, eau-forte, gr. par L. Flameng et donnée dans la *Gazette des Beaux-Arts* (tome VIII, p. 302). — Latour a peint trois portraits de Jeanne-Antoinette : le premier, lorsqu'elle était Mme Lenormand d'Etioles. Ce fut probablement le plus séduisant de tous ses portraits; mais son mari ne voulut jamais le céder, et on ne sait ce qu'il est devenu. — Le second, belle page qui est le désespoir de tous les artistes en pastel, qu'on admire encore au Louvre aujourd'hui et que reproduit l'eau-forte de Flameng. Mme de Pompadour, en pied, assise, lit de la musique. — Le troisième représentait Mme de Pompadour sur des nuages, en Minerve, et tenant en main le flambeau de la Philosophie. A l'avénement de Mme Dubarry, on le cacha derrière un meuble, et ce ne fut qu'en 1780 que Louis XVI, le vertueux, le retrouva et, reconnaissant les traits de la marquise, s'écria : « Quoi! cette femme est encore ici? Emportez cela, Janvier, dit-il à son horloger. » A la mort de Janvier, arrivée il y a quelques années, M. Jules Janin a acquis ce portrait qui concourt aujourd'hui à la décoration de sa villa de Passy.

Mme de Pompadour, portr. in-4°, gr. par Massard, pour les *Galeries de Versailles (Gazette des Beaux-Arts*, VIII, p. 302).

Mme de Pompadour, in-8°, gr. par Adrien Nargeot. En tête de l'ouvrage intitulé : *Madame de Pompadour et la cour de Louis XV*, par Emile Campardon. Paris, Plon, 1867, in-8. Ce portrait célèbre est l'objet d'une description charmante dans les *Causeries du lundi* de Sainte-Beuve, tome II, p. 506. La plume de l'écrivain rivalise d'exactitude avec le crayon du peintre. « L'œil est « partout caressé et satisfait; c'est de « la mélodie encore plus que de l'har- « monie. Il n'est rien dans ce boudoir « enchanté qui ne semble faire sa cour « à la déesse. La beauté brille dans « tout son éclat et dans sa fleur épa- « nouie. Tout, dans la physionomie, « dans l'attitude, exprime la grâce, le « goût suprême, l'affabilité et l'aménité « plutôt que la douceur, un air de « reine qu'il a fallu prendre. »

M. Emile Campardon (p. 54) examine quinze portraits gravés de cette favorite, qui se trouvent à Paris au Cabinet des estampes. L'un d'eux, la représentant en déesse, une boucle de cheveux tombant sur l'épaule droite, des fleurs dans la main, a été gravé par Bernardi; il fait partie des *Galeries historiques de Versailles*.

Mme de Pompadour, cost. Louis XV, gr. par Pauquet. Paris, Pauquet frères, 1864.

Silvia (un peu sur le retour), actrice célèbre du Théâtre-Italien. Joli portr. in-fol., gr. par Surugue fils (11 décembre 1861, 4 fr. 75; Lex..., N° 323).

LA TRÉMOILLE (Marie de la Tour, duchesse de). — Voir *Moncornet*.

LAUBERT, peintre du XVIIIe siècle.

L'Age agréable, gr. par J.-Ch. Levasseur (vendu en avril 1864, 8 fr. 50).

LAUGIER (Jean-Nicolas), grav. au burin, né à Toulon, en 1785. —Voir *Delorme, Girodet-Trioson, Hersent*, Mme *Jacquotot, Petitot, Prud'hon*.

Persée délivrant Andromède (L.-M., 26 mai 1865, N° 130).

LAUNAY (Nicolas de), célèbre grav., né à Paris, en 1739; mort en 1792. — Voir *Baudouin, Fragonard, Freudenberger, Friberg, Greuze, Lawreince*, Fr. *Meyer, Raoulx, Rubens, Weenix*.

L'Alliance de Bacchus et de Vénus, gr. en haut. (Van Hulthem, 4396).

LAUNAY (Robert de), frère du précédent, grav., né à Paris, en 1754; mort en 1814. — Voir Et. *Aubry, Borel*, Mlle *Gérard, Greuze, Lebarbier*.

Léda, charmante figure, très-gracieuse. Pièce ovale en travers équarri.

Jupiter et Danaé.

Mlle Duchesnois, H. 0.140; L. 0.090 (Soleinne, 286).

LAUNE Ch.-Etienne de), dit *Stephanus*, orfèvre, dessinat. et grav., né à Orléans ou à Paris, en 1519; mort à Paris, en 1583. — Voir l'*Antique, Marc-Antoine, Michel-Ange*, Luca *Penni, Raphaël, Rosso de Rossi*.

Abimelech apercevant Rebecca entre les bras d'Isaac. Dans la marge, un passage de la Genèse : *Veritvs Isaac... sororem vocat*. L. 0.103; H. 0.077 (R.-D. 55).

Adam et Eve mangeant du fruit défendu. Dans la marge, un passage de la Genèse : *Vidit mvlier... deditque viro svo*. Même dimension que la précédente (R.-D. 27).

Andromède délivrée par Persée, petite pièce en haut., dans un ovale (R.-D. 27).

Diane et ses nymphes s'apercevant de la grossesse de Calisto; sujet dans une forme ovale. L. 0.037; H. 0.027 (R.-D. 243).

Diane surprise au bain par Actéon, composition dans un ovale d'environ 0.054 de haut. et 0.040 de larg. (R.-D. 69).

Diane et Actéon. Diane change Actéon en cerf pour l'avoir vue au bain. Dans une forme ovale. L. 0.125; H. 0.084. Le même sujet a été fait un peu plus grand, sans nom. L. 0.173; H. 0.114 (R.-D. 139-139 bis).

Dieux et Déesses, 1578, suite de vingt planches de forme ovale. H. 1 p. 7 l.; L. 1 p. 1 l. (J., I, 416).

L'Enfant prodigue attablé avec des femmes perdues et les compagnons de ses débauches. Pièce sans nom ni marque, faisant partie d'une suite de quatre estampes. L. 0.095; H. 0.065 (R.-D. 21).

Léda, couchée, recevant les embrassements de Jupiter transformé en cygne. Pièce ronde de 0.035 de diamètre (R.-D. 364).

Loth commettant un inceste avec ses filles, 1561. L. 0.088; H. 0.066 (R.-D. 4; Van Hulthem, 4394).

Le même sujet, représenté dans une grotte surmontée de la tour de Babel. L. 0.072; H. 0.048 (R.-D. 431).

Mars et Vénus. Vénus couchée entr'ouvre son lit pour y recevoir son amant que l'Amour deshabille. H. 0.185; L. 0.142 (R.-D. 95).

Mars et Venus, pendant du morceau précédent. Vénus assise près de son lit, s'appuie sur la cuirasse de Mars qui est debout à son côté. Cupidon sommeille au chevet du lit. H. 0.185; L. 0.142 (R. D. 96).

La Mort d'Adonis. Adonis est étendu mort sur les genoux de Vénus éplorée; on voit, à gauche, le sanglier poursuivi par des amours armés de flèches. L. 0.171; H. 0.108 (R. D. 139 ter; Van Hulthem, 4385).

Narcisse devenant amoureux de lui-même en se mirant dans une fontaine. Petite pièce en haut., dans un ovale (R. D. 76).

Pâris jugeant les trois déesses, petite pièce dans un ovale, en haut. (R. D. 80).

Sacrifice à Vénus. La déesse apparaît

assise sur un nuage. Aux deux côtés d'un autel allumé sur lequel est un âne, on voit à gauche un sacrificateur, et à droite une femme nue qui offre un présent. Pièce ovale. L. 0.028; H. 0.022 (R. D. 99 bis).

Susanne au bain, surprise par les vieillards. L. 0.176; H. 0.112 (R. D. 60).

Vénus debout, ayant l'Amour auprès d'elle. Elle est vue de face et tient une torche allumée. H. 0.065; L. 0.050. Le même sujet a été refait dans le même sens et de même dimension, mais avec quelques changements dans les draperies (R. D. 420 et 426).

Vénus pleurant la mort d'Adonis, petite pièce en haut., dans un ovale (R. D. 84).

LAURE (Laure de Noves, dite la belle), maîtresse de Pétrarque. — Voir *Barbarelli, Ermini, Fradelle, Lanté,* Simon *Memmi, Palma,* E. *Vico.*

LAURE (Jules), peintre contemporain.

Lola Montès, tête d'étude de 0.53 sur 0.48, lith. d'après J. Laure. Paris. Goupil, de 3 à 5 fr.

La Toilette d'Aspasie, lith. d'après J. Laure. 0.53 sur 0.48. Paris, Goupil, de 3 à 15 fr.

Lola Montès, comtesse de Landsfeld, portrait en amazone, gr. à la manière noire, par Hipp. Garnier. H. 0.44; L. 0.34 (Goupil, en noir, 10 fr.; en couleur, 20 fr.).

Miss Alice. — *Victoria*; deux pièces en manière noire, gracieuses, par le même. H. 0.44; L. 0.32. Paris, Jouy, 1860, 10 et 20 fr. chaque.

La Reine de la danse: *Fanny Cerrito*, en manière noire, par le même. H. 0.43; L. 0.32 (Goupil, 10 à 20 fr.).

Rose blanche, gr. à la manière noire, par le même. H. 0.40; L. 0.30 (Bulla, 10 et 20 fr.).

Victoria. — *Miss Alice.* — *Rosita*; trois pièces par le même; H. 0.43; L. 0.33 (Delarue, 10 et 20 fr. ch.).

Lola Montès, phot. de 0.07 sur 0.12. Paris, Goupil, 1863, 1 fr. 50.

LAURENS (Jules-Joseph-Augustin), peintre et graveur contemporain, né à Carpentras (Vaucluse); élève de J.-B. Laurens, son frère. — Voir *Baron, Coessin de la Fosse, Diaz, Henner, Lobrichon, Pollet.*

LAURENT (André), peintre et grav., né à Londres, en 1720. — Voir *Boucher, Debar,* Salv. *Rosa, Wouwermans.*

LAURENT (Pierre), grav., né à Marseille, en 1739; mort à Paris, en 1809. — Voir Nic. *Berghem.*

LAURENT (Pierre-Louis-Henri), dessinat. et grav. au burin, né à Paris, en 1779. — Voir S. *Bourdon,* le *Poussin.*

LAURENT (E.), dessin. lithogr. contemporain.

Adelina Patti, portrait lithogr. Paris, Dusacq et Cie 1867.

LAURI (Phil.), peintre, né à Rome, 1623-1694.

Diane et Actéon, pièce en larg., gr. en 1776, par Williams Woollett (Debois, épr. avant l. l., 57 fr.; Valois, id., 15 fr.; Van Hulthem, 5146).

LAUTENSACK (Hans-Sébald), peintre et grav. au burin et sur bois, né à Bamberg, en 1507 ou 1508; mort vers 1560. — Voir *Raphaël.*

L'Amour tenant un arc brisé. Dans le lointain des hommes et des femmes dans l'eau et au bord de l'eau; in-8°.

L'Amour tenant un arc d'une main et de l'autre une flèche brisée, 1533, in-8°.

LAUWERS (Conrad), graveur, né à Leuze, dans le Hainaut, vers 1613; trav. à Anvers. — Voir *Quellinus, Rubens, Schiavone.*

LAUWERS (Nicolas), frère du précédent, dessinat. et grav., né à Leuze, vers 1620.

Une Femme nue, couchée sur un lit, gr. en haut. (Van Hulthem, 1884).

LAUWICK, peintre.

Les Femmes d'Alger, phot. par Bingham.

LAUWRIE (Robert), grav., né en Angleterre, vers 1740; mort en 1804. — Voir Ang. *Kauffman,* J. *Vernet.*

LAVALLÉE (Jacques), grav., né à Toulouse; travaillait à Paris, à la fin du XVIIIe siècle et au commencement du XIXe. — Voir Van *Miéris.*

LAVALLÉE-POUSSIN (Etienne de), peintre et graveur du XVIIIe siècle.

Satyre surprenant une nymphe endormie, eau-forte (1er février 1864, N° 552).

LA VALLIÈRE (Mlle de), maîtresse de Louis XIV. — Voir H. *Bary*, *Bussaget*, Isaac *Beckett*, E.-J. *Desrochers*, *Devéria*, J.-L. *Ducis*, *Duflos*, Gér. *Edelinck*, J. *Gole*, *Laignel*, *Larmessin*, *Lebrun*, Bernard *Lens* (le vieux), *Llanta*, *Mignard*, *Moncornet*, *Mothe*, *Petitot*, *Plaats*, A. de *Saint-Aubin*, *Schenk*.

LAVIGNE (Marin), lithogr. contemporain. — Voir *Franquelin*, *Giraud*, *Lefebvre*.

LAVRATE, dessin. et grav. contemporain.

Que c'est comme un bouquet de fleurs! — Simples fleurs des champs; deux lith. Paris, Dusacq et Cie, 1867.

LAWREINCE (Sir Thomas), peintre, né à Bristol, 1769-1830.

Elisabeth Farreu, actrice, gr. par F. Bartolozzi.

Il n'est plus temps, gr. par Stephane Benoist, 1788; H. 0.170; L. 0.115.

On y va deux, 1788, gr. par le même. Pièce rare, en couleur, qui doit être faite pour pendant à la pièce: *Ah! laisse-moi donc voir*, par Janinet (26 nov. 1866, N° 406).

La Marquise d'Exeter, gr. par M.-A. Bouclier, 1809.

L'Innocence en danger, gr. par Caquet (P. de Corneillan, 591).

La Comparaison. Deux femmes comparent leur gorge; jolie pièce en haut., gr. en couleur, par J.-B. Chapuy (11 nov. 1861, 2 fr. 75).

Les Grâces parisiennes au bois de Vincennes, gr. par le même.

Les Trois sœurs au parc de St-Cloud, gr. par le même.

Lever des ouvrières en modes, gr. par Compagnie.

Les Sabots, gr. par Couché.

L'Accident imprévu. Jeune blanchisseuse lisant une lettre qu'un petit commissionnaire vient de lui remettre; gr. par Darcis.

La Sentinelle en défaut. Jeune modiste cachant à sa mère son amant sous un chapeau; gr. par le même (vendue, en avril 1864, 24 fr., avec l'*Accident imprévu*).

La Galante surprise, gr. par J.-L. Delignon.

Les Offres séduisantes, gr. par le même (en avril 1864, 4 fr. 50).

L'Assemblée au concert. — L'Assemblée au salon; deux belles pièces comme intérieur et costumes; gr. en larg., par Dequevauvillers, 1783 (21 février 1859, 125 fr.; en décembre 1856, 141 fr.; en nov. 1861, la 2e seulement, 11 fr.; Paignon-Dijonval, 9468).

Le Contre-temps. — L'Indiscret; deux jolies pièces gr. en taille-douce, par le même. H. 0.140; L. 0.110 (Bance, 2 fr. chaque; Van Hulthem, 4194).

L'Ecole de danse, gr. au burin, par le même. L. 0.372; H. 0.289. D'autres épreuves plus petites; L. 0.150; H. 0.130 (Bance, 2 fr.; 11 nov. 1861, 8 fr. 50; Soleinne, N° 200).

Lever des ouvrières en modes. — Coucher des ouvrières en modes; deux très-jolies pièces, au burin, gr. par le même. L. 0.150; H. 130 (Bance, 2 fr. chaque; Van Hulthem, 4196).

Merteuil et Cécile Volanges. — Valmont et Emilie. — Valmont et la présidente de Tourvel; trois pièces pour les *Liaisons dangereuses*, gr. par Romain Girard (11 nov. 1861, 6 fr.; la 1re et la 3e, en avril 1864, 7 fr. 50).

Le Roman dangereux, 1781. Charmant intérieur de boudoir, in-fol., gr. par Helman (en décembre 1856, 62 fr.; le 11 nov. 1861, eau-forte, 12 fr. 50; épreuve ordinaire, 12 fr.; en avril 1864, 2 fr. 25).

Ah! laisse-moi donc voir. Couple d'amoureux se promenant dans un jardin; en passant devant une statue du dieu Pan, le jeune homme en cache le priape avec son chapeau. Pièce en haut., gr. en couleur, par Janinet (vente M**, en avril 1859, 36 fr.; le 11 nov. 1861, environ 12 fr.; en avril 1864, 12 fr. 50).

L'Aveu difficile, 1787; gr. en couleur, en haut., par le même (en avril 1864, 29 fr.; Van Hulthem, 4350).

La Comparaison, composition gracieuse, gr. en coul., par le même (M**, en avril 1859, 60 fr.; en avril 1864, 40 fr.).

L'Elève discret, 1786, gr. en couleur et en haut., par le même (en décembre 1856, 49 fr., avec *Pauvre Minet*; Van Hulthem, 4350).

L'Indiscrétion, 1787. Gracieuse dame réclamant une lettre que son amie vient de prendre. Jolie grav. en haut., en couleur, par le même (en déc. 1856,

75 fr.; Van Hulthem, 4350; P.de Corneillan, 645).

La Jarretière, en haut., gr. en couleur, par Janinet (Van Hulthem, 4350).

Le Joli petit chien, 1787. Charmante pièce en couleur, gr. en haut., par le même (Van Hulthem, 4350).

L'Ouvrière en dentelle. L'ouvrière caresse un monsieur assis dans un fauteuil et ne travaille pas à la dentelle pour le moment. Petite pièce en haut., en couleur, gr. par le même (11 nov. 1861, environ 10 fr.).

Pauvre minet, que ne suis-je à ta place! 1786; gr. en haut., en coul., par le même (Van Hulthem, 4350; en décembre 1856, 49 fr., avec l'*Elève discret*).

Le Petit conseil, 1787. Deux femmes, l'une assise, l'autre debout, se concertent en souriant. Charmante petite pièce en haut., très-joliment gravée en couleur, par Janinet (Van Hulthem, 4350).

La Toilette. Gracieuse dame à sa toilette, gr. en coul., par le même (en décembre 1856, 75 fr.).

Le Concert dans un jardin, gr. par V.-M. Langlois.

Le Billet doux (pendant de *Qu'en dit l'abbé?*). Une des plus jolies pièces pour la richesse du costume et l'ameublement de l'époque. In-fol. en haut., gr. par Nic. de Launay (vendu le 15 février 1861, épr. avant l. l., 25 fr.; Martial Pelletier, 1867, N° 582).

La Consolation de l'absence. Charmant intérieur de boudoir. Jolie dame regardant un portrait. In-fol. en haut., gr. par le même (en décembre 1856, 80 fr.; en nov. 1860, épr. avant l. l., 25 fr.; en avril 1864, 2 fr. 65; Van Hulthem, 4395).

L'Heureux moment. Elégant boudoir. Petit in-fol. en haut., gr. par le même (en décembre 1856, 40 fr.; en mai 1864, 26 fr.).

Qu'en dit l'abbé? (pendant du *Billet doux*) Riche intérieur. In-fol. en haut., gr. par le même (M**, février, 1859, 77 fr., avec le *Billet doux*; le 11 nov. 1861, seule, 12 fr.; P. de Corneillan, 592).

Le Serin chéri, jolie pièce en coul., gr. par Aug. Legrand qui l'a signée Dnargle (11 nov. 1861, 5 fr. 50).

Le Repentir tardif, gr. par Levillain (11 nov. 1861, 3 fr. 50).

Elisabeth, duchesse de Devonshire, gr. par Lewis.

Les Cerises. Deux amants dans un bocage; la femme fait tomber deux cerises dans la bouche de l'homme. In-fol. en haut., gr. par L.-J. Masquelier.

Lady Leicester, représentée sous la figure de l'Espérance, gr. par Henry Meyer.

The Comparaison, gr. en couleur, par Partout. Il y a des épreuves de nuances différentes (11 nov. 1861, 5 fr.).

Le Retour trop précipité, 1787. Jolie pièce en haut., gr. par Pierron (11 nov. 1861, 5 fr.).

La Balançoire mystérieuse. Des filles nues badinant au bain. In-fol. en haut., gr. par G. Vidal, quelquefois color. (Martelli, en 1858, épr. avant le flot, 81 fr.; id., en février 1859, 61 fr.; en mai 1864, 101 fr.).

Le Déjeuner anglais, jolie pièce en manière noire, gr. en haut., par le même (11 nov. 1861, 12 fr. 50, avec la *Leçon interrompue*; Van Hulthem, 4844).

Le Directeur des toilettes, gr. par le même. Rare (cat. A. David).

La Leçon interrompue, gr. en haut., par le même (Paignon-Dijonval, 9472; Van Hulthem, 4844).

La Marchande à la toilette, joli intérieur; gr. en haut., par le même (en mai 1864, 31 fr.; Van Hulthem, 4844).

Les Nymphes scrupuleuses, in-fol. en haut., quelquefois color., gr. par le même (Martelli, en 1858, épreuve avant la guirlande, 68 fr.; id., en février 1859, 50 fr.; le 11 nov. 1861, épreuve ordinaire, 5 fr.).

Le Repentir tardif, gr. par le même.

La Soubrette confidente, en haut., gr. par le même (en mai 1864, 31 fr.; Van Hulthem, 4844).

Le Directeur des toilettes, gr. par Voyez l'aîné (26 nov. 1866, N° 334, épr. avant l. l.).

LAZERGES (Jean-Raymond-Hippolyte), peintre, né à Narbonne (Aude), en 1817; élève de F. Bouchot.

Les Médaillons. — L'heureux favori. — L'heure du berger. — M'aimes-tu? — Soyez discret! — Seule encore! Cinq pièces lith. par Cuisinier et Massard, d'après Lazerges et Galbrand. Paris, Massard, 1854.

Adam et Eve. « Ils étaient tous deux nus et ils n'en rougissaient point. » *Genèse*, chap. II, v. 25). Gr. en man. noire, par Manigaud. H. 0.56; L. 0.45. Paris, Dusacq et Cie; en noir, 20 fr.; en coul., 40 fr.

Adam et Eve, phot. Paris, Dusacq, carte de visite, 1 fr. L'exposition publique en est interdite.

LE BARBIER (J.-J.-Franç.), l'aîné, peintre, né à Rouen, en 1738; membre de l'académie; mort à Paris, en 1826.

L'Amour conjugal, gr. par Bonnefoy (catal. Le Barbier, en 1826, N° 389).

Des Amours et des Bacchantes, gr. en rond, par Gilles Demarteau (Van Hulthem, 4190; Paignon - Dijonval, 9426).

Bacchanale, gr. en rond, par le même (Van Hulthem, 4190).

Jupiter et Antiope, gr. en haut., par Cl. et Cl.-A. Duflos.

Le Sommeil de Diane, ovale en coul., gr. par Fr. Janinet (Van Hulthem, 4352).

Vénus à la colombe, en haut., en couleur, gr. par le même (Van Hulthem, 4348).

Bain public des femmes mahométanes, in-fol. en larg., gr. par Robert de Launay (cat. A. David).

Nymphe sortant du bain, gr. en coul., par Marin (11 nov. 1861, 1 fr. 25).

Le Nid d'amour, gr. par Julie Papavoine.

Jupiter et Léda. — *Vénus et l'Amour*; deux sujets en haut., gr. par D.-P. Parizet (Van Hulthem, 4620).

Les Amants surpris, gr. par Patas (15 mai 1865, N° 728).

Le Mari dupé et content, gr. par le même (15 mai 1865, N° 728; 9 nov. 1863, N° 104).

La Prudence en défaut, gr. par le même.

Adam et Eve, gr. par V. Pillement (J., II, 355).

LEBAS (Jacq.-Phil.), dessin. et grav., né à Paris, 1707-1784. — Voir Nic. *Berghem*, *Boucher*, *Brakenburg*, Adr. *Brauwer*, P.-C. *Canot*, *Chardin*, Ch.-N. *Cochin*, N.-Nic. *Coypel*, J.-B. *Descamps*, C. *Dujardin*, Van *Falens*, Claude *Gelée*, *Greuze*, Nicolas *Lancret*, *Lenain*, *Miel*, Van *Ostade*, *Parrocel*, *Pater*, God. *Schalken*, *Subleyras*, *Téniers*, J.-B. *Vanloo*, J. *Vernet*, *Villebois*, *Vleughels*, *Watteau*, *Wouwermans*.

L'Amant aimé, jolie grav. (7 déc. 1866, N° 391).

L'Arrivée des Barcelonnettes.

Bacchus et Ariadne, eau-forte pure (de Vèze, p. 181).

Les Belles vendangeuses.

Colin-Maillard (catal. A. David).

La Marchande de beignets.

Ninette (portrait de Mme Favart).

Les Noces d'Angélique et de Médor, gr. en larg. (Van Hulthem, 3939).

Pierrot et sa progéniture.

Le Temps mal employé, très-jolie pièce.

Une Bergère dansant avec un berger, petit cartouche.

LEBEAU (Pierre-Adrien), dessin. et grav. Paris, 1744. — Voir *Baudouin*, *Desrais*, *Dugoure*, Ch. *Eisen*, *Lainé*, *Leclerc*, *Marillier*, *Marsilly*, *Mauperin*, *Nattier*, *Queverdo*, *Tanche*.

La Faible résistance, ou le Verrou. — *L'Amant victorieux*, suite du Verrou. Deux planches ovales coloriées (26 mai 1862, N° 362).

Mme la comtesse Du Barry, joli portr. in-4°, de face, dans un médaillon orné, avec allégorie (cat. A. David).

Mlle Duthé; H. 0.160; L. 0.110 (Soleinne, 300).

Mlle Raucourt, portrait in-8°. Au bas, une scène de Mithridate (15 mai 1865, N° 360).

Marie-Antoinette, de face, avec coiffure à plumes. Médaillon in-8° (vente du 17 janvier 1862).

LEBEAU (Chez).

Convention de mariage d'un vieux intéressé, avec une fausse modeste à qui il demande une grosse dot. — *Le Mari trompé le lendemain du mariage*; la fausse modeste fait apporter sa dot. Deux gravures (18 mai 1864, N° 774).

LEBEL.

L'Amour indiscret, gr. par Hemery (vente du 28 janvier 1865).

LEBERT, graveur. — Voir *Kernoscki*.

LEBLOND (Jean), peintre et grav., né à Paris, en 1645, où il mourut le 13 août 1719. — Voir J. *Falck*.

LEBLOND (Michel), orfèvre et grav., né à Francfort, vers 1590; mort en 1656. — Voir Abr. *Bosse*.

Susanne et les vieillards. — *Un Bal*; deux petites pièces ovales.

LEBOUR (A.-T.), dessin. et grav., trav. à Paris, au milieu du XVIIe siècle.

Erigone, à mi-corps.

LEBRUN (Charles), peint. et grav., élève de Vouet et du Poussin; né à Paris, en 1619, où il mourut, en 1690.

Les Quatre heures du jour, suite de quatre pièces. L. 0.232 à 0.235; H. 0.180 à 0.183 (R. D. 4-7; 2e état, Weigel, 3 th.; Brandes, 3 th.).

Vénus au milieu des cyclopes et des satyres, pièce en larg., cintrée, faisant partie des quatre saisons, peintes sur le plafond du château de Vaux-le-Vicomte. Gr. par G. Audran (Paignon-Dijonval, 6538; Van Hulthem, 3907).

L'Epouse mal gardée, ou le Mariage à la mode; gr. par Dambrun (en mai 1864, 12 fr.).

La Liberté perdue, ou l'Amour couronné, gr. par le même (vente du 11 nov. 1861).

La Toilette de la mariée, ou le Jour désiré, gr. par le même.

La Madeleine repentante (portrait de Mme de La Vallière), in-fol., gr. par Gérard Edelinck (1er état: Mariette, 332 fr.; Josse, en 1777, 21 livres; Servat, en 1778, 272 livres; Jacq.-Phil. Lebas, en 1783, 48 livres; Montfirmin Cancel, en 1798, 266 livres; Sylvestre, avec la *Tente de Darius*, 1000 fr.; Logette, en 1817, 900 fr.; Durand, 1200 fr.; Debois, 340 fr.; Frauenholz, 76 fl. 15 kr. — 2e état: Mariette, 164 fr.; Alibert, 180 fr.; Saint-Yves, 360 fr.; Rigal, 200 fr.; Frauenholz, 16 fl. 30 kr.; Weigel, 50 thal.; Einsiedel, 41 th. — 3e état: Weigel, 12 th.; Schwarzenberg, 5 $^1/_6$ th.; Peton, 272 fr.; Servat, 200 fr.; Amstel, 57 fl.; Brandes, 11 $^1/_{12}$ th.; Winckler, 15 $^1/_{24}$ th. — 4e état: Einsiedel, 3 $^1/_2$ th.; Ackermann, 2 $^3/_5$ th.; Brochant, 220 fr.).

Vénus, gardée par l'Amour, épiée par un satyre, in-fol., gr. par Bl. Hoefel.

Vénus et l'Amour, gr. par J. Johnson.

L'Amour fixé, 1763. Sujet dans un ovale, gr. par Marcenay de Ghuy. H. 8 p. 10 l.; L. 7 p. 8 l. (Rigal, 476; J., II, 241).

Le Charme de la liberté, ou l'Amour vaincu, gr. par Martini (vente du 11 nov. 1861).

La Déclaration d'amour, gr. par Patas.

L'Amour retirant la draperie qui couvre une femme endormie, gr. par H.-S. Thomassin (11 nov. 1861, 4 fr. 50).

La Sultane infidèle, gr. par Voysard.

LEBRUN (Marie-Louise-Elisabeth Vigée, Mme), peintre, née Paris, en 1755, où elle mourut en 1842. Elle était la femme de Pierre-Jean-Baptiste Lebrun, peintre.

Mme Vigée Lebrun (Galerie de Florence). Portrait gr. par P. Audouin. H. 0.187; L. 0.153 (J., I, 176).

Babichon. — *Nicodème*; deux pièces en haut., gr. par Basan. Vers au bas de chaque pièce :

BABICHON

Que fais-tu là-bas
Tout droit comme un I?
Approche donc, Nicodème ;
On se fait bien aise,
Et tu restes là
Ni plus ni moins qu'une souche.

Je me sens en humeur,
C'est que je voudrais bien
Danser un petit branle.
Allons, gros butor,
Fais-moi vite un saut
En l'honneur de la France.

NICODÈME

Ma mie Babichon,
C'est que j'n'osais pas
Danser d'vant tout l'monde
J'aime tant à danser,
Que souvent tout seul
Je danse dans not'grange.

Quoiqu'ça n'paraisse pas,
Je suis un gaillard
Comme était mon grand oncle ;
Je suis un peu lourd,
Mais quand j'suis en train
J'vas plus longtemps qu'un autre.

Mlle la marquise de Sabran, portrait petit in-fol. en bistre, gr. par Berger. Pièce charmante et rare (vendue 16 fr. 50, en nov. 1860).

Marie-Antoinette, gr. par Mme veuve Bonnefoy.

La même, gr. par Danguin. Paris, Chardon, 1816.

La Vertu irrésolue, gr. par Dennel (7 déc. 1866, N° 394).

Marie-Antoinette, gr. en haut., par Ch.-Fr. Macret (Van Hulthem, 4460).

Mme Lebrun, gr. par J.-G Muller, d'après le portrait peint par elle-même (11 nov. 1861, 6 fr.; Rigal, 573).

Mme Lebrun (de la Galerie de Florence), gr. par J.-D. Nargeot (Exposition de 1855).

Mme la duchesse Jules de Polignac, née de Polastron, chantant. Petit portrait rare, gr. par le comte de Paroy (cat. A. David).

Une Jeune femme avec un miroir, vue à mi-corps; gr. par le même.

Mme Grassini, dans Zaïre; gr. par Reynolds.

Vénus liant les ailes de l'Amour (sujet tiré de la Galerie de Dresde). Très-belle pièce, rare, gr. au burin, par Chr.-G. Schultze. H. 0.18; L. 0.14 (Bance, 12 fr.; J., III, 76; P. de Corneillan, N° 194).

Cupidon et sa mère, gr. par W. Sharp, 1789 (J., III, 75).

La Vertu irrésolue, phot. par Carey. Paris, 1864.

LE BURIN, pseudonyme. — Voir *Burin*.

LECARPENTIER, peintre contemporain.

Abailard. — *Héloïse*; deux pièces au pointillé, gr. par Mauduit. Paris, Genty, 1821.

LE CHARPENTIER (René), graveur français du dernier siècle. — Voir *Rubens*.

Intérieur d'un cabaret. Sujet en larg., traité d'une manière très-libre. Sans nom (Van Hulthem, 4098).

LECLERC (Sébastien), dessinat. et grav., né à Metz, en 1637; mort à Paris, en 1714. — Voir *Boissard*.

Les Amours de Cupidon et de Psyché, quatre pièces in-fol. en larg. (Jombert, 307; Van Hulthem, 4129; en mai 1864, 2 fr. 25).

Marie-Thérèse, petit médaillon soutenu par des amours et la Renommée. Jolie petite pièce (Martial Pelletier, N° 395).

Vénus et Mars, debout; deux pièces in-8., rares (J., II, 197).

Vénus sortant des eaux, et portée sur une conque, 1693. Pièce appelée la première Vénus (J., II, 198).

Vénus sortant de la mer, 1711 (dite seconde Vénus). Cette gravure a été retouchée, après la mort de Leclerc, par Eisen qui y a ajouté un triton poussant le char et un Amour qui vole devant (J., II, 198).

LECLERC (Sébastien), fils, peintre et grav., né à Paris, en 1677; mort aux Gobelins, en 1763.

Mlle Georges Weimer, de l'Odéon, lith. H. 0.400; L. 0.270 (Soleinne, 324).

Mlle Raucourt, dans Athalie et Médée; dessin. par Leclerc et Desrais. H. 0.217; L. 0.135 (Soleinne, 103).

L'Abbé en conqueste. Il file aux pieds d'une dame qui lit. Gr. par Aubert (en mai 1864, 6 fr. 50).

L'Ermite en queste, gr. par le même (Martelli, 2e vente).

L'Homme entre deux âges, et ses deux maîtresses, fable de La Fontaine. Jolie pièce, rare, grand in-4°, gr. par le même, 1728 (7 déc. 1866, N° 396).

A beau cacher. Une femme en cache une autre qui s'arrête pour une nécessité; mais un homme qui est à une fenêtre voisine la regarde. — *Le Bon logis*. Au-dessus de la boutique d'une fruitière, on lit: *Céans on loge et on.... proprement*. Une femme jolie et riante est à l'entresol et un passant la regarde. Deux pièces, gr. par Bonnet (11 nov. 1861, 38 fr.).

Bustes de jeunes femmes, dans des ovales; charmantes têtes. Deux pièces à plusieurs crayons, par le même (11 nov. 1861, 3 fr.).

La Partie de bain interrompue, in-fol. en travers, gr. par Demonchy (cat. A. David).

Les Baigneuses, en larg., color., gr. par Deny (cat. A. David).

Le Jeu de l'escarpolette, jolie pièce à costumes Louis XVI, quatre personnages. Gr. en larg., color., par le même (11 nov. 1861, 5 fr. 50).

Rosalie Duplant, de l'Académie royale de musique; gr. par Elluin. H. 0.240; L. 0.180 (Soleinne, 300).

Les Cinq sens, gr. par Edme Jeaurat (en mai 1864, 5 fr. 50).

L'Enlèvement d'Europe, 1714. In-fol. en larg., gr. par le même.

Jupiter enlevant Erigone, petite pièce en haut., gr. par le même.

Les Quatre passions de l'homme: L'Ambition. — L'Amour. — La Haine. — L'Avarice. Quatre pièces in-4° en larg., gr. par le même.

Le Faiseur d'oreilles et le raccommodeur de moules, sujet tiré des contes de La Fontaine, gr. par de Larmessin (26 mai 1862, N° 295).

Marie-Antoinette, reine de France, vue de profil. Portrait en pied, petit in-fol., gr. par Lebeau (51 fr., le 7 février 1859; 78 fr., le 11 avril de la même année).

Bustes de jeunes filles dans des ovales, jolies têtes. Quatre planches à plusieurs crayons, gr. par Marin (5 fr. 50, le 11 nov. 1861).

LECŒUR (Louis), grav., trav. à Paris, dans la 2e moitié du XVIIIe siècle. — Voir *Watteau*.

LECOMTE (Marguerite), dessin. et grav. amateur, née à Paris, vers 1719.

Jeux d'amours, trois petites vignettes datées de 1763.

LECOMTE (Hipp.), peintre et grav., né à Puyseaux (Loiret), en 1781. — Voir *Desenne*, *Prudhon*.

Mlle Louise Pierson, actrice de la Porte-St-Martin, dans la Laitière suisse. Lithogr. H. 0.230; L. 0.217 (Soleinne, 168).

Don Juan séparé d'Haïdée. — *Conrad enlève Gulnare.* — *Adieux de Conrad à Médora.* — *Selim et Zuleïka* (découverte par Giaffir). — *Parisina raconte ses amours en songe.* Suite de six pièces tirées des œuvres de lord Byron; lith. par Sixdeniers. L. 0.54; H. 0.38 (Delarue, 9 et 18 fr. chaque). — L. 0.30; H. 0.26 (Delarue, 2 fr.).

LECOUVREUR (Adrienne), actrice du Théâtre-Français. — Voir Ch.-Ant. *Coypel*, *Devéria*, *Isabey*, G.-F. *Schmidt*.

LECURIEUX, dessin. contemporain.

Les Sylphides : Les Papillons. Lith. par Courtois. H. 0.32; L. 0.24 (Delarue, 3 et 6 fr.).

LECZINSKA (Marie), reine de France. — Voir *Nattier*, C. *Vanloo*.

LÉDA. — Voir *Jupiter et Léda*.

LE DAULCEUR (Louise de Montigny, Mme), dessin. et grav. amateur; vivait dans la 2e moitié du XVIIIe siècle. — Voir Edme *Bouchardon*, Fr. *Boucher*, *Pierre*.

LE DAVIS (Edouard), peint. et grav., né dans le comté de Galles, en 1640.

La Duchesse de Portsmouth, assise.

LEDOT, aîné, photogr. — Voir *Courbet*.

LEDOUX (A.), grav. contemp. — Voir *Lobrichon*.

LEDOUX (F.), grav. contempor. — Voir *Caraud*, Ch.-L. *Muller*.

LEDRU (Hilaire), peintre du XVIIIe siècle.

Pénibles adieux, gr. par L.-A. Boucher, baron Desnoyers, 1802.

LEDUCQ (Jean), peintre, né à La Haye, en 1636; mort en 1671.

Réunion de soldats et de femmes dans un cabaret, in-fol. en larg., gr. par J. Falck.

La Conversation flamande, grand in-fol., gr. par C.-J. Glairon-Mondet.

LEE (Lady Elisabeth). — Voir *Reynolds*.

LEEB (J.).

L'Amour endormi. — *Hylas enlevé par les nymphes*; deux pièces gr. par Ch. Merz.

LEEUW (Williams van der), gr. à l'eau-forte, né à Anvers, en 1610; mourut vers 1665. — Voir *Rubens*.

LEEUW (Jean van der), grav., né à La Haye, vers 1660. — Voir Van *Dyck*.

LEFEBVRE (Valentin), peintre et grav., né à Bruxelles, en 1642; mort à Venise, en 1710. — Voir le *Titien*, P. *Véronèse*.

La Princesse Galitzin, gr. par J.-B. Beauvarlet. H. 0.225; L. 0.153.

Honni soit qui mal y pense. — *La Nouvelle Héloïse*; deux pièces gr. par François Hubert.

LEFEBVRE (Antoine-Robert), peintre et grav., né à Bayeux, en 1756; mort en 1831. — Voir L'*Antique*, Ann. *Carrache*, *Raphaël*, le *Titien*.

Vénus désarmant l'Amour, gr. par Desnoyers, en 1799 (vente Martin, père, en 1816).

LEFEBVRE (Achille), grav. du commencement du XIXe siècle. — Voir le *Corrége*, *Devéria*.

LEFEBVRE (Jules-Joseph), peintre, né à Tournon (Seine-et-Marne), le 14 mars 1834; élève de M. Cogniet.

Nyssia, lith. par M. Lavigne. L. 0.60; H. 0.34 (Goupil, 10 à 20 fr.).

Nymphe et Bacchus, phot. Paris, Goupil, 1867.

Nyssia, phot. Paris, Goupil, 0.07 sur 0.12, 1 fr. 50; format carte de visite, 1 fr. L'exposition de cette photogr. aux vitrines des marchands est défendue.

LEFEBVRE (Mlle), actrice. — Voir *Alophe*, Léon *Noël*.

LEFMAN, graveur contemporain. — Voir *Negre*, *Watteau*.

LEFORT (Anne Boily, femme), grav., travaillait à Paris, dans la 2e moitié du XVIIIe siècle. — Voir *Pierre*.

LEGENDRE (Hérold), graveur, né à Lyon.

La Jeune Sultane, gr. par Chevillet (11 nov. 1861, 5 fr. 50).

LÉGER, graveur. — Voir *Huet*.

LEGOUAZ (Yves-Marie), graveur, né à Brest, en 1742; mort à Paris, en 1816. — Voir Jos. *Vernet*.

LEGRAND (Hyacinthe), peintre, né en Lorraine, en 1755.

Jupiter et Io.

LEGRAND (Aug.-Cl.-Simon), graveur, né à Paris, en 1765; mort en 1808. — Voir *Challe*, Ch. *Eisen*, *Fragonard*, *Garneray*, *Huet*, *Lawreince*.

Avant la toilette, gr. en haut.

Bustes de jeunes filles. L'une est couronnée de fleurs, et l'autre se pare de bijoux. Deux pièces en couleur.

Mme Georges Sand (Marie-Aurore Dupin, marquise Dudevant), portrait lith. H. 0.250; L. 0.150 (Soleinne, 246).

Le Roman. — *La Romance*. — *La Jolie veuve*. — *Le Dépit*; quatre pièces gr. au pointillé, de 0.100 de haut. et 0.080 de larg. (Bance, 1 fr. 50 ch.).

L'Amour en débauche. — *L'Amour après la débauche*; deux planches gr. en taille-douce, par Dulompré. Paris, impr. Grognet, 1860.

LEGRAND (Paul.-F.), grav. au burin et en couleur, travaillait à Paris, dans la 2e moitié du XVIIIe siècle. — Voir *Leroy*.

Mme Albert, du théâtre des Nouveautés, lith. H. 0.200; L. 0.150 (Soleinne, 329).

LEGUAY, grav. contemporain. — Voir Ch.-Ant. *Coypel*.

LEHMANN (Ch.-Ern.-Rodolphe-H.), peintre, né à Kiel (Holstein), en 1814. Élève de M. Ingres.

Rachel, dessinée d'après nature, en 1851, gravée par Henriquel-Dupont. In-4° (Rapilly, en 1859, 10 fr.).

Bacchanale, lith. par A. Lemoine. Paris, Bertauts, 1861.

Rêverie du soir, lith. par le même. L. 0.58; H. 0.44 (Goupil, 10 et 20 francs).

LEHNE, graveur en manière noire, contemp. — Voir *Wapers*.

LEICESTER (Lady). — Voir *Lawreince*.

LEJARS (Mlle), amazone du Cirque Franconi. — Voir Ach. *Giroux* et Ch. de *Luna*.

LEJEUNE, peintre contemp.

Les Trois Grâces de la danse. Portraits de mesdemoiselles Ceritto, Taglioni et Fanny Elssler; lith. par Lafosse. H. 0.43; L. 0.34 (Goupil, en rehaut, 10 fr.).

Namouna. — *Blondette*; deux lith. par Regnier. Paris, Dardoize, 1855.

LEJEUNE, photographe.

La Princesse de Metternich, portr. phot. Paris, 1868.

LE JUGE (G.), dessinat. et grav. à l'eau-forte.

Diane, debout à l'entrée d'une forêt; elle prend une flèche dans son carquois. Pièce en haut. Au bas, cinq lignes d'explications (R. D. 12).

Vénus assise sur un nuage à côté de son char, ses deux colombes s'en approchant à droite. Pièce en haut., avec cinq lignes d'explications au bas (R. D. 6).

LELLI, grav. contemp. — Voir Van *Eycken*.

LELOIR (Mme Héloïse), contemp.

A qui penses-tu? lith. par Charpentier. Cette pièce a pour pendant *A qui pense-t-elle?* d'après Toudouze. H. 0.37; L. 0.20 (Bulla, en rehaut, 4 fr.).

Pour lui plaire, sujet faisant pendant à *Viendra-t-il?* d'après Toudouze. Lith. par Charpentier; H. 0.37; L. 0.20 (Jouy, 1860, en rehaut, 4 fr.). — H. 0.31; L. 0.22 (*Galerie Omnibus*). Paris, Delarue, en rehaut, 2 fr.

Les Femmes célèbres : Clarisse Harlowe. — Virginie. — Julie (*Nouvelle Héloïse*). — Esméralda (*Notre-Dame de Paris*). — Diane de Poitiers. — Mme de Sévigné. Six pièces lith. par Desmaisons. H. 0.36 ; L. 0.20 (Dusacq, 3 fr. chaque).

A qui penses-tu ? lith. par le même. H. 0.37 ; L. 0.20 (Bulla, en rehaut, 5 fr.).

Indiscrétion. — Coquetterie. — Filles d'Eve. — Jalousie; quatre pièces lith. par Forget. Paris, Desmaisons-Cabasson, 1854.

Mariage de Ruth et de Booz : « Booz dit devant les anciens et devant tout le peuple : Vous êtes témoins aujourd'hui que je prends pour épouse Ruth Moabite, femme de Mahalon. » (*Livre de Ruth*, chap. IV). — *Rébecca et Eliezer :* « Alors Eliezer tira des pendants d'oreilles d'or et deux bracelets, et lui donnant, il lui dit : De qui êtes-vous la fille? Rébecca répondit : Je suis la fille de Bathuel. » (*Genèse*, chap. XXIV). Deux pièces gravées en manière noire, par Manigaud. L. 0.65; H. 0.48 (Jouy, épr. en noir, 20 fr. chaque; en coul, 40 fr.).

Amour. — Amour conjugal; deux pièces lith. par Regnier. H. 0.28 ; L. 0.23 (Bulla, en noir, 2 fr. chaque; en en coul., 4 fr.).

Jacob demande Rachel en mariage. — Ruth dans le champ de Booz; deux pièces lith. par Regnier ; L. 0.37 ; H. 0.29 (Bulla, en noir, 6 fr. chaque ; en coul., 12 fr.).

Roméo. — Juliette; deux pièces lith. par Vallet. H. 0.31; L. 0.25 (Bulla, 2 fr. 50 et 5 fr. chaque).

Daphnis et Chloé. — Sapho; deux phot. Paris, Carey, 1864.

LÉLU (Pierre), peintre et grav. à l'eau-forte, naquit à Paris, le 13 août 1741, et mourut le 9 juin 1810. — Voir *Jules Romain*.

L'Amour et Psyché. Psyché, étendue sur un grand lit nuptial, reçoit et caresse l'Amour qui s'élance vers elle. On voit, dans l'ombre, une suivante qui le regarde en se retournant ; deux autres suivantes apportent, l'une une corbeille de fruits, et l'autre une corbeille de linge. Grande pièce à l'eau-forte, d'après un dessin colorié qui fut exposé au salon de 1793. L. 0.385 ; H. 0.173. Les trois états de cette planche sont tous très-rares (Baudicour, 21).

Amphitrite, étendue sur un dauphin. Elle est accompagnée de deux amours, dont l'un lui apporte des perles et du corail. Le nom de l'artiste ne se trouve pas dans le 1er état. Très-rare. H. 0.201 ; L. 0.159. Cette pièce fait pendant à la *Toilette de Vénus* (Baudicour, 24).

Attitudes de danse exécutées à l'Opéra par Doberval, Mlles Guimard, Allard et Pelin, en 1779. Deux planches à l'eau-forte de 0.230 de larg., et 0.214 de haut. (Baudicour, 45-46).

Le Bouquet offert. Un jeune chasseur offrant un bouquet à une jeune bergère accompagnée d'une autre jeune fille. Elle adresse au jeune homme des reproches qu'il reçoit humblement. Estampe en manière de lavis, sans nom. H. 0.263 ; L. 0.198 (Baudicour, 34).

La Confidence. Une jeune fille, derrière un mur, et tenant à son bras un panier de fruits, semble faire une confidence à une autre en lui recommandant le silence. Un jeune homme habillé à l'espagnole est appuyé sur le mur. Pièce à l'eau-forte, mais qui ne paraît pas avoir réussi. L. 0.193; H. 0.124 (Baudicour, 42).

Les Deux amants. Un berger, assis sur un tertre, entoure de ses bras une jeune fille qui lui caresse le menton. Sur un toit on voit deux colombes qui se caressent. Sans nom et sans titre. H. 0.187 ; L. 0.113 (Baudicour, 43).

Le Devin du village, 1779 (pendant de la *Diseuse de bonne aventure*). Une jeune fille, vêtue d'une robe parée à paniers et garnie de guirlandes de fleurs, écoute les prédications du devin qui lui fait voir dans un livre des caractères cabalistiques. Un jeune homme, placé derrière elle, lui fait une indication à gauche. Il y a trois états différents de cette planche. H. 0.210 ; L. 0.142 (Baudicour, 48).

La Diseuse de bonne aventure, 1779. Une jeune fille tenant un parasol ouvert, et accompagnée de son berger, tend la main à une vieille femme placée derrière elle, et qui lui dit sa bonne aventure. H. 0.213 ; L. 0.141. On connaît quatre états de cette planche. Les deux premiers sont très-rares (Baudicour, 47).

Les Regrets (pendant des *Deux amants*). Une jeune fille dont on voit le chapeau et le panier à terre, se retire en pleurant vers la gauche. Derrière elle, le berger qui l'a séduite la suit, en faisant des efforts pour la retenir. Pièce sans nom et sans titre, peu terminée. H. 0.187 ; L. 0.113 (Baudicour, 44).

Le Sacrifice au dieu Pan, 1760. Deux jeunes filles ornent de fleurs sa statue. Au-dessous, un sacrificateur brûle des parfums sur un autel. A droite, un vieux Silène et trois bacchantes. Petite eau-forte de 0.183 de larg., et 0.113 de haut. (Baudicour, 19).

Toilette de Vénus. Assise sur un tertre recouvert d'un tapis, elle est occupée à sa coiffure, en se regardant dans un miroir que tient l'Amour. Au-dessous, deux colombes se caressent. H. 0.201; L. 0.161 (Baudicour, 23; Vignères, le 24 nov. 1856, épreuve du 2e état, 12 fr. 50).

Vénus et l'Amour, 1784. Vénus, étendue sur un char attelé de deux colombes, regarde avec tendresse l'Amour qui vole derrière elle. Petite pièce à l'eau-forte, de 0.170 de larg. et 0.079 de haut. (Baudicour, 22).

LELY (Pierre van der *Faes*, dit le chevalier), peintre, né à Soest (Westphalie), en 1618; mort à Londres, en 1680.

Dutchess of Portsmouth, gr. par Karle Allard. H. 0.308; L. 0.247.

Madam Ellen Gwynn, gr. par le même; rare. H. 0.353; L. 0.283.

Lady Grammont, tenant à la main une branche d'arbre; gr. par Mac Ardell (Brandes, 2 1/2 thal.).

Lady Middleton, gr. par le même.

La Duchesse de Cléveland, gr. par Isaac Beckett.

Elisabeth, comtesse de Chesterfield, gr. par le même.

Duchesse de Portsmouth, gr. par A. de Blois.

Madame Ellen Gwynn, gr. par le même. H. 0.180; L. 0.158.

Lady Middleton, gr. par Burgh, en 1792.

Hortense Mancini, duchesse de Mazarin, petit in-fol., gr. par J. Falck, en 1678 (Nauman, 901; en mai 1864, 1er état, 30 fr.).

Mme Gwynn, maîtresse de Charles II, in-fol., gr. par le même (Nauman, 903; Winckler, 3 1/2 thal.).

Le Jugement de Pâris, gr. par Bernard Lens, le vieux.

La Duchesse de Cléveland, assise, vue jusqu'aux genoux; gr. par H. Lutterel.

Beautés de Windsor : Lady Fanny Whilmore. — Henriette, comtesse de Rochester. — Françoise, duchesse de Richmond. — Elisabeth, comtesse de Northumberland. — Amélie, comtesse d'Assori. — Barbe, duchesse de Cléveland. Six portraits historiés, gr. par Th. Watson (J., III, 209).

LE MAIRE (Pierre), peintre et grav. à l'eau-forte, né à Dammartin, près Paris, en 1597; mort à Gaillon, en 1659. — Voir Cl. *Vignon*.

L'Histoire de Pâris, suite de 14 estampes en hauteur, gravées en 1637. Voici celles qui se rapportent à notre sujet : La beauté de Pâris lui mérite le cœur d'Œnone, nymphe de l'Ida; H. 0.264; L. 0.108. — Admis à la table du roi Ménélas, il voit la belle Hélène et en devient amoureux; H. 0.250; L. 0.156. — Il enlève Hélène, femme de Ménélas; H. 0.266; L. 0.205. — Durant le siège de Troie, Vénus l'enlève du combat où Ménélas l'allait vaincre; H. 0.264; L. 0.205 (Voir Robert-Dumesnil, 1-14).

LEMAITRE (Augustin-François), dessinat. et grav., né à Paris, en 1797. — Voir *Rémond*.

LEMAN (J.-Ed.), peintre, né à L'Aigle (Orne).

Le Baiser, lith. par Pirodon (*Gazette des Beaux-Arts*, tome VIII).

LEMERCIER (Mlle), actrice. — Voir *Coindre*, Ed. *Morin*.

LEMERCIER, graveur contemporain. — Voir aux *Polyonymes* : *la Chicane et l'Amour*.

LE MESLE (P.), peintre du XVIIIe siècle.

La Clochette. — *Le Cuvier*; deux sujets tirés des contes de La Fontaine, gravés par Pierre Filleul (26 mai 1862, No 296).

LEMIRE (Noël), dessinat. et graveur à l'eau-forte et au burin, né à Rouen, en 1723; mort à Paris, en 1801. — Voir *Brakenburg*, Ann. *Carrache*, J.-B. *Descamps*, *Gravelot*, *Leprince*, *Taraval*.

L'Amour et Psyché.

Hippolyte Clairon de la Tude, célèbre actrice, 1765; H. 0.150; L. 0.110 (Soleinne, 268).

Jeanne d'Arc, d'après un ancien tableau de la ville d'Orléans, in-8o (1er février 1864, No 327).

Marie-Antoinette, buste dans un médaillon, avec des Amours (Laterrade, 27 fr.).

Recueil de 90 gravures, in-18°. Ce recueil, sans titre, est composé de : un frontispice gravé représentant la Fortune distribuant des numéros de loterie, et 90 estampes gravées sur cuivre, par Lemire (1758), et ayant trait aux mœurs, caractères et métiers divers du sexe féminin : la Criarde. — La Contente. — La Friande. — La Complaisante. — La Voluptueuse. — La Frileuse. — La Blanchisseuse. — La Buraliste. — La Fille de chambre. — La Couturière. — La Coiffeuse. — La Ravaudeuse. — La Poissonnière, etc. Au bas de chaque estampe se trouve un quatrain en vers français, approprié au sujet (Van der Helle, 1868, N° 769, 166 fr.).

Mlle Mars, gr. par Bernard. H. 0.500; L. 0.310 (Soleinne, 285).

Mlle Olivier, actrice, gr. par Massol. H. 0.460; L. 0.320 (Soleinne, 276).

LEMOINE (François), peintre et graveur à l'eau-forte, né à Paris, en 1688; devint fou et se tua en 1737.

Vénus endormie, 1761, gr. par Aliamet. L. 0.416 ; H. 0.337.

Psyché curieuse, gr. par P.-F. Bause. L. 0.316; H. 0.258.

Adam et Eve tentés par le serpent, pièce en haut., gr. par Laurent Cars (Paignon-Dijonval, 8142; de Vèze, p. 183; Van Hulthem, 4082).

Adam et Eve après leur péché, pièce moyenne en haut., gr. par le même (J., I, 352).

La Baigneuse, ou Iris entrant au bain, gr. en haut., par le même (Paignon-Dijonval, 8149; Van Hulthem, 4186; C. L., 2 fr.).

Céphale enlevé par l'Aurore, gr. en haut., par le même (Paignon-Dijonval, 8147; Van Hulthem, 4082; P. de Corneillan, 594).

Enlèvement d'Europe, 1723, gr. en haut., par le même. Le tableau a été exposé au boulevard des Italiens. Le livret l'attribue à Boucher, qui fut élève de Lemoine (Paignon-Dijonval, 8147; Van Hulthem, 4084; Van Hulthem, 4084; C. L., N° 801, 2 fr. 50).

L'Enlèvement d'Hélène, gr. par le même.

Hercule et Omphale, 1724, gr. en hauteur, par le même. Hercule est assis; il file. Omphale, debout, passe son bras sur l'épaule du héros qu'elle a vaincu, et contre les mollets duquel un Amour batifole. La femme nue est attrayante de forme et de couleur. Le tableau original a figuré il y a quelques années, à l'exposition du boulevard des Italiens. Messieurs de Goncourt en parlent ainsi dans la *Revue Européenne*, du 15 août 1861 : «Le corps d'Omphale est une merveille; le lumineux de la peau, sa moiteur, son rayonnement satiné, sa blancheur pulpeuse, tout ce qu'il y a de délicat, de douillet, de tendre dans la *gloire* d'un corps de femme nue que le jour modèle est admirablement rendu. Une juvénilité de déesse se mêle délicieusement à une fleur de maturité dans le dessin de ces formes allongées tout à la fois et rondissantes de cette gorge qui vient de naître, de ces hanches déjà fières. » (Paignon-Dijonval, 8149; Van Hulthem, 4087; J., I, p. 352).

Persée et Andromède, gr. en haut., par le même (Paignon-Dijonval, 8149 ; Van Hulthem, 4088 ; J., I, 352).

L'Amour dans l'âge d'or était fidèle et tendre, etc., gr. par Ch.-N. Cochin (11 nov. 1861, 2 fr.).

Vénus prête à entrer au bain, gr. par Duverbret.

La Baigneuse, in-fol., gr. par Gautier d'Agoty.

Mlle Duthé, à mi-corps ; son profil se voit dans une glace; elle tient une lettre dans une main et trois roses dans l'autre. Charmant portrait ovale in-4°, gr. en couleur, par Janinet, 1779 (vente S..., en décembre 1856, 153 fr.; 11 avril 1859, 180 fr.; Martial Pelletier, N° 696).

La Baigneuse, gr. par J. Johnson.

La même, in-fol., gr. par J.-B. Lidel.

Diane et Calisto, in-fol. en haut., gr. par Guillaume Walker, en 1767 (Van Hulthem, 5128).

LEMOINE (Elisabeth Bouchet, femme), dessinat. et grav., travaillait à Paris, au milieu du XVIIIe siècle. — Voir *Lancret*.

LEMOINE (Auguste-Charles), grav. contemp., né à La Ferté-sous-Jouarre (Seine-et-Marne). — Voir *Brochart*, *Chaplin*, *Court*, *Dan-Leylo*, Ed. *Dubufe* Eug. *Faure*, *Lehmann*, Karle *Muller*, *Rubens*.

Mlle Rachel, portrait lith. H. 0.220 ; L. 0.170 (Soleinne, 297).

LEMOINE (Alfred-François), lithogr. contemp., né à Paris. — Voir *Chaplin.*

LEMON (Marguerite), maîtresse de Van Dyck.— Voir Van *Dyck.*

LEMPEREUR (Louis-Simon), graveur, né à Paris, en 1725; mort en 1807. — Voir *Boucher*, Ann. *Carrache, Detroy*, le *Guerchin, Lafosse, Lagrenée*, Mlle *Loir, Mettay, Monnet, Pierre, Rubens, Trinquesse*, C. *Vanloo.*

Mlle Tonelli, portrait (cat. A. Dinaux).

Titon et l'Aurore.

LEMPEREUR (Elisabeth), grav., née à Paris, en 1726. — Voir *Téniers*, Jos. *Vernet.*

LEMPRANNIER, peintre contemporain.

Sophie Cruvelli, portrait lith. par A. Collette, d'après Lemprannier et Eust. Lorsay. Paris, impr. Prodhomme, 1854.

LENAIN (Louis et Ant.), frères, tous deux peintres, nés à Laon; moururent en 1648, à deux jours de distance. Ils ont toujours travaillé ensemble.

Les Tendres adieux de la laitière, gr. par un anonyme.

La Fiancée normande, gr. en larg., par J.-Ph. Lebas (15 mai 1865, No 734).

LENFANT (Jean), peintre en pastel et graveur au burin, né à Abbeville, vers 1615; mort à Paris, en 1674.

Les Adieux de Catin, gr. par Beauvarlet. H. 0.383; L. 0.308 (P. de Corneillan, 516; en mai 1864, 3 fr.).

LENGLET (David), peintre contemporain.

C'est épatant. — C'est dégoûtant; deux pièces lith. par Regnier (*Gal. pour rire*, Nos 52 et 53); H. 0.46; L. 0.38. Paris, Bulla, 1866, en rehaut, 6 fr. chaque. — H. 0.29; L. 0.23; Bulla, en rehaut, 2 fr. 50 chaque

Le Printemps. — L'Eté. — L'Automne. — L'Hiver; quatre pièces lith. par le même (*Gal. pour rire*); L. 0.48; H. 0.38 (Bulla, en rehaut, 6 fr. chaque). — H. 0.29; L. 0.23 (Bulla, en rehaut, 2 fr. 50 chaque).

Après le beau temps vient l'orage, lith. par Regnier et Bettannier (*Galerie pour rire*, No 10). L. 0.47; H. 0.37. Paris, Bulla, en rehaut, 6 fr. — H. 0.29; L. 0.23, en rehaut, 2 fr. 50.

La Hausse. — La Baisse; deux lith., par les mêmes (*Gal. pour rire*, Nos 11 et 12). L. 0.47; H. 0.37. Bulla, en rehaut, 6 fr. chaque.

Les Vieilles filles : un peu mûre. — *Les Vieux garçons :* un peu dur. Deux photogr. Paris, David.

LENOX (Elisabeth Villier, duchesse de). — Voir *Richmond* (duchesse de).

LENS (Bernard), le vieux, dessin. et graveur, né à Londres, en 1659; mort en 1725. — Voir *Badens*, Nic. *Berghem*, Van *Dyck, Killigrew, Lely*, Van der *Vaert.*

La Duchesse de La Vallière.

Susanne et les vieillards, in-fol. (Weigel, 1 th.).

LENS (Bernard), le jeune, peintre et graveur, né à Londres, en 1680; mort vers 1741.

Alphée et Aréthuse.

Corinne.

Glaucus et Cirisse.

Hercule et Déjanire.

Jupiter et Calisto, in-4o en haut.

Mars et Vénus.

Nymphes surprenant l'Amour dans un jardin.

Nymphes surprises par des satyres.

Sémiramis, reine de Babylone.

Un Satyre tenant une chandelle allumée et venant trouver une femme au lit; des Amours relèvent les rideaux.

Vénus et Adonis, petite pièce en travers.

LENS (Andréas-Cornélis), peintre et grav., né à Anvers, en 1739; mort en 1822. — Voir *Jordaens.*

Diane et Actéon, in-fol. en haut., dessiné et gr. à l'eau-forte, par A.-C. Lens, 1761. Jolie pièce, peu connue (V***, d'Anvers, en 1856, No 470).

LÉONARD DE VINCI. — Voir *Vinci.*

LÉONARDIS (Jacopo da), peintre et grav., né à Palma, en 1723; mort en 1755. — Voir *Carpioni*, Séb. *Conca*, Al. *Marchesini, Solimena, Tiepolo.*

LEONI (Lod.), peintre italien, né vers 1550.

Renaud et Armide, gr. par J.-L. Delignon.

LÉONIE (Mlle), actrice. — Voir Ed. *Morin.*

LÉONTINE FAY (Mme Volnys), actrice du Gymnase. — Voir *Berthon, Chasselot, Chollet,* C.-M. *Dubufe, Engelmann, Grevedon, Hivonnaït,* A. *Johannot, Lacauchie,* Léon *Noël, Victor, Vigneron.*

LEPAN, dessin. et lithogr. contemporain.

Les Baigneuses. — Le Passetemps. — Abandon. — Amour. — Amusement. — Réflexion. Six lith. Paris, Leclerc, 1851.

Comment me trouves-tu? — Délicieuse; deux planches lith. Paris, Caudrilier, 1856.

Plus fraîche que la rose. — Plus volage que le papillon. Deux lith. Paris, Caudrilier, 1856.

Six petites femmes nues sur fonds de paysages. Paris, impr. Leclerq, 1854.

LÉPAULE (Guillaume-F.-Gabriel), peint., né à Versailles, en 1804.

Les Deux roses, gr. par Desmadryl (vente du 28 janvier 1865).

L'Heure du rendez-vous, phot. Paris, Goupil, carte de visite, 1 fr.

LEPAUTRE (Jean), sculpteur, architecte et graveur, né à Paris, en 1617; mort en 1682. — Voir *Lenain.*

Le Cardinal de Mazarin terrassé par Mademoiselle, pièce en travers.

Enlèvement d'Europe.

Vénus, statue placée sur un bassin de marbre blanc, dans les jardins de Versailles; gr. par M. Lepautre, en 1679, d'après un anonyme (G.-L., N° 1333, 1 fr. 50).

LEPEINTRE (Ch.), peintre, de la fin du XVIIIe siècle.

La Mère trompée. — La Fille surprise; deux pièces, gr. par L.-A. Boucher-Desnoyers. H. 0.210; L. 0.150 (Bance, 5 fr. chaque).

La Cage symbolique, jolie composition, gr. par Fessard (11 nov. 1861, 3 fr. 50; en mai 1864, 37 fr.).

Le Danger de la bascule. — La Tricherie reconnue; deux planches in-fol. en travers, gr. par M. Demonchy (26 nov. 1866, N° 338).

LEPÈRE (A.), peintre contemporain.

Danaé, photographie. Paris, Michelez, 1863.

LÉPICIÉ (Bernard), grav., né à Paris, en 1698; mort en 1755. — Voir *Ared, Boucher,* Ch.-Ant. *Coypel, Grimoux,* Et. *Jeaurat, Jules Romain, Natier,* le *Parmesan, Rembrandt,* C. *Vanloo,* Nic. *Vleughels.*

Charlotte Desmares, actrice, 1733. H. 0.410; L. 0.300 (Soleinne, 266).

La Promesse approuvée, in-fol., gr. par Ant.-F. Hemery.

LÉPICIÉ (Renée-Marie-Elisabeth, femme), graveur, travaillait à Paris, et mourut en 1752. — Voir *Boucher.*

Le Contrat de mariage.

LEPOITTEVIN (Edm.-Mod.-Eugène), peintre et graveur, né à Paris, en 1806; élève de M. Hersent.

Piste d'été. Garde champêtre trouvant, posés à terre, les vêtements d'un officier et d'une dame, et réfléchissant gravement pendant que les deux amoureux s'ébaudissent dans les blés. — *Piste d'hiver.* Pendant de la pièce précédente, mais qui n'a aucun rapport à la galanterie, car c'est un garde champêtre, le fusil sur l'épaule, plongé dans de profondes réflexions à la vue de crottes de loup déposés sur la neige. Deux planches lithogr. par Barry *(Musée des rieurs).* H. 0.47; L. 0.37. Paris, Goupil, 1866, en rehaut, 4 fr. chaque.

La Nouvelle Susanne. Deux vieillards regardent une paysanne sortant de l'eau. — *Coup double!* Deux pièces lith. par Léon Noël *(Musée des rieurs,* Nos 13 et 14). Paris, Goupil, imitation de pastel, 6 fr. chaque; en couleur, 12 fr.

La Route de Montretout! lith. par Regnier et Bettannier (*Musée des Rieurs,* N° 4). L. 0.47; H. 0.37. Goupil, en rehaut, 6 fr.; en coul., 12 fr.

L'Education d'Achille, lith. par les mêmes (*Musée des rieurs,* N° 9). H. 0.47; L. 0.37. Mêmes prix que la précédente.

Il n'y a pas de feu sans fumée, phot. Paris, Goupil, carte de visite, 1 fr.

La Nouvelle Susanne. — Coup double; deux phot. Paris, Goupil, 1863, 0.17 sur 0.14, 2 fr. chaque; 0.07, sur 0.12, 1 fr. 50, et cartes de visite, 1 fr. chaque.

LEPRINCE (Jean-Baptiste), peintre et graveur à l'eau-forte et au lavis, né à Metz, en 1733; mort près de Lagny sur Marne, le 30 septembre 1781.

Satyres et Bacchantes gardant des troupeaux, 1768; in-fol. en travers. Au bas, une inscription : *O fortunatus*, etc.

L'Art de plaire, 1771, petite pièce en haut.

Le Charretier et la laitière, 1768, en haut.

La Danse russe, 1769, in-fol. en haut.

Les Œufs cassés, 1771, petite pièce en haut.

Pastorales, 1769, deux planches in-fol. en larg.

La Récréation champêtre, 1769, in-fol. en haut.

La Vertu au cabaret, 1768, gr. en haut.

L'Agréable nouvelle, gr. par L.-M. Bonnet.

Amusements de la campagne, gr. par le même.

Vénus et l'Amour sur un dauphin, par le même.

Le Cabaret, grand in-fol., gr. par R. Gaillard.

La Leçon inutile, 1781, in-fol. en haut., gr. par Isid. S.-Helmann.

La Précaution inutile, 1779. Un vieillard s'endort dans un jardin en tenant sa femme attachée par un ruban ; mais elle donne sa main à baiser à son amant. In-fol. en travers, gr. par le même, en 1779, d'après le tableau de Leprince, peint en 1774.

La Crainte. Dame couchée, effrayée par les aboiements de son chien. In-fol. en travers, gr. par N. Lemire (Martial Pelletier, 1867, N° 592).

Les Délices de l'été (filles se baignant), gr. par Liénard (cat. A. David).

Les Modèles, 1780, in-fol. en larg., gr. par J. de Longueil (Brandes, 1 15/24 thal.).

Usage des Russes après le mariage et avant la noce, gr. par Aug. de Saint-Aubin, 1767 (Martial Pelletier, N° 629).

L'Amour à l'Espagnole, jolie composition in-fol., gr. par Saint-Aubin et Pruneau (en mai 1864, 4 fr.; Martial Pelletier, N° 591).

LÉRIUS (van).

Paul et Virginie. Ils s'abritent ensemble du soleil sous une large feuille de bananier; gr. au burin par Franck. H. 0.36; L. 0.27 (Dusacq, avec la lettre, 15 fr.).

LEROUX (A.), travaillait à Paris, à la fin du XVII° siècle et au commencement du XVIII°.

Colombine; H. 0.244; L. 0.169.

LEROUX (Louis), peintre et graveur, florissait à Paris, à la fin du XVII° siècle.

Bacchus et Ariane. Ils sont dans un char traîné par deux tigres conduits par des amours, et escortés de bacchantes et de petits satyres. Pièce d'environ 0.360 de larg. et 0.210 de haut. (R. D. 25).

Le Bain de Diane. Quatre des nymphes de la déesse se baignent pendant que deux autres s'occupent de sa toilette. Une septième nymphe est près d'un carquois, un arc et une lance. L. 0.263; H. 0.202 (R. D. 21).

Les Cinq sens, suite de cinq estampes. L. 0.191 à 0.203; H. 0.150 à 0.153. *La Vue* : l'Amour présente à Vénus un miroir réfléchissant ses traits. Un autre Amour regarde avec une lunette d'approche. — *L'Ouïe* : Muse assise, jouant de la guitare. Des amours l'accompagnent en chantant. — *L'Odorat* : Flore assise à côté d'une cassolette répandant des parfums, tient un bouquet de fleurs qu'elle respire. Deux amours donnent des soins à une corbeille de fleurs. — *Le Goût* : Diane assise au pied d'un arbre dont un amour cueille des fruits. Un autre amour, accroupi à droite, boit dans une coupe. (R. D. 9-13).

Diane à sa toilette. Diane assise dans un fauteuil entourée de trois nymphes dont deux s'occupent de sa toilette; l'autre, aidée de l'Amour, tendant une draperie pour dérober la déesse aux yeux profanes. Pièce d'environ 0.360 de larg. et 0.210 de haut. (R. D. 24).

Proserpine enlevée par Pluton, sur un char dont les chevaux sont guidés par trois amours. Les suivantes de Proserpine semblent s'y opposer. L. 0.264; H. 0.205 (R. D. 20; 26 nov. 1863, N° 53).

Les Quatre éléments, suite de quatre estampes dans des ronds. Diamètre 0.218. *L'Eau* : Vénus sur les eaux, escortée de l'Amour tenant une draperie qui sert de voile. — *La Terre* : Cybèle assise à terre, accoudée sur un lion. L'Amour semble lui poser une couronne murale sur la tête. — *L'Air* : Junon sur les nuées, entourée de zéphyrs. — *Le Feu* : Vulcain dans sa forge. Il présente des armes à Vénus, qui est sur un nuage (R. D. 1-4).

Les Quatre éléments, suite de quatre

estampes dont la composition diffère un peu de la précédente. L. 0.213 à 0.215; H. 0.099 à 0.101 (R. D. 5-8).

Le Repos de Diane. Grand paysage où on voit Diane assise sur un tertre à l'ombre de grands arbres, s'entretenant avec une de ses nymphes. Deux autres nymphes se reposent auprès. L'Amour fait abreuver deux chiens. L. 0.360 environ; H. 0.210 (R. D. 23).

Le Triomphe d'Amphitrite, suite de six estampes. L. 0.212 à 0.214; H. 0.100 à 0.102. Elles sont décrites dans Robert-Dumesnil, Nos 14 à 19.

Le Triomphe de Galatée. Grande composition où se voit Galatée sur une conque marine, environnée d'une nymphe à ses pieds, de tritons et de néréides. Des amours et des zéphyrs guident les dauphins qui traînent le char, et deux tritons et une néréide le précèdent. L. environ 0.360; H. 0.210 (R. D. 22).

LEROUX (Jean-Marie), graveur, né à Paris, en 1788. — Voir *Raphaël,* Léon. de *Vinci.*

LEROUX (Eug.), grav. et lithogr. contemporain. — Voir *Guérard, Jeanron, Schlesinger.*

LEROY (Simon), graveur du XVIIe siècle. — Voir le *Corrége.*

LEROY (Jacques), dessinat. et graveur, né à Paris, en 1759. — Voir *Libour.*

L'Amour et la Fortune. — *Cupidon et Psyché*; deux pièces gr. au pointillé. H. 0.130; L. 0.090 (Bance, 3 fr. chaque).

Mari, femme et amant, jolie pièce ovale, en travers, gr. par Beljambe.

L'Amour d'été. — *L'Amour ramoneur*; deux pièces ovales, en coul., gr. par P.-F. Legrand.

The Security: jeune fille au bain, gr. par le même.

LESCOT (Mme Haudebourt), peintre du commencement du XIXe siècle.

La Baigneuse, gr. par S.-W. Reynolds.

LESLIE (Lady Marie). — Voir J. *Reynolds.*

LESLIE (Ch.-Robert), peintre, né à Londres, en 1794.

Sancho and the dutchess, 1838; in-fol. en larg., gr. par Humphreys, le jeune.

LESNIER, graveur contemporain. — Voir *Raphaël.*

LESOURD DE BEAUREGARD, lithographe contemp. — Voir *Boucher, Nouviaire.*

L'Amour corrigé. — *L'Amour vainqueur*; deux lith. Paris, 1835.

LESSING (Ch.-Fréd.), peintre, né à Wartenberg (Silésie), en 1808.

L'Enlèvement au traîneau, in-fol. en larg., gr. par A. Hoffmann (Weigel, 2 1/5 thal.).

LESUEUR (Eustache), célèbre peintre, né à Paris, en 1617; mort dans un couvent de Chartreux, le 30 avril 1655.

Poliphile présenté à Eleutherilide, gr. par J. Bouillard; L. 0.590; H. 0.420.

L'Amour dans les bras de Cérès, gr. par Alexis Chataigner, terminé par Villerey.

Vénus endormie, ayant auprès d'elle l'Amour, gr. en haut., par Pierre Daret (Van Hulthem, 4156).

Louis XIV, jeune, entre la vertu et la volupté, gr. par le même.

L'Amour armé du foudre de Jupiter, gr. par J.-L. Delignon.

La Naissance de l'Amour. — *Vénus présente l'Amour à Jupiter.* — *L'Amour, réprimandé par sa mère, se réfugie dans les bras de Cérès.* — *L'Amour reçoit l'hommage des Dieux.* — *L'Amour ordonne à Mercure d'annoncer son pouvoir à l'Univers.* — *L'Amour dérobe le foudre de Jupiter.* Six pièces gr. par Desplaces et Beauvais. Ces compositions de Lesueur décoraient le cabinet de de l'Amour à l'hôtel Lambert; elles sont aujourd'hui au Musée.

Bacchanale. Des satyres et des bacchantes dansent au fond. Un vieux satyre découvre une nymphe qui sommeille. Grav. par Michel Dorigny. H. 11 p. 8 l.; L. 9 p. 1 l. (R. D. 42).

Calisto (de la galerie du président Lambert), gr. par Cl. et Cl.-A. Duflos.

Le Repos de Diane, gr. en rond, par B.-L. Henriquez (Van Hulthem, 4328).

L'Amour triomphant des éléments, in-fol., gr. par J. Moyreau.

LESUEUR (Nicolas), graveur sur bois, né à Paris, en 1690; mort en 1764. — Voir Séb. *Conca, Farinati,* le *Parmesan, Raphaël.*

LETELLIER (Charles-François), graveur

du XVIIIe siècle, né à Paris. — Voir *Bounieu, Greuze, Imbert,* J.-B. *Regnault.*

Nymphe sortant du bain, gr. en coul. (cat. A. David).

LETHIÈRE (Guillaume-Guillon), peintre, né à Sainte-Anne (Guadeloupe), le 10 janvier 1760; mort à Paris, le 21 avril 1832.

Les Nymphes au bain, dess. par Aug. Desnoyers, et gr. sous sa direction par Massol et C.-F. Noël. Pièce en larg. (Van Hulthem, 4487).

LEU (Thomas de), dessinat. et graveur au burin, né à Paris, en 1562; mort en 1620. — Voir J. *Rabel.*

Gabrielle d'Estrées, marquise de Monceaux, in-4°. De tous les anciens portraits de cette femme célèbre, deux seulement méritent d'être recherchés, et ils sont tous deux de Thomas de Leu. Ils sont accompagnés chacun d'une inscription en vers, commençant par *Fleur des beautez du monde,* et par *Voicy bien quelques traicts....* (Ch. Le Blanc, N° 1365).

Louise de Lorraine, princesse de Conti, in-8 (Camberlyn, 1re vente, N° 1701).

Marie Stuart, reine d'Ecosse, in-8, rare. Au bas, une inscription commençant par ces mots: *Reyne et les belles beautez....* (21 mai 1862, N° 164).

La Marquise de Verneuil, maîtresse d'Henri IV, portrait in-4°.

Gabrielle d'Estrées, gr. par Pauquet, 1864.

LEUCHSENRING (C.-C.), graveur, travaillait à Dresde, vers 1775, et mourut vers 1809. — Voir Pierre *Hutin.*

LEUCHTENBERG (A.-Ch.-E.-Napoléon, duc de), dessinat. et graveur amateur, vivait en 1826.

La Danse, in-4°.

LEUCOTHOÉ. — Voir L.-M. *Bonnet, Kessler,* P. *Schenk.*

LEVACHEZ, fils, graveur. — Voir R. *Cosway.*

LEVAILLÉ, dessinat. et graveur contemporain.— Voir *Borel.*

Le Bain interrompu. — La Circassienne à l'encan; deux pièces en couleur (vente du 17 janvier 1862).

LEVASSEUR (Jean-Charles), graveur, né à Abbeville, en 1734; mort à Paris, en 1816. Voir Et. *Aubry, Boucher, Detroy,* Luca *Giordano,* Ant. *Giorgi, Greuze, Hamon,* Et. *Jeaurat,* Luc. *Jordans, Lambert, Lauri, Lemoine, Mettay, Peters,* Corn. *Poelenburg, Romanelli,* C. *Vanloo,* J.-B. *Vanloo, Voiriot.*

Les Baigneuses, deux planches lith. Paris, 1835.

Diane et Actéon (Arthur Dinaux, 134).

Mars et Vénus (A. Dinaux, 134).

Tancrède et Herminie (A. Dinaux, 134).

LEVASSEUR (Mlle Rosalie), actrice de l'Opéra. — Voir *Dumont de Valenciennes.*

LEVEAU (J.-Jacques), graveur, né à Rouen, en 1729; mort en 1785.— Voir *Aubry, Baudouin, Bilcoq, Clermont, Debucourt, Loutherbourg,* Jos. *Vernet.*

LÉVEILLÉ (J.-A.), dessinat. et graveur. — Voir *Boucher, Huet.*

La Sultane favorite, gr. par H. Billé.

LEVERD (Mlle Emilie), actrice. — Voir *Berny, Devéria, Grévedon, Isabey.*

LEVESQUE (Pierre-Charles), graveur à l'eau-forte, né à Paris, en 1727; mort en 1812. — Voir *Boucher,* P.-J. *Cazes, Deshayes, Detroy, Diepenbeek, Metzu, Pierre,* C. *Vanloo.*

Vénus et l'Amour.

LEVILLAIN (Gérard-René), graveur au burin, né à Paris, en 1740; mort en 1836. — Voir *Challe,* Van *Dyck, Lawreince.*

LEVILLY, dessin. et lithogr. contemporain.

Le Coucher. — Le Lever. — La Coquetterie. — L'Abandon. — Amour. — Innocence. Six lithogr. Paris, Boivin, 1839.

Je t'aimerai toujours. — Edouard, vous m'avez perdue! — A toi pour la vie. — J'aime mieux les petites filles. Quatre planches lith. Paris, Troude, 1833.

LEWIS (Fréd.-Charles), graveur au burin, né en 1780, travaillait à Londres. — Voir *Lawreince, Negelen.*

LEYBOLD (J.-F.), peintre et graveur, né

à Stuttgard, en 1755; mort en 1838. — Voir le *Titien.*

LHOMME (Jacques), peintre et graveur, né à Troyes (Aube), dans le XVIIe siècle.

La Dame jouant du luth. Jeune femme à mi-corps, vêtue d'un peignoir qui laisse voir son buste et ses avant-bras, assise et s'accoudant du bras droit sur une table. Recouverte d'un riche manteau, elle touche du luth de la main gauche. Sa chevelure est arrangée comme du temps de Louis XIII. Dans la marge, ce quatrain:

Tout me trouble, tout met mes sens en resuerie
Et les songes de nuit et les desirs du jour,
Mais pour les soulager de cette maladie
Mon lut les entretient souvent de mon amour.

H. 0.230; L. 0.150 (R. D., tome VIII, p. 251).

LIAGNO ou LIANO (Théodore-Philippe), peintre et graveur, né à Madrid, vers 1565; mort en 1625.

La Nymphe amoureuse d'un satyre. Elle est au pied d'un arbre et fait des caresses à un satyre. Un Amour accroupi semble les exciter. L. 6 p. 2 l.; H. 4 p. 6 l. (J., II, 218; B. 30).

La Nymphe surprise par un satyre. Diane est couchée dans un paysage et l'Amour auprès d'elle; la nymphe est vue du dos. Pendant de la pièce précédente et de même dimension (J., II, 217; B. 29).

LIBERI (Pietro), peintre, né à Padoue, en 1605; mort à Venise, en 1687.

Deux femmes s'embrassant sur des nuages, gr. par H. Fragonard. H. 0.150; L. 0.105 (de Vèze, 161).

Diane et ses nymphes, in-fol., gr. par J.-J. Freidhoff, 1801 (Einsiedel, 1 th.).

Loth et ses filles, in-fol., gr. par Pietro Monaco.

LIBOUR.

Mlle Georges Weimer, actrice de l'Odéon, gr. en couleur, par Leroy. H. 0.140; L. 0.100 (Soleinne, 324).

LICHTENBERGER.

La Conduite de la mariée, lith. par Chevalier. L. 0.68; H. 0.43 (Goupil, imitation de pastel, 12 fr.; en couleur, 24 fr.).

LIDEL (J.-Balthasar), graveur, travaillait à Augsbourg, dans la 2e moitié du XVIIIe siècle. — Voir Fr. *Lemoine.*

LIEBERT, photographe

Portraits d'après nature : Mmes Ardizonni. — Bellamy. — Béranger. — Brielle. — Brunetti. — Delvallée. — Desclauzas. — Esaclio. — Eugénie Fiocre. — Heilbron. — Jackson.— Leduc. — Luce. — Malivoire. — Mariani. — Marie Rose. — Ada Menken. — Milla. — Carlotta Patti. etc. Paris, 1867.

Miss Menken et Alexandre Dumas, père. Cette photographie a été l'objet d'un procès.

LIÉNARD (Jean-Bapt,), gr. au burin, né à Lille, en 1750. — Voir Van *Huysum, Leprince.*

LIÈS, dess. contemporain.

Le Tasse et la princesse Eléonore, gr. en man. noire, par Cornillet. H. 0.47; L. 0.37 (Bulla, en noir, 15 fr.; en coul., 30 fr.).

LIEUTAUD (Soliman), graveur. — Voir Van *Dyck.*

LIEVENS ou LIVENS (Jean), peintre et graveur à l'eau-forte et au burin, né à Leyde, le 24 octobre 1607.

Susanne surprise par les vieillards, gr. par Van Vliet. Rare (vente du baron de Thiers, en 1772, 200 livres, avec *Loth et ses filles,* d'après Rembrandt; vente Mariette, en 1775, 90 livres).

LIÈVRE (Edouard), dessinat. et graveur contemporain; né à Blamont (Meurthe); élève de Couture.

Amourettes : Pierrot et Colombine. — L'abbé galant; deux pièces. Paris, Martinet, 1858. En 1860, quatre planches.

LIGER, graveur, travaillait en France, dans la 2e moitié du XVIIIe siècle. — Voir *Huet.*

LIGHTFOOT (P.), graveur. — Voir *Rembrandt.*

LIGNE (Ernestine, princesse de), comtesse de Nassau. — Voir Van *Dyck.*

LIGNE (Charles-Jos., prince de), dessinat. et graveur amateur, né à Bruxelles, en 1735; mort en 1814.— Parmi plusieurs paysages de cet amateur, qui se trouvèrent à la vente Révil, l'un d'eux, représentant un sujet libre, fut adjugé à 10 fr.

LIGNON (Etienne-Fréderic, graveur, naquit à Paris, en 1781, et y mourut en 183.. — Voir *Cheradame*, *Devéria*, le *Dominiquin*, Fr. *Gérard*, *Meynier*.

LINDEMANN (Ch.-Ph.), grav., né à Dresde, en 1700; mort en 1754. — Voir *Balestra*, A. *Bolgius*, *Corradini*, *Coudray et Hurtrueel*.

LINDEMANN (J.), grav., trav. dans la 2e moitié du XVIIIe siècle. — Voir Ant. *Watteau*.

LINDENS (Mlle), maîtresse de Rubens. — Voir *Rubens*.

LINDER, peintre contemporain.

Comme faisaient nos pères. — *Comme nous faisons*; deux pièces ovales, lith. par Barry (*Musée de mœurs en actions*, Nos 27 et 28). H. 0.50; H. 0.38. Bulla, en rehaut, 8 fr. chaque.

Ma Chambre de garçon : 1re semaine du mois. — 2e semaine. — Le compte à régler. — Compte réglé. Quatre pièces lith., par le même ; H. 0.46 ; L. 0.38. Paris, Bulla, frères, 1866, en rehaut, 6 fr. chaque. (*Galerie pour rire*, Nos 69-72).

Un gros melon. Gros monsieur apportant d'un air satisfait un énorme melon à sa jeune maîtresse qui rit et se moque de lui en le voyant entrer. — *Un petit serin*. Jeune homme s'amusant niaisement avec un serin à côté d'une jolie femme qui a l'air de provoquer tout autre chose. Deux planches lith. par Barry (*Galerie pour rire*, Nos 73 et 74). H. 0.46 ; L. 0.38. Bulla, en rehaut, 6 fr. chaque.

La Valse à Mabille, lith. par le même (*Musée de mœurs en actions*). Paris, Bulla, 1867.

Bals de Paris : Une mazurka à Mabille. — Une valse au Château d'Asnières. — Un avant deux à la Closerie. Trois planches lith. par Bettannier. Paris, impr. Leclercq, 1857.

La Vanité. Femme nue près d'une urne, faisant des bulles de savon. Grav. par A. Geiger.

Jupiter et Ganymède, in-fol., gr. par P. Meyer.

L'Amour! quequ' c'est que çà? — L'Amour? voilà ce qu'c'est! Deux pièces ovales, lith. par Regnier. H. 0.46; L. 0.38. Bulla, en rehaut, 6 fr. chaque.

Avec le courant, vie facile. — *Contre le courant*, vie pénible ; deux planches lith. par Regnier. L. 0.60; H. 0.41. Bulla, en noir, 8 fr. chaque, et en couleur, 16 fr.

Le Bichon de madame. — *La Chatte à monsieur* ; deux pl. lith. par le même (*Galerie pour rire*, Nos 61 et 62). H. 0.46 ; L. 0.38. Bulla, en rehaut, 6 fr. chaque.

En chemin de fer : 1re classe. — 2e classe. Deux lith. par le même. L. 0.60 ; H. 0.41. Bulla, 8 fr. en noir, et en coul., 16 fr. chaque.

Je tiens mon Anglais (*Gal. pour rire*, No 49), lith. par le même. H. 0.46 ; L. 0.38 (Bulla, en rehaut, 6 fr.).

Pièces de conviction, lith. par le même (*Musée de mœurs en actions*). L. 0.50 ; H. 0.38 (Delarue, en coul., 8 fr.).

Acceptez ce bijou et mon cœur.... Un cœur, connais pas ça ! — Veux-tu une mèche de mes cheveux?.... Non, j'aime mieux ton sac ! Deux planches lith. par Regnier, Bettannier et Morlon (*Gal. pour rire*). Paris, Delarue, 1865 ; H. 0.45; L. 0.36; en coul., 6 fr. chaque.

Aoh! ce gros Français, il ennuyait moa. — Aoh! Mabille, il était oun paradis ! Deux pl. lith. par les mêmes (*Musée de mœurs en actions*, Nos 19 et 20). L. 0.50; H. 0.38. Paris, Bulla, 1863, en rehaut, 8 fr. chaque.

Attends ! polisson, je vais t'en donner du maître d'école, lith. par les mêmes (*Musée de mœurs en actions*). Paris, Bulla, frères, 1867.

Le Daim : La partie fine. — *La Biche* : id. ; deux sujets gracieux et comiques, figures à mi-corps, lith. par les mêmes (*L'Humanité comique*). H. 0.45; L. 0.34. Dusacq ,en rehaut, 6 fr. ch.

L'Ennemi aux portes. Un vieux regarde par la serrure la jeune fille de la planche suivante. — *L'Ennemi dans la place*. Jeune fille faisant sa toilette. Deux pl. lith. par les mêmes (*L'Humanité comique*). H. 0.47; L. 0.37. Dusacq et Cie, en rehaut, 6 fr. chaque.

L'Etranger à Paris : Ça mord. — Ça a mordu. — Ni l'un ni l'autre. — Tous les deux. Quatre pièces lith. par les mêmes (*Musée de mœurs en actions*, Nos 29-32). L. 0.50; H. 0.38. Bulla, en rehaut, 8 fr. chaque.

Les Femmes de Paris : La Grande dame du faubourg Saint-Germain. — L'Ouvriere du quartier Montmartre. — La Lorette du quartier Bréda. — La Grisette au quartier Latin. Quatre lith. coloriées , par les mêmes. Paris, Turgis, 1853 ; H. 0.45 ; L. 0.35, 4 et 6 fr. chaque.

Grande vitesse, ou l'Amour en chemin de fer. — *Dix minutes d'arrêt;* deux sujets gracieux et comiques, lith. par les mêmes (*Musée de mœurs en actions*). L. 0.50; H. 0.39. Dusacq, en rehaut, 8 fr. chaque.

La Hausse. Jeune lionne conduisant au bois un élégant tilbury. — *La Baisse.* La même, déchue, à pied et par un temps de neige. Deux pl. lith. par les mêmes (*L'Humanité comique*). H. 0.51; L. 0.39. Dusacq et Cie, en rehaut, 6 fr.

La Lune de miel. — *La Lune rousse;* deux pièces ovales, gracieuses, lith. par les mêmes (*Musée de mœurs en actions*). L. 0.46; H. 0.38. Paris, Bulla, 1862, en rehaut, 6 fr. chaque.

Ma Chambre de garçon: Minuit. — Huit heures du matin. — La Discussion. — L'Accord. — La 1re semaine du mois. — La 2e semaine du mois. Six lith. coloriées, gracieuses, par les mêmes (*Gal. pour rire,* N°s 57 et 58). H. 0.46; L. 0.38. Paris, Bulla, 1863, en rehaut, 6 fr. chaque.

Ménages parisiens : Passé minuit, un mari qui se dérange. — Une lune de miel. — Ménage de vieux garçon. — Au quartier Latin. Quatre pièces gracieuses, en travers, lith. en coul., par les mêmes. Paris, chez Delarue.

Moa emporter vous à London. — *Moa aimer beaucoup le petite Française;* deux lith. par les mêmes. H. 0.45; L. 0.36 (*Gal. pour rire*). Paris, Delarue, 1865, en noir, 6 fr. ch.

Moa très-fâché d'avoir apporté mon femme. — *Moa aimer beaucoup rigoler avec vous.* Deux lith. coloriées, par les mêmes (*Musée de mœurs en actions*). Paris, Delarue, 1865. L. 0.50; H. 0.38, en coul., 8 fr. ch.

Nos bons villageois : C'est'y pour le bon motif...? Je me l'demande! Mais, p'isque j'vous dis, mam'selle, qu'c'est pour l'bon motif. Lith. par les mêmes. Paris, Desgodet, 1867.

On n'entre pas. — *On peut entrer;* deux lith. par les mêmes (*L'Humanité comique*). Paris, Dusacq et Cie.

On n'entre pas, Nicolas! — *C'est moi, mam'selle Nanette;* deux lith. par les mêmes. Paris, Turgis, 1862; H. 0.45; L. 0.35, 4 et 6 fr. chaque.

Le Pied qui remue (au Prado de Paris). *C'est bien fait, fallait pas qu'y aille* (au Casino). Deux lith. par les mêmes (*Musée de mœurs en actions,* N°s 23 et 24). L. 0.50; H. 0.38. Paris, Bulla, 1864, en rehaut, 8 fr. chaque.

La Romance (à 20 ans). — *La Partie de piquet* (à 60 ans). Deux pièces ovales, lith. par les mêmes (*Musée de mœurs en actions*). L. 0.46; H. 0.38. Bulla, en rehaut, 6 fr. ch.

Si vieillesse pouvait. — *Si jeunesse savait.* Deux planches gracieuses, ovales, lith. par les mêmes (*Musée de mœurs en actions*). L. 0.46; H. 0.38. Paris, Bulla, 1863, en rehaut, 6 fr. chaque.

Vous, acceptez le cœur de moa? — *Milord! j'aime mieux boire!* Deux lith. par les mêmes (*Gal. pour rire,* N°s 59 et 60). H. 0.46; L. 0.38. Paris, Bulla, 1863, en rehaut, 6 fr. chaque.

La Biche. — *Le Daim.* — *L'Ennemi aux portes.* — *L'Ennemi dans la place. Grande vitesse.* — *Dix minutes d'arrêt.* — *La Hausse.* — *La Baisse.* Huit photogr. Paris, Dusacq et Cie, cartes de visite, 1 fr. chaque.

LINDSTROM.

Postures érotiques, suite de 20 grav. au trait (faites à Naples?).

LINGÉE (Charles-Louis), grav. au burin, né à Paris, en 1751; mort au commencement du XIXe siècle. Voir *Freudenberg.*

LINGÉE (Th.-Eléon. Hémery, femme), grav., née à Paris, en 1753; travaillait à la fin du XVIIIe siècle et au commencement du XIXe. — Voir *Cochin.*

LION, lithographe contemporain. — Voir *Wattier.*

LIONNET, peintre contemporain.

Les Perles. — *Le Volubilis.* Deux sujets nus, lith. aux deux crayons, par Lafosse. H. 0.65; L. 0.53 (Dusacq, 3 fr., 5 fr. et 12 fr. chaque).

Les mêmes, photogr. Paris, Dusacq, cartes de visite, 1 fr. chaque.

LIOTARD (Jean-Michel), dessin. et grav. à l'eau-forte et au burin, mort en 1760. — Voir *Boucher, Watteau.*

LIOTARD (Jean-Etienne), peint. et grav., né à Genève, en 1702; mort en 1776.

Mlle *Lavergne,* nièce de Liotard. Elle est assise, vue à mi-corps, tournée vers la gauche et lisant une lettre. Joli portrait in-fol., gr. par Daullé et Ravenet; rare (11 nov. 1861, 15 fr.).

La Belle chocolatière, gr. par J. Posselwhite (Exposition de 1855).

La même, phot. par Bingham. Paris, Goupil, 0.22 sur 0.14, 6 fr.; 0.12 sur 0.09, 1 fr. 50; carte de visite, 1 fr.

LISEBETIUS, ou LEYSEBETTEN (Pierre van), graveur, né dans les Pays-Bas, vers 1610. — Voir Giov. *Bellini*, *Bordone*, J. *Retto*, le *Titien*.

LITTRET de MONTIGNY (Claude-Antoine), dessin. et grav. au burin, né à Paris, en 1735; mort à Rouen, en 1775. — Voir *Schenau*, Ch.-A. *Vanloo*.

Hippolyte Clairon de la Tude, actrice, 1766; médaille avec revers. H. 0.150; L. 0.080 (Soleinne, 268).

LIVE de JULLY (Ange-Laurent de la), dessin. et grav. à l'eau-forte, né en 1725; mort en 1775. — Voir *Boucher*.

LIVRY (Mlle Emma), actrice. — Voir *Alophe*.

LLANTA (Jacq.-Fr.-Gaud.), dessin. et graveur contemporain, né à Perpignan. — Voir *André*, *Compte-Calix*, *Romain-Cases*.

Siècle de Louis XIV : Mlle de La Vallière. — Mme de Montespan. — Mme de Maintenon. — Mme de Ludre. — Mlle de Fontanges. — Mlle Hortense Mancini. Six pièces. Paris, Bès et Dubreuil, 1857.

LLOYD (R.), dessin. et grav. contempor.

La Reine Victoria, portrait en médaillon, très-bien gravé, en haut. (Van Hulthem, 5033).

LOBRICHON (T.), dessin. contemporain.

Le Rêve, lith. par J. Laurens; L. 0.45; H. 0.29. Paris, Goupil, 1867, 8 à 16 fr. La vente de cette pièce n'est autorisée qu'à la condition expresse de ne pas l'exposer aux vitrines des marchands.

Jeanne qui pleure. — *Jeanne qui rit* ; deux pièces gr. en man. noire, par A. Ledoux. H. 0.46; L. 0.29. Paris, Goupil, 1867, 12 et 24 fr.

Les mêmes sujets, phot. Paris, Goupil, 1867.

LOCHE (E.), grav. contemp. — Voir *Girodet*, *Souchon*.

LOCHER (N.), peintre et grav., né à Fribourg; trav. vers 1770. — Voir *Guggisberg*.

LOIR (Nicolas), peintre et grav., né à Paris, en 1624; mort en 1679.

Adonis partant pour la chasse. Vénus, assise, est sollicitée par Adonis, debout à son côté, de l'accompagner à la chasse; la déesse semble s'en défendre. L. 8 p. 7 l.; H. 6 p. 4 l. (R. D. 36).

Alphée et Aréthuse, 1re composition. Alphée, à gauche, poursuivait Aréthuse; Diane, environnée d'un nuage, au milieu, l'a dérobée à sa poursuite, en opérant sa transformation en fontaine. L. 8 p. 7 l.; H. 6 p. 3 l. (R. D. 35).

Alphée et Aréthuse, 2e composition. Alphée court, de la gauche, après Aréthuse, parvenue sur la droite, et audessus de laquelle on voit Diane descendant de l'Olympe. L. 9 p. 6 l.; H. 7 p. 3 l. (R. D. 39).

Apollon et Daphné. Il court après Daphné, qu'il atteint au moment où s'opère la transformation. Au bas: *Daphné poursuivy*, etc. L. 9. 8 l.; H. 7. p. 5 l. (R. D. 43).

Bacchus et Ariane. Ariane, assise à gauche, en avant de Bacchus, sourit, étonnée, à l'action du vainqueur de l'Inde, qui change en couronne d'étoiles celle qui parait la tête de l'habitante de Naxos. On lit au bas : *Bacchus change la couronne*, etc. L. 9 p. 8 l.; H. 7 p. 5 l. (R. D. 42).

Diane, debout, environnée de ses nymphes dans des attitudes qui décèlent la surprise et l'effroi, semble punir Actéon qui s'enfuit au fond. L. 8 p. 1 l.; H. 6 p. 7 l. (R. D. 32).

Diane et Endymion. Endymion sommeille, accoudé sur un roc. Diane, escortée par les Amours, descend du ciel vers lui. Au bas : *Diane ayme le berger Endimion*, etc. L. 9 p. 8 l.; H. 7 p. 5 l. (R. D. 40).

Diane s'apprêtant pour la chasse. La déesse, assise, caresse son chien et retourne la tête à gauche, où l'on voit une de ses nymphes portant une lance. L. 6 p. 4 l.; H. 4 p. 10 l. (R. D. 31).

L'Enlèvement d'Europe. Jupiter, transformé en taureau, a reçu le précieux fardeau ; il paraît prêt à se relever, et déjà un Amour s'est emparé de partie des festons de fleurs dont son poitrail est orné, comme pour le conduire. Les compagnes d'Europe s'occupent à cueillir des fleurs et des rameaux. On lit au bas : *Jupiter changé en taureau*, etc. L. 9 p. 8 l.; H. 7 p. 5 l. (R. D. 41).

Le Jugement de Pâris. Pâris, assis à droite, donne le prix de la beauté à Vénus, debout, en avant des deux autres déesses. L. 9 p. 6 l.; H. 7 p. 3 l. (R. D. 38).

Jupiter et Antiope. Jupiter, transformé en satyre, entr'ouvre le rideau derrière lequel sommeille la nymphe. L. 6 p. 9 l.; H. 6 p. 4 l. (R. D. 30).

La Mort d'Adonis. Adonis est tombé mort à la renverse. Vénus sur un nuage, paraît livrée au désespoir. Le fatal sanglier est chassé par deux amours. L. 8 p. 6 l.; H. 6 p. 5 l. (R. D. 37).

Vénus entourée d'amours, s'appuyant d'une main sur une corne d'abondance et de l'autre sur la massue d'Hercule. Pièce en travers (R. D. 20).

Vénus et Adonis. Paysage animé de la déesse, des amours et de sa cour. Vénus est assise sur un roc, semblant convier Adonis à s'asseoir à ses côtés. L. 8 p. 8 l.; H. 6 p. (R. D. 33).

Vénus et Adonis, in-fol. en travers, gr. par Alexis Loir.

LOIR (Alexis), frère du précédent, orfèvre et graveur, naquit à Paris, en 1640, et y mourut en 1713. — Voir Nic. *Loir,* le *Poussin.*

LOIR (Mlle), peintre du XVIIIe siècle.

Mme Duchâtelet, in-4°, gr. par Lempereur (vente du 16 janvier 1862).

LOIRE (L.), dessin. et grav. contemporain.

Mlle Pauline Garcia, portrait lith. H. 0.260; L. 0.180 (Soleinne, 350).

Mlle Rachel, 1839, lith. H. 0.220; L. 0.180 (Soleinne, 297).

LOIS (Jacques), peintre et grav. à l'eau-forte, Hollandais, florissait vers le milieu du XVIIe siècle.

Histoire de Diane et Actéon, 1643. Rare (Camberlyn, 1re vente, N° 1760).

Vénus et Adonis, 1644. Rare (Camberlyn, 1re vente, N° 1761).

LOISSET (Charles).

Album amusant, six feuilles coloriées in-4° : Entrée au bain. — Paresse. — Après le bain. — Le Matin. — Sapho. — Le Petit épagneul (Scheible, en 1867, 1 fl. 48 kr.).

LOLA MONTÈS, actrice. — Voir L. *Crevillon, Dartiguenave, Laure, Vogt.*

LOLLI (Laurent), peintre et grav. à l'eau-forte, né à Bologne, vers 1612; mort en 1691. — Voir *Cantarini,* le *Guide, Sirani.*

L'Amour endormi dans une attitude fort gracieuse. Pièce sans nom. H. 0.173; L. 0.128 (B. 20; Rigal, 456).

L'Amour brisant son arc, 1640. Un autre Amour, qui semble pleurer, est couché par terre, attaché à un rocher par le bras droit. H. 0.182; L. 0.140 (Rigal, 456; B. 23; Van Hulthem, 3585).

LOMBART (Pierre), grav. au burin, né à Paris, en 1613; mort dans la même ville, en 1682. — Voir Van *Dyck.*

LOMMELIN (Adrien), graveur, né à Amiens, en 1637. — Voir Van *Dyck, Rubens.*

David et Abigaïl. — Le Jugement de Pâris; deux pièces (A. Dinaux, N° 140).

LONDERSEEL (Jean van), dessin. et grav., né à Bruges, en 1582. — Voir *Savry, Winckenboons.*

Bethsabée au bain, in-fol. en travers.

LONGHI (Pietro), peintre et grav., né à Venise, en 1702; mort en 1762.

Deux jeunes villageoises qui dansent, in-fol. en haut. (Sternberg, 2 $^1/_5$ thal.).

Une jeune fille endormie entre deux paysans, in-fol., gr. par Alessandro Longhi.

LONGHI (Alessandro), peintre et grav., né à Venise, en 1733; mort en 1813. — Voir Pietro *Longhi.*

Le Gondolier qui danse avec une femme.

LONGHI (Giuseppe), dessin. et grav., né à Monza (Lombardie), en 1766; mort à Milan, en 1831. — Voir l'*Albane,* le *Corrége.*

LONGUEIL (Joseph de), grav., né à Lille, en 1736; mort en 1790. — Voir *Boucher,* Ch. *Eisen, Leprince, Moreau* (le jeune).

Les Dons imprudents, gr. en couleur, reproduisant une composition fade et niaise. La gravure est molle et la couleur n'ajoute aucun charme au sujet.

LONGUEVILLE (la duchesse de). — Voir *Boisserin, Chauveau.*

LONSING (François), grav. à l'eau-forte, travaillait à Rome, en 1792. — Voir *Jules Romain.*

LORCH (Melchior), peintre et grav., né à Flensbourg, dans le Holstein, en 1527; mort en 1590.

La Femme endormie, 1551. Une femme nue qui dort couchée sur un lit. Eau-forte. L. 2 p. 5 l.; H. 9 l. (B. 4).

LORDON, dessin. et p. contemporain.

La Nymphe au bain. Paris, Bove, 1826, 5 à 10 fr.

Flore et Zéphire, gr. au pointillé, d'après Lordon. Paris, Noël, 1824.

LORENZINI (Jean-Antoine), connu aussi sous le nom de *frà Antonio*, peintre et grav., né à Bologne, en 1665; mort en 1740. — Voir *Bassanino, Cignani*, le *Guide, Rubens.*

LORENZO (Lorentz), graveur, né à Volterre; travaillait de 1750 à 1760. — Voir *Manozzi.*

LORIEUX, graveur moderne.

Caroline de Brunswick, lith. Paris, Ladvocat, 1820.

LORRAIN (Claude *Gelée*, dit le), peintre et grav. à l'eau-forte, né à Château-de-Chamagne (Vosges), en 1600; mort à Rome, en 1682.

Berger et bergère conversant. L. 0.255; H. 0.194 (le 1er état, extrêmement rare, Révil, 140 fr.; Simon, 130 fr.; 2e état, Simon, 70 fr.; 5e état, Révil, 25 fr.).

La Danse au bord de l'eau, pièce en haut. Un pâtre et une jeune fille dansent en se donnant la main, au son de la musette d'un campagnard assis au pied d'un arbre, non loin de deux couples villageois qui ne sont que spectateurs. Au bord de l'eau, à droite, un âne s'abreuve, monté par une jeune fille (R. D. 6; Simon, 30 fr.; comte ***, de Vienne, N° 968).

La Danse sous les arbres. Un pâtre et deux villageoises dont une joue du tambour de basque, dansent à l'ombre de grands arbres, au son d'une cornemuse que fait entendre un musicien assis sur un arbre renversé. Près de lui sont des villageois et des jeunes filles. L. 7 p. 2 l.; H. 4 p. 11 l. (R. D. 10; J., II, 71; Simon, 2e état, 45 fr.).

La Danse villageoise. Des villageois rassemblés sous un arbre, regardent deux jeunes filles et un paysan qui dansent au son d'un tambour de basque. L. 9 p. 6 l.; H. 7 p. 2 l. (R. D. 24; J., II, 72; Camberlyn, 1re vente; N° 1209).

L'Enlèvement d'Europe, 1634. Jupiter transformé en taureau, couronné de fleurs, portant sur son dos Europe assise, qui se tient fortement des deux mains à ses cornes. Plusieurs jeunes filles entourent le groupe, tandis que d'autres s'occupent à cueillir et à tresser des fleurs. Eau-forte. L. 0.257; H. 0.191 (1er état, très-rare, Ruhmorh, 9 5/6 thal.; 2e état, Sternberg, 4 1/6 thal.; Einsiedel, 2 1/8 th.; Debois, 59 fr.; Simon, N° 287; Rigal, 302).

Céphale et Procris. Procris donne son chien et un javelot à Céphale. Grande pièce gr. par John Browne (J., I, 312; Alibert, 54 fr.; Camberlyn, 1re vente, N° 484).

Le Bain de Diane, in-fol., gr. par Duttenhofer.

Acis et Galatée, in-fol. en travers, gr. par F.-W. Gmelin.

Sacrifice à Vénus, gr. par le même (comte ***, de Vienne, N° 994, épr. avant l. l.).

Acis et Galatée, gr. par A.-L. Krueger (Georg, de Genève, en 1867, 16 fr.).

La Récompense villageoise, in-fol. en larg., gr. par J.-Ph. Lebas.

Le Menuet pastoral, gr. par J.-C. Maillet.

Céphale et Procris, gr. par Volpato (J., III, 188; vente Martin, père, en 1816, avec *Apollon et Mercure*, des mêmes, épr. avant l. l., 23 fr.).

LORRAINE (Jean-Baptiste de), graveur, né à Paris, en 1737; mort à la fin du XVIIIe siècle. — Voir *Boucher*, Ch.-A. *Vanloo.*

LORSAY (E.), lithographe contemporain.

Bals masqués de Paris : Follichon. — Fort de la Halle. — Débardeur. — Canotier. — Folie. — Gentleman-Rider. — Soubrette Louis XV. Sept pièces lith. par Lorsay et A. L. Paris, Martinet, 1856.

Mlle Désirée, actrice. Portrait à la mine de plomb, en pied (18 décembre 1863, N° 206).

LORY (G.), peintre et grav., né dans le canton de Berne, au commencement du XIXe siècle.

L'Amant sans intrigue.

Fille des bains de Berne (voir les *Mémoires* de Casanova de Seingalt, au sujet de ces Lucrèces).

LOTH ET SES FILLES. — Voir *Aldegraver*, H.-S. *Béham*, Ant. *Blocklant*, Ann. *Carrache*, Aug. *Carrache*, Alaert *Claas*, Noël *Coypel*, *Detroy*, Van *Diepenbeck*, *Dietrich*, le *Dominiquin*, Fr. *Floris*, Ph. *Galle*, *Gentileschi*, *Goltzius*, Arnold de *Gueldres*, le *Guerchin*, le *Guide*, Al. *Haelwegh*, *Honthorst*, Simon *Julien*, Andr.-Ludwig *Krueger*, J.-J. *Lagrenée*, Et. de *Laune*, P. *Liberi*, *Lucas de Leyde*, *Manetti*, Christ. *Maurer*, Cl. *Mellan*, Félix *Meyer*, Nic. *Mignard*, *Ollmutz*, G. *Pencz*, L. *Penni*, *Raphaël*, *Rembrandt*, *Rode*, *Rubens*, *San Martino*, Hans *Schaufelein*, Robert de *Seri*, B. *Spranger*, *Steevens*, *Velasquez*, P. *Véronèse*, Joseph *Vien*, Nic. *Vleughels*, Simon *Vouet*, de *Winghen*, *Woeiriot*.

LOUISE DE LORRAINE, reine de France. — Voir J. *Rabel*.

LOUISE-ELISABETH DE FRANCE. — Voir *Nattier*.

LOUISE-EMILIE, baronne de ***. — Voir *Saint-Aubin*.

LOUISE-MARIE DE GONZAGUE, reine de Pologne. — Voir R. *Nanteuil*.

LOUTHERBOURG (Philippe-Jacques), peintre et grav. à l'eau-forte et à l'imitation du lavis, né à Strasbourg, le 31 octobre 1740; mort à Londres, en 1813.

Le Baiser du savetier. Coiffé d'un chapeau à trois cornes et devant sa table de travail, un savetier tient par la taille une jeune fille coiffée d'un bonnet, et allonge les lèvres pour lui donner un baiser qu'elle paraît recevoir volontiers, passant son bras sur le sien. Jolie pièce, sans le nom de l'artiste, et très-rare. H. 0.112; L. 0.059 (Baudicour, 22).

Intrigue amoureuse qui se passe dans la chambre d'un goutteux à son insu. Pièce anonyme en hauteur.

L'Amant curieux, 1771, gr. par J.-J. Leveau (cat. A. David).

LOUTREL (Victor-J.-B.), lith. contemporain, né à Rouen; élève de M. Mouilleron. — Voir *Diaz*, Ch. *Hue*.

LOUYS, ou LOYS (Jean), grav. à la pointe et au burin, né à Anvers, vers 1600. — Voir *Rubens*.

LOVISON (Sébastien), graveur, travaillait dans la 2e moitié du XVIIIe siècle et au commencement du XIXe. — Voir *Canova*, *Zanetti*.

LOYER, graveur du XIXe siècle. — Voir *Couder*.

LUCAS (Claude), dessin. et grav., travaillait à Paris, au milieu du XVIIIe siècle.

Ballet de Renaud et d'Armide, dansé au Louvre, en 1616, in-fol.

LUCAS (François), grav. au burin, contemporain. — Voir *Terburg*.

David et Bethsabée, aqua-tinta. Paris, Rittner, 1833.

LUCAS DE LEYDE (Lucas *Dammez*, dit), peintre et grav. au burin, à l'eau-forte et en bois, né à Leyde, en 1493; mort en 1533.

Adam et Eve mangeant du fruit défendu, 1516. Eve debout présente une pomme à Adam qui est assis sur une butte. Gravure en bois. H. 15 p. 4 l.; L. 10 p. 10 l. (B. 1; Thibaudeau, en 1857, jolie épreuve, 29 fr.).

Adam et Eve. Adam, assis à terre, tend la main pour recevoir une pomme qu'Eve, debout, lui présente. Pièce en bois. H. 9 p.; L. 6 p. 5 l. (B. 2).

Agar renvoyée par Abraham; il tient un bâton et lui remet une cruche. Sara assise tient Isaac par la main. Pièce dite la *grande Agar*, d'une extrême rareté, gravée vers 1508, et qui a été payée 500 florins par M. Spiring, envoyé de Suède. H. 10 p. 2 l.; L. 7 p. 10 l. (B. 17; J., II, 227).

Le même sujet. Abraham, sans regarder Agar, l'écarte par un mouvement de la main. Agar essuie ses larmes, et porte une cruche. Derrière, le petit Ismaël tient une pomme. Gravure en cuivre, datée de 1516. H. 5 p. 6 l.; L. 4 p. 6 l. (B. 18).

La Bouche de la vérité déçue par une femme. Une femme agenouillée prête serment devant le juge en passant la main gauche dans la gueule d'une figure de lion; son mari est derrière elle. Dans le fond on aperçoit environ dix personnes; parmi elles une figure tenant une massue et un bouffon coiffé de son capuchon.

L'explication du sujet représenté dans cette estampe curieuse, se trouve dans un livre plusieurs fois imprimé au quinzième et au seizième siècle, les *Mirabilia Romæ*, sorte de guide de l'étranger à Rome, tout rempli de récits fabuleux que personne ne révoquait alors en doute. Voici ce qui concerne l'estampe dont nous parlons :

« Près de l'église de Notre-Dame di

« Scala greca, on voit encore la pierre qui « mordait les doigts aux gens qui avaient « fait un faux serment. Cette pierre est « appelée en italien : *Bocca della Verita,* « et ce fut Virgile qui l'avait établie ; « mais elle perdit sa vertu par le fait « d'une méchante femme qui parvint à « tromper cette pierre. » Un chevalier lombard soupçonnait sa femme d'avoir une intrigue avec son cocher. Celle-ci offrit de prouver son innocence au moyen *della Bocca della verita* à Rome. On se mit donc en route avec le cocher que la dame avait déguisé en nonne et rendu méconnaissable ; arrivé sur les lieux, il se mêle à la foule des spectateurs. Alors la femme jure qu'elle n'a pas eu davantage affaire au cocher qu'à cette nonne qui était là-bas, et comme le serment était vrai, elle retire sa main intacte de la gueule du lion et peut convaincre son mari de son innocence. Mais Virgile, irrité de ce qu'elle avait déçu non seulement son mari, mais le simulacre de la vérité, détruisit dans sa colère l'ouvrage de ses mains.

Dalila et Samson. Dalila coupe les cheveux à Samson qui dort couché sur son giron. Pièce gravée vers 1508. H. 10 p. 5 l. ; L. 7 p. 6 l. (B. 25).

Dalila coupant les cheveux à Samson qui s'est endormi sur ses genoux. Gravure en bois. H. 9 p. ; L. 6 p. 4 l. (B. 5).

Le même sujet, traité différemment. Pièce en bois. H. 15 p. 5 l. ; L. 10 p. 10 l. (B. 6).

Les Deux vieillards apercevant Susanne dans le bain. Ils se cachent derrière deux arbres et un rocher. L'un d'eux, à genoux, montre Susanne à l'autre qui est debout près de lui. Susanne est assise au bord d'un ruisseau où elle se baigne les pieds. Pièce gravée vers 1508. H. 0.200; L. 0.150 (B. 33; Ch. Le Blanc, 614; comte ***, de Vienne, 1166).

Esther devant Assuérus, 1518. Assuérus, assis sur son trône, tend la main pour relever Esther prosternée devant lui. Derrière elle deux femmes de sa suite à genoux. H. 10 p. 1 l.; L. 8 p. 3 l. (vendu 215 livres, à Paris, en 1659; B. 31; comte ***, de Vienne, N° 1164).

La Femme et la biche, 1509. Une femme nue, ayant la tête ceinte d'un drap dont les bouts forment plusieurs replis autour de son corps, donne du fruit à manger à une biche dont on voit la tête, le cou et un pied. H. 3 p. 11 l.; L. 2 p. 8 l. (B. 153).

La Femme et le chien, 1510. Une femme nue, assise au pied d'un arbre, cherche des puces à un chien dont la tête est couchée sur sa cuisse droite. H. 3 p. 11 l.; L. 2 p. 8 l. (B. 154).

Le Fou, 1520. Une femme assise au pied d'un arbre paraît vouloir se défendre de l'embrassement d'un fou tenant sa marotte. Eau-forte. L. 3 p. 11 l.; H. 2 p. 9 l. (B. 150).

L'Histoire d'Adam et d'Eve, suite de six feuilles gravées sur cuivre, en 1529. H. 6 p.; L. 4 p. 3 l. (Voir Bartsch, VIII, p. 339, N°s 1 à 6, où elles sont décrites).

Histoire de Joseph, 1512, suite de cinq estampes, rare à trouver complète. L. 6 p.; H. 4 p. 6 à 8 l. (B. 19-23; comte ***, de Vienne, 1156).

Loth et ses filles, 1530. Loth, assis sur des morceaux de rocher, embrasse l'une de ses filles qu'il tient sur son genoux, d'un bras lui serrant la cuisse, et de l'autre le corps. Elle présente un vase à sa sœur qui, assise, y verse du vin. Très-belle pièce en cuivre. L. 9 p.; H. 7 p. (B. 16; V***, d'Anvers, en 1856, N° 472; comte ***, de Vienne, en 1867, N° 1153).

Lucrèce. Nue, avec de longs cheveux épars, elle se perce le sein d'une épée qu'elle tient de ses deux mains. Pièce gravée vers 1512. H. 4 p. 3 l.; L. 2 p. 7 l. (B. 134; comte ***, de Vienne, 1223).

Marie-Madelaine se livrant aux plaisirs du monde, 1519. Pièce appelée la *Danse de la Madelaine,* au son d'une flûte et d'un tambourin, et accompagnée d'un homme. Elle a la tête environnée d'une gloire. Selon l'usage des peintres de ce temps d'introduire plusieurs sujets dans leurs compositions, la Madelaine est représentée dans le fond allant à la chasse, et on la voit encore dans le lointain dans les bras d'un ange. Sur le devant, deux hommes embrassent deux femmes. Belle pièce faite dans le temps de la plus grande force de Lucas. Les bonnes épreuves sont très-rares et d'un prix excessif. Du vivant de l'auteur on les payait un florin d'or. L. 14 p. 7 l.; H. 10 p. 8 l. (B. 122; J., II, 229 ; Durand, 1re épreuve, 160 fr.).

Mars et Vénus, 1530. Elle appuie sa tête sur une main et de l'autre caresse l'Amour. Mars est assis à sa droite, un bouclier à ses pieds. L. 0.246 ; H. 0.189 (B. 137; Ch. Le Blanc, 613; Debois, 21 fr. ; comte ***, de Vienne, en février 1867, 326 fr.).

Le Péché d'Adam et Eve. Ils sont assis aux deux côtés de l'arbre de vie, au haut duquel paraît le démon sous la figure d'un petit éléphant chimérique, avec une tête d'homme. Eve tient une pomme d'une main et de l'autre en présente une à Adam, qui tend la main pour la recevoir. Pièce gravée sur cuivre, vers 1508. H. 4 p. 4 l.; L. 3 p. 3 l. (B. 7; comte***, de Vienne, 1145).

Le Péché d'Adam et Eve, 1519. Eve, assise sur une branche courbée qui sort de la racine de l'arbre de vie, présente une pomme à Adam qui, debout au-delà de l'arbre, tend la main pour la recevoir. Pièce en cuivre. H. 4 p. 3 l.; L. 2 p. 7 l. (B. 8; comte***, de Vienne, 1146).

Le Péché d'Adam et Eve, 1529. Eve, accroupie sur une jambe repliée, au pied de l'arbre de vie, présente du fruit à Adam, qui est debout, appuyé contre un quartier de roche. Gr. sur cuivre. H. 4 p. 4 l.; L. 2 p. 11 l. (B. 9; comte***, de Vienne, 1147).

Le Péché d'Adam et Eve. Eve, assise sur une grosse branche tronquée qui sort de l'arbre de vie, présente le fruit défendu à Adam, qui est assis sur une butte. Pièce en cuivre, gravée vers 1530. L. 9 p. 2 l.; H. 7 p. (B. 10; J., II, p. 227; comte***, de Vienne, 1148).

Le Peuple de Rome se moquant du poëte Virgile qu'une courtisane a suspendu à la fenêtre dans un panier. Gravure sur bois. H. 0.415; L. 0.290 (B. 16; Sternberg, 4 th.; Weigel, 6 th.).

Le même sujet, 1525. Le poëte est représenté suspendu hors d'une fenêtre d'un bâtiment élevé. Une femme placée à la fenêtre joignante, regarde. Trois enfants, dont l'un montre du doigt Virgile. Un groupe d'hommes et de femmes, dessous un vestibule, s'entretiennent de ce qui se passe. H. 0.239; L. 0.189 (B. 136; J., II, 230; comte***, de Vienne, en février 1867, 430 fr.). Voir les détails de cette scène dans la *Marguerite poétique* d'Albert d'Eyb, et dans les *Faitz merveilleux de Virgille* (réimprimés à Genève, en 1867).

La Reine de Saba devant le trône de Salomon, gr. en bois. H. 0.415; L. 0.291 (B. 10; comte***, de Vienne, 1268).

Salomon séduit par une de ses femmes, adorant l'idole de Moloch. Pièce sur bois. H. 15 p. 4 l.; L. 6 p. 4 l. (B. 8).

Le même sujet, traité différemment, gr. sur bois. H. 9 p.; L. 6 p. 5 l. (B. 9).

Tentation de saint Antoine, 1509. Il est assis, la main gauche sur un livre et la droite levée vers le démon caché sous la forme d'une femme. H. 6 p. 9 l.; L. 5 p. 5 l. (B. 117; J., II, 229; comte***, de Vienne, 1212). Lucas n'avait que 15 ans quand il fit cette planche.

Vénus et l'Amour, 1528. Vénus est assise sur des nuages et présente à l'Amour une flèche qu'il saisit. Un autre amour en l'air porte une banderolle, sur laquelle on lit : *Vénus la très-belle déesse d'amours*. H. 0.162; L. 0.115 (B. 138; comte***, de Vienne, en février 1867, 130 fr.).

Loth et ses filles, gr. par Alaert Claas. L. 3 p. 3 l.; H. 2 p. 7 l. (B. 5; Camberlyn, 1re vente, N° 614).

Le Vieillard et la courtisane. Sur un banc, devant un grand lit, est assis un vieillard embrassant une courtisane toute nue, qu'il a sur ses genoux et sur le sein de laquelle il porte la main. Elle fouille de la main droite dans la poche du vieillard et donne de l'autre quelques pièces d'or à un jeune homme qui se voit à droite derrière les rideaux du lit. A gauche, près du lit, se tient un bouffon qui, en riant, fait, avec les mains, une oreille d'âne. A droite, la Mort regarde par une fenêtre dans l'intérieur et tient un sablier. Pièce gravée par le Maître au monogramme N° 264 de Bartsch, probablement d'après Lucas, dont elle imite parfaitement le goût. H. 6 p. 9 l.; L. 5 p. 1 l.

LUCAS GIORDANO. — Voir *Giordano*.

LUCASTA, maîtresse du poëte Lovelace. — Voir W. *Hollar*.

LUCCHESI (Michele), grav. au burin, né à Rome, en 1539; vivait encore en 1604. — Voir *Raphaël*.

LUCRÈCE. — Voir B. *Béham*, H.-S. *Béham*, H. *Brosamer*, le *Guide*, *Lucas de Leyde*, le *Maître à l'écrevisse*, le *Maître aux initiales AM*, le *Maître aux initiales IF*, *Marc-Antoine*, Israël van *Mecken*, le *Parmesan*, *Raphaël*.

LUCRÈCE ET TARQUIN. — Voir Ch. *Eisen*, L. *Giordano*, H. *Goltzius*, Ch. *Hutin*, *Janinet*, *Jules Romain*, G. *Pencz*, *Raphaël*, *Reverdino*, F. *Salviati*, le *Titien*, *Véronèse*.

LUCRÈCE BORGIA. — Voir le *Titien*.

LUDRE (Mme de). — Voir *Llanta*.

LUEDERITZ (Gustave), dessin. et grav.,

né à Berlin, en 1804. — Voir *Klöber*, C. *Sohn*.

LUETKE (P.-Ludwig), peintre et grav., né à Berlin, en 1759 ; mort en 1831.

Le Clair de lune (un couple d'amoureux sous une tonnelle), in-12.

LUNA (Ch. de), dessin. et grav. contemp. — Voir Ach. *Giroux*.

LUPTON (Thomas), grav., né vers 1785; trav. à Londres. — Voir *Fradelle*, E.-T. *Parris*.

LURAT, grav. contemporain. — Voir *Toulmouche*.

LUTI ou LUTTI (Benoît), peintre et grav., né à Florence, en 1666; mort à Rome, en 1724.

Angélique et Médor, gr. au lavis, par Fr. Bartolozzi (J., I, 218).

Bacchus et Ariadne, gr. par le même.

LUTMA (James), orfèvre et grav., né à Amsterdam, vers 1609; mort en 1689.

Trois couples amoureux dans les jardins d'une villa italienne, in-4° en travers.

LUTTEREL (Henry), peintre et grav., né à Dublin, vers 1650. — Voir *Castro*, *Lely*.

LUZY (Mlle), actrice. — Voir *Delpech*.

LYS (Johann), peintre et grav., né à Oldenbourg, en 1570; mort de la peste à Venise, en 1629.

Céphale et Procris, in-fol. en larg.

Un Cavalier dansant avec une dame. Un autre cavalier pince de la guitare devant une autre dame accompagnée d'un chien ; un bouffon regarde à travers ses doigts. In-fol. en larg.

Un Homme un masque à la main, semblant consoler une femme assise près d'un lit et ayant des pièces de monnaie sur ses genoux. In-fol. en haut.

Un Homme et une femme qui chantent, in-fol., gr. par J. Falck.

La Vieille courtisane à sa toilette, in-fol. en haut., gravé par le même (Camberlyn, 1re vente, N° 1088).

M

MACDUFF (Archibald), dessin. et grav., anglais, né vers 1750. — Voir *Barry*.

MACRET (Charles-François), grav. au burin, né à Abbeville, en 1750; mort à Paris, en 1783.— Voir *Choffard*, Ch.-N. *Cochin*, Fr. *Eisen*, H. *Fragonard*, *Greuze*, *Jordaens*, Mme *Lebrun*, *Mouchet*, Van der *Werff*.

MADELAINE DE FRANCE, reine de Navarre. — Voir Adr. van der *Werff*.

MAELDER (Mlle van), maîtresse de Van Dyck. — Voir Van *Dyck*.

MAENNL (Jakob), graveur, né à Vienne, en 1695. — Voir Ann. *Carrache*, le *Tintoret*, le *Titien*, A. *Willeborts*.

MAES (Peter), le jeune, peintre et grav., travaillait au milieu du XVIIe siècle.

Marie Stuart, portrait in-4°.

MAGY (Jules-Edouard), peintre et lith. contemp., né à Metz ; élève de Loubon. — Voir C. *Vanloo*.

Erigone. — *Une Chasseresse;* deux pièce lith. Paris, impr. Everwyn, 1855.

MAIER (S.), lith. contemporain. — Voir *Zimmermann*.

MAILE (G.), grav. au pointillé, né en Angleterre, au commencement du XIXe siècle. — Voir *Court*, *Destouches*, *Devéria*, C.-M. *Dubufe*, Van *Dyck*, *Monvoisin*, *Raphaël*, *Rubio*, *Winterhalter*.

MAILLARD (Mlle), actrice. Portrait gravé dans un médaillon, sans nom. H. 0.190; L. 0.130 (Soleinne, 300). — Voir *Alix*, *Chaumont*, *Garneray*.

MAILLET (J.-C.), graveur, né à Paris, en 1751; travailla jusqu'en 1807. — Voir *Boucher, Catibert,* P.-J. *Cazes,* Claude Gelée, dit le *Lorrain.*

MAILLY (H.), dessin. et grav. contemporain.

Caricatures, portraits-charges : Colomba. — Céline Montaland. — Miss Adah Isaacs Menken. Trois lithogr. Paris, impr. Destouches, 1867.

MAINTENON (Françoise d'Aubigné, marquise de).— Voir H. *Bonnard, Ficquet,* Mme *Jacquotot, Llanta,* P. *Mignard, Petitot,* A. de *Saint-Aubin, Staal, Trouvain.*

MAIR, peintre et grav. allemand de la fin du XVe siècle.

Le Balcon. Un jeune homme au milieu de trois courtisanes et d'un bouffon qui est couvert d'une marotte. Tous les cinq sont debout sur un balcon supporté par deux statues d'hommes assis. H. 14 p. 3 l.; L. 10 p. (B. 12).

La Banderole présentée, 1499. Une jeune dame ayant un petit chien sur ses genoux, tourne la tête vers un gentilhomme qui s'approche d'elle pour lui présenter une banderole, tandis qu'un homme armé d'une cuirasse et assis à terre, semble lui faire une déclaration. L. 14 p.; H. 9 p. 11 l. (B. 11).

MAITRES ANONYMES ITALIENS.

Hercule et Déjanire. Ils sont debout vis-à-vis l'un de l'autre, et leurs bras étendus indiquent qu'ils vont s'embrasser. Deux banderoles au-dessus de leurs têtes portent les mots : *Hercule Deianira.* H. 1 p. 9 l.; L. 1 p. 2 l. (B. XIII, p. 54). NIELLE.

Le Jugement de Pâris. Pâris, ayant un chien à ses pieds, présente la pomme à Vénus qui est debout devant lui, accompagnée des deux autres déesses. H. 2 p. 2 l.; L. 1 p. 7 l. (B. XIII, p. 55). NIELLE.

Vénus et l'Amour dans un paysage. Elle est debout à la gauche de l'estampe, et elle tient de la main droite l'arc de l'Amour qui est couché à terre au bas de la droite. Pièce gravée dans le goût de J. Campagnola, extrêmement rare. H. 0.120; L. 0.069 (comte***, de Vienne, en 1867, 75 fr.).

L'Amour aux têtes de pavot. Pièce ronde de 1 p. 11 l. de diam. (B. XIII, p. 99).

L'Amour monté sur un aigle. L'Amour à califourchon sur un aigle bridé qu'il pousse, en le battant sur la queue avec un petit bâton. Pièce ronde, 2 p. 4 l. de diam. (B. XIII, p. 99).

La Femme assise au milieu de trois hommes et d'un satyre. Au milieu, une femme presque nue est assise entre deux hommes dont l'un porte en haut d'une lance une hure de sanglier, une tête de lion et celle d'un bœuf, et l'autre tient d'une main un bouclier au-dessus duquel voltige un petit Amour, et de l'autre main une torche à laquelle un autre homme allume une chandelle. Vers le fond un satyre arrive portant sa femme sur ses épaules. Pièce ronde de 2 p. 2 l. (B. XIII, p. 101).

Pièce satirique. A droite est un satyre qui a une couronne royale sur la tête et qui est chargée de six cornes de bouc. Il est assis sur un siége orné de cornes semblables. Au milieu de l'estampe, deux hommes cornus qui sont à genoux et à l'un desquels un valet scie une de ses cornes. A gauche, un bouc pose une de ses jambes de devant sur la tête d'un gueux agenouillé, qui tient une corne qu'on lui a coupée, en ayant encore une à la tête. Au-delà, un homme debout embrasse une femme toute nue et la seule de ces figures qui n'ait point de cornes à la tête. Le haut et le bas de cette pièce, qui est mal gravée, sont remplis d'inscriptions italiennes. L. 9 p. 3 l.; H. 6 p. 6 l. (B. XIII, p. 112).

La Nymphe dormant. Une nymphe endormie, couchée sur le bord d'un ruisseau dans lequel se mêle l'eau d'une urne sur laquelle la nymphe s'appuie. Aux pieds de la nymphe, Neptune tenant un trident, est assis sur une pierre carrée. Vers le fond, à gauche, un homme habillé à l'antique et assis à terre, tient deux flûtes de la main droite, avec laquelle il montre à un satyre un autre satyre lascif qui lève la draperie qui sert à couvrir la nudité de la nymphe. Le fond offre un bois où l'on voit à gauche un terme de Priape. Pièce gravée vers 1500. L. 16 p.; H. 10 p. 2 l. (B. XIII, p. 114).

Le Triomphe de l'Amour. L'Amour décochant une flèche, est debout sur un brasier pratiqué sur un char de triomphe, traîné par deux chevaux. Le char est accompagné et suivi d'un grand nombre d'hommes et de femmes, parmi lesquels on remarque Xantippe montée sur Socrate qui marche à quatre pattes. Cette pièce fait partie de la suite de six estampes, intitulée les *Triomphes de*

Pétrarque. L. 9 p. 2 l. envir.; H. 7 p. 3 l. (B. XIII, p. 116).

Une Femme presque nue et couchée à terre, peut-être Vénus. Au-dessous d'elle une banderole sur laquelle on lit: *Amor vuel fe e dove fe nonne, amor non puo*. In-8° en travers (B. XIII, p. 143).

Cupidon, nu, dans l'adolescence, les yeux bandés et les ailes étendus; il a les mains attachées avec des cordes par dessus sa tête, à un arbre, ainsi que les pieds et le milieu du corps. De chaque côté, il y a deux femmes ajustées magnifiquement à la mode du temps: la 1re le menace avec une pantoufle; la 2e avec deux flèches et un arc brisé; la 3e tient un carquois et le menace avec un dévidoir; la 4e s'avance avec un couteau. Pièce ronde de 7 p. de diam. (B. XIII, p. 143).

Cupidon, les yeux bandés, les ailes étendues, et les mains attachées derrière le dos. De chaque côté, deux femmes dont l'une saisit une de ses ailes; la 2e le tire par la corde qui tient son carquois et le menace avec un battoir; la 3e lève contre lui une grande épée, et la 4e tient des ciseaux. Pièce ronde de 6 p. 2 l. de diam. (B. XIII, p. 144).

Rond, entouré d'une bordure de feuillage, dans laquelle il y a six ovales en hauteur, et dans chacun un Amour qui joue d'un instrument. Au bas, un autre ovale en largeur, où l'on voit deux figures couchées à terre, une femme nue, et un homme qui lui présente un œillet. Dans le rond du milieu, on voit un cavalier et une dame élégante qui forment une danse. Diam. 7 p. 6 l. (B. XIII, p. 145).

Rond dans une petite bordure. La scène représente un jardin où se voit un cavalier qui joue de la guitare, assis à côté d'une dame parée, tenant d'une main une guirlande et de l'autre une rose. Entre ces deux figures, une dame debout joue d'une petite harpe, et en haut, contre un espalier, on aperçoit deux amants qui se font des caresses. Diam. 6 p. 2 l. (B. XIII, p. 146).

Léda avec Jupiter métamorphosé en cygne. Le fond représente un lit; vers la droite, on voit l'œuf et les jumeaux. On lit au bas: *Formosa hæc Leda*, etc. L. 0.39; H. 0.37.

— J. B., dit le MAITRE A L'OISEAU, graveur italien, du commencement du XVIe siècle (N° 7 des monogrammes de B.). Ses ouvrages, en taille de bois ou sur cuivre, sont marqués des lettres J. B., suivies d'un oiseau. Cette marque est sans tablette, ou sur une tablette; on trouve aussi des morceaux de ce maître marqués seulement d'un oiseau. L'abbé Zani croit que cet artiste était Jean-Baptiste del Porto.

Diane au bain. Diane, accompagnée de cinq nymphes, surprise au bain par Actéon. Actéon a déjà la tête changée en celle d'un cerf. Pièce gravée en bois, rare. H. 11 p. 1 l.; L. 8 p. (B. XIII, p. 249).

L'Enlèvement d'Europe. Jupiter, transformé en taureau, traverse une rivière. Europe, sur le dos de l'animal, s'attache à son cou avec les deux bras. H. 7 p.; L. 5 p. 5 l. (B. XIII, p. 246).

Léda, ayant auprès d'elle un cygne et ses quatre enfants. H. 5 p. 10 l.; L. 4 p. 8 l. — Il en existe une copie anonyme en contre-partie, et on lit ce distique sur la marge du bas: *Lœda jacens falsis cigni delusa sub alis, Portentosa parturit ova Jovi*. H. 5 p. 7 l.; L. 4 p. 6 l. (B. XIII, p. 246).

Priape et Lotis. Pièce libre et très-rare. Priape est sur le point de surprendre Lotis. Cette nymphe dort, couchée vers le fond de la droite. Deux autres nymphes, pareillement endormies, sont couchées sur le devant. Dans le lointain, à gauche, on voit Silène près de son âne qui brait. H. 8 p. 5 l.; L. 7 p. 1 l. (B. 4; vente du 13 février 1865, N° 115).

Les Amours de Jupiter et de Léda, gr. par Nicoleto de Modène. H. 5 p. 6 l.; L. 3 p. 7 l. (B. XIII, p. 280, N° 46).

L'Enlèvement d'Europe, gravé par le même. H. 6 p. 9 l.; L. 5 p. 4 l. (B. XIII, p. 282, N° 51).

— LE MAITRE AUX INITIALES OPDC (N° 14 des monogrammes). Commencement du XVIe siècle.

Le Triomphe de Mars. Mars assis dans un char de triomphe, ayant Vénus assise sur ses genoux. L'Amour sur un globe se voit au devant du char qui est traîné par deux lions conduits par un homme. L. 3 p. 5 l.; H. 2 p. 2 l. (B. XIII, p. 207).

— LE MAITRE DE 1515.

Mars maltraité par l'Amour. L'Amour liant un bandeau sur les yeux de Mars, après l'avoir dépouillé de son armure, et lié les mains derrière le dos à un tronc d'arbre. H. 6 p. 5 l.; L. 4 p. 9 l. (B. XIII, p. 412, N° 6).

Satyre caressant une bacchante. Un satyre embrassant une bacchante nue, couchée à terre, près d'un piédestal, pendant qu'un enfant regarde. Pièce libre. L. 4 p. 4 l.; H. 3 p. 7 l. (B. XIII, p. 413, N° 8).

Satyre épiant une nymphe. Une nymphe couchée sur le bord du bassin d'une fontaine, est épiée par un satyre caché derrière un piédestal. L. 5 p. 11 l.; H. 3 p. 6 l. (B. XIII, p. 413, N° 9).

Un Satyre auprès d'une femme. Il joue du chalumeau, assis sur une pierre, à côté d'une femme qui allaite un enfant, et qui a le bras droit passé autour du cou du satyre. H. 7 p. 5 l.; L. 4 p. 4 l. (B. XIII, p. 414, N° 10).

La Mère. Une femme nue, accompagnée d'un enfant et endormie au pied d'un autel de Priape. A gauche est une fontaine, du milieu de laquelle s'élève la statue d'un satyre jouant de la vielle. L. 6 p. 7 l.; H. 5 p. 4 l. (B. XIII, p. 416, N° 15).

— Anonyme, travaillait à Rome, né vers 1510.

Jupiter descendant du ciel pour visiter Sémélé.

L'Offrande à Priape.

Vénus sur son char.

— Le Maitre au monogramme BB (N° 12 de Bartsch), graveur du XVIe siècle.

Le Satyre et la Nymphe. Un satyre caché derrière un bosquet, surprenant une nymphe assise sur le bord d'une fontaine dans laquelle elle se mire. Pièce libre et très-rare. H. 11 p. 1 l.; L. 8 p. 10 l. (B. XV, p. 548).

— Le Maitre au monogramme IQV (N° 13 de B.), peintre et graveur de l'Ecole de Fontainebleau. — Voir *Jules Romain*, le *Primatice*.

— Le Maitre aux initiales H.E (N° 20 des monogrammes), graveur de la première moitié du XVIe siècle. — Voir *Beccafumi*.

— Le Maitre aux initiales I.F. (N° 23 des monogrammes), graveur de la première moitié de XVIe siècle.

Lucrèce, debout et tournée vers la gauche, tenant un poignard dont elle est prête à se percer le sein. Une draperie, pendue sur son bras droit, passe derrière son dos, et vient couvrir sa jambe gauche. Pièce sans marque. H. 9 p. 9 l.; L. 6 p. 7 l. (B. 4).

Cléopâtre, debout et toute nue, tenant de la main droite un aspic qui lui mord la mamelle. Elle tient de la main gauche un autre aspic que l'Amour s'efforce de lui arracher. Sans marque. H. 10 p. 6 l.; L. 6 p. 6 l. (B. 5).

Vénus et l'Amour. Vénus toute nue est debout au milieu. Une draperie qui flotte autour de sa tête, passe sur son bras gauche, d'où un bout descend jusqu'à terre. Elle tient une équerre d'une main et de l'autre une pomme que l'Amour semble lui demander. Dans le fond, à droite, un vieillard, tenant un livre, fait des caresses à une nymphe assise à terre. Sans marque. H. 8 p. 6 l.; L. 5 p. 7 l. (B. 6).

— Le Maitre au dé, peintre et graveur au burin, travaillait à Rome, de 1532 à 1550. — Voir *Duddi*.

— Le Maitre aux initiales XP, du XVIe siècle.

Jupiter et Léda. Léda, assise à droite sur un banc et appuyée contre un arbre, est caressée par Jupiter sous la ford'un cygne. Cette charmante estampe in-8°, portant le monograme XP à la gauche d'en bas, a été décrite par Passavant, tome VII, p. 130. Très-rare (vente du 13 février 1865, N° 124).

— Le Maitre au nom de Jésus (N° 26 des monogrammes), travaillait vers 1560. — Voir *Bonasone*.

Diane au bain, 1561. Diane surprise au bain par Actéon qu'elle métamorphose en cerf. Dans la marge d'en bas sont quatre distiques italiens : *Nell eta sua piu verde e piu felice*, etc. Copie d'une estampe gravée par un anonyme d'après un dessin d'un maître inconnu. L. 14 p. 10 l.; H. 11 p. 2 l. (B. 5; V***, d'Anvers, en 1856, N° 520).

— Le Maitre aux initiales CpP (N° 12 des monogrammes), dessin. et grav. du XVIIe siècle, que l'on croit être de l'école du Guide.

Mars enlevant Vénus. Vulcain, assis dans sa forge, tient un marteau. Deux cyclopes battent une pièce de fer. A la gauche d'en haut, Mars en l'air enlève Vénus qu'accompagnent deux Amours. H. 14 p. 6 l.; L. 10 p. 8 l. (B. 7; H. de L***, en avril 1856, 16 fr.).

Le Satyre dompté par l'Amour. Vénus assise sur une butte, retourne la tête pour donner un baiser à l'Amour qui est debout derrière elle. Un second

Amour est à côté de Vénus, s'appuyant sur une des cuisses de la déesse. Sur le devant, à droite, un troisième Amour traîne à la corde un satyre qui marche à quatre pattes, ayant sur le dos deux Amours qui le poussent avec des branches d'arbre. L. 8 p. 2 l.; H. 5 p. 7 l. (B. 6).

MAITRES ANONYMES ALLEMANDS.

PIÈCES DU XVe SIÈCLE.

Mercure, Pâris et les trois déesses. Pâris, armé de toutes pièces, dort couché au pied d'une fontaine. Mercure tenant la pomme d'or, s'approche de lui pour l'éveiller. A gauche sont debout les trois déesses, l'une devant l'autre. L. 11 p. 6 l.; H. 8 p. 4 l. (B. X, p. 41, N° 5).

La Fontaine de Jouvence. Sept hommes et femmes sont au bain dans un bassin hexagone. Sur le bord du bassin est debout un homme armé de toutes pièces, aux pieds duquel on lit : *Hic est fons juuentutis.* Entre plusieurs figures qui environnent la fontaine, on remarque un homme jettant sa femme dans le bain; et un autre s'approche, portant la sienne sur son dos. Pièce libre. L. 11 p. 6 l. ; H. 8 p. 4 l. (B. X, p. 42, N° 6).

La Salle d'armes. Dix hommes s'exercent aux combats de gladiateurs de différentes manières. A droite, une chambre où trois femmes, dans un bain, s'efforcent de retenir un homme qui s'arrache à leurs instances. Dans le fond, on remarque un homme et une femme près d'un lit. Pièce libre. L. 11 p. 6 l.; H. 8 p. 4 l. (B. X, p. 42, N° 7).

Jeune homme embrassant une dame. Pièce ronde de 1 p. 7 l. de diam. (B. X, p. 45, N° 12).

La Santé portée. Un jeune homme assis à côté d'une jeune demoiselle près du bassin d'une fontaine. Il la serre contre lui du bras gauche, et de la main droite il lui offre un verre de vin. Pièce ronde, mal exécutée. Diamètre 3 p. 4 l. (B. X, p. 47, N° 17).

Le Cocu. Une femme, assise sur un siége, tient un fuseau, avec lequel elle frappe son mari qui, assis sur une escabelle, est occupé à dévider. Une banderole est au-dessus de chaque figure. H. et L. 3 p. 5 l. (B. X, p. 48, N° 19).

Le Baiser. Un homme embrasse une jeune femme. H. 3 p. 11 l.; L. 2 p. 7 l. (B. X, p. 49, N° 20).

La Femme nue. Elle est debout, tournée un peu à droite; ses cheveux lui descendent jusqu'aux fesses. Elle porte d'une main une rose vers son nez, et de l'autre elle en tient deux autres. Sa ceinture est à terre à ses pieds, et ses vêtements sur un banc de gazon. Morceau mal exécuté. H. 4 p. 6 l.; L. 3 p. 4 l. (B. X, p. 51, N° 25).

Le Mari subjugué par sa femme. Une jeune femme assise de côté sur le dos de son vieux mari qui marche à quatre pattes. La femme tient la bride d'une main et un fouet de l'autre. Derrière un mur sont deux hommes qui regardent. Pièce ronde, gr. dans le goût de Wenceslas d'Ollmutz. Diam. 5 p. 10 l. (B. X, p. 51, N° 26).

Le Mari subjugué par sa femme. Une femme montée à califourchon sur le dos d'un homme qui marche à quatre pattes. La femme, vêtue à l'Allemande, a la tête couverte d'un bonnet haut, d'où pend un voile. Elle tient la bride d'une main et un fouet de l'autre. Pièce gr. dans le goût de Martin Schongauer et qu'on est tenté de lui attribuer (B. X, p. 52, N° 27).

L'Amant Un jeune homme, assis à côté d'une jeune femme, sur un banc de gazon, semble vouloir l'embrasser, et elle, s'en défendre. Un petit chien, placé entre les deux, aboie contre le jeune homme. L. 6 p.; H. 5 p. (B. X, p. 53, N° 29).

Les Deux amants, copie d'après le Maître de 1500. H. 0.167; L. 0.070.

La Femme nue et le bouffon; elle saisit le vêtement du bouffon, placé à gauche, et le découvre. Fond blanc; travail fin. A Munich (Passavant, tome II).

Le Geste indécent. Un homme d'un âge avancé (ou un bouffon) embrasse une jeune femme et porte sa main sous les vêtements de celle-ci. Fond blanc; travail fin. A Munich (Passavant, tome II).

Un jeune homme assis embrasse une femme nue. A côté se tient une autre femme avec une banderole sur laquelle on lit : *Inpicite hic allectiva juventutis.* A la porte, à droite, un bouffon qui regarde à travers ses doigts. Pièce inconnue à Bartsch (Passavant, tome II).

PIÈCES DU XVIe SIÈCLE.

Loth et ses filles. Loth, assis, tient une écuelle de la main droite et serre du bras gauche une de ses filles qui lui parle, ayant un bras passé sur les épaules de son père. L'autre fille, assise à une table vers le fond, verse du vin dans une écuelle. Pièce ronde de 1 p. 10 l. de diam. (B. X, p. 124, N° 1).

Lucrèce se donnant la mort. Elle est assise dans une chambre, sur une pierre carrée. Elle est nue, n'ayant qu'un voile qui, en descendant de son épaule droite, passe sur ses cuisses et tombe à terre. Elle s'enfonce un grand poignard au-dessus de la hanche. Sujet renfermé dans un médaillon. H. et L. 1 p. 8 l. (B. X, p. 131, N° 1).

Lucrèce, toute nue, assise sur une pierre qui sert de base à une colonne. Elle s'enfonce une longue épée dans l'estomac. Pièce gr. dans le goût de J. Binck. H. 2 p. 1 l.; L. 1 p. 6 l. (B. X, p. 131, N° 2).

Lucrèce, toute nue et vue de face. Elle s'appuie d'une main sur un lit et de l'autre main se perce le sein avec un poignard. H. 3 p. 2 l.; L. 2 p. (B. X, p. 131, N° 3).

Lucrèce, toute nue et debout, s'enfonce un poignard dans le sein et tient un voile dont une partie pend sur son bras droit. H. 3 p. 10 l.; L. 1 p. 7 l. (B. X, p. 132, N° 4).

Le Jugement de Pâris. Pâris en cuirasse, assis à terre auprès d'une fontaine derrière laquelle on voit Mercure tenant la pomme d'or. A droite, auprès de Pâris, sont debout les trois déesses dont une joue du violon. Pièce médiocre, de forme ronde. Diam. 3 p. 4 l. (B. X, p. 134, N° 3).

Le Jugement de Pâris. Pâris, armé de toutes pièces, dort, couché par terre. Les trois déesses se tiennent debout vis-à-vis de lui. Un vieillard, tenant la pomme d'or, semble éveiller Pâris qui a un chien à ses pieds. Pièce ronde de 1 p. 8 l. de diam. (B. X, p. 134, N° 4).

L'Homme au sabre et la femme. Un homme est assis près d'une femme couronnée de fleurs, qui le regarde d'un air tendre. Il porte une main sur la poignée de son sabre, et de l'autre il serre la main de la femme. Pièce ronde; diam. 1 p. 6 l. (B. X, p. 144, N° 2).

Un soldat allemand assis sur une butte, à côté d'une fille qui lui présente à boire dans une écuelle. L'homme serre d'une main celle de la femme, et a l'autre posée sur son épaule. Derrière la femme est un fou qui semble épier les deux amants. Pièce ovale, tronquée à gauche. L. 1 p.; H. 7 l. (B. X, p. 145, N° 4).

Un homme et une femme nus qui s'embrassent, assis à terre l'un à côté de l'autre. A gauche, un homme joue de la harpe. Pièce ovale tronquée à gauche. L. 11 l.; H. 8 l. (B. X, p. 145, N° 5).

Un fou faisant des caresses à une jeune femme qui est assise sur ses genoux. Le fou est à gauche et a la marotte en tête. Pièce ronde, au burin, de 1 p. 8 l. de diamètre (B. X, p. 145, N° 6).

Un soldat allemand conduisant au bras sa maîtresse. Ils sont vus par le dos; le soldat a le bras élevé en l'air, comme pour exprimer son allégresse. Pièce au burin. H. 2 p. 6 l.; L. 1 p. 9 l. (B. X, p. 146, N° 8).

Un homme habillé à l'allemande, faisant des caresses à une jeune femme. L'homme est assis sur une butte, et serre de son bras la femme qu'il tient par la main. Pièce médiocre. L. 4 p. 6 l.; H. 2 p. 11 l. (B X, p. 146, N° 9).

Le Paysan et la paysanne, 1524. Un paysan, ayant un sabre au côté et un flageolet attaché au bonnet, tient de la main droite une paysanne avec laquelle il danse, et de la gauche il la frappe sur le derrière. Pièce très-bien gravée au burin. H. 2 p. 1 l.; L. 1 p. 5 l. (B. X, p. 148, N° 12).

Adam et Eve, clair-obscur, rare (Camberlyn, 1re vente, N° 1813).

Couple amoureux, gravé vers 1550. Un jeune homme coiffé d'un chapeau à plumes, embrasse une jeune femme assise à son côté, et ayant un petit chien sur ses genoux; le jeune homme tient une guitare (Passavant).

Deux femmes et un jeune homme. Elles sont très-peu vêtues et assises auprès du jeune homme qui cherche à saisir une guirlande qu'elles tiennent au-dessus de lui (Passavant).

Le Jeune homme chassé. Des femmes armées de balais et de bâtons chassant d'une maison un jeune homme en chemise. Une vieille femme regarde d'une maison à droite. Pièce fort rare (Passavant).

Le Jeune homme et les courtisanes. Il est assis sur un lit tenant une femme sur ses genoux, et il tend la main vers une autre qui, vue de dos, s'avance vers lui. Très-rare (Passavant).

— Le Maitre au Caducée, de la 2e moitié du XVe siècle. — Voir Jacques de *Barbary.*

— Le Maitre de 1466, peintre et grav.

allemand, peut-être de la Bavière, signant E.S, en lettres gothiques (N° 81 des monogrammes de Bartsch).

Adam et Eve mangeant le fruit défendu (Duchesne, aîné, N° 14).

Le Banquet amoureux. Deux jeunes gens assis à table à côté de leurs maîtresses. Ils sont près d'un enclos par la porte duquel entre un joueur de cornemuse. Au milieu danse un fou qui semble être ivre. Il est suivi d'une courtisane qui lui relève son habit d'une manière indécente. H. 8 p. 6 l.; L. 5 p. 8 l. (B. VII, N° 90).

Dalila et Samson. Il est endormi sur les genoux de Dalila qui lui coupe les cheveux. H. 3 p. 6 l.; L. 2 p. 6 l. Une autre planche du même sujet, H. 5 p. 1 l.; L. 3 p. 10 l. (B. VII, Nos 2 et 3).

— Le Maitre au monogramme BS (N° 43 de B.), travaillait vers 1500.

Les Deux amants. Une jeune homme assis auprès d'une dame qui met la main droite sur la sienne, et de l'autre tient un épagneul. H. 6 p. 2 l.; L. 4 p. (B. VII, N° 21).

Douze femmes se querellant pour une saucisse qui pend à une longue perche tenue par une femme renversée par terre. L. 0.480; H. 0.338.

— Le Maitre au monogramme IcB (N° 116 de Bartsch), peintre et grav. Cologne, vers 1490 ou 1504.

Le Soldat et sa maîtresse. H. 0.045; L. 0.034.

Les Soldats et leurs maîtresses. H. 0.076; L. 0.054.

La Vanité. Femme nue ayant un grand chapeau et des plumes sur la tête. H. 0.270; L. 0.203.

— Le Maitre aux initiales IK (N° 179 des monogrammes). — Voir Jacob *Kerver*.

— Le Maitre au monogramme S (N° 288 de B.). Il vivait en Hollande, vers 1520.

Adam et Eve. Ils sont assis au pied de l'arbre de vie. Eve a une main passée sur les épaules de son mari et tend l'autre pour recevoir le fruit défendu que lui présente le serpent. H. 2 p. 7 l.; L. 1 p. 6 l. (B. 1).

Bethsabée au bain. Bethsabée est debout près d'une fontaine à gauche; David, une harpe à la main, la contemple d'une fenêtre de son palais.

La Tentation de saint Antoine. Assis sur une butte, il exorcise trois démons qui sont debout devant lui, sous la forme de femmes habillées à la mode. H. 2 p. 3 l. L.; 1 p. 5 l. (B. 5).

— Le Maitre au monogramme IMS (N° 182 de B.), travaillait vers 1520.

Hercule et Omphale. Hercule, assis sur un piedestal, tient sa massue d'une main et de l'autre s'appuie sur une des jambes d'Omphale qui est assise vis-à-vis de lui. H. 9 p. 6 l.; L. 6 p. 3 l. (B. 3).

— Le Maitre au monogramme WH (N° 334 de B.), travaillait vers 1520.

Le Jugement de Pâris. Pâris dort la tête appuyée sur une souche. En haut, l'Amour décoche une flèche à deux pointes. Pièce sans marque. H. 4 p. 5 l; L. 3 p. 5 l. (B. 8).

— Le Maitre au monogramme T. 1522.

La Tentation de saint Antoine, pièce en bois (comte ***, de Vienne, N° 1392).

— Le Maitre au monogramme AC (N° 8 de B.). — Voir Alaert *Claas.*

— Maitre au monogramme IB. 1528 (N° 170 a de B.).

Thamar violée par Ammon. Sur une banderole au haut de l'estampe: *Cvba mecvm.* Pièce très-rare, inconnue à Bartsch, dans le goût du Maître au monogramme IB (Passavant).

— Le Maitre au monogramme IS (N° 183 de B.), graveur au burin.

Le Jugement de Pâris, 1534. Pâris, vêtu en guerrier, est assis sur une pierre carrée. Il a l'air assoupi. Mercure, debout derrière lui, et Vénus devant lui, semblent l'éveiller. Les deux autres déesses sont debout à droite (B. IX, p. 38; comte ***, de Vienne, N° 1379).

— Le Maitre au monogramme CLC (N° 94 de B.).

Adam et Eve, 1534. Adam tient un fruit d'une main, ayant l'autre passée sur l'épaule d'Eve qui tient un fruit de chaque main. H. 3 p. 9 l.; L. 2 p. 11 l. (B. IX, p. 17, N° 1; comte ***, de Vienne, N° 1333).

Les Deux amants, 1535. Un jeune homme de condition, un bras passé autour du cou d'une jeune dame qui est debout devant lui, et qui est coiffée d'un chapeau richement orné de plumes. Le fond est un paysage. Pièce ronde de 2 p. 4 l. de diam. (B. 3).

Galatée, 1537. Elle tient deux voiles tendues, debout sur le dos d'un dauphin qui la porte sur la mer. H. 3 p. 1 l.; L. 2 p. 2 l. (B. IX, p. 17, N° 2; comte ***, de Vienne, N° 1334).

— Le Maitre au monogramme NW (N° 265 de Bartsch), graveur, travaillait en 1536. — Voir *Barbary*.

Le Triomphe de Pâris et d'Hélène, 1535. Sujet représenté dans une frise. Vénus est dans un char traîné par deux dauphins que dirige l'Amour. Ce char est précédé par une prêtresse, un soldat et deux hommes qui portent des idoles. Après le char marche Pâris monté sur un taureau et ayant Hélène en croupe. L. 9 p. 10 l.; H. 1 p. 10 l. (B. 6).

— Le Maitre au monogramme FG (N° 86 de B.), graveur du XVIe siècle. — Voir H.-S. *Béham*.

Femme nue assise, 1537. Elle a sa main droite sur son genou, et de l'autre elle tient une fleur. H. 4 p. 3 l.; L. 2 p. 11 l. (B. IX, p. 27, N° 6; comte ***, de Vienne, N° 1349).

— Le Maitre au monogramme G. 1538.

Différents couples d'amoureux dans des attitudes libres. Neuf pièces.

— Le Maitre au monogramme MT (N° 247 de B.), vers 1540. — Voir Martin *Treu*.

— Le Maitre au monogramme FB (N° 85 de B.), graveur du XVIe siècle.

L'Amour vainqueur, 1544. L'Amour attachant contre un arbre un jeune homme auquel il lie les mains avec une corde. H. 7 p. 3 l.; L. 5 p. 10 l. (B. IX, p. 84).

— Le Maitre au monogramme FB (N° 84 de B.), vers 1560. — Voir Franc. *Brun*.

— Le Maitre au monogramme AM (N° 213 de B.), graveur du XVIe siècle.

La Femme lascive. Une femme très-grasse, couchée nue dans un lit et ayant un bras posé par dessus sa tête. L. 0.135; H. 0.079 (B. IX, p. 497, N° 4).

Lucrèce se perçant le sein avec un poignard. H. 3 p. 4 l.; L. 2 p. 5 l. (B. IX, p. 496, N° 2).

La Société gaie, 1563. Trois hommes de condition dont chacun est accompagné de sa maîtresse. Le premier tient la sienne embrassée; le second faisant un geste des deux mains, semble répondre à sa belle qui lui parle, ayant un bras posé sur les épaules de son amant. Le troisième tient un pot de vin, et sa maîtresse boit dans un verre. L. 0.097; H. 0.034 (B. IX, p. 497, N° 3).

— Le Maitre au monogramme SG (N° 300 de B.).

Adam et Eve. Adam cueille du fruit défendu pour le donner à Eve qui est auprès de lui. H. 5 p. 9 l.; L. 4 p. (B. 1).

— Le Maitre au monogramme TVSD (N° 311 de B.).

Vénus, couchée sur un lit et vue presque par le dos. Elle a près d'elle l'Amour dont on ne voit que la tête. Vers le haut de la droite, un paon est dans les nuages. Pièce dans le goût de Jérôme Bos. H. 3 p. 6 l.; L. 1 p. 10 l. (B. IX, p. 525).

— Le Maitre au monogramme MZ (N° 252 de B.).

Diane au bain, 1566. La déesse est accompagnée de deux nymphes. Actéon, à cheval, a déjà la tête changée en celle d'un cerf. Au bas, dans la marge, on lit: *In imaginem Actæonis. — Viderat ut nudam*, etc. L. 3 p. 11 l.; H. 3 p. (B. IX, p. 528, N° 4).

— Le Maitre au monogramme RKF (N° 284 de B.). Voir B. *Béham*.

— Le Maitre au monogramme HS (N° 152 de B.).

Adam et Eve, 1566. Adam, assis sur une butte, reçoit la pomme que lui présente Eve d'une main, tenant de l'autre une autre pomme qu'elle vient de prendre de la bouche du serpent. Pièce gravée dans le goût de François Floris. L. 21 p. 9 l.; H. 16 p. (B. X, p. 526).

— Le Maitre au monogramme ASG (N° 19 de B.), vers 1568.

Vénus traversant l'eau. Elle est debout sur un dauphin, et tient un voile. 1568. H. 3 p. 7 l.; L. 2 p. 9 l. (B. IX, p. 515, N° 1; comte ***, de Vienne, N° 1329).

— Le Maitre au monogramme AHCL (N° 25 de B.).

Femme au bain. Une femme nue semble sortir du bassin d'une fontaine. Sa servante est debout près d'elle. Le fond représente un paysage. Pièce ronde de 2 p. 1 l. de diam. (B. VIII, p. 539).

— Le Maitre au monogramme BHP (N° 32 de B.), graveur vers 1570. — Voir H.-S. *Béham.*

— Le Maitre au monogramme BI (N° 37 de B.), graveur en cuivre et en bois du XVIe siècle.— Voir B. *Béham.*

— Le Maitre au monogramme BSB (N° 39 de B.), vers 1570. — Voir H.-S. *Béham.*

— Le Maitre au monogramme A, travaillait en 1592.

Vénus et l'Amour. Dans la marge : *Venus und in Kind,* 1592. L. 0.110; H 0.082.

— Le Maitre au monogramme HS (N° 151 de B.).

Vénus et l'Amour, 1593. Vénus, couchée sur un drap étendu par terre, a la tête penchée vers l'Amour qui, debout auprès d'elle, semble lui faire des caresses. Eau-forte ; L. 2 p. 11 l ; H. 2 p. 3 l. (B. IX, p. 582).

L'Enlèvement d'Europe, 1593. Europe assise sur le taureau qui passe une rivière à la nage. Deux de ses femmes la suivent à gué. L. 2 p. 9 l.; H. 2 p. 2 l. (B. IX, p. 583).

Le Jugement de Pâris. Il est assis à droite, près d'une fontaine, derrière laquelle on aperçoit Mercure avec la pomme d'or. Pallas joue du violon et Vénus présente un vase (Passavant).

Léda. Elle est assise près d'un arbre sous une espèce de tente, et se tourne à gauche vers le cygne qui s'approche d'elle et dont elle tient le cou du bras droit, tandis qu'elle laisse pendre la main gauche (Passavant).

— le Maitre au monogramme JG (N° 176 de B.), travaillait à Lyon.

L'Amour, debout sur un globe, tenant son arc d'une main et portant l'autre sur son carquois. Pièce ronde, de 3 p. de diam. (B. IX, p. 148, N° 12).

Les Danseuses. Une femme dansant au milieu de deux autres femmes qui la tiennent par la main et qui portent des branches d'arbre. L. 4 p.; H. 2 p. 11 l. (B. IX, p. 149, N° 15)

— Le Maitre au monogramme FVB (N° 91 de B.). — Voir Franç. von *Bocholt.*

— Le Maitre au monogramme W (N° 338 de B.).

Bacchus, Vénus et l'Amour. Bacchus, assis à terre, offre à boire à Vénus qui est assise vis-à vis de lui, et ayant l'Amour auprès d'elle. Pièce ronde de 1 p. 5 l. de diam. (B. 1).

Le Concert. Un seigneur allemand accompagnant de la flûte le chant d'une dame qui est assise à côté de lui. On voit, dans le fond, un bouffon qui les épie. Pièce ronde de 1 p. 7 l. de diam. (B. 2).

Les Débauchés. On voit à droite un homme à table à côté d'une courtisane. Un peu plus en avant, un autre homme assis embrasse une femme qui tient un pot. Par une porte ouverte, on voit dans le lointain un homme et une femme dans une attitude obscène. Pièce ronde de 1 p. 8 l. de diam. (B. 3).

Vénus et l'Amour sur un terrain couvert de broussailles. Pièce carrée en losange. Diam. d'un angle à l'autre, 1 p. 11 l. (B. 4).

— Le Maitre a l'écrevisse (N° 357 des monogrammes).

Lucrèce. Elle s'enfonce un poignard dans le sein. Dans le fond, Lucrèce est représentée fuyant Tarquin qui la poursuit en la menaçant elle et son esclave. H. 9 p. 2 l.; L. 6 p. 6 l. (B. 23).

— Anonyme, dessin. et grav. Amsterdam, 1634. — Voir *Géraerts,* Van *Neck.*

Cupidon et Psyché.

Ellen Gwynn.

— Anonyme, peintre et grav. à l'eau-forte, du XVIIe siècle.

Cléopâtre et Marc-Antoine. Pièce en haut., rare (Camberlyn, 1re vente, N° 1881).

L'Enlèvement de Déjanire, gravure en travers (Camberlyn, 1847).

Susanne au bain surprise par les vieillards, grav. en travers; rare (Camberlyn, 1re vente, 1880).

— Anonyme, grav. en manière noire du XVIIe siècle.

Homme cherchant à embrasser une femme. Dans la marge, on lit : *le Tartuffe* (Camberlyn, 1re vente, N° 1893).

MAITRES ANONYMES FRANÇAIS.

— Le Maitre a la licorne. — Voir Jean *Duvet.*

— Le Maitre au monogramme CC (N° 47 de Bartsch), travaillait à Lyon en 1546. On croît que sous ces initiales se cachait Claude Corneille, de Lyon.

L'Amour. Il est accroupi, tenant de ses deux mains sur sa cuisse gauche un bouquet de fruits. H. 0.077 ; L. 0.052 (R. D. 9).

La Femelle du centaure et ses petits. Une femelle de centaure est couchée, tenant dans ses bras l'un de ses petits à qui elle offre le sein. Un autre petit est renversé sous son ventre et se saisit de ses mamelles. L. 0.182 ; H. 0.112 (R. D. 10).

Jupiter et Junon. Jupiter est sur les nuées, tenant son foudre sur le bras gauche et faisant une indication de la main droite. Junon, parée de la ceinture de Vénus, cherche à lui plaire, et quatre Amours semblent vouloir les envelopper d'un voile qu'ils tendent audessus de leurs têtes. H. 0.134 ; L. 0. 137 (R. D. 7).

Vénus. Elle tient une flèche de la main droite, et de l'autre un cœur enflammé. H. 0.077; L. 0.054 (R. D. 20; B. 7).

Vénus et l'Amour. La déesse est debout accoudée sur un socle. Elle caresse de la main droite l'Amour, debout à son côté. Au bas : *Avdaces Venvs ipsa ivvat.* H. 0.077; L. 0.052 (R. D. 8).

— Anonyme, graveur à l'eau-forte du XVIIIe siècle.

Danaé recevant la pluie d'or (Camberlyn, 1re vente, N° 1917).

MALAPEAU (Cl.-Nicolas), graveur, né à Paris, en 1755 ; mort en 1804. — Voir *Challe.*

MALBESTE (Georges), dessin. et grav., né à Paris, en 1754. — Voir *Moreau* (le jeune), Corn. *Poelenburg.*

MALGO, dessinat. et graveur.

Marie-Antoinette. — La Princesse de Lamballe; deux portraits en pied, in-fol. (vente du 22 nov. 1864, N° 150).

MALIBRAN-GARCIA (Mme), actrice de l'Opéra-Buffa. — Voir *Bourdet, Chalon, Decaisne, Grévedon, Hayter, Hurlstone, Vigneron.*

MALLERY (Charles de), dessin. et grav., né à Anvers, en 1576.

Catherine de Bourbon, sœur unique du roi, 1600 (Camberlyn, 1re vente, N° 1947).

Marie de Médicis, princesse de Florence, 1600 (Camberlyn, 1948).

MALLET, peintre de la fin du XVIIIe siècle.

Les Bonnes amies. — L'Impatience amoureuse. — L'Amour en pleurs. Trois pièces gravées d'après Mallet (15 déc. 1866, N° 77).

Histoire de l'Amour : La Beauté l'éveille. — La Fidélité le ranime. Deux pièces gravées au pointillées par un anonyme. Paris, Osterwald, 1814.

Le Lever. — Ah! le petit monstre. — La Fidélité. — Comment l'esprit vient aux filles. Quatre pièces gravées d'après Mallet (A. David, N° 1996).

Jeune dame lisant une lettre pendant qu'un jeune homme la chausse. Grav. en couleur par un anonyme.

Jeune dame sacrifiant son lait à l'Amour. — Retour trop précipité; deux pièces par un anonyme (Lex...., N° 537).

Les Promesses de l'Amour. — Les Jeux de l'Amour; deux pièces gravées par Beljambe (11 nov. 1861, 5 fr.).

L'Offrande à l'Amour, gr. par le même (vente du 27 avril 1863).

Le Bain de village, gr. par Chatelet (cat. A. Dinaux).

Chit! Chit!... — Par ici!... (Jolies femmes à la fenêtre). Deux pièces impr. en couleur, gr. au pointillé, par Copia. H. 0.080; L. 0.050 (Bance, en noir, 1 fr. chaque; le 11 nov. 1861, les deux, 6 fr. 50).

Vénus et les Amours. Joli sujet gracieux, d'un bel effet; gr. par Grévedon. Très-rare (Sudre, 1867, N° 179, épreuve impr. sur papier bleu).

L'Aveu difficile. — Le Sommeil prémédité; deux pièces gr. en taille-douce, par Mothey. H. 0.13; L. 0.09 (Bance, 2 fr. chaque).

Les Amours à la maison, gr. par Prot (cat. A. David).

MALŒUVRE (Pierre), grav., né à Paris, en 1740; mort à Londres, en 1801. — Voir *Baudouin, Bennevault, Freudeberg, Nattier.*

MALPEAU, dessin. et grav. de la fin du XVIIIme siècle et du commencement du XIXe.

Mlle Raucourt, 1799. H. 0.48; L. 0.35 (Soleinne, 274).

MALPICCI, peintre du XVIe siècle.

Le Feu au-dessous de la femme. Une femme armée d'une cuirasse, assise les jambes écartées. Elle a la main droite appuyée sur sa hanche, et de l'autre relève sa robe pour la garantir des flammes d'un feu allumé entre ses jambes. Clair-obscur de quatre planches, gr. par André Andréani. H. 10 p. 8 l.; L. 7 p. 3 l. (B. XII, p. 149, N° 15). — Ce sujet ne peut avoir rapport qu'à ce que raconte une fable de la *Marguerite poétique* d'Albert d'Eyb, suivant laquelle le feu ayant été éteint un jour à Rome par Virgile, les habitants de cette ville étaient obligés de l'aller chercher aux parties secrètes d'une courtisane, pour la punir d'une mystification qu'elle avait faite au poëte (Voir les *Faictz merveilleux de Virgille*).

MANCEAU, lithographe contemporain. — Voir *Couture*.

MANCINI (Mlle Hortense), duchesse de Mazarin, célèbre par sa beauté. — Voir L. *Ferdinand*, *Lely*, *Llanta*, B. *Picart*, *Valck*.

MANDEL (Edward), dessin. et graveur à Berlin, né en 1809. — Voir *Sohn*.

MANDER (Karl van), peintre, littérateur et poëte, né à Courtrai, en 1548; mort à Amsterdam, en 1606.

La Lune de miel. — *Après la lune de miel*; deux pièces en travers, gr. par C. van Breen. Au bas de chacune, des vers latins et flamands (Van Hulthem, 1168).

L'Enfant prodigue livré à la volupté. Riche composition et morceau capital de deux feuilles réunies en travers; gr. par J. de Gheyn, le vieux, (J., I, 413; Frauenholz, 5 flor. 46 kr.; Sternberg, 1 1/2 thal.).

L'Enlèvement d'Europe. Petite pièce ronde, gr. par le même.

Persée délivrant Andromède. Pièce ronde, gr. par le même (Winckler, 3096; Van Hulthem, 1576).

Susanne au bain, gr. par P. de Jode (Van Hulthem, 1815).

Hérodiade dansant en présence d'Hérode, gr. par Jean Saenredam. On lit au bas: *Dum laetus celebrare*, etc. L. 15 p. 2 l.; H. 9 p. 4 l. (B. 112; comte***, de Vienne, 2477).

Rébecca donnant à boire à Eliezer, serviteur d'Abraham. *Abrahamus nato cum*, etc.; gr. par le même. L. 15 p. 1 l.; H. 9 p. 4 l. (B. 110; comte***, de Vienne, 2476).

MANETTI (Rutilio).

Loth enivré par ses filles. Sujet dans un octogone dont la bordure contient une inscription: *Quem parient natum*, etc. Gr. par Bern. Capitelli. L. 8 p. 9 l.; H. 7 p. 2 l. (B. 1).

L'Orgie, gr. par le même. Deux jeunes gens et leurs maîtresses faisant débauche à table. Sujet dans un ovale entouré de cette inscription: *Qua turget venter — — ordine sunt vitia.* L. 0.255; H. 0.200 (B. 29).

MANIGAUD, grav. en man. noire, contemp. — Voir J. *Cottin*, H. *Lazerges*, *Leloir*, *Mès*, Ch. *Moreau*, *Schopin*, Ch. *Wauters*.

MANON LESCAUT. — Voir J.-F. *Bolt*, *Giraud*, Ch. *Hue*.

MANOZZI (G.).

Psyché, armée d'un poignard et d'une lance, près de l'Amour. In-fol., gr. par Lor. Lorenzo.

MANSFELD (Jean-Ernest), dessin. et graveur à la pointe et au burin, né à Prague, en 1738; travaillait à Vienne, et mourut en 1818. — Voir *Füger*, A. *Peter*.

MANSOL, dessin. et grav. de la fin du XVIIIe siècle.

La Grotte. — *Le Plaisir des dames*; deux pièces au pointillé. H. 0.09; L. 0.08 (Bance, 2 fr. chaque).

MANTÉGNA (Andréa), peintre et grav., né à Padoue, en 1431; mort à Mantoue, le 15 septembre 1506.

La Danse des quatre femmes. Quatre jeunes femmes, légèrement habillées à l'antique, dansent en se tenant par les mains. Gr. par Zoan Andrea. L. 0.338; H. 0.257 (B. 18; Sikes, 10 livres 15 sh.; Delbecq, 90 fr.).

La Danse des quatre femmes, gr. par Jean-Ant. de Brescia. L. 12 p. 6 l.; H. 8 p. (B. 20; J., III, p. 279; Durand, 100 fr.).

Silène entouré d'Amours dont l'un lui verse du vin dans une écuelle, un second lui donne des raisins et deux autres lui mettent une couronne sur la tête. Gr. par le même. H. 0.243 ; L. 0.168 (B. 17).

Le Joueur de violon entouré de trois femmes nues ; le jeune homme est nu aussi. Gr. par Marc-Antoine. Rare. H. 10 p. 6 l.; L. 7 p. 5 l. (B.398; Van Hulthem, 3707).

Diane et Endymion, gr. par P. Savart, 1778. H. 0.138; L. 0.092 (*Journal de Paris*, 1778, 2 livres 8 sous).

MANTOUAN (le). — Voir *Ghisi*.

MANUEL (Nicolas), peintre et grav., né à Berne, en 1484; mort en 1530.

La Courtisane surprise par la mort, in-fol.

Les Vierges sages et les vierges folles, 1548, suite de dix planches in-4°. Rare.

MARAIS (J.-B.), graveur, né vers 1768; travaillait à Paris, à la fin du XVIIIe siècle et au commencement du XIXe. — Voir *Furini*, L. *Giordano*, *Jules Romain*.

Hermaphrodite, de la Galerie de Florence.

MARATTI (Carlo), peintre et grav. à l'eau-forte, né à Camerino, dans la Marche d'Ancône, en 1625; mort à Rome, en 1713.

Apollon et Daphné, gr. par R. van Audenaerde. L. 0.613; H. 0.585 (J., I, 175; Rigal, 13).

Bethsabée au bain dans son jardin avec ses femmes, contemplée par le roi David du haut de son palais. Grande pièce en haut., gr. par le même. Au bas, cette inscription : *Accidit ut surgeret Dauid* (Winckler, 2465; Rigal, 13).

Eliezer offrant des bracelets à Rébecca, grande pièce en haut., gr. par le même (J., I, 175).

Galatée sur les eaux. Belle gravure par Jean Audran. L. 0.595; H. 0.379 (Rigal, 20; Bellenger, 9 liv. 1 sh.; Brandes, 3 $^1/_6$ thal.).

Diane nue dans un paysage, gr. par J.-K. Baldrey.

Apollon et Daphné, gr. par J.-F. Bolt, 1798. H. 0.133; L. 0.083.

Diane et Actéon, in-fol. en larg., gr. par L. Desplaces (J., I, 425).

Danaé couchée, recevant la pluie d'or; gr. en larg., par le même (Winckler, 2576; Van Hulthem, 4206).

Le même sujet, in-fol. en travers, gr. par B. Farjat (Van Hulthem, 3545).

Joseph s'échappant des bras de la femme de Putiphar, gr. par Jér. Ferroni. On lit cette inscription dans la marge d'en bas : *Qui relicto in manu eius pallio, fugit. Genesis, cap. 39*. H. 11 p. 2 l.; L. 8 p. 6 l. (B. 5).

Le Dieu Pan trompé par Diane, gr. en haut., par J.-J. Frezza.

Le Jugement de Pâris, in-fol., gr. par le même (J., II, 58).

Diane sortant du bain, surprise par Actéon. Gr. en larg., par Louis Jacob (Van Hulthem, 4342).

Vénus couchée, gr. par Krueger (J., II, 175).

Vénus et l'Amour dans un paysage. In-fol. en travers, gr. par J.-B. Michel.

Diane, petit croquis gr. par Pietro comte de Rotari (Rigal, 688).

Diane et Actéon, grand in-fol. en haut., gr. par Scorodoomoff (Paignon-Dijonval, 781; Van Hulthem, 5061).

Jupiter et Léda, gr. par J.-B. Sintes.

MARC-ANTOINE RAIMONDI, célèbre graveur, né à Bologne, vers 1488; mort vers 1540. Ses estampes sont très-recherchées. A la vente Debois, faite en 1843, il y en avait 150 qui ont été vendues en détail et ont produit 41,700 fr. — Voir l'*Antique*, Alb. *Durer*, *Francia*, *Jules Romain*, André *Mantégna*, le *Parmesan*, *Raphaël*.

L'Amour et les trois enfants, 1506. L'Amour faisant des efforts pour porter une caisse dans laquelle se tient debout un enfant, et que deux autres enfants soutiennent. Pièce très-rare, gravée dans la première manière du maître, d'après un anonyme. H. 8 p. 6 l.; L. 6 p. 10 l. (B. 320; comte***, de Vienne, 1917).

Les Deux satyres et la nymphe. Un satyre portant sur son dos une nymphe qu'un autre satyre paraît vouloir frapper. H. 7 p.; L. 5 p. (B. 305).

Le Jugement de Pâris. Pâris est assis sur une butte, et appuyé sur une hache. Les trois déesses sont debout devant lui, toutes nues. Junon fait un geste vers Vénus qui tient la pomme d'or. Minerve montre à Pâris un petit miroir, symbole de la prudence. Pièce sans marque, gr. par Marc-Antoine d'après un inconnu. H. 10 p. 5 l.; L. 7 p. 9 l. (B. 339).

Mars, Vénus et l'Amour, 1508. Mars nu, assis, menace de la main Vénus qu'il repousse. Celle-ci, détournant le visage de son amant d'un air affligé, semble vouloir s'éloigner, malgré les efforts de l'Amour pour l'en empêcher. Estampe dans les premières manières de Marc-Antoine. On prétend qu'il l'a gravée d'après André Mantégna. Les premières épreuves n'ont pas le flambeau à la main de Vénus, ni la tête de Méduse sur le bouclier de Mars. H. 11 p.; L. 7 p. 9 l. (B. 345; Van Hulthem, 3700).

Nymphe couchée, convoitée par un satyre (Debois, 212 fr.).

Orphée et Eurydice, gr. dans la première manière du maître. Orphée retire Eurydice des enfers. Il joue du violon et Eurydice le suit de près. H. 6 p. 6 l.; L. 5 p. (B. 295; comte ***, de Vienne, 1912).

Satyre surprenant une nymphe. Un satyre retirant le drap dont est couvert le bras d'une nymphe qui se cache le visage, étant assise à terre contre un quartier de roche. Cette estampe est un des premiers essais de Marc-Antoine. On ignore d'après quel maître il l'a gravée. H. 5 p. 6 l.; L. 4 p. 9 l. (B. 285).

Satyre surprenant une nymphe, 1506. Un satyre s'approchant d'une manière très-libre d'une nymphe couchée à l'entrée d'une grotte. Elle tient une corne de la main gauche, tandis qu'elle lève le bras droit couvert d'une draperie, pour se cacher le visage. Gravé d'après un inconnu. H. 8 p. 6 l.; L. 6 p. 7 l. (B. 219; Debois, 150 fr.).

Statue d'Ariane. Ariane abandonnée dans l'île de Naxos; statue antique à demi-nue, couchée et endormie (Duchesne aîné, 58).

Un homme fouettant la Fortune. Un homme nu, tenant par les cheveux la Fortune qu'il fouette avec un voile. La Fortune est représentée par une femme nue, tenant un gouvernail. Gravé dans les premières manières du maître, peut-être d'après Francia. Extrêmement rare. H. 5 p. 3 l.; L. 4 p. 10 l. (B. 378; comte ***, de Vienne, 1932).

Vénus et Enée. Vénus sous la forme d'une chasseuse, apparaissant à Enée, qui vient d'aborder en Afrique. H. 6 p. 10 l.; L. 4 p. 3 l. (B. 288).

Vénus sortant de la mer, tordant l'eau de ses cheveux. Gr. en 1506, d'après le dessin d'un anonyme. L. 5 p. 7 l.; H. 3 p. (B. 312; Debois, 200 fr.).

Vulcain, Vénus et l'Amour. Vénus est assise, tenant la pomme d'or d'une main, et de l'autre une flèche que l'Amour lui demande. Vulcain, près de sa forge, bat un fer sur l'enclume. Gravé dans les premières manières du maître. Rare. L'auteur du dessin n'est pas connu. H. 9 p. 4 l.; L. 7 p. 6 l. (B. 326; comte ***, de Vienne, 1918).

Femme de satyre auprès de la statue de Priape. Une satyresse s'attachant d'une main aux cornes de la statue de Priape, qui est placée derrière elle. Groupe tiré de la *Bacchanale* de Marc-Antoine, d'après un bas-relief antique. Pièce sans marque, gr. à l'eau forte, par un anonyme. H. 5 p. 6 l.; L. 4 p. (B. 284).

Vénus, l'Amour et Pallas, gr. par un anonyme, d'après les figures des mêmes personnages tirées du *Jugement de Pâris,* de Raphaël. H. 8 p. 2 l.; L. 4 p. 10 l. (B. 310; Camberlyn, 2e vente, No 2809).

Lucrèce. Elle est nue, assise, et s'enfonce un poignard dans le sein. Gr. par Altdorfer. H. 1 p. 10 l.; L. 1 p. 1 l. (B. 41).

Vénus entrant au bain. Elle est accroupie et accompagnée de l'Amour qui est derrière elle sur un piédestal. Gr. par le même. H. 0.060; L. 0.040 (B. VIII, p. 53; comte ***, de Vienne, 148).

Vénus sortant du bain. Elle est assise, occupée à sécher son pied droit. L'Amour est debout, à gauche. Gr. par le même. H. 0.060; L. 0.040 (B. VIII, p. 53; comte ***, de Vienne, 149).

Les Trois Grâces, bas-relief antique, gr. par Ch.-Et. de Laune, d'après l'estampe de Marc-Antoine.

Une femme nue, gr. par Péquégnot. Paris, 1856.

Danse de satyres et de nymphes, gr. par Aug. Vénitien (B. XIV, 250).

MARC-ANTOINE (Anonyme de l'école de).

Diane et ses nymphes au bain. Diane jette de l'eau à Actéon, qui commence à se métamorphoser en cerf. Deux nymphes pareillement au bain lui tournent le dos. Dans le fond, on voit Actéon dévoré par ses chiens. Pièce gr. par un anonyme habile, de l'école de Marc-Antoine. L. 15 p. 3 l.; H. 10 p. 3 l. Le Maître au nom de Jésus en a fait une copie (B. XV, p. 40, No 10).

Lucrèce se donnant la mort avec un poignard. Elle est nue, sauf un drap dont un bout pend sur son bras droit, et dont le reste lui descend sur le derrière jusqu'à terre, en cachant une partie de sa cuisse gauche. H. 7 p. 10 l.; L. 5 p. (B. XV, p. 28, N° 1).

La Nymphe, le Satyre et l'Amour. Une nymphe debout, vêtue d'une draperie attachée sur son épaule et qui ne couvre que le bas de son corps, foule à ses pieds un satyre derrière lequel est placé l'Amour. Pièce libre. H. 0.205; L. 0.126 (L ***, en novembre 1858, 20 fr.).

Le Triomphe de Vénus. Vénus est debout sur un globe dans une grande conque. L'Amour en l'air lui présente une flèche. Le bateau est précédé d'un monstre marin, sur lequel sont deux hommes qui sonnent de la trompette. Des nymphes, des tritons et des amours accompagnent la marche. Pièce médiocre, gr. par un anonyme. L. 6 p. 6 l.; H. 4 p. 4 l. (B. XV, p. 38, N° 7).

Vénus et l'Amour. Vénus tient une flèche d'une main et de l'autre relève son manteau. Devant elle, l'Amour s'appuie sur son arc. Pièce gravée par un anonyme de l'école de Marc-Antoine, d'après un dessin que les uns attribuent au Primatice, d'autres au Parmesan. H. 11 p.; L. 7 p. 6 l. (B. XV, p. 37, N° 6).

MARC DE RAVENNE (Marco *Dente,* dit), graveur, né à Ravenne, vers 1496; mort à Rome, vers 1550. Elève de Marc-Antoine, avec Aug. Vénitien, ils travaillèrent ensemble et leurs manières se rapprochent assez pour que l'on confonde leurs œuvres. — Voir l'*Antique, Jules Romain, Raphaël.*

La Nymphe enlevée par un triton. Il nage une rame à la main, et de l'autre il lui tient le bras. Pièce sans marque, attribuée à Marc de Ravenne. L. 6 p. 4 l.; H. 4 p. 3 l. (B. 229; J., II, 249).

MARCENAY DE GHUY (Antoine de), dessin. et grav. amateur, né à Arnay-sur-Arou, en 1722; mort à Paris, en 1811. — Voir Ch. *Lebrun,* D. *Téniers,* L. van *Uden.*

Jeanne d'Arc, in-8° (Camberlyn, 1re vente, N° 1992).

Marie-Antoinette, princesse de Pologne, électrice de Saxe, représentée dans un médaillon attaché à une pyramide, d'après le portrait peint au pastel par elle-même, en 1765. H. 7 p. 10 l.; L. 5 p. 3 l. (Rigal, 476; P. de Corneillan, 313).

MARCHAND (J.-L.), travaillait en Angleterre, dans la première moitié du XVIIIe siècle. — Voir *Gravelot.*

MARCHAND (Gabriel), grav. au burin, né vers 1755. — Voir *Challe, Fragonard, Pierre, Théolon.*

Les Approches de guinguettes.

Les Amusements espagnols.

MARCHANT (Pierre), peintre et grav., travaillait à Paris, au commencement du XVIIe siècle.

L'Amour appuyé sur un tronc d'arbre. In-4°.

MARCHAU, dessin. contemp.

Bons conseils. — Mauvais conseils; deux pièces lithogr. par Regnier. H. 0.48; L. 0.35 (Bulla, en rehaut, 8 fr. chaque).

MARCHESINI (Aless.), peintre et grav., né à Vérone, en 1664; mort vers 1735.

Vénus assise contre un arbre, un Amour sur ses genoux; un autre lui présente une pomme; un troisième casse des flèches. In-fol. en haut.

Ariane et Bacchus, gr. par J. da Leonardis.

MARCHETTI (Dom.), graveur, né à Rome, en 1780. — Voir *Agricola, Canova.*

MARCK (Quirin), dessin. et grav. au burin, né à Littau (Moravie), en 1753; mort en 1811. — Voir *Braun, Franceschini, Francisque, Rubens.*

MARCKL, grav. contemp. — Voir Théoph. *Fragonard.*

MARCUARD (Robert-Samuel), dessin. et grav., né en Angleterre, en 1751; mort vers 1792. — Voir *Bartolozzi, Beachi, Cipriani,* J. *Flaxman,* W. *Hamilton,* Ang. *Kauffman, Ramberg, Stothard.*

Les Plaisirs de l'été, in-fol. ovale.

La Surprise au bain, 1787.

MARGUERITE, archiduchesse d'Autriche, femme de Philippe III, roi d'Espagne. — Voir J. *Houbraken,* Ant. *Wierix.*

MARGUERITE DE FRANCE, duchesse de Savoie. — Voir J. *Rabel.*

MARGUERITE DE LORRAINE, petite fille de René de France. — Voir Pierre van *Schuppen.*

MARGUERITE DE LORRAINE, femme de

Gaston de France, duc d'Orléans. — Voir Van *Dyck*.

MARGUERITE DE VALOIS, reine de France. — Voir Léonard *Gaultier*, Franz *Harrewyn*, *Lanté*, J. *Rabel*, Jean *Wierix*, Jérôme *Wierix*.

MARIAGE (Lucien-François), grav. au burin, travaillait à Paris, au commencement du XIXe siècle. — Voir *Ansiaux*, *Bertin*, *Charpentier*, Al.-E. *Fragonard*, *Moreau*, le jeune.

Deux Amours aiguisant des flèches. — *Deux Amours taillant des arcs*; deux pièces in-fol. en larg.

MARIE, fille de Charles Ier, épouse de Philippe de Nassau, fils du prince d'Orange. — Voir Van *Dyck*.

MARIE, gouvernante des Pays-Bas. — Voir Adr. van der *Werff*.

MARIE, princesse de Pologne, reine de France. — Voir *Tocqué*.

MARIE, reine de la Grande-Bretagne. — Voir *Holbein*, J. van der *Vaart*, Adr. van der *Werff*.

MARIE, reine d'Ecosse. — Voir *Elstrake*, Fréd. *Zuccheri*.

MARIE-ANNE, archiduchesse d'Autriche. — Voir *Houbraken*.

MARIE-ANTOINETTE, princesse de Pologne. — Voir *Canale*, *Marcenay de Ghuy*.

MARIE-ANTOINETTE, reine de France. — Voir *Alix*, G.-Ph. *Benoist*, A.-F. *Bertrand*, *Besson*, L.-S. *Boizot*, *Bonnet*, *Bonvoisin*, Ed. *Bovinet*, *Boze*, A. *Bureau*, J.-D.-E. *Canu*, *Claussin*, *Cochin* (le jeune), *Dambrun*, *Davène*, P. *Delaroche*, Mme *Dubos*, *Dufroé*, J. *Dumont*, *Dupin*, *Durand d'Oberval*, *Fredou*, *Gérard*, John *Haynes*, *Hubert*, *Kernosckii*, *Klanzinget*, *Lafosse*, *Lebeau*, Mme *Lebrun*, *Leclerc*, *Lemire*, *Malgo*, *Marillier*, *Mauperin*, Ch.-L. *Muller*, *Porporati*, *Rosselin* le suédois, *Ruotte*, P. *Savart*, *Vanloo*.

MARIE-CHRISTINE, reine d'Espagne. — Voir *Winterhalter*.

MARIE-CHRISTINE, archiduchesse d'Autriche. — Voir J. *Houbraken*.

MARIE D'ANGLETERRE. — Voir *Devéria*.

MARIE DE LORRAINE, duchesse de Guise, princesse de Joinville. — Voir *Mignard*, Adr. van der *Werff*.

MARIE DE MÉDICIS, reine de France. — Voir A. *Bureau*, Van *Dyck*, *Grandhomme*, *Hondius*, *Jacquand*, *Pourbus*, *Rubens*, A. de *Saint-Aubin*, Jean *Wierix*, Ant. *Wierix*.

MARIE-ELISABETH, archiduchesse d'Autriche. — Voir J. *Houbraken*.

MARIE-HENRIETTE DE FRANCE. — Voir *Nattier*.

MARIE-JEANNE-BAPTISTE de Savoie-Nemours, duchesse de Savoie. — Voir Robert *Nanteuil*.

MARIE-JOSEPH, reine de Pologne, archiduchesse d'Autriche. — Voir L. *Silvestre*.

MARIE-LOUISE. — Voir *Isabey*, *Prudhon*.

MARIE STUART, reine d'Ecosse. — Voir J. *Berlier*, *Bianchi*, *Bonvoisin*, A. *Bureau*, C. *Constans*, R. *Cosway*, J. *Couvay*, *Decaisne*, J.-L. *Ducis*, Van *Dyck*, *Fradelle*, H. *Hogenberg*, W. *Hollar*, J. *Houbraken*, Grég. *Huret*, Michel *Lasne*, Thomas de *Leu*, Peters *Maes* (le jeune), Balth. *Moncornet*, Gasp. *Netscher*, *Niel*, *Pannier*, B. *Picart*, van der *Plaats*, J. *Rabel*, *Thomas*, van der *Vaart*, van der *Werf*.

MARIE-THÉRÈSE, reine de France. — Voir *Bazin*, *Beaubrun*, *Gautier-d'Agoty*, *Mignard*, Lambert *Visscher*, *Wille*.

MARIETTE (Pierre-Jean), graveur, né à Paris, en 1694; mort en 1774. — Voir *Rubens*, *Watteau*.

Scène du marié, avec Gros-Guillaume et Turlupin.

Turlupin voy l'espousée
Qui vient en fort bel arroy,
Et que l'Amour a posée
Dessus un beau palefroy.

Cette pièce fort rare et fort curieuse représente le marié et la mariée montés chacun sur un âne; la femme entre deux matrones, l'homme entre deux compères; un flûteur les escorte et Turlupin les regarde par la fenêtre. L. 0.360; H. 0.160 (Soleinne, 10).

MARIETTO (D.).

Apollon et Daphné. — *Diane et En-*

dymion; deux pièces gr. par Antonio Capellan. Quatre vers italiens dans la marge.

MARIGNY, grav. contemporain. — Voir *Franquelin.*

MARILLIER (Clément-Pierre), dessin. et grav., né à Dijon, en 1740; mort à Melun, en 1808.

Les Désirs réciproques. Joli petit intérieur de salon d'attente, rond, donnant sur un jardin. Gr. par Mme Chevery (11 nov. 1861, avec la *Vertu surprise,* d'après Monnet, 3 fr. 50).

Marie-Antoinette, dauphine. Portrait de profil, in-8° ou in-4°, gr. par Lebeau.

MARIN (Louis), grav. au burin, français, travaillait à Londres, de 1776 à 1780. — Voir *Leclerc,* M.-A. *Parelle, Rosso de Rossi.*

Cupid caressing his mother (Cupidon caressant sa mère), in-12 ovale.

Cupid dancing with his mother (Cupidon dansant avec sa mère), in-12 ovale.

Cupid takinq down the smock of Venus (L'Amour enlevant la chemise de Vénus), in-12.

The Danger of sleep (Le Danger du sommeil), in-fol. en travers (*Manuel de l'amateur d'estampes,* p. 606).

The Milk woman (La Laitière), in-fol.

The Charms of the morning (Les Charmes de la matinée), in-fol.

The Pleasures of education (Les Plaisirs de l'éducation), in-fol. (vente du 27 mai 1861).

La Pantoufle. — *Le Bonnet;* deux jolies pièces en couleur (cat. A. David).

The Three Grâces (Les Trois Grâces), in-12 sur fond d'or, rare.

The True paternal cure (Le Vrai curé paternel), in-fol. en larg. (vente du 27 mai 1861).

The Woman taking coffee (La Femme prenant son café), in-fol.

MARLBOROUGH (Caroline, duchesse de). — Voir J. *Reynolds.*

MARNE (Louis-Ant. de), dessin. et grav., né en 1675; mort à Paris, en 1755.

Danaé, in-fol. en travers.

MAROHN, peintre contemporain.

Ce qu'on voit et ce qu'on ne voit pas, lith. par Regnier (*Musée des rieurs,* N° 18). L. 0.47; H. 0.37. Goupil, imitation de pastel, 6 fr.; en coul., 12 fr.

Le Coq du village. Un jeune garçon entre deux villageoises dans une voiture (*Musée des rieurs,* N° 3). Lith. par Regnier et Bettannier. L. 0.47; H. 0.37. Goupil, 6 et 12 fr.

Les Nièces de M. le curé, lith. par Schultz. Paris, Vibert et Goupil, 1849.

Un jeune homme à marier, lith. par le même (*Musée des rieurs,* N° 17). L. 0.47; H. 0.37. Goupil, pastel, 6 fr.; en coul., 12 fr.

Un domestique pour tout faire. — *Un jeune homme à marier;* deux phot. de 0.07 sur 0.12. Paris, Goupil, 1 fr. 50 chaque.

MAROT (François), peintre, élève de Lafosse; mort en 1719, à 52 ans.

Acis et Galatée, gr. par Benoit Ier Audran. H. 0.340; L. 0.280.

Acis et Galatée, gr. par Jean Audran.

Le même sujet, gr. par Fr. Chéreau.

Vertumne et Pomone, gr. par le même (vente du 18 mai 1864, N° 792).

Angélique et Médor, in-fol., gr. par J. Moyreau.

MARQUET (Mlle), actrice. — Voir *Alophe.*

MARS (Mlle), actrice célèbre du Théâtre-Français. — Voir *Alès, Belliard, Bera, Bertonnier,* N.-F. *Bertrand, Boilly, David, Desplaces, Devéria,* Fr. *Gérard, Grévedon, Jacob, Jacques, Lecomte, Lemire,* C. *Motte, Niquet, Staal, Vigneron.*

MARS ET VÉNUS. — Voir *Angolo,* l'*Antique,* Jacques de *Barbary,* Jules *Bonasone,* L.-M. *Bonnet,* P. *Bordone,* *Canova,* P. *Caravage,* Ann. *Carrache, Chaillou, Devéria,* Michel *Dorigny,* Van *Dyck,* Ch. *Eisen,* *Ecole de Fontainebleau,* Ph. *Galle,* J. de *Gheyn,* J.-B.-Bertano *Ghisi,* L. *Giordano, Girodet-Trioson,* H. *Goltzius,* le *Guerchin,* A. *Houbraken,* P. *Isaac,* Joh. *Kelertaler,* G. de *Lairesse,* J. *Lanfranc,* Ch.-Et. de *Laune,* Séb. *Leclerc,* Bernard *Lens* (le jeune), *Levasseur, Lucas de Leyde,* le *Maître au monogramme* CPP, Jacques *Matham,* Corn. *Matsys,* R. *Matta,* P. *Morelse,* le *Parmesan,* L. *Penni,* le *Poussin,* le *Primatice,* C. *Reverdino, Rosso de Rossi, Rottenhamer,* P. *Schenk, Sixdeniers, Sommer,* B. *Spranger,* le *Titien,* Perino del *Vaga,* C. *Vanloo,* P.

Véronèse, Simon *Vouet*, *Willeborts*. — Voir aussi VULCAIN, MARS ET VÉNUS.

MARS, FLORE ET VÉNUS. — Voir Corn. *Schutt.*

MARS, VÉNUS ET L'AMOUR. — Voir Al. *Claas*, le *Guerchin*, *Lucas de Leyde*, André *Mantégna*, P. *Véronèse*.

MARSILLY.

*M*me *la comtesse Du Barry*. Copie retournée du portrait gravé par Beauvarlet, cadre sculpté entouré d'une guirlande de roses; au-dessous, un coussin sur lequel sont un arc et un carquois. Dess. par Marsilly, gr. par Lebeau. Au bas, deux vers (*Revue universelle des arts*, tome XXII, p. 133).

MARSY (Gaspard), sculpteur, né à Cambrai, en 1628; mort à Paris, en 1681.

Vénus, statue des jardins de Versailles, gr. par J. Edelinck, en 1680 (C. L., No 1309, 1 fr. 50).

MARTENASIE (Pierre-F.), graveur, né à Anvers; mourut vers 1770. — Voir *Boucher*, *Rubens*, *Wouwermans*.

MARTINET (Marie-Thérèse), dessin. et grav. au burin, née en 1731. — Voir *Queverdo*.

MARTINET (Louis-Achille), dessin. et grav., né à Paris, en 1806. — Voir Léon *Cogniet*, *Court*, A. de *Dreux*, *Duclos*, C.-L. *Muller*.

Emilie, dans Clovis, portrait color. (Soleinne, 104).

MARTINET (chez).

Au Bal masqué: Qu'est-ce que vous me voulez, mesdames?... Te voir, t'admirer, et puis souper après. — Toi, ici!... Tu y es bien, toi!... — J'ay retrouvé chez moi ce sucre de pomme qu'on m'a donné il y a cinq ans. — Demain, j'ai un billet de quinze cents francs à payer, et il me manque cent sous... — J'aime les Ecossais... — Alors, tu ne payes pas à souper? — Mon p'tit pâtissier, offre-moi un godiveau, rien qu'un godiveau! — Mademoiselle fait ses dents?.. Monsieur perd les siennes? — Veux-tu souper?.. Monsieur, je suis une femme honnête, je ne soupe jamais avec un homme que je vois pour la première fois. Venez me prendre demain pour dîner, nous souperons au prochain bal. — Je vous vends mon corbillon.... Qu'y met-on?... Un souper chic... La rime est pauvre... Oui, mais au café Riche; etc., etc. Paris, impr. lithogr. Destouches; chez Martinet, 1865-66.

Ces petites dames: Milord veut-il un guide de l'étranger dans Paris? — Oui, ma chère, il a eu l'aplomb de me dire que je le trompais avec Gustave... — Je n'accepte pas ce chapeau; il y a trop de chapeau et pas assez de bride. — Ernest me plante là et pourtant je lui étais fidèle... Tu lui étais fidèle, c'est un reproche que tu as à te faire. — Pourquoi dites-vous toujours âho! no! âho! yes!... — Ah! marquis! passer si près de chez moi et ne pas monter, ce n'est pas... d'un gentleman!... — Mademoiselle Camélia se mettant en chasse, gare les cœurs, elle fera feu des deux prunelles. — Comment! tu attends une visite, et tu laves ton chien au lieu de t'habiller... Dam!... c'est une personne que nous connaissons à peine, il faut que Bichon soit propre; etc. Paris, impr. lithogr. de Destouches; chez Martinet, 1865, 1866.

Croquis parisiens. Le perroquet : Léon, paye cachemire à maîtresse.... La dame (à part): Gustave donc, animal! Il ne peut jamais se tenir au courant des mutations. — Ma chère amie, comme les affaires vont très-mal, je te fais un cadeau en deux fois : Je te donne aujourd'hui l'écrin; quand les affaires marcheront mieux, je t'achèterai le bracelet. — Nouveau moyen d'accoster une femme en 1866 : Madame, voulez-vous me permettre de porter votre paquet... de cheveux? etc. Paris, impr. lithogr. de Destouches, 1866; chez Martinet.

Le Goût du jour. No 32. Le Concert à trois. Caricature in-4o en travers. Paris, chez Martinet. — Une dame décolletée est assise devant trois musiciens.

Remarquez ce concert à trois,
Quel accord, quelle intelligence!
Le financier Mondor fier d'en dicter les loix,
La main sur la pochette, en marque la cadence.
L'officier robuste, au poulmon vigoureux,
Donne du cor avec beaucoup d'adresse.
Jeune encor, mais flatté par un succès heureux,
Le jouvenceau Damis sur sa flûte s'exerce.

Messieurs nos fils et mesdemoiselles nos filles, vingt planches lith. de portraits caricatures. Paris, Martinet, 1861.

Scènes conjugales : Madame, je vous ordonne de rentrer dans votre appartement; etc. Paris, Martinet, 1857.

MARTINEZ (Chrisostome), peintre et grav., né à Valence, vers 1650; mort en 1691. — Voir Ant. *Verio*.

MARTINI (Pietro-Ant.), dessin. et grav.,

né à Parme, en 1739; mort en 1800. — Voir Nic. *Berghem*, *Breughels*, Ch.-N. *Cochin*, *Lebrun*, *Moreau* (le jeune), Corn. *Poelenburg*, *Queverdo*, J. *Vernet*, Corn. *Troost*.

Les Bergers d'Arcadie, 1769, in-fol.

MARVIC, graveur. — Voir *Lancret*.

MASON (James), grav. à la pointe et au burin, né en Angleterre, vers 1710; mort vers 1780. — Voir *Sacchi*.

MASQUELIER (Louis-Joseph), grav. au burin, né à Cisoing (Flandre), en 1741; mort en 1811. — Voir l'*Antique*, *Baudouin*, *Giordano*, Luc. *Jordans*, *Lawreince*, P. *Potter*, *Raoux*.

Mme de Sévigné, portrait in-8.

MASQUELIER (Nicolas-François-Joseph), dit le jeune, graveur, né le 10 décembre 1760, au Sars, hameau de Flers, village situé sur la route de Tournay, à 5 kilom. de Lille; mort à Paris, le 20 juin 1809. — Voir l'*Antique*, Pietro de *Cortone*.

MASQUELIER (Claude-Louis), dit le fils, graveur, né à Paris, en 1781. — Voir *Zuccheri*.

MASSARD (Jean-Baptiste), le père, grav. au burin, né à Belesme (Orne), en 1740; mort à Paris, en 1822. — Voir *Baudouin*, Fr. *Boucher*, *Cignani*, Van *Dyck*, *Gérard*, *Greuze*, le *Guerchin*, *Latour*, *Miéris*, *Moreau* (le jeune), *Rubens*, le *Titien*, Van der *Werff*.

MASSARD (Jean-Baptiste-Raphaël-Urbain), fils et élève du précédent, grav. au burin, né à Paris, en 1775. — Voir l'*Antique*, le *Corrége*, *Jules Romain*, Léon. de *Vinci*.

MASSARD (Léopold), grav. contemp., né à Crouy-sur-Ourcq (Seine-et-Marne); élève de son père. — Voir *Beaumont*, *Brochard*, *Staal*, *Steuben*.

MASSÉ (Charles), dessin. et grav., né au commencement du XVIIe siècle. — Voir Ann. *Carrache*, le *Poussin*, le *Titien*.

MASSÉ (Jean-Bapt.), peintre et grav., né à Paris, le 29 décembre 1687; mort le 26 septembre 1767.

Vénus implorant Mercure en faveur d'Enée. H. 0.324; L. 0.281.

MASSOL, graveur moderne. — Voir *Lemire*, *Lethière*.

MASSON (Antoine), peintre au pastel et grav. à l'eau-forte et au burin, né à Louvry, près d'Orléans, en 1636; mort à Paris, en 1700. — Voir P. *Mignard*.

Marie-Anne-Victoire de Bavière, dauphine de France, vue de trois-quarts, dans une bordure ovale. 1680. H. 17 p. 10 l.; L. 15 p. 5 l. (R. D. 48).

Nelly Gwynn, maîtresse de Charles II. Elle est couchée dans un parterre émaillé de fleurs, sous une tente qui se voit à gauche, et dont un des rideaux est soutenu par l'un de ses enfants sous les traits de l'Amour; elle regarde à la droite du haut, où son autre enfant, sous les traits d'un second Amour, lui apparaît tenant un brandon. Dans le fond de la droite, le roi se promène au-devant de son palais et un page porte la queue de son manteau. Rare. L. 15 p. 11 l.; H. 13 p., y compris 2 p. de marge (R. D. 33).

MASSON (Alphonse), peintre et graveur contemporain, né à Paris. — Voir *Chaplin*, le *Corrége*.

Le Crépuscule, baigneuse. Eau-forte. Paris, impr. Pierron, 1854.

MATHAM (Jacques), peintre et habile grav. au burin, né à Harlem, en 1571; mort dans la même ville, en 1631. — Voir *Arpinas*, *Bloemaert*, Corn. *Cornelis*, H. *Goltzius*, C. van *Harlem*, Paul *Morelse*, *Rottenhamer*, *Rubens*, B. *Spranger*, le *Titien*, C. *Visscher*.

Adonis assis sous une tente, embrassant Vénus qui est étendue sur ses genoux. Pièce ovale. L. 8 p. 1 l.; H. 6 p. 2 l. (B. 16).

Anne d'Autriche, veuve, en pied, assise. Petit in-fol. avec vers de Laserre, au bas (vente de mars 1866, No 410).

Chimon devenant sage à la vue de la belle Ephigénie qu'il rencontra endormie dans un bocage. Sujet raconté par Boccace dans sa 40e nouvelle. Dans la marge: *Cum multos amor*, etc. L. 8 p. 3 l.; H. 6 p. 3 l. (B. 59).

Le Coucher de Vénus. Elle est entourée de nymphes qui la déshabillent, tandis que Mars, aidé par des Amours, se débarrasse de ses armes et de ses vêtements. Titre: *Mars positis armis*, etc. H. 15 p. 10 l.; L. 12 p. 5 l. (B. 15; Van Hulthem, 1988).

Les Suites de l'ivresse, suite de 4 estampes: 1o Un homme buvant à l'excès, encouragé par une fille qui est assise vis-à-vis de lui, tandis que l'appareilleuse fait le compte. *Terrarum nusquam magis*, etc. — 2° Une courtisane embrassant un homme enflammé par le vin, sur les genoux duquel elle est assise. *Crebrior inprimis potandi*, etc. — 3° Un homme ivre jouant au tric-trac avec une courtisane qui le trompe. *Nec satis insano*, etc. — 4° Un ivrogne assassiné par un fripon à la suite d'une querelle de jeu. *Tunc locus est pugnæ*, etc. L. 7 p. 2 l.; H. 5 p. 10 l. (B. 55-58).

Une Demoiselle de Dantzig, représentée dans son habillement à la mode d'alors. *Virgo Gedanensis*, etc. H. 9 p. 11 l.; L. 7 p. 3 l. (B. 60).

Vénus au sortir du bain, se regardant dans un miroir tenu par un Amour, tandis qu'elle est épiée par un satyre. H. 6 p. 6 l.; L. 5 p. 3 l. (B. 17).

Vénus assise au pied d'un arbre, recevant les caresses d'un dieu qui l'embrasse. Dans le fond, Jupiter et Junon assis à table avec les autres dieux de l'Olympe. Pièce ovale. H. 8 p. 6 l.; L. 6 p. 5 l. (B. 21; 26 nov. 1866, N° 71).

Susanne au bain, gr. par N. B. Dans la marge : *Quo veteratores ruitis*, etc. H. 7 p. 6 l.; L. 6 p. 3 l. (B. III, p. 210).

Susanne au bain, gr. par van Breen.

Un jeune homme assis près d'une jeune demoiselle dont il est amoureux, tandis que l'Amour prépare un breuvage pour les deux amants. *Alieger incanto quæ*, etc. Gr. par le même. L. 7 p. 8 l.; H. 5 p. 9 l. (B. III, p. 211).

MATHAM (Dirk), peintre et grav., né à Harlem, en 1589.— Voir le *Titien*.

MATHEUS (Georges), graveur en clair-obscur. — Voir Lucas *Penni*.

MATHEW (Mistress).— Voir J. *Reynolds*.

MATHEY (N.-François), graveur, travaillait en France, dans la 1re moitié du XVIIIe siècle. — Voir J. *Courtin*.

MATHIAS (Greuter), graveur. — Voir *Boilly*, *Matta*.

MATHIEU (Jean), grav. au burin, né en 1749; mort à Fontainebleau, en 1815. — Voir *Fragonard*, J.-B. *Hilaire*, le *Poussin*.

MATSYS (Corneille), dessin. et grav., né en Flandre; travaillait de 1530 à 1560. — Voir Perino del *Vaga*.

Les Amoureux trahis. Deux couples sont assis près d'une table et s'embrassent, tandis que deux femmes, à gauche, sont occupées à vider les poches du premier couple.

Bethsabée au bain, 1549. Elle est dans le bassin d'une fontaine, et tournée vers un valet du roi David, qui arrive pour lui apporter les ordres de son maître. L. 8 p. 6 l.; H. 6 p. 6 l. (B. 7).

Cléopâtre, couchée; un serpent lui mord le sein. 1550. In-8 rare (Stengel, 20 flor.).

Mars et Vénus assis sur un lit. 1549. L. 5 p. 3 l.; H. 3 p. 8 l. (B. 50).

Mars et Vénus. Mars debout embrasse la déesse assise à droite. A côté de celle-ci est l'Amour. Gravure rare, non décrite par Bartsch, se trouve dans la collection Albertine, à Vienne.

Le Paysan amoureux. Une femme volant l'argent de la bourse d'un paysan qui lui fait des caresses, étant assis à côté d'elle. H. 2 p. 1 l.; L. 1 p. 10 l. (B. 51).

La Paysanne jalouse, 1549. Une paysanne surprenant son mari qui, assis à terre, met un œuf dans le tablier retroussé d'une femme qu'il caresse. On lit en haut : *My man syn eye in eines anders nest*, etc. H. 3 p. 1 l.; L. 2 p. 5 l. (B. 52; Camberlyn, 1re vente, 2094).

Vénus et Cupidon. La déesse est couchée sur un lit. Cupidon est debout devant elle, à droite. Pièce rare, inconnue à Bartsch.

Vénus et l'Amour, 1549. Vénus accroupie faisant des efforts pour arracher son bras à l'Amour, à qui elle vient de dérober une flèche. H. 3 p. 1 l.; L. 2 p. 5 l. (B. 49).

MATTA (Raph.)

Vénus et Mars, in-fol., gr. par Greuter Mathias.

MATTEINI (Théodore), peintre et grav., né à Venise, vers 1760.

Angelica e Medoro, gr. par G. Golo.

Angelica e Medoro in varj modi
Legati insieme di diversi nodi.
Orlando furioso, C. XIX.

Angélique et Médor, 1795. Episode du fameux poëme de l'Arioste, gr. par Raph. Morghen. Cette jolie pièce a obtenu le plus grand succès. Le prix des épreuves avant la lettre a augmenté d'autant plus que, par scrupule, l'auteur a détruit tout ce qu'il a pu racheter. — Sujet composé dans un ovale in-fol. en haut. (Logette, 60 fr.; Rigal, avant l. l., 52 fr.; Debois, 34 fr.).

MATTHEIS (Paolo de).

L'Enlèvement d'Europe, gr. par F. Aquila.

Jupiter et Sémélé, in-fol. en larg., gr. par J. Daullé.

MATTHIOLI (Lodovico), peintre et grav., né à Crevalcuore, en 1562; mort en 1747. — Voir le *Titien*.

MAUCLERC, graveur. — Voir *Challe*.

MAUDISSON, dessin. et grav. contemporain.

L'Attente. — *Le Désir* (femmes assises sur leur lit). Paris, Camus, 1847.

L'Examen (femme se regardant dans une glace). Paris, Camus, 1847.

Le Matin. — *Le Midi.* — *Le Soir.* — *La Nuit.* Quatre planches. Paris, Camus, 1847.

MAUDUIT (Charles), grav. au burin, né à Paris, en 1788; mort en 1824. — Voir *Devéria*, *Lecarpentier*.

Berger sollicitant une bergère, gr. au pointillé. Paris, Patin, 1822.

MAUGEIN (Mme de), graveur, travaillait en France, dans la 2e moitié du XVIIIe siècle. — Voir *Lallemant*.

MAUPERCHÉ (Henri), peintre et grav., né à Paris, en 1606; mort en 1686.

L'Enfant prodigue dissipant son bien. Assis à l'entrée d'un parterre à la française, Azaël reçoit les embrassements de la moabite Lia, tandis que d'autres femmes perdues le couronnent de fleurs ou chantent aux sons d'un sistre. Pièces en haut. (R. D. 12).

MAUPERIN.

Marie-Antoinette, in-8°, rare, gr. par Lebeau (L. M., 26 mai 1865, N° 242).

MAURER (Christophe), peintre et grav. à l'eau-forte, né à Zurich, en 1558; mort en 1614.

Loth et ses filles. Les trois personnages sont à gauche; l'une des filles entoure du bras droit le cou de son père et lui présente une coupe. On voit à droite Sodome détruite par le feu du ciel. In-fol. en larg. (vente du 11 novembre 1861).

MAURIN (N.), peintre et dess. lith. contemporain. — Voir le *Corrége*, *Delacroix*, *Gérard*, *Prudhon*, *Regnault*.

Amour. — *Plaisir.* — *Pudeur.* — *Tendresse.* Quatre planches lith. Paris, Bès et Dubreuil, 1847.

Amour de Rodrigue et de Chimène. — *Réconciliation de Rodrigue et de Chimène*; deux pièces lith. L. 0.66; H. 0.49 (Delarue, en noir, 15 fr. chaque; en coul., 30 fr.).

Ayamme. — *Cora.* — *Mexico.* — *Julie* (filles nues en attitudes indiscrètes). Quatre pl. lith.

Clara, ou les Liaisons dangereuses: Je vais rejoindre ton père. — Ma chère Clara, décide-toi, la voiture nous attend, etc. Six sujets lith. Paris, Delpech, 1834.

Le Déshabillé, lith. Paris, Langlumé, 1828, 1 fr. 50.

Elle sera aussi jolie que toi (un homme une femme et leur petite fille). — *Je voudrais avoir une jolie petite fille pour moi* (une femme et un homme tenant son petit garçon). Deux pièces lith. Paris, Bès et Dubreuil, 1847.

L'Entrée au bain. — *La Sortie du bain* (femmes nues). Deux pl. lith. Paris, Bès et Dubreuil, 1847.

Etudes sur nature, suite de six pl. lith. en couleur, représentant des femmes nues, en pied: Colombe chérie. — Elle est belle, Cocotte. — Flore. — Pomone. — Naïade. — Dryade. Les quatre premières ont 0.27 de haut. sur 0.20 de larg., et les deux dernières 0.27 de larg. sur 0.20 de haut. (Dusacq et Cie, 3 fr. chaque).

Histoire de Don Juan: Don Juan naufragé. — Don Juan dans la grotte. — Retour de Lambro. — Don Juan séparé d'Haïdée. — Enlèvement d'Elvire. — Don Juan et Elvire. — Don Juan et Claudine. — Don Juan, Mathurine et Charlotte. Suite de huit pièces lith.; L. 0.33; H. 0.25. Paris, Turgis, 1866. Chaque planche, 50 cent. en noir, et 1 fr. en coul.

Histoire de Saïda. Six gracieux sujets lith. Marché d'esclaves. — Entrée au sérail. — La Toilette. — Le Tête-à-tête. — Couronnement de Saïda. — Vengeance d'Achmet. L. 0.46; H. 0.32 (Jouy, 1860, 7 fr. 50 et 15 fr. chaque).

Mme *Damoreau-Cinti* (Laure-Montaland), 1834. Paris, lith. de Lemercier; H. 0.26; L. 0.18. — Lith. de Desquenois; H. 0.37; L. 0.33 (Soleinne, 321).

Mme *Pasta*, de l'Opéra-Buffa. Lith. de Villain. H. 0.44; L. 0.31 (Soleinne, 345).

Mlle *Julie Grisi*. Lith. de Lemercier. H. 0.25; L. 0.18 (Soleinne, 349).

Mlle *Louise Contat*. Lith. de Villain. H. 0.33; L. 0.25 (Soleinne, 277).

Mlle *Sontag*. Lith. de Villain. H. 0.37; L. 0.30 (Soleinne, 346; Filippi, 288).

Reine des Carolines, vue à Tinian. Lith. d'après le croquis de J. Arago.

Tancrède et Clorinde. — Tancrède vainqueur d'Antioche. — Combat d'Argant contre Tancrède. — Déguisement d'Erminie. — Baptême de Clorinde. — Tancrède blessé. Suite de six lith.; L. 0.41; H. 0.30 (Delarue, 6 et 12 fr. chaque).

MAURIN (A.), dess. lith. contemporain.

Peut-il voir quelque chose? Lithogr. Paris, Rittner et Goupil, 1833.

MAURIN (L.). dess. lith. contemporain.

Odalisque au bain. — Sultane à sa toilette; deux planches lith. Paris, Gosselin, 1853.

MAUROY (de), grav. amateur, travaillait à Paris, en 1768.

Deux sujets gracieux, in-4°, d'après Boucher.

MAUZAISSE, dessin. et grav. moderne.

Caroline de Brunswick, reine d'Angleterre. Paris, lith. de Villain, 1820.

Mlle *Georges Weimer*, de l'Odéon. Lith. de Engelmann. H. 0.180; L. 0.130 (Soleinne, 324).

MAYER, lith. contemporain. — Voir *Canzi*.

MAYER (Mlle), peintre contemporain.

L'Innocence préfère l'amour à la richesse, gr. par B. Roger (vente du 27 avril 1863).

MAYER, photographe.

Portraits d'après nature : Mlles Abingdon, Anna (des Italiens), Barielle (Opéra-Comique), Bressant, Caroline, Carré, Céline Montalant, Chabert (Bouffes-Parisiens), Cico, Clarisse, Clodia, Defodon, Déjazet, Delaistre (Ambigu), Desclée, Desoignes, Devoyod, Dupuys, Eydens, Faure (aînée), Faure (jeune), Francine, Friedberg, Gabrielle, Louise Gérard, Guichard (Porte Saint-Martin), Henriette, Ida (Bouffes-Parisiens), Jeanne Essler, Jeanne, Lemercier, Mareschal, Maria, Marie Dussy, Martin, Marty, Mathilde, Mélanie, danseuse, Mila (Ambigu), Pfotzer (Bouffes), Pierson (Vaudeville), de la Pommeraye, Rameau, Rigolboche, Rose Deschamps, Tantin, Lucile Thostée (Bouffes). Mmes la comtesse de Castiglione, Ferrari, Marie Cabel, Rosati, etc.

MAYLE, graveur contemporain. — Voir P. *Delaroche*.

MAZEROLLES (Alexis-Joseph), peintre contemporain, né à Paris; élève de Dupuis et Gleyre.

Le Moineau de Lesbie, phot. Paris, Goupil, 1867.

Vénus et l'Amour, phot. Paris, Goupil, 1863. H. 0.23; L. 0.15, 6 fr.

MAZZUOLA (Fr.). — Voir le *Parmesan*.

MÉCHAU (Jakob-Wilhem), peintre et grav., né à Leipzig, en 1745; mort en 1808. — Voir *Carpioni*, *Œser*, *Solimena*.

MECHEL (Chrétien von), grav. éditeur, né à Bâle, en 1757; mort en 1817. — Voir Hans *Holbein*, C. *Vanloo*.

MECKEN (Israel von), ancien peintre et grav., contemporain de Fr. de Bocholt. On ne connaît aucune particularité de sa vie. Suivant M. Ottley, il serait mort en 1525. — Voir Alb. *Durer*.

La Chanteuse et le joueur de guitare. Un jeune homme assis, accompagnant de la guitare la voix d'une femme assise près de lui. H. 0.157; L. 0.108 (B. 174; Sternberg, 21 thal.; Weigel, $8^{2}/_{3}$ thal.).

Le Concert. Une femme jouant de la harpe auprès d'un homme qui joue de la guitare. H. 0.160; L. 0.108 (B. 178).

La Danse pour le prix. Une femme proposant pour prix un anneau d'or à des gens qui dansent et qui font des postures extraordinaires. La femme est debout, près d'une croisée par laquelle regardent des spectateurs. Un musicien joue du tambourin et du flageolet. Pièce ronde de 0.173 de diamètre (B. 186; Sternberg, 18 thal.).

Le Danseur. Une jeune femme tenant par la main un jeune homme qui, en dansant, porte un verre au milieu du front. H. 0.157; L. 0.108 (B. 172).

Les Deux amants, 1502. Copie en

contre-partie d'une estampe de Martin Zagel. Un jeune homme assis auprès d'une dame qui met la main droite sur la sienne. H. 6 p.; L. 4 p. (B. 181).

La Femme maltraitant son mari. Le démon excitant une femme à maltraiter son mari. Elle est debout, tenant d'une main une quenouille dont elle frappe son mari, qu'elle s'efforce de terrasser. Le démon, sous la forme d'un dragon chimérique, plane en l'air. H. 0.158; L. 0.108 (B. 173).

Homme et femme assis sur un lit. Un jeune homme couvert d'un manteau, assis sur un lit, à côté d'une jeune femme qu'il regarde d'un air tendre. Un couteau est fiché au-dessus du verrou de la porte pour empêcher d'entrer. H. 0.160; L. 0.110 (B. 179; Debois, 40 fr.; Hohwiesener, 23 flor.; Weigel, 12 th.).

L'Homme et la femme en habits de voyage. Un homme ayant un bras passé sur le dos d'une jeune femme coiffée d'un voile et qui tient ses bras devant elle. H. 0.160; L. 0.107 (B. 171; Stengel, 21 flor.; Sternberg, 14 $^1/_2$ th.).

Lucrèce. Elle se donne la mort en présence de Collatin son époux et des principaux de la ville de Rome, pour venger l'honneur qui lui a été ravi par Tarquin. Dans la marge d'en bas : *Pro nece Lucretie pudor et decus in muliere. Quo malo conuulso fetet pro minime grato.* H. 9 p. 7 l.; L. 6 p. 9 l. (B. 168; comte ***, de Vienne, 1509).

Le Moine et la religieuse. Un homme ressemblant à un moine, tenant un bâton d'une main; il retourne sa tête vers une femme habillée en religieuse, qui le suit, tenant un grand chapelet de ses deux mains jointes. H. 0.160; L. 0.108 (B. 176; Stengel, 11 flor.).

L'Officier et sa maîtresse. Un jeune homme ressemblant à un officier, couvert d'un manteau et ayant une épée au côté, semble s'entretenir avec une jeune dame qui est vis-à-vis de lui, et retroussant sa robe par derrière. H. 0.162; L. 0.108 (B. 182; Derschau, 13 flor. 24 kr.).

Un homme de condition qui veut embrasser une dame. H. 3 p. 2 l.; L. 2 p. 2 l. (B. VI, p. 306).

Un homme debout à côté d'une femme sur le sein de laquelle il porte une main. La femme tient un miroir dans lequel se reproduit le visage de l'homme. Pièce sans marque (B. VI, p. 302).

Le Vieillard et la jeune fille. Une fille dédaignant les offres d'amour d'un vieillard. Celui-ci, à la gauche de l'estampe, serre la fille, en lui offrant un sac rempli d'argent, que celle-ci semble refuser. Figures à mi-corps, et au-dessus de chacune est une banderole. H. 0.146; L. 0.113 (B. 170; Van Hulthem, 741).

La Vieille et le jeune homme. Pendant de la pièce précédente. Un jeune homme près d'une vieille qui tient de ses deux mains un sac rempli d'argent. Le jeune homme, à la droite de l'estampe, porte la main vers le sac d'argent, tandis qu'il serre la vieille du bras droit. Figures à mi-corps, avec une banderole qui flotte au-dessus de chacune. H. 0.146 ; L. 0.112 (B. 169; Van Hulthem, 740 ; Derschau, 17 flor.).

Le Péché du premier homme. Pièce gr. dans le goût d'Israël von Mecken. H. 2 p. 6 l. ; L. 1 p. 9 l. (B. VI, p. 295).

Les Deux amants, gr. par W. Olmutz. H. 0.167 ; L. 0.110 (B. 48).

MÉCOU (Joseph), dessin. et grav., né à Grenoble, en 1774.— Voir *Boisfremont,* le *Guide, Isabey, Schalken, Siccardi.*

A la volupté. L'Amour dans une coupe.— *L'Amour dormant;* deux pièces (vente du 27 avril 1863).

Mlle Duchesnois. H. 0.180; L. 0.160 (Soleinne, 286).

MEER (Van der), de Delft.

Le Soldat et la fillette qui rit, gr. par Jacquemard (Exposition de Paris, 1867).

MEGEN (P.-W. van), graveur, né à La Haye, en 1750; mort en 1785. — Voir *Goltzius,* P.-A *Wille.*

MELDEMANN (Nicolas), peintre et grav. sur bois et imprimeur, travaillait à Nuremberg, de 1520 à 1531.

La Mort surprenant une courtisane couchée avec son amant, in-fol. en haut. (Sternberg, 1 $^{11}/_{24}$ thal.)

MELDOLLA (Andrea). — Voir *Schiavone.*

MELEUN (le comte de), dessin. et grav. amateur, vivait au commencement du XVIIIe siècle.

Les Jeux de l'Amour, in-16 en haut.

Le Temps coupant les ailes à l'Amour, in-fol. en haut.

MELINI (Carlo-Domenico), graveur, né à Turin, vers 1740; mourut à la fin du

XVIIIe siècle. — Voir Nic. *Berghem*, *Lagrenée*, *Nattier*.

MELLAN (Claude), peintre et grav. à l'eau-forte et au burin, né à Abbeville, en 1598; mort à Paris, en 1688. — Voir P. de *Cortone*, S. *Vouet*.

Anne d'Autriche, reine de France. In-fol. (Camberlyn, 1re vente, No 2112).

Dalila coupant les cheveux à Samson, grav. en haut. Au bas, deux vers latins (Paignon-Dijonval, 6203; Van Hulthem, 4509).

Femme nue sur son lit; un Amour lui soulève la jambe; un autre lui présente un raisin; derrière elle, une souricière. Morceau très-rare et non terminé (J., II, 278).

Loth et ses filles, 1629. In-4o en haut. Au bas, deux vers latins (Paignon-Dijonval, 6202 ; Van Hulthem, 4509).

Trois filles nues tenant un médaillon avec le portrait de B. de Vias.

Une femme nue couchée; près d'elle sont divers enfants. Pièce en larg., qui n'a pas été terminée. (Paignon-Dijonval, 6239 ; Van Hulthem, 4527).

Vénus couchée, 1637. A côté d'elle est l'Amour ; un satyre est aux aguets.

Vénus sortant du bain, 1675 (C. L., No 948, 1 fr. 25).

Vénus sur un lit, 1675. Elle tient une couronne et un fil auquel sont attachées deux colombes. In-8o en haut.

MELONI (François-Antoine), peintre et graveur, né à Bologne, en 1676; mort à Vienne (Autriche), en 1713. — Voir *Franceschini*, *Véronèse*.

MEMMI (Simon), peintre, né à Sienne, en 1284; mort à Avignon, en 1344.

Laure, maîtresse de Pétrarque, gr. par Raph. Morghen (*Cab. de l'amateur*, I, 116).

MENDOUZE, dessin. et lithogr. moderne.

Christine, reine de Suède. H. 0.298; L. 0.203 (Soleinne, 104).

MENGS (Ant.-Raphaël), peintre, né à Aussig (Bohème), en 1728; mort à Rome, en 1779.

L'Amour, 1790, gr. par J.-F. Bause. Très-rare.

Amor drohend, gravé par le même. H. 0.279 ; L. 0.220. Très-rare.

L'Entrevue d'Auguste et de Cléopâtre, 1784. In-fol. en haut., gr. par R. Earlom (1re état, Frauenholz, 17 flor.; Brandes, 8 $^1/_5$ thal.; Winckler, 7 $^5/_6$ th.; Becker, 14 $^1/_8$ th. — 2e état, Schwarzenberg, 3 $^1/_9$ th.; Einsiedel, 5 $^2/_3$ th.).

Le Parnasse, in-fol. en larg., gr. par Raph. Morghen (3e état, avant la feuille qui couvre la nudité d'Apollon, Weigel, 10 thal. — 4e état, Winckler, 13 $^1/_{24}$ th.; Einsiedel, 8 $^7/_8$ th.; Sternberg, 6 th.).

Quatre sujets de l'histoire de Vénus et d'Adonis, gr. en haut., par Aloy. Pizzi (Van Hulthem, 3668).

MENKEN (Miss). — Voir *Guyard*, *Liebert*, *Molina*.

MERCATI (Jean-Baptiste), peintre et graveur, né à Borgo san Sepolcro; travaillait à Rome, de 1616 à 1637.

Le Contentement amoureux, 1616. Un jeune homme tenant un miroir dans lequel il voit la figure de son amante. On lit dans la marge : *Contento amoroso*. H. 5 p. 2 l.; L. 3 p. 9 l. (B. 9).

Vénus couchée par terre sur un tapis; l'Amour est à côté d'elle, et à sa droite un satyre est aux aguets. 1637. In-4o en travers (B. XX, p. 148).

MERCIER (Ph.), dessin. et grav. — Voir *Watteau*.

La Belle dormeuse, gr. par J.-J. Avril. L. 0.412; H. 0.326 (15 mai 1865, No 749).

A Scene in the Careless husband. In-fol. en haut., gr. par J. Faber, le jeune.

Bacchus in the character of Cupid, 1739; in-fol. en haut., gr. par le même.

Courtisane vénitienne, in-fol. en haut., par le même.

Cupid in the character of Bacchus, gr. par le même.

Dairy maid's occupations, gr. par le même.

Jeune femme à sa toilette, in-fol. en haut., par le même.

Jeune garçon et jeune fille qui ont changé de costume, 1744. In-fol. en haut., par le même.

Harpax : jeune femme se faisant payer des boucles d'oreilles ; gr. par le même.

House-Wife's employment, gr. par le même.

MERCURE ET HERSÉ. — Voir H. *Goltzius*, Perino del *Vaga*.

MERCURE ET LES GRACES. — Voir Michel *Dorigny*, le *Tintoret*, Simon *Vouet*.

MERCURY (Paolo), peintre et grav., né en Italie; trav. à Paris. — Voir *Delaroche*, Jean *Petitot*.

MÉRIAN (Mathieu), le père, grav. au burin et à l'eau-forte, né à Bâle, en 1593; mort à Schwalbach, en 1651. — Voir *Fialetti*.

MÉRIAN (Matthœus), le jeune, grav., né à Bâle, en 1621; mort en 1687.

La Mort de Cléopâtre, pet. in-fol. en haut.

MERLE (Hugues), peintre contemp., né à St-Marcellin (Isère); élève de L. Cogniet.

La Demande en mariage. — *La Visite des grands parents*; deux pièces gr. à la man. noire, par Cottin. H. 0.68; L. 0.50 (Bulla, 1866, 30 et 60 fr. chaque).

Le Printemps de l'Amour. — *L'Eté de l'Amour*. — *L'Automne de l'Amour*. — *L'Hiver de l'Amour*. Quatre pièces en man. noire, par H. Garnier. H. 0.42; L. 0.34. Paris, Bulla et Jouy, 1854, 12 fr. chaque, en noir, et 24 fr. en coul.

Les mêmes sujets, lith. par Regnier; H. 0.39; L. 0.31 (Delarue, 1861, en coul., 6 fr. chaque).

Les mêmes sujets, phot. par Bisson, frères. L. 0.20; H. 0.16. Paris, Jouy, 1860, 6 fr. chaque.

Mort de l'Amour, phot. Goupil, 0.09 sur 0.12, 1 fr. 50; carte de visite, 1 fr. Ne peut pas être mis en étalage.

MERLEN (Théod.-Jean van), graveur du XVIIe siècle. — Voir *Rubens*.

MERZ (Caspar-Heinrich), grav., né à St-Gall, en 1805. — Voir W. *Kaulbach*, J. *Leeb*.

MERZ (Jakob), peintre et grav., né à Besch (Suisse), en 1783; mort en 1807. — Voir le *Dominiquin*.

MÈS, dessin. contemporain.

Les Nations au bain : Inde. — Turquie. — Algérie. — Italie. — Espagne. — France. — Allemagne. — Angleterre. Huit pièces lith. H. 0.28; L. 0.23. Paris, E. Morier, 1859, en rehaut, 2 fr. 50 cent. chaque.

La Fête au sérail. — *Trouble noce*; deux pièces lith. par Jacott (*Galerie Omnibus*). L. 0.28; H. 0.21. Paris, Delarue, 1866, en rehaut, 2 fr. chaque.

Henri II et Diane de Poitiers dans l'atelier de Jean Goujon. — *Boucher faisant le portrait de madame de Pompadour à Marly*. Deux pièces gr. en man. noire, par Manigaud. L. 0.66; H. 0.49 (Bulla, 20 et 40 fr. chaque).

Monsieur a-t'il besoin de quelque chose? — *Monsieur n'a plus besoin de rien?* Deux pièces lith. par Regnier (*Gal. pour rire*). H. 0.45; L. 0.36. Paris, Delarue, 1866, en coul., 6 fr. chaque.

Age mûr : Je t'aime de tout mon cœur. — *Age sérieux* : C'est un premier prix. Deux pl. lith. par Regnier et Bettannier. Paris, E. Morier.

La Jeunesse. Qu'elle est belle! lith. par les mêmes. Paris, E. Morier.

La Clef du Paradis. — *L'Intérieur du Paradis*. — *Passion dans le cœur*. — *Amour sur les lèvres*. Quatre pl. lith. par Regnier, Bettannier et Morlon. H. 0.42; L. 0.29 (Bulla, en rehaut, 6 fr. chaque).

Le Mariage : Tendre aveu. — Corbeille de mariage. — Lendemain de noce. — Mariage d'inclination. Quatre pl. lith. par les mêmes. L. 0.52; H. 0.37 (Bulla, en rehaut, 8 fr. chaque).

Le Trouble noce. — *La Fête au sérail*; deux pl. lith. par les mêmes (*Musée de mœurs en actions*). Paris, Jouy, 1862, L. 0.50; H. 0.38; en rehaut, 8 fr. chaque.

Voilà que ça mord! — *Viens t'y faire mordre!* Deux pièces lith. par les mêmes (*Musée de mœurs en actions*). H. 0.45; L. 0.34. Paris, Delarue, 1866; en coul., 8 fr. chaque.

MESLIN, photographe. — Voir *Caresme*, *Greuze*.

Léda au bain. — *Susanne au bain*; deux phot. Paris, Giroux, 1860.

MESNIL (Elie du), grav. au burin, né à Troyes, en 1726 — Voir *Mieris*, *Schenau*.

METTAY, peintre du XVIIIe siècle.

Le Pacha en promenade, gr. en larg., par L.-S. Lempereur.

Le Satyre amoureux, gr. par Levasseur (9 nov. 1863, N° 111).

Diane au bain, in-fol., gr. par Viel.

Diane au bain, phot. Paris, Duriaux, 1858.

METTERNICH (la princesse de). — Voir *Lejeune*.

METZMACHER, grav. contemporain. — Voir Paul *Baudry*, *Ingres*, *Picou*.

L'Impératrice Eugénie ; H. 0.22 ; L. 0.15 (Delarue, 2 fr. 25).

METZU (Gabriel), peintre, né à Leyde, en 1615; mort à Amsterdam, en 1658.

La Visite à l'accouchée, eau-forte, gr. par Léopold Flameng (Martial Pelletier, N° 856).

La Toilette hollandaise, in-fol., gr. par P.-Ch. Levesque.

MEULEMEESTER (Joseph de), dessin. et grav, né à Bruges, en 1775. — Voir le *Dominiquin*.

MEURS (C.-H. van), grav. au burin, trav. à Amsterdam. — Voir van *Miéris*.

MEYER (Félix), peintre et grav., né à Winterthur, en Suisse, en 1653; mort au château de Weïden, en 1713.

Loth et ses filles, in-4° en larg.

MEYER (Georges-Fr.), peintre et grav., né à Mannheim, en 1735; mort en 1809.

La Nouvelle troupe étrangère de sauteurs, danseurs, voltigeurs, in-8° en travers.

La Chute dangereuse, grand in-fol., gr. par N. de Launay (P. de Corneillan, 552).

MEYER (P.), graveur, travaillait à la fin du XVIIIe siècle. — Voir *Linder*, *Strudel*.

MEYER (Henry), grav. au pointillé, né vers 1780; travaillait à Londres. — Voir *Drummont*, *Kedd*, *Lawreince*.

Mlle Céleste Mogador, daguerréotype colorié. Profil en buste, médaillon-écrin (18 décembre 1863, N° 223).

MEYERINGH (Albert), peintre et grav. à l'eau forte, né à Amsterdam, en 1645; mort le 17 juillet 1714.

Pan et Syrinx. Pan embrasse du jonc au lieu de Syrinx qu'il poursuit. H. 8 p. 7 l.; L. 7 p. 2 l. (B. 7; Rigal, 508; Ch. Le Blanc, 678).

MEYNIER (C.), peintre, né à Paris, en 1768; mort en 1832.

Une Nymphe surprise, gr. en larg., par Bourgeois de la Richardière (Van Hulthem, 4034).

L'Amour considérant le portrait de Psyché, grav. commencée par Romanet et terminée par Et.-Fréd. Lignon (Van Hulthem, 4427).

MEYSSENS (Jean), gr. et marchand d'estampes à Anvers, naquit à Bruxelles, en 1612. — Voir Van *Dyck*.

MICHAULT (Georges), dessinat. et grav., né à Abbeville, en 1752; mort en 1810. — Voir *Battoni*, J.-C. de *Lafosse*.

MICHEL (Jean-Baptiste), graveur, né à Paris, en 1748; mort en 1804. — Voir *Boucher*, Ann. *Carrache*, *Chaillou*, J. *Chevallier*, C. *Cignani*, *Colson*, le *Guide*, C. *Maratti*, J.-F. *Romanelli*, *Rubens*, *Saint-Aubin*, *Verkolje*, Léon. de *Vinci*.

La Belle impatiente (9 nov. 1863, N° 112).

MICHEL-ANGE BUONAROTTI, peintre, sculpteur et architecte, né à Castello di Chiusi e Caprese, le 6 mars 1474; mort à Florence, le 18 février 1564.

Vénus caressée par l'Amour. M. Ch. Clément mentionne sept reproductions anciennes ; mais les artistes qui ont gravé cette peinture ont tellement modifié le caractère des compositions, qu'il est presque impossible de retrouver dans ces estampes aucune trace de la main qui les inventa (*Revue universelle des Arts*, tome XXII, p. 157).

Léda, peinture authentique de Michel-Ange, que, sous Louis XIV, le surintendant Desnoyers condamna aux flammes *par principe de conscience*, nous dit Mariette, n'aurait pas, assure-t-on, subi le sort qui lui était réservé. Quoi qu'il en soit, l'œuvre même n'a pu jusqu'à ce jour être retrouvée, et, à l'exception d'un dessin possédé aujourd'hui par l'Académie de Londres, et regardé par M. Waagen (*Trésors d'art*, I, p. 191) comme une copie contemporaine, il ne reste plus de cette composition que les estampes tracées par quelques graveurs anciens; parmi celles-ci, la plus exacte est due au burin de Corneille Bos, qui, sans se préoccuper de mener des tailles habiles, s'appliqua uniquement et réussit à conserver le style de l'œuvre originale (*Rev. univers. des Arts*, tome XXII, p. 158).

Léda, couchée près d'un arbre, s'appuie sur son bras droit. Gravée par un anonyme. L. 0.350 ; H. 0.240. Une épreuve est à la Bibliothèque royale de Bruxelles.

Une femme absolument nue et représentée de face tient derrière elle un miroir qui reproduit fidèlement ses formes; au fond, à côté d'une roue, symbole de la Fortune, apparaît la Mort avec son sablier, qui semble prononcer ces mots inscrits au-dessus de la figure : *Mortalia facta peribunt.* Estampe sans nom. La planche, énergiquement gravée par M***, est vraiment estimable. H. 0.352; L. 0.248 (*Rev. univ. des Arts,* XXII, p. 157; Schwarzenberg, 2 $^{1}/_{12}$ thal.).

Léda, charmante petite pièce ovale en travers, gr. par Balzer (vente du 1er février 1864, N° 477).

Vénus sortant de la mer, gr. par Mich. Frey, 1743.

Léda, lith. par A. Hesse (Busche, 1069).

Les Amours de Léda et Jupiter, copie en contre-partie de l'estampe d'Enée Vico, gr. en larg., par Ch.-Et. de Laune (R. D. 307).

*Jupiter changé en cygne, jouissant de Léda,*1546; gr. par Œneas Vico. L. 11 p.; H. 8 p. 2 l. — Il y en a une copie très-bien gravée par un anonyme qui y a mis cette adresse *: Ant. Lafrery Romæ.* L. 13 p.; H. 8 p. 10 l. (B. 26; J., III, 168).

MICHELEZ, photographe. — Voir *Dubufe, Lepere.*

MIDDIMAN (Samuel, dessin. et grav. à l'eau-forte, au burin et en manière noire, né en 1746; travaillait à Londres; mort vers 1818. — Voir Nic. *Berghem,* G.-B. *Cipriani,* W. *Hodges.*

MIDDLESEX (Rachel, comtesse de). — Voir Van *Dyck.*

MIDDLETON (Lady). — Voir *Kneller, Lely.*

MIEL (Jean), peintre et grav., né près d'Anvers, en 1599; mort à Turin, en 1664.

Vénus recherchant l'alliance de Bacchus et de Cérès, gr. par Séb. Barras. L. 12 p.; H. 11 p., y compris 9 l. de marge (R. D. 21).

Les Plaisirs des paysans.— Les Plaisirs du seigneur, 1771. Deux pièces du cabinet du duc de Praslin, gr. par J.-Ph. Lebas.

MIEREVELT ou MIREVELD (Michel-Jansz), peintre et grav., né à Delft, en 1568; mort dans la même ville, le 27 juillet 1641.

Le Jugement de Pâris. — Vénus. — Junon. — Pallas; suite de quatre pièces en haut., numérotées, gr. par Guill. Swaneburg, 1609. Quatre vers latins en marge (Van Hulthem, 2844).

MIERIS (Wilhelm van), peintre, né à Leyde, en 1662; mort en 1747.

Jupiter et Léda, gr. par J.-J. van den Berghe. Anvers, 1752. L. 0.394; H. 0.308.

Vieillard offrant de l'argent à une jeune femme (de la Galerie de Florence), gr. par J. Lavallée.

Erigone, gr. par Massard (J., II, p. 261).

Un vieillard offrant de l'argent à une jeune fille, in-fol., gr. par C.-H. van Meurs.

MIERIS (François), peintre, né à Leyde, en 1689; mort en 1763.

Une dame endormie, gr. par G. David.

La Double tentation, in-4°, gr. par E. du Mesnil (15 mai 1865, N° 748).

Bergère endormie, épiée par son berger, gr. par Chr.-G. Schultze (J., III, 76).

MIETSCH (Ch.-Gottlieb), peintre et grav., né à Dresde, en 1742; mort en 1800.

Diane et Endymion, in-4°.

MIGER (Simon-Charles), graveur, né à Nemours, en 1736; mort en 1820. — Voir *Boucher, Boze, Dumont, Fragonard, Hallé, Regnauld.*

MIGNARD (Nicolas), dit *Mignard d'Avignon,* peintre et grav., né à Troyes, en 1608; mort en 1668. — Voir Ann. *Carrache.*

L'Inceste de Loth. Le vieillard vide sa coupe, en forme de verre, qu'une de ses filles lui aide à porter à ses lèvres, tandis que l'autre le soutient. Dans le lointain, la femme de Loth transformée et Sodome en flammes. En bas, une inscription de trois lignes : *Les filles de Loth croyant... Ennemi de celui de Dieu.* L. 0.311; H. 0.286 (R. D. 1).

MIGNARD (Pierre), frère du précédent, dit *Mignard le Romain,* peintre et grav. à l'eau-forte, né à Troyes, en 1610; mort en 1695.

Mme de Miramion, gr. par L. Barbery. H. 0.318; L. 0.251.

Françoise d'Aubigné, marquise de Maintenon, in-12, gr. par Benoît (vente du 7 décembre 1866, N° 111).

La Duchesse de La Vallière, gr. par Chaulet (cat. A. David).

Catherine Mignard, comtesse de Feuquières, tenant le portrait de son père. 1735. In-fol., gr. par Jean Daullé (J., I, 391 ; de Vèze, p. 246)

La Marquise de Maintenon, représentée en sainte Françoise, dame romaine. Gr. par E. Fiquet, 1769. H. 0.143; L. 0.099 (Mariette, 30 fr.; Lemarié, en 1776, 23 livres; Prévost, 23 fr.).

Mme la marquise de Montespan, gr. à l'eau-forte, par Léopold Flameng (*Gazette des Beaux-Arts*, tome VIII).

Ninon de Lenclos, en buste, pas très-jeune. In-4° ovale, gr. en couleur, par Janinet (vente du 7 novembre 1861, N° 192).

Anne d'Autriche, vue de trois quarts, dans une bordure ovale ; gr. par Ant. Masson, en 1665. H. 17 p. 9 l.; L. 15 p. 5 l. (R. D. 11).

Marie de Lorraine, duchesse de Guise, princesse de Joinville; gr. dans une bordure ovale, par Ant. Masson. Elle est vue presque de face, coiffée en cheveux et couverte d'un manteau enrichi de fourrure, qui laisse voir le haut de son corset de brocart et le haut de sa chemise, d'un fin tissu, fermée au-dessous du cou par une coulisse. H. 11 p. 10 l.; L. 8 p. 4 l. (R. D. 32 ; A. Bertin, 264; P. de Corneillan, 374).

Marie-Thérèse d'Autriche, reine de France; gr. dans une bordure ovale, par le même, en 1664. H. 18 p.; L. 15 p. 6 l. (R. D. 49).

Anne d'Autriche, reine de France. Buste fort comme nature, gr. par Rob. Nanteuil, en 1660 (R. D. 23; Debois, 58 fr.; C. L., N° 1693, 2 fr.; Rapilly, en 1859, 1er état, 25 fr.; le même, en 1867, 1er état, 45 fr.; 2e état, 30 fr.).

Anne d'Autriche, gr. par le même. Anne d'Autriche, mère de Louis XIV et régente pendant sa minorité, mourut en 1666, âgée de 64 ans; elle ne manquait ni de beauté, ni de grâce, et c'est à elle que la cour de France dut en partie les agréments et la politesse qui la distinguèrent de toutes les autres pendant ce siècle glorieux. Une épreuve, avant le guillemet, a été acquise en 1814 par la Bibliothèque Impériale, pour la somme de 350 fr. (R. D. 22; Bénard, 69 fr.; Logette, 92 fr.).

Christine, reine de Suède, gr. par le même (Debois, 29 fr.).

Ninon de Lenclos, gr. en man. noire, par un anonyme. Paris, Jean, 1813.

MIGNERET (Adrien), grav. au burin, né à Paris, en 1786. — Voir *Devéria*, *Rioult*.

MILBOURN (J.), peintre du XVIIIe siècle.

Courtship.— Matrimony; deux pièces en couleur, gr. par T. Gaugain (vente du 9 décembre 1861, N° 417).

La Galanterie, 1789, gr. en haut., par le même.

MILLER.

Morning. Scène d'intérieur. — *Evening*. Scène dans un jardin. Deux pièces amusantes (Vignères, en 1860).

MILLET (Jean-François). — Voir *Francisque*.

MILLET, photographe.

Portraits d'après nature : Mmes Célestine Chaumont, Tautin, Tompson; Mlles Tissier, Guichard, Neveux, Blanchard, Mélanie, Henriette, Bredger, Esther David, etc. Paris, 1862.

MIRAMION (Mme de). — Voir *Detroy*, P. *Mignard*.

MIREL, graveur du dernier siècle. — Voir *Greuze*.

MIRICENYS (Peters), éditeur d'estampes, vivait à Anvers, de 1557 à 1563. — Voir F. de *Vriendt*.

MITELLI (Joseph-Marie), peintre et grav. à l'eau-forte, né à Bologne, en 1634; mort dans la même ville, en 1718. — Voir le *Titien*.

Qui le voit, qui ne le voit pas et qui ne veut pas le voir. Le 1er point est représenté par une femme coquette qui se regarde dans son miroir de toilette; le 2e par un vieillard aveugle ; le 3e par un mari qui laisse sa femme entre les mains d'un amant. On lit au haut : *Chi gli vede. — Chi non gli vede. — Chi non gli vuol vedere*. Il y a trois vers italiens au bas de chaque figure. L. 15 p. 5 l.; H. 10 p. (B. 42). — Cette estampe a pour pendant : *Qui l'entend*, *qui ne l'entend pas et qui ne veut pas l'entendre*, de même dimension; mais qui n'a pas de rapport à la galanterie.

Un homme prenant une anguille par la queue, tandis qu'il prête l'oreille aux assurances d'une femme. Trois vers italiens dans le bas. En haut, on lit : *Chi piglia l'anguilla per la coda, e la donna per la parola, può dire che non tien niente.* H. 9 p. 10 l.; L. 7 p. 2 l. (B. 92).

Un mari habillé en femme, à genoux devant son épouse habillée en homme. Au bas sont trois vers italiens. On lit en haut : *Trista è quella casa, dove la gallina canta, e il gallo tace.* H. 9. p. 10 l.; L. 7 p. 2 l. (B. 77).

MIXELLE (Jean-Marie), grav. de la 2e moitié du XVIIIe siècle. —Voir *Baudouin*, *Desrais*.

Le Bandeau favorable (scène de colin-maillard, où deux amants ont placé le mouchoir sur les yeux du mari). Jolie pièce gr. en couleur.

MOCETTO (Girolamo), peintre et grav., né à Vérone, vers 1454.

La Nymphe endormie, in-fol. en travers.

MODÈNE (Nicoleto *Rosa*, ou *Rosex*, connu sous le nom de Nicoleto de), grav. de la fin du XVe siècle et du commencement du XVIe (No 13 des monogrammes). — Voir Alb. *Durer*, le *Maître à l'oiseau*.

Le Triomphe de l'Amour. L'Amour est représenté décochant une flèche, et se tenant d'un pied sur une boule placée au sommet d'une espèce de candélabre érigé sur un char igné, attelé de quatre chevaux. Ce char est suivi d'un grand nombre de personnes vaincues par l'Amour. Dans la marge inférieure, on lit six vers du premier chapitre du triomphe de l'Amour, par Pétrarque : *Questo è colui chel mondo chiama Amore*, etc. Cette pièce fait partie d'une suite de 6, intitulée les *Triomphes de Pétrarque*. H. 2 p. 6 l.; L. 6 p. 4 l. (B. 39).

Vénus et l'Amour. Vénus est debout tenant un javelot d'une main, et de l'autre la pomme d'or. Elle est toute nue, mais ses jambes sont chaussées. L'Amour dort couché à terre. H. 5 p. 5 l.; L. 3 p. 10 l. (B. 47).

MOEGLICH (Friedr.).

Angelica Kauffman, 1794. Médaillon ovale, gr. par J.-F. Bause. H. 0.110; L. 0.094. Rare.

MOGADOR (Mlle Céleste). — Voir *Meyer*.

MOGALLI (Cosmo), dessin. et grav., né à Florence, en 1667; mort en 1730. — Voir Fr. *Rossi*.

Léda, statue antique. In-fol.

Vénus, statue antique. In-fol.

MOITTE (Pierre-Et.), graveur, né à Paris, en 1722; mort en 1781. — Voir *Bénard*, *Boucher*, *Greuze*, *Lancret*, *Natoire*, *Rubens*.

Triomphe de Flore et Zéphire, en forme de frise. Bas-relief, rare (Martial Pelletier, No 598).

Le Bouquet déchiré, gr. par Deny.

Le Consommé, gr. par le même (11 nov. 1861, 6 fr.).

La Curiosité punie, gr. par le même.

Le Roi d'Ethiopie abusant de son pouvoir, gr. par Vidal (vente du 15 mai 1865, No 751).

La Surprise agréable, gr. en haut., par le même (Paignon-Dijonval, 9472; Van Hulthem, 4844).

Le Jaloux endormi. — *L'Infidélité reconnue*; deux pièces gr. par G. Vidal et Dambrun (vente du 7 décembre 1866, No 399).

MOITTE (F.-Auguste), fils du précédent, né à Paris, en 1747; mort en 1810. — Voir *Baudouin*.

MOLA (Pierre-François), peintre et grav. à l'eau-forte, né à Coldre (Milanais), en 1620; mort à Rome, en 1665. — Voir P. *Testa*.

Femme nue, debout, vue de face. Elle a la tête couronnée de fleurs, couvre son bas-ventre d'une main, et de de l'autre tient le bout d'une draperie qui lui descend du dos. Le fond représente un paysage. Grav. d'après un anonyme. H. 7 p.; L. 5 p. (B. 8).

Susanne surprise par les vieillards, gr. par J. Jenkins.

MOLA (Jean-Baptiste), peintre et grav. à l'eau-forte, né, dit-on, en France, vers 1620. — Voir l'*Albane*, Ann. *Carrache*.

L'Amour brisant ses flèches. H. 0.115; L. 0.095 (B. 5; Sternberg, 1 1/6 thal).

MOLENAER (Jean-Mienze), peintre et

grav. à l'eau-forte, travaillait en Hollande, de 1641 à 1659.

Les Débauchés. Dans un lieu de débauche, un vieillard et un garçon accompagnent de la vielle et du violon un chanteur à moitié ivre auquel une fille de joie vole son argent. Derrière la table du buveur, où le joueur de violon est assis, un homme qui baise une femme sur la bouche. A droite, l'hôtesse appuyée sur le poteau d'une treille, écrit la dépense. Pièce très-rare, désignée sous le nom de *Das Bordell.* L. 0.185; H. 0.155 (B. IV, p. 5; Frauenholz, 7 fl. 30 kr.; Winckler, 2 $^{15}/_{24}$ thal.; Becker, 3 $^{1}/_{6}$ th.; Stengel, 10 flor. 47 kr.; Sternberg, 8 $^{7}/_{12}$ th.; Weigel, 8 th.).

MOLÈS (Pascal-Pierre), peintre et grav., né à Madrid, en 1740. — Voir *Greuze.*

MOLINA (Mme), photographe.

Mlle Lucile. — Miss Ada Menken; deux portraits photogr. Paris, 1867.

MONACO (Pietro), dessin. et grav., né à Belluno, en 1710; travaillait à Venise, de 1735 à 1775. — Voir Ann. *Carrache, Fumiani*, P. *Liberi.*

MONCKTON (Miss). — Voir J. *Reynolds.*

MONCORNET (Balthasar), peintre, grav. et marchand d'estampes, né à Rouen, vers 1630; mort après 1670.

Anne et Catherine d'Autriche, deux pièces (van der Helle, N° 758, 51 fr.).

Anne-Marie de Bourbon, duchesse d'Orléans (Van Hulthem, 4558).

Le Branle des modes depuis François Ier jusqu'en 1695.

Jeanne d'Arc (Van Hulthem, 4558).

Mme de Montespan.

Mlle de La Vallière, en religieuse.

Marie de la Tour, duchesse de la Trémoille.

Marie de Vignerod, duchesse d'Aiguillon (en mai 1864, 12 fr.).

Marie Stuart, reine d'Ecosse, veuve de François II.

MONDON.

L'Amant fidèle, sujet genre Watteau, dans une décoration rocaille (26 nov. 1866, N° 344).

MONENTEUIL, dessin. et grav. contemp.

La Baigneuse. Paris, Feillet, 1824.

MONNET (Charles), dessin. et grav. du XVIIIe siècle.

La Vertu surprise, gr. par Mme Chevery (vente du 11 nov. 1861, 3 fr. 50, avec les *Désirs réciproques,* d'après Marillier).

Lucrèce, charmante suite de sept vignettes, gr. par Choffard et autres.

Le Désir ingénu, in-fol. en larg., gr. par N.-M. Demonchy.

Mme Duchâtelet, gr. par Lempereur.

Les Baigneuses surprises, gr. par G. Vidal. Rare (de Vèze, p. 431; vente M**, en février 1859, avant l. l. et avant la mèche de cheveux, 42 fr.).

L'Heureuse esclave, gr. par le même (vente du 8 avril 1863).

Jupiter et Antiope. — Jupiter et Io; deux pièces gracieuses, par le même (vente du 11 nov. 1861, 3 fr. 25; 15 mai 1865, N° 754).

Renaud et Armide, gr. par le même (vente du 11 nov. 1861, avant l. l., 2 fr. 75 cent.).

Salmacis et Hermaphrodite, gr. par le même (vendu 15 fr., en avril 1864).

Vénus et Adonis. Pièce gracieuse, gr. par le même (en février 1859, épreuve avant l. l. et avant le changement, 30 fr.).

MONNIER (Henri-Bonaventure), peintre et dessin. contemp., né à Paris, en 1799.,

Album de 50 lith. à la plume, plus une couverture idem. Chaque sujet a 0.120 de haut. et 0.100 de larg.; colorié au pinceau. Collection qui ne manque ni de variété ni d'originalité. La couverture représente trois femmes dans le ridicule costume de 1828, retroussées et dans l'attitude des trois Grâces.

Grisettes, suite de lith. Paris, Ardit, 1829. Vingt-et-une pièces in-4°, color. sont indiquées dans le catalogue d'une vente du 16 janvier 1862.

Mlle Déjazet (dans le Bal champêtre). Lith. color. H. 0.171; L. 0.092 (Soleinne, 145).

MONSALDI, dessin. et grav. au burin, travaillait à Rome au commencement du XIXe siècle. — Voir *Isabey.*

MONSIAU (N.-And.), peintre, né à Paris, en 1754; mort en 1837.

Apelles choisissant ses modèles parmi les plus belles filles de la Grèce. Gr. par Brion-Delatour.

Erigone, in-fol., gr. par L.-J. Cathelin.

MONTAGNA (Benedetto), peintre et grav. au burin, travaillait à Vienne, au commencement du XVIe siècle.

L'Enlèvement d'Europe. Europe, assise à califourchon sur le taureau couché, lui met une couronne de fleurs aux cornes. Une de ses femmes est debout au-delà du taureau. H. 0.142; L. 0.126 (B. 23).

La Nymphe disputée. Un centaure tient de ses deux bras une femme nue qu'il a en croupe, et qu'un guerrier en cuirasse s'efforce de lui arracher. Pièce sans marque. H. 0.174; L. 0.078 (B. 16).

MONTAGNANI (Pietro-Paolo), grav. au burin, né à Rome, en 1740. — Voir *Raphaël*.

MONTAGNE (Nicolas), ou de *Plate Montagne*, peintre et grav., né à Paris, en 1631; mort en 1706. — Voir *Pourbus*.

La Coquette désolée. Vue de l'intérieur d'un cabinet de toilette, dans lequel est assise une femme qui pleure. Ce cabinet est décoré de plusieurs tableaux représentant des femmes d'âges et de costumes différents. Au bas, ces vers :

Regarde dans ces vestemens
Les bigearres accoutremens
D'un cerueau remply de caprice,
Et confesse au moins aujourd'huy
Qu'on ne sçauroit trouuer d'estny
Pour renfermer tant de malice.
En vain tu te frottes d'oignon
Pour te remplumer le tignon
Tout pelé par les nompareilles.
Il faut malgré les fanfarons
Revenir aux grands chapperons
Si tu veux couurir tes oreilles.

Morceau sans nom. L. 0.230; H. 0.173 (R. D. 15).

MONTAGU (Lady Caroline). — Voir J.-Raph. *Smith*.

MONTAGU (Lady Elisabeth). — Voir J. *Reynolds*.

MONTALAND (Céline), actrice. — Voir *Devéria*, *Mayer*, *Morin*, *Pesme*, *Petit et Trinquard*.

Son portrait, rôle de la *Fille bien gardée*. Paris, impr. lith. de Jacomme, 1850.

MONTAUT (Gabr.-Xavier), peintre et grav., né à Oléron, en 1798. — Voir *Prudhon*.

Amour. — *Indifférence*; deux pièces lith. par Harmant. Paris, Sinnet, 1855.

Aux bords du Nil, — *du Bosphore*, — *de la Néva*, — *de la Tamise*, — *de la Seine*, — *de l'Indus*, — *de la Garonne*. — *de l'Arach* (Alger), — *de la Loire*. Neuf pièces représentant des femmes couchées et en diverses attitudes; lith. par J. Félon, Regnier et Ch. Bargue. Paris, Sinnett, 1851-56.

En chemin de fer: Départ. — Arrivée. Deux pièces lith. par Regnier. H. 0.46; L. 0.37 (Bulla, en rehaut, 6 fr. chaque).

MONTBAZON (la duchesse de). — Voir E. *Conquy*.

MONTESPAN (Mme de), maîtresse de Louis XIV. — Voir Mich. *Aubert*, *Benoist*, H. *Bonnard*, *Llanta*, P. *Mignard*, B. *Moncornet*, W.-H. *Mothe*, *Mouchet*, *Odieuvre*, A. de *Saint-Aubin*.

MONTESSU (Mme), portrait. Paris, Villain 1828. — Voir *Frey*, *Vigneron*.

MONTPENSIER (Mlle de). — Voir N. *Poilly*.

MONVOISIN (R.), peintre moderne.

Viendra-t-il ? gr. par G. Maile.

Les Baigneuses, phot. par Bingham (Goupil, 0.17 sur 0.24, 6 fr.).

Femmes chiliennes au bain, phot. par le même (Goupil, 0.22 sur 0.15, 6 fr.).

MOOR (Karel van), peintre et grav. à l'eau-forte et en manière noire, né à Leyde, en 1656; mort en 1738. — Voir J. *Backer*.

MOOR (James), grav. anglais, travaillait dans la 1re moitié du XVIIIe siècle. — Voir *Cignani*.

MORACE (Ernest), graveur, né à Stuttgard, en 1766; mort en 1820. — Voir Ann. *Carrache*, *Gagnereaux*, *Jules Romain*, J. *Reynolds*.

MOREAU (Louis-Gabriel), dit l'aîné, grav. au burin, né à Paris, en 1712.

Le Villageois entreprenant, gr. par Germain.

On y court plus d'un danger : galant balançant une jeune femme sur une escarpolette. Jolie composition en haut., coloriée, gr. par Germain et Patas (vente du 11 nov. 1861, 3 fr.).

Le Villageois entreprenant, in-fol. en haut., gr. par J.-B. Patas (vente du 21 février 1862, N° 216).

MOREAU (Jean-Michel), dit le jeune, dessin. et grav., né à Paris, en 1741; mort en 1814. — Voir *Baudouin, Boucher, Deshayes, Greuze, Rembrandt.*

*Costume physique et moral du XVIII*e *siècle.* Vingt pièces gr. par divers, d'après Moreau le jeune (en décembre 1856, 415 fr.). La *Gazette des Beaux-Arts*, 1er juin 1861, indique les prix suivants, de quelques pièces qui se sont vendues séparément : *Les Adieux*, 251 fr.; la *Petite loge*, 480 fr.; le *Souper fin*, 570 fr.; *Oui et non*, 256 fr.; le *Lever*, 215 fr.

Le Bal masqué (Louis XVI, Marie-Antoinette et les princes), fête donnée au roi et à la reine, en janvier 1782, à l'occasion de la naissance du dauphin. Gr. par Moreau, le jeune (vendu le 21 février 1859, épr. avant l. l., 95 fr.).

Le Coucher de la mariée. Pièce faisant partie du *Costume physique et moral* (vente Martelli, en 1858, N° 44). — Le catalogue prétend que les estampes à sujets gracieux sont recherchées pour les costumes : « Je crois plutôt que la plupart des personnages n'en ont pas.» Telle est la remarque qu'un journaliste a formulée à cet égard.

La Petite loge. Une vieille femme vient présenter une *impure* à deux jeunes seigneurs. Gracieux croquis à la sanguine et au crayon, par Moreau (Soleirol, en 1861, 315 fr.).

Le Temple de Gnide. — Vénus et l'Amour. Deux pièces in-fol. en larg.

C'est un fils, monsieur (déclaration de grossesse), gr. par Baquoy, pour le *Costume physique et moral* (Martial Pelletier, 1867, N° 605).

Les Petits parains, gr. par Baquoy et Patas, pour la même suite (vente du 26 nov. 1866, N° 355).

Henry IV et la belle Gabrielle, 1822; gr. en haut., par J.-B. Fossoyeux (Van Hulthem, 4288).

Le Lever, pièce tirée du *Costume physique*, gr. par Halbou (vendu 14 fr. en mai 1864).

L'Accord parfait (*Costume physique*), in-fol., gr. par Helmann, (26 nov. 1866, N° 355).

Les Délices de la maternité (*Costume physique*), gr. par le même (vente du 27 avril 1863).

N'ayez pas peur, ma bonne amie, 1776 (*Costume physique*), gr. par le même (vendu 6 fr., en mai 1864).

Le Souper fin (*Costume physique*), gr. par le même (vente du 26 nov. 1866, N° 355).

Les Adieux, 1777. Charmante pièce pour le *Costume physique*, gr. par de Launay (vente du 26 nov. 1866, N° 355; 14 fr. en mai 1864).

Les Grâces président aux plaisirs, gr. par J. de Longueil (Van Hulthem, 4451).

La Sortie de l'Opéra, in-fol., gr. (pour le *Costume*) par Malbeste (Martial Pelletier, 1867, N° 604).

L'Enlèvement d'Orythie par Borée.— Pygmalion amoureux de sa statue; deux pièces en haut., faisant pendant, gr. par L.-F. Mariage (Van Hulthem, 4471-4472).

La Dame du palais de la reine, gr. par Martini, pour le *Costume* (vente du 26 nov. 1866, N° 355).

La Petite toilette (*Costume physique et moral*), gr. par le même (vente du 26 nov. 1866, N° 355).

Les Précautions, 1777 (*Costume physique*), gr. par le même (26 nov. 1866, N° 355).

L'Amour enchaîné par les Grâces, 1769; gr. en haut., par J.-B. Massard (Van Hulthem, 4478).

Les Grâces chantées par Pindare, 1768, gr. en haut., par le même (Van Hulthem, 4378).

La Petite loge, gr. par Patas, pour le *Costume physique et moral.*

La Grande toilette (pour le *Costume physique*), gr. par le même (47 fr., en avril 1864).

Alexandrine Fanier, actrice, 1773; gr. par Saugrin. H. 0.320; L. 0.240 (Soleinne, 262).

Les Grâces vengées, gr. en haut., par J.-B. Simonet (Van Hulthem, 4771).

Le Vrai bonheur, gr. par le même (vendu 10 fr., en avril 1864).

J'en accepte l'heureux présage, gr. par Trière, pour le *Costume physique et moral* (vente du 27 avril 1863).

MOREAU (A.), graveur contemporain. — Voir John *Brunet.*

MOREAU (Ch.), graveur contemporain. — Voir *Vekelberg.*

Madeleine. Jeune villageoise filant.

« Si tu voulais, Madeleine,
Au lieu de la marjolaine
Qui pare ton chaperon,
Tu porterais la couronne
De comtesse ou de baronne. »
(VICTOR HUGO, *Odes et ballades.*)

Grav. par Ch. Geoffroy. H. 0.31; L. 0.21 (Dusacq, 9 et 18 fr.).

Pépita. Jeune fille lisant.

« Quand le sommeil sur ta famille
Autour de toi s'est répandu,
O Pépita, charmante fille,
Mon amour, dis-moi, que lis-tu ? »
(ALFRED DE MUSSET, *Premières poésies.*)

Pendant de la pièce précédente, gr. par le même. Mêmes dimensions et mêmes prix.

Innocence. Deux jeunes filles, assises dans un parc, rêvant et lisant. — *Défiance.* Jeunes filles adressant des reproches à une statue de l'Amour. Deux planches gravées en manière noire, par Manigaud. H. 0.50; L. 0.34 (Dusacq et Cie, en noir, 16 fr. chaque; en coul., 32 fr.).

Le Petit lever. — *Le Doux entretien*; deux pièces gr. à la man. noire, par S.-W. Reynolds. Sujets gracieux, style Louis XV. H. 0.29; L. 0.22 (Dusacq, 1 fr. 50 et 3 fr. chaque).

Pépita. — *Madeleine.* — *Défiance.* — *Le Petit lever.* — *Le Doux entretien.* Cinq pièces phot. Paris, Dusacq, 0.12 sur 0.08; 1 fr. 50 chaque. Cartes de visite, 1 fr.

MOREL (Antoine-Alexandre), grav. à l'eau-forte et au burin, né à Paris, en 1765; mort dans la même ville, en 1829. — Voir l'*Antique, Bartolini, Bartolozzi,* le *Dominiquin, Terburg.*

MORELLEN DE LA CAVE (Fr.), graveur, travaillait à Paris, dans la 1re moitié du XVIIIe siècle. — Voir *Coypel.*

MORELSE (Paul), excellent peintre, grav. et architecte, né à Utrecht, en 1571; mort bourgmestre de cette ville, en 1638.

L'Amour conduit par la Luxure et la Volupté, représentées par deux jeunes femmes en costume antique, qui le tiennent par la main. L'Amour danse. 1612. Clair-obscur de deux planches in-fol. en larg. Très-rare. En haut, quatre vers latins (Winckler, 3284; Delbecq, 202; Einsiedel, 1 thal.; Weigel, 1 $^1/_2$ th.).

Femme vue à mi-corps; elle se presse le sein, et fait jaillir de son lait sur deux pigeons. Grav. par M. Blot (Rigal, 107).

Actéon changé en cerf, en surprenant Diane dans le bain avec ses nymphes. *Sole sub ardenti cædis,* etc. Grav. par J. Matham. L. 20 p.; H. 13 p. (B. 184).

Vénus environnée des Amours, assise sur un lit, se laissant deshabiller par une de ses nymphes, tandis qu'un amour aide Mars a se défaire de ses vêtements. *Aligerum pennata cohors,* etc. Gr. par le même. L. 14 p. 5 l.; H. 10 p. 2 l. (B. 183).

Céphale pleurant la mort de Procris, in-fol. en larg., gr. par Crispin de Pas, le vieux.

Diane découvrant la grossesse de Calisto, 1606; gr. par J. Saenredam. Dans la marge: *Virgineo comitata choro,* etc. L. 14 p. 10 l.; H. 10 p. 6 l. (B. 115; Van Hulthem, 2663).

MORETE, dessinat. du XVIIIe siècle.

Je r'aurai mon étrille. — *Le Retour au gîte*; deux pièces in-4° en travers, gr. par J. Couché.

MORGHEN (Raphaël), célèbre grav. au burin, né à Naples, le 19 juin 1758; mort à Florence, le 8 avril 1833. — Voir l'*Antique,* le *Dominiquin,* le *Guerchin,* le *Guide,* Ang. *Kauffman, Matteini, Memmi, Mengs, Nahl, Raphaël.*

Lady Hamilton, sous les traits de Thalie. In-fol. (Rigal, 552; J., II, 299).

MORIN (Jean), peintre et grav. à l'eau-forte, né à Paris, au commencement du XVIIe siècle; mort dans la même ville, en 1666. — Voir Phil. de *Champagne,* Van *Dyck, Pourbus.*

MORIN (Ed.), dessin. lithogr. contemporain. — Voir *Numa.*

Mlle Aguillon, du théâtre de la Gaîté, rôle de César Farnèse, dans les Aventuriers. Portrait lith. Paris, Martinet, 1860.

Mlle Céline Montaland, rôle de Léonora, dans le Pied de mouton. Lith. Paris, Martinet, 1861.

Mlle Cellier, rôle de Mariette, dans le Paratonnerre. Lith. Paris, Martinet, 1860.

Mlle Chabert, dans le Carnaval des revues. Lith. Paris, Martinet, 1860.

Mlle Darty, rôle de la Pinsonnette, dans la Tireuse de cartes. Lith. Paris, Martinet, 1860.

Mlle Derville, rôle du Jeu, dans Vive la joie. Lith. Paris, Martinet, 1860.

Mlle Dubouchet, rôle de Colombine,

dans les Trois fils de Cadet Roussel. Lith. Paris, Martinet, 1860.

Mlle Flore, rôle de la Valse, dans l'Almanach comique. Lith. Paris, Martinet, 1860.

Mlle de Géraudon, rôle de l'Etoile du berger, dans Oh! la! la! que c'est bête tout ça! Lith. Paris, 1861.

Mlle Henriette, rôle du Carnaval, dans l'Almanach comique. Paris, Martinet, 1860.

Mlle Henry, rôle du chef des Riflemen, dans Oh! la! la! Lith. Paris, 1861.

Mme Lauters Gueymard, rôle de Laura Salviati. Lith. Paris, Martinet, 1860.

Mlle Lemercier, rôle de la Gadichonne, dans le Château trompette. Lith. Martinet, 1860.

Mlle Léonie, rôle de la Dame de trèfle, dans Vive la joie! Lith. Martinet, 1860.

Mlle Léonie, rôle du Chapeau mousquetaire, dans Il pleut, bergère. Lith. Paris, Martinet, 1861.

Mme Luther-Félix, rôle de Diane, dans la Dame de Monsoreau. Lith. Paris, 1861.

Mlle Maria, rôle de la Dame de cœur, dans Vive la joie. Lith. Paris, Martinet, 1860.

La même, rôle du Chapeau espagnol, dans Il pleut, bergère. Lith. Paris, Martinet, 1861.

Mlle Nelson, rôle de la Dame de carreau, dans Vive la joie! Lith. Paris, Martinet, 1860.

Mlle Page, rôle d'André Raymond, dans la Sirène de Paris. Martinet, 1860.

Mlle Philippe, dans le Pied de mouton. Lith. Paris, Martinet, 1861.

Mlle Renault, rôle de la Dame de pique, dans Vive la joie! Lith. Paris, Martinet, 1860.

Mme Rosati, rôle de Médora, dans le Corsaire. Lith. in-8 color. Paris, Martinet.

Mlle Rosiez, rôle de Mme Grégoire. Lith. Paris, 1861.

Mlle Schneider, rôle de Bérénice Lamazou. Lith. Paris, 1861.

MORIN (Gustave), peintre contemporain, né à Rouen.

La Coquette (femme causant avec un homme), lith. par Regnier et Bettannier. Paris, 1847.

L'Ingénue : Un sourire. — Une larme (conversations entre un jeune homme et une jeune fille). Deux pièces lith. par les mêmes. Paris, 1847.

Les Fiancés, phot. Paris, Dusacq, 1 fr. 50.

MORLAND (G.-H.), peintre du XVIIIe siècle.

Jeune fille endormie qu'un jeune garçon réveille en la chatouillant sous le nez. Effet de nuit. In-fol., gr. par Ph. Dawe, 1772.

MORLAND (V.), dessinat. lith. contemporain.

Une Visite à Mabille, lith. Paris, impr. Destouches; chez A. de Vresse.

MORLON, dessinat. lithogr. contemporain. — Voir *Desandré, Doré, Dubouloz, Gabé, Mès, Numa, Regnier, Bettannier et Morlon*, Ch. *Vernier*.

Bal d'Asnières. — *Bal de l'Opéra*; deux pièces lith. Paris, Martinet-Hautecœur, 1867.

Les Canotiers de la Seine: Parages de Neuilly. — Relâche à Asnières; deux pièces lith. par Regnier. L. 0.45; H. 0.32 (Delarue, en coul., 8 fr. ch.).

Ces petites dames : Comme j'étais. — Comme je suis (*Gal. pour rire*, Nos 54-55). Deux pièces lith. par Regnier. H. 0.46; L. 0.38 (Bulla, en rehaut, 6 fr. chaque).

L'Etoile de Messine. — *Les Jongleuses* (Pékin). Deux pièces lith. par le même (*Musée de mœurs*). L. 0.50; H. 0.38. Paris, Jouy, 1863, 8 fr. chaque, en rehaut.

L'Etranger à Paris. — *Le Guide de l'étranger*; deux pièces lith. par le même (*Gal. pour rire*). H. 0.45; L. 0.36 (Delarue, en coul., 6 fr. ch.).

Un Ménage pour rire. — *Contentement passe richesse*; deux pièces ovales, lith. par le même. L. 0.46; H. 0.38 (Bulla, en rehaut, 6 fr. ch.).

La Journée des canotiers : Le Bain des dames. — Allons déjeuner. — Après dîner. — Allons-y gaiement. Quatre pièces lith. par Regnier, Bettannier et Morlon. H. 0.54; L. 0.36. Paris, Jouy, 1861, 6 et 10 fr. ch.

Les Plaisirs de Paris: Régates à Asnières. — Partie de bain à Choisy. — Entre deux courses à La Marche. — La fin du carnaval. Quatre pièces lith. par les mêmes. L. 0.48; H. 0.35 (Dusacq et Cie, en noir, 4 fr. chaque, et en coul., 8 fr.).

Rendez-vous au bord du lac. — *Excursion dans la montagne*; deux pièces lith. par les mêmes. H. 0.42; L. 0.32. Paris, Delarue, 1866, en couleur, 8 fr. chaque.

Rien n'est sacré pour un sapeur!

J'eus beau dir' : V'là madam' qu'arrive,
Rien n'est sacré pour un sapeur!

Une bonne suppliant un sapeur de lâcher un caniche qu'il tient suspendu en l'air par la peau du dos. Une jeune dame entre dans le moment, et n'a pas du tout l'air flattée de voir la triste mine de son bichon qui tend la langue et pousse des hurlements à émouvoir tout autre qu'un sapeur. Ce dernier, sans pitié pour *sa connaissance* qui est cependant assez avenante, montre qu'en effet, pour lui rien n'est sacré. Il est assis sur la table, à côté d'une bouteille de vin, un pied sur un tabouret, et regarde avec beaucoup de plaisir le pauvre animal qui n'en peut mais. Le sabre et le bonnet du héros gisent à terre. Lith. en coul., par les mêmes. H. 0.45; L. 0.36. Paris, Delarue, 1866, en coul., 6 fr.

Tir' toi d' là comm' tu pourras!

Tu l'as voulu, n' te plains pas;
Tir' toi d' là comm' tu pourras!

Un monsieur très-bien mis prenant un bain.... de derrière forcé dans un cuvier de blanchisseuses où il est tombé, sans doute, en voulant plaisanter avec elles. Il est complétement passé à l'eau de savon; un chien profite de cette circonstance pour le mordre à la jambe. Les blanchisseuses, qui sont passablement décolletées, s'en donnent à cœur joie et sont loin de vouloir retirer le monsieur de sa fausse position. Lith. en coul. par les mêmes. H. 0.45; L. 0.36. Paris, Delarue, 1866, en coul., 6 fr. chaque.

Le Guide de l'étranger. — *L'Etranger à Paris*; deux pièces phot. Paris, Dusacq, cartes de visite, 1 fr. chaque.

MORO (Torbido del). — Voir *Angolo*.

MORRET (J.-B.).

L'Oiseau de Lubin : Baisez, petit; baisez, mignon. Jolie pièce en couleur, gr. d'après Morret (vente de décembre 1856).

MORRIS (Thomas), graveur, né vers 1750; travaillait à Londres, et mourut à la fin du XVIIIe siècle. — Voir J. *Collet*, *Gilpin*.

MORTEY, dessin. et grav. du XVIIIe siècle.

Les Deux amies. — *La Savonneuse*; deux planches galantes, in-4°, gr. vers 1780 (Lippert, 20 sbg.).

MORTIMER (John-Hamilton), peintre et grav. à l'eau-forte, né à Eustbourne, comté de Sussex, en 1741; mort en 1779.

Roméo et Juliette, gr. par F. Bartolozzi.

Vénus trouvant l'Amour endormi, gr. par le même.

Nymphe assise au bord de la mer; un vieux berger est à côté d'elle. Gr. par R. Blyth (J., I, 270).

Didon et Enée, gr. par W. Woollett (Debois, avant l. l., 69 fr.).

MORTON (Anne, comtesse de). — Voir Van *Dyck*.

MOSYN (Michel), grav. du XVIIe siècle. — Voir J. *Backer*, C. *Holstein*, *Poelenburg*.

Un Satyre donnant du raisin à une femme nue.

Vénus dans l'eau, accompagnée de l'Amour.

Vénus endormie.

MOTHE (W.-H.), dessin. et grav. contemporain, anglais; travaille pour les ouvrages illustrés.

Caroline de Brunswick, reine d'Angleterre. Lith., 1820.

Mme de Montespan. — *Mlle de La Vallière*; deux portr. grand in-8 (G***, en juin 1856, N° 226).

MOTHEY, grav. de la fin du XVIIIe siècle et du commencement du XIXe. — Voir *Mallet*.

MOTTE (C.), dessin. lithogr. moderne.

Mlle Mars, dans Valérie. H. 0.189; L. 0.135 (Soleinne, 104).

MOUCHERON (Frédéric), peintre paysagiste, né à Embden (Hanovre), en 1633, de réfugiés français; mort à Amsterdam, en 1686.

Le Bain des nymphes, in-fol., gr. par C.-T. Geyser.

MOUCHET (F.-N.), peintre et grav., né en Franche-Comté, en 1750; mort en 1814.

L'Illusion. — *Le Réveil importun*; deux sujets de jeunes femmes couchées, gr. par Darcis (11 nov. 1861, avec *Qui est là?* 6 fr. 50; en avril 1864, l'*Illusion* seule, 20 fr.).

Le Larcin d'amour. — La Ruse d'amour; deux pièces gr. au pointillé, par le même. H. 0.19; L. 0.14 (Bance, 5 fr. chaque).

Qui est là? Jeune femme nue qui entend frapper à sa porte. Pièce ovale, gr. par le même. Le 1er état, en couleur; 2e état, en noir (cat. A. David).

La Méprise. Une jeune femme couchée empêche un chat de s'élancer vers quelque chose qu'il prend pour une souris. Jolie pièce, drôle et bien gravée, in-fol. en haut, par Macret et Anselin. Rare (181 fr., en décembre 1856; 205 fr., le 21 février 1859; 28 fr., le 11 novembre 1861, et 21 fr., en mai 1864).

MOUGEOT (J.-J.), graveur, né en 1780.— Voir *Arsène, Sigalon.*

MOUILLERON (Adolphe), grav. contemporain, né à Paris.—Voir Théoph. *Fragonard, Riesener.*

MOULIGNON (Léopold de).

Les Marionnettes de l'amour, phot. Paris, Goupil, 1867.

MOULIN, photographe, a fait des académies.

Amélie, vue de dos. C'est la 1re académie mentionnée par le Journal de la Librairie, 1853, p. 386.

MOVÉ, éditeur d'estampes, vivait à Paris, dans la 2e moitié du XVIIIe siècle.

Mme Ramponneau. Chez Ramponneau, bon vin nouveau. In-fol. en travers.

MOYNIER, peintre contemporain.

La Polka. — La Redowa; deux planches lith. par Desmaisons. Paris, Gache, 1856.

MOYREAU (Jean), grav. au burin, né à Orléans, en 1691; mort à Paris, en 1762. — Voir L. *Boulogne, Casanova, Lesueur, Marot, Rembrandt, Watteau.*

MOZETTO (Girolamo), peintre et grav., né à Vérone, vers 1454.

La Nymphe dormant, L. 0.473; H. 0.284 (Durand, 1er état, 400 fr.).

MUCCI (G.-F.), peintre et grav., neveu de F. Barbieri, travaillait de 1640 à 1660. — Voir le *Guerchin.*

MULLER (Hermann), dessin. et grav., travaillait à Amsterdam dans la 2e moitié du XVIe siècle. — Voir A. *Bloemaert,* M. *Heemskerck.*

MULLER (Jean) dessin. et grav., né à Amsterdam, vers 1570; travaillait de 1589 à 1625. — Voir *Rubens,* B. *Spranger,* Adr. de *Vries.*

Cléopâtre. Elle se fait piquer le sein par deux serpens. *Ausonias dum victa,* etc. L. 8 p. 4 l.; H. 6 p. 1 l. (B. 9).

Mercure embrassant la nymphe Lara, dont il est amoureux. *Garrula lingua cave,* etc. Pièce ronde de 5 p. 10 l. de diam. (B. 10).

Vénus à côté de l'Amour, sur des nuages. Elle tient un écusson sur lequel est représenté un cœur percé de flèches. Pièce ovale. L. 2 p. 2 l.; H. 1 p. 7 l. (B. 11).

MULLER (Jean-Gothard von), peintre et grav., né à Berhausen, dans le Wurtemberg, en 1747; mort à Stuttgard, en 1830. — Voir *Honthorst, Jollain,* Mme *Lebrun, Wille.*

Eve cueillant la pomme (P. Danlos 2 fr.).

MULLER (Friedrich), peintre et grav., né à Creuznach, dans le Palatinat, en 1750; mort en 1825. — Voir *Raphaël.*

L'Amour jouant du chalumeau, in-12.

Bacchanales, deux planches in-fol. en travers.

MULLER (Henri-Charles), grav. au burin, né à Strasbourg, en 1781. — Voir le *Corrége, Delorme,* E.-H. *Langlois, Prudhon.*

MULLER (Christian-Friedrich), graveur, né à Stuttgard, en 1782; mort à Dresde, en 1816. Il fut élève de J.-Gothard von Muller. — Voir l'*Antique.*

MULLER (Charles-Louis), peintre et grav. à l'eau-forte, né à Paris, en 1815; élève de Gros et de Léon Cogniet.

Coquetterie, lith. de 0.58 sur 0.48, d'après Ch.-L. Muller. Goupil, de 3 à 15 fr.

La Courtisane, lith. de 0.53 sur 0.45, d'après Muller. Goupil, de 3 à 12 fr.

Rose en danger, lith. faisant partie de l'*Album mystérieux.* Voir ce titre aux *Polyonymes.* Paris, Wild, 1855 et 1856.

La Sylphide. — Ondine ; deux pièces gr. à la man. noire, par H. Garnier. H. 0.46 ; L. 0.31. Paris, Goupil, 1865, de 14 à 24 fr. chaque.

Sara la baigneuse, gr. en man. noire, par Alex. Jazet. H. 0.35 ; L. 0.27 (Goupil, de 6 à 12 fr.)

Marie-Antoinette à Trianon. — A la conciergerie. Deux planches en man. noire, gr. par F. Ledoux. H. 0.58; L. 0.45 (Goupil, 20 à 40 fr. chaque).

Sara la baigneuse. Femme se balançant dans un hamac au-dessus d'une fontaine ; gr. par A. Martinet. H. 0.58; L. 0.44. Paris, Goupil, 1847, 20 fr. en noir, et 40 fr. en couleur.

Faust et Marguerite, lith. par Pirodon. Paris, Bulla, 1858.

Ondine, lith. par Soulange-Teissier. H. 0.51 ; L. 0.35 (Bulla, 8 et 16 fr.).

Ondine. — Sylphide ; deux phot. par Chardon, jeune. Paris, Goupil, 1861, 0.09 sur 0.13, 1 fr. chaque ; cartes de visite, 1 fr.

Sara la baigneuse, phot. Goupil, 0.07 sur 0.12, 1 fr. 50.

Marie-Antoinette à Trianon. — A la conciergerie ; deux phot. Goupil, 0.17 sur 0.14, 2 fr. chaque ; 0.07 sur 0.12, 1 fr. 50, et cartes de visite, 1 fr.

MULLER (Karl), grav. contemporain; travaille à Francfort. — Voir *Rustige.*

Mlle Cruvelli, lith. par A.-Ch. Lemoine. H. 0.41 ; L. 0.31 (Goupil, 5 à 10 fr.).

MULLER, lithogr. contemporain. — Voir *Gluck.*

MURRER (Johann), peintre et grav., né à Nuremberg, en 1664; mort en 1713.

Vénus, l'Amour, Minerve et Junon, in-4°.

MUSIS (Agostino de). — Voir le *Vénitien.*

MUSSCHER (van), peintre hollandais du XVIIIe siècle.

Jeune femme cherchant ses puces à la lueur d'une lampe. Eau-forte, gr. par G. Valck.

MUYCKENS (J.-B.), peintre et grav. à l'eau-forte du XVIIe siècle.

Une Nymphe surprise par un satyre, 1637. Gr. en larg. (Van Hulthem, 5219).

Vénus et l'Amour endormis dans une grotte ; près d'eux est un satyre, 1637, in-8° (Sternberg, 2 $^5/_6$ thal.).

N

NADAR, dessin., lith. et photogr. contemporain, à Paris.

Les Jolies Parisiennes (Petits albums pour rire). Suite de 56 petites caricatures sur bois, avec couverture illustrée, par Nadar et Randon. Paris, Marescq, 1854.

Portraits phot. d'après nature : Mlles Angelle, Antonia, Ferreyra, Georgina, Irma Granier, Kettermann, Octavie, Petitpas, Marie Radoux, Tautin ; Mmes Desmont, Thierret, etc. Paris, 1862.

NADOS (L.), graveur moderne, travaillait en Italie, au commencement du XIXe siècle. — Voir *Prudhon.*

NAHL (Aug.), peintre de la 1re moitié du XVIIIe siècle.

Vénus et Adonis, in-fol. en travers, gr. par F.-V. Durmer.

Daphné et l'Amour, gr. par R. Morghen (Cab. de l'amat., I, 117).

Jupiter et Antiope, in-fol. en larg., gr. par J.-J. Neidl.

NAISSANCE DE VÉNUS. — Voir *Vénus sortant de la mer.*

NANTEUIL (Robert), peintre et grav. au burin et à la pointe sèche, né à Reims, en 1630 ; mort à Paris, en 1678. — Voir *Beaubrun, Bourdon, Mignard.*

Anne-Marie d'Orléans-Longueville, duchesse de Nemours. Charmant petit portrait, avec quatre vers de Scudéry, sur un socle :

Elle est du sang des roys, cette illustre personne,
Qui fait voir sous ses pieds les vices abattus :
Et le pompeux esclat de leur riche couronne
Brille moins que l'esclat de ses rares vertus.

Rare. H. 6 p.; L. 4 p. 1 l. (R. D. 200; comte ***, de Vienne, 1726).

Louise-Marie de Gonzague, reine de Pologne et de Suède. 1653. Au bas, quatre vers de l'abbé de Villeloing :

Telle, et plus belle encor, la divine Louyse
Sur le trône du Nord brillant de ses attraits
Etonna le Sarmate, et vainquit de ses traits
Casimir et son frère, et l'illustre Moyse.

H. 7 p. 11 l.; L. 5 p. 10 l. (R. D. 164).

Marie-Jeanne-Baptiste de Savoie-Nemours, duchesse de Savoie. 1678. H. 14 p. 3 l.; L. 9 p. 1 l. (R. D. 169; Rapilly, en 1859, 1er état, 25 fr.; 2e état, 10 fr.).

Marie de Rabutin-Chantal, marquise de Sévigné; gr. par Nic. Edelinck (comte ***, de Vienne, 885).

NANTEUIL (Célestin), peintre, dessin. et lith. contemporain. — Voir *Chaplin*, *Diaz*, *Gigoux*, *Tassaert*.

Les Filles du diable : La Création. — La Créature; deux pièces lith. L. 0.26; H. 0.20 (Delarue, 2 fr. chaque).

Ruth et Booz. Lith. Paris, de Gonet, 1858.

Séduction. — Perdition; deux lith. H. 0.43; L. 0.26 (Delarue, 1860, 8 fr. chaque).

Seuls!—Souvenirs! Deux lith. H. 0.37; L. 0.28 (Delarue, 8 fr. chaque).

NARGEOT (Jean-Denis), grav. au burin, contemp., né à Paris, en 1795. — Voir *Bida*, Mme *Lebrun*.

NARGEOT (Adrien), dessin. et grav. contemp., né à Paris. — Voir *Bida*, *Latour*.

Susanne au bain, eau-forte. H. 0.29; L. 0.22 (Dusacq et Cie, en noir, 4 fr.; en coul., 8 fr.).

Susanne, phot. Paris, Dusacq, carte de visite, 1 fr. La vente de cette pièce est autorisée à condition de ne pas la mettre en étalage.

NASINI (Jo.-N.), peintre et grav., né à Sienne, en 1650; mort en 1736.

Une femme accompagnée de l'Amour, gr. par B. Farjat.

NASSAU (Emelia, comtesse de). — Voir Van *Dyck*.

NATALIS (Michel), grav. au burin, né à Liége, en 1589. — Voir Van *Dyck*.

NATOIRE (Charles-François), peintre, élève de Lemoine; né à Nîmes, en 1700; mort à Castel-Gandolfo, près de Rome, en 1777.

Vénus, gr. aux deux crayons, par L.-M. Bonnet.

Vénus et l'Amour, gr. par le même.

Diane et Actéon, gr. en haut., par Desplaces (Van Hulthem, 4205; Paignon-Dijonval, 8395).

Le Triomphe d'Amphitrite, peint en 1743, pour la galerie du président Lambert, gr. par C. et C.-A. Duflos.

Vénus offrant des armes à Enée, in-fol., gr. par J.-J. Flippart (J. II, 53).

Le Triomphe d'Amphitrite, in-fol. en larg., gr. par P.-Et. Moitte (vente du 15 mai 1865, No 771).

Bacchus et Ariane. — Jupiter et Calisto. — Vénus et Léda; trois pièces in-fol., gr. par J. Pelletier.

NATTIER (Jean-Marc), peintre, né à Paris, en 1685; mort en 1766.

Marie-Henriette de France, gr. d'après Nattier (vente du 23 avril 1863).

Amants faisant hommage à Bacchus, gr. par Aubert.

Psyché consolée, gr. par J. Audran.

Vénus ordonnant à Psyché de démêler des graines. Jolie pièce gr. par le même, d'après le tableau à St-Cloud.

La Duchesse de Châteauroux, sous la figure de la Force. Arles, 1715-1764. Gr. par Baléchou. L. 0.335; H. 0.311 (Leber, 69 des estampes; Camberlyn, 1re vente, No 80).

Madame Louise-Elisabeth de France, gr. par le même (P. de Corneillan, 266).

Jupiter et Antiope, gr. par N.-D. Beauvais. H. 0.233; L. 0.186.

Le Chaste Joseph, in-fol., gr. par Beauvarlet (P. de Corneillan, 517).

Pompadour (Jeanne-Antoinette Poisson, marquise de), en Muse. Portrait médaillon, petit in-4o, avec encadrement de cyprès et de roses, gr. par Cathelin.

Une beauté!... Non loin un noir cyprès,
Et ce flambeau, qu'hélas! on voit s'éteindre;
D'aimables fleurs se flétrissent auprès
Disent assez qui l'on a voulu peindre.
J. D. S.

Très-rare (de Vèze, p. 118; *Revue universelle des arts*, XXII, 132).

Vénus donnant le dictame pour guérir la blessure d'Enée, in-fol., gr. par L. Desplaces.

Marie Leczinska, portrait dans un médaillon in-4°, gr. par Duponchel (vendu 14 fr., le 7 février 1859).

Marie Leczinska, reine de France, en 1755. Charmant petit portrait entouré de lis et de roses, sur un champ fleurdelisé, gr. par Ch. Gaucher, en 1767. In-8° en travers, texte au revers. Très-rare (comte ***, de Vienne, 967; Martial Pelletier, 382).

La Chasseuse aux cœurs. Jolie pièce gr. par Heuriquez (vendue 1 fr. 75, le 11 nov. 1861).

Naissance de Vénus, gr. par le même.

*Mme la duchesse de ***, en Hébé*. Joli portrait in-fol. en haut., gr. par Hubert (6 fr., le 11 nov. 1861).

Vénus et l'Amour, gr. par John King.

Mme de Pompadour, en Muse. Portrait médaillon, gr. par Lebeau, sur un dessin de Queverdo, exécuté d'après le tableau de Nattier (cat. A. David).

Nul amour sans épines. — Nulle rose sans épines; deux pièces grav. par B. Lépicié.

Vénus éprise d'Adonis, gr. par le même.

Flore à son lever, gr. par P. Malœuvre.

*Mme de ***, en Hébé*, gr. par le même (20 fr., en avril 1864).

La Belle source, in-fol., gr. par C.-D. Melini.

Marie Leczinska, princesse de Pologne, reine de France ; in-fol. et in-8°, gr. par J. Tardieu, 1775 (Leber, IV, 157).

*Mme de *** (Pompadour)*, en Flore, gr. par Voyez, le jeune (18 fr., en avril 1864).

NECKER (Ludwig-G.), dessin. et grav., né à Stuttgard, vers 1760; mort en 1810. — Voir *Guibal*.

NEEFFS (Jacob), grav. à l'eau-forte et au burin, né à Anvers, en 1639. — Voir Van *Dyck, Jordaens, Rubens, Seghers*.

NÉGELEN (Mlle), dessin. lith., travaillait au commencement du XIXe siècle. — Voir Al. *Fragonard, Girodet-Trioson*.

Julie Grisi, gr. à Londres. H. 0.440; L. 0.330 (Filippi, N° 262).

La même, gr. par F.-C. Lewis. H. 0.600; L. 0.470 (Soleinne, N° 349).

NEGRE.

Femme nue couchée; près d'elle est un serpent. Gr. à l'eau-forte, par Lefman.

NEHRLICH, dessin. lith. contemporain.

Mlle Sontag, lith. d'Engelmann. H. 0.290; L. 0.230 (Filippi, 288; Soleinne, 346).

NEIDL (Johann-Joseph), graveur, né à Graetz, en 1774. — Voir *Agricola, Nahl*, de *Perger*.

NEK (Joh. van), peintre de la 1re moitié du XVIIe siècle.

Les Nymphes au bain, gr. par un anonyme. L. 0.320; H. 0.272.

Vénus endormie au pied d'un arbre. Pièce en larg. (Van Hulthem, 757).

Diane au bain. Sujet de paysage, en larg., gr. par A. Blooteling (J., I, 269).

Un paysage, où l'on voit Alphée poursuivant Aréthuse. Gr. par le même. Titre: *Arethusa ab Alpheo*, etc. (Winckler, 3355; Van Hulthem, 1033).

NELLI (Nicolo), grav. au burin, né vers 1530. — Voir le *Titien*.

NELSON (Mlle), actrice. — Voir *Morin*.

NEMOURS (Anne-Marie d'Orléans-Longueville, duchesse de). — Voir *Beaubrun*, Robert *Nanteuil*.

NEMOURS (Marie, souveraine de Neufchâtel et duchesse de). — Voir P. *Drevet, Rigaud*.

NEPTUNE ET AMPHITRITE. — Voir *Cipriani*, H. *Goltzius, Jules Romain*, P. *Schenk*, le *Titien*.

NEPTUNE ET AMYMONE. — Voir *Devéria*.

NEPTUNE ET MÉLANTHE. — Voir J. *Bonasone*.

NEPTUNE ET THÉTIS. — Voir Séb. *Conca, Rosso de Rossi, Rubens, Spranger*.

NETSCHER (Gaspard), peintre, né à Prague, ou Heidelberg, en 1639; mort à La Haye, en 1684.

Une Nymphe endormie, vue par le dos; un satyre soulève la draperie qui la couvre.

Parure naturelle, gr. par J.-L. Anselin.

La Crédulité nuisible, gr. par P.-F. Basan. H. 0.331; L. 0.247.

Marie Stuart, femme de Guillaume III, prince d'Orange, 1751. Pièce ovale, gr. par J. Houbraken (Camberlyn, 1re vente, N° 1556).

Les Amours de Pan, pièce en haut., en man. noire, par Gérard Valk (Van Hulthem, 2938).

Jupiter et Calisto. — *Pâris et Œnone*; deux pièces gr. en man. noire, par Jean Verkolje.

Diane et Endymion. — *Bacchus et Ariane*; deux pièces gr. en haut., par Nic. Verkolje (J., III, 163).

Mort de Cléopâtre. Pièce en haut., très-rare, gr. par J.-G. Wille, en 1754 (Debois, épreuve av. l. l., 1081 fr., achetée par M. Dutuit, de Rouen).

NEUE ou NEVE (François de), peintre et grav. à l'eau-forte, né à Anvers, vers 1625.

L'Amour au bain. Paysage où l'on voit Vénus couchée au bord d'une rivière où l'Amour se baigne. L. 9 p. 5 l.; H. 7 p. (Rigal, 588; B. 1; J., II, 319).

Diane et Endymion. Diane, enveloppée d'un nuage, se penche sur Endymion qui dort étendu contre une butte au-delà de laquelle on aperçoit deux amours. Paysage. L. 9 p. 5 l.; H. 7 p. (B. 1; J., II, 319; Rigal, 588).

Narcisse amoureux de lui-même. Penché sur l'eau où il se mire, il tient de sa main gauche élevée une partie de la draperie qui fait son vêtement, et s'appuie du bras droit sur une butte. L. 14 p. 2 l.; H. 11 p. 6 l. (B. 14; J., II, 320).

NEURDEIN, photographe.

Portraits: L'Impératrice Eugénie. — Elisa Bonaparte. — Comtesse d'Artois. — Marie-Antoinette et ses enfants. — Mlle de Montpensier. — Princesse de Galles. — Princesse de Joinville. — Reine des belges. Paris, 1867.

NEWTON (James), graveur, né à Londres, en 1743. — Voir *Reinagle*.

NEWTON (G.-S.).

The Lovers' quarrel, in-fol., gr. par Ch. Heat (Weigel, 3 1/5 thal.).

NEYTS (Gilles), peintre et grav. à l'eau-forte, né dans les Pays-Bas, vers 1630.

La Tentation de saint Antoine. Il est à genoux devant un crucifix placé sur une butte. Le démon, sous la forme d'une femme, est debout devant lui, et lui présente un verre. D'autres esprits infernaux sous la forme d'animaux chimériques voltigent au-dessus du saint. L. 8 p. 8 l.; H. 6 p. 7 l. (B. 9; Camberlyn, 2e vente, N° 2569).

NICOLAS.

Femme nue, près d'une fontaine, gr. par Péquégnot. Paris, 1856.

NICOLLET (Bernard-Ant.), graveur, né à Saint-Immier, en 1740; mort en 1807. — Voir *Deshayes*.

NIEL, peintre français contemporain.

Portraits des personnages français les plus illustres du XVIe siècle, publiés par Niel. — On distingue dans cette belle publication les portraits suivants : *Agnès Sorel*, très-blonde (par Riffaut). Les portraits qui existent de cette femme célèbre sont dénués d'authenticité. — *Mme de Châteaubriand.* — *Diane de Poitiers.* — *Marie Stuart* (Le nombre prodigieux de ses portraits peints et gravés et leur dissemblance sont une des curiosités les plus singulières et les plus embarrassantes de de l'iconographie). — *Mme de Simier*, 1589. Elle fut, ayant le nom de Mlle de Vitry, une des *filles d'honneur* de la reine Catherine. Coiffure originale, cheveux relevés; sur la tête, une grosse boule dans laquelle brillent deux perles. — *Diane d'Angoulême*, fille naturelle d'Heni III. — *Charlotte de la Trémouille*, princesse de Condé. — *Mme de Sauve* (belle et cent fois plus coquette, célèbre dans la chronique scandaleuse du XVIe siècle). — *Gabrielle d'Estrées*, par Riffaut. Sa coiffure en hérisson, dans le genre de celle de Mme de Simier, est ornée d'une toile d'or.

NINON DE LENCLOS. — Voir *Bassaget*, E.-J. *Desrochers*, L. *Ferdinand*, *Mignard*, *Petitot*, *Raoux*, *Worlidge*.

NIOBÉ. — Voir Ann. *Carrache*, *Cipriani*.

NIQUET (Claude), graveur, né vers 1770. — Voir *l'Albane*, *l'Antique*, J. *Barry*, *Bourdon*, *Devéria*, Van der *Werff*.

Mlle Mars, en pied (vente du 17 janvier 1862).

Vénus se mirant dans l'eau, gr. en haut., par Pillement et Pocquet (Van Hulthem, 4613).

NOBLET (Mlle), actrice. — Voir *Bodmer*, *Devéria*, *Grévedon*, L. *Lassalle*, Léon *Noël*, *Waldeck*.

NOCCHI (B.).

Le Réveil de Diane. — *Vénus changeant l'Amour en Ascagne*; deux pièces (vente du 8 avril 1863).

Le Repos de Diane, in-fol. en travers, gr. par G. Folo (Sternberg, 1 25/24 thal.; Mappes, 4 flor. 30 kr.).

Vénus sur les eaux, gr. par le même.

NOCHEZ (J. Edme), graveur, né à Paris, en 1736. — Voir *Rubens*.

NOEL (C.-F.), dessin. lith. contemporain. — Voir *Boilly*, *Lethière*, *Vangorp*.

Emilie, dans Cinna. H. 0.217; L. 0.144 (Soleinne, 104).

NOEL (Léon), dessin. lith. contemporain. — Voir *Bazin*, *Beaume*, *Bouchot*, A. *Devéria*, *Francis*, E. *Giraud*, *Girodet-Trioson*, *Grenier*, *Lepoittevin*, *Roëhn*, *Schlesinger*, *Schopin*, de *Villeneuve*, *Winterhalter*.

L'Abricot. — *Le Passe-passe*; deux pièces (petites Vénus) lith. L. 0.25; H. 0.18 (Bulla, 1 fr. 50 et 3 fr. chaque).

Déjazet, du Palais-Royal, lith. H. 0.24; L. 0.19 (Filippi, 396; Soleinne, 330).

Les Jolis portraits d'actrices. Deux livraisons contenant douze portraits lith. Mlles Duchemin, Escousse, Wilmen, Emilie, Verneuil, Eulalie Dupuis, Falcoz, Moralès, Adèle Armand; Mmes Adolphe, Dupont, Thénard (Soleinne, 257).

Léontine Fay (Mme Volnys), lith. L. 0.17; H. 0.14 (Soleinne, 295).

Ma femme dort, lith. (*Musée des rieurs*). H. 0.47; L. 0.37. Paris, Goupil, 1852, 6 et 12 fr.

Mme Albert, du théâtre des Nouveautés. Lith. H. 0.25; L. 0.17 (Soleinne, 329).

Mme Dorval, de l'Odéon. Lith. H. 0.26; L. 0.20 (Soleinne, 325).

Mlle Alexandrine Noblet. H. 0.25; L. 0.20 (Soleinne, 294).

Mlle Caroline Duprez. Lith. ovale. H. 0.45; L. 0.32 (Goupil, 6 et 12 fr.).

Mlle Dupont, portrait en pied, 1833. Lith. H. 0.40; L. 0.29 (Soleinne, 263).

Mlle Jawureck, en pied, 1833. Lith. H. 0.39; L. 0.29 (Soleinne, 300).

Mlle Julie Grisi, 1832. Lith. H. 0.24; L. 0.19 (Soleinne, 349).

Mlle Lefebvre. Lith. ovale. H. 0.45; L. 0.32 (Goupil, 6 et 12 fr.).

Mlle Priora. Lith. H. 0.42; L. 0.35 (Goupil, 4 fr.).

Mme Ugalde. Lith. Paris, Goupil, 1854.

Madeleine Brohan. Lith. ovale. H. 0.45; L. 0.32. Paris, Goupil, 1852, 6 et 12 fr.

Mariette Alboni. Lith. Paris, Goupil, 1854.

L'Abricot. — *Passe-passe*; deux pièces photogr.

NOLPE (Peter), peintre et grav. à l'eau-forte et au burin, né à La Haye, en 1601. — Voir Nic. *Berghem*.

Le Buveur et la chanteuse.

Juda trompé par Thamar. L. 18 p. 4 l.; H. 14 p. 4 l. (J. II, 321; Rigal, 593).

Le Miroir des femmes, in fol.

Paysage. Des nymphes dansent; une autre est assise à côté d'un petit garçon qui pisse. Dans le haut, Saturne sur des nuées. In-fol. en travers.

NORBLIN DE LA GOURDAINE (Jean-Pierre), peintre et grav., né à Misy, près de Sens, en 1745; mort en 1830.

Les Adieux. H. 0.121; L. 0.095.

L'Alcôve, 1777. Pièce rare. H. 0.66; L. 0.50.

Alexandre et Roxane. H. 0.245; L. 0.182. On connaît cinq états de cette planche.

La Chaste Susanne, 1776. Eau-forte. H. 0.167; L. 0.100.

La Liseuse; H. 0.107; L. 0.080.

NORMAND (Louis-Marie), grav. au burin, né en 1788. — Voir *Prudhon*.

NORTHCOTE (T.-J.), peintre et grav. anglais, né en 1742; mort en 1832.

Charlotte et Werther. — *Dernière entrevue de Charlotte et de Werther*; deux pièces, gr. par Ch. Knight.

NORTHUMBERLAND (Elisabeth, comtesse de). — Voir *Lely*.

NOUVIAIRE.

Baigneuse pendant le bain. — Baigneuse après le bain; deux lith. par Lesourd de Beauregard. Paris, 1835.

NUMA, dessin. lithogr. contemporain. — Voir *Charpentier*, *Teichel*.

Les Baigneuses, suite de six sujets lith. L. 0.33; H. 0.25 (Goupil, 4 à 8 fr. chaque).

Calendrier des Grâces: Anaïs et Juliette. — Stéphanie et Mirza. — Clarisse et Julie. — Aminthe et Zoé. Quatre planches lith. Paris, Gache, 1849.

Etude de l'amour. — Amour de l'étude; deux lith. Paris, Wild, 1858.

La Jeunesse dorée: Le Point de départ. — Le Chemin de l'amour. — Un Changement de costume. — Le Joyeux poison. — Un Moment de repos. — Le Dernier nœud. — Le Réveil. Sept lith. par Bettannier. Paris, Sinnett, 1851.

Les Pierrettes: Mieux qu'un homme. — Je m'évanouis, du champagne ! — La première au bal. — Archiredowa. — Hôééé, les pékins ! ! ! — Du tabac ! ! Six lith., par le même. Paris, Massard, 1854.

Carnaval à Paris : Surtout, évitez les corridors ! — Celui qu'on cherche. Celui qu'on voudrait quitter. — Un premier début au bal de l'Opéra. — Otello le jaloux. — V'la pour toi, Pierrot. — Ma Titine. — Mon Zidor. Sept lith., par le même. Paris, Massard et Combette, 1852.

Chant d'amour, lith. par le même. Paris, Gache, 1849.

Galerie comique : Il l'embrassera ! Il ne l'embrassera pas ! Lith. par le même. Paris, Sinnett, 1852.

Le Sommeil. — Le Réveil; deux lith., par le même. Paris, Massard, 1854.

La Lune de miel. — Après la lune de miel. — La Lune rousse. — 1er croissant de la lune. Quatre pl. lith. par Ed. Morin. Paris, Massard et Combette, 1851-1852.

Plaisir. — Déplaisir. Deux pièces, sujets Louis XV; lith. par A. Morlon. H. 0.39 ; L. 0.32. Paris, Gache, 1856 (Dusacq et Cie, 3 fr. chaque).

Musée féminin : Les Apprêts pour le bal. — Projets de conquête. Deux pièces lith. par Palisse. Paris, Champagne, 1864.

Les Ages de la femme : 15 ans. La Prière. — 20 ans. Le Roman. — 25 ans. La Demande. — 30 ans. La Réponse. Quatre lith., par Regnier. H. 0.40; L. 0.33. Paris, Jouy, 1860, en rehaut, 5 fr. chaque. Bulla, id.

Béranger illustré : La Cantharide. — Le Vieux célibataire. — La Bacchante. — La Chatte. — Frétillon. — Le Grenier. — La Bonne fille. — Paillasse. — Bon vin et fillette. — La Fille du peuple. — Les Infidélités de Lisette. — Mme Grégoire. — Habit de cour. — Mon enterrement. — L'Aveugle de Bagnolet. — Les Etoiles qui filent. — Le Pélerinage de Lisette. — Ma grand'mère. — Les Gueux. — La Mère aveugle. — Le Roi d'Yvetot. — Le Bon ménage. — Le Maître d'école. — La Vivandière. — Le Temps. — Ce n'est plus Lisette. — Le Vieux sergent. — La Double chasse, etc. Lith. par Regnier. — H. 0.30 ; L. 0.24. Paris, Massard et Combette, 1851-53. Jouy, 1863, en rehaut, 2 fr. chaque.

Elégance et coquetterie (sujets de femmes) : Le Ruban. — Confidence. — L'Indiscrétion. — L'Aveu. — La Couronne. — Le Message. — Les Intimes. — Les Bluets. — Le Secret. — Le Billet. — La Méfiance. — La Déclaration. Suite de douze pièces lith. par le même. Paris, Delarue, 1854; H. 0.27 ; L. 0.22, en rehaut, 2 fr. ch.

Heureux temps de la jeunesse : Comme on aime à vingt ans. — Comme on s'émancipe. — Projets de bonheur. — Changement de garnison. Quatre pièces lith. par le même ; H. 0.45; L. 0.35 (Delarue, en coul., 5 fr. ch.).

Histoire de Paul et Virginie, suite de six pièces lith. par le même. H. 0.26; L. 0.21 (Dusacq, en coul., 2 fr. chaque).

Les Lionnes de Paris : Boulevard de la Madeleine. — Boulevard des Capucines. — Boulevard des Italiens. — Boulevard Montmartre. — Boulevard Poissonnière. — Boulevard Bonne-Nouvelle, etc. Suite de huit sujets gracieux de femmes, lith. par le même. L. 0.32; H. 0.24 (Delarue, en coul., 5 fr. chaque).

Le Roman de Faublas : La Douce violence. — Le Doux entretien. — Le Départ forcé. — Une bonne fortune. Quatre pièces lith. par le même. H. 0.31; L. 0.24. Paris, Jouy, 1860, en rehaut, 2 fr. 50 ch.

Le Temps des amours : L'Occasion, l'Herbe tendre. — La Persuasion naturelle. — De couturière, elle devint reine. — Les Poissons rouges. — L'Alcove et ses secrets. — Un Corsage trop étroit. Six lith. par le même. H. 0.32; L. 0.26 (Bulla, en couleur, 2 fr. 50 chaque).

Le Vin. — Le Jeu. — L'Amour. — Le Tabac; quatre sujets gracieux, lith. par le même; H. 0.44; L. 0.34 (Delarue, en coul., 8 fr. ch.).

Mme de Pompadour, vue depuis la hauteur des genoux. Portrait lith. par Regnier et Bettannier. Paris, Bertauts, 1845.

Odette, portrait vu depuis la hauteur des genoux, lith. par les mêmes. Paris, Bertauts, 1845.

Le Tohu-bohu plaisant: 25. Je ne trouve plus ma rosette. — 26. Vois dans la psyché. — 27. Pourra-t-il tenir ce qu'il promet? — 28. Oh! Gaston! ces boucles me lient à toi. — 29. Le Jeu de dames. — 30. Chacun prend son plaisir où il le trouve.— 31. Ce qu'on désire. — 32. Ce qu'on rêve. — 33. Seule! Hélas, oui. — 34. Finis donc! — 35. La Veille des épousailles.— 36. Il aurait dû m'envoyer la paire.— 37. Le Champagne et l'amour! (1re bouteille). — 38. Id. (2e bouteille). — 39. Id. (3e bouteille). — 40. Id. (4e bouteille). — 41. Id. (5e bouteille). — 42. Id. (6e bouteille). — 49. Le Départ. — 50. Le Retour. — 51. La Leçon de mazurka. — 52. La Leçon de schottisch. — 53. Le Bon ménage. — 54. Le Mauvais ménage. — 55. Entrée au bain. — 56. Loisirs du bain. — 57 La Toilette. — 58. Les Peureuses. — 59. La Sortie du bain. — 60. Une visite trop matinale. Trente pièces lith. par Regnier et Bettannier. Les douze premières et les douze dernières sont en hauteur, les autres en largeur, 0.30 sur 0.23 (Bulla, en rehaut, 2 fr. chaque).

Traité de commerce : Il a le sac. — *Libre échange* : J'ai le sac. Deux lith. color., par les mêmes. Paris, 1864.

Un Anglais qui n'en peut plus. — Un Anglais à Mabille, entre la faim et la soif; deux lith. coloriées, par Regnier, Bettannier et Morlon. Paris, Sinnett, 1864.

NUMA, fils, photographe.

Portraits phot. d'après nature : Mlles Adèle, Bressant, Carabin, Clarence, Emma Fleury, Leclerc, Clarisse Miroy, Monrose, Palliez, Pierson, Riquier, Victoria. Mmes Carlin, Clary, Desclauzas, de Géraudon, Gabrielle, Henry, Hortense Neveux, Howey, Céline Montaland, Saens, Miss Bruce, Miss Cozett, Miss Sarah, etc.

NUTTER (Williams), dessin. et grav. anglais, né en 1754; mort au commencement du XIXe siècle.— Voir *Westall*.

The Breaking up, in-fol. en larg.

OCTAVIEN.

Ce tranquille sommeil.... Jolie pièce in-fol. en travers. Costumes et ameublement riches. Gravé d'après Octavien. Très-rare (Martial Pelletier, No 609).

ODDI (Maur.), peintre, architecte et graveur, né à Parme, en 1639; mort en 1703. — Voir Aug. *Carrache.*

ODEVAERE, peintre flamand, né à Bruges, en 1775.

Romaine au bain, gr. en haut., par Vlamynck, en 1819, d'après le tableau d'Odevaere, peint en 1812 (Van Hulthem, 5248).

ODIEUVRE (Michel), peintre et marchand de tableaux, né en Normandie, vers 1690; mort à Rouen, en 1756.

Elisabeth, reine d'Angleterre. — La Marquise de Montespan; deux portraits gr. par M. Aubert.

ŒLENHAINZ.

Nymphes au bain. Belle manière noire, grand in-fol., gr. par Traunfelner, 1789 (P. de Corneillan, 227).

ŒSER (Adam-Friedr.), peintre et grav., né à Presbourg, en 1717; mort à Leipzig, en 1799. — Voir le *Corrége*, *Winckelman.*

Hercule entre Vénus et Minerve. Vignette.

L'Amour vendu à l'enchère. Petit in-fol., gr. par C.-T. Geyser.

Susanne au bain, gr. à l'eau-forte, par J. Méchau.

ŒSER (J.-Fr.-Ludwig), peintre et grav., né à Dresde, en 1751; mort en 1792. — Voir *Rembrandt.*

Jupiter et Antiope, in-fol. en larg.

ŒSTERREICH (Mathias), peintre et grav., né à Hambourg, en 1716 ; mort en 1778.

Le Temps rogne les ailes à l'Amour endormi, in-fol. en larg.

ŒXMANN (J.), graveur. Braun, 1793. — Voir Ann. *Carrache.*

OGBORNE (John), dessin. et grav. anglais, né vers 1725; mort en 1795. — Voir *Harding,* Ang. *Kauffman, Stothard, Westall.*

La Marchande d'amours. Pièce ovale, in-fol. en larg., gr. d'après une peinture antique

OLDERMANN (F.), grav. à l'aqua-tinta et à la roulette, contemp. — Voir *Hildebrandt,* A. *Riedel.*

OLIVIER (Mlle), actrice. — Voir *Coutellier, Desrais, Lemire.*

OLLIVIER (L.-C.), peintre contemp., né à Châlons-sur-Marne.

Académies de femmes, phot. Paris, 1855.

Etoile du matin. — Perle des salons. — La Plus belle fleur. — Dame de mes pensées. — Le Parfum des roses. — La royale Fleur. — Astre du soir. — Rose matinale. — Fleur mystérieuse. — Reine de beauté. Dix pièces ovales, lith. par Regnier. H. 0.43; L. 0.33. Paris, Jouy, 1860, en rehaut, 5 fr. chaque. Bulla, id.

Mon rêve chéri. — Doux succès. — L'Heure du bal. — Les Fleurs aimées. — La Perle de Versailles. — La Perle de Saint-Cloud; six jolis sujets de femmes avec fond de paysage, forme ovale, lith. par le même. H. 0.42; L. 0.32 (Delarue, en rehaut, 6 fr. chaque).

Les Fleurs de Paris : La Promenade. — Le Salon. — Le Bal. — Le Boudoir. — Le Rendez-vous. — L'Attente. Six pièces lith. par Schultz. H. 0.40; L. 0.31 (Goupil, 6 fr. chaque).

OLLMUTZ (Wenzel, ou Winceslas von), orfèvre et graveur, travaillait à Ollmutz (Moravie), en 1481. Ses estampes sont rares. — Voir A. *Durer,* Israël von *Mecken.*

Loth et ses deux filles. Loth est assis à terre entre ses deux filles, dont l'une lui présente un verre; l'autre tient une bouteille, faisant de la main un geste pour l'engager à boire. On voit dans le fond la ville de Sodome en flammes, et à droite, la femme de Loth changée en statue de sel. H. 0.210; L. 0.153 (B. 1).

OLONNE (la comtesse d'). — Voir Ph. de *Champagne.*

OORTMANN (J.-J.), grav., né à Weesp, en 1777; mort en 1818. — Voir le *Titien, Valentin.*

OPIE (J.), peintre anglais, né en 1761, en Cornouailles; mort en 1807.

La Jeune fille découverte, ou le Père fâché, gr. par Al. Chaponnier.

Le Mal d'amour, ou le Médecin embarrassé, gr. par le même.

OPSTAL (Gaspard-Jacques van), peintre et grav. à l'eau-forte, né à Anvers, en 1660; mort dans la même ville, en 1714.

Deux sujets mythologiques faisant pendants: dans l'un, un triton tient dans ses bras une nymphe; dans l'autre, un amour, sur un dauphin, précède une nymphe et un triton. Rares (Camberlyn, 2e vente, No 2593).

ORANGE (Amélie, princesse d'). — Voir *Akersloot, Suyderhoef.*

ORANGE (Emilie de Solms, princesse d'). — Voir Van *Dyck, Honthorst.*

ORANGE (Louise-Julienne, princesse d'). — Voir Guill. van *Delft.*

ORANGE (Marie, princesse d'). — Voir Van *Dyck, Honthorst.*

ORLANDI (Giovanni), grav. éditeur, travaillait de 1590 à 1640.

Les Grâces, pet. in-fol.

ORLÉANS (Philippe, duc d'), régent, dessin. et grav. amateur, né en 1674; mort en 1723. Il était élève de Coypel et de J.-A. Artaud.

Les Amours de Daphnis et Chloé,

1718; trente-deux planches in-8, gr. par B. Audran, d'après les gouaches du régent.

ORLÉANS (Anne-Marie de Bourbon, duchesse d'). — Voir *Moncornet*.

ORLÉANS (Anne-Marie-Louise d'), duchesse de Montpensier. — Voir *Rigaud*, *Tangé*.

ORLÉANS (Elisabeth-Charlotte, Palatine, duchesse d'). — Voir *Rigaud*, *Visscher*.

ORLÉANS (Henriette d'Angleterre, duchesse d'). — Voir Van der *Werff*.

ORLÉANS (Louise-Adélaïde d'), abbesse de Chelles. — Voir *Berningroth*, P.-J. *Drevet*, *Gobert*.

ORLEY (Richard van), peintre et grav. à l'eau-forte, né à Bruxelles, en 1652; mort en 1732.

Vertumne et Pomone (catal. Busche).

ORMONDE (Mary, duchesse d'). — Voir *Kneller*.

ORPHÉE ET EURYDICE.—Voir Th. *Burke*, Aug. *Carrache*, les *Carraches*, *Drolling*, Ang. *Kauffmun*, *Marc-Antoine*, le *Poussin*, *Rubens*.

OSSENBEECK (Josse, ou Jean van), peintre et grav., né à Rotterdam, en 1627; mort en 1678. — Voir *Caravage*.

La Diseuse de bonne aventure. Un homme assis à table, présente sa main, pour se faire dire la bonne aventure, à une jeune femme qui est debout. Une autre femme, vis-à-vis de l'homme, semble l'engager à boire. A gauche, un musicien joue de la harpe. L. 5 p.; H. 3 p. 6 l. (B. 21).

OSTADE (Adrien van), peintre et grav., né à Lubeck, en 1610; mort à Amsterdam, en 1685.

La Danse au cabaret, ou le Bal villageois. Intérieur d'un cabaret au milieu duquel un paysan tenant son bonnet, danse avec une femme. A droite, un homme veut embrasser une femme qui s'en défend. Composition de plus de vingt figures. H. compris 5 l. de marge, 9 p. 4 l.; L. 11 p. 8 l. — Dans les premières épreuves, sans nom de maître, le quatrième jambon suspendu au plafond et la marmite près du feu sont presque blancs. Très-rare (B. 49; Van den Zande, 3e état, 267 fr.; 4e état, 46 fr.; 5e état, 8 fr.).

La Fête sous la treille. Fête de village sur une place: devant un cabaret, un musicien monté sur une table fait danser un homme et une femme au son de la flûte et du tambourin. Composition de plus de trente figures. L. 6 p. 4 l.; H. 4 p. 7 l. (B. 47; Van Hulthem, 2210; Simon, 373).

Le Pisseur, lâchant de l'eau au pied d'un gros arbre, près d'un tonneau. Eau-forte. H. 5 p. 2 l.; L. 4 p. (J. II, 338; Rigal, 619; Simon, 377).

La Tendresse champêtre. Une jeune paysanne appuyée de son bras sur le bas de sa porte, semble se défendre contre les caresses d'un vieux paysan qui la serre de près, portant la main droite vers le sein, et l'autre sur l'épaule gauche de la femme. H. 0.558; L. 0.124 (B. 11; Rigal, 607; Simon, 1re épreuve, 31 fr.; 2e, 3e et 4e épreuves, 26 fr.).

Amusements hollandais, 1771, gr. par J.-Ph. Lebas.

Le Bal, gr. par Jonas Suyderhoeff (Debois, 31 fr).

La Conversation galante, gr. en haut., par Corn. Visscher.

Noces de villageois, gr. par Jean Visscher (Camberlyn, 2e vente, No 3780).

Le Tâtonneur. Une femme assise, tenant un verre d'une main et une cruche de l'autre, se défend assez mal des caresses d'un homme qui est assis près d'elle, et lui met la main dans le sein. Un autre homme, debout derrière eux, sourit à cette scène égrillarde. Gr. en haut., par le même. Une épreuve, très-rare, avant les noms d'artistes, a été acquise, en 1816, pour le prix de 150 fr. par la Bibliothèque Impériale (Debois, 3 fr.; Saint-Yves, 137 fr.).

OTTAVIANI (Giovanni), graveur, né à Rome, vers 1755; mort en 1808.—Voir le *Guerchin*.

OUDRY (Jean-Baptiste), peintre et grav., né à Paris, en 1686; mort à Beauvais, le 30 avril 1755.

Livre de Rébus ou Logogriphes, livre composé de 46 morceaux, savoir: un frontispice, une dédicace, quatre feuilles de texte, où sont les explications et quarante feuillets de Rébus ou Logogriphes proprement dits. — Toutes ces pièces ont 5 p. 10 l. à 6 p. 2 l. de larg., et 3 p. 9 l. à 3 p. 11 l. de haut. — Nous donnons l'explication de quelques-uns de ces rébus.

N° 1.

« L'Amour entre ses mains tenant traits et carquois,
A Vénus dans son char entouré de nuages,
Disoit dedans un bois, epais par ses feuillages :
Je suis environné de tristesse et d'effroi. »

N° 5.

« Vos beaux yeux, charmante brune, ont percé mon cœur comme une broche perce un aloyau de bœuf. J'ai de la fenêtre vu deux coquines raccrocher un abbé et qui lui ont pris son manteau. »

N° 17.

« L'Amour a toujours enchaîné les cœurs. Vous effacez dans les cercles les plus rares beautés. »

N° 28.

« Quoiqu'un gros chien garde toujours ma porte,
Je ne crois pas ma femme en sûreté;
Mais quand j'ai bu, j'ai la tête si forte
Que je suis sûr de sa fidélité. »

N° 35.

« Ma Bergère, aimez-moi, je sçais bien comme on aime;
Mais quand, pour son repos, mon cœur n'en sauroit rien,
Hélas! en vous voyant, sans y réfléchir même,
Chacun en ce bel art ne s'instruit que trop bien. »

N° 38.

« Des grands et des petits, l'illustre Régent est adoré.
Monsieur l'Abbé, où allez-vous;
Allez-vous vous casser le cou?
Vous allez sans chandelle,
Eh! bien.
Chercher les demoiselles,
Vous m'entendez bien. »

Voir pour plus de détails, Robert Dumesnil, Nos 8 à 53.

Le Roman comique. Suite de 38 morceaux, dont 21 seulement sont de J.-B. Oudry (J. II, 339; R. D. 55 à 66).

OUTKIN (Nicolas), grav. contemp., directeur de l'Académie de gravure à Saint-Pétersbourg. — Voir *Borowikowski*.

OUVRIER (Jean), graveur, né à Paris; trav. vers le milieu du XVIIIe siècle. — Voir *Boucher, Schenau*.

OZY (Mlle), rôle de Carmen, dans les Enfers de Paris. Lith. Paris, au bureau du journal *Psyché*, 1854.

P

PADOUAN (Al. *Varottari*, dit le), peintre, né à Padoue, en 1590; mort en 1650.

Vénus et l'Amour (cabinet de Lucien Bonaparte). Eau-forte, gr. par Folo.

PAGE (Mlle), actrice. — Voir *Morin*.

PAGÈS (Brune), peintre contemporain.

La Fontaine de Vaucluse (filles se baignant), gr. par A. Cornilliet.

L'Attente (femme couchée), gr. par Sixdeniers. Paris, Bès et Dubreuil, 1846.

PAGGI (Jean-Baptiste), peintre et graveur, né à Gênes, en 1556; mort dans la même ville, en 1629.

Adam et Eve. Petite pièce en haut., gr. par Corneille Galle, le vieux (J., II, 65).

Vénus assise et caressant l'Amour. Petite pièce en haut., gr. par le même (J., II, 65).

PALAGIO (P.), peintre.

L'Education de l'Amour, 1825. In-fol., gr. par Gandolfi (Sternberg, 4 2/5 th.).

PALISSE, lithogr. contemporain. — Voir *Numa, Pigal*.

PALLAS. — Voir l'*Antique*, Abr. *Bosse, Collaert*, H. *Goltzius, Lucas de Leyde, Mierevelt*.

PALMA (Jacques), le vieux, peintre, né à Serinalta, dans le territoire de Bergame, en 1518; mort à Venise, en 1574.

Diane découvrant la grossesse de Calisto, in-fol. en larg., gr. par Coryn Boel (Winckler, 2994; Van Hulthem, 1068).

PALMA (Jacques), le jeune, peintre et graveur à l'eau-forte, né à Venise, en 1544, où il mourut en 1628.

Dalila. — *Joseph et la femme de Putiphar*; deux pièces (cat. Busche).

La Belle Laure (de Pétrarque), sous le titre : *Ritratto della regina Catarina*

Cornara, gr. en haut., par W. Hollar (Winckler, 2112; Van Hulthem, 597).

Vénus et Adonis, in-8° en travers, gr. par Johann Jenet.

Un Satyre ayant une nymphe sur ses genoux. In-fol. en haut., gr. par W. Kilian.

PALMERINI (Nicolo), graveur italien. — Voir *Ermini*.

PALMIERI (Pietro-Jacopo), peintre et graveur, né à Bologne, en 1737; mort en 1804.

L'Occupation champêtre, in-fol.

Un Berger jettant un seau d'eau à deux femmes; un chien aboie après cet homme. In-fol. en larg.

PAN ET SYRINX. — Voir l'*Antique*, L.-M. *Bonnet*, *Boucher*, les *Carraches*, *Detroy*, *Dorigny*, *Gillot*, *Girodet-Trioson*, H. *Goltzius*, Guill. de *Heusch*, C. *Holstein*, *Jordaens*, Alb. *Meyeringh*, *Raphaël*, *San Martino*, Louis *Silvestre*, *Swanevelt*, *Tempesta*, Martin de *Vos*, *Waterloo*.

PANDEREN (Egbert van), grav. au burin, né à Harlem, en 1606; s'établit à Anvers. — Voir *Spranger*.

PANNEELS (Guillaume), grav. à l'eau-forte, né à Anvers, vers 1600. — Voir *Rubens*.

PANNIER.

Marie Stuart, âgée de 38 ans; gr. par Pannier, d'après un portrait du temps, sur bois, dans la collection du prince Al. Labanoff (Lex..., N° 302).

PAPAVOINE (Angélique), grav., trav. à Paris, dans la 2e moitié du XVIIIe siècle. — Voir *Fragonard*.

PAPAVOINE (Julie), grav., née à Paris, en 1759. — Voir *Delorme-Ronceray*, *Dietrich*, *Lebarbier*.

PAPETY (Dominique-Louis-Féréol), peintre, né à Marseille, en 1815; mort en 1849.

Télémaque dans l'île de Calypso, in-fol. en haut., gr. en man. noire, par Allais (Goupil, de 30 à 60 fr.).

Avant. — *Après*; deux pendants : dans chacun, un jeune villageois et une jeune femme. Lith. par Alophe. Paris, Cattier, 1846.

Un Rêve de bonheur, gr. en man. noire, par Jazet. L. 0.96; H. 0.58 (Delarue, 60 et 100 fr.). — L. 0.61; H. 0.36 (Goupil, 20 et 40 fr.).

Télémaque dans l'île de Calypso, phot. Paris, Goupil, carte de visite, 1 fr.

PARBONI (Pietro), grav. italien, trav. à Rome, au commencement du XIXe siècle. — Voir Salvator *Rosa*.

PARELLE (M.-A.), peintre du XVIIIe siècle.

La Belle jambe. Composition simple et originale; la jeune fille a une jolie tête. Gr. en haut., par J. Gilbert. Au bas ces vers :

> Jarretez-vous, petit Raton,
> Refaite icy votre toilette.
> Avec une jambe bien faite
> Et ce petit air fripon,
> On peut mettre, étant coquette,
> Plus d'un cœur à contribution.

(11 nov. 1861, 2 fr.).

Provoking fidelity, in-fol., gr. par L. Marin.

PARENT, dessin. lith. contemporain.

Mme Pasta, de l'Opéra-Buffa. Lith. H. 0.290; L. 0.190 (Soleinne, 345).

PARIGI (Alfonso), le jeune, dessin., ingénieur et graveur, travaillait à Florence, dans la 1re moitié du XVIIe siècle. Il mourut en 1656.

Danse de cavaliers et de dames au milieu des rochers. In-fol. en larg. (Weigel, 1 1/3 thal.).

PARIS, dessin. lith. du commencement du XIXe siècle.

Joli garçon!... Caricature color. Paris, Cheyère, 1822.

PARIS (le Jugement de). — Voir Van *Achen*, *Aldegraver*, *Altdorfer*, B. *Baldini*, J.-F. *Beauvarlet*, H.-S. *Béham*, B. *Béham*, *Bonasone*, Corn. *Bos*, Abr. *Bosse*, P. *Brebiette*, Crispin van den *Broeck*, *Chauveau*, *Cipriani*, *Compte-Calix*, *Coninxloo*, Lucas *Cranach*, *Detroy*, Alb. *Durer*, *Eissner*, *Farini*, J.-B. Bertano *Ghisi*, Luca *Giordano*, F. *Girard*, H. *Goltzius*, le *Guide*, Lambert *Hopfer*, *Huber*, Laur. de la *Hyre*, Luc. *Jordans*, Ang. *Kauffman*, *Lely*, *Le Maire*, Nic. *Loir*, *Lommelin*, *le Maître au monogramme HS*, *le Maître au monogramme IS*, *le Maître au monogramme WH*, *Maratti*, *Marc-Antoine*, *Mierevelt*, le *Parmesan*, G. *Pencz*, Lucas *Penni, Queverdo, Raphaël, Roehn, Rottenhamer, Rubens, Scalberge, Schiavone*, Virgile *Solis*, le *Titien, Trévisiani*, Van der *Werff*.

PARIS ET HÉLÈNE. — Voir l'*Antique*, B. *Béham*, Ph. *Bertrand, Brosamer*, Louis *David, Devéria*, Cl.-Ant. *Fleury*, Ang. *Kauffman, Le Maire*, Fr. *Lemoine*, *la Maître au monogramme NNW*, Lucas *Penn, Prudhon, Raphaël, Schiavone, Vleughels*.

PARIS ET ŒNONE. — Voir C. *Cornélis*, Ang. *Kauffman, Le Maire, Netscher*, Van der *Werff*.

PARISET (D.-P.), graveur de Lyon. Il a copié à Paris diverses pièces à la manière anglaise. — Voir *Lebarbier*.

Diane et ses nymphes, pièce gracieuse (vente de mai 1866, N° 362).

PARIZEAU (Philippe-Louis), peintre et graveur, né à Paris, en 1740; mort en 1801. — Voir *Boucher, Watteau*.

L'Amour consolé par l'Amitié.

L'Espérance nourrit l'Amour et la Persévérance le couronne. In-fol.

Jeune fille donnant son cœur à l'Amour. Planche au bistre (29 nov. 1863, N° 208).

Sacrifice aux Grâces. Charmante composition d'un grand nombre d'amours; en bistre (vente du 27 avril 1863).

Vénus et l'Amour. Eau-forte ovale, en haut. (de Vèze, p. 32).

PARK (Thomas), peintre et graveur, né en 1750; trav. à Londres.

Rosalie à côté de Lubin au bord de la rivière. — Lubin retirant l'agneau de la rivière au bord de laquelle se lamente Rosalie. 1790. Deux pièces ovales in-fol. en larg.

PARKER (James), graveur, né en Angleterre, vers 1750; mort en 1805. — Voir *Harding*.

PARME (J. de).

Jupiter endormi dans les bras de Junon, gr. par G.-Ph. Benoist. H. 0.500; L. 0.365.

PARMESAN (Francesco *Mazzuoli* ou *Mazzola*, dit le), célèbre peintre et habile graveur à l'eau-forte, né à Parme, en 1503; mort à Casal Maggiore, en 1540.

L'Amour endormi. Il est sur le dos, le bras droit tendu, la main gauche sur sa poitrine, son arc près de lui. Morceau très-rare et l'un des plus soignés du maître. L. 0.110; H. 0.075 (B. 11; J., II, 272; Weigel, 5 thal.; Praun, 6 flor.).

Les Deux amants. Un homme assis dans un paysage, à côté d'une jeune femme à laquelle il fait l'amour. Il est vu presque de dos, et a le bras passé sur le dos de la femme. — Eau-forte, très-rare. H. 0.149; L. 0.103 (B. 14; Rumohr, 2 2/8 thal.; H. de L***, en avril 1856, 19 fr.).

Joseph s'arrachant des bras de la femme de Putiphar. Pièce en haut. (Winckler, 3063; Van Hulthem, 3631).

La Vertu victorieuse du vice, représenté par une femme nue ailée qui tient par le bras un satyre. H. 0.103; L. 0.076.

Le Guerrier et la femme endormie. Un guerrier, un sabre à la main, s'avance d'un pas précipité vers une jeune femme nue, couchée à terre et endormie, ayant à ses pieds un amour qui dort aussi. Un vieillard à côté d'elle qui la prend par le bras, semble vouloir la réveiller et la sauver. Pièce d'un grand nombre de figures, gr. par un anonyme de l'école de Marc-Antoine. L. 15 p. 11 l.; H. 10 p. 10 l. (B. XV, p. 53, N° 10).

Nymphes au bain, dans une fontaine. On en voit deux qui marchent dans l'eau; une autre, au fond, tient un grand drap avec lequel elle s'essuie; une quatrième est couchée à terre et accompagnée d'un amour. Clair-obscur de trois planches, gr. par Andrea Andreani, 1605. H. 0.288; L. 0.198. — Dans le 2e état, le chiffre du graveur et la date sont supprimés (B. XII, p. 122, N° 22; J., I, 165; Van Hulthem, 3360).

Vénus et deux Amours, gr. par G.-B. Angolo (Sikes, 2 liv. 5 sh.).

Les Deux amants, gr. par A. Bartsch, 1786. H. 0.168; L. 0.128.

L'Amour taillant son arc, gr. par J. Bouillard. H. 0.202; L. 0.158.

Vénus allaitant l'Amour, in-fol., gr. par P. Carouni.

Nymphes au bain, 1543. Pièce cintrée par le haut, gr. par Fantuzzi. H. 9 p. 9 l.; L. 7 p. 3 l. (B. 14; 21 fr., en avril 1862).

La Maîtresse du Parmesan, in-fol., gr. par André Geiger.

L'Amour faisant un arc, 1842. In-fol., gr. par P. Gledish.

L'Amour endormi au pied d'un arbre, in-4°, gr. par W. Hollar.

L'Amour taillant un arc, gr. par Ignaz Krepp.

Mars et Vénus, gr. en haut., par N. Lanière.

Un Amour tenant un masque, petite pièce en haut., gr. par le même.

Saturne amoureux de Philyre. In-fol. en haut., gr. par Bern. Lépicié (Cabinet Crozat).

L'Amour s'efforçant de ravoir son arc que Vénus lui a pris, 1731 ; gr. en haut., par Nic. Lesueur (Paignon-Dijonval, 944; Van Hulthem, 4793).

Le Chaste Joseph. La femme de Putiphar sollicitant Joseph de satisfaire sa passion. Elle est assise sur un lit et embrasse Joseph qui fait des efforts pour se débarrasser d'elle. Gravé par B. Passarotti. H. 0.162; L. 0.131 (B. 1).

Déclaration d'un homme à une femme assise. Pièce gr. dans le genre de la plume, lavée en camaïeu vert, effet d'une taille de bois; par Fr. Rosaspina (J., III, 18).

Diane nue, sur un char traîné par deux dogues, et accompagnée de nymphes et d'amours. Grande pièce en travers, au crayon, gr. par Rosaspina (J., III, 17).

Vénus au bain avec ses nymphes. Grande pièce en clair-obscur d'un brun foncé, gr. par le même (J., III, 18).

Vénus nue sur un lit, caressée par un amour. Grande pièce gr. au lavis, par le même (J., III, 17).

Le Jugement de Pâris. Pâris, à droite, près de Mercure, présente la pomme d'or à Vénus qui est debout devant lui, au milieu des deux autres déesses. Gravé par André Schiavone, d'apr. un dessin fait par le Parmesan, à l'imitation de celui de Raphaël. L. 16 p. 2 l.; H. 11 p. (B. 80).

La Maîtresse du Parmesan, gr. par R. Strange (J., III, 102).

Les Amours de Mars et Vénus. En haut, à gauche, on voit un amour endormi, assis sur une fenêtre, et ayant des griffes d'aigle au lieu de jambes. Dans la marge d'en bas, quatre vers italiens: *Qui tra Venere— Di Cesare in Tesaglia*. Grav. par Enée Vico, d'apr. le Parmesan, à ce que l'on croit. H. 10 p. 2 l.; L. 7 p. 5 l. (B. 21).

Le Dieu Mars jouissant des embrassements de Vénus, pendant les travaux de Vulcain. Morceau libre et très-rare, gr. par le même, 1543. Plus tard, le groupe de Mars et de Vénus a été effacé et remplacé par la figure de Vénus qui dort couchée sur un lit. Cette figure est différente de la première, et semble être d'un autre graveur. La taille est plus large et s'approche du goût d'Aug. Carrache. L. 12 p.; H. 8 p. 5 l. (B. 27 ; J., III, 168).

Lucrèce, assise sur un lit, prête à se donner la mort; gr. par le même. En bas, dans un cartouche, quatre vers italiens: *Mentre che m'apri ferro — Ch'in me non fu difetto*. H. 10 p. 10 l.; L. 7 p. 5 l. (B. 17).

PAROY (J.-Ph. Guy Legentil, comte de), peintre et graveur à l'eau-forte, né en 1750; mort en 1822. — Voir *Bartolozzi*, *Fragonard*, Mme *Lebrun*, le *Poussin*.

Danse de bacchantes avec un faune. Pièce en coul. (vendue 6 fr. 50, le 11 nov. 1861).

PARRE (Catherine). — Voir Van der *Werff*.

PARRIS (E.-T.).

Le Premier amour, in-fol., gr. par Th. Lupton (Weigel, 6 $^2/_3$ th.).

PARROCEL (Pierre), peintre et graveur à l'eau-forte et au burin, né à Avignon, le 10 mars 1670; mort à Paris, en 1739. — Voir *Subleyras*.

Bacchanale. Eau-forte. Bacchus, debout entre deux bacchantes, l'une jouant de la flûte, et l'autre frappant une timbale, semble présider une fête dans laquelle on voit deux couples de bacchans et de bacchantes qui s'embrassent, tandis que six autres couples, faisant la chaîne, dansent en rond autour des amants. L. 0.248; H. 0.191 (R. D. 17; Rigal, 953).

La Famille du satyre. Un satyre, assis, est tenu embrassé par une bacchante ayant un jeune enfant accoudé sur elle. L. 0.162; H. 0.126 (R. D. 11).

Le Triomphe d'Amphitrite sur la mer. Eau-forte. La néréide entourée de ses nymphes, escortée des zéphirs, et couronnée de divinités marines, est assise sur un dauphin. L. 0.230; H. 0.142 (R. D. 16; Rigal, 953).

Vénus et les Amours. La déesse est agenouillée sur un rocher, ayant devant elle un jeune amour auquel elle semble montrer à bander un arc, pour en diriger les coups au but qui est le terme de Pan. Cinq autres amours se voient dans différentes attitudes. L. 0.200; H. 0.151 (R. D. 15).

Vénus sortant du bain. La déesse est assise sur une pierre au bord d'une fontaine, sortant du bain et s'essuyant. L'Amour est derrière sa mère et paraît la couvrir d'une draperie. L. 0.148 ; H. 0.117 (R. D. 8).

PARROCEL (Charles), peintre et graveur à l'eau-forte, né à Paris, en 1688; mort aux Gobelins, en 1752.

Danse à l'italienne, in-fol. en larg., gr. par J.-Ph. Lebas.

PARROCEL (Joseph-François), peintre et graveur à l'eau-forte, né à Avignon, le 3 décembre 1704; mort à Paris, le 14 décembre 1781.

Les Charmes de la musique, 1770. Une jeune fille, assise sur un tertre, s'accompagne de la guitare, en tournant la tête vers un jeune homme placé derrière elle et qui l'écoute. On voit un violon qu'il a laissé à terre, aux pieds de la belle, et sur un tertre plus élevé, l'Amour jouant du flageolet. Jolie pièce. L. 0.198; H. 0.142 (Baudicour, 3).

PARSONS (Miss Nancy). — Voir J. *Reynolds*.

PARTOUT, graveur. — Voir *Lawreince*.

PAS, PASS, PAAS, ou PASSE (Crispin de), dit le vieux, dessin. et grav. au burin, né à Arnemuyden, dans la Zélande, en 1536; mort à Utrecht, vers 1629. — Voir B. *Béham*, Van *Broeck*, H. *Goltzius*, *Morelse*.

Adam et Eve. Petite pièce en haut., sur le devant de laquelle est un chien qui se gratte l'oreille (J., I, 419).

Histoire de Susanne. Six petites planches in-4°.

PAS (Crispin de), le jeune, dessin. et graveur, né à Utrecht, en 1570.

Les Abus du mariage, où sont clairement representéez les subtilitez deshonnêtes, tant des femmes que des hommes dont ils usent pour se tromper l'un l'autre. Amsterdam, 1641, in-4° oblong. — Recueil de portraits avec un texte en français, en anglais, allemand et hollandais. Le volume contient un frontispice gravé, un titre imprimé, 3 ff. prélim., 25 planches présentant chacune deux portraits avec un texte imprimé au verso, plus 8 ff. de texte, parmi lesquels se trouve une grande planche. Un exemplaire s'est vendu 47 fr. 50, à la vente Duriez.

Le Miroir des plus belles courtisanes de ce temps. Amsterdam, 1630. Il existe aussi des exemplaires datés de 1631, 1632 et 1635 qui correspondent, sans doute, à divers tirages successifs d'un livre qui trouva des acheteurs nombreux et dont les planches servirent longtemps, puisque le cataloque Morel-Vindé en offre un exemplaire avec la date de 1701.

Ce volume rare se compose de 40 portraits en buste, chacun dans un médaillon ovale. En regard de chaque feuillet contenant deux médaillons, on trouve deux quatrains en français, deux en flamand, deux en allemand. Au-dessus de chaque médaillon un distique flamand. Voici les noms de quelques-unes des pécheresses dont l'artiste a jugé à propos de reproduire les traits : Silvia, Margo, la belle Dans, la Paudrière, madamoiselle F.-C.-E. Court, la belle Angloise; Marya, la belle gantière; Anna, la bavolette; la belle Toscanese in Fiorenza; la donna Julianna; la belle Zavonnare ; M. Margery of Richmond; la belle Janne d'Arras; la belle Marotte de Nancy, etc.

Nous ne nous permettrons pas d'examiner si ces portraits représentent fidèlement les traits des Phrynés les plus célèbres à cette époque en Flandre, dans le nord de la France et sur les rives du Rhin; nous ne croyons pas, cependant, que l'artiste ait mis dans sa galerie des noms imaginaires.

La poésie polyglotte qui accompagne ces estampes est au-dessous du médiocre; les barbarismes y fourmillent et la pensée est presque toujours d'une niaiserie absolue. On en jugera d'après les citations suivantes :

Coridon, le seul homme qui figure dans cette série où il se montre le premier:

Je suis le prince du trouppeau,
J'emmeine l'amoureuse bande
Et pour faire leur douce offrande,
Je la conduy soubs mon hameau.

Sylvia lui répond:

Je te suy, prince des bergers ;
Aussy sans toy je ne puis vivre,
Et le seul dessein de te suivre
M'est un mespris de tout danger.

Transcrivons encore deux strophes prises au hasard :

Zavonare a l'esprit courtois,
A Rome tenu en estime;
Mon tableau son portrait exprime
Chery des Flamans et Françoys.

Dentreuse est en beauté parfaict,
Natur fit oncques un tel ouvrage;
Par les atraits de son visage
Trois princes luy furent subject.

Il y a près d'un siècle que les bibliophiles attachaient du prix à ce recueil, car à la vente La Vallière, il fut payé 69 francs, somme considérable pour cette époque. En 1844, à la vente Nodier, un exemplaire, relié en veau, fut adjugé à 103 francs.

Les Vrais pourtraits de quelques-unes des plus illustres grandes dames de la chrestienté, déguisées en bergères. Amsterdam, Joost Broersz, 1640-1646, 4 parties petit in-4° oblong. Titre imprimé, frontispice gravé avec ces mots: *Le Bouquet des bergères*, 2 ff. préliminaires; la 1re partie de 43 pl. présentant chacune 2 portraits avec texte impr. au verso; la 2e partie comprenant, en 9 pl., les demoiselles nobles; la 3e, de 8 pl., consacrée aux femmes et filles de marchands; la 4e, dite du *Chœur des Muses*, est de 6 pl. entre les 5 premières desquelles et la 6e on trouve 9 ff. de texte franç. et holl., ayant pour titre: *Aux Nymphes de l'Amstel*; un 10e feuillet occupé au recto par quelques vers latins, et au verso par le texte de la 6e planche; enfin, une grande pl. intitulée: *Le Sphinx et le berger*. En tout, 120 portr. gravés par Crispin de Pas (Thierry, 30 fr., quoique taché; Sandras, en 1771, 18 fr.). — Ces trois ouvrages se réunissent le plus souvent en 1 vol. Un exemplaire ainsi complet (les *Vrais pourtraits*, le *Miroir* et les *Abus du mariage*), s'est vendu 550 fr., à la vente Van der Helle, en 1868, N° 1451.

Elisabeth, reine d'Angleterre, en pied. Portrait attribué à Cr. de Pas. (Vendu 221 fr., à la vente Martelli, en avril 1858).

PAS (Madeleine de), fille de Crispin, le vieux, née à Utrecht, en 1576 ou 1583. — Voir *Elsheimer*, *Pinas*.

PASQUALINI (Jean-Baptiste), peintre et graveur à l'eau-forte, né à Cento, près Bologne, vers 1590; travaillait à Rome, de 1619 à 1630. — Voir le *Guerchin*.

PASQUIER (Jean-Jacques), dessin. et graveur, né au commencement du XVIIIe siècle; mort à Paris, en 1784. — Voir *Boucher*, *Jeaurat*, C. *Vanloo*.

PASSAROTTI (Bartholoméo), peintre et graveur, fondateur de l'Académie de Bologne; mort en 1592. — Voir le *Parmesan*.

La Femme au lit. Une jeune femme couchée dans un lit à rideaux. H. 0.216; L. 0.188 (B. 14).

PASTA (Mme), actrice de l'Opéra-Buffa. — Voir Cl.-M. *Dubufe*, *Gérard*, *Henriquel-Dupont*, *Maurin*, *Parent*, David *Pradier*.

PASTELOT, dessin. contemp.

L'Atelier (femme à sa toilette). — *L'Exposition* (femme dans une loge de théâtre); deux pièces lith. par Regnier. H. 0.45; L. 0.36 (Delarue, en coul., 6 fr. chaque).

PASTORINI (B.), graveur, né en Italie, vers 1746; trav. à Londres. — Voir Ang. *Kauffman*.

PATAS (Jean-Baptiste), dessin. et graveur, né à Paris, vers 1748; mort en 1817. — Voir *Boucher*, Ch. *Eisen*, Dom. *Féti*, *Huet*, *Lanfranc*, *Lebarbier*, *Lebrun*, *Moreau* (l'aîné), *Moreau* (jeune), *Queverdo*, *Rubens*.

Mlle Colombe l'aînée, de la Comédie Italienne. Portrait en pied (de Vèze, p. 191).

PATEL (P.), peintre et graveur, né à Paris, en 1654; tué en duel, en 1703.

La Toilette de Vénus, gr. par Franç. Vivarès (vente Martin, père, en 1816).

PATER (J.-B.), peintre de genre, né à Valenciennes, en 1695; mort à Paris, en 1736. Il était élève de Watteau, et peignit dans son genre. — Pater, Boucher, Lancret, etc., ont dessiné une suite de pièces pour les contes de La Fontaine, gravées par Larmessin, Filleul, etc.

Le Baiser donné. — *Le Baiser rendu*; deux pièces gr. par P.-J. (vente du 26 nov. 1866, N° 360).

Le Bain. Imitation de la *Surprise au bain*, de Watteau, tableau peint pour la famille d'Aremberg, qui le possède encore, ainsi que son pendant, le *Bain rustique*. On appelle encore ces deux pendants de Watteau: *Le Bain froid* et *le Bain chaud*. Ils ont 46 cent. de haut. sur 55 de largeur. Voici le sujet du dernier, copié par Pater. Intérieur de boudoir très-coquet. Au milieu, une jeune femme sort du bain; elle est nue et vue de face; trois soubrettes s'empressent pour sa toilette, une quatrième soulève indiscrètement le rideau d'une fenêtre et, derrière la vitre, on aperçoit la tête curieuse d'un jeune amoureux. — Pièce en travers, gr. par Cl. et Cl.-A. Duflos.

Huit vers au bas (A. David, 1 fr. 50; de Vèze, p. 193).

L'Essai du bain, gr. par les mêmes. Rare (vendu, en décembre 1856, épr. av. l. l., et avec trois colonnes de six vers, 41 fr. à MM. de Goncourt; le 11 nov. 1861, 3 fr. 50).

La Fête italienne, gr. en larg., par les mêmes.

L'Agréable surprise, gr. par Filleul.

Les Amants heureux, gr. par le même.

L'Amour et le badinage, gr. par le même (vente du 7 décembre 1866, N° 409).

Le Baiser donné. — *Le Baiser rendu*; deux pièces in-fol., gr. par le même. Six vers dans la marge (A. David, 4 fr. 50; en mai 1864, le premier seulement, 3 fr. 50; de Vèze, p. 193).

La Courtisane amoureuse. — *Le Glouton*. — *Les Aveux indiscrets*. — *Le Savetier*. — *La Matrone d'Ephèse*. *Le Cocu battu et content*. Six sujets tirés des contes de La Fontaine, gr. par Filleul (de Vèze, p. 193; en mai 1864, la *Courtisane* seule, 7 fr.).

Plaisirs de la jeunesse : Colin-maillard. — La Danse. — Le Concert amoureux. — Conversation intéressante. Quatre pièces en haut., gr. par le même. Huit vers à chaque pièce (56 fr. le 11 avril 1859; de Vèze, p. 192; Camberlyn, 1re vente, 1102).

Le Poëte Roquebrune rompt la ceinture de sa culotte. Pièce tirée du *Roman comique*, in-fol. en larg., gr. par Edme Jeaurat, 1732.

Les Aveux indiscrets, gr. par Larmessin.

Mlle Dangeville, la jeune. In-fol., gr. par J.-Ph. Lebas (de Vèze, p. 193; Filippi, N° 393).

L'Officier galant, gr. en haut., par le même (de Vèze, p. 191).

Le Désir de plaire. Charmante dame à sa toilette servie par de jolies chambrières. In-fol. en larg., gr. par L. Surugue, 1743. Quatre vers au bas (de Vèze, p. 193; V***, d'Anvers, en 1856, N° 574).

Le Plaisir de l'été. Dame sortant du bain. Jolie pièce gr. par le même, 1744. Quatre vers au bas (de Vèze, p. 193; en mai 1864, avec le *Désir de plaire*, 28 fr.).

Le Roman comique de Scarron. Quinze pièces, gr. par Surugue et autres. L. 0.370; H. 0.266 (Soleinne, 177).

L'Aimable entrevue, gr. par Jacques-Nic. Tardieu.

L'Essai du bain, gr. en larg., par Voyez (de Vèze, p. 193).

PATOUR (J.-Aug.), graveur, né à Paris, vers 1750. — Voir *Hallé*.

PATTI (Mlle Adelina), cantatrice. — Voir *Guyard*.

PAUL (J.-S.), graveur, travaillait en Angleterre, vers 1770. — Voir Jos. *Vernet*.

PAUL ET VIRGINIE. — Voir *Beaume*, *Numa*, *Schopin*, *Toudouze*.

PAULI (André), dess. et grav. italien, travaillait au milieu du XVIIe siècle.

Un Triton sur les eaux, à côté d'une néréide qui tient un gouvernail. In-fol. en haut.

PAULINE (Mlle), actrice des Variétés. Portrait, chez Noël, 1825. — Voir *Chasselot*.

PAULIS (André de), dessin. et grav., né en Hollande, vers 1598. — Voir Van *Dyck*.

PAUQUET (P.-L. et H.), frères, graveurs contemporains. — Voir *Drouais*, *Ducis*, *Latour*, Thomas de *Leu*.

La Princesse Clotilde. Paris, impr. Chatain; chez Pauquet frères, 1867.

La Reine Hortense. Paris, Mme Croissant, 1859.

PECHAM (Georges), peintre et graveur, travaillait à Munich, à la fin du XVIe siècle, et mourut en 1604.

Vénus assise; des amours lui font des caresses; d'autres amours domptent un satyre. Petit in-fol. en larg.

PECHEUX (Laurent), peintre du XVIIIe siècle.

L'Enlèvement de Déjanire, gr. par Fr. Bartolozzi. H. 0.382; L. 0.288.

L'Enlèvement d'Europe, gr. en haut., par le même (Van Hulthem, 3395).

PECHWELL (A.-J.), peintre et graveur, né à Dresde, en 1737; mort en 1811.

Une Femme sortant du bain, in-8°.

PECHWELL (Carl van), travaillait à

Vienne, dans la 2e moitié du XVIIIe siècle. — Voir *Toorenvliet*, Van der *Werff*.

Vénus épiée par un satyre, in-fol.

PÉCOULT (N.), graveur français, travaillait dans la 2e moitié du XVIIe siècle. — Voir *Carton*.

PEDRO (Francesco del), dessin. et graveur, né à Udine, en 1736. — Voir *Giordano*.

Bacchanales, deux pièces in-fol. en larg.

Vulcain et Vénus, in-fol. en larg.

PEIROLERI (Pietro), dessin. et graveur, né à Turin, vers 1738. — Voir *Amiconi*, *Ricci*.

PELCOQ (Jules), dessin. lith. contemporain.

Ces Messieurs et ces Dames. Suite de lith. : Pourquoi donc, Victor, qu't'as l'droit de continuer le carnaval pendant toute l'année? — Ça... c'est Nini. — Autrefois l'amour visait les cœurs, aujourd'hui, c'est au porte-monnaie qu'il s'adresse, etc. Paris, Martinet, 1860.

Ces petites Dames, lith. Tu es avec un Russe, et voici un Anglais!... Ah ça, ma chère, c'est donc une maison d'acclimatation chez toi? — Ah, c'est différent! Si madame conduit elle-même sa voiture, j'aurai l'honneur de demander cent francs de plus pour les émotions... un accident est si vite arrivé! — Et elle l'a quitté?... Pardine, puisqu'il n'avait plus rien! — Oui, je comprends, vous ne demandez que le nécessaire et le superflu, et vous consentiriez à vous passer du reste. — Moi, d'abord, je veux qu'on me fasse la cour!... Vieilles idées, ma petite, l'amour c'est comme la confection : on le prend tout-à-fait au comptant, etc. Paris, Martinet, 1860, 1861.

Croquis parisiens : Cette fois, madame, vous aurez de la peine à nier... voilà des preuves! un colback de chasseur! — Ça? c'est un toquet à la nouvelle mode que je me suis acheté pour vous faire honneur, vilain jaloux! etc. Suite de lith. Paris, Martinet, 1861.

PELERIN.

Anne d'Autriche, petit in-fol., gr. par. F. Ragot (mars 1866, No 586).

PÉLISSIER (Mlle), actrice de l'Opéra. — Voir *Drouais*.

PELLEGRINI (Dominique), dit *Tibaldi*, peintre, architecte et graveur, né à Bologne, en 1541; mort en 1583.

Les Trois Grâces. Pièce gracieuse, gr. en couleur, par Janinet.

Adam et Eve, gr. en larg., par Fr. Vendramini (Van Hulthem, 3824).

PELLETIER (Jean), graveur, né à Paris, vers 1736. — Voir *Béga*, *Boucher*, *Francisque*, *Natoire*, *Pierre*, *Valentin*.

PELLICOT, lithogr. — Voir *Prudhon*.

PENCZ (Georges), peintre et graveur, né à Nuremberg, en 1500; mort à Breslau, en 1550. — Voir Alb. *Durer*.

Abraham caressant Agar. Abraham assis dans un lit, et ayant entre ses bras Agar à qui il fait des caresses. Sara les épie dans le fond à gauche. On lit au bas, à droite: *Abraham und Agar*. Très-rare. H. 0.115; L. 0.060 (B. 6; Sternberg, 2 $^1/_3$ thal.; Weigel, 3 $^2/_5$ th.).

Dalila coupant les cheveux de Samson. L. 2 p. 10 l.; H. 1 p. 10 l. (B. 28).

David apercevant Bethsabée dans le bain. L. 2 p. 10 l.; H. 1 p. 10 l. (B. 21).

Diane au bain. Diane et ses nymphes surprises au bain par Actéon, qui est déjà à moitié changé en cerf. L. 2 p. 10 l.; H. 1 p. 9 l. (B. 91; comte***, de Vienne, 1804).

Esther devant Assuérus. L. 3 p. 1 l.; H. 2 p. 3 l. (B. 8; J. II, 343; comte***, de Vienne, 1782).

La Femme à la harpe, 1544. Une femme nue assise sur un lit, tenant une harpe. Pièce ronde de 2 p. 1 l. de diam. (B. 96).

Les Filles de Loth enivrant leur père. L. 2 p. 10 l.; H. 1 p. 10 l. (B. 20; Debois, 4 fr.).

Joseph et la femme de Putiphar, 1546. Il résiste aux sollicitations de la femme de Putiphar assise sur un lit. H. 4 p. 2 l.; L. 2 p. 9 l. (B. 12; Van Hulthem, 765; Vischer, belle épreuve, 15 fr. 50). — Cette pièce fait partie de l'*Histoire de Joseph*, en quatre estampes.

Le Jugement de Pâris. Les trois déesses se présentent pour être jugées par Pâris, qui est endormi auprès d'une fontaine. L. 0.082; H. 0.061 (B. 89; comte***, de Vienne, 1803).

Le Mari subjugué. Une femme montée à califourchon sur le dos de son mari, qui marche à quatre pattes. L. 2 p.

7 l.; H. 1 p. 10 l. (B. 97; comte***, de Vienne, 1810).

Pâris amoureux d'Œnone, écrivant ses sentiments passionnés sur l'écorce d'un arbre. Les mots gravés sur l'arbre sont *los nam.* H. 4 p. 5 l.; L. 2 p. 10 l. (B. 72).

Le Poëte Virgile exposé dans un panier à la risée de tout le peuple de Rome. — *La Courtisane qui lui avait fait cette insulte, punie à son tour.* On la voit exposée sur une place publique, assise sur un piédestal et entourée de plusieurs hommes qui allument leurs chandelles entre ses jambes. Deux pièces. L. 3 p.; H. 2 p. 2 l. — Il a été fait de la seconde une copie anonyme, dans la marge de laquelle on lit : *Fravs nocet artifici, nocet ars delvsa par artem.* L. 3 p.; H. 2 p. 3 l. (B. 87-88; Van Hulthem, 780; comte***, de Vienne, 1802).—On trouve dans la *Marguerite poétique* d'Albert d'Eyb, et dans les *Faictz merveilleux de Virgille*, l'histoire fabuleuse représentée par ces deux estampes.

Procris tuée par Céphale, 1539. Elle est assise dans une grotte. Céphale tirant de l'arc se voit dans le lointain. H. 4 p. 4 l.; L. 2 p. 9 l. (B. 73).

Susanne au bain, surprise par les vieillards. L. 2 p. 10 l.; H. 1 p. 10 l. — Pencz a traité le même sujet deux fois, et de même dimension, mais un peu différemment (B. 26-27; J., II, 343 ; Van Hulthem, 769).

Tarquin armé d'une épée, entrant dans la chambre de Lucrèce pour la violer. L. 4 p. 3 l.; H. 2 p. 11 l. (B. 78).

Le Triomphe de l'Amour. Il est sur un char attelé de quatre chevaux. L. 7 p. 8 l.; H. 5 p. 2 l. environ (B. 117).

Tarquin faisant violence à Lucrèce, 1539, gr. par Aldegraver. H. 4 p. 5 l.; L. 2 p. 10 l. Rare (B. 63; J., I, 150; comte***, de Vienne, 21).

Le même sujet, différemment composé, 1553. Dans la marge : *Lucrecia a Tarq. Constuprata amore pudicitiæ se ipsam confodit.* H. 4 p. 1 l.; L. 2 p. 6 l. (B. 64; J., I, 150; comte***, de Vienne, 22).

Dalila coupant les cheveux à Samson, gr. par Virgile Solis. L. 2 p. 8 l.; H. 1 p. 8 l. (B. 11).

David apercevant Bethsabée au bain, gr. par le même. L. 2 p. 8 l.; H. 1 p. 8 l. (B. 12; comte***, de Vienne, 2617).

Une femme montée à califourchon sur le dos de son mari qui marche à quatre pattes; gr. par le même. L. 2 p. 7 l.; H. 1 p. 10 l. Rare (B. 266).

PENNI (Lucas), peintre, né à Florence, vers 1500.

Actéon métamorphosé en cerf par Diane qui est au bain, accompagnée de trois nymphes. Grav. par un anonyme de l'Ecole de Fontainebleau. L. 15 p. 10 l.; H. 11 p. 4 l. (B. 73).

Adam et Eve se laissant séduire par le démon. Pièce rare, gr. par un anonyme de l'Ecole de Fontainebleau. L. 21 p. 5 l.; H. 15 p. 8 l. (B. 3 des anonymes; comte***, de Vienne, 924).

Cléopâtre se faisant piquer par des aspics, gr. par un anonyme de l'Ecole de Fontainebleau. H. 15 p. 3 l.; L. 11 p. 3 l. (B. 41; comte ***, de Vienne, 933).

Le Jugement de Pâris. Pâris adjugeant à Vénus le prix de la beauté; gr. par un anonyme de l'Ecole de Fontainebleau. L. 15 p. 10 l.; H. 11 p. 4 l. (B. 72; comte ***, de Vienne, 943).

La Luxure, sujet de forme ovale, accompagné de quatre ronds. L'ovale représente Vénus et l'Amour sur un char accompagné par différents animaux, et suivi de personnes de différentes conditions. Les quatre ronds représentent: Une jeune femme à table, recevant les caresses de son amant, en présence de son vieux mari qui est endormi. — Une femme versant par la fenêtre un pot de chambre sur une bande de musiciens qui sont dans la rue. — Un homme nettoyant une chaise percée, pendant que sa femme attend son amant à la fenêtre. — Deux hommes se battant devant une maison où l'on voit à la fenêtre une femme qui pousse des cris. Pièce gravée par un anonyme de l'Ecole de Fontainebleau. L'ovale a 11 p. de larg. sur 10 de haut., et les petits ronds ont 3 p. 8 l. de diam. (B. 103).

Mars faisant l'amour à Vénus qui est assis à son côté. Cupidon est debout, à ses pieds. Pièce ronde, gr. par un anonyme de l'Ecole de Fontainebleau. Diam. 10 p. 5 l. (B. 52 des anonymes).

Pâris adjugeant à Vénus le prix de la beauté, gr. par un anonyme de l'Ecole de Fontainebleau. L. 6 p. 9 l.; H. 4 p. 10 l. (B. 64).

Pâris enlevant Hélène, gr. par un anonyme de l'Ecole de Fontainebleau. L. 15 p. 6 l.; H. 11 p. 8 l. (B. 42; comte ***, de Vienne, 934).

Plusieurs femmes dans un bain. On en voit une assise vers la droite, se regardant dans un miroir que tient une autre femme qui est debout à son côté. Gravé par un anonyme de l'Ecole de Fontainebleau. L. 22 p. 6 l.; H. 16 p. Marc Bianchi en a fait une copie dans le même sens, en 1572. Elle a 19 p. 6 l. de larg., et 14 p. de haut. (B. 99 des anonymes).

Vénus et les nymphes pleurant la mort d'Adonis, gr. par un anonyme de l'Ecole de Fontainebleau. H. 10 p. 5 l.; L. 8 p. 9 l. (B. 58).

Diane au bain. Diane est à gauche, ayant en face d'elle ses nymphes qui, à l'aspect d'Actéon debout, au pied d'un arbre, se mettent en devoir de dérober la vue de leur maîtresse à l'indiscret; l'une d'elles, pour mieux l'empêcher de descendre dans le bain, lui jette de l'eau en poussant des cris. Pièce anonyme, gravée par René Boyvin. L. 0.258; H. 0.197 (B. 68).

Jupiter et Antiope. Jupiter, transformé en satyre, surprend Antiope couchée par terre, à l'ombre d'une draperie tendue à deux arbres. La belle est nue, ayant à son côté l'Amour qui lui prend la main. Pièce gravée par René Boyvin. L. 0.285; H. 0.163. — Il y en a une copie en contre-partie, par le même artiste. L. 0.280; H. 0.158 (R. D. 71-72).

Le Satyre et la Nymphe, gr. par le même. Un satyre veut faire violence à une nymphe étendue et qui s'en défend. Deux amours viennent au secours de la nymphe, et l'un d'eux frappe l'insolent avec une branche d'arbre. L. 0.280; H. 0.188 (R. D. 70).

Vénus et l'Amour, gr. par le même. Vénus, appuyée contre un rocher sur lequel elle pose un bras, dérobe une flèche à l'Amour. H. 0.250; L. 0.195 (R. D. 30).

Bain de femme, gr. par Jér. Cock.

Sacrifice à Priape (on lui immole un âne). Festin de Priape. *Femina sub jove....* 1557. Pièce gr. par le même.

Adonis mourant entre les mains de ses chasseurs. On voit Vénus, à genoux, exprimant une grande douleur. Gravé par Léon Daven (B. 47).

Diane et ses nymphes poursuivant dans des barques un cerf qui traverse une rivière, 1547. Pièce ovale, gr. par le même. L. 13 p.; H. 11 p. 6 l. (B. 49; comte ***, de Vienne, 904).

Mars et Vénus servis par l'Amour, les Grâces et les nymphes; gr. par le même. L. 15 p. 10 l.; H. 10 p. 8 l. (B. 52; comte ***, de Vienne, 906; L***, en nov. 1856, 8 fr. 50).

Vulcain et les Cyclopes forgeant des flèches pour l'Amour. On voit Vénus accompagnée de son fils, à qui un petit amour présente une flèche. Gravé par le même. L. 16 p.; H. 12 p. (B. 56).

Le Chasseur Orion portant sur ses épaules Diane, déesse des forêts, 1556. Gravé par Georges Ghisi. H. 0.338; L. 0.250. Dans la marge du bas, on lit une inscription qui commence ainsi: *In Sylvis habitans ab amoris carcere liber*, etc. — Gaspar ab Avibus en a fait une copie en contre-partie, portant l'année 1563, de même dimension (B. 43).

Vénus blessée par les épines d'un rosier dont elle change les fleurs blanches en rouges par la teinture de son sang, 1556. Grav. par le même. H. 0.304; L. 0.216. Dans la marge du bas, sont deux distiques qui commencent ainsi: *Mortiferis spinis toto sum corpore laesa*, etc. — Il y en a une copie de même dimension, datée de 1564, gravée dans le même sens par Gaspar ab Avibus (B. 40; J., II, 83).

Loth enivré par ses filles, 1569. Grav. par Ch.-E. de Laune. L. 0.079; H. 0.054 (R. D. 19).

Vénus, les Grâces et l'Amour pleurant la mort d'Adonis; gr. par le même, 1569. L. 0.056; H. 0.039 (R. D. 102).

Diane et Actéon. Diane au bain, accompagnée de ses nymphes, change Actéon en cerf. Clair-obscur de quatre planches qui se joignent, gravé par Georges Matheus. L. 16 p. 4 l.; H. 12 p. 6 l. (B. XII, p. 106).

Loth et ses filles, gr. par Balthazard Silvius. Rare (cat. Busche).

PÉPYN (Martin), peintre, né à Anvers, en 1578.

Susanne au bain, épiée par les deux vieillards; gr. en haut., par Pierre de Bailliu. Titre: *Turpe senilis amor* (Winckler, 3941; Van Hulthem, 926).

PÉQUEGNOT, graveur contemporain. — Voir *Boucher*, Ann. *Carrache*, Fr. *Eisen*, Raymond de la *Fage*, *Marc-Antoine*, *Nicolas*, *Raphaël*.

PERDRIAU, graveur moderne. — Voir *Drolling*.

PERÉE (S. de), peintre du XVIIIe siècle.

Zéphire et Flore, in-fol., gr. par J.-J. Neidl.

PÉRIGNON (Alexis), grav. contemporain, né à Paris; élève de Gros.

L'Odalisque, phot. par Richebourg, 1860.

PERINO DEL VAGA. — Voir *Vaga*.

PERONNEAU, peintre du XVIIIe siècle.

Mme de Pompadour. Portrait en buste, de grandeur naturelle, et tenant des roses à la main; gr. par Bonnet et imprimé en coul. par ses procédés, en fac-simile, d'après un pastel de Peronneau (*Gazette des Beaux-Arts*, VIII, p. 302).

PERRIER (François), peintre et grav. à l'eau-forte, né à St-Jean-de-Losne, près Mâcon, en 1590; mort à Paris, en 1650. — Voir l'*Antique*, *Raphaël*.

Le Temps rogne les ailes à l'Amour qui fait des efforts pour s'en défendre. Charmante composition en camaïeu: pièce capitale. Dans la marge: *Omnia vincit Amor vincit mox Tempus Amorem.* H. 0.253; L. 0. 180 (R. D. 11; J., II, 346).

Enée chez Didon, gr. par Ant. Garnier. La reine de Carthage cherche, par ses discours, à retenir Enée à sa cour; l'Amour seconde les desseins de Didon, mais les conseils de Mercure, qui plane au haut, semblent devoir les confondre. H. 0.345; L. 0.266 (R. D. 47).

PERRONET, peintre du XVIIIe siècle.

L'Amour, marchand de plaisirs. — *Le Temps, marchand d'oublies*; deux pièces gr. au pointillé, par Benoît. L. 0.13; H. 0.07 (Bance, 1 fr. 50 chaque).

PERROT (Pierre), graveur. — Voir *Speckairs*.

PERSÉE ET ANDROMÈDE. — Voir *Angolo*, E. de *Beaumont*, J. *Bonasone*, L.-M. *Bonnet*, *Boucher*, Aug. *Carrache*, les *Carraches*, *Chauveau*, Alex. *Colin*, Ch. *Coypel*, Ch.-Ant. *Coypel*, Giov. *David*, *Devéria*, *Diaz*, *Doré*, *Fontana*, *Furini*, *Giordano*, H. *Goltzius*, *le Guerchin*, Michel *Hartwagner*, G. de *Lairesse*, *Laugier*, Ch.-Et. de *Laune*, Fr. *Lemoine*, C. van *Mander*, J. *Saenredam*, *Sirani*, le *Titien*, *Umbach*, C. *Vanloo*, Paul *Véronèse*.

PÉRUGIN (le). — Voir *Bartoli*.

PÉSARÈSE (le). — Voir *Cantarini*.

PESME, photographe.

Portraits d'après nature: Mlles Adorcy, Baratte, Beaugrand, Bengraff, Blanchard, Buisson, Carabin, Caroline, Cassard, Clara, Clerc, Danse, Dansfeld, Darty, Defodon, de la Pommeraye, Delconet, Desclos, Duchâtel et Pascal, Durozet, Elu, Esclozas, Esther Moïse, Eugénie, Eydens, Félicie, Férus, Gambeland, Gentil, Geoffroy, Godel, Guerner, Guichard, Hennequart, l'impératrice Eugénie, Mlles Julia, Juliette, Jousse, Lamy, Laure, Léonie, Leroyer, Magny, Marguerite, Mathey, Mélanie, Mercier, Millière, Monselet, Montaland, Morlot, Olympe, Pauline, Quesniaux, Rachel, Roziès, Schlosser, Ségaud, Schwartz, Simon, Thibert, Valois, Vibon, Zevoca, Zina Richard, etc.

PESNE (Jean), peintre et grav., né à Rouen, en 1623; mort à Paris, en 1700. — Voir le *Poussin*.

L.-Alber. de Brandt, baronne de Grapendorf, représentée dans un médaillon porté au ciel par une jeune fille ailée, qu'accompagnent deux génies; gr. en haut., par G.-Fr. Schmidt. Pièce rare. Dans la marge, six vers: *Reçois, ombre chérie....* (Rigal, 728).

PETER (A.).

Une Nymphe sacrifiant à Janus, in-fol. ovale, gr. par J.-E. Mansfeld.

PETERS (F.-L.), peintre et grav. à l'eau-forte, né à Cologne, vers 1720; travaillait à Paris.

Le Vigneron galant, gr. par J.-C. Levasseur.

PETIT (Louis-Jacques), dessin. et grav., né à Paris, en 1760. — Voir *Boucher*, *Dulin*, *Fenouil*, *Lancret*, Van der *Werff*.

La Danse des nymphes (J., II, 350).

Jeune fille nue, couchée (cat. A. David).

PETIT ALBERT (le). — Voir *Altdorfer*.

PETIT ET TRINQUART, photographes.

Portraits d'après nature: Mlles Abingdon, Albert, Antonine, Antonine et Juliette, Arène, Bengraff, Biolctti, Bloch, Borghèse, Bossi, Bousquet, Bressant, Brindeau, A. Brohan, Bruhère, Buhler, Busseret, Cambardi, Caroline, Caroline Perla, Cassegrain, Céline Montaland, Cellier, Chapuy, Charton, Cico, Clarisse, Clausade, Clotilde, Cordier, Corinne, Darty, Dedieu, Defodon, Delahay, Dottini, Duplessis, Dupont, Edile Riquier, Emily, Emma Fleury, Esther David, Esther Moïse, Faivre, Favart, Félicie Delan, Ferraris, Figeac, Francesco (sœurs), Gabot, Genat, Geoffroy, Georgette, Girard, Irma Granier, Guillemin et Sophie, Hennequart, Hubert, Jeanne Stenebruggen, Jenny Lind, Jouassin, Juliette, Karoly, Lacombe, Lacroix, Laurent, Leblanc, Léontine Châtenay, Lucile Durand, Magny, Marie Brunet, Marie Grandet, Marguet, Martini, Mary Andersen, Mathilde, Mauperin, Mélanie, Mélina, Monrose, Mosé, Moïse, Morando, Morlot, Nantier-Didier, Nelly, Page, Parent, Pauline Leroux, Erm. Perla, Piccolomini, Pitteri, Ramelly, Regny, Robert, Rosati, Rouault, Rousseil, Royer, Saville, Schlosser, Scriwaneck, Simon, Sontag, Sophie Stenebruggen, Suzanne, Theric, Trebelli, Em. Vandermesch, Véron, Viardot, Vignes, Virginie, Weismaël, Mmes Cabel, Doche, Stolz, Susanne Lagier, Vestvali, la baronne Sophie Cruvelli-Vigier, la comtesse Taglioni, etc.

PETITOT (Jean), peintre sur émail, né à Genève, en 1607; mort à Vevey (canton de Vaud), en 1691.

La Duchesse de Fontanges. — Ninon de Lenclos; deux portr. grav. au pointillé, d'après Petitot. Paris, Blaizot, 1867.

Mme de Maintenon, in-8°, gr. par Ceroni (vente du 12 décembre 1864).

Mlle de La Vallière, charmant portrait in-8°, gr. par Léopold Flameng. (L. M., 26 mai 1865, N° 233).

Mme de Maintenon, in-8°, gr. par le même (même vente, N° 234).

La même, gr. par P. Giffart (A. Bertin, 243; en avril 1864, 38 fr.).

Mlle de Fontanges, in-8°, gr. par Johannot (26 mai 1862, N° 150).

Mme Scarron, gr. par Laugier (cat. A. David).

Mme de Maintenon, gr. par Paul Mercury. Ce portrait est dans une couronne de fleurs avec un entourage orné d'arabesques; au-dessus, il y a les armes de la marquise; en bas, dans une banderole : *Françoise d'Aubigné, marquise de Maintenon*; en haut : *née en 1635, morte en 1719;* au-dessous de l'entourage, on lit : *P. Mercury, d'après Petitot,* 1847. Ce portrait est d'une finesse extrême (Duchesne aîné, N° 506; Simon, 307; Ch. Le Blanc, 1410).

PETRAK (A.), graveur. — Voir Alb. *Durer.*

PEYRON (Jean-François-Pierre), peintre et graveur, né à Aix, le 15 décembre 1744; mort à Paris, le 20 janvier 1815. — Voir Nic. *Poussin.*

Socrate détachant Alcibiade des bras de la volupté. Eau-forte. Une courtisane sur un grand divan, s'efforce de retenir près d'elle Alcibiade que Socrate veut lui arracher d'entre les bras. Derrière elle, une autre femme, à moitié couchée sur le divan, pousse une exclamation, et une troisième présente une coupe remplie d'une liqueur qu'elle a puisée dans une urne sur un trépied et derrière laquelle s'élève la statue de Priape. On lit dans la marge : *Socrates, Alcibiades a Venere et a voluptatibus amovens.* L. 0.208; H. 0.165 (Rigal, 954; Baudicour 4).

PEZOUS (J.), peintre contemporain, à Paris.

La Vie humaine : L'Aveugle. — Le Baiser interrompu. — La Curiosité punie. — L'Envie. — La Gourmandise. — La Luxure. — La Paresse. Sept lith. par Carrot. Paris, Guerineau, 1867.

PHELIPPEAUX, dessin. et grav. moderne. — Voir *Caresme, Dubos.*

L'Epouse infidèle. — Le Jaloux en défaut; deux pièces gracieuses, ovales en haut. (vente du 5 nov. 1863, N° 149).

Joseph et la femme de Putiphar. Paris, Bulla, 1814.

PHILIPPE (Mlle), actrice. — Voir Ed. *Morin.*

PHILIPPE, dessin. contemporain.

Le Corset, pièce ovale avec filets or, lith. par Julien. H. 0.62; L. 0.49 (Delarue, en coul., 12 fr.).

Pauline Viardot, phot. par Lebret.

PHILIPPON (Ch.), dessin. lith. de la 1re partie du XIXe siècle.

Amourettes, trente-six sujets lith : Et vogue la nacelle. — Ah! mon Dieu, croyez ce que vous voudrez. — Excellent ami. — Que c'est bête, finis donc. — Mon fils, mulâtre! etc. Paris, Ducarme, 1827-28, 75 centimes chaque.

C'est ça des pratiques : deux jeunes filles et un garçon pharmacien qui leur sert de l'onguent. Lith. Paris, Gihaut, 1827.

Compensations : Amours d'inclination.— Amours de convenance. — L'Art remplace la nature. — La nature surpasse l'art. — Actrice le soir. — Marquise le matin.—Bonheur réel.—Bonheur chimérique. — Sommes-nous de feu, elles sont de glace. — Nous refroidissons-nous, elles s'enflamment. Lith. Paris, Osterwald aîné, 1828, 75 cent. chaque.

Modes et mœurs : Quelles sont vos vues sur ma fille? — L'Epine était cachée sous la rose. — Vous m'aviez promis d'être sage. — Surtout, soyez sage. — Les hommes, les hommes! Lith. Paris, Vilain, 1824.

La Semaine des amours. Sept lithogr. Paris, Osterwald, 1829. Le lundi on voit une femme. — On fait l'aimable le mardi. — Le mercredi on peint sa flamme. — Elle vous répond le jeudi. — On est heureux le vendredi. — On se brouille le samedi. — Le dimanche tout est fini, pour recommencer le lundi.

Souvenirs d'amourettes. Douze lith. à 75 cent. Paris, Engelmann, 1828.

PHROSINE ET MELIDOR. — Voir *Prud'hon, Rioult.*

PIALLAT, photographe. — Voir *Durand d'Oberval, Trezel.*

PIAZZETTA (Jean-Baptiste), peintre, né à Venise, en 1682 ; mort en 1754.

Une villageoise endormie, surprise par un chasseur ; gr. par Berardi Fabio.

PICART (Etienne), dit *le Romain*, à cause de son long séjour à Rome ; dessin. et graveur, né à Paris, en 1631 ; mort à Amsterdam, en 1721. — Voir le *Corrége.*

Christine, reine de Suède, grand in-4° (vente de mars 1866, N° 544).

PICART (Bernard), fils du précédent, dessin. et grav. à la pointe et au burin, né à Paris, en 1673; mort à Amsterdam, en 1733. — Voir Ann. *Carrache*, Ant. *Coypel*, le *Poussin*, *Téniers.*

L'Amour chassant un satyre qui regarde Vénus endormie. Six vers au bas :

Retire-toy d'Icy, satyre peu galant,
Quitte cet amour insolent
Plus propre à révolter qu'à fléchir les déesses;
Un sexe si charmant veut estre respecté,
Et l'aimable Vénus qui se rend aux caresses
Se refuse toujours à la brutalité.

Fuyez la femme qui se vend (pendant de *Si ta Claudine se rebelle*). Petite pièce ovale en larg.

La Grossesse de Calisto découverte.

Hortense Mancini, duchesse de Mazarin, 1724. Charmant portrait in-8° (Martial Pelletier, 1867, N° 428).

Jupiter et Antiope (25 mars 1865, N° 70).

Jupiter et Danaé, médaillon ovale en larg. Paris, L. Jacob.

Marie Stuart, reine d'Ecosse (J., II, 352; Prévost, 31 fr.; Logette, 14 fr.).

Si ta Claudine se rebelle,
Que son refus ne te rebute pas ;
Le temps vient que la plus cruelle
Fait en fuyant quelque faux pas.

Médaillon ovale, en larg. Paris, L. Jacob.

La Toilette de Vénus, in-fol. en travers.

Renaud et Armide succombant dans les piéges de l'Amour. Pièce en haut., gr. par Fr. Chéreau (18 mai 1864, N° 821).

Le Sultan et la favorite à la porte du jardin, gr. par Marguerite Delorme.

Dame mangeant des fraises : Ce Maure me cajole... In-4° en larg., gr. par Edme Jeaurat.

Pélerins de l'île de Cythère, in-4° en en larg., gr. par le même.

PICHARD, graveur en manière noire, contemp. — Voir *Beaume, Boutibonne, Compte-Calix, Schlesinger, Schopin.*

PICHLER (J.-P.), dess. et graveur. — Voir le *Corrége, Franceschini*, le *Titien.*

Salmacis et Hermaphrodite (P. de Corneillan, 150).

PICOT (Victor-Marie), graveur, né à Abbeville, en 1744; s'établit à Londres. — Voir *Amiconi, Watteau.*

Léda, gr. à la sanguine (21 février 1862, N° 399).

PICOT (F.-Ed.), peintre, né à Paris, en 1786; élève de Vincent.

Psyché et l'Amour, gr. au burin, par Aug. Burdet. Paris, 1827.

Vénus et l'Amour, gr. par le même (1er février 1864, N° 115).

Raphaël et la Fornarina, gr. par François Garnier, 1824 (A. Bertin, N° 66; Sternberg, 4 5/6 thal.).

PICOU (Robert), peintre et grav., né à Tours; florissait au commencement du XVIIe siècle.

L'Amour sommeillant. L. 0.148; H. 0.090 (R. D. 1).

Deux Amours se caressant. H. 0.116; L. 0.103 (R. D. 2).

PICOU (H.-P.), peintre contemp., à Paris.

Fermez-lui la porte au nez, il rentrera par la fenêtre. Lith. par Durand. L. 0.44; H. 0.35 (Goupil, 8 à 16 fr.).

Sultane au bain; charmante pièce, gr. par Metzmacher (L.M., 26 mai 1865, N° 151).

Le Furet. — *La Main chaude*; deux phot. Paris, Dusacq et Cie, cartes de visite, 1 fr. chaque; 0.07 sur 0.12, 1 fr. 50 ch.

Diane à la fontaine, phot. Paris, Goupil; H. 0.21; L. 0.17, 6 fr.

Fermez-lui la porte au nez, phot. Goupil, 0.07 sur 0.12, 1 fr. 50; carte de visite, 1 fr.

L'Entrée au bain, phot. par Richebourg. Paris, 1858.

PIERRE (Jean-Baptiste-Marie), peintre et graveur à l'eau-forte, né à Paris, en 1713; mort en 1789. — Voir *Subleyras*.

Le Bal improvisé. Un jeune homme tenant des castagnettes, danse avec une jeune paysanne, dans une campagne. Une jeune fille assise sur un tertre joue du hautbois, et une autre, derrière elle, résiste aux instances d'un jeune homme qui la prie les mains jointes. L. 0.285; H. 0.236 (Baudicour, 29).

La Fête de village. En avant d'un piedestal sur lequel sont grimpées trois personnes, on voit une jeune femme assise, jouant du tambour de basque et accompagnant deux musiciens qui sont derrière elle. Devant eux danse une jeune paysanne en cheveux, et un jeune homme jouant des castagnettes. Des jeunes filles sont assises auprès, et sur le devant un homme fait la cour à une jeune fille. L. 0.404; H. 0.300 (Baudicour, 19).

Fugiendo. Jeune femme légèrement vêtue, se sauvant vers deux saules, et surprise par un coup de vent qui relève sa chemise, 1759. Très-jolie pièce à l'eau-forte. H. 0.176; L. 0.132 (A. David, 5 fr.; de Vèze, p. 196; Baudicour, N° 19).

L'Hyménée, 1759. Une jeune fille assise sur une pierre, paraissant accepter les hommages d'un jeune homme à genoux devant elle. Un amour les entoure d'une guirlande de roses; un second dépose une couronne sur la tête de la jeune fille, et un troisième allume une flamme sur l'autel de l'Hyménée. Pièce gravée par Pierre et Watelet. H. 0.180; L. 0.144 (Baudicour, 40).

Vénus, les mains jointes et vue par le dos, enlevée par quatre amours. Dess. et grav. par les mêmes. H. 0.225; L. 0.170 (Baudicour, 36).

Susanne et les vieillards, gr. par un anonyme (18 mai 1864, N° 829).

Léda, gr. par Chaponnier et de Launay. Paris, Lamoureux, 1858.

Le Galant jardinier, gr. par Fehrt.

Danaé. — *Léda*; deux pièces in-fol., gr. par Fessard (vente du 16 janvier 1862).

Herminie cachée sous les armes de Clorinde, grand in-fol. en larg., gr. par le même. — Ce morceau passe pour le meilleur ouvrage de Fessard (J., II, 40).

Les Saisons, sujets de nymphes, gr. par Laurent (4 fr., en mai 1864).

Berger dormant sur le sein d'une bergère; ils sont nus. Grav. en haut., par Mme Le Daulceur (de Vèze, p. 149).

Bacchus et Erigone, in-fol. en larg., gr. par Mme Lefort.

Bacchus et Ariadne, in-fol., gr. par L.-S. Lempereur (de Vèze, p. 183).

Enlèvement d'Europe, grand in-fol. en larg., gr. par le même (de Vèze, p. 183; vendu 8 fr., en mai 1864, avec *Susanne*).

Les Forges de Vulcain, in-fol. en larg., gr. par le même.

Le Lever de l'Aurore, gr. par le même (11 nov. 1861, épr. av. l. l., 2 fr.).

Les Serments du berger, in-fol. en larg., gr. par le même.

Titon et l'Aurore, in-fol. en larg., par le même (18 mai 1864, N° 826).

Psyché et l'Amour, gr. par Levesque.

Vénus et Adonis, gr. par le même.

Vénus et l'Amour, par le même.

L'Heureuse rencontre, gr. par G. Marchand.

Les Bacchantes. — *La Curiosité*. — *L'Inconstance punie*. Trois pièces in-fol. en larg., gr. par J. Pelletier.

Jupiter et Antiope. Belle gravure in-fol. en larg., par G.-F. Schmidt.

Jeune fille nue recevant le baptême, gr. par Watelet, 1759 (de Vèze, p. 187).

Ruth et Booz, gr. par le même, 1758 (de Vèze, p. 187).

PIERRON (J.-A.), graveur de la fin du XVIIIe siècle. — Voir *Giordano, Lawreince, Trinquesse.*

PIERSON (Mlle Louise), actrice de la Porte St-Martin. — Voir *Fauconnier, Guyard,* H. *Lecomte, Victor.*

PIGAL, dessin. lith. contemporain.

A bas les pattes! scène populaire. Lith. Paris, Langlumé, 1821.

Les Loisirs de Pigal, suite de lith. par Bettannier: La Soupe. — La Besogne. — Le Paradis. — Oh! que c'est bête! — La Bonne aubaine. — On te donnera des jambes pour les arranger comme ça. — Il est trop tard. — Gare les jambes! ceux qui ont. — Je rase et ça cuit. — Le Lait des vieillards. — La Belle occasion. — Laissez donc, vieux Vésuve! — Trait d'amour conjugal. — L'Epine suit la rose. — Vrai! vous pourriez lui faire mal. — Le Bon pasteur. — Excusez du peu. — Une petite place, s'il vous plaît! — Monsieur Touche-à-tout. — I'brûlent, ceux-là, i'brûlent. — Si j'en mets? je crois bien, je suis si maigre. — En voilà du flanc. — Encore une circulaire à classer, Catherine. — On n'entre pas; etc. H. 0.25; L. 0.18. Paris, Jouy, 1860, 2 fr. chaque, en rehaut. — Cette suite se continue.

Scène conjugale, gr. par Garnier.

Deux, l'un portant l'autre! — Mam'selle Françoise! — Mon ancienne. Trois pl. lith. par Palisse. Paris, J. Champagne, 1867.

PIGEOT (François), graveur, né à Paris, en 1775. — Voir *Jules Romain.*

PILLEMENT (Victor), dess. et grav. à l'eau-forte et au burin, né à Vienne (Autriche), en 1767; mort à Paris, en 1814. — Voir l'*Albane, Bourdon, Callet, Lebarbier, Niquet, Raphaël.*

PILON (Germain), célèbre statuaire, né à Loué, près du Mans, vers 1515; mort à Paris, en 1590.

Les Trois Grâces, phot. par J. Boitouzet (Exposit. de 1861).

PILOTY, lithogr. — Voir l'*Albane.*

PINAS (J.), peintre hollandais, né à Harlem, vers 1596.

Alphée poursuivant Aréthuse, 1628. In-fol., gr. par Madeleine de Pas.

Salmacis et Hermaphrodite, 1623. In-fol. en larg., gr. par la même (Weigel, 1 $1/_5$ thal.).

PINAULT, graveur. — Voir *Chevaux.*

PINÇON, dessin. lith. contemp.

Eugénie, impératrice des Français. — Isabelle II, reine d'Espagne. Deux portr. lith.; H. 0.29; L. 0.23 (Bulla, en noir, 1 fr. 50 chaque; en rehaut, 2 fr. 50; en coul., 3 fr.).

PINGOT (A.), dess. lith. contemp. — Voir *Boucher, Champagne.*

Lui plairai-je? — Irai-je ce soir? — Il viendra bientôt. — Elle sert le thé. — Elle écoute aux portes. Cinq pièces lith. Paris, Massard et Combette, 1852.

Elle écoute aux portes. — Elle sert le thé; deux pl. lith. par Jacquel. Paris, Massard et Combette, 1853.

PIPPI (Giulio). — Voir *Jules Romain.*

PIRODON (Eug.), dess. lith. contemp., né à Grenoble. — Voir *André, Dumaresq, Gendron, Leman,* Ch.-Louis *Muller, Unternahrer.*

Baigneuses, deux pl. lith. Paris, Ledot, 1860.

Les Trois Grâces, deux sujets lith. Paris, 1851.

PIROLI (Thomas), grav. de Florence, vers la fin du XVIIIe siècle. Il vivait encore à Rome en 1804. — Voir le *Corrége,* le *Titien.*

PITAU (Nicolas), dess. et grav., né à Anvers, en 1633; mort à Paris, vers 1676.

Christine, fille de France, duchesse de Savoie, 1663 (A. Bertin, 291).

PIZZI (Aloy.), graveur établi à Rome, vers 1784. — Voir Raphaël *Mengs.*

PLAATS (van der), peintre.

Marie Stuart, gr. par Philibert Bouttats.

La Duchesse de La Vallière, en religieuse. In-4°, gr. par Gole.

PLANAS, dess. et grav. moderne.

Mlle Taglioni, rôle de Satanella. In-fol. (Filippi, 473).

PLATTEL, dess. lith. de la 1re moitié du XIXe siècle.

Une Amourette : No 1. Modérez-vous donc et pas de bêtises, etc. Six lith. Paris, Cheyère, 1828, 75 cent. chaque.

PLESSY (Mlle), actrice.— Voir A.-E. *Chalon, Devéria, Grévedon, Lane, Singry.*

PLUMIER, photographe.

Portraits d'actrices d'après nature : Mlles Antonine, Bérangère, Bloch. Mme Cabel, Mlles Daudoir, Fleury, Girard, Guichard, Legears, Millie, Monrose, Rose Didier, Rose Deschamps, Scrivaneck, Simon, Turel, etc.

PLUNKETT (Mlle). — Voir *Alophe.*

PO (Pietro del), peintre et grav. à l'eau-forte et au burin, naquit à Palerme, en 1610, et mourut à Naples, en 1692. — Voir Aug. *Carrache, Jules Romain.*

PODESTA (Jean-André), peintre d'histoire et graveur à l'eau-forte, né à Gênes; florissait vers 1640. — Voir le *Titien.*

POELENBURG (Cornelis), peintre, né à Utrecht, en 1586; mort en 1660.

Les Baigneuses. Femmes sortant du bain. Ces deux petits paysages ont été gravés dans le musée Filhol, tome IV, pl. 244, et tome II, pl. 88.

Le Bain de Diane; dans le fond, on voit Actéon métamorphosé en cerf. Gravé dans le musée Filhol, tome VI, pl. 364.

Les Baigneuses, gr. par Ed. Bovinet.

L'Amour, debout sur des nuages, et son arc à la main, 1636; gr. par J.-G. van Bronkorst. H. 0.150; L. 0.108 (B. 7; Rigal, 177).

La Nymphe qui dort dans une grotte. Une nymphe dort couchée sur le ventre dans une grotte, à l'ouverture de laquelle un satyre se tient aux aguets. Dans la marge, un distique : *Quid Venerem spectas,* etc. Gr. par le même. Morceau rare et l'un des plus remarquables de l'œuvre. L. 0.210; H. 0.152 (B. 5; Rigal, 177; J., I, 309).

Junon sur des nuages et semblant épier quelque intrigue amoureuse de son mari. Son geste de la main élevée semble indiquer la menace. Gr. par le même. L. 5 p. 5 l.; H. 4 p. 8 l. (B. 6; J., I, 309).

Vénus ordonnant à son fils d'aller blesser de ses traits le dieu des enfers; à gauche, Neptune dans son char s'avance sur la mer. 1636. Gr. par le même. Rare. H. 0.185; L. 0.148 (B. 4; J., I, 309; Rigal, 177).

Les Baigneuses, gr. par A. Chataigner.

Les Baigneuses flamandes, gr. par Fr. Dequevauviller.

Les Baigneuses, in-fol. en larg., gr. par P.-S. Lamborn.

Les Plaisirs des satyres, 1772. In-fol. en larg., gr. par J.-Ch. Levasseur (1er état, Blücher, 1 1/6 thal.; Brandes, 3 th.).

Les Baigneuses, eau-forte par Georges Malbeste, terminée par Lebas (J., II, 236).

Le Bain des nymphes, in-fol., gr. par P.-Ant. Martini.

Les Baigneuses, gr. en larg., par Michel Mosyn (Van Hulthem, 2063).

Baigneuses surprises, phot. par Richebourg, 1865.

POILLY (François de), graveur, né à Abbeville, en 1622; mort à Paris, en 1693. — Voir *Beaubrun,* J. *Courtin, Jules Romain.*

POILLY (Nicolas de), frère du précédent, né en 1626; mort à Paris, en 1698.

Mlle de Montpensier, en Minerve (6 fr., en avril 1864).

POILLY (Jean-Baptiste de), fils de Nicolas, dess. et grav., né à Paris, en 1669; mort en 1728. — Voir *Courtin, Jules Romain,* J. *Raoux.*

Triomphe de Bacchus et d'Ariadne.— Vénus donnant des armes à Enée (Arthur Dinaux, 138).

POINTEAU, grav. contemporain. — Voir *Bouchardy.*

POLIENITH, graveur du XVIIIe siècle. — Voir *Boucher.*

POLIGNAC (Yolande-Martine-Gabrielle de Polastron, duchesse de). — Voir Mme *Lebrun.*

POLLARD (Robert), peintre et grav. à l'eau-forte et à l'aqua-tinta, né en 1748; florissait à Londres, en 1780. — Voir Benj. *West, Wheatly.*

POLLET, dess. et graveur contemporain. — Voir *Vidal.*

Peau-d'Ane à la fontaine, lith. par J. Laurens; H. 0.45; L. 0.29. Paris, Goupil, 1867, 8 et 16 fr. — Cette estampe ne peut pas être mise en étalage.

POLYONYMES.

Les Actrices (petits albums pour rire, Nos 9 et 10). Deux parties de chacune 14 caricatures sur bois, avec couverture illustrée; par Girin, Doré, Damourette et Talin. Paris, 1854.

Album mystérieux : La Lune de miel. — L'Ami de la maison. — L'Arrivée à propos. — Le Mari content. — Vaut mieux tard que jamais. — Le Chapitre interrompu. — Douce conversation. — Séduisants propos. — Le Verrou. — Le Consigné. — Rose en danger. — Cœur qui se donne. — Cœur qui se vend. — Proposition de mariage. Suite dessinée par Teichel, Roussel, Muller, Galbrun, Charpentier, et lith. par Regnier et Bettannier, Schultz, Weber. Paris, Wild, 1851-56. Chaque feuille en rehaut, 2 fr.

Le Carnaval de 1853, lith. par E. de Beaumont, Ch. Vernier et Cham. Paris, Martinet, 1853.

Les Célébrités contemporaines, recueil lith. par Gilbert, Pirodon, Soulange et Dufourmantel, d'après Decamps, Diaz, Baron, Gérome, etc. Bohémienne. — Les Deux pigeons.—Apollon et Daphné. — Le Madrigal. — Sérénade à Venise. — Embarras du choix. — La Liseuse.— Les Indiscrètes.— Faust et Marguerite. — La Conversation. — L'Amour découvre Vénus. — Le Baiser perdu. — Regrets. — Dormeuse. — Abandon, etc. Suite de 54 lith. de 0.20 sur 0.26 (Bulla frères, 2 fr. chaque).

La Chicane et l'amour, deux vertus du même prix. Trente feuilles in-4°, dessin. par Lefils, Talin et Damourette, gravées par Lemercier (Scheible, en 1867, 2 fl. 42 kr.).

Les Femmes cosmopolites, suite de sujets gracieux, ovales, avec filets or; par divers artistes. L. 0.41; H. 0.32 (Jouy, 6 fr. chaque, en coul.).

Les Filles de marbre, suite de lith., par Meilhac et autres. Paris, Maresq, 1855-56.

Galerie pour rire, suite de 76 pièces lith. par Bettannier, Regnier, Soulange-Tessier, Lafosse, Schultz, Jacot, etc.; d'après Teichel, Girardet, Decoëne, Lenglet, J. Lange, Cottin, Beaumont, Boysieu, Corréard, Faivre, Compte-Calix, Aiffre, G. Doré, Verheyden, Linder, Morlon, Giraud, Grenier, Bellangé, Ladreys, etc. 0.47 sur 0.38 (Bulla, en rehaut, 6 fr. chaque).

Les Mignardises, collection de scènes enfantines, dessinées par Desandré, de Beaumont, March; et lith. par Regnier, Bettannier et Morlon: La Lanterne magique. — La Passerelle. — Le Petit batelier. — La Toilette. — La Première entrevue. — La Déclaration. — La Première faveur. — La Rupture. — La Demande. — La Déclaration. — Le Chapeau. — Les Regrets. — Voilà Croquemitaine. — Le Barbier pour rire. — La Leçon d'équitation. — Hue! dada. — Les Cancans. — Le Secret. — Les Cerises. — Les Baigneuses. — Racontant ses campagnes. — Une rosière. Vingt-deux pièces; H. 0.23; L. 0.18 (Turgis, en coul., 1 fr. 50 chaque).

Mœurs d'un sérail : L'Odalisque coupable. — L'Odalisque punie. — L'Odalisque vertueuse. — L'Odalisque jalouse. — L'Odalisque surprise. — L'Odalisque intrigante. — L'Odalisque bouffonne. Sept pl. lith. par Tassaert, Fragonard, Julien. Paris, Osterwald, 1833-34.

Musée de l'amateur, suite de 52 lith. par Lafosse, Léon Noël, Regnier, Vogt, Prat, Marigny, Julien, Desmaisons, Deroy, Geoffroy, Emy, Saint-Aulaire, Laude, etc., d'après J. David, E. Devéria, A. Devéria, Grenier, Canon, Mme Colin, Franquelin, Bellangé, Wittich, Parris, Villeneuve, Guet, Lecamus, Jones, Brown, Pannetier, Braulær, Geniole, Beaume, Dumont, etc. 0.20 sur 0.15. Paris, Jouy, 1860, en noir, 1 fr. chaque; en coul., 3 fr.

Musée de mœurs en actions, suite de lith. par Regnier, Bettannier, Morlon, Charpentier, etc.; d'après Collin, Gavarni, Bellangé, Cottin, Teichel, Belin, etc. Paris, Bulla, 1850; 0.38 sur 0.50, 8 fr. chaque, en rehaut. — La suite se continue.

Le Musée des rieurs, suite de 65 pl. lith. de 0.47 sur 0.37, par Barry, Regnier, Bettannier, Dolet, Leroux, Schultz, etc.; d'après Vallet, Léon Noël, de Beaumont, Edwarnay, Guérard, Ducrot, Lepoittevin, Marohn, Giraud, Verheyden, etc. Paris, impr. Lemercier, 1847-1853. (Goupil, chaque feuille, en rehaut, 6 fr.; en coul., 12 fr.). — La suite se continue.

Le Musée omnibus, suite de lith. de 0.22 sur 0.30, par divers artistes. Goupil, 1850, en rehaut, 2 fr. chaque. — Ce sont les mêmes compositions que dans le *Musée des rieurs*, mais en plus petit format.

Recueil de portraits d'actrices des principaux théâtres de Paris, dessinés d'après nature, et lith. par Grévedon et A. Devéria. Paris, 1330-33, 16 feuilles grand in-fol.

Les Tableaux vivants, académies et groupes de femmes nues. Paris, chez Masson, 1854-57 ; une vingtaine de grandes planches lith. p. Derancourt et Lacour, et une vingtaine de petites planches, par Lemoine.

Le Tohu-bohu plaisant, 60 pl. lith. par Regnier et Bettannier, d'après Teichel et Numa (voir ces deux noms). 0.30 sur 0.23. Paris, Jouy, 1860, 2 fr. chaque, en rehaut.

POMEL, dess. et grav. de la 1re moitié du XIXe siècle.

Le Piége d'amour, ou l'Innocence en danger. — *La Pluie d'amour*, ou la Rosée du mois de mai. Deux pièces. Paris, Boulard, 1812.

POMMAYRAC (de), peintre contemporain.

L'Impératrice Eugénie, gr. par J.-B. Danguin (Exposit. de Paris, 1867).

L'Odalisque, phot. par Bingham, 1865.

POMONE. — Voir *Vertumne et Pomone.*

POMPADOUR (Jeanne-Antoinette *Poisson*, marquise de). — Voir *Anselin, Belliard, Bonnet, Boucher, Cochin* (le jeune), *Desmaisons, Drouais, Girardet, Latour, Nattier, Numa Peronneau, Queverdo, Saint-Aubin, Schenau, Steuben*, C. *Vanloo.* — Parmi les portraits de Mme de Pompadour, citons aussi les deux dessus de porte de sa chambre, à Bellevue : la *Sultane faisant de la tapisserie*, et la *Sultane prenant le café*; les critiques du Salon de 1755 déclarent que ce sont les portraits les plus ressemblants, et très-supérieurs, comme vérité, au portrait de Latour, aujourd'hui au Musée (*Revue universelle des Arts*, XXII, p. 132).

L'Automne. Bacchanale de nymphes, satyres et amours; in-8, gr. en 1752, par Mme de Pompadour, d'après une sculpture en ivoire (vendu 10 fr., le 7 février 1859; Martial Pelletier, No 617).

PONCE (Nicolas), dess. et grav., né à Paris, en 1746; mort le 27 mars 1831. — Voir *Baudouin, Fragonard.*

Annette et Lubin. — *Les Epoux curieux.* — *L'Horoscope accompli.* Trois pièces (cat. A. Dinaux).

PONTE (Jacopo da). — Voir *Bassan.*

PONTIUS (Paul), dess. et grav. au burin, né à Anvers, vers 1596. — Voir P. van *Avont*, Van *Dyck, Hollar, Rubens.*

Christine, reine de Suède, gr. en haut. (Van Hulthem, 2372).

POOL (Matthieu), grav. à l'eau-forte et au burin, né à Amsterdam, en 1697. — Voir *Graat*, le *Guerchin*, le *Poussin*, le *Titien.*

PORDENONE (J.-Ant. Licinio Regillo, dit le), peintre, né à Pordenone (Frioul), en 1484; mort à Ferrare, en 1540.

Vénus, vue presque par le dos, assise sur une pierre, tenant un drap que l'Amour, debout à ses pieds, semble vouloir lui ôter. Gr. par Odoardo Fialetti. L. 7 p. 8 l.; H. 5 p. 5 l. (B. 21).

Vénus allaitant l'Amour, phot. par Richebourg, 1865.

PORPORATI (Charles-Antoine), grav. au burin et à la manière noire, né à Turin, en 1740; mort en 1816. — Voir *Battoni*, le *Corrége*, Van *Dyck*, le *Guide*, Ang. *Kauffman, Santerre*, C. *Vanloo*, Van der *Werff.*

Marie-Antoinette d'Autriche, reine de France, miniature ovale au pointillé, gr. en 1796 (J., II, 379).

Vénus et l'Amour, gr. en haut. (Van Hulthem, 3677; comte Arch ***, de Milan, 377).

PORREAU (J.), grav. contemporain. — Voir *Gabrielle.*

PORTO (Giovanni-Battista del).

Diane au bain arrose Actéon. Grav. en bois, extrêmement rare.

PORTSMOUTH (Louise de Kéroual, duchesse de), maîtresse de Charles II. — Voir *Baudet, Blooteling, Le Davis, Kneller, Lely.*

POSSELWHITE, graveur contemporain. — Voir *Liotard, Vidal, Zuber-Bühler.*

POTRELLE (J.-L.), graveur moderne. — Voir J.-L. *David*, le *Dominiquin, Gérard.*

POTTER (Paul), peintre, né à Enkuysen, en 1625; mort à Amsterdam, en 1654.

L'Amant de la belle Europe, paysage. In-fol., gr. par L.-J. Masquelier (J., II, 259).

POUND, graveur. — Voir le *Titien*.

POURBUS (Pierre), le père, peintre, né à Bruges, en 1540; mort à Anvers, en 1583.

La Chaste Susanne, surprise par les vieillards; gr. en larg., par Raphaël Sadeler (Van Hulthem, 2583).

POURBUS (François), le fils, né à Anvers, en 1570; mort à Paris, en 1622.

Marie de Médicis, reine de France, dans une bordure octogone. Pièce signée par Jean Morin, mais qu'on attribue à Nic. de Plate-Montagne. H. 0.306; L. 0.213 (Rigal, 555; comte***, de Vienne, 1826).

POUSSIN (Nicolas), peintre, né aux Andelys, en 1594; mort à Rome, en 1665.

Vénus armant Enée, gr. par F.-F. Aquila.

Apollon et Daphné, gr. par Gér. Audran. Apollon cherche à retenir Daphné qui commence déjà à se transformer en laurier. H. 0.218; L. 0.176 (R. D. 43).

Hercule enlevant une femme; des amours voltigent autour de lui, portant sa massue et une peau de lion. Gr. par le même. H. 0.219; L. 0.176 (R. D. 42).

Renaud et Armide, gr. par le même. Renaud, endormi au pied d'un arbre, est surpris par Armide dont l'Amour retient le bras. Au bas, trois lignes de texte commençant ainsi : *Armide cherchant à se venger de Regnault*. L. 0.520; H. 0.424 (R. D. 41; Van Hulthem, 3906).

L'Enlèvement des Sabines. Seconde composition du Poussin, qui n'est pas celle du Musée, et faisant partie du cabinet de sir Richard Colt Hoar Bart. Pièce capitale, gr. par Jean Audran (J., I, 186; P. Danlos, 2 fr.).

Apollon faisant danser les Muses, gr. en larg., par J.-J. Avril, 1779 (Paignon-Dijonval, 6076; Van Hulthem, 3920).

The Quarrel of Cupid and Psiche, gr. par W. Baillie. L. 0.207; H. 0.178.

Un Satyre buvant. Un petit amour lui aide à soutenir le vase qu'il porte à sa bouche. Une nymphe nue leur fait signe de cesser. Gr. par Séb. Barras. H. 0.358; L. 0.288 (R. D 23).

Narcisse amoureux de lui-même, gr. en larg., par Fr. Basan (Van Hulthem, 3950).

L'Enlèvement des Sabines (au Musée français), gr. par Et. Baudet.

Vénus à demi couchée, sur laquelle l'Amour étend une draperie; gr. par le même (vente du 11 nov. 1861).

Vénus sortant du bain, gr. par le même, à Rome, en 1669. L. 0.284; H. 0.227.

Le Triomphe de Bacchus et d'Ariane, gr. en larg., par D. Beauvais, à Londres (J., I, 230; Paignon-Dijonval, 6079; Van Hulthem, 3960).

Mars, Vénus et les Amours (au Musée français), gr. par Blot. L. 0.350; H. 0.252 (Rigal, 1er état, 13 fr.).

Voyage de faunes, de satyres et d'hamadryades, lith. par Blot. H. 0.348; L. 0.266. Paris, 1854.

L'Enlèvement des Sabines (au Musée), gr. par E. Bovinet (J., I, 300).

Orphée et Eurydice (Musée Robillard), gr. par le même (J., I, 300).

Saturne enlève la beauté, sous la forme d'une femme nue. Très-belle pièce, gr. par L. Cars.

Vénus au bain, eau-forte en haut., gr. par le marquis Seytres de Caumont (de Vèze, p. 97).

Armide transportant Renaud chez elle pendant son sommeil. Pièce en larg., gr. par G. Chasteau.

Mars et Rhéa, gr. par A. Chataigner, terminé par Niquet.

Jupiter et Léda, gr. en haut., par L. Chatillon (H. de L***, avril 1856).

Apollon poursuivant Daphné, gr. en larg., par F. Chauveau.

Mars et Vénus dans un paysage, in-fol. en larg., gr. par Fabrizio Chiari, 1685 (Van Hulthem, 3528; V***, d'Anvers, 258).

Vénus et Mercure; morceau désigné quelquefois sous le nom de *Vénus et Adonis*, gr. par le même (Camberlyn, 1re vente, No 611).

Jupiter et Antiope. — *Jupiter et Calisto*; deux pièces in-fol., gr. par J. Daullé (J., I, 391; Durand, épr. av. l. l., 80 fr.).

Vénus endormie, surprise par un satyre, gr. par le même (vente du 11 nov. 1861).

Vénus et Diane, gr. par le même (J., I, 391).

Eliézer et Rébecca, in-fol., gr. par Desnoyers (Martial Pelletier, 831).

Bacchanale. Des bacchants et des bacchantes dansent en rond au milieu du sujet. A la gauche du bas, un faune a renversé une bacchante qu'une de ses camarades cherche à venger. Gr. par Michel Dorigny. L. 13 p. 3 l.; H. 9 p. 3 l. (R. D. 44).

Vénus et Adonis endormis, tandis que les amours sont à la chasse. Belle composition, gr. par Earlom (J., II, 21; 11 nov. 1861, 4 fr.).

Acis et Galatée, gr. par Ant. Garnier. Galatée, portée par un triton qui l'approche du rivage, est entourée d'amours, d'une néréide et d'autres tritons. Deux amours en l'air lui décochent des traits, et Polyphème, assis sur un rocher au fond, chante son amour sur une flûte champêtre. A droite, sous une tente qu'arrangent des amours, on voit Acis et Galatée qui s'embrassent. Dans la marge: *Trahit sua quemque voluptas*. L. 0.418; H. 0.312 (R. D. 55).

Bacchanale. Nymphe demi-nue, nonchalamment assise, en avant de deux gros arbres, et ayant à son côté un jeune bacchant, debout, paré de guirlandes. La nymphe d'une fontaine se voit à droite. A gauche, un satyre agenouillé à côté de sa femelle, semble boire dans une corne, tandis que deux jeunes bacchantes se reposent. Gr. par le même. L. 0.388; H. 0.278 (R. D. 56).

L'Enlèvement des Sabines (au Musée), gr. en larg., par Girardet (J., II, 86; Rigal, av. l. l., 33 fr.).

Vénus et l'Amour, in-4°, gr. par Hecquet (P. de Corneillan, 155).

Nymphes au bain, 1708, gr. par Edme Jeaurat. Très-rare (H. de L***, avril 1856).

Vénus et l'Amour, dans un paysage, 1708; petite pièce en haut., gr. par le même.

L'Enlèvement des Sabines (au Musée), in-fol. en larg., gr. par H. Laurent.

Vénus montrant à Enée les armes qu'elle lui donne, in-fol. en larg., gr. par Alexis Loir.

Apollon et Daphné, gr. par Ch. Massé. L. 0.380; H. 0.273, dont 17 de marge (R. D. 97).

Renaud et Armide. Renaud enlevé, durant son sommeil, sur les bords de l'Oronte, par Armide qui, aidée par les amours, le conduit dans un endroit mystérieux. Gravé par le même. L. 0.265; H. 0.223, dont 18 de marge (R. D. 98).

Les Bergers d'Arcadie, 1814; in-fol., gr. par J. Mathieu.

Bacchanale, gr. par le comte de Paroy.

L'Evanouissement d'Esther, gr. par J. Pesne. Assuérus est assis sur un trône et tient son sceptre d'or; il paraît encore plus touché du saisissement qu'éprouve Esther, parvenu au pied du trône, à l'accueil favorable de la demande qu'elle était venu faire, que frappée de son *incroyable beauté qui la rendait aimable et agréable à tous ceux qui la voyaient*; elle tombe évanouie entre les bras de trois de ses servantes. L. 25 p. 8 l.; H. 19 p. 2 l., dont 8 de marge (R. D. 14; J., II, 347; comte ***, de Vienne, N° 1817, épr. du 1er état, dite au *talon blanc*, avant l'adresse de Vallet. Rare. Pallière, avant l'adresse, 123 fr.).

Hébé, fille de Junon, femme d'Hercule; gr. par le même (C. L., N° 864, 1 fr.).

Les Travaux d'Hercule, suite de dix-neuf estampes numérotées, gr. par le même. Elles sont décrites dans le *Peintre-graveur français*, de Robert-Dumesnil, tome III, p. 145).

Le Triomphe de Galatée, gr. par le même. L. 23 p. 2 l.; H. 18 p. 2 l., y compris 6 l. de marge (R. D. 30; J., II, 347; Debois, av. la draperie, 50 fr.; C. L., N° 885, 6 fr.).

Scène pastorale, 1805. Assis sur une pierre, un berger tenant une flûte à la main et ayant une couronne sur les genoux, regarde amoureusement une bergère qui le caresse d'une main, et de l'autre caresse un chien, emblême de la fidélité. On lit au bas, à gauche: *Ti duole d'esser tenuto à chi t'adora ingrato?* Et à droite: *Tu souffres ingrat d'avoir obligation à celle qui t'adore*. Grav. par J.-F.-P. Peyron. L. 0.431; H. 0.301 (Baudicour, 10).

Les Baigneuses au bois. Très-belle pièce, gr. par B. Picart.

L'Enlèvement des Sabines (au Musée), gr. en larg., par Mathieu Pool (Van Hulthem, 2384).

Vénus endormie, surprise par un satyre, gr. en larg., par le même (Van Hulthem, 2384).

Pâris et Mercure qui lui montre les trois déesses; gr. par Ramus, d'après un dessin au bistre du Poussin (C. L., N° 4141, 2 fr.).

Eliézer offrant des bijoux à Rébecca, gr. par G. Rousselet, en 1677 (J., III, 26).

Vénus et Adonis, gr. en haut., par John Smith (J., III, 86).

Hercule entre le vice et la vertu, gr. par R. Strange (J., III, 101).

Léda, gr. en haut., par Vangelisty (11 nov. 1861, 3 fr. 75).

Vénus et Enée, phot. par Richebourg, 1865.

POUSSIN (Gaspard *Dughet*, nommé), peintre et grav., né à Rome, en 1617; mort en 1675.

Paysage, où l'on voit Actéon, dont la tête est déjà changée en celle d'un cerf, poursuivi par trois de ses chiens. Dans le fond, Diane au bain avec ses nymphes. Gravé par Jean Glauber. L. 14 p.; H. 10 p. 5 l. (B. 25).

POWLET (Lady Catherine). — Voir J. *Reynolds*, J.-Raph. *Smith*.

POYET, dess. de la 1re partie du XIXe siècle.

Erigone, lith. par Julien. Paris, Osterwald, 1835.

PRADIER (Charles-Simon), graveur contemporain. — Voir *Gérard*, *Ingres*.

PRADIER (David), dessin. lith. contemporain.

Mme Pasta, de l'Opéra-Buffa. Lith. H. 0.430; L. 0.200 (Soleinne, 345).

PRAT, lith. contemporain. — Voir Mme *Colin*.

PREISLER (Jean-Martin), graveur au burin, né à Nuremberg, en 1715; mort à Copenhague, en 1794. — Voir le *Guide*, *Raphaël*, Salv. *Rosa*.

PRENNER (Antoine-Joseph de), peintre et graveur, né à Vienne, en 1698; mort même ville, en 1761. — Voir *Bellin*.

PRÉVOST (Jacques), peint. et grav., né à Gray (Haute-Saône), vers la fin du XVe siècle, ou au commencement du XVIe.

Vénus. Elle est debout, vue de face, parée de sa ceinture. Un manteau, jeté sur l'une de ses épaules, voltige à gauche parmi les cheveux de la déesse, et retombe derrière elle jusqu'à terre, en cachant la partie supérieure d'un serpent qu'on aperçoit derrière les cuisses et les jambes de Vénus, qui tient de ses deux mains, sur son épaule gauche, un vase d'où coule un liquide animé de serpents. Pièce datée de 1546. H. 0.182; L. 0.115 (R. D. 1).

PRÉVOST (Nicolas), peintre et grav. à l'eau-forte, français, florissait vers le milieu du XVIIe siècle.

Vénus et l'Amour, deux compositions différentes. Dans l'une, Vénus est représentée assise à gauche, ayant l'Amour sur ses genoux; dans l'autre, la déesse est assise à droite, donnant des ordres à l'Amour. Rares (Camberlyn, 2e vente, N° 2798).

PRÉVOST (Benoît-Louis), grav. au burin et à la pointe, né à Paris, vers 1747. — Voir *Cochin*, *Schenau*.

PRÉVOST (Zachée), dess. et grav., né en 1797; mort en 1861. — Voir *Giraud*, *Lancrenon*.

PRIE (Agnès, marquise de). — Voir Michel *Vanloo*.

PRIMATICE (Francesco *Primaticcio*, dit le), peintre, architecte et graveur, né à Bologne, en 1490; mort à Paris, en 1570.

Diane assise sur un char attelé de deux dragons; derrière elle, à gauche, on remarque l'Amour. Grav. en larg., par E. Bonneionne (Camberlyn, 1re vente, 391).

Les Amours de Jupiter et de ....; gr. par Léon Daven. L. 0.285; H. 0.232. Pièce très-rare, non décrite par Bartsch (L***, en nov. 1856, 28 fr.).

Cléopâtre se faisant piquer par un aspic, gr. par le même. H. 10 p. 9 l.; L. 6 p. (B. 10).

Danaé. Jupiter changé en pluie d'or, visitant Danaé qui le reçoit couchée sur un lit. Pièce ovale, gr. par le même. L. 10 p. 10 l.; H. 8 p. (B. 40; L***, en nov. 1856, 11 fr.).

Des hommes et des femmes cultivant un jardin, au milieu duquel est une statue de Priape. Grav. au burin, par le même. L. et H. 12 p. 3 l.

Europe, aidée par des femmes de sa suite, ornant de fleurs le taureau dont Jupiter a pris la forme; gr. par le même. H. 8 p. 7 l.; L. 7 p. 9 l. (B. 29; L***, en nov. 1856, 20 fr.).

Hercule amoureux d'Omphale, se

laissant habiller en femme pour lui plaire ; gr. par le même. L. 16 p. 2 l. ; H. 10 p. 6 l. (B. 55).

Hercule couché auprès d'Omphale et se réveillant à la lumière d'un flambeau qui lui fait apercevoir la volupté et la sensualité dont il est environné. Grav. par le même. L. 15 p. 3 l. ; H. 8 p. 3 l. (B. 50).

Scipion l'Africain faisant rendre à son mari une femme d'une grande beauté qu'on lui avait amenée. Scipion fait un signe vers l'épouse qui est toute nue devant lui, entre un guerrier et un vieillard. Pièce ovale, gr. par le même. H. 11 p. 10 l.; L. 7 p. 10 l. (B. 11).

Un groupe de deux femmes nues, ayant l'Amour auprès d'elles. Gr. par le même. H. 8 p. 2 l. ; L. 4 p. 4 l. (B. 28).

Un sculpteur occupé de la statue de Vénus (probablement Pygmalion), gr. par le même. H. 8 p. 4 l. ; L. 4 p. 9 l. (B. 59 ; comte***, de Vienne, 908).

Une nymphe mutilant un satyre qui est renversé sur le dos, et attaché par les mains à un arbre ; gr. par le même. L. 11 p. ; H. 6 p. (B. 41).

Vénus debout, une main sous son menton, et l'autre sur le dos ; gr. par le même. H. 10 p. 3 l. ; L. 5 p. 4 l. (B. 30).

Jupiter et Sémélé. Pièce ovale, gravée par un anonyme de l'Ecole de Fontainebleau, qui pourrait être L. Daven. L. 10 p. 10 l. ; H. 7 p. 10 l. (B. 54 ; L***, en nov. 1856, 11 fr. 50).

Les Fiançailles d'un jeune Grec avec une jeune femme, en présence d'un héros ayant auprès de lui une femme nue qu'il tient serrée. Pièce gr. par un anonyme de l'Ecole de Fontainebleau. L. 10 p. ; H. 8 p. 2 l. (B. 84 des anonymes).

Hercule amoureux d'Omphale, se laissant habiller en femme pour lui plaire ; gr. à l'eau-forte, par un anonyme de l'Ecole de Fontainebleau L. 15 p. 4 l. ; H. 9 p. 4 l. (B. 67).

Vénus regardant Mars qui dort assis sur un lit, étant accompagné de l'Amour qui semble l'éveiller ; gr. par un anonyme de l'Ecole de Fontainebleau qui paraît être Fantuzzi. H. 11 p. ; L. 10 p. 2 l. (B. 61 des anonymes ; comte***, de Vienne, 940).

Vulcain et les Cyclopes forgeant des flèches pour les amours ; gr. par un anonyme de l'Ecole de Fontainebleau. L. 15 p. 6 l. ; H. 11 p. 4 l. (B. 71 des anonymes).

Un jeune homme assis sur un lit entre les bras d'une femme, près de plusieurs guerriers dont un semble engager le jeune homme à quitter son amante pour les suivre. Deux amours qui pleurent, sont l'un à côté de la femme, l'autre près du jeune homme. Pièce ronde, gr. par Fantuzzi. Diamètre, 9 p. (B. 22).

Vénus entrant dans une cuve dans laquelle Mars se baigne. Pièce cintrée par en haut, grav. par Fantuzzi, d'après un artiste de l'école du Primatice. L. 16 p. 6 l. ; H. 8 p. (B. 19).

Les Amours d'Antiope et de Jupiter changé en satyre, gr. par Georges Ghisi. L. 0.293 ; H. 0.162 (B. 52).

Une Déesse couchée sur son char et regardant en bas ; gr. par le même. Ce sujet représente probablement la Lune s'arrêtant dans sa course pour regarder le bel Endymion endormi. L. 10 p. 8 l. ; H. 6 p. 6 l. (B. 53).

Vénus au milieu de deux déesses et de deux amours. Pièce ovale, gr. par le même. L. 8 p. 8 l. envir. ; H. 6 p. 8 l. (B. 49).

Apelles peignant Campaspe, maîtresse d'Alexandre, dont il devient amoureux. Le peintre est accompagné d'un amour. Le héros avec sa belle est assis sur un lit. Pièce gr. par le Maître au monogramme IQV. — H. 16 p. 3 l. ; L. 11 p. (B. 2 ; en avril 1862, 51 fr.).

Jupiter et Calisto, gr. par Virgile Solis. La nymphe est assise auprès de Jupiter métamorphosé en femme. L'Amour et l'aigle sont à gauche, et deux petits amours derrière Calisto. L. 0.280 ; H. 0.175. Rare (H. de L***, avril 1856).

Diana of Poictiers, in-8 en haut., gr. par W.-H. Worthington.

PRIORA (Mlle), actrice. — Voir Léon *Noël*.

PROCACCINI (Camille), peintre, né à Bologne, en 1546 ; mort à Milan, en 1626.

Tentation de saint Antoine, gr. en man. noire, par A. Blooteling (11 nov. 1861, N° 5).

Vénus prenant l'arc de l'Amour, in-fol., gr. par P. Caronni (29 mai 1865, N° 332).

PROSERPINE (l'enlèvement de), ou PLUTON ET PROSERPINE. — Voir l'*Albane*, *Bernini*, *Bonasone*, *Caravage*, *Daven*,

Floris, Ecole de *Fontainebleau*, *Fontebasso*, *Fragonard*, C.-F. *Geyser*, H. *Goltzius*, J. *Heintz*, Ch. *Lafosse*, L. *Leroux*, *Rémond*, *Rosso de Rossi*, *Rubens*, *Schenk*, *Scolari*, *Strudel*, *Tempesta*, le *Titien*, Perino del *Vaga*, J.-M. *Vien*.

PROT, graveur du commencement du XIXe siècle. — Voir *Chasselot*, *Mallet*.

PROVANDIER, peintre contemporain.

Charles VI consolé par Odette, gr. en man. noire, par Rollet; H. 0.47; L. 0.37 (Bulla, en noir, 15 fr.; en coul., 30 fr.).

PROVIDONI (François), peint. et grav., travaillait à Bologne, en 1651. —Voir le *Guerchin*.

PRUD'HON (Pierre-Paul), peint. et grav., né à Cluny (Saône-et-Loire), en 1760; mort à Paris, en 1823.—Voir l'*Antique*.

Daphnis et Chloé (vente du 17 janvier 1862). — Un dessin de Prudhon, représentant Daphnis et Chloé entrant au bain, a été vendu 605 fr., en 1854, à la vente Renouard.

Enlèvement d'Europe, eau-forte (L.M., 26 mai 1865, N° 160).

Phrosine et Mélidor (vente du 1er février 1864, N° 587).

Daphnis et Chloé au bain, gr. par Aubry-Lecomte (A. David, 657).

L'Enlèvement de Psyché, gr. par le même. Paris, Janet, 1820.

Le Triomphe de Vénus, lith. par le même (Exposit. de 1855).

La Volupté, lith. par le même. Paris, Villain, 1827.

L'Impératrice Joséphine, gr. par A.-J.-B. Blanchard. H. 0.193; L. 0.152.

L'Amour, lith. par Jules Boilly. Paris, Sieurin, 1855.

Hominum divumque voluptas, alma Venus (Vénus sur un char), lith. par le même. Paris, Lemercier, 1845.

Joseph et la femme de Putiphar, lith, par le même.

Vénus au bain. Assise sur l'herbe, au bord d'un ruisseau, elle est vue de face et entourée d'amours. Lith. par le même. Paris, Sieurin, 1853.

Vénus et Adonis, lith. par le même.

Le Cruel rit des pleurs qu'il fait verser.—*L'Amour réduit à la raison*; deux pl. gr. au pointillé, par Copia. L. 0.15; H. 0.13 (P. de Corneillan, 601; Bance, 5 fr. chaque).

Le Premier baiser de l'Amour, in-8, gr. par le même (L. M., 26 mai 1865, N° 170).

Femme nue, vue jusqu'aux jambes; gr. d'après un croquis, par P.-L. Debucourt.

Le Grand Amour accroupi, gr. par Dieu. Pièce de la plus grande rareté, n'ayant jamais été terminée.

La Guerre de l'Amour : Préliminaire de paix. — Première reconnaissance. — Intelligence dans la place. Trois pièces, lith. par Ferogio.

Innocence. Jeune fille se mirant dans l'eau; gr. par L. Flameng, pour la Gazette des Beaux-Arts (Exposit. de Paris, 1867).

Le Bain de Flore, lith. par Gigoux.

L'Innocence, lith. par Grévedon, d'apr. une ébauche de Prudhon. Paris, Feillet, 1824.

Zéphire se balançant sur les eaux, 1820; in-fol., gr. par J.-N. Laugier.

La Toilette (portrait de Mlle Mayer, ou de la reine Hortense), lith. par Maurin. Paris, Villain, 1824.

Daphnis et Chloé, gr. par de Montaut. Paris, impr. Delamain, 1855.

Psyché enlevée par des zéphyrs, 1822; in-fol., gr. par Henri Muller (A. David, 696; A. Bertin, 69).

Marie-Louise, gr. à Milan, en 1810, par L. Nados.

Vénus et Adonis, gr. par Normand fils.

Vénus baigneuse, lith. par Pellicot.

Aminta, charmante pièce, gr. par B. Roger. Rare.

L'Amour caresse avant de blesser, gr. par le même (Martial Pelletier, 1867, N° 994).

L'Amour séduit l'Innocence, le Plaisir l'entraîne, le Repentir suit; gr. par le même. H. 17 p.; L. 13 p. (J. III, 7).

Le Bain, ou Dafni e Cloe, gr. par le même. Daphnis, déjà entré dans le bain, attire à lui Chloé, qui résiste et semble craindre (voir le catal. Simon, N° 386).

Edouard surprend Stelline au bain, gr. par le même. Dans une grotte, un homme est aux pieds d'une femme nue et embrasse ses genoux (voir le cat. Simon, N° 385).

L'Innocence préfère l'amour à la richesse, gr. par le même (J. III, 8).

Léda, pièce ovale, gr. par le même (A. David, 629).

Phrosine et Mélidor, in-8, gr. par le même (Martial Pelletier, 1867, N°989).

La Raison parle et le Plaisir entraîne. — La Vertu aux prises avec le Vice. Deux pièces en haut., gr. par le même (Van Hulthem, 4722; P. Danlos, la 2e seule, 2 fr.).

Vénus et l'Amour, pièce ovale, gr. par le même (A. David, 629.

Hélène et Pâris réconciliés par Vénus. Paris, impr. Bertauts, 1854.

L'Innocence et l'Amour, grande pièce in-fol., gr. par Villerey, 1817 (J., III, 174).

L'Enlèvement de Psyché, phot. par Bisson frères, 1861.

PRUNEAU (N.), graveur moderne. — Voir *Dumont* de Valenciennes, *Leprince*, *Simonnet*.

PSYCHÉ. — Voir l'*Antique*, *Caraud*, *Cipriani*, le *Corrége*, B. *Daddi*, *Devéria*, *Diacre*, H. *Fragonard*, *Ghendt*, *Guérin*, W. *Hamilton*, *Landon*, *Nattier*, *Prudhon*, *Rabel*, *Raphaël*, *Rubens*, *Salviati*, *Sandrart*, *Vénitien*, *Vouillemont*.

PSYCHÉ ET L'AMOUR. — Voir *Agricola*, l'*Antique*, *Bartolozzi*, *Bellucci*, *Bloemaert*, *Blooteling*, *Boisfremont*, Van der *Bruggen*, *Canova*, *Caraffe*, *Challe*, *Chéron*, *Cigoli*, Ant. *Coypel*, *Dorodes*, J.-L. *David*, *Desnoyers*, *Diaz*, *Dubois*, *Dufayel*, Van *Dyck*, *Félon*, Al. *Fragonard*, *Froelich*, *Gagnereaux*, Ant. *Garnier*, Fr. *Gérard*, *Girodet*, le *Guide*, *Humphreys* (le vieux), *Ingres*, *Jules Romain*, *Kauffman*, *Klöber*, Séb. *Leclerc*, *Lélu*, *Lemire*, Fr. *Lemoine*, *Leroy*, *Manozzi*, J. *Matham*, *Picot*, *Pierre*, le *Poussin*, *Raphaël*, J.-B. *Regnault*, *Rembrandt*, *Rubens*, *Schalken*, *Schenau*, *Spranger*, *le Titien*, P. *Véronèse*, Timoteo delle *Vite*, Sim. *Vouet*.

PSYCHÉ ET MERCURE. — Voir *Raphaël*, Ad. de *Vries*.

PSYCHÉ ET NEPTUNE. — Voir *Jules Romain*.

PUNT (Jean), peintre, graveur et acteur, né à Amsterdam, en 1711. — Voir le *Titien*, *Troost*.

PUTIPHAR (la femme de). — Voir *Joseph et la femme de Putiphar*.

PYGMALION. — Voir *Avril*, *Bonnet*, *Carton*, P. *Fedder*, *Gigoux*, *Girodet*, H. *Goltzius*, *Guendter*, *Lagrenée* (aîné), *Rode*, Jos. *Vernet*.

QUEVERDO (F.-M.-Isidore), dessin. et grav., vers 1740. — Voir *Bourdon*, *Nattier*.

Les Admirateurs de la nature. — L'Amour qui sommeille. — L'Amour lançant une flèche. — L'Amour qui pleure (7 déc. 1866, N° 415). — *Le Rendez-vous* (A. David, 4 fr.). — *La Belle jambe de Lisette. — Le Bouquet galant. — Le Coucher de la mariée. — Le Lever de la mariée. — La Déclaration d'amour. — L'Ecole de l'amour. — L'Intrigue découverte. — La Jouissance* (quatre amours prêts à couronner deux amants dans un joli boudoir), in-fol. en-haut. — *L'Occasion favorable. — Le Prélude. — Le Serment à la mode. — Le Soir* et le *Lendemain du mariage. — La Sollicitation amoureuse.* Pièces gravées d'après Queverdo.

Emblêmes d'amour, quatre pièces gr. par Basan.

L'Amoureux, gr. par Chatelain (18 déc. 1863, N° 51).

Les Baigneuses champêtres, gr. par Dambrun (vente du 27 avril 1863).

Les Charmes du printemps. — Les Agréments de l'été. — Les Plaisirs de l'automne. — Les Amusements de l'hiver. Quatre jolies pl., gr. par le même (1er février 1864, N° 593).

Le Sommeil interrompu, sujet gracieux, gr. par le même (vendu 5 fr., en avril 1864).

Mme de Pompadour, en déesse, les épaules nues. Médaillon orné, in-8, gr. par P.-A. Lebeau. Petit portrait sans aucune valeur historique, et qui paraît copié sur un portrait de Mme de Châteauroux (*Revue univers. des Arts*, XXII, p. 132).

Un berger embrassant une jeune fille. — Une femme au bain surprise par un jeune homme. Deux pièces grav. par Thérèse Martinet.

Les Aveux sincères, ou les Accords de mariage; gr. par Martini (26 mai 1862, No 315).

Le Dangereux modèle, gr. par le même (7 déc. 1866, No 414).

La Fille surprise, gr. par le même (même vente).

Le Jugement de Pâris, gr. par J.-B. Patas.

Nouvelles du bien-aimé, gr. par A. Romanet (P. de Corneillan, 603).

R

RABEL (Jean), peint. et grav. au burin, né à Beauvais, de 1540 à 1550; mort à Paris, le 4 mars 1603.

L'Amour, étendu sur un char traîné par des colombes. Il est appuyé sur son carquois et tenant son arc, et paraît sommeiller. Dans la marge :

— Passeribvs vectvs ovibvs est nativa libido.
Lentvs amor stertit qvia membra libidine marcent.

Pièce en larg. (R. D. 36).

Catherine de Médicis, reine de France. Buste vu de trois-quarts. H. 0.068; L. 0.051 (R. D. 41).

Elisabeth, reine d'Angleterre, buste vu presque de face. H. 0.091; L. 0.070 (R. D. 50).

Junon, assise dans un char sur les nuages, tenant de ses deux mains une draperie flottant au-dessus de sa tête. Dans la marge :

Ivno mollvs vt est et fœmina, sic qvoqvœ mollis.
Est aer : ocvli pavonis sydera cœli.

Pièce en larg. (R. D. 19).

Louise de Lorraine, reine de France. H. 0.083; L. 0.068 (R. D. 64).

La même; H. 0.090; L. 0.071 (R. D. 65).

Marguerite de France, duchesse de Savoie; portrait dans une bordure ovale. H. 0.092; L. 0.070 (R. D. 67).

Marguerite de Valois, reine de Navarre, dans une bordure ovale. H. 0.100; L. 0.085 (R. D. 68).

Marie Stuart, reine d'Ecosse, dans une bordure ovale. H. 0.100; L. 0.080 (R. D. 66).

Psyché, assise sur un trône qui lui sert de char, tient de la main droite élevée la boîte remplie de beauté. Dans la marge :

Pene simvl pertit Psyche, dvm perdit amorem :
Donaqz svscepit, qvibvs omnes perdit amantes.

Pièce en larg. (R. D. 37).

Vénus, nue jusqu'à la ceinture et vue par le dos; elle retourne la tête en tenant de la main gauche élevée un cœur enflammé transpercé d'une flèche. Elle est dans un char attelé de deux cygnes. Dans la marge :

Cor fert alma Venvs fertvrqve ab oloribvs ipsa.
Edit olorinos qvod Amor de pectore cantvs.

Pièce en larg. (R. D. 25).

Marguerite de Valois, reine de Navarre; gr. par Th. de Leu (cat. A. David).

RACHEL, célèbre actrice de la Comédie-Française. — Voir *Alophe, Baur, Charpentier, Devéria, Gérome, Grévedon, Hollier, Julien*, Ch. *Lemoine, Loire, Salabert*, Elwin *Smith*.

RADIGUES (A.), graveur. — Voir *Troost*.

RAGOT (François), graveur français du XVIIe siècle. — Voir *Pélerin*.

RAHL (C.), graveur. — Voir le *Dominiquin*.

RAIBOLINI (F.). — Voir le *Francia*.

RAIFFRE (Raymond-René). Voir *Aiffre*.

RAIMONDI. — Voir *Marc-Antoine.*

RAINALDI (Franco), graveur. — Voir l'*Albane*, P. *Véronèse.*

RAMBERG (Jean-Henri), peint. et grav. hanovrien (voir son article dans la *Biographie universelle*).

Joconde. — *Le Compère Pierre;* deux sujets tirés des Contes de La Fontaine. Petits in-fol. en travers, au trait et à l'aquarelle (P. de Corneillan, 656).

Le Rossignol. — *Les Lunettes* (Contes de La Fontaine). Deux grandes eaux-fortes in-fol., color. (P. de Corneillan, 658; A. David, 21 fr.).

Le Villageois qui cherche son veau. — *Le Poirier enchanté* (Contes de La Fontaine). Deux pièces ovales, pet. in-fol. en haut., au trait et à l'aquarelle (P. de Corneillan, 654).

Susanne et Osmond, 1786; gr. par R.-S. Marcuard.

RAMELET, dess. lith. contemporain.

Ciel! Oscar! — Dieu! Célestine. Lith. Paris, Aubert, 1832.

RAMUS, graveur. — Voir le *Poussin.*

RANC (Jean), peintre, né à Montpellier, en 1674; mort à Madrid, en 1735.

Vertumne et Pomone, gr. en haut., par Nic. Edelinck. Quatre vers au bas (Van Hulthem, 1472).

RANELAGH (la comtesse de). — Voir *Kneller.*

RANSONNETTE, graveur. — Voir *Watteau.*

RAOUX (Jean), peintre, né à Montpellier, en 1677; mort à Paris, en 1734.

Ah! s'il s'éveillait (jolie fille). Belle pièce en haut., gr. d'après Raoux (vendue 1 fr. 50, le 11 nov. 1861, av. l. l.).

Le Satyre complaisant, gr. par P.-Fr. Basan. H. 0.392; L. 0.309.

Le Rendez-vous agréable, gr. par Beauvarlet (P. de Corneillan, 519; P. Danlos, 1 fr. 50).

Sacrifice à Priape le jour des noces, gr. par le même (7 déc. 1866, N° 417).

Télémaque dans l'île de Calypso, gr. par le même. L. 0.555; H. 0.398 (Wille, 1er état, 48 liv. 2 sh.; Aliamet, 83 liv. 3 sh.; Basan, 30 fr.).

La Toilette de Bethsabée, à sa sortie du bain; gr. par Jacq. Chereau (L. M., 26 mai 1865, N° 304).

La Jeune coquette, gr. par Chevillet (vente du 11 nov. 1861).

Repos de Vénus et les Grâces au bain, gr. par Dammery. Rare (26 mai 1862, N° 259).

Le Repos de Vénus et les Grâces au bain, gr par J. Daullé.

Jupiter et Sémélé, gr. en haut., par C. et C.-A. Duflos.

Les Vestales, gr. par Jonxis (7 déc. 1866, N° 417).

Angélique et Médor, grand in-fol. en haut., gr. par N. de Launay (J., I, 417; A. David, 2 fr. 25; en avril 1864, 22 fr. 50).

Ninon de Lenclos, joli portrait in-8°, gr. par Masquelier (26 nov. 1866, N° 193).

En vain Chloris affecte un air simple et modeste. Charmante jeune fille à sa fenêtre; gr. par J.-B. de Poilly (7 déc. 1866, N° 418).

Le Vieillard surveillant, gr. par Voyez jeune (vente du 11 nov. 1861).

RAPHAEL (Raffaello *Sanzio*, dit), peintre, né à Urbin, en 1483; mort à Rome, en 1520.

Les Noces de Psyché, gr. par un anonyme de l'école de Marc-Antoine, en deux planches qui se joignent. Celle de gauche représente le banquet des dieux. Elle a 16 p. 4 l. de larg. et 12 p. 6 l. de haut. et est datée de 1545. Celle de droite représente Vénus qui danse, précédée d'un amour. L. 10 p. 5 l.; H. 12 p. 6 l. — Cette seconde planche a été gravée une deuxième fois en contre-sens, de plus petite forme et sur une seule planche. L. 14 p. 6 l.; H. 9 p. (B. XV, p. 43, Nos 14-15).

Psyché emportée dans l'Olympe. Trois amours transportent à l'Olympe Psyché qui y apporte la boîte remplie de beauté que Vénus lui avait ordonné d'aller chercher aux enfers. Grav. d'apr. une des peintures exécutées par Raphaël au palais Chigi, par un maître inconnu de l'école de Marc-Antoine. H. 10 p. 9 l.; L. 8 p. 1 l. (B. XV, p. 36, N° 5).

Vénus et l'Amour. Vénus, debout, tient d'une main un javelot dont elle examine la pointe, et de l'autre un voile qui descend de sa tête. Devant elle est l'Amour qui tient une flèche. Pièce grav. par un inconnu, qui a pris ces figures du *Jugement de Pâris*. H. 3 p. 10 l.; L. 2 p. 9 l. (B. XIV, p. 209, N° 260).

Vénus et l'Amour, lith. d'Engelmann, 1820.

Vénus sortie du bain, gr. par un anonyme, en contre-partie de celle de Marc-Antoine. L. 7 p..3 l.; L. 5 p.7 l.

Le même sujet. Très-belle pièce gr. en contre-partie de celle de Marc-Antoine, par un anonyme. H. 6 p. 2 l.; L. 5 p.

Le même sujet, gr. par un anonyme. Pièce sans marque, médiocre. L. 4 p. 2 l.; H. 3 p. 2 l.

Vénus sortant du bain, gr. par un anonyme (*Cab. de l'amateur*, III, 155; Debois, 20 fr.).

Jupiter embrassant Cupidon, sujet de l'histoire de Psyché peinte dans la villa Farnèse, gr. par Cher. Alberti, 1580. H. 0.330; L. 0.248 (B. 100).

Les Trois Grâces, et *Vénus demandant des nouvelles de Psyché à Junon et à Cérès*. Deux sujets de l'histoire de Psyché, sur la même feuille, gr. par Alberti, en 1582, d'après les plafonds de la villa Farnèse. L. 20 p. 8 l.; H. 11 p. 6 l. (B. 106).

Vénus montant vers l'Olympe et *Vénus parlant à Jupiter*. Deux sujets comme les précédents, de l'histoire de Psyché, gr. par le même. Même dimension (B. 107).

Histoire de Psyché, suite de 32 pièces anonymes, gr. par Androuet du Cerceau. L. 0.220; H. 0.193.

Eve, lith. par Aubry-Lecomte, 1852.

Vénus blessée, gr. par P. Audouin. H. 0.465; L. 0.332 (Rigal, en 1817, 1er état, 40 fr.; Bervic, 18 fr.).

Bacchantes et faunes dansant, gr. par Gérard Audran. L. 0.373; H. 0.187 (R. D. 180).

Portrait d'une jeune femme (on croit que c'est la maîtresse de Raphaël), gr. par Adam Bartsch, d'après un dessin de Raphaël qui est dans le cabinet du prince de Ligne.

La Fornarina (Madalena Strozzi), gr. par Jean Bein.

La Reine de Saba, gr. par C.-L. Benoist.

Galatée sur les eaux, gr. par le comte de Bizemont-Prunelé. L. 0.92; H. 0.53.

Le Triomphe de Galatée, gr. par N. Bocquet (Camberlyn, 1re vente, 287).

La Fornarina, gr. par G. Bonami.

Vénus debout sur des nues, près de Cupidon qui la prend par le bras. Pièce sans marque, rare, gr. par J. Bonasone. H. 0.270; L. 0.105 (B. 145; J., I, 286).

Vénus parée par les Grâces, gr. par le même. H. 0.216; L. 0.157 (B. 167; H. de L***, en 1856, 55 fr.).

Europe enlevée par Jupiter changé en taureau, gr. par J. Bonasone, 1546. L. 0.432; H. 0.292 (B. 0.109; Rapilly, en 1859, 15 fr.).

Abimélech aperçoit Isaac caressant Rébecca sa femme, 1615, gr. en larg., par H. Borgiani (B. 19).

Adam et Eve mangeant du fruit défendu, gr. en larg., par le même, 1615 (B. 5).

David apercevant des fenêtres de son palais Bethsabée dans le bain; gr. en larg., par le même, 1615 (B. 43).

Jacob rencontrant Rachel près de la fontaine où elle faisait abreuver ses troupeaux; gr. en larg., par le même, 1615 (B. 22).

Joseph échappant des mains de la femme de Putiphar, gr. en larg., par le même, 1615 (B. 27).

La Reine de Saba visitant Salomon et lui apportant de grandes richesses; gr. en larg., par le même, 1615 (B. 48). — Ces six pièces, qui font partie d'une suite de 52, ont été gravées à l'eau-forte d'après des peinture faites sur les dessins de Raphaël dans les loges du Vatican. Plus tard, ces estampes ont été retouchées au burin, et garnies de versets de la bible.

Pan et Syrinx, in-fol., gr. par A. Campanella.

Alexandre et Roxane. Alexandre présentant une couronne royale à Roxane assise sur un lit, et deshabillée par les amours. Gr. par J. Caraglio. Vasari l'attribue à tort à Aug. Vénitien. L. 0.338; H. 0.235. — Dans une copie faite par un anonyme, on lit dans la marge d'en bas huit vers italiens: *Ecco Rossane bella*, etc. (B. 62).

L'Assemblée des dieux. Les dieux de l'Olympe entendent les plaintes de Vénus et de l'Amour au sujet de Psyché. Vénus et l'Amour adressent la parole à Jupiter qui est assis, entouré de Junon, de Pallas, de Diane, de Pluton et de

Neptune. Vers le milieu, on voit Mars, Apollon, Bacchus, Hercule, et à droite, Mercure et Psyché. Grav. par J. Caraglio, quoique Vasari l'attribue à Aug. Vénitien conjointement avec Marc de Ravenne. L. 20 p.; H. 13 p. 9 l. — Cette planche a été retouchée plus tard par Michel Lucchese. Il y en a une copie bien gravée par un anonyme. L. 19 p. 6 l.; H. 13 p. 4 l. (B. 54).

Mercure enlevant Psyché dans l'Olympe, gr. par le même. H. 0.260; L. 0.180. Cette estampe a été retouchée plus tard par Michel Lucchese qui l'a rendue dure (B. 50).

Les Amours. A gauche, Vénus s'approche vers des amours qui jouent avec un lièvre, pendant que d'autres cueillent des fruits, et que quelques-uns essayent leurs armes. Clair-obscur de 4 planches de forme ovale, gr. par Hugues de Carpi. Diam. de la larg. 15 p. 3 l.; H. 9 p. 10 l. (B. XII, p. 108, N° 3).

Raphaël et sa maîtresse. Clair-obscur de 3 planches, gr. par le même. Très-rare. H. 6 p. 6 l.; L. 5 p. 2 l. (B. XII, p. 140, N° 2).

Le Jugement de Pâris, gr. par Caylus (M. N. L., N° 234, 0.50 cent.).

La Fornarina (de la Galerie de Florence), gr. par Filippo Cenci.

Abimélech aperçoit Isaac caressant Rébecca, gr. par Nic. Chapron. Dans la marge : *Prospiciens Abimelech per fenestram, vidit Isaac*, etc. L. 0.258; H. 0.241, dont 15 de marge (R. D. 20).

Adam et Eve cueillant du fruit défendu, gr. par le même. Dans la marge : *Decepta mulier a serpente*, etc. L. 0.248; H. 0.231, dont 14 de marge (R. D. 8).

David apercevant des fenêtres de son palais Bethsabée au bain, gr. par Nic. Chapron. Dans la marge : *Vidit Dauid de solario Domus*, etc. L. 0.268; H. 0.235, dont 12 de marge (R. D. 46).

Jacob rencontrant Rachel près de la fontaine où elle faisait abreuver ses troupeaux; gr. par le même. Au bas : *Jacob ad puteum, uidit Rachel*, etc. L. 0.293; H. 0.227, dont 12 de marge (R. D. 24).

Jacob se plaint à Laban de ce qu'il lui a donné Lia au lieu de Rachel; par le même. Dans la marge : *Dixit Jacob non ne pro Rachel seruiui septem annis*, etc. L. 0.258; H. 0.239, dont 14 de marge (R. D. 25).

Joseph échappant des mains de la femme de Putiphar, gr. par le même. Dans la marge : *Apprehensa lacinia uestimenti*, etc. L. 0.255; H. 0.238, dont 14 de marge (R. D. 29).

Loth sort de Sodome avec ses deux filles et sa femme qui est changée en une statue de sel. Gr. par le même. Dans la marge : *Educto Lot cum vxore, et filiabus*, etc. L. 0.263; H. 0.235, dont 13 de marge (R. D. 18).

La Reine de Saba visitant Salomon et lui apportant de grandes richesses. Gr. par le même. Dans la marge : *Saba Æthiopum Regina uenit*, etc. L. 0.276; H. 0.249, dont 10 de marge (R. D. 49).

Alexandre et Roxane, gr. par Ch.-N. Cochin.

Amor nobile. — *Amor vile*. — *L'Amour volage*. — *L'Amour furieux*. Quatre pièces, gr. par P.-Ch. Coqueret.

La Fornarina. — *Galatée*; deux pièces extraites de *Schola italica picturæ*, publiée par Gavin Hamilton; grav. par A. Cunégo. Rome, 1773.

Allégorie sur le mariage et l'amour. A gauche, on voit Junon dans son char attelé de trois paons, et à droite, Vénus dans le sien traîné par trois pigeons. L'Amour plane en l'air. Un pigeon perché sur une branche entre un paon et un petit vautour, semble réciter des vers qui commencent ainsi : *L'uno mi prendre, e l'altro mi tient stretto*, etc. Pièce sans marque, gr. par B. Daddi (le Maître au dé). L. 0.215; H. 0.178 (B. 26).

Bacchus entouré d'Amours. Bacchus, couché à terre, s'appuie sur une outre. Il est entouré de cinq amours, dont l'un lui verse à boire, un 2e le couronne de lierre et les autres folâtrent de différentes manières. Pièce sans marque, gr. par le même. L. 0.185; H. 0.122 (B. 23).

Les Chars d'Apollon et de Vénus. A gauche, le Soleil monté dans son char, et à droite, Vénus assise dans le sien attelé d'un aigle, d'un paon, d'un cheval marin et du chien Cerbère, ce qui exprime que les quatre divinités auxquelles ces animaux sont consacrés, lui sont assujetties. En haut, on voit Jupiter armé de son foudre, et à droite Cupidon volant au-dessus du char de sa mère. Dans la marge d'en bas, des vers italiens qui commencent ainsi : *Venere è bella ed è madre d'Amore*, etc. Pièce gravée par le même. L. 0.220; H. 0.158. — Un anonyme en a fait une copie trompeuse, presque de même dimension (B. 24).

La Fable de Psyché, suite de 32 estampes numérotées, grav. par B. Daddi, qui n'a mis sa marque que sur les Nos 6 et 9. Chacune de ces pièces offre, dans la marge inférieure, sur deux cartouches, huit vers italiens qui expliquent le sujet. Aug. Vénitien a gravé trois pièces seulement de cette suite : les Nos 4, 7 et 13. L. 0.228 ; H. 0.162. — Les 1res épreuves sont très-rares. Les 2es ont été retouchées par Fr. Villamena qui les a marquées de cette adresse : *Ant. Sal. exc.* (Antoine Salamanca). On trouve quelquefois aussi des épreuves isolées qui sont avant les cartouches et les vers. La Bibliothèque impériale de Vienne en possède une suite précieuse toute entière. Les vers ne sont écrits qu'à l'encre, par un contemporain. — Voir Bartsch, tome XV, p. 211 à 224, qui donne une description de ces pièces avec les 1ers vers (Weigel, 1er état, 20 thalers ; 2e état, 4 $^{20}/_{30}$; Renouard, 46 fr. ; Solar, 37 fr.).

Jupiter amoureux de Ganymède. Jupiter, épris d'amour pour le jeune Ganymède que son aigle enlève, laisse tomber son foudre et son égide aux pieds de Vénus qui est assise près des Grâces sur le mont Ida. — Dans la marge d'en bas, deux stances de chacune 4 vers italiens : *Gioue uibrando il folgorante strale*, etc. Pièce gr. par B. Daddi, dans un goût approchant de Marc-Antoine. L. 0.220 ; H. 0.162. — Un anonyme en a fait une copie en contre-sens et y a mis la marque du Maître au dé (B. 25 ; 26 mai 1862, N° 26).

Les Noces de Psyché. Banquet des dieux à l'occasion des noces de Psyché. Vénus, vue par le dos, est à droite et assise près d'Hercule. L'Amour sort de dessous la table. Grav. par le même. L. 0.500 ; H. 0.288 (B. 38).

Vénus blessée par les épines d'un rosier, 1532. Pièce sans nom, gr. par le même. H. 7 p. ; L. 6 p. 2 l. — Cette planche a été, dans la suite, retouchée avec beaucoup de soin par François Villamena (B. 16 ; Van Hulthem, 3605).

Vénus ordonnant à Psyché d'aller chercher de l'eau à une fontaine gardée par des dragons. Pièce sans marque, qui ne fait pas partie de la suite de l'histoire de Psyché, gr. par B. Daddi. H. 8 p. ; L. 6 p. 3 l. (B. 71 ; L***, en nov. 1858, 52 fr.).

Danse de trois faunes et trois bacchantes, gr. par Léon Daven. L. 18 p. 4 l. ; H. 6 p. 6 l. (B. 68 ; 7 nov. 1861, N° 106).

La Belle Frascatane, maîtresse de Raphaël ; gr. à l'aqua-tinte par Debucourt (Bance et Aumont, 1821).

Triomphe de Galatée, gr. par L.-A. Boucher Desnoyers (vente du 1er février 1864, N° 130).

Psyches et Amoris nuptiæ ac fabula, etc. (Histoire de l'Amour et de Psyché). Romæ, de Rubeis, 1693, gr. in-fol. Suite connue sous le nom de *Galerie du petit Farnèse*, ou la Loge du palais Chigi. 12 planches gr. par Nicolas Dorigny, color., sous la direction de Nic. Piccola. Voici la désignation des sujets : 1° le titre ; 2° précis de la fable de Psyché ; 3° Psyché présentée aux Grâces ; 4° Vénus cherche Psyché ; 5° Vénus va trouver Jupiter ; 6° Mercure convoquant les dieux ; 7° Psyché présente la coupe ; 8° Vénus reçoit la coupe ; 9° Mercure amène Psyché ; 10° l'Assemblée des dieux ; 11° Noces de Psyché et de l'Amour ; 12° le Triomphe de Galatée (J., I, 432 ; Hubert, an VI, 18 fr. [220 liv. en assignats] ; Sternberg, 8 $^{1}/_{3}$ thal. ; Einsiedel, 8 $^{5}/_{6}$ th ; Weigel, 18 th.). — Voir pour plus de détails, le catalogue Duchesne, Nos 231-240.

Le Jugement de Pâris, reproduction par Etienne Dupérac, d'une pointe hardie, forte et très-spirituelle de la célèbre estampe de Marc-Antoine, gravée dans le même sens, mais avec des variantes. L. 0.448 ; H. 0.302 (Voir Bartsch, XIV, N° 245 ; J., II, p. 5 ; R. D. 79).

La Mère de l'Amour, in-4°, gr. par F.-V. Durmer.

La Fornarina, assise dans un bocage, in-fol., gr. par P. Fontana (Sternberg, 1 $^{1}/_{2}$ th.).

Les Trois Grâces. Charmante composition dont l'original est aujourd'hui possédé par lord Ward ; grav. au burin, par Forster, en 1841, d'après le tableau de Raphaël ; peint en 1508. H. 0.20 ; L. 0.17. Une épreuve av. l. l., léguée par M. Jecker, en 1861, est exposée aujourd'hui à la Bibliothèque Impériale, N° 398 (St-Mauris, av. l. l., 68 fr. ; Debois, *id.*, en 1844, 300 fr. ; Hoesel, 17 $^{5}/_{6}$ th. ; Weigel, 19 th. ; 2e état, Hillig, 7 $^{1}/_{2}$ th. ; Dusacq et Cie, av. l. l., 100 fr. ; après l. l., 16 fr.).

La Suite des loges du Vatican, gr. par Balthazar Galanino. L. 6 p. 6 l. ; H. 4 p. 8 à 10 l. — On sait que dans cette suite, il y a plusieurs sujets se rapportant à notre Iconographie.

Le Triomphe de Galatée, dessiné à Rome, d'après la peinture qui est au palais Chigi, et grav. en 1592, par H. Goltzius.

Nerine spumante salo, etc. H. 19 p. 6 l.; L. 15 p. 2 l. (B. 270; Camberlyn, 1re vente, 1279).

L'Enlèvement d'Hélène, gr. par Jacques Grandhomme.

L'Histoire de Psyché, 1575. Suite de 31 planches, gr. par Fr. Hogenberg, d'après celles du Maître au dé.

L'Amour, gr. par J.-C. Krueger.

Histoire de Psyché, 13 planches, gr. par F. Langlois.

Cupidon et les trois Grâces, copie en contre-partie de l'estampe de Marc-Antoine, d'après la fresque du palais de la Farnésine, à Rome. Morceau sans nom ni marque, gr. par Ch.-Et. de Laune. H. 0.118; L. 0.083 (R. D. 295).

L'Enlèvement d'Hélène, copie en contre-partie de l'estampe de Marc-Antoine, grav. par le même. L. 0.174; H. 0.114 (R. D. 308).

Vénus sortie du bain, copie, par le même, en contre-partie de l'estampe de Marc-Antoine. H. 0.170; L. 0.135 (R. D. 297).

Le Jugement de Pâris, 1558; copie d'un groupe de l'estampe de Marc-Antoine, grav. par Lautensack. Pet. in-fol. en haut.

Le Triomphe de Galatée, vignette, gr. par Ant.-Robert Lefebvre. Paris, Janet, 1822.

Jeanne d'Aragon, gr. par J.-M. Leroux (Sudre, 1867, N° 89).

La Fornarina, gr. par Lesnier, 1845 (13 février 1865, N° 358).

Alexandre et Roxane, gr. par N. Lesueur.

Psyché et Mercure, gr. par Michele Lucchesi.

La Fornarina, gr. par G. Maile.

Adam et Eve mangeant le fruit défendu. Composition simple, dessin gracieux, élégant et pur. Adam tient deux pommes; Eve a la main gauche sur l'arbre de vie et porte l'autre à sa bouche, en signe d'invitation; le serpent à tête humaine entoure l'arbre. Pièce sans marque, très-rare, gr. par Marc-Antoine Raimondi. H. 8 p. 10 l.; L. 6 p. 6 l. (B. 1; Debois, 1010 fr.; N. Révil, en 1845, 455 fr.; Durand, 500 fr.). Une épreuve est exposée à la Bibliothèque Impériale, N° 46.

Adam et Eve chassés du paradis terrestre. Adam semble vouloir se garantir d'un rayon qui le frappe. Eve paraît s'arracher les cheveux. Pièce très-rare, gr. par le même. H. 7 p. 2 l.; L. 5 p. 5 l. (B. 2; J., II, 391; comte ***, de Vienne, 1853). — Il y en a une copie gravée dans le sens de l'original, portant sur une tablette l'inscription Michel-Angel et le monogramme N.F. décrit par Passavant. Très-rare, même dimension.

Les Angles de la galerie Farnèse. Suite de trois estampes gr. par Marc-Antoine: Jupiter embrassant l'Amour qui vient demander grâce pour Psyché. — Mercure descendu du ciel pour chercher Psyché. — Cupidon et les trois Grâces. H. 11 p. 6 l.; L. 7 p. 8 l. (B. 342-344; Armand Bertin, en 1854, la 1re seulement, 161 fr.; Sylvestre, 67 fr.; Durand, les trois pièces, 300 fr.; Debois, la 3e seulement, environ 600 francs).

Cléopâtre à demi-nue, couchée sur un lit où elle paraît expirer de la piqûre d'un aspic qui est entortillé autour de ses bras qu'elle tient au-dessus de sa tête. Pièce très-rare, sans marque, grav. par Marc-Antoine, d'après le tableau qui est au Vatican. L. 6 p. 6 l.; H. 4 p. (B. 199; Arozarena, 980 fr.). — On connaît de cette pièce quatre copies faites par des anonymes.

Danse d'Amours, gr. par le même. L. 6 p.; H. 4 p. Rare (B. 217; J., II, 402; comte***, de Vienne, 1903). Quatre copies ont été faites par des anonymes.

L'Enlèvement d'Hélène, gr. par le même. Deux Troyens s'empressent d'enlever Hélène et de la transporter dans une barque. Un homme s'efforce de la retenir en la tirant par un bout de sa draperie. L. 15 p. 6 l.; H. 10 p. 10 l. (B. 209; Debois, 210 fr.).

L'Homme et la femme au voile. Un jeune homme met la main droite sur le sein d'une femme nue, et de l'autre prend un voile enflé qu'elle tient par l'autre bout. Petit sujet admirable, sans marque, gr. par Marc-Antoine. H. 2 p. 9 l.; L. 1 p. 10 l. Il y en a une copie anonyme à contre-sens, assez bonne et sans marque. H. 2 p. 6 l.; L. 1 p. 10 l. (J., II, 407; B. 364).

Joseph et la femme de Putiphar, gr. par le même. Joseph s'enfuit, et la femme de Putiphar s'élance du lit pour l'arrêter. L. 9 p.; H. 7 p. 9 l. (B. 9; J. II, 392; Debois, 105 fr.). Il en existe une copie assez bonne à contre-sens, sans marque. L. 8 p. 8 l.; H. 7 p. 8 l. (J., II, 393).

Le Jugement de Pâris, gr. par Marc-Antoine. C'est une des plus belles, des plus riches et des plus gracieuses compositions du maître. Pâris, assis à gauche, présente la pomme d'or à Vénus, qui est debout devant lui entre Junon qui menace Pâris, et Pallas qui, vue par le dos, est déjà occupée à se rhabiller. Au milieu d'en-haut, un génie en l'air met une couronne de laurier sur la tête de Vénus. L'Amour se joue dans les jambes de sa mère. Mercure, le Soleil dans son char et beaucoup d'autres personnages mythologiques figurent aussi dans cette scène. A gauche est une inscription latine qu'on peut traduire ainsi: *Sans la beauté, le génie, la vertu, les richesses n'ont aucun prix*. L. 16 p. 2 l.; H. 10 p. 10 l. (B. 245).—Quelques personnes ont prétendu que Raphaël avait puisé le sujet de cette composition dans un bas-relief antique qu'il avait détruit ensuite afin qu'on lui en attribuât l'idée.—La Bibliothèque du roi avait une belle épreuve achetée 1107 fr. en 1820, à la vente Van Putten, et qu'un amateur généreux, M. Simon, consentit à prendre en échange d'une autre épreuve de la plus grande beauté qu'il avait payée 3350 fr., à la vente Debois, en 1844, et qui provenait de la vente Revil, où elle avait été adjugée à 1400 fr. (Montfirmin Cancel, en 1798, 75 livres; Thorel, en 1853, 700 fr.; Rattier, en 1859, 2040 fr.; Durand, 1350 fr.; Sylvestre, 211 fr. — Voir la note du catal. Simon, N° 395). Cette estampe a été plus tard retouchée par un maladroit qui l'a rendue dure.

Lucrèce, prête à se percer le sein. Elle est debout, tenant un poignard et faisant un geste. Son pied droit pose sur le soubassement d'une balustrade sur laquelle on lit une inscription dont la traduction est : *Il vaut mieux mourir que de vivre dans le déshonneur*. Très-belle estampe, extrêmement rare, grav. par Marc-Antoine. H. 8 p.; L. 5 p. (B. 192). —Cette pièce a été retouchée maladroitement par un anonyme qui a réussi à faire, des épreuves retouchées, des morceaux très-médiocres.

Pan et Syrinx. Pan surprenant la nymphe Syrinx au sortir du bain. Elle est assise sur une éminence contre un rocher couvert de broussailles, et se peigne les cheveux. Elle est presque nue, sauf une petite draperie qui lui couvre la jambe gauche. Derrière les broussailles, on voit un Satyre qui épie la nymphe, et qui est représenté d'une manière libre. Pièce sans marque, en haut., gr. par Marc-Antoine. Elle a été retouchée, par la suite, par François Villamena qui a couvert le bas-ventre de Pan avec du feuillage, pour rendre la pièce moins indécente. — Cette estampe a été copiée avec perfection par un ancien maître qui approche tellement du burin de Marc-Antoine, qu'on est tenté de la croire de lui-même (B 325; Van Hulthem, 3699).

La Reine de Saba venant visiter Salomon et lui apportant des présents. Pièce non terminée, gr. par Marc-Antoine. L. 21 p.; H. 15 p. (B. 13).

Tarquin et Lucrèce, gr. par Marc-Antoine. Tarquin, armé d'une épée, s'approchant du lit de Lucrèce pour la violer. On voit au milieu du fond le père de Lucrèce qui accourt. Sur le devant sont deux chiens qui s'accouplent. L. 15 p. 5 l.; H. 10 p. 4 l. Les 1res épreuves portent la date de 1523, et les 2es épreuves celle de 1524 (B. 208).

Le Triomphe de Galatée dans une conque traînée par des dauphins; des tritons et des néréides l'accompagnent. Une des plus rares et des plus belles pièces de Marc-Antoine. L. 15 p.; H. 10 p. 7 l. (B. 350; Armand Bertin, en 1854, épr. avant l'adresse d'Antoine Salamanca, 340 fr.; Debois, 790 fr.; Sylvestre, 150 fr.).—La Bibliothèque Impériale de Vienne possède une épreuve de cette estampe qui est d'un prix inestimable. Raphaël a pris le soin de la retoucher à la plume, avec une patience merveilleuse. Suivant Mariette, cette épreuve vient d'un recueil qui a été apporté d'Espagne en France, et que l'on prétend avoir été un présent de Raphaël à quelque grand de cette cour. — Il y en a deux copies dans le même sens, assez bien gravées par des anonymes. Bartsch (N° 350) indique les différences qui peuvent les faire reconnaître.

Vénus accompagnée de deux amours. Vénus est debout, tenant d'une main une torche allumée et portant l'autre main sur la tête d'un petit amour qui tend et élève les bras vers elle. Un autre amour lui aide à porter la torche. Pièce gravée par Marc-Antoine. H. 2 p. 11 l.; L. 1 p. 9 l. (B. 251).

Vénus et l'Amour, dans une niche; gr. par le même. Jérôme Hopfer en a fait une copie (Voir B., VII, p. 512; David Funck, N° 173).

Vénus et l'Amour. Vénus se baissant pour embrasser l'Amour qui est debout sur un socle. Très-belle estampe, sans marque, gr. par Marc-Antoine. H. 7 p. 6 l. ; L. 3 p. (B. 311).

Vénus sortant du bain. Elle est assise et s'essuie un pied ; l'Amour tient son arc et semble s'éloigner ; à gauche, un bassin rempli d'eau. Estampe rare et des plus parfaites de Marc-Antoine. H. 6 p. 5 l. ; L. 5 p. 2 l. (B. 297 ; Debois, 250 fr.; Sylvestre, 26 fr.). — Voir le N° 396 du catal. de la vente Simon.

La Danse d'Amours. — Lucrèce. — Vénus et l'Amour. Trois pièces d'apr. les gravures de Marc-Antoine. Paris, impr. Delâtre ; E. Baldus, 1867.

L'Amour s'enfuyant par mer. Son carquois lui sert de bateau, son arc de rame, une flèche de mât, et son bandeau de voile. Sur une banderole : *Sic fuga violenta monet.* Sujet ovale, gr. par Marc de Ravenne. L. 0.165 ; H. 0.121 (B. 119 ; J., II, 248).

Les Amours de Jupiter et de Léda, gr. par le même. La déesse, assise sur une pierre, tient de la main gauche le cou du cygne, et s'appuie du bras droit sur une autre pierre. H. 0.149 ; L. 0.102 (J., II, 249).

L'enlèvement d'Hélène, gr. par le même. Elle est enlevée par deux Troyens qui veulent la transporter dans une barque ; un homme s'efforce de la retenir en la tirant par le bout de sa draperie. H. 0.292 ; L. 0.428 (B. 210 ; J., II, 247 ; Van Hulthem, 3693).

Galatée, gr. par le même. Elle est debout dans une grande conque attelée de deux dauphins qui nagent vers la droite ; elle est accompagnée de tritons et de néréides, et d'un amour nageant au milieu du devant. C'est une répétition de l'estampe de Marc-Antoine. L. 15 p. ; H. 10 p. 7 l. (B. 351 ; J., II, 251 ; Van Hulthem, 3701).

Jeune femme nue et assise, figure tirée du *Jugement de Pâris,* gr. par Marc de Ravenne. H. 0.086 ; L. 0.058.

Le Jugement de Pâris. Copie très-bien gravée par Marc de Ravenne, d'après l'estampe de Marc-Antoine, si belle, que des amateurs peuvent facilement s'y méprendre. Bartsch (N° 246) décrit les petites différences qui peuvent la faire reconnaître (J., II, 249).

Junon, Cérès et Psyché. Cette dernière s'éloigne des déesses qui refusent de lui donner asile ; elle regarde Junon qui semble lui parler ; le paon est auprès de sa maîtresse. Gravé par Marc de Ravenne. H. 0.264 ; L. 0.198 (B. 327 ; J., II, 250).

Vénus blessée par l'épine d'un rosier, gr. par le même. Elle est assise sur un tertre recouvert d'une draperie, et s'efforce de retirer de son pied une épine qui la blesse. A ses pieds est un lapin ; dans le fond, à gauche, un bois touffu ; à droite, un château sur une montagne au pied de laquelle coule une rivière. H. 0.258 ; L. 0.169 (B. 321 ; J., II, 250).

Vénus et l'Amour portés sur des dauphins, gr. par le même. Vénus est couchée sur un dauphin, et l'Amour est à califourchon sur un autre qu'il pousse avec une de ses flèches. H. 0.266 ; L. 0.174. Rare. Dans une belle copie anonyme, de même sens, il n'y a que trois vaisseaux dans le lointain, tandis que dans l'original, il y en a quatre (B. 324 ; Camberlyn, 1re vente, 693).

Vénus sortant du bain. Superbe copie de celle de Marc-Antoine, dans le même sens, et qu'on ne saurait attribuer à d'autres qu'à Marc de Ravenne. H. 6 p. 2 l. ; L. 4 p. 6 l. (B. 297 ; J. II, 252).

Vénus sur la mer, gr. par Marc de Ravenne. Elle est debout, vue presque par le dos, le pied gauche sur une conque, et l'autre dans la mer. Elle relève sa chevelure d'une main, et de l'autre main fait un geste. Sur un nuage, Saturne coupant avec un sabre les parties génitales de son père Uranus ; tous les deux sont couronnés. H. 0.274 ; L. 0.169 (B. 323 ; J., II, 250).

La Fornarina, gr. par P.-P. Montagnani.

Galatée sur les eaux, gr. par le même.

Mariage d'Alexandre et de Roxane, gr. par le même.

La Fornarina, gr. par Raphaël Morghen (Martelli, en avril 1858, 133 fr. ; Georg, de Genève, en 1867, 30 fr.).

Jeanne d'Aragon, gr. par le même (Martelli, 87 fr. ; le 11 nov. 1861, épr. av. l. l., 70 fr.).

Adam et Eve, gr. par Fréd. Muller (P. de Corneillan, 140).

Une femme assise et une à moitié couchée, gr. par Péquégnot. Paris, impr. Pierron, 1856.

Les Angles de la Farnésine, suite de dix estampes à peu près triangulaires, numérotées ; grav. par Fr. Perrier. L. en haut, 0.230, et en bas, 0.027 ; H. 0.188. 1° Jupiter porte Vénus à consentir au mariage de l'Amour et Psyché. — 2° Vénus dans son char, allant chercher Psyché. — 3° Vénus s'éloigne de Junon et de Cérès. — 4° Cupidon montre aux Grâces Psyché dont il est épris. — 5° Vénus ordonne à son fils de la venger de Psyché. — 6° Mercure transporte Psyché dans l'Olympe. — 7° Jupiter consolant l'Amour. — 8° Psyché remet à Vénus la boîte de Proserpine. — 9° Psyché porte la fiole remplie de l'eau du Styx. — 10° Mercure part pour convoquer les dieux (R. D. 21-30.)

Le Plafond de la Farnésine, suite de deux estampes en forme de frises, gr. par le même: Psyché admise au nombre des divinités de l'Olympe. L. 0.502; H. 0.193. — Les Noces de l'Amour et Psyché. L. 0.502; H. 0.188 (R. D. 31-32). — Le même artiste a gravé les mêmes sujets en contre-partie. La 1re, L. 0.488; H. 0.200; la 2e, L. 0.427; H. 0.200 (R. D. 33-34).

Adam et Eve, gr. par V. Pillement (J., II, 356).

Loth avec ses filles, gr. par J.-M. Preisler (134 livres, à la vente du baron de Thun, le 2 mars 1768).

Adam et Eve, 1814, gr. par J.-T. Richomme. H. 14 p. 6 l.; L. 12 p. (J., III, 5; vente Bervic, en 1822, 103 fr., épr. av. l. l.; le 11 nov. 1861, 16 fr.).

Le Triomphe de Galatée, 1820, gr. par Richomme, d'après la fresque de Raphaël à la Farnésine. Polyphème avait écrasé sous un rocher Acis, l'amant de Galatée; mais les dieux ont changé Acis en fleuve et il est ainsi rendu à sa belle maîtresse qui triomphe. H. 19 p.; L. 15 p. — Une épreuve av. l l. est exposée à la Bibliothèque Impériale, N° 391 (Debois, épr. d'artiste, environ 450 fr.; Rattier, en mars 1859, épr. av. le petit rocher, 511 fr.).

Les Noces de Psyché et l'Amour, ou l'Assemblée des dieux; gr. en deux feuilles, par Susanne-Marie Sandrart (J., III, 61).

Pan et Syrinx, petit in-fol., gr. à l'eau-forte, par P. Schenk.

L'Amour marin, gr. par Agostino de Musis, dit Aug. Vénitien. L'Amour traverse la mer sur son carquois. Vénus debout le suit dans une conque. Dans la marge, huit vers italiens : *Con tal destrezzo Amor trappassa et arte.... Tiphi et Jason senza maestro Amore*. L. 0.221; H. 0.189 (B. 234; J., I, 192).

L'Amour enlevant le bouclier de Mars. Pièce sans marque, mais probablement gr. par Aug. Vénitien. L. 0.162; H. 0.122 (B. 218).

L'Autel de l'Amour, gr. par le même. H. 0.292; L. 0.218.

Cléopâtre, 1528, gr. par le même. L'Amour pleurant la perte de Cléopâtre qui meurt de la piqûre d'un aspic. L. 4 p. 9 l.; H. 3 p. 2 l. (B. XIV, p. 161, N° 198).

Danses de faunes et de bacchantes; ils se suivent en jouant de divers instruments. Sujet d'après l'antique, gr. par Aug. Vénitien, 1516. L. 19 p. 2 l.; H. 6 p. 5 l. — Il existe une copie anonyme, même sens, en deux feuilles et très-bien gravée. Bartsch pense qu'elle pourrait bien être de Marc-Antoine, et même l'original (J., I, 192).

Les Deux Amours, gr. par le même. L'un verse de l'eau sur la tête de l'autre; fond de paysage avec fabrique. H. 0.126; L. 0.085 (B. 280; J., I, 193).

Femme nue couchée sur une peau d'animal, gr. par le même. L. 0.135; H. 0.117.

Femme nue couchée, adossée contre une butte; gr. par le même. L. 0.182; H. 0.121.

Marche de Silène, gr. par le même. Deux faunes soutiennent Silène sur son âne. Divers satyres, amours et bacchantes. Une des meilleures pièces du maître. L. 9 p. 5 l.; H. 6 p. 9 l. (B. 240; Durand, 70 fr.).

Psyché servie dans le bain par des nymphes qu'elle ne voit pas. Elle est assise sur le bord d'une cuve, mettant sur ses cheveux l'onguent qu'une des nymphes lui présente dans une boîte; une 2e nymphe debout se sèche la tête; la 3e, assise, en fait de même de ses pieds. Dans le fond, on aperçoit Psyché au lit, dans une chambre à coucher. On lit dans la marge inférieure : *Fa la fanciulla quel che detto l'hanno*, etc. (Simon, 80 fr. — Voir le N° 401 du catal. de cette vente). Dans une répétition de cette estampe, avec quelques changements, il n'y a pas de vers.

Psyché regardant l'Amour, malgré les défenses qu'il lui en avait faites, l'éveille en lui laissant tomber sur l'épaule une goutte d'huile de la lampe. Le milieu représente Psyché regardant l'Amour endormi; à droite, on voit ce dernier essayer une de ses flèches, et à gauche, Psyché est représentée s'attachant aux pieds de l'Amour qui s'envole par la fenêtre. On lit, dans la marge d'en bas : *Vedi la qui col ferro e'l lume ardente*, etc. — Cette pièce et la précédente, en larg., gravées par Aug. Vénitien, font partie de la suite de l'Histoire de Psyché, en 32 estampes, gr. par le Maître au dé (B. 236-238).

Tarquin et Lucrèce. Il est armé d'une épée, et s'approche du lit de Lucrèce pour la violer. Son père vient la secourir. Sur le devant, deux chiens s'accouplent. Gr. par Aug. Vénitien, 1524. L. 15 p. 5 l.; H. 10 p. 4 l. Il y a des épr. datées de 1523. — Cette planche a été retouchée, ou plutôt entièrement regravée par Enée Vico qui a changé les inscriptions. Même dimension. Dans les secondes épreuves, il a supprimé les deux chiens (B. 15 ; J., I, 192).

Vénus couchée sur un dauphin, gr. par le même. Vénus passant la mer, étant couchée sur un dauphin, sur la tête duquel elle s'appuie du bras droit. Elle est suivie de l'Amour qui porte son flambeau. L. 0.253 ; H. 0.167 (B. 239 ; Winckler, 15 thal.).

Vénus et l'Amour, gr. par Aug. Vénitien. La déesse est assise, la main sur sa poitrine, et s'appuie sur son fils qui tient ses armes. 1516. H. 6 p. 6 l.; L. 4 p. 10 l. — Il y a trois sortes d'épreuves : Les 1res n'ont la marque ni l'année ; les 2es portent l'une et l'autre ; les 3es viennent d'une retouche soigneusement faite. Les montagnes y sont en partie colorées, au lieu qu'elles sont blanches dans les 1res (Debois, 55 fr.). — Il y a une copie anonyme du même sens, très-médiocre. Le paysage y est métamorphosé en chambre et l'Amour a des ailes. H. 6 p. ; L. 4 p. 6 l. (B. 286 ; J., I, 193).

Vénus et Vulcain entourés d'amours leur présentant des fruits. Vulcain a sur les épaules des flèches que Vénus met dans le carquois de son fils. Gravé par Aug. Vénitien, 1530. H. 0.338 ; L. 0.264. — Le talent de l'auteur était dans sa plus grande force quand il a fait ce morceau. Les épreuves postérieures à cette date ne valent rien du tout (B. 349 ; J., I, 195 ; Durand, 40 fr.).

Lucrèce se perçant le sein avec un poignard, 1541. Un des premiers essais d'Enée Vico, d'après l'estampe de Marc-Antoine. H. 7 p. 7 l.; L. 4 p. 10 l. (B. 16).

Vénus à sa toilette, 1546. Elle est accroupie sur un grand drap avec lequel elle se sèche les pieds. L'Amour debout auprès d'elle, porte un gros paquet de linge. Gr. par E. Vico, d'après un dessin que l'on croit de Raphaël. H. 6 p. 7 l.; L. 4 p. 4 l. — Il y en a une copie en contre-partie, gr. par un anonyme de peu de talent (B. 19).

Adam et Eve, gr. par Remy Vuibert, en 1635. Adam, assis à droite, semble faire des remontrances à Eve, debout à gauche, sur son dessein de cueillir des fruits de l'arbre de vie, dont, de la main droite, elle a déjà saisi une branche, et autour duquel le serpent, qui a un buste humain, est entortillé. H. 8 p. 9 l., y compris 9 l. de marge ; L. 6 p. 8 l. (R. D. 17 ; Camberlyn, 2e vente, 3841).

Vénus. Elle s'essuie les pieds ; l'Amour est auprès d'elle (voir Bartsch, N° 297, copie C). Pièce marqué Æ. 14. 1563. C'est un des essais de la jeunesse de Jean Wierix, d'après l'estampe de Marc-Antoine. Nagler la place au N° 188 de l'œuvre de Jérôme Wierix. H. 0.165 ; L. 0.132 (Alvin, 1866, N° 1432).

Maddalena Strozzi Doni, gr. par Zignani, d'après le tableau du palais Pitti, à Florence.

Vénus blessée. Paris, phot. Collard, 1863.

Adam et Eve, phot. par Goupil. Paris, 1864, 0.09 sur 0.12, 1 fr. 50 ; carte de visite, 1 fr.

Le Triomphe de Galatée, phot. par Gust. Labouret (Exposit. de 1861).

Le même sujet, phot. par Lafon de Camarsac (Exposit. de 1861).

RAPILLY, éditeur contemporain.

Gabrielle d'Estrées, portrait.

RAPP (H.).

Jeunes filles se baignant, dessin à la plume sur pierre.

RAUCOURT (Françoise-Marie-Antoinette-Saucerotte), actrice du Théâtre-Français. — Voir *Devéria*, *Freudeberg*, *Gros*, *Lebeau*, *Leclerc*, *Malpeau*, *Vigneron*.

RAULZ, graveur. — Voir Van *Dyck*.

RAUNHEIM, dess. lithogr. contemporain. — Voir *Vallon de Villleneuve*.

Le Billet doux. — *Douce rêverie*. — *Souvenir chéri*. — *Rêve de bonheur* ; quatre pièces lith. H. 0.39 ; L. 0.31 (Delarue, en rehaut, 6 fr. chaque).

RAVENET (Simon-François), graveur de Paris, né en 1721 ; mort à Londres. — Voir J.-E. *Liotard*, Paul *Véronèse*.

RÉBECCA. — Voir *Bonnet, Fradelle, Garin, Graat,* Et. de *Laune, Leloir,* van *Mander,* le *Poussin, Raphaël, Schopin,* P. *Véronèse.*

RÉCAMIER (Mme). — Voir *Cosway.*

REGNAULT (N.-F.), peintre et grav. du XVIIIe siècle.— Voir *Baudouin, Fragonard.*

Ah! s'il s'éveillait, scène gracieuse, effet de lumière (7 déc. 1866, No 419).

Dors, dors (7 déc. 1866, 419).

La Nuit, pièce gracieuse (vendue 7 fr., en avril 1864).

REGNAULT (Jean-Baptiste, baron), peintre, né à Paris, le 19 octobre 1754; mort le 12 novembre 1829.

L'Amour s'endormant sur le sein de Psyché, gr. par Beljambe.

Jupiter et Io, sujet de demi-figures, gr. par Blot, an VII. H. 0.276; L. 0.220 (Rigal, 105).

Jupiter, sous la forme de Diane, séduit Calisto, sujet de demi-figures, gr. par le même, an VII. H. 0.272; L. 0.220 (Rigal, 105).

La Volupté, très-belle pièce gracieuse gr. par Cazenave (P. de Corneillan, 535).

L'Amour en gaité. — *Le Sommeil agréable;* deux pièces gr. par Letellier.

Aspasie, lith. par Maurin. Paris, chez Mlle Formentin, 1824.

Junon empruntant la ceinture de Vénus, gr. par Miger (Le Barbier, 1826, No 446).

La Surprise de Psyché, gr. au pointillé, par Vanderberg. H. 0.23; L. 0.18 (Bance, 12 fr.).

Les Trois Grâces, phot. ovale de 0.23 de haut. (Sudre, 1867, No 106).

REGNAULT (E.-C.), graveur contemporain. — Voir *Staal.*

REGNESSON (Nicolas), grav. au burin, né à Reims, vers 1625; mort à Paris, en 1676. — Voir *Chauveau.*

REGNIER, dessin. lith. contemporain. — Voir *André, Baron, Bassaget, Bazin, Beaumont, Belin, Bellangé, Bemindt, Bouvier, Brochard, Carton, Charpentier, Colin, Compte-Calix, Cottin, Dartiguenave, Decoëne, Derancourt, Desandré, Doré, Dubouloz, Estienne, Félon, Gabé, Gavarni, Girardet, Gosse, Grenier, Guérard, Guillemin, Ladreys, Lejeune, Leloir, Lenglet, Lepoittevin, Linder, Marchau, Marohn, Merle, Mès, Montaut,* G. *Morin, Morlon, Numa Ollivier, Pastelot, Roehn, Roussel, Scheffer, Seignac, Sewrin, Staal, Teichel, Tordeux, Vallet, Verheyden,* Ch. *Vernier, Zuber-Bühler.*

Chacun mon tour, lith. (*Musée de mœurs en actions,* No 22). L. 0.50; H. 0.38 (Bulla, en rehaut, 8 fr.).

Mlle Fanny Elssler (dans la Tempête), 1834. Lith. H. 0.344; L. 0.189 (Soleinne, 119).

Le Sommeil. — *Le Réveil;* deux pièces phot. par Gallé, 1861.

REGNIER ET BETTANNIER.

Les Amantes célèbres, 18 pl. lith. Paris, Lemercier, 1846.

Les Cocottes en 1867, lith. Paris, Martinet-Hautecœur, 1867.

Faut-il que je bassine votre lit? Une fille d'auberbe et un voyageur (*Galerie pour rire,* No 40). Lith. H. 0.46; L. 0.38 (Bulla, en rehaut, 6 fr.).

Route de Montretout (une jeune fille sur un cheval et un jeune garçon), lith. Paris, Lemercier, 1846.

REGNIER, BETTANNIER ET MORLON.

Les Contrastes: Un mari pour rire.— Un mari sérieux. Deux pl. lith. Paris, Turgis, 1864.

J'tiens mon Anglais! H. 0.45; L. 0.36 (*Gal. pour rire*). Paris, Bulla, 1862, en coul., 6 fr.

Un pigeon de grande volée. — *Une cocotte genre huppé;* deux lith. H. 0.45; L. 0.36 (*Gal. pour rire*). Paris, Delarue, 1863, en coul., 6 fr. chaque.

Un mari complaisant. — *Un mari qu'on aime;* deux lith. Paris, Turgis, 1864.

Une biche au bois. Jeune élégante descendant de voiture, et donnant son fouet à un groom pour s'enfoncer dans le bois. — *Une poule mouillée.* Jolie lorette obligée par la pluie de demander une place dans un omnibus qui se trouve malheureusement complet. Deux pièces lith. en coul. Paris, Delarue, 1865; H. 0.45; L. 0.36; en coul., 6 fr. chaque.

REINAGLE, peintre du XVIIIe siècle.

Renaud et Armide, gr. par J. Newton.

REITER (Bartholomé), peint. et grav., du commencement du XVIIe siècle.

Vénus assise près d'un satyre, l'Amour à ses pieds, 1610. Eau-forte, rare (Rigal, 933).

REMBRANDT VAN RHYN (Paul), peint. et grav., né à Leyde, dans un moulin situé rue du Weddesteeg, le 15 juillet 1606; mort à Amsterdam, le 7 octobre 1669. — L'œuvre de Rembrandt, qui se compose de 376 eaux-fortes, a été reproduit par la photographie, décrit et commenté par Ch. Blanc. Paris, 1855-58, in-fol.

Adam et Eve, nus, dans le paradis terrestre, 1638. Gravure très-rare, décrite dans le *Catalogue de l'œuvre de Rembrandt,* par de Claussin, p. 22 (B. 28; Debois, 29 fr.; Poggi, en 1836, 1er état, 39 fr.; Thibaudeau, en 1858, 1er état, 148 fr.).

Agar renvoyée par Abraham, 1637. Abraham est au milieu, un pied posé sur la première marche de la porte de la maison; Ismaël est à côté de lui, à droite; plus loin, on aperçoit Agar qui s'en va pleurant. Morceau en haut., gravé d'une pointe légère et spirituelle (B. 30; Claussin, 37).

Antiope et le satyre (B. 203; Claussin, 200; vendu 122 fr., le 11 avril 1859, av. l'inscription).

La Coupeuse d'ongles. Petite pièce rare, où se voit une jolie femme en cheveux, se faisant couper l'ongle de l'orteil (J., II, 416).

L'Espiègle, 1642. Eau-forte très-rare. Une bergère assise au bord d'un bois, tressant une couronne. A ses pieds, un berger couché sur le ventre et jouant d'un flageolet; il relève la tête et dirige un regard malin vers les jambes de la bergère qui a les jupes un peu relevées. On en connaît quatre épreuves différentes (2e état, Férol, en 1860, 401 fr.; 3e état, Dionis Muilman, à Amsterdam, en mars 1773, 20 fl.; Poggi, en 1836, 49 fr.).

La Femme à la flèche (Dionis Muilman, 19 fl.; Mariette, en 1775, 36 livres).

Femme au bain (B. 196; Claussin, 197; comte ***, de Vienne, 2086, épr. sur papier du Japon).

La Femme au poêle (épreuves sur papier des Indes, 1er état, 60 fl.; 2e état, très-rare, 61 fl., vente Dionis Muilman; épr. avec le bonnet haut et sans la clef au poêle, 46 liv., vente Mariette; 4e état, la femme est nu-tête et la clef est au poêle, 22 fr., Poggi, en 1836).

Femme nue assise sur une butte. Eau-forte rare (B. 198; Claussin, 195).

Femme nue, les pieds dans l'eau. Eau-forte rare (B. 200; Claussin, 197; comte ***, de Vienne, No 2087, épr. sur papier de soie).

Femme nue dormant, 1650. Elle est couchée sur le côté et vue de face; un homme nu arrive derrière elle (B. 204; Cl. 201).

La Grande mariée juive (épr. à moitié finie, très-rare, 100 flor., à la vente Dionis Muilman, et une épr. terminée, 11 fl. 10, même vente; 3e état, 70 fr., vente Poggi; Durand, 1re épr., 70 fr.).

L'Homme qui pisse. — La Femme qui pisse; eaux-fortes. Deux vilains types, surtout la femme (B. 190-191; Claussin, 187; Debois, 40 fr.).

Joseph et la femme de Putiphar, 1634 (B. 39; Cl. 43).

Le Lit à la française, entouré de rideaux, portant un homme et une femme couchés dans une situation très-libre. Morceau de la plus grande rareté, appelé en Hollande *Ledikant.* Le lit est dans la forme ceux qu'on appelle en France lits en tombeau. La singularité qui existe dans cette pièce, c'est que la femme à quatre bras. Rembrandt les avait sans doute représentés étendus dans la première composition. Il les a changés plus tard sans avoir effacé les autres. Cette estampe est d'une rareté extrême; on en connaît trois états; ils sont décrits dans les catalogues dressés par Gersaint (en 1746) et par Claussin, No 183 de l'œuvre du maître (B. 186; 2e état, 31 fl., vente Dionis Muilman; 345 fr., Ch. de Férol, en 1860; 401 fr., vente Arozarena).

Le Mauvais lieu, vignette très-rare (catal. Pixérécourt, No 395, 19 fr., avec *Adam et Eve*).

Le Moine dans les joncs (*Munikje in t'Riet*). Pièce libre, d'une rareté extrême (B. 187; Cl. 184; Dionis Muilman, 19 fl. 15; Ch. de Férol, en 1860, 175 fr.; en février 1867, 295 fr.).

La Négresse couchée sur le côté et vue par derrière, eau-forte rare (Bibliothèque royale de Bruxelles).

Vénus au bain. Vénus fort laide (B. 201; Cl. 198; Debois, 26 fr.).

Le Vieillard endormi, eau-forte rare. Un vieillard assis au pied d'un arbre, se livre au sommeil. Au-dessous de lui, un jeune homme fait d'une main téméraire quelques tentatives indiscrètes auprès d'une jeune fille qui ne paraît pas trop se défendre (B. 189; Cl. 186; vendu 98 fr. en février 1867).

Le Lit à la française. — *Le Moine dans les joncs*; deux pièces gr. par P.-F. Basan.

Bethsabée, gr. par John Burnet.

La Maîtresse de Rembrandt, gr. par R. Cooper.

La Femme au bain, gr. par D.-V. Denon.

Bethsabée, gr. par Rich. Earlom.

Joseph accusé par la femme de Putiphar. Pièce rare, in-fol., gr. par C. Exshaw.

La Maîtresse de Rembrandt, assise sur un fauteuil, les cheveux épars; gr. en haut., par J.-G. Haid.

Femme nue assise, 1655; in-8° en haut., gr. par W. Hollar (V***, d'Anvers, en 1856, N° 378).

Samson et Dalila, in-fol. en larg., gr. par F. Landerer.

Vertumne et Pomone, gr. en larg., par B. Lépicié (Paignon-Dijonval, 4769; Van Hulthem, 4414).

Femme allant dans l'eau, ayant la chemise levée, in-8°, gr. par P. Lightfoote.

Bethsabée, 1673; gr. par J.-M. Moreau (11 nov. 1861, 2 fr. 50; comte ***, de Vienne, N° 2235).

Bethsabée au bain, servie par une négresse; in-fol., gr. par J. Moyreau.

L'Amour et Psyché, in-fol., gr. par J.-F.-L. Œser.

La Juive fiancée, 1769. — *Le Père de la Juive fiancée réglant sa dot*, 1770. Deux pièces gr. par G.-Fr. Schmidt (Rigal, 733; Camberlyn, 2e vente, Nos 3275-76).

Loth et ses filles, 1771. Sujet de demi-figures, gr. par le même, très-rare (J., III, 66; comte ***, de Vienne, 2531).

Les Débauchés, gr. par J.-Georges van Vliet (B. 16; Debois, 10 fr.).

Loth et ses filles, 1621, gr. par le même. Une épreuve avant les tailles diagonales dans le fond, a été acquise du cabinet van Putten, en 1820, pour le prix de 150 fr., pour la Bibliothèque Impériale, où elle est exposée N° 136 (B. 1; Cl. 1; vendu 200 livres, à la vente du baron de Thiers, en 1772, avec *Susanne*, d'après Lievens; Mariette, en 1775, 35 liv.; Cochu, en 1798, 96 liv.; Logette, 70 fr.; Debois, avant les contre-tailles, 149 fr.; après, 31 fr.).

RÉMOND.

L'Enlèvement de Proserpine, gr. au burin, par Lemaître, Paris. 1827, 20, 40 et 60 fr.

RENAULT (Mlle), l'aînée, actrice de la Comédie-Française. Portrait in-4° ovale, en bistre. Rare (vente du 9 nov. 1861). — Voir de *Bréa*.

RENAULT (Mlle), actrice. — Voir Ed. *Morin*.

RENOU (Ant.), peintre, né à Paris, en 1731; mort en 1806.

Io surprise par Jupiter, gr. d'après Renou (A. David, 2 fr. 50).

RESTOUT (Jean), peintre, né à Rouen, en 1692; mort directeur de l'Académie de peinture, en 1768.

Armide irritée du départ de Renaud, gr. par Ch.-N. Cochin.

RESTOUT (Jean-Bernard), peint. et grav., fils du précédent, né le 23 février 1732; mort à Paris, le 30 messidor, an IV (1796).

La Femme au turban, 1764. Une espèce de courtisane, la tête coiffée d'un turban orné de plumes, la gorge à moitié découverte, lève la tête en regardant en l'air. Derrière elle, on voit la tête d'un homme en cheveux, qui appuie la main sur son épaule nue. H. 0.135; L. 0.087 (Baudicour, 2).

RETTO (J.), peintre.

Susanne surprise par les vieillards, in-fol., gr. par P. van Lisebetius (Grassot, 132 bis).

REUTLINGER, photographe.

Portraits d'actrices, d'après nature: Mmes Zulma Bouffar, Eugénie Fiocre, Louise Fiocre, Henry, Honorine, Kid, Lissi, Miss Menken, Céline Montaland, Monrose, Adelina Patti (18 poses), Carlotta Patti, Thérésa, etc. Paris, 1867.

REVEL, graveur. — Voir *Greuze*

REVERDINO (Caspar), ancien dess. et grav. italien, travaillait en 1531. Quelques-uns prétendent qu'il était de Padoue.

Le Branle. Quatre couples de villageoises dansant un branle autour d'un arbre. On lit au bas: *Animus gaudens ætatem floridam facit.* L. 6 p. 11 l.; H. 5 p. 7 l. (B. 34).

Deux femmes toutes nues se tenant embrassées. Elles sont debout et regardent un fou qui pisse sur un chien. Sur une tablette suspendue à la branche d'un arbre, on lit: *Exultacio stultorum ignominia.* L. 4 p. 7 l.; H. 3 p. 7 l. Pièce douteuse (B. XV, p. 486).

Les Femmes au bain. Quatre nymphes nues dans un bain. L'une est couchée à la gauche, l'autre à droite, et les deux dernières se voient dans une grotte à la droite du fond. Mercure, vu à mi-corps, est vers la gauche, entre deux rochers. Au milieu d'en haut, sur une tablette attachée à un rocher, on lit: *Averte faciem tuam a muliere compta. Propter speciem mulieris multi perierunt.* L. 7 p. 3 l.; H. 4 p. 8 l. (B. 34).

La Forge de Vulcain. Les cyclopes travaillant dans la forge de Vulcain, que l'on voit assis parlant avec une déesse. Vénus arrive du côté gauche, précédée par l'Amour. On lit au bas: *Ferrum exercebant uasto cyclopes in antro.* L. 6 p. 10 l.; H. 5 p. 6 l. (B. 20).

Léda. Jupiter, en cygne, faisant l'amour à Léda. Le cygne est debout, ayant ses ailes déployées, et donne un baiser à Léda couchée à terre sur un drap. A droite, Castor et Pollux, l'un debout, l'autre sortant de l'œuf. Dans un écriteau, en bas, on lit: *Fecit olorinis Ledam recubare sub alis.* L. 9 p. 6 l.; H. 5 p. 9 l. (B. 21).

Léda, debout, accompagnée du cygne, de l'Amour et de ses deux fils Castor et Pollux. On lit à droite: *Cantamus Ledæ natos Jovis Aegiochique Castora Pollucemque trugem.* H. 10 p.; L. 7 p. 1 l. (B. 22).

Mars et Vénus. Mars, assis sur un lit, ayant sur ses genoux Vénus qui passe son bras autour du cou de son amant. Vers le fond, à droite, est l'Amour, près d'un écriteau qui porte cette inscription: *Omnia vincit Amor et nos cedamus Amori.* Pièce ronde de 4 p. 10 l. de diam. (B. 18).

Tarquin et Lucrèce. Tarquin, à gauche, monte dans le lit où Lucrèce est couchée, en lui faisant des menaces avec un poignard. Lucrèce pousse des cris et fait des efforts pour échapper. Au-dessus de sa tête est suspendue une tablette portant cette inscription: *Lucretia fœmina nobilis Collatini uxor coacta fuit stuprum pati a Sex. Tarquinio ob quam iniuriam postea cultro se interemit.* L. 9 p. 6 l.; H. 6 p. 5 l. (B. 17).

Vulcain surprenant Mars et Vénus. Vulcain jetant un filet sur Vénus qu'il a surprise en adultère avec Mars. Ces deux derniers se tiennent embrassés, et sont assis sur un lit sous une espèce de tente. On lit au bas: *Peius adulterio turpis adulter obest.* Pièce ovale. L. 10 p. 1 l.; H. 4 p. 5 l. (B. 19; Debois, 3 fr.).

REYNOLDS (Josué), célèbre peintre de portraits, né à Plympton, dans le Devonshire, en 1723; mort en 1792. — Voir *Jackson, Mme Lebrun, Sigalon.*

Emilie, comtesse de Kildare, 1754 (Camberlyn, 1re vente, No 27).

Lady Ann Darvson, sous les traits de Diane. Très-belle femme, gr. par J.-Mac Ardell (comte ***, de Vienne, 2261).

Lady Caroline Russel, gr. en haut., par le même (Van Hulthem, 4918).

Lady Elisabeth Montagu, fille du comte de Cardigan; gr. par le même (comte ***, de Vienne, 2264).

Lady Fortescue, gr. en haut., par le même (Van Hulthem, 4918; comte ***, de Vienne, 2262).

Maria, comtesse de Waldegrave, gr. par le même (comte ***, de Vienne, 2268).

Miss Crewe. Jeune fille debout; l'Amour est à ses pieds, 1762. Grav. par le même. H. 0.470; L. 0.352 (comte ***, de Vienne, 2260).

Mistress Turner of Clints in Yorkshire, gr. par le même (comte ***, de Vienne, 2267).

Angelica Kauffman, 1780. Portrait ovale, gr. par Fr. Bartolozzi. H. 0.240; L. 0.202 (Van Hulthem, 3406).

Elisabeth Foster, gr. en haut., par le même (Van Hulthem, 3407).

Hope nursing love, gr. par le même.

Thaïs, 1792, gr. par le même. H. 0.428; L. 0.258.

Venus chiding Cupido, gr. par le même (Clairon, 7 liv. 10 sh.).

Miss Civeilkin, portr. à la sanguine, par Bause (comte ***, de Vienne, 2269).

Mary Robinson, sous le nom de *Contemplation,* gr. par W. Birch.

Elisabeth, reine d'Angleterre, in-4o, gr. par J. Deane (18 déc. 1863, No 107).

Diana, vicomtesse Crosbie, gr. par Dickinson (comte ***, de Vienne, 2276).

La Duchesse de Devonshire et la comtesse de Duncanon, assises dans un jardin; pièce ovale, in-fol., gr. à l'eau-forte, par W. Dickinson.

Jane, duchesse de Cordon, gr. par le même (comte***, de Vienne, 2275).

Lady Elisabeth Derby, gr. par le même (comte***, de Vienne, 2277).

Mistress Mathew. — Lady Charlotte Spencer; deux pièces gr. par le même (comte***, de Vienne, 2281, 2283).

Deux dames debout dans un jardin et se tenant embrassées; l'une d'elles porte une corbeille de fleurs; gr. en haut., par J. Dixon (comte***, de Vienne, 2287).

Lady Arabella Blake, en Junon; Vénus lui offre sa ceinture. Grand in-fol., gr. par le même (Nauman, 736).

Miss Stornick Hary, gr. par Dunkartou (comte***, de Vienne, 2289).

La Duchesse de Glocester. — Lady Charlotte Spencer. — Miss Wingur. — Lady Elisabeth Melhourne. Quatre pièces gr. par J. Finlayson (J., II, 47).

Elisabeth Keppel, fille du comte d'Albemarle, faisant une offrande à l'Hymen. — *Lady Sara Bunbury*, en pied, sacrifiant aux Grâces. Deux belles pièces in-fol. en haut., faisant pendant, gr. par E. Fischer (J., II, 41; comte***, de Vienne, Nos 2294-95, la deuxième seulement, 125 fr.).

L'Espérance et l'Amour, gr. par le même (comte***, de Vienne, 2298).

Lady Elisabeth Lee, fille de Simon, comte d'Harcourt. Grande figure entière, gr. par le même (J., II, 48; comte***, de Vienne, 2292).

Elisabeth Percy, comtesse de Northumberland, gr. par le même (J., II, 48).

Lady Elisabeth Laura, — Charlotte Maria, — Anne Horatia, filles du comte de Waldegrave. Trois charmantes têtes de jeunes femmes sur la même feuille, gr. par Green (J., II, 111; 10 fr. 50, le 11 nov. 1861).

Lady Georgiana Spencer, duchesse de Devonshire. Très-belle femme, gr. par le même (J., II, 111; comte***, de Vienne, No 2300, 190 fr.).

Marie-Isabelle, duchesse de Rutlen. — Emilie-Marie, comtesse de Salisbury. — Anne, vicomtesse de Townshend. — Lady Louise Manners, sœur de Dysart. — *Lady Talbot. — La Comtesse d'Harrington.* Six portraits, gr. par le même (J., II, 111).

Mistress Williams Hope. — Lady Dashwood et son enfant, 1785. — *Lady Spencer*, 1784. Trois pièces gr. par C.-H. Hodges (J., II, 127).

Une Bacchante, gr. en haut., par le même.

Miss Nancy Parsons, gr. par R. Housman (comte***, de Vienne, 2306).

La Coquette, gr. par W. Humphreys.

The Honorable miss Monckton, gr. par Joh. Jacobé (comte***, de Vienne, 2312).

Miss Mayer en Hébé, gr. par le même (comte***, de Vienne, 2313).

Lady Anne Campbell, comtesse de Strafford, gr. par Thomas Johnson (Camberlyn, 1re vente, 1594).

Angelica Kauffman, in-fol., gr. à Nuremberg, par E. Morace (1 fr., en mai 1864).

Bacchante, gr. par J.-Raph. Smith (comte***, de Vienne, 2323).

Lady Catherine Powlet, gr. par le même (comte***, de Vienne, 2319).

Mistress Carnac, gr. par le même (comte***, de Vienne, 2320).

Mistress Montagu, gr. par le même (comte***, de Vienne, 2322).

Lady Marie Leslie, fille du comte de Rothes. — *Portrait de jeune fille tenant des fleurs.* Deux pièces gr. par Spilsburg (comte***, de Vienne, 2325-26).

Barbara, comtesse de Coventry, gr. par J. Watson (J., III, 210; comte***, de Vienne, 2327).

Caroline Russel, duchesse de Marlborough, avec son fils; gr. par le même (J., III, 211; comte***, de Vienne, 2341).

La Comtesse de Carlisle, gr. par le même (J., III, 210).

Duchesse de Cumberland. — Duchesse de Buccleugh. Deux pièces gr. par le même (comte***, de Vienne, 2343-44).

La Duchesse de Manchester, en Diane, gr. par le même (J., III, 210).

Géminia, comtesse de Cornwalis, gr. par le même (J., III, 210).

Lady Almiria Carpenter, gr. par le même (comte***, de Vienne, 2336).

Lady Bamphylde. — Mistress Crewe. Portraits de femme et d'enfant, sous les attributs de Diane et de l'Amour.

Trois pièces gr. par le même (comte***, de Vienne, 2345-46, 2352).

Miss Bosville, gr. par le même (comte***, de Vienne, 2333).

Miss Kendy, gr. par le même (comte***, de Vienne, 2342).

Miss Price, figure de jeunesse, avec deux moutons; gr. par le même (J., III, 211).

Mistress Bunbury, assise, gr. par le même (comte ***, de Vienne, 2335).

Lady Townshend et ses deux sœurs, faisant des offres à l'Hymen. Pièce capitale gr. par Th. Watson (J., III, 209).

Miss Crewe en sainte Geneviève, lisant au milieu des moutons, gr. par le même (J., III, 209).

REYNOLDS (S.-W), graveur contemporain. — Voir *Bonington*, *Dubufe*, *Gosse*, *Lescot*, Ch. *Moreau*.

RICCI (Sébastien), peintre, né à Civitale-di-Belluno, en 1660; mort à Venise, en 1734.

Bethsabée au bain, 1759. Jolie gravure d'une composition agréable, in-fol. en haut., par P. Peiroleri (3 fr. 50, le 11 nov. 1861).

RICHARD, peintre et dessin. du XVIIIe siècle.

Marguerite de Navarre, in-fol., gr. par L.-A. Boucher, baron Desnoyers.

Valentine de Milan, gr. par A. Fauchery.

RICHARD (Mlle Zina), actrice. — Voir *Alophe*.

RICHEBOURG, photogr. à Paris. — Voir *Boucher*, le *Corrége*, A. *Courtet*, Van *Dyck*, *Giordano*, *Greuze*, *Poelenburg*, *Pordenone*, le *Poussin*, *Rubens*.

RICHMOND (Elisabeth Villiers, duchesse de Lenox et de). — Voir Van *Dyck*, W. *Hollar*, A. *Kauffman*.

RICHMOND (Françoise, duchesse de). — Voir *Lely*.

RICHOMME (Joseph-Théod.), graveur, né à Paris, en 1785; mort en 1849. — Voir l'*Antique*, *Cipriani*, *Gérard*, *Jules Romain*, *Raphaël*.

Vénus au bain, dite accroupie, gr. par F. Forster, sur la pièce de Richomme, d'après l'antique (Martial Pelletier, 1867, N° 864).

RIEDEL (Auguste), peintre contemporain.

La Baigneuse, gr. à l'aqua-tinta, par C. Allais (Weigel, 4 thal.).

Les Baigneuses, gr. en manière noire, par Jouanin. L. 0.81; H. 0.59. Paris, Goupil, 1867, de 60 à 240 fr. (Exposit. des Beaux-Arts, à Bruxelles, en 1866, et à Paris, même année).

La Rose, 1841; in-fol., gr. par Oldermann (Weigel, 4 thal.).

RIESENER (J.), peintre.

Mme St-Aubin, dans Ambroise, gr. par P. Audouin. H. 0.175; L. 0.142.

Léda, lith. par Mouilleron. Paris, impr. Bertauts, 1853.

RIFFAUT (A.), graveur de la 1re partie du XIXe siècle. — Voir *Niel*, *Vouillemont*, *Wattier*.

RIGAUD (Hyacinthe), célèbre peintre de portraits, surnommé le *Van Dyck français*; né à Perpignan, en 1659; mort à Paris, en 1743. — Son œuvre se compose de plus de 200 portraits historiques, reproduits par différents graveurs.

Marguerite de Valois, comtesse de Caylus; in-fol., gr. par Jean Daullé (comte ***, de Vienne, 573).

Vertumne et Pomone, in-fol., gr. par Dossier. C'est le portrait d'une princesse au fond d'un parc (18 mai 1864, N° 312).

Marie, souveraine de Neufchâtel et duchesse de Nemours, in-fol., gr. par Drevet, le père (P. de Corneillan, 330).

Elisabeth-Charlotte, Palatine du Rhin, duchesse d'Orléans, en buste, dans un ovale entouré d'ornements. Vrai bijou de gravure, in-8° en larg., par Drevet, le fils (comte ***, de Vienne, 633; Martial Pelletier, 356).

Elisabeth-Charlotte, Palatine, duchesse d'Orléans, gr. par Ch. Simonneau (A. Bertin, 314).

Anne-Marie-Louise d'Orléans, duchesse de Montpensier, in-fol. ovale en haut., gr. par Vermeulen (J. III, 164).

RIOULT (L.-E.), peintre contemporain.

Phrosine et Mélidor, 1831, gr. par J.-A. Allais. H. 0.455; L. 0.356.

Le Goujon. — *Le Canard*. — *Est-il mur?* — *Vois-tu?* Quatre pièces gr.

en man. noire, par Angell. H. et L. 0.27 (Goupil, 4 à 8 fr. chaque).

L'Innocence, gr. à l'aqua-tinta, par Migneret. Paris, Delarue, 1835.

Tiens, voilà! — Tu ne l'auras pas! (Baigneuses). Deux pièces à l'aqua-tinta, par Sixdeniers. L. 0.48; H. 0.36 (Goupil, 10 fr., en noir, et 20 fr. chaque, en coul.).

Les Baigneuses, lith. par Sudre (Sudre, 1867, N° 129).

Sapho, belle pièce in-fol., lith. par le même (Sudre, 128).

La Surprise. — Je ne veux pas (femmes entrant au bain). Deux lith. par C.-J. Werner.

Tiens voilà! — Tu ne l'auras pas! Paris, phot. Goupil, cartes de visite, 1 fr. ch.

ROANNE, peintre de la fin du XVIIIe siècle.

La Séduction, gr. au pointillé, par Bourgeois de la Richardière. H. 0.15; L. 0.10 (Bance, 3 fr.).

ROBETTA, dess., grav. au burin et orfèvre, né à Florence, en 1460; l'année de sa mort n'est pas connue.

Hercule entre le vice et la vertu. Le jeune Hercule est debout, s'appuyant sur une massue. Il écoute ce que lui disent deux femmes nues qui représentent la vertu et le vice, et dont l'une est vue de face, et l'autre par le dos. Vers le fond, à gauche, on remarque les trois Grâces. H. 9 p. 6 l.; L. 7 p. (B. 20).

L'Homme attaché à un arbre par l'Amour. Un jeune homme assis sur une butte, contre le tronc d'un arbre à une branche duquel l'Amour l'attache par un bras, tandis qu'une femme, qui est debout à son côté, lui fait des caresses. Un second homme, accompagné d'un enfant, le regarde. Sur le devant, un troisième homme semble emmener malgré elle une femme qui se lamente. Toutes les figures sont nues. Pièce appelée le *Tourment de l'amour et de la jalousie*. H. 11 p.; L. 10 p. 3 l. (B. 25; Van Hulthem, 3755).

Vénus entourée d'amours. Vénus assise sur une butte, s'amuse avec deux amours dont l'un grimpe sur ses cuisses. Un troisième amour tient un oiseau, et un quatrième conduit un chien en laisse. H. 9 p. 2 l.; L. 6 p. 7 l. (B. 18; comte***, de Vienne, en février 1867, N° 2361, 60 fr.).

La Vieille et les deux couples d'amoureux. Au milieu est une vieille femme exprimant son chagrin des caresses que se font deux couples d'amoureux, dont les uns sont debout à droite, les autres assis sur une butte à gauche. Tous les personnages sont nus. Pièce sans marque. H. 9 p. 6 l.; L. 6 p. 6 l. (B. 24; Van Hulthem, 3754).

ROBILLARD, dess. lith. contemporain.

Le Baiser caché. — Le Baiser à la capucine. — Allez-vous recommencer? — Voyez comme vous m'avez arrangée. Quatre lith. Paris, Boivin, 1833.

Le Galant jardinier. — L'Agréable leçon. — La Parure de fleurs. — Le Panier mystérieux. — Les Amants surpris. — Les Tourterelles. Suite de six pièces lith.; L. 0.32; H. 0.24 (Delarue, 2 et 4 fr. chaque).

ROBINSON (R.), graveur. — Voir *Colé*.

ROBINSON (Mary Derby, dame), célèbre comédienne, dite la *Sapho anglaise*. — Voir J. *Reynolds*.

ROBUSTI. — Voir le *Tintoret*.

ROCHESTER (Henriette, comtesse de). — Voir *Lely*.

RODE (Chrétien-Bernard), peintre et grav. à l'eau-forte, né à Berlin, en 1725; mort même ville, en 1797.

Cléopâtre et Marc-Antoine, 1776 (Rigal, 668).

Loth et ses filles. — Pygmalion. Deux pièces, gr. par J.-F. Kauke.

ROEHN (Adolphe), père, peintre contemp. à Paris.

Séduction et jalousie. — Le Premier rendez-vous. — Le Retour en garnison. — Réussite en cœur. Quatre compositions gracieuses, lith. par Lafosse. L. 0.40; H. 0.32. Paris, Bès et Dubreuil, 1855 (Jouy, 1860, 5 et 10 fr. ch.).

Le Jugement de Pâris (pendant du *Curieux puni*, d'après de Villeneuve), lith. par L. Noël. H. 0.37; L. 0.29. Paris, Jouy, 1860, 5 et 10 fr.

L'Enlèvement de Déjanire. Cuirassier emmenant une villageoise sur son cheval (*Musée des rieurs*, N° 10). Lith. par Régnier et Bettannier. H. 0.46; L. 0.37. Paris, Goupil, 1846; nouv. tirage en 1850 (*Musée omnibus*), imitation de de pastel, 6 fr.; en coul., 12 fr.

Hercule filant aux pieds d'Omphale (*Musée des rieurs*, N° 15), lith. par Schultz. H. 0.47; L. 0.37 (Goupil, en pastel, 6 fr.; en coul., 12 fr.).

Le Loup dans la bergerie, lith. par Soulange-Teissier. L. 0.46; H. 0.36 (Goupil, en noir, 10 fr.; en coul., 20 fr.).

Mars et Vénus surpris par Vulcain (un forgeron surprend un cuirassier assis sur un banc près de sa femme), lith. par le même. Paris, Mlle Formentin, 1845.

Le Jugement de Pâris, phot. par Chardon jeune. Paris, Bulla, 1861.

Le Loup dans la bergerie, phot. Paris, Goupil, carte de visite, 1 fr.

ROEMHILD, dess. et grav. contemp.

La Brouille dans le ménage. — *Le Raccommodement à la guinguette*. Deux pièces gravées, 1865.

ROETTIERS (François), dess. et grav. à l'eau-forte, né à Paris, en 1702.

Vénus sur les eaux, eau-forte dans un ovale en travers (Rigal, 954).

ROGER (Barthélemy), grav. au pointillé, né à Lodève, en 1770; établi à Paris, vers 1811. — Voir *Fragonard*, *Girodet*, *Mlle Mayer*, *Prud'hon*, *Rosselin* (le Suédois), *Sicardi*.

ROLLET, graveur en man. noire, contemporain. — Voir *Jacquand*, *Schopin*, *Steuben*.

ROMAGNÉSI (Mlle), l'aînée. — Voir *Watteau*.

ROMAIN-CASES, peintre contemporain.

Les Apprêts du bal, gr. par Alfred Cornilliet.

Ni jamais. — *Ni toujours*; deux lith. par Llanta. Paris, Lemercier, 1847.

ROMANELLI (Jean-Franç.), peintre, né à à Viterbe, en 1617; mort en 1662.

Vénus et Adonis, gr. par P. Fontana. Paris, Danlos aîné, 1867.

L'Education de l'Amour, gr. par J.-Ch. Levasseur.

Hercule et Omphale, in-fol. en larg., gr. par J.-B. Michel.

ROMANET (Ant.), graveur à Bâle, vers 1765. — Voir *Freudeberg*, J.-M. *Moreau* (le jeune), *Queverdo*, le *Titien*, *Zustris*.

ROMNEY (Georges), peintre anglais, né à Dalton (Lancashire), en 1734; mort à Kendal, en 1802.

Ann Crouch, actrice, gr. par Fr. Bartolozzi.

Lady Elisabeth Derby, gr. par John Deane, 1780.

Sensibility, 1782, in-fol., gr. par R. Earlom (Van Hulthem, 4995).

ROOS (Jean-Henry), peintre, né à Otterberg, dans le Palatinat, en 1631; mort à Francfort, en 1685.

Le Berger et la bergère, 1790. In-fol. en haut., gr. par J.-A.-G. Boucher. Rare. (V***, d'Anvers, 149).

ROQUEPLAN (Jos.-Et.-Camille), peintre, né à Malemort (Bouches-du-Rhône), en 1802; mort à Paris, en 1855.

Le Lion amoureux, gr. en man. noire, par Desmadryl; H. 0.60; L. 0.48 (Bulla, en noir, 20 fr.; en coul., 40 fr.).

Le Lion amoureux, phot. Paris, Bulla, H. 0.20; L. 0.16, 5 fr.

ROSA (Salvator), surnommé *Salvatoriello*, peint. et grav. à l'eau-forte, né au village de la Renella, près de Naples, en 1615; mort à Rome, en 1673.

Centaure enlevant Déjanire (vente du 27 mai 1861).

Glaucus et Scylla. Glaucus, dieu marin, poursuivant la nymphe Scylla dont il est devenu amoureux. H. 12 p. 8 l.; L. 8 p. 6 l. (B. 20).

Phryné et Xénocrate, in-fol., gr. par Ch. Grignion.

Les Trois Grâces, gr. à l'eau-forte, par J.-M. Preisler.

ROSA ou ROSEX (Nicoleto). — Voir *Modène* (Nicoleto de).

ROSA-SISTO. — Voir *Badalocchio*.

ROSALBA-CARRIERA (Mme), peintre au pastel, née à Venise, en 1675; morte en 1757.

Son portrait, gr. d'après elle-même, par F. Bartolozzi, 1778. Ovale; H. 0.095; L. 0.093.

Que cette fileuse est jolie, pet. in-8°, gr. par Larmessin.

ROSASPINA (François), grav. au burin, au

crayon et au lavis, né à Bologne, vers 1760. — Voir *Franceschini*, le *Parmesan*, le *Titien*.

ROSATI (Mme), actrice. — Voir *Alophe*, Ed. *Morin*.

ROSIEZ (Mlle), actrice. — Voir *Morin*.

ROSSELIN, le Suédois, peintre du XVIIIe siècle.

Marie-Christine, sœur de Marie-Antoinette, en costume de cérémonie; gr. en haut., par Fr. Bartolozzi (Van Hulthem, 3406).

Marie-Antoinette, en pied, en grand costume de réception, grand in-fol., gr. par Roger (L. M., 26 mai 1865, No 255).

ROSSI (Fr.), peintre italien.

David et Bethsabée, in-fol., gr. par Cosmo Mogalli.

ROSSO DEL ROSSI (J.-Bapt.), dit *Maître Roux*, peintre et archit., né à Florence, en 1496; s'empoisonna à Paris, en 1541. — Voir Perino del *Vaga*, pour les *Amours des dieux*.

Les Amours de Cérès et Neptune métamorphosé en cheval, 1548; gr. par un anonyme de l'Ecole de Fontainebleau. H. 8 p.; L. 4 p. 3 l. (B. 57 des anonymes).

Vénus descendant du ciel pour secourir Adonis blessé par un sanglier. Pièce grav. dans le goût de Fantuzzi, par un anonyme de l'Ecole de Fontainebleau. L. 15 p. 6 l.; H. 10 p. 9 l. (B. 69 des anonymes).

Vertumne métamorphosé en vieille liant conversation avec Pomone, et la rendant sensible à son amour. Vertumne est accompagné d'un amour qui l'engage à avancer vers Pomone. Celle-ci est assise sur le bord d'une pièce d'eau, près d'une jeune femme nue qui a des ailes de papillon sur le dos. Deux amours en l'air décochent leurs flèches sur Vertumne et Pomone. Gr. par un anonyme de l'Ecole de Fontainebleau, qui pourrait être Ant. Fantuzzi. H. 13 p.; L. 12 p. 10 l. (B. 62 des anonymes).

Vénus couchée par terre, près de Mars et l'Amour, gr. par Dominique del Barbiere. L. 0.108; H. 0.067 (B. 5).

Les Amours de Neptune et de Cérès. Cérès, à peu près nue, caresse le cheval dont Neptune a pris la forme. Pièce anonyme, gr. par René Boyvin. H. 0.205; L. 0.105 (R. D. 25).

Céphale et Procris, gr. par le même. Ils sont dans deux niches l'une à côté l'autre, sur la même planche. Procris, blessée d'un dard, pousse des cris en étendant les bras vers son cher Céphale. Au bas, sous la niche de Céphale : *Coniuge transfixa Cephalus cruciatur acerbè*, et sous celle de Procris : *Procris sum Cephali coniunx, heu munere figor*. L. 0.260; H. 0.218 (R. D. 69; comte***, de Vienne, 455).

La Chaste Susanne. Elle est surprise au bain par deux vieillards qu'elle repousse du geste et de la voix. Grav. par le même. H. 0.312; L. 0.222. — Dans le 2e état, il y a écrit au bas : *Deux viellars vont pour ravir la sagesse de Susane Dieu la concervée* (R. D. 3; comte***, de Vienne, No 449).

Danse des dryades, gr. par le même. Six nymphes dryades dansent en rond autour d'un chêne aux branches duquel sont appendus des bouquets et des couronnes de fleurs. Dans la marge : *Quercum erisichtonia dryades cinxere choreis*. L. 0.400; H. 0.280 (R. D. 74; Martial Pelletier, 1867, No 60).

L'Enlèvement d'Europe, gr. par le même. Europe a saisi d'une main l'une des cornes de son ravisseur, et s'appuie de l'autre sur son flanc. H. 0.208; L. 0.105 (R. D. 26).

Jupiter et Calisto, gr. par le même. Jupiter, sous les traits de Diane, caresse la nymphe Calisto. Ils sont assis sur les fragments d'un rocher, et Cupidon, à côté de l'aigle de Jupiter, décoche un trait à la nymphe. L. 0.286; H. 0.180 (R. D. 73; comte***, de Vienne, 456).

Neptune jouissant de Thétis (ou d'une autre divinité marine) couchée dans son char et dans une attitude très-indécente, et qui, par la licence, ne cède en rien aux postures les plus obscènes de l'Arétin. Pièce sans nom ni marque, grav. par René Boyvin. H. 0.231; L. 0.149. — L'épreuve de la Bibliothèque Impériale est peut-être unique. « Si ce morceau n'est pas de l'invention de maître Roux, dit Mariette, ce sera une production de Cellini; la licence qui règne dans la composition est bien digne de lui. » — Voir la description de cette pièce, dans Robert Dumesnil, le *Peintre-graveur français*, tome VIII, p. 31.

La Nymphe de Fontainebleau. On la voit sous les traits d'une belle et jeune femme, assise à peu près nue dans des roseaux, au bord d'un ruisseau alimenté par l'urne sur laquelle elle s'appuie. Deux chiens l'ont aperçue, et l'un d'eux s'en est approché. Pièce dans une forme ovale, grav. par René Boyvin. L. 0.515; H. 0.305 (R. D. 18; comte***, de Vienne, 453).

Quatre nymphes de fontaines, gr. par le même. L. 0.126 à 0.137; H. 0.093 à 0.096. Ces quatre pièces sont décrites par Robert Dumesnil, tome VIII, p. 34-35.

Vénus, mère des amours. Composition poétique où l'on voit la déesse de la beauté s'enfuyant avec les amours, en cherchant une autre contrée pour exercer son empire. Elle est vue de dos, parée simplement de sa ceinture, où est fixé un voile qui voltige, en laissant voir ses formes. Elle porte un amour sur l'épaule, et en tient deux autres par la main. Morceau sans nom, gr. par R. Boyvin. H. 0.133; L. 0.093 (R. D. 21).

Les Amours de Mars et Vénus. Vénus assise sur un lit, est servie par les Grâces, pendant que Cupidon aide au dieu Mars à se dépouiller de sa cuirasse. Sur le devant, un amour monte sur le sabre de Mars, et deux autres jouent avec son casque et son bouclier. Pièce sans marque, grav. par Caraglio, d'après un dessin que maître Roux a fait à Venise pour Pierre Arétin. H. 0.420; L. 0.334. Un anonyme en a fait une copie en contre-partie, à Rome, en 1575 (B. 51).

Vulcain surprenant Mars avec Vénus. Pièce licencieuse, sans nom, gr. par le même. Vulcain tire avec effort le rets de diamants sur Vénus qu'il vient de surprendre entre les bras de Mars. A son côté est debout Apollon qui lui montre les deux adultères que regardent aussi les divinités de l'Olympe qui sont dans des nues. L. 9 p. 3 l.; H. 7 p. 9 l. (B. 52).

Danse des dryades, in-fol. en larg., gr. par C. Cort (J. I, 380).

L'Enlèvement d'Hippodamie, gr. en larg., par Ch.-Et. de Laune (J., I, 416; Van Hulthem, 4390).

Les Belles musiciennes, gr. par L. Marin.

ROTA (Martin), dess. et grav., né à Sebenico, en Dalmatie, vers la moitié du XVIe siècle. — Voir le *Titien.*

ROTARI (Pietro, comte de), peint. et grav., né à Vérone, en 1707; mort à Saint-Pétersbourg, en 1764.

Angélique et Médor chez les bergers, 1798; gr. en haut., par J.-J. Freidhoff (1er état, Einsiedel, 1 $^1/_8$ thal.).

ROTER, grav. de la première moitié du XIXe siècle. — Voir *Gérard.*

ROTTENHAMER (Jean), peintre, né à Munich, en 1564; mort en 1604.

Le Jugement de Pâris, gr. d'ap. Rottenhamer (1 fr. 50, en mai 1864).

Actéon métamorphosé en cerf, gr. par J.-F. Beauvarlet. L. 0.290; H. 0.223 (J., I, 232; Van Hulthem, 3963).

Mars et Vénus, in-fol. en larg., gr. par J.-B. Chapuy.

Jupiter et Vénus, gr. par J.-E. Haid.

Vénus endormie, surprise par des satyres, gr. par J. Matham. H. 8 p. 3 l.; L. 6 p. 1 l. (B. 193; J., II, 267).

Danaé recevant la pluie d'or, gr. par C. van Troost.

ROUGET (George).

Mme Boulanger, actrice, gr. par P. Audouin. H. 0.173; L. 0.140.

La même, gr. par P.-F. Bertonnier.

ROUSSEAU (Jacques), peint. et grav., né à Paris, en 1630; mort à Londres, le 16 décembre 1693.

Diane et ses nymphes. Diane, environnée de deux chiens, mollement couchée, regarde trois de ses nymphes dans diverses attitudes, qui s'apprêtent à se baigner. L. 15 p. 10 l.; H. 11 p. 3 l., y compris 4 l. de marge (R. D. 7).

La Femme au bord de l'eau. Sur le bord d'une rivière, dans un paysage, on voit une jeune femme nue, assise sur son voile, faisant une indication à une femme s'approchant d'elle, la tête chargée d'une corbeille de fleurs. L. 8 p. 9 l.; H. 6 p. 3 l., y compris 4 l. de marge (R. D. 3).

ROUSSEAU, dessin. et grav. contemporain.

Le Séducteur, gr. au pointillé. Paris, Delessert, 1824.

ROUSSEL, peintre contemporain.

Douce conversation. — *Séduisans propos* (causerie entre un homme et une femme). Deux pièces lith. par Regnier et Bettannier. Paris, Wild, 1847, 1854 et 1856.

Serez-vous discret? — *Serez-vous constant?* Deux pièces lith. par les mêmes. Paris, Wild, 1847 et 1856.

Vous seriez si jolie (homme offrant des bijoux à une femme). — *Je vous ai-*

merais tant! (homme demandant sa rose à une femme). Deux pièces lith. par les mêmes. Paris, 1847.

ROUSSELET (Gilles), grav., né à Paris, en 1614; mort en 1686. — Voir *Farinati*, le *Guide*, le *Poussin*, *Rubens*.

ROUSSELET (Theresia), dess. et grav. — Voir *Kern*.

Le Beau berger.

ROUX (Maître). — Voir *Rosso de Rossi*.

ROWLANDSON (Georges). Ses sujets érotiques sont très-nombreux. Il y en a plus de 200, dont voici quelques titres :

Cunnyseurs.

The Merry traveller and kind chambermaid.

Such things are, or a Peep into Kensington Gardens.

The Rookery.

Carneval at Venice.

A Music master tuning his instrument.

Meditations among the tombs.

A Finishing stroke.

The Rival Knights, or the Englishman in Paris.

Lord Barrel's Great Bottle club.

French Dancers at a morning rehearsal.

A Dutch Seraglio.

Lady N — Attitudes.

A Family on a journey laying the dust.

Jolly Gipsies.

The Star gazer.

When an old man mawres a young woman what is he to expert. Why te be made a cuckold of.

The Pests of a camp.

A Scene in a farce.

Tally ho the Grinder.

The Hacry prospect or the dew in a frigh.

New feats of horsemanship.

The Top off.

Rural Felicity or Love in a chaise.

The Larhing cull.

The Sanctified Sinner.

The Curious Wanton.

The Wanton frolic.

The Willing fair, or any way to please.

The Country squire new mounted.

ROY, grav. contemporain. — Voir *Sicardi*.

RUBENS (Pierre-Paul), célèbre peintre flamand, né à Siegen (Nassau), en 1577; mort à Anvers, en 1640.

Hélène Formans, en buste, coiffée d'un chapeau. Eau-forte (Martial Pelletier, 1867, N° 257).

Vénus allaitant les amours, gr. par un anonyme du commencement du XVIIIe siècle (cat. Van den Zande).

L'Enlèvement d'Hippodamie, ou le Combat des Lapithes et des centaures; gr. en larg., par P. de Bailliu. Au bas, huit vers : *Duxerat Hypodaman*, etc. (Basan, 15; Van Hulthem, 933; Montfirmin Cancel, en 1793, avec une autre pièce, 53 livres).

Loth et ses filles, gr. par Séb. Barras. Le patriarche est assis, tenant une coupe d'une main et caressant de l'autre sa fille aînée, auprès de qui il est assis, tandis que la cadette, qui les regarde, presse des raisins dans un vase. On voit dans le lointain Sodome en feu. Dans la marge : *L'ainée des filles de Lot dit à la plus jeune, viens ennyvrons nostre pere du vin et couchons avec luy afin que de nostre dit pere nous conservions semence*. L. 10 p. 4 l.; H. 9 p. 7 l., y compris 8 l. de marge (R. D. 18).

Elisabeth de Brantes, première femme de Rubens, gr. par A. Bissel. Dans le 1er état, la haut. est de 0.290 et la larg. de 0.252. Dans le 2e état, la planche est réduite à 0.273 de haut. et 0.218 de larg.

Elisabeth de Bourbon, gr. par A.-J.-B.-M. Blanchard.

Deux centaures enlevant chacun une femme; ils sont accompagnés de trois amours. Grav. par C. Boel. L. 0.450; H. 0.280.

L'Enlèvement d'Hippodamie, gr. par Bolswert (vente Lemarié, en 1776, 160 livres, avec une autre pièce).

Les Trois Grâces, gr. par le même (P. Danlos, 1 fr. 50).

Conversation entre plusieurs amants, gr. par Pierre Clouet. On remarque à droite, debout, Rubens et sa femme, et derrière eux, l'Amour. Belle pièce connue sous le titre de *Jardin des Muses*, au lieu de *Jardin de plaisance de Vénus*, que porte le titre flamand. Les 1res épreuves sont celles avec les vers flamands; celles avec les vers français sont également recherchées; les dernières, sans vers, sont médiocres (J., I, 369; Frauenholz, 1er état, 66 fl. 6 kr.; Einsiedel, 5 5/8 th.; Valois, 40 fr.; St-Yves, 69 fr.).

Loth enivré par ses filles, gr. par J. Cœlemans.

Vénus corrigeant l'Amour, gr. par Marie-Anne Croisier.

La Nature embellie par les Grâces. Elle est représentée à la manière des anciens: c'est une femme à plusieurs mamelles, et terminée en terme. Les trois Grâces sont occupées à l'orner, et deux amours la couronnent. Pièce en deux planches, gr. par Corneille van Dalen, le jeune. H. 22 p. 4 l.; L. 15 p. 6 l. (Basan, 56 des Allégories; J., I, 384).

Mlle Lindens, maîtresse de Rubens; gr. à l'aqua-tinte, par Debucourt. Paris, Bance et Aumont, 1821.

Orphée obtenant le retour d'Eurydice sur la terre, gr. en larg., par L. Desplaces (J., I, 425).

Bacchanale, gr. en larg., par R. Earlom (Van Hulthem, 4997).

Helena Formans, 2e femme de Rubens, accompagnée d'un page. In-fol. en haut., gr. par le même, 1785 (J., I, 22; 1er état, Schwarzenberg, 3 th.; Ackermann, 5 5/6 th.; Weigel, 10 th.).

Méléagre et Atalante à la chasse du sanglier de Calydon. In-fol. en larg., gr. par le même, 1787 (J., II, 22; Frauenholz, 1er état, 36 fl.; Brandes, 9 th.; Einsiedel, 4 2/5 th.; Weigel, 8 th.).

Les Nymphes endormies surprises par des satyres, in-fol. en travers, gr. par le même (J., II, 22; Van Hulthem, 4996).

Silène ivre soutenu par deux femmes, dont l'une est noire; gr. par le même (J., II, 22).

Jeanne d'Autriche, grande duchesse de Toscane; gr. par Gérard Edelinck. H. 0.495, dont 55 de marge; L. 0.271 (R. D. 143).

Helena Formans, in-fol., gr. par W. Elliott.

Les Grâces entourées d'amours, eau-forte, gr. par R. Eynhouedts (Ch. Le Blanc, 405).

La Maison de filles, soldats et courtisanes; in-fol. en larg., gr. par J. Falck (Rumohr, 1 5/4 th.; Weigel, 1 2/3 th.).

Isabelle-Claire-Eugénie, infante d'Espagne, ovale in-4°, gr. par J. Frosne (de Vèze, p. 49 [33]).

Crescetis Amores. Vénus allaitant les amours, pet. in-fol. en haut., gr. par Corn. Galle, le jeune (Martial Pelletier, 1867, No 113).

Jeanne d'Autriche, grande duchesse de Toscane, in-fol., gr. par L. Gaultier (de Vèze, p. 49 [41]).

Diane et ses nymphes à la chasse, gr. en larg., par Joseph Goupy (J., II, 107).

Elisabeth de Bourbon, in-fol., gr. par Guyard (de Vèze, 49 [45]).

Psyché éclairant l'Amour endormi, in-fol. en haut., gr. par Albert Haelwegh.

Une danse de seize personnes auprès d'un grand arbre, dans les branches duquel se trouve un homme jouant du chalumeau. Eau-forte, rare, par Léon van Heil (Basan, 41 des Allégories; comte ***, de Vienne, 2406).

Le Satyre et la nymphe, gr. par Ant. Herzinger.

Isabella-Clara-Eugenia Hispan. infan. In-4°, gr. par H. Jacopsen (de Vèze, 49 [48]).

Le Jardin d'amour. Conversation entre plusieurs amants. Grande pièce in-fol. en larg., en deux feuilles, gr. par Christophe Jegher. Rare (J., II, 153; 1er état, av. le nom de Rubens, Winckler, 2 th.; Weigel, 5 th.; Rumohr, 7 5/6 th.).

Susanne et les vieillards, grand in-fol. en larg., gr. par le même (J., II, 153; 2e état, Weigel, 2 th.; Brandes, 5 5/6 th.; Winckler, 1 5/6 th.; Becker, 2 1/2 th.; Sternberg, 2 th.; Rumohr, 2 5/12 th.; Frauenholz, 7 fl. 16 kr.).

Isabelle-Claire-Eugénie, infante d'Espagne, in-4°, gr. par P. de Jode, le jeune (de Vèze, 49 [53-54-55]).

Les Trois Grâces se tenant embrassées, in-fol. en haut., gr. par le même. Titre: *Gratiæ decentes*, etc. (Basan, 12; J., II, 154; Frauenholz, 9 fl. 6 kr.; Brandes, 4 1/2 th.; Winckler, 7 1/24 th.; Weigel, 1 1/2 th.; Servat, en 1778, 90 livres).

Vénus sortant des eaux, environnée de nymphes et de tritons; gr. en larg., par P. de Jode, avec titre et dédicace: *Venus orta mari*, etc. (Basan, 42; J., II, 153; Mariette, 125 fr., avec le pendant par Soutman).

L'Abondance, représentée par des femmes nues, dont l'une tient une corne d'abondance remplie de fruits, et l'autre prend d'autres fruits dans un panier et les donne à un singe. Petite pièce en haut., gr. par Theod. van Kessel (Basan, 27; Van Hulthem, 1858).

Le Triomphe de Galatée. — Une nymphe entre les bras d'un dieu marin. — Une syrène entre les bras d'un triton. Trois bas-reliefs, gr. par le même (Basan, 16; Rigal, 400; Van Hulthem, 1856).

Danaé, gr. par J.-L. Krafft.

Vénus et l'Amour, gr. par le même.

Susanne surprise par les vieillards, in-fol., gr. par M. Lasne.

Le Jardin d'amour, grand in-fol., gr. par N. de Launay (vente du 31 mars 1862, N° 37).

Marche de Silène; il est soutenu par des satyres et des bacchantes. Pièce capitale, en larg., gr. par le même (J., I, 417; Van Hulthem, 4397).

La Danse flamande, dans un fond de paysage; gr. en larg., par R. Lecharpentier, 1769 (Winckler, 5013; Van Hulthem, 4098).

Loth enivré par ses filles, in-fol. en larg., gr. par W. van der Leeuw (J., II, 215).

Le Jardin d'amour, lith. par Aug.-Ch. Lemoine. L. 0.29; H. 0.17. Paris, Goupil, 1857, 4 fr.

Le même sujet, in-fol. en larg., gr. par L.-S. Lempereur. On dit que cette gravure fut si bien accueillie du public, que dès le premier jour de sa mise en vente, il en fut placé 700 épreuves (J., II, 208; Becker, 1 $^7/_8$ th.; Blücher, 3 $^{17}/_{24}$ th.; Einsiedel, 3 $^1/_4$ th.; Mappes, 4 fl. 15 kr.).

Le Jugement de Pâris, gr. par A. Lommelin.

Nymphes surprises par des satyres, in-fol., gr. par G. Lorenzini.

Vénus et Adonis, in-fol., gr. par le même.

Anne d'Autriche, femme de Louis XIII; in-fol. dans une bordure ovale, ornée de fruits et de fleurs; gr. par Jean Louys (Basan, 12 des Portraits; Camberlyn, 2e vente, 3070).

Elisabeth de Bourbon, femme de Philippe IV, grand in-fol., gr. par le même (Basan, 20; Camberlyn, 2e vente, 3072).

Le Repos de Diane, beau morceau, connu sous le nom de: *Halte de Diane à la chasse*, gr. par le même. Rare (Basan, 9 des sujets de la Fable; Camberlyn, 2e vente, 3068).

Susanne et les vieillards, in-fol., gr. par Q. Marck.

Elisabeth de Bourbon, in-fol., gr. par Mariette (de Vèze, 49 [73]).

L'Enlèvement des Sabines, in-fol. en larg., gr. par P.-F. Martenasie, 1769 (Einsiedel, 1 $^5/_6$ th.).

Les Grâces (Galerie de Florence), gr. par J.-B. Massard, le père.

Samson dormant sur les genoux de Dalila; un Philistin lui coupe les cheveux. Pièce en travers, gr. par J. Matham. L. 16 p.; H. 13 p. 3 l. (B. 194; J., II, 267).

Elisabeth de Bourbon, in-4°, gr. par Th.-J. van Merlen (de Vèze, 49 [76]).

Les Trois Grâces, gr. en haut., par J.-B. Michel, 1783 (Van Hulthem, 4537).

Le Jugement de Pâris, pièce en larg., gr. à l'eau-forte, par Pierre-Franç. Tardieu, terminée au burin par P.-E. Moitte (Paignon-Dijonval, 3046; Van Hulthem, 4809).

Elisabeth de Bourbon, in-4°, gr. par B. Moncornet (de Vèze, 49 [87]).

Isabelle-Claire-Eugénie, infante d'Espagne, assise; gr. par Jean Muller. H. 14 p.; L. 10 p. 8 l. (Basan, 28 des Portraits; Bartsch, 63).

Le Jugement de Pâris, in-fol. en larg., gr. par J. Neeffs.

Le Triomphe de Galatée, dit le *Lavoir de Charles Ier*. In-fol., rare, gr. par le même.

La Bacchante endormie, gr. par J.-E. Nochez.

Apollon poursuivant Daphné, pièce cintrée par le haut, gr. par Guill. Panneels, 1631. H. 5 p. 8 l.; L. 3 p. 4 l. (Rigal, 620).

Bacchus ivre, soutenu par des bacchantes qu'accompagnent des satyres; gr. par le même. L. 5 p. 7 l.; H. 5 p. 1 l. (Rigal, 620; Basan, 57; Van Hulthem, 2247).

Cléopâtre, vue à mi-corps, assise; elle se fait piquer le sein par deux aspics. Gr. par le même. Titre : *Viri nobilissimi.... Francofurti ad Mœnum*, 1631. H. 6 p. 2 l.; L. 5 p. 2 l. (Basan, 4; Rigal, 620; Van Hulthem, 2243).

L'Enlèvement de Déjanire, gr. par le même. H. 6 p. 1 l.; L. 5 p. (Rigal, 620).

Esther devant Assuérus, gr. par le même. L. 8 p. 9 l.; H. 6 p. 2 l. (Basan, 29 bis de l'Ancien Testament; Rigal, 620).

Jupiter et Junon sur les nues, dans un ovale, gravé par Panneels, apparemment d'après le dessin de Rubens pour le tableau de la Galerie du Luxembourg. H. 6 p. 5 l.; L. 5 p. 4 l. (Basan, 16; Rigal, 620).

Jupiter, sous la forme d'un satyre, surprend Antiope endormie; gr. par le même. H. 6 p.; L. 4 p. 4 l. (Rigal, 620; Basan, 17 des sujets de la Fable).

Psyché recevant d'un aigle la coupe de beauté, composition dans un ovale, gr. par le même. H. 2 p. 10 l.; L. 2 p. 5 l. (Rigal, 620).

La Toilette de Vénus; l'Amour tient le miroir. Pièce cintrée du haut, gr. par le même, 1631. H. 5 p. 8 l.; L. 3 p. 6 l. (Rigal, 620).

Vénus pleurant la mort d'Adonis, gr. par le même. L. 3 p. 11 l.; H. 2 p. 9 l. (Rigal, 620).

Adonis se séparant de Vénus (Galerie de Florence), in-fol., gr. par J.-B. Patas.

La Toilette de Vénus (Gal. de Florence), in-fol., gr. par le même.

Elisabeth de Bourbon, grand in-fol., gr. par P. Pontius (J., II, 374; de Vèze, 49 [104]).

Isabella-Clara-Eugenia, Hispaniarum infan, très-grand in-fol., gr. par le même (Basan, 7 des Portraits; J., II, 374).

Susanne et les vieillards. « *Turpe senilis Amor*. » Gr. par le même, 1624 (Basan, 34 de l'Ancien Testament; C.-L., N° 532, 3 fr.; Debois, 9 fr.).

Isabelle-Claire-Eugénie, infante d'Espagne, in-4°, gr. par G. Rousselet (de Vèze, 49 [112]).

Neptune et Thétis, in-fol., gr. par Jacques Schmuzer, 1790 (P. de Corneillan, 171).

Vénus sortant toute formée du sein de la mer, gr. par le même (J., III, 68).

Le Centaure Nessus et Déjanire, gr. par Chr.-G. Schultze (J., III, 76).

Ixion trompé par Junon, gr. en larg., par Pierre van Sompel (Basan, 18; Van Hulthem, 2772).

Quatre nymphes endormies, découvertes par des satyres, gr. par Sompel.

L'Enlèvement de Proserpine, gr. en larg., par Pierre Soutman. Titre: *Incerta volucri fertur*, etc. (Basan, 37 des sujets de la Fable; J., III, 88; Mariette, 40 fr.). — Le tableau original a été brûlé dans l'incendie du château de Blenheim, appartenant au duc de Marlborough.

Silenum patrem Bacchi nutritium, ventricosum temulentum, inter satyras libidines spumantem, tabella hæc æxhibet. Grand in-fol., gr. par le même, 1642.

Vénus sur les eaux, grande pièce en travers, gr. par le même (Basan, 43 des sujets de la Fable; J., III, 88).

Adam et Eve. Eve cueille le fruit défendu; gr. en haut., par Pierre Spruyt (Van Hulthem, 2790).

Borée enlevant Orytie, gr. en haut., par le même (Basan, 6; Van Hulthem, 2789).

Susanne et les vieillards, gr. par le même.

Le Ravissement de Phœbé et de Elaïra, lith. par Fr. Stadler (Exposition de 1861).

Vénus allaitant les amours, petite pièce en haut., gr. par L. Surugue (J., III, 104).

Isabelle-Claire-Eugénie, infante d'Espagne; gr. par Jonas Suyderhoef (J., III, 106; comte***, de Vienne, 2662).

Loth enivré par ses filles, très-belle composition, au Musée, gr. par W. Swaneburg (J. III, 107; Lex..., N° 41).

Le Jugement de Pâris, gr. par Pierre-François Tardieu et terminé par E. Moitte (Basan, 30 des sujets de la Fable; Camberlyn, 2e vente, 3133).

Ou c'est Vénus, ou c'est Diane, etc. Pièce ovale de 19 p. sur 16, gr. par R.-Simon Thomassin, sous la conduite de B. Picart.

Une femme dans le bain, accompagnée de deux autres femmes; pièce ovale, gr. par le même (Basan, 43 des Allégories; J. III, 133).

L'Enlèvement des Sabines, gr. par Vangelisty (de Vèze, 50).

Marie de Médicis, reine de France, in-fol., gr. par N. Vienot (de Vèze, 49 [127]).

Isabella-Clara-Eugenia, Hispaniarum

infans; in-4° gr. par L. Vorsterman (de Vèze, 49 [130]).

La Fuite de Loth, composit. faisant aujourd'hui partie de la galerie Marlborough; gr. par le même, 1620. Cette composit. est différente de celle du Musée français (J., III, 193; Camberlyn, 2e vente, 3143).

La Madelaine foulant aux pieds ses bijoux. Titre : *Ite procul vestes*, etc. Grav. en haut. par le même (Basan, 37; Van Hulthem, 3116).

Susanne surprise par les vieillards, gr. en haut. par le même, 1620. Titre : *Lectissimæ virgini Annæ*, etc. (Basan, 33; J., III, 193; C. L., N° 531, 3 fr.).

L'Orgie de soldats. L'un d'eux tient un verre; un autre veut donner des coups de hallebarde à des paysans, et un troisième embrasse une paysanne. Eau-forte en larg., gr. à Anvers, par F. van den Wyngaerde (Martial Pelletier, 307; Basan, 63; Van Hulthem, 3273).

Le Satyre à la vaisselle, eau-forte, gr. en larg., par le même. Un faune ivre couché sur un panier de raisins, et s'appuyant sur un tigre qui lui lèche la main; derrière lui se trouve Bacchus buvant dans une tasse, dans laquelle une bacchante presse des raisins. Sur la gauche est une terrasse chargée de vases, et dans le fond un homme qui caresse une femme (Basan, 53; Van Hulthem, 3268).

Vénus et l'Amour. Paris, phot. Richebourg, 1865.

RUBIO (Louis), peintre contemp., à Genève.

Fleurs d'amour.—Premières amours. — Libre comme l'air. Trois pièces gr. par Alfred Cornilliet.

Mon petit lapin. — Ma petite tourterelle; deux pièces gr. en man. noire, par Maile. H. 0.23; L. 0.18 (Bulla, en noir, 2 fr. 50; en coul., 5 fr. chaque).

RUEL, frères, photographes.

Portraits phot. d'apr. nature : Mmes Aimée, Alphonsine, Camille, Christopher, Clara, Colibri, Dislaire, Ducellier, Eva, Irma, Marie Joli, Moyse, Hortense Neveux, Stodel, Tissier, Zélia. Paris, phot. Ruel frères.

RULLMANN ET VIGNERON.

Collection de portraits d'acteurs et d'actrices, publ. par le *Courrier des spectacles*. 25 portraits dont 12 d'actrices, lith. par C. Motte. H. 0.210; L. 0.120 (Soleinne, 255).

RUNCIMAN (H.-A.).

Nymphe se déshabillant pour le bain.

RUOTTE (L.-C.), dess. et grav. de la fin du XVIIIe siècle. — Voir *Gros, le Guide.*

L'Attention. — La Peur de l'orage.— Bacchante. — Artémise. — La Volupté. — Le Désir. Suite de 6 têtes, gr. au pointillé. H. 0.12; L. 0.09 (Bance, 1 fr. 50 ch.).

Marie-Antoinette, in-4° en coul. (vente du 17 janv. 1862).

Le Matin. — Le Midi. — Le Soir. — La Nuit; 4 pl. gr. au pointillé, par Bernard. Paris, Jean, 1820.

La Princesse Caroline de Galles, épouse du roi d'Angleterre, gr. au pointillé. Paris, Genty, 1820.

La Princesse de Lamballe, profil en coul., in-4° (26 nov. 1863, N° 342).

RUSSELL (Lady Caroline). —Voir J. *Reynolds.*

RUSTIGE (Henri), peintre contemp., à Stuttgard.

La Jeune veuve, in-fol., gr. par Carl Muller, pour la Société des Amis des Arts de Francfort.

RUTH ET BOOZ. — Voir *Campion de Tersan, Hersent, Leloir*, Cél. *Nanteuil, Pierre, Schopin.*

RUTHVEN (Lady Mary), femme de Van Dyck. — Voir Van *Dyck.*

RUTLAND (la comtesse de).—Voir *Kneller*, J. *Reynolds.*

RUYTER (Nicaise de), dess. et graveur hollandais, né en 1646.

Le Bain de Diane. Rare (21 février 1862, N° 55).

RYKE (Guillaume de), peintre orfèvre et grav. à l'eau-forte, né à Anvers, en 1635; mort à Londres, en 1697.

Susanne surprise par les vieillards (Camberlyn, 2e vente, 3179).

RYLAND (Williams-Wynne), dess. et grav. au burin et au pointillé, né à Londres, en 1732; pendu en 1783. — Voir *Boucher*, Ang. *Kauffman.*

RYSBRAECK (Pierre), peint. et grav. à

l'eau-forte, né à Anvers, en 1657; l'année de sa mort n'est pas connue.

Diane au bain. Elle est accompagnée de trois nymphes, dont deux la couvrent d'un drap pour la soustraire aux regards d'Actéon, qui éprouve déjà sa métamorphose. Sur le devant, deux nymphes, vêtues, assises à terre; une troisième qui s'empresse de se couvrir, s'enfuit. L. 7 p. 7 l.; H. 6 p. 6 l. (B. 1; Camberlyn, 2e vente, 3180).

Le Lever du soleil. Deux femmes nues dorment couchées à l'ombre des broussailles, au-delà desquelles deux autres femmes semblent les épier. Une cinquième, vue par le dos, est assise à terre. Le soleil se lève derrière des montagnes. L. 7 p. 7 l.; H. 6 p. 6 l. (B. 4).

S

SABATIER, lithogr. contemporain.—Voir *Gudin.*

Odalisque. Paris, phot. Sabatier, 1861.

SABRAN (la marquise de).—Voir D. *Berger*, Mme *Lebrun*, Mich. *Vanloo.*

SACCHI (André), peintre né à Rome, en 1599; mort même ville, en 1661.

Sacrifice to Pan, gr. par Aliamet; L. 0.572; H. 0.413.

Vénus au bain entourée d'amours, dans un paysage; in-fol. en haut., gr. par James Mason (J., II, 257).

SADELER (Jean, ou Hans), dess. et grav. au burin, né à Bruxelles, en 1550; mort à Venise, en 1610. Voir Martin de *Vos*, *Winghen.*

SADELER (Raphaël), frère du précédent et son élève, dess. et grav., né à Bruxelles, en 1555; mort à Venise, en 1616. — Voir Van *Achen, Coignet, Pourbus*, le *Titien*, de *Winghen.*

Diane découvrant la grossesse de Calisto (vente du 27 mai 1861).

Un vieillard offrant à une jeune fille un collier pour la séduire, pièce en larg. (Van Hulthem, 2583).

Vénus et Hircus (Van Hulthem, 2584).

SADELER (Gilles), neveu des précédents, dess. et grav., né à Anvers, en 1570; mort à Prague, en 1629. — Voir *Callvart*, Aug. *Carrache, Fransischi*, J. *Heintz*, le *Titien.*

Narcisse amoureux de lui-même, gr. en haut. Au bas, quatre vers latins: *Inspicit incavtus*, etc. (Winckler, 5212; Van Hulthem, 2609).

SAENREDAM (Jean), dessin. et grav., né à Assendelft, en 1565; mort à Leyde, en 1607. — Voir *Bloemaert, Bolswert*, Corn. *Cornelis*, H. *Goltzius*, Pierre *Isaac*, K. van *Mander*, Paul *Morelse.*

Susanne au bain, surprise par deux vieillards. H. 3 p.; L. 2 p. 2 l. (B. 1).

Les Vierges folles. Elles se livrent à la danse et aux plaisirs du siècle. L. 13 p. 6 l.; H. 9 p. 1 l. (B. 3).

Hercule entre la Vertu et la Volupté, incertain du parti qu'il doit prendre. *Alcidæ assistunt Virtus*, etc. Gravé par un anonyme. L. 7 p. 10 l.; H. 7 p. 5 l. (B. III, p. 259).

Andromède au rocher et Persée combattant le monstre. *Andromede quondam monstris*, etc. Grav. par W. Swanenburg. H. 9 p.; L. 7 p. (B. III, p. 259; J., III, 107).

SAILLIAR (Louis), grav., né à Paris, en 1748; trav. à Londres avec succès. — Voir Van *Dyck.*

SAINT-ALBANS (la duchesse de). — Voir *Kneller.*

SAINT-AUBIN (Gabriel-Jacques de), peint. et grav., né à Paris, en 1724; mort en 1780.

L'Académie particulière: jeune peintre dessinant, d'après nature, une jeune femme couchée. Charmante eau-forte, gracieuse, d'une grande rareté (Martial Pelletier, 1867, N° 627).

Arlequin et Colombine. Au clair de la lune, sur une terrasse, Colombine en robe parée à larges paniers, semble dédaigner la déclaration que lui fait Arlequin. Dans le bas, à droite, on voit la jambe d'un homme qui fuit. En marge, on lit: *Théâtre italien*. H. 0.150; L. 0.110 (Baudicour, 31).

Les Deux amans. Une jeune fille, assise sur un tertre au pied d'un arbre, regarde un jeune homme aux cheveux longs qui s'élance vers elle, et pose sur sa gorge un papier sur lequel il trace quelques lignes. L. 0.119; H. 0.114 (Baudicour, 30).

Frère Luce, 1767. Une mère et sa fille viennent consulter un anachorète. Eau-forte, très-rare, qui n'a jamais été finie.

Médailles spintriennes, sept planches gravées par Saint-Aubin. Elles se joignent à l'ouvrage publié à Paris, en 2 vol. in-fol. (1780-84), sous le titre : *Description des principales pierres gravées du cabinet du duc d'Orléans*. Ces sujets, de petite dimension, sont gravés avec beaucoup d'esprit et de finesse; malheureusement, ils ne peuvent être décrits. Il est assez étrange que la *Description* de ce cabinet, où se trouvaient bien des objets peu édifiants, ait été rédigée par deux abbés (La Chau et Leblond). On attribue à Tibère la honte d'avoir inventé les scènes de débauche qui reçurent le nom de *Spinthriæ*. Suétone en parle (in *Tiber*, 43, et in *Vitelli*, 3). Voir aussi Tacite, *Annale* VI, 1 : « Tunc primum ignota anta vocabula sellulioruin et spinthriarum ex freditate loci et multiplici patientia. »

Beauvais, dans son *Histoire abrégée des empereurs romains et grecs* (Paris, 1667), dit qu'on connaît une soixantaine de médailles spinthriennes. Eckel (*Doctrina nummotum*, t. VIII, p. 315) parle des médailles représentant ces *turpes et monstruosi concubitus*; il renvoie à Spanheim (*Dissertationes de præstantiavet um numismatum*, t. II, p. 520) et il cite comme offrant des sujets de ce genre la planche 97 de la 3e partie de l'ouvrage intitulé : *Numismata antiqua collegit et æri incidi curavit Tho. Pembrochiæ comes* (Londini, 1746, 2 vol. in-4°). Il n'oublie pas des *tesseræ* indiquées dans la préface du tome IV des *Picturæ Herculanienses*.

La Guinguette, divertissement pantomime du théâtre italien; gr. par P.-F. Basan. L. 0.351; H. 0.284.

Comparaison du bouton de rose, in-4° en haut., gr. par Dennel (7 nov. 1861, N° 170).

SAINT-AUBIN (Augustin), habile dess. et grav., né à Paris, en 1736; mort en 1807. — Voir l'*Antique*, *Boucher*, *Cochin*, *Leprince*, le *Titien*, P. *Véronèse*.

Adrienne-Sophie, *marquise de* *** (probablement Mme Monnier). Portrait de jolie femme, pet. in-fol., rare (13 fr., en mai 1864; Martial Pelletier, 1867, N° 457).

Au moins soyez discret. — *Comptez sur mes serments* (A. David, 4 fr.; en avril 1864, 27 fr.).

Catherine II, gr. en haut. (Van Hulthem, 4754).

Louise-Emilie, baronne de *** (Boufflers). Joli portrait, petit in-fol., rare. Belle gorge. Au bas, ces deux vers :

L'Amour, en la voyant, crut voir sa mère un jour
Et tout ce qui la voit a les yeux de l'Amour.

Quelques personnes pensent que c'est Mme Aug. de St-Aubin (en nov. 1861, avec *Adrienne-Sophie*, 11 fr.).

Mlle de La Vallière. — *Mme de Maintenon*. — *Mme de Montespan*. Trois portraits en haut. (Van Hulthem, 4753).

Mme de Sévigné. — *Marie de Médicis*; deux portraits en haut. (Van Hulthem, 4754).

Un jeune homme étendu auprès d'une jeune femme à l'ombre de quelques arbres. Un amour s'envolant au-dessus d'eux va poser une 8e couronne sur une colonne. Au-dessous on lit : *Alcides non iverit ultra*.

Tableau des portraits à la mode. — *La Promenade des remparts de Paris*. Scènes de mœurs et ravissants costumes; deux pièces gr. par Courtois (Martial Pelletier, 631; en mai 1864, la 2e seulement, 41 fr.).

Le Bal paré. — *Le Concert*; deux pièces gr. par Duclos (Martial Pelletier, 632; en mai 1864, 191 fr.).— Ces deux pièces sont ce qu'il y a de plus complet sur l'élégance du XVIIIe siècle.

Marie-Anne Botot Dangeville, gr. par J.-B. Michel. H. 0.370; L. 0.260 (Soleinne, 262).

La Surprise des amants endormis sur la paille au grenier. Charmante pièce très-gracieuse, ovale en travers, gr. en couleur, par Sergent (P. de Corneillan, 660).

SAINT-AUBIN (Mme). — Voir *Audouin*, *Garneray*, *Riesener*.

SAINT-AULAIRE, lith. contemporain. — Voir *Compte-Calix*, *Leprince*, *Toudouze Villeneuve*.

SAINT-EDME, photographe.

Portraits d'après nature: Mmes Azella, Leonilda Boschetti, Coralie, Malvina Brache, Félicie Delorme, Girard, Marie Roze, etc. Paris, 1867.

SAINT-ELME (Ida). — Voir *Grévedon*.

SAINT-HILL (Antoine), graveur. — Voir N. *Berghem*.

SAINT-HUBERTI (Mme). — Voir *Colinet*, *Janinet*.

SAINT-JEAN (de), dess. et grav. à la fin du XVIIe siècle.

Femme de qualité en deshabillé sortant du lit. — *En deshabillé d'hiver.* — *En habit de ville.* — *En habit de cavalier.* Quatre planches (7 déc. 1866, No 21).

SAINT-NON (Jean-Claude-Richard, abbé de), dess. et grav. à l'eau-forte et à l'aqua-tinta, né à Paris, en 1727; mort en 1791. — Voir *Boucher*, Ch.-Nic. *Cochin*.

SAINT-PIERRE, peintre.

Léda. Paris, phot. Goupil, 1855; H. 0.24; L. 0.14, 6 fr.

Le Sommeil de la nymphe. Paris, phot. Goupil, 1867.

SAINT-QUENTIN, peintre.

Les Bacchantes de Cythère, gr. d'après Saint-Quentin (A. David, 2 fr. 50).

Vénus endormie (A. David, 7 fr.).

La Coquette de village, gr. par J.-L. Anselin. H. 0.233; L. 0.164 (1er février 1864, No 604).

Jeune fille tenant un panier de fleurs, in-4o en haut., gr. par le même (11 nov. 1861, 4 fr. 50).

L'Aimable paysanne, buste gracieux, gr. par Janinet (vendu 50 fr. en déc. 1856, avec l'*Agréable négligé*, d'après Baudouin).

La Bacchante surprise, gr. par C. femme Beauvarlet.

SAINT-TOFANELLI, peintre et grav. du XVIIIe siècle.

L'Amour examinant ses flèches. — *L'Amour bandant son arc.* Deux pièces, gr. par G. Folo.

SALABERT, dessin. et grav. contemporain.

Mlle Rachel, lith. en coul. de Thierry. H. 0.400; L. 0.270.

Mlle Pauline Garcia, lith. en coul. H. 0.400; L. 0.270 (Soleinne, 350).

Mlle Taglioni, lith. de Thierry. H. 0.450; L. 0.300 (Soleinne, 308).

Thérèse et Fanny Elssler (Soleinne, 309).

Marie Taglioni, lith. par Sudre (Sudre, en 1867, No 121).

SALENTIN.

Le Cortége de la fiancée. Paris, Goupil, 1866, 6 fr.

SALISBURY (la comtesse de). — Voir *Kneller*, *Reynolds*.

SALLAERT ou SALLARTS (Antoine), peintre et grav. à l'eau-forte et au burin, né à Bruxelles, vers 1575; l'année de sa mort n'est pas connue.

Le Festin de Cléopâtre, en larg. Rare (Camberlyn, 2e vente, 3232).

L'Amour chasseur; il est représenté au milieu d'une meute. Rare (Camberlyn, 2e vente, 3233).

SALLÉ (Mlle), danseuse de l'Opéra. — Voir *Fenouil*, *Lancret*.

SALMACIS ET HERMAPHRODITE. — Voir l'*Albane*, *Bloemaert*, les *Carraches*, *Cazes*, *Detroy*, Nic.-R. la *Fage*, H. *Goltzius*, *Monnet*, *Pichler*, *Pinas*, *Swanevelt*, *Uytenbrouck*.

SALOMON ET LA REINE DE SABA. — Voir *Brosamer*, *Detroy*, le *Dominiquin*, Franç. *Floris*, H. *Holbein*, Gér. de *Lairesse*, *Lucas de Leyde*, *Raphaël*, P. *Véronèse*, *Vincidor*.

SALVATOR ROSA. — Voir *Rosa*.

SALVIATI PORTA (Giuseppe), peintre, né à Castel Nuovo, en 1520; vivait encore en 1572.

Les Honneurs rendus à Psyché, 1602. La belle Psyché, suivie de ses femmes, trouvant sur son chemin des encensoirs que lui offre le peuple. Clair-obscur de trois planches, gr. par Andrea Andreani. H. 10 p.; L. 9 p. 8 l. Les 1res épreuves sont sans marque et sans date (B. XII, p. 125, N° 26).

Le Triomphe du dieu Phallus, copie d'un dessin fameux de Salviati, au bistre, en travers, de 36 pouces de larg. sur 10de haut. (Leber, 3510).

Tarquin voulant forcer Lucrèce, gr. par Enée Vico. On lit en haut : *Pertinacia,* et en bas : *Mors licet immineat tamen usque infracta manebo.* L. et H. 2 p. 10 l. (B. 62).

Une jeune femme faisant des caresses à un vieillard pendant qu'elle lui vole l'argent de sa bourse. On lit en bas : *Fravs — Decipit haec multos praetextu pacis amicæ.* L. et H. 2 p. 10 l. — Ces deux pièces font partie d'une suite de 42 estampes gr. d'après des dessins que l'on croit de Salviati (B. 51).

SAN MARTINO (Marc), peintre et grav. napolitain, florissait à Rimini, vers 1680.

Loth et ses filles. Loth, assis par terre, a sur ses genoux l'une de ses filles qui tient un verre, dans lequel l'autre fille verse du vin. Eau-forte. L. 6 p.; H. 4 p. 2 l. (B. 3).

Pan poursuivant Syrinx qui est vue par le dos, et dont les doigts commencent à se métamorphoser en roseaux. Eau-forte. H. 8 p.; L. 5 p. 10 l. (B. 18).

SANDRART (Joachim de), peintre et grav. à la pointe et au burin, né à Francfort-sur-le-Mein, en 1606; mort à Nuremberg, en 1688. — Voir le *Titien.*

Vénus assise à la fontaine, in-fol., gr. par Thourneisser.

SANDRART (Jean-Jacques), dess. et grav., né à Ratisbonne, en 1655 ; mort à Nuremberg, en 1698.

Psyché avec la boite de Pandore, devant les dieux de l'Olympe, gr. en larg. (Van Hulthem, 808).

L'Amour battu de verges par les nymphes ; Vénus, assise dans un char traîné par des cygnes, vient à son secours. Gr. en larg. (Van Hulthem, 808).

SANDRART (Susanne-Marie), sœur du précédent, grav., née à Nuremberg, en 1658; morte en 1716. — Voir *Raphaël.*

SANNUTI (Jules), graveur vénitien, vivait en 1540.

L'Amour décochant une flèche. Il est sur un globe porté par deux génies ailés. Pièce sans nom de graveur. L. 9 p.; H. 6 p. (B. 4).

Bacchanale. Danse de bacchants et de bacchantes dans un bois. On remarque un bacchant très-gros, masqué en amour. Pièce libre (B. 5).

SANTERRE (Jean-Baptiste), peintre, né à Magny, près Pontoise, en 1651; mort en 1717.

Bien mieux qu'au siècle ou régnait l'innocence, etc. Charmante demoiselle cachetant une lettre, gr. par Chasteau, 1708.

La Chaste Susanne, gr. par le même (26 mars 1865, N° 78).

Femmes en toilette de bal, trois pl. gr. par le même, 1708 (cat. A. Dinaux).

Iris, à la faveur de ce déguisement... Portrait à mi-corps, d'une charmante coquette du temps, gr. par le même, 1710 (Martial Pelletier, 525).

Quand le masque d'Iris cachait ses traits divins..., gr. par le même, 1708 (Martial Pelletier, 525).

La Beauté dangereuse, portrait de dame, gr. par Chevillet (11 nov. 1861, avec la *Jeune coquette,* d'après Raoulx, 2 fr. 50).

La Chaste Susanne, gr. par Duflos.

Vénus au bain, gr. par le même (Van Hulthem, 4252).

Susanne au bain, gr. par Gandolfi. Paris, Danlos aîné, 1867.

Susanne au bain, surprise par les deux vieillards, in-fol. en haut., gr. par Porporati, en 1773 (Mariette, 24 fr.; Menars, 22 fr.; Servat, en 1778, épr. av. l. l., 119 et 121 livres; Logette, en 1817, 128 fr.; Debois, av. l. l., 70 fr.; M. N. L., N° 903, 4 fr.; Charles de Valois, en 1801, av. l. l., 230 fr.; Saint-Yves, 46 fr.).

Susanne au bain, lith. par Soulange-Teissier. Paris, Lemercier, 1839.

Le même sujet, phot. par Bisson, frères, 1857.

Le même sujet, phot. Paris, Briquet, 1859.

Le même sujet, phot. Paris, Duriaux, 1858.

Le même sujet, phot. par Furne fils et Cie. Paris, 1858.

Le même sujet, phot. par Goupil; carte de visite, 1 fr. La vente de cette photogr. est autorisée, mais l'étalage en est défendu.

SAPHO. — Voir *Barrias, Devosges, Fragonard, Kauffman, Krafft, Rioult, Zucchi.*

SARRABAT (Isaac), dess. et grav. en man. noire, né aux Andelys, vers 1670. — Voir *Gillot, Téniers.*

SARRAZIN (Jacques), sculpteur, né à Noyon, en 1588; mort à Paris, en 1660.

Marche de Vénus, dans son char, ayant l'Amour à son côté, suivie de Mars, Bacchus et Vulcain, ce dernier commandant aux conducteurs des victimes de les suivre pour célébrer un sacrifice. Le cortége est terminé par Hercule filant à une quenouille. Morceau de 4 feuilles chiffrées, gr. par Mich. Dorigny, d'après un bas-relief exécuté à Paris, dans le jardin de M. Jacquelin, 1642. L. 1 mètre 191; H. 0.205 (R. D. 52).

Les Baigneuses. — *Le Berger surpris;* deux pièces gr. par Jubier.

SATURNE ET PHILYRE. — Voir *Jules Romain,* le *Parmesan,* Perino del *Vaga.*

SAUGRIN, graveur du XVIIIe siècle. — Voir *Moreau,* le jeune.

SAUVES(Charlotte de Beaune-Semblançay baronne de). — Voir *Niel.*

SAVART (Pierre), dess. et grav., né à Saint-Pierre de Thimer en Thimerais (Eure-et-Loire), en 1737. — Voir Elisabeth-Sophie *Chéron, Mantégna.*

Marie-Antoinette, reine de France, 1775. H. 0.44; L. 0.30. Rare.

SAVRY (Jacques), peintre, dess. et grav. à l'eau-forte, natif de Courtrai, florissait au XVIe siècle.

Paysage avec Apollon poursuivant Daphné, gr. par J. van Londerseel. L. 0.406; H. 0.284.

SCALBERGE (Paul), peintre et grav., florissait à Paris en 1637. — Voir *Cigoli,* le *Dominiquin.*

L'Amour en chasse, pièce sans marque. H. 5 p. 5 l.; L. 3 p. 9 l. (R. D. 38).

L'Education de l'Amour, suite de douze pièces numérotées, gravées en 1638, et représentant Vénus avec son fils dans des paysages. H. 6 p. 11 l. à 7 p. 2 l.; L. 5 p. 1 à 3 l. — Elles sont décrites dans le *Peintre-graveur français,* de Robert Dumesnil, tome III, p. 10.

Le Jugement de Pâris. L'instant choisi est celui de la distribution du prix. Pâris, debout en avant d'un siége de gazon, remet la pomme à Vénus debout à sa gauche et qu'escorte l'Amour. Les deux autres déesses semblent se diriger au fond de la droite, où l'on voit Mercure à côté du char de Junon. Morceau sans marque. H. 9 p. 7 l.; L. 7 p. 6 l. (R. D. 39).

SCARAMUCCIA (Louis), dit Louis *Perusin;* peint. et grav., né à Pérouse, en 1616; mort à Milan, en 1680. — Voir Ann. *Carrache.*

SCARRON (Mme). — Voir *Petitot.*

SCHALKEN (Godefroy), peintre, né à Dordrecht, en 1643; mort à la Haye, en 1706.

Cupidon et Psyché, gr. par J.-Mac Ardell.

La Nonchalante, gr. par P.-F. Basan.

Le Maître de chant, in-fol., gr. par R. Earlom.

Une vieille femme à table près d'un jeune homme, in-fol., gr. par J.-E Haid.

L'Education badine, in-fol., gr. par P.-G. Langlois (P. de Corneillan, 62).

La Jeune égrillarde, gr. par J.-Ph. Lebas.

Jeune femme à sa toilette; elle est vue à mi-corps et presque de face; gr. en haut., par Artus Schouman (Camberlyn, 2e vente, N° 3305).

SCHALL. — Voir *Challe.*

SCHAUFELEIN (Hans), peint. et grav. sur bois, né à Nuremberg, en 1487; mort en 1550. — Voir Albert *Durer.*

Adam et Eve, gr. en bois.

La Chaste Susanne, gr. en bois, très-rare.

Les Danseurs des noces, suite de vingt pièces, dont chacune offre un homme de condition accompagné d'une dame. Les uns de ces couples dansent ou marchent, les autres s'embrassent. Toutes ces pièces ont 8 p. 6 l. à peu près de proportion (B. 103).

Loth et ses deux filles. L. 13 p. 10 l.; H. 6 p. 6 l. (B. 4; V***, d'Anvers, en 1856, N° 712).

Plusieurs jeunes seigneurs accompagnés de leurs maîtresses, dont les uns se promènent, les autres sont assis. H. 6 p. 6 l.; L. 6 p. (B. 97).

SCHEFFER (Ary), peintre, né à Dordrecht, en 1795 ; mort à Argenteuil, en 1858.

Faust et Marguerite (la séduction), gr. par Aug. Blanchard. H. 0.41 ; L. 0.26 (Goupil, 25 fr.).

Françoise de Rimini et Paolo. « Poëte, dis-moi quelles sont ces deux ombres qui volent ensemble, portées dans l'air par un même vouloir. » (DANTE, *Divine comédie*). Gr. au burin, par L. Calamatta. L. 0.34; H. 0.24. Cette pièce fait pendant à *Susanne au bain*, gr. par Thévenin, d'après le Corrége, de même dimension (Dusacq et Cie, épr. av. l. l., 40 fr.; apr. l. l., 30 fr.).

Faust apercevant Marguerite à sa sortie de l'église « Par le ciel ! cette enfant est belle ; de ma vie je n'ai rien vu de pareil ! L'air si doux et si modeste ! La façon dont elle baisse les yeux s'est gravée au fond de mon cœur. » (GOETHE *Faust.*) Gravé au burin par A. Caron. H. 0.41 ; L. 0.26 (Dusacq, épr. avec l. l., 25 fr.; avant l. l., 50 fr.; épreuve d'artiste, 120 fr.).

Hébé, gr. par J. François. 0.37 sur 0.20 (Goupil, de 20 à 100 fr.).

Marie d'Orléans, in-fol., gr. par Henriquel-Dupont. Très-rare, n'ayant pas été mis dans commerce (de Vèze, p. 159 ; Martial Pelletier, 845).

Méditation. — *Rêverie* (jolis groupes de femmes) ; deux pièces ovales, lith. par Regnier ; H. 0.40; L. 0.33 (Delarue, en coul., 8 fr. chaque).

Faust et Marguerite, phot. par Bingham. Paris, Goupil, 1858.

Dante et Beatrix. — *Faust et Marguerite* (la séduction); deux pièces phot. Paris, Goupil, 0.22 de haut. sur 0.12 de larg., 8 fr. ch.; 0.07 sur 0.12, 1 fr. 50 ch.; cartes de visite, 1 fr. ch.

Hébé, phot. par Voland. 0.09 sur 0.13 (Goupil, 1 fr. 50).

SCHEITS (A.).

Bacchus, Cérès, Vénus et l'Amour, eau-forte (5 nov. 1863, N° 46).

SCHENAU (Jean-Eléazar), directeur de l'Académie de peinture à Dresde, où il mourut en 1807, à 62 ans.

L'Amour conduit par la folie. — *Le Perroquet mignon.* — *Le Raccommodement.* Trois pièces gr. d'après Schenau.

L'Amour et Psyché, gr. par J.-G. Boettger.

Deux jeunes filles regardant des tourterelles qui se becquettent, gr. par Chevillet (11 nov. 1861, 5 fr.).

L'Image de la beauté, gr. par le même (15 mai 1865, N° 801).

La Leçon de botanique, gr. par le même (15 mai 1865, N° 801).

Le Miroir cassé, gr. par le même.

L'Amour fixé, gr. par Louise Gaillard.

La Belle fileuse, in-fol. en haut., gr. par la même (Lex..., 547).

La Brouille, in-fol., par la même.

La Dissimulée, in-fol., par la même.

L'Ecureuil content, in-fol., par la même.

La Forêt de scrupule, gr. par la même.

L'Heureux serin, in-fol., gr. par la même.

Les Maris selon la coutume, gr. par la même.

La Méditation, in-fol. en larg., gr. par la même.

La Mystérieuse, gr. par la même.

La Naissance de l'Amour, in-fol., par la même.

L'Ouvrière en dentelles, gr. par la même.

Le Pardon général, par la même.

La Prude, gr. par la même.

Les Balanceuses, gr. en larg., par Germain.

L'Aventure fréquente, 1771, gr. par L. Halbou.

La Crédulité sans réflexion, 1770, gr. par le même.

Les Intrigues amoureuses, gr. par le même.

La Musicienne des Alpes, 1764, gr. par le même.

L'Amour conduit par la fidélité, gr. en haut., par Littret de Montigny.

L'Amour distribuant ses dons, gr. par le même.

Hippolyte Clairon de la Tude, gr. par le même, 1766. H. 0.340; L. 0.230 (Soleinne, 268).

Mme la marquise de Pompadour : collier de perles ; cheveux relevés ; visage fort jeune ; air d'ingénuité qu'on ne trouve que dans cette image. Médaillon entouré de roses, in-4°, gr. par

Littret de Montigny, 1764 (21 fr., en février 1859).

L'Innocence vengée. — *La Naissance des désirs.* Deux pièces in-fol., gr. par Elie du Mesnil.

Les Défauts corrigés par l'affront, in-fol., gr. par J. Ouvrier.

La Fille rusée, in-fol., gr. par le même.

La Lanterne magique, in-fol., gr. par le même.

La Fille rusée, gr. par B.-L. Prévost.

Jupiter et Io, gr. par Schultze (P. de Corneillan, 189).

La Curiosité punie, 1765, gr. par Schwab.

Le Dédommagement de l'absence, gr. par Vidal.

L'Heureux retour, gr. par le même (vente du 27 avril 1863).

SCHENK (Peters), dess. et graveur, mort en 1711. — Voir *Raphaël.*

Cinq filles nues près d'un ruisseau, eau-forte.

Le Cuisinier qui embrasse la cuisinière (en allemand), figures jusqu'aux genoux, in-8, grav. en mezzo-tinte. 5 p. $^1/_4$ sur 4 $^1/_2$.

Mlle de La Vallière (Imhoff, 172).

Paysage avec des filles nues, eau-forte.

Quatre filles nues près d'un ruisseau, dans lequel l'Amour se baigne; eau-forte.

Vénus dormant. — *Mars et Vénus.* — *Pluton et Proserpine.* — *Neptune et Amphitrite.* — *Bacchus et Ariane.* — *Hercule et Déjanire.* — *Jupiter et Europe. Apollon et Leucothoé.* Huit pièces dess. et grav. à la man. noire par P. Schenk.

SCHERER, dess. lith. contemporain.

C'est le premier venu. — *Comment le trouvez-vous?* Deux pièces lith. Paris, impr. Bès et Dubreuil, 1867.

SCHIAVONE (André *Medula*, dit le), peint. et grav., né à Sebenico (Dalmatie), en 1522; mort à Venise, en 1582. Les pièces de cet artiste se rapprochent tellement du Parmesan, qu'on peut les croire d'après ce maître. — Voir le *Parmesan.*

Baigneuses surprises par des satyres; à gauche, l'Amour près d'une femme couchée. Composition de neuf figures. H. 8 p.; L. 6 p. 11 l. (Rigal, 501; J., II, 277).

L'Enlèvement d'Hélène. Pâris, aidé de ses Troyens, enlève de force la belle Hélène. Un cavalier troyen sabre un Grec dont le cheval s'abat sous lui. Vers le fond, Pâris se baisse de son cheval pour se saisir d'Hélène qui lui résiste. Dans le haut est Diane sur son char traîné par deux coqs; elle est caressée par un homme. On lit sur une pierre, en bas, à droite : *Orientibus Gallis Ilion cecidit. M. D. XLVII. excurcentibus Gallvm renovabitur.* Grande pièce imprimée sur deux feuilles. L. 18 p. 2 l.; H. 14 p. 8 l. (B. XVI, p. 69, N° 81). — On pense que ce morceau fait quelque allusion aux amours de Henri II et Diane de Poitiers.

Hercule faisant des efforts pour délivrer Déjanire d'entre les bras du centaure Nessus qui s'enfuit ayant la belle en croupe. H. 5 p. 4 l.; L. 3 p. 6 l. (B. XVI, p. 66, N° 72).

Le Jugement de Pâris. Il étend une main vers celle des trois déesses qui est debout devant lui, au milieu des deux autres. H. 6 p. 6 l.; L. 4 p. 6 l. (B. 16).

Mars s'entretenant avec l'Amour. H. 6 p. 6 l.; L. 3 p. 3 l. (B. XVI, p. 66, N° 73).

Vénus sortie du bain. Elle est accroupie à gauche, tenant une flèche d'une main, et de l'autre l'arc que l'Amour semble vouloir lui prendre. Vers le fond de la droite, on voit un satyre qui relève un rideau. H. 5 p. 7 l.; L. 3 p. 5 l. (B. XVI, p. 67, N° 75).

Jupiter et Io, gr. en larg., par P. Aveline (cabinet Crozat).

Vénus et Adonis, in-8°, gr. par Conrad Lauwers avec C. Boël.

SCHIDONE (Barthélemi), peintre, né à Modène, en 1560; mort à Parme, en 1616.

L'Amour dans un paysage, in-fol. en larg., gr. par Andr. Geiger.

Cupidon, gr. par Strange (Martelli, 2e vente).

SCHINZ.

Die Braut (la Mariée), lith. par Schultz. Lemercier, impr. à Paris, pour Velten, à Saint-Pétersbourg, 1856.

SCHLESINGER, peintre prussien contemp., trav. à Paris.

Voltaire et Mlle Dunoyer, petit in-fol. en haut., gr. en man. noire, par Castan (Goupil, de 20 à 40 fr.).

L'Etoile d'Orient, gr. en man. noire,

par H. Garnier; H. 0.37; L. 0.28 (Delarue, 8 et 16 fr.).

Le Favori du sérail. — *Le Favori du château.* Deux pièces gr. à l'aqua-tinta, par H. Garnier. H. 0.42; L. 0.34 (Goupil, en noir, 12 fr.; en coul., 24 fr.).

Petite Marguerite. — *Fleur de lis;* deux pièces à la man. noire, par le même. H. 0.42; L. 0.34 (Bulla, 10 et 20 fr. ch.).

Printemps de la vie. — *Ne m'oubliez pas;* deux pièces à la man. noire, par le même. H. 0.43; L. 0.32 (Goupil, 10 à 20 fr. ch.).

Les Six sens : LaVue.—L'Ouïe.—L'Odorat.—Le Goût.—Le Toucher.—L'Extase. Six pièces à la man. noire, par le même. H. 0.37; L. 0.27 (Goupil, 8 à 16 fr. ch.).

Les Yeux parlants, gr. à la man. noire, par le même. H. 0.37; L. 0.27 (Goupil, 8 à 16 fr.).

Colin-maillard assis (pendant au *Pont d'amour,* par Léon Noël), lith. par Lafosse. L. 0.53; H. 0.43 (Bulla, 12 et 24 fr.).

Séductions de la vie, deux pièces lith. par le même. H. 0.80; L. 0.56 (Bulla, 5 à 15 fr. chacune). H. 0.60; L. 0.50 (Bulla, 3 à 12 fr. ch.).

La Surprise, lith. par le même. H. 0.46; L. 0.34 (Bulla, 1 fr. 50 à 6 fr.).

Le Discret, gr. en man. noire, par Leroux; H. 0.47; L. 0.37 (Bulla, 20 et 40 fr.).

Comme l'esprit vient aux filles! lith. par Léon Noël. L. 0.46; H. 0.36 (Goupil, en noir, 10 fr.; en coul., 20 fr.).

Le Pont d'amour, jeu de société (pendant au *Colin-maillard assis,* par Lafosse), lith. par Léon Noël. L. 0.53; H. 0.43. Paris, Lemercier, 1846 (Bulla, 12 et 24 fr.).

Le Renard et les raisins (un eunuque dans un harem au milieu de jeunes femmes qui lui font des agaceries), lith. par le même. L. 0.46; H. 0.36. Paris, Goupil, 1847, en noir, 10 fr.; en coul., 20 fr.

L'Indiscret, gr. en man. noire, par Pichard; H. 0.47; L. 0.37 (Bulla, 20 et 40 fr.).

Comme l'esprit vient aux garçons, lith. par Soulange-Teissier. L. 0.46; H. 0.36. Paris, Lemercier, 1845 (Goupil, 10 fr. en noir; 20 fr. en coul.).

L'Indiscret, phot. en haut., par Chardon, jeune, 1861; H. 0.20; L. 0.16 (Bulla, 5 fr.).

Bouton de rose. — *Carmela.* — *La Prima dona.* Trois phot. Paris, Goupil, 1867.

Comme l'esprit vient aux filles. — *Comme l'esprit vient aux garçons;* deux phot. Paris, Goupil, cartes de visite, 1 fr. ch.

Le Favori du sérail. — *Le Favori du château ;* deux phot. de 0.07 sur 0.12. Paris, Goupil, 1 fr. 50 ch.

Le Portrait parlant, phot. Paris, 1864, 0.09 sur 0.12, 1 fr. 50; carte de visite, 1 fr.

Ne m'oubliez pas, phot. de 0.17 sur 0.14. Paris, Goupil, 2 fr.

En l'absence de la maîtresse, phot. par Richebourg, 1861.

SCHLOESSER (Charles), peintre, né à Darmstadt; trav. à Paris.

Le Fruit défendu. — *L'Instruction obligatoire ;* deux phot. Paris, Goupil, 1867.

SCHMIDT (Georges-Frédéric), dess. et grav. au burin et à l'eau-forte, né à Berlin, en 1712 ; mort même ville, en 1775. — Voir El.-Sophie *Chéron, Cochin* (le jeune), *Dietrich, Ferdinand, Lancret, Pesne, Pierre, Rembrandt,* L. *Silvestre, Tocqué.*

Adrienne Lecouvreur, in-12, gr. pour la suite publiée à Paris, par Odieuvre (Rigal, 729).

Anne d'Autriche, reine de France; in-12, gr. pour la même suite (P. de Corneillan, 432 ; Rigal, 729).

Mme Deshoulières, in-12, gr. pour la même suite (Rigal, 729).

Portrait du peintre Latour, gravé en 1742 par Schmidt (N° 50 du catalogue de l'œuvre de cet artiste, par Crayen). Latour est représenté montrant une porte fermée qu'on voit dans le fond. Ceci se rapporte au parti qu'il prit de refuser l'entrée de son atelier à un importun ; l'anecdote est rapportée dans une note du *Journal* de Wille, tome II, p. 58. On a fait, en Angleterre, une copie plus petite de ce portrait, en manière noire, mais avec des changements. Au lieu d'une porte fermée, elle offre une femme vue par le dos, levant sa chemise et montrant le derrière. On aperçoit sur le canevas du chevalet l'esquisse d'une femme dans une autre position encore moins décente (Rigal, 726).

Le Satyre et la chèvre, eau-forte d'après un groupe antique tiré des ruines d'Herculanum. Sujet dans une bordure ronde, ornée de pampres. Dans la marge : *Il famoso satyro....* Pièce rare (Rigal, N° 730, 9 fr ; J. III, 66).

Trois jeunes filles et un singe, in-fol., gr. par P.-K. Fellner.

Adrienne Lecouvreur, gr. par Fontaine. H. 0.240 ; L. 0.190 (Soleinne, 267).

SCHMUTZER (Jacques), grav., né à Vienne, en 1733. — Voir *Rubens.*

SCHNEIDER (Mlle), actrice. — Voir *Guyard, Morin.*

SCHONGAUER (Martin), dit le *Beau Martin,* autrefois désigné sous le nom de *Martin Schoen* ; peint. et grav., né à Culmbach, vers 1445 ; mort à Colmar, le 2 février 1499.

Saint Antoine tourmenté par les démons, morceau célèbre. H. 11 p. 8 l. ; L. 8 p. 6 l. (B. 47 ; J. III, 71 ; Durand, 400 fr.).

Une des vierges folles. H. 5 p. 6 l. ; L. 4 p. (B. 87 ; Debois, 50 fr. ; Ch. de Férol, en 1860, 300 fr.).

SCHOPIN (H.-Fréd.), peintre, né à Lubeck, en 1804 ; élève de Gros.

Effie et Jenny, gr. par J.-A. Allais. H. 0.458 ; L. 0.380.

La Jolie fille de Perth, gr. en man. noire, par le même. H. 0.458 ; L. 0.380 (Van Hulthem, 3883).

Paul offre un nid et des fruits à Virginie. — Virginie au bain. Deux pl. gr. à l'aqua-tinta, par le même. H. 0.60 ; L. 0.47 (Goupil, en noir, 20 fr. ; en coul., 35 fr.).

Gil Blas : Il se sauve de la caverne avec dona Mencia. — Entrevue du prince d'Espagne avec la belle Catalina. Deux pl. à la man. noire, par Cottin. H. 0.52 ; L. 0.40 (Dusacq, 12 et 24 fr. ch.).

Bethsabée. — Susanne ; deux pièces ovales, gr. en man. noire, par H. Garnier. L. 0.51 ; H. 0.41. Paris, Bulla, 1854, en noir, 16 fr. chaque ; en coul., 32 fr.

Paul et Virginie. « Quelquefois, à la « vue de Paul, elle allait vers lui en fo- « lâtrant, puis tout à coup, près de l'a- « border, un embarras subit la saisissait, « un rouge vif colorait ses joues pâles, et « ses yeux n'osaient plus s'arrêter sur les « siens. » — *Paul abandonné.* « Ce fut « de cette élévation que Paul aperçut le « vaisseau qui emmenait Virginie. Il le « vit à plus de dix lieues au large, comme « un point noir au milieu de l'Océan. » (Bernardin de Saint-Pierre.) Deux pièces en man. noire, gr. par le même. H. 0.60 ; L. 0.47 (Bulla, en noir, 20 fr. ch. ; en coul., 40 fr.).

Première entrevue de Rachel et de Jacob. « Rachel arriva avec les brebis de « son père, car elle menait paître elle- « même le troupeau. Jacob, l'ayant vue « et sachant qu'elle était sa cousine « germaine, ôta la pierre qui fermait le « puits. » — *Laban reçoit Jacob dans sa famille.* « Jacob dit à Laban : Je « vous servirai sept ans pour Rachel, « votre seconde fille. Laban lui ré- « pondit : Il vaut mieux que je vous la « donne qu'à un autre, demeurez avec « moi. » (*Genèse,* ch. XXIX.) Deux pièces en man. noire, gr. par le même ; H. 0.53 ; L. 0.42 (Bulla, en noir, 20 fr. chaque ; en coul., 40 fr.).

Ruth et Booz, aqua-tinta, gr. par le même. H. 0.76 ; L. 0.64 (Goupil, 40 fr. en noir, et 70 fr. en coul.).

L'Enfant prodigue dissipant ses richesses, petit in-fol. en larg., gr. en man. noire, par E. Jazet (Goupil, de 50 à 100 fr., et 85 fr. en coul.).

L'Age d'or. — Le Paradis de Mahomet ; deux pièces gr. en man. noire, par le même. L. 0.96 ; H. 0.58. (Bulla, en noir, 60 fr. ; en coul., 100 fr. ch.) — L. 0.61 ; H. 0.36 (Delarue, 20 et 40 fr.).

Esther implorant Assuérus. — Entrevue d'Antoine et de Cléopâtre ; deux pièces gr. en man. noire, par le même. L. 0.90 ; H. 0.58 (Bulla, en noir, 50 fr. chaque ; en coul., 90 fr.).

Moïse sauvé des eaux. « En ce même « temps, la fille de Pharaon vint au fleuve « pour se baigner, accompagnée de ses « filles, et ayant aperçu ce panier parmi « les roseaux, elle envoya une de ses filles « qui le lui apporta. » (*Exode,* ch. II). Gr. en man. noire, par le même ; L. 0.80 ; H. 0.57 (Delarue, en noir, 50 fr. ; en coul., 90 fr.).

Paul et Virginie égarés. — Leur dernier entretien. Deux pl. gr. à l'aquatinta, par le même. H. 0.60 ; L. 0.47 (Goupil, 20 fr. en noir, et 35 fr. en coul.).

Toilette de Judith. « Dieu même lui

« donna encore un nouvel éclat, parce « que tout cet ajustement n'avait aucun « mauvais désir, mais la vertu. » (*Judith*, ch. X). Gr. en man. noire, par le même; L. 0.67; H. 0.52 (Bulla, en noir, 20 fr.; en coul., 40 fr.).

Isaac et Rébecca devant Abraham. — *Mariage d'Assuérus et d'Esther*; deux pièces en man. noire, gr. par Manigaud. H. 0.90; L. 0.55. Paris, Bulla, 1866, en noir, 60 fr.; en coul., 120 fr. chaque.

Samson et Dalila. « Pendant le som- « meil de Samson, Dalila lui fit raser la « chevelure, après quoi, elle le livra aux « Philistins, car sa force l'abandonna au « même instant. » (*Les Juges*, ch. XVII). Gr. en man. noire, par le même. L. 0.67; H. 0.52. Paris, Bulla, 1866, en noir, 20 fr.; en coul., 40 fr.

Henri Smith et Catherine Clover, lith. par Léon Noël. Paris, Turgis, 1853.

Paul et Virginie: Le Bain. — Le Nid. Deux pl. gr. en man. noire, par Pichard. H. 0.30; L. 0.23 (Goupil, de 6 à 10 fr. chacune).

Calypso et Télémaque. « Les yeux de « toute l'assemblée étaient immobiles et « attachés sur le jeune homme. Télé- « maque, baissant les yeux et rougis- « sant avec beaucoup de grâce, reprend « la suite de son histoire.... » — *Eucharis et Télémaque.* « Cependant Télémaque, « voyant cet enfant qui se jouait avec « les nymphes, fut surpris de sa dou- « ceur et de sa beauté. Il l'embrasse, le « prend sur ses genoux, et sent bientôt « en lui-même une inquiétude dont il « ne peut trouver la cause.... » Deux pièces en man. noire, par Rollet; L. 0.90; H. 0.58 Paris, Delarue, 1854, en noir, 50 fr. ch.; en coul., 90 fr.

Rébecca et Eliézer. « Eliézer, chargé « par Abraham d'aller en Mésopotamie « chercher une femme pour son fils « Isaac, arrive à une fontaine près de « la ville de Nachor et demande à boire « à Rébecca qui s'y trouvait au milieu « de ses compagnes. » — *Eliézer chez Bathuel.* « Eliézer, amené par Laban, « frère de Rébecca, dans la maison de « Bathuel, leur père, donne des bijoux « à Rébecca et distribue des vases pré- « cieux et de riches vêtements à toutes « les personnes de la famille. » (*Genèse*, ch. XXIV). Deux pièces en man. noire, gr. par le même; L. 0.80; H. 0. 57. Paris, Bulla frères, 1866, en noir, 50 fr. chaque; en coul., 90 fr. — L. 0.61; H. 0. 42. Bulla, 20 et 40 fr. ch.

Intérieur d'un sérail, phot. par Richebourg, 1860.

SCHOUMAN (Artus), peint. et grav. à l'eau-forte et en man. noire, né à Dordrecht, en 1710; l'année de sa mort n'est pas connue. — Voir *Schalken*.

Le Modèle, ou l'Académie hollandaise, petite pièce en larg., gr. par Simon Fokke, 1751.

SCHREGER.

Catherine, impératrice de Russie, portr. (comte ***, de Vienne, 2595).

SCHROLER, graveur. — Voir *Boilly*.

SCHULT, dess. lith. contemp., né à Cassel (Hesse-Electorale); élève de l'Académie de Munich. — Voir *Aufray, Brochard, Caraud*, le *Corrége, Galbrun*, Ern. *Girard, Guérard, Marohn, Ollivier, Roëhn, Schinz*.

Les Jolies femmes de Paris: Les Apprêts pour le bal. — Première au rendez-vous. — Lui plairai-je? — Pour un ami de mon mari. Quatre pièces lith. par Schultz, d'apr. les phot. de Mayer et Pierson. Paris, Wild, 1857.

Un miracle (*Galerie pour rire*, N° 29), lith. de 0.46 de haut. sur 0.38 de larg. (Bulla, rehaut, 6 fr.).

SCHULTZE (Jean, ou Chrétien-Gottfried), grav. au burin et à l'eau-forte, né à Dresde, en 1749. — Voir *Jules Romain*, Gér. de *Lairesse*, Mme *Lebrun, Mieris, Rubens, Schenau, Taraval, Viani*.

Angelica Kauffman, en vestale, à mi-corps, tenant une lampe (Nauman, 816).

Grande vestale, en demi-figure (J., III, 76).

Catherine II, impératrice de Russie, gr. par J.-F. Bause, 1762. H. 0.225; L. 0.163. Rare (Winckler, 1 1/5 th.).

SCHUPPEN (Pierre van), dess. et grav. au burin, né à Anvers; en 1623; mort à Paris, en 1702. — Voir Elisabeth-Sophie *Chéron*.

Mme Deshoulières, in-8° (Martial Pelletier, 463).

Marguerite de Lorraine, petite fille de René de France; rare (Camberlyn, 2e vente, 3323).

SCHUT (Corneille), peintre et grav. à l'eau-forte, naquit à Anvers, vers 1590, et y mourut en 1660.

Borée enlevant Orithye, gr. en larg. (Van Hulthem, 2741; Rigal, 745).

Cérès debout, tenant une corne d'abondance, servie par des satyres; gr. en larg. (Winckler, 5400; Van Hulthem, 2741).

Europe assise sur le taureau, et entourée de ses compagnes. Les amours voltigent dans le ciel; à gauche, dans le fond, Neptune sur son char. Pièce en larg. (Winckler, 5397; Van Hulthem, 2739).

Mars, Flore et Vénus, ovale en haut. (J., III, 73; Camberlyn, 2e vente, 3343).

Susanne au bain, surprise par les vieillards; pièce en larg. (Winckler, 5384; Van Hulthem, 2712).

Vénus entre Bacchus et Cérès. Un amour lui verse à boire; deux autres amours à ses pieds. H. 0.299; L. 0.204 (Rigal, 745; Van Hulthem, 2738).

L'Enlèvement d'Europe, gr. en haut. par Rombaut Eynhouedts (Van Hulthem, 1485).

SCHVOERER (Frédéric), peintre contemp. de la Bavière.

La Jalousie, belle lith. par Fœderle (Sudre, 1867, No 164).

SCHWAB, grav. du XVIIIe siècle. — Voir *Schenau*.

SCHWEDER (J.), graveur. — Voir L. de la *Hyre*.

SCHWIND (Maurice de), peintre comtemp. professeur à l'Académie des Beaux-Arts de Munich.

Cendrillon, gr. par Jules Thaeter (Exposit. de Paris, 1867).

SCOLARI (Joseph-Nicolas), peintre en grisaille et grav. en bois et en clair-obscur, né à Vicence, vers 1540.

L'Enlèvement de Proserpine (Camberlyn, 2e vente 3345).

SCORODOOMOFF (Gabriel), ou SCOROUDOOMOW, dess. et grav., né en Russie, vers 1748; travaillait à Londres, vers 1778. — Voir *Kauffman*, Ch. *Maratte*, Ch. *Vanloo*.

SCOTIN (Gérard), dess. et grav. français du XVIIe siècle. — Voir *Lancret*, *Watteau*.

Mlle Huretti, dansant (déc. 1856, No 854).

SCRIVEN (E.), grav. moderne. — Voir *Westall*.

SÉBASTIEN DEL PIOMBO (Fra Sebastiano Luciano, dit), célèbre peintre, né à Venise, en 1485; mort en 1557.

Victoria Colonna, marquise de Pescaire, femme poëte; gr. par W. Hollar, 1650.

SEGHERS (Gérard), peintre, né à Anvers, en 1589; mort en 1651.

Coridon et Sylvie, in-fol. en larg., gr. par J. Neeffs.

SÉGOFFIN (Ch.), photogr.

Guides de l'étranger : Balaye bien le trottoir avec ton balai, à présent. — Ces messieurs font courir les chevaux et ces dames font courir ces messieurs. — Le valet de carreau est un jeune homme... — En Afrique, ça traverse le désert; à Paris, ça traverse le macadam. — Faut pas que ça t'gène, mon loup, c'est maman. — N'aime pas du tout les repas-sages. — C'est l'heure du dîner. Paris, phot. Ch. Ségoffin, 1865.

SEGUIN (J.).

Badende Madchen in wulleau geschmach. Gr. gn. id. am stich beschn. dessgleichen. Schr schön. Gravure de 15 pouces anglais sur 21.

SEIDEL (Gustave), grav. contemp. à Berlin. — Voir *Kaulbach*, *Klöber*.

SEIGNAC, dess. contemp.

M'aime-t-il ? — Lui plairai-je? deux pl. lith. par Bocquin. H. 0.26; L. 0.21. Paris, E. Morier, 1859, en rehaut, 2 fr. ch.

Les mêmes sujets, lith. par Regnier. H. 0.40; L. 0.28. Paris, E. Morier, 1859, 5 fr. ch. en rehaut.

SELLIER, graveur contemporain. — Voir le *Corrége*, *Sigalon*, le *Titien*.

SÉMÉLÉ. — Voir *Jupiter et Sémélé*.

SÉMIRAMIS. — Voir *Füger*, le *Guerchin*, G. de *Lairesse*, Bernard *Lens* (le jeune).

SEMOLEO. — Voir *Franco*.

SERGENT, graveur. — Voir Aug. de *Saint-Aubin*.

SERI (Paul-Ponce-Antoine-Robert de),

peintre et grav., né à Paris, vers 1680; mort de 1737 à 1740.

Le Banquier, 1728. Sur une place publique, animée dans le lointain de plusieurs personnes, et que décorent des monuments d'une riche architecture, on voit, au bas de la gauche, un banquier richement vêtu, auquel paraît en conter un eespèce de courtisane; devant lui, à la table où il paraît assis, deux hommes sont occupés, l'un, au milieu, à compter des espèces; l'autre, au bas de la droite, à tenir des écritures. Deux autres femmes, paraissant d'intelligence avec la première, se voient debout derrière le banquier. L. 8 p. 3 l.; H. 5 p. 9 l. (R. D. 4.)

Jupiter et Antiope, 1723. Eau-forte. Antiope est couchée, au milieu de l'estampe, à l'entrée d'une forêt, le buste nu reposant au bas de la gauche. Jupiter transformé en satyre, se voit, au fond du même côté, se tenant d'une main à un arbre, et faisant de l'autre des gestes à des bacchantes qui folâtrent au fond de la droite. L. 5 p. 3 l.; H. 3 p. 9 l. (R. D. 2; Rigal, 954).

Loth et ses filles. Ils sont assis, au milieu de l'estampe, le père entre ses filles, tenant d'une main sa coupe, et appuyant l'autre sur l'épaule de celle des deux filles qui se voit à gauche, à laquelle il sourit. H. 5 p. 2 l.; L. 4 p. (R. D. 1).

SERRES (Antony), dessinat. contemporain.

Libations au dieu Pan, lith. par G. Barry; H. 0.45; L. 0.29. Paris, Goupil, 1867, 6 et 16 fr. — Cette estampe ne peut pas être mise en étalage.

Clytie abandonnée, phot. par Bingham. Paris, 1867.

Libations au dieu Pan, phot. par Goupil. Paris, 1867.

SESTA (Cesare da), dit le *Milanèse*, peintre italien du XVIe siècle, né à Sesto.

Le Rémouleur et l'Amour, grav. attribuée à Cesare da Sesto (Martelli, en avril 1858, 200 fr.).

SÈVE (Gilbert de), peintre, né à Moulins; mort en 1698, à 83 ans.

Magdeleine de Lamoignon, gr. par Gérard Edelinck. H. 0.414; L. 0.309 (R. D. 234; Camberlyn, 1re vente, 1049).

SÉVIGNÉ (Marie de Rabutin-Chantal, marquise de). — Voir *Berningroth*, Jacq. *Chereau*, A. *Devéria*, Nic. *Edelinck*, *Ferdinand*, *Fittler*, *Gérard*, *Masquelier*, R. *Nanteuil*, Aug. de *Saint-Aubin*.

SEWRIN (Edm.).

Un mois avant le mariage. — *Une heure avant le mariage*; deux pièces lith. par Lafosse. H. 0.42; L. 0.31. Paris, Jouy, 1860, 6 fr. chaque, en rehaut.

Le Chemin du mariage (Musée Omnibus). La Rencontre. — La Promenade. — La Polka. — Le Bouquet de la mariée. Quatre pl. lith. par E. Lassalle. H. 0.53; L. 0.42 (Goupil, en rehaut, 12 fr. chaque).

L'Art d'aimer : L'Indifférence. — L'Audace. Deux lith. par Regnier et Bettannier. H. 0.56; L. 0.45 (Goupil, imitation de pastel, 12 fr. chaque; en coul., 24 fr.).

SEYMOUR (Jeanne), 3e femme de Henry VIII. — Voir H. *Holbein*, J. *Houbraken*, Adr. van der *Werff*.

SHARP (Williams), habile graveur au burin, né à Londres, en 1749; mort en 1824. — Voir Mme *Lebrun*.

SHERLEY (Elisabeth). — Voir Van *Dyck*.

SHERWIN (Jean-Keise), grav. au burin, en man. noire et au pointillé, né en Angleterre, vers 1746; mort à Londres, en 1790. — Voir *Cosway*, *Kauffman*.

Bacchus et Ariane, jolie pièce en coul. (11 nov. 1861, 8 fr.).

Mistress Hartley, dans le rôle d'Andromaque. — *Mistress Siddons*, en fille de la Grèce (J., III, 82).

SHORE (Jane), maîtresse d'Edouard IV. — Voir *Bartolozzi*.

SICCARDI (L.), peintre contemporain.

Oh! che boccone! (scène de pierrot). — *Oh! che gusto!* — *Come la trovate?* Trois pièces in-fol. ovales, en bistre (P. de Corneillan, 613).

Mlle Bourgoin, du Théâtre-Français, gr. par Bertonnier. H. 0.300; L. 0.230 (Soleinne, 289).

Mlle Thérèse Bourgoin, gr. par Grévedon. H. 0.370; L. 0.240 (Soleinne, 289).

L'Amour déguisé en pierrot. — *Une chanteuse*; deux pièces gr. par J. Mécou.

Il eût péri sans elle, l'hymen fut sa récompense, très-grand sujet en haut., gr. par B. Roger (J., III, 7).

Mlle Thérèse Bourgoin, gr. par Roy. H. 0.100; L. 0.080 (Soleinne, 289).

SICHEM (Christophe van), dess. et grav. au burin et en bois, né à Delft, en 1580.

Elisabeth, reine d'Angleterre, portrait en pied, en haut., gr. en bois (Van Hulthem, 2763).

SIDDONS (Mistress Sarah), célèbre actrice anglaise. — Voir *Bateman, Sherwin*.

SIEURAC, dess. contemp.

François de Médicis offrant des présents à la belle Bianca Capello; gr. à la man. noire, par Cottin. L. 0.66; H. 0.48 (Dusacq, 20 et 40 fr.).

SIGALON (Xavier), peintre, né à Uzès, en 1788; mort à Rome, en 1837.

The Rival suitors, gr. par S. Angel, d'apr. Fragonard (A. David, N° 410). — C'est la *Courtisane* de Sigalon.

La Courtisane (femme recevant d'un homme des bijoux et d'un autre homme une lettre), lith. de 0.53 sur 0.48, par Collette. Paris, Lemercier, 1846; chez Goupil, de 3 à 15 fr.

La même, gr. par J.-J. Mougeot.

La même, gr. par Reynolds.

La même, réduction au diagraphe, gr. à l'eau-forte, par Sellier. Paris, Vignères, 1850.

La même, phot. Paris, Goupil, 1867.

SILVESTRE (Louis), peintre, né à Paris, en 1677, où il mourut en 1760. Il passa une partie de sa vie à Dresde.

Angélique et Médor, gr. en haut., par Guill. Chasteau.

Daphné poursuivie par Apollon, in-fol., gr. par Nic. Chasteau.

Renaud et Armide, gr. en larg., par N. Chasteau, 1708, et terminé au burin par J. Audran (Van Hulthem, 3914).

Vénus veut empêcher Adonis d'aller à la chasse, in-fol., gr. par le même.

Marie-Josephe, reine de Pologne, archiduchesse d'Autriche, debout, vue jusqu'à la moitié des jambes, gr. par G.-F. Schmidt, 1743 (Rigal, 728).

Pan et Syrinx, 1715; grand in-fol. en larg., gr. par H.-Sim. Thomassin (11 nov. 1861, 3 fr.).

SILVESTRE (Nicolas-Charles), dess. et grav., né à Paris, en 1700; mort en 1767. — Voir *Lancret*.

Les Nymphes de Diane protégées par un réseau contre les poursuites des satyres. Pièce très-gracieuse et très-rare (de Vèze, p. 206).

SILVIA (Mlle), célèbre actrice du Théâtre Italien. — Voir *Lancret, Latour*.

SILVIUS (Balthazard), graveur. — Voir Luca *Penni*.

SIMIER (Mme de). — Voir *Niel*.

SIMMONS (W.-H.), graveur anglais. — Voir *Franck*.

SIMON (J.-P.), dess. et grav. de la fin du XVIIIe siècle. — Voir *Lafitte*.

Anne-Marie-Louise d'Orléans, duchesse de Montpensier; grand in-fol. (18 déc. 1863, N° 165).

Eve. — *Bethsabée*; deux pièces gr. au pointillé. H. 0.16; L. 0.11 (Bance, 5 fr. chaque).

Rosine. — *Isabelle*. — *Lesbie*. — *Eglé*; quatre jolies têtes gr. au pointillé. H. 0.13; L. 0.10 (Bance, 3 fr. chaque).

Bethsabée, phot. par Collin. Paris, 1864.

SIMONET (Jean-Baptiste), dess. et graveur du XVIIIe siècle. — Voir *Baudouin, Boucher*, Ch.-Nic. *Cochin, Freudeberg, Moreau* (le jeune).

Mme Favart, dans les *Trois sultanes*, gr. par Pruneau. H. 0.28; L. 0.18 (Soleinne, 133).

SIMONNEAU (Charles), dess. et grav., né à Orléans, en 1639; mort à Paris, en 1728. — Voir Noël *Coypel*, Ant. *Coypel, Lafosse, Rigaud*, Van der *Werff*.

SIMONNEAU (Louis), frère du précédent, graveur, mort en 1738. — Voir Ant *Coypel*.

SIMONNEAU (Philippe), graveur, fils de Louis. — Voir *Jules Romain*, Perino del *Vaga*.

SINGLETON (H.).

Les Anglaises faciles, gr. par Bartolotti.

SINGRY.

Anaïs Aubert, actrice, lith. H. 0.18; L. 0.14 (Soleinne, 264).

Mlle Mante, du Théâtre-Français, lith. H. 0.28; L. 0.20 (Soleinne, 263).

Mlle *Plessis*, actrice, lith. H. 0.38; L. 0.30 (Soleinne, 264).

SINTES (J.-B.), graveur. — Voir *Maratti*.

SIRANI (Jean-André), peint. et grav., né à Bologne, en 1610; mort en 1679.

L'Enlèvement d'Europe. Europe, assise sur le dos du taureau, se tient à une de ses cornes. Son air affligé fait voir qu'elle se plaint. Le taureau est précédé de deux amours montés sur des dauphins. Pièce dont la composition est attribuée à Sirani, et grav. par un anonyme. L. 9 p.; H. 6 p. (B. XVIII, p. 328).

Un Amour couché et endormi sous un pavillon, gr. en haut., par H. van der Borcht (Winckler, 4585; Van Hulthem, 1132).

Andromède assise sur une pierre, contre un rocher auquel elle est attachée par le bras et le pied droits. Derrière ce rocher paraît le monstre marin qui vient la dévorer. Grav. par L. Lolli, 1641. H. 0.258; L. 0.169 (B. 17).

SIROUY (Achille), lith. contemporain, né à Beauvais; élève de Couture et E. Lassalle. — Voir *Wattier*.

SISCO, graveur moderne. — Voir *Devéria*.

SITTEL, grav. en man. noire, contemp. — Voir *Brochard, Winterhalter*.

SIXDENIERS, dess. et grav. moderne. — Voir *Charpentier*, A. *Colin, Destouches, Greuze, Lampi*, H. *Lecomte, Pagès, Rioult*.

Mars et Vénus. — *Endymion*; deux pièces grav. (février 1866, No 102).

SKELFOOT, dess. contemp.

Le Coup de vent. — *Les Occupations de l'hiver*; deux pièces lith. par Deroy. L. 0.40; H. 0.34 (Bulla, en noir, 5 fr. chaque; en coul., 10 fr.).

SMIRKE.

Conjugal affection, costumes 1799, grand in-fol., gr. en man. noire, par Thew (Martial Pelletier, 1867, No 636).

SMITH (Jean ou John), dess. et grav. en man. noire, naquit à Londres, en 1652, et y mourut en 1719. Artiste très-fécond qui s'exerça dans toutes sortes de genres. — Voir *Castro*, le *Corrége, Giordano, Kneller, Reynolds*, le *Titien*, J. van der *Vaart, Véronèse, Vouet*.

Le Combat pour la culotte. Quatre femmes se frappant à coups de poing pour s'arracher une culotte; une d'elles est renversée les jambes en l'air. Dans le fond, à gauche, un homme dépourvu du vêtement nécessaire qu'on se dispute ainsi entr'ouvre la porte.

Hélène Gwynn, maîtresse de Charles II, roi d'Angleterre. Portrait en haut., sans souscription (Van Hulthem, 5101).

Un berger et une bergère assis et badinant ensemble.

Un homme assis sur une chaise caressant une femme qu'il tient sur ses genoux; ils sont épiés par un autre homme caché derrière un rideau. P. Schenk en a fait une copie.

Un homme caressant une femme qui joue du luth.

Un homme et une femme nus se caressant dans une campagne, in-8o.

Un homme surpris dans une grande tonne avec une femme fort peu habillée.

Un moine à califourchon sur le dos d'une femme qu'il fouette.

Un moine assis donnant la discipline à une femme qu'il tient sur ses genoux.

Un satyre à genoux devant une femme qui urine dans une coupe.

Une femme à demi-couchée sur un lit de repos est caressée par un cavalier auquel elle n'oppose qu'une faible résistance. (Il en existe une copie plus petite.)

Une femme assise et retroussée se regardant dans un miroir (Schenck a également fait une copie de cette pièce.

Une femme fouettant un homme qui porte des lunettes.

SMITH (John-Raphaël), dess. et grav. à la pointe, en man. noire et au pointillé, né à Londres, vers 1740; y florissait vers 1780. — Voir *Beachi, Boucher, Cosway, Home*, le *Poussin*.

Bélise, ou le Scrupule, conte de Marmontel; gr. dans le genre du pointillé (J., III, 84).

La Dame dans l'attente, gr. au pointillé (J., III, 84).

La Grisette, sujet tiré du Voyage sentimental de Sterne; gr. au pointillé (J., III, 84).

Lady Caroline Montagu, fille du duc de Baleugh. — *Miss Palmer*, nièce du chevalier Reynolds. — *Lady Gertrude Patrick*, assise dans un jardin. — *Mistress Payne Galwey*, en costume de bohémienne. — *Mistress Musters*, en pied, dans un jardin. — *Lady Cath. Pelham Clinton*, donnant du grain aux poules. — *Mistress Carnac*, en pied. — *Lady Catherine Powlet*, fille du duc de Boston. Elle est assise. Huit portraits gr. par J.-Raph. Smith (J., III, 85).

Le Miroir, Séréna et Flixtilla. Sujet ovale, au pointillé (J., III, 84).

La Plaisante histoire, gr. au pointillé (J., III, 84).

La Promenade à Carlisle-House, gr. au pointillé (J., III, 84).

La Promenade du soir, sujet rond, au pointillé (J., III, 84).

La Schindlerine, belle Allemande qui a réussi à faire fortune à Londres (J., III, 85).

SMITH (Elwin-D.), dess. et grav. contemporain. — Voir *Véronèse*.

Costume de Mlle Rachel, 1841, lith. H. 0.541; L. 0.325 (Soleinne, 106).

SOHN (Ch.-Ferd.), peintre, né à Berlin, en 1805; professeur à Dusseldorf, où il a formé de nombreux élèves. Parmi ses tableaux, on remarque Diane au bain, le Jugement de Pâris, Roméo et Juliette, Renaud et Armide, les Deux Léonore, etc.

Roméo et Juliette, 1841, in-fol., gr. par G. Luederitz (1er état, Weigel, 8 th.; 2e état, 6 th.; Hillig, 4 15/15 th.; 3e état, Weigel, 4 th.).

L'Enlèvement d'Hylas par les nymphes, in-4°, gr. par Ed. Mandel.

SOLIMENA (Francesco), dit l'*Abate Ciccio*, peintre, né à Nocera de Pagani (près de Naples), le 4 octobre 1657; mort à La Barra (id.), le 5 avril 1747.

L'Histoire de Bethsabée, gr. par P.-Jacques Gaultier.

Zeuxis peignant une femme nue (Hélène pour les Agrigentins), in-fol. en larg., gr. par J. Goupy (J., II, 107).

Vulcain présentant à Vénus le bouclier d'Achille, 1773, in-fol., gr. par J. de Leonardis.

L'Amour instruisant Mercure dans les arts; pièce anonyme, gr. par J.-W. Méchau.

SOLIS (Virgile), peintre et grav. sur cuivre et en bois, né à Nuremberg, en 1514, et y mourut en 1562. Il marquait ses estampes d'un S entortillé dans un V (voir Bartsch, IX, p. 242). Evelyn, dans sa *Sculptura or the history and art of chalcography and engraving*, 1662, dit que Virgile Solis eut les yeux crevés par ordre du Sénat de Nuremberg, pour avoir gravé les fameuses figures de l'Arétin. On ne connaît pas les dites gravures dans l'œuvre de cet artiste, et il n'eut pas les yeux crevés. — Voir *Aldegraver, Pencz*, le *Primatice*, E. *Vico*.

Adam et Eve. Adam, assis sur une butte, tend la main pour recevoir la pomme qu'Eve lui présente. L. 4 p. 2 l.; H. 2 p. 8 l. (B. 4).

Adam et Eve, deux pièces en regard. Adam offre le fruit défendu à Eve. Eve, au pied de l'arbre de vie, porte la pomme à sa bouche. H. 4 p.; L. 3 p. 3 l. (B. 5-6).

Femme nue, debout, tenant un cœur enflammé. H. 3 p. 1 l.; L. 2 p. 1 l. (B. 216).

Le Jugement de Pâris. Dans le lointain, Mercure est près de Pâris, qui est couché à terre. L. 3 p. 1 l.; H. 2 p. 5 l. (B. 110).

Jupiter embrassant Sémélé. On lit dans la marge du haut: *Semele fulmine viso expirat*. H. 2 p. 10 l.; L. 2 p. 1 l. (B. 89).

Jupiter faisant l'amour à Antiope sous la forme d'un satyre. On lit dans la marge d'en haut: *Jupiter in satyrum*. H. 2 p. 10 l.; L. 2 p. 1 l. (B. 88).

Trois hommes jouant de divers instruments de musique. Ils sont assis autour d'une table où est aussi un quatrième assis à côté d'une courtisane à laquelle il fait des caresses. L. 3 p. 1 l.; H. 1 p. 10 l. (B. 259).

Un bouffon se jettant sur une femme qu'il a renversée. Un autre bouffon, placé derrière un arbre, les regarde. H. 3 p. 2 l.; L. 2 p. 4 l. (B. 268).

Une bacchanale. On remarque une bacchante qui rend son vin, étant couchée à terre. L. 9 p. 1 l.; H. 2 p. (B. 122).

Vénus, debout, dans une bordure. H. 3 p. 1 l.; L. 2 p. 2 l. (B. 107).

SOMMER (Paul van), dess. et grav. à la pointe et en man. noire, né en Hollande vers 1649. Il travailla quelque temps à Paris, puis s'établit à Londres.

Mars et Vénus sur un lit. — *Mars tenant Vénus*; deux pièces libres, in-8°. Rares.

Paysage, où un pâtre assis caresse une bergère, 1673. (Rigal, 941).

SOMPEL, ou SOMPELEN (Pierre van), grav., né à Anvers, en 1600; il fut élève de Pierre Soutman et travailla dans la manière de son maître. — Voir Van *Dyck, Rubens.*

SONTAG (Mlle), cantatrice. — Voir P. *Delaroche, Engelmann, Girard, Gosse, Grévedon, Konigl, Maurin, Nehrlich, Viardon, Vigneron.*

SOREL (Agnès), maîtresse de Charles VII. Très-joli portr. gravé d'après le tableau de la Galerie de Versailles; se joint aux estampes qui ornent la *Pucelle d'Orléans* de Voltaire (cat. Duplessis, N° 425). — Voir *Baudet, Desenne.*

SORNIQUE, graveur. — Voir *Boulogne, Jeaurat.*

SORRIEU (Fr.), lith. contemporain. — Voir *Dumoustier.*

SOUBEYRAN (Pierre), grav. archit. de Genève, né en 1713; mort en 1770. — Voir *Boucher.*

SOUCHON (Fr.).

Diane de Poitiers et la belle Ferronnière, nues, lith. par E. Loche.

SOULANGE-TEISSIER (Louis-Emmanuel), lith. contemporain, né à Amiens. — Voir *Bazin, Boysieu, Destouches, Gué,* J. *Jacob, Muller, Prud'hon, Roëhn, Santerre, Schlesinger, Yvon.*

SOUTHAMPTON (Lady Rachel, comtesse de). — Voir Van *Dyck.*

SOUTMAN (Pierre), peintre et grav., élève de Rubens; né à Harlem, en 1580; mort en 1646.— Voir Van *Dyck, Rubens,* le *Titien.*

SPAGNUOLO (le). — Voir *Crespy.*

SPECKAIRS (Hans).

Joseph et la femme de Putiphar, gr. par Pierre Perrot.

SPENCER (Lady Charlotte).—Voir *Dickinson,* J. *Reynolds.*

SPIELENBERGER (Honge).

Vertumne et Pomone, eau-forte, très-rare (Ch. Le Blanc, 955).

SPILSBURY, graveur. — Voir J. *Reynolds.*

SPINGLER (Georges), photogr. — Voir le *Corrége.*

SPRANGER (Bartholomé), peintre, né à Anvers, en 1546; mort à Prague, en 1623.

Mars et Vénus, gr. par J.-Th. de Bry.

Pluton et Cérès, in-fol.,gr. par Z. Dolendo.

Adam et Eve se laissant séduire par le serpent; gr. par Henri Goltzius, 1585. *Dum gustant primi*, etc. H. 7 p. 4 l.; L. 5 p. 8 l. (B. 171; Van Hulthem, 1642).

Les Amours de Mars et Vénus, gr. par le même, 1588. *Mundi oculos Phœbus*. H. 15 p. 8 l.; L. 11 p. 3 l. (B. 276; Van Hulthem, 1646; Debois, 10 fr.).

Les Dieux célébrant dans l'Olympe les noces de l'Amour et de Psyché. Grande pièce de trois morceaux collés ensemble, gr. par le même, 1587. *En thalamos Psyche*, etc. L. 31 p. 6 l.; H. 15 p. (B. 277; Van Hulthem, 1647).

Vénus ordonnant à Cupidon de percer de ses flèches le cœur de Pluton, gr. en haut., par P. de Jode. Au bas, quatre vers latins (Van Hulthem, 1813).

Mercure et l'Amour, gr. par Lucas Kilian.

Le Triomphe de Neptune et de Thétis accompagnés des tritons, des néréides, et des autres divinités marines. *Alma Venus quocumque*, etc., gravé par J. Matham. L. 14 p. 11 l.; H. 9 p. 6 l. (B. 204).

La Vestale Tucia portant de l'eau dans un crible pour donner des preuves de sa virginité; gr. par le même, 1608. H. 23 p. 4 l.; L. 18 p. 2 l. (B. 203).

L'Amour allant trouver Psyché au lit, gr. par Jean Muller d'après un bas-relief modelé en terre. *Quid venit vlturus*, etc. L. 19 p. 3 l.; H. 13 p. 5 l. (B. 70).

Les Amours de Vénus et de Mercure, gr. par le même. Dans la marge : *Ad Veneris furtum*, etc. H. 13 p. 9 l.; L. 10 p. (B. 60; comte***, de Vienne, 1591).

Bacchus et Cérès abandonnant Vénus, gr. par le même. Dans la marge : *Ah, Venus extincto*, etc. — *Sine Cerere et Baccho friget Venus*. H. 18 p.; L. 12 p. 11 l. (B. 74; J., II, 302).

Loth enivré par ses filles, gr. par le

même. Dans la marge : *Dum flamma patriam*, etc. L. 16 p. 9 l.; H. 14 p. 8 l. (B. 64; J. II, 301; Brandes, 1er état, 4 $^5/_{12}$ th.).

Les Noces d'Hercule et d'Hébé, gr. par J. Muller (J., II, 302).

Les Nymphes de la terre redevables à Vénus de leur fécondité, lui présentent les prémices des fleurs, des fruits et des animaux. Titre : *En Veneri ter grata*, etc. Grav. à Amsterdam, par Jean Muller. H. 9 p. 7 l.; L. 7 p. 4 l. (B. 73; J., II, 302; Van Hulthem, 2083).

Persée armé pour délivrer Andromède, gr. par Jean Muller, et son chef-d'œuvre. H. 21 p.; L. 14 p. 8 l. (J., II, 302; Alibert, 31 fr.).

Vénus et *Junon*, deux pièces rondes, in-fol., gr. par E. van Panderen.

Hercule filant auprès d'Omphale, in-fol., gr. par Gilles Sadeler. Au bas, une légende de six vers latins.

SPRINGINKLEE (Hans), grav. en bois, Allemand, mort en 1540.

Une femme accroupie sur ses genoux, couronnée de pampres. Elle presse d'une main le lait de l'une de ses mamelles pour en arroser une grappe de raisin qu'elle tient de l'autre main. 1522. Grav. en bois. H. 3 p. 7 l.; L. 2 p. 11 l. (B. 61).

SPRUYT (Pierre), peint. et grav. à l'eau-forte, à Anvers, vers l'an 1760. — Voir *Rubens*.

STAAL, dessin. moderne.

Mme de Maintenon, gr. par L. Massard. Paris, Garnier frères, 1864.

Catherine II, gr. par E.-C. Regnault. Paris, Garnier frères, 1864.

Mlle Mars, gr. par le même. H. 0.320; L. 0.250 (Soleinne, 284).

STAAL, dess. contemporain.

Rigolette. — *Fleur-de-Marie* ; deux pièces lith. par Regnier. H. 0.50; L. 0.42 (Bulla, en rehaut, 10 fr. chaque).

STADLER, lith. contemporain. — Voir *Baudry*, *Rubens*.

STAR (Thierry van), dess. et grav. au burin, en Hollande, travaillait de 1520 à 1550.

Vénus, 1524. Elle est portée sur les eaux, dans une conque, et rame d'une main, tandis que de l'autre elle tient un petit mât avec une voile déployée. L'Amour en l'air tire son arc. H. 2 p. 8 l.; L. 1 p. 10 l. (B. 11).

STEEN (François van der), peint. et grav. à la pointe et au burin, né à Anvers, en 1604. — Voir le *Corrége*.

STEEN (Jean van), peintre, né à Leyde, en 1636; mort à Delft, en 1689.

Jeannot veut caresser sa Margot, gr. en haut., par J. Gole.

STEEVENS ou STEPHANI (Pierre), peintre d'histoire et de paysage, né à Malines, en 1550; il s'établit à Prague.

Loth et ses filles (21 février 1862, N° 346).

STEINBRUCK.

Les Naïades, phot. Paris, Dusacq et Cie, carte de visite, 1 fr.

STEPHANI (Pierre). —Voir *Steevens*.

STEUBEN (Ch.-Guill.-Aug.-H.-F.-L., baron de), peintre, né en 1788, à Bauerbach, près de Manheim; mort à Paris, en 1856.

J.-J. Rousseau et Mme de Warrens, gr. par A.-J.-B. Blanchard, 1828. H. 0.452; L. 0.368.

La Esmeralda et Quasimodo. « Une « fois, Quasimodo survint au moment où « elle caressait Djali. Il resta quelques « moments pensif devant ce groupe gra- « cieux de la chèvre et de l'Egyptienne.» — *La Esmeralda instruisant sa chèvre*. « Tandis qu'elle dansait au bourdonne- « ment du tambour de basque que ses « deux bras ronds et purs élevaient au- « dessus de sa tête... avec ses épaules « nues, ses cheveux noirs, ses yeux de « flamme, c'était une surnaturelle créa- « ture. » (VICTOR HUGO, *Notre-Dame de Paris*.) Deux pièces en man. noire, gr. par Jazet; H. 0.60; L. 0.47 (Delarue, en noir, 20 fr. chaque; en coul., 40 fr.).

Jeanne-Antoinette Poisson, marquise de Pompadour, gr. par L. Massard (cat. Van den Zande).

Agar présentée à Abraham. — *Samson et Dalila*. — *Joseph chez Putiphar* (la femme de Putiphar, étendue sur son lit, saisit la main de Joseph); trois pièces en man. noire, gr. par Rollet. Paris, 1845; H. 0.74; L. 0.61 (Bulla, 12 et 24 fr. ch.).

STILKE (H.), peintre de Berlin.

Nymphes à la chasse, à la suite de Diane; gr. en taille-douce, par J. Felsing (Exposit. de Paris, 1867).

STOP, dess. lith. contemporain.

Ces bonnes biches! Arthur ruiné; Frédéric tué en duel; Paul idiot; le petit Jules faussaire; lord Harry pendu; Emile en fuite.... Eh bien! moi, bonne fille, je n'en suis pas plus fière pour ça!... Lith. par Stop. Paris, impr. Destouches.

Propos de coulisses : Tiens, c'est Jeanne qui fait l'Amour aujourd'hui! Ne trouves-tu pas qu'elle est un peu forte pour le rôle?... Mais non, je trouve, au contraire, que c'est le rôle qui est un peu fort pour elle. — Tu sais que si tu me fais encore manquer mes effets, ma biche, je te flanquerai ma main... sur la scène!... etc. Lith. Paris, impr. Destouches; chez A. De Vresse, 1867.

STOP ET CHAM.

Actualités : Oui, Madame, notre uniforme va changer; on va nous retirer nos pantalons... Ah! mon Dieu!... On parle de nous en donner d'autres, mais c'est pas bien sûr. Lith. Paris, impr. Destouches; chez A. De Vresse, 1867.

STOTHARD (Th.), peint. et dess. anglais, 1778-1821.

Waldstein faisant une proposition à Caroline. — Première entrevue de Lindor et de Caroline, 1788; deux sujets tirés du roman de Caroline, grav. par Ch. Knight.

Amintor et Théodora, gr. par Krethlow.

Henry et Emma, ovale in-fol., gr. par R.-S. Marcuard.

Ophélia, 1783, pièce ronde in-fol., gr. par J. Ogborne.

STRADAN, ou VANDER STRAET (Jean), peintre, né à Bruges, en 1536; mort à Florence, en 1604.

Vénus, dans une niche, un amour à ses pieds. Dessinée par J. Stradan, d'après le marbre de Rudolphe Sirigattius, florentin, et grav. par Jérôme Wierix, avec cette inscription: *Amoris en quanta vis*. H. 0.203; L. 0.140 (Alvin, 1866, N° 1430).

STRAFFORD (Lady Anne Campbell, comtesse de). — Voir J. *Reynolds*.

STRANGE (Robert), grav. au burin, né à Pomona, l'une des îles Orcades, en 1723; mort à Londres, en 1795. — Voir P. de *Cortone*, Van *Dyck*, le *Guerchin*, le *Guide*, le *Parmesan*, le *Poussin*, *Schidone*, le *Titien*.

STRUDEL (P.), peintre tyrolien. Clez, 1660-1717.

Pluton et Proserpine, 1796, in-fol., gr. par P. Meyer.

STYMMER (Abel), dess. et grav. à l'eau-forte du XVIe siècle.

Vénus et l'Amour. Vénus couchée et endormie, la tête appuyée contre un arbre. De la main gauche, elle tient un vêtement étendu près d'elle; un peu plus loin, à gauche, l'Amour couché et également endormi. Pièce rare, grav. à l'eau-forte, par Abel Stymmer, vers 1578.

SUBLEYRAS (Pierre), peintre, né à Uzès, en 1699; mort à Rome, en 1749.

Le Frère Luce, sujet tiré des contes de La Fontaine; gr. par Elluin (A. David, 1 fr.). — Ce tableau est au Musée, à Paris, ainsi que le *Faucon* et les *Oies du frère Philippe*.

Le Faucon, tiré des contes de La Fontaine, gr. en haut. par J.-Ph. Lebas.

Le Triomphe de Bacchus et d'Ariane, gr. par P. Parrocel. Assis sur un char, traîné par deux panthères qui le dirigent à droite, Bacchus et Ariane sont environnés, précédés et suivis d'une foule d'amours, de bacchants et de bacchantes qui se livrent, emportés par le délire, à toutes sortes de jeux et d'excès. Dans la marge, dix vers latins. L. 0.563; H. 0.291 (R. D. 18).

La Courtisane amoureuse, sujet tiré des contes de La Fontaine.

« Ce ne fut tout, elle le déchaussa. »

Sur le devant, Constance, à genoux, ôte avec précaution le bas de Camille assis dans un grand fauteuil et qui la regarde faire. Grav. par Pierre. H. 0.187; L. 0.139 (Baudicour, 35).

Le Faucon, tiré des contes de La Fontaine.

« Le pauvre amant prit la main, la baisa,
Et de ses pleurs quelque temps l'arrosa. »

Il est à gauche, derrière la table, prenant la main de Clitie qn'il regarde tendrement. Gravé par le même. H. 0.184; L. 0.139 (Baudicour, 34).

Frère Luce. Il est agenouillé, écoutant le récit de la vieille veuve; il se retourne feignant l'étonnement et regarde la jeune fille qui porte la main sous son menton et regarde aussi l'ermite. Jolie pièce, très-rare; gr. par le même. H. 0.188; L. 0.139 (Baudicour, 32).

Les Oies du frère Philippe, sujet tiré des contes de La Fontaine. Le jeune homme regarde à droite un groupe de jeunes filles, dont une baissée prend un chien. Jolie pièce, gr. par le même. H. 0.190; L. 0.041 (de Vèze, p. 196; Baudicour, 55).

SUDRE (Jean-Pierre), dess. lith., né à Alby, en 1783; élève de M. David. — Voir *Ingres*, *Rioult*, *Salabert*.

SUNDER (Lucas). — Voir *Cranach*.

SUNDERLAND (Dorothée, comtesse de). — Voir Van *Dyck*.

SURUGUE (Louis), le père, grav., né à Paris, en 1686; mort en 1762. — Voir *Chardin*, Ch.-Ant. *Coypel*, Jacques *Dumont*, *Latour*, *Pater*, *Rubens*, *Verkolje*, *Vleugels*, *Watteau*.

SURUGUE (Pierre-Louis), le fils, graveur, né à Paris, en 1717; mort en 1771. — Voir H. *Goltzius*.

SUSANNE AU BAIN, ou LA CHASTE SUSANNE. — Voir *Aldegraver*, *Allori*, J. *Barra*, *Biscaino*, J. *Blanchard*, Aug. *Carrache*, Ann. *Carrache*, Gius. *Cesari*, *Chauveau*, J.-B. *Corneille*, C. *Cornelis*, le *Corrége*, Ant. *Coypel*, *Deshayes*, *Detroy*, *Dubourg*, Ant. van *Dyck*, Daniel van den *Dyck*, *Ferogio*, *Fumiani*, Luc. *Giordano*, H. *Goltzius*, *Grebber*, le *Guerchin*, le *Guide*, C. van *Harlem*, *Honthorst*, *Josquin*, *Kauffman*, *Lagrenée*, *Lampi*, Ch.-E. de *Laune*, Mich. *Leblond*, Bernard *Lens* (le vieux), *Lievens*, *Lucas de Leyde*, Van *Mander*, J. *Matham*, *Meslin*, *Mola*, *Nargeot*, *Norblin de la Gourdaine*, *Œser*, Crispin de *Pas* (le vieux), G. *Pencz*, *Pepyn*, *Pierre*, *Pourbus*, *Retto*, *Rosso de Rossi*, *Rubens*, Guill. van *Ryke*, *Santerre*, *Schaufelein*, *Schopin*, Corn. *Schut*, le *Tintoret*, le *Titien*, *Trivu*, *Umbacq*, *Valentin*, *Vanloo*, *Verkolje*, Paul *Véronèse*, *Vien*, *Vierpyl*, Martin de *Vos*, Adr. van der *Werff*, Ant. *Wierix*, *Willmann*, *Winckenboons*, *Worlidge*.

SUSTER. — Voir *Zustris*.

SUYDERHOEF (Jonas), dess. et grav. à l'eau-forte et au burin, né à Leyde, en 1613; mort à la fin du XVIIe siècle. — Voir *Ostade*, *Rubens*.

Amélie de Solms, princesse d'Orange, in-fol. (29 mai 1865, N° 727).

L'Enlèvement d'Hippodamie (deux épreuves, av. et apr. l. l., 205 livres, vente Mariette, en 1775).

SWAENENBURG, ou *Swaneburgh* (Wilhem), habile grav. au burin, né à Leyde, en 1581; élève de Jean Saenredam. — Voir *Mierevelt*, *Rubens*, J. *Saenredam*.

SWANEVELT, ou *Suaneuelt*, ou *Suanevelt* (Herman van), dit *Herman d'Italie*, peint. et grav. à l'eau-forte, né à Woerden (Hollande), en 1620; mort à Rome, en 1690.

Histoire d'Adonis, 1654; suite de six sujets dans des paysages: 1° Adonis mis au jour par Mirrha changée en myrte, reçu par Diane; on voit une biche, à gauche sous les arbres. Dans la marge: *Adonis naist de Mira*, etc. — 2° Adonis enlevé à Diane par Vénus; sous les arbres, à droite, la déesse des forêts est endormie au milieu de ses nymphes. Dans la marge: *Venus trouuent Diane endormye*, etc. — 3° Adonis, auquel Vénus a fait naître des aîles, et l'Amour, présentés à Diane par cette déesse; à gauche, les nymphes de Diane. Dans la marge: *Diane trouue Venus, Venus ne pouuant eschapper*, etc. — 4° Adonis exercé à la chasse par Vénus; près d'eux, Cupidon lance un trait à des lièvres qui fuient. Dans la marge: *Venus exerse Adonis à chose de peu*, etc. — 5° Mort d'Adonis; le sanglier s'éloigne dans la gauche. Dans la marge: *Adonis rencontre le sanglier et fut tué*, etc.—6° Vénus se précipitant de son char vers le corps de son cher Adonis; dans les airs, l'Amour brise son arc et jette ses flèches. Dans la marge: *Venus pleure son Adonis*, etc. L. 12 p. 2 à 3 l.; H. 9 p. 3 l. (B. 101-106; Rigal, N° 768, 91 fr.; Pallière, 82 fr.).

Pan et Syrinx, 1775. Syrinx s'enfuit dans les roseaux, sur le bord du Ladon. Elle a les bras élevés et semble implorer le secours des autres nymphes. Elle retourne sa tête vers Pan qui la poursuit en saisissant une touffe de roseaux. Pièce faisant pendant à *Salmacis et Hermaphrodite*. L. 7 p. 9 l.; H. 5 p. 5 l. (B. 70; Rigal, 764; J., III, 111).

Paysage où l'on voit une dryade, à genoux, sur le devant, et qui lève sa main droite pour frapper sur le derrière un satyre qui joue de la flûte, couché sur le ventre devant elle. Une autre nymphe, vue par le dos et assise, regarde un satyre qui danse. L. 6 p.; H. 4 p. 1 l. (B. 50; Rigal, 762).

Salmacis aperçoit Hermaphrodite au bain (pendant de *Pan et Syrinx*). Salmacis, un genou en terre, tourne ses regards vers Hermaphrodite qui se baigne et qui est vu par le dos. L. 7 p. 9 l.; H. 5 p. 5 l. (B. 71; Rigal, 764; J., III, 111).

Diane trompée par Vénus. — Adonis enlevé par Vénus; deux pièces grav. par John Browne (P. de Corneillan, 12).

Pan et Syrinx. — Salmacis et Hermaphrodite; deux pièces gr. en contre-partie, par Cl. Goyrand. Dans la marge de la 2e, quatre vers: *A cet obiect aussy beau....* (Rigal, 764).

Deux paysages, sujets de l'histoire d'Adonis. Très-grandes pièces en travers, gr. par Volpato. Au bas, des vers d'Ovide (J., III, 188).

SWINTON, dessin. contemporain.

Mme Doche, in-4°, lith. par Lane; très-rare (vente du 9 nov. 1861).

T

TAGLIONI (Mlle), actrice. — Voir *Alophe, Bourgarel, Bouvier, Burde, Canzi, Chalon, Courtin, Devéria, Gigoux, Grévedon, Julien, Lassalle, Lejeune, Planas, Salabert, Vigneron.*

TALIN et DAMOURETTE, dess. lith. contemporains. — Voir les *Actrices*, aux *Polyonymes.*

Les Filles de marbre: Du cœur, monsieur le baron? ça n'est pas sur la carte. Après ça, si tu en veux, tu en auras, en le payant à part! etc. Suite de lith. publ. par le journal *Paris*, 1853.

Fourberie des hommes: Tu relis mes lettres, chéri?... Tous les jours, mon ange... Il y a six mois que je les ai brûlées, mon amour! — M'aimez-vous, monsieur?... Folle! est-ce que tu ne me l'as pas assez prouvé? etc. Suite de lith. Paris, au journal *Paris*, 1853-54.

Les Lorettes, huit petites caricatures grav. sur bois avec couverture illustrée. Paris, Marescq, 1854.

TALLIEN (Jeanne-Marie-Ignace-Thérèse de Cabarrus), femme célèbre par sa beauté et ses galanteries. — Voir *Gérard.*

TANCHE (N.), dessin. du XVIIIe siècle.

Le Danger des bosquets, 1780. Jeune fille en costume Louis XVI, piquée par un aspic. Gravé par Lebeau (en avril 1864, 30 fr.).

Les Désirs naissants, 1780. Jolie pièce in-fol. en haut., gr. par le même (10 fr., le 11 nov. 1861).

Jeune fille laissant jouer son oiseau avec un pucelage, gr. par le même (de Vèze, 181).

TANJÉ (Pierre), dess. et grav. à la pointe et au burin; né à Bolswert, en Frise, le 15 février 1706; mort à Amsterdam, en 1760. — Voir *Bourdon*, Luca *Giordano*, *Troost.*

La Fille rusée (Grassot, 132 bis).

Anne-Marie-Louise d'Orléans (Van Hulthem, 2870).

TANZI (P.), graveur. — Voir *Cignani.*

TARAVAL (Jean-Gustave), peint. et grav. à l'eau-forte, né à Paris, en 1765; mort à Rome, en 1784.

Le Gouverneur du sérail choisissant les femmes, gr. en haut., par N. Lemire (Van Hulthem, 4550; A. David, 5 fr.).

Bacchante se préparant à un sacrifice, in-fol., gr. par Schultze, 1776 (J., III, 76; Martial Pelletier, 634).

TARDIEU (Nicolas-Henri), dess. et grav., né à Paris, en 1674; mort en 1749; fut un des meilleurs élèves de G. Audran. — Voir Ant. *Coypel, Jules Romain, Watteau.*

TARDIEU (Jacques-Nicolas), grav., fils du précédent, de la 2e moitié du XVIIIe siècle. — Voir *Lapierre, Pater.*

TARDIEU (Pierre-François), grav., cousin germain de Jacques-Nicolas; vivait à la fin du XVIIIe siècle. — Voir *Rubens.*

TARDIEU (Pierre-Alexandre), grav. à l'eau-forte et au burin, né à Paris, en 1756; mort en 1837. — Voir *Boucher,* J. *Dumont,* Ch. *Eisen,* Fr.-P.-S. *Gérard, Hersent, Kimli, Lancret.*

TASSAERT (Oct.), dessin. contemp., né à Paris; élève de Guillon Lethière.

Un rêve d'amour, lith. par J. Didier, 1866.

Les Zéphirs amoureux, lith. par le même. Paris, Lemercier, 1858.

Sarah la baigneuse, gr. par E. Guillon. Paris, 1863.

Le même sujet, lith. par Aug. Lamy (Exposition de 1859).

Boudoirs et mansardes (Dressing-rooms and garrets) : Non, monsieur (No, i w'ont!), etc. Suite de lith. en haut., par N. Maurin. Paris, Osterwald.

Galatée, lith. par Nanteuil. Paris, Bertauts, 1858.

TAUNAY (Nicolas-Antoine), peintre français, 1755-1830.

Noce de village, pièce en haut., gr. en coul., par Descourtis, 1787 (Van Hulthem, 4199; P. de Corneillan, 642).

TAVERNER (W.), peintre du XVIIIe siècle.

Diane et ses nymphes au bain, 1780, gr. en larg., par T. Gaugain.

TAVERNIER, graveur contemporain. — Voir *Blondel, Devéria.*

TAYLOR (Isaac), grav. anglais du XVIIIe siècle.

Lavinia. — *Stella.* Deux jolies femmes, en bistre (vente du 14 avril 1864).

TEICHEL, dessin. lith. contemporain.

Plusieurs points de vue. — *Les Maris garçons.* — *Les Maris à la chasse.* — *Les Dames aux bains de mer.* Quatre lith. de 0.51 de larg. sur 0.30 de haut. Paris, Wild, 1850, chaque feuille col., 6 fr.

Un parapluie à deux usages, lith. Paris, Savary, 1849.

Une bourrasque indiscrète. Un rustre couché sous des planches, et fumant sa pipe, jetant un regard malin sur les jambes de deux jeunes filles qu'un coup de vent met à découvert; le parapluie de l'une d'elles est retourné. Lith. en larg., color.

As-tu fini ! — *La chasse aux poulettes* (*Galerie pour rire,* N°s 5 et 6); deux pl. lith. par Regnier. L. 0.47; H. 0.37 (Bulla, en rehaut, 6 fr. chaque).

La Marée montante (*Gal. pour rire,* N° 15), lith. par le même. L. 0.47; H. 0.37 (Bulla, en rehaut, 6 fr.).

Le Cirque olympique (les Filles de Vénus), lith. par Regnier et Bettannier (*Musée de mœurs en actions,* N° 4). L. 0.50; H. 0.38 (Bulla, en rehaut, 8 fr.).

Le Tohu-bohu plaisaut : 1° Où dinons-nous aujourd'hui ? — 2° L'As de trèfle ! ! c'est de l'argent. — 3° Mademoiselle ! encore un autre. — 4° Nos succès sont certains. — 5° Un moyen d'introduction. — 6° La Pie au bois. — 7° Quand on a tout perdu et qu'on n'a plus d'espoir. — 8° Nous demandons les Russes et les Anglais. — 9° Distractions du matin. — 10° Une chère connaissance. — 11° L'Appétit vient en mangeant. — 12° C'est toujours comme ça. — 13° Les Maris pêcheurs. — 14° Oh ! ! les beaux hommes. — 15° Paul et Virginie. — 16° Un gibier de roi. — 17° Le plus altéré des trois n'est pas celui qu'on pense. — 18° Gloire à Vénus, gloire à Bacchus ! — 19° Un malheur n'arrive jamais seul. — 20° A tout malheur, bonheur est bon. — 21° Une lecture sans profit. — 22° Une fièvre brûlante. — 23° Une tulipe orageuse. — 24° Un bon coup de queue. — 43° Il vaut mieux glisser sur le gazon que sur la glace. — 44° Une chambrée de rats. — 45 Des messieurs trop pressés. — 46° Une noce sans les grands parents. — 47° La Perdrix mouillée est facile à prendre. — 48° Il vaut mieux tenir que courir. Trente lith. par Regnier et Bettannier. Les douze premières sont en haut. et les dernières en larg., 0.30 sur 0.23 (Bulla, 1850, en rehaut, 2 fr. chaque).

TÉLÉMAQUE ET CALYPSO. — Voir J. de *Favannes, Schopin.*

TÉLÉMAQUE ET EUCHARIS. — Voir *Schopin.*

TELORY, dess. lith. contemporain.

Une soirée chez le cardinal Richelieu. — *Un bal au clair de la lune.* — *Le Prince Brillant et la princesse Toujours* *belle.* — *Mlle Cravache.* — *Le Chambelland Hœffer.* — *Le Sabre de bois.* — *Rose-rose.* — *La Chanson de la meunière de Pontaro.* — *Le Marmiton de Louis XI.* — *Le Lion et le rat.* — *La Croix d'argent.* — *Les Peaux de lapin de la duchesse de**** (par Telory). Paris, impr. lith. Fernique ; Martinet, 1860.

TEMPESTA (Antoine), peint. et grav., né à Florence, en 1555; mort à Rome, en 1630.

Actéon changé en cerf. — *Mort d'Adonis.* — *Enlèvement de Ganymède.* — *Narcisse se mirant dans une fontaine.* — *Pluton enlevant Proserpine.* — *Europe enlevée par Jupiter changé en taureau.* — *Syrinx changée en roseaux.*— *Neptune poursuivant la nymphe Ceyx.* Huit sujets sans nom ni marque, représentés dans des paysages. L. 7 p. 1 l. ; H. 5 p. 1 l. (B. 813-821).

Adam et Eve, séduits par le serpent, mangent du fruit défendu. L. 4 p. 4 l.; H. 3 p. 10 l. (B. 11).

Diane au bain avec ses nymphes, et s'apercevant de la grossesse de Calisto. — *Actéon changé en cerf* pour avoir vu Diane au bain. Deux pièces faisant pendant. L. 12 p.; H. 8 p. 5 l. (B. 822-23; J., III, 124).

Metamorphoseon sive transformationum Ovidianarum lib. XV, etc. 150 pièces gr. sur cuivre, en 1606. L. 4 p. 3 l. ; H. 3 p. 7 l. Anvers, P. de Jode (B. 638-787 ; Techener, 150 fr.).

Les Travaux d'Hercule, 1608, suite de 13 feuilles, y compris le frontispice. Pièces sans marque. L. 5 p. 3 l.; H. 3 p. 7 l. (B. 788-799 ; J., III, 124).

Le Jeune saint Bernard au lit, rejetant les offres d'une vieille qui lui amène une jeune fille impudique; gr. par Cher. Alberti. H. 9 p. 6 l. ; L. 7 p. 1 l. (B. 44).

TÉNIERS, le vieux, et TÉNIERS, le jeune, (David), peintres et grav. à l'eau-forte, nés à Anvers, l'un en 1582, l'autre en 1610; le premier mort à Anvers, en 1649; le second à Bruxelles, en 1690. Ces deux artistes portant la même marque, il est devenu à peu près impossible de les distinguer, et par conséquent de ne pas les réunir.

Danse en rond, formée par deux villageois et deux villageoises, et exécutée au son de la musette d'un paysan, assis sur un tonneau. H. 3 p. 10 l.; L. 5 p. (Rigal, 777; Camberlyn, 2e vente, 3589).

Paysan et paysanne dansant au son de la musette et du flageolet de deux villageois; près des danseurs, un rustre assis à côté d'une jeune femme. L. 3 p. 8 l.; H. 3 p. 1 l. (Rigal, 777; Camberlyn, 2e vente, 3592).

La Tentation de saint Antoine. H. 5 p. 2 l.; L. 4 p. 4 l. (Rigal, 777).

Villageois le verre à la main et le bras droit passé autour du cou d'une femme, avec laquelle il est à table. L. 6 p. 5 l.; H. 4 p. 6 l. (Rigal, 777; J., III, 128).

L'Instant critique, gr. par P.-F. Basan. H. 0.310; L. 0.225.

La Nouvelle du jour, gr. par le même.

L'Opération inutile, gr. par le même. H. 0.177; L. 0.142.

Plaisir des dames, gr. par le même. H. 0.223; L. 0.172.

La Femme jalouse, gr. par Enzensberger.

La Tentation de saint Antoine, par une diablesse, gr. en haut., par Rich. Houston (Paignon-Dijonval, 3799; Van Hulthem, 5025).

Le Berger content, 1741, gr. par John Ingram.

Les Accords flamands, gr. par J.-Ph. Lebas.

Le Berger amoureux, gr. par le même.

Le Berger content, gr. en haut., par le même.

Le Berger rêveur, gr. en haut., par le même.

Le Bon mari, par le même.

La Boudinière, par le même.

Le Combat sans danger, par le même.

La Conversation, par le même.

Les Diseuses de bonne aventure, par le même.

L'Ecole du bon goût, gr. en haut., par le même (Van Hulthem, 3942).

L'Enfant prodigue à table avec des courtisanes. A gauche, au second plan, l'enfant prodigue est assis à table devant une hôtellerie avec deux jeunes femmes. Gr. par le même (Frauenholz, 5 flor.; Brandes, 1 5/6 th.; Schwarzenberg, 1 5/8 th.).

La Femme jalouse, gr. par le même.

Fête de village. Sur le devant, Téniers embrassant une jeune femme. In-fol. en travers, gr. par le même (Einsiedel, 1 1/2 thal.; Schwarzenberg, 3 5/6 thal.).

Pense-t-il à la musique? 1771, gr. par le même.

La Récréation flamande, 1774, gr. par le même.

Réjouissances flamandes, petite pièce en larg., par le même. On y voit Téniers et sa famille (Einsiedel, 1 5/6 th.; Sternberg, 2 th.).

La Tentation de saint Antoine, gr. en larg., par le même (Paignon-Dijonval, 3736; Van Hulthem, 3940).

La Crédule laitière, in-fol. en larg., gr. par Mme Lempereur.

La Bohémienne, 1755; in-12, gr. par Marcenay de Ghuy.

Les Deux fontaines. Paysanne lâchant son eau et tenant une cruche dans une fontaine. Pièce très-rare, gr. par Picart.

La Déclaration d'amour, gr. par J. Sarrabat. Un homme âgé et une jeune fille sont assis autour d'un tonneau renversé. L'homme a passé son bras droit autour du cou de la jeune fille à laquelle il semble faire une déclaration d'amour. H. 8 p. 1 l., y compris 4 l. de marge; L. 5 p. 9 l. (R. D. 8).

La Tentation de saint Antoine, gr. en haut., par S. Willemsens (Camberlyn, 2e vente, 3991).

Le même sujet, gr. par Fr. van Wyngaerde. Titre: *Beatus vir,* etc. L. 10 p.; H. 7 p. 2 l. (Winckler, 5794; Van Hulthem, 3276; Rigal, 916).

TERBURG (Gérard), peintre hollandais, né à Zwoll, en 1608; mort à Deventer, en 1681.

Militaire offrant de l'argent à une jeune femme; riche intérieur; gr. par Pierre Audouin, dans le *Musée français.*

Le même sujet, gr. par A. Chataigner.

La Santé portée. — *La Santé rendue;* deux pièces in-fol., gr. par J. Chevillet.

Le Galant militaire, gr. par Jules François (Exposition de 1859).

Iris inquiète, gr. par Fr. Lucas.

La Leçon de musique, in-fol., gr. par A.-A. Morel.

Le Galant militaire, phot. Paris, Goupil, 1867.

TERSONNIER.

Le Surveillant malin. Une jeune femme dort la tête appuyée sur un coussin, à droite, au-dessus de sa tête, un amour met un doigt sur sa bouche. Jolie pièce, gr. par Delâtre (11 nov. 1861, 5 fr. 50).

TESTA (Pierre), dit *Lucchesino,* peintre et grav. à l'eau-forte, né à Lucques, en 1617; mort à Rome, en 1650.

Jeune femme accroupie qui s'évanouit, entourée d'amours dont un tient un cœur enflammé; un autre verse à boire à un troisième dans une écuelle. Deux autres sont occupés d'une corbeille de fleurs. Très-rare. L. 9 p. 2 l.; H. 6 p. 3 l. (B. 27; J., III, 130; Van Hulthem, 3796). — Le même sujet a été traité en plus grand, avec quelques changements. La jeune femme est adossée contre le tronc d'un arbre, et l'Amour qui est auprès d'elle n'a point de cœur dans la main. H. 13 p.; L. 9 p. 10 l. (B. 28).

Un jeune homme s'attachant à la vertu et à l'amour des sciences, et regardant avec mépris des satyres qui veulent l'entraîner dans la compagnie des femmes et de jeunes gens qui se livrent aux plaisirs les plus sensuels. On lit sur un écusson que tient le jeune homme: *Altro diletto ch'imparar nò trovo.* L. 19 p.; H. 14 p. 3 l. (B. 32).

Vénus apportant à Enée un bouclier et d'autres armes. La déesse est assise dans un char. L. 14 p. 8 l.; H. 13 p. 2 l. (B. 24; Van Hulthem, 3795).

Vénus couchée à terre, dans un jardin, au milieu d'amours qui ornent de guirlandes de fleurs le terme de Silvain. L. 13 p. 4 l.; H. 12 p. 6 l. (B. 26; J., III, 130; Van Hulthem, 3796).

Vénus embrassant Adonis au retour de la chasse; ils sont assis sur une colline et entourés d'une foule d'amours. L. 16 p. 8 l.; H. 12 p. 5 l. (B. 25; Van Hulthem, 3795.).

La Famille de satyres, gr. par P.-Fr. Mola. Une bacchante nue, endormie, est couchée sur une butte dans une attitude libre. A son côté, un satyre, assis, joue de la flûte de Pan. Vers le fond, trois enfants dansent ensemble. L. 7 p. 6 l.; H. 5 p. 2 l. (B. 7).

THAETER (Jules), professeur à l'Académie des Beaux-Arts de Munich. — Voir *Schwind.*

TEXIER, graveur. — Voir *Boilly.*

THÉODORE, élève de Francisque Millet, peintre et grav. à l'eau-forte, né à Paris, selon toute apparence, dans la 2e moitié du XVIIe siècle.

Les Baigneuses. Deux personnes, l'une nue, l'autre vêtue, sont assises sur le bord d'une rivière. Une troisième, qui cache sa nudité avec une espèce de vêtement, est dans l'eau, et paraît vouloir en sortir. A gauche, derrière la feuillée, une femme, à l'air distingué, paraît cueillir des fruits. Pièce en haut. (R. D. 16).

Céphale et Procris. H. 7 p. 6 l.; L. 6 p. 9 l. (R. D. 17; Camberlyn, 2e vente, 3607).

THÉOLON.

Bacchus et Erigone, gr. par G. Marchand (A. David, 1 fr. 50).

Jupiter et Léda, gr. par le même (3 fr., en avril 1864).

THÉROIGNE DE MÉRICOURT. — Voir *Devritz.*

THÉVENIN (Jean-Charles), grav. contemporain, né à Rome, de parents français. — Voir le *Corrége.*

THEW, grav. en manière noire. — Voir *Smirke.*

THIBAULT, grav. contemporain. — Voir *Cambon.*

THIELLEY (Claude), dess. lith. contemporain, né à Rully (Saône-et Loire). — Voir E. de *Beaumont, Compte-Calix, Gérard, Yundt.*

Le Baptême du petit ébéniste, lith. (*Musée de mœurs en actions*) Paris, Bulla, 1865.

THIERS (le baron de), fils de M. Crozat, graveur. — Voir *Boucher.*

THOMAS (Nap.), dess. et graveur.

Don Juan, six sujets lith. d'après le poëme de lord Byron. Paris, Bulla, 1854.

Elisabeth d'Angleterre, 1786, in-8°.

Marie Stuart, 1786, in-8°.

THOMASSIN (Philippe), dess. et grav., né à Troyes, en Champagne, vers l'an 1546; mort à Rome, en 1619. — Voir *Zucca.*

THOMASSIN (Henri-Simon), dess. et grav. au burin et à l'eau-forte, né à Paris, en 1741. — Voir Ant. *Coypel, Lebrun, Rubens,* L. *Silvestre, Watteau.*

THOMASSIN, photographe.

Portraits d'après nature : Mlles Alexandrine, Angèle, Damain, Estelle, Finette, Gabrielle, Henriette, Isabelle, Keller, Louise, Lucie, Maria, Nathalie, Rosa; Mmes Albertine, Dupuis, Marguerite. Paris, 1862.

THOMPSON (R.), graveur anglais du XVIIe siècle. — Voir P. *Cros,* le *Titien.*

THORWALDSEN (Barthélemy-Albert), sculpteur, né à Copenhague, en 1770; mort en 1844.

La Nymphe Salmacis, gr. par Bernardi (L. M., 26 mai 1865, N° 73).

THOUVENIN, dess. et grav. de la fin du XVIIIe siècle.

Les Grâces enchaînées par l'Amour. — *L'Amour enchaîné par les Grâces;* deux pièces grav. au pointillé. H. 0.16; L. 0.12 (Bance, 5 fr. chaque).

TIARINI (Alexandre), peintre, né à Bologne, en 1577; mort en 1658.

Angélique et Médor (Musée de Dresde), phot. par Gueuvin. Paris, 1867.

TIBALDI (Dominique). — Voir *Pellegrini.*

TIEDEMAN (Philippe), peintre, né à Hambourg, en 1657; mort en 1705.

Marie, reine d'Angleterre, d'Ecosse, de France et d'Espagne. Portrait rare, gr. par Pierre van Gunst (Camberlyn, 1re vente, 1317).

TIEPOLO (Jean-Baptiste), peint. et grav. à l'eau-forte, né à Venise, en 1697; mort à Madrid, en 1770.

Le Carnaval de Venise, in-fol. en larg., gr. par J. de Leonardis.

Vénus sur un char traîné par des amours, in-fol. en larg., gr. par le même.

TIEPOLO (Jean-Dominique), p. et gr. à l'eau-forte, né à Venise, en 1727.

Les Deux amants parlant aux bergers sous la grange. Sans nom (de Vèze, p. 19; Martial Pelletier, N° 288).

Vénus et l'Amour apparaissant à Enée (de Vèze, p. 19).

Auguste et Cléopâtre à table (du palais

Lobbia, à Venise). La reine, assise et tenant le verre dans lequel elle va faire dissoudre la perle d'une de ses boucles d'oreilles, lève la tête pour contempler un groupe de deux amants que l'on voit sur un nuage. Antoine et tous les spectateurs attendent ce qu'elle va faire. Pièce sans nom ni titre, gr. par Jean Honoré Fragonard. H. 0.149; L. 0.117 (de Vèze, p. 161; Baudicour, 23).

Un faune et deux nymphes, gr. par G.-Chr. Kilian.

TIEPOLO (Laurent).

Renaud et Armide, belle gravure (Martial Pelletier, 290).

TILLIARD (Jean-Baptiste), gr. à l'eau-forte et au burin, né à Paris, en 1740, où il mourut, en 1813. — Voir *Challe*.

TINTORET (Jacques *Robusti*, dit le), peintre, né à Venise, en 1512; mort en 1594.

Mercure et les Grâces. Celle qui est assise au milieu présente d'une main une rose à sa compagne qui est à genoux, tandis qu'elle met l'autre main sur la troisième. Mercure est debout audelà des Grâces. On lit dans la marge: *Spectator si scire cupis quid picta tabella est, Et Jouis et Maiae filius et Charites*. Belle pièce gr. par Aug. Carrache. L. 0.252; H. 0.210 (B. 117; Van Hulthem, 3492; H. de L., avril 1856, 67 fr.).

Adèle la vénitienne, maîtresse du Titien, gr. à l'aqua-tinte, par Debucourt.

Jupiter et Léda, in-fol., gr. par Glairon-Mondet.

Susanne au bain, gr. par J. Maennl.

TIRPENNE, lith. contemporain. — Voir *Devéria*.

TISCHBEIN (Jean-Henri), peintre, né à Haina (Hesse), en 1722; mort à Cassel, en 1789.

Hercule et Omphale. — *Trois baigneuses*; deux pièces in-8°.

Vénus et l'Amour, deux pièces in-8° oblong, gr. à l'eau-forte.

Vénus endormie. — *Vénus essayant la flèche de l'Amour*; deux pièces in-8°.

L'Agréable désordre. — *La Promesse du retour*; deux pièces gracieuses, gr. par David (7 déc. 1866, N° 341).

TISSOT (James), peintre contemporain, né à Nantes.

L'Aveu, phot. Paris, Goupil, 1867.

Tentative d'enlèvement, phot. par Goupil. L. 0.25; H. 0.17, 6 fr.

TITIEN (Tiziano *Vecelli*, dit le), célèbre peintre, né à Pieve di Cadore, en 1477; mort de la peste à Venise, en 1576.

Diane découvrant la grossesse de Calisto, gr. par C. Agricola.

Vénus couchée dans un paysage, près de l'Amour endormi; pièce anonyme, gr. par G.-B. Angolo. L. 0.424; H. 0.280 (B. 27).

Jupiter amoureux d'Antiope, se transforme en satyre. Composition connue sous le nom de la *Venus del Pardo*, gr. par Bern. Baron. L. 0.640; H. 0.330 (J., I, 213).

Jupiter et Antiope, gr. par P.-F. Basan.

La Maîtresse du Titien, gr. par le même. H. 0.258; L. 0.218.

Vénus à la coquillle, gr. par G.-Ph. Benoist. H. 0.203; L. 0.172.

Le Tentateur, gr. par Ivan Berseneff.

Vénus et l'Amour, gr. par F. Bertelli.

L'Enlèvement d'Europe, gr. par C. Boel.

Vénus et l'Amour, 1566. Vénus, assise dans un paysage, se penche vers l'Amour qui lui fait des caresses. Clair-obscur de deux planches, gr. par Nic. Boldrini. Rare; on le trouve presque toujours imprimé d'une seule planche. H. 11 p. 4 l; L. 8 p. 8 l. (B. XII, p. 127, N° 29; Martial Pelletier, N° 34).

Danaé, pièce octogone, gr. par J.-F. Bolt. L. 0.095; H. 0.060.

Vénus et Adonis, gr. par C. Bos.

Mercure enseignant à lire à l'Amour, gr. par J. Bouillard.

Philippe II et sa maîtresse, gr. par le même.

Vénus et les amours, gr. par Louis de Boulogne, le père. La déesse est assise sous une espèce de tente, à l'entrée d'une vaste campagne. Elle vient de nouer un bandeau sur les yeux d'un amour debout devant elle, qui s'appuie sur ses genoux, et prête une oreille attentive à un autre amour qui, debout derrière sa mère et appuyé sur son épaule, semble la conseiller. Deux nymphes debout à gauche, regardent la déesse et tiennent, l'une le carquois, l'autre, l'arc du patient. L. 9 p. 5 l.; H. 7 p., y compris 5 L. de marge (R. D. 10).

La Fille du Titien, du Musée de Berlin, gr. par J. Caspar, 1835. H. 0.338; L. 0.258 (Weigel, 1er état, 9 1/3 th.; 2e état, 4 th.; Georg, de Genève, en 1867, 20 fr.).

Susanne au bain, 1586, in-fol., gr. par J.-B. Cavallerus.

Jupiter et Antiope, gr. par Caylus (M. N. L., 247).

Nymphe couchée, et un satyre enlevant une autre nymphe, gr. par le même (M. N. L., 266).

Vénus nue sur un lit, caressant l'Amour; in-fol., gr. en coul., par Thomas Cheesmann.

Diane découvrant la grossesse de Calisto, 1566; in-fol., gr. par C. Cort (J., I, 378).

Paysage avec une femme nue gardée par un dragon, gr. par le même.

Roger délivrant Angélique, exposée à être dévorée par un dragon; in-fol., gr. par le même (J., I, 378).

Tarquin faisant violence à Lucrèce, 1571, in-fol., gr. par le même (J., I, 378; Le Blanc, 295).

Le Titien et sa maîtresse, gr. par V. Dague.

La Loi des amants, gr. en larg., par Henri Danckerts. Dans la marge : *Quis legem... est sibi* (Camberlyn, 1re vente, 665).

Diane découvrant la grossesse de Calisto, in-fol. en larg., gr. par P. Daret.

Danaé, couchée, recevant la pluie d'or; in-fol. en larg., gr. par L. Desplaces.

Le Titien considérant sa maitresse, très-belle pièce en haut., gr. par Ant. Van Dyck. En marge, les vers suivants:

Ecco il belveder! ò che felice sorte!
Che la fruttifera frutto in ventre porte
Ma ch'ella porte, ò me! vita et morte plano
Demonstra l'arte del magno Titiano.

La seule épreuve connue d'eau-forte pure se trouve au Musée britannique (Mariette, en 1775, 60 livres; Logette, en 1817, 46 fr.; Rigal, 74 fr.; Debois, 120 fr.).

Danaé, 1780; jolie pièce in-fol. en larg., gr. par Facius (P. de Corneillan, 39).

Vénus endormie, in-fol. en larg., gr. par le même.

Danaé, in-fol., gr. par G. Folo (Mappes, 6 fl. 15 kr.).

Persée délivrant Andromède, pièce sans marque, gr. par J.-B. Fontana. H. 7 p. 10 l.; L. 6 p. (B. 56).

La Maîtresse du Titien, in-fol. en haut., gr. par Fr. Forster et Henry Dancken (Van Hulthem, 539; Sternberg, 4 th.; Georg, de Genève, en 1867, 12 fr.).

Jupiter et Léda, in-fol. en haut., gr. par Gautier d'Agoty.

Vénus anadyomène, in-fol. en haut., gr. par le même.

Vénus couchée, in-fol. gr., par R. Gaywood.

Les Amours des dieux, suite de neuf pièces, gr. au burin, par P. van der Gunst (J., II, 119).

Un faune embrassant une nymphe, ovale in-4°, gr. par J. Hauber.

La Fille du Titien, peinte par lui-même, gr. par W. Hollar. « Le tableau original est-il celui qui, à Berlin, porte le nom de la *Fille du Titien*, ou celui qui, à Madrid, est désigné comme *Hérodiade?* Voir Quandt : *Remarques* (en allemand) *pendant un voyage en Espagne*, p. 249. » (*Revue univers. des Arts*, tome XXII, p. 125).

La Grossesse de Calisto, in-fol., gr. par Th. van Kessel.

Vénus nue couchée sur un lit de repos; pièce en larg., gr. à Livourne, en 1784, par Pompeo Lapi (Van Hulthem, 3581).

Diane, lith. par E. Lassalle. H. 0.60; H. 0.34 (Goupil, 10 à 20 fr.).

L'Enlèvement d'Europe, gr. par Valentin Lefebvre (cat. Busche).

Danaé, vignette, gr. par Ant.-Robert Lefebvre. Paris, Janet, 1821.

Le Jugement de Pâris, vignette, par le même. Paris, Janet, 1821.

Le Sommeil, vignette, par le même. Paris, Janet, 1821.

Vénus, vignette, par le même. Paris, Janet, 1821.

Vénus et l'Amour (Galerie du Palais-Royal), in-4°, gr. par J.-F. Leybold.

Actéon, in-4°, gr. par P. van Lisebetten.

L'Amour, in-fol., gr. par le même.

Le Berger et la nymphe, petit in-fol., gr. par le même.

Danaé, in-4°, gr. par le même.

Vénus se regardant dans un miroir que tient l'Amour, gr. par J. Maennl.

Vénus à la chouette, de la Galerie de Florence ; gr. par J.-B. Massard, le père (1er février 1864, N° 159).

Persée venant délivrer Andromède, gr. en larg., par Ch. Massé (R. D. 6).

L'Alliance de Vénus, de Cérès et de Bacchus, gr. par Jakob Matham. Dans la marge : *Sine Cerere et Baccho friget Venus*, etc. L. 14 p. 3 l. ; H. 10 p. 6 l. (B. 210).

Diane et Actéon, in-fol., gr. par Dirk Matham.

Le Marquis de Guast et sa maîtresse assise, représentée en Vénus ; l'Amour et deux femmes, dont une porte un panier de fruits; in-fol. en haut., gr. par L. Matthioli.

Jupiter enlevant Europe, gr. par J.-M. Mitelli. L. 10 p. 8 l.; H. 7 p. 6 l. (B. 35).

Paysage traversé par une rivière; des amants étendus au pied d'un arbre sont épiés par un satyre. A gauche, des pêcheurs. Pièce gr. par Baptiste del Moro. L. 0.295 ; H. 0.253 (H. de L***, en avril 1856).

L'Amour reposant près de Vénus couchée, gr. par Nicolo Nelli, 1566 (vente du 11 nov. 1861).

Le Marquis de Guast portant la main sur le sein de sa maîtresse, à laquelle viennent rendre hommage l'Amour, Flore et Zéphire ; in-4°, gr. par J.-J. Oortmann.

Vénus sur un lit, gr. par J.-P. Pichler ; rare.

Vénus couchée, gr. par Piroli (vente du 11 nov. 1861).

Bacchus à son retour de la conquête des Indes, rencontrant dans l'île de Naxos Ariadne abandonnée par Thésée. Gravé par Jean-André Podesta, d'après le fameux tableau que le Titien a peint pour Alphonse premier, duc de Ferrare. L. 14 p. 6 l.; H. 11 p. 6 l. (B. 6; Van Hulthem, 3672).

Une bacchanale où l'on voit sur le devant une femme endormie, et plus loin plusieurs personnes de la suite de Bacchus qui célèbrent sa fête. Grav. par le même, d'après un tableau peint pour Alphonse, duc de Ferrare. L. 14 p. 6 l.; H. 11 p. 6 l. (B. 7; Van Hulthem, 3673).

Diane découvrant la grossesse de Calisto, in-fol., gr. en larg., par Matthieu Pool (Van Hulthem, 2384).

Vénus et le joueur de luth, in-fol., gr. par Pound (Lex..., N° 76).

Danaé, couchée nonchalamment sur un lit de repos, recevant Jupiter transformé en pluie d'or. Pièce en larg., gr. à Amsterdam, par Jean Punt, d'après le tableau de la Galerie du roi de Prusse (Winckler, 5046; Van Hulthem, 2396).

Le Sommeil, gr. par Romanet (cat. A. David).

Femme nue sur un lit ; aux pieds, une couronne et un sceptre; in fol., gr. par Rosaspina.

Vénus tâchant de retenir Adonis qui part pour la chasse, gr. par Martin Rota, et l'une de ses pièces les plus recherchées et les plus rares. La marge d'en bas contient huit vers italiens : *Ecco la bella Dea — — suo mal s'appiglia.* H. 9 p.; L. 6 p. 6 l. (B. 108).

Cypris et Adonis, gr. en larg., par Raph. Sadeler. Quatre vers latins en marge : *Formosum sequitur*, etc. (Van Hulthem, 2587).

La Fille du Titien, in-fol. en haut., gr. par Gilles Sadeler (V ***, d'Anvers, 704).

Lucrèce Borgia, duchesse de Ferrare, ayant la main gauche appuyée sur un nègre ; in-fol., gr. par le même.

Vénus anadyomène, pièce in-4°, gr. par Aug. de Saint-Aubin, et qui se joint à la *Dissertation sur les attributs de Vénus*, par les abbés de La Chau et Leblond. Paris, 1776, in-4°. — Le *Manuel du Libraire* fait observer que cette estampe ayant été tirée à très-grand nombre, les amateurs ne recherchent que les épreuves avant la coquille ou avant la bordure; il n'en existe pas avant la lettre. Un exempl. de cette *Dissertation* ayant l'estampe avec les remarques et avec l'addition d'une dissertation manuscrite sur le dieu Priape s'est payé 51 fr., en 1825, à la vente de divers livres précieux provenant du cabinet du prince Galitzin (vente Aug. de Saint-Aubin, 93 fr.; Renouard, 1854, avant la bordure et la coquille, la date, etc., 7 fr.; A. David, av. la bordure, 5 fr.).

La Maîtresse du Titien en Flore, jeune personne vue jusqu'aux genoux ; gr. en haut., par Joachim Sandrart, à Amsterdam. Au bas, quatre vers latins. (Winckler, 4851; Van Hulthem, 806).

Le Titien et sa maîtresse, tableau du

Titien, réduit au diagraphe et gr. à l'eau-forte, par Sellier. Paris, 1849, 2 fr.

Les Amours des dieux, suite de neuf pièces gr. à la man. noire, par Jean Smith, à Londres. Charmantes compositions: Cupidon et Psyché, 1708. — Mars et Vénus, 1708. — Apollon et Daphné. 1709. — Pluton et Proserpine, 1709. — Hercule et Déjanire, 1709. — Neptune et Amphitrite, 1708. — Jupiter, Junon et Io, 1709. — Vulcain et Cérès, 1708. — Bacchus et Ariane, 1709. H. 0.39; L. 0.28 (J., III, 86; Saint Yves, 36 fr.; 11 nov. 1861, 55 fr.; comte ***, de Vienne, en février 1867, 52 fr.).

Vénus nue, couchée et endormie, gr. en larg., par Pierre Soutman. Titre: *Ex hac oblata,* etc. (J., III, 88; Winckler, 5036; Van Hulthem, 2783).

Danaé recevant la pluie d'or, pièce en larg., dess. à Naples, en 1762, et grav. à Londres, en 1768, par R. Strange (J., I, 101; 11 nov. 1861, 8 fr. 50; Mariette, avec *Vénus couchée,* 36 fr.; Alibert, *id.,* 115 fr.; Debois, *id.,* 305 fr.).

Vénus bandant les yeux de l'Amour, pièce en larg., gr. par le même, en 1769, d'après le tableau du palais Borghèse, à Rome (Van Hulthem, 5117; P. de Corneillan, 223; 11 nov. 1861, 23 fr.; un double, 9 fr.).

Vénus couchée, pièce en largeur, dess. en 1764, par R. Strange, d'après le tableau qu'on voit à la tribune, à la Galerie de Florence, et grav. à Londres, en 1768 (J., III, 101; Debois, 1123; A. David, 1400). Voir pour le prix la *Danaé,* des mêmes.

Vénus et Adonis, grand in-fol., gr. par le même (cat. A. David).

Lucrèce Borgia, gr. en man. noire, par R. Thompson.

Tarquin violant Lucrèce, gr. par G.-G. Valegio.

Danaé, phot. Paris, Bisson fr., 1857.

Vénus couchée, phot. par Collard. Paris, 1863.

Actéon surprend Diane au bain. — *Offrande à la fécondité.* — *Triomphe de Bacchus;* trois pièces phot. par Dusacq (cartes de visite, 1 fr. chaque).

Danaé, phot. par Furne fils et Cie. Paris, 1858.

Vénus, phot. par les mêmes, 1858.

Diane, phot. par Goupil, 1863; 7 cent. sur 12, 1 fr. 50.

Vénus. — *Danaé;* deux pièces phot. par le même (cartes de visite, 1 fr. chaque).

TOCQUÉ (Louis), peintre vers la moitié du XVIIIe siècle.

Marie, princesse de Pologne, reine de France. Beau portrait en pied, gr. par J. Daullé (11 nov. 1861, 20 fr.).

Elisabeth, impératrice de Russie, en manteau impérial, le sceptre à la main. Grande estampe, gr. par G.-F. Schmidt, à Saint-Pétersbourg, en 1761, d'après le tableau peint par Tocqué, en 1758 (Rigal, N° 727, 15 fr.; Ménars, 54 fr.).

TOILETTE DE VÉNUS (la). —Voir *Vénus.*

TOIMET, peintre.

Le Grand seigneur, au milieu de ses femmes, dans les jardins du sérail, donne le mouchoir à l'une d'elles; gr. par Duponchel.

TOMKINS (Pierre-Williams), grav. au pointillé, né vers 1750; florissait à Londres, en 1780. — Voir *Harding, Kauffman.*

TOORENVLIET (J.), peintre.

La Vieillesse amoureuse, 1769, in-fol., gr. par Pechwell.

TORDEUX (C.), dess. contemporain.

Quand les maris sont aux champs, les femmes gobelottent, lith. par Regnier, Bettannier et Morlon (*Musée de mœurs en actions,* N° 21). L. 0.50; H. 0.38. Paris, Bulla, 1863; en rehaut, 8 fr.

TORRENTIUS (Jean), peintre, né à Amsterdam, en 1589; mort en 1640. — Il s'attachait à représenter des sujets lascifs dans des miniatures ou des vignettes et il les traitait du pinceau le plus expressif et le plus fin. Les sujets de ses tableaux, dit Decamps, renchérirent sur ceux de l'Arétin et de Pétrone. Il était de la secte des Adamites et prêchait la communauté des femmes. Emprisonné, mis à la question, il se sauva en Angleterre et revint mourir caché à Amsterdam. On ne trouve de ses productions dans aucune galerie publique; celles qui ont échappé au feu, s'il en existe, sont cachées dans l'ombre de quelque collection privée sous prétexte de curiosité raffinée ou de rareté extrême. Toutefois, le catalogue de Charles Ier mentionne deux peintures de Torrentius appartenant à ce prince; l'une représente un homme nu, l'autre deux verres de vin du Rhin : *Two glasses of Rhenish*.

TORRI (Flaminio), peint. et grav., né à Bologne, en 1621; mort à Modène, en 1661. — Voir Aug. *Carrache*.

TOSCHI (Paul), grav., né à Parme, en 1788. — Voir *l'Albane*.

TOSTÉ (Mlle Lucile), actrice des Bouffes-Parisiens. — Portrait lith. d'après la phot. de Mayer et Pierson. Paris, impr. Becquet, 1860.

TOUDOUZE (Anaïs), dessin. contemporain.

Au château. — *A la ferme*. — *A qui pense-t-elle?* (pendant de *A qui penses-tu?* d'après Leloir); trois pièces lith. par Charpentier. H. 0.37; L. 0.20 (Bulla, en rehaut, 4 fr. chaque).

Viendra-t-il? (pendant de *Pour lui plaire*, d'après Leloir), lith. par le même. H. 0.37; L. 0.20. Paris, Jouy, 1860, en rehaut, 4 fr. — H. 0.31; L. 0.22 (*Galerie-Omnibus*). Paris, Delarue, en rehaut, 2 fr.

A qui pense-t-elle? lith. par Desmaisons. H. 0.37; L. 0.20 (Bulla, 5 fr. en rehaut).

Paul et Virginie. « Prends ce nid, « ma sœur, c'est pour te l'offrir que je « l'ai pris sur le haut de nos plus grands « arbres... » — *Paul et Virginie*. « Paul « prit des feuilles de scolopendre, dont « il entoura les pieds de Virginie... » Deux pièces lith. par le même; H. 0.35; L. 0.25 (Delarue, en rehaut, 5 fr. chaque).

Paul et Virginie. « A peine avaient-« ils achevé leur prière, que Fidèle était « auprès d'eux... » — *Paul et Virginie*. « Laisse-moi t'accompagner sur le vais-« seau où tu pars, je te rassurerai dans « les tempêtes... » Deux pièces lith. par Saint-Aulaire. H. 0.35; L. 0.25 (Delarue, en rehaut, 5 fr. chaque).

Les Jeux innocents : Le Pont d'amour. — Le Dessous du chandelier. — Le Chevalier de triste figure. — Le Testament. — Le Portier du couvent. — Le Baiser à la capucine. — La Statue. — Les Aunes de rubans. — Huit pièces lith. par Thielley. Paris, Lemercier, 1847.

TOULMOUCHE (Auguste), peintre contemporain, né à Nantes; élève de Gleyre.

Un mariage de raison, gr. par Lurat. Paris, Durand Ruel, 1867.

Le Fruit défendu, phot. par Bingham, 1867.

Le Billet, phot. par Goupil (carte de visite, 1 fr.).

L'Ecrin. — *La Montre ;* deux pièces phot. par le même (cartes de visite, 1 fr. chaque).

La Première visite, phot. par le même. H. 0.23; L. 0.18, 6 fr.

TOURNAY (Elis.-Cath. de), grav. du commencement du XIXe siècle. — Voir *Detroy*, *Jeaurat*.

TOURNIÈRE, peintre du XVIIIe siècle.

Philis a pour les fleurs..., jolie pièce in-8° en travers, gr. par Jeaurat (Martial Pelletier, 569).

TOURTIN, photographe.

Portraits phot. d'après nature : Mlles Augusta, Blanche, Boisgontier, Damain, Déjazet (6 costumes), Dottin, Eva, Hélène, Jeanne, Marie Leroux, Maria, dite la Palferinette, Mercier, Pierson, Marie Tissier, etc. Paris, 1862.

TOUZÉ, peintre du XVIIIe siècle.

La Fidélité en défaut, gr. par Hemery.

Les Amusements dangereux, gr. par Voyez, le jeune (A. David, 2 fr. 50; 26 nov. 1866, N° 381).

TOWENTS, grav. contemporain. — Voir A. *Bureau*.

TRAUNFELLNER, grav. de la fin du XVIIIe siècle. — Voir *Œlenhainz*.

TRÉMOLIÈRE (Pierre-Charles), peintre et gr. à l'eau-forte, né à Cholet (Maine-et-Loire), en 1703; mort à Paris, le 12 mai 1839.

Alphée et Aréthuse, gr. par Fessard (de Vèze, p. 207).

Diane au bain, gr. par J.-C. Maillet.

TRÉMONT (le baron de), dess. et grav. du XVIIIe siècle.

Mlle Lange (Mme Du Barry), petit profil au physionotrace, avec autographe du baron de Trémont.

TRENTE (Antoine de). — Voir *Fantuzzi*.

TRESCA, graveur. — Voir *Boilly*.

TREU, ou TREW (Martin), dess. et grav. allemand du XVIe siècle. — On suppose qu'il est le Maître qui signait MT (N° 247 des monogrammes).

Les Amants, sujet grivois, rare (A. Dinaux, 216).

La Danse des gens de condition, suite de 12 estampes numérotées et datées de 1542 et 1543; H. 2 p. 2 l.; L. 1 p. 7 l. (B. 24-35).

L'Histoire de l'enfant prodigue, suite de 12 estampes numérotées et datées de 1541 et 1543. Dans le N° 3, l'enfant prodigue se divertit avec des femmes perdues. On le voit en embrasser une. — Dans le N° 4, il est à table avec des hommes débauchés et des courtisanes. — Au N° 5, après avoir dissipé tout son argent avec les femmes, celles-ci le dépouillent, même de ses habits. — Dans le N° 6, ces femmes le chassent de la maison, après l'avoir dépouillé de son argent et de ses habits. L. 3 p. 1 l.; H. 2 p. 8 l. (B. 3-14).

Le Mari maltraité. Une femme en culottes d'homme donnant des coups de bâton à son mari, en le tirant par les cheveux hors d'une maison. H. 2 p. 10 l.; L. 2 p. 2 l. (B. 38).

Les Paysans dansant, suite de neuf estampes numérotées, et dont quelques-unes sont datées de 1542. Le N° 7 est libre. Un paysan, ayant sur la tête une couronne de pampre, vis-à-vis d'une femme qu'il embrasse. L'homme a le bras gauche passé autour du cou de la femme et de la main droite lui relève la jupe. H. 2 p. 3 l.; L. 1 p. 9 l. (B. 15-23).

La Polissonnerie, 1540. Au milieu, un jeune étourdi à genoux est tenu sur un banc par deux femmes perdues, tandis qu'une troisième lui verse un vase rempli d'eau sur le derrière. A droite, on voit un bouffon ayant un chat sur le bras. L. 2 p. 7 l.; H. 1 p. 6 l. (B. 37).

La Surprise, 1540. Un paysan surprenant sa femme entre les bras d'un moine. L. 2 p. 8 l.; H. 1 p. 6 l. (B. 36).

TRÉVISANI (François), peintre, né à Capo-d'Istria, en 1656; mort à Rome, en 1746.

Le Jugement de Pâris, gr. par P.-F. Basan. L. 0.492; H. 0.350.

TREZEL, peintre contemporain.

L'Odalisque, phot. par Piallat, 1864.

TRIÈRE (Philippe), graveur, né en 1756. — Voir *Dugoure, Freudeberg, Moreau* (le jeune), *Velasquez*.

TRINQUART, photographe. — Voir *Petit et Trinquart*.

Portraits phot. d'après nature : Mlles Bertuli, Delval, Derosnay, Folesca, Krauss, Laurent, Madeleine, Marchetti, Mela, Ada Menken, Mme Munié, Mlles Sadicy, Statter, Victoria, etc.

TRINQUESSE, peintre du XVIIIe siècle.

Le Lever, où la Sortie du bain, gr. par Lempereur (P. Danlos, 4 fr.).

L'Irrésolution, ou la Confidence, gr. par Pierron (en avril 1864, 17 fr.).

TRIOMPHE DE VÉNUS. — Voir *Vénus*.

TRIVA, ou de TRIVIS (Antoine), peint. et grav., né à Reggio, en 1627; mort à Munich, en 1699.

Susanne au bain, surprise par les vieillards; à droite, un enfant assis sur un dauphin, faisant jaillir de l'eau. H. 6 p. 6 l.; L. 4 p. 10 l. (B. 1; J., III, 141).

TROIS GRACES (les). — Voir l'*Antique*, N. *Bonnard*, L. *Bonnet, Boucher, Brebiette, Canova*, Aug. *Carrache, Delacour, Derancourt*, A. *Devéria*, le *Dominiquin*, Ph. *Galle*, H. *Goltzius, Guggisberg*, la *Hyre*, P. de *Jode*, J. *Leeb*, L. *Marin, Moreau, Orlandi, Pelegrini*, Germain *Pilon, Pirodon, Raphaël*, le baron *Regnault*, Salv. *Rosa, Rubens*, Perino del *Vaga*, C. *Vanloo*.

TRONCHON, graveur. — Voir N.-Nic. *Coypel*.

TROOST (Corn.), dit le *Watteau hollandais*, peintre et grav., né à Amsterdam, en 1697; mort en 1750. — Voir *Rottenhammer*.

Les Abusés, pièce drôlatique, gr. d'après Troost (7 déc. 1866, N° 426).

Déclaration d'amour de René à Sarotte; René est à droite. Pièce en man. noire. Chez Bowles (vente du 31 mars 1862).

Sarotte et René, à mi-corps; manière noire, par A. Delfos (31 mars 1862, N° 173).

Les Baigneuses épiées :

« Fuyez, belles ! sauvez votre honneur des hasards!
En vous croyant au bain à l'abri de surprise,
Vos charmes sont en butte à d'avides regards;
Peut-être à vous trahir l'or porta Jeanne ou Lise;
Par l'imprudent plaisir auquel vous vous livrés
En vous rafraîchissant, d'autres sont enflammés.

In-fol., gr. par S. Fokke, à Amsterdam (31 mars 1862, N° 179).

La Mort de Didon, traitée en charge; in-fol., gr. par le même (31 mars 1862, N° 179).

Le Capitaine Ulric, ou l'Avarice dupée, gr. par J. Houbraken (31 mars 1862, N° 190).

La Fausse vertu découverte : Elle chante. — Elle pleure à genoux ; deux pièces in-fol., gr. par le même (Sternberg, 1 th. ; 31 mars 1862, N° 189).

La Fausse vertu découverte, gr. par Martini (31 mars 1862, N° 170).

Proposition de mariage aux parents de Sarotte. — Déclaration d'amour de René à Sarotte; deux pièces en haut., gr. par Punt et Tanjé. Au bas, 4 vers français et 4 vers flamands (Winckler, 6033; 31 mars 1862, N° 188).

L'Amant déguisé, ou la feinte servante, gr. par A. Radigues (31 mars 1862, N° 191; 1er février 1864, N° 594).

L'Amant peintre, gr. en haut., par Pierre Tanjé, 1761 (Winckler, 6034; Van Hulthem, 2865).

L'Amour mal assorti, gr. en haut., par le même (31 mars 1862, N° 185).

L'Amoureuse Brigitte, jolie pièce gr. par le même (31 mars 1862, N° 181; 7 déc. 1866, N° 426).

La Chambre d'accouchée hollandaise, in-fol. en larg., gr. par le même (Winckler, 6028 ; Van Hulthem, 2869).

La Fausse vertu, ou la Feinte tristesse, jolie pièce en haut., gr. par le même (Winckler, 6041 ; Van Hulthem, 2866).

La Fille rusée, ou le Tuteur trompé, jolie pièce en haut., gr. par le même (Winckler, 6042 ; Van Hulthem, 2867).

Les Noces de Clorus et Rosette, in-fol. en larg., gr. par le même (Van Hulthem, 2863).

Les Philosophes, ou la Fille échappée, in-fol. en larg., gr. par le même (Winckler, 6027; Van Hulthem, 2869).

Déclaration d'amour de René à Sarotte. — Consultation pour le mariage de Sarotte; deux pl. gr. par Wilson (31 mars 1862, N° 176).

TROUVAIN (Antoine), grav. au burin, né à Mont-Didier, en 1666; mort à Paris, en 1710.

La Princesse de Conti. — La Marquise de Florensac. — La Comtesse de Mailly, dame d'atours de la duchesse de Bourgogne. — *La Marquise de Maintenon. — La Marquise de Quélus*, en habit d'hiver. — *La Comtesse du Roure*, en habit de bal. — *La Princesse de Soubise*. Sept portraits en pied (1er février 1864, N° 413).

TUBI (Jean-Baptiste), dit le *Romain*, sculpteur, né à Rome, en 1600 ; mort à Paris, en 1670.

Galatée et Acis, in-fol., gr. par J. Edelinck.

TURCHI (Alessandro), dit Alexandre *Véronèse*, et l'*Orbetto*, peintre, né à Vérone, en 1582 ; mort à Rome, en 1648.

Cupid and Psiche, gr. par Is. Beckett. H. 0.289; L. 0.211 (Weigel, 2e état, 2 $^1/_5$ th.).

Jupiter et Léda, gr. par Ph. Boutrois et Corot.

La Maîtresse d'Alex. Turchi, gr. par J. Cœlemans.

La Femme de Putiphar, gr. par Gautier d'Agoty.

La Mort d'Adonis (Musée de Dresde), phot par Gueuvin, 1867.

TURNER, grav. contemporain. — Voir *Decaisne*.

TURNER OF CLINTS IN YORKSHIRE (mistress). — Voir J. *Reynolds*.

U

UGALDE (Mme), actrice. — Voir *Coindre*, Léon *Noël*.

UMBACH (Jonas), peintre d'histoire et gr. à l'eau-forte, naquit à Augsbourg, en 1624, et y mourut en 1700.

Andromède. — *Diane et Endymion*; deux pièces (Rigal, 792).

Bacchanales (Rigal, 792).

Susanne au bain, sujets différemment composés (Rigal, 790).

La Tentation de saint Antoine (Rigal, 791).

UNTERBERGER (Ignace), peint. et grav. à l'eau-forte, né à Karales (Tyrol), en 1744; mort en 1797.

Hébé, figure nue, gr. à l'eau-forte.

Vénus entourée d'amours, aqua-tinta.

UNTERNAHRER, dess. contemporain.

N'bougez pas, c'n'est qu'une mouche. Sujet comique représentant un peintre dans son atelier attrapant une mouche sur son modèle, jeune femme nue (*Humanité comique*, No 27). Lith. par Pirodon. Paris, Dusacq et Cie, une feuille jésus, coloriée, en larg., 6 fr.

URSINS (Anne-Marie de la Trémoille, princesse des). — Voir *Girardet*.

UYTENBROUCK, Vtenbroeck, Wtenbrouck, ou Wtenbrvck (Moïse van), surnommé le *Petit Moïse*, excellent peintre et grav. à l'eau-forte et au burin, né à La Haye, vers 1600; mort en 1650.

Abraham renvoyant Agar, 1620. Agar ayant avec elle le petit Ismaël, est à genoux devant Abraham qui la congédie. Sara est debout derrière le patriarche. L. 6 p. 10 l.; H. 4 p. 10 l. (B. 2; Van Hulthem, 2900).

Bacchus et Ariane. Bacchus trouvant Ariane abandonnée dans l'île de Naxos. Ariane est assise dans une attitude qui exprime son affliction. Bacchus arrive derrière elle, tenant un raisin d'une main, et de l'autre montrant la place de son cœur. L. 5 p. 4 l.; H. 4 p. 3 l. (B. 20; Rigal, 795).

Bethsabée. Elle est assise au bain; une vieille, appuyée sur un mur qui entoure le bain, lui présente une lettre de la part de David. H. 4 p. 9 l.; L. 3 p. 1 l. (Rigal, 794 ; Camberlyn, 2e vente, No 3666).

Diane et ses nymphes. Diane découvre la grossesse de Calisto, à qui elle semble faire des reproches. H. 7 p. 4 l.; L. 5 p. 8 l. (B. 31; J., III, 152; Rigal, 795).

Femme au bain. Au pied d'un arbre, une femme vue par le dos et tenant une chemise, semble sortir d'une pièce d'eau. H. et L. 5 p. 2 l. (B. 38; Rigal, 795).

Femme sortant du bain, beau morceau, d'un effet singulièrement piquant. Une femme sort d'une pièce d'eau d'où elle vient de se baigner. Son corps penché est vu de profil, mais sa tête est de face et retournée vers le spectateur. L. 5 p. 5 l.; H. 4 p. 8 l. (B. 39; Rigal, 795).

La Femme surprise au bain. Un pâtre, à la tête de son troupeau, s'approche d'une femme qui est assise, ayant les pieds dans l'eau. H. 5 p. 6 l.; L. 5 p. 2 l. (B. 40; Rigal, 795; Van Hulthem, 2910).

Jeune femme effrayée du ravage que fait un ouragan; elle se réfugie dans les bras d'un berger. L. 9 p. 6 l.; H. 7 p. 2 l. (Rigal, 796).

Jeune femme nue, montrant à son enfant Tobie aveugle, assis sur sa porte. Belle pièce (J., III, 152).

Jeune femme s'avançant pour caresser un jeune garçon assis au bord d'une fontaine. Sujet dit *Salmacis et Hermaphrodite*; inconnu à Bartsch. L. 7 p. 10 l.; H. 6 p. 3 l. (Rigal, 796).

Vertumne et Pomone. Vertumne, sous la forme d'une vieille, fait des caresses à Pomone assise près de lui auprès d'un arbre. L. 5 p. 5 l.; H. 4 p. 8 l. (B. 32; Rigal, 795).

V

VAART, ou VAERT (J. van der), peintre.

Marie Stuart, reine d'Ecosse, gr. en haut., par W. Faithorne, 1698.

Diane changeant Actéon en cerf, in-fol. en haut., gr. par Bernard Lens, le vieux.

Renaud et Armide, in-fol. en larg., gr. par le même.

Marie, reine d'Angleterre, portrait dans un ovale, gr. par John Smith (Van Hulthem, 5103).

VAGA (*Buonaccorsi*, dit Perino del), peintre florentin, né en 1500; mort à Rome, en 1547.

Les Amours des dieux, suite de vingt pièces libres, extrêmement rares, grav. par J. Caraglio. Il est cependant à remarquer qu'il y en a deux d'après maître Roux. H. 6 à 7 p.; L. 4 p. 10 à 12 l. (J., I, 336). — Bartsch ne connaît que 15 de ces pièces. Nous les citons sans donner beaucoup de détails: *Jupiter et Io*; l'Amour voltige en l'air. — *Jupiter et Antiope*. Jupiter, en satyre, découvre Antiope qui est endormie. — *Neptune et Thétis*. Neptune assis, baise la déesse qu'il tient embrassée. — *Mercure et Hersé*. Celle-ci dort couchée dans son lit. Aglaure empêche Mercure d'entrer chez sa sœur. — *Vulcain et Cérès*. Vulcain donne un baiser à Cérès qui est assise sur une enclume. — *Bacchus et Ariane*. Bacchus assis, tient d'une main le bout d'une draperie flottante par dessus sa tête, et l'autre main posée sur les épaules d'Ariane. — *Mars et Vénus*. Mars, assis sur un lit, donne un baiser à Vénus qu'il a sur ses genoux. — *Vertumne et Pomone*. Celle-ci, un genou en terre, cueille une pomme que lui montre Vertumne assis auprès d'elle, ayant une jambe appuyée contre une statue de Priape. — *Janus*. Il est assis sur un lit, auprès d'une jeune femme agenouillée, et à qui il donne un baiser. — *Apollon et Daphné*. Apollon poursuit Daphné qui commence à se métamorphoser en laurier. — *Hercule et Déjanire*. Hercule, assis, a sur ses genoux Déjanire qui prend une fleur à un arbre au pied duquel on voit le centaure Nessus. — *Cupidon et Psyché*. Cupidon ôte un drap pour découvrir Psyché endormie qui est vue par le dos, couchée sur un lit. — *Vénus et l'Amour*. Vénus couchée sur lit, regardant Cupidon assis sur une escabelle. — *Pluton et Proserpine*. Pluton donne un baiser à Proserpine qui est assise sur le dos de Cerbère. — *Saturne et Philyre*. Celle-ci fait des caresses à Saturne qui est représenté sous la forme d'un cheval fougueux, précédé de l'Amour. Suivant Vasari, ces deux dernières pièces sont gravées d'après maître Roux. Les cinq autres sont: *Jupiter et Sémélé*. — *Jupiter et Io*. — *Jupiter en pasteur*. — *Apollon et Hyacinthe*. — *Diane et Pan*. Dans la marge de chaque pièce, il y a huit vers italiens.

Ixion embrassant un nuage qui avait la forme de Junon. Plus haut, Junon est occupée à faire sa propre figure d'un nuage avec lequel Ixion a été trompé. Pièce gravée dans une manière qui approche de celle de Caraglio, d'après un dessin que l'on croit être de Perino del Vaga. Dans la marge inférieure, huit vers italins : *Nubiloso pensier arse Ixione*, etc. H. 9 p. 6 l.; L. 6 p. 6 l. (B. XV, p.99; comte ***, de Vienne, 512)

Vénus assise dans la forge de Vulcain occupé à forger les traits de l'Amour; gr. par G. Ghisi. H. 0.282; L. 0.202 (B. 54; 13 février 1865, N° 76).

Vénus assise sur un lit près de Vulcain et parlant à un amour qui est debout; un second amour relève le rideau du lit, et un troisième amour arrange son arc; gr. par le même. H. 10 p. 5 l.; L. 7 p. 6 l. (B. 35).

Léda. Assise sur une butte, près d'un bouquet d'arbre, elle embrasse Jupiter; gr. par Corn. Matsys (vente du 11 mars 1861).

Les Trois déesses se préparant pour le jugement de Pâris, gr. par P. Simonneau.

Les Amours de Léda et de Jupiter changé en cygne, 1542. Pièce gr. dans un ovale, par E. Vico, à ce que l'on croit, d'après Perino del Vaga. L. 5 p.

10 l.; H. 4 p. 1 l. (B. 25 ; 26 nov. 1866, N° 105).

La Courtisane punie par Virgile, pour s'être moquée de lui, gr. par E. Vico. On la voit exposée sur une place publique de Rome, assise sur le piédestal d'une pyramide et entourée de plusieurs hommes qui allument leurs flambeaux à ses parties secrètes, le poëte Virgile ayant éteint tout le feu de Rome et personne ne pouvant s'en procurer qu'entre les jambes de cette fille (voir pour cette fable la *Marguerite poétique* d'Albert d'Eyb, et les *Faictz merveilleux de Virgille*). Dans la marge du bas, on lit. *Virgilium eludens. meritas. dat. foemina. poenas. romae. anno 1542.* L. 10 p. 1 l.; H. 6 p. 4 l. — On trouve, mais rarement, une épreuve qui n'a point d'inscription dans la marge et qui est moins terminée. La tête de la courtisane est aussi d'un autre caractère (B. 46).

VALCK (Georges), graveur. — Voir *Graat Musscher.*

VALEGIO (G.-G.), grav.— Voir le *Titien.*

VALEMBROUCK (Mathilde), dess. et grav. en man. noire, contemp.

Douce ivresse, gr. en man. noire. Paris, 1850.

VALENTIN (Moïse le), peintre et grav., né à Coulommiers (Seine-et-Marne), en 1600; mort à Rome, en 1632.

La Bonne aventure. Un soldat entre deux femmes, semble les engager à s'entre-dire la bonne aventure, ce qu'elle font. L. 0.266; H. 0.200, dont 4 de marge (R. D. VIII, p. 163).

La Chaste Susanne, gr. par Boulanger (15 mai 1865, N° 31).

Le Concert, in-4°, gr. par J.-J. Oortmann.

La Bonne aventure, in-fol., gr. par J. Pelletier.

VALENTINE DE MILAN.— Voir *Richard.*

VALESIO (Jean-Louis), peintre et grav.; fils d'un soldat espagnol, né à Bologne, en 1561; mort à Rome, vers 1640.

Vénus châtiant l'Amour, avec un bouquet de roses. Un satyre, touché de pitié, retient le bras de la déesse. En bas, on lit : *Non si castiga Amor con lieue sdegno.* H. 7 p. 6 l.; L. 5 p. (B. 5; 26 nov. 1866, N° 101).

Vénus menaçant l'Amour. La déesse est assise sur une butte, et l'Amour s'enfuit armé de son arc. On lit en bas - *Non fuggo Amor, di Venere, à gli sdegni.* L. 8 p. 9 l.; H. 6 p. (B. 6).

VALETTE, lith. contemporain. — Voir *Galbrun.*

VALK (Gérard), dess. et grav. au burin et en man. noire, né à Amsterdam, vers 1626. — Voir *Netscher.*

Nymphe nue, dormant, regardée par un satyre ; eau-forte.

VALLÉE (Simon), grav. au burin, florissait au commencement du XVIIIe siècle. — Voir *Detroy.*

VALLET, dess. lith. contemporain. — Voir *Devéria, Leloir.*

L'Intention méconnue. — *Le Galant mal venu;* deux pièces in-fol. en haut., lith. par Regnier (*Musée des rieurs,* N°s 60-61). H. 0.47 ; L. 0.37 (Goupil, 6 et 12 fr. chaque).

Les mêmes, phot. par Goupil (cartes de visite, 1 fr. chaque).

VALLON DE VILLENEUVE, dess. lith. moderne.

Ah! si je te tenais. — *Je t'en ratisse;* deux pièces lith. Paris, Noël, 1827.

Le Billet doux, lith. color. H. et L. 0.433 (Soleinne, 199).

Circassiennes captives, lith.

La Lune de miel, lith. Paris, 1835.

Ma chambre de garçon : L'Arrivée, huit heures du soir. — Le Départ, huit heures du matin. Deux pièces lith.; H. 0.24; L. 0.18 (Bulla, 1 fr. 50 et 3 fr. ch.)

Si jeunesse savait. — *Si vieillesse pouvait ;* deux pièces lith. Paris, 1835

Marquis : Toc, toc... — *Marquise :* Qui est là ! Deux pièces lith. par Bettannier. Paris, Lebecq, 1855.

Le Curieux puni (pendant au *Jugement de Pâris,* d'après Roëhn), lith. par L. Noël. H. 0.37 ; L. 0.29. Paris, Jouy, 1860, 5 et 10 fr.

La Puce : jeune fille cherchant une puce, gr. par Raunheim. Paris, 1845.

A bas les pattes ! lith. par Saint-Aulaire (*Musée de l'amateur*). 0.20 sur 0.15. Paris, Jouy, 1860, 1 et 3 fr.

Le Curieux puni, phot. par Chardon jeune, 1861.

Etudes d'après nature (académies de

femmes). Paris, impr. photogr. de Vallon de Villeneuve, 1854-55.

VALMONT (Aug.), dess. et grav. moderne.

Histoire d'une comédienne. — Histoire d'un comédien; deux suites de 12 pl. chacune. Paris, 1826.

VALPERGS, grav. contemporain. — Voir *Gérardin*.

VALQUIN, grav. contemporain. — Voir *Debridges*.

VANDERBERG, grav., travaillait au commencement du XIXe siècle. — Voir J.-B. *Regnault*.

VANGELISTY, graveur. — Voir le *Poussin, Rubens, Vien*.

VANGORP, peintre du XVIIIe siècle.

L'Entrevue consolante (pendant de la *Séparation douloureuse*, d'après Boilly), gr. au pointillé, par Noël. H. 0.23; L. 0.18 (Bance, 6 fr.).

VANLOO (les), célèbre famille de peintres dont la filiation est difficile à établir. Voici les plus anciens: VANLOO (Jean), né en 1585, à Lécluse, en Hollande. — VANLOO (Ja.), né à Lécluse, en 1614, se fit naturaliser en France; mort en 1670. Bon peintre de portraits. — VANLOO (Louis), fils du précédent, né vers 1641; mort à Aix, en 1712. — VANLOO (Jean-Bapt.), fils du préc., Aix, 1685-1745. Peintre recommandable, surtout par ses portraits. — VANLOO (Charles-André), dit *Carle Vanloo*, frère et élève du préc., né à Nice, le 15 février 1705; mort le 15 juillet 1765, à Paris, où il s'était fixé. — VANLOO (L.-Michel); fils de J.-Baptiste, né à Toulon, en 1707; mort en 1771. Artiste d'un grand mérite. — Il y a encore eu, dans la même famille, une dixaine d'autres artistes distingués: Catherine Vanloo, Charles-Phil. Vanloo, 1er peintre du roi de Prusse, etc.

— JEAN-BAPTISTE VANLOO.

Diane venant trouver Endymion, pièce en haut. (Van Hulthem, 4833).

L'Amour à l'école, gr. en larg., par Robert Gaillard.

Le même sujet, gr. par J.-Ph. Lebas.

Diane et Endymion, gr. en haut., par Levasseur, 1771 (C. L., N° 913, 3 fr.).

— CARLE VANLOO. — Voir *Watteau*.

Mme de Pompadour, en bergère et tenant des fleurs. Portrait très-gracieux, fait en 1759, gr. par J.-L. Anselin, et connu sous le nom de la *Belle jardinière de Bellevue*. Rare; H. 0.215; L. 0.190 (Laterrade, 37 fr.).

La Conversation espagnole. — La Lecture espagnole; deux pièces gr. par Baléchou (vente Servat, en 1778, épr. av. l. l., 225 livres; Cochu, en 1798, épr. av. l. l., 116 livres; Charles de Valois, en 1801, av. l. l., 119 livres).

L'Amour, gr. par Beauvarlet (P. de Corneillan, 522).

Conversation espagnole. — La Lecture espagnole; deux sujets très-agréables formant pendant, gr. par J.-F. Beauvarlet (Mariette, 87 fr.; Valois, 120 fr.; Alibert, 72 fr.; Basan, 82 fr.).

La Sultane. — La Confidence; deux pièces représentant Mme de Pompadour en costumes orientaux, gr. par Beauvarlet. H. 0.430; L. 0.354. Ces deux portraits de Mme de Pompadour ne se trouvent pas au portefeuille de la Bibliothèque Impériale. Le catalogue des objets d'art du marquis de Marigny, provenant de la marquise, les signale comme suit: N° 131. « Deux sujets fai« sant pendant. L'un représente une « femme habillée en sultane à laquelle « une négresse présente une tasse de « thé; la tête est un portrait très-res« semblant de Mme de Pompadour; « l'autre, la même sultane, travaillant « à la tapisserie, accompagnée d'une « autre femme. » (La Vallière, 1923; P. de Corneillan, 523; Weigel, la 1re seulement, 1er état, 20 th.).

Apollon et Daphné, gr. par J. Bouillard.

Mlle Clairon, dans le rôle de Médée; in-fol. en haut., gr. par Laurent Cars et Beauvarlet (P. de Corneillan, 272; Wille, 1er état, 18 livres).

Marie Leczinska, en buste, in-fol., gr. par L. Cars (P. de Corneillan, 295).

Persée et Andromède, gr. en larg., par P.-Fr. Charpentier (Van Hulthem, 4096).

Abraham prenant Agar par le conseil de Sara, gr. par Ch.-N. Cochin.

Mme Favart, rôle de Bastienne, gr. par J. Daullé, 1754. H. 0.474; L. 0.320 (Soleinne, 133).

Abraham prenant Agar pour sa femme, d'après le consentement de Sara, son épouse; gr. par Desplaces (J., I, 425).

Jupiter et Antiope, in-fol. en larg., gr. par Ét. Fessard, 1768 (J., II, 405; Paignon-Dijonval, 8590; 11 nov. 1861, 3 fr.).

Les Trois Grâces, in-fol., gr. par Françoise-Eléonore Hemery, 1772.

Vénus désarmant l'Amour, gr. par B.-L. Henriquez.

Bethsabée, gr. par Fréd. Horthemels.

Mlle d'Oligny, charmante actrice, gr. par Hubert, d'Augsbourg. H. 0.34; L. 0.24 (Soleinne, 262; en déc. 1856, 40 fr.).

L'Amour clairvoyant, jolie pièce in-fol., gr. par Klauber (11 nov. 1861, 1 fr. 25).

Amours du père Girard et de la Cadière, suite peu commune de cinq jolies gravures in-8°, par N. de Larmessin (Leber, 6044).

Les Baigneuses, pièce très-gracieuse, in-fol. en haut., gr. par Lempereur (J., II, 208; Paignon-Dijonval, 8594; Van Hulthem, 4408).

Le Bacha faisant peindre sa maîtresse, 1748, gr. en larg., par B. Lépicié (J., II, 211).

Mars et Vénus, gr. en haut., par J.-C. Levasseur (Van Hulthem, 4836).

Erigone, jolie pièce, gr. par Levesque (11 nov. 1861, 1 fr.).

Le Bacha faisant peindre sa maîtresse, in-fol. en larg., gr. par Littret de Montigny, 1748.

Le Concert du Sultan, in-fol. en larg., gr. par le même, 1766 (Brandes, 2 1/2 th.).

Hommage à l'Amour, in-fol. en haut., gr. par J.-B. Lorraine, 1772 (Paignon-Dijonval, 8594; Van Hulthem, 4454).

Le Coucher, gr. par Magy. Paris, Wild, 1856.

L'Amour décochant une flèche, 1578, pet. in-fol. en travers, gr. par Chr. von Mechel (J., II, 273).

L'Amour menaçant, 1764, gr. en haut., par le même (Basan, I, 318; Van Hulthem, N° 737).

Les Trois Grâces, gr. en haut, par J.-J. Pasquier (Paignon-Dijonval, 8594; Van Hulthem, 4623; 11 nov. 1861, 2 fr.).

Clorinde et Tancrède. — *Herminie*; deux pièces en haut., formant pendant, gr. par Porporati (J. II, 378; Lebarbier, 1826, N° 403; 11 nov. 1861, av. l. l., 3 fr. 25). — Nouveau tirage à Paris, chez Lamoureux, 1858.

Le Coucher: femme nue, vue de dos, prête à se mettre au lit; gr. en haut., par le même (Cochu, en 1798, épr. av. l. l., 41 livres; Aug. de Saint-Aubin, en 1808, av. l. l., 41 fr.; Alibert, 47 fr.; S., en déc. 1856, 61 fr.; Debois, av. l. l., 36 fr.; A. David, 7 fr.; P. Danlos, 10 fr.; Rapilly, en 1859, av. l. l., 40 fr.).

La Chaste Susanne, gr. par Scoroudoomow (7 déc. 1866, N° 428).

Nymphe assise et vue par le dos, gr. par Gaetano Varcellini.

L'Amant suranné, jolie pièce, gr. par G. Vidal (11 nov. 1861, 3 fr. 50).

Le Coucher, phot. par Furne fils et Cie. Paris, 1858.

Les Trois Grâces, phot. de 0.22 de haut., sur 0.18 de larg. Paris, Goupil, 6 fr.

— Michel Vanloo.

Mme de Prie, gr. par Jacques Chereau, le jeune.

Mme de Sabran, en déshabillé, la poitrine nue, tournée à droite et regardant à gauche. Portrait gracieux, rare, gr. par le même (en déc. 1856, 35 fr.; 11 nov. 1861, avec un autre portrait de la même, tenant un oiseau sur les doigts, par les mêmes artistes, 12 fr.; ce dernier, en mai 1864, 9 fr.).

Marie-Antoinette, jeune, avec allégorie, couronnée par Minerve; gr. par Voyez.

VARCELLINI (Gaetano), graveur. — Voir C. *Vanloo*.

VARIN (Eugène-Napoléon), dess. et grav. contemporain, né à Epernay (Marne); élève d'Amédée Varin, son père.—Voir *Dieffenbach*, Martin de *Vos*.

Les Amants surpris, gr. en taille-douce. Paris, impr. Drouart, 1854.

VAROTTARI (Al.). — Voir le *Padouan*.

VASARI (George), peintre, archit. et historien, né à Arezzo, en 1512; mort à Florence, en 1574.

Les Grâces faisant la toilette de Vénus, gr. d'après Vasari (vente du 11 nov. 1861).

Combat des dieux marins pour une nymphe, avec des amours qui sonnent la charge; gr. en larg., par H. van der

Borcht (Winckler, 5185; Van Hulthem, 1132).

VATINELLE, photographe.—Voir *Greuze*.

VAUTHIER (J.-A.).

La Belle Russe, gr. par N.-F. Bertrand; H. 0.310; L. 0.205.

VECELLI (Tiziano). — Voir le *Titien*.

VEEN, ou VENIUS (Otto van), peintre, né à Leyde, en 1556; mort à Bruxelles, en 1634.

Les Emblêmes de l'amour humain, du sieur Otho Venius. Brusselles, François Foppens, 1667, 1668, in-4° obl. Très-nombreuses figures en taille-douce, par Boel, accompagnées de quatrains en latin, en italien et en français (Van der Helle, 1868, Nos 1686-88, 10, fr. 50).

Diane et Actéon, gr. par J. Cœlemans.

Une femme se pressant le sein, gr. par L.-A. Debaigne.

VEENIX (J.), peintre, né à Amsterdam, en 1644; mort en 1719.

La Partie de plaisir, sujet orné d'architecture, in-fol. en larg., gr. par de Launay (J. I, 417; Martial Pelletier, 82).

VEKELBERG, dessinateur.

La Feuille à l'envers. — *La Promenade dangereuse*; deux pièces gr. à l'aqua-tinta, par Moreau. Paris, Noël, 1818.

VELASQUEZ (don Diego Rodriguez de Silva y), célèbre peintre espagnol, né à Séville, en 1599; mort à Madrid, en 1660.

Loth et ses filles, pet. in-fol., gr. par Ph. Trière.

VELDE (Jean van der), peint. et grav. à la pointe et au burin, né à Leyde, vers 1598; vivait encore en 1679. — Voir H. *Goltzius*.

La Mariée (en allemand) accompagnée par des paysans dans la chambre nuptiale. Rare. 10 p. $^1/_4$ sur 7 $^3/_4$.

Un vieillard prenant une jeune femme, gr. en haut., par C. van Breen (Van Hulthem, 1168).

VENDRAMINI (François), graveur.—Voir J.-Fréd. *Dubois*, *Pellegrini*.

VÉNITIEN, ou VENEZIANO (Agostino de *Musis*, dit), dess. et grav., né à Venise, en 1490; mort à Rome, en 1540.—Voir l'*Antique*, *Bandinelli*, *Jules Romain*, *Marc-Antoine*, *Raphaël*.

L'Homme et les deux vieilles. Deux vieilles, à mi-corps, sont dirigées vers la droite; entre elles un homme, tête nue, se retourne vers celle qui se voit à gauche, et lui présente une bourse; 1516. H. 0.158; L. 0.127.

Une femme nue, couchée par terre, et adossée contre une butte. Ses jambes se croisent, et une légère draperie couvre sa cuisse gauche. Pièce gravée dans les premières manières d'Aug. Vénitien. L. 6 p. 9 l.; H. 4 p. 5 l. (B. 412).

VENIUS (Otto). — Voir Otto van *Veen*.

VÉNUS. — Voir *Altdorfer*, *l'Antique*, *Aquila*, *Audouin*, *Backer*, *Balestra*, *Bartolozzi*, *Beaufort*, *Bellucci*, *Berré*, J. *Binck*, *Bolgius*, Abr. *Bosse*, *Bouchardon*, *Boucher*, *Bouillard*, *Boutrois*, *Brandt*, *Brebiette*, *Bunel*, *Campagnola*, Ant. *Canova*, *Carpioni*, Aug. *Carrache*, *Charlier*, *Chevignard*, *Christ*, *Cipriani*, Al. *Claas*, J. *Collaert*, J. *Cotelle* (le fils), Ch.-Ant. *Coypel*, *Darodes*, *Diamantini*, *Diaz*, *Dietrich*, *Dofin*, *Duflos*, *Durer*, J. *Falck*, Eug. *Faure*, J. *Fisher*, Fr. *Floris*, Nic. *Fouché*, Al. *Fragonard*, *Francia*, Ph. *Galle*, A. *Girardet*, *Girodet*, *Gleyre*, H. *Goltzius*, *Greuter*, le *Guide*, *Harding*, *Hollar*, *Huet*, *Jean-Antoine*, *Joullain*, *Jouvenet*, *Kauffman*, *Kaulbach*, G. de *Lairesse*, *Lambert*, *Lebarbier*, Ch. *Lebrun*, *Le Juge*, Fr. *Lemoine*, *Lucas de Leyde*, le *Maître au monogr. A S G*, le *Maître au monogr. C C*, *Marc-Antoine*, *Marchesini*, G. de *Marsy*, *Massé*, J. *Matham*, *Mellan*, *Mierevelt*, *Mogalli*, M. *Mosyn*, *Natoire*, *Nattier*, *Niquet*, *Nocchi*, le *Parmesan*, *Parrocel*, *Pecham*, L. *Penni*, *Pierre*, N. *Poussin*, J. *Prevost*, le *Primatice*, *Prudhon*, J. *Rabel*, *Raphaël*, *Rembrandt*, *Robetta*, *Roëttiers*, *Rubens*, *Sacchi*, Joachim de *Sandrart*, J.-B. *Santerre*, *Sarrazin*, P. *Schenk*, V. *Solis*, *Spranger*, Th. van *Star*, *Tiepolo*, le *Titien*, Al. *Turchi*, *Unterberger*, J.-N. *Visscher*, *Watteau*, *Weisskircher*, *Westall*, Jean *Wierix*.

VÉNUS (la Toilette de). — Voir l'*Albane*, *Audran* (Benoît Ier), *Aveline*, P. *Baudry*, J. *Bonasone*, *Boucher*, J.-J. *Lagrenée*, P. *Lélu*, *Patel*, B. *Picart*, *Rubens*, S. *Vouet*.—Voir aussi VÉNUS ET LES GRACES.

VÉNUS (le Triomphe de). — Voir *Bize-*

mont-Prunelé, *Boucher*, *Brebiette*, *Cipriani*, Raymond de la *Fage*, Luc. *Giordano*.

VÉNUS, CÉRÈS ET BACCHUS.—Voir Fr. *Badens*, Abr. *Bloemaert*, *Diamantini*, H. *Goltzius*, J. *Miele*, Corn. *Schut*, le *Titien*.

VÉNUS COUCHÉE, ou le REPOS DE VÉNUS. —Voir l'*Albane*, *Altdorfer*, l'*Antique*, J. de *Backer*, Al. *Betou*, *Bonnet*, *Boucher*, *Canova*, Ann. *Carrache*, *Challe*, *Charlier*, *Cignani*, Ant. *Coypel*, Th. *Crüger*, G. *David*, *Diaz*, *Félon*, *Franceschini*, Firmin *Girard*, le *Guide*, *Joullain*, Fr. *Lemoine*, *Maratti*, *Mellan*, *Nek*, *Rottenhamer*, *Saint-Quentin*, P. *Testa*, *Tischbein*, le *Titien*, *Viani*, *Vieille*, Jérôme *Wierix*.

VÉNUS ET ADONIS.—Voir l'*Albane*, *Battoni*, J. *Bethon*, *Blockland*, *Bonasone*, *Bordone*, Abr. *Bosse*, *Boucher*, *Brebiette*, Crispin van den *Broeck*, *Cangiasi*, Simon *Cantarini*, Ann. *Carrache*, *Cazes*, Fr. *Chauveau*, Jérôme *Cock*, *Devéria*, *Diamantini*, *Diaz de la Pena*, Théod. *Ghisi*, B. *Graat*, le *Guerchin*, *Guibal*, le *Guide*, J.-B. *Huet*, Laur. de La *Hyre*, *Jeaurat*, *Kauffman*, Lucas *Kilian*, M.-A. *Killigrew*, Gér. de *Lairesse*, Bernard *Lens* (le jeune), Nicolas *Loir*, Jacques *Lois*, *Matham*, Raph. *Mengs*, *Monnet*, J.-H. *Mortimer*, A. *Nahl*, J.-M. *Nattier*, Giovani *Palma*, *Pierre*, le *Poussin*, *Pruдhon*, *Romanelli*, *Rosso de Rossi*, *Rubens*, André *Schiavone*, Herman van *Swanevelt*, L. *Silvestre* (le jeune), P. *Testa*, le *Titien*, Perino del *Vaga*, Paul *Véronèse*, Simon *Vouet*, Ant. *Waterloo*, *Zucaro*.

VÉNUS ET ANCHISE. — Voir les *Carrache*, *Devéria*.

VÉNUS ET APOLLON. — Voir *Cochin*, le jeune.

VÉNUS ET BACCHUS. — Voir Nic. *Chapron*, N.-N. *Coypel*, Fr. *Floris*, H. *Goltzius*, N. de *Launay*, Jérôme *Wierix*.

VÉNUS ET DIANE. —Voir L. *Gauffier*, le *Poussin*, *Swanevelt*.

VÉNUS ET ÉNÉE. — Voir le *Bassan*, L.-S. *Boizot*, Abr. *Bosse*, les *Carrache*, Daniel van den *Dyck*, *Fisher*, Gér. de *Lairesse*, *Marc-Antoine*, J.-B. de *Poilly*, le *Poussin*.

VÉNUS ET L'AMOUR. —Voir Ch. *Alberti*, *Appiani*, J. de *Backer*, *Balestra*, P. *Battoni*, *Baudry*, *Beckett*, Hans-Sébald *Béham*, Mlle *Billy*, de *Boisfremont*, *Bonasone*, L.-M. *Bonnet*, P. *Bordone*, F. *Boschi*, Abr. *Bosse*, *Bouchardon*, Fr. *Boucher*, Séb. *Bourdon*, *Brosamer*, J. van der *Bruggen*, Ant. *Cardon*, Pol. *Caravage*, Aug. *Carrache*, Ann. *Carrache*, *Casanova*, *Charlier*, *Chataigner*, Fabr. *Chiari*, C. *Cignani*, Alaert *Claas*, Jean *Collaert*, le *Corrége*, P. de *Corneillan*, Ant. *Coypel*, Ch.-Ant. *Coypel*, Lucas *Cranach*, Justus *Danckerts*, Gilles *Demarteau*, *Diamantini*, *Diaz*, *Dietrich*, L. *Dirick*, Ad. *Elsheimer*, Al. van *Everdingen*, Od. *Fialetti*, P. *Farinati*, *Faure*, G. *Flinck*, Corn. *Floris*, Nic. *Fouché*, H. *Fragonard*, *Franceschini*, *Francisque*, Ph. *Galle*, *Gallinari*, *Giordano*, H. *Goltzius*, Jean de *Gourmont*, J. *Grahsy*, John *Greenwood*, Mathias *Greuter*, *Guérin*, *Guibert*, *Guichard*, le *Guide*, Hans *Holbein*, Daniel *Hopfer*, *Huet*, Louis *Jacob*, *Jeaurat*, *Jules Romain*, Angel. *Kauffman*, J. *Kreutzer*, *Lagrenée* (aîné), J.-J. *Lagrenée*, Gér. de *Lairesse*, *Lebarbier*, Ch. *Lebrun*, Mme *Lebrun*, Robert *Lefebvre*, Pierre *Lélu*, J.-B. *Leprince*, Eust. *Lesueur*, P.-C. *Levesque*, *Lucas de Leyde*, *Maître anonyme italien du XVe siècle*, le *Maître au monogr. C C*, le *Maître au Monogramme H S*, le *Maître au monogramme W*, *Maratti*, *Marc-Antoine*, *Marin*, Corneille *Matsys*, *Mazerolles*, *Mercati*, *Michel-Ange*, Nicoleto de *Modène*, J.-M. *Moreau* (le jeune), Michel *Mosyn*, J. *Muller*, J.-B. *Muykens*, *Natoire*, *Nattier*, Fr. de *Neue*, *Nocchi*, le *Padouan*, P. *Palagio*, Ph. *Pariseau*, le *Parmesan*, P. *Parrocel*, Lucas *Penni*, *Picot*, *Pierre*, Corn. *Poelenburg*, *Pordenone*, Ch. *Porporati*, le *Poussin*, Nicolas *Prévost*, *Procaccini*, *Prudhon*, *Raphaël*, Jos. *Reynolds*, *Romanelli*, *Rubens*, *Scalberge*, André *Schiavone*, *Spranger*, *Stradan*, Abel *Stymmer*, J.-Dom. *Tiepolo*, *Tischbein*, le *Titien*, Perino del *Vaga*, Luigi *Valesio*, Carle *Vanloo*, Paul *Véronèse*, *Vinkeles*, *Watson*, *Watteau*, *Zustris*.

VÉNUS ET LÉDA. — Voir Ch. *Natoire*.

VÉNUS ET LES GRACES. —Voir l'*Albane*, *Raphaël*. — Voir aussi VÉNUS (la Toilette de).

VÉNUS ET MERCURE.—Voir *Burkmair*, *Devéria*, le *Poussin*, *Spranger*.

VÉNUS ET PSYCHÉ. —Voir *Detroy*, Ant. *Garnier*, *Jules Romain*, *Raphaël*, *Vleughels*.

VÉNUS ET VULCAIN. — Voir l'*Albane*, B. *Audran*, *Boucher*, Ann. *Carrache*, *Cipriani*, Ant. Van *Dyck*, *Jules Romain*, Gér. de *Lairesse*, Fr. del *Pedro*, *Raphaël*, Fr. *Solimena*, Perino del *Vaga*. — Voir aussi VULCAIN.

VÉNUS, l'AMOUR, MINERVE ET JUNON. — Voir Johann *Murrer*.

VÉNUS SORTANT DE LA MER, dite VÉNUS ANADYOMÈNE, ou la NAISSANCE DE VÉNUS. — Voir Ch. *Alberti*, J. *Barry*, *Boucher*, P. *Brebiette*, *Cabanel*, Ann. *Carrache*, *Chasseriau*, *Detroy*, C.-M. *Dubufe*, J. *Félon*, *Girodet*, Louis *Jacob*, Et. *Jeaurat*, Séb. *Leclerc*, *Marc-Antoine*, *Michel-Ange*, *Nattier*, *Rubens*, le *Titien*, Nic. *Vleughels*, *Watteau*.

VERDIER (François), peintre et gr., mort à Paris, en 1730, âgé de 79 ans.

L'Enlèvement d'Orithye par Borée; pièce sans nom. L. 0.332; H. 0.226 (R. D., VIII, p. 283).

VERELST, ou VERHELST (Gilles), grav. à l'eau-forte et au burin, né à l'abbaye d'Etal, en Bavière, dans le XVIIIe siècle. — Voir Van *Dyck*.

VERHEYDEN, dessin. contemporain.

La Lettre d'introduction, lith. d'apr. Verheyden (*Musée des rieurs*).

Gare la bombe, lith. par Lafosse (*Galerie pour rire*, N° 39). H. 0.46; L. 0.38 (Bulla, en rehaut, 6 fr.).

La Comédie humaine, collection de 12 têtes d'expression et scènes comiques, lith. par Regnier : En usez-vous? — Dieu vous bénisse. — Le Pantin du jour. — Jupiter et Danaé. — Avant la faute. — Après la faute. — Le Déjeuner temporel. — Le Déjeuner spirituel. — Oh! l'excellent cigare! — J'ai du bon tabac. — Le Vin du maître. — La Servante de madame. H. 0.41 ; L. 0.33. Goupil, 4 et 8 fr. chaque.

M'aimera-t-il toujours? lith. par le même. L. 0.46; H. 0.38 (Bulla, en rehaut, 6 fr.).

Trop tôt. — *Trop tard*; deux pièces lith. par le même. H. 0.38; L. 0.30. (Delarue, en noir, 4 fr. chaque; en coul., 5 fr.).

La Bonne mesure (une femme qui vient de prendre la mesure de sa jambe), lith. par Regnier et Bettannier. L. 0.46; H. 0.36. Paris, Goupil, 1847, imitation de pastel, 8 fr.; en coul., 16 fr.

C'est moi. — *Le Passe-partout* (femme jetant une clé par la croisée); deux pièces lith. par les mêmes. H. 0.46; L. 0.36. Paris, Lemercier, 1847 (Goupil, 8 et 16 fr. chaque).

VERIO (Ant.), peintre du XVIIe siècle.

Le Sommeil d'Endymion; in-fol. en larg., gr. par Ch. Martinez.

VERKOLJE (Jean), peintre et grav., né à Amsterdam, en 1650; mort à Delft, en 1693. — Voir *Netscher*.

VERKOJE (Nicolas), fils de Jean, peint. et grav., né à Delft, en 1673; mort à Amsterdam, en 1746. — Voir *Netscher*.

Deux femmes toutes nues, couchées sur l'herbe; pièce en larg., gr. en man. noire (Winckler, 6158; Van Hulthem, 2980).

Jeune homme touchant une jeune fille à la gorge, in-fol., gr. à l'eau-forte.

La Belle impatiente, in-fol., gr. par J.-B. Michel.

Susanne, gr. par L. Surugue, 1729.

VERMEULEN (Corneille), dess. et grav. au burin, naquit à Anvers, en 1644, et y mourut en 1702. — Voir le *Guide*, *Rigaud*, van der *Werff*.

VERNET (Claude-Joseph), célèbre peintre né à Avignon, le 14 août 1714; mort à Paris, le 3 décembre 1789.

Ceyx et Alcyone, gr. par J.-J. Avril. L. 0.383; H. 0.287.

Les Baigneuses, gr. par Baléchou. L'écriture a toujours été couverte de tailles; mais les premières épreuves doivent avoir un *coup de lumière* sur les deux jambes de la femme debout et qu'on voit par le dos. On les appelle alors épreuves au *mollet blanc*. L. 0.576; H. 0.458 (J., I, 211; Paignon-Dijonval, 8801; St-Yves, 52 fr.; vente Bourlamaque, en mars 1770, 37 livres; Blondel d'Azincourt, en avril 1770, 1re épreuve, 87 livres).

Les Baigneuses, gr. par P.-F. Basan.

La Grecque sortant du bain, gr. par Daullé (26 mai 1862, N° 261).

Pygmalion, gr. par F. Ertinger.

Une femme nue, couchée dans un jardin près d'une autre qui cueille des raisins; gr. par le même.

Les Nymphes au bain, gr. par Lauwrie.

Les Marchandes. — *Les Jardinières;* deux pièces en haut., gr. par J.-Ph. Lebas.

Embarquement de la jeune Grecque, gr. par J.-M. Legouaz.

La Belle après-dînée, in-fol. en larg., gr. par Elisabeth Lempereur.

Le Départ de la chaloupe, in-fol. en larg., par la même.

L'Heureux passage, in-fol. en larg., gr. par la même.

Les Amans à la pêche, gr. par J.-J. Leveau.

L'Aurore d'un beau matin, gr. par le même.

Les Femmes à la pêche, gr. par le même.

La Jeune Napolitaine à la pêche, gr. par le même.

Les Plaisirs de l'été, in-fol., gr. par P.-A. Martini.

La Nymphe au bain, in-fol. en larg., gr. à l'aqua-tinta, par J.-S. Paul.

VERNET (Carle), fils du précédent, peint. né à Bordeaux, en 1758; mort à Paris, en 1836.

Les Incroyables.— *Les Merveilleuses;* in-fol. en larg., gr. par Louis Darcis.

VERNET (Emile-J.-Horace), fils du précédent, célèbre peintre, né à Paris, en 1789; mort en 1863.

Thamar et Juda, gr. à l'aqua-tinta, par Jazet. H. 0.76; L. 0.64 (Goupil, en noir, 40 fr.; en coul., 70 fr.).— H. 0.43; L. 0.36 (Delarue, 12 et 24 fr.).

Le même sujet, phot. par Goupil, 1863.

VERNET (J.), dess. lith. contemporain.

Mme Damoreau-Cinti (Laure Montaland), lith. H. 0.16; L. 0.13 (Soleinne, 321).

VERNET II (pseudonyme).

Académie du libertinage, en 24 feuilles in-4°. Paris (Stuttgard, Scheible, en 1861, 10 fl. 30 kr.).

Exercices gymnastiques et groupes d'après nature, en 12 feuilles érotiques, in-4° (Scheible, 1861, 3 fl. 40 kr.).

Histoire secrète d'un garçon galant, 12 feuilles érotiques, in-4°. Paris (Stuttgard, Scheible, 4 fl. 40 kr.).

Passe-temps agréable, ou le culte du père Priape, 18 feuilles érotiques, in-4°. Paris (Stuttgard, Scheible, 1861, 8 fl. 45 kr.).

Précis érotique de l'histoire universelle, 6 feuilles in-4°, lith. Paris, (Stuttgard), bureau des nouveautés (Scheible, 5 fl. 15 kr.).

VERNEUIL (Henriette de Balzac d'Entragues, duchesse de). — Voir *Harrewyn,* Th. de *Leu,* Jérôme *Wierix.*

VERNIER (Ch.), dess. lith. contemp. — Voir *Diaz.*

Actualités : Hé bien! à la bonne heure, v'là t'y pas qu'eusse aussi portent des bottes. — Ma chère, les coiffures tombantes sont tombées, les nouvelles sont d'un genre bien plus relevé, etc. Lith. Paris, Martinet, 1865.

Au bal de l'Opéra, suite de lith. Paris, Aubert, 1846-1847.

Au bal masqué: Voyons, Turlurette... lève donc mieux la jambe que ça! — Combien ce costume de débardeur ?... 10 fr... — Tu t'imagines que ta Caroline dort tranquillement chez elle, eh bien, tu te trompes, je viens de la rencontrer, avec un pierrot encore!— La première fois que je te verrai parler à Adolphe, tu... — Fanny, serre moi davantage... Mais madame se trouvera mal!... Tant mieux, je ferai croire à un prince russe que c'est d'inanition. Lith. Paris Martinet, 1860.

Au camp de Châlons : Savez-vous... Mme Prud'homme, que ces cantinières sont gentilles?... Joseph, voulez-vous bien vous taire! ou je me mets à remarquer les sapeurs... Lith. Paris, Martinet, 1861.

Au quartier latin : A la closerie : Ohé! une dame très comme il faut demande un lancier chic! — Mlle Nini : Tu voudrais bien me faire monter, tâche! après le jour de l'an, à la bonne heure. — Impossible de déchiffrer ce que Paul m'écrit; je ne peux pourtant pas faire lire sa lettre à Jules.— Pourvu que ton Turc ne soit pas un Druse... N'aie pas peur, je l'acclimate. — Quel est ce jione hôme avec qui vo faisiez tojou lé valsement? — Pas de bal ce soir, pas d'argent; pour un rien, j'me mettrais à travailler! — Voisin, y a des moments où j'ai envie de me faire poseuse...— Cyprien de Carpentras vous invite à dîner chez Magny. — Oh! que tu es heureuse, Adeline, de lever le pied jusque là! — Une nouvelle conquête : En voila une bêtise de passer ainsi par la fenêtre !.. — Au Luxembourg : A votre âge, fi ! fi ! monsieur séduire ainsi une jeune innocente. — Sois franc, Alfred; Aline vient chez toi, je reconnais sa manière de culotter les pipes. — Le propriétaire consent à entrer en arrangement; si vous voulez y aller, sa femme n'y est pas. — Quel soupirant timide ! il n'y a pas de raison pour que ça finisse, je vais laisser tomber mes ciseaux. — Mille pardons, belle dame ! n'est-ce pas à mon ancienne blanchisseuse de fin que j'ai l'honneur de parler ? — Je ne suis qu'une faible femme, vois-tu..., mais si jamais tu m'trompais le premier ! — Un joli costume... voiture... souper... et mon cœur. — P'tit pizon à Nini, voilà mon frère de lait, ze veux qu'y soupe avec nous, na.— Mazette ! rien que ça d'accroche-cœurs ! Mlle Mimi trouve que les étudiants ont ce je ne sais quoi... — Voilà nos conquêtes d'hier soir... je ne sais plus quelle est la mienne. — Le mercredi des cendres : Comment, 3 fr. ! Mais, mon bonhomme, en disant qu'il (un pantalon) a été porté par Rigolboche, vous trouverez des imbéciles qui vous en donneront cent écus !... etc. Suite de lith. Paris, Hautecœur, 1860-1861.

La Crinolinomanie : Entrée dans un un omnibus, rue Notre-Dame de Lorette. — Ah mon Dieu, le cerf qui s'était caché sous mon jupon ! — Décidément la crinoline est de l'invention d'un mari jaloux... Il n'y a plus moyen, au bal, de glisser un mot dans l'oreille d'une femme !.. — Non, Léon, je n'irai pas dans cette allée du parc... les convenances s'y opposent, non moins que ma crinoline. — Une erreur excusable. Poulets croyant retrouver la cage dans laquelle ils ont passé leur première jeunesse. — En bateau : Ernest, veille bien sur ma robe ?... Oui, oui.... (à part) ma position est bien périlleuse. — Madame, je vous en supplie, sortez à reculons, car si vous vous retournez, c'en est fait du reste de mon jardin. — Fanny : Impossible de m'asseoir sur le gazon avec ma crinoline.... Elisa : Fais comme moi, ma chère, ôte ton jupon.... Bah ! à la campagne ! — Premier prix de bonne tenue et de crinoline. — Crinoline se développant en même temps que les grâces de la danseuse ; etc. Suite de lith. Paris, Martinet, 1856-57.

Croquis parisiens : la Robe donnée et la robe achetée. Lith. Paris, Martinet, 1860.

Du jour au lendemain : Le mari doit aide et protection à sa femme. — Monsieur réclame aide et protection contre sa femme. — Une partie de cheval et ses suites. — Reçu par la dame. — Reconduit par le mari. Lith. par Ch. Vernier. Paris, Martinet, 1853.

Les Grisettes, suite de lith. Paris, Aubert, 1845-46.

Physionomie des bals publics, suite de lith. Paris, Aubert, 1845-46.

Le Quadrille des lanciers : Une leçon. *Le Mari* : Tiens, on s'embrasse si souvent que ça... ; je croyais qu'on ne faisait que des révérences respectueuses ! *Le Lancier* : En anglais..., oui ; mais ça gagne beaucoup à la traduction. — Triomphe des lanciers au salon de Mars. — Quel bonheur ! un régiment de lanciers qui vient dans notre ville ; voilà des danseurs; etc. Lith. Paris, Martinet, 1857.

La Rigolbochomanie, album de 18 sujets lith. par Vernier. Paris, Martinet, 1860.

Souvenirs de carnaval : Corbleu ! madame que faites-vous ici ? — A qui lances-tu des œillades ? — Intrigant Pierrot, j'ai l'œil sur toi. — Nous sommes de zolis enfants, d'aimable figure, etc. Suite de 16 pl. lith. Paris, Martinet, 1857.

Les Bals célèbres de Paris : Bal Mabille. — Closerie-des-lilas. — Valentino. — L'Opéra. — Salon de la Victoire. — Constant. Six pièces lith. par Regnier, Bettannier et Morlon. H. 0.31 ; L. 0.23 (Delarue, en rehaut, 3 fr. chaque).

VÉRONÈSE (Paul *Cagliari,* dit), célèbre peintre, né à Vérone, en 1528 ; mort à Venise, en 1588.

Mars désarmé par Vénus, gr. par M. Aubert. H. 0.395 ; L. 0.300 (cabinet Crozat).

Mars et Vénus liés par l'Amour, gr. par le même. H. 0.362 ; L. 0.281 (cabinet Crozat).

Loth et ses filles sortant de Sodome, gr. en larg., par Benoît Audran.

Nymphe endormie, surprise au lit, gr. par P.-Fr. Basan ; H. 0.338 ; L. 0.262.

Vénus pleurant la mort d'Adonis (Galerie de Dresde), grande pièce en larg., gr. par J.-F. Beauvarlet (J., I, 231).

L'Amour heureux, gr. par P.-G.-A. Beljambe ; L. 0.187 ; H. 0.175.

L'Enlèvement d'Europe, grande et

belle pièce, gr. par P. Bettelini et Franco Rainaldi (L. M., 26 mai 1865, N° 180).

Portrait de la maîtresse d'Alexandre, 1691. Elle est en buste, vue de trois-quarts et regardant de face. Sa tête est nue et ses cheveux sont relevés par derrière. Le col rabattu de sa chemise laisse voir une partie de son cou. Gr. par J.-B. Boyer d'Aguillon. H. 0.127; L. 0.118 (R. D. 13).

Mars, Vénus et l'Amour. Mars est assis au pied d'un arbre, près de Vénus qu'il tient entre ses bras. Tout près de la déesse est l'Amour assis par terre qui semble chercher du secours de sa mère contre un petit chien qui lui saute sur le corps. Gravé par Simon Cantarini; H. 0.275; L. 0.205 (B. 32; Rigal, 199; Van Hulthem, 3462).

L'Amour heureux, in-fol. en carré, gr. par L. Desplaces.

L'Enlèvement d'Europe, gr. en larg., par le même (Winckler, 5306; Van Hulthem, 4206).

Léda et Jupiter en cygne, jolie pièce gracieuse, gr. par le même (Martial Pelletier, 1867, N° 538).

Le Respect, in-fol. carré, gr. par le même.

Le Festin de Cléopâtre et de Marc-Antoine, gr. en haut., par H. Fragonard.

Léda, gr. par Gautier d'Agoty.

La Reine de Saba venant visiter Salomon, grande pièce en larg., extrêmement rare, gr. par W. Hollar (Basan, 73 fr.; Logette, 127 fr.; Duchesne aîné, N° 137).

Persée et Andromède, in-fol. en haut., gr. par Louis Jacob (cabinet Crozat).

L'Enlèvement d'Europe, gr. par Edme Jeaurat, 1709.

Vénus et Adonis, petit in-fol., gr. par Th. van Kessel.

Loth et ses filles (tableau du Musée), gr. par Landon.

Enlèvement d'Europe (tableau célèbre au Palais ducal, à Venise), gr. en haut., par Valentin Lefebvre.

Enlèvement d'Europe, composition différente de celle du Palais ducal; gr. en haut., par le même (*Cab. de l'amateur*, III, 196).

Eliézer et Rébecca, gr. par Fr.-Ant. Meloni. Eliézer présentant des bracelets à Rébecca, et la choisissant pour être la femme d'Isaac. Dans la marge d'en bas, un distique latin : *Dum dedit armentis*, etc. L. 14 p. 5 l.; H. 10 p. 8 l. (B. 1).

Vénus et Adonis, gr. en haut., par Simon-François Ravenet (cabinet Crozat).

Jupiter et Léda, in-4° en haut., gr. par Aug. de Saint-Aubin (A. David, 12 fr.; en avril 1864, 6 fr. —Voir Pixérécourt, N° 672).

Susanne au bain (au Musée), gr. par E. Smith. — Une autre Susanne au bain, du même peintre, faisant partie de la collection du duc de Devonshire, a été aussi gravée par Smith.

Cupidon et Psyché, gr. en larg., par Jean Smith (J., III, 86; Van Hulthem, 5076).

Tarquin et Lucrèce, gr. par le même (J., III, 86).

Vénus et Adonis, gr. en haut., par le même (Van Hulthem, 5076).

Cupidon désarmé par Vénus, gr. par P. Vitali (vente du 11 nov. 1861).

La Vénus du palais Colonna, gr. par Volpato (J., III, 189).

Vénus et Adonis, deux pièces phot. par Dusacq (cartes de visite, 1 fr. chaque).

L'Amour désarmé par Vénus, phot. par Faucheur, 1864.

VÉRONÈSE (Alexandre). — Voir *Turchi*.

VERPRÉ (Mlle Jenny), actrice. —Voir *Engelmann*, *Grévedon*, *Vigneron*.

VERTUMNE ET POMONE. — Voir *Bandinelli*, Abr. *Bloemaert*, B.-A. *Bolswert*, C. *Cornélis*, *Coypel*, *Dulin*, H. *Goltzius*, Arnold *Houbraken*, Abr. *Janssen*, F. *Marot*, Richard van *Orley*, J. *Ranc*, *Rembrandt*, *Rigaud*, *Rosso de Rossi*, *Spielenberger*, *Uytenbrouck*, Perino del *Vaga*, *Watteau*.

VERZETTI (Giovani-Antonio da), 1551, était au rang des peintres médiocres; il aimait à représenter des actions lascives, et en cela il suivait son inclination si déshonnête, qu'il en fut surnommé le *Sodoma*, et il n'est bien connu que sous ce nom.

VIANEN (Jean van), dess. et grav. à l'eau-forte, né dans les Pays-Bas, au XVIe siècle.

Emblêmes d'amour en quatre langues. A Londe (*sic*), chez l'Amoureux, s. d., pet. in-8.—Le texte, entièrement gravé, est en quatrains et en quatre langues : latine, italienne, flamande et française. Les figures, au nombre de 44, plus 2 frontispices, sont dues au burin de J. van Vianen (Potier, 8 fr.; Scheible, en 1867, 1 fl. 48 kr.; Van der Helle, 1868, N° 1684, 7 fr. 50).—Ces *emblêmes* ont été réimpr. à Londres, en 1683, 1686; puis en sept langues, à Amsterdam, en 1696. L'ouvrage commence par un sonnet français : *l'Amour aux Dames* (Mac Carthy, 9 fr.).

VIANI (Ant.-Mar.), dit le *Vianino*, peintre, né à Crémone, vers 1540.

Vénus couchée et deux petits amours (Galerie de Dresde), gr. par Chr.-G. Schultze (J., III, 76).

VIARDOT (L.), dessinat. et littérateur, né à Dijon, en 1800.

Mlle Sontag, de l'Opera-Buffa; lith. H. 0.20; L. 0.18 (Soleinne, 346).

VIBON (Mlle), actrice. — Voir *Alophe*.

VICO (Æneas), dess. et grav., né à Parme, de 1510 à 1520; mort à Ferrare, en 1560. — Voir l'*Antique*, J.-B.-Bertano *Ghisi*, *Michel-Ange*, le *Parmesan*, *Raphaël*, *Salviati*, Perino del *Vaga*.

Bacchus et Ariadne menés en triomphe dans un char tiré par des tigres, précédés de faunes et de bacchantes. Pièce mal gravée, non terminée, d'après un inconnu. Sans marque. L. 17 p. 9 l.; H. 12 p. 3 l. — Il y a une répétition de cette pièce, gr. par un anonyme, avec plusieurs changements dans les figures. Il y en a deux de moins : l'homme qui sonne du cor et la femme qui tourne le dos. On lit dans la marge d'en bas : *Jachis crinali florens*, etc. L. 14 p. 6 l.; H. 10 p. (B. 32).

Laure de Noves, maîtresse de Pétrarque. Buste vu de trois-quarts. On lit autour de l'ovale qui renferme le portrait : *Laura del Petrarca*, et en bas, dans un rond : *Alla virtuosissima S. Laura Terracina Napolitana*. Sans nom de graveur. H. 4 p. 6 l.; L. 2 p. 9 l. (B. 237).

Laura Terracina, en buste, vue de profil. Dans l'ovale qui renferme le portrait, on lit : *La S. Laura Terracina*, et dans un cartouche, au bas : *De le cose al mondo rare*. H. 5 p. 6 l.; L. 4 p. (B. 248).

Socrate, presque nu, assis à terre, et refusant les caresses d'une femme qui est à genoux devant lui. Dans la marge d'en bas, on lit : *Socrates philosophicus*. L. 3 p. 3 l.; H. 2 p. 4 l. (B. 93).

Léda avec le cygne, gr. par Virgile Solis; L. 3 p. 5 l.; H. 1 p. 10 l. (B. 104).

VICTOR, dess. lith. contemporain. —Voir *Couet*.

Mlle Léontine Fay (dans Malvina), lith. H. 0.189; L. 0.135 (Soleinne, 145).

Mlle Louise Pierson, actrice de la Porte-Saint-Martin (dans Jocko), lith. H. 0.262; L. 0.199 (Soleinne, 148).

VICTORIA, reine d'Angleterre. — Voir R. *Lloyd*.

VIDAL (G.), graveur du XVIIIe siècle. — Voir *Boucher*, *Challe*, Louis *David*, *Fragonard*, *Lawreince*, *Moitte*, *Monnet*, C. *Vanloo*, *Wille* fils.

VIDAL, peintre contemporain.

Aika. — *Fatinitza*; deux pièces en coul., représentant des femmes couchées, gr. d'après Vidal (Sudre, 1867, N° 216).

L'Ange déchu. — *Une larme de repentir*; deux pièces lith. par P.-Em. Desmaisons; H. 0.50; L. 0.38 (Goupil, 10 fr. chaque).

Edith. — *Hélène*. — *Olympia*. — *Mariette*; quatre pièces in-fol. en haut., lith. par le même (Goupil, 5 fr. chaque).

Eva. — *Amour de soi-même* (sujets de femmes); deux pièces en coul., lith. par le même; H. 0.49; L. 0.38. Paris, Jouy, 1860, en rehaut, 10 fr. chaque.

L'Impératrice des Français, pet. in-fol. en haut., gr. par Pollet (Goupil, 12 à 24 fr.).

Les Filles d'Eve : La Curieuse. — L'Oracle des champs. — Le Nid aux secrets. — L'Ecouteuse; quatre pièces gr. par Posselwhite. H. 0.29; L. 0.19. Paris, Goupil, 1846-47, 12 fr. chaque.

Péché mignon (jeune fille embrassant une glace). — *Méditation*; deux pièces gr. en taille-douce, par le même. H. 0.29; L. 0.19. Paris, Goupil et Vibert, 1850, de 12 à 60 fr. chaque.

Saison des fleurs. — *Saison des fruits*. — *Saison des épis*. — *Saison des frimats*; quatre pièces gr. par le même. H. 0.55; L. 0.39 (Goupil, de 20 à 60 fr. chaque).

Eva. — *Amour de soi-même*; deux

phot. par Bisson frères; H. 0.31; L. 0.24. Paris, Jouy, 1863, 10 fr. chaque.

Marinette, phot. Paris, Bulla; H. 0.20; L. 0.16, 5 fr.; carte de visite, 1 fr.

L'Ange déchu. — Une larme de repentir; deux phot. de 0.07 sur 0.12. Goupil, 1 fr. 50 chaque.

La Curieuse. — L'Oracle des champs; deux phot. de 0.07 sur 0.12. Goupil, 1 fr. 50 chaque. — Cartes de visite, 1 fr. 50 chaque.

Péché mignon. — Le Nid aux secrets; deux phot. Goupil, cartes de visite, 1 fr. chaque.

Saison des fleurs. — Saison des épis. — Saison des fruits. — Saison des frimats; quatre phot. de 0.07 sur 0.12. Goupil, 1 fr. 50 chaque. Cartes de visite, 1 fr. ch.

VIEILLE, dess. lith. contemporain.

Vénus endormie, lith. Paris, Engelmann, 1820.

VIEIRA, ou VIERA (Francesco), dit *Matos*, peintre.

Jupiter et Léda, gr. par Fr. Bartolozzi.

VIEL (Pierre), graveur de la fin du XVIIIe siècle. — Voir *Mettay*.

VIEN (Joseph-Marie), peint. et grav. à l'eau-forte, né à Montpellier, le 18 juin 1716; mort à Paris, le 27 mars 1809. — Voir *Detroy*.

Hercule et Déjanire, 1762. Déjanire intercède auprès d'Hercule, en faveur du centaure Nessus. Eau-forte, rare (Camberlyn, 2e vente, N°3746).

Loth et ses filles. Romæ, 1748. Loth, assis sur une pierre, tient une tasse d'une main, et de l'autre la main de sa fille aînée, assise à son côté et tâchant de le séduire. Sa jeune sœur, coiffée d'un turban, regarde au-dessus d'eux s'il y a encore du vin dans la tasse. Dans la marge, le texte de la Genèse: *Dixit major..... Nostro semen*. Eau-forte; L. 0.275; H. 0.241 (Baudicour, 2; Rigal, 955; Van Hulthem, 4846).

La Chaste Susanne, gr. par J.-F. Beauvarlet (P. de Corneillan, 517).

La Marchande d'amours, peinture antique d'Herculanum, gr. par le même. L. 0.468; H. 0.361 (Wille, 1er état, 36 liv. 1 sh.; 2e état, 17 livres.

Offrande à Vénus. — Offrande à Cérès; deux pièces formant pendant, gr. par le même. H. 0.395; L. 0.285 (J., I, 231; Van Hulthem, 3965).

Susanne and the two oldmen, gr. en man. noire, par Corbutt.

L'Enlèvement de Proserpine, in-fol., gr. par J. Danzel.

Vertueuse Athénienne. — Jeune Corinthienne; deux pièces gr. par J.-J. Flippart (J., II, 53).

Jeune Circassienne au bain, gr. par E.-J. Glairon-Mondet (11 nov. 1861, 3 fr.).

L'Enlèvement d'Europe, gr. par Vangelisty. Des épreuves après la lettre portent pour titre: *l'Amour empressé* (vente du 11 nov. 1861).

VIENOT (N.), graveur. — Voir *Rubens*.

VIERPYL (G.-H.), grav. à l'eau-forte hollandais.

Susanne surprise par les vieillards (Camberlyn, 2e vente, 3747).

VIGÉ, photographe. — Voir *Amelot*.

Le Baiser à la dérobée, phot. carte de visite. Paris, 1867.

VIGÉE-LEBRUN (Mme). — Voir *Lebrun*.

VIGNERON, dess. lith. contemporain. — Voir *Rullmann*.

Collection de 74 portraits (dont 36 de femmes) *d'acteurs et d'actrices*, in-4°, lith. par divers, publ. par le *Corsaire* (Soleinne, 254).

Mme Albert, du théâtre des Nouveautés. Lith. d'Engelmann; H. 0.22; L. 0.19 (Soleinne, 329).

Mme Damoreau-Cinti (Laure Montaland). Lith. d'Engelmann; H. 0.27; L. 0.21. Lith. de Villain; H. 0.39; L. 0.31 (Soleinne, 321).

Mlle Déjazet (Filippi, 396).

Mme Dorval, de l'Odéon. Lith. de Villain; H. 0.41; L. 0.31.

Mlle George Weimer, de l'Odéon. Lith. de C. Motte; H. 0.23; L. 0.17 (Soleinne, 324).

Mlle Jenny Verpré (Filippi, 442).

Mme Malibran-Garcia. Lith. de Villain; H. 0.41; L. 0.30 (Soleinne, 348).

Mlle Marie Taglioni; H. 0.40; L. 0.30 (Filippi, 473; Soleinne, 309).

Mlle Mars. Lith. de Constant; H. 0.37; L. 0.27 (Filippi, 425; Soleinne, 285).

Mme Montessu, danseuse de l'Opéra. Lith. de Villain; H. 0.39; L. 0.29 (Filippi, 468; Soleinne, 306).

Mlle Pauline Garcia. Lith. de Thierry; H. 0.40; L. 0.27 (Soleinne, 350).

Mlle Raucourt. Lith. de Chabert; H. 0.29; L. 0.25 (Soleinne, 274).

Mlle Sontag. Lith. de Villain; H. 0.380; L. 0.346.—Lith. d'Engelmann; H. 0.27; L. 0.23 (Filippi, 288; Soleinne, 346).

Mme Volnys (Léontine Fay). Lith. de Villain; H. 0.41; L. 0.31 (Filippi, 443; Soleinne, 295).

VIGNON (Claude), p. et gr., né à Tours, en 1590 ou 1593; mort à Paris, le 10 mai 1670. — Voir Simon *Vouet*.

La Pucelle, ou la France délivrée, suite de 13 feuilles, très-rares, gr. par Abr. Bosse.

VILLEBOIS, peintre du XVIIIe siècle.

L'Heureux instant, gr. par J. Danzel.

La Jeune élève, gr. en haut., par J.-Ph. Lebas.

VILLEREY (Antoine-Claude-François), grav. de la 1re partie du XIXe siècle.— Voir *Prudhon*.

VINCENT (François-André), peint. et grav. à l'eau-forte, né à Paris, le 5 décembre 1746; mort en 1816.

Borée et Orithye, gr. par J. Bouillard.

Ah! s'il y voyait!... In-fol. en larg., gr. par Commarieux.

L'Amour et l'Amitié, gr. par Copia.

VINCI (Léonard de), célèbre peintre, sculpteur, architecte, ingénieur et mécanicien, né au château de Vinci, près de Florence, en 1452; mort à Amboise, en 1519.

La Belle Féronnière. — *La Joconde*; deux pièces gr. par Allais; H. 0.195; L. 0.146 (Renouard, 688).

La Joconde, gr. par Aubry-Lecomte (Exposit. de 1855).

La Belle Féronnière, gr. par Aug.-Fr. Eug. Bridoux (Exposit. de 1855).

La Joconde, gr. par Louis Calamatta; 38 c. sur 28 (Goupil, de 25 à 100 fr.).

Léda, gr. par Paul Chenay. Paris, impr. Chardon aîné, 1855.

La Belle Féronnière, gr. par V. Dague (Musée Filhol, No 473).

Léda, gr. par Demannez. Paris, impr. Brébant, pour l'*Artiste*, 1858.

Monna Lisa, épouse de Francesco del Giocondo, connue sous le nom de la Joconde; in-fol., gr. par A. Fauchery, 1841 (Goupil, 20, 25, 40 et 50 fr.).

Jupiter et Léda dans un paysage, in-fol. en haut., gr. par J.-M. Leroux, 1835 (Van Hulthem, 4420; 1er état, av. l. l., Weigel, 20 thal.; 11 nov. 1861, épr. sur chine, av. l. l., 34 fr.).

La Joconde, in-fol., gr. par J.-B.-R.-U. Massard, le fils.

La Joconde, in-4o, gr. par J.-B. Michel.

La Joconde, phot. par Bingham; 31 c. sur 22 (Goupil, 10 fr.).

La Joconde, phot. par les frères Bisson, d'après la lith. d'Aubry-Lecomte.

VINCIDOR (Tomasso), peintre de Bologne, du XVIe siècle.

La Reine de Saba visitant le roi Salomon, pièce en rond, gr. par Dirck-Volkart Coornhert (Van Hulthem, 1309).

VINKELES (Renier), dess. et grav., naquit à Amsterdam, en 1741, et y mourut en 1816.

Vénus et Cupidon, 1767, in-fol., gr. par J. Cootwyck.

VIONET, graveur moderne.—Voir *Challe*.

VISSCHER (Corneille), très-habile dess. et grav. à l'eau-forte et au burin, né à Harlem, en 1610; mort dans la même ville, en 1670. — Voir le *Guide*, Adr. van *Ostade*.

Le Lit nuptial (J., III, 178; Mariette, 241 fr.).

Les Amours des dieux, suite de 4 pl., gr. par Jacq. Matham.

VISSCHER (Lambert), dess. et grav. au burin, né à Amsterdam, en 1634; mort à Rome.

Marie-Thérèse, reine de France (de Vèze, p. 63).

VISSCHER (Jean), frère du précédent, grav. à l'eau-forte et au burin, né à Amsterdam, en 1636. — Voir Nic. *Berghem*, *Buytenwech*, Adr. van *Ostade*.

Anne d'Autriche (vente du 12 déc. 1864).

Elisabeth-Charlotte, princesse Palatine, duchesse d'Orléans, mère du Régent (Imhoff, 50).

VISSCHER (anonyme de l'école des).

Militaires et courtisanes autour d'une table, sur laquelle l'un d'eux, assis, verse du vin dans son verre. Composition de 18 figures (H. de L***, avril 1856).

VITALI, graveur. — Voir le *Guide*, P. *Véronèse*.

VITE (Timoteo delle), peintre.

Cupidon et Psyché, gr. par Adam von Bartsch, 1786; L. 0.290; H. 0.196.

VIVARÈS (François), grav. à l'eau-forte et au burin, né à Saint-Jean de Ruel, en Rouergue, le 11 juillet 1709; mort à Londres, en 1780. — Voir le *Lorrain*, *Patel*.

VLAMYNCK (P. de), grav. brugeois de ce siècle. — Voir *Odevaere*.

VLEUGHELS, ou VLEUGELS (Nicolas), peint. et grav., né à Paris, en 1669; mort à Rome, le 10 déc. 1737.

Une femme nue, couchée dans un jardin et vue de dos. Gravure à l'eau-forte, dans une forme ovale. L. 0.065; H. 0.055 (R. D. VIII, p. 287).

Loth et ses filles, petit in-fol., gr. par Jacques Chéreau (L. M., 26 mai 1865, N° 304).

Vénus métamorphosant Dorcette en poisson, gr. par J. Haussart.

La Jument du compère Pierre (sujet tiré des contes de La Fontaine), in-fol. en larg., gr. par Jauvelle.

Abigaïl et David, 1720, in-fol. en larg., gr. par Edme Jeaurat.

Le Bât. — *Frère Luce.* — *La Jument du compère Pierre.* — *Le Villageois qui cherche son veau*; quatre pièces in-fol. en larg., tirées des contes de La Fontaine; gr. par Nic. de Larmessin, le jeune (26 nov. 1866, N° 328).

Vénus sortant de la mer. — *Vénus sur les eaux*; deux pièces gr. par le même.

Vénus ordonnant à Psyché d'aller aux enfers, gr. par J.-Ph. Lebas.

Jupiter et Europe, gr. en larg., par B. Lépicié.

Vénus, secourue par les Sidoniens, aborde dans leur pays; gr. par le même.

Enlèvement d'Hélène, gr. par Surugue (L. M., 26 mai 1865, N° 375).

VLIET (Jean, ou Isaac-Georges van), peintre et grav. à l'eau-forte, au burin et à la pointe sèche, né à Delft, vers 1610. — Voir *Lievens*, *Rembrandt*.

Lieu de débauche, où sont deux officiers, l'un près d'une femme assise au coin du feu; l'autre à gauche, le verre à la main et une jeune fille sur ses genoux; derrière eux, une servante. L. 10 p. 8 l.; H. 7 p. 9 l. (Rigal, 846; J., III, 150).

VOET (Alexandre), dit le jeune, bon graveur, établi à Anvers, avant le milieu du XVIIe siècle. — Voir Van *Dyck*.

VOGEL (Bernard), dess. et grav. en man. noire et au burin, naquit à Nuremberg, en 1683, et y mourut en 1737.

La Bacchante endormie, gr. par Ch.-A. Gündter.

VOGT (Ch.), dess. lith. contemporain. — Voir *Dubufe*, *Dumont*, *Félon*, *Grenier*.

Mlle Fanny Elssler, 1840. Lith. de Formentin; H. 0.24; L. 0.18 (Soleinne, 309).

Lola Montès, comtesse de Landsfeld, lith. in-fol. Paris, 1851 (Filippi, 467).

Sophie Cruvelli, à mi-corps. Paris, impr. lith. de Thierry fr., 1854.

VOILLEMOT, contemporain.

Le Rêve d'une soubrette (elle est endormie et l'Amour lui montre des pantins), lith. par E. Lassalle; 35 c. sur 44. Paris, Goupil, 1860, 8, 10 et 16 fr.

Le même sujet, phot. par Voland. Goupil, 9 c. sur 13, 1 fr. 50; carte de visite, 1 fr.

VOIRIOT (G.), peintre du XVIIIe siècle.

La Jeunesse folâtre : figure de femme vue à mi-corps; gr. par J.-Ch. Levasseur.

VOLAND (H.), photographe.

Etudes d'après nature (académies de femmes), 13 pl. phot., 1861.

VOLNYS (Mme). — Voir *Léontine Fay*.

VOLPATO (Jean), dess. et grav. à l'eau-forte et au burin, né à Bassano, en 1735; mort à Paris, en 1802. — Voir les *Carrache*, Fél. *Gianni*, *Hamilton*, le *Lorrain*, *Swanevelt*, P. *Véronèse*.

VOLPATO, dess. lith. contemporain.

Les Amours de nuit, costumes italiens, lith. Paris, Lecornu, 1820.

VORSTERMAN (Lucas), dit le vieux, peint. et grav., né à Anvers, en 1578; trav. à Londres en 1624, où il demeura huit années. — Voir Van *Dyck*, *Gentileschi*, *Rubens*.

VOS (Martin de), peintre, né à Anvers, en 1534; mort dans la même ville, en 1603.

Les Femmes de la Bible, suite de 20 grav. en taille-douce, in-8 (Van der Helle, N° 59, 20 fr.).

Domus lœtitiæ : Quid juvat..., gr. par N. de Bruyn. L. 15 p.; H. 12 p.

Sardanapale au bain, se faisant servir par ses maîtresses ; gr. par J.-Th. de Bry, fils (J., I, 407).

Histoire de la chaste Susanne, suite de quatre pièces numérotées, gr. en larg., par Jean Collaert. Chaque feuille a un titre de deux lignes (Van Hulthem, 1297).

Le Roi David et Bethsabée, gr. par le même (26 nov. 1866).

Crapvla et lascivia. Une orgie. Un homme et une femme accompagnés d'un joueur de guitare, entrent par la porte ouverte à gauche. Gr. par Jean Sadeler. Trois lignes en latin au bas. L. 0.262; H. 0.208 (Alvin, 1865, N° 1249).

La Luxure, gr. par Raph. Sadeler.

La Timidité, gr. par le même.

La Tristesse, par le même.

Pan et Syrinx, gr. par Variu. Paris, 1864.

Susanne surprise par les vieillards, gr. par Ant. Wierix. Quatre vers latins dans la marge. H. 0.273; L. 0.200 (Alvin, 123).

Vierges sages et vierges folles, grande composition accompagnée de six vers latins: *Bisquinis confert cœlestia regna puellis...* L. 0.420; H. 0.360. Cette pièce, qui ne porte point de signature de graveur, est classée dans l'œuvre des Wierix au cabinet de Paris, E C. 68, fol. 117 (Alvin, 1866, N° 1399).

VOUET (Simon), peintre et grav., né à Paris, en 1592, où il mourut, le 5 juin 1641.

Anne d'Autriche, gr. par Jacopo Bernardi.

Cupidon et Psyché, in-fol. en haut., gr. par P. Daret.

Allégorie. Composition dans laquelle un jeune homme aux formes athlétiques, tenant un chien en laisse, est entouré de Cérès, d'un bacchant chargé de raisins, et de Vénus; celle-ci, vers laquelle il se penche amoureusement, le caresse et s'apprête à le couronner de fleurs. Au bas:

Quod Natura negat, potuit præstare tabella
Frugibus et sertis jungere frigus iners.

Morceau en rond, gr. par Michel Dorigny. Diam. 7 p. 2 l. (R. D. 102).

L'Aurore et Céphale, gr. par le même, 1642. L'Aurore, aidée par les amours et les zéphyrs, enlève le berger Céphale, dont le chien sommeille sur terre. Dans la marge:

Quæ rapit, Aurora est, Cephalum super æthera portat·
Nobile tam furtum luce carere neguit.

H. 0.244; L. 0.158 (R. D. 86).

Bacchus et Ariane. Ariane reçoit la couronne d'étoiles dont Bacchus lui orne la tête. Au bas, ce distique:

Quod parere negas insano, Ariadna, Lyoeo
Grata coronabunt mox caput astra tuum.

Composition ovale, gr. par le même, 1644. H. 0.262; L. 0.203 (R. D. 100).

Diane assise au pied d'un rocher; elle tient une flèche d'une main, et de l'autre deux chiens en laisse. Pièce ovale, gr. par le même, 1638. L. 7 p. 8 l.; H. 5 p. 10 l. (R. D. 60).

L'Enlèvement d'Europe. Elle saisit d'une main une des cornes du taureau, et s'appuie de l'autre sur une de ses compagnes qui la couronnent de fleurs. Dans la marge:

Quem premis, Europe, quem lectis floribus ornas
Raptorem nescis non procul esse tuum.

Grav. par le même, 1642. H. 0.341; L. 0.081 (R. D. 88).

La Fortune arrêtée dans sa course. La Grâce, sous les traits de Vénus, que seconde l'Amour, retient la Fortune qui plane dans les airs. Dans la marge:

Fortunam celeri tranantern nubila pennâ
Gratia si teneat tunc retinebit Amor.

Grav. par le même, 1642. H. 10 p. 2 l.; L. 7 p. 6 l. (R. D. 87).

Hercule et Omphale. On les voit assis, au fond, sous une draperie que soulève l'Amour; Hercule filant, et sa maîtresse tenant les armes du demi-dieu. Dans la marge:

Te clauam inutare colô cum cerneret, Heros,
Hæc matri referam ludicra: dixit Amor.

Grav. par M. Dorigny, 1643. H. 0.244; L. 0.158 (R. D. 90).

Loth et ses filles. Assis sur une pierre, à l'entrée d'une caverne, Loth tient dans ses bras l'une de ses filles, tandis que l'autre, vue en partie, à gauche, portant une amphore, renverse la coupe dont il s'est servi. Dans la marge:

Nolite inebriari vino, in quo est luxuria.

Grav. par Mich. Dorigny, en 1639. H. 0.345; L. 0.263 (R. D. 69).

Mars et Vénus, pièce ovale, gr. par le même, 1638. Mars en conte à Vénus assise sur un lit et qui lui montre les amours jouant avec les pièces de son armure. L. 8 p. 9 l.; H. 5 p. 9 l. (R. D. 62).

Mercure et les Grâces, gr. par le même, 1642. Assise dans une campagne, les trois Grâces conversent ensemble, non loin de Mercure qui leur fait une indication. Dans la marge:

Mercurius Charites, Animos facundia ducit.
Una trium vox est; est tribus unus Amor.

H. 0.352; L. 0.264 (R. D. 89).

Le Temps vaincu par l'Amour, Vénus et l'Espérance. Le Temps est abattu, et l'Amour et l'Espérance lui arrachent les ailes. Vénus qui, d'une main, l'a pris aux cheveux, le fustige de l'autre; il est vaincu, et la Renommée, planant avec la Fortune, sonne sa défaite. — Dans la marge:

Spes Amor atque Venus Saturno Vellere plumas
Certant raptorem diripiuntque suum.

Grav. par M. Dorigny, 1646. H. 0.361; L. 0.232 (R. D. 103).

La Toilette de Vénus, gr. par le même, 1651. Dans la marge:

Dum Venus in speculo formam cernitqz capillos
Arte comi charitum, gratior, inquit, ero:
Sed dum nos longis uult impluuisse capillis,
Demens, se laqueis implicat ipsa suis.

H. 0.365; L. 0.337 (R. D. 132).

Le Triomphe de Galatée, pièce ovale, gr. par le même, 1644. Au bas:

Cur non tuta lates tumidis, Galatea, sub vndis?
Arderet formâ nec procus ille tuâ.

H. 0.225; L. 0.199 (R. D. 101).

Vénus et Adonis. Vénus, assise près de deux amours qui jouent avec ses colombes, semble s'opposer au départ d'Adonis pour la chasse. Pièce ovale, gr. par le même, 1638. L. 7 p. 9 l.; H. 5 p. 9 l. (R. D. 61).

Vénus et Adonis, gr. par le même, 1643. Assise près d'un bouquet d'arbres, Vénus embrasse Adonis que deux amours s'apprêtent à couvrir de fleurs. Dans la marge:

Hærentem veneri dum te miraris, Adoni:
Nescis quam prope sit dente timendus Aper.

H. 0.243; L. 0.158 (R. D. 91).

L'Enlèvement d'Amphitrite, gr. en haut., par Melchior Kusell. Distique: *Rapta per undosi campos*, etc. (Van Hulthem, 711).

Héros et l'Amour, gr. en haut., par le même. Distique: *Te clavam*, etc. (Van Hulthem, 711).

Psyché prête à poignarder Cupidon endormi. Morceau d'un bel effet et en tailles croisées, gr. par Cl. Mellan (J., II, 279).

Le Temps vaincu par l'Amour, gr. en haut., par John Smith (J., III, 86).

Les Deux amants: un homme caressant une femme; gr. par Cl. Vignon, 1618. L. 0.256; H. 0.213 (R. D. 26).

VOUILLEMONT (Sébastien), peintre et grav., né à Bar-sur-Aube, vers 1610; trav. à Rome. — Voir *Brauwer*, le *Guide*.

La Diseuse de bonne aventure. Une bohémienne disant la bonne aventure à un jeune seigneur de la cour de Louis XIII, qui lui tend la main, dans laquelle on voit une pièce de monnaie. Composition de demi-figures. H. 0.312; L. 0.238 (R. D. 85). Dans la marge, on lit ces vers en trois colonnes:

Je ne veux plus estre importune,
Puisque vous auez mis la croix,
Et vous diray ce que je crois
De vous et de vostre fortune.
Vostre maison est odieuse
A des gens qui ne valent rien;
La fille que vous aimez bien
Est aussi de vous amoureuse.
Il ne faut que cette maistresse,
Pour rendre vos desirs contans:
Vous laurez auec sa richesse,
Et tous deux viurez fort longtemps.

Léda, toute nue, couchée sur une draperie qu'elle relève de la main gauche, reçoit Jupiter sous la forme d'un cygne. Pièce anonyme, dans un ovale en travers; L. 0.290; H. 0.160 (R. D. 47).

L'Enlèvement de Psyché par les zéphyrs, gr. par A. Riffaut (cat. Van den Zande).

VOYEZ, l'aîné, graveur du XVIIIe siècle. — Voir *Baudouin*, *Boucher*, *Greuze*, *Wille*, fils.

VOYEZ, le jeune, graveur du XVIIIe siècle. — Voir *Davéne*, *Freudenberger*, *Nattier*, *Raoulx*, *Touzé*, Mich. *Vanloo*.

VOYSARD (E.), graveur du dernier siècle. — Voir *Borel*, Ch. *Lebrun*.

VRIENDT (F. de), peintre flamand du XVIe siècle.

Diane et Actéon, gr. par Peters Miricenys.

VRIES (Adrien de), sculpteur du XVIe siècle.

Cléopâtre se faisant mordre par des serpents. *Prodiga luxuries rerum*, etc. Gr. par Jean Muller. H. 13 p. 7 l.; L. 9 p. 3 l. (B. 80).

Mercure enlevant Psyché, gr. par Jean Muller, d'après un groupe de bronze, fait à Prague, par Adrien de Vries; en trois estampes qui en représentent trois aspects différents : Mercure vu de profil. — Mercure vu de face. — Mercure vu de dos. Au bas une inscription latine. H. 14 p. 7 l.; L. 9 p. 6 l. (B. 82-84; Van Hulthem, 2089).

La Prudence, représentée par une femme nue qui est assise, vue par le dos, et se regardant dans un miroir. *Queis Natura dedit formam*, etc. Gr. par le même; H. 11 p. 9 l.; L. 7 p. 1 l. (B. 85; Van Hulthem, 2091).

Un Romain enlevant une Sabine, gr. par Jean Muller, d'après un modèle en cire d'Adrien de Vries; en trois estampes : 1° Le Romain vu de dos. — 2° Le Romain vu de face. Titre : *Sic pubes Romana furit*, etc. — 3° Le Romain vu de profil. *Quis genus humanum*, etc. H. 16 p. 6 à 10 l.; L. 10 p. 4 à 5 l. (B. 77-78; Van Hulthem, 2086).

VUIBERT (Remy), peintre et grav. à l'eau-forte, né à Paris, vers 1607. — Voir le *Dominiquin*, *Raphaël*.

VULCAIN, MARS ET VÉNUS. — Voir *Bryer*, *Reverdino*, *Rosso de Rossi*.

VULCAIN, VÉNUS ET L'AMOUR. — Voir l'*Antique*, *Marc-Antoine*.

WACHSMUTH, peintre contemporain.

Le Giorgione et Grillandata, gr. en man. noire, par Cornilliet. H. 0.47 ; L. 0.37 (Bulla, en noir, 15 fr.; en coul., 30 fr.).

WAGNER (Joseph), dess. et grav. à la pointe et au burin, né à Talendorf, sur le lac de Constance, en 1706; mort à Venise, en 1780. — Voir *Amiconi*, L. *Giordano*.

WALDECK (F.), dess. contemporain.

Mlle Noblet, dans la Paysanne supposée; gr. par R. Cooper (Soleinne, 114).

WALDEGRAVE (Maria, comtesse de). — Voir J. *Reynolds*.

WALKER (Guillaume), graveur anglais du XVIIIe siècle. — Voir Fr. *Lemoine*.

WALKER (James), graveur à Londres, en 1777. — Voir *Lampi*.

WAPPERS (Gust., baron), peintre belge, né à Anvers, en 1803.

Agnès Sorel et Charles VII, gr. en man. noire, par Lehne. Paris, Aveniz, 1852.

WARENS (Mme de). — Voir *Devéria*, *Steuben*.

WARWICK (la comtesse Marie de). — Voir W. *Hollar*.

WATELET (Claude-Henri), grav. amateur et homme de lettres, né à Paris, en 1718; mort en 1786. — Voir *Greuze*, *Pierre*.

WATERLOO (Antoine), peintre de paysages et grav. à l'eau-forte, né à Amsterdam ou à Utrecht, vers 1618; mort à l'hôpital, en 1662.

Alphée et Aréthuse. Paysage où l'on voit au milieu du fleuve Alphée, le dieu à mi-corps, les bras étendus vers Aréthuse qui est nue, et s'enfuit sur le bord.

Elle est vue de dos; la tête et le bras droit élevés vers le ciel, elle semble implorer le secours de Diane. H. 10 p. 8 l.; L. 8 p. 10 l. (B. 125; Rigal, 867; Simon, 475; Van Hulthem, 3215).

Apollon poursuivant Daphné : le dieu, son arc à la main droite, l'autre élevée; la fille de Pénée arrivée sur un chemin, fuit vers la droite. H. 10 p. 8 l.; L. 8 p. 10 l. (B. 126; Rigal, 867; Van Hulthem, 3215).

Pan et Syrinx, qui se sauve vers la gauche dans les roseaux, au bord du Ladon. H. 10 p. 8 l.; L. 8 p. 10 l. (B. 128; Rigal, 867; Van Hulthem, 3215).

Vénus et Adonis, paysage. Adonis tenant sa pique de la main gauche, est assis sur une butte. Il a son bras droit passé autour du cou de Vénus qui, couchée à ses pieds, le regarde avec tendresse, en s'appuyant sur son genou. Devant eux, l'Amour retient un lévrier. H. 10 p. 8 l.; L. 8 p. 10 l. (B. 129; Rigal, 867; Van Hulthem, 3215).

WATSON (Caroline).

Catherine II, impératrice de Russie, ovale in-fol. (P. de Corneillan, 471).

WATSON (Thomas), grav. en man. noire et au pointillé, né à Londres, en 1748; mort en 1781. — Voir H.-W. *Bunbury*, J. *Gardner*, P. *Lely*, *Reynolds*.

La Duchesse de Devonshire, in-4°, profil en coul. (1er février 1864, N° 667).

WATSON (James), frère de Thomas, grav. en man. noire, né à Londres, vers 1750. — Voir *Boucher*, *Drouais*, *Reynolds*.

Reproches de Vénus à son fils. — *Triomphe de l'Amour*; deux pièces en coul. (1er février 1864, N° 668).

WATTEAU (Antoine), excellent peintre et grav. à l'eau-forte, né à Valenciennes, en 1684; mort à Nogent-sur-Marne, près Paris, le 18 juillet 1721.

Œuvre d'Ant. Watteau, en 639 pièces, avec une table des sujets aux trois premiers volumes. Paris, s. d., 4 vol. in-fol. dont 2 très-grands (Lallemand de Betz, en 1774, 332 fr.).

Mlle Desmares jouant le rôle de Pélerine, gr. en haut. (de Vèze, p. 219).

Mlle Romagnesi l'aînée, jouant le rôle de Pélerine (de Vèze, p. 219).

L'Accordée de village, gr. en larg. (de Vèze, p. 224).

Adonis, pet. in-fol. en larg.; grav. anonyme. Estampe portant pour toute indication : *Avec privilége du roy* au milieu de la marge. Rare. Jolie scène représentant une actrice dans le rôle d'Adonis et plusieurs autres personnages. Il en a été fait une copie en contre-partie, par Probst, chez Wolff, à Augsbourg (de Vèze, p. 69; V***, d'Anvers, N° 933).

Amusements champêtres, deux pièces en pendant, in-fol. en larg., l'une de 14 fig. en divers groupes, l'autre de 22, dont 3 dans un bateau; gr. d'après Watteau (de Vèze, p. 139; V***, d'Anvers, 880).

Embarquement pour l'île de Cythère, in-fol. en larg, gr. d'après Watteau (V***, d'Anvers, 911; de Vèze, p. 224).

Les Enfants de Momus, eau-forte, en larg. (de Vèze, p. 226).

L'Escarpolette, in-fol. en haut. Declaron, éditeur (V***, d'Anvers, 862).

L'Innocent badinage, gr. d'après Watteau (vente de fév. 1859).

Pélerin de l'île de Cythère, gr. en haut. Chez Hecquet (de Vèze, p. 86).

Le Repos gracieux, eau-forte, en larg. (de Vèze, p. 212).

Jeune homme à genoux près d'une femme qui tient un éventail; in-fol. en larg., gr. par B. Antheaume, éditeur. Il y a une répétition du même sujet en haut. De Vèze, dit : prenant la taille d'une jeune femme assise, prête à le frapper de son éventail. En bas, 4 vers : *Par la tendresse*, etc. (V***, d'Anvers, N° 775).

Promenade sur les remparts, jolie composition in-fol. en larg., gr. par Michel Aubert (vente du 7 nov. 1861).

Amour mal accompagné, gr. par le même.

Fêtes au dieu Pan, gr. par le même; L. 0.465; H. 0.362 (de Vèze, p. 215; en mai 1864, 6 fr.).

L'Indiscret, gr. par le même. Arlequin et Colombine assis à l'écart pendant que leurs camarades font de la musique. Colombine est jolie; elle a la plus belle robe du monde et de couleur safran; Arlequin lui fait la cour avec des gestes indiscrets et des mouvements serpentins. L'original, appartenant à M. Rich. Wallace, a figuré, il y a quelques années, au boulevard des Italiens (de Vèze, p. 225).

L'Amour désarmé par Vénus, in-fol.

en haut., gr. par Benoit II Audran (de Vèze, p. 215; V***, d'Anvers, N° 781).

Amusements champêtres, in-fol. en larg., gr. par le même (de Vèze, p. 226; V***, d'Anvers, N° 782).

L'Aventurière, petit in-fol. en larg., gr. par le même (de Vèze, p. 223; V***, d'Anvers, N° 783; en mai 1864, 13 fr.).

Bon voyage. Fragment de l'Embarquement de Cythère; les deux amants sont à gauche; gr. en larg., par le même (de Vèze, p. 223).

Le Concert champêtre, in-fol. en haut., gr. par le même (de Vèze, p. 221; en avril 1864, 7 fr.; en mai 1864, 6 fr. 50).

La Danse paysanne, gr. en haut., par le même (de Vèze, 221; 7 déc. 1866, N° 433).

Entretiens badins. Huit fig. à mi-corps; deux amants sont à droite. En bas, deux lignes latines et françaises; gr. par le même; L. 0.241; H. 0.204 (de Vèze, p. 222).

La Finette (pendant de l'*Indifférent*), in-fol. en haut., gr. par le même (Martial Pelletier, N° 650). Les originaux de ces deux petits pendants délicieux, qui ont appartenu à Mme de Pompadour, ont figuré en 1865 à l'exposit. du boulevard des Italiens.

Le Galant, in-fol., gr. par le même.

Heureux loisir, in-fol. en larg., gr. par le même (de Vèze, p. 224; V***, d'Anvers, N° 788).

Le Passetemps, gr. en larg., par le même (de Vèze, p. 225; Martial Pelletier, N° 667).

Le Rendez-vous, gr. par le même; H. 0.228; L. 0.183 (de Vèze, p. 220; V***, d'Anvers, N° 792).

Rêveuse, gr. par le même; H. 0.250; L. 0.192.

La Sultane, gr. par le même; H. 0.250; L. 0.192 (de Vèze, p. 219, V*** d'Anvers, 795).

La Surprise, gr. par le même; H. 0.367; L. 0.292 (de Vèze, p. 221).

Le Tête-à-tête, gr. par le même; H. 0.222; L. 0.181 (de Vèze, p. 220; V***, d'Anvers, N° 796).

L'Amante inquiète (pendant de la *Rêveuse*), in-fol. en haut., gr. par P. Aveline (de Vèze, p. 219; Martial Pelletier, N° 649).

Les Charmes de la vie, in-fol. en larg., gr. par le même (de Vèze, p. 226; Martial Pelletier, N° 669).

Diane au bain, gr. en larg., par le même (de Vèze, p. 215).

L'Emploi du bel âge, in-fol. en larg., gr. par le même. Six vers au bas: *Cueillez vite ces fleurs, — leurs contentements* (de Vèze, p. 224; V***, d'Anvers, N° 800).

L'Enlèvement d'Europe, in-fol. en larg., gr. par le même (de Vèze, p. 216; V***, d'Anvers, N° 801; A. David, 2 fr. 75).

Le Mai, gr. par le même; H. 0.595; L. 0.348.

Récréation italienne, in-fol. en larg., gr. par le même (Martial Pelletier, 668; en déc. 1856, 50 fr.).

La Rêveuse, in-fol. en haut., gr. par le même (de Vèze, p. 219; V***, d'Anvers, N° 805).

La Villageoise, in-fol. en haut., gr. par le même (de Vèze, p. 219; V***, d'Anvers, N° 806).

L'Accord parfait, gr. par B. Baron; H. 0.348; L. 0.280 (de Vèze, p. 221; Lex..., N° 549).

L'Amour paisible, in-fol. en larg., gr. par le même (de Vèze, p. 225; V***, d'Anvers, N° 809).

Les Deux cousines, gr. par le même; L. 0.357; H. 0.295 (de Vèze, p. 225; Martial Pelletier, N° 663).

La Balançoire, gr. par Boucher. Femme vue par le dos, sur une balançoire dont elle tient les cordes avec ses mains. H. 0.238; L. 0.165 (Baudicour, 125; V***, d'Anvers, 823).

La Coquette, arabesque, gr. par le même. Une jeune fille, en avant d'un paysage, reçoit les hommages de trois personnages de la Comédie italienne; tandis que Pierrot est debout à côté d'elle, Scapin, à gauche, vient de lui faire une courbette, appuyé sur sa canne à béquille; mais elle détourne la tête pour regarder le troisième qui s'avance derrière elle. Jolie pièce sur un fond blanc. L. 0.388; H. 0.258, sans marge (de Vèze, p. 230; Baudicour, N° 152).

Le Dénicheur de moineaux, in-fol., gr. par le même.

Grand paysage au milieu duquel on voit, au pied d'un arbre, une bergère assise, et son berger à moitié agenouillé auprès d'elle; ils regardent deux oiseaux qui se recherchent. Eau-forte, par Boucher; H. 0.312; L. 0.191 (Baudicour, 145).

Grosse femme en chemise, assise sur

une pierre; elle a les jambes nues et tient son pied gauche dans sa main. Eau-forte, par le même; H. 0.324; L. 0.206 (Baudicour, 108).

Jeune fille assise sur une butte, s'apprêtant à donner un coup d'éventail à un jeune homme à genoux derrière elle et qui la prend par la taille. Eau-forte, gr. par le même; L. 0.304; H. 0.235 (Baudicour, 92)

Paysage au milieu d'un arabesque, dans lequel on voit une jeune fille assise à terre, au pied d'un arbre, et recevant les hommages d'un jardinier à genoux, appuyé sur sa bêche. Eau-forte, gr. par le même; H. 0.265; L. 0.197 (Baudicour, 98).

Paysage au milieu duquel une jeune fille assise sur une pierre, semble repousser un jeune meunier qui veut l'embrasser. Eau-forte, par le même; L. 0.310; H. 0.238 (Baudicour, 120).

Pomone. Assise sur un banc de pierre, les yeux baissés, elle écoute les propos d'amour que lui tient Vertumne sous la figure d'une vieille femme. Grande et belle pièce, gr. par le même; H. 0.433; L. 0.304 (de Vèze, p. 215; Baudicour, N° 150).

Les Quatre saisons, arabesques sur un fond blanc. Suite de quatre pièces de 0.506 à 0.511 de haut. et 0.217 à 0.219 de larg., gr. par Boucher. *Le Printemps:* Un berger vêtu à l'espagnole et assis près de sa maîtresse, entre deux grands arbres, lui arrange un bouquet avec des fleurs qui sont dans son tablier. — *L'Été:* Une jeune fille endormie, assise au pied d'un arbre, est surprise par son berger qu'on voit arrivant derrière une butte de terre, et la regardant. — *L'Automne*: Une jeune fille assise en avant d'un arbre formant berceau, vient de verser un verre de vin à un jeune homme assis près d'elle et qui lui porte une santé. — *L'Hiver:* Sur un étang un jeune homme pousse devant lui, en patinant, un petit traîneau sur lequel est assise une jeune fille ayant ses mains dans son manchon. (Baudicour, 154-157; de Vèze, p. 229).

La Troupe italienne. Derrière un rideau que l'on vient de tirer, apparaissent cinq personnages de la Comédie italienne, au milieu desquels on distingue à gauche une danseuse faisant une pause et ayant près d'elle Arlequin. En avant, une jeune actrice coiffée d'un pouf sur le côté, et relevant sa robe de chaque côté en dansant. Pierrot et Scapin se trouvent à droite derrière elle. Très-belle pièce, un des chefs-d'œuvre de Boucher. Grav. d'après le dessin original de Watteau. H. 0.318; L. 0.211 (Baudicour, 151).

Une danseuse, coiffée en cheveux, tenant sa robe d'une main, et tendant l'autre à son danseur. Eau-forte, par le même; H. 0.247; L. 0.175 (Baudicour, 47).

Une jeune fille, assise au pied d'un arbre, regarde, en l'écoutant, un berger vêtu à l'espagnole, assis à terre, et jouant de la guitare. Jolie pièce gr. à l'eau-forte, par le même. L. 0.265; H. 0.204 (Baudicour, 102).

Le Colin-maillard, in-fol. en larg., gr. par E. Brion (de Vèze, p. 225; V***, d'Anvers, N° 824).

La Contredanse, in-fol. en larg., gr. par le même (de Vèze, p. 226; V***, d'Anvers, N° 825).

Le Bain rustique, jolie pièce gracieuse, gr. en larg., par Antoine Cardon (de Vèze, p. 216; Van Hulthem, 1262).

La Signature du contrat de la noce de village, in-fol. en larg., gr. par le même (de Vèze, p. 227; Van Hulthem, 4076).

L'Enjôleur. — Attendez-moi sous l'orme. — La Vie est un roman. — Le Duo champêtre. — L'Entreprenant. Cinq pièces gr. à l'eau-forte, par Caresse, Lefman, Massard et Ancelot. Paris, Troude, 1856.

La Diseuse de bonne aventure, gr. en haut., par Cars (de Vèze, p. 221; en avril 1864, 20 fr.).

Fêtes vénitiennes, gr. en haut., par le même (de Vèze, p. 222; en mai 1864, 21 fr.).

Acis et Galatée, eau-forte, gr. en travers, par le comte de Caylus. Huit vers en deux colonnes... *On n'aime guères...* (de Vèze, p. 215).

Vénus blessée par l'Amour, gr. en larg., par le comte de Caylus et Aveline (de Vèze, p. 229).

Le Bain rustique, gr. par Chardon (*Gaz. des Beaux-Arts*, VII, p. 276). — Voir le *Bain*, gr. par Duflos, d'après Pater.

Arlequin jaloux, in-fol. en haut., gr. par Chedel (de Vèze, p. 221; V***, d'Anvers, N° 839).

L'Adroite beauté, gr. par Ch.-Nic. Cochin.

L'Amour au Théâtre Français, in-fol.

en larg., gr. par le même. Six vers au bas : *L'Amour badine...* (de Vèze, p. 218; Paignon-Dijonval, 8074; A. David, 9 fr.; en avril 1864, 13 fr. 50).

L'Amour au Théâtre Italien, in-fol. en larg., gr. par le même. Six vers : *La jalouse Italie effrayant les amours...* (de Vèze, p. 218; Paignon-Dijonval, 8074; en avril 1864, 9 fr.; en mai 1864, 26 fr.).

Arlequin séducteur, gr. par le même.

Au foible effort que fait Iris pour se défendre... Cinq personnages de la Comédie italienne dans un jardin. Un jeune homme, le genou à terre, touche le sein d'une femme qui tient une guitare. In-fol. en haut., gr. par le même (V***, d'Anvers, 846; 26 nov. 1866, N° 390).

Le Bosquet de Bacchus, gr. par le même (Martial Pelletier, 664; 7 déc. 1866, N° 435).

La Mariée de village, in-fol. en larg., gr. par le même (de Vèze, p. 227; P. de Corneillan, 614).

Pantalon jaloux, gr. par le même.

Pierrot sentinelle, in-fol. en larg., gr. par le même.

Pour garder l'honneur d'une belle, — faire sentinelle (de Vèze, p. 218; V***, d'Anvers, N° 848). Une réduction a été faite par L. Crépy.

Les Plaisirs d'Arlequin, in-fol. en larg., gr. par le même. *Belle, n'écoutez rien, Arlequin est un traître...* (de Vèze, p. 218; V***, d'Anvers, N° 847).

Retour de la campagne, gr. par le même.

Le Bal champêtre, in-fol. en larg., gr. par J. Couché (de Vèze, p. 224; V***, d'Anvers, N° 861; Martial Pelletier, 657).

L'Aventurière, gr. en larg., par L. Crépy, fils (de Vèze, p. 223).

Le Berger content, gr. en larg., par le même.

Berger dansant au son de la flûte d'un autre berger assis près d'une bergère debout, gr. en larg., par le même (de Vèze, p. 229).

Berger jouant de la flûte près de sa bergère, gr. en larg., par le même (de Vèze, p. 229).

Bon voyage, fragment de l'Embarquement pour Cythère; les deux amants sont à droite, gr. en larg., par le même (de Vèze, p. 223).

La Collation champêtre, in-fol. en larg., gr. par le même. Vers au bas : *Soit à boire...* (V***, d'Avers, N° 850).

Le Conteur de fleurette (contre-partie du *Tête-à-tête*), in-fol. en haut., gr. par le même (de Vèze, p. 220; V*** d'Anvers, N° 852).

Deux amants assis et causant, gr. en larg., par le même (de Vèze, p. 229).

L'Escarpolette, in-fol. en haut., gr. par le même. Huit vers : *Au jeu d'escarpolette...* (de Vèze, p. 229; V*** d'Anvers, N° 853).

L'Heureux moment, gr. en larg., par le même.

Pierrot est en ce lieu témoin..., petit in-8° en larg., gr. par le même (V***, d'Anvers, N° 856).

Pour nous prouver que cette belle..., petit in-8° en larg., gr. par le même (V***, d'Anvers, N° 857).

Le Qu'en dira-t'on, in-fol. en haut., gr. par le même (de Vèze, p. 220; V***, d'Anvers, N° 854).

Triomphe de Cérès, gr. par le même (de Vèze, p. 215).

La Coquette, gr. par Dubosc; L. 0.324; H. 0.189 (Soleinne, 29).

Les Plaisirs de la jeunesse, petite pièce gr. par Duflos (V***, d'Anvers, 867).

La Danse champêtre, gr. par P. Dupin (Camberlyn, 1re vente, N° 774).

Le Départ pour les îles (enlèvement des filles de joie) : *Allons il faut partir...*; gr. en travers, par P. Dupin (de Vèze, p. 213).

La Vivandière (fille enceinte), in-fol. en haut., gr. par le même. Six vers :

Je suis utile dans la guerre,
Je nourris les soldats, je repeuple la terre,
Et qui jugera comme il faut
De l'ample rondeur de ma taille,
Verra que j'ai servi dans plus d'une bataille
Et soutenu plus d'un assaut.

(de Vèze, p. 214; V***, d'Anvers, N° 871).

La Leçon d'amour, in-fol. en larg., gr. par Ch. Dupuis, 1734 (de Vèze, p. 226; V***, d'Anvers, N° 872).

L'Occupation selon l'usage, in-fol., gr. par le même (de Vèze, p. 225; en avril 1864, 19 fr.).

La Vraie gaîté, danse villageoise; gr. en haut., par de Famars (de Vèze, p. 220).

Les Agrémens de l'esté, in-fol. en

larg., gr. par Jacq. de Favannes (V***, d'Anvers, N° 876).

L'Amour paisible, in-fol. en larg., gr. par le même. Six vers au bas (de Vèze, p. 223; Camberlyn, 1re vente, N° 1091).

Le Galant jardinier, in-fol. en haut., gr. par le même (de Vèze, p. 220; V***, d'Anvers, N° 877).

Le Docteur et la villageoise, deux pièces gr. par P. Fillœul.

Le Pénitent et la Polonaise, deux pièces gr. par le même.

L'Amusement, gr. en larg., par J.-G. Huquier (de Vèze, p. 230; V***, d'Anvers, N° 883).

Le Berger empressé, arabesque, in-fol. en haut., gr. par le même (de Vèze, p. 228).

Le Bouffon, arabesque, in-fol. en haut., gr. par le même (de Vèze, p. 228).

Le Chasseur content, par le même.

La Chasseuse, arabesque, in-fol. en haut., gr. par le même (de Vèze, p. 228).

La Danse bachique. — *La Voltigeuse*; deux pièces gr. en haut., par le même.

Diane sur un nuage, gr. en haut., par le même (de Vèze, p. 228).

Le Duo champêtre, gr. en larg., par le même (de Vèze, p. 230; V***, d'Anvers, N° 883).

La Grotte, arabesque, in-fol. en haut., par le même (de Vèze, p. 229).

Heureuse rencontre, gr. en larg., par le même (de Vèze, p. 230; V***, d'Anvers, N° 883).

L'Innocent badinage, gr. en larg., par le même (de Vèze, p. 228).

Les Jardins de Cythère, gr. en larg., par le même (de Vèze, p. 230; V***, d'Anvers, N° 883).

Le Jardinier fidèle, arabesque, in-fol. en haut., gr. par le même (de Vèze, p. 228).

La Pélerine altérée, gr. en larg., par le même (de Vèze, p. 228).

Les Plaisirs de la jeunesse, gr. en larg., par le même (de Vèze, p. 228).

Le Repos gracieux, gr. par le même.

Le Sommeil dangereux, gr. par le même.

Le Théâtre, arabesque, in-fol. en haut., gr. par le même (de Vèze, p. 229).

Vénus sur les eaux, arabesque, in-fol. en haut., par le même.

La Villageoise, arabesque, in-fol. en haut., par le même.

Les Comédiens, gr. par F. Janinet.

Le Rendez-vous comique, gr. par le même.

Pierrot content, gr. en larg., par E. Jeaurat, 1728.

Les Agréments de l'été, in-fol. en haut., gr. par Joullain (de Vèze, p. 222; Martial Pelletier, N° 655).

La Proposition embarrassante, gr. par Mich. Keyl.

Les Amusements de Cythère, gr. par Ed. Kirkall.

L'Accordée de village, in-fol. en larg., gr. par Nic. de Larmessin (de Vèze, p. 227; Martial Pelletier, N° 674).

L'Ile de Cythère, gr. en larg., par le même (de Vèze, p. 226; en avril 1864, 9 fr.).

Assemblée galante, grande pastorale, en travers, gr. par J.-Ph. Lebas (de Vèze, p. 227; Martial Pelletier, N° 670).

La Balançoire, in-fol. en haut., gr. par le même (V***, d'Anvers, N° 908).

La Gamme d'amour, gr. en larg., par le même (de Vèze, p. 225; en déc. 1856, 40 fr.).

L'Ile enchantée, in-fol. en larg., gr. par le même (de Vèze, p. 226; en déc. 1856, 62 fr.; 11 avril 1859, av. l. l., 61 fr.).

Les Folies, caricature, in-4° en haut., gr. par Louis Lecœur.

Philis et Scaramouche, gr. par J. Lindemann.

La Conversation française, in-fol. en larg., gr. par J.-M. Liotard (V***, d'Anvers, N° 892).

Les Deux cousines, gr. par le même.

Entretiens amoureux, in-fol. en larg., gr. par le même (de Vèze, p. 226; 15 mai 1865, N° 825).

Femme à mi-corps, charmante petite pièce in-fol. en haut., gr. par le même : *La plus belle des fleurs ne dure qu'un matin...* (Martial Pelletier, N° 648).

Jeune fille tenant des fleurs, gr. par le même.

Le Sommeil dangereux : un satyre regarde Diane et une nymphe endormies; gr. en haut., par le même (de

Vèze, p. 214; 11 nov. 1861, eau-forte, 11 fr.).

Amusements champêtres. — *Les Castagnettes.* — *Les Charmes de l'été.* — *La Collation.* — *L'Ile de Cythère.* — *La Leçon d'amour.* — *La Promenade.* — *Le Repos à la promenade.* — *La Toilette du matin.* — *La Troupe italienne en vacances.* — *Vénus sur les eaux.* Onze pièces gr. par Jean Mariette.

L'Amant repoussé, in-fol. en larg., gr. par P. Mercier (V***, d'Anvers, N° 896).

La Danse paysanne, gr. par le même (11 avril 1859, 121 fr.).

L'Ile de Cythère, in-fol. en larg., gr. par le même. Quatre vers : *Pèlerin allant à Cythère...* (V***, d'Anvers, N° 895).

La Leçon d'amour, in-fol. en larg., gr. par le même (de Vèze, p. 226; V***, d'Anvers, N° 898).

La Proposition embarrassante, gr. par le même (11 avril 1859, eau-forte, avec les armoiries, 120 fr.).

La Toilette du matin, sujet gracieux et très-rare, gr. en haut., par le même. Une chambrière apporte un vase avec une éponge à sa maîtresse qui se lève (de Vèze, 170 fr. ; 11 avril 1859, 141 francs).

Vénus sortant de l'onde, gr. par le même. Rare (mai 1866, N° 368).

La Cause badine, gr. en larg., par Moyreau.

La Chute d'eau, in-fol., gr. par le même.

Colombine et Arlequin, gr. en haut., par le même (de Vèze, p. 229).

Du bel âge où les jeux remplissent vos désirs..., gr. par le même (Lex..., N° 555; en mai 1864, 24 fr. 50).

L'Enjôleur, in-fol. en haut., gr. par Moyreau et Aveline (V***, d'Anvers, N° 910).

Les Entretiens badins, in-fol., gr. par le même.

La Musette, gr. par le même.

La Partie carrée, in-fol. en larg., gr. par le même.

Le Repos de la campagne, gr. par le même.

Arrivée à l'île de Cythère (grand nombre d'amours qui voltigent), pièce gr. en bistre, par Ph. Pariseau.

Vénus et l'Amour, ovale, gr. par le même (de Vèze, p. 214).

Le Bain (dames se baignant), in-fol. en larg., gr. par V.-M. Picot (de Vèze, p. 216; V***, d'Anvers, N° 912).

The Island of Cytherea, gr. par le même (cat. A. David).

Les Amusements italiens (scènes de la vie des comédiens), gr. par Ransonnette. L. 0.35; H. 0.23 (Soleinne, 178).

Le Bal champêtre, grand in-fol., gr. par G. Scotin (Martial Pelletier, N° 671).

L'Indifférent, in-fol. en haut., gr. par le même (de Vèze, p. 219; Martial Pelletier, N° 651).

Les Jaloux, in-fol. en larg., gr. par le même (de Vèze, p. 225; en avril 1864, 11 fr. 50).

Le Lorgneur, in-fol. en haut., gr. par le même. Deux hommes font de la musique à une femme assise sur l'herbe ; l'un d'eux la regarde (Lex..., N° 550).

Les Plaisirs du bal, in-fol. en larg., gr. par le même (Martial Pelletier, N° 672). L'original est aujourd'hui à la galerie de Dulwich Collége, près Londres sous le titre : *Le Bal champêtre,* N° 210 du catalogue. Pater en a fait une copie qui a figuré dernièrement au boulevard des Italiens, sous le titre : *La Danse vénitienne.*

Iris, c'est de bonne heure avoir l'air à la danse..., charmant sujet d'enfant, avec adresse chez Sirois (Martial Pelletier, N° 658).

Les Amusements de Cythère, gr. en larg., par Louis Surugue (de Vèze, p. 215; V***, d'Anvers, N° 726).

Pour nous prouver que cette belle..., in-fol. en larg., gr. par le même. Cinq personnes à mi-corps; à droite, un homme accordant sa guitare. Huit vers (de Vèze, p. 222; 26 nov. 1866, N° 392).

Les Champs-Elysées, gr. par Nicolas-Henri Tardieu (Martial Pelletier, N° 665; en déc. 1856; 38 fr.; en mai 1864, 91 fr.).

L'Embarquement pour l'île de Cythère, grand in-fol. en larg., gr. par le même (J., III, 114; 11 nov. 1861, 6 fr. 50 ; en mai 1864, 101 fr.).

Iris, c'est de bonne heure avoir l'air à la danse... Jeune fille dansant au son de la flûte d'un jeune berger. In-fol. en larg., gr. par le même (de Vèze, p. 223; V***, d'Anvers, N° 927).

Le Plaisir pastoral, grav. en larg.,

par le même (de Vèze, p. 225; en avril 1864, 14 fr.).

La Proposition embarrassante, in-fol. en larg, gr. par le même (de Vèze, p. 226; V**, d'Anvers, N° 825).

Les Coquettes (5 fig. à mi-corps), petite pièce en travers, gr. par Thomassin, fils. Huit vers : *Coquettes qui pour voir galants au rendez-vous*, etc. (de Vèze, p. 222; en mai 1864, 24 fr.).

Galanteries d'Arlequin, in-fol. en haut., gr. par le même. Dix vers : *Voulez-vous triompher des belles*, etc. (de Vèze, p. 221; A. David, 7 fr.; en avril 1864, 5 fr. 50).

Les Deux nayades. Une nayade nue, ayant seulement une draperie sur les cuisses, est étendue à terre, vue par le dos; elle s'appuye sur son urne renversée, et étend son bras vers une seconde nayade assise et appuyée aussi sur son urne. Eau-forte, gr. par Carle Vanloo; L. 0.340; H. 0.237 (Baudicour, 8).

Diane et Endymion. Assis et vu de face, Endymion est endormi, la tête appuyée sur son bras posé sur un bout de tronc d'arbre. Son chien est sous ses jambes. La déesse plane sur un nuage au-dessus de quatre moutons. L'Amour debout, l'attire par la main vers le jeune berger. On lit dans la marge du bas : *Diane venant trouver Endimion*, et au-dessous huit vers en deux colonnes : *Diane dans les bois... qu'à cacher la foiblesse*. Gr. par Carle Vanloo. H. 0.328; L. 0.245. Le 1er état est avant les draperies qui couvrent les jambes d'Endymion et la nudité de l'Amour (Baudicour, 9).

L'Amour badin, lith. par Wattier. Paris, Bénard, 1834.

Les Amoureux d'Iris, phot. Paris, chez Happey, 1858.

WATTEAU (Louis), neveu du précédent, peintre.

Quoi! pas même la main? — Un baiser ou ta rose; deux pièces in-fol. en haut., gr. par Et. Fessard (de Vèze, p. 220; V***, d'Anvers, N° 874).

WATTIER (Emile), dess. et grav. contemporain. — Voir *Boucher*, *Watteau*.

Journée d'une actrice, scènes de jour et de nuit, lith. par Wattier, Paris, Sazerac et Duval, 1826, 4 quarts de feuille de texte et 9 pl. in-4°, coloriées, 9 fr.

Sujet galant, goût de Watteau; eau-forte (L. M., 26 mai 1865, N° 202).

Un an de la vie d'une jeune fille, lith. Paris, Sazerac, 1823-1824, 17 pl. in-4° color.

L'Attente, gr. par Jorel. Paris, impr. Bertauts, 1856.

Mme de Fontanges à St-Germain, lith. par Lion. Paris, 1835.

Le Petit souper du régent, gr. par Riffaut (P. Danlos, 10 fr.).

Un souper de bal masqué, lith. par A. Sirouy. Paris, impr. Bry, 1853.

Histoire de Psyché, 6 phot. in-4°, d'après les peintures de Wattier (Chaudé, 1867, N° 208).

WAUMANS (Conrad), grav., établi à Anvers au XVIIe siècle. Il était élève de Pierre Bailliu. — Voir Van *Dyck*.

WAUTERS (Ch.), dess. contemp.

Dante lisant ses poëmes à Béatrix. — Pétrarque rencontrant Laure à la fontaine de Vaucluse; deux pièces gr. à la man. noire, par Manigaud; L. 0.80; H. 0.60 (Dusacq, 50 et 100 fr. chaque).

WEBER (Frédéric), lith. contemp., à Bâle. — Voir *Bewer*, le *Corrége*, *Holbein*, *Winterhalter*.

WEENIX, ou WEENINX (Jean-Baptiste), peintre, né à Amsterdam, en 1621; mort au château d'Huys-Termeyen, près le bourg d'Hoor, en 1660.

La Partie de plaisir, pièce ornée d'architecture et de figures, grand in-fol. en larg., gr. par N. de Launay (31 mars 1862, N° 36).

WEGER (G.), peintre du XVIe siècle.

La Mariée de Nuremberg, in-4°, gr. par Isselburg, en 1614.

Sujet de conversation, in-fol. en larg., gr. par le même.

WEIMER (Mlle Georges), actrice de l'Odéon. — Voir *Debridges*, *Devéria*, J.-Fréd. *Dubois*, *Duperly*, *Fauconnier*, *Gérard*, *Leclerc*, *Libour*, *Mauzaisse*, *Vigneron*.

WEISSKIRCHER, peintre.

Vénus endormie, épiée par un satyre, in-fol. en larg., gr. par Kaupertz, 1774.

WELLING (Edouard), photographe.

Buste de l'impératrice, entouré de fleurs, phot. Paris, 1867.

WERFF (le chev. Adrien van der), peintre célèbre, né à Kralimgerambacht, près de Rotterdam, en 1659; mort à Rotterdam, en 1722.

Henriette d'Angleterre, duchesse d'Orléans, gr. par Jean Audran; H. 0.297; L. 0.175 (Van Hulthem, 3226).

Marie-Eléonore d'Este, gr. en haut., par le même (3226).

Marie Stuart, reine d'Ecosse, gr. par Autenrieth.

Susanne au bain, gr. par J.-J. Avril, le père; H. 0.430; L. 0.320 (J., I, 200).

Jane Gray, reine, gr. par P.-F. Basan.

Le Jugement de Pâris, gr. par Maurice Blot; H. 16 p. 10 l.; L. 12 p. 10 l., non compris les marges du cuivre (Rigal, av. l. l., 44 fr. 05; Bervic, en 1822, 44 fr.).

Le même sujet, en plus petite proportion, gr. par le même; H. 8 p.; L. 6 p. 2 l., non compris les marges du cuivre (Rigal, av. l. l., 5 fr. 05).

La Chasteté de Joseph, gr. par A. Chataigner, terminée par Niquet.

Les Baigneuses, gr. par P. Chenu.

La Danse des nymphes, gr. au bur., par L.-A. Boucher, baron Desnoyers; H. 0.22; L. 0.17 (Bance, 15 fr.; en mai 1864, 1 fr. 75).

Marie, reine de la Grande-Bretagne, gr. en haut., par Desrochers (Van Hulthem, 3226).

Jupiter et Io, in-fol., gr. par F.-V. Durmer.

Abisag présentée à David, par Bethsabée, gr. en mezzotinte, par R. Earlom (l'original est dans la coll. impériale de Pétersbourg). David, devenu vieux, éprouvait un froid tel que rien ne pouvait l'en garantir; ses serviteurs pensèrent à lui amener une jeune fille, afin que, dormant avec lui, elle le réchauffât. En ayant découvert une très-belle, Abisag, de la ville de Sunam, ils l'amenèrent au roi. — On voit à la Biblioth. Impér. (N° 295), une épr. av. la lettre de cette admirable gravure (J., II, 22).

Agar reçue par Abraham, très-belle gr. à la man. noire, par le même (cat. Busche).

Deux nymphes qui dansent, pet. in-4°, gr. par Ch.-Et. Gaucher.

Elisabeth d'Yorck. — Elisabeth, reine de Bohême. — Madeleine de France. — Marie de Lorraine. — Marie, gouvernante des Pays-Bas. — Marie Stuart. Six portr. en haut., gr. par P. van Gunst (Van Hulthem, 3226).

La Chasteté de Joseph (tableau du Musée), gr. par Henriquez, dans le *Musée français*.

Le Sentiment contraire à la pensée, petite pièce en haut., gr. par P.-Ch. Ingouf.

Pâris et Œnone, gr. par Alfr. Johannot. Paris, Janet, 1822.

Les Nymphes, gr. par Kœnig. Paris, Janet, 1821.

Samson et Dalila, in-4°, gr. par Ch.-Fr. Macret.

Deux nymphes dansant au son de la flûte dont joue un berger, in-4°, gr. par Cl. Niquet.

Le Jugement de Pâris, in-fol., gr. par Pechwell.

Nymphes dansant, gr. par Petit, dans le *Musée français*.

Œnone et Pâris, grande pièce, très-belle, gr. en man. noire, par Porporati (J., II, 379; Le Barbier, 1826, N° 402).

Anne Hyde, épouse de Jacques II. — *Henriette de France*; deux portr. en haut., gr. par Simonneau (Van Hulthem, 3226).

Elisabeth, reine d'Angleterre. — Jeanne Gray; deux portr. en haut., gr. par Vermeulen (Van Hulthem, 3226).

Les Femmes d'Henry VIII, roi d'Angleterre: Catherine d'Aragon. — Anne de Boulen. — Jeanne Seymour. — Anne de Clèves. — Catherine Howard. — Catherine Parr. Six portr. en haut., gr. par Vermeulen (J., III, 164; Van Hulthem, 3226).

WERNER (C.-J.), lith. contemp. — Voir *Rioult*.

WEST (Benjamin), peintre américain, né à Springfield (Pensylvanie), en 1738; mort à Londres, en 1820.

Jupiter and Europa, in-fol. en larg., gr. par Thomas Cook et Pollard.

L'Amour piqué par une abeille, in-fol., gr. par R. Earlom.

Angélique et Médor, in-fol., gr. par le même, 1768 (J., II, 24).

Le même sujet, in-fol., gr. par G.-S. et J.-G. Facius, 1778.

The Golden age, in-fol., gr. par les mêmes.

L'Amour piqué par une abeille, pièce ronde, gr. par V. Green, 1776.

The Golden age, in-fol. en larg., par le même (Einsiedel, 1er état, 8 1/5 th.).

WESTALL (R.), dess. anglais, travaillait au commencement du XIXe siècle.

Femme couchée, gr. par W. Ashby.

The Girl at the well, in-fol., gr. par Ch. Heath, 1833 (Sternberg, 1 1/5 th.).

Cupid sleeping, in-fol., gr. par W. Nutter.

The Sad story, in-fol. en larg., gr. par J. Ogborne (Einsiedel, 1 15/24 th.).

Vénus, gr. en larg., par E. Scriven (Van Hulthem, 5064).

WHEATLY (F.), peintre anglais, né à Londres, en 1747; mort en 1801.

Indiscrétion, gr. par J.-M. Delatre.

Le Chasseur amoureux, gr. en larg., par Ch.-H. Hodges, 1786 (J., II, 127).

Le Paysan amoureux, gr. par Ch. Knight.

Le Bain des nymphes, gr. à l'eau-forte, par Pollard.

WHILMORE (Lady Fanny). — Voir P. *Lely*.

WIERX ou WIERIX (Jean), dess. et grav. au burin, né à Anvers, en 1549; mort en 1619. — Voir Alb. *Durer*, *Raphaël*.

Les Caresses, 1568. Un homme et une femme assis sous un arbre. L'homme veut caresser la femme. A droite, un épervier est attaché par la patte à une perche. Pièce ronde, de 0.13 de diam. (Alvin, 1866, No 1543).

La Farce du cornard, in-fol. en larg., gr. par J. Wierix. Pièce rare et curieuse sur le théâtre de la fin du XVIe siècle, et dont toutes les figures sont des portraits de farceurs de la place Dauphine. On y remarque ceux de Tabarin et de Francisquine, sa femme; le premier sous le nom de Fanfirlippe (vendue, avec la copie en contre-partie, Leber, en 1860, 50 fr.).

Marguerite de Valois, 1600. Buste, richement habillé. Pièce rare, grand in-fol. (Nagler, No 7; Alvin, No 1972).

Marie de Médicis, 1600. Très-grand portrait avec un quatrain français dans la marge :

Princesse dont le nom honora ta naissance,
Le ciel ayant ton cœur de ses grâces vestu
Augmente tellement le los de la vertu
Qu'on te desire voir bientost royne de France.

H. 0.345; L. 0.248 (Nagler, No 10; Alvin, 1978; Camberlyn, 2e vente, 151 fr.).

Marie de Médicis, 1601. Elle est vue de face, un peu tournée à gauche, regardant à droite; coiffure élevée, grande fraise, collier à double rang de perles. Au bas, dans un cartouche, quatre vers latins :

An qvid. habent. veri. præsagia. læta. fvtvri
Hoc. docet. Henrici. conjvgialis. amor.
Silicet. vt. capivnt. Medices. gentilia. signa
Francisca. sic. captvs. rex. in. amore. tvo. est.

H. 0.222; L. 0.158 (Nagler, No 9). — Il y a un 2e état, avec des tailles croisées sur la signature qu'on peut à peine lire. Au No 8 de l'œuvre de Jean Wierix, Nagler place un portrait de cette princesse d'après Clouet, in-4o (Alvin, 1979).

Les Poules qui pondent dehors. Sur le devant, un jeune garçon assis tenant sur ses genoux une poule dont il attend l'œuf. Dans le fond, à droite, on voit assis devant une table, un homme et une femme qui se font des caresses. Les vers français et flamands sont inscrits en exergue autour de la pièce qui est ronde :

C'est un anchien parler, et encore disent plusieurs,
Toutes sont leddes poulles, qui leurs œufs pondent ailleurs.

Sans signature ni adresse; diam. 0.154 (Alvin, 1537).

Précaution inutile. Le catalogue des estampes de M. Th..., rédigé par M. de Fer, Paris, 1853, contient au No 184, la description suivante : « Le mari trompé malgré la serrure. Une femme nue, assise sur le pied d'un lit, donne à un homme placé devant elle, et coiffé d'un chapeau à cornes, une clef du cadenas qui ferme la ceinture qu'elle a autour du corps, tandis que, caché derrière les rideaux du lit, l'amant est vu tenant une bourse pour payer l'autre clef que lui montre la servante; à gauche, un fou à genoux cherche à retenir des abeilles; à droite, un chat guette une souris; dans la marge, en bas, 30 vers allemands et le nom du graveur (Wierix). On croit cette composition une satire sur les amours d'Henri IV. » Pièce en largeur, rare. (Alvin, 1526).

Typvs hvmanæ natvræ, 1601. A gauche est assis, contre un mur et devant une table où chauffe un fourneau, un vieil alchimiste. Au milieu, une femme absolument nue qui semble chercher à attirer son attention. Au fond, un chasseur au faucon. A droite, un jeune homme bêchant la terre et sur le premier plan de ce même côté, un autre jeune homme pêchant à la ligne. Il y a, dans la marge, deux vers flamands avec la traduction en regard :

En vain charches en terre eau ou flamme,
Car c'est à faire au seul trou de madame.

L. 0.224; H. 0.193 (Alvin, 1527).

Vénus dans une niche, avec trois amours; gr. par Jean Wierix, d'après lui-même, 0061 (pour 1600). H. 0.084; L. 0.051 (Alvin, 1431).

Vénus, 1579. Elle tient un cœur enflammé de la main droite, une flèche de la gauche (Alvin, 1440).

WIERIX (Jérôme), frère de Jean, dess. et grav. au burin, né à Amsterdam, en 1553. —Voir *Duval*, Jean *Stradan*.

Danaé et Jupiter; L. 0.285; H. 0.222. Trois vers latins dans la marge (Alvin, 1425).

Deux amants guettés par la Mort. Le Temps couronné de pampre, leur montre un miroir. La Mort paraît dans le fond, à droite. La composition est expliquée par trois vers latins écrits sur une ligne dans la marge : *Luxuries predulce malum*.... L. 0.303; H. 0.220 (Nagler, 178; Alvin, 1525).

Elisabeth, reine d'Angleterre (Camberlyn, 2e vente, 3913).

Henriette de Balzac d'Entragues, marquise de Verneuil, maîtresse d'Henri IV, roi de France. Ce portrait est accompagné dans la marge des quatre vers suivants :

Tout le beau des beautés des empyriques dieux,
Tout l'honorable port, toute la grâce exquise
Des aultres deités sont ici comme es cieux,
Dans l'admirable esprit de cette alme marquize.

Hieronymus Wierx sculpsit in septembri anno 1600. Avec privilége du roi. *Harman Adolfz excudebat Haerlemensis*. H. 0.340; L. 0.245 (Nagler, 19; Alvin, 1860; Debois, 105 fr.).

Marguerite de Valois. Nagler, au No 13 de l'œuvre de Jérôme, indique ainsi le portrait de cette princesse : « Toute jeune, richement habillée. *An quid habet.... est*. Sans signature ni adresse. » Ne fait-il pas confusion avec *Marie de Médicis?* (Alvin, 1971).

Une femme nue, ou Vénus regardant vers la gauche. *Amor edocet artes*. Sans nom (Nagler, 187; Alvin, 1435).

Vanitas vanitatum, 1578. Une femme représentant l'Impureté est couchée sur un lit; un démon, sous la figure d'un satyre, explore avec une sonde le mystère féminin. L'allégorie est expliquée par huit vers reproduits en français, en flamand et en allemand : *Onc homme ne sonda cœur de femme impudique*. L. 0.330; H. 0.240 (Nagler, 170; Alvin, 1528).

Vénus couchée et l'Amour; un satyre vient à la sourdine. *Conservat cuncta Cupido*. Pièce sans nom, dans le genre de G. Pencz (Nagler, 185; Alvin, 1433).

Vénus et Bacchus assis l'un près de l'autre; au-dessous d'eux, l'Amour. *Amor mutuo*. Grav. sans nom (Nagler, 186; Alvin, 1434).

WIERIX (Antoine), frère des précédents, dess. et grav., né à Amsterdam, en 1552; mort en 1624. — Voir Martin de *Vos*.

Elisabeth, reine d'Angleterre (Camberlyn, 2e vente, 3940).

Isabelle d'Autriche, fille de Philippe II, roi d'Espagne (Camberlyn, 2e vente, 3956).

Marguerite, archiduchesse d'Autriche, femme de Philippe III, roi d'Espagne (Camberlyn, 2e vente, 3962).

Marie de Médicis. Buste tourné un peu à gauche, vu presque de face, à coiffure haute et à grande fraise; entouré d'un trait carré. On lit dans la marge : *Marie de Médicis, royne de France et de Navarre. Ant. Wierx fecit. Hieronymus Wierx excud*. H. 0.082; L. 0.058 (Nagler, 11; Alvin, 1976; Camberlyn, 2e vente, 3946).

Marie de Médicis (douteux). Buste dans un petit ovale, tourné à droite, grande fraise, coiffure haute. On lit dans l'intérieur de l'ovale : *Maria D. G. Henrici IIII Gal. et Nava. reg. vxor*. Sans signature ni adresse. H. 0.55; L. 0.042 (Alvin, 1977).

Susanne surprise par les vieillards, pièce en larg., avec deux vers en latin dans la marge : *Sacra parat fenibus*... L. 0.259; H. 0.220 (Alvin, 122).

WILBORN.

Sacrifice à Priape (26 nov. 1863, No 89).

WILLE (Jean-Georges), peintre et grav., né à Kœnigsberg, en Hesse, en 1717; mort à Paris, le 4 avril 1807. — Voir *Dietrich, Netscher*.

Marie-Thérèse d'Espagne, in-4o (P. de Corneillan, 485).

WILLE (Pierre-Alexandre), fils du précédent, peintre et grav. à l'eau-forte, né à Paris, en 1748; mort vers 1825.

Le Petit Wauxhall, 1780. Au milieu, se voit une jeune fille galante, en robe à paniers avec un caraco et un bouquet au côté; elle est coiffée d'un chapeau à plumes et tient un éventail avec lequel elle a l'air, tout en les regardant, de dérober son visage à la curiosité de deux vieux galants qui s'avancent vers elle, l'un le chapeau sous le bras, et l'autre la regardant avec un lorgnon. A droite, un autre vieux roué, vu par le dos, donne la main à une vieille duègne accompagnant la jeune fille et qui semble lui promettre quelque bonne fortune. On voit encore d'autres personnages galants au second plan; le tout se passe dans des berceaux de verdure. Grande pièce à l'eau-forte, terminée au burin; rare. L. 0.513; H. 0.350 (Baudicour, 6).

La Double récompense, gr. par J.-J. Avril, 1784; H. 0.584; L. 0.438

Le Déjeuner, gr. par Louis Dennel.

L'Essai du corset, gr. par le même (P. de Corneillan, 638 ; 7 déc. 1866, N° 441).

Le Pucelage, in-4° en haut., gr. par Jean-Henri Eberts (de Vèze, p. 126 [3]; P. de Corneillan, N° 635).

La Rusée. — L'Agaçante. — La Nonchalante; trois pièces gr. par Louise Gaillard (vente de déc. 1856).

Le Temps perdu : une jeune dame caressant le menton d'un enfileur de perles; gr. par le même (vente de déc. 1856).

La Joueuse de sistre, in-fol., gr. par J.-G. von Muller, 1774.

La Petite Javotte, in-4°, gr. par le même, 1772 (Rigal, 566; 31 mars 1862, N° 105).

Prévoyance au plaisir. — Retour heureux ; deux pièces gr. par P. L. (11 nov. 1861, 3 fr.).

Le Bouton de rose. — La Curieuse; deux jolies pièces, gr. par G. Vidal (11 nov. 1861, 4 fr. 50).

Le Bouton de rose (jolie dame faisant une comparaison). — *La Curieuse* (femme qui regarde l'effet de sa gorge dans un miroir) ; deux jolies pièces gracieuses, ovales en haut., très-bien gravées, par Voyez l'aîné (11 nov. 1861, la 2e seule, 15 fr.).

WILLEBORTS (A.).

Vénus et Mars, gr. par F.-X. Gebhard.

Diane et ses nymphes revenant de la chasse, in-fol. en larg., gr. par J. Maennl (Sternberg, 6 1/2 th.).

WILLEMSENS (S.), grav. à l'eau-forte et au burin flamand du XVIIe siècle. — Voir D. *Téniers*.

WILLIAMS, peintre du XVIIIe siècle.

La Galanterie. — Le Mariage ; deux pièces gr. par F. Jukes, 1787.

WILLMANN.

Susanne au bain surprise par les vieillards.

WILSON (Richard), peintre paysagiste anglais, né dans le comté de Montgommery, en 1714; mort en 1782. — Voir Corn. *Troost*.

Mme Du Barry, gr. à la man. noire.

Céladon et Amélie, gr. par J.-J. Avril; L. 0.385; H. 0.287.

Apollon et les nymphes, in-fol. en larg., gr. par Richard Earlom, 1778.

Méléagre et Atalante, in-fol. en larg., gr. par le même, 1771.

Céladon et Amélie. — Ceyx et Alcione; deux pièces en larg., gr. par William Woolett (J., III, 225; Debois, 1299, av. l. l., 210 fr; Valois, 97 fr.).

WINCKELMAN (Jean-Joachim), célèbre antiquaire, né en 1717, à Steindal (Brandebourg); assassiné à Trieste, en 1768.

Socrate habillant les Grâces, vignette gr. par A.-Fr. Œser.

WINKENBOONS (D.), peintre du XVIe siècle.

Susanne et les vieillards, in-fol. en larg., gr. par J. van Londerseel.

WINGHEN (J. van), dit le vieux, peintre flamand. Bruxelles, 1544-1603. Son fils Jérémie était peintre aussi.

L'Impudicité, grand in-fol. oblong, gr. par Jean Sadeler, 1588. *Vinum et mulieres apostatare faciunt sapientes. Et qui se jungit fornicatoriis erit nequam.*

Loth ivre, et s'oubliant avec une de ses filles; l'autre lui verse à boire. *Lothi fillæ, conservandæ prolis gratia, a patre compressæ.* Pièce en haut., gr. par Raphaël Sadeler (Winckler, 6463; J., III, 38; Van Hulthem, 2587).

WINTERHALTER (François-Xavier),

peintre, né à Bade, en 1806; établi à Paris.

Marie-Christine, reine d'Espagne, gr. par Bertonnier.

Florinde, gr. en man. noire, par Ph.-Arm. Eichens (Exposit. de Paris, 1867).

Le Décameron, in-fol. en larg., gr. par A.-F. Girard (Weigel, 4 th.).

Il Dolce far niente, in-fol. en larg., gr. par le même (Weigel, 17 1/7 th.).

Les Italiennes à la fontaine. — *Les Vendanges à Naples*; deux pièces gr. en man. noire, par le même. L. 0.72; H. 0.58 (Bulla, en noir, 40 fr. chaque; en coul., 80 fr.). — L. 0.52; H. 0.37 (Bulla, 12 et 24 fr. ch.).

Betty, gr. en man. noire, par Jouanin; 0.43 sur 0.32. Paris, Goupil, 1861, 10 et 20 fr.

Jenny, lith. par Lafosse; H. 0.80; L. 0.56 (Bulla, de 5 à 15 fr.). — H. 0.60; L. 0.50 (Bulla, de 3 à 12 fr.).

Rose naissante, gr. par Maile; H. 0.42; L. 0.34 (Bulla, en noir, 10 fr.; en coul.; 20 fr.).

Fenella. — *Beatrix*; deux pièces lith. par Léon Noël; H. 0.49; L. 0.38. Paris, Jouy, 1860; rehaut, 20 fr. chaque.

Cécily, in-4° en haut., gr. en man. noire, par Sittel. Paris, Goupil, 1854, 6 et 12 fr.

L'Impératrice Eugénie. — *La Princesse Korsakoff*; deux pièces gr. par Fréd. Weber; L. 0.32; H. 0.27 (Delarue, 20 et 40 fr. ch.).

Rose naissante, phot. Paris, Bulla; H. 0.20; L. 0.16, 5 fr.; carte de visite, 1 fr.

WOEIRIOT (Pierre), surnommé *de Bonzey*, orfèvre et grav. en bois et à l'eau-forte, né à Bar-le-Duc, en 1510; établi à Lyon, vers le milieu du XVIe siècle. — Voir l'*Antique*.

Loth. Il est agenouillé à côté de l'une de ses filles qu'il caresse; l'autre fille lui verse à boire. Dans la marge, ce quatrain :

Lot echauffé de vin et trompé de ses filles
Incestua son sang, prit les virginités
De ses filles qu'il fit à sa honte fertilles:
Que l'amour et le vin causent de mal-heurtés.

Pièce gravée en cuivre (R. D. 4).

Portrait de Louise Labbé, dite la Belle cordière. « C'est un des plus charmants que l'on puisse voir et le mieux traité de tous ceux du maître. Le travail en est clair, la physionomie heureusement expressive. Le costume, qui rappelle celui de la reine Marie d'Angleterre, dans la belle médaille de Jacopo Trezzo, est d'une rare élégance » (*Cabinet de l'amateur*, 1861, p. 18).

WOGLS, graveur. — Voir *Challe*.

WOLFF, graveur moderne. — Voir *Boilly*.

L'Amour et la Fidélité partant pour l'île de Cythère.

La Vertu voulant désarmer l'Amour, pièce ovale (vente du 27 avril 1863).

WOOLLETT (Williams), dess. et grav. au burin et à l'eau-forte, né à Maidstone, dans le comté de Kent, en 1735; mort à Londres, en 1785. — Voir Ph. *Lauri*, *Mortimer*, *Wilson*.

WORLIDGE (Thomas), peintre et grav. anglais, né à Petersborough, dans le Northamshire, en 1700; mort à Hamersmyth, en 1766.

Ninon de Lenclos, portrait in-8°, gr. à la pointe sèche, à la manière de Rembrandt, par Thomas Worlidge. Rare en France.

Susanne et les vieillards.

WORMS (Antoine de), peintre et grav. en bois, demeurait à Cologne, en 1529. Il signait AW entrecroisés.

Adam et Eve, près de l'arbre de vie, 1529. H. 6 p. 2 l.; L. 4 p. 9 l. (B. 1).

Dalila coupant les cheveux à Samson; H. 6 p.; L. 4 p. 6 l. (B. 2).

WOSSENICK, graveur, élève de Janinet. — Voir *Caresme*.

WOUWERMANS (Philippe), peintre, né à Harlem, en 1620; mort en 1668.

Les Adieux, gr. en larg., par André Laurent.

Les Adieux, gr. par J.-Ph. Lebas.

La Petite fermière, gr. en haut., par le même.

Le Pot au lait renversé, in-fol. en larg., par le même.

La Petite fermière, gr. par Martenasie.

WRIGHT (Thomas), grav. contemp. — Voir Van *Dyck*.

WYCK (Thomas), le vieux, peintre et grav. à l'eau-forte, né à Harlem, en

1616; mort de la peste, à Londres, en 1686.

La Couseuse, gr. en haut. (Rigal, 912; B. 3).

La Fileuse au fuseau; H. 1 p. 10 l.; L. 1 p. 6 l. Rarissime (J., III, 230; B. 1; Rigal, 912).

WYNGAERDE (François van den), grav. et marchand d'estampes, à Anvers, vers 1612. — Voir *Rubens*, *D. Téniers*.

Y

YUNDT, dess. contemporain.

Une invitation à la noce, lith. par Thielley (*Musée de mœurs en actions*, N° 6 bis); L. 0.50; H. 0.38 (Bulla, rehaut, 8 fr.).

YVES, dess. lith. contemporain.

Études contemporaines. Les Bals de Paris; 9 sujets lith. Paris, impr. Boivin, 1851.

YVON (Adolphe), peintre contemp., élève de Paul Delaroche; né à Eschwiller (Moselle), en 1817.

L'Impératrice Eugénie, en élégante toilette de bal; buste en médaillon, grandeur naturelle, lith. par Lafosse. H. 0.60; L. 0.48 (Dusacq, en noir, 6 fr.; en coul., 12 fr.; marge noire et filet or, 15 fr.). — H. 0.33; L. 0.20 (Dusacq, 2 et 4 fr.).

Avant le mariage. — *Après le mariage* (mœurs russes); deux lith. par Soulange-Teissier. H. 0.48; L. 0.34. Paris, Dusacq, 1861, 8 et 12 fr. chaque.

Les mêmes sujets, phot. Dusacq, 1865, cartes de visite, 1 fr. ch.

L'Impératrice Eugénie, phot. par Dusacq, 1 fr. 50.

Z

ZAGEL (Martin), *Zasinger*, *Zingel*, *Zink*, *Zatzingel*, ou *Zetzinger*, orfèvre et grav. au burin, né vers 1430, florissait vers 1500. Cet artiste signait M Z; Sandrart attribue ce chiffre à Martin Zink, d'autres à Martin Zetzinger, et selon Paul Beham, il signifie Mathias Zingel. Il résulte de ces diverses opinions que la signification de ce monogramme est encore fort douteuse.

Cavalier avec une dame en croupe. H. 4 p. 8 l.; L. 4 p. 1 l. (B. 19; comte***, de Vienne, N° 2843).

— *Dame qui va entrer au bain*, grav. color. (7 déc. 1866, N° 99).

Les Deux amants. Un homme de condition, assis sur le gazon, s'entretenant avec une jeune dame qui est assise à son côté. H. 5 p. 6 l.; L. 4 p. 6 l. (B. 16; P. Vischer, en 1852, 19 fr.; comte*** de Vienne, N° 2840).

L'Embrassement, 1530. Un homme de condition, vu de dos, embrasse une jeune dame dans un cabinet. H. 5 p. 9 l.; L. 4 p. 2 l. (B. 15; J., III, 232; Vischer, 210 fr.; Debois, 220 fr.).

Le Mari subjugué par sa femme. Un homme marchant à quatre pattes, jette un regard tendre vers sa femme qui, assise sur son dos, tient la bride d'une main et le fouet de l'autre. Ce sujet est appelé ordinairement *Socrate et Xanthippe*. Très-rare; H. 6 p. 7 l.; L. 4 p. 10 l. (B. 18; J., III, 232; Vischer, 35 fr.).

Salomon adorant les idoles, 1502

Une des femmes de Salomon persuadant ce roi d'adorer une idole. Le roi est à genoux au pied de l'idole qui représente une petite statue de femme nue placée au haut d'une colonne carrée. La femme, debout, porte une main sur le dos du roi, et de l'autre elle lui montre l'idole. H. 6 p. 9 l.; L. 5 p. 10 l. (B. 1; J. III, 231).

ZAMPIERI (Domenico). — Voir le *Dominiquin.*

ZANETTI (comte Antoine-Marie), antiquaire, dess. et grav. en clair-obscur, né à Venise, en 1680; mort en 1766.

Deux sujets tirés des Idylles de Gessner, deux pièces petit in-fol., gr. par S. Lovison.

ZIGNANI, graveur italien. — Voir *Raphaël.*

ZIMMERMAN (Frédéric), dess. et grav. contemp. de la Bavière.

Der Liebesbrief (le Billet doux), lith. par S. Maier. Paris, impr. lith. de Lemercier; chez Gambart, 1860.

ZUBER-BUHLER, dessin. contemporain, au Locle (Suisse).

Solitude. — Pécheresse ; deux pièces gr. en man. noire, par Amedouche; H. 0.25; L. 0.20. Paris, Goupil, 1867, 6 et 12 fr.

Héva. — Rachel. — Georgina (comparaison). — *Sathaniel* (parure); quatre pièces ovales, lith. par Barry. L. 0.49; H. 0.37 (Bulla, 1866, en rehaut, 8 fr. chaque; en coul., 12 fr.).

Nana. — Zizine ; deux pièces lith. par Lafosse; L. 0.65; H. 0.52. Paris, Bulla frères, 1866, de 3 à 12 fr. chaque.

Coquetterie. — Gourmandise ; deux pièces gr. par Posselwhite. 0.39 sur 0.31 (Goupil, de 8 à 32 fr. chaque).

Héva. — Rachel. — Georgina. — Sathaniel ; quatre pièces ovales, lith. par Regnier. L. 0.49; H. 0.37 (Bulla, rehaut., 8 fr. chaque ; en coul., 12 fr.).

ZUCCA (Jacobus), peintre du XVIe siècle.

Galatée sur les eaux, accompagnée des divinités de la mer ; gr. en larg., par Ph. Thomassin (Winckler, 5443; Van Hulthem, 4817).

ZUCCHERI, ou ZUCCHARO (Frédéric), peintre, né dans le duché d'Urbin, en 1543; mort à Ancône, en 1609. Elève de son frère Thadée Zuccharo.

Marie, reine d'Ecosse, gr. par Fr. Bartolozzi, 1779 (Camberlyn, 1re vente, N° 105).

Vénus et Adonis (de la Galerie de Florence), in-fol., gr. par Cl.-L. Masquelier (J., II, 260).

ZUCCHI (A.), dess. et grav. du XVIIIe siècle.

Sapho s'entretenant avec Homère, gr. par Ang. Kauffman.

Serment d'Ulysse et de Calypso, pièce gr. avec Ang. Kauffman.

ZUSTRIS, ou SUSTER (Lambert), peintre né à Amsterdam; mort en 1600.

Vénus et l'Amour, gr. par Romanet. La déesse est nue, sur un lit de repos ; l'Amour est près d'elle, sur un coussin ; dans le fond, on aperçoit Mars et quelques autres figures (Musée français).

ZWINGLER, lith. contemp. — Voir Al. *Fragonard.*

FIN

www.ingramcontent.com/pod-product-compliance
Ingram Content Group UK Ltd.
Pitfield, Milton Keynes, MK11 3LW, UK
UKHW022326190726
13856UKWH00001B/229

9 782013 444781